读客®文化

文艺复兴七巨人

达·芬奇

[法] 弗朗索瓦·基维热　著

欧阳敏　译

河南文艺出版社

·郑州·

图书在版编目（CIP）数据

达·芬奇 /（法）弗朗索瓦·基维热著；欧阳敏译
. -- 郑州：河南文艺出版社，2023.5
（文艺复兴七巨人）
ISBN 978-7-5559-1244-6
Ⅰ. ①达… Ⅱ. ①弗… ②欧… Ⅲ. ①达·芬奇 (
Leonardo, da Vinci 1452-1519) – 传记 Ⅳ.
① K835. 465. 72

中国版本图书馆 CIP 数据核字 (2022) 第 117206 号

文艺复兴七巨人：达·芬奇

著　　者 ［法］弗朗索瓦·基维热
译　　者 欧阳敏
责任编辑 崔晓旭
责任校对 李亚楠　苑留员
特约编辑 王　偲
策　　划 读客文化
版　　权 读客文化
封面设计 陈　晨
封面插画 王　晓
出版发行 河南文艺出版社
印　　刷 河北中科印刷科技发展有限公司
开　　本 890mm × 1270mm 1/32
总 印 张 49.75
总 字 数 1122 千
版　　次 2023 年 5 月第 1 版　2023 年 5 月第 1 次印刷
定　　价 315.00 元（全七册）

如有印刷、装订质量问题，请致电 010-87681002（免费更换，邮寄到付）

插图1　列奥纳多·达·芬奇，《老人和年轻人头像》，约1495—1500年，纸上红粉笔画

插图2　列奥纳多·达·芬奇，《岩间圣母》，约1483—1485年，面板油画

插图3　列奥纳多·达·芬奇，《岩间圣母》，约1491—1499年、1506—1508年，杨木板油画

插图4　列奥纳多·达·芬奇，《坐像的衣服研习》，约1478年，刷子蘸灰蛋彩绘制在亚麻画布上

插图5　安德烈·德尔·韦罗基奥主创，并由列奥纳多·达·芬奇绘制局部，《基督受洗》，1475年，平板油画

插图6　插图5局部，由列奥纳多·达·芬奇绘制

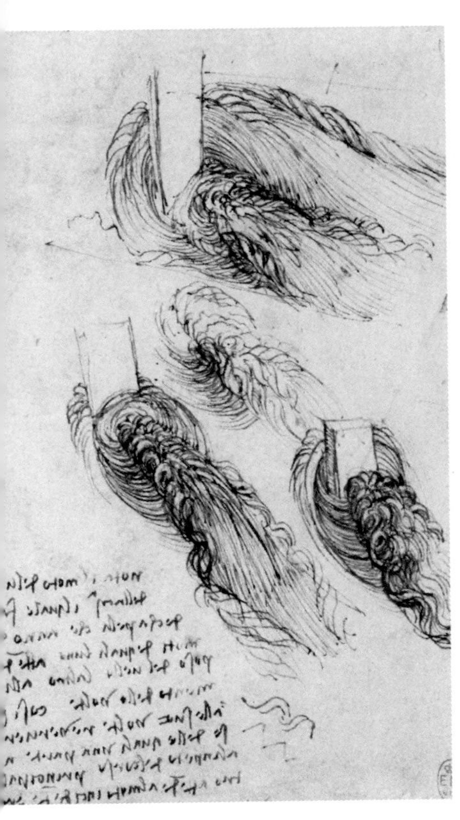

插图7　列奥纳多·达·芬奇，《水流运动研究图》，约1512—1513年，钢笔和墨水画

插图8　列奥纳多·达·芬奇，《有着浓密头发的怪诞头像》，约1495年，钢笔和棕色墨水画

插图9　列奥纳多·达·芬奇，《柏诺瓦的圣母》，约1478—1480年，布面油画

插图10　列奥纳多·达·芬奇，《持康乃馨的圣母》，约1478—1480年，板面油画

插图11　列奥纳多·达·芬奇，《圣母领报》，约1472—1475年，木板油画

插图12　佛罗伦萨，15世纪或16世纪的作品，可能是安德烈·德尔·韦罗基奥和奥尔西诺·贝尼特蒂原作《洛伦佐·德·美第奇》的仿品，上色赤陶土胸像

插图13　列奥纳多·达·芬奇，《贝尔纳多·巴伦切利的绞刑》，1479年，纸本水墨画

插图14　列奥纳多·达·芬奇，《基尼弗拉·德·本奇》，1475—1476年或1478—1480年，木板油画

插图15　列奥纳多·达·芬奇，《抱貂女子》，1489—1490年，木板油画

插图16　列奥纳多·达·芬奇，《鲁克雷齐娅·克里薇莉》，1489—1490年，木板油画

插图17　列奥纳多·达·芬奇，《蒙娜丽莎》，约1503—1519年，杨木板油画

插图18　列奥纳多·达·芬奇，《基尼弗拉·德·本奇》背面，月桂、棕榈与刺柏花环，配有带“美貌装饰美德”字样的卷轴，约1474—1478年，木板蛋彩画

插图19　列奥纳多·达·芬奇，《对手的研究》，约1474—1478年，纸本金属笔画

插图20　列奥纳多·达·芬奇，《施洗者圣约翰》，约1513年，木板油画

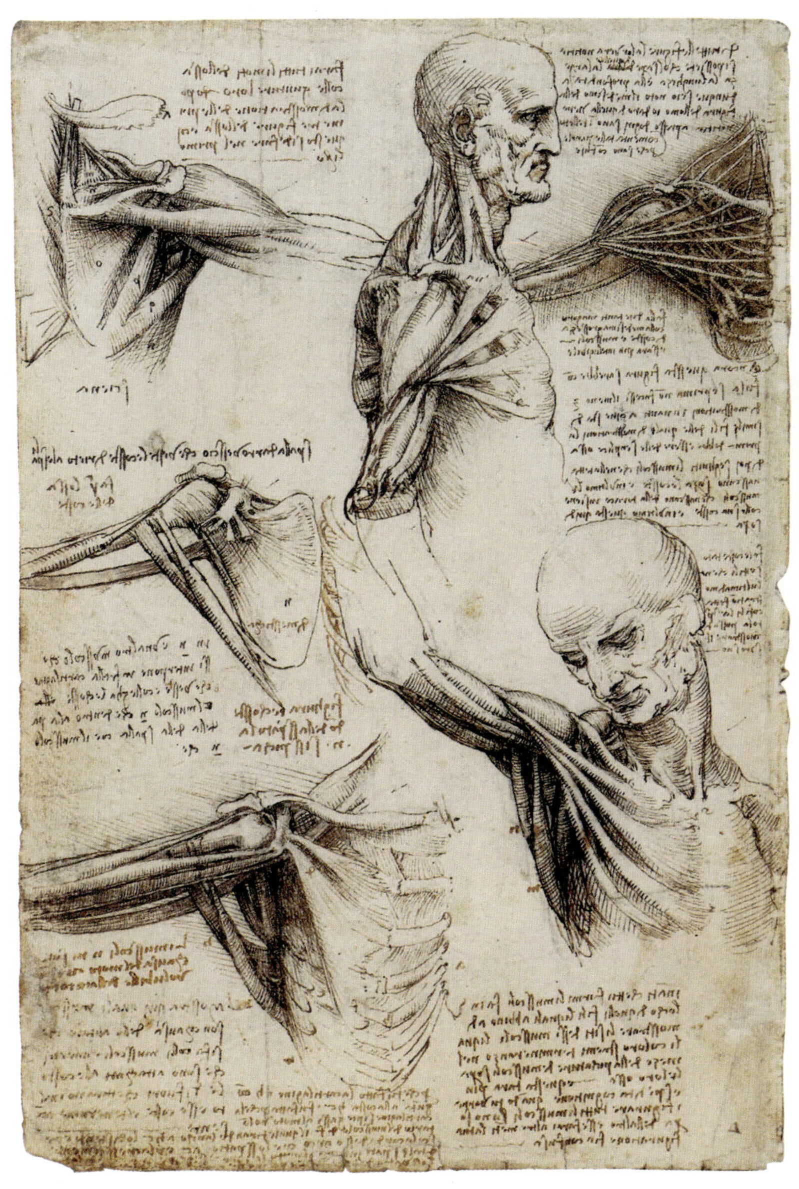

插图21　列奥纳多·达·芬奇，《人体解剖研究》，约1510—1511年，钢笔、水墨以及洗褪的黑粉笔画

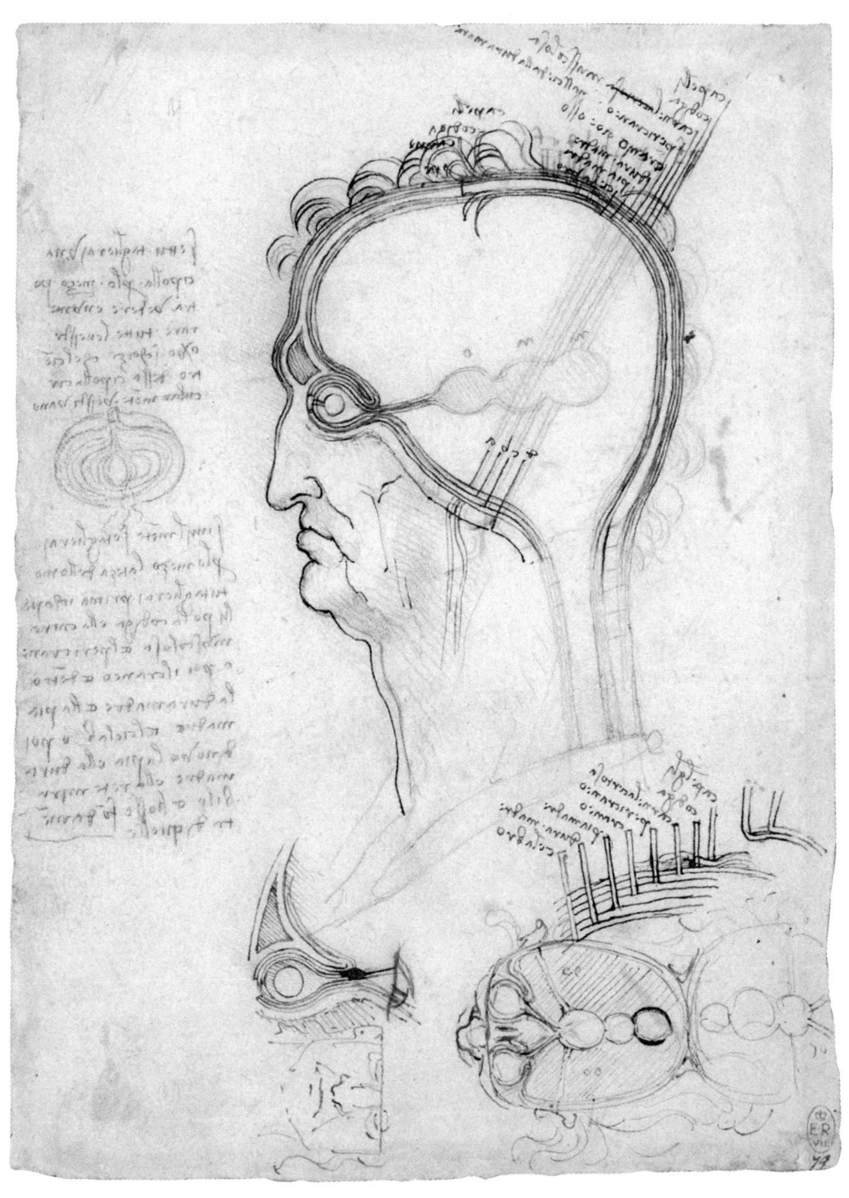

插图22　列奥纳多·达·芬奇，《大脑和眼睛的横切面》，约1490—1492年，纸本钢笔、水墨以及红粉笔画

插图23 列奥纳多·达·芬奇，《圣母子和圣安妮》，约1505年，杨木板油画

插图24　列奥纳多·达·芬奇，《丽达与天鹅》，约1504—1506年，黑粉笔、钢笔和棕色水墨画

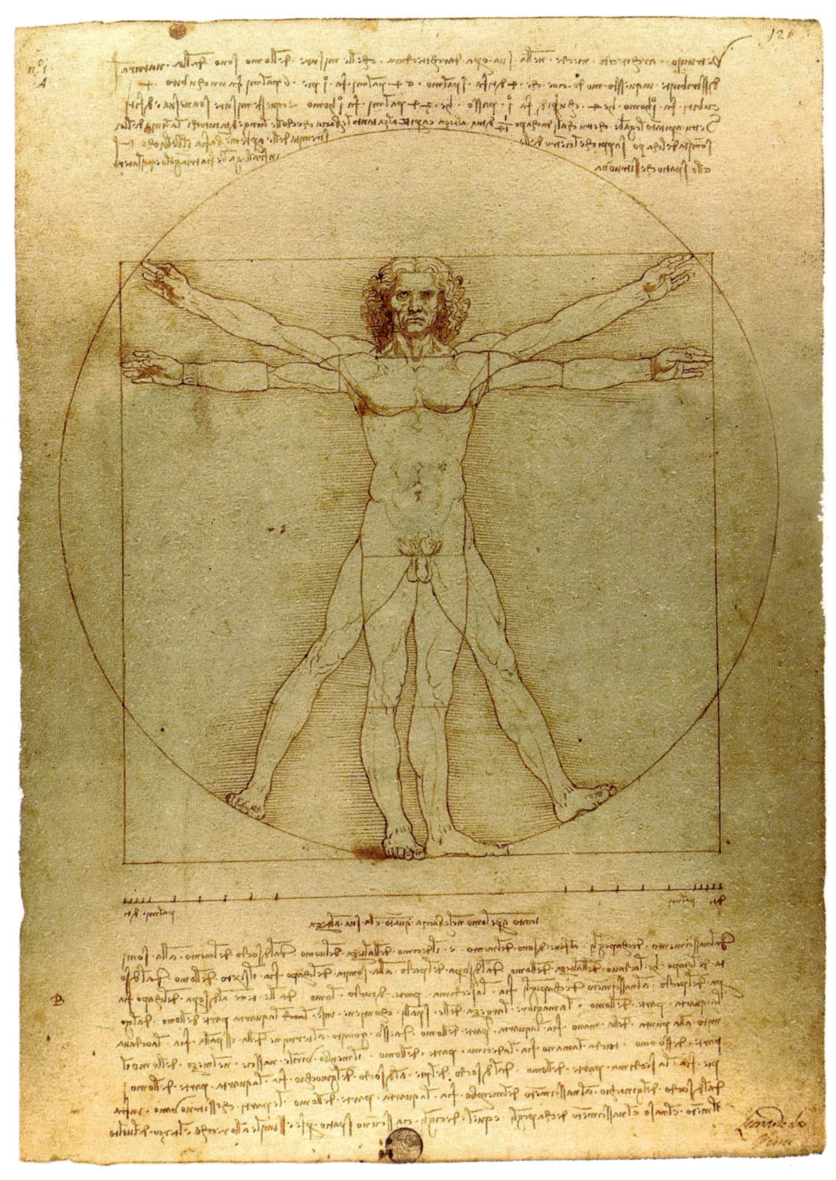

插图25　列奥纳多·达·芬奇，《维特鲁威人》，约1490年，灰色水洗纸钢笔水墨画

插图26　列奥纳多·达·芬奇，《五个怪诞头像》，约1494年，纸本钢笔水墨画

插图27　列奥纳多·达·芬奇，《老人与狮头》，约1505—1510年，漂白粉纸红粉笔画

插图28　列奥纳多·达·芬奇，《三博士来朝》，约1481—1482年，木板木炭水彩油画

插图29　列奥纳多·达·芬奇，《荒野中的圣杰罗姆》，1480—1482年，胡桃木蛋彩油画

插图30　列奥纳多·达·芬奇，《伯林顿府草图》，约1499—1500年，加长的木炭与白色的粉笔画在纸上，装在帆布上

插图31　列奥纳多·达·芬奇，《音乐家肖像》，约1485年，木板蛋彩油画

插图32　拉斐尔·桑蒂，《巴尔达萨雷·卡斯蒂廖内肖像》，约1514—1515年，木板油画

插图33　列奥纳多·达·芬奇，《第三个结》，1490—1500年，一个结的印刷设计图纸，中部圆圈里环绕的文字为“列奥纳多学院”

插图34　列奥纳多·达·芬奇，《救世主》，1500年，胡桃木上的油画

插图35 列奥纳多·达·芬奇，《天轴厅天顶画》，约1496—1497年，湿壁画和蛋彩画，斯福尔扎城堡，米兰

插图36　列奥纳多·达·芬奇，《银貂乃是纯洁的象征》，约1494年，纸本钢笔和棕色墨水外加少量黑色粉笔画

插图37　列奥纳多·达·芬奇，《为波利齐亚诺的〈奥菲欧〉所作布景草图》，约1508年

插图38　列奥纳多·达·芬奇，《最后的晚餐》，1495—1498年，灰泥墙面蛋彩油画，圣母感恩修道院，米兰

插图39　多纳托·蒙托尔法诺，《基督受难》，1495年，湿壁画，圣母感恩修道院，米兰

插图40　列奥纳多·达·芬奇，《最后的晚餐》画面左侧的细节

插图41　列奥纳多·达·芬奇，《斯福尔扎骑马纪念像研究草图》，约1489年，浅褐色水洗纸黑粉笔画

插图42　列奥纳多·达·芬奇，《斯福尔扎大马头部的筑模设计稿》，约1491—1493年，红粉笔画，马德里手稿（MS 8936）

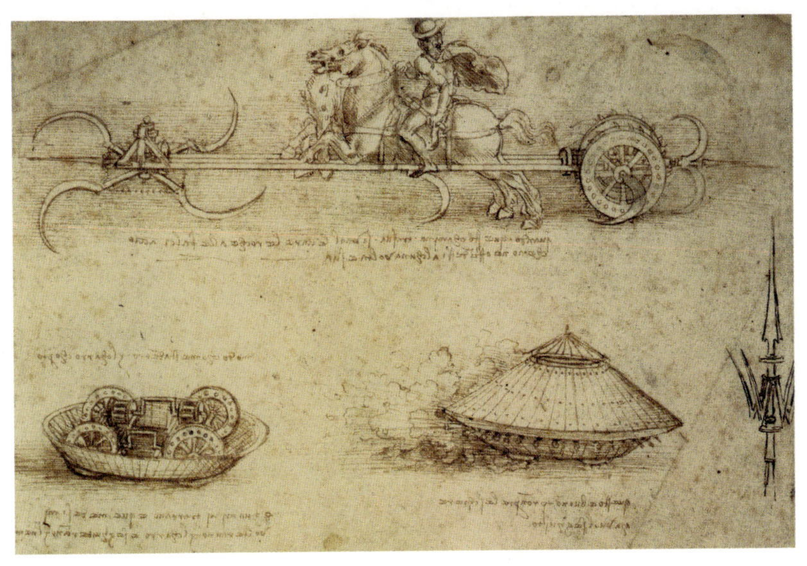

插图43　列奥纳多·达·芬奇，《类似坦克的军用武装车辆研究草图》，约1485年，钢笔和棕色墨水莎草纸画

插图44　列奥纳多·达·芬奇，《西泽尔·波吉亚》，约1502年，红粉笔画

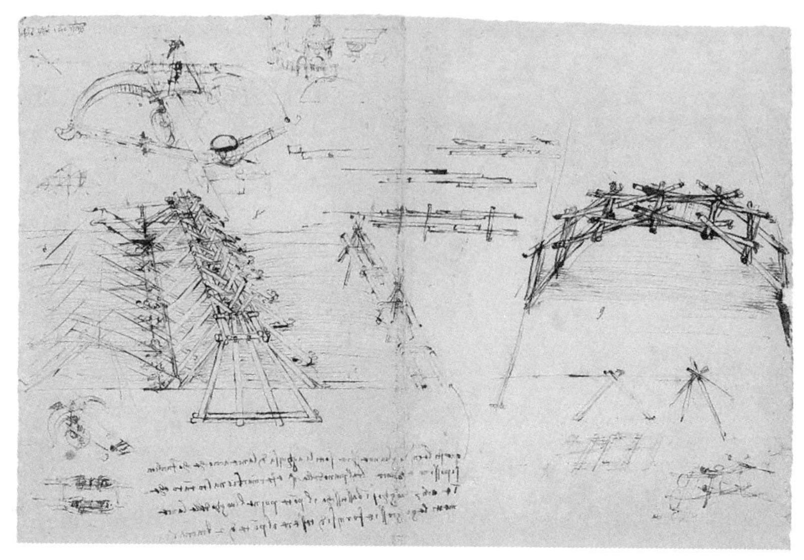

插图45 列奥纳多·达·芬奇，《可收起的浮桥》，约1487—1488年（？），钢笔加墨水画，大西洋手稿，55r/16v-a

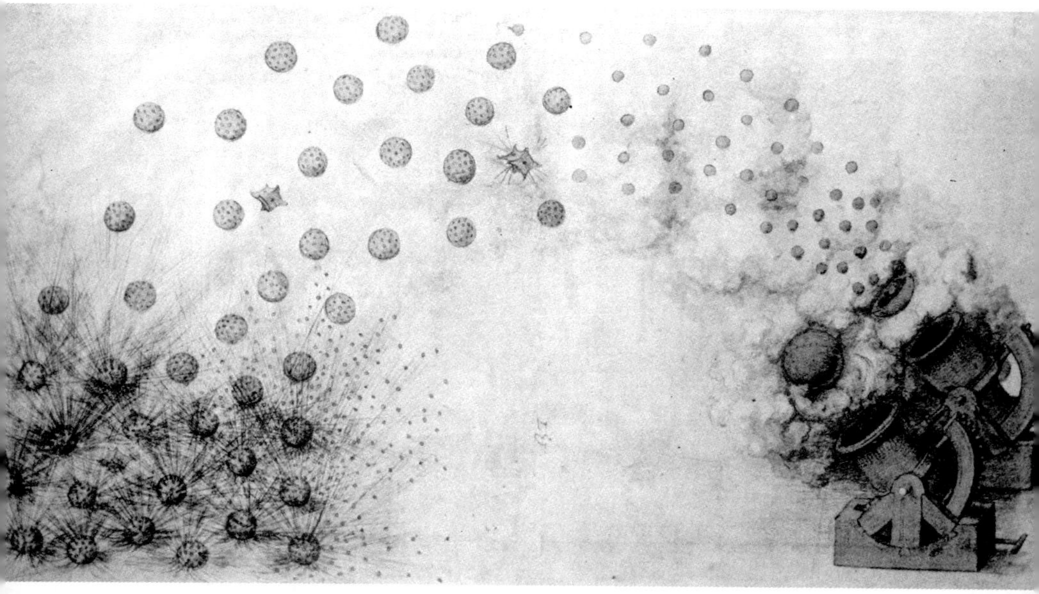

插图46 列奥纳多·达·芬奇，《两座可发射会爆炸炮弹的炮台》，约1495—1499年，钢笔加印度水墨画，大西洋手稿，33r/9v-a

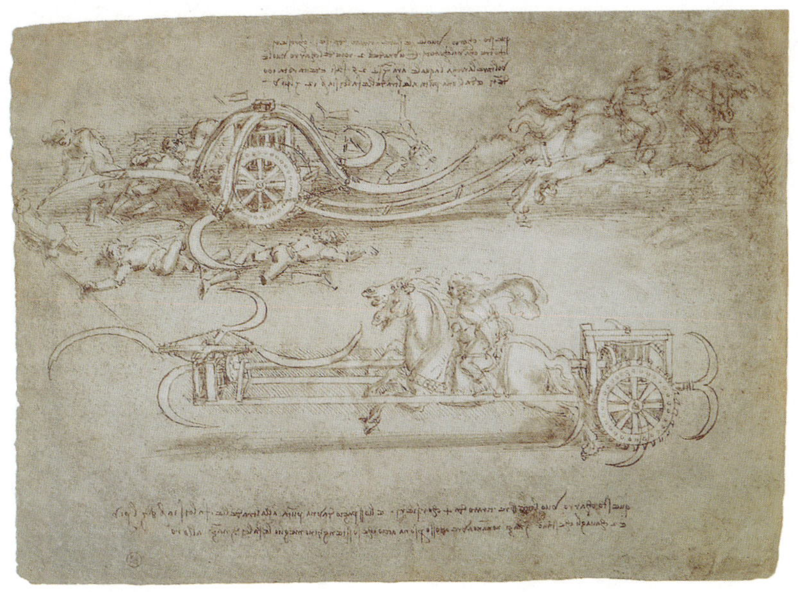

插图47　列奥纳多·达·芬奇，《镰刀战车》，钢笔画

插图48　彼得·保罗·鲁本斯，《安吉亚里战役中争夺旗帜的战斗》，约1603年，黑色粉笔、钢笔和棕色水墨画，模仿列奥纳多·达·芬奇之作

插图49　亚里士多德·达·圣加罗临摹米开朗基罗作品，《卡西纳战役》，1542年，面板油画

插图50　列奥纳多·达·芬奇，《〈安吉亚里战役〉素描》，约1503—1504年，钢笔画

插图51　列奥纳多·达·芬奇，《〈安吉亚里战役〉中一名士兵的头像画的研究草图》，约1504—1505年，土黄色纸上的红色粉笔画

插图52 列奥纳多·达·芬奇，《〈安吉亚里战役〉中两名士兵的头部草图》，约1504—1505年，黑色的粉笔或木炭、红色粉笔的粉末画

插图53　加姆比耶多里诺根据列奥纳多的设计草图所画，《丽达与孩子们》，约1520—1540年，杨木板油（可能还有蛋彩）画

插图54　列奥纳多·达·芬奇原作摹本，《丽达与天鹅》，约1510—1515年，木板蛋彩画

Formosa hæc leda est, cignus fit Iuppiter illam
Comprimit, hoc geminum quis credat parturit ouum,
Ex illo gemini pollux, cum castore fratres
Ex isto erumpens Helene pulcherrima prodit.

插图55　科内利斯·博斯临摹米开朗基罗原作，《丽达与天鹅》，约1544—1555年，雕版画

插图56　插图54的局部细节

插图57　列奥纳多·达·芬奇，《丽达头部的习作》，约1505—1508年，黑色粉笔、钢笔画

插图58　列奥纳多·达·芬奇，《纺车边的圣母》，约1501—1505年，木板油画

插图59　列奥纳多·达·芬奇，《圣母子与一只猫》，约1478—1481年，钢笔和棕色水墨画

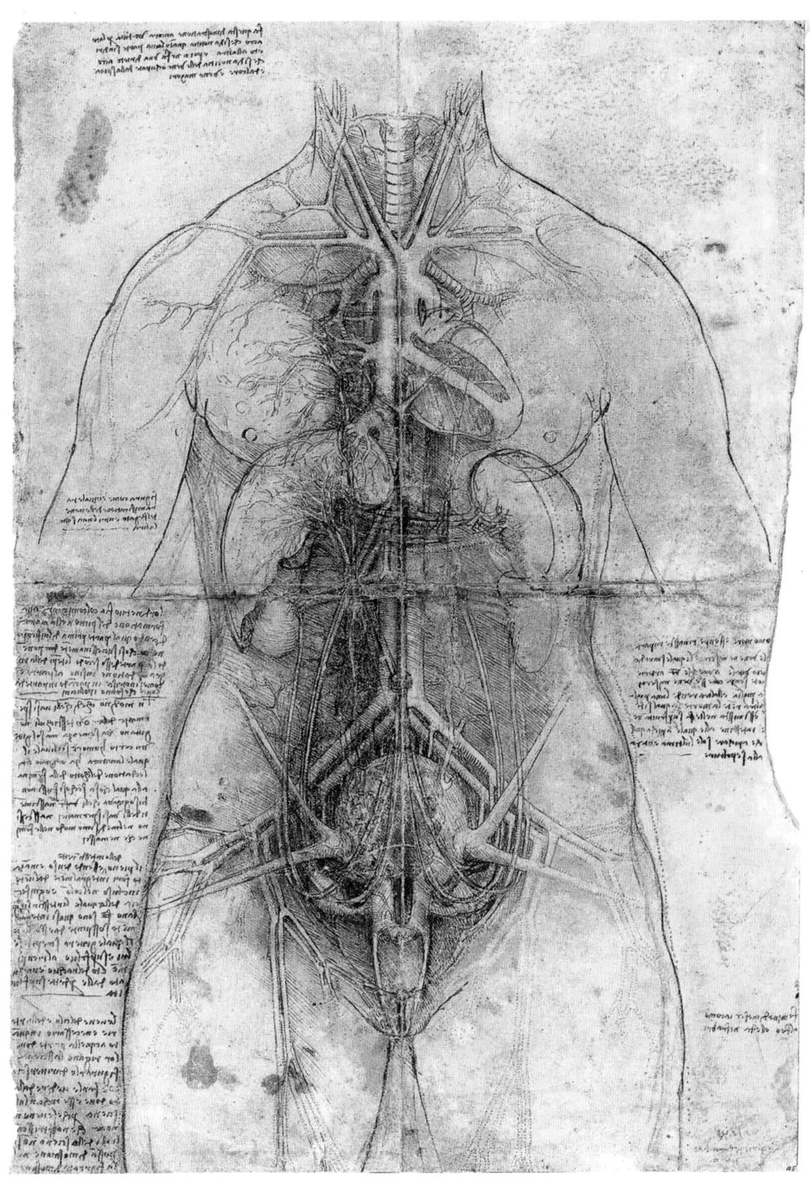

插图60　列奥纳多·达·芬奇，《一个女人的血液循环系统和主要器官素描》，约1509—1510年，黑色和红色粉笔，墨水，黄色涂料，全图有精细的针孔

插图61　插图34的局部细节

插图62　汉斯·梅姆林，《基督赐福》，1478年，橡木板油画

插图63　列奥纳多·达·芬奇，《巴克科斯》或《施洗者圣约翰》，1510—1515年，木板油画，裱在帆布上

插图64　列奥纳多·达·芬奇，《戴头盔的战士》，1475—1480年，乳白色纸上银尖笔画

插图65　列奥纳多·达·芬奇，《马背上的伪装者》，约1517—1518年，粗糙的纸上的黑色粉笔、钢笔和水笔画

插图66　插图14的卷发细节

插图67 安德烈·德尔·韦罗基奥，《托比亚斯与天使》，约1470—1475年，杨木板蛋彩画

插图68 安德烈·德尔·韦罗基奥，《托比亚斯与天使》局部

插图69 列奥纳多·达·芬奇，《暴风雨，伴随山崩和城市倾覆》，描述一场威力强大的暴风雨的11幅组画之一，约1517—1518年，黑粉笔画

插图70 列奥纳多·达·芬奇，《处在伏地的毛茛和五叶银莲花之间的圣星百合素描图》，约1506—1512年，钢笔和墨水画

插图71　弗朗切斯科·梅尔齐，《列奥纳多·达·芬奇肖像》，约1515—1518年，红粉笔画

引 言

列奥纳多·达·芬奇[1]可能是有史以来最伟大的西方画家，他的画作（参见插图1）卖出了天价。但画画其实只占用了他生命中很少的时间，他在67年的生涯中，只画了20多幅画。假如他不画画，那人们记忆里的他或许只不过是个有趣又有创造力的历史人物罢了。然而，虽然大众文化把很多创造发明都归在他名下，把他刻画成一个无所不知的天才，但无论是在艺术还是其他领域中，他只不过是追随、改进并发展了既存的传统而已。他也远远算不上博学。他只接受过用方言传授的很基础的教育，几乎完全不懂拉丁文，也从来没上过大学。可他的生平成就却表明，在条块划分严谨的学院派知识之外，借

[1] 列奥纳多·达·芬奇，全名列奥纳多·迪·瑟·皮耶罗·达·芬奇（Leonardo di ser Piero da Vinci），意思是芬奇镇皮耶罗绅士之子——列奥纳多，达·芬奇并不是姓，而是“来自芬奇镇”之意。注意本书中简称他时用的都是他的名字列奥纳多。——译者注（如无特殊说明，本书脚注皆为译者注。）

助视觉艺术提供的可能性，同样能够蔚集大成。

列奥纳多出生于1452年4月，是一位年轻的公证人与农夫之女的私生子。他小时候生活在乡下，后来父亲决定带他去佛罗伦萨，到当时最著名的几位画家的工坊里当学徒。如果不是这个决定，或许他就只能是个聪明的乡下孩子了。但也因此，我们可以说他有两位导师：自然和艺术。正是有赖于这些滋养，他才能创作出那些改变了艺术史进程、重塑了西方人想象的形象。

这本简短的传记将追寻列奥纳多运用自己对艺术、自然和社会的理解来创作绘画作品，同时也塑造自身形象的轨迹。隔着历史提供的距离去反观，我们可以看到，这一切与他留下的艺术遗产一样重要。

约翰·杰弗里斯·马丁（John Jeffries Martin）提出过一种分类法，把文艺复兴式人物的自我分为三个层面来分析：社群的（communal）或公共的（civic）自我、审慎的（prudential）或演绎的（performative）自我，以及敞开的（porous）自我。第一种与社会群体、家庭和家族相关联。列奥纳多的“公共的自我”包容了整个文艺复兴世界。他的家庭和家族关系，经由母亲这边，与农民和农场工人相联；经由父亲这边，又与佛罗伦萨的资本主义商人相联；而经由他的导师安德烈·德尔·韦罗基奥[1]，他又与艺术家及工匠阶层相联。三十几岁时，他常与国王和统治者们随行相伴，也因此融入欧洲的上流社会。换句话说，列奥纳多的“公共的自我”拼接起了整个文艺复兴社会：下起农民，上至国王。

[1] 安德烈·德尔·韦罗基奥（Andrea del Verrocchio），1435—1488年，意大利雕刻家、画家、雕塑家。

“审慎的自我”关涉个体内心世界与外部世界之间的关系。在这个范畴下，我们重点关注的是列奥纳多适应各种环境的能力：在音乐家、建筑师、画家、雕塑家、服装设计师、军事和水利设计师、制图师和哲学家等各种角色之间自如切换；甚至还能充当完美的廷臣，随时准备逗点乐、跳个舞，出色地劝诱、说服、娱乐或服务他的主人。不同于其他一些工匠创作者或艺术家创作者，比如法国人伯纳特·贝利希[1]或佛罗伦萨人本韦努托·切利尼[2]，列奥纳多并不喜欢总是固守一种姿态，自矜自负。当然，与他们一样，他也推崇经验胜于理论。保留下来的往来书信充分表明，列奥纳多会根据说话的对象不同，相应采取最合适的态度——这种能力源自他对人性深刻而全面的了解。

今天的学者们试图把自我描述为独立的思想主体，结果往往使研究陷入困境。“敞开的自我”主要就是针对这种困境提出来的。文艺复兴式的“敞开的自我”，受益于近现代早期科学和哲学的一个显著特征，体现在大量精神、物质和地理环境的影响因素以及这样一种大的前提假设上：人类与世界是由相同的元素构成的，健康取决于它们之间能达至平衡。因此，“敞开的自我”能在列奥纳多与自然水乳交融的关系中得到最好的解释。对他而言，灵魂的理性和感性因素构

[1] 伯纳特·贝利希（Bernard Palissy），约1510—约1589年，法国陶艺家，曾花费16年时间钻研仿制中国瓷器。其陶器作品颜色鲜艳，饰以立体的花鸟虫鱼图案，形成独特的“田园器皿”风格。

[2] 本韦努托·切利尼（Benvenuto Cellini），1500—1571年，意大利文艺复兴时期的金匠、画家、雕塑家、音乐家，代表作有《盐罐》（金器）、《珀尔修斯提着美杜莎的头颅》（青铜雕塑）。其自传《致命的百合花》被称为“西方最著名的自传”。

成了思考的自我，但它们同时也是自然的一部分。自我，其实也就是人类，与世界是密不可分的，而不是相分离的。这种开放的存在观，与列奥纳多认为自然是与人类身体类似的有机体，以及他的绘画方法——晕涂法[1]，都是相关的。

我们今天对列奥纳多·达·芬奇的了解，大部分来自乔尔乔·瓦萨里[2]《名人传》（原文1550年初版，1568年修订）中的记述。作者说，有一天，少年列奥纳多抓了很多蛇、青蛙和蜥蜴之类的爬行动物，用在他画的带美杜莎头像的盾牌上。他全心全意地投入，根本没注意到那些开始腐烂的“模特们”散发出的恶臭。这个传说听起来有点荒诞，因为在当时，作画需要准备各种工具，而且得有画坊的支持才行——事先混装好的管装颜料要到18世纪中期才问世。但这个故事有一点却很真实：列奥纳多痴迷于借用图像和线条来观察大自然。再想想他的解剖学研究，那这个故事也挺合理，因为解剖学就需要让自己完全不怕闻到腐烂尸体的恶臭。故事所刻画的这位艺术家搞起研究来的投入程度，也很有说服力，因为我们知道他正是如此——这种理解是从他留下的文稿（留存至今的有五分之一）中得出的。

大众文化把列奥纳多刻画为文艺复兴的代表人物，但他在很多方面与所处的时代格格不入。他对拉丁文只懂点皮毛，接触科学和哲学文献颇为有限，而且他对法律、天文学或神学等学科也没有表现出丝

[1] 晕涂法（Sfumato），让边界模糊，从而巧妙地让物体融合、关联起来的绘画方法。

[2] 乔尔乔·瓦萨里（Giorgio Vasari），1511—1574年，意大利文艺复兴时期的艺术理论家、画家、建筑师，代表作有《名人传》，书中首次提出了“文艺复兴”这个概念，首次提及了佛罗伦萨乌菲齐宫内著名的狭长走廊。

毫的兴趣。他一生中收藏的书籍并没有形成针对某个领域的参考文献库，而只是证实了他在各个时期需要参考的特定主题。与时风不同，他是素食主义者，曾明确表达不认同把自己的胃变成“动物公墓”的做法。他对宗教、性或政治也没有表现出任何兴趣。他享受个人自由，一直单身——这些也和文艺复兴时期的意大利重视家庭的观念相左。作为一个没结婚的成熟男性，身边又始终有更年轻的男性相伴，他确实有可能是同性恋。可是，除了少年时代那次被控告鸡奸外——他最后被无罪释放——列奥纳多几乎没有留下任何关于自己爱欲倾向的蛛丝马迹。

他一生中很大一部分时间都在宫廷中为不同的统治者服务——有时这些人互为政敌，但列奥纳多却从来没被怀疑为叛徒。而且，与米开朗基罗不同，列奥纳多似乎也从来没担忧过自己的政治立场。他向当时最强大的人物贡献出自己受众人追捧的服务；作为艺术家，也作为军事工程师，安然渡过文艺复兴时代诡谲的政治风暴之海。身为一个出生在15世纪50年代的佛罗伦萨人，他处在15世纪佛罗伦萨的统治者美第奇家族庇护下。他们送他到米兰，他在那里又为统治者斯福尔扎家族服务了18年。1499年，法国人把斯福尔扎家族赶下台，列奥纳多又积极寻求米兰新晋主人高卢[1]人的庇护，开始为他们工作。回到佛罗伦萨后，正值把美第奇家族赶下台的短命共和政府执政（1496—1512），他又为他们服务。他还曾为西泽尔·波吉亚（Cesare Borgia）服务过一年。波吉亚张扬不羁，是教皇

[1] 高卢，古地名，大体包括今意大利北部波河流域、法国、比利时、卢森堡及荷兰、瑞士的一部分。

亚历山大六世的私生子，瓦伦蒂诺公爵。美第奇家族后来重返佛罗伦萨，列奥纳多又再次为他们服务，担任朱利亚诺·德·美第奇的随员直到1516年。之后，美第奇家族衰落，无力再提供庇护——尽管这时该家族还出了一位教皇利奥十世。于是列奥纳多离开罗马，接受了法国国王弗朗索瓦一世提供的职位和丰厚的年金。

在人生的最后十年里，虽然列奥纳多的声誉大为受损，但他似乎始终都能得到贵族的资助和庇护，最终在法国国王送给他的城堡里安然去世。我们可以这样说：列奥纳多出生时是个农民；年少时成长为一名艺术家，中年时成为一名老练完美的廷臣；身后留下的，是文艺复兴代表人物的形象。本书接下来的篇幅就要探索这一系列转变的历程。

没有哪本书是盖棺论定的，它们都只是引导，剩下的路途只能留给读者去探索。就列奥纳多而言，探索之路因为新近的科技进步而变得顺遂。20世纪初期编纂的其文字遗存的最全版本，现在已能够在网上免费看到。他的笔记和他的绘画、素描，以及大多数与他生平有关的线索和文献也是如此，而且大多是高清版本。作为历史上最有名的人物之一，历代学者已经仔仔细细地剖析过他的一切，梳理他在各个领域的活动，研读相关文字资料，从官方合同到购物清单等等，不一而足。本书只能说是一份简要引介——关于历史人物列奥纳多·达·芬奇，也关于他经由绘画艺术与世界建立的联系。

目　录

第一章
早年佛罗伦萨岁月：教育与人格定型

列奥纳多·达·芬奇出生于1452年4月15日[1]，是一位地方公证人瑟·皮耶罗·达·芬奇与当地一名佃农之女卡特莉娜的私生子。要不是生下了列奥纳多，恐怕根本就无人知晓卡特莉娜。童年的列奥纳多一直和母亲及外祖父一起住在农场里。这段在托斯卡纳丘陵连绵的乡间度过的童年时光，是他与世界的最初接触，毫无疑问会影响到他与自然的关系。可以说，自然就是列奥纳多的第一位老师。此后终其一生，他都在试图借助当时的文化积淀和各种手段来理解并模仿自然。他的外祖父母去世时，他的父亲已再婚，并成为一个为美第奇家族服务的成功公证人。父亲把他带到了自己工作的佛罗伦萨。列奥纳多是私生子，不可能继承父亲的衣钵从事法律工作。不过他父亲似乎

[1] 这里的日期是用当时通行的儒略历计算的，若换算成现在通行的公历，则为4月23日。

非常支持儿子做想做的事。我们也几乎能肯定，正是有赖于与美第奇家族的关系，列奥纳多才得以进入安德烈·德尔·韦罗基奥的工坊。而韦罗基奥，恰恰是当时最重要的艺术家。

韦罗基奥（意为“真正的眼睛”）出身于一个制砖匠家庭，早年做过金匠学徒，之后逐渐扩展了自己的技能，生意也做大起来，绘画、雕塑、建筑和工程机械都有涉及。15世纪60年代，他成为美第奇家族最青睐的艺术家，声名鹊起。在艺术史上，经由他的学生们——列奥纳多、波提切利和洛伦佐·迪·克雷迪，韦罗基奥把佛罗伦萨那些为15世纪早期文艺复兴艺术奠基的人们（马萨乔[1]、洛伦佐·吉贝尔蒂[2]和多纳泰罗[3]），与文艺复兴盛期的大师们（米开朗基罗和拉斐尔）串联了起来。

韦罗基奥的工坊产出绘画作品和用大理石及青铜制作的雕塑作品，包括肖像和宗教图像，以及钟、大门、枝状大烛台和墓地，并加以大量点缀装饰。他的主要作品包括：柯西莫·德·美第奇的墓板（圣洛伦佐教堂，1467年），乔瓦尼和皮耶罗·德·美第奇的墓（圣洛伦佐教堂，1472年），位于圣弥额尔教堂的《圣托马斯的质疑》（始创于1467年），还有威尼斯的巴托洛梅奥·克莱奥尼

---

[1] 马萨乔（Masaccio），1401—1428年，意大利文艺复兴先驱，注重写实和立体感，率先采用了透视、灭点等多种技法，马萨乔为其绰号，大意为“邋遢的汤姆”，并非真名。

[2] 洛伦佐·吉贝尔蒂（Lorenzo Ghiberti），1378—1455年，意大利文艺复兴早期代表人物，代表作佛罗伦萨大教堂洗礼堂的青铜大门，被米开朗基罗称为“天堂之门”。

[3] 多纳泰罗（Donatello），1386—1466年，被视为15世纪最杰出的雕塑家，代表作有《圣乔治》《大卫》等。

骑马雕像（从15世纪80年代开始设计制作）。从韦罗基奥的装饰作品中，列奥纳多学到了绘制和运用植物、花朵、浆果、树叶作为装饰元素；从《圣托马斯的质疑》这样的群像雕塑中，他接触到了如何在互动中刻画人物的艺术；而克莱奥尼骑马雕像则是他在15世纪八九十年代在米兰创作斯福尔扎骑马像时试图超越（但却未果）的准绳。

矿物是列奥纳多的绘画中经常出现的一个主题。在他早期的圣母绘画中，它们就已经作为背景山脉出现，在两幅《岩间圣母》（参见插图2、3）中，更是以岩洞和石渠居于中心位置。从当韦罗基奥学徒的年代开始，列奥纳多对矿物的知识开始扩展到它们的各种属性，比如可以制作成为用于绘画以及青铜和大理石雕塑的材料。他知道天然颜料及其多种准备方法，也是首批尝试使用新近从佛兰德斯进口的油料作画（虽然并不总能成功）的意大利艺术家之一。

瓦萨里把韦罗基奥描述成一位杰出的雕塑家，但只是一名二流的画家，韦罗基奥因为看到少年列奥纳多的才能而气馁，放弃了画画。但韦罗基奥并不仅是一位雕塑家，他还是一名金匠，在捏塑和模塑方面都很杰出，善于制作装饰物和立像。列奥纳多正是从韦罗基奥那里学到了模塑法，由此不仅掌握了关于金属、合金及其音色效果，而且了解了火与烟的性质。这为列奥纳多成为军事工程师和发明战争用机器奠定了部分基础。

借由模塑技法，列奥纳多还学会了印取真实物体的印记，比如布料、树叶、鸟、昆虫，甚至人类。当时的佛罗伦萨是闻名遐迩的蜡塑中心，利用模塑来制造我们今天称为超现实主义的人像。直接从真实物体来模塑，也是佛罗伦萨的雕塑家们尝试的技术领域。树叶的印记，在洛伦佐·吉贝尔蒂为佛罗伦萨大教堂洗礼堂铸造的青铜大门上非常明显。而多纳泰罗在他的《朱迪斯与赫罗芬尼斯》（佛罗伦萨，韦奇奥宫，1457—1464年）上，毫不犹豫地使用了真正的布料印记。尽管模塑明显具有“客观主义”特征，但它其实也涉及按照设想的某种审美理念来模塑物体。我们后面就会看到，模塑艺术的这个方面尤其贯穿于列奥纳多处理绘画中自然景观的方式里。这种方式的最佳说法是：伪装成自然主义的理想主义。

一个直径2.3米、重约2吨的铜球，要牢牢立在佛罗伦萨大教堂[1]的穹顶上方。这可能是列奥纳多学徒期间，韦罗基奥接到的最有意思的委托了。韦罗基奥亲自在威尼托[2]选购了八块铜片，锤成球形，然后焊接、镀金。1471年5月27日，他使用的把球体托起并安装在大教堂穹顶上的机械，是当时的雕塑师用来处置、移动和安装重物的设备之一。通过参与这些项目积累经验，列奥纳多加深了对于机械和机械制造的理解，也熟悉了轮子、链齿轮、杠杆和链条驱动装置等各种术语。这些可以派上很大用场，从移动重物到组装战争机器、更换剧院场景，甚至是制造机器人。

作为美第奇家族最青睐的艺术家，韦罗基奥对当地的时尚节庆（受洗、婚礼、国事访问，以及庆祝凯旋等庆典会，包括比武大会、宴会和戏剧表演等多种活动）文化贡献良多。比如，1471年

---

[1] 佛罗伦萨大教堂即圣母百花大教堂。

[2] 威尼托是意大利东北部大区，位于阿尔卑斯山和亚得里亚海之间；首府为威尼斯，还包括帕多瓦、维罗纳和维琴察等重要城市。

时，韦罗基奥就负责装饰美第奇宫，以迎接3月米兰统治者加莱亚佐·马里亚·斯福尔扎[1]的来访。他还给为此举办的比武大会设计了旗帜和标牌。在文艺复兴时期，每到节假日，艺术家和知识分子都会合作、进行各种尝试，为节庆文化出一份力。韦罗基奥的参与，为列奥纳多后来成长为该领域的大师提供了基础。

学艺训练

列奥纳多所受的训练，从画人体开始。学徒们首先学习的是画人体的各个部位——眼睛、鼻子、嘴巴、耳朵、手和脚，接下来他们会学习人体解剖学的基础知识——骨骼、肌肉和皮肤等，然后就开始描绘整个人。画模特，或模仿古代和当代的大师作品，是学徒们下一阶段要做的事。经由这个过程，他们就能渐渐自如地运用新学会的技艺和视觉术语，形成个人风格。文艺复兴的艺术和艺术教育，聚焦于人像。早在1436年，人文主义建筑师莱昂·巴蒂斯塔·阿尔伯蒂[2]在其所著的《绘画论》[3]中，就详细阐述了人物构图的标准方法。19世纪的艺术学院里仍然在教授这种方法。其要诀在于，画人物的时候，

---

[1] 加莱亚佐·马里亚·斯福尔扎（Galeazzo Maria Sforza），1444—1476年，斯福尔扎家族出身，于1466年至1476年担任米兰公爵，以淫荡、残暴和专横著称。

[2] 莱昂·巴蒂斯塔·阿尔伯蒂（Leon Battista Alberti），1404—1472年，文艺复兴时期著名的艺术理论家、建筑师，著有《绘画论》（1435年）、《论建筑》（1452年）和《论雕塑》（1446年）。这三部著作奠定了文艺复兴美术理论的基础。

[3] 《绘画论》（*Della Pittura*），最初以拉丁文写就，名*De Pictura*。

要从骨骼、肌肉、皮肤和衣料（主要就是衣物的褶皱）方面考虑。衣料褶皱被视为人物的最后一层构成部分，它勾勒出了人体，通过光影变化体现了人物的情绪。因此，绘制人物的衣服褶皱就被视作掌握绘画中光影运用的终极境界。在现实生活中，衣物覆盖并保护着人体；在绘画中，它是体现并放大所覆盖的人体及其精神运动的方式。衣物褶皱就好像是给所绘人物及其思想情感加上混响效果。作为所受训练的一部分，学徒们会在织物上练习摆弄和刻画褶皱。这些织物事先浸有生石膏，并在人体模型或黏土坯上晾干。这就是列奥纳多早期画那些衣料褶皱速写时的相关的教育背景。这类练习将引领他通向日后对光、影、轮廓和体积的研究思考（参见插图4）。

第一批画作

高阶的助手们会接到一些绘画中的小任务，例如风景和辅助图部分，之后导师会慢慢帮他们润色。列奥纳多很快得到了第一批这样的机会。其中有一项，是1475年韦罗基奥让他绘制《基督受洗》（参见插图5）中画幅左侧的小天使。据瓦萨里所说，韦罗基奥看到列奥纳多画的天使，深感震撼，于是最终决定放弃绘画。可列奥纳多却说，他是个可怜的小学徒，比不上自己的师傅。但他肯定很高兴能有机会来炫一炫自己研习褶皱期间学到的技法。他甚至给天使右脚上覆盖的衣料也画上了褶皱（参见插图6）。散在天使肩部的那些明亮通透的水晶珠，以及丝滑垂褶布料的蓝色和黄色，与他所穿的黑丝绒之间的对比，也进一步反映了列奥纳多极尽能事地展示新学到的关于色彩、反射和材质对比的绘画语言。天使的头后面飘动的丝带更强化了灵动之感，反映了列奥纳多对水的流动、头发飘动的研究（参见插图7、8），也是《岩间圣母》（参见插图3）中天使形象的先声。

中心人物基督把画面一分为二，画面左边是约旦河畔树木葱茏的河谷，右边是干燥的沙漠。这种安排或许有神学上的考虑，但瓦萨里着重讲韦罗基奥的《基督受洗》，是因为瓦萨里和同时代的人认为其中蕴含了列奥纳多的风格——16世纪现代风的先声。这与韦罗基奥所代表的15世纪典型风格之间存在巨大的差异。从这方面来看，列奥纳多的第一幅画在整体上是很传统的，但已经显露出了在风格上独立于师傅的迹象。

《柏诺瓦的圣母》（约1478—1480年）是第一幅展现列奥纳多独特绘画风格的作品（参见插图9）。它在光线、形象和表现手法上都背离了韦罗基奥工坊的标准风格。这种小型宗教画（49.5厘米×33厘米）用于祈祷和冥想，想象圣母和圣子就置身于自己熟悉的家庭环境中。但是，这幅作品非常奇特，不同寻常，一个大得不成比例的婴儿坐在微笑的圣母膝上。婴儿的头甚至比他母亲的头还要大。他手里拿着一朵十字形状的花，象征着未来的受难。这个主题很常见，但这幅画中圣母的形象却非常独特。她的下巴和颈部微胖，使得她在外表特征上与韦罗基奥更僵化、更消瘦的圣母截然不同。她在微笑：列奥纳多把她描绘为嘴唇微张，甚至还勾勒了她的牙齿，这在视觉艺术传统中极为罕见。除了怪诞风作品和戏仿基督的人像外，中世纪和文艺复兴艺术作品中极少会表现微笑。明明是常规格式作品、小型家用宗教画，却给了列奥纳多大量试验新表达方式的空间。《柏诺瓦的圣母》也是列奥纳多首次尝试明暗对比法和晕涂法。通过将聚光区域与黑暗区域并置，列奥纳多能让人物显得更加有浮雕的感觉；但为了避免他们显得太过突出，他又开始把轮廓变得更加柔和。

在列奥纳多的早期作品中，《持康乃馨的圣母》（约1478—1480年）既是最保守的，又是最具有试验性质的：人像方面很保守，但以油画绘制却很具有试验性（参见插图10）。圣母的面部特征，脱胎自工坊的标准模板。从15世纪20年代开始，意大利和佛兰德斯开始出现一种模式：在人物半身的位置，画面后侧，画上一堵矮墙。这幅画的构图正遵循了这个模式。在肖像画和宗教画中，矮墙都是一种过渡，用来推动和强化观众与画中形象虚幻的连接感。15世纪运用的矮墙，可以说是后来所用各种静物（例如衣料褶皱、水果、鲜花、花瓶、鸟类，甚至有时还包括昆虫和蔬菜）的鼻祖。在《持康乃馨的圣母》中，圣子坐在画面的边缘，右脚处在其他图像所处平面之外。他所坐的天鹅绒垫子既暗示了圣子皮肤柔滑，也暗示了他的体积和重量；圣母的右手进一步强化了这些暗示：因为这只手正环抱住圣子，感受到了他身体的重量。

将《柏诺瓦的圣母》中较扁平、极少褶皱的画面，与《持康乃馨的圣母》中繁复的刻画相比较，就能知晓列奥纳多在对层次的掌握上有了飞速的进步。在《持康乃馨的圣母》中，圣母还被刻画在非常靠前的位置——与此形成对比的是，列奥纳多后来倾向于让人物稍稍偏移，让四肢处在与构图平面不同的角度。想象基督幼年的模样，以及他不由自主抓取花朵或鸟儿以预示将来被钉在十字架上受难而死——这是中世纪后期和文艺复兴时期圣母和圣子的常见形象。画面中孩子正在端详并试图碰触的康乃馨，就象征着未来的受难。它与《柏诺瓦的圣母》中圣子拿着的十字花的作用一样。这种对下意识行为的表达，乃是最初的例证，反映列奥纳多后来作品中不断复现的一个主题。

这些早期的圣母绘画，也测试了列奥纳多最初试验油画颜料作画的成果。画作表面有起皱的现象，这在《持康乃馨的圣母》中尤其明显，是调制颜料时油用得过多所致。最上面的一层暴露在空气中，干得比较快，使得油料下渗、形成皱痕。这种现象在《基尼弗拉·德·本奇》中也能观察到。列奥纳多能够接触到美第奇家族的藏品，应该见识过若干佛兰德斯画家们的画作。《持康乃馨的圣母》中插着花的透明花瓶，以及两幅圣母画中圣母佩戴的珠宝，或者《基督受洗》中天使的装饰——这些细节都证实，列奥纳多很早就开始采纳佛兰德斯绘画的自然主义。

凡·艾克兄弟等佛兰德斯画家，不仅很喜欢画金属、玻璃、丝绸和皮肤能反射的表面，而且还喜欢描绘花朵和植物，以及用作站立的圣母玉足所踩的柔软芬芳的草甸。他们也是探索风景描绘的先锋。乌菲齐美术馆所藏《圣母领报》（约1472—1475年，参见插图11）中开满鲜花的草地证实，列奥纳多这时已经吸收了佛兰德斯绘画中的这些元素。他把从美第奇家族藏品中观摩来的东西，融入了自己独特的佛罗伦萨视觉艺术展现。与此同时，韦罗基奥的装饰风格建基于古典模式，这在圣母身前摆放的读经台上也有所体现。背景中的树木反映了对植物学的研究，也显示着大自然孕育出的树木是如此多种多样。近乎蓝色的背景，以及线性视角，由右手边的建筑加以强化，是最早体现列奥纳多早期刻画景深的例子。在芬奇镇附近风景优美的托斯卡纳乡间度过童年之后，少年的列奥纳多已经掌握了将自然转化为画面的艺术。学徒生涯和佛罗伦萨的生活，让他得以接触到佛罗伦萨的上层社会——因为韦罗基奥和列奥纳多的父亲瑟·皮耶罗都服务于美第奇家族。美第奇家族建立的政治王朝还拥有欧洲最富有的银行。从1434年柯西莫·德·美第奇（1389—1464）控制共和政府起，他们便掌握了佛罗伦萨的统治权。接替柯西莫的，是他儿子皮耶罗（1416—1469），之后是皮耶罗的儿子洛伦佐（1449—1492，参见插图12）。

文艺复兴时期的意大利并不是一个国家，而是由多个城邦国家连接起来的地域，这些国家由各自的地方王朝统治着，彼此间相互竞争。在列奥纳多出生的时候，美第奇家族统治着佛罗伦萨；西班牙的阿拉贡王室握有那不勒斯；在北方，威尼斯被掌握在当地富商家族手中；马拉泰斯塔家族管理着里米尼；埃斯特家族统治着费拉拉；贡萨加家族是曼图亚的主人；蒙特费尔特罗家族统治乌尔比诺；斯福尔扎家族控制着米兰。佛罗伦萨和米兰是亲密的盟友。1476年12月26日，加莱亚佐·马里亚·斯福尔扎（1444—1476）遇刺后，他年仅七岁的儿子吉安·加莱亚佐（1469—1494）的摄政权先是落在他的遗孀萨伏伊的博娜（1449—1503）及其首相斯科·西蒙内塔（1410—1480）手中；从1481年起又被卢多维克·斯福尔扎攫取，后者成为米兰真正的统治者。这种岌岌可危的脆弱局势，削弱了米兰与佛罗伦萨的盟友关系，有利于滋生一场旨在推翻美第奇家族的阴谋。这场叛乱被称为

“帕齐阴谋”。1478年4月26日，那天是复活节，洛伦佐·德·美第奇和他兄弟朱利亚诺·德·美第奇在佛罗伦萨大教堂做弥撒时，遭亲信刺杀；朱利亚诺身亡，洛伦佐逃脱。

幕后主使者想要借此煽动一场推翻美第奇家族的叛乱。乌尔比诺公爵暗中支持他们，早已派军队准备开进佛罗伦萨。但事与愿违，只成功一半的刺杀行动，反而激起了民众对美第奇家族的支持，强化了他们对佛罗伦萨的掌控。这场刺杀的直接后果是，约80个参与阴谋的人被捕，遭拷打，被处决。最后才被抓到的是商人贝尔纳多·班迪尼·巴伦切利，他逃去了君士坦丁堡。有赖于美第奇银行与奥斯曼当局的亲善关系，他才被抓住，遣送回佛罗伦萨，并于1479年12月29日穿着东方服饰被吊死。我们不清楚列奥纳多是否亲眼看到了行刑场景，但他描绘了这名被吊死的刺客被悬挂示众的尸体（参见插图13）。在这幅画中，在吊绳旁边的空白处，列奥纳多详细记录了巴伦切利长袍的颜色。这些笔记，有时候被看作是他冷漠超然的证据——但也可能正相反，是一种借助线条和颜色细节来保留对这些颇有冲击力事件造成的震撼记忆的方法。

尽管拥有民众的支持，但美第奇家族确实元气大伤。要不是靠着自己的政治智慧和外交才能，洛伦佐恐怕难以保住自己的权位。1492年，洛伦佐因病去世。没过多久，他的继承人皮耶罗就倒了台。1494年，美第奇家族被逐出佛罗伦萨。直到1512年，乔瓦尼·德·美第奇（1475—1521）才返回并再次占领这座城市。

美第奇家族不仅是个强大的王朝，统治佛罗伦萨直至18世纪，而且还因他们对艺术的推动而著称于世。“长者”柯西莫最先开启了这种风尚。他委托菲利波·布鲁内莱斯基、多纳泰罗和洛伦佐·吉贝尔蒂承担了多项重要的建筑工程和雕塑作品，并对文学和哲学发展大加支持。1444年，他建起佛罗伦萨首家公共图书馆，收藏了大量珍贵的希腊手稿；还委托马尔西利奥·费奇诺[1]及其学院用拉丁文翻译柏拉图全集（中世纪时，西方仅见《美诺篇》《斐多篇》《巴门尼德篇》和《蒂迈欧篇》有翻译流传）。

到1452年列奥纳多出生的时候，佛罗伦萨已经是一个喧闹、繁盛、时尚、前卫的欧洲文学艺术之都。大约在公元前387年，古代雅典的伟大哲学学校柏拉图学院建立，而费奇诺的学院被视为其复兴。就在列奥纳多从芬奇镇搬到佛罗伦萨那年，洛伦佐上台，他延续并发扬了前任资助艺术的传统，很快，佛罗伦萨就成为意大利半岛上其他统治者们咨询和效仿的明智政府的典范。洛伦佐生活奢华富足，坐拥众多宝石、浮雕珠宝和异域奇物，古代和现代的雕塑，以及中世纪和当代的绘画作品——主要是托斯卡纳和佛兰德斯的绘画作品。他的宫殿包括卧室中装饰的以及日常生活中经常可见的那些艺术品，涵盖了托斯卡纳艺术的各个时代。

美第奇家族和服务于他们的艺术家们从小相识，至死相知。他们之间的关系非常复杂、多面，最好的理解方式是从延展的角度：艺术是美第奇家族政治个性的延展。艺术为美第奇家族提供了通往时尚的方式，使得他们可以向世界展示更加丰富的自己。艺术作品其实一

---

[1] 马尔西利奥·费奇诺（Marsilio Ficino），1433—1499年，意大利文艺复兴时期著名人文主义学者，倡导新柏拉图主义，创立新柏拉图学院，并将柏拉图及其他希腊作家的著作译为拉丁文，为文艺复兴人文主义学术确立了标准。

直到18世纪都是没有名字的，只有主题。艺术家们，包括列奥纳多，都是接受委托工作。我们只能说，他们创造的作品扩展了委托人的意愿、渴望和个性，所以才可以被视作独立的作者。

洛伦佐对待艺术的态度，也是对一种贵族教育理想的回应。这种理念，早在古代哲学中就得到阐述，在人文主义教育中被加以运用：掌握绘画技艺作为了解世界的工具，设计要塞和战争机器，能对艺术事物有确定的见解。这些观念对列奥纳多运用视觉艺术作为求取并展现知识的方式，是有相当大影响的。它们为文艺复兴时期新兴的宫廷艺术家职业提供了基础。很快，列奥纳多凭这种身份也大获裨益。

美第奇家族用艺术来装饰私人空间和公共空间，但同样也将其运用在政治和外交方面。洛伦佐对有天分的新学徒始终保持关注——这毫无疑问也是列奥纳多会引起他注意的原因。有赖于他那闻名遐迩的雕塑花园和丰富的藏品，洛伦佐似乎也进一步给有前途的年轻艺术家提供了深造的机会。其中有两名常驻者——列奥纳多和米开朗基罗——将最终统领同时代的艺术界。就在不久之前，还有许多学者对瓦萨里笔下的洛伦佐的花园是否存在表示怀疑，但如今人们已经确定它是存在的，也让瓦萨里的描述再次有了可信度：

> 这个花园实在藏满了最棒的古代雕塑，凉廊、步道以及所有建筑部分都点缀着高雅的古代大理石雕像、绘画和其他艺术作品，它们都是出自意大利或其他地方最出色的大师之手。所有这些作品，除了能点缀花园、为它大大增色外，还

是年轻画家和雕塑家，以及其他学习艺术设计的人们，尤其是年轻贵族们的学校或学院。

经由佛罗伦萨各大工坊形成的网络，有潜力的年轻艺术家会引起洛伦佐的注意，得到利用他的藏品深造的机会。他们研习洛伦佐的家族藏品中那些古代和现代的艺术瑰宝，借此逐步形成自己的个人风格。美第奇家族的藏品，或其中的一部分，涵盖了从古代一直到当代几个世纪的作品，因此会让人体会到艺术历史演进之感。这种感觉，列奥纳多后来在一段谈论托斯卡纳艺术的笔记中曾有所流露。借助美第奇银行体系在布鲁日的分支机构，洛伦佐的藏品中也包含了佛兰德斯的绘画。可能正是通过这些作品，列奥纳多初次接触到了油画技法。此外，上面所引瓦萨里的描述的最后一句也向我们证实，洛伦佐不仅向有潜力的年轻艺术家，也向贵族青年们开放花园。

通过这样的途径，正在成长的艺术家们得以认识他们将来的资助人。但接触藏品似乎对列奥纳多还有其他的意义——早年就与统治阶层接触，进一步推动了他形成这样的思想：从事艺术创作不是为了赚取收入，而是可以用于求知。对艺术的了解以及绘画创作，辅以音乐、阅读和体操训练，应该是贵族教育的组成部分。这种观点出自亚里士多德《政治学》的第八卷。列奥纳多很早就赢得了音乐家的声名，还是很棒的骑手和舞者。可能正是因为他很早就接触到佛罗伦萨的上流社会，才开始修习并发展这些上层阶级的技艺。而受托绘制德·本奇的肖像，则给了他第一个为贵族群体服务的机会。

第一张肖像画

15世纪70年代下半叶的某个时段（可能是1475—1476年或1478—1480年），列奥纳多接受威尼斯派驻佛罗伦萨的大使贝尔纳多·本博的委托，绘制了肖像画《基尼弗拉·德·本奇》（参见插图14）。贝尔纳多是一位政治家、人文主义者，与洛伦佐·德·美第奇的亲信随员们过从甚密，这些人中包括马尔西利奥·费奇诺、克里斯托弗罗·兰迪诺[1]和波利齐亚诺[2]。有一回，在佛罗伦萨停驻期间，他与银行家阿美利戈·本奇的女儿基尼弗拉之间产生了一种崇高的柏拉图式的恋慕。他俩是在一次节庆活动中相遇的。这段激情在洛伦佐麾下的文学圈子里催生出了好几首赞扬大使的诗歌，显然也促成了基尼弗拉肖像画的创作。这是迄今为止已知的列奥纳多所绘第一幅女子肖像画。此后终其一生，他也不过多画了三幅女子肖像画而已：《抱貂女子》《鲁克雷齐娅·克里薇莉》以及《蒙娜丽莎》（参见插图15、16、17）。这是他早期的作品，此时列奥纳多还没有完全掌握晕涂法。他没有让轮廓变得模糊，而是用基尼弗拉柔亮的长发线条来使面部轮廓以及她自己的手指印显得不那么尖锐。

这幅肖像画在当时引发了一场同类绘画的小小革命，因为它是

[1] 克里斯托弗罗·兰迪诺（Cristoforo Landino），1424—1504年，意大利文艺复兴时期人文主义学者、哲学家、诗人，以拉丁文和意大利方言著有哲学对话集和若干诗集。柏拉图学院导师团成员。积极推广意大利方言的使用，并以讲学、翻译等形式在意大利引介彼特拉克、普林尼等古典作家作品。

[2] 波利齐亚诺（Poliziano），1454—1494年，原名安杰洛·安布罗吉尼（Angelo Ambrogini），意大利文艺复兴时期的古典学者、诗人，同时也是美第奇家族的家庭教师、密友和政治盟友。通过讲学、翻译等形式引介了荷马等古希腊作家。

已知的第一幅以四分之三侧面姿态描绘坐像的肖像画。之前，肖像画描绘女性要不就是侧面对着观众，要不就是正对观众，胸与画板平行——佛兰德斯绘画就是这样。此外，似乎这也是第一次画中坐着的女性被描绘成直接看着观众。画中坐着的女性的身份，我们是通过文献得知的，也得到了画中刺柏丛（ginepro）的确认：它们环绕着她的脸庞，暗示了她的名字：基尼弗拉（Ginevra）。在很长一段时间里，学者们都认为，这幅肖像画是送给本奇家族表示友好的礼物，或是基尼弗拉17岁结婚时的纪念。1984年，詹妮弗·弗莱彻发现，肖像画背面画的图像中包含有威尼斯驻佛罗伦萨大使贝尔纳多·本博的私人徽章：一枝刺柏之上，一枝月桂和一枝棕榈叶交叉（参见插图18）。在图中间，展开的卷轴上写有格言：Virtutem forma decorat（美貌装饰美德）。这句格言其实是重绘在另一句格言上的：Virtus et honor（美德与荣誉）。这后一句格言，以及交叉的月桂和棕榈枝（但没有刺柏），出现在本博拥有的62种手稿中的21种上。因此，极有可能，他的私人徽章出现在基尼弗拉肖像的背面，至少说明他想要和她有关联。但也有人提出，“美德与荣誉”最初是基尼弗拉的个人座右铭，经由本博改编，后来在基尼弗拉或她家人的推动下最终进行了改动。

这是我们能看见的一些画面：我们能把基尼弗拉·德·本奇仅有的一些信息并置在一起考虑。她跟随佛罗伦萨本笃会修道院的修女们学习。她祖父是修道院最主要的捐助人。她没有子嗣，一直患有慢性病，最后身着修女常服葬在了修道院里。她与这家修道院的联系在画中也有体现：她脖子上挂着一条黑布。这可能是一件肩衣，即修女和三级修士（参与修道院活动但生活在俗世的人）会佩戴的一种围巾。除了这一点可能的推断外，画面中并没有什么特别有宗教含义的地方。画的最下面部分已经遗失，我们也不知道列奥纳多到底在基尼弗拉手中放了什么。温莎城堡所藏的一幅很有名的列奥纳多对手的研究图（参见插图19）表明，基尼弗拉手中拿的可能是一枝花。而且这是有先例可循的，尤其是在韦罗基奥创作的女性半身像中。我们还知道，她写诗，不过她所有诗作最后流传下来的只有一行："敬请您谅解吧，我是山中的老虎。"

列奥纳多的技艺已经很出色，能画出微笑的圣母；而且他相信"绘画能通过身体的姿态表现出心里的想法"。因此，他肯定是有意让基尼弗拉在画中显得忧郁的——这表达了他在现实生活中对自己遇到的这位年轻女性的印象。我们或许永远都无法知晓基尼弗拉到底因为什么私人原因而忧伤；但当时流行的柏拉图式恋爱观，也就是推动大使委托列奥纳多绘制这幅画的动因，可以作为大的历史背景供我们参考。

柏拉图式的恋爱是一种精神热恋。它基于这样一种前提：视觉和听觉是精神感官，能接收到某种无法通过"更低等"的味觉和触觉接收到的形而上的美与和谐。听见和谐的声音、看到美景，能成为升华到沉思神圣之美的催化剂。马尔西利奥·费奇诺用本土方言对柏拉图的《会饮篇》作了如下评论：《爱之书》（*El libro dell'amore*，1484年）之后，15世纪末以降，柏拉图式恋爱蔚然成风。柏拉图式恋爱的观念，在文艺复兴爱情诗（主要是对彼特拉克诗作的诠释和模仿作品）中得到体现。彼特拉克用意大利方言撰写的诗集《歌集》

（*Canzoniere*），尤其被推为这种理想行为在文学上的典范和例证。

文艺复兴式的柏拉图恋爱，还关乎男性的审视与让人渴望的女性身体。身体之美能反映出心灵之美。柏拉图主义或许增进了对女性的尊重，但它只是阶梯上的一步——尽管是通往神圣的神秘阶梯——也就是达到目的的一种手段，而不是为了推动真正的平等。因此20世纪的女性主义批评家们指出，柏拉图主义在爱情观方面的兴盛，推动了对女性的物化。从中世纪的骑士之爱转变为柏拉图式恋爱，可看作是从权力游戏向理想化的转变。在骑士之爱中，男性和女性是处于互动中的；但在文艺复兴式时期的柏拉图式恋爱中，女性仅仅被视为男性积极理想化观念的对象，被动地成为据称是对神圣的反思的美的载体。

尽管文艺复兴时期能诞生乔瓦尼·皮科·德拉·米兰多拉的《论人的尊严》（*Oratio De Hominis Dignitate*，出版于1486年）这样的作品，但对女性而言，那却不是一个多好的时代。中世纪晚期以降，女性的经济状况就不断恶化，接受教育的机会也没有了。诸如亚里士多德、盖伦[1]及其评注者们这样的哲学和医学权威都认为，女性比男性低劣。年轻时大门不出、二门不迈，结婚后忙着操持家务、生养许多小孩，最后往往因难产而死——这样的一生，严重阻碍了女性对当时的艺术和科学作出贡献。文艺复兴时期仅涌现出极少数的女作家，女画家就更是凤毛麟角了。宗教可能是极少数几个能让女性有空间和机制寻求发展的领域。

[1] 克劳狄乌斯·盖伦，古罗马医学家、哲学家。

在列奥纳多的画里，基尼弗拉却不是那么消极的，因为她正望着观众，而如果我们认同费奇诺及他继承的、由来已久的柏拉图学说传统的话：人们陷入爱情不仅因为自己看见所爱，也因为所爱对自己的凝视。于是，列奥纳多对基尼弗拉的表现方式就指出了两种不同的心灵空间和情感空间：柏拉图式的凝视，陷入爱情的画作委托人的品位和想象，以及文艺复兴时代女性并不那么理想的社会生活状况。如果艺术反映了所处时代的话，那么这幅忧郁的画像确实揭示了一个对女性而言不那么美好的时代。

虽则如此，列奥纳多的画却的确让他的主顾们感到满意。在逝世前几年里，列奥纳多写道："美第奇家族成就了我，也毁了我。"15世纪70年代正是他崭露头角的时期。凭借早期几幅圣母像，列奥纳多被洛伦佐的上流圈子发掘；之后，乌菲齐美术馆的《圣母领报》，1481年未完成的作品《三博士来朝》，以及《基尼弗拉·德·本奇》，让列奥纳多赢得了有才能、有潜力的青年艺术家的声誉。现在，他有了在佛罗伦萨政治中被利用的价值。意大利半岛上其他城邦城市的统治者们，经常会向洛伦佐请教艺术和建筑方面的事宜；洛伦佐也经常会派遣佛罗伦萨的艺术家和工匠前往联盟城市（尤其是米兰和那不勒斯），作为他外交活动的组成部分，同时也是为了在意大利半岛上推广托斯卡纳的艺术和风格。正是基于这种背景，1482年，洛伦佐派列奥纳多前往米兰，为斯福尔扎家族服务。

此时的列奥纳多不仅已经小有名气，而且已经开始发展自己关于自然和绘画技艺的观念。他开始撰写并编纂笔记和草图，准备写一部论绘画的专著。这些草稿后来经过精简，于1651年出版，名为《绘画论》。这时列奥纳多已经去世一个多世纪了。这类文献在文艺复兴艺术史上是非常独特的，因为大多数文艺复兴艺术家都不会就自己的技艺著书立说，而只是在工坊里以口头方式传授知识。列奥纳多最初是出于训练助手的需要才撰写笔记的，但这些文本也展示了他如何精进自己的表现手法。他以绘画为工具来获取各个领域的知识，最终不仅成为一位成就非凡的艺术家，而且成为一名经验派的科学家，以及我们将要看到的：一位完美的廷臣。这些将是我们下一章要谈论的主题。

第二章

列奥纳多论绘画

绘画是列奥纳多的核心技艺，凭借它，列奥纳多得以接触世界并提出各种问题。其《绘画论》的文本，因此也就成为我们探索他的世界的最佳起点。它们大多是因需而作。作为一个独立画师，他需要培训助手们；另有一部分是为米兰宫廷里出于娱乐目的而进行的辩论准备的。这些笔记勾勒出了列奥纳多在四十年时间里，从他的第一批圣母画像（参见插图9、10）到《施洗者圣约翰》（参见插图20）所实践和发展出的观念和方法。列奥纳多的画作大多是宗教画像，但他留下的一些笔记里却表明他反教会，批判圣像崇拜，而这影响到了他处理、观看画作的态度。因此，本章将从表征和个人风格建立的角度细品列奥纳多的笔记；之后将得出关于列奥纳多对宗教画像及其崇拜观点的结论。

到1481年时，列奥纳多已经在佛罗伦萨成为一名独立画师。《三博士来朝》的合同可以证实这一点。他的第一批绘画笔记就源于这一时期以及其后在米兰的十年。这些笔记后来经过校勘、编排和删削，编成365个短章节，以“绘画论”为题于1651年出版。此后直至18世纪末，《绘画论》被译为法语、英语、德语和西班牙语，一共有12个版本；19世纪出版了21种版本。现代的编纂者们发现，列奥纳多的笔记经编辑后，呈献的是由17世纪学院派理想塑造的艺术家形象。

到17世纪时，随着艺术教育越来越由工坊式转为学院式，列奥纳多和拉斐尔就成为学院派宣扬的典范：他们张扬这样一种绘画和艺术教育理论，推崇理想主义胜过自然主义。尽管这种定位并不符合历史上列奥纳多的观念；但我们下面将会看到，以这种定位出现的列奥纳多，确实确立了伪装为自然主义的理想主义的典范。

历史上的列奥纳多与他身后的形象之间最主要的差别在于，前者并不仅仅是一位画家。他受的训练让他成长为一位借助多种介质工作的艺术家，这让他拥有了多种手段，去唤醒并满足自己对自然运作之法的迷恋。不过，绘画仍然是列奥纳多最主要的工作领域——其本身并不是目的，而是了解自然丰富多彩的能量和多元性的一种手段。自然现象如此多姿多彩，驱使他不断探索真实的事物：岩石与地理，河流与水利机械，花朵、树木与植物学——有时会为了研究而把绘画放到一边。列奥纳多终其一生只画了不到20幅画，而且还是在助手们的帮助下——这也就显得不足为奇了。尝试在浸了石膏的亚麻布上作画，导致他开始追问光的本质和来源；而线性透视又推动他终身探索视觉的特征和解剖学。在韦罗基奥的工坊里为雕塑做帮工，了解到矿物和合金以及它们在火中会产生有毒气体的特性，可能成为列奥纳多日后发明会爆炸的炮弹的第一步。他们还会运用很多机械装置来运输，有时还要把大理石和青铜雕塑吊离地面数米之高——接触到这些，让他获得了大量信息，用来自主研发机械；而分发和提取重物的过程，也锻炼了他对人体的感知。

列奥纳多的绘画笔记，是对传统工坊教育的弘扬，同时也是他终身追寻的诸多问题的起点。它们在两个方面是非同寻常的：其一，这些笔记不仅试图教授一系列的程序和技术，而且想传递锻炼和塑造自我与想象的途径，以便学徒们为绘画做好准备。于是，列奥纳多的笔记就不仅揭示了他如何画画，而且也揭示了他如何利用绘制形象的过程来塑造自我。其二，列奥纳多《绘画论》的笔记的不同寻常之处还在于，它们有时会关注描绘风景，以及更广泛对象的问题——而这个主题在文艺复兴时期的艺术界极少有人关注。此时的焦点主要是人像。而列奥纳多对自然的关注，却正好切合了他将绘画用作探索、分析和了解世界的手段的立场。

意大利文艺复兴时期的艺术著述，大都旨在向公众介绍绘画。列奥纳多却相反，他的笔记是以很随意的形式写给助手们看的。作为一名独立画师，他的主要目的是要告诉这些画师的助手们如何达到自己的标准。

西方艺术史和当代艺术市场倾向于将绘画看作是个体独立完成的作品，并以此评估它们的价值。但事实上，文艺复兴时期的绘画和雕塑在很大程度上都是集体合作的产物。这不仅包括画板的处理和颜料的准备，而且包括画面绘制本身。艺术家们作画的典型方式是：先画一幅草图勾出轮廓；然后再通过针刺法把轮廓转移到画板上去；然后工坊主人先绘制出主要的光影区域；接下来就指导助手们完成其他部分，并时不时出手纠正一下。

分析《岩间圣母》或《救世主》这些作品，如今主要考虑的不是分辨出哪些地方出自列奥纳多之手，而是理解他是运用了什么绘画方式并指导助手们去运用。一些我们认为完全由列奥纳多本人绘制的作品，很有可能其实也有助手的参与。例如，他会通过多层透明色叠加来让色彩有深度、有光泽——而这其中涉及的工作，或许许多是由值得信赖的助手们来完成的。

后来，列奥纳多对解剖学、数学和地理学的兴趣，以及他接受的工程、建筑、剧院设计和宫廷娱乐任务，让他无暇画画。于是，画画的工作他大都托付给了至少两名助手：萨莱（即吉安·贾可蒙·卡坡蒂·达奥伦诺，1480—1524年之前）和弗朗切斯科·梅尔齐[1]。他们都是列奥纳多在米兰时雇用的，并一直陪伴到他去世之前。列奥纳多当时正在研发一种新的独特的绘画方式。就如他的贵族资助人们用他作为拓展自身能力和达成意愿的工具一样，列奥纳多也利用自己的助手们来完成自己构想并勾勒的形象。

列奥纳多对绘画的看法，植根于韦罗基奥工坊的实践，以及阿尔伯蒂1436年的著作《绘画论》中宣扬的人文主义艺术理论。列奥纳多《绘画论》一书的编纂者，将他的笔记按照八个主题进行了重新编排，但他主要的思想观点其实可以归为三大类：人像构造、空间呈现，以及心智训练与准备。

---

[1] 弗朗切斯科·梅尔齐（Francesco Melzi），1491—1570年，出身于贵族家庭，是陪伴列奥纳多直至其逝世的学生，也是他手稿的整理者。

学习过程

据列奥纳多所说，“画家的主要目的，是创造出一个简单的平面；上面的人体却像凸出来，从平面跳出来一样”。可以这么说，列奥纳多设计的整个学习过程，就是致力于这个目标。

绘画笔记当中，教学过程的组织沿袭了托斯卡纳工坊里标准的培训程序；但在工坊的传统实践之外，又有列奥纳多自人文主义绘画理论中采纳、发展和衍生出的一些独特之处。列奥纳多的学徒训练，最开始是模仿备受尊敬的古代和当代画家的作品，以及观察、临摹自然景观，从而获取基本的几何和线性观念。接下来他学习基本的解剖学知识，形成必要的对人类心智活动的概念，做到即使不观察或临摹模特，也能够靠着想象力，以任意一种姿态描绘人像。

列奥纳多遵循了传统的文艺复兴立场：按骨骼、肌肉、血肉和服饰几个层面来想象和构筑人像。我们能在阿尔伯蒂早在15世纪初就写下的文本里碰到这种立场。阿尔伯蒂的《绘画论》是现代第一本论绘画的专著，韦罗基奥和列奥纳多对此书都非常熟悉。无论是对阿尔伯蒂还是对列奥纳多而言，一个画家能达到的最高成就都是有“历史感”（historia）——用现代的语言来说，就是如实描绘人物。其中需考虑的主要因素丰富多样，包括年龄、性别、社会地位和表情。我们可以引用列奥纳多的话来说：

“历史感”应该是有各种脾性、地位、肤色、姿态、身材的人，胖的、瘦的，粗壮的、纤细的，小巧的、修长的，暴躁的、文雅的，年老的、年轻的，强壮有力有肌肉的、孱弱骨瘦如柴的，愉悦的、忧郁的，有些卷发、有些直发，有些短发、有些长发，有些迅疾矫健、有些步履蹒跚，而他们的服饰的款式和颜色也各不相同……还有其他构成“历史感”所必需的林林总总。

放到绘画实践中来看，这就意味着要把解剖学作为学会绘制和表现人体动作的入门。在列奥纳多看来，身体的每一个姿态、动作，都会影响到四肢承受的重量，肌肉和各个器官也会相应地拉伸或收缩。因此，如果学徒已经通过模仿古代和当代的大师们形成了一定的个人风格，而且也不断练习绘制并吸收了人体解剖结构的知识，他就可以表现人体的运动了。

列奥纳多意识到，不仅面部是情绪表达的中心，整个身体其实也是。他在学徒时期十分刻苦，总是随身带一个素描本，注意观察公共场合和私人场合下人们的各种身体情绪表达：

注意这些表达，用简短的提示符号记下来，比如头可以画个“O”，手臂可以画条直线或曲线，脚和身体也类似。回到家之后就根据这些笔记画全。

素描本同时也可以用于收集各种面部表情：

如果你想要掌握表现面部表情的技艺，首先要熟悉各

> 种各样的头型、眼睛、鼻子、嘴巴、下巴和脸颊，还有脖子和肩膀的形态。举个例子，鼻子有10种形态：挺直的、圆形的、中间凹下去的、鼻头显著隆起或凹陷、鹰钩鼻、普通的、扁平的、圆形或尖尖的……

列奥纳多对人物的感知，还包括对重量和平衡状态的概念。要了解和呈现人体，就要注意各种姿态、举动对肌肉和器官形成的不同压力和形态，以及由此影响到的四肢受力分布情况。换句话说，运动是通过重量和姿态之间的关系来表达的。列奥纳多的《绘画论》一书就这个主题提供了不少建议。这些原则指导着列奥纳多的解剖学研究，他会不断地从不同的角度来描绘同一个人物，展示不同身体姿态如何影响肌肉的形态（参见插图21）。这一幅素描创作于约1510—1511年，下边的人物手臂高举，是《施洗者圣约翰》（参见插图20）的雏形。列奥纳多终生都在研究和绘制解剖学构造。而且他一般会研究得更加深入，远超正确绘制人物所需；他利用绘画作为科学探索的入口，因此也绘制和了解了人体中的生殖和血液循环等系统。在一幅研究图中，他画了大脑的横切面，还把大脑的形状与洋葱的形态作了类比（参见插图22）。

列奥纳多设计的学习课程的第二阶段与颜色和光线有关。这个阶段可大体分为三部分：线性透视，涉及对距离和比例间关系的把控；色彩透视，涉及对焦点和距离产生的颜色变化的调节；最后是光与影，涉及各个物体间颜色的反射。最后一项是列奥纳多的主要发明——晕涂法的来源。

练　习

列奥纳多的笔记中最值得注意的部分，是他给助手们设计的练习，以及各种自我修习的方式。其中有些是为了让观察和判断力变得更加敏锐，另一些旨在塑造他们的观念和自我。这些练习非常珍贵，可以提示我们列奥纳多是如何自我塑造的，又是如何将绘画——无论是内在情绪和感受，还是风景与岩石的形成，以及云和风——设想为独立的理解世界的方式的。

有一项练习很容易让人联想到佛罗伦萨商人想出来测量容积的方法：他们计算给定空间可以容纳多少桶货物，以此来估算货仓容积。列奥纳多采纳了这种习俗来设想并测量空间大小。他设计的练习包括用透视法来估计远处物体的距离："也就是说，取一杆长矛，或者其他杆状物或芦苇，拿到一段距离外，一端固定，让每个人估计一下它的长度，看估计多少次能进入合理范围。"

以佛罗伦萨人典型的竞争精神，他乐于让学徒们一起作画，然后互相批评。他总是随身携带的素描本，就是他的观察记录册，也是模特记录册：

> 一旦你已经学会了各种观察方法，也记住了人体和各种事物的构造，那出去随便走一走、聊一聊，通常是不错的选择。可以看一看、想一想人们在说话或争论、大笑、大打出手时的姿态以及动作，还有旁观的人、路人、监管的人遇到这些事情是什么姿态。在你总是随身带的小本子上简单做些

> 笔记……你应该尽可能小心地收好它们，因为事物的形态和动作无穷无尽，光靠记忆是无法记住这一切的。

而最为著名的一项练习，或许是这个旨在激发想象力的脑力扩展练习：

> 激发头脑进行各种各样的发明创造，是非常有用的……如果你望着满是污痕的墙壁或斑驳的石头，你能够在上面找到发明的灵感和各种可能性：不同的景色、不同的战役、人物的动作、奇异的面部表情或衣着，以及数不胜数的其他东西。因为不确定的东西总会激发头脑产生新的创造发明。这一切都模模糊糊地显现在墙面上，如同钟鸣的声音让你联想到一些名字或词语。

虽然列奥纳多是要开发和扩展想象力，但他也会把想象出来的景象加以规制，保证它有确定统一的形态。这个经由选择和组合古往今来艺术作品中最佳部分的学习过程，也被期望能产生某种确定的理念，让人类不规则的物质世界得以借此变得顺滑，获得一种或许现实世界并不存在却能让眼睛和头脑感到愉悦的对称性。

朝着这个方向迈出的第一步，是利用镜子来修正自己的绘画作品。确实，如果从镜子里观看，画出的东西并不总是看起来那么平衡而和谐。列奥纳多推荐道："将镜中的倒影与你的画作两相对照，看看两边的图像是不是能彼此对应，尤其要注意观察镜像。"我们并不清楚列奥纳多是不是很频繁地使用这种方法；但他的有些人像作品，比如《圣母子和圣安妮》与屈膝的丽达（参见插图23、24），就是彼此互为镜像——可以证明他已经能非常熟练地想象三维形象，并在脑海中将他们任意反转。

列奥纳多美化形象的方法，不仅依赖眼力训练，而且也依赖敏锐的自我观察力：

> 如果画家自己手拙，那他就只会画这样的手，如果其他肢体是这样的，那他就只会画这样的肢体，除非长期的训练让他学会了如何加以避免。因此，画家啊，仔细留心自己身上什么部位最糟糕吧，然后在学习和创作中特别留意加以修正。因为如果你很粗俗，那你笔下的形象也会这样，缺乏魅力；同样，你身上有任何的好或不好，也都会反映在你画中的人物身上。

因此，如果想要修正自己作品中的缺陷，那画家就必须学会自我观察，以从博采众长的模仿中形成的理想型作为参照。有人把这条建议解释成列奥纳多对同时代的波提切利和佩鲁吉诺等人观念的回应——因为他们画中的人物是按照工坊模板绘制的，看起来似乎一模一样、没法区分。列奥纳多在这里指的既有生理上的也有心理上的缺陷。他首先指的是双手和四肢；但也指心灵，因为他写道，“如果你很粗俗，那你笔下的形象也会这样”。这里的粗俗既指生理层面的，也指心理层面的。

这种方法带来的影响在于，修正自己的绘画作品同样也能够（至少在心理层面上）成为识别并修正自身缺陷的第一步。事实上，列奥纳多思想上的这种自我塑造阶段，乃是一个过渡阶段，处在以镜子为引导和以自我为镜之间，力求不经过人们怪异和充满缺陷的变形透镜，而直接反映世界：

> 画家的心灵应该像一面镜子，总是染上所映射物体的颜色，并完全被眼前尽可能多的事物之形象全然占满。哦，画家，因此你必须知晓，如果你无法经由自己的艺术作品表现出自然所创生的每一种形态，那你就不可能是一个好画家。

列奥纳多的绘画活动与一种关于透视和可视化的标准观念是密不可分的。这种观念认为，透视和可视化是基于大脑三个片区中四个模块的活动：常识、幻象、想象和记忆（参见插图22）。看到，就是凭借常识接受到感官印象，在幻象中保存，通过想象把它们加工成可理解的通感形象，然后储存在记忆中以备日后唤起。视觉化则是想象并重构这些形象。

因此，从动作、情绪、表达和空间几个方面来视觉化形象，就是创造“历史感”的必要心灵活动。在这个框架之内，借助对可塑的艺术媒介天才般的运用，以及观察和自我观察的力量，列奥纳多就创造了一种新的艺术风格，同时也极大程度地重塑了新的自我。

从理想型到人性

《维特鲁威人》（参见插图25）是列奥纳多画出的完美人体形象，是他对人体比例和几何研究的成果。简洁优美的线条，与具有浓厚象征意义的正方形和圆形组合在一起，而人物形象就如此完美地嵌在其中——这让它成为世上最具有特点、也最耐人寻味的人像。在绘制出这幅理想人像的同时，列奥纳多还绘制了一些突出人类丑陋和不完美侧面的形象——从一些随意的涂鸦到没完成的画作。它们被学者统称为“怪诞头像”（参见插图26），用来指列奥纳多画的这些面相夸张的形象。其中有一些本来是打算用作一本讲怪诞形象的书的插图的，另一些是对患怪病的真实人物的自然主义忠实呈现。也有人提出，四种气质类型及其不同的生理特征[1]指导着列奥纳多的绘画——虽然列奥纳多并不特别追求体系化。厄内斯特·贡布里希把其中一些速写和自画像与列奥纳多描绘士兵的方式联系在了一起。后来，马丁·坎普把这些绘画放在宫廷娱乐的背景下来考虑，并把它们与短篇小说集（novelle）创造的喜剧世界中的人物联系起来。短篇小说集是意大利的一种文学故事传统，始自乔万尼·薄伽丘的《十日谈》，堪称托斯卡纳文学创作的基石，在列奥纳多生活的时代也仍然非常兴旺。

“五头像图”（参见插图26）有时会被看成四个带滑稽色彩的头像围绕着一个经典的侧面像。这幅研究图从五个不同的角度刻画了人脸。

[1] 指公元2世纪罗马名医盖伦提出的人类气质类型理论：胆汁质、多血质、黏液质和抑郁质。不同气质类型的人有不同的心理和生理特征。

用橡树叶子做的王冠乃是古代军队的标志，这表明中间人物的身份是一位年老的士兵。列奥纳多似乎很喜欢画军人，可能是因为他接触了许多军队的活动。有些人像既不算是真实的肖像画，也算不上特别夸张，比如这幅用红粉笔描画的双耳不对称男人头像（参见插图27）。人物头上茂盛的头发很自然地过渡、变形为树叶，还多少把坚实树桩的特征嫁接到了坐着的人像那挺直有力的脖子上。卷曲的树叶以及双眼间深深的褶皱，又不禁让人联想到画面右边勾勒的狮子头像。狮头的位置大致相当于典型的文艺复兴时期盔甲的肩章位置——因此又暗示着这位人物在军中的地位。男人头上卷曲的常春藤，是酒神巴克科斯的典型特征；但狮头却不是，嘴部悲伤的表情也不是。总的来看，这幅作品展示了列奥纳多怎样综合运用了植物、动物和人类的形象特征。

运　用

列奥纳多自立门户后接到的第一件大的工作委托，是为佛罗伦萨城外斯科佩托的奥古斯丁修道院的圣多纳托教堂所作《三博士来朝》（246厘米×243厘米，参见插图28）。列奥纳多的父亲承接该教堂所属修道院的公证业务，因此有学者认为，儿子得到这项委托，他应该帮了大忙。与《荒野中的圣杰罗姆》（参见插图29）一样，《三博士来朝》也没能完成，因为列奥纳多还没来得及完成这两幅作品，就被派往米兰了。人们本来就已经在议论他总是完不成委托，这两幅作品更是坐实了这种传言。但这两幅画也不是全无益处，从我们后见之明的角度来看，可以从中瞥见，他在开始画一幅画的时候，总是先规划好各个光影区域。《荒野中的圣杰罗姆》是列奥纳多首批实验以岩石为背景的画作之一，也展示了他如何从骨骼、肌肉和血肉等层次来构建人物形象，如何从头到脚来绘制他们。

《三博士来朝》比《荒野中的圣杰罗姆》蕴藏更大的野心。画的主题本身就提供了更加宽广的视野，让列奥纳多通过更大的尺寸和更多的互动人物来展现自己的才能。事实上，只要我们仔细观察一下作品本身，就能看到它如何展现了列奥纳多的观念和才能（参见插图28）。年轻的列奥纳多显然已决定要成为当世最伟大的画家，在这幅作品中引入了他在前期准备、光影安排、透视，以及人物群体构造方面（不同的年龄、性别和社会地位，且表情各异）已经掌握的一切。画中有借鉴古典画作的地方，比如，楼梯上处于画面左边的侧面人像就脱胎自古代雕塑中的河神。画面两端的两个男性人像，借鉴的则是同代人（分别是马萨乔和多纳泰罗）的作品。这些就是鲜活的例子，展现了列奥纳多提倡的标准学习方法：首先从模仿古代和当代的艺术作品开始学习，逐步发展出个人独特的表达和风格。远处背景中的马和骑士们，是列奥纳多日后在《安吉亚里战役》中所绘之先声。

列奥纳多的观念和技艺，让他创作出的作品能充分体现文艺复兴时代对生命的迷恋。艺术能栩栩如生地再现事物——这种观念几乎在赞扬画作技艺的每一首文艺复兴诗歌中都能找到。列奥纳多能取得成功的原因之一，正是他赋予笔下人物的勃勃生气——这在《蒙娜丽莎》中达到巅峰（参见插图17）。出于同样的原因，他的宗教题材作品也收获了相当热烈的好评。可是，宗教人像是用于敬拜的，而不是为了愉悦或纪念的目的——正如我们下面将看到的，列奥纳多对圣像具有的这个特点，表现得并不太适应。

圣像崇拜，艺术与宗教

虽然也有一些学者从列奥纳多的作品中解读出了宗教含义；但大多数人的观察研究却认为，他对自己受命绘制作品蕴含的宗教主题实在兴趣不大。直到18世纪，艺术作品几乎都无一例外是单独委托的或系列绘制的传统主题作品——比如圣母与圣子、耶稣受难、耶稣复活等，每一个主题都提供了多种构图可能性。列奥纳多的画作大多数是宗教类的，但在其《绘画论》的笔记中却极少提到宗教主题，他留下的文字中表现出对僧侣和神父们的不满，多过对宗教事务的兴趣。的确，在我们之前引用的文字里面可以看到，他认为画家最主要的目的是让人像从平面中凸显出来。

列奥纳多的画作或许大多数是宗教主题，但他的笔记中提及宗教的少数片段反映出对与圣像崇拜相关的信仰与实践活动的不赞同。他的笔记中有一段经常被引用，其中，他把朝圣的原因归结于画像画得非常棒，因此也就归结于画家的才能。他的这些阐述往往被直接按字面意思加以理解；但若放到历史背景中加以考量，就会显得十分具有讽刺意味。

15世纪的人们可不会就为看几幅杰出的画作而旅行到很远的地方

或排很久的队。与艺术相关的旅游和朝圣，都是后来才有的现象；大众蜂拥去看有名的展览更是20世纪才有的行为。列奥纳多很清楚，朝圣之旅主要可不是为了来欣赏艺术作品，而是要朝拜某处圣地、圣骨或能带来奇迹的圣像，希图收获好运。他必定也知道，朝圣者们所敬拜的那类圣像，比如洛雷托圣母之家[1]里的黑色圣母像，或那种他自己所画的《岩间圣母》本应属于的那种小型木板崇拜画像，更接近于图腾类的符号形象，而不是他想要创作的完美理想的人像。此外，他把敬拜行为称为偶像崇拜，因为敬拜者会认为画像中真的住有它所代表的神祇。他的笔记描述了人们如何“聚集起来，跪拜在地，向画像所代表的他敬拜、祈祷，希求让自己恢复健康，希求获得彻底的救赎，就如同神祇亲临现场一般”。他认为个中原因是画家的杰出技艺：

> 是什么让这些人必须要去朝圣呢？你肯定会同意神灵的画像就是原因。不管用多少文字描述，都无法与这样一幅画像等量齐观，无论是在形式上或是在力量上。因此，似乎神灵们喜爱这些画，喜爱那些欣赏并崇敬画像之人；更青睐经由它而不是其他的模仿物被敬拜；于是通过它，为聚到此地、信仰坚定的人们降下护佑与启示。

[1] 洛雷托（Loreto），意大利中部城镇，在安科纳以南，靠近亚得里亚海岸，是著名的朝圣地，为圣母之家（Santa Casa）所在地。据说1291年时，圣母之家有被突厥人毁掉的危险，于是一群天使将它搬出拿撒勒，先是停在达尔马提亚，后在1294年移到意大利中部的一片月桂林（lauretum）中，这个地方因此得名Loreto。

把偶像崇拜行为归因于画家的才能——就为看几幅杰出的画作可能充满戏谑意味，但这个段落中其实也包含了对圣像崇拜的敌视。列奥纳多的不满情绪在他编的一则谜语中也得到了反映——他在其中把圣像崇拜描述为非理性的愚蠢行为：

> 人们与无知无觉者讲话，那些人睁着眼却看不见；人们与他们说话，但他们不会给出任何回答。人们向有耳却听不见者祈求护佑，那些人降下光，却只为盲人。谜底乃是：被敬拜的圣人画像。

这些针对圣像崇拜的语句，是为了逗乐米兰公爵及其廷臣们而作，提前了大概好几年时间说出了宗教改革中将出现的对圣像崇拜的一些主要抨击点：人们是在敬拜一些无生命的死物，仿佛神灵真的在其中一般。另外，虽然列奥纳多确实画过不少圣母像，另一则他编的谜语或许说明，他与宗教改革派一样，对圣母画像不感兴趣，也不喜欢敬拜她的行为。他问道："这都是些什么人哪，他们秉持着对那位儿子的信仰，却为那位母亲建造圣殿？"谜底是：基督徒。

最不寻常的是下面这段话。它由让·保罗·里希特整理出版，收录在列奥纳多的笑话和故事集里。这一段讲的是一名神父在复活节前夜，正往教区信徒们的房子上洒圣水。在这个过程中，他经过一位画家的工坊时，洒了些水在画家的一幅画上，画家转过身，有些生气，问他为什么要把圣水洒在他的画上。

神父回答说，他是在做好事，做好事的人都必有好报，而且会加倍得到好报，因为上帝承诺世间为善都应百倍得偿。画家静静地听神父说完，转身上楼到窗户边上，浇了一大桶水到神父背上，说："这就是你从天而降的百倍报偿，就是你说的，你用圣水报偿我做的好事，它可毁了我的画！"

这个小故事在很多方面都挺耐人寻味。从技术层面上来看，虽然列奥纳多已经在画油画——几滴水洒在上面，只会从表面滑下去而已——但在故事里，他想象的画家仍然使用的是蛋彩之类会被水冲刷掉的材料。再考虑到他对宗教的态度，粗暴地突然跑到楼上倾倒整整一桶水到神父头上，只为了报复他洒了几滴圣水在画上，似乎多少有点反应过度。除了将圣水和画作都"去圣化"外，这个故事以及列奥纳多对圣像崇拜的否定态度都预示了宗教改革的一些核心观念。善行必有偿报，相当于对未来的投资，这个观念也遭到讥讽。没过几年，1517年，启动了宗教改革运动的马丁·路德同样宣称：行善未必得救赎。列奥纳多对圣像崇拜的不赞同，让他与鹿特丹的伊拉斯谟（1466—1536）等同时代的精英不谋而合。他们都同样不赞同崇拜圣母和圣人，认为这些行为包含着异教多神崇拜的残留。

一方面列奥纳多接纳了那个时代逐渐兴起的新观念，另一方面他也有了看到自己的作品被过分追捧的经历。比如一幅与《伯林顿府草图》（即《圣家族》，参见插图30）类似的草图，在佛罗伦萨教堂里展览了两天。据瓦萨里所说，这幅作品引发了狂热的追捧，"男男女女，老老少少，接连两天纷纷聚到悬挂草图的房间里，如同参与一场庄严的节庆，只为了目睹列奥纳多创造的令人惊叹的奇迹——这让所有人赞叹不已”。瓦萨里把这种狂热追捧的原因归为画中形象的美丽和高贵神态；但看到人们在他的作品前跪拜、呢喃、祈祷、痛苦，列奥纳多怕是会特别不高兴吧。

人们对列奥纳多作品的热烈反响，同样也是源自画作的自然如实、栩栩如生，这正是文艺复兴艺术最希求达到的，也正是列奥纳多竭尽全力想要融入自己画作的。但如果列奥纳多能让宗教形象如此真实，以至让人们觉得如神亲临，情不自禁要敬拜，那我们不禁要问：他又会怎么处理异教人物呢？奇怪的是，所有他亲自署名的古代人物画像都已经失传——有些是完全湮灭，有些只能通过后人的摹本才能看到。将我们和列奥纳多分隔开的那数个世纪的时间，正是宗教信仰异常狂热的时代，无论是在意大利还是在法国。因此我们可以推断，他描述的那些神话形象（比如丽达、巴克科斯、赫拉克勒斯和尼普顿）让异教的神祇们显得如此生动逼真，在反宗教改革的世纪里必定会不幸招致疯狂的焚毁举动。

列奥纳多对宗教的态度会对他作画产生影响吗？一项确定的改变是，他利用矮沟将观众与画中人物分隔开，如两幅《岩间圣母》、《伯林顿府草图》和《圣母子和圣安妮》（现藏罗浮宫，约1503年）。这些在他成熟期绘制的宗教画作，与他早期的圣母像有很大区别，那时候他还是用一道矮墙，意在邀请观众将自己身处的空间与画作的空间融为一体。

列奥纳多这种新的处理方式会产生距离和疏远感，也应和了他看待世界的总体态度。他的想象力丰富多元，狂放有力。从这个方面来讲，列奥纳多与安杰利科修士（1387—1455）真可谓是截然相反了。如果我们相信瓦萨里所言，安杰利科修士乃是一名多明我修会修士、基督教画家的典范；他与自己所描绘的人物产生的共情是如此强烈，以至于他经常边画边哭——据说尤其是在绘制耶稣受难时。列奥纳多从没画过基督受难；但即使他真的画了，估计也只会花上好几个星期研究从解剖学上来看，被钉上十字架的姿势会给骨骼、肌肉和韧带带来什么影响吧。他应该不会与画中的哪个人物产生情感上的共鸣；而是相反，会让自己成为统观整幅画面的“镜子”。

第三章

米兰：1483—1499年

15世纪70年代的十年间，佛罗伦萨和米兰一直是盟友。早在1473年，米兰的统治者斯福尔扎家族就曾试图找人帮他们的王朝创始人弗朗切斯科·斯福尔扎建造一座骑马纪念雕像。他们求助于洛伦佐·德·美第奇，请他推荐合适的人选。安东尼奥·波拉约洛[1]在1476年之前的某个时间曾经提交了一些草图，但这个项目一直拖延到1482年才启动。这一年，洛伦佐推荐了列奥纳多，把他派往米兰。此时的列奥纳多身为韦罗基奥工坊里出来的明星学员，已经有了足够的声望前往铸造一座青铜骑马雕像。

据列奥纳多最早的一批传记作家之一所言，他被洛伦佐送往米兰

[1] 安东尼奥·波拉约洛（Antonio Pollaiuolo），1431—1498年，文艺复兴时期意大利佛罗伦萨画派著名写实主义画家和铸铜雕塑家。代表作有木板画《赫拉克勒斯与九头蛇》、铜雕塑《赫拉克勒斯与安泰俄斯》等。

公爵那里去时，“正好30岁。他与阿塔兰忒·米格里奥罗蒂（Atalante Migliorotti）一道为公爵献上一把里拉琴，还当场演奏了一曲，精彩绝伦”。列奥纳多此后将在米兰待上18年。他在那里日渐引领时尚，成长为一名文艺复兴时代的优秀廷臣和宫廷艺术家，尽情扩展着自己在绘画、雕塑、解剖学、水利和军事工程，乃至舞台布景设计方面的研究和工作。

大约从14世纪开始，宫廷艺术家这个角色开始出现，替代了一向只能待在城中工坊的工匠们的传统地位。他们不再只能担任工坊主理人及经营者，而成为宫廷雇员，有时还获准进入统治者的亲信随从之列（familiari）。这种在经济和社会地位上的缓步提升，逐渐让匠人们获得了与其他宫廷雇员，比如诗人、数学家、占星家、音乐家、哲学家和医师等人同等的地位，他们之间也往往合作无间。15世纪30年代以降，人文主义艺术理论开始强调，绘画、雕塑和建筑都是自由主义艺术——也就是说，艺术家们为他们的职业争取到了智识探索实践活动的地位，他们是为了求知，而不仅为了赚钱——如同其他自由艺术品类（语法、修辞学、逻辑学、几何学、算术、音乐和天文学）一样，而这些都是上流社会教育的基础。在当时，这种声明在一定程度上还只是一种愿景而已——比如，想要在大学里教授视觉艺术，那必定会遭到狠狠的讥讽。直到17世纪，出身工匠阶层的艺术家们也极少通晓拉丁文，而这种语言却是当时的学术语言和权力语言，是在大学、教堂和法院中教授、书写和使用的语言。

宫廷可能是最适合列奥纳多的地方了，他自己也在宫廷娱乐中努力设法捍卫和提升了工匠职业的学术地位。韦罗基奥与美第奇家族的关系，为列奥纳多适应在米兰的新环境做好了充分的准备。尽管佛罗伦萨当时仍然是一个共和国，美第奇家族只是其中的主导派别，但他们对待韦罗基奥的方式，就像对待自己的宫廷艺术家一般，时不时委托他造洗礼池、钟，画画，创作雕塑，绘制肖像，设计比武大会标志或葬礼纪念碑等。可以这么说，宫廷艺术家的作用就在于，通过多种媒介来表现统治者的权力和伟大。从这个方面来看，15世纪美第奇家族的艺术资助形式，已成为意大利半岛的其他统治者们后来采纳的、展示恢宏气魄的典范模式。洛伦佐的盟友们经常咨询他的意见，请他推荐艺术品和艺术家。把佛罗伦萨的艺术家派往其他城邦国家，对他来说就是一种弘扬佛罗伦萨艺术的方式，同时也是让艺术家们成为他的棋子、帮他运营意大利半岛各统治者之间复杂外交关系网的一种方式。

待在米兰的头七年里，列奥纳多担任的主要角色是画家。他创建了一家工坊，以便好好完成他借助斯福尔扎家族的影响力接下的第一份委托——《岩间圣母》。他雇用了几名助手，指导他们工作。与此同时，列奥纳多开始进入宫廷，从1490年开始成为有薪俸的廷臣。

自我更新

列奥纳多待在米兰的第一个阶段，是一个自我更新期、成果丰硕期，以及社会地位显著提升期。在来到伦巴第[1]之前，列奥纳多是在

[1] 米兰是伦巴第区的首府，位于伦巴第平原上，而佛罗伦萨属于意大利中部的托斯卡纳区。

农民和工匠中长大的，只偶尔接触到他父亲所属的资产阶级阶层，以及美第奇雕塑花园代表的上流精英世界。而在米兰的生活，却把他推入了宫廷的世界，此后他的一生都在其中长足发展。我们所知的关于列奥纳多外貌的最早记载，刻画的就是这个时期的他。风格雅致的未完成作品《音乐家肖像》（1485年，参见插图31）有时被人认为是他的自画像。不论这是否是事实，画中人物形象确实挺切合时人对列奥纳多的描述：不像个画家或工匠，而像一位才华横溢且魅力非凡的绅士。历史学家保罗·乔维奥[1]在米兰逗留期间与列奥纳多相识，留下了简短的传记记载：

> 他头脑里的想法非常优秀，异常广博，令人愉悦。他的相貌出色，令人备感亲切愉快。他是位令人赞叹的发明家，擅长各类文娱趣事和独特的休闲项目，尤其是盛大的游行庆典活动；还是位专业的歌手，能用里拉琴自弹自唱，所以当时的王公们都很青睐他。

乔维奥也认识瓦萨里，并鼓励他写作《名人传》。乔维奥还可能把自己在米兰期间对列奥纳多的印象告诉了瓦萨里。16世纪40年代，瓦萨里在准备撰写《名人传》期间接触了很多与列奥纳多有直

---

[1] 保罗·乔维奥（Paolo Giovio），1483—1552年，意大利医师、历史学家、传记学家、高级教士和收藏家。曾担任多位教皇的私人医生，对当时著名人物、著名事件多有亲身接触，并著有相关史书、传记，还在自己的故乡家宅中收藏了大量当时名人的画像等。这些画作如今作为“乔维奥藏品系列”收藏在意大利乌菲齐美术馆。

接交往的人，其中包括与列奥纳多十分亲密的学生弗朗切斯科·梅尔齐。所以瓦萨里描述的列奥纳多，与乔维奥的记载多有重合，但细节更多：

> 他的体态之美怎么形容也不为过，此外，他所有的动作都带着说不尽的优雅；他才华横溢，而且还在不断增长，可以说不论何种困难，只要他下决心攻克，就一定能轻松解决。在他身上，充满力量的外在美，辅之以灵巧，与每一位皇室贵胄才有的精神气概结合在了一起。

根据这些留下他最早传记资料的作家们所言，列奥纳多还是一位成就不凡的音乐家、歌唱家和舞蹈家。瓦萨里补充道，他口才流利；尽管出身低微，却对贵族的生活方式十分适应："与他交谈真是太愉悦了，因此他总能赢得人们的心。而且我们可以这样说，虽然他没什么财产，接受的委托也不算多，却总是能养得起成群的仆人和马匹。"

瓦萨里和乔维奥的描述，显然应和了文艺复兴时期"理想廷臣"的概念。巴尔达萨雷·卡斯蒂廖内[1]在《廷臣论》（*Cortegiano*）中对这个概念进行了详细阐述和界定，这本书也是当时最有影响力的著作之一。

---

[1] 巴尔达萨雷·卡斯蒂廖内（Baldassare Castiglione），1478—1529年，文艺复兴时期颇具影响力的人文主义学者。曾担任意大利多个城邦的外交官兼宫廷侍臣。他的代表作、著名的《廷臣论》是对当时封建贵族等级模式的巨大冲击。他还是拉斐尔的好友，拉斐尔为他画过一幅著名的肖像画（参见插图32）。

据学者们的信史所述，卡斯蒂廖内的《廷臣论》反映了当时缓慢的政治和社会变迁。到15世纪末，这些变化导致旧日的中世纪封建贵族转变为宫廷贵族。这种从中世纪尚武骑士贵族到宫廷绅士的转变，影响到了贵族的礼仪和行为。因此，《廷臣论》被认为是最终塑造了欧洲身份认同的文明发展进程中具有决定意义的一步。

与被视为中世纪风俗的粗鲁、残暴行为方式相反，《廷臣论》为欧洲此时注定要为国王和统治者们服务的精英阶层提供了宫廷行止的典范。《廷臣论》不仅对文艺复兴时期的贵族们有用，同样也适用于更广大的王宫随员群体，包括医师、数学家、天文学家和艺术家。他们都渴望成为一名完美的廷臣，并为此目的而相互竞争，想要赢取统治者的青睐和恩宠。

卡斯蒂廖内的《廷臣论》写于1508年至1527年间，为我们提供了一幅关于文艺复兴时期宫廷世界的近距离细致图景。而这正是列奥纳多自15世纪80年代起生活于其间的世界。卡斯蒂廖内从1496年至1499年曾为米兰公爵服务，因此与列奥纳多有过直接的往来。他提到过列奥纳多，把他归入当世顶级画家之列，还转录了列奥纳多在一场宫廷娱乐辩论中就绘画与建筑的比较所述观点。列奥纳多本人很可能是卡斯蒂廖内构筑理想廷臣观念的参照系，尤其考虑到他掌握了理想廷臣所必需的如此多样的技艺。此外，前引瓦萨里的文字为我们再现的列奥纳多的形象，表明他具有举重若轻的性格特点，而且具有卡斯蒂廖内首创的“轻松自在”（sprezzatura）概念所蕴含的品性。这个词是在《廷臣论》中首次出现的：

以前我经常会想，这种优雅的品性是怎么来的呢？除去那些天生就优雅的人们外，我发现了一条与此有关的普遍定律——对我而言，这可谓是人世间的重中之重：那就是，要尽力避免装模作样，就如同避免一块异常锋利而危险的岩石一般；我这里要使用一个或许是全新的词，就是要在一切场合都实现轻松自在（sprezzatura），也就是不应刻意设计，要表现出来所言所行都没有刻意为之，而是毫不费力、几乎是不假思索。我相信通过这种行为方式，在很大程度上就能达成优雅。因为所有人都知道这一切非常罕见、出色至极，但却异常难做到，所以如果有人具有这样的品性，就会引来最汹涌的敬慕之情。另外，如果总是用力过猛——或形象地说纠结得抓自己头发，都极度地不优雅。让我们不动声色地尊重一切吧，不论它们多么伟大。

这里所称的“优雅”，或卡斯蒂廖内所称的“轻松自在”，恰恰正是所引瓦萨里文字中提到的列奥纳多的“美德”：“可以说不论何种困难，只要他下决心攻克，就一定能轻松解决。”

无论是在艺术风格上还是在自己呈现给世人的形象上，列奥纳多是不是以“轻松自在”作为核心品质来重塑自己呢？列奥纳多能轻松地学会把自己塑造为完美廷臣的方法，因为这与习得绘画技艺的方法类似。我们在前一章已经看到，艺术风格的塑造必须经由观察、选择和吸收古代和当代大师们的作品。与此类似，完美廷臣的自我形象的塑造，乃是经由一个选择性模仿的过程。对此，卡斯蒂廖内用一个古代的生物学例子——蜜蜂和蜂蜜的酿造——来说明：

> 正如草地上的蜜蜂总是到处采集草间花朵的花蜜一样，我们的完美廷臣也必须从所有似乎拥有这种品质的人那里偷师，从每个人那里学会最值得赞赏的那部分。

卡斯蒂廖内的理想廷臣是在不断行动、不断成长的；他所散发出的轻松自在的魅力，也是从身体和心灵的行动中所散发出来的。它尤其体现在宫廷娱乐休闲活动中。这些活动既让人愉悦，又能激荡智力。卡斯蒂廖内对蒙特费尔特罗家族统治下乌尔比诺宫廷中娱乐休闲活动的描述，与列奥纳多在米兰的许多活动有重合之处：

> 除了其他长期沿袭下来的令人愉悦的休闲活动，以及音乐和舞蹈外，有时他们会就一些精巧的问题展开辩论；有时在某人的选择下也会玩一些新颖的游戏。他们一步步揭开修辞和比拟的屏障，在这种寓言形式中展现自己的思想智慧，而这正是他们最喜欢的。有时也会就其他一些事项展开讨论，或会进行几个回合的快速答辩。通常还会专门定制箴言纹章（imprese，这是我们如今的叫法），从这样的交谈和活动中，人们能获得极大的乐趣，因为满屋（我喜欢这么叫）都是极为高贵的智慧头脑。

我们知道，列奥纳多会演奏音乐，会唱歌，会跳舞。他编制的寓言和谜语都非常切合卡斯蒂廖内所称的“新颖的游戏……揭开修辞和比拟的屏障，在这种寓言形式中展现自己的思想智慧”。“寓言故事”，一般都是用于表演的，乃是以寓言体语言编制的有趣的谜语。它们与动物、植物、庆典、礼仪、争吵和悖论相关。例如，“水中的原住民将在沸腾的食物中死去”（指煮熟的鱼），或者“海的一大部分将飞上天堂，很长时间也不会回返”（也就是云）。有关礼仪和庆典的“寓言故事”，一般都倾向于强调列奥纳多的反教士倾向；而与动物相关的，有时会提及吃动物是多么古怪的习惯：“庄园的主人竟吃自己的劳工（指牛）。”

动物寓言故事都会追随中世纪和古代的传统，运用动物作为爱恋、妒忌、贪婪、感激、先见之明或宽容大度的象征载体。列奥纳多对头发的质地以及光滑程度充满兴趣，或许这激发他写了一个相关的寓言故事：一只跳蚤被绵羊浓密、温暖的卷毛所吸引，于是离开狗的皮毛跳到羊身上，结果却饿死了，因为它没法接触到皮肤。这些故事可以用来讲述，也可以用来表演。水想要变得比自身更宏伟，于是就变作了水蒸气，飘到很高的地方；但随后它又变回了液态，跌回到干燥的地面，仍然是大地的囚徒，作为对它不谦逊的惩罚。各种东西还可以表征行为：剃刀以为待在保护套里就能一直保持锋利，但结果却在里面渐渐生锈，不再有刀锋。列奥纳多警告道，放纵自己、懒惰的人，也会是这样的下场。与剃刀一样，他们也会因怠惰、虚妄而失去智慧的锋芒，萎靡不振。熔炉里的火焰抛弃了自己的姐妹们，跑到一根架在闪闪发光的美丽烛台的蜡烛上去闪耀，却在呛人的浓烟（fastidioso fumo）中熄灭。一棵梨树因为被雕刻成朱庇特的样子而得意扬扬。

其他卡斯蒂廖内提到的休闲活动中，设计并绘制箴言纹章，是宫廷诗人和艺术家们共同的职责。箴言纹章是用文字和图像结合来表达概念。作为个人徽章，箴言纹章通常会被戴在头上，作为帽饰。这种时尚是由法国国王的随从们传入意大利的。它们也出现在比武大会中，用来确认每位参赛者的身份。韦罗基奥为美第奇家族设计过一些个人徽章，或许就是在列奥纳多的协助下。而列奥纳多此后又为米兰公爵卢多维克·斯福尔扎（因肤色偏黑，又被称为“摩洛人”：Moro）设计了几个，后来又为西泽尔·波吉亚以及法王弗朗索瓦一世设计过。法王还让列奥纳多亲自帮他的比武服装上色——可惜这套服装后来遗失了。

宫廷辩论

卡斯蒂廖内提到过的辩论艺术，无论是在高等教育中还是宫廷娱乐活动中，无论是在列奥纳多之前还是之后，都有悠久的历史，这类辩论最初是为了训练和提升口才设计的；在宫廷中进行辩论时，主要聚焦于俗世问题，比如是被爱更好，还是爱人更好。就科学主题展开的辩论，也是宫廷娱乐中的一大特色，比如15世纪90年代在米兰宫廷中为取悦卢多维克·斯福尔扎及其家人而组织的一对一辩论。列奥纳多为这类活动作出了积极的贡献，最为重要的是参与艺术形式比较辩论，也就是艺术方面的品评或比拼。他的辩论显然给观众们留下了深刻印象，因此甚至连卡斯蒂廖内都把一场辩论收进了《廷臣论》里。绘画是否高于诗学和雕塑——这样的问题十分符合宫廷辩论要求的辩证性和娱乐性。列奥纳多对这个问题的处理方式是，先列举了一系列16世纪期间发生过的争论。他对绘画和诗学的比较强调了视觉高于听觉，绘画具有共时性，不受时间限制，高于受限于特定时空的文字描述。在最后的辩词中，他指出：绘画具有普遍性，更依赖智识；雕塑的表现力更受限制，而且需要付出大量劳动，因此绘画高于雕塑。

列奥纳多与学院

在宫廷里，列奥纳多不仅取悦米兰的统治者们，他还与学者们会面。他与他们合作，交流观点，借此深化自己的研究。与他交流较多的学者包括数学家卢卡·帕乔利[1]、解剖学家马克安东尼奥·德拉·托雷[2]、诗人贝尔纳多·贝林乔尼[3]、音乐家阿塔兰忒·米格里奥罗蒂（陪他一同来到米兰），以及宫廷娱乐和节庆活动的准备工作中参与进来的所有人员。贝林乔尼的一首诗作中，有一段赞颂了斯福尔扎宫殿的宏伟。他将宫殿比作希腊神话中神祇的

[1] 卢卡·帕乔利（Luca Pacioli），1445—1517年，意大利数学家，被称为“现代会计之父”，代表作《数学大全》（即《算术、几何、比及比例概要》）。

[2] 马克安东尼奥·德拉·托雷（Marcantonio Della Torre），1481—1511年，意大利解剖学家，曾在帕维亚大学和帕多瓦大学授课。

[3] 贝尔纳多·贝林乔尼（Bernardo Bellincioni），意大利诗人。

居所帕纳索斯山[1]，说诗学、医学、科学和艺术界最杰出的人才，像蜜蜂趋向花朵一般聚集到这里。其中，列奥纳多被比作来自佛罗伦萨的阿佩利斯[2]。

有一组具体年代不详的印刷设计稿（瓦萨里归在了列奥纳多名下），多多少少在一定程度上反映了这段成果丰厚的智力激荡、创造力勃发和艺术事业进步的时期（参见插图33）。设计稿中，多种绳结纹样环绕着一块纪念章，章上有拉丁铭文“Academia Leonardi Vici”。瓦萨里对这些设计感到非常失望，认为纯粹是浪费时间，也没有对是否真的存在一个围绕在列奥纳多身边的学术圈子作出肯定或否定的评断。学者们于是各自作出了不同的假设，有的认为确实有一所学院，有的认为这仅仅是假想的存在而已。

文艺复兴时期的学院，是逐步产生的一种特定机构。直到15世纪末，学院都还只不过是一群文士和统治阶层的年轻人为了娱乐休闲目的定期聚会的场地，很像卡斯蒂廖内在《廷臣论》里谈到的情形。但到16世纪下半叶时，学院已经开始成为正式的机构，有固定的规则、仪式、符号象征和阶序。他们追溯到的神秘源头是雅典的柏拉图学院（公元前387年），在美第奇家族的支持下，在15世纪的佛罗伦萨再次复兴。学院里使用的是宫廷中使用的意大利方言，但根据托斯卡纳的书面语有所改进。他们采用的最鲜明的象征符号是蜜蜂。因为蜜蜂

[1] 帕纳索斯山，在古希腊神话中为阿波罗与缪斯女神的居所，阿波罗最著名的神庙德尔菲就坐落在山的南麓。

[2] 阿佩利斯（Apelles），古希腊著名画家，来自伊奥尼亚地区，但师从多利安画派，结合了两地绘画之长，在当时地位颇高，被视为古代最出色的画家，也是马其顿腓力二世和亚历山大大帝的宫廷画师。他的作品今已全部失传。

善于选择、过着群体生活，就成为理想学院的假想生物学上的典范。毫无疑问，列奥纳多对这种文化非常熟悉，因为他早期在费奇诺、波利齐亚诺和克里斯托弗罗·兰迪诺经常造访的美第奇花园学习、工作过。尤其是费奇诺，被视作一力复兴了传奇般的雅典学院的人。他让世人首次得以一窥柏拉图全集自古代以来的全貌。

列奥纳多参加的所有这些活动，从文字游戏到庆典、宴饮和盛大游行活动的组织，后来都会与文艺复兴学院机构联系在一起。事实上，卡斯蒂廖内的《廷臣论》中的对话就被设定为蕴含了学术对话的典范。新近发现的一份文献，诗人亨里克·博思卡诺（Henrico Boscano）的《私人集》（*Isola beata*，约1513年）中，详尽描述了米兰宫廷学者的圈子，而列奥纳多也属于这个学院——即这个非正式但却经常聚会的学者、贵族、科学家和艺术家圈子。

不过，设计稿上印刻的“Academia”字样，跟这些非正式的聚会到底有怎样的关联，目前我们还不太清楚。在《私人集》的献词里，作者提到，自己家，而不是列奥纳多的家，才是“智者的锻造炉，许多大人、爵士、骑士、哲学家、诗人和音乐家燕集之所”。所以，即使我们不能完全确定有一个围绕列奥纳多形成的学术圈子，但至少可以肯定，他参加了一个这样的群体。或许他正是在这种非正式聚会的环境下完成自己的工作的。暗示了这种可能性的是他笔记中的一个片段。他在其中谈道，在高山上发现的贝壳，证明这里曾是海洋，古代曾有过汹涌的洪水。他回忆道：“我在米兰制造那匹伟大的青铜大马时，一些农民带来一个（装着在帕尔马和皮亚琴察附近山上发现的贝壳和珊瑚）大包送给了我。”这个片段的其他含义我们先不讨论。在这里我们只需指出：这说明，派农民前来送东西给列奥纳多的人知道，与世界的起源及《圣经》中大洪水遗迹有关的问题在他的圈子里有所讨论。因此这段文字或许是间接的证据，说明他决定通过这些纹章来让这种非正式的聚会组织能留下永久的存在印记。

这些结形印章，与其他图像一样，会根据情境而改变意义。在这里提到的这张图里，6根线不断缠绕，就形成了整个图案；但其他图案则可能是由18根或31根线缠绕而成的。这种设计思路，可能与学院的合作理念有关，旨在唤起这样一种感觉：所有参与者共同努力，能创造一个比各个部分更加宏大的整体。

缠结与肖像技法

结与线性图案，对列奥纳多具有无穷无尽的吸引力，并不仅仅体现在对中世纪装饰主题的借用上。他对水的流动和头发飞舞时自然产生卷结的方式尤其感兴趣（参见插图8）。缠结也经常出现在他画中众多人物衣服的边角处。《救世主》中展现了一个特别扁平的版本（参见插图34）。还有证据表明，列奥纳多设计过一款狂欢节服饰，上面装饰的就是缠结印花图案。另一个关于列奥纳多迷恋人工和天然的缠绕图案的绝佳例子，是斯福尔扎城堡中天轴厅天顶画的湿壁画，绘制于1496—1497年（参见插图35）——这也是他接受的来自斯福尔扎家族的最后一项委托。天轴厅天顶画，是列奥纳多作品中被研究得最少的。它在一个穹庐状天花板上呈现了16棵树的枝条相互缠绕的景象，正中间是卢多维克·斯福尔扎和妻子比阿特丽斯·埃斯特相挽的手臂。所以，在列奥纳多的作品中，没有什么事真的像看上去那么“自然”。

宫廷画像

切奇利娅·加莱拉尼的肖像画（《抱貂女子》，约1489—1490年，参见插图15）里面包括了一些更有意思的缠结变形图：裙子的装饰领边图案，以闪烁的浅金线绣成；切奇利娅袖子的蕾丝上，是更松散的黑色天鹅绒绑带图案。

切奇利娅抱放在腿上的银貂，具有多重象征意义，暗示了她的名字、她的性格和她与卢多维克·斯福尔扎的关系。切奇利娅是卢多维克的情妇，但他却不得不离开她，于1491年娶了比阿特丽斯。也就在这一年，切奇利娅生下了他俩的儿子恺撒。据普林尼所说，正如列奥纳多展示的，银貂情愿被猎人所杀，也不愿意弄脏自己无瑕的毛皮——因此，它象征着纯洁（参见插图36）。此外，希腊语里的银貂一词（gale），刚好暗合了切奇利娅的姓氏。另有一些文艺复兴时期的画作也可作为辅证，说明当时存在这样一种信仰，认为银貂能保护孕期的妇女。而在那时候，怀孕是很让人担忧的阶段，期间的死亡率也很高。切奇利娅和卢多维克的儿子恺撒也使用了银貂作为自己的个人标志，因此银貂也可以指代他——这一点尤其可以确定，因为图中的银貂是公的——至少看上去是公的，因为体形比较大。

有赖于如今涌现的众多自媒体影像，以及各种野生动物纪录片在网上的大量流通，我们可以借此准确断定，并没有哪只银貂能真的像坐在切奇利娅腿上这只那么优雅。尽管它在古代和中世纪有着非常尊贵的象征意义，但这种小型的食肉动物其实非常神经质，攻击性十足，贪吃嗜杀，每天要吃掉相当于自己身体重量一半的食物。猎杀从老鼠到兔子、母鸡等各种猎物时，它会先用自己锋利的门牙刺穿猎物的头盖骨，吸食脑髓。

银貂可绝对不会这么温顺地坐在人的腿上，如同圣母与圣子像中的婴儿那般——列奥纳多构思这幅作品时，或许考虑的正是这种经典构图模式，他也确实用过不少类似的微调版本。但银貂自身柔和的曲线，本身就可算得上一种自然的“毛茸茸版本”的晕涂法。把它安排在切奇利娅精致的手旁边，体现了列奥纳多的艺术直觉：人类与自然世界间具有连续性。这种人为地将人物和动物形象并置，是一种升华过程的成果：列奥纳多截取、选择并采纳某些自然元素，来创造符合自己标准的图像。而这种标准的指导原则，正是优雅的理念和轻松自在的效果。他通过将切奇利娅和银貂重组在一起想要达成的效果，其实正延续了他在缠结及自然界的生长与流动模式设计中在做的：以自然形态的理想型为基础构筑视觉韵律[1]。

列奥纳多忠实于自己对人物构筑的观念，会安排画中所有的元素——切奇利娅的手臂、双手和头，银貂的身体和头——与画面形成

[1] 视觉韵律，从听觉引申到视觉，指达到这样一种视觉效果：构图的要素和比例恰当，给人和谐的美感。

不同的角度。列奥纳多在这些年里画过的另一幅女性肖像（卢多维克的另一位情妇鲁克雷齐娅·克里薇莉）也应用了同样的原则（参见插图16）。在那幅画中，主人公坐在一堵矮墙后，稍稍转过头，望向观众。项链的弧度起反衬作用，显得脖子及包裹在深红色天鹅绒裙中的身体曲线优雅圆润。这种处理方式，通常用在雕塑上，是体现绘画和雕塑中三维思维的常见例证，同时也应用了列奥纳多对绘画的概念：在平面上让人像凸显的艺术。

《岩间圣母》

《岩间圣母》是列奥纳多在米兰接到的第一个大项目，或许要感谢卢多维克·斯福尔扎从中帮忙（参见插图2）。这幅画将用于装饰一座新建的兄弟会小教堂。这个小教堂附属于方济各会在米兰的圣弗朗切斯科大教堂（18世纪被毁）。列奥纳多和米兰的画家兄弟——安布罗吉奥·德·普雷迪斯[1]和伊万杰利斯塔·德·普雷迪斯[2]一起，受托画三幅木板画，插入一大幅表现教堂设立主题——无玷受孕（Immaculate Conception）的祭坛画中。列奥纳多的画将起到类似于屏风的作用，遮挡在一尊木制圣母子雕像前。慈善会团的成员会在一

[1] 安布罗吉奥·德·普雷迪斯（Ambrogio de Predis），约1455—1508年，文艺复兴时期活跃于米兰的画家、灯光设计师和钱币设计师，擅长人物肖像画，尤其是微型画像。——译者注

[2] 伊万杰利斯塔·德·普雷迪斯（Evangelista de Predis），生平、作品及风格不详。仅知他和兄弟安布罗吉奥出身画家世家，家中还有其他兄弟也是画家，与弟弟一起接受了这次委托和列奥纳多共同完成祭坛画。——译者注

年一度的无玷受孕兄弟会庆典时请出雕像敬拜。这项委托起草了一份全面细致的合同，签署日期是1483年4月25日。

兄弟会是职业相同或信仰相同的人们聚集形成的群体。他们在神父或僧侣的指导下聚会和行敬拜，并经常出于共同的祈祷心愿而捐建小教堂。隔着遥远的时空距离从现代回望，“无玷受孕”的观念似乎是相当令人费解的神学信条，居然会认为圣母玛利亚能不经原罪就怀孕生子。但虔信无玷受孕，在前现代时期是最重要也最具影响力的——不过，却与列奥纳多自身的观念天差地别。虽则如此，这项委托却给了他探究岩石结构，以及享受绘制与圣母相关的各种花卉的乐趣。身在山石洞穴之间的圣母，这个画面并不算常见，但基督教的教义解释中也确认过，《圣经·雅歌》中提到的岩洞预示着圣母的出现。

我们前面已经知晓了列奥纳多对宗教的看法，尤其是他特别反感圣像崇拜。那么，他将怎么处理这项祭坛画委托呢？毕竟这可是附属于一尊中世纪的圣母木雕像的，而这尊雕像恰恰就受到人们的热烈崇拜。他的方式是：把人物群像画得尽可能远离敬拜者。中世纪晚期和文艺复兴艺术有一种很强的倾向，就是尽可能让观众产生卷入画面的感觉。可为了达到他的目的，列奥纳多却反其道而行之。他在早期的圣母像以及《鲁克雷齐娅·克里薇莉》中也使用过矮墙，来将观众所在的空间与画面空间连接起来。但在这幅画中，他却在画面前方加了一道沟壑，将圣母与观众分隔开来，以此来强调岩间圣母遥不可及。正在为年幼的基督赐福的圣母，她在透视视角下显得缩短的右臂和右手，更增加了这种充满距离感的印象。或许正因为他特意将观看者（也就是敬拜者）置于这种不寻常的、极不舒服的位置上，惹得委托人很不高兴，最后导致画的第一版被弃用。

有一些伪经（包括作者不详的《施洗约翰生平》）声称：幼年基督与施洗约翰的相遇，发生在逃亡埃及期间。但这幅画中人物的金字塔状构图主要还是抽象意义上的，并不关乎上述故事背景。右下角的天使用手指着正在祈祷的约翰，而基督正在为他赐福。所有这些人物相加在一起，就能让敬拜者确信，他们的祈祷是有益有效的，也勾勒了圣母在其中的中介和调节作用，因为她正在赐福，扮演护佑的角色。

委托合同上对整个祭坛画上的岩石构造、岩洞和山脉都有提及。文本中在详细列举绘画内容时，甚至还特意从拉丁文改为当地意大利方言，以方便画家们理解。对兄弟会的会员们，以及修道院僧侣们这些小教堂的赞助人而言，作为背景的岩洞和山脉，象征着基督和圣母。此外，这些风景或许还暗示着阿西西的方济各最后的隐修地：拉维纳山起伏的岩石峭壁。这项委托给了列奥纳多一个机会，用绘画来表现他在托斯卡纳时就一直在观察和描绘的岩石形态，并检验他的观点：岩石和皮肤在投射上阴影时的效果是完全相反的。但实际上在两个版本的《岩间圣母》当中，透过岩洞展示的风景，以及岩洞本身的独石结构，乃至岩洞的形状像巨大的穹顶架在主要人物上方——都更接近于想象，而非现实。这种安排设计的灵感源头之一，或许能在列奥纳多的剧院场景设计中找到。有一份年代不详的剧院场景设计稿，尤其具有参考意义：一座山分为两半，绵延延伸，形成一块幽深的中空部分（参见插图37）。可能正是这份奇巧的设计给了列奥纳多灵感，来安排《岩间圣母》的背景；但又或许相反，他是把《岩间圣母》的背景安排沿用到了舞台设计上。到底是哪一种情形并不重要，重要的是，列奥纳多的设计理念是会应用到各种媒介，渗透在他所有的活动中的。

但似乎列奥纳多对这个主题的个性化诠释导致“无玷受孕”会拒收这幅画，并引发了长期的纠纷。列奥纳多因此创作了第二个版本交差。这个版本晚了很久，到1508年才完成（参见插图3）。

《岩间圣母》并没有影响到列奥纳多的事业发展，可能主要是因为它在交付后不久便消失在公众的视野之中。而他接到的下一项委托却将他推上了荣耀的顶峰。大概在1492年前后，卢多维克·斯福尔扎委托列奥纳多，为米兰多明我修会的圣母感恩修道院画一幅以最后的晚餐为主题的壁画（参见插图38）。米兰公爵本人对这所修道院非常关心，借由资助其翻修，他也因此把这座修道院变成了光耀自家王朝的纪念碑。翻修工作持续了整个15世纪90年代上半叶，并最终于1498年初全部完工。

列奥纳多在技术上做的实验，以及墙壁过于潮湿引发的问题（这是他没有预料到的），导致《最后的晚餐》后来褪色严重。虽则如此，在壁画完成之后的好多年里，壁画的色泽还是非常棒的，并为列奥纳多赢得了前所未有的盛誉。

最近的一些修复活动揭示了被之前的修复掩盖掉的画面细节，尤其是8米长的餐桌上那些精细的静物。桌布上刻画出的很多褶皱如今已经看不见了，这些褶皱其实呼应了画中人物的身体动作，必定为壁画中众人情绪合奏成的交响曲增色不少。

修复工作并不总能告诉我们关于作画背景的信息，但这些对这幅画却十分重要。《最后的晚餐》装饰的是一家修道院的餐厅。画面的长度恰好是房间的实际宽度。于是，修士们在餐厅里与画中的门徒们一样，处在最后晚餐时相同的场景：基督对门徒们说，他们中有一个人背叛了他。此外，《最后的晚餐》正对面的墙上，是伦巴第画家乔瓦尼·多纳托·达·蒙托尔法诺（Giovanni Donato da Montorfano）在1495年完工的全景式《基督受难》（参见插图39）。《最后的晚餐》中没有圣餐仪式的象征场景——尽管列奥纳多所描述的这个片段在《福音书》中刚好就处在耶稣分红酒和面包作为自己的血肉之前（《马太福音》26:14–29）。但是，一幅大型的《基督受难》刚好就正对着《最后的晚餐》，无论如何都会让人联想到圣餐这个环节：基督正面对着他所预言的受难。此外，桌子上到处都有红酒和面包，也暗示了接下来的圣餐礼。因此，虽然画面中包含了所有让人联想到圣餐礼的元素，但列奥纳多没有描写这个场景，却选择刻画耶稣预言自己将死亡，还宣布门徒中有一个人背叛自己的时刻。

由于大多数布料的褶皱都已经看不清，我们能在残留的画面中聚焦的就是《最后的晚餐》中人物的面部表情和手上的动作。有学者认为，列奥纳多在这幅画作的构图中使用了音乐里经典的节奏比例。尽管这一点在数学上还有争议，但整幅构图的层次，尤其是窗户和门的位置，确实让人想起音乐中诸如节奏和间隔之类的因素。此外，人物的手和脸堪称想象的乐谱上的音符和节拍。但无论怎么说，列奥纳多是把人物放在整幅图的优先位置。耶稣处于视角正中，从比例上来说大于诸位门徒。画中的桌子实在太小，不够所有的人围坐下来。这样的安排是列奥纳多特意为之，为了突出门徒们各异的表情。他把他们分为四组，每三个一组，组内人物间存在互动。放在与对面墙壁画作构成的全景来观看，它们之间的差别让人觉得特别悲伤，充满戏剧张力：门徒们还在议论纷纷，难以相信耶稣的宣告；但耶稣本人，还有观众们，却已经在正前方看到了即将到来的十字架上受难的景象。

门徒们各异的神态举止，以及列奥纳多笔记里留下的众多研究图，证明了他敏锐的观察力，也证实了他自己推荐的方法：花费大量的时间观察公共场合和私人场合下人们的表情和举止。左边的人物表情更加柔和、克制，右边的人物表情则更加夸张、狂放。为了进一步产生节奏和情绪上的对比，列奥纳多还在犹大手臂旁边描绘了盐从盐瓶里撒出来的景象。右侧门徒们的动作张扬得多，仿佛他们更早听到耶稣宣告被背叛、即将死亡的消息，因此有更充分的时间作出反应。或许他们各异的表情正是取自列奥纳多在他参加的多次宫廷辩论和学者对辩中观察到的情景。

如果说《最后的晚餐》是一幅由活人演绎的静态画（tableau vivant），那他们就不太可能全部坐在桌子一边，观众们也不太可能看到所有的食物都摆在桌子上。除了一排葡萄酒杯、水瓶和面包片外，桌上画出来的食物是鱼（主要是鳗鱼），配以香橙切片和石榴（参见插图40）。这些与《福音书》中提到的逾越节传统饮食毫无关系，反映的乃是典型的意大利北方腌制鱼的方法。正如歌德在18世纪时说到的，很可能桌上描绘的这些食物与修道院的饮食类似，并反映了他们日常的饮食情况。桌布也用的是当时伦巴第的传统布料。因此《最后的晚餐》中的餐席设置，反映的乃是这个餐厅中真实的用餐情形。

尽管桌上的餐食并不丰富，但整张餐桌画面还是很显绘画功底，描绘了大量光学现象：比如光反射在金属材质上，或透明的玻璃杯、葡萄酒和水上的不同表现。餐桌正前方的陈设方式，或许也反映了文艺复兴时期大多数宴席上的摆设，毫无疑问，列奥纳多对这些情景非常熟悉。

就在列奥纳多为绘制《最后的晚餐》做准备的阶段，小说家马特奥·班德罗[1]正在圣母感恩修道院做见习修士。他在其所写的一个故事开头岔开来一段，留下了他对列奥纳多怎么画《最后的晚餐》的回忆。这个片段经常被引用，能让我们一瞥列奥纳多曾在笔记中谈论的自我观察法，也证实了列奥纳多作为艺术家享有的相对独立地位：

> 我多次看见列奥纳多一大早就在画《最后的晚餐》那堵墙前的脚手架上工作，他在上面会从日出一直待到日落，从不放下手中的刷子，不停地画啊画啊，不吃也不喝。然后接下来三到四天的时间里他一笔都不画，而是每天花上几个小时的时间检查已经画好的部分，亲自品评画好的人物。我也曾见过，他一旦灵感迸发，就丢下手上正在做的大得出奇的黏土大马，一路径直来到修道院里，爬上脚手架的平台，拿起刷子在哪个人物上画上几笔；之后就突然离开，去往别的地方了。

“大得出奇的黏土大马”指的就是斯福尔扎骑马纪念像的模型。

---

[1] 马特奥·班德罗（Matteo Bandello），1485—1561年，意大利短篇小说家、士兵、修士，其传奇小说被译为多种文字流传。莎士比亚的《罗密欧与朱丽叶》《第十二夜》《无事生非》均受到了他的故事原本的启发。

列奥纳多那几年一直在做这个模型，这对他声誉日隆也起了相当大的作用。

斯福尔扎骑马像

列奥纳多正在做这匹马的模型。最早的相关证据出自佛罗伦萨驻米兰大使1489年7月22日写给洛伦佐·德·美第奇的信里。信中他向洛伦佐报告称，卢多维克·斯福尔扎想要两位能帮列奥纳多做模型的工匠师傅。“摩尔人”对列奥纳多的黏土模型很是惊叹，但还是比较关心是否真能用青铜复制出来。原因很明显：斯福尔扎的这座雕像将会成为有史以来最庞大的青铜骑马像。单单列奥纳多计划铸造的那匹马，据估计就有约7.2米高，加上骑士，整座雕像的高度应该会超过8米（参见插图41）。把这尊雕像与当时最重要的一批骑马雕像做个对比，差别就很明显了：多纳泰罗的《加塔梅拉达骑马像》（帕多瓦）高3.2米；卡皮托山上的《马可·奥勒留骑马像》（罗马）高4.25米；韦罗基奥的《科莱奥尼骑马像》（威尼斯）高4米。斯福尔扎骑马像如此庞大，需要耗费71吨的青铜，而制作过程中出现任何错误都会导致无法挽回的巨大浪费。

1493年11月20日，卢多维克的侄女比安卡·玛丽亚·斯福尔扎（Bianca Maria Sforza）嫁给神圣罗马帝国皇帝马克西米连[1]的婚宴

[1] 马克西米连一世（1459—1519），是神圣罗马帝国皇帝查理五世（罗马人民的国王卡尔五世，西班牙国王卡洛斯一世）的祖父，亦是哈布斯堡王朝鼎盛时期的奠基者。

期间，这匹黏土大马的模型在米兰城中心展出。瓦萨里写道，那些看到这匹马的人都声称，从未见过比这更美、更卓越之物。这桩盛事也引得人们诗兴大发，歌颂咏叹。宫廷诗人巴尔达萨雷·塔科内（Baldassare Taccone，1461—1521年）就提供了一个极佳的例子：

> 看哪，（摩尔人）用金属做了什么，一座纪念他父亲的巨型雕像！我十分确信，毫无疑虑地确信，无论是希腊人，还是罗马人，都未曾见过如此庞大的雕像。看哪，这马是多么美丽！列奥纳多·达·芬奇独立创造了它。这位雕塑家，出色的画家，几何学家，普天之下何曾诞生出这样的人物！

这尊雕像确实非常巨大。据同时代的庞博尼奥·格里科（Pomponio Gaurico）所著《论雕塑》（1504年）中的说法，真人大小的塑像用于圣人和政治家；真人1.5倍大小的用于国王、皇帝和统治者；真人2倍大小的，是为英雄和半神们准备的，比如赫拉克勒斯和巴克科斯；真人3倍大小的，是为神祇准备的。而斯福尔扎骑马像预计的高度，已经比真人大小的4倍还大！

因此对列奥纳多来说，制作这尊斯福尔扎骑马像，是一个能让他成为当世最伟大艺术家的机会，不仅让他超越了自己的老师韦罗基奥和前辈多纳泰罗，而且也超越了古代那些传奇般的雕塑家们。而对卢多维克·斯福尔扎来说，这尊献给自己父亲弗朗切斯科的骑马巨像，能强有力地证明自己的家族是米兰的统治者。但不幸的是，这个项目在模型阶段后就再也没能推进下去。列奥纳多已经想出了非常天才的方式来一体化铸造马身，但到1494年时，本来为铸造纪念雕像准备的青铜全用来铸造大炮，用在1495年的福尔诺沃战役中，以击败查理八世的法国军队了。列奥纳多当时栖身在大教堂附近的旧宫中，与实际等大的黏土马模型，也曾短暂地放置在这里。但在1499年4月，法军占领了米兰，损毁了黏土大马。

这场灾难再次增加了列奥纳多做事有头无尾的坏名声。此外，虽然巨型马雕像很贴合卢多维克对权力、名望的渴望，但列奥纳多创制出的浇筑方法却招致了骂名，说他狂妄自大、野心勃勃却愚蠢不堪。列奥纳多想整体浇筑巨型马——用这种方法做小东西相对来说很容易，但用在大尺寸模型上却非常困难，风险极大（参见插图42）。文艺复兴时期的雕塑家们在制作纪念雕像时，倾向于先分部件浇筑，然后再组装焊接，焊接痕迹只有近距离仔细观察才能发现——这种方法一直留存到了19世纪，比如法国政府把自由女神像送到美国就是采用的这种方法。所以有一位学者研究了整体浇筑斯福尔扎巨马的计划后说道，这是“一项在智识层面上的意义大过视觉层面的美学构想”。针对整体浇筑巨型马的计划，列奥纳多分解出了几个阶段的人力工作。他投注在这项工程准备工作上的精力和脑力，可称得上是艺术史上具有里程碑意义的尝试，是一种值得纪念的“轻松自在”。列奥纳多就这样花费了大量精力和脑力做一件极端困难、大胆而且有极大风险、可能会徒劳无功的事情。然而，根据他笔记中留下的证据，列奥纳多还是有一定概率能成功浇筑出巨型马的。而丹尼斯·狄德罗编纂的《百科全书》中详细记述的一种已经证实的类似方法证明，他的技术解决方案流传了下来。

列奥纳多浇筑巨型骑马纪念像的计划，一直没能取得成果。斯福尔扎骑马像始终没能铸造，尽管新来的统治米兰的法国人也曾考虑委托列奥纳多制作一尊骑马雕像，只是这回换成了纪念雇佣兵队长吉安·吉亚科莫·特里乌尔齐奥（Gian Giacomo Trivulzio，1440—1518年，他协助法国人与斯福尔扎家族作战），但这个项目最终被放弃。

当时列奥纳多发现，能够借鉴浇筑重型大炮的方法来解决他在浇筑巨型马时碰到的一些问题。但起初为斯福尔扎骑马像准备的青铜，最后却用来浇筑了大炮，这真是让人既觉得伤感，又充满讽刺。文艺复兴时期的米兰是欧洲的武器库，这里的工坊生产从最好的刺刀和盔甲，到威力最强大的大炮等各种武器。在准备制作斯福尔扎骑马像的过程中，列奥纳多花费了大量时间与军火制造行业的大师们待在一起，加深自己对浇筑工艺的理解，并着手对各种大炮的制作工艺作了若干改进。他还对弹道发射产生了兴趣，并增长了自己对能源、运动和重量之间关系的认识。到1499年离开米兰时，他已经在军事工程方面积累了深刻、透彻的知识。我们还知道，他经常定期与米兰的军事精英们一起吃饭。他与雇佣兵队长彼得罗·蒙特（Pietro Monte）、加莱阿佐·达·桑塞维里诺（Galeazo da Sanseverino）、詹泰尔·波利（Gentile Borri）以及比亚吉诺·克里维利（Biagino Crivelli）——全都是公爵的近侍亲信——等人熟识，这既证实了列奥纳多对军事的浓厚兴趣和投入程度，也证实了他社会地位的显著提升。

待在米兰期间，列奥纳多曾起草过一封自荐信，列举了自己的各项技能，毛遂自荐为卢多维克·斯福尔扎效力。他列举了浮桥和挖掘隧道的方法，能帮助军队跨越水域攻击、摧毁或保护要塞及船只；

铸造新型大炮——可移动炮台的方法，这种炮台能产生烟雾，造成敌人极大的恐慌；以及前所未见的装甲车（参见插图43）。自荐信有十章，只在最后一章提到了绘画或各种介质的雕塑，包括浇筑著名的青铜巨马。对这封信的确切日期，众说纷纭：鉴于其中表达了列奥纳多想要制作青铜巨马的愿望，那这封信不可能晚于15世纪80年代末，因为1489年的时候列奥纳多已经开始巨马的制作工作了。当他在1483年来到米兰时，列奥纳多应该对武器和军事机械还知之甚少。根据可得到的所有当时的文献，洛伦佐·德·美第奇派他前往米兰，是以宫廷画家、雕塑家和音乐家的身份，而不是军事工程师。可是，到列奥纳多快离开米兰时，他获得的与战争有关的技艺显然已经非常纯熟，让人惊叹了。没有证据表明，斯福尔扎家族曾利用过他的技能。但列奥纳多在这方面的名声应该已经传播开来了，因为就在他离开米兰的一年后，他开始作为军事工程师为西泽尔·波吉亚效力。这段时间的经历，塑造了列奥纳多此后在文字、图像和宫廷节庆中对战争的呈现方式。

第四章

从佛罗伦萨到米兰：1500—1513年

大概在1499年8月后的某个时间，列奥纳多用一个简短的句子总结了他在米兰的岁月：“公爵失去了他的城邦、他的财产和他的自由，而我为他做的作品一样都没完成。”就在列奥纳多忙着做研究、画画、建造纪念雕像、组织庆典和发明机器时，他的资助人卢多维克·斯福尔扎却正经历着生死之战，但很快以失败告终。卢多维克起初与法国结盟，支持法王查理八世争夺那不勒斯王位——第一次意大利战争由此爆发。等到占领了那不勒斯后，法国人掉头北上。卢多维克此时对法国人日渐增长的野心感到忧心忡忡，于是打破与法国的联盟，转而加入反法联盟，与威尼斯、教皇、西班牙、英国以及神圣罗马帝国皇帝马克西米连一世站在了一起。他们组织起一支联军，由曼图亚侯爵弗兰切斯科二世·贡萨加（Francesco Ⅱ Gonzaga）率领。卢多维克提供了士兵和大炮——正是用原本用来给列奥纳多铸造巨马的那批青铜所筑。法国军队于1495年在帕尔马附近发生的福尔诺沃战役中被击败。而这当然更增加了法国人的怒气，以及他们对卢多维克所辖领土的野心。

1499年8月，法国军队这次在查理八世的继承人路易十二世的带领下卷土重来，入侵米兰公国；并在进军米兰的路上大肆屠杀军事重镇洛卡·德·阿拉佐（Rocca d’Arazzo）和阿诺讷（Annone）的居民。9月，米兰投降。与此同时，卢多维克逃离并再次集结起一支队伍。1500年2月到4月，他曾一度短暂夺回米兰；但之后，他雇用的瑞士雇佣军却把他交给了法国人。卢多维克被监禁在法国度过了余生，于1508年辞世。

米兰被法国人占领后，列奥纳多辗转前往威尼斯、曼图亚，最后在1500年时回到佛罗伦萨。在离开之前，他可能与米兰的新任法国主人联系过，也与西泽尔·波吉亚有过接触。西泽尔此时作为法王的盟友进入米兰。有些学者推测，列奥纳多可能参与设计了1499年10月6日路易十二世胜利进入米兰的盛大欢庆活动。列奥纳多当时或许真的在场，而且从那时开始就与米兰的法国统治者之间建立了亲善友好的关系。可是，他仍然在12月时离开米兰、前往威尼斯，随后又在曼图亚待了一段时间。1500年4月，他回到了佛罗伦萨。但是显然他不想回乡间的老宅定居，似乎还是最希望能重新在宫中任职。从1502年起直到1503年的冬天或春天，他为西泽尔·波吉亚效力（参见插图44）。从1503年开始，他再次主要居留在佛罗伦萨，并不断在这里与米兰之间来回奔波。但从1508年起到1513年，他又回到米兰，效力于那里的法国人。

列奥纳多离开佛罗伦萨的时候，还是一位前景可期的年轻宫廷艺术家；等到他回来时，已经成为当世最著名的艺术家了。米兰时期的列奥纳多是位完美的宫廷艺术家，也是颇有成就的廷臣。佛罗伦萨的共和政府已经在1494年把美第奇家族赶下了台，列奥纳多回到这里，可谓荣归故里。他可以很轻易地在这里建起一个生意兴隆的工坊，找寻并培养几个有才能的助手，然后让市场上满是他独特风格的圣母像和肖像画。但他更倾向于寻找另一份宫中的差事。与此同时，他减少了自己的工作量，只为绘画作品做前期准备，让两名助手主画，自己再最后润色一下。由于这种工作安排，以及他原有的一些积蓄，他可以花费更多的时间在自己的几何研究上，却不致耽误自己想要的独立而舒适的生活方式。正如他在自己《绘画论》的笔记中写道：

> 画家或制图员必须要独自待着，尤其是当各种研究和反思不断浮现，生出许多需要好好保存在记忆中的素材时。独处时，你完全属于自己；如果有同伴，那你只有一半属于自己……如果有很多同伴，那你的麻烦就更大了。

从大概1500年开始，列奥纳多会时不时效力于西泽尔·波吉亚。西泽尔精力充沛，是艾米利亚-罗马涅[1]的统治者。路易十二世封他为瓦伦蒂诺公爵，并把自己的侄女夏洛蒂·德·阿尔布雷特

[1] 艾米利亚-罗马涅，今意大利中北部大区，历史上曾分为两个大区：艾米利亚和罗马涅。北至波河，南至亚平宁山脉托斯卡纳段，东至亚得里亚海，西至亚平宁山脉利古里亚段。

（Charlotte d'Albret）嫁给他为妻。因其父教皇亚历山大六世的关系，他还是教皇军队的统帅。1499年10月，西泽尔与路易十二世一同进入米兰城，观看了《最后的晚餐》，他必定也听说了列奥纳多作为建筑师和军事工程师的专业才能。在1502年的某个时间，他正式雇佣了列奥纳多，因为在一份写于1502年5月18日的文件中，他称列奥纳多为他的"老熟人，建筑师和总工程师"。

西泽尔·波吉亚精明强干，充满魅力，残酷无情，就像一个黑手党的大头目。他是尼可罗·马基雅维利《君主论》（1532年）的原型之一。在一份写于1502年8月18日的文献中，西泽尔用"最可赞的亲信"——也就是"自己的亲信近臣中最值得赞赏的成员"——来指称列奥纳多，说明此时西泽尔不仅欣赏他的各种才能，同时也享受他的陪伴，与他交谈，听取他的建议。这正是西泽尔加紧征服领土的时期，他急需一名军事工程师，而不是一位画家或雕塑家。西泽尔的军队这时正忙于征服意大利中部的广阔区域，他希望在日益年迈的父亲去世后，自己还能保有一块属于自己的领土。而列奥纳多获得任命，在时间上正与此吻合。

弗朗切斯科·佩鲁洛（Francesco Perulo）曾写过一首拉丁文诗作，赞颂西泽尔的军事征服战役，其中就提到了列奥纳多在写给卢多维克·斯福尔扎的信中，以及写给自己的朋友数学家卢卡·帕乔利的信中提到过的可折叠的桥。这些装置能非常理想地保证军队顺利越过天然屏障、迅速部署（参见插图45）。文献资料也证实，列奥纳多还研究、观察了要塞工事。最关键的是，他画出了详细的要塞地图，使得西泽尔手下的将领们能筹划有效的围城战，成功策划攻势。此外，记述西泽尔对皮翁比诺发动的冬季战役的文献中，隐约提到了一些军事机械。这些可能是在列奥纳多指导下，或根据他制订的计划制造或改进的。其中还包括能爆炸的炮弹（参见插图46）。他铸造青铜巨马时获得的经验，以及他之前对弹道发射的新兴趣，必定让他意识到有毒甚至有时会致命的烟雾具有什么样的功效。在写给卢多维克·斯福尔扎的信中，他谈到了可移动的大炮，能射出会爆炸的炮弹，“发散出的烟雾能给敌人造成极大的恐慌、严重的伤亡和混乱”。据历史学家帕斯卡尔·布里奥斯特（Pascal Brioist）所说，列奥纳多设计的一尊可移动的攻城塔，也进行了实际建造，但没能成功。

列奥纳多设计的大多数战争机械和大炮，都是从之前的军事著作中演化出来的，尤其是罗贝尔托·瓦尔图利奥（Roberto Valturio）所著《军事》（*De re militari*，1472年）和乔瓦尼·丰塔纳（Giovanni Fontana）的《战争机械之书》（*Bellicorum instrumentorum liber*，约写于1420年）。比如，一架装有长柄大镰刀的令人生畏的战车，在和平时期还可以用作收割机甚至是除草机，是对在装载武器的战车轮子上装镰刀以加强防御的传统加以改进而来（参见插图47）。学界一般认为，列奥纳多所造军事机械并不实用。比如可移动的炮台（参见插图43），体积太重，很难移动，上膛也很慢，还很有可能产生过多的烟雾和热量，导致炮台里的人死亡。列奥纳多自己也承认，他设计的一些机械对敌我双方可能都同样有杀伤力。然而，毫无疑问，为西泽尔·波吉亚效力可容不得老出岔子，列奥纳多肯定对波吉亚取得的军事胜利作出了重要贡献。

1503年8月18日，教皇亚历山大六世去世。11月1日，出自德拉·罗贝莱（Della Rovere，公开与波吉亚家族为敌）家族的尤里乌斯二世当选教皇，预示了西泽尔·波吉亚的末日来临。他在那不勒斯遭出卖、被抓住，于1504年被押往西班牙。西泽尔多次尝试逃跑，最后终于成功逃到纳瓦拉，并在那里成为胡安三世的军队统帅。1507年3月11日，他在西班牙北部的维安纳（Viana）遇到埋伏而阵亡。

安吉亚里战役与战争经历

1503年3月时，列奥纳多已经回到佛罗伦萨。7月，他的名字出现在画家行会的花名册里，说明他在继续画画。他还参与了佛罗伦萨对比萨的战争，尤其专注于一个建造水渠体系的策划方案：将阿尔诺河的水分流走，让比萨人无法得到水源。政府采纳了列奥纳多的计划，但最终综合考虑到资金不足、监管困难等因素，放弃了这项工程。翌年的11月，列奥纳多被派去加固托斯卡纳城镇皮翁比诺的防守。这座城镇之前被西泽尔·波吉亚攻占过，其中也有列奥纳多所绘精确地图的功劳。西泽尔倒台后，该城又回到了之前的统治者雅科博·德·阿皮亚尼（Jacopo d’Appiani）手中。雅科博率领佛罗伦萨军队取得了一系列卓越的战功。

同样是在这些年里，战争作为绘画主题成为列奥纳多关注的重心，因为他接受了绘制《安吉亚里战役》的委托。这是一幅巨幅壁画，长175米，宽7米（参见插图48）。壁画的创作是为了纪念1440年佛罗伦萨军队在佣兵队长尼可洛·皮茨尼诺（Niccolo Piccinino）及其子弗朗切斯科的率领下击败米兰军队的大胜仗。本着竞争的精神，也为了展示本市值得自豪的财富，另一面墙的绘制委托给了列奥纳多新崛起的对手——年轻而有些粗鲁的米开朗基罗。他俩的关系可远谈不上亲善。米开朗基罗要画的是《卡西纳战役》，1364年佛罗伦萨人对战比萨人的战役（参见插图49）。他选择刻画的时刻是：佛罗伦萨的士兵们正在阿尔诺河中洗澡，忽然听见敌人来袭的声音，于是匆忙从水里起来，抓起衣服和装备，准备迎战。与列奥纳多一样，米开朗基罗也画了一幅草图；但之后他就离开佛罗伦萨去往罗马为尤里乌斯二世效力了。不过，他的草图却迅速被复刻并传播开来，成为16世纪最重要也流传最广的人物画之一。

战争主题让米开朗基罗有更多的机会来表现男性裸体。而列奥纳多却借机尝试了一个似乎不可能完成的任务：既要展现战役中军队的阵形，在烟尘、光影和鲜血笼罩下的整体状态，又要细致刻画那些正在战斗或奄奄一息者的神情与动作。

现在的战争研究中的一大主题就是，如何克服困难、恰如其分地理解并阐述那些参加过武装冲突的人们的经历——尤其是考虑到有那么多人死去，而回来的人很多都患上了创伤后应激障碍。可是，列奥纳多却对战争毫不陌生，并能很好地描绘它，因为他不仅近距离亲眼见证过这一切，而且还熟知自15世纪90年代开始就一直遭受战火蹂躏的文艺复兴时期意大利的那些主要角色，并与他们并肩奋斗过。

学界一直着重探讨列奥纳多与其效力过的统治者们身边的博学

多闻之士的互动交流，但其实他与米兰的军事精英们同样关系密切。在西泽尔·波吉亚麾下效力近两年后，他不再只与解剖学家、数学家和天文学家们为伍，而切实地转变为那个时代最苛刻、最富有攻击性也最冷酷无情的男人麾下的军事工程师。为西泽尔工作的那段时期，列奥纳多经常与其手下的将领们接触；而将领们能够打胜仗，列奥纳多所提供的地图的精确性乃是关键。这些粗鲁壮实的人已经习惯战场的血腥残酷，也随时准备进行在前现代战争时期非常普遍的奸淫掳掠等行为。而列奥纳多每天都与这样的人在一起工作和交流。他一直随军，见识了战争场面的残酷及其施加在人们身上的野蛮后果。1502年10月，教皇军队的士兵洗劫了佩萨罗（Pesaro）[1]附近的一个小村庄福松布罗内（Fossombrone），大肆屠杀居民之后将其付之一炬。当时列奥纳多就在现场。

列奥纳多与军人们非常熟，这让他有大量时间可以近距离从容地研究他们，观察他们的行为举止、动作习惯和他们身体的肌肉运动。这些身体上布满了长期使用武器、骑在马上，以及不断在战斗中受伤而留下的痕迹。他还很了解马——这种在战场上最为重要的动物。列奥纳多是位娴熟的骑手，出于兴趣也养了好几匹马，而且在准备制作斯福尔扎骑马像的过程中必定也广泛细致地研究过马的解剖形态。在他接受绘制《安吉亚里战役》的委托时，他也许是西方最有经验、也最适合表现这场战争的画家了。

10月24日，列奥纳多收到了新圣母修道院里天父厅（Sala del

[1] 佩萨罗（Pesaro），意大利中北部亚得里亚海沿岸的港口城市。——译者注

Papa）的钥匙。这里将作为他的工坊。他在那里为壁画准备草图，最后再移到韦奇奥宫的墙壁上去。关于这幅画，现存的文献包括委托合同和付款证明，以及佛罗伦萨当局对列奥纳多进度缓慢而且频繁前往米兰表示不满的文件。我们还知道，列奥纳多准备的草图用纸，达280平方米，相当于壁画实际墙面面积的两倍。在正式开始如此巨大的画作之前——这是当时尺寸最大的，他肯定已经做出了整幅壁画的清晰素描图。但所有这些都已经失传。有学者曾提议要重构整幅图，但列奥纳多原版构图的痕迹如今只剩下一些零星的小素描图（参见插图50），以及一些对人物表情的小型研究图（参见插图51、52）。《安吉亚里战役》实际画面的残迹只余下四份：两份印制图、一份摹本和一份作者不详的绘本（由列奥纳多的同代人修整，后由彼得·保罗·鲁本斯润色，参见插图48）。它们表现的都是争夺战旗的片段。

为了让这些图像置于更多的背景信息之中，从而更为生动，我们还能找到列奥纳多自己对如何表现一场战争的描述。这份文本，学者们通常将其日期定在15世纪90年代，比《安吉亚里战役》的绘制早大概10年。但它却证实了这幅壁画中最为重要的方面："首先你必须表现炮火形成的浓烟，它们在空气中与尘土混合在一起，又因战马和战士们的动作而被撕扯变形。"这段文字介绍了如何表现光线照在飞扬的尘土上时形成的多种状态：在底部应该颜色更黑更浓密，顶部应该更细致更透明。讲完这些光学现象后，文中接下来讲人和动物的举动造成的影响。列奥纳多用晕涂法的方式来构想他们出现的情形，让读者们想象一下，从尘土和光影中人物的轮廓慢慢浮现。转到描述战斗中心区域时，列奥纳多在解释如何突出"你与光线之间的人物"时改变了叙述方向。从这里他开始自内部描述这场战斗——这是一种视角变换法，让观看者逐步到达图像的中心点。从这个新的角度，列奥纳多详细描述了这场战争中的角色们表情、动作等各个方面：

> 你必须把被征服和被击败者画得苍白：他们高挑的眉毛是拧紧的，眉毛下的皮肤因痛苦而皱起；鼻子两侧有弧形褶皱，从鼻孔一直弯到眼睛那里。鼻孔上扬是造成我刚才说的那道弧度的原因。嘴唇也要上翻，露出上排的牙齿；上下两排牙齿要分开，好像要哭喊出来一样。

接下来谈到的是表现剧烈痛苦的详细建议，从面部表情直到身体无法控制的痉挛动作："其他人必须被刻画出濒临死亡的痛苦感觉，咬紧牙关，眼球乱转，拳头顶着身体握紧，四肢扭曲。"

列奥纳多的想象，与他在画面中表现出的风格一致。他在对战争画面的呈现中，确实大量使用了晕涂法，从火炮造成的烟雾深浅不同的颜色，到无所不在的尘土，形成天然的晕涂效果，呈现了烟雾与实体的中间状态，尸体经由这个媒介与整幅画面很好地融为一体：

> 你必须让死者部分或全部被灰尘掩盖，灰尘在他们身上因为混合了血液的颜色而变为深红色，形成一道从尸体身上流逝的生命力溪流。

《安吉亚里战役》中唯一留存下来的残片，争夺军旗之战，展示了动物和人类能量的有力爆发，马匹在旗杆附近冲撞在了一起，起到杠杆的作用（参见插图48）。列奥纳多将各个元素间力量的碰撞以及构图的大头放在了旗杆附近，而整个重心在左边，再辅之以唯有他可以构想出来的视觉韵律。右边远端的骑手，我们可以认出来是米兰人弗朗切斯科·皮茨尼诺（Francesco Piccinino），他穿着一件精美、繁复的衣服，暗示其与战神马尔斯有关。与其他骑手不同，他穿着的是典型的文艺复兴式比武装备，而不是那种更加朴素的战斗用盔甲，而且他的整个人像可能是绘画史上最具有曲线的了。这身不同寻常的衣服也使列奥纳多能借助其力量迸发的曲线，表现出在自然状态下能呈现出的人体曲线：这包括弗朗切斯科盔甲的胸片上装饰的那只羊角的曲线，以及列奥纳多放在他肩甲上的贝壳图案。与躯干鲜明的曲线、帽子上的螺旋，以及旗杆环绕在他手臂上的绳子一道，这个米兰人就相当于一个人形载体，表现了列奥纳多描绘过并在机械上呈现过的、用来思考和转换能量的、不计其数的轮子形状和齿轮形状。

地面上的两个士兵，是直接取自列奥纳多之前描述过的形象：

> 再画上一个人因恐惧而用一只手遮住自己的双眼，手掌朝向敌人；另一个人趴在地上，半边身体立起。可以看见一些受重伤的骑兵正要坠地，他们用盾牌护住自己；而敌人正俯身朝向他，打算给他致命一击。

不幸的是，正如列奥纳多写道：

> 1505年6月的第6天，星期五，钟声敲到第13个时辰时，我开始在（韦奇奥）宫里画画。那时天气变糟了，钟声响起，召唤人们聚集。草图撕裂了。水洒了出来，装水的容器破了。突然天气变得很糟糕，雨下得很大，积水严重。天暗得像黑夜。

对列奥纳多来说，这只是麻烦的开始。由于各种至今仍不清楚的原因，列奥纳多尝试采用的新颜料和墙面处理材料都没有按预期的时间晾干。等了一段时间后，他点燃了火把，希望能加速干燥。但事与愿违，画却开始融化、滴落。他频繁造访米兰也更打乱了绘画的节奏，而到1508年时，列奥纳多应法国人的请求留在了米兰。当时佛罗伦萨政府的领导人皮耶罗·索德里尼（Piero Soderini）不敢惹恼法国人，他还需要他们充当军事盟友。列奥纳多就这样把这幅没完成的战争壁画搁在那里，其残迹还在不断滴落。直到1555到1572年间，瓦萨里的团队把墙刷白，重新作画。

最后的几幅画

除了《施洗者圣约翰》是从1513年左右开始画的外，有文献可查的列奥纳多最后一批绘画，可追溯至16世纪的最初十年。不过，他一直保留并不断修改自己的最后三幅作品——《蒙娜丽莎》、罗浮宫所藏的《岩间圣母》，以及《施洗者圣约翰》，直到生命终了。

对他银行账户的分析显示，他一直在自谋生计，独立生活，但也一直在谋求新的宫廷任职，这次是向米兰的法国统治者。伊莎贝拉·德埃斯特在佛罗伦萨的代理人皮埃特罗·达·诺维拉拉（Pietro da Novellara）的信件证实了我们以上的印象，让我们得以一瞥列奥纳多的独立生活。1501年4月3日他写道："就我所知，列奥纳多的生活非常多样，难以定型，以至于可以说他似乎是按天在生活……（除了早期一份已经遗失的《伯林顿府草图》外）他什么工作都没接，而他的两个助手在画画，他只时不时作些修改。"

之后没多久，皮埃特罗·达·诺维拉拉就会与列奥纳多的助手萨莱以及其他一些随行伙伴会面。通过他们，诺维拉拉了解到"总而言之，他做的各种数学实验让他分心严重，无暇顾及绘画，甚至连拿起画笔的时间都极少"。诺维拉拉还写道，如果不是列奥纳多最近正忙于为法王的大臣和宠臣弗洛里蒙·罗贝特（Florimond Robertet，当时正在米兰）绘制《纺车边的圣母》，他是可以为伊莎贝拉·德埃斯特画点什么的。最终，列奥纳多只为伊莎贝拉画了一幅画，是他在1499年末离开米兰，去往曼图亚时所画的一幅素描草图。人像轮廓上有细致的戳孔，这说明它本来是为画成一幅成品准备的。但是，曼图亚侯爵夫人对待艺术家们（尤其是对曼特尼亚[1]和佩鲁吉诺[2]）的专制作风早已是众人皆知，因此，比起积极回应曼图亚侯爵夫人的请求，讨好罗贝特和米兰的法国统治者显然更为要紧。

---

[1] 曼特尼亚（Andrea Mantegna），1431—1506年，意大利北部重要的人文主义画家、雕塑家，人文素养深厚，作品深具古典主义特色。

[2] 佩鲁吉诺（Pietro Perugino），1450—1523年，意大利画家，与达·芬奇、波提切利等人同是韦罗基奥的学生，而且是拉斐尔·桑乔的老师。

《丽达与天鹅》

列奥纳多晚期的作品《蒙娜丽莎》《纺车边的圣母》，以及罗浮宫所藏《圣家族》，还有《丽达与天鹅》，都遵循了同一个模式：人物在前，风景作为背景。它们生动地代表了列奥纳多对科学的兴趣，以及认为自然与人体间具有相似性的观点。不过，《丽达与天鹅》以及《纺车边的圣母》如今只能看到摹本。原本或者已轶失，或者根本就没画出来——后一种假设因皮埃特罗·达·诺瓦拉拉的评论而更显真实。他说，列奥纳多会先画出草图，之后他的助手们会画出来，他只是作些修正和改动而已。换句话说，这些画得到了列奥纳多的指导和修改，但却不是由他亲笔画出来的。

列奥纳多这幅《丽达与天鹅》到底是受谁委托所画，目前还不得而知。这幅画有两个版本保存下来。“半蹲的”丽达（参见插图53），归为加姆比耶多里诺（Giampietrino，约1495—1549年）所画，收藏在开塞尔的新画廊美术馆。它是根据列奥纳多的一份草图画成的，这幅草图如今收藏在鹿特丹（参见插图24）。而“站着的”丽达，目前所知的至少有四个版本，分别保存在佛罗伦萨（乌菲齐美术馆）、罗马（博尔盖塞美术馆，参见插图54）、索尔兹伯里（威尔顿宅第），以及费城（费城艺术博物馆约翰逊捐赠藏品）。

神祇太强大了，任何凡人都承受不了。因此，贪婪好色的宙斯每次想要亲近凡人时，就会化身为某种动物。他变成一只天鹅与斯巴达国王的王后丽达交媾。两人结合生下了卡斯托尔和波吕克斯，还有特洛伊的海伦和阿尔戈斯的王后克吕泰涅斯泰拉。

地面上描绘的花朵和蔬菜，尤其是香蒲，都引得学者们纷纷把这幅画与在众多文献中有佐证的、列奥纳多对植物学的兴趣，以及自然的繁衍生长力量联系在一起。把列奥纳多对丽达这个主题的诠释，与后来米开朗基罗的版本（1530年，参见插图55）相比，就可表明列奥纳多对表现性欲毫无兴趣。米开朗基罗考虑的是明示交媾行为，而列奥纳多表现的却是柏拉图式的爱恋：听觉与视觉上的（参见第一章）。在米开朗基罗的版本中，天鹅的喙伸进丽达的嘴里，有力的翅膀爱抚着她的阴部。相反，列奥纳多的版本里没有表现宙斯无穷无尽的性欲，更像是表现了亲密的友情。在鹿特丹所藏草图中，天鹅用喙碰触了丽达的耳朵（参见插图24），翅膀环绕着她，让她看起来宛如天使；而她的手环抱着天鹅的脖子，象征和谐与一致。

列奥纳多的丽达主题画中最有名的一版，保存在博尔盖塞美术馆（参见插图54），更强化了柏拉图式爱恋的和谐因素。天鹅的喙是张着的，舌头指向上颚；画家还不辞辛劳地在图上画上了雪白的牙齿（参见插图56）。天鹅正在歌唱。列奥纳多相信天鹅会歌唱。他关于解剖学的简短专文中写道，舌头的运动，再加上牙齿和喙的帮助，就能产生声音。列奥纳多想象中的天鹅的歌声当然只是虚构出的，涉及一直追溯到古典时代的那些诗意发挥和科学信仰：柏拉图、亚里士多德、奥维德和维吉尔，这最后一位还得了个绰号——“曼图亚天鹅”。所有这些作家们都声称，天鹅的歌声优美和谐，尤其是在死前那一曲。在这里我们再次进入了抱银貂的切奇利娅·加莱拉尼肖像所处的那个想象的理想宇宙。真正的天鹅极少发声，而当它们真叫起来的时候，那声音最多也只能描述为低沉的鸡叫声。

柏拉图式的爱恋还关乎视觉。米开朗基罗的丽达，身体有一半都被具有攻击性的天鹅覆盖着。而与此相反，列奥纳多的丽达，其身体却完全展现在观众面前。米开朗基罗的版本集中强调的是性器官的刺激和唇舌相侵——而这些是柏拉图式的爱恋中最少涉及的方面。列奥纳多则相反，根本不强调这些爱欲的部分，而是着重强调柏拉图式充满爱恋的凝视所带来的愉悦。他的诠释方式提出了蛇形人像（figura serpentinata）的新体现方式。这种观念是文艺复兴时代典型的以“S”形刻画人体及其运动的方式。韦罗基奥在他的雕塑作品《抱海豚的丘比特》（1470年）中就曾用过。《抱貂女子》中貂身的曲线与切奇利娅的手部线条相呼应；与此类似，丽达身体的“S”曲线也呼应了天鹅颈部的曲线。天鹅的右翅轻拥着她身体的下部，让我们不禁浮想联翩：被那用晕涂法勾勒出的柔软蓬松却又有力的天鹅翅膀碰触之下，她的身体是怎样的呢？从新柏拉图主义的观点来看，列奥纳多的丽达表征的乃是神圣的爱，周边环绕着自然的繁衍力量：鲜花和植物，而这些表征的乃是尘世之爱。

丽达的神话让当时最炙手可热的军事工程师列奥纳多获得了令人舒心的机会，来想象一个由神圣的爱和尘世的爱指引着的和谐世界，并将其用绘画的形式表现出来，与真实的世界相对照。在经历了长期战乱，而且在准备《安吉亚里战役》期间又在头脑中不断回放这些经验之后，列奥纳多集中在对这些柏拉图爱恋的想象上，或许是一种保持自己心理健康的平衡方式。

虽然我们还不知道是否真的有一幅列奥纳多亲自画的丽达，但现存的一幅他画的素描，却表现了从侧面和背面勾勒的丽达的头部和发饰（参见插图24）[1]。这两个视角的草图说明，列奥纳多可能也在考虑把这种发饰做成戏剧表演中的假发套。在这幅素描中，列奥纳多又重拾了自己对精细线条的一贯喜爱，用编织发辫呈现出紧密的螺旋和背后的结图案，让人不禁联想到《救世主》中披风上的金银饰线。

达·芬奇的作品彼此间都是相关联的：鹿特丹素描（参见插图24）不仅是丽达形象的来源，而且也是《伯林顿府草图》（参见插图30）中圣母形象的原型。《伯林顿府草图》中的圣母形象，又与罗浮宫所藏《圣母子和圣安妮》（参见插图23）相关，因为后者的圣母正是前者中圣母形象的镜像翻转。列奥纳多可以从右向左书写；同样地，他也可以想象和绘制翻转图，将图像镜像翻转。他善于使用镜子来修正自己的绘画和草图的方法，或许也让他更善于在脑海中构想或变化形象。

列奥纳多这一时期画的三幅主要的宗教画，其中两幅——《圣母子和圣安妮》以及《纺车边的圣母》（参见插图58）——尤其可以体现列奥纳多将人物关联在一起的方式。

正如我们已经看到的，他的丽达形象，通过两个角色之间的关联，表达了理想型柏拉图式爱恋。在罗浮宫所藏《圣母子和圣安妮》中，以及在《伯林顿府草图》（参见插图30）中，圣母和圣安妮也是有身体接触的：圣母坐在圣安妮的腿上。在中世纪绘画中也有圣母坐在圣安妮腿上的先例，但画中的圣母还是个孩子而不是成人。列奥纳多这种安排，让一些评论家感到惊讶，比如爱德华·麦卡迪

[1] 原文如此，似有误，应参见插图57。

（Edward McCurdy）就曾写道："把一位已经成年的女性画成坐在另一位成年女性膝上，多少会不可避免地显得有些不雅。"让看起来很奇怪的事情显得自然而然，这当然是绘画的魔力；但即使在绘画作品中，女性也极少被刻画成坐在另一位女性膝上。不过，在文艺复兴时却有一个例子是与此类似的，会让一位女性坐在另一位女性膝上：分娩。在18世纪的生育革命之前，助产妇负责接生孩子。分娩的女性会坐在接生椅或助产妇的腿上，以坐姿分娩。因此，圣母坐在圣安妮腿上，只有可能是让人联想到分娩和代际传承。这种分娩意象，在《伯林顿府草图》中也得到一定程度的确认（参见插图30）。图中用线条深涂的晕涂效果非常浓，以至圣子身体的下半部分都与圣母的腹部融为了一体；从那里开始，线条又忽然变得清晰——这显然基于列奥纳多对水流、动物和儿童运动方式的研究。皮埃特罗·达·诺维拉拉曾看过一幅如今已轶失的列奥纳多画的草图，主题类似，他写道：

> （列奥纳多）来到佛罗伦萨以后就画了……一幅草图。画中描绘了刚一岁左右的基督，他几乎要冲出母亲的臂弯想去抱住一只小羊，似乎想要抱紧它。他的母亲，正要从圣安妮的腿上站起来，牵起婴儿，要带他离开那只羊（献祭的动物）。羊代表的正是日后的受难。圣安妮从座位上微微起身，似乎想要制止她女儿将婴儿带离小羊。这似乎意味着教会并不想阻止基督受难。

这里的神学解释照搬的是之前有过的文献，记载了僧侣会怎么解释《圣母子和圣安妮》以及《伯林顿府草图》。但是，这种解释并不属于列奥纳多在保留下来的笔记中表达出来的视野范围和关注点。但是，列奥纳多却对圣母子的固定形象作出了贡献——幼小的基督逃离圣母的怀抱去拥抱自己命运的象征：在《纺车边的圣母》中是一个十字架，在《圣母子和圣安妮》与《伯林顿府草图》中是一只羊羔。他是通过自然主义的方式而不是神学上的沉思，找到这种解决方案的。

《伯林顿府草图》（参见插图30）、《纺车边的圣母》（参见插图58）和切奇利娅·加莱拉尼肖像画（参见插图15），以及列奥纳多其他各种圣母子研究草图，包括早期画的圣母子与跃起的猫的素描（参见插图59），都明显是同一个主题的变体：女人抓住总是想要不停地动的东西。这种不安分，对养过雪貂或白貂等宠物的人来说是再熟悉不过了——那么就很有可能，切奇利娅徒劳地想要让一只真正的貂安静地坐在自己腿上，或许会激发列奥纳多想要以这种因对食物的渴望而产生的不安定，来类比圣婴在未知的、无法诉诸言表的、想要实现自己命运的愿望驱使下，所激发出的无穷精力。这种自然主义的立场，却恰好能与皮埃特罗·达·诺维拉拉从神学上作出的解释无缝对接。因为，列奥纳多对动作和神情的观察和表现，已经达到了足够的深度和广度，因此能够承载并支持多个层面的解释。

《蒙娜丽莎》

在极少数能经得起不断从各个层面进行解释、改编和变形的经典作品中，《蒙娜丽莎》可能是最为著名、观者最多也被分析得最多的了（参见插图17）。《蒙娜丽莎》不仅是一幅画：它是一种现象，而且可能是文艺复兴对再现生命的执着追求所取得的最淋漓尽致的成果了。

在《蒙娜丽莎》成为一则神话之前，它是为中产阶级所画的一幅肖像。图中坐着的，据说是佛罗伦萨一名丝绸商人弗朗切斯科·德尔·吉奥孔多（1460—1539）的妻子丽莎·格拉迪尼（1479—1551）。我们并不清楚，列奥纳多为什么会接受一名城市中产阶级（他跟随父亲也属于这个阶层）的肖像画委托，却一再不理会伊莎贝拉·德埃斯特的请求。伊莎贝拉可是他身边触手可及的、当时最富有的艺术赞助人之一。他经济上不成问题，独立生活，自谋生计；而且人们都知道他实在太沉迷于研究几何学，以致没有时间画画。有学者提出，列奥纳多与吉奥孔多家族可能有私人关系。没有任何流传下来的书面文件可以证明，弗朗切斯科·德尔·吉奥孔多曾正式委托列奥纳多为自己的妻子画一幅肖像。不过，却有另一份文献可以证明：1506年时，列奥纳多在古代演说家西塞罗的信件的一批副本上留下了一些批注，证实他这时已经在画这幅肖像了，但还只画了头部。拉斐尔在大概1504—1506年画的一些肖像也证实，他应该在《蒙娜丽莎》还没画上风景时看过这幅画。

列奥纳多始终没把这幅肖像交付给吉奥孔多家族。他带着这幅画去了罗马，后来又去了法国。1517年10月安东尼奥·德·比阿迪斯（Antonio de Beatis）与阿拉贡大主教到昂布瓦斯看望列奥纳多时，他看到了《施洗者圣约翰》和罗浮宫收藏的那幅《圣母子和圣安妮》，但他提到的第一幅画却是“某位佛罗伦萨女性的，应伟大的朱利亚诺·德·美第奇的请求所画的肖像”。朱利亚诺（1479—1516）从1513年到1516年雇用了列奥纳多；但这幅画却不可能出自他的委托，因为从1494年到1512年，他被流放，离开了佛罗伦萨。不过他可能被这幅画迷住了（或许还没到痴迷的程度），于是请列奥纳多为他完成这幅画。

列奥纳多更感兴趣的是表现手法本身，而不是表现的对象。许多学者都曾指出，神秘的《蒙娜丽莎》展现了人类与自然世界的互惠共存。比如，据马丁·坎普所说，“画中风景把大地描绘为生机勃勃的、不断变化的有机体，不可避免地时刻进行着蒸发、降水、腐烂和再生的轮回”。这一切变化机制的镜像，就是人体（参见插图60）。一幅肖像变成了对人体与自然之间的相似性进行思考和表现的起点。对此，列奥纳多用下面的文字描述了出来：

> 人是由土、水、空气和火组成的，因此他的身体也类似于大地的构成。人有骨架来支撑起血肉的框架，而世界也用岩石支撑起土地。人体内有血液之池，肺在其中吞吐呼吸；大地的躯体也有海洋，以及每六个小时就涨落轮回的潮汐，就仿佛世界在呼吸。血液之池依靠血管贯通全身，海洋也用不计其数的溪流江河布满大地的躯体。大地的躯体没有“筋

肉”，那是因为“筋肉”是专为运动设计的；而大地是始终稳固的，不会运动；不会运动，也就不需要肌肉。但在其他所有方面，人和大地都是十分相似的。

蒙娜丽莎可能怀孕了，因此是一个如同孕育万物的自然一样的母亲。这是另一种因画面的丰富性而产生的解释。为了充分表现人与自然同构的感觉，加强人物与风景之间的联系，坐着的她的身体曲线和衣服的褶皱线条，都与背景中作为风景的道路及河流线条相呼应。列奥纳多再次使用了我们所熟悉的肖像画和宗教画中的一样道具：矮墙。与早期的圣母画中把矮墙放置在观众和图中坐着的主角之间不同，他这次把墙放到了丽莎身后。这种布局意在把坐着的主角向外“推”，似乎要走出画面；而她搁手的椅子的扶手，起到了第二道矮墙的作用，更引导她与观众接近。

《救世主》

就在列奥纳多绘制那张世界上最著名的画作的同时，他也正准备绘制世界上最昂贵的画作。《救世主》也是出自这个时期（参见插图34）。2017年11月15日，这幅画拍出了天文数字价格：超过4.5亿美金。这肯定是一幅工坊合作绘画：列奥纳多的创新之笔在赐福之手和发梢的卷曲上体现得很明显。其他部分则应该是他指导某位助手完成的。这也更加证明了皮埃特罗·达·诺维拉拉的观点：列奥纳多准备草图，让助手们据此绘制；之后他再进行修改。在这幅画里，列奥纳多本人或许还画了内衫上的褶皱及其装饰条纹，基督的罩衫则交给了助手来完成。尤其值得注意的是，外衫上的金银丝装饰是扁平的，与列奥纳多在切奇利娅·加莱拉尼肖像、在蒙娜丽莎肖像、在丽达的头饰中对类似线性图案的处理非常不同。在《救世主》中，内衫上的装饰线条图案呈曲线状环绕在基督胸前，还细致地画有阴影，与衣服的褶皱相呼应。但外衫上的线条则更像是死板的几何形管道图。（参见插图61）这两种线条的对比，乃是两种风格的对比：一种是轻松自在的，一种是“木木的、呆板的”——即列奥纳多纯熟、自信的笔法，与助手充满热情但仍不流畅的笔法之间的对比。

有些学者还指出，《救世主》与已知的其他任何列奥纳多的画作都不太像。确实如此。图中的基督处在前方，完全与画的平面平行；而列奥纳多通常倾向于让身体的下半部分、躯干、四肢和头部与画的平面形成不同的角度，而且从不会让脸朝着正前方，如同一张护照照片那样。这两者形成了惊人的反差。画中基督的形象，倒属于15世纪佛兰德斯宗教画的典型样式，其源流可以一直追溯到拜占庭艺术。列奥纳多或许看过汉斯·梅姆林[1]的《基督赐福》（1478年，参见插图62）那种风格的画作。有赖于佛罗伦萨和佛兰德斯之间的商业联系，以及美第奇家族的收藏，列奥纳多能够了解佛兰德斯艺术，还从中采纳了油画技法并加以改进。这幅画中人物形象的处理方式，可能受

[1] 汉斯·梅姆林（Hans Memling），1430—1495年，北方文艺复兴运动的杰出代表，佛兰德斯画家，出生于德国，在佛兰德斯受训，主要在布鲁日活动。代表作《圣乌尔苏拉遗物匣》《圣母子和马丁·凡·尼文霍夫》等。

到了其资助人的影响。列奥纳多这幅《救世主》是为法国国王路易十二画的。他希望得到国王的庇护，因此他选择用文艺复兴的风格创作一幅北欧式的人像画，或许反映了他对当时法国人审美趣味的看法。

列奥纳多对待法国人的方式大获成功。从1506年开始，他就时不时前往米兰；1508年到1513年还留下来为那里的法国总督效力，头衔是“画家兼总工程师”。他指导绘制并交付了第二个版本的《岩间圣母》（参见插图3），组织宴会、欢庆活动和凯旋仪式，并继续从事军事工程项目。他绘制了对法国军队具有战略意义的地图，设计运河，研究指导建造军火库。可是，接下来发生的事情将迫使他再次离开米兰。

第五章

最后的年月：罗马和昂布瓦斯城堡，1513—1519年

就在列奥纳多与法国上流阶层人士愉快而富有成效地共事和宴饮之际，斯福尔扎家族正在卷土重来，向米兰进军。虽然卢德维科·斯福尔扎已于1508年死于流亡途中，但1512年12月29日，他的两个儿子马西米利亚诺·斯福尔扎和西泽尔·斯福尔扎从法国人手中重新夺回了米兰。列奥纳多还留在伦巴第地区，但却没有继续为自己之前的雇主斯福尔扎家族服务。他待在米兰东北大约20公里的阿达河[1]畔的瓦普里奥村附近梅尔齐家族的别墅里。梅尔齐家年轻的儿子弗朗切斯科当时已经成为列奥纳多忠诚的学生。

与此同时，美第奇家族的运势似乎也在改善，尤其是对列奥纳多的第一位资助人（“伟大的”洛伦佐）的两个儿子来说。神圣同盟

[1] 阿达河（Adda river），波河的支流，源头在阿尔卑斯山，流经意大利伦巴第地区。

将法国人赶出了米兰；也是因为他们，佛罗伦萨共和国失去了法国盟友；美第奇家族于1512年回到佛罗伦萨重掌政权。1513年3月，红衣主教乔瓦尼·迪·洛伦佐·德·美第奇成为教皇利奥十世。他让自己的兄弟朱利亚诺当上了教皇军的统帅。这个职位之前是属于西泽尔·波吉亚的。列奥纳多因为自己的军事工程才能和随军经验，以及与美第奇家族长期以来的联系，受邀成为朱利亚诺的亲信随员。1513年9月23日，列奥纳多带着三位助手离开伦巴第，前往罗马。

在罗马，列奥纳多与朱利亚诺的随员们待在一起，住在梵蒂冈的贝尔维德宫里。瓦萨里称，列奥纳多把时间都花在做各种古怪的实验上。其中一个实验是往动物的肠子里充气，直到它们膨胀起来，充满整个房间。现存与这个时期有关的唯一文献，是他写给朱利亚诺的两封信。信中抱怨说，工坊里有个来自德国的学徒行为不端。这些信件还表明，列奥纳多当时正在研究抛物面镜，最感兴趣的是它们能够让物体燃烧起来。他在普鲁塔克和琉善的书中读到，古希腊的工程师、数学家阿基米德曾利用这种镜子来收集太阳能，然后反射出火焰，点燃了叙拉古港口里的罗马船舰。除了这些军事活动外，列奥纳多还接下了一项任务：开凿、疏导沟渠，把罗马北边的沼泽抽干。他还绘制地图，并为加固港口城市奇维塔韦基亚（Civitavecchia）的防御工事出谋划策。

1516年3月17日，朱利亚诺的死打乱了所有这些项目，列奥纳多也失去了资助人。洛伦佐·德·美第奇的另一个儿子——利奥十世，似乎对继续雇用列奥纳多好让他能够继续留在罗马没有什么兴趣。文艺复兴时代的教皇们一般会从自己的教区自带艺术家来罗马，然后让他们帮自己在罗马留下印记。许多与列奥纳多同时代以及更加年轻的竞争敌手们都曾应召来过罗马，接受很重要的委托。在当时，米开朗基罗和拉斐尔主宰着罗马的艺术世界。米开朗基罗刚画完西斯廷教堂的天花板；1513年，列奥纳多来到罗马时，拉斐尔正在绘制后来被称为拉斐尔画室的那个房间的壁画；再之前，拉斐尔则刚刚完成法尔内西纳别墅的装饰工作。

非常奇怪的是，列奥纳多作为当时最伟大的艺术家之一，却没有在文艺复兴盛期伟大建筑林立的地方——16世纪早期的罗马——留下任何印记。他没有接到什么比较重大的绘画委托。这或许是因为，到16世纪前十年，他基本已经不再画画，只关注军事和水利工程；而且作为艺术家，他拖拉甚至不完成委托的坏名声也传开了。他有好多个项目要不就以灾难收场，要不就根本没完成。《最后的晚餐》画面斑驳了；《三博士来朝》《荒野中的圣杰罗姆》以及《安吉亚里战役》都被放弃；巨大的骑马雕像从来也没有真正成形。这些意外，再加上列奥纳多越来越对画画不感兴趣，都终于使本来有可能的资助者们不愿把大型作品委托给他。瓦萨里称，教皇利奥十世请列奥纳多为他画一幅小型木板画；但后来却发现，列奥纳多根本都还没动工就已经开始准备后期该用什么上漆了——因此，教皇十分生气。

于是在1516年，列奥纳多64岁时（在当时算是十分高龄了），他发现自己竟没有了资助人。有学者猜测，他留下的有些心酸的笔记“美第奇家族成就了我，也毁了我”，正是在这段时期写的。但且不论列奥纳多是不是有些恨美第奇家族，当时还是有很多人希望延揽他的，尤其是法国人。列奥纳多在第二次待在米兰期间，与他们建立了十分稳固而亲善的关系。1516年3月18日，就在朱利亚诺·德·美第奇去世的第二天，法国皇家顾问古斐·德·邦尼维（Gouffier de Bonnivet）[1]从里昂写信给驻罗马的法国大使安东尼奥·玛丽亚·帕拉维奇尼（Antonio Maria Pallavicini），要他邀请列奥纳多来法国。

次年冬天，列奥纳多踏上了去往法国的旅途，去接受法国国王弗朗索瓦一世提供的一份报酬不菲的慷慨任命——“皇家画师”。他收到了一份1000利弗尔的年金——这在当时可是一大笔财富。而且他还与自己的助手萨莱和弗朗切斯科·梅尔齐住进了一座小城堡里，即位于克洛的克洛-吕塞城堡。这座城堡有一条地道可直达皇家昂布瓦斯城堡。在一篇简短的札记里，他把自己这处新的住所称为一座宫殿。列奥纳多于1519年5月2日在这里去世。现在这里是列奥纳多博物馆。

尽管列奥纳多的头衔是“皇家画师”，但他在最后这段岁月里似乎没画几幅画。相反，他主要的工作是设计、规划运河体系、建筑工程，负责城镇规划和宫廷节庆。阿拉贡主教的秘书安东尼奥·德·比阿迪斯曾在1517年来访。他看到了《施洗者圣约翰》、今罗浮宫收藏的那幅《圣母子和圣安妮》，或许还有《蒙娜丽莎》。他写道，列奥纳多右手的残疾意味着，再也别想从他那里期待什么出色的画作了——这话显示出他没有意识到列奥纳多是个左撇子，主要是用左手作画。但他还补充说：

[1] 古斐·德·邦尼维（Gouffier de Bonnivet），约1488—1525年，法王弗朗索瓦一世的老师、宠臣。1515年任法国元帅，1519年组织了弗朗索瓦一世失败的神圣罗马帝国皇位竞选，1523年领兵攻入意大利，以失败告终，最后在帕维亚战役中战死。

他身边有训练有素的米兰来的助手。他们的工作很出色。尽管列奥纳多不能再像从前那样画得那么出色了，但他还是能够勾勒些草图，指导助手们。

这些评论说明，如同在佛罗伦萨时一样，列奥纳多只是画草图，然后指导助手们去作画，自己则去干别的工作。除了《荒野中的圣杰罗姆》这幅我们只能通过摹本知晓的画作，以及将其形象转变成巴克科斯的版本外（参见插图63），我们还不知道他为弗朗索瓦一世画过别的什么画。列奥纳多还参与组织、设计了若干宫廷节庆——这在他所画速写中有所体现。《天堂盛宴》（1517年）和《马里尼亚诺战役》的重构版本（1518年，画中弗朗索瓦穿着由列奥纳多亲自画的盔甲，正在悲叹损失）中的图像，充满了象征和隐喻，以及对创新的机械、精细刻画的衣衫、装饰繁复的盔甲和头盔、旗帜和宴饮狂欢场面的充满实验性突破的刻画。

有若干文献证实，列奥纳多在一生中一直主持或参与了众多节庆、宴饮、比武大会和剧院布景的设计工作，这些都是他的贵族资助人们生活中大量出现的、令他们激动不已的事件。只有一部分相关速写保留了下来，大部分都轶失了。这些留存下来的速写最早始于他的青年时代，其他则出自最后那几年。

还在佛罗伦萨当学徒的时候，列奥纳多就协助韦罗基奥准备过比武大会用的旗帜，还设计过比武用的头盔。如今大英博物馆所藏的一幅素描草图，就是典型的例子（参见插图64）。战争中火炮的引入，让盔甲成了无关紧要的装备；但它们在16世纪时仍然存在，主要作为节庆和官方正式场合中引人注目的金属外衣。米兰，这个列奥纳多度过了人生中三分之一时间的地方，就因拥有盔甲制造世家而闻名；其中更以内格罗利（Negroli）和米撒加利亚（Missaglia）两家为翘楚。他们制造了当时最精良的游行和比武用盔甲装备。

文艺复兴时代的艺术家和工匠们，并非简单复制古代的盔甲，而是进行了再创作，在古典设计中加入从神话和骑士罗曼史等想象世界中借用的元素。以古代罗马样式为基础设计的游行头盔作为基本样式，衍生出了许多变化。关于文艺复兴时代比武大会的文献记述中提到的金头盔，饰有孔雀羽毛和浮雕动物：狮子，貂，龙，闪耀的火焰中的火蜥蜴，或一些长着爬行动物皮肤、蝙蝠的翅膀和鹰头的混种生物。有些头盔上刻画了源自神话的守护神祇的光辉形象，比如战神马斯或密涅瓦女神。列奥纳多创作的版本有龙翼和花型花纹，将古典的装饰图案与鸟类的解剖图结合在了一起（参见插图64）。或许正是针对这种节庆中的设计种类，他建议要采用综合的方式来创造想象出的动物：

> 如果你想要让一种你想象出来的动物显得很自然——让我们以龙为例子，那就照獒犬或猎犬来画它的头，照猫画它的眼睛，照豪猪画耳朵，照灰猎犬画鼻子，照狮子画眉毛，照老公鸡画天庭，照水龟画脖子。

这种头盔，会在官方正式场合或节庆活动、盛装游行和比武大会中穿戴；人们会装扮成古代英雄，骑上马，带上随从和饰有纹章的旗帜巡游。列奥纳多很可能亲自设计并描画过弗朗索瓦一世的某些比武大会装备。我们知道，他还设计过一些戏服（参见插图65）。列奥纳多的有些笔记中，还就如何制作刷油香味漆并饰有绳结纹样的嘉年华服装给出了简明的指导。在法国期间，他或许设计了更多的纹章和箴言纹样，或许为了自娱自乐还设计了很多服装。

列奥纳多还利用节庆活动这个平台，来展示他娴熟的机械发明、制作能力。其中的一项发明——一只机器狮子，在当时给他带来了仅次于画家的声名。他在多个场合都使用过它。关于这只狮子的较早记述，其中最著名的来自瓦萨里，他称在1509年路易十二进入米兰时："当时（列奥纳多）在米兰，法国国王到来。因为国王曾经要列奥纳多给他做点新奇的玩意儿，于是列奥纳多就做了一只狮子。它走几步后停下来，胸腔打开，露出满腹的百合。"1515年，这只机器狮子还在两个外交场合出现过，表示佛罗伦萨居民对法国国王弗朗索瓦一世的欢迎，一次是在博洛尼亚，一次是在里昂。这只有些年头的机器狮子必定也随列奥纳多的行李一起运去了法国，因为它在1517年10月出现在了阿尔让唐法国宫廷的节日上。曼图亚大使里纳尔多·阿里奥斯托（Rinaldo Ariosto）在一封信中谈到法国国王和侍臣们当时玩的一些军事游戏。在其中一个游戏里，国王和同伴与四个游方骑士比武。在如期取得胜利后，一位隐修士送给国王一根魔棒，请他杀死一只在乡间横行的狮子。国王来到狮子面前后，用魔棒击打狮子三次，"于是这只狮子胸腔自动打开了，里面是蓝色的——在这个地方，蓝色表示爱"。另一份文献中写得更详细，还写道："狮子全打开了，里面是蓝色的，正中有一朵百合花。"

1518年5月，昂布瓦斯举行典礼，庆祝了法国王太子弗朗索瓦三世（1518—1536）的洗礼，以及乌尔比诺公爵洛伦佐·德·美第奇（1492—1519）与弗朗索瓦一世的侄女玛德琳·德拉·奥弗涅的婚礼。庆祝活动包括七天的盛宴、酒席、比武大会和军事表演。有赖于列奥纳多最后的居所克洛-吕塞城堡和图尔的文艺复兴高级研究所的精诚合作，这些活动在2015年得以重现。

庆祝活动的高潮是再现1515年法国在马里尼亚诺战役的辉煌胜利，由法国国王及其随员们亲自表演。他们全都穿上了精致、华美的比武装备。据说列奥纳多就是总导演。为了展现第一天最后一次进攻的场景，他让助手们在大块帆布上绘制了城堡正面图，以及坚固的城墙。曼图亚大使斯塔齐奥·加多对战斗场面的描述，解释了我们之前提到的一幕：列奥纳多为什么拿动物的肠子来做充气实验。加多说，有一些巨大的气球释放出烟火，击中要塞，落到地面上，然后又反弹起来，引得观众欢呼连连。真正的气球是承受不了炮火的，因此列奥纳多用的应该是人造的烟。以列奥纳多做研究善于改装、改进的风格，他用来往画布上的要塞扔烟火球的设备，应该是用某种机械弹弓装置改装成的。

晕涂法与烟的艺术

为1518年5月的庆典活动拉开序幕的，是美第奇家族与法国王室联姻的那场婚宴；其中非常引人注目的是一道装饰有经典图案的凯旋拱门。作为“王室画师”，列奥纳多应该参与了建造、绘制工作。1517年来拜访列奥纳多的安东尼奥·德·比阿迪斯，看到了列奥纳多从意大利带过来的三幅还没完工的画：《蒙娜丽莎》《施洗者圣约翰》和《圣母子和圣安妮》。这三幅作品恰好就代表了列奥纳多及助手们能完成的几种基本样式：栩栩如生的肖像画，用晕涂法细致描绘的个人用小型宗教画，以及绘有多个互动人像、用于祭坛的宗教画像。因为列奥纳多时不时要修改一下这幅或那幅画，这三幅画或许在笔法上有共通点，甚至是用同一套笔刷完成的。

列奥纳多的作品被一代又一代学者仔细研究过，因此这三幅作品因为被列奥纳多带到了法国的城堡里，背上了相当厚重的学术解读；它们成了强烈的图像象征物，概括了列奥纳多的生平和创作。《圣母子和圣安妮》是关于人像的创作，人体及精神的运动。《蒙娜丽莎》表达了列奥纳多对人体与自然世界间相似相通之处的直觉感知与探索。最后，《施洗者圣约翰》作为对晕涂法最充分的展现，综合了列奥纳多终其一生对光与影的兴趣（参见插图20）。

《施洗者圣约翰》自1513年开始绘制，是列奥纳多已知的最后一幅画。同样绘制于那段时期的一幅解剖草图，表现了头部、肩部和颈部的运动（参见插图21）。这证明列奥纳多当时正在研究他在《施洗者圣约翰》中刻画的身体姿态及运动涉及的肌肉状态。毛皮和十字架毫无疑问是属于圣约翰的，但这个人物又与一幅报信天使的草图相关——这个人物通常被表现为一根指头朝上指。人物一只手臂向上举的姿态在“夺旗之战”的一个中心骑士身上也有所体现：但表现手法作了较大改变，握紧的拳头也代替了向上指的手指（参见插图48）。

对列奥纳多来说，绘制《施洗者圣约翰》的第一重意义是为了佛罗伦萨：圣约翰是佛罗伦萨的守护圣人，他的形象能表现列奥纳多身为佛罗伦萨人的身份。列奥纳多笔下圣约翰雌雄莫辨的形象，也激起了人们对他同性恋倾向的猜测。与他绘制的女性肖像画或具有柏拉图爱恋意味的丽达形象相比，这幅画确实具有不同寻常的性感色彩。也有人把这幅画理解为对《约翰福音》中最初几个段落的描绘：基督的降临犹如光的降临，而施洗约翰就是“光的见证者”。

可是，画中圣约翰手部动作的含义有些暧昧不明，因为它指向了画外，而不是指向了清楚的十字架。列奥纳多只画了一片黑暗。因此，这幅画的主角是光，而不是十字架。列奥纳多对晕涂法的极致表现，体现在了指向天上的那只手指上。这只手指其实指向的就是它自己，因为它就是光与暗、阴影与透明之间渐变的载体，是列奥纳多一生对光影研究的见证。

列奥纳多的风格在意大利北部很有影响力，不仅经由他生前的助手们，即乔瓦尼·安东尼奥·博塔费奥（1467—1516）、安德烈亚·索拉里（1460—1524）这些列奥纳多派画家（Leonardisti），而且也经由威尼斯的主要画家，如乔瓦尼·贝利尼（1430—1516）、乔尔乔内（1478—1510）和提香（1488—1576），他们同样在自己的绘画风格中采用、发展并融合了列奥纳多的晕涂法。到16世纪50年代，第一位艺术史学家瓦萨里称，列奥纳多是现代风格的先驱，并将他的生平和创作都紧紧嵌入自己所讲述的宏大的艺术史中。

据瓦萨里所说，从13世纪以降，托斯卡纳的艺术家们就抛弃了拜占庭艺术僵硬、平板的风格。这场人体表现手法上的革命，发端于奇马布埃（Cimabue，1240—1302年）和乔托（Giotto，1267—1337年），他们为绘画带来了内涵和表现力。随后发展出的风格是简洁的线形轮廓加上细致的衣物褶皱勾勒，瓦萨里把这种新风格与15世纪联系起来，并认为它在16世纪（经由列奥纳多·达·芬奇的作品）达到顶峰。

> 列奥纳多开创了第三个阶段的风格，也就是我们提出的现代风格——除了他的画作具有的力量和大胆开创性，以及他对自然细致入微的模仿性描绘外，还具有了更出色的规则、更好的构图、更正确的比例、更完美的画工，以及神圣优雅的感觉。他掌握了丰富的资源，对艺术有着深刻的理解，可以说真正让他笔下的人物动了起来，有了呼吸。

列奥纳多感兴趣的是绘画这门技艺本身，而不是自己要描绘的对象——这种观点是贯穿于从20世纪至今的达·芬奇研究的一条主线。列奥纳多写道，绘画的目的是让平面的事物能立起来，有浮雕的感觉；他强调的是绘画独立于造像艺术的特点。他确实对自己收费绘制的那些宗教主题兴趣不大，只是利用这些委托来探索自己唯一感兴趣的对象：自然。他《绘画论》的笔记特别能反映这一点。列奥纳多就自己感兴趣的一些绘画主题提供了绘制指导：战争、洪水、夜景，均涉及晕涂法的运用。这与后来诸如乔瓦尼·巴蒂斯塔·阿美尼尼（Giovanni Battista Armenini，1530—1609年）或吉安·保罗·洛马佐（Gian Paolo Lomazzo，1538—1592年）等艺术家和艺术史学家大不相同，后者一般只就常规主题——圣母子、最后的晚餐、基督受难、基督复活等提供指导。作为第一位画家、贵族，列奥纳多将绘画视为获取、表现、审视和传递知识的方式，而不将其本身视为目的或赚钱的手段。

在亚里士多德之后，列奥纳多也曾经写过：智识中的一切，之前都曾被感官感知过。我们还可以加上一句：列奥纳多作品中的一切，都曾在自然界展现过（当然，也包括绘画的材料）。晕涂法就是一个典型的例子。通过透明浅色的多层叠加，列奥纳多创造了一种浮雕感。虽然有人将这种方法看作他研究光学的成果，但晕涂法不仅关乎光学，它的来源和结果都是多重的。

首先，这种观念的寓意是非常广阔的。例如，让轮廓变得模糊，使其融入环境——这个概念可以在光学领域之外理解，即唤醒生存于世界中所具有的永恒开放状态。20世纪产生的概念“开放的自我”，指的是前现代时期主体与客体之间缺乏明显区分的生存状态；而晕涂法就可以视作这种概念的一种表现。晕涂法也可以表现现代关于灵魂在世间延展的观点。它在光与暗的两极间蔓延，于是也能服务于神学思考；甚至还催生了这样的假说：列奥纳多发明这种技术，是为了表现“无玷受孕”。

其次，晕涂法（sfumato）这个词，从词源就能看出，它源自fumo（烟），与列奥纳多操纵烟的大量经验相关。烟在他的生活中经常出现。在他看来，烟是一种中介状态，处在尘土与空气之间。他第一次接触烟或许是在他度过了童年时光的那所农舍的烟囱上，但其后的接触肯定与韦罗基奥有关。从他那里，列奥纳多学会了用火来塑形的技艺，也开始熟悉烟的特性。在他《绘画论》的笔记中，他提到了干木头烧出来的烟具有不同的颜色和质地。他曾做过一个实验，在一块黑色天鹅绒幕布前燃烧一些木头，然后观察产生的烟雾漫过幕布时是什么颜色。事实上，对他来说，烟如果本身不算一种颜色的话，那也是颜色的来源；而且，他用来描述颜色的词语，并不仅仅涉及它们的光学特征："抬头仰望时，天空是黑色的，极目望向地平线时，它不是蓝色的，而更像是介于烟和尘土之间的颜色。"他用蜡烛产生的烟来熏黑纸张。他似乎还在战场上大量使用烟。在再现战争画面时，他首先关注炮火造成的烟雾。但还不止于此，正如我们前面讲到的，他发明了球形炮弹，它爆破时会产生"烟雾，让敌人恐慌，并造成损伤"。在一段笔记中，他还考虑过迷幻剂造成的烟雾效果；在另一段中，又谈到一种德国人用来扰乱敌人军心的方式，而且还加上了自己的方法：

> 德国人会用羽毛、硫黄和雄黄（一种有毒的硫化物）产生的烟雾来惹恼防守的敌军。他们会让烟持续蔓延7到8个小时。同样，谷壳产生的烟更大、更持久；另外还有干粪，但必须混上橄榄渣——橄榄压碎、榨完油后剩下的渣滓。

在晚年，再现马里尼亚诺战役的任务给了他一个展现自己对机械、服装设计以及对烟雾表现的娴熟技巧。他导演的战斗和进攻画面涉及大量炮火，因此也就需要对使用人工烟雾有更强的掌控力，借此更加有力地再现战争。

以光与影形式运用晕涂法，是列奥纳多最后一幅画《施洗者圣约翰》的主题。以物质形态运用晕涂法，从矿物质到沙子、尘土、烟雾和空气，是列奥纳多一些最后的素描中的主题。其中有12幅留存下来了，都描绘的是暴雨和洪水。在这些探索性质的作品中，列奥纳多不再是因为受委托，而是由着个人兴趣的驱使，继续发展着因自然元素的运动产生的形式和图案的比较探索。他对卷发的迷恋，早在15世纪70年代就已经体现在了基尼弗拉·德·本奇的肖像中（参见插图66）。甚至在更早的时候，体现在目前已知他可能参与过的第一幅画作中，即韦罗基奥所画《托比亚斯与天使》（约1470—1475年，参见插图67、68）中那只卷毛的白色小狗。我们也在他所画的一些怪诞头像中见到了这种迷恋。对头发的夸张表现（参见插图8），似乎预示了后来的大洪水素描。有一些研究草图描绘了流水如何根据水流中的障碍物而改变形态，并产生出与卷发类似的图案（参见插图7、8）。列奥纳多还观察过炮弹炸出的烟的形态。这些普遍的形态，是他从观察自然界的运动和形态总结出的，正是大洪水素描中的一大组成部分。在这批素描中，列奥纳多构想了由“黑暗、风、海上的暴风、洪水、山火、倾盆大雨、地震和山崩、城市倾覆”引发的水流和烟尘的运动。

《暴风雨，伴随山崩和城市倾覆》（参见插图69）正表现了这一切：暴烈的狂风裹挟着砖块、房屋、树木和烟尘。这幅画也是晕涂法的运用实例之一。一种形式渐渐变形为另一种，从画面底部的小小平行六面体（描绘的是一个村庄）开始，右侧定形为成排的卷浪，左侧定形为一堆呈螺旋状的巨石。画面上方的中部呈现的是各种卷发状变体，其上方是大朵大朵的云，右边是像树叶的变形。画面左边，轮廓浓重的云朵让人想起列奥纳多设计的机械的轮子和齿轮，以及他植物研究图中典型的植物蔓延形状（参见插图70）。

米开朗基罗在人的躯体上表现灵魂的运动，而列奥纳多借用自然元素来达到同样的目的。暴风雨草图系列，展现了列奥纳多有能力以可控且强有力的普遍形式，来捕捉并表现世界最狂暴的表征。而同样的卷曲线条，也可以用来展现基尼弗拉·德·本奇或施洗约翰优雅的卷发，或暴风以及战场上马蹄引发的尘土旋涡。这种理性提炼，在暴风雨草图系列中臻于极致。画面中，在云、风、尘、树和砖块导演的这场具有象征纪念意义的“芭蕾剧”中，曲线和卷曲形态就是“演员”。无论是炮火还是元素的剧烈运动，列奥纳多都把整个世界当作一种自然现象来加以理解。

近些年来，学者们发现，自然与文化的区分是文艺复兴之后才产生的一种意识形态，在其他文化中并无先例。列奥纳多用画画作为一种手段，抹去个体的自我而让自己成为反映自然的镜子，就是这种自然与文化并无明确区分意识的一种表达。这种与世界同在而脱离个体情绪的感觉，在列奥纳多对战争以及洪水的呈现中都很明显。这是一种能量的释放，而不是道德上的反常。虽然他曾将战争称为最兽性的疯狂（pazzia bestialissima），但与他作为军事工程师取得的成就和荣誉比起来，这个评断就显得并不重要了。列奥纳多确实曾为那些应该为蹂躏了意大利的多场战争负责的人们效力，因此对成千上万人受难甚至死亡都负有一定责任。他的手稿中找不到反战思想的流露，尽管他有些素描图会让人想起睿智的廷臣对粗蛮武夫的讥讽。

如果我们假设这些素描图中表现的景象关联着列奥纳多人生中特定的事件及其影响，就会发现要一一对应地确定其关联是非常困难的。暴风雨素描系列大约绘于1515年前后，可能是1516年——也就是说，是达·芬奇人生中罗马时期的尾声。当时他的世界正在发生改变。他的资助人朱利亚诺·德·美第奇死后，列奥纳多必须寻找别的受雇机会。列奥纳多的第一位资助人（“伟大的”洛伦佐）的另一个儿子利奥十世对他不感兴趣。16世纪早期罗马纷繁、忙乱的艺术世界（文艺复兴全盛期的世界）中所有重大的项目，都委托给了比他更年轻的对手们，或不如他的艺术家们。可能就是在这个时期，他写下了“美第奇家族成就了我，也毁了我”。但这只是非常薄弱的证据，并不能表明列奥纳多的世界当时正在颠覆崩塌——而且即便如此，他这种感觉持续的时间也并不长。就在其资助人去世的当天，他就获邀前往法国——在那里，他继续安享舒适的物质条件。或许两幅他始终带在身边直至去世的画作，能够向我们暗示出他最后几年的关键主题。一幅画，并不仅仅是我们观看的对象，它还是人们借以观看世界的手段，同时它也在反观着人类。《施洗者圣约翰》和《蒙娜丽莎》当时的意义正是如此。列奥纳多在自己的最后岁月里一直在画这两幅画；而它们也成为鲜明的证据，表明列奥纳多在生命的最后几年里，始终在微笑着看待自己。

终 章

列奥纳多有足够充分的理由笑看自己的一生。15世纪以降，欧洲的艺术家们就始终渴望被认可为知识分子，取得与作家、数学家、哲学家和天文学家同样的地位（参见插图71）。列奥纳多是第一个真正做到这一点的艺术家，或许也是第一个举世闻名的艺术家。各国的王侯们都热切地希望有他相伴，极度渴求得到他的作品。他如同一位“哲学王子”，在助手、仆从和爱马的簇拥下惬意地生活。因此，尽管也经历了一些灾祸，不免会遭遇失望，但他的生活非常舒适。尽管他没能在文艺复兴盛期罗马的伟大建筑中留下印记，但我们找不到多少证据证明他为此伤心遗憾。相反，他去了法国，得到一笔丰厚的年金，住在城堡里。虽然他有时对探索那个时代技术上的可能性实在太过野心勃勃，但他的手稿里没有留下屈辱、自尊受伤、因被冒犯而激动敏感、自矜自夸，或在其他艺术家、作家（比如伯纳特·贝利希和本韦努托·切利尼）身上常见的自我中心主义。

事实上，这个实现了如此卓越的社会和学术地位提升的人，是借助绘画来塑造和完善自身的。他对“每位艺术家都描绘自身”这句谚语的理解是：与其抹杀自然，然后美化自身，不如去掉个体的虚妄，而寻求经由良好的艺术教育形成的理想自然。因此，对历史构成深切反讽的是，凭借一种意在消解并升华艺术家个体自我的风格，列奥纳多画出的形象却最终变成了世界上最贵的艺术品——其原因却正是此画出自他的手笔；而他苦苦追求的，却正是要消除或至少不彰显个人的痕迹。

列奥纳多所体现的普遍性，并不源于他所受的正式教育，而是他自我塑造的方式、他借助文艺复兴时代高妙的艺术文化氛围来拥抱世界的方式。但他的一生并不是禁欲苦修的一生，而是实现卓越的社会地位提升的一生。从农舍的餐桌到统治者的宴会厅，再到他私人城堡的舒适环境，他的“公共的自我”涵盖了文艺复兴社会的整个谱系。

想要成为完美的宫廷艺术家，列奥纳多必须了解宫廷世界，并根据这里的人物理想型来微调自身。他出色地做到了这一点，甚至还因此对卡斯蒂廖内描述文艺复兴时代理想廷臣形象作出了贡献。他按照当时的理想型人物塑造自身的成功经历，也在绘画领域实现了，方式是引入晕涂法。如果用晕涂法来描述社会生活，那它就是一种巧妙地与环境及身边的人们打成一片的方法。它是一种不具侵略性的方法，模糊了轮廓和界限，借用各种语调、方言、文本，在各种礼仪、身体语言、幽默方式、睿智和雄辩中自由穿梭，进而体现自身的存在。

在多维度符合当时公共层面理想人物的内涵之外，列奥纳多又过着一种不同寻常的独立生活，成功地保护自己的隐私和思考空间不受外界纷扰的打搅。

列奥纳多生活中私人层面和公共层面的对比，也吻合了当代艺术和大众文化中自我多变可塑的概念——也体现在辛蒂·雪曼（Cindy Sherman）、大卫·鲍威（David Bowie）、麦当娜和Lady Gaga等一系列人物身上。可是，当代的名人们总是以非常强力的方式捍卫事业，推动其理念；而列奥纳多却没有表现什么反叛精神。他有反教会的情绪，赞同宗教改革；但最终他没成为异见人士，也不是反叛者。

自弗洛伊德写下论列奥纳多的那篇著名文章《他的童年回忆录》（*A Memory of His Childhood*，1910年），以及1476年的一份文献中提到他卷入了一宗鸡奸案，学者们就尝试从他的性取向着手来研究列奥纳多的自我。然而，除了一幅解剖图和一些简短的评论外，他似乎极少在这方面花时间。与在作品中着力表现男性身体潜能的米开朗基罗不同，列奥纳多的画作是从理论和实践上去拥抱整个世界。我们可以说，性和欲望是驱动米开朗基罗艺术创作的动力；但在列奥纳多的艺术创作中，它们似乎只是微不足道的因素。

与他的许多同代人一样，列奥纳多是多领域的艺术家。他的生活和工作都从绘画平面扩展开来，囊括了自然世界。他从中取用元素，加以运用，来建造机器、挖掘运河、让河流改道、帮军队行军并摧毁要塞。他以整个世界为创作媒介的观念，深深吸引了20世纪的艺术家们，从约瑟夫·博伊斯（Joseph Beuys，1921—1986年），到理查德·郎（Richard Long）或罗伯特·史密森（Robert Smithson）等大地艺术的先驱们。

博伊斯尤其对列奥纳多及其手稿感兴趣。博伊斯在对自己的行为艺术创作《如何向一只死去的野兔解释绘画》（1965年）的解释中说，人类不能与自然分离，而是其中的一部分；两者息息相关，以至于破坏自然就是在破坏我们自身——这个观念，因近来的污染和气候变化问题而变得越发具体可触。这样的观点，已渗透到了20世纪的文化中，体现在艺术、政治、科学和哲学各个方面。现象学打破了自我与世界的边界；而安东尼奥·达马西奥的《笛卡尔的错误》（1994年）一书，则是20世纪晚期一种认知转向的众多表征之一。在书中，神经学家们强调了思考的自我与世界息息相关的联系。在16世纪时，神经学和全球环境污染都还没出现；但列奥纳多对世界的理解，却已经与20世纪乃至21世纪的思维非常合拍。列奥纳多与其同代人把自己看作世界的一部分。对他们来说，意识并不独立于自然而存在，相反，乃是人具有的一种自然属性。

年 表

1452年	4月15日[1]星期六晚上大约10：30，列奥纳多出生在托斯卡纳的芬奇镇，是农人之女卡特莉娜与公证人瑟·皮耶罗·达·芬奇（1427—1504）的非婚生子。
1469年	列奥纳多前往佛罗伦萨，进入安德烈·德尔·韦罗基奥的工坊当学徒。同年，洛伦佐·德·美第奇成为佛罗伦萨的统治者。
1471年	韦罗基奥制作的青铜球伫立在了佛罗伦萨大教堂屋顶。
1472年	列奥纳多注册加入圣路加行会[2]。
1473年	列奥纳多帮韦罗基奥绘制《托比亚斯与天使》。

[1] 这是按当时实行的儒略历计算的日期，按现行公历应为4月23日。

[2] 即画家、木刻家、制版工匠等手艺人组成的行会。

约1472—1475年	列奥纳多完成现存于乌菲齐美术馆的《圣母领报》。
1476年	列奥纳多不再是学徒，而被聘为韦罗基奥工坊的艺术家。列奥纳多遭鸡奸指控，但最终洗脱罪名。 同年，米兰公爵加莱亚佐·马里亚·斯福尔扎遇刺。米兰统治权传给他7岁的儿子吉安·加莱亚佐·斯福尔扎，由其母萨伏伊的博娜及首相斯科·西蒙内塔摄政。
1478年	列奥纳多完成《基尼弗拉·德·本奇》。 同年，针对美第奇家族的暗杀和反叛计划流产，史称“帕齐阴谋”。
1480年	列奥纳多完成《荒野中的圣杰罗姆》。
1481年	列奥纳多接到绘制《三博士来朝》的委托。 同年，在米兰，卢多维克·斯福尔扎取代萨伏伊的博娜成为米兰的摄政，他处决了斯科·西蒙内塔，大权在握。
1482年	洛伦佐·德·美第奇派列奥纳多前往米兰。《三博士来朝》未能完成。
1483年	列奥纳多接受委托，签署合同，绘制《岩间圣母》。与安布罗吉奥·德·普雷迪斯和伊万杰利斯塔·德·普雷迪斯两兄弟合作装饰祭坛。
1485年	列奥纳多绘制《青年音乐家肖像》。
1487年	列奥纳多筹划为米兰大教堂建造一座塔（从未实施）。
1489年	列奥纳多开始为斯福尔扎骑马像做准备工作。研究解剖学。
1490年	列奥纳多绘制《抱貂女子》。为吉安·加莱亚佐·斯福尔扎与阿拉贡的伊莎贝拉的婚礼筹备“天堂盛宴”。

续表

1492年	洛伦佐·德·美第奇在佛罗伦萨去世，其子皮耶罗成为继承人。出身波吉亚家族的亚历山大六世当选教皇。
1493年	卢多维克的侄女比安卡·玛丽亚·斯福尔扎与神圣罗马帝国皇帝马克西米连一世婚礼期间，斯福尔扎骑马像的黏土模型展出。
1494年	意大利战争爆发。美第奇家族被逐出佛罗伦萨。
1495年	列奥纳多绘制《最后的晚餐》。
1496年	列奥纳多绘制《鲁克雷齐娅·克里薇莉》。
1498年	列奥纳多完成《最后的晚餐》，开始绘制斯福尔扎城堡天轴厅画。
1499年	《天轴厅天顶画》完成。 同年，法国国王路易十二率军驱逐斯福尔扎家族，进驻米兰。
1500年	列奥纳多前往曼图亚和威尼斯；4月，回到佛罗伦萨。
1501年	列奥纳多绘制《纺车边的圣母》。
1502年	列奥纳多为西泽尔·波吉亚效力。
1503年	列奥纳多回到佛罗伦萨，忙于设计将阿尔诺河引离比萨的运河系统。开始画《安吉亚里战役》。
1504年	列奥纳多继续画《安吉亚里战役》。
1505年	列奥纳多绘制《丽达与天鹅》。
1506年	列奥纳多绘制《蒙娜丽莎》。9月，应法国总督查理·德·昂布瓦斯之邀，前往米兰。

续表

1507年	列奥纳多回到米兰，继续画《安吉亚里战役》。开展解剖实验和解剖学研究。9月，又回到米兰。
1508年	列奥纳多在米兰安顿下来。
1509年	卢卡·帕乔利在威尼斯出版《神圣的比例》一书，书中木版插画由列奥纳多设计。
1510年	列奥纳多进行解剖学研究，做些建筑顾问项目。
1512年	法国人被逐出伦巴第。列奥纳多离开米兰。 同年，美第奇家族重返佛罗伦萨。
1513年	列奥纳多作为朱利亚诺·德·美第奇的随员，前往罗马。
1514年	忙于在罗马以南进行一个运河建设项目，抽干彭蒂内沼泽；同时忙于改进奇维塔韦基亚港的防务。
1515年	马里尼亚诺战役后，法国再夺米兰。列奥纳多设计、建造的一头机器狮子在里昂迎接法国国王弗朗索瓦一世。
1516年	朱利亚诺·德·美第奇去世。列奥纳多前往法国。
1517年	列奥纳多筹划罗莫朗坦的运河和建筑项目，并参与阿尔让唐宫廷宴会的组织工作。
1518年	列奥纳多参与组织昂布瓦斯的一场庆典，包括再现马里尼亚诺战役情景。
1519年	5月2日，列奥纳多在克洛–吕塞城堡去世。

图片出处

作者本人及出版商在此感谢下列各方提供插图资料或准允翻印。部分艺术作品的收藏地也在下面简单列明：

Alte Pinakothek, Munich: 10; Biblioteca Ambrosiana, Milan: 31, 45, 46; Biblioteca Nacional de Espana, Madrid: 42; Biblioteca Reale, Turin: 44, 47; British Library, London: 37; British Museum, London: 33, 43, 59, 64; Castello Sforzesco, Milan: 35; Drumlanrig Castle, Dumfries and Galloway, Duke of Buccleuch Collection: 58; Fitzwilliam Museum, Cambridge: 36; Galleria Borghese, Rome: 54, 56; Gallerie degli Ufizi, Florence: 1, 5, 6, 11, 28; Gallerie dell'Accademia, Venice: 25, 50; Gemaldegalerie Alte Meister, Kassel: 53; The Hermitage Museum, St Petersburg: 9; Holkham Hall, Norfolk: 49; The J. Paul Getty Museum,

Los Angeles (Open Accss): 8; The Louvre Abu Dhabi: 34, 61; Musee Bonnat-Helleu, Bayonne: 13; Musee du Louvre, Paris: 2, 4, 16, 17, 20, 23, 32, 48, 63; Museum Boijmans Van Beuningen, Rotterdam: 24; Muzeum Narodowe, Czartoryski Collection, Kraków: 15; National Gallery of Art, London: 3, 30, 67, 68; National Gallery of Art, Washington, DC: 12, 14, 18, 66; The Norton Simon Museum, Pasadena, California: 62; Pinacoteca Vaticana, Musei Vaticani, Vatican City, Rome: 29; The Rijksmuseum, Amsterdam (Open Access): 55; Royal Library, Windsor Castle: 7, 19, 21, 22, 26, 27, 41, 57, 60, 65, 69, 70, 71; Santa Maria delle Grazie, Milan: 30, 39, 40; Szepmiveszeti Muzeum, Budapest: 51, 52.

读客文化

文艺复兴七巨人

博　斯

[德] 尼尔斯·比特内　著

麦秋林　译

河南文艺出版社

·郑州·

图书在版编目（CIP）数据

博斯 /（德）尼尔斯·比特内著；麦秋林译. -- 郑州：河南文艺出版社，2023.5
（文艺复兴七巨人）
ISBN 978-7-5559-1244-6

Ⅰ. ①博… Ⅱ. ①尼… ②麦… Ⅲ. ①博斯 (Bosch, Hieronymus 约1450 – 约1516) – 传记 Ⅳ. ①K835. 635. 72

中国版本图书馆 CIP 数据核字 (2022) 第 116043 号

文艺复兴七巨人：博斯

著　　者 ［德］尼尔斯·比特内
译　　者 麦秋林
责任编辑 冯田芳
责任校对 李亚楠　苑留员
特约编辑 王　偲
策　　划 读客文化
版　　权 读客文化
封面设计 陈　晨
封面插画 王　晓
出版发行 河南文艺出版社
印　　刷 河北中科印刷科技发展有限公司
开　　本 890mm × 1270mm　1/32
总 印 张 49.75
总 字 数 1122 千
版　　次 2023 年 5 月第 1 版　2023 年 5 月第 1 次印刷
定　　价 315.00 元（全七册）

如有印刷、装订质量问题，请致电 010-87681002（免费更换，邮寄到付）

HIERONYMO BOSCHIO PICTORI.
Quid sibi vult, Hieronyme Boschi,
Ille oculus tuus attonitus? quid
Pallor in ore? velut lemures si
Spectra Erebi volitantia coràm
Aspiceres? Tibi Ditis âuari
Crediderim patuisse recessus
Tartareasque domos tua quando
Quicquid habet sinus imus Auerni
Tam potuit bene pingere dextra.

插图1　约翰尼斯·威利克斯　《耶罗尼米斯·博斯》（版画）

插图2　耶罗尼米斯·博斯　三联画《人间乐园》（参见插图4）右翼《地狱》局部细节

插图3 《斯海尔托亨博斯镇布市景观图》（耶罗尼米斯·博斯家的宅子在画作的右侧）（约1530年 木板油画）

插图4　耶罗尼米斯·博斯　《人间乐园》（约1503年　木板油画）

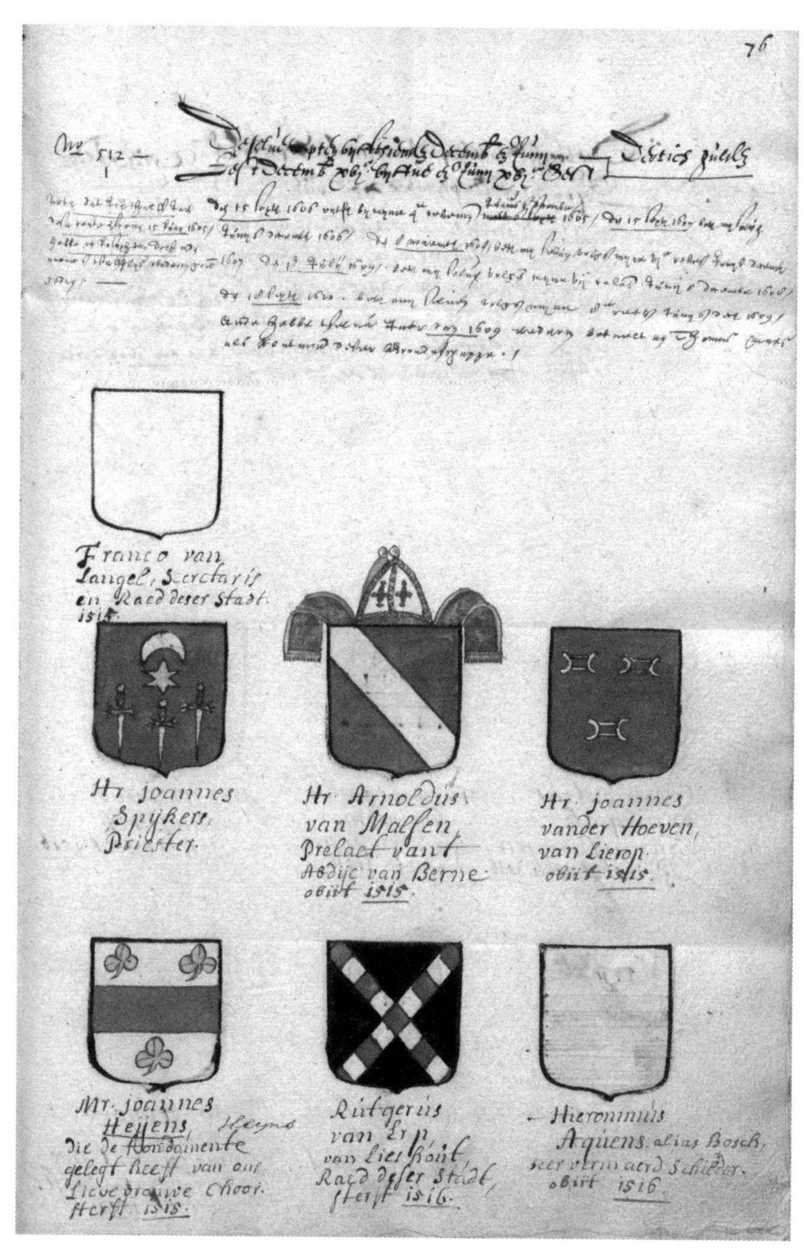

76

Franco van Langel, Secretaris en Raed deser Stadt. 1515

Hr joannes Spijkers, Priester.

Hr Arnoldus van Malsen, Prelaet vant Abdije van Berne obiit 1515

Hr joannes vander Hoeven, van Lierop. obiit 1515

Mr. joannes Heijens, Heyns die de fondamente gelegt heeft van ons Lieve vrouwe Choor. sterft 1515

Rutgerius van Erp, van Lieshout, Raed deser Stadt, sterft 1516.

Hieronimus Aquens. alias Bosch, seer vermaerd Schilder. obiit 1516

插图5　“圣母兄弟会”成员姓名与盾徽登记表（约1742年　斯海尔托亨博斯文档76（右）页　博斯的盾徽位于右下角）

插图6　耶罗尼米斯·博斯　《荒野中的施洗者圣约翰》（约1505年　木板油画）

插图7　耶罗尼米斯·博斯　《拔摩海岛的圣约翰》（约1505年　木板油画）

插图8　耶罗尼米斯·博斯　《耶稣受难》（约1500年　绘于《拔摩海岛的圣约翰》背面）

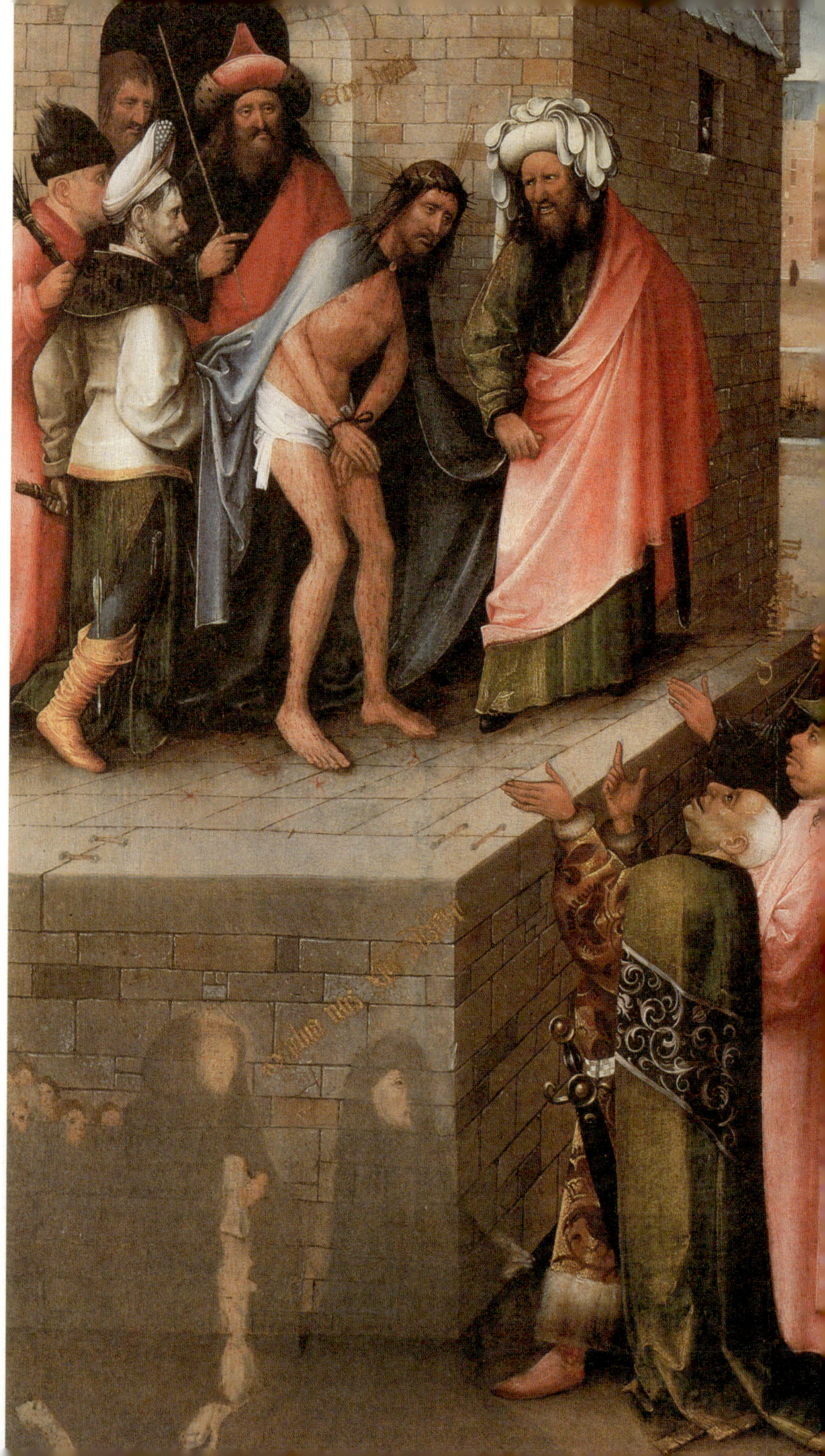

插图9　耶罗尼米斯·博斯　《试观此人》
（约1495年　木板油画）

插图10　耶罗尼米斯·博斯《人间乐园》（参见插图4）局部细节

插图11　耶罗尼米斯·博斯　《十字架上的耶稣与捐赠人、圣徒》（约1490年　木板油画）

插图12　耶罗尼米斯·博斯三联画《十字架上的圣威尔福斯》（约1505—1515年木板油画）

插图13　耶罗尼米斯·博斯　《三博士来朝》（约1485—1500年　木板油画）

插图14　耶罗尼米斯·博斯　《三博士来朝》局部细节

插图15　耶罗尼米斯·博斯　《三博士来朝》合拢时背面的画作
（约1496—1497年）

插图16　耶罗尼米斯·博斯　《抬十字架的耶稣》（约1500—1510年　木板油画）

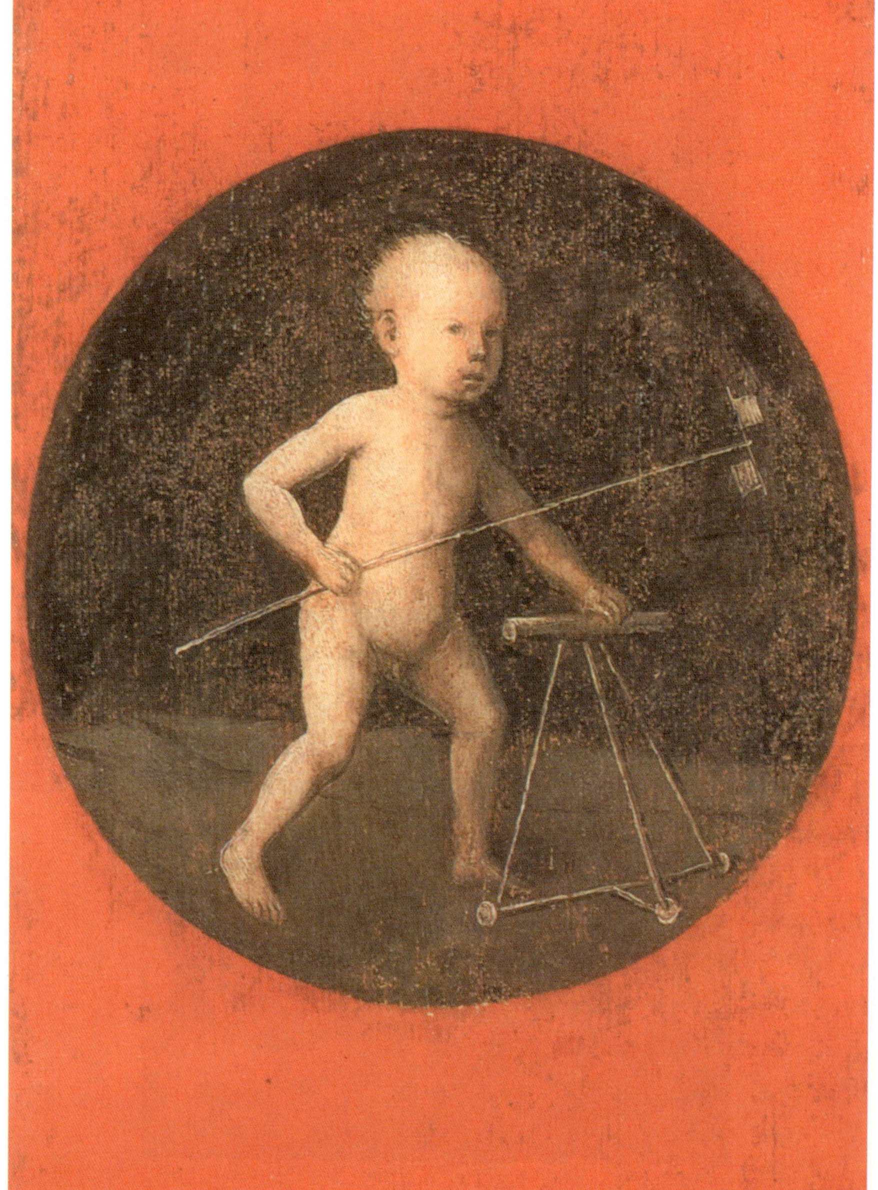

插图17　耶罗尼米斯·博斯　《扶步行架的小耶稣》（约1500—1510年　《抬十字架的耶稣》背面画作）

插图18　耶罗尼米斯·博斯　《抬十字架的耶稣》（约1495—1500年　木板油画）

插图19　耶罗尼米斯·博斯　《头戴荆棘的耶稣》（约1495年　木板油画）

插图20　耶罗尼米斯·博斯　《抬十字架的耶稣》（1510年后　木板油画）

插图21　耶罗尼米斯·博斯　圣人图像（约1505年　木板油画　《最后的审判》合拢后的背面画作）

插图22　耶罗尼米斯·博斯　《背负幼年耶稣的圣克里斯托弗》

（1500年前　木板油画）

插图23 耶罗尼米斯·博斯 《祈祷的圣杰罗姆》（约1495年 木板油画）

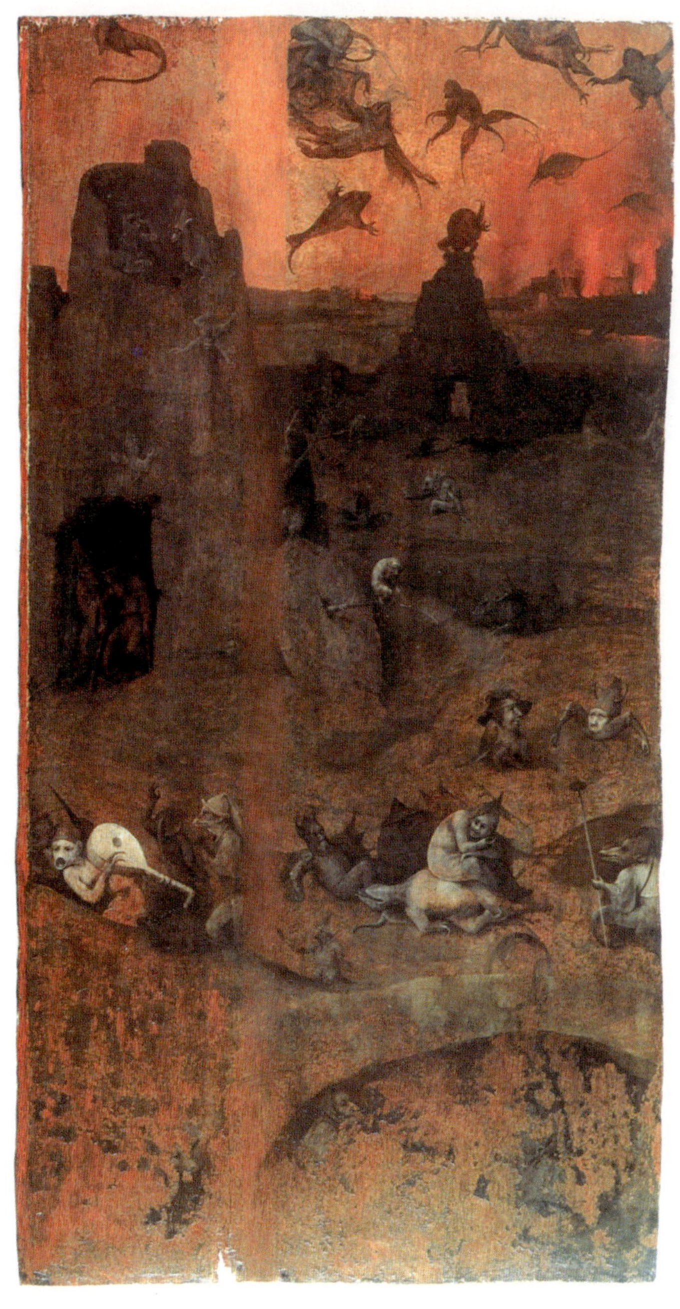

插图24、25　耶罗尼米斯·博斯　三联画《叛逆天使的坠落》《亚拉腊山上的诺亚方舟》（已遗失　1510—1515年　木板油画）

插图26、27　耶罗尼米斯·博斯　《被恶魔缠身的人类》（约1510—1515年　木板油画　遗失的三联画背面画作）

插图28　耶罗尼米斯·博斯　三联画《隐士圣徒》（约1504年木板油画）局部细节

插图29　耶罗尼米斯·博斯　三联画《隐士圣徒》

插图30　耶罗尼米斯·博斯　《蜂巢与女巫》（约1500—1515年　鞣酸铁墨水钢笔画）

插图31　耶罗尼米斯·博斯　《圣安东尼的诱惑》（1502—1503年　木板油画）

插图32　耶罗尼米斯·博斯　《圣安东尼的诱惑》合拢时的背面画作

插图33　耶罗尼米斯·博斯　《圣安东尼的诱惑》局部细节

插图34　耶罗尼米斯·博斯　《听得到的树林与看得到的土地》（约1500—1505年　棕墨水钢笔画）

插图35　耶罗尼米斯·博斯　《两个怪兽》（约1505年　棕墨水钢笔画）

插图36　耶罗尼米斯·博斯　三联画《人间乐园》（参见插图4）左翼局部细节

插图37　耶罗尼米斯·博斯　《树人》（1505—1510年　棕墨水钢笔画）

插图38　耶罗尼米斯·博斯　《死神与守财奴》（约1500—1510年）

插图39　耶罗尼米斯·博斯　《死神与守财奴》（约1500—1510年　木板油画）

插图40　安拉斯·杜·汉美尔　《最后的审判》（约1478—1494年　版画）

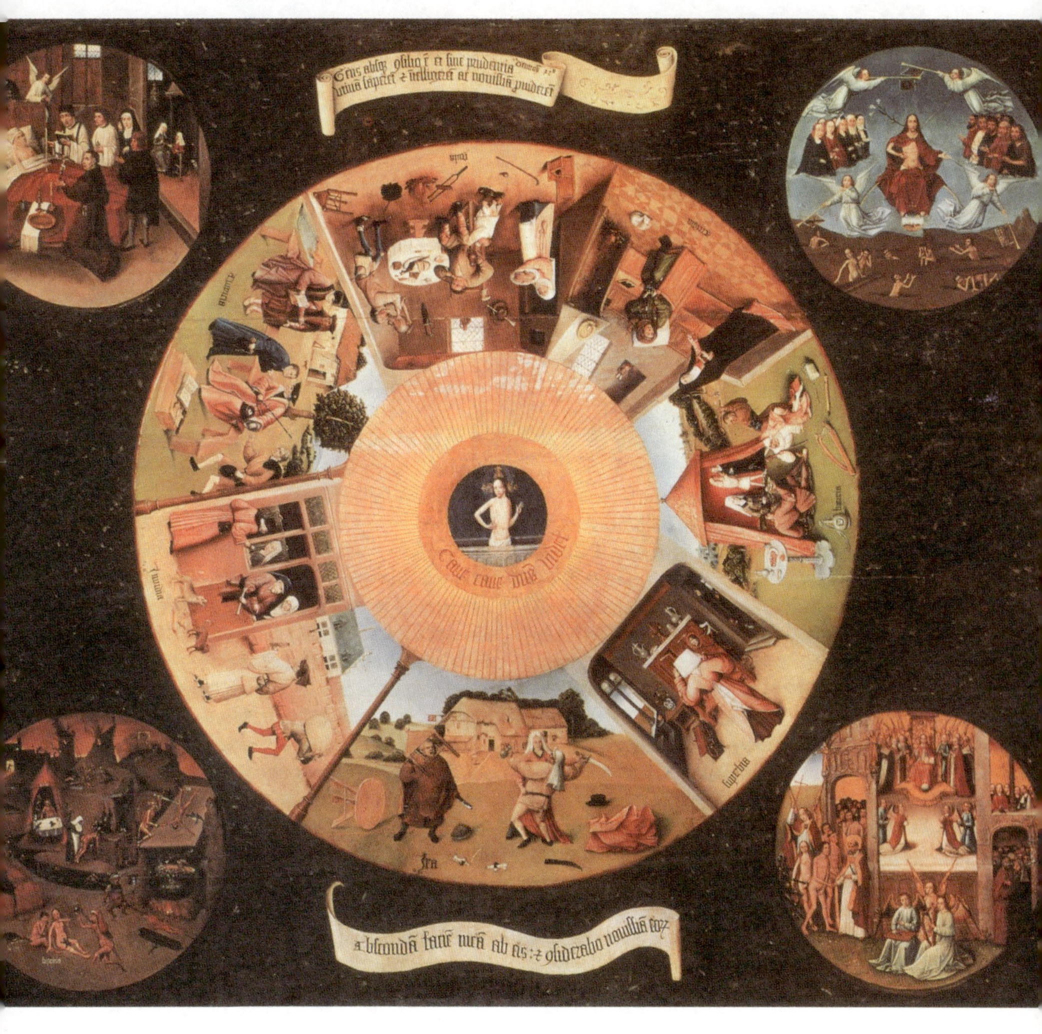

插图41　耶罗尼米斯·博斯　绘有《七宗罪》的桌子（约1505—1510年　木板油画）

插图42　耶罗尼米斯·博斯　《最后的审判》（约1505年　木板油画）

插图43 耶罗尼米斯·博斯 《最后的审判》（参见插图42）局部细节

插图44～47 耶罗尼米斯·博斯 三联画的翼画 《天堂》《被赐福之人升入天堂》《遭天谴之人坠落地狱》《地狱》（已遗失 约1505—1510年 木板油画）

插图48　耶罗尼米斯·博斯　《干草车》（约1515—1516年　木板油画）

插图49　耶罗尼米斯·博斯　《干草车》双翼的背面画作

插图50　耶罗尼米斯·博斯　丢失的《干草车》三联画双翼背面画作的碎片（约1515—1516年　木板油画）

插图51 耶罗尼米斯·博斯《人间乐园》（参见插图4）双翼背面画作

插图52　耶罗尼米斯·博斯　《人间乐园》（参见插图4）局部细节①

插图53　耶罗尼米斯·博斯　《人间乐园》（参见插图4）局部细节②

插图54　布鲁塞尔画坊　《人间乐园》挂毯（约1550—1570年　金线、银线、丝绸和羊毛）

插图55　耶罗尼米斯·博斯　《取石》（1521年之前　木板油画）

插图56　皮埃尔·库斯坦　金羊毛骑士团骑士的爱德华四世盾牌（约1481年　木板油画）

插图57 耶罗尼米斯·博斯 《干草车》（参见插图50）局部细节

插图58　耶罗尼米斯·博斯　《愚人船》（约1500—1510年　木板油画）

插图59　耶罗尼米斯·博斯　《暴食淫欲寓言画》（约1500—1510年　木板油画）

插图60　耶罗尼米斯·博斯　《加纳婚宴》（1553年之后　木板油画）

插图61　耶罗尼米斯·博斯　《魔术师》（1520年之前　木板油画）

ECCE
COCK·EXCV·1557·
GRANDIBVS EXIGVI SVNT PISCES PISCIBVS ESCA·
Siet sone dit hebbe ick zeer langhe ghewoten dat die groote vissen de cleyne eten

插图62　彼得·凡·德·海登　《大鱼吃小鱼》（1557年　版画　仿照老彼得·勃鲁盖尔的作品）

插图63　耶罗尼米斯·博斯的模仿者　《最后的审判》碎片（约1510—1520年　木板油画）

目　录

第一章

幻象与梦魇

耶罗尼米斯·博斯（Hieronymus Bosch）在世时就已经举世闻名，在他去世后的很长一段时间里，收藏家对他的作品仍然趋之若鹜。他的画作不仅在荷兰和西班牙深受欢迎，而且在阿尔卑斯山另一侧的意大利也广受欢迎。乔尔乔·瓦萨里[1]在他流传于世的名作《艺苑名人传》（*Lives of the Artists*）中认为，值得提及的欧洲北部画家只有寥寥几位，耶罗尼米斯·博斯便是其中之一。瓦萨里是通过版画认识这位来自斯海尔托亨博斯（'s-Hertogenbosch）的画家的。他对博斯的创造力赞赏有加，于是在书中列举了一些博斯的作品，并这样评述："如这般奇幻恣意的创造性作品还有很多，若一一列举，则过于累牍。"比

[1] 乔尔乔·瓦萨里（Giorgio Vasari，1511—1574），文艺复兴时期意大利艺术理论家，主要作品有《艺苑名人传》。——译者注（如无特殊说明，本书脚注皆为译者注）

利时历史学家马库斯·范·瓦尼威克[1]也称博斯为“魔鬼创造者”。意大利人文主义代表人物卢多维科·圭恰迪尼[2]曾在1567年出版过一本详尽介绍荷兰的书籍，他称耶罗尼米斯·博斯为“卓越的创造者，因创作的奇幻怪诞之物而闻名遐迩”。早在16世纪末，便有人认为博斯作品中出现的典型形象是画家精神世界的写照。一个早期的例子便是画家兼作家多米尼克斯·兰普森尼尔斯（Dominicus Lampsonius）的一首广为流传的诗歌，我们可以从中看出端倪。

> 耶罗恩·博斯（Jeroon Bos[3]），
> 你画中那些惊恐的脸庞、煞白的容颜到底是为了哪般?
> 仿佛你方才看到地狱幽灵在耳边狂舞。
> 我想啊，可怕的冥王将地狱深渊全部开启，
> 向你呈现里面盘踞的各式妖魔鬼怪
> ——因你的丹青妙手啊，可绘出地狱深壑之真状。

在耶罗尼米斯·科克（Hieronymus Cock）1572年编撰的版画集中，有幅首度公开发表的博斯画像（参见插画1）便以这段诗歌来作注释。此后，该画像常常在其他书籍中出现。这幅遗像版画是以一幅现已失传的原作为基础，与1560年雅克·勒·布克（Jacques

---

[1] 马库斯·范·瓦尼威克（Marcus van Vaernewijck，1516—1569），画家，早期记录弗拉芒艺术及相关历史的作家。

[2] 卢多维科·圭恰迪尼（Lodovico Guicciardini，1521—1589），来自佛罗伦萨的作家与商人。

[3] 耶罗尼米斯·博斯的别名。——编者注

Le Boucq）汇编的画像集《阿拉斯画集》（*Recueil d'Arras*）中的一幅画像相一致。同样的脸庞还出现在马萨诸塞州阿默斯特镇米德艺术博物馆里的一幅小型画作上。虽形式相同，可这幅小画像很可能是在那幅阿拉斯画像以及那幅版画问世之后才创作出来的。于是，人们常常在关于艺术的文学作品中看到一位被梦魇幻象所控制的画家，由此博斯成为地狱各种魔怪形象和可怖画面的代名词——这些形象与画面——被后世广泛模仿。许多出自博斯模仿者与崇拜者之手的作品都题上了他的大名，人们把博斯的名字与视觉的梦魇画面画上了等号。

文学圈里，此情形在克维多[1]的作品中尤为明显，在《梦之说》（*Sueños y discursos*）中，克维多认为博斯与幻象、梦魇息息相关。不同于其他许多作家，克维多或许真的熟谙博斯亲笔描绘的地狱，譬如《人间乐园》（*The Garden of Earthly Delights*，这幅三联油画当时归西班牙国王所有）中那幅《地狱》（参见插图2）。仅在几年前，一个关于博斯最完整的现存证据公之于众。此证据存在于《圣杰罗尼莫骑士团史》（*Historia de la orden de S. Geronimo*）一书中。此书写于1605年，书中详尽记载了西班牙国王腓力二世修建埃斯科里亚尔修道院（monastery of El Escorial）的历史。博斯在世时遭受宗教改革运动的批判，后来特伦托大公会议（Council of Trent）曾明确谴责他的画作，40多年后，在这本书中，作者弗雷·何塞·德·西古恩扎（Fray José de Siguença）力图陈述一个事实：这位最推崇天主教的国

[1] 克维多（Francisco Gomez de Quevedo y Villegas，1580—1645），西班牙作家。

王喜欢这些作品。就西古恩扎看来，国王的权威证明了博斯的画作不存在任何异端嫌疑。他写道："对我来说，此人的作品与其他所有人的作品的最大不同之处，在于别人描摹的只是人的外表，唯独他有勇气画出人的内心。"由此可见，这些作品从一开始就是描绘画家的精神生命，而对于博斯的生平，西古恩扎与同时代的卡勒尔·凡·曼德尔[1]一样知之甚少。曼德尔曾汇编过一部荷兰最著名画家的传记集，他在书中坦言："我无从探究他何时生，何时死——只知道就在不久之前。"现在我们对博斯的了解就更多了。今时今日，他的传记比大多数同时代的荷兰画家的传记更为详尽，让我们得以对他的生平有了极其详细的了解。

19世纪末，艺术史学家开始对博斯的生平和作品产生兴趣。几十年间，这份兴趣与日俱增。同时，世人还目睹了一种现象：人类的内心世界被发现，精神分析法在发展，两者之间绝非巧合。1907年，首部描写博斯的专著问世，作者莫里斯·戈萨特（Maurice Gossart）在书中迎合了人们对这位"魔鬼创造者"不断升温的兴趣。自此之后，出现了上千本关于博斯的书籍。这些书力图描写艺术家貌似神秘的幻想世界，鲜少专注于他的绘画风格，事实上，几乎无人将这两方面同时考虑在内。

---

[1] 卡勒尔·凡·曼德尔（Karel van Mallder），出身贵族，集画家、诗人、设计师、剧作家和传记作家于一身，是尼德兰典型的文艺复兴式人才。尤其是他踵武前贤，以一部《画家之书》开启了研究北方文艺复兴时期艺术家生平及艺术创作的先河，被誉为"北方的瓦萨里"。他的《画家之书》与瓦萨里的《艺苑名人传》共同奠定了西方美术史学的基础。

博斯的家乡斯海尔托亨博斯位于荷兰境内，当地居民大多称之为“登博斯”（Den Bosch），画家正是以家乡的名字来给自己取名的。斯海尔托亨博斯与哈勒姆（Haarlem）之间的距离相当于其与安特卫普（Antwerp）之间的距离。哈勒姆也属于荷兰，而安特卫普现在属于比利时。这个事实对于诠释博斯的作品至关重要。有种艺术史研究是以国别学派为基础的，人们常常会听到这样一个词：“荷兰早期艺术大师”。有人认为，荷兰北部艺术具有独特的风格特征，而在这些早期大师的艺术作品中，博斯的独特性则是此类风格特征的最初代表。荷兰北部艺术通常也被认为是所谓“荷兰黄金时代”的绘画艺术。可在博斯生活的时代，还没有比利时；荷兰在一段时间内也不会成为一个统一的文化区域。博斯深受荷兰南部画家的影响，在荷兰南部，博斯拥有大量的拥趸。显然的证据便是：在博斯生前，该地区就出现了数量庞大的博斯画作仿品和临摹品。

除画作外，博斯并没给后世的诠释者留下任何富有趣味的东西。没有日记，没有信件，也没有关于自身情况或艺术的个人声明；他简直就是一个完美的例子，任何一种关于博斯之死的说法都要经受质疑。世人没有通过时代的文化艺术背景来审视博斯的作品，从而去了解这位画家，而是直接对画家本人盖棺定论。究其缘由，可能是很难分清哪些作品可证实为博斯本人的真迹，哪些作品是模仿者创作的画作。19世纪膜拜天才式的艺术家传记将博斯描绘成“超现实主义的开创性先驱”和“与秘密教派有密切联系的异端画家”的合体。世人认为他与异端组织“自由精神兄弟会”有着紧密的联系，该组织的神秘教义为他提供了画作的主题。他被看作亚当的后裔[1]、纯洁教派信徒、占星家、炼金术士、精神变态者，据说他服用过“魔力药水”或迷幻药。人们还力图以解梦、精神分析和集体无意识等方法为基础，对他的画作进行解读。

对博斯风格的详尽艺术史分析导致可证实为博斯真迹的作品数量锐减。1937年，查尔斯·德·托尔奈（Charles de Tolnay）认为有41幅画作是出自博斯之手，可到了1965年，他把数字降至36；1980年，格尔德·翁韦福尔特（Gerd Unverfehrt）认为这个数字应该是25；2013年史蒂芬·费希尔（Stefan Fischer）认为只有20幅。研究人员利用树木年代学对画板进行科学分析，由此确定画作创作的年代，从而将真迹的可能性控制在有限的范围内。与此同时，研究认定博斯的真迹不超过24幅。其中，有些是大型画作的碎片，它们曾经结合在一起，如今分置于不同的博物馆中。由于作品数量频繁缩减，博斯画作的主题焦点也出现了转移。人们曾经认为，博斯的画作呈现的主要是阴森森的地狱幻象，里面充斥着各式奇异的混种生物，可如今发现，他的作品着力于一个更为传统的主题：基督教的象征形象。许多一度被视作关键性的作品，现在被认为是出自模仿者或崇拜者之手。有鉴于此，很多基于艺术家传记和精神病理分析的诠释变得越来越可疑，有悖于大量纪实的证据——这些纪实证据则为我们提供了线索，让我们得以窥探画家的日常生活。本书的写作便是基于这些纪实

[1] 一些宗教教派自称亚当的后裔，学习亚当原始人的淳朴天真，脱离知识、礼教、习俗的种种束缚，并以裸体生活为实践的方式。后代有些人以“裸体主义”称之。

资料和那些已被认定出自博斯之手的画作。

本书接下来会运用史家笔法来记录历史，以实物资料为首要基础。这种写作手法确保了历史学家雷因哈特·柯赛雷克（Reinhart Koselleck）所称的“资料否决权”。对于历史的情景，虽然大量幸存的物证、画作、记录和文件无法决定什么是“可以或应该说的”，但是它们的确可以判定什么是“不能说的”，余下来的便是“可以说的”。

第二章

登博斯的画师

画师安东尼斯·范·阿肯并非第一次来到登博斯[1]（又名斯海尔托亨博斯）的镇公所。1474年4月5日，他陪女儿凯特琳娜到镇公所处理一笔租赁业务。这时的凯特琳娜尚未成年。除了父亲安东尼斯，其他兄长：古森、耶罗尼米斯和约翰尼斯，全都签署了这份租赁文件。这份看似无足轻重的法律文件，是我们手上关于画家生平的最早记录。后来，由于画家在自己最著名的画上写下作画的地名，他便以此名蜚声于世。既然文件里提到博斯的名字，那时他必已成年。由于到16世纪法律才确定24岁为法定成年年龄，所以博斯必然是在1450年至1455年间出生的——尽管在画家生活的时代，人们可能认为他出生的时间会更早一些。此外，这份文件让我们首次看到画家是怎样写自

[1] 登博斯（Den Bosch），荷兰的一个城市。——编者注

己的名字的。第一位替博斯立传的作家范·曼德尔在写博斯的名字时，用的是荷兰语形式“伊罗尼米斯”（Ieronimus）；而同时代的西班牙作家西古恩扎则用“谢罗尼莫”（Geronimo）。即便像这样的“单名”签字一个都没幸存下来，我们也能在许多画作上找到这个签名：“耶罗尼米斯·博斯”。很快，此签名便成为各国公认的品牌，虽然现在人们并不认为带此签名的画作都出自博斯之手。我们不仅可以从这些画上非常一致的签名中，还可以从“圣母兄弟会”的一条记录中，看到博斯是如何写自己的名字的。据这条记录的执笔人记录：1510年3月10日，他们到画师兄弟耶罗尼米斯·范·阿肯的家里做客，这位画家“把自己的名字写成‘耶罗尼米斯·博斯’（Jheronimus Bosch）[1]”。此外，家里人和镇上的人叫他“罗恩”（Joen），我们可以在许多文件上看到这个形式的名字，譬如1474年7月26日签署的一份财务合约。如今，拉丁文形式的“耶罗尼米斯·博斯”（Hieronymus Bosch）成为标准写法，这个形式将来还会继续被人们使用下去。

共有50多份可提供博斯生活信息的官方记录幸存了下来，这些记录跨越了42年。虽然没有任何关于他就读学校的证据，可他必定上过拉丁语学校。这一点，不仅在他后来的职业生涯中有所体现，而且从他的背景也能推断出来。依据16世纪中叶艾伯塔斯·库柏里努斯（Albertus Cuperinus）撰写的小镇编年史，斯海尔托亨博斯镇有个传统，孩子打小要么被送去学校上学，要么被送去学习手艺。博斯则是

[1] 博斯的原名是Jheronimus van Aken。

两者兼顾。他小时候就跟着父亲画坊的众人一起作画，由此开始画师的生涯。安东尼斯·范·阿肯是家族中的第二代，经营着镇上一家有口皆碑的画坊。他的父亲，也就是耶罗尼米斯的祖父，詹·范·阿肯原是奈梅亨镇（Nijmegen）人，1427年成为镇上的画师，他五个儿子中的四个也成了画师。詹同样是子承父业，博斯的曾祖父也是一名画师。1404年，博斯的曾祖父在奈梅亨镇定居下来，他是从德国亚琛（Aachen）搬到荷兰的，于是便得了“范·阿肯”这个姓氏。在一个家族中，数代人从事同样的职业并不罕见。然而，那时的荷兰还没有其他家族能保守着如此始终如一的传统。

博斯的家位于集市里，他在这栋房子度过了自己大部分的童年与青年岁月。1462年，博斯的父亲买下这幢名叫“圣安东尼斯”的宅子，现在的地址是集市29号。1478年安东尼斯·范·阿肯去世后，房子归博斯的哥哥——“画师”古森所有；1498年，古森将它留给了儿子詹，这个詹是位木雕师。古森和耶罗尼米斯的弟弟“画师”詹也在这栋宅子里工作、生活，直至1499年离世。古森的儿子“画师”安东尼斯在1516年去世前也是如此。博斯的母亲艾莉特和古森的妻子凯特莉金也住在这里，当然还有仆人和画坊的雇员。

关于范·阿肯画师家族的证据还可以从“圣母兄弟会”的记录里找到。“圣母兄弟会”是个高尚的组织，1475至1476年，该兄弟会计划委托乌得勒支（Utrecht）的木雕师阿德里安·范·维塞尔创作一幅祭坛画，于是便在葡萄酒馆举行会议，讨论委托事宜，安东尼斯·范·阿肯和儿子们也应邀出席。我们在该兄弟会五年后的记录里又找到了关于“画师”的信息，而博斯的名字首次出现。这条记录的内容是博斯因为一幅旧祭坛画创作两侧翼画从“圣母兄弟会”收到一小笔款子——如今这两幅翼画的价值已超出当时的订单出价。

这些留存下来的法律文件主要与财产和财务事宜有关，譬如1481年1月3日的一份文件记录了博斯将自己拥有的家族宅邸份额转让给哥哥古森。从幸存下来的记录和文件里，找不到证据证明1474至1481年博斯还在镇上。至于那些年里他到底是在旅行，还只是作为父亲画坊的雇员而没有法律身份，并无定论。这期间，他卖掉了继承的家族房产份额——所以据此推测，他必定已和妻子一起生活。考虑到他们住在女方父母的房子里，这似乎是个合情合理的决定。博斯很可能是在1480年末迎娶艾莉特·戈亚尔·范·登·米尔文（Aleyt Goijaert van den Meervenne）的，当时博斯大约30岁，而艾莉特比他大几岁。艾莉特来自殷实的商贾之家，所以给博斯带来了金钱、房产和广泛的关系网。艾莉特年仅11岁时，父亲就去世了。她与母亲在希尔德斯特拉特拥有一所房子，母亲在1474年前后离世。此外，艾莉特还从多个渠道继承了位于斯海尔托亨博斯附近的一系列房产，以及集市里的一栋房子。1477年至1482年，她把位于集市里的这所房子租了出去。

从1481年起，博斯的名字仅出现在妻子管理财产事务的相关法律文件中。譬如，1481年6月15日，他把艾莉特继承的一幢乡村庄园份额卖给妻子的小叔子戈德弗罗斯（博斯的弟弟），由此他们还产生了纠纷。三周之后的7月3日，他们签署了一份协议，解决了纷争。接下来的若干年间，这对年轻的夫妇把艾莉特继承的多处房产售出，1482年4月11日和1483年3月21日均有相关交易的记录。那时，复活节之后便是新年，这两个交易的日子都在新年前约一周的时间里。依靠这些交易得到的钱财，一个人可以在相当程度上独立生活和经营家庭。另外，这些钱财或许还帮助夫妇俩成立了一家独立的画坊。1483年，博斯与妻子搬进之前租出去的那栋集市的房子里，这所房子与博斯家的宅子只有一步之遥。这栋名唤“救世主之兆”的宅子正面是一面宽5.5米的阶梯形三角墙，四层的楼房总面积465平方米，后面还带着一栋可以在里面工作生活的副楼，使得宅邸的整体面积达到650平方米。从这幅创作于1530年左右的《斯海尔托亨博斯镇布市景观图》（参见插图3）中，我们可以看到博斯这栋显赫的宅子（右边第七栋）。1553年时，这栋宅邸已归他人所有好长一段时间，里面有五个壁炉、一个烤炉、一套酿酒设备，还有一个可加热的浴缸。虽然这些实用的设施可能是后来安装的，可这所房子拥有足够的空间，可同时容下一家画坊和为夫妇俩提供与他们社会地位相称的家居场所。他们俩还雇了很多人，例如博斯画坊的雇员（博斯的助手），据1503年至1504年间的一份文件记载，博斯助理每画3个小盾徽就能得到6个斯蒂尔[1]的报酬。5个斯蒂尔相当于0.25荷兰盾，约合娴熟工匠一天的工钱。家里的家务活也有帮工，文件中提到：“厨房的佣人”和“女仆”会因筹备欢庆宴会而得到额外的工钱。

我们可以从市镇记录中领略到博斯夫妇享受的富庶生活。1484年，博斯的妻子还继承了滕罗德肯庄园（Ten Roedeken）。这座庄园位于埃因霍温（Eindhoven）附近的奥斯楚特镇（Oirscho）乡间，周边的

[1] 斯蒂尔，荷兰在拿破仑战争前普遍使用的一种银币，20个斯蒂尔等于1荷兰盾。

森林属庄园所有。通过销售森林里的木材，博斯夫妇得到了大笔的收入。这时的博斯无需再为生计而工作，1487年他甚至有能力借钱给别人。1498年的时候，斯海尔托亨博斯镇拥有两万居民，而镇上最富有的两千人中就有博斯夫妇。1502年至1503年，博斯交纳了5盾的税金，是大多数人所交付的金额的9倍。从这点上看，博斯无疑是凤毛麟角的精英阶层，这个阶层缴纳了登博斯镇一半以上的税收，持有镇上几乎所有的房产。无论是骑兵税（一种1505年至1506年间为对抗盖德兰公爵的战争而征收的税项），还是每年征收的款项，博斯一直都是最高纳税人之一。

渐渐地，博斯的艺术作品也带来了可观的收入。例如，1504年9月，他受菲利普一世[1]委托，要创作一幅三联画《最后的审判》，得到一笔36盾的预订款。据估测，完成这幅画作能得到360盾的报酬。鉴于当时一位娴熟石匠按日薪计算的年收入大约只有55盾，这个数额堪称巨资。当时的生活费用很高，这笔钱相当于镇上一个富裕家庭的年度开支。以此价格，可以买下一艘贸易轮船，当时在安特卫普买艘最普通的航海柯克船只需花费30～150盾。在此事例中，画作的买主主要是居住在布鲁塞尔的哈布斯堡王朝统治者，委托创作绘画的价格完全符合其社会地位；而博斯能受如此身份高贵的买主委托来创作如此意义重大的画作，我们从中可以感受到他在登博斯享有何等高的声望。这一切表明博斯早已引起宫廷贵人的注意，譬如荷兰的统治者——奥地利的玛格丽特女大公，博斯在世时她便拥有一幅博斯的作

[1] 菲利普一世（1478—1506），亦被称为菲利普·汉德森（Philip the Handsome）或菲利普·菲尔（Philip the Fair），是哈布斯堡王朝在西班牙的始祖，卡斯蒂利亚国王。

品《圣安东尼的诱惑》；1504年去世的西班牙伊莎贝拉女王也收藏有博斯的画作；1532年离世的红衣主教多梅尼科·格利马尼亦是如此。

就博斯在镇上的地位而言，以下事实具有举足轻重的意义：1486年至1487财务年度，博斯成为“圣母兄弟会”成员。这个宗教组织成立于1318年，今天仍存在。14世纪末，该兄弟会已拥有众多成员，不得不分成“外围成员”和核心的“宣誓成员”。外围成员有数千人，而宣誓成员的数量则控制在50～60人。宣誓成员如果不想受罚，需参加每周日的礼拜和每周二、周三的晚祷，还需参加近20个宗教节日的晚祷和弥撒，以及每年三次的游行活动。他们还要出席每隔6～8周举行的聚餐。到了15世纪末，该兄弟会还不定期地组织耶稣受难的演出，宣誓成员也要参加。“圣母兄弟会”与镇上其他宗教组织联系紧密，各组织的代表会定期聚在一起会餐。他们还和那些因有着共同生活方式而互认为兄弟的修士、遵守严格会规的“多明我会”成员，以及镇上的各种同业公会保持联系，如文学会、风车会等，这些公会也举行宗教方面的演出。博斯本人可能就结识了不下1100位当地的宗教人士。

鉴于“圣母兄弟会”与宗教修士的紧密联系，博斯很可能对宗教改革运动有所了解。此运动以沙漠教父的虔诚为榜样，宣扬神秘而富于个性的“效仿基督”。由此，博斯很可能知道耿稗思（Thomas à Kempis）的名著《师主篇》（*The Imitation of Christ*）[1]，书中奉宗教改革运动为典范。至少我们可以说：博斯会在“加尔都西会”（Carthusian）修士狄奥尼修斯（Dionysius van Rijkel）所写的那些

[1] 《师主篇》，一部足以和福音书媲美的名著，内容是论心灵的修养，大多数人认为其作者是德国的隐修士耿稗思（1380—1471）。

关于“善与恶”的书籍中遨游，如《论沉思》（*On Contemplation*）《论轻视俗世》（*On Contempt for the World*）；而他的圈子里也会有人对这些主题议论纷纷。狄奥尼修斯修士是斯海尔托亨博斯镇“加尔都西会”修院的创建者，曾出版过187本著作，于1471年离世。哪怕你没有尽览他的著作，但仍可能会对他的宗教信仰有所耳闻。博斯甚至有可能见过鹿特丹的伊拉斯谟[1]。伊拉斯谟对艺术和艺术家很感兴趣，1484年至1487年曾在斯海尔托亨博斯学习。后来，伊拉斯谟在斯泰恩的奥古斯都修道院被免去晚祷，这样他在学习与祈祷的间歇便可以作画。不幸的是，伊拉斯谟在艺术上的努力之作并没有幸存下来。同样的，关于博斯接受神学训练的证据也没有留存下来。可学习神学的好处远胜于在文法学校学习——这一点不仅可以解释为何博斯在人物传记中的艺术家身份存在如此多的差距，也可以解释为何他的社会地位提升得如此迅速，还加入了“圣母兄弟会”的宣誓成员精英圈。

1488年初，博斯与其他六位兄弟会成员一起共同出资组织了一顿正餐，庆祝自己获得崇高的社会地位。依据兄弟会的记录，甚至未来的皇帝马克西米里安一世[2]的秘书也在受邀者之列。据推测，博斯此时已处于绘画大师的地位，只是当时登博斯没有画家公会。另外，与祖父不同，在文件中，他从未被称作“大师”，而只是“画师”。博斯很可能就是在这个时候成为“圣母兄弟会”的宣誓成员的，因为自

[1] 德西德里乌斯·伊拉斯谟（Desiderius Erasmus，约1466—1536），史学界俗称“鹿特丹的伊拉斯谟”，文艺复兴时期尼德兰（今荷兰和比利时）人文主义思想家和神学家。

[2] 马克西米利安一世（1459—1519），神圣罗马帝国皇帝，罗马人民的国王，奥地利大公（1493—1519），也被称作“马克西米利安大帝”。

此之后的多个事件中，博斯便以此身份被提及。从此，他不再需要大家承认他绘画大师的身份，因为作为宣过誓的兄弟会成员，他无须再承担任何同业公会的义务。兄弟会的记录中还记载了其他几次博斯资助的正餐信息，包括1498年至1499年间举行的一场盛宴，宴会还上了两只烤天鹅。

博斯长什么样，我们没有找到可靠的纪实证据，至于那些幸存下来、号称“博斯像”的肖像画，与其说它们展现了博斯本人的容貌，还不如说它们展示了博斯晚年的荣光。虽然我们无从得知他的样貌（尽管许多人声称，他们在博斯画作的人物里看到了画家的身影），但是我们最起码可以描述出某些时期画家的穿着打扮。作为“圣母兄弟会”的成员，他会身披长袍出席庆典仪式，每年的6月24日，也就是施洗者圣约翰节那天，长袍的颜色和剪裁样式会发生变化。无论是红色、紫色、白色、蓝色或绿色的长袍，他总会戴一枚银徽章，徽章上会刻有《所罗门之歌》的一句歌词：“如荆棘中的百合”。除此之外，我们还可以确定博斯外貌上的其他细节。作为“圣母兄弟会”的宣誓成员，博斯是一名圣职人员。他有家室，不同于牧师或执事，他无须独身。然而，既然已被接纳为“四小圣职”中的一员，根据兄弟会的章程规定，他至少每隔一段时间就该剃一次顶发，以显示自己是名圣徒。

据推测，和绝大多数的宣誓成员一样，博斯有圣职职务。他可能是个维持教堂秩序的看门人；或礼拜时诵读《圣经》的读经者；也可能是个驱魔师或辅祭，一般在祭坛上服务。无论如何，我们可以认定：博斯掌握扎实的神学基础知识。他的作品证明他对宗教文学有详尽的了解，对各位圣徒的生平、研究宗教和神物的著作都很熟悉。在

"圣母兄弟会"成千上万的外围成员中，除了好几百位牧师外，还有非高门的贵族、绅士、商人、药师、医生、工匠，以及小镇的代表和管理者。只有穷人被挡在兄弟会的门槛之外，因为他们连微不足道的7个斯蒂尔入会费都支付不起。兄弟会的宣誓成员身份则几乎专属于上层阶级。在宣誓成员中，博斯是唯一一位画家，而过半的宣誓成员都是牧师、教师、神学家、医生或律师，他们都经历过长期的学习过程。有鉴于此，既然博斯能成为"圣母兄弟会"核心圈的成员，足以证明他受过教育，并且享有崇高的社会地位。兄弟会成员的身份不仅让博斯可以获得委托，为登博斯镇的圣约翰大教堂做装饰，最重要的是，还让博斯可以接触到许许多多潜在的资助人。15世纪末，"圣母兄弟会"的成员数量大规模增加，成为连接宗教精英和世俗精英的网络，"圣母兄弟会"的势力一直延伸至德国领土。成员里有镇上绅士阶层的人员，也有贵族阶层的高级代表。在博斯身为宣誓成员的时期，也就是1488年至1516年，成员包括两位德高望重的列日主教，以及来自其他教区的六位高级宗教人士。成员里还有各式达官贵人，甚至连哈布斯堡王朝和勃艮第王朝的家族成员也位列其中。巴伐利亚的巴拉丁伯爵罗伯特和巴登的弗里德里克侯爵就在成员队伍里，还有菲利普一世的大管家迪亚戈·德·格瓦拉和拿骚公国的亨德里克三世。可能就是亨德里克三世委托博斯创作了《人间乐园》（参见插图4）。

从留存下来的记录，我们可以了解到"圣母兄弟会"日常的安排与宴会的情况。例如，1510年3月10日，兄弟会为简·贝克斯骑士举行葬礼，他的盾徽正是由博斯的助理在1503年至1504年间画上去的。据兄弟会的记录记载：庄严的弥撒仪式后，宣誓成员们成对排列，从教堂步行至我们的兄弟——耶罗尼米斯·范·博斯——的房子，博斯把自己的名字签成“耶罗尼米斯·博斯”。根据记录，博斯提供了大量的饮品，菜肴信息极为详尽，以至于在《耶罗尼米斯·博斯家的饮食研究》（2003年）一文中，作者能给出餐桌上各式菜肴的食谱。兄弟会成员的生活以一系列共同的活动为核心，这些活动支配着他们的日常安排。如若逃避这些每位成员均需承担的义务，将会受到严厉的惩罚。对于博斯是否曾经忘记履行自己的职责，没有任何记录。所有迹象表明，他完全融入了镇上的宗教生活，宗教活动已渗透到他生活的方方面面。

对于博斯去世的日子以及离世的原因，并无记录。他可能死于胸膜炎感染，因为那个时期，此病在登博斯镇发病率很高。依据小镇编年史，它“如肆虐的瘟疫般”夺去了许多人的性命。1516年8月9日，人们为博斯举行基督教葬礼，“圣母兄弟会”的账本上记录了此次葬礼弥撒的花费：“给主持弥撒的威尔海姆·哈梅克支付了两笔费用：吟唱弥撒1.5个斯蒂尔，出席弥撒0.5个斯蒂尔。给执事和副执事每人1个斯蒂尔。其他所有人，包括牧师、歌手、教堂司事、教堂管事、掘墓人、敲钟人、组织者，每人0.5个斯蒂尔。”此外，每个唱诗班成员得到一枚奥波尔铜币，就连每个出席葬礼的穷人也得到一份小礼物。鉴于博斯夫妇为兄弟会做出的贡献，兄弟会把覆盖祭坛的黑布赠予了失去丈夫的妻子。此外，他们还给死者立了一块符合其身份的纪念碑。在一本16世纪末出版的书中，印着所有宣誓成员的姓名和盾徽，在一块无徽章的空盾牌下面写着博斯的名字，还题着词：“著名画家”（参见插图5）。

第三章

虔诚的捐赠

来自各种渠道的资料表明，耶罗尼米斯·博斯受过教育，是个虔诚的教徒。他与天主教会的捐赠者们有着密切的联系，这一点从他的作品记录中就能看出来，譬如1487年他为“馈赠之家”绘制的那幅亚麻壁挂。“馈赠之家”乃一所基督教接济穷人的机构，这幅壁挂画被世人称为“圣灵画”。博斯还曾修复过一盏鹿角枝形吊灯上的装饰画，那是他祖父詹·范·阿肯50年前绘制的。据记录，1488年，“圣母兄弟会”曾出资聘请一位木匠为阿德里安·范·维塞尔雕刻的祭坛画创作翼画，后来的付款凭证证明这两幅翼画出自“耶罗尼米斯”（Jheronimus）之手。接下来的几年里，博斯还接了一连串小额委托业务。例如，1491年至1492年，他完成了一幅画作，画上展现的是“圣母兄弟会”宣誓成员的姓氏。两年后，博斯接到一笔来自彩绘玻璃窗制作师威廉·隆巴尔的委托，为兄弟会作画。记录中写道：这幅作品由“画家罗恩”——耶罗尼米斯·博斯——设计，同时他还辅助监督隆巴尔的工作。“画家罗恩在设计创作中使用了”几块旧床单，兄弟会给他支付了20个斯蒂尔作为床单的费用。上文已经提过：1503年至1504年，博斯的画坊为简·贝克斯骑士及骑士团另外两位成员绘制了一面金属盾；1504年他还受菲利普一世委托，创作了三联画《最后的审判》。1508年至1509年，“圣母兄弟会”就一幅尚未开始创作的祭坛画，向“耶罗尼米斯”和建造大师简·海恩斯咨询镀金和绘画方面的意见。这幅祭坛画很有可能又是阿德里安·范·维塞尔为歌颂圣母而创作的。不过后来兄弟会显然是放弃了这幅造价极其昂贵的画作，因为根据记录，在接下来的几年里，兄弟会托人创作了另外两幅费用较低的绘画。有记录表明：1511年至1512年，博斯因设计一个“十字架”而获得了一笔报酬，不过可惜的是，对于博斯创作的是什么作品没有详细记载——也许正如许多专家推测的那样，是为一件斗篷式祭衣设计的刺绣图案。除了文件中的这条记录外，我们没有找到任何提及这个“十字架”设计的信息。1512年至1513年，博斯设计的一盏黄铜枝形吊灯也是同样的情况，记录中只提到他们愿意为此给博斯支付相关费用，“他想要多少就付多少”。

博斯去世后，登博斯镇上还展示着许多他的作品，包括“圣母兄弟会”教堂里的画作，以及圣约翰大教堂里的多幅祭坛画。据让·巴蒂斯特·格莱米亚[1]1610年发表的一段描述，大教堂里装饰着50幅祭坛画。

[1] 让·巴蒂斯特·格莱米亚（Jean-Baptiste Gramaye，1580—1635），荷兰历史学家。

与普拉克西特列斯[1]的雕塑和阿佩利斯[2]的画作相比，它们毫不逊色。其中最珍贵的莫过于放置在上声部唱诗班（Upper Choir）圣坛席处的那幅献给圣母、献给圣凯瑟琳和圣芭芭拉的祭坛画。那些位于（“圣母兄弟会”教堂）上声部唱诗班祭坛和更大型的圣母祭坛的画作，皆由博斯以独特的精湛技艺绘制而成，现今仍在那里。它们展现了上帝六天创世的过程，还有亚比该的故事——亚比该卑微地呈上各式物品礼物，祈求大卫原谅拿八带给他的羞辱；以及所罗门的母亲拔示巴向儿子致敬的场景。小圣坛上，还是同一位画家绘制的《三王献礼》[3]。天使长米迦勒圣坛上的画作所展示的，则是亚述大军围攻伯图里亚时发生的故事：犹滴杀死了亚述统帅赫罗弗尼斯，使亚述军队溃败逃亡，一败涂地；还有末底改和以斯帖[4]取得的胜利，以及摩西带领犹太人胜利逃出埃及的故事。

仅过了几年，1615年12月，一群官方人士访问教堂，对这些画作提出了诸多批评。他们觉得《创世纪》中的裸体人物尤其有碍观瞻。在登博斯镇财政档案中有一条1671年1月4日向圣约翰教堂司事付款的

[1] 普拉克西特列斯，生平不详，古希腊古典后期杰出的雕塑家。

[2] 阿佩利斯，古希腊著名画家。

[3] 三王献礼，也称“三博士来朝”。《马太福音》中记载了耶稣出生后，三位来自东方的智者来到他的身边，为他献上礼物：黄金、乳香与没药。

[4] 以斯帖，《旧约》中记载了以斯帖（当时的波斯王后）与父亲末底改拯救族人——犹太百姓的故事。

记录：出资75盾购买教堂主坛的翼画。此后便再无相关信息可寻。从镇议会出资采购画作的情况来看，我们至少可以这样理解：博斯的这两幅翼画在16世纪爆发的捣毁圣像运动中得以完好无损地幸存下来，而且不管它们是否还具备宗教功能，人们都认为它们具有艺术价值。17世纪时布鲁塞尔“多明我会”修道院的主祭坛上还有一幅博斯的祭坛画，该教堂每年都会举行一场弥撒来告慰画家的灵魂。虽然这幅作品后来也销声匿迹了，不过有记录表明：1626年6月22日，多明我会修士迈克尔·欧伏维乌斯被任命为登博斯的首位大主教，他在上任后想出资100盾购买这幅画作，但没有成功。仅几年之后，这幅画作便不见了。

格莱米亚曾称，“圣母兄弟会”教堂圣母祭坛上的画作“展现出耶罗尼米斯·博斯非凡的艺术造诣”。现今人们认为，最起码格莱米亚提到的这些画幸存了下来。其中一幅便是《荒野中的施洗者圣约翰》（*John the Baptist in the deser*），画中的圣约翰独自一人身处荒野之中（参见插图6）；另一幅画的则是福音传道者圣约翰——在博斯生活的年代，人们认为是圣约翰创作了《启示录》（参见插图7《拔摩海岛的圣约翰》）。由于后者背面还有另外一幅画（参见插图8），所以合理的推测是，它曾为某幅祭坛画的翼画。背面画作完全采用蓝灰色调，乃人们常说的“纯灰色画”，比较朴素。据推测，它应该是一幅环绕木雕神龛的祭坛翼画背面的画。画面中央是只鹈鹕，四周环绕着圆环，圆环里有画：在开阔而朦胧的景色中，排列着一系列耶稣受难的场景。中世纪时期，鹈鹕常常象征耶稣为人类所遭受的苦难。在基督教早期编撰的一部关于动物象征意义的书籍《博物学家》[1]中，作者对鹈鹕的行为举止有所误解，于是便用基督教的教义来对这种动物进行诠释。基督教认为这种鸟愤怒时会杀死自己的孩子，三天之后，它因懊悔而用喙将自己的胸脯撕开，牺牲自己的鲜血来让幼鸟复活，正如耶稣牺牲自己给人类带来永生。在暗色调背景的衬托下，展现耶稣受难场景的圆环以及鹈鹕显得格外突出，如靠近仔细观察，还可以看到暗处有怪物的身影。这幅翼画的里侧画的是被贬到拔摩海岛的圣约翰。博斯在这幅画中描绘了这位圣徒正在记录拔摩岛末世景象的场景（《启示录》第1章第9节[2]）。其中一个“启示”这样写道：“天上现出大异象来，有一个妇人，身披日头、脚踏月亮、头戴十二星的冠冕。”（《启示录》第12章第1节）为了与当时世人对这一幕公认的神学解释相吻合，博斯画了一个宛如空中光轮的幽灵圣母。超凡脱俗的天使打断约翰的写作，将这一幕指给他看。由于约翰只顾抬头往上看，没注意到脚底下的情况。画左侧的鹰象征传福音者圣约翰，它的双眼直勾勾地盯着对面那个混种小恶魔。小恶魔高举又短又壮的双手，放下肉钩子——它也许想着要用这只钩子去偷传福音圣者放在地上的笔墨。在许多描绘这位传福音圣者的荷兰绘画中，都有小恶魔这可耻的一幕。

与当时存在许多类似的油画和插画作品一样，博斯的这幅画作

[1] 《博物学家》（*The Physiologus*），公元2世纪中叶在亚历山大里亚用希腊文汇编而成，作者不详。

[2] “我约翰就是你们的弟兄，和你们在耶稣的患难、国度、忍耐里一同有分，为神的道，并为给耶稣作的见证，曾在那名叫拔摩的海岛上。”（本书中关于《圣经》的内容均参考和合本《圣经》翻译。）——编者注

以神学为基础。值得一提的是，这个正在写作的传福音圣者形象与马丁·施恩告尔[1]在1480年左右雕刻的一幅作品中的形象近似。但是画家使用了相对传统的人物的容貌不会削弱这幅画作的创意。你无须查看画面底部那个清晰的签字，就知道这幅作品出自博斯之手。让我们来看一下那个小恶魔吧。博斯向我们展现的是一个状如甲虫的混种恶魔，通过它衣服上的小徽章，我们可以看出它是地狱的信使及官方代表。架在它鼻梁上的眼镜让人想起书记员，加上压在它头上那个模糊不清的东西，当时的人很容易就能认出来，这个小恶魔象征挑动争端的知识分子。小恶魔的形象十分个性化，而圣徒则不同，完全符合模式化的形象：脸部没有丝毫肌肉线条，而尖尖的鼻子，让形容憔悴的圣徒成为博斯笔下的一个典型形象，长得有点像老鼠。譬如现藏于法兰克福的《试观此人》（参见插图9）中的耶稣，或《人间乐园》的那些裸体人物（参见插图10），都有尖鼻子。由于画家运用了强烈夸张的白色，让人觉得圣徒的长袍仿佛是由粉红金属片制成的。与其他大多数荷兰老派大师不同，博斯并没把长袍当作一个展示布料材质和表面结构的天然机会，也没把袍子画得层层叠叠、美轮美奂；相反，圣徒身上就披着一块平坦的布——而这已足以满足博斯所需，足以勾勒出赏心悦目的装饰效果。

对于博斯来说，画面空间不是从现实观察到的片段，而是具有象征意义的场景。他对远景的处理方式在当时是独一无二的：与他同时代的其他画家通常会把远景描绘得很细致；但博斯没有选择这种典

[1] 马丁·施恩告尔（Martin Schongauer，1430—1491），德国雕刻家、画家。

型的表现方式，而更喜欢以自己独特的风格进行创作。此特点在这幅绘画的远景中尤为明显：被抬高的视平线让观者仿佛从高塔上俯视画中的景观。画家的笔触含蓄却敏锐，在这支画笔下，贫瘠的平原装点上植物、树木、房屋，以及其他展现人类文明存在的点点滴滴。画家运用浓重的油彩，以非自然的分色点彩方式来表现郁郁葱葱的植被——这些紧紧连在一起的色彩以迷人的方式相互融合。博斯与罗吉尔·凡·德尔·维登[1]和扬·凡·艾克[2]不同：后两位大师的画是一层层画上去的，一层油彩干了之后再画一层；而博斯则在油彩还湿时作画，他的绘画多是一次性完成的。

这个特点从现存于马德里的《荒野中的施洗者圣约翰》（参见插图6）中也能看出来。在这幅作品中，博斯将圣徒描绘成身处荒野、陷入沉思的隐士。通过对油彩不同区域进行巧妙的循序渐进的处理，整个画面给人一种鸟瞰的感觉。画作的各个部分都是统一的，使得整个画面空间给人一种纵深感，在诸多动植物的点缀下，显得十分生动。在这幅藏于马德里的画作中，远景的峭壁、右侧丛林伸出来的丑陋可怕的植物，都是博斯笔下的典型景观。这些幻想出来的元素——混种植物，对自然的鄙夷，混合着动物、植物、矿物的地质形态表达了当时人们的信念：周遭的世界邪恶诡谲。这些景观细节更多的是受到后哥特式装饰风格的影响，而非来自对自然的精准观察。然而，无论如

[1] 罗吉尔·凡·德尔·维登（Rogier van der Weyden，1399/1400—1464），文艺复兴时期佛兰德斯画家，“佛兰德斯文艺复兴艺术三杰”之一。

[2] 扬·凡·艾克（Jan van Eyck，1385—1441），早期尼德兰画派伟大的画家之一，也是15世纪北欧后哥特式绘画的创始人，尼德兰文艺复兴美术的奠基者，油画形成时期的关键性人物。因其对油画艺术技巧的纵深发展做出了独特的贡献，被誉为“油画之父”。

何，得益于着色上的精湛技巧及由此产生的效果，博斯的画作会给人带来一种空间纵深的非凡印象。尤其值得关注的是：画作前景中出现的那些状如外星物种的植物，在远景中再次出现。近期技术分析表明，此处原先画的是一位捐赠人的形象，只是不久之后，这些植物被画了上去，把人像覆盖住。据推测，画植物覆盖人像的工作是在博斯的画坊中进行的。由于捐赠人的形象在画面上显得格格不入，于是他的助手选择了一个与作品神学题材相吻合的图案，将捐赠者的形象抹去。

中世纪的绘画作品中存在一种深刻的信仰：生命意味着诱惑，活在世上只会遇上荆棘与蒺藜。正在冥想的圣约翰丝毫不留意这些植物——这与此信仰相一致，象征着世界及世上的诱惑。在植物的衬托下，圣徒深陷冥想之中，显然在思索，那只羊代表着上帝的圣洁。《拔摩海岛的圣约翰》与这幅《荒野中的施洗者圣约翰》的表现方式几乎一模一样，不过，与前者不同，后者背面没有画。有人曾认为这两幅绘画乃“圣母兄弟会”教堂圣母祭坛画的两侧翼画，但据树木年代学的分析，这个观点值得怀疑。事实上，两幅作品画板木材的砍伐时间相隔了好几年。另外，画板的树木年代分析表明，《拔摩海岛的圣约翰》必是1495年左右创作的，因为画板木材的砍伐时间不可能早于1487年。由于未干透的木材不适宜做画板，而圣母祭坛画的翼画是1488年阿德里安·范·维塞尔（Adriaen von Wesel）委托创作的。这两个时间难以吻合，所以《拔摩海岛的圣约翰》不大可能是圣母祭坛画的翼画，而《荒野中的施洗者圣约翰》也不大可能曾经装饰过这幅祭坛画。即便如此，有一点毋庸置疑：这幅作品必是画家为某个宗教基金会创作的，旨在纪念一位虔诚的捐赠人，见证其高尚的灵魂。画面中曾画上捐赠者的形象，表明了画作的实用功能与目的，充分说明了作品的原始意义。

在此，我们必须牢记一点：对于虔诚的基督教徒来说，死亡绝非终点。从中世纪直至当今现代社会，在教徒看来，《圣经》中关于救赎的教义乃活生生的存在，你大可将之称为信念。的确，并非人人都能亲身体会人类失乐园、受赐福者升入天堂和被诅咒者坠入地狱，可对每一位教徒来说，这些信念那么真实，融入他们呼吸的每一口空气中。而正如《圣经》中的预言那般，尽管人们无法时刻见证世界末日，但是它如上帝建立的永恒世界秩序般真切。不管是谁，死后的灵魂继续活在坟墓之外，就像这一世那样，等待复活日审判的到来。对于死后世界是怎样的，任何想寻求合理说法的人都要面临一个问题：在最后的审判来临前，死去的人到底去了哪里。答案可以在关于炼狱的教义中找到。12世纪时，炼狱的教义已发展起来，使得人类在经历限定的阶段后升入天堂成为可能。真正邪恶的罪人会永远被诅咒，而其他身处炼狱的罪人在狱火的净化下，原罪得到救赎，便有望迅速被接纳，升入天堂。不管如何，待最后审判来临时，每个人都有希望得到拯救。为帮助实现这个目标，人们认为，为亡灵祈祷有助于减轻因原罪而不得不承受炼狱之火的痛苦。而在做弥撒的过程中提及死者的名字，对亡魂的净化进程有所帮助。炼狱教义是中世纪宗教信仰的核心。为亡魂举行弥撒的制度，就是给生者与死者提供交流机会，譬如在布鲁塞尔“多明我会”修道院为耶罗尼米斯·博斯举行的弥撒仪式。每次神圣的弥撒仪式上，生者与死者之间都会有新的交流。在一个极为重视记忆的文化中，在一个极为关注亡者的文化中，缅怀死者的痕迹渗透到社会风俗和日常生活的方方面面。既然与亡者有关的行为会对大众产生深刻影响，那么这种基于记忆的文化，自然便会超出宗教与仪式的范围。与亡者有关的行为，旨在巩固捐赠人的身份，增强其社会抱负与社会地位的合法性。作为文化记忆的视觉传达方式，绘画不仅能让记忆不朽，还能使当前的权势地位合法化。

博斯创作的许多作品均源于中世纪晚期的宗教实践，源于这种铭记亡者的文化，包括小作《十字架上的耶稣与捐赠人、圣徒》（插图11）。罗吉尔·凡·德尔·维登经常创作十字架与捐赠人的主题作品，因而确立了此类人物的惯常形象：他们只会站在画作狭小的前景中。博斯这幅画中的人物符合这个惯常的形象。受难耶稣的瘦削身子悬在十字架上，圣母玛利亚与使徒约翰站在十字架下。作品不仅想要唤起观者对受难耶稣的同情，同时也想唤起观者对身穿时尚服饰、跪在右侧的捐赠人的同情。诚然，画中没有盾徽，无法确认捐赠人的身份，不过佩剑显示了他的贵族身份。根据基督教徒的取名惯例，教徒的名字一般来自自己的庇护圣徒。在这幅画作中，很显然，捐赠人的名字来自圣彼得，这位手里拿着两把钥匙[1]的庇护圣徒正在为捐赠人祈祷（《马太福音》第16章第19节[2]）。从地面四散的骨头来看，这一幕发生的地点乃《圣经》中提到的“一个名叫‘骷髅’的地方，希伯来话叫‘各各他’（Golgatha）[3]”（《约翰福音》第19章第17节[4]）。

---

[1] 两把钥匙，传说耶稣把金黄色和银白色的两把钥匙交给圣彼得，象征把天上和地上的一切权力都交给他。

[2] “我要把天国的钥匙给你。凡你在地上所捆绑的，在天上也要捆绑。凡你在地上所释放的，在天上也要释放。”

[3] 各各他，耶稣被钉死之地（位于耶路撒冷附近）。

[4] “他们就把耶稣带了去。耶稣背着自己的十字架出来，到了一个地方，名叫髑髅地，希伯来话叫各各他。”

远景中傲然屹立的耶路撒冷城让我们回到现实，回到博斯所处的时代及生活的地方。

正义信徒这个群体在绘画与布道中一次又一次地得到肯定。在博斯生活的时代，人们认为圣城耶路撒冷乃受赐福者的家园，所以正义信徒从属于耶路撒冷，与圣城密不可分。由此，不朽的耶路撒冷城就出现在这幅作品中。如此布局，还因为人们坚信，留存于世的圣迹与圣人的现身必然联系在一起。譬如，耶稣通过将身体与血液化为面包和酒的形式现身弥撒仪式。因此，圣人耶稣在世上、在救赎史上有其固定的位置，这一点不会随世事变迁而变化。当下的一切，在上帝创世纪时便已规划好。所以，这些呈现圣人身影的绘画无疑对当下具有救赎意义。博斯的作品很可能会谨遵这个宗教与绘画的传统，不过，这一点不会削弱以下事实：它们还是博斯的典型作品。从绘画的技巧、色彩的运用、画面上点缀的细长树木，以及一张张苍白的面孔，我们都可以看出来，正如1927年马克斯・弗里德朗德[1]所写的："我们认得这些尖尖的、病态的脑袋。"

尽管人们从不怀疑博斯创作了这幅作品，但相比博斯的其他作品，它没有赢得太多关注。然而，从肖像学的角度，这幅画是相当规矩的，同时可用来展现博斯绘画的特点。有人指出，耶稣头颅的姿势及画中人物在情感上的克制，与圣约翰大教堂1455年左右创作的一幅壁画相似，人们相信壁画出自博斯祖父詹・范・阿肯之手。虽然这幅画的整体构图模式和对图案的细节处理方式取自其他更早期的艺术作

[1] 马克斯・弗里德朗德（Max J. Friedländer，1867—1958），德国策展人、艺术史学家。

品，但画家对绘画材料的精妙利用，以及对色彩的独特运用都是无与伦比的。耶稣受十字架刑的表现方式与一幅1490年至1495年间创作的绘画有关联，后者现藏于法兰克福。就构图而言，它可以追溯到一个更早期的艺术作品，那是博斯在1450年前后创作的一幅木版画。画作的题材是“试观此人”的场景：《圣经》中详尽描绘了耶稣在被捕受审之后被带到众人面前的情景（《约翰福音》第19章第4至6节[1]）。在审判中，耶稣被鞭打、被辱骂。之后，他被带到罗马总督本丢·彼拉多面前。在博斯的画笔下，耶稣被捆绑着，头戴荆棘，站在两位施暴者之间；受过教育的书记官将耶稣的衣物扯开，露出其饱受折磨的赤裸身躯，鲜血滴落在地上。彼拉多站在耶稣身后，手持木杖来彰显其判官的身份，他与民众的对话有文字说明。他正说着这样的话：“试观此人”。我们几乎无需任何文字说明，便能读懂愤怒民众的语言：“把他钉到十字架上”，他们大喊着“把他钉到十字架上”。远景中飘扬的土耳其新月红旗、桥上的好奇身影、若隐若现的塔楼、画面右侧男人盾上的蟾蜍、人群的怪异丑陋面孔，均为邪恶的象征。博斯利用一些伪东方的形象来指代土耳其——当时所有基督教圣地均在土耳其的实际控制之下——向当时的人们展现基督面对的所有敌人形象。博斯笔下这些愤怒暴民的可怕扭曲面孔，让观者联想到传统绘画中恶魔的怪异又丑陋的面孔，他们简直就是中世纪晚期书籍里经典脸谱

[1] 19:4“彼拉多又出来对众人说，我带他出来见你们，叫你们知道我查不出他有什么罪来。”
19:5“耶稣出来，戴着荆棘冠冕，穿着紫袍。彼拉多对他们说，你们看这个人。”
19:6“祭司长和差役看见他，就喊着说，钉他十字架，钉他十字架。彼拉多说，你们自己把他钉十字架吧，我查不出他有什么罪来。”

的翻版。画家的意图不仅是拿他们来与耶稣的形象做对比——耶稣乃善的化身——而且还拿他们残酷的反应与捐赠人的形象做对比——这些捐赠人的身影曾一度清晰完整地呈现在画作的前景中，后来被刮掉，用油彩盖住，很可能是16世纪时处理的。因为在那个时期博斯画作的复制品中，我们再也看不到这些正在虔诚祈祷的捐赠人。几年前，他们的身影才被揭示出来，由此我们今日才能看到这幅绘画的原始构图。

如今，经过小心翼翼的修复工序，我们至少可以大概了解原画的构图。画作左侧，耶稣所站的高台之下，跪着家族族长，他的身形画得特别大，以彰显他的重要性。在他对面跪着家族的女性成员，尽管她们已几乎无法被复原。这些妇人就在那群愤怒的暴民前面，与他们形成鲜明对比。族长身后还站着另一位男性，相比其背后的五个儿子，这位男性的身形要更高大一些。从顶部剃发的特征看来，他是个宗教人士。他的服饰还能修复出来，从服饰的纹理来看，他可能是个“多明我会”修士。他正在喃喃地为捐赠人祈祷，这句拉丁文祷词以金色字母的形式嵌入画面里：“救世主耶稣啊，请拯救我们吧！”从教徒的视角来看，这些捐赠人与厉声高喊的暴民形成鲜明的对比，制衡着暴民所代表的负面形象。这幅画很有可能是某位人物的墓志画，这句祷文达成了画作的初衷，实现了生者与死者的交流。将捐赠人的形象从画面中抹去，证明作品的功能作用发生了变化，显示出世人开始认可博斯作品的美学价值。当时幸存下来的现藏于法兰克福的若干幅博斯作品，也都经历了同样的变化。据推测，大约自16世纪起，世人开始把博斯的作品当作艺术品。得益于这个崭新的欣赏视角，三联画《十字架上的圣威尔福斯》（参见插图12）中的捐赠人身影也被油彩覆盖掉了。

第四章

从圣诞到复活

大约在1507年的时候，一个比耶罗尼米斯·博斯年纪轻、名叫阿尔布雷特·丢勒[1]的人决定要撰写一本绘画手册，不过此书从未出版。在书中引言部分，他对绘画的高尚功能进行了概述。他写道：绘画艺术“服务于教堂仪式，通过画面展现耶稣受难的场景，同时绘画可以在人离世后保存他们的身影”。意大利人莱昂·巴蒂斯塔·阿尔伯蒂[2]及其他多位画家、神学家和艺术理论家也曾提出过类似的观点。人们广泛认为，在教堂仪式中，绘画的最高尚职能便是展现耶稣受难。博斯无疑是赞同这个观念的，他的大量作品都可以证明这一

[1] 阿尔布雷特·丢勒（Albrecht Dürer，1471—1528），德国画家、版画家及木版画设计家。

[2] 莱昂·巴蒂斯塔·阿尔伯蒂（Leon Battista Alberti，1404—1472），文艺复兴早期意大利的人文主义者，是位作家、艺术家、建筑师、诗人、神父、语言学家和哲学家。

点，因为这些画作的主旨就是服务于拯救富有捐赠者的灵魂。在博斯的作品中，《圣经》中关于耶稣诞生、受难和死亡的种种事件占据着中心地位，由此可见，他的绘画是当时宗教敬拜的映像。

关于这一点，尤为令人印象深刻的例子便是《三博士来朝》（参见插图13）。这幅三联画无疑是幅祭坛画。主画面的顶部状如船首，两侧翼画也沿用同样优美的轮廓。后来这种轮廓成为最受欢迎的祭坛画形状模式。虽然三幅画面显然是分隔开的，但它们展现的空间是统一的场景。由于画作的视平线被抬高了，所以画面的视角是从晴朗的上空俯瞰这一幕。我们看到，主画面是三博士来朝的场景，而两侧翼画描绘的则是捐赠人的形象，他们的庇护圣徒正在为他们祈祷。从画上的盾徽可以确认捐赠人的身份。左翼画中跪着捐赠人彼得·谢夫（Peeter Scheyfve），圣彼得手持钥匙站在他身后。自1494年起，谢夫一直是亚麻织布工公会的成员，后来成为公会执事。第二年他成了安特卫普城的收税人，他可能是通过岳父彼得·德·格拉姆（Peeter de Gramme）的影响力获得此职位的，格拉姆正是谢夫前任的收税人。博斯创作的这幅祭坛画右翼中描绘的是谢夫的第二任妻子阿格尼斯·德·格拉姆。阿格尼斯于1497年去世。由于谢夫很快就再婚了，所以这幅作品的创作时间应该是相当可靠的。然而，可惜的是，我们还是无法确认这幅祭坛画原来放置在安特卫普的哪座教堂，也说不清楚它到底是什么时候或以何种方式来到西班牙的。长期以来，人们推测，如今藏于西班牙的作品乃1567年创作的版本，原属于曾经参与过反抗哈布斯堡王朝起义的埃格蒙特伯爵（count of Egmont）的秘书，但后来被简·卡森布鲁特[1]充公了。有人曾经如此描写被充公的作品：这幅“出自耶罗尼米斯·博斯之手的画作，描绘了三博士来朝的情景”；两幅可移动的翼画边上绘着“布罗克霍斯特家族和博舒伊斯家族的盾徽”。那是一个对盾徽细节处理极为精准的时代，弄错盾徽是难以接受的，尤其这两个家族的盾徽与原作中所绘的盾徽完全不同。所以这幅充公的作品应该不是博斯在15世纪末创作的那幅《三博士来朝》。另外，有人肯定会下这样的定论：1575年，菲利普二世带到埃斯科里亚尔大教堂的作品也不是博斯在15世纪末创作的《三博士来朝》，而是现藏于马德里的那幅耶罗尼米斯·博斯的《耶稣诞生》。这幅《耶稣诞生》两侧也有翼画。所以，我们可以确定：不管是菲利普二世赠予埃斯科里亚尔大教堂的作品，还是1568年被充公的版本，均非《三博士来朝》原作。据格莱米亚（Gramaye）所言，原作是1610年在斯海尔托亨博斯大教堂发现的。由此我们知道了，在某个时期同时存在着至少三幅博斯的三联画作品，采用了相近的人物形象和题材。其他画家也创作过大量此题材的作品，由此我们也能感受到人们是多么喜欢这个与弥撒仪式密切相关的题材。的确，就像耶稣真身来到牧羊人和博士们的面前一样，他还以化身为面包与酒的方式亲临每一场弥撒仪式。

博斯将发生在马厩前的三博士朝拜耶稣场景安放在画面的正中央，几乎占满了整个主画面。主画面的视角较低。画家没有把主要的笔力放在描绘马厩的结构上，而是恰如其分地着力按照人物在事件中

[1] 简·卡森布鲁特（Jan Casembroot，1525—1568），弗拉芒贵族、诗人。

的相关度来对他们进行等级排序。因此，玛利亚把小婴儿抱在膝上坐着，圣母上方突出的房顶向天空敞开。她与那群博士之间隔着一根柱子，就像顶着华盖似的——在其他宗教绘画中，常常能看到华盖。在修士们主持的宗教仪式下，博士们走上前来，露出满怀敬畏的庄严神情。博斯运用了一整套象征手法，把画面中惟妙惟肖的朝拜上帝之子行为与真实教堂里举行的弥撒仪式联系在一起。譬如，正跪着的博士把一件物品放在玛利亚面前，让人想起《旧约》中亚伯拉罕奉献以撒的情景。依据传统信仰，这一幕预示耶稣死在十字架上，重现弥撒的情景。第二位跪着的博士正端着金盘子呈上若干小白片，象征弥撒仪式中上帝化身进入耶稣的身体。我们能辨认出这个博士的蓝斗篷上绘着《圣经》中示巴女王拜见所罗门的情景——在当时的画家圈里，这一幕常常被用作“三博士来朝”的典型呼应。那位脸庞几乎可以自成一幅肖像画的摩尔博士带来了一个银球。古时，银球象征主宰世界的权力。银球上落了一只正垂着头、闪着光的金红色小鸟（参见插图14）。它让我们想起博斯在另一幅作品中画的那只通过献出自己的鲜血来拯救后代的鹈鹕（参见插图8）。还有一种解释：这只小鸟可能象征从灰烬中重生的凤凰。无论是何种解释，我们都可以清晰地看到画家的意图：这一幕代表着圣餐，因为银球上的图案展现的是亚伯拉罕和麦基洗德会面的情景——人们通常把这一幕与《旧约》中的最后的晚餐相提并论。

艺术史上有个术语——隐藏的象征主义，它已成为概括荷兰早期绘画中图像象征性关联的最常见用语。这是个相当令人惋惜的术语，因为它错误地暗示绘画中蕴含着神奇隐秘的寓意。中世纪的人普遍倾向于用类比的方式、比喻的图像和象征的语言来思考问题。一个人若要了解绘画作品中的象征内容，就必须掌握一定程度的知识，这点毫无疑问，但一幅绘画的象征特性是绝对无法隐藏的。毕竟，众人看到的大量象征主义绘画作品，不是放在大堂上，就是挂在教堂里。尤其在基督教题材方面，一套独特的图案和主题语系已建立起来，并以各种各样的形式一次又一次地被加以运用。大量装饰教堂的壁画和祭坛画描绘的通常是耶稣及其给世界带来的救赎。关于耶稣的诞生与死亡，及与之相连的传说故事，被反反复复搬到画面上。关于救赎的故事、关于圣人和为传播福音或为基督殉难的殉道者的生平逸事，同样也被艺术家搬到画面上。例如，博斯曾为圣阿格尼丝[1]绘制画像，这位殉道者的名字让人想到绵羊〔在拉丁文中，“阿格尼丝”（agnus）与“绵羊”相似〕。他还为圣约瑟夫[2]绘制画像，相传约瑟夫对耶稣关怀备至。在左翼画中，约瑟夫正蹲在火堆旁，为小耶稣烘襁褓衣，那是用约瑟夫的裤子做的。

由于这幅作品在细节上一丝不苟地遵循绘画传统，所以其在象征形象上出现的差异格外令人瞩目。其他画家当然会画牧羊人来见证三博士来朝的情景，因为现实中他们也在现场。不过，与博斯笔下这些看起来一脸漠然的牧羊人相比，大多数作品中的农夫形象要更怀敬畏之色。我们也许可以用以下事实来解释，为什么他们会被博斯画成这

[1] 圣阿格尼丝（St Agnes），基督教敬奉的童贞女和殉道者。生活于公元4世纪初的罗马。传说阿格尼丝十分貌美，约13岁时自称除了耶稣以外别无所爱，矢志不嫁。求婚者不得逞而揭发她信基督教，当局把她投入娼门作为惩罚。嫖客慑于她的正气不敢侵犯她，有一人企图侵犯她，那人立即双目失明。罗马皇帝戴克里先迫害基督徒时期，阿格尼丝以身殉教。

[2] 圣约瑟夫，耶稣的养父。

个样子：当时这些犹太牧羊人没有认出耶稣，不接受他乃救世主；而三位博士代表着外邦人[1]，他们已做好准备，要朝拜救世主。与前文提到的那幅藏于法兰克福的《试观此人》（参见插图9）类似，此画远景中的小物件、小人物暗示邪恶的存在。右侧翼画中，右边的熊袭击了一个独行的旅者，而女人则受到狼的威胁，这让人想起随处可见的死亡威胁。一想到尘世间的危险无处不在，看到右翼画远景中那些愚蠢的人正随风笛翩翩起舞，却对预示耶稣拯救众生的灿烂明星视而不见，真是令人难以置信。

有个显得格格不入的人正站在破旧马厩门口的黑暗处——传统的观点认为，马厩代表那座因耶稣诞生而化为废墟的犹太教堂。那个男人身上除了披着件深红长袍、戴着些奇奇怪怪的饰物外，几乎是赤裸着的。博斯在这幅作品中运用了象征手法，此人外貌中的异国风情十分醒目，这与充满基督教情调的一幕格格不入。他手持一顶头冠，冠上有猴子倒立的装饰图案，分三层；他头戴荆棘，却仿佛对金黄色的荆棘刺无动于衷，就好像这些刺并非直接戳着他的前额似的。腿上的疮被透明的圆管包着，仿佛是个圣物似的。当他移动身子时，有条带子露了出来，带上挂着个小铃铛，装饰着倒立的图案，暗示世界是颠倒的。虽然这个人物身上有些象征基督的滑稽拙劣模仿，但其身上所汇聚的异教特征与异族特征毫无疑问使他成为荒诞夸张的救世主。而对于当时的观者来说，这个人物只能是敌基督[2]。在当时的神学家看

[1] 外邦人，犹太人对非犹太人的通称。

[2] 敌基督，意思是“取代基督”，凡否定耶稣为基督、否定耶稣为神的独生子、否定耶稣是道成肉身的、并自称为基督的，这就是“敌基督”。《圣经》用语中，这个词更重要的意义是特指一个人物。

来，正如《圣经》中经常发出的警告那般，世上到处都是诸如此类的“假基督”。哪怕当时学识渊博、具有批判性的人，如《愚人船》的作者塞巴斯蒂安·勃兰特[1]，也确信世界末日来临前，几乎必然会出现敌基督的身影。其他人当然对此深信不疑：敌基督已然出现，《圣经》预言即将成真。

如今整个基督教世界盛行反犹太主义。依据反犹太主义的传说，敌基督属于丹部落，其在人间的生母是个犹太妓女。正如犹太人曾否认折磨弥赛亚一样，人们认为，此时此刻他们正拒绝接受圣体。更糟糕的是，当时许多关于上帝化身凡人的传言四起，这些传言被认为是亵渎上帝的谣言。当传言被视为威胁时，屠杀与迫害便接踵而至。还有一些人将敌基督与突厥人联系在一起，当时突厥人正兵临欧洲边境，他们被视为《启示录》中提到的歌革和玛各[2]的子民，这两位领袖会出现在末日之战中。博斯通过马厩后方两支正冲向对方的敌对军队，来暗喻《圣经》中预示的这场终极大战。其实，博斯并非要展现末日的威胁，而意在凸显耶稣带来的希望。在每一场弥撒仪式中，耶稣的出现都象征着救赎的希望；人们通过接受圣体，实现救赎。所以当我们关上这幅祭坛画时，会出现绝非巧合的一幕：背面画作上正在主持弥撒庆典仪式的教皇格雷戈里不偏不倚地盖住主画面中的敌基督（参见插图15）。祭坛画合拢时，背面的画面展现的是那场传奇的弥撒庆典。相传，弥撒庆典中有位仪式侍者对耶稣变体提出质疑，于是

[1] 塞巴斯蒂安·勃兰特（Sebastian Brant，1457—1521），德国人文主义者和讽刺作家。

[2] 歌革与玛各（Gog and Magog），在先知的预言中人类反抗基督的领袖。

耶稣亲临现场，在众人面前化身为面包与酒。这一幕通常会出现救世主耶稣的形象与受难的工具，于是，博斯绘出了赤身裸体、手戴镣铐的耶稣，以及一系列栩栩如生的受难场景，这些受难场景构成祭坛画的轮廓形态。这幅作品的点睛之笔便是十字架上的耶稣，他位于双翼画面正中相接之处；内侧画面中与他所在位置相对应的，正好是璀璨的伯利恒之星。

描绘这场传奇弥撒的当代印刷插画，均按惯例将圣格雷戈里放置在画面的中央。可在博斯的版本中，令人瞩目的是受难的耶稣被放在中心位置，不过博斯把耶稣画在画架之上。祭坛画敞开时，受难耶稣的身体也会被打开，将祭坛画内侧画面中所有的耶稣化身展现出来，在祭坛画描绘的那场弥撒庆典上扮演耶稣的角色。整个画面几乎全是棕灰色调，除了祭坛画完成几年后添加上去的两位捐赠者。捐赠者的身影意味着这幅作品在纳入菲利普二世的藏品名单前，还发挥了第二次神圣的作用。由于画上没有额外的盾徽，而原有的盾徽没被抹去，这两位捐赠者也许是原捐赠人的亲属——可他们到底是谁，我们没有找到令人满意的答案。不过我们至少可以说，从画作的象征寓意来看，这幅画一定是曾经放在某个祭坛之上，作为弥撒的献祭，人们相信这便如同向十字架上的耶稣奉献牺牲。对于博斯来说，这幅祭坛画还有更深一层的目的：他在为正在崛起的安特卫普城创作一幅精美的油画。当时安特卫普正在超越另外两个商业中心——布鲁日与根特，将要发展成为大都市。

考虑到在福音书中，耶稣受难具有更为重大的意义，所以在博斯的绘画作品中，对救世主受难的描绘比对救世主诞生的描绘发挥着更重要的作用。毕竟耶稣通过遭受苦难和死在十字架上赎清了人类的罪孽。还有一幅幸存下来、现存于维也纳的祭坛画碎片（参见插图16）也描绘了耶稣受难的情景。这是一幅小型的三联画，只有左侧的翼画被保存了下来，不过翼画顶部被切掉了。我们发现，在这幅作品中，画家也在力求背面画面与内侧画面形成呼应，这种处理方式在别处很少见。祭坛画的背面（参见插图17）以红色为背景，衬托着一个暗色调的圆形，圆里有个光着身子的小孩，小孩手里拿着玩具风车，同时扶着步行架。虽然《圣经》对孩子的描述并非全然正面（哥林多前书第13章），但人们认为这个孩子富含寓言意味，象征纯真无知。可更恰当的方式是将其看作懵懂无知的小耶稣迈出人生的步伐，预示这是通往十字架之路。内侧画面中，耶稣的大腿上压着个十字架，十字架的角度、位置与这个孩子惊人地对称。〔在藏于法兰克福的那幅《试观此人》（参见插图9）中，耶稣所遭受的苦难以类似的方式赤裸裸地呈现出来。〕从他腰带吊下来的那块满是尖钉的木块加重了他的痛苦，肉体的痛苦让人不禁要怜悯他。我们又一次发现耶稣的容颜与施暴者的残忍面容形成显而易见的启示性对比，其中也有一位持盾的施暴者，盾上也有一只蟾蜍。画作前景中也有一对启示性的对比人物组合：两位士兵正在折磨“坏小偷”，而“好小偷”则忙着向另一个打扮成牧师的小偷忏悔自己的罪行。这幅祭坛画利用了两个叠在一起、之间无间隔的空间区域，观者很容易便能领悟这种构图方式的寓意。画家通过对比的画像及画面的构图方式，力图将《圣经》里的事件与现实联系起来。我们从其他后来的哥特风格绘画中，尤其是书籍插画中，能找到这两种绘画方式——对比的画像与呼应的构图。

早在几年前，博斯就曾画过一幅同样传统的《抬十字架的耶稣》（参见插图18），不过它的画幅几近七倍于那幅藏于维也纳的作品（参见插图16）。这幅绘画中，十字架重重地压在耶稣身上，而老迈的古利奈人西门[1]正在帮耶稣抬十字架。我们能看到位于他左后方的刽子手们丑陋的面孔；而在他的右侧，玛利亚哭倒在传福音者圣约翰的脚下。博斯又一次从人们熟悉的人像库中选择了有特征的面孔。令人震惊的是，十字架前有个正在挥舞绳子的人——《试观此人》中也有个几乎一模一样的人物。人们推测，这一特征背后的动机是画家想让刽子手们看起来像真的一样，让他们成为历史罪人的范例，让这些不承认耶稣的刽子手代表那些尚未开始追随耶稣的人。耶稣脚下又出现满是钉子的木块，再次向观者展现耶稣为人类所遭受的苦难。不过，与藏于维也纳的那幅《抬十字架的耶稣》相比，这幅作品所叙述的故事更集中：耶稣的目光凝视画面之外，要求观者对其所受的苦难给予更强烈的忠诚，做出更激情的反应。这幅作品的创作初衷仍无定论，不过有件事情是确定无疑的：早在1574年，当这幅作品被赠予埃斯科里亚尔大教堂时，它就是一幅独立的作品——尽管作为敬拜绘画，它的画幅异乎寻常地大。

还有一幅作品更能代表此类绘画，那就是约创作于1495年的《头戴荆棘的耶稣》（参见插图19）。这幅只有一半画幅的画作是博斯最早描绘耶稣受难的作品，他以当时盛行于佛兰德斯的绘画风格来诠释和创作此画。在纯灰背景衬托下，完全模式化的人物大头像以极其简

[1] 古利奈人西门（Simon of Cyrene），据《圣经》记载，在耶稣抬着十字架前往受刑途中，西门被罗马人强迫替耶稣背十字架。

单的方式聚集在画面上。耶稣平静地站在画面中央，以几近深思的目光凝视着观者；四位施暴者企图折磨他，可似乎毫无效果。博斯的意图不仅仅是唤起观众的怜悯之情，他要将耶稣描绘成理想的人类、美德的典范。画中的耶稣仍安然无恙，其遭受苦难的场景乃一名基督徒正确面对危险与不幸的典范。博斯所画的施暴者的面孔只为表现罪过恶行与道德败坏。有个施暴者脖子上带着狗项圈，那是对《诗篇》第22章第17节[1]的呼应，从而突出该人物的特征。

博斯画了多幅此类善恶对比的宗教教义画作，其中造诣最高的是另一幅可能创作于1510年之后的作品（参见插图20）。画中，在黑色背景的衬托下，施暴者的丑恶面孔就像海报画那般夸张醒目。《人间乐园》翼画《地狱》（参见插图10）的画面布局令人印象深刻，而这幅画作的布局仿佛是《地狱》布局的大号版。画面正中央，倾斜向上的十字架突出了耶稣痛苦不堪的面孔，使其成为令人瞩目的焦点。画上挤满了看起来吓人的怪诞丑陋面孔，这些人物在藏于维也纳的那幅《抬十字架的耶稣》（参见插图16）中都能找到。画面右上角画着那个忏悔的小偷；而坏小偷则放在左下角，他正与一位刽子手争吵。在拥挤的人群中，我们还看到了圣韦罗妮卡[2]的身影，她手里拿着留下耶稣面孔痕迹的头纱，脸上露出意味深长的微笑，目光看向画面之外。

从来没人质疑这幅藏于根特的《抬十字架的耶稣》（参见插图20）的圣像符号本质，但对于博斯的贡献则众说纷纭。16世纪早期，还

[1] “犬类围着我，恶党环绕我，他们扎了我的手、我的脚。”

[2] 圣韦罗妮卡，据《圣经》记载，在耶稣抬着十字架前往受刑途中，圣韦罗妮卡拿下头纱给他擦汗；随后耶稣把头纱还给圣韦罗妮卡，头纱上留下了耶稣面孔的痕迹。

没有其他基督敬拜绘画作品有如此巨大的画幅，而且这幅画在如此小的空间内汇集了19个大头肖像，这些肖像又几乎全都很怪诞、丑陋。由此我们可以推断，它也许是博斯最后创作的作品，但这种说法即刻引来另一个问题。由于博斯被保存下来的绘画作品支离破碎，关于这些作品的记录又零零散散，所以对于他作品的创作年代人们几乎无法达成一致意见就不足为奇了。要在幸存的画作中确定画家画风发展的轨迹并非易事，尤其这些画作的创作年代全部无法确定，也无法明确地将它们与任何可确定年代的委托任务联系起来。过去几年，研究人员通过科学分析，尤其是树木年代分析，得到了大量的数据。于是，但凡画作画板是由博斯过世后才被砍下来的木材制成，这幅画就可被认定非他的作品。如果可以证明某幅旧祭坛画不再需要画板，博斯得到这些画板，大概是为了重新作画，他可能会使用老旧过时的画板来作画，那么树木年代分析法便没法确定这些作品的创作年代顺序了。

不过，我们还是可以将这些作品按相对的年代顺序排列起来，从而推测出画家画风发展的阶段。此推断与以下因素息息相关：保存下来的资料，画作的缘起、目的和委托任务的情况，还有画面上能看到的、可用于定代的线索，譬如画中人物的服饰风格。尤其近年来通过红外反射成像技术对这些画作进行的分析，给这场讨论提供了很多信息。通过成像技术分析，可以确定作品的底稿风格，可以发现某些作品由于是他人代笔而与博斯本人有着显著的差异，可能是因为这些作品是在画坊中完成的，由此我们可以将博斯的作品进行分组，确定画风发展的阶段。红外反射成像发现：现存于法兰克福的那幅《试观此人》的底稿十分细致详尽；《拔摩海岛的圣约翰》的底稿细致程度则比较有限；现藏于伦敦的那幅《头戴荆棘的耶稣》则只勾了寥寥几笔作为指导。底稿风格类似的作品还存在某些共同的特征，如眼睛、手、手指的表现方式。我们还可以在人物的脸部特征中找到同样的关联，可见这些作品处于同一个风格阶段。法兰克福的《试观此人》、马德里的《抬十字架的耶稣》中，那些假面具似的头像仿佛出自图像教科书。而到了普拉多博物馆的那幅《三博士来朝》（参见插图13）、《头戴荆棘的耶稣》（参见插图19）或根特的《抬十字架的耶稣》（参见插图20），这些头像便进化为个性化的面孔。不言而喻，这种变化趋势不仅源于画家艺术风格的发展，也源于不同的绘画需求、委托任务的情况，以及目标观众的学识、智力水平。

近期那些主要关注艺术家个人风格的艺术评论家，对此提出越来越多的批评意见。的确，当我们追踪某位画家作品的发展阶段时，值得仔细分析一下我们观察这些作品的基本方式。当然，倘若一个画家三十岁前的作品一件都没留存下来，那么对他的创作发展阶段从早期到成熟期、到晚期进行推断是非常有问题的。然而，这种发展可以根据传记进行合理追溯，分辨出画家的大部分真迹与同时代、同地区其他画家的作品之间的巨大差距则是有可能的。除此之外，博斯对色彩的独特运用方式与发展阶段也有关联，譬如红绿色调独特的和谐，主要以白色提亮的各式红色调，还有在暗色调的背景下毫无道理地运用霓虹色调。博斯把油彩当作艺术表现手段的做法，在当时是无人企及的，所以他的画作独一无二。甚至博斯在世时，就有模仿其作品的模仿者与崇拜者，他们采用与博斯一样的题材、构图与主题，可他们无法复制博斯的绘画语言——那是绘画的基础。

第五章

敬拜画作的例子

在博斯的作品中，最受欢迎、最常被模仿的便是《圣安东尼的诱惑》，欧洲各地的藏品与遗产目录中，可找到许多他在世时的仿品。譬如，至少有两幅属于菲利普一世的岳母——西班牙的伊莎贝拉一世女王。此外，女王还称自己拥有两幅博斯的《忏悔的抹大拉的玛丽亚》。奥地利的玛格丽特女大公也有一幅博斯的《圣安东尼的诱惑》。1507年这位女大公成为荷兰的统治者，她哥哥菲利普一世去世后，她摄政辅佐侄子，也就是后来的查理五世[1]。1516年女大公得到这幅作品，哪怕当时此画也被称为"旧作"，那是查理八世[2]的妹妹

[1] 查理五世（1500—1558），神圣罗马帝国哈布斯堡王朝皇帝（1520—1556年在位），荷兰君主（1506—1555年在位），德意志国王（1519—1556年在位），西班牙哈布斯堡王朝首位国王（称卡洛斯一世，1516—1556年在位），同时也是奥地利哈布斯堡王朝一员。16世纪欧洲最强大的君王。

[2] 查理八世（1470—1498），法兰西瓦卢瓦王朝第七位国王（1483—1498年在位）。

埃莉诺公主送给她的礼物，她仍把画作挂在卧室。由于宫廷记录中记载了画家的名字，所以很显然，世人认为这幅画不仅是宗教敬拜的作品，而且还是一幅具有艺术价值的作品。从这些证据来看，博斯在世时，人们就已经把他的作品当作艺术品——这一点，与他的作品继续与宗教活动联系在一起并不相悖。

今时今日，人们认为精神乃个人私事，而宗教属于公共事务——此等认识在博斯的时代闻所未闻。相反的，那个时代，笃信宗教乃人们生活的一部分，宗教渗入生活的点点滴滴，哪怕宫廷也是如此——其实宫廷尤其如此。在博斯创作的圣人绘画中，虽然这些人物源自圣人生平事迹的传统描述，以及无数关于圣人的画作，为世人所熟知，但他们是以全新的方式被呈现出来的。博斯画笔下的人物并非毫无生气的敬拜绘画对象——哪怕有时候他也会这样画，那都是祭坛画背面的圣人图像（参见插图21），只是为了让画作完整。藏于维也纳那幅《最后的审判》的双翼画背面展示的是圣长雅各伯宗徒和另一位圣人，这幅“纯灰色油画”就是传统的表现方式。不过，与同时代的其他大多数画家不同，博斯不会通过绘画来模仿雕塑，而是用简单的纯色画面来讲述故事。所以，这些画作并不是要强调受世人敬拜的圣人，而是通过画面来展示其模范的生平。

当时绘画界盛行神学辩论，博斯采用的表现方式可以从中找到缘由。在15世纪，这种表现方式的势头一直在上升。那个时期具有批判精神的神学家提出，不应把圣人当作守护神，只敬拜他们的形象，而应把他们的行为用作指导我们人类生活。当时伟大的批判家——鹿特丹的伊拉斯谟曾在其著作《基督教骑士手册》中谴责那种“不以耶稣为中心而更多去敬拜圣徒形象”的偶像崇拜。1511年伊拉斯谟出版了拉丁文版的《愚人颂》。这部作品在欧洲广泛流传，存在许多不同的版本及盗版的版本。在这部名著中，伊拉斯谟提醒人们注意“迷信的形象崇拜”和盲目的圣人敬拜。而伊拉斯谟并非唯一提出此等要求的人。有鉴于此，博斯所绘的是圣人的生平与遭受的苦难，从而让圣人的生命得到提升，他不希望观者只是凝望画中圣人的形象。在1500年前创作的《背负幼年耶稣的圣克里斯托弗》（参见插图22）中，博斯展现了身材魁梧的克里斯托弗艰难渡河的情景。据传克里斯托弗[1]只消看人一眼，便能护他不“猝死”（没经过临终祈祷便死去），伊拉斯谟曾嘲讽过这个迷信。有些绘画着重对人物、美景的高质呈现，让画面看起来或美轮美奂，或生动逼真，可博斯的画作与这些绘画全然不同。他笔下的克里斯托弗身上背着整个世界的重负——幼年的耶稣。克里斯托弗重重地倚着手上的木棍，艰难渡河，而他周围则是满目疮痍的景象。岸边的小人是劝服克里斯托弗皈依基督教的隐士。克里斯托弗立志要服侍世上最伟大的君王，后来准备为魔鬼尽忠，直到他发现魔鬼一见到十字架便吓得惊慌失措。

人们将博斯这幅作品当作《黄金传说》[2]和当时神学文学作品中关于这位圣人的传说的绘画诠释。画中，救世主耶稣与圣克里斯托弗位于画面中央，他们周围全是诡异而黑暗的景物，代表博斯认为这是

[1] 克里斯托弗，圣传中有迦南巨人克里斯托弗背耶稣过河的故事，后来圣克里斯托弗成为旅行人的庇护神。

[2] 《黄金传说》（*Legenda aurea*），西方圣人传的代表作。意大利多明我会士雅各布在1275年出版拉丁文《黄金传说》，书中编写了约180位天主教圣人的传说，大受欢迎，被译为各国文字。

一个恶魔掌控的世界。左侧前景中，支出水面的桅杆和绳索暗示这是一艘沉船；远景中有个小人把自己的衣物扯开，露出赤裸的身体，暗示从怪物手中逃脱，有个物件看起来像是隐士的树屋，特别令人费解，它上面悬挂着个水壶，其形状和颜色都是自然形态，但比例大得很突兀。在基督教徒看来，只需这夸张的尺寸，便足以暗喻有些与基督教相左的事情正在发生。它也可表示：就连隐士的家都存在罪恶与诱惑。壶身有个洞，洞里有只烤鸡，尺寸比实际要大的水壶和烤鸡或许暗喻致命的暴食罪恶[1]。破洞的水壶也可能寓意失去的纯真或淫荡。与博斯同时代的人只要看到这幅画，就能理解其中暗喻的邪恶力量，就像现在公众看到说唱歌手埃米纳姆（Eminem）音乐视频中奥萨马·本·拉登（Osama bin Laden）时的反应一样。

博斯用来描绘圣克里斯托弗的一切，都可从当时的绘画观念中得到解释。同样地，在圣传经文的四重诠释[2]中，画中的每一个物件都可找到对应的解释。中世纪的经文诠释基于这样一个观念：每个词都有寓意，而每个寓意均源于人类——它们都是由亚当来命名的。依据圣托马斯·阿奎纳[3]在《神学大全》（一卷第一章第10节）指出的那般：事物本身蕴含众多意义。事物的意义是上帝赋予的，因《创世纪》乃上帝亲笔所书。基于此前提，西方神学对经文的诠释很早便发展出双重或多重的含义，并最终汇集成被广为引用的四重诠释解

---

[1] 暴食，七宗罪之一，大罪。

[2] 四重诠释，见下文四重诠释解经法的由来。

[3] 圣托马斯·阿奎纳（St Thomas Aquinas，约1225—1274）：欧洲中世纪经院派哲学家和神学家，自然神学最早的提倡者之一，也是托马斯主义的创立者，他所撰写的最知名著作是《神学大全》。

经法："经文所讲述的事情、笃信的寓意、规劝的道德、预告的未来。"

古代教父之集大成者的圣奥古斯丁对四重诠释解经法推崇备至。依据此法，每个词的历史意义决定了它的名称，在拉丁文中，"意"就代表事物本身及特征；第二层，每个词的寓意来自这些特征，包括其与福音故事的关联；第三层，每个词的道德意义与比喻意义关注事物对世间个体灵魂的意义所在；第四层，每个词的将来寓意关注对未来世界的预示。在博斯生活的年代，此诠释法广为流传，甚至到了最后成为宗教或世俗新作的基础。由此，诠释寓意成为解经的通行模式。这种解经法在圣克里斯托弗的故事中尤为突出，人们自然而然地对经文做出了四重诠释，就连新教神学家也推崇这种诠释方式。从这幅对圣徒克里斯托弗赞颂有加的画作中，马丁·路德[1]看到了一个"基督徒的典范与画像"。事实上，1531年墨兰顿[2]在著作《奥古斯丁忏悔录中的道歉》（*Apology of Augustine's Confessions*）与《修辞元素》（*Elementa rhetorices*）中也把这幅画当作例子来阐述自己的观念："以绘画来做有用的引导。"

> 在我看来，这幅圣克里斯托弗的绘画，让人一眼望去就觉得它旨在展现一位福音传道者的典范，画中的克里斯托弗背着耶稣面向世人。这样的人必拥有巨大的精神力量，所

[1] 马丁·路德（1483—1546），16世纪欧洲宗教改革运动发起人、基督教新教的创立者、德国宗教改革家。

[2] 墨兰顿（1497—1560），马丁·路德的重要同仁、亲密战友，撰写了东正教首本教义学，鼓励路德将《圣经》翻成德文，对路德派（信义宗）神学立场的界定与阐释有着不可磨灭的贡献。

以画家把他画得那么魁梧又强壮。正如面对无尽危难的福音传道者那般，这位英雄正从大海中走出来，或在海浪中前行……你看，这幅画非常巧妙地展现了耶稣的本性，还特别展示了福音传道者必须具备的条件，及其将要承受的危难。因此，这幅画值得称赞，所有教堂都展示着这幅作品，这并非为了助长迷信，而是为了提醒我们所面临的危险。

哪怕天主教神学家不谨遵这种解经法，但也存在广泛的共识：对福音故事和圣人生平的绘画作品应传递道德规劝，应与感兴趣的观者形成直接对话——既要让他们感到愉悦，也要让他们受到教育。

1495年左右创作的那幅《祈祷的圣杰罗姆》（参见插图23）也是如此。博斯的名字正是取自这位圣徒。画中，圣杰罗姆[1]并非要唤起人们的崇拜之情。我们必须感谢这位宗教哲人，正是由于他，《圣经》的标准拉丁文译本《武加大译本》（*Vulgate*）才能问世。在博斯生活的时代，不仅有学识的人都熟知这位哲人的生平，而且有个众所周知的传说：杰罗姆曾帮一头狮子拔去掌上的刺，于是狮子变得十分温顺，成为圣人忠实的同伴。博斯这幅作品与传统绘画的布局不同，在开阔景观的衬托下，瘦弱、憔悴的圣徒俯伏在地，把十字架紧紧抱在怀里；画面开始以均匀的暗棕色调为前景，然后色彩慢慢延伸开来，直至绿色调的中央区域；在远景柔和蓝色山峦的衬托下，我们可以看到画面中央有座农舍；这位宗教圣师的帽子放在其身后的地

[1] 圣杰罗姆（约340—420），《圣经》学者，完成了《圣经》拉丁文译本《武加大译本》。他很早就显露出对藏书的热情，并建立了古典晚期最卓著的私人图书馆。

上，华丽的红袍被扔到一边，挂在枯树上，连祈祷书和他的狮子同伴也被弃在一旁，我们可以在画面左侧看到这只又瘦又小的狮子。隐士圣师陷入冥想之中，对周遭疯长而颓败的诡异植物及动物似乎视而不见，不管是蜥蜴、小鸟，还是落在枯枝上的猫头鹰，抑或那只蜷缩在画面前端睡熟的狐狸——狐狸边上还有一只小公鸡，他均毫不关注。

对于不熟悉神学思想和神学著作的观众来说，画中许多细节看起来仿佛格格不入。然而，这全然不是博斯的绘画方式和象征手法出了错，主要问题在于现代人不像当时的人们那么熟谙基督教艺术的主题与形象，也不了解画家基于这些主题形象想要表述的故事。对《圣经》了如指掌的观者看到狐狸，也许能想起《马太福音》中耶稣向世界描述自己来的地方："狐狸有洞，飞鸟有窝，人子却没枕头的地方。"（《马太福音》第8章第20节）对于熟悉圣杰罗姆书信[1]的观者来说，博斯笔下的景观让人想起杰罗姆对自己归隐"野地"的描述。在写给尤斯特修慕的信[2]中，杰罗姆召唤人们奋起追随耶稣，他写道："无同行之人，唯有毒蝎野兽……我在那里修了祈祷室，不幸的肉体在此得到感化。"基于这封书信，《圣师》讲述了圣杰罗姆日日待在祈祷室内，"匍匐在地——不敢抬眼看向天堂"。《圣师》是

---

[1] 圣杰罗姆书信，题材丰富多彩且风格各异，是构成圣杰罗姆文学遗产的一个重要部分。无论是讨论学术问题，探索良知，缓和一场冲突，和朋友分享愉快的事情，抑或痛斥当时神职人员的恶习、腐败及淫乱的生活，劝勉放弃世俗，加入苦行生活，甚至与他的神学对手唇枪舌战，他都能在文字中把自己的想法以及那个时代的特点活灵活现地呈现出来。

[2] 写给尤斯特修慕的信，尤斯特修慕是一位罗马上层贵族，宣誓保守童贞。公元384年，圣杰罗姆给尤斯特修慕写信，提醒她警惕欲望，尤其是淫欲的诱惑，鼓励她保持修道的生活方式；提醒她，教徒的道路上遍布着荆棘，这荆棘如同毒蛇和毒蝎，由肉欲化成。他还提到了魔鬼的欲望，这欲望能诱使软弱之人堕入肉欲之网。

一本汇集圣徒生平逸事的著作。博斯的这幅作品可以理解为，如杰罗姆信中所言，旨在召唤世人追随耶稣。此核心宗旨可引导人们对画面中那些乍看似乎格格不入的细节做出诠释。譬如，有些空心、有些长刺的混种植物疯狂生长，园丁可能会把它们形容为“无法无天”，它们代表世间的罪恶与诱惑，自世界伊始，它们便存在，圣杰罗姆试图通过祈祷和禁食来克服它们。

诠释画中所有细节的关键，可能要在以福音书为基础的框架内进行。在博斯生活的时代，人们把绘画当作寓言，依据固定意义的系统无法解码其多重的含义。因此，对于同一幅作品，可能存在各式各样的解读方式——这也正是人们所希望的。唯一毋庸置疑的是，对于当时的人来说，作为追随耶稣的典范，圣徒与异端邪说或秘密教义毫无干系。

博斯创作的圣徒画作发人深省，激励世人追随耶稣。让我们拿一幅小三联画作例子：画上绘着一个被钉在十字架上的女圣徒（见插图12）。虽然这幅作品源自私人的宗教敬拜，故内侧翼画中曾一度绘有捐赠者的形象——但这些画面早被油彩盖住抹去了。中间的画板曾被毁坏，大部分也是修复的。正因如此，1771年安东尼奥·玛利亚·萨内蒂[1]并不确定画中的是男圣徒还是女圣徒。甚至直到今天，艺术史学家也无法就画中身着美服的女孩的身份达成一致意见。有人认为她是圣朱丽亚，可圣朱丽亚的传说中没有提及她被钉在十字架上。还有人认为博斯这幅作品画的是圣威尔福斯[2]，德国与荷兰的民

[1] 安东尼奥·玛利亚·萨内蒂，威尼斯画商，古代雕刻艺术的爱好者和收藏者。曾斥资出版《古代雕塑图册》。

[2] 圣威尔福斯，因不愿听从父命嫁给异教徒而祈祷使自己长出了胡须，结果被父亲残忍处死。

众都敬仰这位圣徒。她请求上帝毁掉自己的容颜，这样便无须出嫁。她长出胡子后，父亲将她钉到十字架上。她在十字架上祷告了三天三夜，让许多人皈依基督教，包括那位满心悔恨的父亲。曾绘在内翼画面上的情景与此传说吻合，后来这些画面与捐赠人一起被抹去了。现在画面上圣安东尼所在之处，曾绘着另一个来自圣威尔福斯生平的场景。如今我们已不能再恰当地诠释右翼画的场景，与《圣安东尼的诱惑》一样，它与主画面毫无关联。而右翼上曾一度画的是当上帝发现圣威尔福斯被钉在十字架上之后，便对那些不信仰上帝的人降下风暴。

有些博斯的作品残缺不全之后变得难以理解，包括现存于鹿特丹的两幅，它们曾是某幅三联画的翼画（参见插图24～27）。由于翼画内侧和背面的画面都是纯灰色画，现丢失的主体大概是一座放置在中央的雕刻神龛。参考其他画作、《圣经》经文及解经作品，我们可以对幸存下来的这两幅画进行解读，从而知晓它们描绘的主题是罪恶与救赎。左翼画展现的是创世纪的第三天，恶魔降临世界，叛逆天使坠落凡尘；右翼画内侧画面展现的则是洪水过后，船身已干的诺亚方舟落在高高的山顶上，人们纷纷从船上下来，散到被洪水摧毁的大地上。背面是四幅寓言圆画，涉及的都是《约伯记》[1]中记载的事件。博斯依照《旧约》这一卷的内容，在画中展现约伯全心全意接受苦难的历程，并以之作为面对邪恶的典范，从而将约伯描绘成耶稣复活的先知。哪怕无法从文学角度解读这些《圣经》典故的人物，也能轻而易举地看出，其中三幅圆画里，画中人遭受邪恶力量的折磨，从而领

[1] 《约伯记》，《圣经·旧约》的一卷，共42章。记载了约伯受苦、他的朋友们与他的辩论，以及上帝给他的回答等，最后约伯因回转而比受苦之前更加蒙福。

悟他是位坚定的信徒；到了第四幅，约伯在世上的苦难结束，正在天使的帮助下走向永生。

博斯本人对这四幅存于鹿特丹的圆画的含蓄寓意颇为满意。不过在他大部分的作品中，创作主旨还是利用大量细节来向世人传布道德规劝，其中一个例子便是1504年左右创作、后来严重受损的一幅三联画（参见插图28、29）。两翼背面的绘画没有留存下来，内侧画面经过大面积修复，展现出三位隐士圣徒的身影。左翼绘的是圣安东尼的诱惑，右翼绘的是圣吉尔斯，主画面中圣杰罗姆手里拿着石头正在捶打身体。[1]画中圣徒的举止姿态均是人们所熟悉的。此外画面上还有许多画中画，作为调剂（参见插图29）。我们很容易便能认出其中一幅画中画描绘的是朱迪以贞洁的美德战胜了赫罗弗尼斯的欲望，将这位亚述统帅的首级拿在手中。虽然这幅画的主要人物取自基督教传统故事，但画中其他人物则出自人们不大熟悉之处——尽管人们也能在一些不大重要的书籍中找到对应的作品。朱迪对面是一个长着独角的男人，象征圣母玛利亚的贞洁。《博物学家》一书中曾声称唯有处女能抓住独角兽。不过与《博物学家》的说法相反，此处是个男人的形象，他代表的是圣徒为克服本能所做出的努力。还有一个更令人费解的画面：有个男人正爬进倒转的蜂巢里。在圣克里斯托弗那幅画中，博斯也用了这个画像，树顶处便能找着。博斯的素描作品中也有这令人瞩目的图案（参见插图30）。在三联画《隐士圣徒》中，它最终变成一个粗俗的幽默画像：光腚的男人——蜂巢已容不下他的屁股——

[1] 据传，圣杰罗姆为控制自己的脾气，甚至随身带着一块石头，当怒气快要压倒自己时，就用它来捶打自己。

屁股上插着一根树枝，树枝上落有一只猫头鹰，四周是舞动翅膀的小鸟。这个因愚蠢的贪婪爬进蜂巢掏蜂蜜的男人，可以解释为象征暴食和无节制的贪婪，光屁股象征污秽，进一步凸显他所作所为的罪恶；画中的猫头鹰也强调了他的罪行。现在人们很熟悉，猫头鹰乃智慧的象征，但当时的寓意与智慧无关。因猫头鹰不喜光，所以博斯同时代的人将这种鸟与不好的东西联系起来，认为它代表了愚昧、懒惰与罪恶。

后来绘画主旨发生了变化，与某人生平联系起来的画作似乎流行起来，尤其是在贵族阶层。基于这个角度，《圣安东尼的诱惑》愈加受到人们喜爱。所以我们可以找到超过30幅该三联画的复制品，原作现存于里斯本（参见插图31）。这幅三联画也许就是此记录中记载的作品：1505年底，菲利普一世购入这幅画作为礼物赠与父亲。记录文件不仅写明了购买的原因和高昂的价格（菲利普向布鲁日自由委员会议员支付了312盾），还详尽记录了画中所描绘的内容。两侧翼画展现了“多个故事”，这些故事在“其他画作上有大量的描绘”。这段文字可能指的是翼画背面的纯灰色画（参见插图32）。这幅画两翼背面的画作与很多作品不同（如藏于维也纳的《最后的审判》，画面上绘着许多人物），左侧绘的是耶稣被捕的场景，右侧绘的是抬十字架的耶稣。在两翼背面直接绘上画的做法在当时并不多见。与《拔摩海岛的圣约翰》的背面画作（参见插图8）和《三博士来朝》的背面画作（参见插图15）一样，这幅三联画的两翼背面绘着耶稣受难的事件。

在博斯所有表现耶稣受难的画作中，描绘的焦点均是将耶稣与对他怀有敌意的人类放在一起，形成对比。耶稣身上所蕴含的救赎思想变得没那么重要。升入天堂是最能体现这种思想的，而博斯从没描绘过升入天堂的场景。对于受难的描绘则集中在人类的罪恶上：折磨耶稣的罪恶和对上帝恩宠毫无感激之情的罪恶。博斯同时代的许多神学家认为，将人类的罪恶、耶稣的受难以及人类对上帝缺失的敬意联系在一起，就是当时的人对救赎的理解，也是圣安东尼生命的意义所在。耿稗思和其他宗教改革运动代表，以及如“加尔都西会”修士狄奥尼修斯等神学家，召唤罪恶的人类以隐士圣徒（“圣师”）为榜样，因此圣师的生平常常成为讲经布道、文学作品、绘画作品的主题。不过，将圣安东尼的生平分别描绘在祭坛画的三幅画面上是个新颖的想法。也许是委托人的要求吧，可我们已无从知晓。这幅位于里斯本的三联画是绘画史上的创新产物，在博斯之前从未有人做过如此细致的尝试。油彩层下我们可以隐约看到笔画，还有许多用颜料遮盖原本笔画的痕迹——那是绘制过程中画家修改设计所致，足以证明这一观点。

三联画打开时，中间的主画面上，圣安东尼的形象占满中央位置，成为观者瞩目的对象。圣安东尼身边围绕着一群人与生物，而安东尼的头像位于它们中央，所有场景、所有人物的焦点均落在他身上。安东尼的目光凝视画面之外，从他的手势来看，他正在祈福——由此同时暗示了耶稣就在现场。他在提醒我们，让我们想起熟悉的召唤：追随耶稣。画中寓意不言而喻。这一点从两翼的人物身上也有很明显的表达。左翼画着人们耳熟能详的圣徒被诱惑的情景，他被魔鬼抓住后，被投入空中，又跌落凡尘；凡间的同伴发现了他，把他抬走。右翼画面中，圣人正坐在空心的树里读书，一个裸体女人出现在他面前，象征惯常的性欲诱惑。《黄金传说》和《圣师》都讲述了圣安东尼的生平与受难经历。安东尼出生于富庶之家，后来弃掉自己继承的一半财富，过上隐士的生活。魔鬼以各种各样的形相折磨他，用各式各样的方法来诱惑他，但安东尼不为所动。主画面特别表现出安东尼的坚定不屈，画面展现的是只凭样貌便足以把人吓坏的地狱恶魔、怪物和混种生物——前来恐吓安东尼，而安东尼最终没有屈从于它们任何一个。安东尼默默跪着，博斯在他周遭绘制了他要对抗的一切。艺术家创造了一系列恰如其分的图像来展现这一幕的情景。如此大量惟妙惟肖的形象，不仅展示了圣人受到的诱惑，同时也是为了直接勾起观者的幻想而设计的。我们或许会对那个头戴圆锥帽子的鸟状生物着迷——从它脖子上环绕的标识可以看出，它是个信使；我们或许会疑惑桥底面对着圣人的那三个人在读什么；那艘状如飞艇的船同样引人注目，它是由鱼和鸟组成的，正划过天空，或者说正划过画面中央那团不祥的火焰（参见插图33）。

画中纷繁的细节很容易让观者走偏。因此，在艺术史上，对这幅绘画的诠释一直存有疑问便不足为奇了。诚然，这幅作品展现的是一个意志坚定的道德模范，这一点毫无疑问，而画中的细节可以通过多种不同的方式来解释。我们可以说，普遍的共识是博斯之所以把画面画得如此纷繁复杂，就是企图引我们掉进他的陷阱，认为这些图像乃画家异端思想的证据。若你愿意的话，可以随意在占星术或炼金术中找到相关联系，毕竟那个时代关于神物和宗教的著作全写的是这些东西，所有一切总能找到福音书对世间事件的解释。从博斯的作品如此知名、如此受欢迎来看，与他同时代的人根本没把他的作品当作异端邪说。若世人认为博斯作品蕴含异端邪说思想的话，这些作品如此广为人知（而最著名的几幅往往为位高权重者所有），那么不仅画家本人，甚至连位高权重的画作主人都会被宗教法庭传唤问话。可没有任何迹象表明发生了这样的情况。那幅藏于里斯本的《圣安东尼的诱惑》（*Temptation of St Anthony*）存在大量部分忠于原作的复制品——就这点来看，大众不仅把这些画作当作宗教美德的典范，虔诚的人们可以对着画作审视自身的良知，而且就连其他画家创作的圣安东尼可能也具有了类似的功能。博斯无尽的想象力成就了这些无与伦比的幻想之作，正是这些绘画所讲述的故事的丰富性，让它们迅速成为收藏家们趋之若鹜的对象。

第六章

创造的艺术与艺术的创造

博斯绘画所表达的意义，一直是研究其作品的核心。而这至今仍是个问题。需要明确的是，要寻求什么样的意义以及对谁有意义。许多艺术史学家会通过提出以下问题来寻求画作的决定性意义：博斯力求以作品传递什么信息呢？在回答这个问题的时候，我们遭遇了困难，因为我们已明确知晓，此前世人所谈论的博斯作品并非全部出自博斯之手。不过，从其他画家可以模仿博斯风格创作绘画的事实来看，这种视觉语言是可以学习的，而且目标人群完全了解这种语言要表达的意思。实际上，通过大量不同途径的信息、绘画和文章，加上当时观者的知识教育背景，可以相当可靠地拼凑出他或她是如何理解这些画作的。这是因为与博斯同时代的人，不仅能从理论上理解画家作品所属的视觉文化，还对其中的深意了如指掌。在博斯生活的时代，尤其是在宫廷与教会中，人们常常会谈论绘画的用途与弊端。我们至少可以推测出，绘画的意义、作品的题材和主题乃谈论的焦点。

每当人们谈到绘画创作的时候，除了提及采用什么画法、如何取得效果以外，他们通常会直接将绘画创作与文字创作等同起来。曾为艺术理论立著的意大利人莱昂·巴蒂斯塔·阿尔伯蒂（Leon Battista Alberti）就清楚地表达过这一观点。在博斯生活的时代，阿尔伯蒂的著作在阿尔卑斯山以北地区广泛流传。他以古典画作为例，系统地将每个受过教育的人都熟悉的古籍修辞规则运用到视觉艺术之中。这一时期，由于欧洲各地都在传播和运用这种绘画修辞，所以人们把绘画当作交流的方式，等同于文字，直接对应写作。罗马诗人贺拉斯[1]在《诗艺》（*Ars poetica*）中曾言："画如诗。"这话本是呼吁作家的文字更形象化，却成了绘画者的信条，即绘画应具有像诗歌一样的效果，绘画不该只是画个画，而该被视为艺术。阿尔伯蒂认为，各种视觉艺术形式须服从与艺术理论相关的共同目标。他把所有的公众视觉形象都归为服务于公众利益的美学手段。修辞学上有个原则，即一切言语均服从于共同的目标。在此阿尔伯蒂也遵照了这个原则，他认为绘画旨在取悦观众、教育观众，在情感上影响观众，从而尽可能有效地说服观众，引导他们采取符合道德的态度，做出符合道德的行为。

当时，世人普遍把这条基于修辞学的沟通原则当作规范，神学家也利用它，并呼吁将之也运用到绘画中。他们认为，视觉艺术的主要任务是拯救灵魂。正如教皇格雷戈里建议的那般，为实现目的，可把视觉艺术作品当作宗教教育的手段。教皇曾说过一句关于绘画应

[1] 贺拉斯（前65—前8），罗马帝国奥古斯都统治时期著名的诗人、批评家、翻译家，代表作有《诗艺》等。

对不识字的人有用的名言，“虽然他们没法读书，可至少能看墙上的画”。这句话在整个中世纪具有强大的影响力。但是绘画不仅只为文盲服务，譬如说书籍插画吧，这种很久以前便发展起来的复杂绘画形式，可远不止是对书中文字的说明。

让我们把现存于柏林的一幅博斯的钢笔画手稿（参见插图34）当作例子，说明绘画的表达在当时等同于文字交流，甚至超越了文字。显然此画没有预先勾勒草图，使用的是鞣酸铁墨水，由于老化，现在看起来有点棕色调。画中是一片小树林，树林前有棵死树，树干中间有个裂开的大洞，一只猫头鹰正从洞里往外瞥，引得落在光秃秃树丫上的三只长尾鸟发出尖叫声。我们认得出，它们就是谚语里能说会道的喜鹊。树干下部也烂了，中间是空的。空心的树干中坐着一只狐狸，有只公鸡正跑到狐狸跟前。此两者乃人们所熟知的天敌。这个例子主要表现了捕食者与被食者之间的关系（后者会巧妙地避开）。这一幕还象征着经典的“沉默是金”的认知，因为只要狐狸一张口说话，到嘴边的鸡就没了。一篇16世纪的评论总结了画中要旨：“这则寓言告诉我们，言多必失。”

此手稿非常有趣的地方是，树林里到处都是耳朵，地上还有七只眼睛。这也可以解读为呼吁人们保持沉默，警示世人谨慎小心。在博斯的时代，“带耳朵的树林”与“长眼睛的土地”并非荷兰特有的谚语。例如，1508年海因里希·倍倍尔[1]曾引用《德国谚语》（一本拉丁文的谚语集）中的话“地有眼，林有耳”来说明：“此话告诫我

[1] 海因里希·倍倍尔（Heinrich Bebel，1473—1518）：德国人文主义者，新拉丁派诗人。

们在树林里和在开阔的土地上（那里可能有人）勿做不想为人所知的事。”若有人认为博斯这幅钢笔画传递的信息过于简单，我建议他或她看一下与之相关的不胜枚举的文学作品。此画形象地阐明了一个道理：“一幅画可胜过千言万语。”只不过，有些作者认为画中图像的说服力更强一些，而有些则认为稍弱一点而已。当有人对此画提出新诠释的时候，更多都是对画中图案的看法，而不会质疑画中所传递的寓意。画面顶部有一行拉丁文，用英语翻译过来就是：“不幸灵魂的特点就是总在寻求非友善的动物为伴。”这句话让此画生出多重不同的含义。此话出自古哲学家波爱修斯[1]的《教育的本质》（*De disciplina scholarium*），该书在博斯生活的年代流传着许多重印本。看起来写这句话所用的墨水与画画所用的墨水是一样的，我们说不清它是不是画家自己写上去的，因为博斯的笔迹极为罕见，而画中的那棵树在荷兰语里也叫“博斯”，与画家及画家的家乡同名，所以大部分诠释者认为，此画很显然指向博斯本人，画中所传递的信息也完全针对画家自己。因此，我们可以把这行拉丁文字理解为博斯怀疑自己的创造力有局限性，或正好相反，这句话表达了艺术家对自己所做的工作感到自豪。

不管是不是博斯自己把“地有眼，林有耳”这句拉丁谚语运用到画中——应该没人会越俎代庖——这已是既成事实。因此我们必须把这句话放到诗歌艺术理论环境中解读。诗歌艺术的理论认为，新的表达形式，即此前从未有过的表达形式，绝非理想的方式。贺拉斯在

[1] 波爱修斯（Boethius，480—524），欧洲中世纪初百科全书式思想家，在逻辑学、哲学、神学、数学、文学和音乐等方面都做出了卓越的贡献，有“最后一位罗马哲学家”“经院哲学第一人”“奥古斯丁之后最伟大的拉丁教父”之称。

《诗艺》中曾写道："循规蹈矩的创作难成大器，但与贸然引入未听闻过、未讨论过的观点相比，谨慎更能助你完成像《伊利亚特》这般的伟作。"但这绝不是要反对艺术家与诗人所提倡的"追求幻想"。对于中世纪的人来说，艺术幻想是一种天赋，凭此天赋，艺术家与诗人可从上帝赐予的自然百态中进行精选，不断创造出新颖的组合。此画正是如此，博斯在画中将说话和沉默以不同的视觉表现方式组合在一起，堪称艺术创造之典范。

就当时人们的理解，对每件艺术作品而言，首先是创造或挖掘作品的主题与题材。依据古典修辞学原则，此乃艺术创作每个步骤的基石。根据这个理论，创作的下一阶段是对挖掘出来的资料进行筛选、评估、分类和构建，而创作的高潮就是给作品的形式与内容做适当的安排。与此同时，还得考虑创作的目的以及作品接受方的情况。博斯的作品很好地证明了艺术与修辞理论这种规律性的要求。然而，以前很多人会揣测一幅画（譬如博斯的画）要表达什么主题，却极少考虑这些画的功能，直到现在，这种情况才有所改变。从画面的构成内容及丰富精细的图案来看，这幅《听得到的树林与看得到的土地》可不只是博斯为画坊助手们准备的预备稿，而是可以用作日后某幅油画的基础。不过博斯的确会用钢笔草草记下个别图案素材和绘画想法，作为助手们可用的原始材料。如今柏林藏有一张尺幅不大的纸，双面均画着素描（参见插图35），应该就是为了这个目的。这张小纸正面画着两个怪物，一个是正在轻蔑地龇牙笑着的鸟兽，另一个是正在嘶嘶作响的小龙，几条阴影线便营造出空间感。这张素描以随心所欲却自信肯定的笔触，捕捉下一缕日后可用于画作中的创作思绪。譬如，我们在《人间乐园》左翼上就找到一只与这只鸟兽有关的丑陋生物（参见插图36）。

虽然的确存在这样的情况：博斯曾把以素描形式捕捉下来的绘画思绪再次运用到油画创作中，但他并非想把每一张手稿都当成创作模板。譬如，据推测，博斯在1505年至1510年间画的《树人》（参见插图37）本非《人间乐园》翼画《地狱》（参见插图2）某个图案的预备手稿。作为一幅画，这幅作品很完整。画面中，象征世界似乎延伸至无穷的开阔景观里，有个腿上长出船的丑陋家伙。博斯用极为精致的阴影线和细点（几乎是印象派的笔触），成功地把自己的想象留在有如此纵深感又具空中视角的画面上，就其艺术性来说，在当时是独一无二的。面目狰狞的树人占据画面的中央位置，邪恶的晚餐客人聚集在树人中空的尾部。画家并非碰巧把这些人放置在树人的尾部，从土耳其新月旗和被树丫间小鸟鄙视的猫头鹰，我们就能清晰地领悟这些身居邪恶树洞里的都是什么人。画面右侧，小岛上被群鸟攻击的猫头鹰，左侧树上的喜鹊，以及作为反衬，画面前景中代表更积极意向的鹿与苍鹭，都增加了这样一种可能性，即我们应当把这一幕当作寓言来诠释。树人就这么独自立在那里，身上混着植物与动物的特征，并非自然之物，可理解为罪恶的象征。博斯擅长在绘画中运用混种生物，将自然物种混合在一起，创造出人们从未见过的怪物——众所周知，这是描绘邪恶的方式。很多人读过贺拉斯《诗艺》一书的引言，文中对诸如此类的畸形怪物提出谴责，可是这篇引言也助长了这一趋势的日益上升：人们用怪诞生物来代表邪恶，与此同时，人们看到怪诞生物便会认为其乃邪恶的化身。其躯干作为“邪恶方舟”化身的树人以及画中各种各样的图案，不仅令人生出多重的解读，还令观者为画中展现的精湛画工惊叹不已。

就像《听得到的树林与看得到的土地》一样，《树人》也体现了当时的一种崭新绘画形式。在博斯生活的年代，大部分的人都没听说过绘制油画前先画画稿来做准备。画师都是用木炭、画笔和墨水直接在画布上开始作画——这是规矩，哪怕博斯也是如此。若对下笔的结果不满意，就擦掉；或像博斯时常的处理方式——置之不理。画师会画一些独立的视觉图，用来向委托绘制昂贵祭坛画的客户展示画作日后会是什么样子。此类视觉图会成为画家与客户之间签订合同的组成部分。后来这种方式被保留下来，慢慢演化为预备稿。

我们完全有理由相信这幅《死神与守财奴》（参见插图38）起先是张视觉图。此画以灰黑墨水在暗色的纸上作画，并用局部白色来提亮，再配上当时十分流行的构图模式。我们用肉眼都能看出来，这幅钢笔画的风格与油画《死神与守财奴》（参见插图39）的底画很大程度上是一致的。油画的构图似乎更集中在画面的中央，在油画前景中，钢笔画左侧的墙没画出来，让观者更专注于顶部窗户上的十字架与来接守财奴的死神之间的联系。由此，不论在画面的构成上，还是在画意的表达上，油画版本都比钢笔画更为成功。这显然表明我们不该把钢笔画当作是油画的复制品。

这幅画到底出自何人之手，到现在尚无定论。不过，从形式与构图来看，这幅钢笔画有别于柏林那幅小素描（参见插图35）。但其构图又让我们想起《树人》和博斯的其他画作。除了画面上那些独特的图案外，仅这种构图方式在当时的艺术圈就占有独特的地位。至今我们尚未发现任何一个比博斯早的画家，拥有博斯这般放松、恣意的绘画风格，也没有发现后来的追随者可传神地继承博斯独特的艺术风格。博斯的追随者也画怪物和混合生物，类似柏林那幅素描上所展现的，但是博斯这幅素描的整体设计并不严谨，很多图案的轮廓也不是很圆，显然是仓促之间画下的，明显有别于模仿者与崇拜者的作品。后者更注重把博斯的正规绘画语言进行仔细分类，画面设计与画中图案定是一丝不苟的。在这些模仿者与崇拜者的作品中，一个个图案仿佛是勉为其难地堆放在一起，毫无空间感，就像展示蝴蝶标本似的。

这幅小素描尽管是工作过程中的速记画，却凸显出博斯笔下混合生物的非凡独特性。毕竟，这些混合生物自有其用。虽然人们总把它们与中世纪手抄本边缘插画中各种显然被肢解的怪物相提并论，但两者并不雷同。在博斯之前，没人会把怪物描绘得如此精细，让它们看起来那么逼真，但又不大可能是现实存在的。博斯绘画世界的魅力很大程度上来自于画家以非凡的想象力，创造出《地狱》中那些活灵活现的怪诞生物——正因如此，博斯很早便赢得了“魔鬼创造者”的称号。我们在博斯的其他作品中，也能发现这个幻想世界的魅力，如《听得到的树林与看得到的土地》《树人》和《死神与守财奴》。这些画稿定是专门展现给某些特定买家看的，这些买家会把它们当作艺术家某幅作品的样画。1500年左右，这种先画预备稿的意识越来越强。阿尔布雷特·丢勒就曾举过一个例证：丢勒给某幅画添加一条拉斐尔亲笔所书的说明，说此画稿是拉斐尔发给他的，“向他展示一下手艺”。这个时期，第一批艺术藏品成形，由此留下一段关于收藏兴趣的记录。根据记录可以看出，人们开始挖掘这类画作的艺术价值，同时也开始认识到艺术创造的特殊价值。博斯的钢笔画手稿及某些油画，譬如《人间乐园》，就是专门为此类当时刚开始出现的藏家绘制的，这些藏家大多数是贵族和城里的精英。

由于博斯画作中所用的图案可以有多种不同的解读，形式自由恣意，因此博得了大众的喜爱，人们对艺术的创造和创新越来越敏感。博斯时代的人们不仅能够领悟绘画题材和主题所传递的信息，而且也能体会画作的特定形式。这是有理论上的原因的。当时的艺术理论基于修辞学，认为形式与内容密不可分，同时，艺术研究与日益盛行的康德美学观点联系了起来。当时的民众将修辞学规则运用到绘画上，认为绘画的“主题”词汇与“艺术”的形式是分不开的，与风格、“得体”等特性也是分不开的。“得体”是修辞学的基本要求。最主要是仔细考虑所有对艺术作品起重要作用的元素，要面面俱到，还要仔细考虑画作所展现的情景，营造和谐的整体画面，并希望能有效地传递主题。在博斯的时代，古代修辞学理论为艺术讨论提供了大量的思想和概念，主要集中在绘画的主题与形式方面。但是人们对绘画创作的新兴趣不仅仅是基于古典模式的理论概念，而且是彻彻底底的行为实践。毕竟，在贵族教育中，绘画技巧训练是必不可缺的组成部分。艺术收藏伴着这种新文化思潮的传播而兴起，同时，文学作品也推动着这股新思潮的传播。有些艺术家对这种新兴起的需求做出了响应，耶罗尼米斯·博斯乃其中之一。他们所创作的绘画均具有艺术性的构思与创造。与博斯同时代的人必然也意识到了这一点。

在博斯描绘的世界中，彼此毫无联系的事物混在一起——据说这些没有生命的物体苏醒了。此绘画中的世界传递出一种世界观——这些神秘的生物，如传说中居住在地球背面的生物、无头人等，见证了造物主无限的创造力。在博斯的有生之年乃至整个的发现时代[1]，人们都没有放弃对神奇动物寓言的信仰。从时间的演变来看，这些来自幻想世界的生物一开始都是地球上的生物，如今却只在新发现的地域才能找到。于是有人可能会认为，之所以那么多人模仿博斯笔下的怪诞生物，是因为它们呈现出当时人们内心深处的恐惧。世上存在许许多多奇异的生物，与世上永远存在邪恶一样毋庸置疑。在那个时代的艺术世界中，大部分怪物形象都出现在书籍和地图的边缘空白处，我们绝对不能把博斯笔下的妖魔鬼怪简单地认定为当时的潮流。实际上，在当时的流行插画出版物中，除了极个别的例外——譬如安拉斯·杜·汉美尔（Alart du Hameel）的版画作品（参见插图40），而汉美尔本就与博斯同在一个圈子里，几乎是看不到此类怪异形象的。一直到16世纪中叶，以奇异怪诞的生物来象征邪恶才成为真正普遍的现象，那个时代的人认为这些形象非常滑稽有趣。这也是我们不能简简单单地把博斯的艺术创造归入神学与道德规劝范畴的另一个原因。

博斯绘画令人着迷的独特之处，当然是源自其无穷无尽的创造性幻想。1927年，马克斯·弗里德朗德曾写道："对于他来说，创作一直就是创造。"他把博斯的绘画语言描述为"直接的艺术表现"。

[1] 发现时代，指西欧封建社会末期是人被发现和世界被发现的时代。文艺复兴在意识形态上打破了教会的神学世界观，把人从宗教束缚中解放出来，为资产阶级的发展奠定了思想基础。新航路开辟以后，从欧洲到亚洲、美洲和非洲等地的交通往来日益密切，世界开始连成一个整体，欧洲大西洋沿岸工商业经济繁荣起来，促进了资本主义的产生和发展。

在博斯的艺术生涯里，我们不该低估他的财务状况所起的作用。在一个艺术创作几乎只依赖于委托订制的时代，博斯可以完全随心所欲地画画，无须事先思虑合作的特定目的。不同于同时代的大部分画家，博斯的财务状况允许他可以自由自在地在自己的绘画幻想中驰骋，由此创造出了大量艺术作品。不过，这无法解释为何模仿博斯绘画的现象会如此普遍、如此大规模。这在很大程度上是因为民众把博斯的作品当作艺术品，对其心生崇拜，才使得博斯很快蜚声画坛，甚至在他有生之年，欧洲各地均有人求购他的作品。作为艺术品，人们十分欣赏博斯独特的画作（参见插图34、37），哪怕有些画稿并非出自委托任务，它们也会很快成功地吸引到观众。从这些作品能经受得起时间的考验留存下来，就能清楚地看到这一点。但凡希望看懂博斯作品的人，都不得不考虑这一点：博斯的艺术生涯有赖于购买作品的宫廷贵胄及温文尔雅的精英人士。事实上，博斯这些充满创新性和创造性的幻想作品，很快便出现在贵族和荷兰新兴城市富裕上层阶级的藏品中。自古以来，新兴的富裕阶层均向往贵族的理想生活。正是由于这些人的喜爱，为博斯这些创造性绘画的迅速传播提供了有利的环境，尤其是16世纪之后，欧洲各国宫廷日益成为博斯艺术的传播者。

第七章

《七宗罪》与《最后的审判》

1560年左右，费利佩·德·格瓦拉（Felipe de Guevara）曾写道："不久以前产生了一个名叫'格里罗'（Grillo）的绘画流派。"对于这种绘画，他继续写道："我们赞赏耶罗尼米斯·博斯，有时我们也称呼他为'博斯科'（Bosco）。"这词要追溯到老普利尼[1]。公元77年，老普利尼发表著作《自然史》（*Natural History*），在第35卷里写到了艺术及艺术家。他描写了一些专门创作"小画或简画"的画家，还提到了安提菲鲁斯（Antiphilus），这位画家曾画过一个样貌荒诞的男人，名叫格莱罗斯（Gryllos），"由此，这类绘画便成了众所周知的'格莱里'（Grylli）画"。格瓦拉又写道："博斯画了一些奇奇怪怪的人物，可他之所以这样做，只是因为想要展现地狱的

[1] 老普利尼，应为盖乌斯·普林尼·塞孔都斯（Gaius Plinius Secundus，23或24—79），古罗马百科全书式的作家，以所著《自然史》一书著称。

情景。对于这个主题，描绘恶魔的样子，必须以非常规的绘画方式来想象它们。”当然，博斯的艺术造诣远不止描绘妖魔和怪物。“可以肯定的是，但凡仔细看过博斯作品的人必定会意识到这一点，他十分注重规范，总是一丝不苟地遵循自然的形态，绝不越自然形态界限半分——就这一点来说，他和其他艺术家是一样的，甚至有过之而无不及。”在这段评论的最后，格瓦拉还举了一个博斯艺术的典型例子。这个例子并非一幅油画，而是一张“属国王所有的桌子”（参见插图41）。关于这件作品是如何在1505年至1510年间成为菲利普二世的藏品的，并无记录。不过，众所周知的是，1574年，奉国王之命，“一张桌面绘有《七宗罪》的桌子”被带到了埃斯科里亚尔大教堂。这条记录非常精确地描绘了画作的内容。记录记载：画面中，七宗罪的图像“围成一个圆圈，圆圈中心是耶稣的画像；桌面四角上还有四个圆圈，其中的图像分别为：死亡、审判、地狱与天堂。”绘着人类罪恶的图像围成圆圈，象征上帝之眼；瞳孔里受伤的耶稣向观者展示自己的伤口。瞳孔周围写着一句话：“小心，小心，上帝正看着呢。”上帝所看到的，展现在眼睛的外框——是人类因抛弃上帝而犯下的七宗罪：嫉妒、愤怒、骄傲、淫欲、懒惰、暴食、贪婪。画家用收取受审双方贿赂的腐败法官来表示贪婪；在下一幅画像中，嫉妒之人用手指指向彼此；再下一幅，醉醺醺的狂饮者正在彼此打斗；还有魔鬼向虚荣的女人举起一面镜子来展现她的骄傲；画家给好色的廷臣安排了一个光着屁股挨打的傻瓜做伴，来展现他们的淫欲；在表现懒惰的画像中，懒惰之人对自己的神职置之不理；而在表现暴食的画像中，正在暴饮暴食的人连水罐里的一小口水都不愿意施舍给饥饿的人。每幅画像下面都有拉丁文的“七宗罪”字样。在这些从上帝之眼映射出来的罪恶图像的上方和下方，均有一条展开的白带，上面的文字再次印证“七宗罪”，仿若宣言。上面的白带写着：“因为以色列民毫无计谋、心中没有聪明。”下面的白带写着：“惟愿他们有智慧，能明白这事，肯思念他们的结局。”（《申命记》[1]第32章第28和29节）

哪怕没有这些警告文字，作品的主题也是不言而喻的：罪恶的人类因所作所为冒犯了耶稣。在博斯生活的时代，这是整个基督教世界与宗教文学的热门话题。若我们能相信“加尔都西会”修士狄奥尼修斯，他曾言，人类已抛弃上帝，没一个社会阶层可以幸免。在履行神职义务方面，国王、王子并没比修士做得更多，“就连教皇、教廷乃至社会上所有的宗教机构，无论高低”均有罪。狄奥尼修斯尤其关注七宗罪与万民四末[2]，曾经详尽描述过人类等待审判到来的情景。博斯笔下的人物象征有罪的人类，仁慈上帝升起的地狱之火威胁着他们。人类的所作所为与受难的耶稣形成对比，在这忙忙碌碌的画中世界，人们全然忘却了耶稣为人类所遭受的苦难，让人感到十分难过。同样地，另一幅小圆画《最后的审判》也是面对着一个罪恶的世界。圆画中，世界上一切的邪恶均被贬入地狱，每种罪行都得到应得的惩罚。还配有文字说明：好色之徒终与蟾蜍同床，愤怒之徒挨打，毕生暴食之徒被用来喂蛇。在博斯的地狱版本里，有个执拗

[1] 《申命记》，《圣经·旧约》的一卷，共34章。记载以色列子孙的前景、在约旦河对岸会遭遇的困难和摩西向他们提出的最后训示。

[2] 万民四末（the Four Last Things），死亡、审判、天堂与地狱。

的“以牙还牙”的规则，就像在法律中每种罪行都会得到应得的惩罚一样，在地狱里，每种罪行都会得到应得的折磨。在所有宗教敬拜的文学作品中，存在一个常见的观点：每个人都会遭受与其犯下的罪孽等量的惩罚。

在博斯离世后很长一段时间里，人们都在遵循他的警告。自1574年起，这张绘有《七宗罪》的桌面，一直悬挂在埃斯科里亚尔大教堂。1605年，西古恩扎就在教堂里见过它：

> 和修士一样，国王的房间里也有个书柜，另外还有一件极佳的艺术品。房间中央，他把我们的救世主安放在光明与荣耀的圆圈里；救世主被七个圆圈环绕，圆圈里是七宗罪（参见插图41）；他救赎的所有人类都在冒犯他，他们没有意识到救世主正看着自己，看着这一切。

西古恩扎如此来描述这张桌面：“宛如一面镜子，基督教的真谛映射其中，所以我们每个人都可以在上面看到自己。”他对博斯作品的总体评价为：“伟大智慧与艺术价值之书。”尽管格瓦拉知道博斯的许多作品，他本身还拥有其中六件，但这是唯一如此迅速得到他如此高度赞扬的作品，绝非巧合。他称这件作品的“完整性令人钦佩”。令其尤为印象深刻的是那幅“嫉妒”的画像。事实上，博斯将传统图像变为仿佛是在大街上发生的一幕。画中，有条面前放着两根骨头的狗正盯着男人手里的骨头，而男人则满眼嫉妒地望着手里托着猎鹰的贵族，贵族身边有个仆人，背着个鼓鼓囊囊的袋子。年轻男子与屋里的女子正透过窗户的栏杆交换康乃馨——传统上康乃馨象征誓言，两人的服饰表明他们社会地位悬殊，是不允许有任何接触的。格瓦拉写道：“在我看来，这幅寓言式的《嫉妒》之出色、之巧妙，其寓意表现之淋漓尽致，可与阿里斯提德（Aristides）的作品相媲美。阿里斯提德乃希腊人所称的‘伦理画’（Ethike）的发明者。”受过教育的读者很容易便能读懂格瓦拉的话。这段话可以追溯到老普利尼，在《自然史》里，老普利尼不仅告诉我们阿里斯提德是首位表现人的心灵状态和情感激荡的艺术家，而且还提及他的作品卖出了难以置信的高价。在格瓦拉生活的时代，博斯的作品也是如此。

据推测，这张绘有《七宗罪》的桌面乃贵族宅邸内或富有藏家家中的高级装饰品。很久以前，彩绘桌面就被当成了画板，许多桌子上都画着类似的油画，现在留存下来的就有一些例子。这些桌面常以盾徽为饰，它们证明了在宫廷藏品中彩绘桌子乃珍贵的家具。贵族的宅子里也能发现此类桌子，它们注定成为贵族生活方式和家居陈设的点缀物。这一点从留存下来的荷兰遗产目录就能看出来。目录中还记载了好几版不同的博斯彩绘桌面。譬如，其中一版在1565年前一直属安特卫普的尼古拉斯·琼格林克（Nicolas Jonghelinck）所有。琼格林克从菲利普二世手中租下了布拉邦区最有利可图的税站，通过银行和保险的方式赚了一大笔钱，从而买下一栋宅子，并继承了宅子所附带的头衔，成为贵族。据记载，1574年玛格丽塔·博格（Margaretha Boghe）的库存中也发现了一幅耶罗尼米斯·博斯绘制的《七宗罪》，这位夫人也属于安特卫普的贵族阶层，也有贵族的姿态。她是布拉邦市铸币厂主人乔里斯·威泽拉尔（Joris Vezelaer）的寡妇。威泽拉尔不仅是安特卫普铸币厂的管理者，还兼做奢侈品贸易商，自1528年起，他向法国国王的宫廷供应珠宝、金饰、奢侈家具和挂毯。由此可见，在博斯在世时，那幅《七宗罪》就和珍贵的带图挂毯一起展出，这让我们进一步了解到，当时的人们在哪里可以找到博斯的作品。

关于博斯《七宗罪》的记录各式各样，几乎不可能指的是同一幅绘画。如此便让人心生疑问，马德里的那幅到底是不是出自博斯之手？我们看到的油画与油彩层下面的底画，的确在许多地方有所不同，似乎表明这幅画只是博斯设计的作品。画中几处，尤其是那四幅圆形的《万民四末》，画工略欠精湛。于是有人推测，这张桌面乃博斯的早期作品。这也解释了为何画中的服饰有些过时。但现在大部分评论家认为此画不是博斯的早期作品，而是画坊助手参与了创作。博斯的其他作品也有多人参与的痕迹。当然，毋庸置疑的是，画作的构图、设计和整体外观应归功于博斯。艺术史学家只关注艺术家本人，他们将桌面画像的末世寓意解释为博斯世界观的表达。实际上，对于这个观点，我还要多说一句：画家通过此画分享了其对人类个体与集体命运的想法。

然而，同样重要的是，要记住这些绘画是为贵族所作。菲利普一世在1504年委托博斯创作了一幅《最后的审判》三联画。菲利普国王委托创作的“这幅大尺幅油画高9英尺，宽11英尺，极尽精致奢华之能”，画中描绘的是“升天堂或下地狱的上帝审判”。这幅花费36荷兰盾、高度超过2.5米、宽度超过3米的作品，比现藏于维也纳的那幅《最后的审判》（参见插图42）三联画要大许多。可惜的是，曾一度绘在主画面左下方的捐赠者形象现已无法辨认，透过油彩层只能隐隐约约看到他的家族盾徽和说明文字，这必定是个贵族。由于1496年后菲利普已娶妻，让我们不得不对这件幸存作品的接收日期与记录上记载的日期产生一些疑问。不过可惜的是，我们没有找到这个盾徽的线索，也没有找到翼画背面盾牌的信息，这面盾就画在圣徒脚下的空白处（参见插图21）。人们还认为，菲利普国王的委托与维也纳的那幅三联画之间有所关联，因为可以看出菲利普一世的容貌与后者右翼背面画作上那个圣徒的容貌很相似。难道博斯真的画了一幅秘密的画像？对于这个毋庸置疑的相似之处，一种可能的解释是：当时很多人都在画圣巴夫[1]的画像，博斯亦如此，这位专门为菲利普国王绘制肖像画的国师，企图把国王的容貌画到圣巴夫的画像上。即使有人对秘密画像有所怀疑，不接受菲利普的委托与维也纳的那幅三联祭坛画有任何关系的说法，但从维也纳三联画外翼背面的纯灰色画上的圣徒看来，委托创作这幅祭坛画的不是佛兰德斯的贵族，就是哈布斯堡王朝的贵族。其左翼背面画着的圣长雅各伯宗徒是西班牙全民敬仰的圣人，可能代表哈布斯堡王朝统治下的西班牙；而右翼中的圣徒可认定为圣巴夫——这位圣徒来自荷兰，所以象征的是荷兰。另外，巴夫乃根特城的主保圣人[2]。1500年2月24日，菲利普国王的儿子兼继承人查理，也就是后来的查理五世出生。不过，这些联系很模糊，尤其是那个带着猎鹰的圣徒也可以被解释为圣希波吕托斯（St Hippolytus）。

[1] 圣巴夫（St Bavo，622—659），出生在列日附近的贵族军人。年轻时放荡不羁，妻子去世后，他听了主教圣阿曼杜斯的布道，决心皈依基督教，把自己原有的全部财产都捐给穷苦大众，最终死在根特的修道院，成为根特的主保圣人。

[2] 主保圣人，守护圣人的意思。是被天主教会立定的圣人，选定为个人、国家、教区、堂区、职业等在天主前代祷之圣人或圣女。

至于那幅藏于维也纳的三联画的创作时间，很久以来都是根据1505年博斯接受的一笔委托业务来确定的。但是，通过与1497年前创作的三联画《三博士来朝》（参见插图13）比较，从风格来看，给那幅维也纳的作品定一个较早的创作时间似乎比较合适。通过树木年代分析，对这幅《最后的审判》的画板进行定代，也给出来一个更早的时间。而在《七宗罪》中，我们可以看出，最终的绘画与底画有许多不同之处，显然表明，这幅画的设计定是原创，而非副本，在博斯其他作品中也能找到笔触如此自由恣意的底稿，譬如描绘施洗者圣约翰和传福音者圣约翰的那两幅（参见插图6、7），以及藏于鹿特丹的那幅圣克里斯托弗（参见插图22），只不过这幅作品很可能是多人一起完成的，譬如左翼正面所用的油彩比画面其他大部分地方要厚得多。在博斯其他被认为有多位不同助手参与的三联画中，也存在这种现象。此画的设计方案应是耶罗尼米斯·博斯制定的，不过考虑到作品的尺幅，委托人必定是同意多人一起共同完成。

虽然人们对维也纳三联画的创作时间与创作者尚存疑问，但对作品的主题毫无疑问，正如《圣经》预言的那般，世界末日——最后的审判。《马太福音》中说："当人子在他的荣耀里同着众天使降临的时候，要坐在他荣耀的宝座上。万民都要聚集在他面前。他要把他们分别出来，好像牧羊的分别绵羊和山羊一般。把绵羊安置在右边，山羊在左边。"（《马太福音》第25章第31节至33节）。《圣经》的这段文字为作品中的事件奠定了基础，地狱位于耶稣的左手边——对于观者来说，就是右翼，左翼自然是天堂，位于耶稣的右手边。大多数关于最后审判的画作都是这样布局的，博斯的这幅《最后的审判》

（参见插图42）乍看似乎亦是如此。通常情况下，画面布局中的世俗元素是对称的，苏醒的亡魂接受审判，然后升入天堂或坠入地狱。但是博斯给我们展现了《圣经》中从创世纪到世界末日的全景。这幅全景画从左翼开始，前景乃上帝创造夏娃，中间为人类的堕落，远景是人类被赶出天堂。远景中，恶魔化身为蛊惑人心的蛇来到世间，展现的是《圣经》中反叛天使坠落的情景。身穿黄金铠甲的天父在天使长米迦勒的协助下，将他们赶出天堂。人类被拯救、遭天谴的故事由此拉开帷幕。在描绘完人类因堕落被赶出天堂之后，画面接着展现男人大汗淋漓地在吃面包，女人满脸痛楚地在生产，人类在世间的生活乃一连串几乎不间断的痛苦。那个时代其他《最后的审判》三联画的主画面都是展现亡魂复活的，而在博斯的这幅作品中，主画面绘制的是地狱般的世界灾难，一直延伸至右翼。这幅藏于维也纳的博斯作品中，救赎的场景在画作的边缘才找到（参见插图43）。主画面的左上角共有五个灵魂——几乎看不到——正被带入天堂。不过，事实上，即使身处地狱深渊的人类也能通过上帝得到救赎——这一幕展现在左侧有位天使正领着一个灵魂登上山顶，尽管有个蟾蜍似的怪物正拿弓弩瞄准他们。

这幅对《圣经》内容进行诠释的《最后的审判》大体基调相当阴郁，有人认为它表现出画家的悲观心态。无论如何，此画反映了一系列被世人广泛接受的神学观点，从圣奥古斯丁的预定论到饱含道德教诲的经书，在博斯生活的时代，这些都是最广泛流传的读物。中古时代的荷兰文学作品常常会描写永恒火焰、地狱及地狱中等待罪人的各种惩罚，《圣经》中描写了地狱里有熊熊燃烧的火炉和充满硫黄的巨大裂口（《启示录》第9章第2节和第20章第10节[1]），这些文学作品通常以此为基础。除了纯粹的神学论文外，还有大量关于此主题的通俗文学著作，譬如吕斯布鲁克[2]、"加尔都西会"修士狄奥尼修斯的作品，还有广为流传的《廷代尔的愿景》（*The Vision of Tnugdalus*），人们都能从中找到关于地狱的恐怖，和引起此等恐怖的罪恶的精确描述。《廷代尔的愿景》讲述的是一个名叫廷代尔的骑士在梦中穿越炼狱与地狱的旅程。书中描述了各式各样的罪恶以及变化多端的惩罚方式，不过并没有悉数提及七宗罪。吕斯布鲁克没写过对不贞的惩罚方式，他当然知道淫荡的例子。"不过我不想提它，因为让读者听到这事不合适"，他写道。但博斯并没避讳，他在主画面中又画了《七宗罪》里熟悉的赤身裸体之人，他们不得不与怪物同床共寝。绘画的修辞寓意并非总是微妙的，博斯利用一切可利用的手段来修饰作品，从而邀请观者通过眼睛尽览他创造的犯罪与赎罪景象。博斯的作品之所以能让宫廷里的达官贵人着迷，除了神学上的意义外，必定还因为画中丰富多彩、变幻莫测的场景与形象。在观看这些画作的过程中，观者不仅可以获得欣赏绘画的愉悦，还能从中学到神学的知识与道理。

格瓦拉从修辞学的角度来审视博斯的艺术，将之与古典画家阿里斯提德进行对比，对两位艺术家旨在激发观者的热情的情感刻画表

---

[1] 9:2"他开了无底坑，便有烟从坑里往上冒，好像大火炉的烟，日头和天空都因这烟昏暗了。"
20:10"那迷惑他们的魔鬼，被扔在硫黄的火湖里，就是兽和假先知所在的地方，他们必昼夜受痛苦，直到永永远远。"

[2] 吕斯布鲁克（Jan van Ruysbroeck，1293—1381），中世纪晚期神秘主义思想家，弗拉芒地区神秘主义作家。

示赞赏。以修辞学原则为基础的艺术理论，已对如何通过绘画来激起人们的情感做出详尽解释，还研究了绘画表现是否可能如精彩演讲一般，取得同样的情感效果。更早的时候，托马斯·阿奎纳就曾对表现基督主题的绘画提出要求，认为它们不仅应当起到引导公众的作用，还应当在“激起人们的敬拜情感”上做出贡献。人们认为恶魔的形象，尤其能对观者产生直接的、深入人心的影响。实际上，即使不了解上帝恩典的人也会被这些画像触动。看到恶魔的形象就能让人产生恐惧，可以唤醒深埋在心中的对善的渴望，所以绘画中不能过于详尽地表现魔鬼的令人憎恨之处。基于古典修辞学，绘画在情感方面取得了预期的效果。这种情感介入与中世纪基督教伦理的总体目标相一致，鼓励世人厌恶邪恶，崇拜并渴望善良。长期以来，宗教的传统观念认为，绘画是一种高级的媒介，能促进人们信仰福音。正如威廉·杜兰达[1]在著作《圣理宗规》（*Rationale divinorum officiorum*）[2]中所写的那般，与阅读经文相比，观看画像更能让人的心灵受到触动。当然，人们也意识到绘画的表现力是有局限的，因为最高层次的精神感受难以通过绘画来传达。依照艺术理论，人们可以通过绘画接纳地狱的样子，但对于天堂的理解，情况则并非如此。所以在刻画天堂乐园的绘画中，没有任何细节也就合情合理了。对于天堂的样子，并没有太多精准的描述，所以画家只好邀请观者在看画的时候，通过自身的想象，来得到宗教上的体验和精神上的领悟。修辞学中有个不

[1] 威廉·杜兰杜斯（William Durandus，1237—1296），教规主义者和中世纪最重要的礼仪作家之一。

[2] 《圣理宗规》，中古文学名著，是一本有关罗马崇拜仪式的书籍。

言而喻的原则：虽然某些东西没有真正表现出来，但只要简单地通过一个清晰明了的形象就能让观众理解，而自由翱翔的幻想是取得最强情感效果的根源。在这方面，修辞学理论与神学思想不谋而合，神学认为，由上帝统治的另一个世界是无法言说的。

无论耶罗尼米斯·博斯的地狱幻想是如何虚幻和丰富，当他描绘天堂王国时，却十分克制，他主要是通过上帝发出的天堂之光来表现的。在藏于维也纳的一幅油画中，画家以一种令人惊讶的现代形式，来展现永恒救赎希望的景象（参见插图44～47）。这是一幅肖像画，如今保存下来的画面围绕人们熟悉的诅咒与拯救主题展开。不可否认，我们不清楚这四幅零碎画面之间的原本联系，不过，我们大致可以理解这幅作品留下来的信息。画作描绘了遭天谴之人坠落地狱及地狱的景象；还有被赐福之人升入天堂及天堂的景象。最后一幅画面的寓意尤其令人琢磨不透。不过根据四重诠释解经法，此画面可归纳为不同的含义，由此便能打消人们的猜疑。单从画面的角度看，此画似乎特指某个具体的地方；从历史的角度看，此画指的是17世纪地图上经常出现的多个不同的地方；从寓意的角度看，此画还可以指天堂。同时，根据《所罗门之歌》，这个带喷泉的花园美景还可以指圣母玛利亚，花园甚至还可以寓意教会。如果将此画与个人的生命联系在一起，那么它可以喻指信仰者的灵魂。从神秘喻义的角度，它又可以指天堂降临，从而暗指升入天堂，那条光隧道也暗喻此意。对于当时的观者来说，博斯的绘画之所以迷人，部分原因也许正是其丰富多彩的画像内容所激起的各种可能的喻义诠释。即使对于现代解读者来说，这也是引人入胜的。但凡写到博斯，极少有人会不提这一点。无论如何，我们能够接受这个观点：在博斯生活的时代，人们并不只是把博斯当作卫道士。当时的藏家十分珍视他，诸如红衣主教多梅尼科·格利马尼这样的鉴赏收藏大家，必定也同样着迷于博斯绘画不寻常的创作方式，以及画中讲述的深入人心的故事。1521年，据马尔坎托尼奥·米契尔[1]所写，在主教的宫殿上挂着“一幅关于地狱的油画，画面中充斥着各种各样的怪物”，这幅作品名曰《梦》；还有另一幅出自博斯之手的油画，上面画着约拿与鲸鱼。格利马尼主教是个野心勃勃的收藏家，十分喜爱荷兰绘画。当时荷兰绘画越来越受到欢迎，甚至连意大利的宫廷也对之青睐有加。欧洲贵族精英中，有人对博斯的末世画尤为热衷，红衣主教也是他们的代表之一。藏于维也纳的那些碎片没了原画的支撑，主画面到底为何，也许是一幅雕刻的《最后的审判》——我们已不得而知。对于当时的艺术市场来说，这些独一无二的画作被毁，甚至全部遗失，都是有可能的。

[1] 马尔坎托尼奥·米契尔（Marcantonio Michiel，1484—1552），威尼斯贵族。

第八章

《干草车》与《人间乐园》

从仅存不多的资料可以看出，在博斯生活的时代，艺术品的运输非常困难。我们常常从信件的只言片语、目录库存的清单中，了解到有些艺术品在运输的过程中不幸丢失了。譬如，1539年，拿骚国王亨德里克三世的遗孀门西亚·德·门多萨（Mencia de Mendoza）与她的弗拉芒区代理人阿诺·德·普莱诺（Arnão del Plano）联系，请普莱诺代她购入了一幅耶罗尼米斯·博斯的《干草车》，并把画作发送给她。然而不幸的是，这幅作品丢失了。于是她要求普莱诺为其再寻找一幅《干草车》的替代品。看起来，第一次订购的作品从来也没有抵达西班牙。不过，从这些信件中我们也看不出其他信息。现在有两幅《干草车》尚留存于世，其中一幅是1570年费利佩·德·格瓦拉（Felipe de Guevara）的遗孀卖给菲利普二世的。这版《干草车》现存于埃斯科里亚尔大教堂。经过树木年代分析，此画应该是1496年后创作的。另一幅现藏于普拉多博物馆的《干草车》的创作时间不可能早于1508年。博斯笔下的人物通常看起来像剪影，此处提到的第一幅作品画得更精细，画中人物的具体细节画了出来，身上的服饰也是层层叠叠，与博斯的风格不符，由此，对于这幅更老的版本，人们从不认真考虑把它定为博斯的真迹。可普拉多博物馆的那版可能也不是，画中人物与造型完全不同于其他出自博斯之手的绘画，不仅笔触不似博斯的手笔，而且画面上厚厚堆积的油彩，让画作表面看起来很粗糙，导致人和物的轮廓比较模糊，也不似博斯的手笔。此外，画师在绘制远景的时候，还特意留出空白的地方，等着第二阶段再画上人物。所以，此版《干草车》和布鲁日那幅《最后的审判》一样，应该是由博斯的助手绘制的——或许是已获得格瓦拉赞赏的博斯的学生。很多作家认为，这个学生画师是吉利斯·潘赫德尔（Gielis Panhedel）。潘赫德尔来自布鲁塞尔，就是那个大家都知道的"吉利斯·范·登·博斯"。根据"圣母兄弟会"的账本记录，他是绘制兄弟会小教堂祭坛画翼画正面画作的画师之一，翼画背面的画作由耶罗尼米斯·博斯亲自绘制。即使我们无法证实"潘赫德尔曾与博斯一起创作兄弟会小教堂的祭坛画"，可这幅《干草车》的刷痕还和马德里那幅《荒野中的施洗者圣约翰》（参见插图6）的背面画作相吻合——由此，我们得到一份唯一的证据，证实博斯与其最忠实的模仿者曾经共同创作过作品。

哪怕没有加上那个大大的签名，我们也不会对此有所怀疑：《干草车》乃博斯的创意。这幅画也是围绕罪恶与救赎的主题展开，其翼画背面那幅色彩明丽的画作清晰地宣告了这一点（参见插图49）。作品在开阔景观的衬托下，展现了所有关于抢劫、死亡等各式罔顾上帝的行为。从他背上背着的篮子可以看出来，那个男人是旅行者，他正企图将狗挡开。在艺术史界，关于这个显眼的凡人形象到底是积极的还是消极的，有很多讨论，其行走于天地间的感觉，似乎指向博斯时代的一个大众形象——《人生的朝圣之旅》[1]的书中人物。此书将人类比作旅人，正在进行人生之旅。观者真的会把画中的这个形象归为世人鄙视的旅人吗？旅行者不同于城市乞丐，他们没有法律地位，保护他们的唯有基督教戒律“爱邻如爱己”，所以他们必须顺从权威的反复无常，就像背负原罪的人类一样，在人生之旅中，在这个罪恶的世界中，保护他们的唯有上帝的仁慈。

博斯还把此形象用到另一幅祭坛画的背面，这幅祭坛画只有若干碎片幸存下来（参见插图50）。博斯笔下这个绘制于翼画背面的人物，以及中心主画面的《干草车》，会让观者情不自禁地对自己的人生之路、对命运进行反思。除了那辆满载干草的车外，这幅三联画的正面画像，与维也纳那幅《最后的审判》（参见插图42）类似。如《最后的审判》一样，博斯也想让观者从左到右观看这幅《干草车》。在《最后的审判》中，博斯从人类的堕落开始，描绘人类不同时期的历史，一个事件接着一个事件，最后是遭受天谴的人如同毫无价值的东西一样，在地狱中找到自己罪有应得的归属。《干草车》一开始描绘的也是失落的天堂——由于人类的罪孽，从天堂堕落。主画面描绘了各式各样的人类行为，象征着贪婪。社会形形色色的层面展

[1] 《人生的朝圣之旅》，中世纪的一本插画手稿。

现在围绕干草的种种人类行为中，而干草成为所有凡间物品的象征，凡物都是稍纵即逝的；甚至连人类精神与世俗权威的代表——皇帝和主教也都加入了可憎的混乱人群中。他们坐在马背上，跟着作恶的人群，不可避免地迈向地狱；被怪物推着的干草车，车轴已驶入地狱之门；没人注意到云端出现的耶稣，他几乎绝望地举着双手。

与博斯同时代的人就是这样来解读这幅绘画的。这一点从1585年安布罗西奥·德·莫拉莱斯[1]发表的一篇文章就能看出来。莫拉莱斯声称文章是他年轻时写的。1544年至1545年，莫拉莱斯是费利佩·德·格瓦拉儿子的私人教师，据推测，他可能就是这个时期看到博斯这幅作品的。作为文学训练，他写了此篇关于《干草车》的文章。他认为此画仿照古典的《克贝书板》[2]，“以极尽嘲讽与洞察力来展现人类的状态”。在莫拉莱斯看来，博斯这幅三联画的道德寓意就像“这画应该从左向右观看”一样显而易见：“在这幅油画中，他向我们展示了各式各样的悲惨生命，以及人类似乎在浮华中找寻到的巨大魔力。”然后莫拉莱斯用了好几页的篇幅绘声绘色地描述和解读博斯“以巧妙的细节和娴熟的技巧”画出来的人物。他对画法的欣赏，以及依据修辞学规则对画作的细致观察，阐明了当时有学识的鉴赏家是如何看待博斯这些富有创意的画作的。

另一幅让知书达礼的宫廷贵胄想要同样细致地进行观察的画作

[1] 安布罗西奥·德·莫拉莱斯（Ambrosio de Morales，1513—1591），卡斯蒂利亚人文主义历史学家、古物学家，阿尔卡拉大学修辞学教师。

[2] 《克贝书板》（*Tablet of Cebes*），克贝是苏格拉底的学生。《克贝书板》以一位老人与一群年轻人对话的方式（老人向年轻人解释石头上的绘画），教育他们通过真正的美德和健全的心智获得幸福的道理。

乃博斯如今最著名的作品，与此画相比，没有任何一幅博斯的其他作品，甚至欧洲艺术史上几乎没有任何一幅其他作品，会让诠释者感到如此具有挑战性。此画便是赫赫有名的《人间乐园》（参见插图4）。由于没有其他记载的名称，这个误导人的名称在19世纪末成为标准的画名。诚然，树木年代分析认定这幅作品的创作时间是在1460年至1465年间，不过几乎没有人真的认为耶罗尼米斯·博斯在这么早就创作出《人间乐园》，因为那时他才刚刚15岁。作为博斯留存下来的最伟大的作品，此画肯定是在1500年之后创作的。有证据证明，1517年，就是博斯死后第二年，画家这幅最伟大的三联画就在拿骚国王亨德里克三世（Hendrick Ⅲ）的宫殿里。亨利也许是1504年从大伯恩格尔布雷特二世（Engelbrecht Ⅱ）那里继承的，连同布鲁塞尔的宫殿。亨利与菲利普一世的皇廷关系紧密，也有可能是从菲利普那里买过来的——毕竟菲利普乃当时最有名的艺术资助人和艺术爱好者。亨利一直不吝金钱、不遗余力地以最豪华的方式来装饰布鲁塞尔的宫殿。连同毗邻的公园和动物园，这座宫殿成为吸引外国游客的胜地。1521年时，丢勒认为这座宫殿“建得富丽堂皇，内饰美轮美奂”。宫殿管理者向他展示了“所有宝藏、一块陨石，以及一张能躺下50人的大床”。他没有提到博斯的《人间乐园》，也许因为艺术家是在旅游，所以没被允许进入所有房间。咏礼司铎[1]安东尼奥·德·比亚缇斯（Antonio de Beatis）曾陪同阿拉贡区红衣主教路易吉（Luigi）游

[1] 咏礼司铎，天主教神职之一。

历德国、荷兰、法国、意大利等地[1]，1517年7月30日他们参观了这座宫殿。数月之后，比亚缇斯仍记得在宫殿里看到了约翰·戈塞特[2]的《大力神和得阿涅拉》和《帕里斯的判决》，后者中的三位女神被绘得美艳动人。他在那里看到：

> 有些绘画呈现各式奇异的主题，画着大海、天空、树林与原野。有人从蚌壳中出来，还有人给鹤清除粪便；有男人，有女人；有白皮肤的人，有黑皮肤的人；姿态万千，表情各异。各种各样的鸟兽显得自然逼真。一切如此悦目奇异，简直无法向没有见过它们的人描述清楚。

这位旅行中的司铎十分欣赏这些绘画以及画中所表现出来的创造力，不过并没有尝试去解读自己看到的作品。很显然，这段相当简短的描述所指的不可能是任何其他画作，只能是博斯的《人间乐园》。亨利三世和儿子去世后，这幅作品传给了亨利的侄子——奥兰治的威廉亲王。在这位亲王手中，此画被阿尔巴公爵充了公。1591年，此画又从阿尔巴儿子手里转到菲利普二世手里。两年后，世人皆知菲利普国王拥有“一幅描绘变幻多姿世界的画”。1605年，何塞·德·西古恩扎称之为“草莓像”。主画面上绘着一株红艳艳的草莓，虽然外表秀色可餐，尝起来却寡然无味。在西古恩扎看来，这株草莓很大程度

[1] 安东尼奥·德·比亚缇斯，曾作为私人牧师与代笔人，1517年至1518年陪同阿拉贡区红衣主教路易吉游历德国、荷兰、法国、意大利等地，并写下著名的游记。

[2] 约翰·戈塞特（Jan Gossaert，1478—1532），佛兰德斯著名画家。

上体现了画作的主旨：不要被美丽的外表所误导。

背面描绘的是《圣经》中描绘的创世纪第三日夜晚世界的状态（参见插图51）："如上帝所要求的那般，要有光，于是有了光明与黑暗之分，就像世间有了天、水和地之分。"然后，依照《创世纪》的记载，上帝又造了植物："于是地发生了青草，和结种子的菜蔬，各从其类，并结果子的树木，各从其类，果子都包着核。"（《创世纪》第1章第11至13节）。事实上，那些长得满地都是、仿佛来自外星的植物表明天使已坠落人间，并将邪恶带到世上。画作的顶部题了一句来自《诗篇》第33章第9节的引言："因为他说有，就有；命立，就立。"通常来说，人们把此话联系到《创世纪》中上帝不断重复的创世命令。画面左上方，天父上帝立在这句题词旁，进一步强调了这种联系。上帝乃广泛使用的脸谱形象，应被视为传统绘画主题的代表，其所处的位置与《诗篇》的引言齐平。与万能上帝的标准形象相反，博斯对地面的凡世进行了详尽的描绘，并通过绘画来展现自己的思想：精神世界与物质世界是对立的。

对于现代诠释者来说，解读这幅令人印象深刻的三联画正面所展现的内容是个挑战。尽管绘制的细节协同一致，可就像《干草车》一样，尤其是中央的画面，画的是一系列相互冲突的景象。在艺术史研究中，人们常常用"众生相"来描述这样的绘画。这个词恰当地描述了充斥着几乎无法描述的形形色色人物和各式各样行为的混乱画面（参见插图52）。很显然，这些赤身裸体的男男女女被分置于画面的不同区域，有些在前景，有些在中景，有些在远景（参见插图10）。他们似乎年龄不明。画中没有孩子，也没有老人，不过有黑皮肤的人，甚至有浑身毛茸茸的人。这些人默默地聚在一起，仿若来自外星，尤其是那些体积反常的动植物。一些人正在吞食果子，相互喂食，他们中有些人头上或手臂上有鱼；许多男人与女人正在温柔地抚摸彼此，其中一对坐在泡泡中，另一对从蚌壳中出来；有个男人举起一支花鞭打另一个人，后者正把光屁股对着他，屁股上还长出一束花。若我们把画中景象译成语言，定会使用“隐晦的色情与露骨的性爱”这样的词汇。然而，博斯的绘画语言与色情毫不相干。究其缘由，是因为博斯将人的裸体简化为平的两维形态——如此一来，状如剪影的瘦削、脆弱的人体，象征着人类全然失去肉体的感觉，虽然这并没让他们的行为变得少一些罪恶感。

如果主画面遗失的话，人们可能会毫不犹豫地期待看到一幅类似于《最后的审判》的画作。但博斯在主画中描绘的场景出乎人们的意料，更令人惊讶的是，艺术史学家们竟然花了那么长的时间来讨论应该积极还是消极地看待这一幕，画面上展现的到底是纯真无邪的天堂，还是世间最邪恶的罪行。人们之所以会有如此的看法，并不是因为此三联画与博斯其他相同主题的画作（参见插图42、48）不同，左翼没有明确描绘人类的堕落。依此观察，许多学者认为主画面应该是一幅展现“倘若亚当和夏娃没有犯下罪行，那么世界将会是怎样的”的绘画。不过，博斯描绘的并非和平欢畅的情景，主画面所描绘的世界与左翼上描绘的伊甸园大不相同，譬如在其作品中到处可见的邪恶象征遍布主画面。色彩明亮、身形修长的爬行动物就是邪恶力量的象征，同样地，画面前景中那种抓老鼠的猫也是邪恶力量的象征（参见插图36）。依据圣奥古斯丁及许多中世纪神学家的观点，第一对人类夫妇无法逃脱他们的宿命，而博斯展现的正是人类堕落的那一刻——就是亚当转脸背对上帝，面对那个上帝赠给他作为伴侣的女人的那一刻。这个转身决定了《圣经》后面发生的故事。我们要以神学这个最基本的前提为背景来解读画中的一切细节，哪怕主画面的情景看起来如田园诗一般。

“加尔都西会”修士狄奥尼修斯是最早提出不同观点的人之一，他认为，所有的邪恶都是丑陋的，原因很简单，“世上最令人作呕的粪坑，也比不过不知悔改的有罪之人与恶毒之人，而他们却拥有自然美丽的本性与外表”。若你认真对待“哪怕美丽的外表也会包藏祸心”的警告，那么你也能发现博斯主画面暗喻着此警告（参见插图53）。正如格言所言，这是一个好坏难分、黑白颠倒的世界，画中的每一个画像，包括博斯其他画作上的画像，都表达了这个寓意。从构图上我们也能看出这一点，因为画中描绘的每一个人与物的大小极其杂乱无章、颠三倒四。若我们把画作与耶稣拯救人类的历史联系起来看，那么主画面展现的不可能是积极的乌托邦，虽然画面看起来赏心悦目，但其寓意与人们日常的道德观念，尤其是社会等级伦理格格不入。那些能看懂《干草车》，明白这三幅画是按人类历史发展顺序排列的欧洲宫廷人士，也能够领悟《人间乐园》的主画面寓示着淫荡，而这幅动人心魄的作品展现的乃是一个道德沦丧的世界。

《人间乐园》描绘的一系列场景也可以解读为一场《圣经》故事的大戏剧，第一幕以创世纪拉开帷幕，最终以地狱收场。与博斯其他伟大的三联画一样，画家通过作品描绘的是完全忘却上帝先前告诫的人类。左翼远景，在天使的合唱声中，人类丢失伊甸园，撒旦坠落人间——清晰地刻画出邪恶降临世间这一刻——有鉴于此，主画面中的事件不应该进行积极的解读。从构图的角度看也是如此，画中的一切都指向地狱，从左至右，画中人类的比例越来越小，所以右翼画面展现的是什么，就毋庸置疑了。学者们均赞同，《人间乐园》的右翼乃西方艺术史上最令人印象深刻的地狱画面。深棕色的背景衬托着极其混乱的可怕事件，无论是独立的图像，还是成组的图像，都那么引人注目、直击人心。譬如，比现实乐器还要大的蓝鸟头怪兽正向着透明的尿壶排便；树人也是我们所熟悉的，来自一幅钢笔画手稿（参见插图37）；画面中央就是地狱——两耳之间伸出一把刀子——看起来像是被冰封起来似的，冷冰冰的；远处朦朦胧胧的建筑正在起火。当格瓦拉看到《七宗罪》时，曾这样总结：博斯之所以绘制这些奇异怪诞的东西，“是因为他想要描绘地狱场景。对于这个主题，必须描绘恶魔，并以非同寻常的构图方式来想象它们”。乍一看去，此描述似乎十分贴切，可靠近观察画面，会发现并非如此，博斯所绘制的画面一点都谈不上非同寻常（参见插图2）。不仅熊熊烈火映照下的景物很真实，而且画家还精确地再现了当时的乐器和厨具被当作折磨人的工具的场景。地狱让世界彻底颠倒，有只野兔正要把一个困在捕猎柱上的男人拖出来，还有个鸡蛋正在敲开人的脑袋。画面上还可以看到人被吃掉、像在做游戏一般被切掉、被车轮压断或被剑处死。

这些地狱折磨人的方式与博斯时代凡间正常的刑罚几乎毫无差别。当你仔细观察画面，显然会发现，博斯这幅地狱景象令人印象深刻之处，并非是你看到了一个全然陌生的地下世界，相反，这个地狱看起来很熟悉，只是因为这些日常物件大小变了、用途改了，让你觉得很诡异而已。画中的行为也是人们熟悉的——当然，这些行为不是由人所实施的，而是施加在人身上的。这个地狱让人觉得如此熟悉，正是其最诡异之处。1919年，弗洛伊德在其一篇著名的文章中使用了“诡异”一词，看来指的不是新颖或陌生，而是某些极为熟悉的东西，“只是被压抑之后，这些东西变得面目全非了而已”。博斯所展现的许多东西源自日常生活体验中的苦难以及施诸人身上的烈火和剑锋，对于这些画面，观者很容易就能体会到那份痛楚。对于被剑砍、被火烧的感受，谁人不知、谁人不晓呢？博斯及其追随者的作品显然是向观者展现了一个遥不可及却诡异、熟悉的地狱，让人铭刻在心。右翼前景中，一只身披修女服的猪正在哄骗一个可怜的罪人签下名字。狄奥尼修斯曾批判教会，他不遗余力地拒绝任何形式的不贞洁，主画面上展现的种种行为与狄奥尼修斯的批判是多么一致。

博斯画作中的幻想世界吸引着观者细细查看，让人目不暇接，心中同样生出变化无穷的解读。毫无疑问，画家致力于让画面“悦目”——虽然神学家对此提出质疑，但在这些作品中它全然合情合理。由于悦目，观者自然会仔细观察，从而引导观者领悟画中的寓意。即使博斯以几乎是象征性的方式来描绘画像，但他并非只是想让观者观看这些晦涩难懂、淫秽色情的画面，对之幸灾乐祸或兴奋不已，而是想要邀请他们在画作意象中遨游、反思。在亨利三世的宫殿里，《人间乐园》邀请观者审视自身的道德规范，以及与画作主题相关的宫廷价值准则。通过作品所处的特殊环境——皇家宫殿，我们了解到许多博斯作品看似神秘莫测的原因。《人间乐园》挂在供人寻欢作乐的城堡中，城堡主人乃鉴赏家，显然对珍奇事物有很高的鉴赏力。城堡中，有张能容下50人的大床，供宫廷宴会的客人使用，不过，这种恣意奢华的宴会文化受制于高度僵化的宫廷礼仪与严苛的社会规则，以及博斯画作中体现的价值观与社会规范。博斯作品出现在亲王们的藏品目录中，而且作品副本广泛流传，不仅如此，16世纪出品的华丽挂毯上也有《干草车》和《人间乐园》的图案——这一切都表明，当时的贵族阶层十分欣赏博斯这些创造性的作品。

第九章

世间愚人

现在我们知道的《取石》共有八幅，其中之一收录在荷兰一座城堡的存库清单里（参见插图55）。这幅作品属勃艮第的菲利普亲王所有，这位亲王乃世称“好人菲利普”的菲利普公爵的最小私生子。一份1529年制定的库存清单记录着：8年前，在杜尔斯特德城堡装修的“新餐厅”里，挂着一幅“卢伯特·达斯让人取石”的油画。这个名称来自画中的题词：“主人啊，请把石头取走，我名叫卢伯特·达斯”。此画的主题毋庸置疑。荷兰谚语说，愚蠢的人脑袋里有块石头。博斯惟妙惟肖地展现了取石手术的一幕，取石的目的是让人从愚蠢中解脱出来。很显然，此人对于手术的成功深信不疑。从他的脸上，我们就能看出这个身侧放着拖鞋的卢伯特显然是个愚人，他的名字也是当时民间戏剧中众所周知的愚人角色。我们认为戴翻转漏斗的那个人是医生，愚人常常会戴这个形状的帽子，特别显眼。博斯这幅画批判了人们对庸医的盲目崇拜——此批判与对神职人员的抨击联系在一起，因为他们对受害者的自欺欺人放任自流。当我们看到拿着酒杯的醉醺醺的修士和手支着头的修女（用手支头的动作象征着懒惰罪行），就会想起《干草车》中的人物。奇怪的是，这个修女并没在看书[1]，而只是支着脑袋。画中众人象征着世界的腐朽，哪怕神职人员也位列其中，庸医左侧的绞刑架更是证明了这一点。如今，这幅藏在普拉多博物馆的绘画已经被确定不是博斯的原作，不过在将幸存下来的多幅《取石》进行对比之后，证明这幅是最接近博斯真迹的画作。

博斯的创意源自荷兰画派描绘愚人的传统，这股描绘愚人形象的潮流可以追溯到16世纪。愚人主题的画作随处可见，尤其是随着印刷媒介的兴起，从宫廷一直延伸至平民百姓家中收藏的画作。这幅藏于普拉多博物馆的作品，从画中的题词来看，初衷是为宫廷创作的。这句题词的表现方式与1481年皮埃尔·库斯坦（Pierre Coustain）为金羊毛骑士团[2]设计的盾徽（参见插图56）极为相似。1501年菲利普亲王加入金羊毛骑士团，博斯在骑士团荣誉成员盾牌上的盾徽位置画上这喻示人类愚蠢、容易受骗的一幕，亲王定能领悟其中所指。

博斯还有另一幅作品也是为宫廷创作的，不过这幅三联画只留存下一些翼画碎片。博斯现存于世的作品约有20幅，尽管有些只有

[1] 在《干草车》中有这样一幕：手捧经书的修女腿上坐着弹奏曼陀铃的调情浪子。

[2] 金羊毛骑士团，勃艮第公爵菲利普三世于1430年以英格兰嘉德骑士团为典范创立的骑士勋位。

零星碎片幸存下来，但大部分原作都是三联画。这幅创作于1500年至1510年间的三联画和《干草车》（参见插图49）一样，合拢时，背面也是一个旅人（参见插图50）——这一幕同样也是寓意人生之旅。画面几乎全是棕灰色调，绘制的方式特别不同寻常：当油彩尚湿时，画面涂上了一层薄釉。绘制的过程完全随心而行，以至于画家还用拇指在尚未干透的油彩层上直接进行修改——于是在旅人大腿上留下了自己的指印（参见插图57）。

我们还可以辨认出此画的底稿，就像曾一度放在右翼的那幅《死神与守财奴》一样（参见插图39）。死神来带走坐在床上的老者，与此同时，天使正徒劳地指着那个象征救赎的十字架。垂死之人想与恶魔讨价还价，企图向恶魔出卖自己的灵魂，或是想要贿赂他。前景中的那个人纯粹是来搜刮遗产的，完全无视垂死的老人，一点也不关心拯救其灵魂，而是趁着死神来临的当口，把手伸向钱箱。前景的地面上散落着基督士兵的武器，被丢弃的武器仿佛象征世间的荣光不过是短暂的虚荣。和另一侧翼画《愚人船》上的所有人一样，这个愚蠢的老者灵魂不可能被拯救。如今《愚人船》已一分为二（参见插图58）。原本相连的下半部分现存于耶鲁大学，展现的是象征暴食与淫欲的一幕（参见插图59）。画中一个大腹便便的农民跨坐在酒桶上，帐篷里有对含情脉脉的恋人。愚人船飘扬的旗帜上有土耳其的新月图案——而非十字图案，从中可以判断出聚在船上的那群人并非基督徒，然而狂欢者中有一名修士与一名修女。看到坐在索具上的傻瓜，我们不可避免就会想起塞巴斯蒂安·布兰特的《愚人船》。这本著作于1494年首次出版，几年之后就出现了荷兰语版和拉丁语版。书中序言里，对当时的无神世界提出了批判。这段文字在博斯的绘画中也有所反映。

> 是的，《圣经》和法律遭受鄙视，
> 世界活在最黑暗的夜里，
> 盲目地不断造孽，
> 大街小巷里全是傻瓜。

布兰特书中所揭示的人类缺点被博斯通过绘画展现出来。我们可以这样理解：布兰特这段序言中的文字意在取悦读者，但博斯创作《愚人船》的意图，并不只是想要取悦公众，他还在画中加入了“道德引导”，以期提升公众意识和道德修养。

对于这幅只剩翼画碎片的三联画主画面的主题，人们有许多猜测，其中有很多似乎很合理。有人提出一种可能性：《加纳婚宴》（*Marriage Feast at Cana*，参见插图60）曾是这幅三联画的中央主画。现在存世的《加纳婚宴》唯有副本。支持这个观点的证据是现存的《加纳婚宴》副本与博斯这幅三联画的剩余部分完全吻合。不过，但凡想确定《加纳婚宴》与剩余碎片画面在主题方面有直接关联的努力，都被证明不是非常具有说服力。事实上，《约翰福音》描写的加纳婚宴与圣祭礼有关，世人将这一幕解读为关于节制、贞洁与爱邻的寓言（《约翰福音》第2章第1至11节）[1]。由于这幅三联画一侧翼画展现的是毫无节制、荒淫无度的画面，而另一侧表现的则是当着垂死之人的面只顾私利的利己贪婪，所以主画应该会蕴含画家对两侧翼画人物意味深长的批判。《加纳婚宴》画面中摆着餐桌，背景画着橱柜，天鹅与猪均在菜单之上，会让观者联想到“饕餮盛宴”这样的词汇。世人将这幅主题显而易见的绘画解读为“闪米特真知文献”[2]，从而认定画中所描绘的种种事件具有某种深奥神秘、异端邪说的意味。

近期的研究对此类“《加纳婚宴》曾是这幅三联画的中央主画”的观点全部予以否定。有人推测主画是博斯的《魔术师》。留存下来的碎片画面让我们可以确定与之相关的一切重要细节，从而对所有油画版的《魔术师》副本进行准确解释。通过对绘画材料的分析，有幅《魔术师》的创作年代应该在1540年之后；而树木年代分析表明，其创作年代在1553年后。这幅《魔术师》毫无疑问是博斯的作品。基于不同幸存副本的仔细比对，遗失的原作应该创作于1510年前后——博斯正是

[1] 2:1“第三日，在加利利的迦拿有娶亲的筵席。耶稣的母亲在那里。”
2:2“耶稣和他的门徒也被请去赴席。”
2:3“酒用尽了，耶稣的母亲对他说，他们没有酒了。”
2:4“耶稣说，母亲，我与你有什么相干？我的时候还没有到。”
2:5“他母亲对用人说，他告诉你们什么，你们就做什么。”
2:6“照犹太人洁净的规矩，有六口石缸摆在那里，每口可以盛两三桶水。”
2:7“耶稣对用人说，把缸倒满了水。他们就倒满了，直到缸口。”
2:8“耶稣又说，现在可以舀出来，送给管筵席的。他们就送了去。”
2:9“管筵席的尝了那水变的酒，并不知道是哪里来的，只有舀水的用人知道。管筵席的便叫新郎来。”
2:10“对他说，人都是先摆上好酒，等客喝足了，才摆上次的，你倒把好酒留到如今！”
2:11“这是耶稣所行的头一件神迹，是在加利利的迦拿行的，显出他的荣耀来，他的门徒就信他了。”

[2] 引自威廉·弗兰格（Wilhelm Fraenger）于1950年所著的《加纳婚宴：耶罗尼米斯·博斯的闪米特真知文献》（*Hochzeit zu Kana: ein Dokument semitischer Gnosis bei Hieronymus Bosch*）。

在这个时期开始声名鹊起、作品越来越多的。显然，他的藏家不仅欣赏他所创作的关于道德规劝的三联画，也喜欢他所创作的这些世俗题材的作品。从留存下来的副本来看，这些画深受欢迎，流传甚广，其中有个副本的主题一点都不神秘。画面中，魔术师使出各式行骗手段、魔术伎俩吸引观众；而他的同伙混入看得如痴如醉的观众中，洗劫他们的财物（参见插图61）。16世纪中期，有幅版画就是以幸存的一幅《魔术师》为模板制作的，画中一幕显然在警告世人：骗子无处不在。和《取石》一样，画面场景就是一出流行闹剧。不过，画中人物乃典型的不忠之人，也就是那些“迷失的、被误导的人”，他们的恶行与愚蠢在《七宗罪》和《干草车》中也有展现。

和宗教史上的绘画一样，博斯创作的世俗画的主题与图像可以用各种不同的方式进行寓言式解读。当然，对如此一幅绘画及画中图像进行象征性诠释，有赖于观者自身的教育水平。譬如说，当时曾经受过学术教育的人，甚至是大学里的神学家，无疑会比一个受教育程度相对较低的贵族或商人更能发现画中的象征关联。然而，我们可以理所当然地认为，那个时代，有些基础图案是大众广泛能够理解和接受的，就像绘画方法一样。因为绘画方法背后的共识乃常识，所以每个人只要一看到绘画中的象征符号，脑子里就会激起复杂的想象，从而领悟画中的意味。实际上，这些不断被重复的图像，成为那个时代的视觉文化中一笔简直令人难以置信的财富。如今我们对这种文化只能一知半解。显然，考虑到宗教对规范与价值的共识，这些画作所传递的都是道德信息。这是另一个为何我们不能把博斯的作品简化为易于识别的卫道典范的原因。

第十章
诠释

博斯曾经有过很多作品，其中一部分如今只留下质量良莠不齐的副本。许多在古老藏品目录中的博斯真迹已消失无踪，譬如1521年马尔坎托尼奥·米契尔曾提及的那幅描绘“命中注定要吞下约拿的鲸鱼”的画，或与《干草车》一起同属格瓦拉所有的那幅关于乡村节日的画。毕竟，博斯的布面油画真迹全都没了，其中很多曾被作为艺术品收藏起来，尤其是在安特卫普。不过这些进入藏品目录的藏品有可能会误导世人，因为并非每一幅当时认定为博斯真迹的绘画，现在都会被认定是真的出自博斯之手。相反地，世人似乎把“博斯”这个名字或多或少地与非常流行的“地狱画”——也就是专门描绘地狱的绘画类别交融在一起，单是他的圣安东尼三联画，在16世纪就出现了30多幅副本，甚至在博斯活着的时候，人们就已经把一些仿品归到他名下。换句话说，博斯的名字之所以会常常出现在此类画作中，有个很简单的原因：模仿者会毫不犹豫地把博斯的签名加到他们的作品上。1560年左右，费利佩·德·格瓦拉已经意识到这种情况，并在他所撰写的《绘画评论》中报道发现了大量这类绘画：

> 带有耶罗尼米斯·博斯的签名，但实际上这个签名是不对的，他从来都没画过这些画。事实上，它们是烟熏出来的，是没眼力的傻瓜做的，他们把画放到壁炉上熏，好让它们看起来像幅老画，增加可信度。

这段简短的文字就是证据，不单证明了仿品的存在，而且还证明了一个事实：这些仿品给藏家带来了麻烦。在博斯所处的时代，人们对视觉艺术作品及创作者的美学造诣产生了越来越浓厚的兴趣。费利佩·德·格瓦拉本人就拥有六幅博斯的作品——据推测，应该是从1520年去世的父亲迭戈·德·格瓦拉那里继承的。迭戈有生之年一直是菲利普一世皇廷多位西班牙君主的亲信，并在1498年至1499年间加入斯海尔托亨博斯镇的“圣母兄弟会”。根据他的地位，他应该可以直接向博斯本人购买画作。他必定还告诉儿子如何识别博斯的标志性艺术特征，并连同画家的多幅真迹和由博斯的杰出学生绘制的《干草车》，传给了儿子。

与博斯同时代的人支付高价收藏博斯的作品，他们要确保得到的是真迹，而非出自模仿者或抄袭者之手的画作。16世纪的藏家对历史流传下来的画作越来越感兴趣。就宫廷藏品来说，继承古代大师杰作能彰显出主人的高贵地位，毕竟这些历史流传下来的画作，证明了某人的先祖曾经欣赏艺术作品，推进了艺术发展。城镇的管理者效仿了宫廷这一习性，开始对老画产生兴趣，尤其是由本地画家创作的——他们把这些画作为当地文化传统的历史证据。与此同时，假如某位艺术家的作品被列入了上流社会的典型藏品中，他们便会竭力收集这位画家的画。由此，一种前所未有的市场需求出现了，而当时存有的原作无法满足需求。我们可以从安特卫普市议会1575年10月3日颁发的法令，看到这种趋势导致的结果。法令中除了确定“圣路加公会”[1]的其他特权外，还授权对知名的绘画进行复制。法令规定：“如尊贵的绅士与市民购买了知名画家的真迹复制品，将不会被视作受骗上当。”博斯绘画的副本和仿品常常出自安特卫普，创作这些画的画师姓名几乎全不为人知晓。不过，在众多无名模仿者中，有些艺术家的个性凸显出来，向世人证明他们自己能创作出了不起的作品。其中最杰出的当然就是老彼得·勃鲁盖尔[2]（参见插图62）。他的职业生涯始于1550年之后，其作品的创意完全是个人独有的，但这些绘画被经纪人耶罗尼米斯·科克当作博斯的作品来推广。1604年卡勒尔·凡·曼德尔曾写过彼得·勃鲁盖尔以几近耶罗尼米斯·博斯的风格来创作，绘制妖魔鬼怪的形象与滑稽可笑的场景——这就是为什么人们会称其为“滑稽的勃鲁盖尔”，“这就是为何人们极少看到他的作品。对于认真看画的人来说，博斯的作品一点都不搞笑，而是令

[1] 圣路加公会，由画家、木刻家、制版工匠构成的行业工会性质的兄弟会组织，自15世纪以来流行于下莱茵和尼德兰地区。名称源于天主教信仰中画家的主保圣人圣路加。根据大马士革的圣若望考证，圣路加曾为圣母玛利亚绘制肖像。

[2] 老彼得·勃鲁盖尔（Pieter Breughel the elder，约1525—1569），16世纪尼德兰地区最伟大的画家。一生以农村生活作为艺术创作题材，人们称他为“农民的勃鲁盖尔”。他继承了博斯的艺术风格，又被誉为“新博斯”。

人深思。”凡·曼德尔曾说，博斯的绘画“通常看起来并不那么阴森可怕”，此话意义重大。博斯通过描绘没有信仰的人类做出令人憎恶的行为，导致悲惨的未来，而他的追随者乐于以变幻莫测、栩栩如生的方式，来描绘地狱的可怖。道德规劝被娱乐性所取代，他们更多地专注于喜剧效果，而非博斯的艺术性，也不关注当时的人如何看待博斯的艺术，尤其是到了16世纪末，当时兴起了一股真正的“博斯复兴”潮流，许多模仿者热衷于将博斯艺术中原有的滑稽元素发挥到淋漓尽致。

有一些模仿者会在博斯可怖的地狱场景中添加装饰性的图案，这一点从博斯追随者创作的许多作品中都能看到。在一幅《最后的审判》的碎片中也能看到（参见插图63），这张仿品也许是博斯还在世时创作的。通过树木年代分析的方法来判断，此画的创作年代最早可到15世纪中期。很显然，这幅作品采用了博斯标志性的图像，像写书法似的，铺满昏暗的画面背景。那些怪物与博斯笔下的怪物全然不同，只是为了表现怪物的形象。这些图案排列得就像奇形怪状的蝴蝶标本似的，看起来仿若色彩鲜艳的阿拉伯花纹。

许多博斯的仿品和其追随者创作的作品本身就值得进一步研究。相对于对这些画作做出解释，把它们罗列出来更加容易一些。有一点是确定的，安拉斯·杜·汉美尔（Alart du Hameel）的版画（参见插图40）对博斯作品的传播有所贡献。汉美尔与博斯年纪相仿，他们必定认识，因为汉美尔是“圣母兄弟会”成员。1478年至1494年，他还担任斯海尔托亨博斯镇大教堂的主石匠师。他用“博斯伊”来给自己奇幻的绘画冠名，并在画面上写上此名，在他的十几幅版画上也能找到这个签字。这些画与博斯的作品关系密切，但没有完全复制博斯的作品。在汉美尔的版画作品中，会使用博斯标志性的图案，不过也会用其他模板。他极其喜爱刻画长得像人类的小恶魔在做蠢事，这些小恶魔与博斯笔下的混种生物只有少许相关度。由于对如何区分这些形象的原型存在误解，还让人们产生了错误的认知，以为汉美尔的版画乃博斯遗失画作的复制品——直到最近人们才意识到这个认识是错误的。毕竟，汉美尔一开始之所以能成名，正是因为他创作出了像这般奇幻的作品。

大约16世纪中期，马库斯·范·瓦尼威克、卢多维科·圭恰迪尼和乔尔乔·瓦萨里已在称颂博斯“奇异怪诞”的作品。到了16世纪末，博斯的“魔鬼创造者”名声已稳固，他还得到了乔万尼·保罗·洛马佐[1]、安布罗西奥·德·莫拉莱斯和冈萨罗·阿戈特·德·莫利纳[2]等人的赞许。莫利纳曾称博斯的绘画尤其以“荒诞闹剧”闻名于世。直到今天，这许许多多品质各异的闹剧仿品的存在，让博斯的作品整体变得捉摸不定。格瓦拉是首个提出以下建议的人：通过专注图像来将真迹与仿品区别开来。为此，博斯做了以下努力：

> 的确，他竭力为自己的奇幻作品找寻最稀有的绘画对象，不过这些对象总是忠于自然的，所以，你可以把这当成一条铁律：但凡画面出现的怪物或其他形象超越自然的界

[1] 乔万尼·保罗·洛马佐（Giovanni Paolo Lomazzo，1538—1592），画家，16世纪晚期意大利北部知识界的著名人物。

[2] 冈萨罗·阿戈特·德·莫利纳（Gonzalo Argote de Molina，1548—1596），学者，西班牙历史学家。

限，那么这幅作品（哪怕上面有他的签名）就一定是赝品或仿品，除非正如我此前所说的，这画呈现的是地狱或者地狱某处。

博斯的绘画创意会在他忠实学生创作的珍贵作品中活下去。他的这些忠诚学生：

或许是出于对老师的尊敬，也或许是为了提升自己作品的价值，他们在作品上签上博斯的名字，而非自己的……在创作过程中，他们比博斯更细致、更耐心，而且总是忠于老师作品的品质与色彩。

格瓦拉手里那幅《干草车》（参见插图48）背景中，画师小心翼翼地把人物添加到预先留下的空白处。从这种绘画方式，我们就能看出这段话的真谛所在。正如那些毫无疑问出自博斯之手的作品所显示的那样，上述这种艰苦的过程对他来说是陌生的。1604年，凡·曼德尔明确指出博斯绘画的一个特征：有某种鬼斧神工的意味，而且与同时代的画家相比，他也没有那么沉迷于再现服饰的繁复褶皱，“他的手很稳，用笔十分娴熟，笔触十分细腻，通常用一层油彩就能完成画作，而且画面的色彩明亮，不需要修正颜色”。不过可惜的是，凡·曼德尔接下来没有提及任何一幅现在认定为博斯真迹的作品。于是乎，有趣的是，现在他的评论以及格瓦拉的说明成了证明博斯时代的人已像现在的人一样，对绘画作者的问题感兴趣的主要证据。

因为现在难以区分哪些是博斯的真迹，哪些是副本或仿品，所以许多现代的艺术史评论家倾向于这种建议：将出自博斯家族画坊的作品归为一个联合体，不管是出自其父亲或兄弟姐妹之手，一般来说，这些作品都会签上“耶罗尼米斯·博斯”的名字。然而，我们为何要提出“博斯的作品与他的助手有关”这个无法证实的观点呢？因为这是一个不争的事实：博斯经营着一家画坊，收过学生，有过助手。还有一个事实也毋庸置疑：作为中世纪画坊的常规运作模式，在创作重要祭坛画的每一个阶段，他都会参与其中，监督并指导助手。此外，他的签名，譬如在《三博士来朝》（参见插图13）上的签名，就像现代商标一样，是对基于同一种创作方法出品的画所做的质量保证。这就是为何随着时间的推移，现在真正被接受为博斯真迹的作品数量变得越来越少的原因。与从文化和宗教历史的角度来研究博斯绘画的人相比，那些想要证明“博斯乃某个秘密教派成员，创作的绘画中包含谜语”的人，往往对绘画的作者问题没有那么大的兴趣。不过倘若画作的创作年代、接收者的具体信息不清楚的话，我们又如何能解答这些问题呢？

博斯的作品之所以最终成谜，是因为对于那些企图把他的作品放进某个艺术发展阶段的现代诠释者来说，博斯的作品让他们感到神秘难解。在描述艺术的历史发展历程时，这些人喜欢将博斯归入第三代艺术发展阶段，称他是扬·凡·艾克创立的早期荷兰画派的最后代表人物之一。此类作家不厌其烦地把博斯令人迷惑的特性，代入其他也被称为“弗拉芒画派先驱”的画家身上。然而，很显然，所谓的“艺术发展阶段”并不存在，是被艺术史学家们构建出来的。与其说是博斯的作品出了问题，还不如说是此等历史划分出了问题。对于与“艺术发展阶段”似乎不吻合的作品，他们还成功地构建出猜测式的解读。无论这些作品被视为蕴含占星术或炼金术信息，还是展现异端邪说的内容，或与秘密组织有关，它们都不得不屈服于“它们属于某个艺术发展阶段”的先入为主的解读。此类理论通常都是臆想的，没有任何文献证据作为支持，是对现实存在的资料信息视而不见的结果。唯有把这些资料信息考虑在内，才能充分了解博斯作品可能的创作环境与解读状况——这对理解博斯是至关重要的。最重要的是，绘画解读见仁见智，而文献证据本身又模棱两可，所以对于博斯的作品便产生出越来越多的新诠释。苏珊·桑塔格[1]抱怨博斯已成为一个“被厚厚的诠释硬壳所包围”的艺术家。博斯所处时代的艺术潮流概念基于一种模糊性：把所有企图对艺术品做出不同诠释的努力简化为单一寓意。所以，当然不可能有对博斯作品的“正确”解读，出于同样的原因，倒是存在许多误读。由于不断出现的诠释，世人的最终印象一定是：博斯的绘画根本就读不懂，对于它们的解读倒最终成了故事。随着时间的推移，人们以不同的方式来诠释博斯的作品，得到越来越多的解读，这些诠释与博斯创作的奇幻画作融合在了一起，在现代流行文化中依然长盛不衰。他的混种生物在现代漫画与三维动画里又活了过来，在时尚的“中世纪市场”上出售；互联网随处可见他的作品身影，永远让每一个人深思。毫无疑问，在过去的五百年里，耶罗尼米斯·博斯绘画的魅力从未消退。

[1] 苏珊·桑塔格（Susan Sontag，1933—2004），美国作家、艺术评论家。

图片出处

作者本人及出版商在此感谢下列各方提供插图资料或准允翻印。

Akademie für Bildende Künste, Vienna: 21, 42, 43; Albertina, Vienna: 30; Art Institute of Chicago: 40; Gemäldegalerie, Berlin: 6, 7, 8; Graphische Sammlung Albertina, Vienna: 37; Kunsthistorisches Museum, Vienna: 16, 17; The Metropolitan Museum of Art, New York: 62; Museum Boijmans Van Beuningen, Rotterdam: 22, 24, 26, 26, 27, 49, 50, 56, 60; Musée du Louvre, Paris: 38, 58; Musée Municipal, Saint-Germain-en-Laye: 61; Museu Nacional de Arte Antiga, Lisbon: 31, 32, 33; Museo del Prado, Madrid: 2, 4, 10, 13, 14, 15, 36, 48, 51, 52, 53, 55; Museum voor Schone Kunsten, Ghent: 20, 23; National Gallery, London: 19; National Gallery of Art, Washington, dc: 39; Noordbrabants

Museum, 's-Hertogenbosch: 3; Palacio Real, Madrid: 18, 42, 54; Palazzo Ducale, Venice: 12, 26, 27, 44, 45, 46, 47; Rijksmuseum, Amsterdam: 56; Royal Museums of Fine Arts of Belgium, Brussels: 11; Staatliche Museen, Berlin: 34, 35; Städel Museum, Frankfurt: 9; Yale University Art Gallery, New Haven: 59.

读客®文化

文艺复兴七巨人

彼特拉克

[美] 克里斯托弗·S. 塞伦扎 著

刘海翔 甘露 译

河南文艺出版社

·郑州·

豫著许可备字-2022-A-0047

图书在版编目（CIP）数据

彼特拉克 /（美）克里斯托弗·S. 赛伦扎著；刘海翔，甘露译 . -- 郑州：河南文艺出版社，2023.5

（文艺复兴七巨人）

ISBN 978-7-5559-1244-6

Ⅰ . ①彼… Ⅱ . ①克… ②刘… ③甘… Ⅲ . ①彼特拉克 - 传记 Ⅳ . ① K835. 465. 5

中国版本图书馆 CIP 数据核字 (2022) 第 146643 号

文艺复兴七巨人：彼特拉克

著　　者 ［美］克里斯托弗·S. 赛伦扎
译　　者 刘海翔　甘　露
责任编辑 李亚楠
责任校对 王　宁　苑留员
特约编辑 王　偲
策　　划 读客文化
版　　权 读客文化
封面设计 陈　晨
封面插画 王　晓
出版发行 河南文艺出版社
印　　刷 河北中科印刷科技发展有限公司
开　　本 890mm × 1270mm 1/32
总 印 张 49.75
总 字 数 1122 千
版　　次 2023 年 5 月第 1 版　2023 年 5 月第 1 次印刷
定　　价 315.00 元（全七册）

如有印刷、装订质量问题，请致电 010-87681002（免费更换，邮寄到付）

插图1　尤斯图斯·范·金特（Justus van Gent），《彼特拉克像》，创作于15世纪，木板油彩画

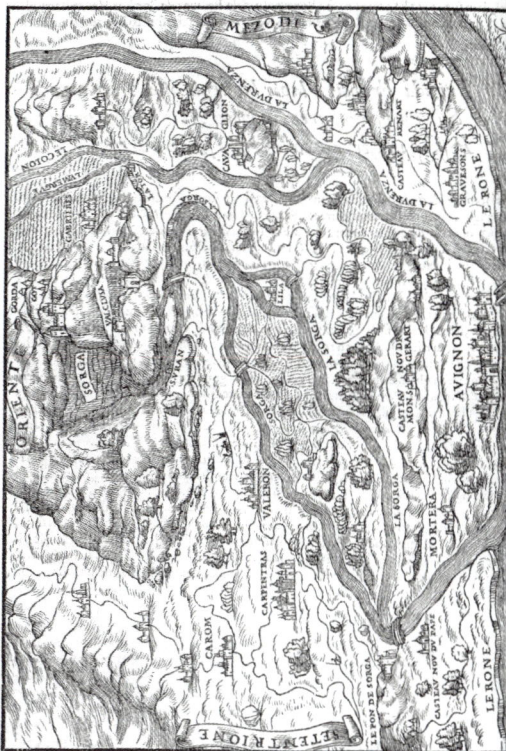

插图2　亚历山德罗·韦卢泰罗（Alessandro Velutello）为彼特拉克用意大利语写的诗歌集写了评论，并于1547年画了地图，表现出他想象中的彼特拉克生活过的法国沃克吕兹（Vaucluse）及其周围环境。该诗歌集由加布里埃尔·焦利托（Gabriel Giolito）在威尼斯出版发行

插图3　法国阿维尼翁的教皇宫殿在现代照片里的全景

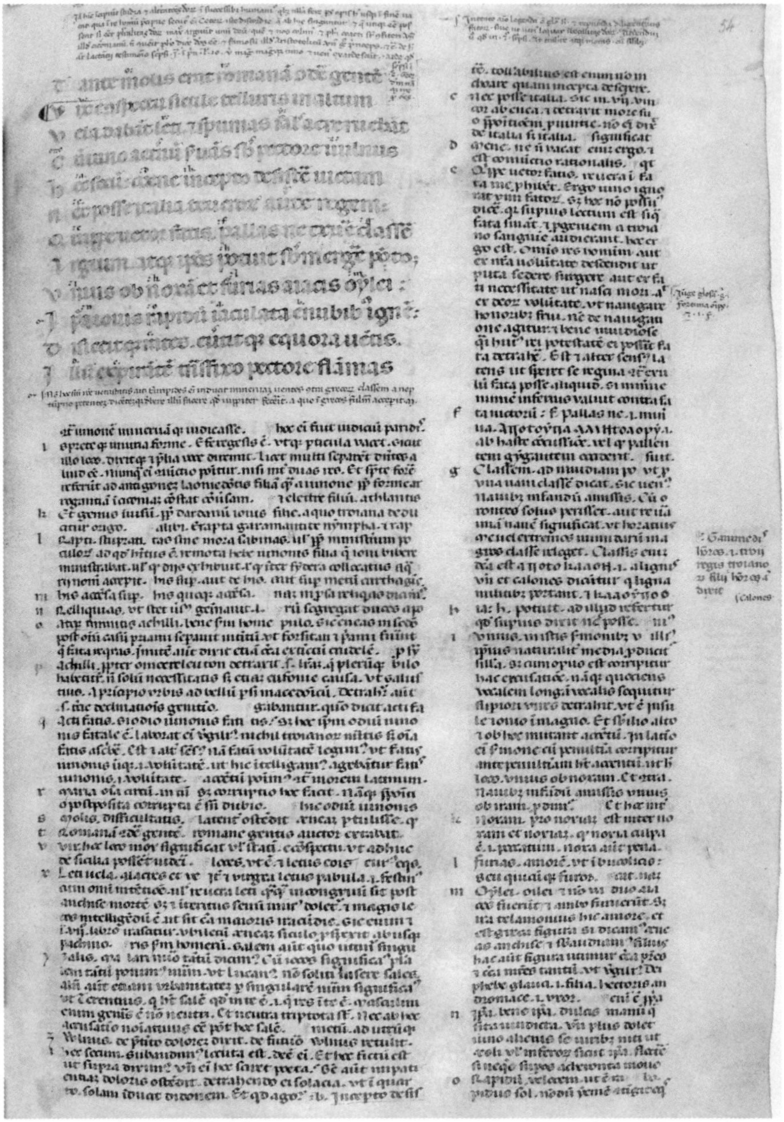

插图4　彼特拉克在他自己保存的（后来被称作《安布罗斯的维吉尔》）一书中，为维吉尔的《埃涅阿斯纪》第一卷第36行所写的注释，大约写于1340年。请注意在页面左上方的所引注释

插图5　西蒙·马提尼为《安布罗斯的维吉尔》所画的卷首插图，约作于1340年

插图6 西蒙·马提尼与利波·梅米于1333年共同创作的《天使报喜》，木板蛋彩金粉画

chogni uil cura mi leuar dintorno
et piu colei lochui bel uiso adorno
di ben far chosuoi exempli minnamora
Ma chi penso ueder mai tutti inseme
per assalirmi or quindi or quinci
questi dolci nimici chio tanto amo
amor chon quanto sforzo oggi miuinci
et se non chal disio cresce laspeme
io cadrei morto oue piu uiuer bramo

IO auro sempre in odio la fenestra
onde amor mauento gia mille strali
per che alquanti di lor non fur mortali
che bel morir mentre lauita e destra
mal sorastar nella prigion terrestra
cagion me lasso dinfiniti mali
et piu miduol che fien meco immortali
poi che lalma dalcor non si scapestra
Misera che dourebbe essere accorta
per lunga experienza omaichel tempo
non e chi indietro uolga ochi laffreni
piu uolte lo chon tal parole scorta
uattene trista che non ua per tempo
chi dopo lascia esuoi di piu sereni

SI tosto come aduien che larco scocchi
buon sagittario di lontan discerne
qual colpo e da sprezare et qual dauerne
fede chal destinato segno tocchi
similemente elcolpo de uostri occhi

插图7　“劳拉美目一瞥，像一支箭射中彼特拉克”之插图，出自1470年版的彼特拉克十四行诗《抒情诗集》和《三部曲》的古抄本，由安东尼奥·格里福（Antonio Grifo，1430—1510）所画，威尼斯的文德利诺·达·斯皮拉（Vindelino da Spira）出版

: ſuol fare iſchuſilla i martiri
penſer che ſolo angoſcia dalle
a dognaltro fa uoltar le ſpalle
face obliar me ſteſſo a forza
en di me quel dentro & io la ſcorza
che dal di chel primo aſſalto
iede amor moltanni eran paſſati
o cangiaua el giouinil aſpecto
torno al mio cor penſier gelati
auean quaſi adamantino ſmalto
entar non laſſaua el duro affecto
ma ancor non mi bagnaua il pecto
mpea il ſonno & quel che in me non era
areua un miracolo in altrui
che ſon che fui
a el fin, el di loda la ſera
ntendo il crudel di chio ragiono
allor percoſſa di ſuo ſtrale
eſſer mi paſſato oltra la gonna
in ſua ſcorta una poſſente donna

插图8　表现彼特拉克演变为一棵树的插图，出自1470年版的彼特拉克十四行诗《抒情诗集》和《三部曲》的古抄本，由安东尼奥·格里福所画，威尼斯的文德利诺·达·斯皮拉出版

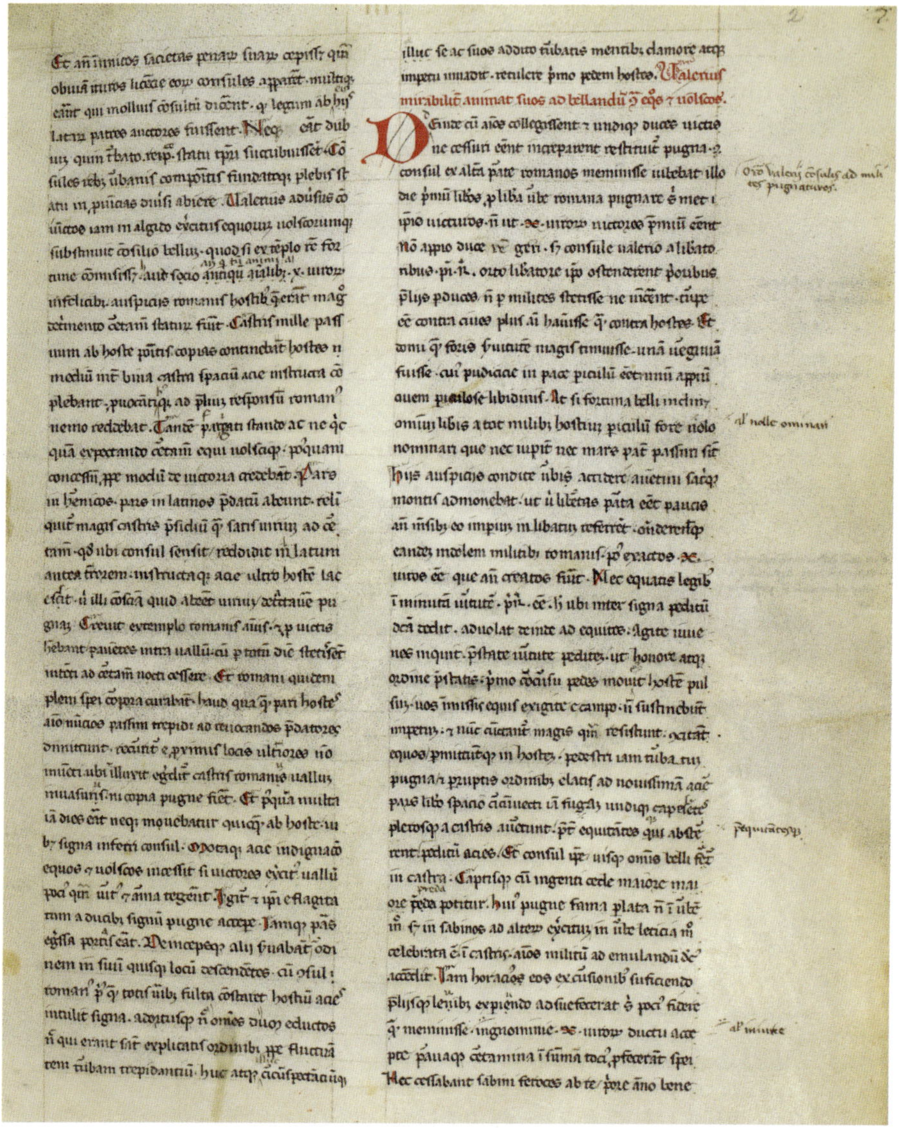

插图9　伦敦大英图书馆，图书目录“哈雷2493”号，彼特拉克个人收藏的提图斯·李维著作《罗马自建城以来的历史》手抄本上加了注释的一页，约整理于1329年

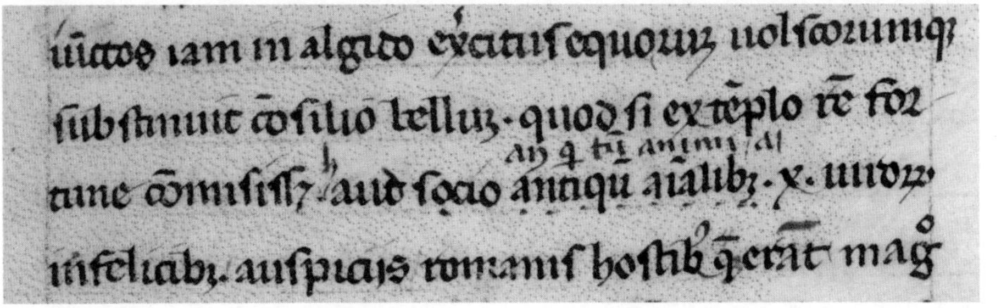

插图10　伦敦大英图书馆，图书目录“哈雷2493”号，彼特拉克个人收藏的提图斯·李维著作《罗马自建城以来的历史》手抄本上加了注释的一个细节，约整理于1329年，羊皮纸古抄本

插图11　旺图山（Mont Ventoux，在远处背景中）一带的景色

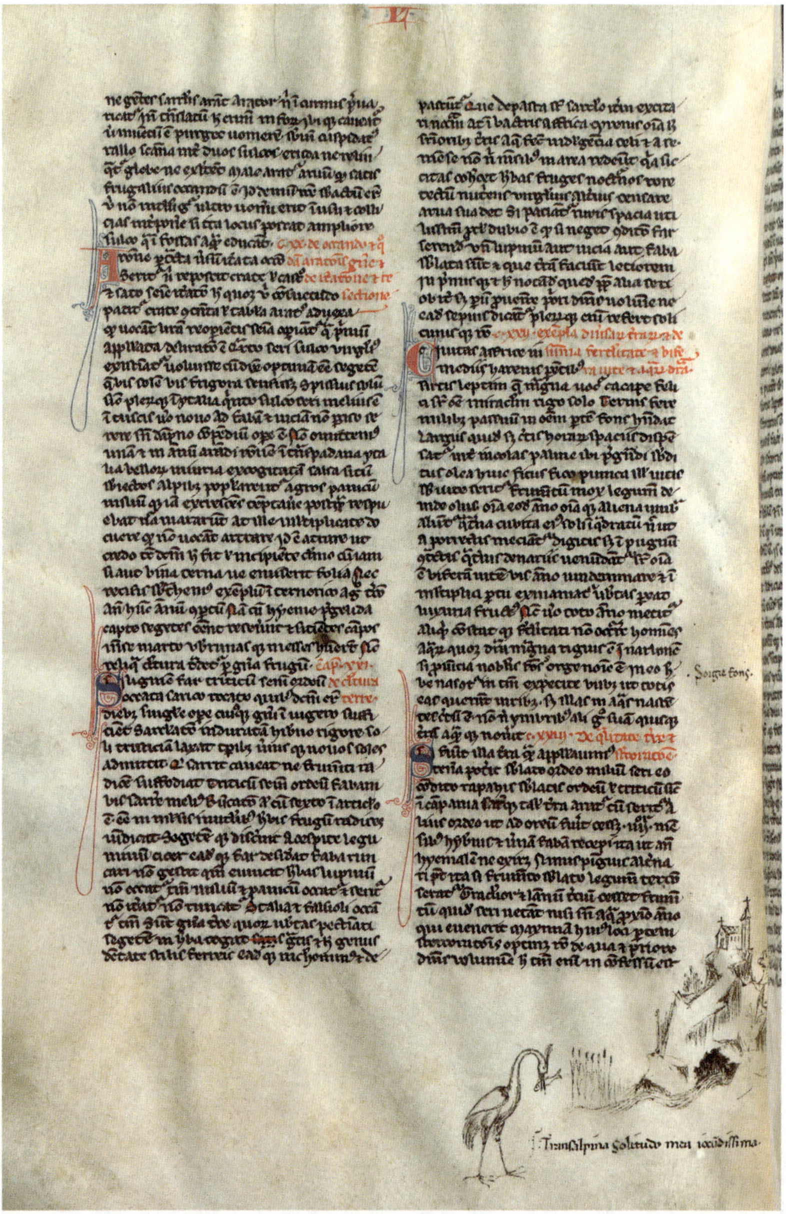

插图12　在彼特拉克个人珍藏的老普林尼所写的《自然历史》一书空白处，有表现法国沃克吕兹风貌的绘画，右下角写着："阿尔卑斯山麓，我最快乐的孤独。"绘于1350年

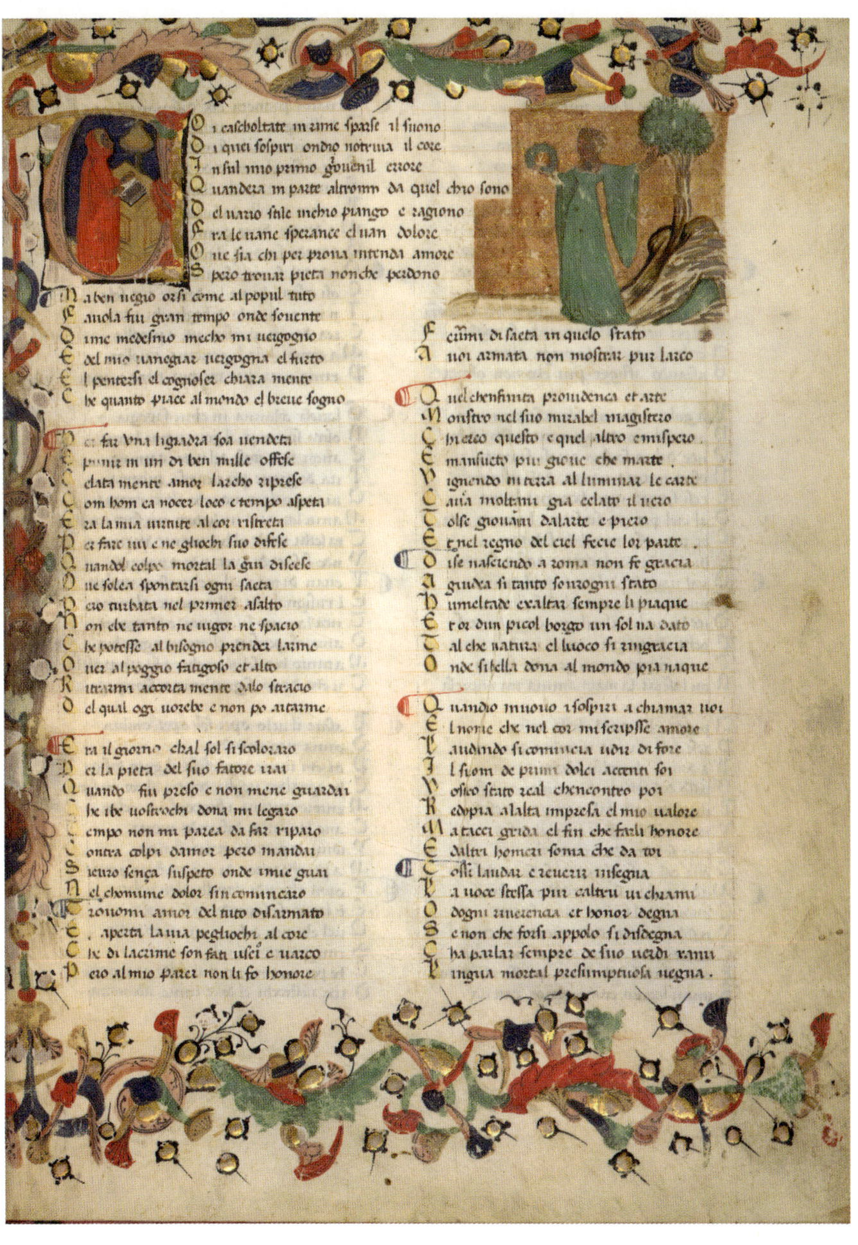

插图13　一本来自威尼斯的抄于公元1400年的彼特拉克十四行诗《抒情诗集》的第一页，其中的插图被认为是克里斯托福罗·科尔泰塞（Cristoforo Cortese，1390—1445）所画

插图14　由劳伦特·德·普雷米法特（Laurent de Premierfait）翻译的乔万尼·薄伽丘《十日谈》（1414年法国版）中表现佛罗伦萨瘟疫的手绘插图

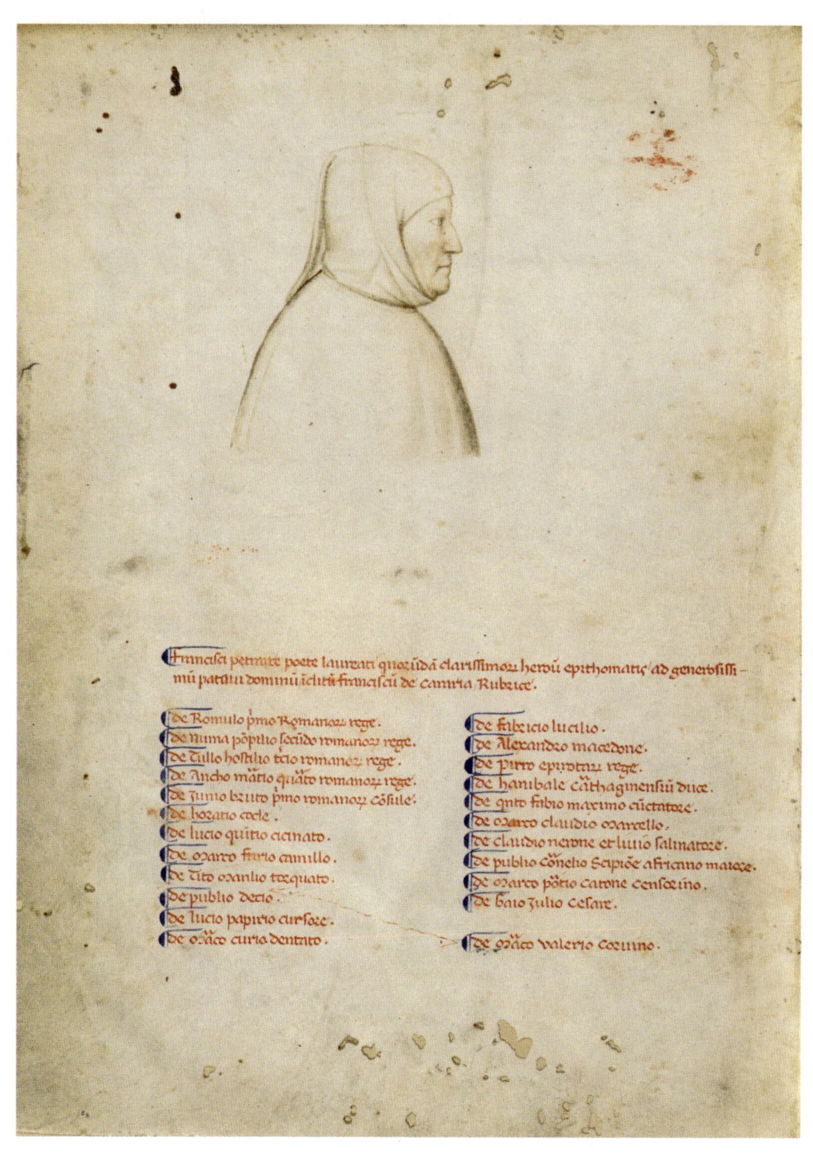

插图15　在1379年的彼特拉克《名人列传》手抄本中，由阿蒂奇耶罗·达·维罗纳（Altichiero da Verona）创作的彼特拉克画像

插图16　安德烈亚·德尔·卡斯塔尼奥（Andrea del Castagno），《但丁·阿利吉耶里》（*Dante Alighieri*），约创作于1450年，壁画被剥离后转移到画布上

插图17　安德烈亚·德尔·卡斯塔尼奥，《弗朗切斯科·彼特拉克》，约创作于1450年，壁画被剥离后转移到画布上

插图18　安德烈亚·德尔·卡斯塔尼奥，《乔万尼·薄伽丘》，约创作于1450年，壁画被剥离后转移到画布上

插图19　来自一份14世纪的手抄本彼特拉克的《命运之轮》（哲理散文集《论两种命运的补救方法》第一页上），一幅描绘命运之轮的手绘插图的细节

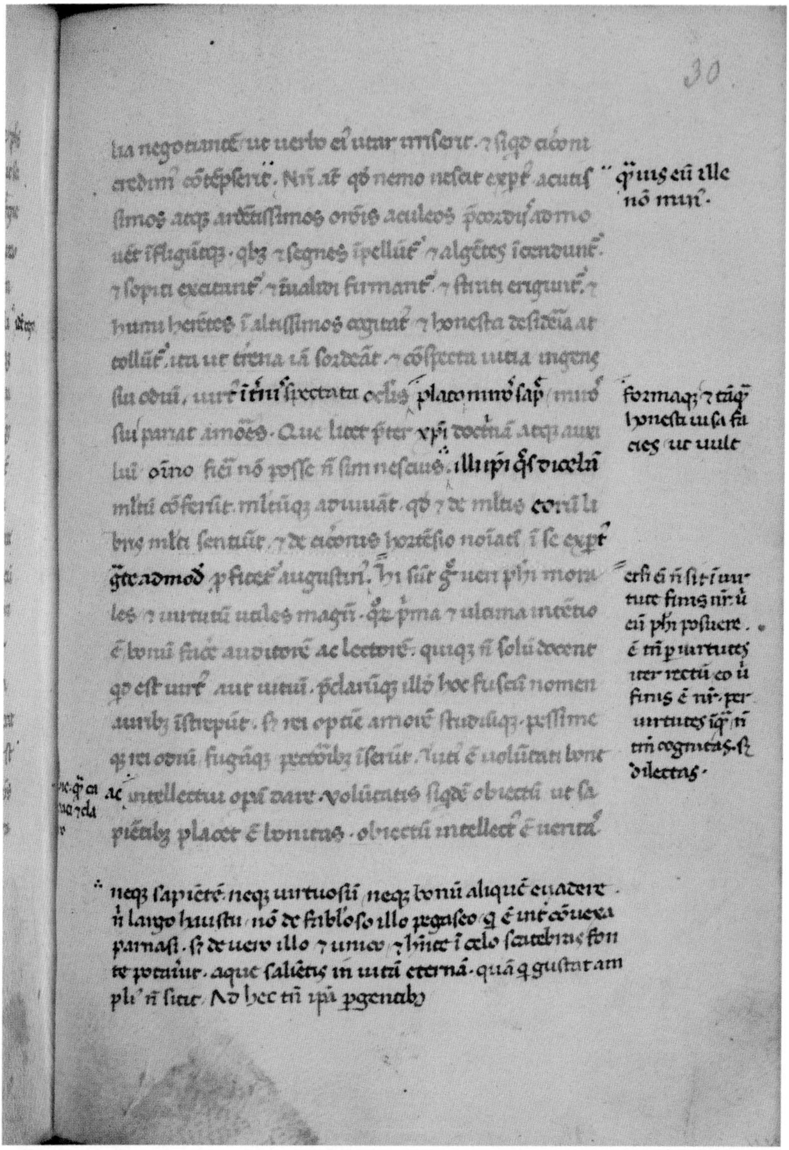

插图20　彼特拉克的《论自己和大众的无知》一书的早期（柏林）版本。他在空白处写下了注释

插图21　弗朗切斯科・迪・安东尼奥・德尔・基里科在抄写于1476年的彼特拉克的《胜利》一书中，在羊皮纸上创作的小幅绘画，表现了彼特拉克把头倚在石头上休息的场景

插图22　弗朗切斯科·佩塞利诺（Francesco Pesellino），《爱情、贞洁与死亡的胜利》（*Triumphs of Love, Chastity, and Death*），约作于1448年，木板蛋彩金粉画

插图23　弗朗切斯科·佩塞利诺，《名望、时间与永恒的胜利》（*Triumphs of Fame, Time, and Eternity*），约作于1448年，木板蛋彩金粉画

插图24　阿尔夸彼特拉克村现在的景象

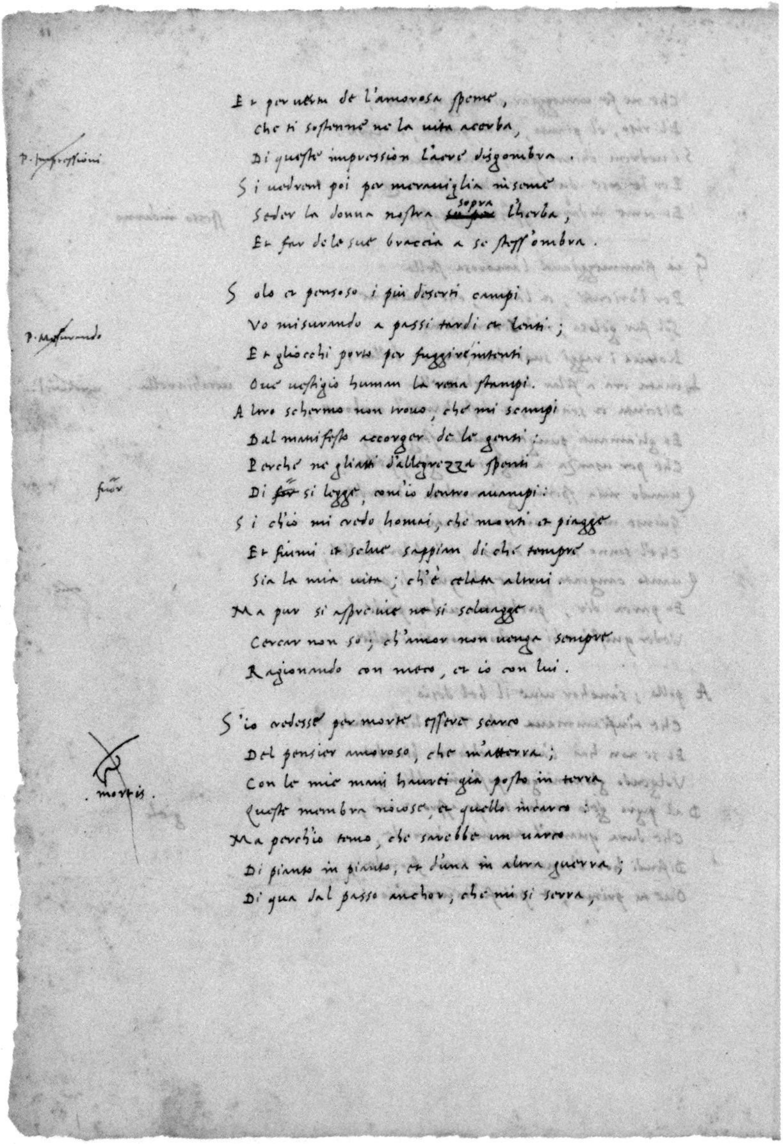

插图25　本博在他创作于1502年的《抒情诗集》中，亲手抄写的彼特拉克的诗《独自沉思》

前言

很少有人像彼特拉克〔Petrarch，或者按照意大利语的拼法读作“弗朗切斯科·彼特拉卡”（Francesco Petrarca），参见插图1〕一样，曾经深受世人的误解。彼特拉克的一生跨越了14世纪的大部分时间，那是一个充满动荡与危机的时代，而他自己则满怀着兴趣和激情，活出了自己的方式，这使他在世时就声名远扬，甚至直到现在也是一个里程碑式的人物。不过，从他1374年去世到现在的几个世纪里，彼特拉克的名声和身份发生了很大的变化。

彼特拉克之所以在今天还为人所知，是因为他写的爱情诗——那些用意大利文写就的优美动人的诗篇。事实上，彼特拉克创作的托斯卡纳语诗歌是“高雅”意大利语的典范之一。16世纪后期的思想家们在创造意大利民族语言的规则和词汇时，常常加以引用。随着时间的推移，劳拉（激发了彼特拉克创作冲动的女子，彼特拉克在他写的大部分诗歌中对劳拉歌咏不已）就像但丁笔下的比阿特丽斯（Beatrice）那样，成为理想化女性的典范：不是作为一个有着内在生机的女性，而是作为引发男性欲望、幻想和让人内心产生煎熬的对象。正是这样的彼特拉克——托斯卡纳诗人彼特拉克——让后世迷恋。

然而，彼特拉克在自己的有生之年，一直认为自己用拉丁语写出的作品更为重要。彼特拉克用拉丁语写了无数的书信，且自己进行收集并做了精心编辑，这也显示出他有着很广泛的朋友圈子。他走访了一些名不见经传的图书馆，以便找到并研究那些在中世纪时期还鲜为人知的拉丁语作品。在不断研习拉丁语的过程中，彼特拉克为整个意大利的文艺复兴定下了基调。在他之后，意大利文艺复兴时期的主要人物继续追寻着重新发现古罗马，并最终拓展到重新发现古希腊世界的事业。如果说在西方，直到今天每一个主要城市都到处可见古典主义建筑，那么这种建筑形式的普及，在很大程度上要归功于由彼特拉克引领的对古希腊、古罗马的热情；如果说像维吉尔[1]、西塞罗[2]、李维[3]这样的古典作家，以及一大批古希腊、古罗马其他作家的作品，在后来长达几个世纪里都是西方学校里的核心课程内容，那么这种发展也可以追溯到彼特拉克。尽管彼特拉克不是第一个对古代世界

[1] 维吉尔（Vergilius，前70—前19），他开创了一种新型的史诗，给诗歌注入了新的内容，赋予它新的风格，由此产生了深远的影响。在古代希腊、罗马文学家中，一般公认维吉尔是荷马以后最重要的史诗诗人。——译者注（如无特殊说明，本书脚注皆为译者注）

[2] 西塞罗（Cicero，前106—前43），古罗马著名政治家、雄辩家、哲学家，以雄辩而成为罗马政治舞台上的显要人物。

[3] 李维（Livius，前59—后17），古罗马历史学家。

产生强烈兴趣的思想家，但他是第一个将古代世界的研究作为一种文化理想并使之具有持久影响力的人。而且，他以一种乍一看似乎自相矛盾的方式做到了这一点——用他自己明确的基督教情感，使这种文化理想适应了他的时代。

在时过境迁、尘埃落定之后，人们了解的彼特拉克其实具有三种不同的形象。这三种不同形象的重要性随着时间的推移而变化。首先是作为托斯卡纳诗人的彼特拉克，他的名气在几个世纪以来不断增大；还有一个形象是古典主义学者彼特拉克，他追溯历史、引经据典，为文艺复兴指明了方向；最后一个形象是拉丁语作家彼特拉克。在彼特拉克的一生中，最后一个身份虽然对他自己来说非常重要，但很快就与他作为“文艺复兴之父”的传统形象脱节。新的文学品位、学术精英不断变化的研究重点，以及学者研究中的盲点，都导致了彼特拉克的拉丁文写作成就被后人相对忽略。然而，在现实生活中，彼特拉克同时具有这三种身份。要充分理解这位哲人，他的这三个方面都应受到重视。

彼特拉克是一个在法国长大的托斯卡纳人，是一位虔诚的基督徒，却热爱无宗教信仰的古代罗马社会；他是一个看重友谊并且喜欢社交活动的人，有时又是一个非常内向自省的人，几乎不喜欢与人来往。他认为人生在世不过是一次短暂的朝圣之旅，却把自己当成了最重要的写作题材。

那么，他究竟是一个什么样的人呢？

目　录

第一章

出身及早年

> 或许，你会听到一些有关我的故事；或许连这一点都难以确定。因为当某人位卑言轻的时候，其名字是很难跨越时空而留存的。也许你会想知道我是一个什么样的人，或我的作品有何珍贵之处，尤其是有那么多流传于世、摆在你案前的作品；又或许，你至少听说过我的某些书的书名。

彼特拉克在六十岁时写了这封《致后人的信》，他在信中将虚荣假扮成谦虚，把愤世嫉俗写成对简单生活的热爱，也剖析了自己那种很明显的复杂人格。这部作品不啻为一部经典。

这封信的确是彼特拉克“写给后人”的，他没有写给某个特定的人，而是写给某位无名读者，此人也许在某一天会对彼特拉克产生兴趣。“如果你听说过我，你可能想知道我是个什么样的人。”在这里，彼特拉克（当然，他在写此信时已经是一个相对年长的人）相信自己的名声将流传于世。

彼特拉克是一个非同寻常的人。这种非同寻常的表现，就是彼特拉克与中世纪许多思想家的不同，他下了功夫去塑造自己的身份形象，经常公开而且毫不谦虚地以自己的生活作为主题来创作。彼特拉克用拉丁文写了一系列袒露心迹的书信，其中最著名的是《致后人的信》，这封信揭示了彼特拉克个性的很多方面，除此之外，它还是一部（虽然有点短，有时还做了修饰）自传。例如，他讲述了自己出生时的情况：

> 我可敬的父母来自佛罗伦萨，家境殷实——如果坦诚地说——接近贫困。他们被逐出我们的故园，所以我是在流离失所中，出生于阿雷佐，时为公元1304年7月20日，一个星期一的黎明时分。

“流离失所”（或流放）一词在这里，以及在彼特拉克的其他作品中，绝不仅仅停留于表面。彼特拉克在信中很快就讲到了他的家庭是如何搬到了沃克吕兹首府阿维尼翁的（参见插图2）。我们可以在此处暂时放下《致后人的信》，以便可以更仔细地研究彼特拉克的童年，以及他当时的成长环境。

所有的迹象都表明，他是一个早熟的男孩，在卡庞特拉（Carpentras）跟着一位名叫孔韦内沃莱·达·普拉托的小学老师学习拉丁语。孔韦内沃莱让彼特拉克接触到了根据意大利传统编排的拉丁语基本语法、修辞和逻辑的课程。因此，尽管人在法国，彼特拉克却接触到了意大利的某些传统。卡庞特拉本来是一个不大起眼的城市，却因为毗邻法国城市阿维尼翁而为人所知。这就是彼特拉克与众不同的另一个原因：尽管他今天被认为是意大利文学与知识传统的一部分，但他是在法国长大的。了解了这个情况，就为我们提供了一个窗口，去看看彼特拉克所生活的世界，一个发生了划时代革命性变化的世界。

彼特拉克的家人来自托斯卡纳，祖籍佛罗伦萨。他的父亲和他的祖父及曾祖父一样，是一名公证人。在旧时的意大利，公证人是一个重要的职业。我们有必要在这里暂停一下，来谈谈这个职业的意义。那个时代的公证人在不同方面帮助社会维持日常运作：如果你需要写一份合同、起草一份重要文件，或就某个法律案件做正式的记录，你就得用上公证人。公证人接受过广泛的拉丁语基础教育，在某些正式的修辞技巧方面要接受专门的培训。更重要的是，毫不夸张地说，他们是熟练的写手：在早期世界里，并非所有识字的人都能进行正规写作。人们可以委托公证人写出一封正式信函。公证人不仅具备写作方面的基本语言技能，而且精通很多格式，能把书信写得容易让人接受。

在意大利的北部和中部，公证人也代表了一个悠久而独特的传统：他们是（相对于神学宗教的）世俗之人，这意味着他们并非神职人员，因此他们与宗教机构没有正式的关系。换句话说，公证人这个职业深深地植根于意大利的传统之中，是与许多意大利人都有接触的一种社会化的行业。在那个很少有人能读会写的年代里，公证人拥有一种特殊的地位，这种地位使他们赢得了中世纪拉丁语里所说的“公众的信任”。

不仅如此，公证人还掌握了一种特定的写作格式。在这种写作格式中，如果有需要修改的地方，得用特有的方式更正；经过修改的页面以可识别的方式被遮住；书写的修辞也是标准化的。曾经研究过彼特拉克手稿（他亲手写下的，而且很幸运地保存到了今天）的学者都注意到，他的笔法与书写公证文件的方式有着很强的相似性。简单地说，彼特拉克在文学和学术方面的写作，留有明显的公证人所制定的正式程序的痕迹。他几乎是潜移默化地受到了公证人家庭背景的影响，而且这种影响一直伴随着他。他在法国这样的地方所接受的早期教育，也对他的一生产生了显著的影响。

彼特拉克和许多其他的意大利人为什么到了法国？最基本的原因是他的父亲老彼特拉克——“彼特拉克先生”（“Ser Petracco”）追随罗马教廷，把自己的家庭带到了那里（参见插图3）。“Ser”是一种荣誉称号，用来表明公证人所拥有的职业地位。教廷当时发生了一系列的变动，也需要有公证人的服务。在这些变化中，最重要的是教廷的地理位置的变动。罗马是第一位罗马主教圣彼得殉道的城市，教廷曾设立在罗马长达一千年，后来教廷位置的变迁产生了很深远的影响。随着时间的推移，罗马的主教们在早期的基督教教会中获得了领导地位，并因此赢得了“教皇”（“Papa”–“Pope”）的称号。伴随着这个头衔，威望也随之而来。罗马在基督教兴起之前，就有了“永恒之城”（Eternal City）的称号。随着基督教在那里扎根并成为制度，人们在说起罗马的时候，其中一个看似永恒的特征就是教皇住在那里，还有就是其官方的表现形式“教廷”。

罗马教廷在拉丁语和意大利语中都被称为“Curia Romana”。随着罗马教廷制度的繁荣发展和壮大，到了彼特拉克的时代，教廷在宗教和政治方面都享有权威的地位。教皇已经从圣彼得权威的代表变成了上帝在地球上的象征。在中世纪早期，教皇以“上帝仆人的仆人”为名，教皇格列高利一世（Gregorius Ⅰ，公元590年至604年在位）就喜欢人们如此称呼他。而到了12世纪，教皇被视为“天主教教宗”，成了基督在世界上的代表。他们被认为拥有一种“完整的权力”，既是宗教人物也是政治人物。此外，罗马教廷在中世纪与教皇权威一起发展，其发展途径与中世纪晚期其他政权相类似。到了彼特拉克的时代，教廷由一大群人组成，分为行政、财政和司法多个部门。在这种情况下，像老彼特拉克先生这样的公证人也就成了急需的人才。

教廷迁往阿维尼翁有很多的原因，但都与教皇在欧洲强权政治中扮演的角色有关。老彼特拉克先生的职业生涯，以及他从佛罗伦萨搬到法国这件事，在两个方面给他的儿子留下了深刻的印象。

第一个方面，也是涉及国际视野的方面，与许多人所经历的文化和政治环境有关：教廷转移到了法国。作为一个年轻人，彼特拉克亲身经历了这一切，像所有的孩子一样，他将欧洲文化精英所经历的那种危机感（深刻的不安定感）内化进了自己的心底。因为人们没有想到，在一个以宗教为标志的时代里，神圣罗马教会（拉丁语为sacra romana ecclesia）这样一个稳定、统一的组织机构，都得搬家。

情况是很明了的。其一，在一个既没有公共交通系统，也没有大量书面信息可以流通的时代，地方上肯定存在着许多“基督教教会”

的组织，这意味着在基督教世界的广阔地域里，人们在不同的地方以不同的方式实践着基督教教义。人们在阿尔卑斯乡村当地奉行的基督教，与巴黎、伦敦，特别是罗马等大都市的基督教有所不同。其二，对有组织的基督教精英来说，教廷的中心地位象征着它就是人们可以依靠的一块“石头”，一块基督得以用来组织教会的“基石”，而罗马圣徒圣彼得是个为信仰而殉道的典型人物，这也是教廷坐落在罗马的原因。作为有文化的基督徒，其身份认同与基督教教义深深地交织在一起，这种身份认同的根基在罗马，并受到教皇离开“永恒之城”这件事的影响。彼特拉克当然是这些精英中的一员，在年轻时就经历过这种错位，而且是伴随着这种错位长大的。他的生活经历中包含了这一因素，这对他个人的心理产生了一种更大的影响，特别是对他早期在法国的生活影响十分深远。

第二个方面更为深刻微妙，而且在某种程度上更为强大，这就是渗透在彼特拉克心里的那种背井离乡的感觉。这种感觉影响了他的写作。在更多的方面，则有助于塑造他作品中的那种具有很强生命力的“意大利性”。彼特拉克在签名时经常会写上“来自佛罗伦萨”。例如，他被授予法国西南部的加斯科涅（Gascogne）的牧师职位时——那个位子虽然是个虚职，但至少有份收入——其任命书是写给“Francisco Petracchi de Florentia”，即“弗朗西斯科，老彼特拉克的儿子，（祖籍）来自佛罗伦萨”的。由于父亲是佛罗伦萨的公民，彼特拉克也选择了这一祖籍。

除此之外，他还将“意大利”视为一个潜在的统一体（而在事实上，当时的意大利更像是那种由一些独立城邦组成的松散联盟），视为如果有正确的领导，如果有人从罗马行使领导权就能发挥作用的一个统一体。正如我们将要看到的，彼特拉克将自己视为这一切的一个组成部分，把自己视为一个有英雄色彩的历史人物，注定要干一番大事业。在彼特拉克这种深刻的身份认同中，有一种感觉很强烈，就是他自己是个“流放者”，不幸远离了自己的“祖国”——对他来说，那就是离开了佛罗伦萨。意大利作为祖国的形象伟岸高大，有着辉煌的古代历史和强大的帝国版图，而且也许可以再现辉煌。

渗透在彼特拉克作品中的那种“流放感”、久违的“意大利品质”、制度化的基督教思想，都构成了彼特拉克身份中一些重要部分，而这些都在未来产生了重要影响。如果我们回到他的青年时代，回溯他的人生历程，可以看到彼特拉克为他之后不少的意大利知识分子开启了一个先例：他上了法学院，但是最后辍学了。在他父亲的敦促下，彼特拉克上了蒙彼利埃（Montpellier）法学院。1367年，他在写给一位住在蒙彼利埃的朋友的信中，满怀深情地回顾了那段时期，说那里的环境是非常理想的：“多么宁静、多么祥和，商贾来往、学生成群、良师众多！”当彼特拉克去蒙彼利埃上学的时候，还是一个小小少年，那里给他留下了很深的印象；他对自己下一个接受教育的地方博洛尼亚（Bologna）也有同样难忘的印象。彼特拉克回忆道：“学生们的盛大聚会，秩序井然，学生好学、教师威严。”接着，他给出了最高的赞美：“你甚至会以为，古代高士再现于人间。”

在这两次求学生涯之间，彼特拉克的母亲去世了。正是由于他遭受了这个痛苦，我们才有了他留存下来的最早的作品：用拉丁文写的一首38行的六音步（六步格）诗。彼特拉克在诗中写下“你和我，我们将一起永存，我们将一同被后人铭记”，并哀伤地悲叹自己只能“泪洒在母亲冰冷的肢体上”。彼特拉克母亲的名字在意大利语中是Eletta，而彼特拉克在诗中用了这个名字的拉丁语拼法Electa（这个词的意思是“被选之人”“当选者”等）。母亲的早逝，是否促使彼特拉克寻找某位女性来填补自己的情感空缺?

在彼特拉克的记忆中，在博洛尼亚读书的日子不仅是一段求学时光，也是无忧无虑青春飞扬的阶段。这个求学阶段从1320年开始至1326年结束，其间他几次返回阿维尼翁。彼特拉克长相英俊，在那段时间里（他于1349年写给自己弟弟的信中回忆过这段时间），他爱慕虚荣，艳遇很多。兄弟俩对自己的外貌都挺上心的，特别是彼特拉克，他很喜欢穿着做工精良的衣服。

在写于1367年的信中，彼特拉克描写了自己与朋友们在一起的年轻时光。尽管这封信带有一点怀旧的意味，也带有一点想入非非的“遥想当年”的感伤，但还是值得我们听听，看看彼特拉克是如何跟自己的老朋友分享他的学生时代的：“我相信你也会如此，在我的记忆中，有一个深刻而不可磨灭的印记，记得自己当年作为一个学生生活在那里的时光；正值自己进入青春期的年纪，我的日子充满激情，而且胆大妄为，做了很多过头的事儿。”我们可以将这种情感与他在同一时期写的《致后人的信》中所记录的人生历程联系起来：“青春辜负了我，成年期主宰了我，但晚年改正了我。”（adolescentia me fefellit, iuventa corripuit, senecta autem correxit.）拉丁语动词“corripuit”有很多意思，但主要意思是“拿走”“掠夺”，或如这里所翻译的“主宰”。彼特拉克在晚年倾向于用一种悔恨、渴望和划分时段的方式来回顾自己的年轻岁月。年轻时的所有激情都已成往事，这似乎让他终于可以松下一口气了。

然而同样真实的情况是，彼特拉克的脑子里总是想着性爱。事实上，彼特拉克似乎写了性日记，尽管“日记”这个词可能有点夸张。他以另一种方式列了一个表，在没有给出任何细节的情况下，记下了他做爱的那些时间。虽然彼特拉克有两个私生子，但他从未写下过孩子母亲的名字。显然彼特拉克有过性生活，但和他心目中的英雄圣奥古斯丁（St Augustine）一样，彼特拉克总是把性爱看作软弱和迷失的表现，如果有可能的话，也是应该回避的。而且，这些想法也出现在他后来的生活中。现在，我们可以回来讨论他在博洛尼亚度过的那段漫长的时间。因为在那段时间里，准确地说，是在1325年，彼特拉克与他的父亲合作做了一件事，撰写了一份手稿，即后来众所周知的《安布罗斯的维吉尔》（*Ambrosian Virgil*）。在这份手稿的背后，隐藏着一系列的故事和家庭纠葛，值得在这里一提。

彼特拉克和他父亲的关系很复杂。像那个时代的其他许多公证人一样，老彼特拉克对文学的兴趣与当时意大利人喜欢怀旧、复古的爱好是一致的。例如，老彼特拉克对西塞罗特别感兴趣，彼特拉克很早就继承了这种兴趣。但和许多为人父母者一样，老彼特拉克希望自己的儿子有一个可靠的职业。正如我们已经看到的那样，他把彼特拉克送到蒙彼利埃去学习法律。当时彼特拉克还只是个十几岁的孩子，可他对文学的钟情却一直显而易见。在另一封信中，彼特拉克回忆道，他年轻时曾细心守护着他所能收集到的西塞罗的所有书籍以及其他诗人的作品，而且他早期的文学激情是受到了父亲的启发。但是在后来的某个时间，发生了一件事，彼特拉克并没有明确地说出该事件发生的具体时间：

> 我收集了西塞罗所有的书籍，以及各种诗人的作品，而这似乎都（被认为）妨碍了我的学习。要把学习搞好（他指的是去学法律），我才可能会有可观的收入。所以当我看到所有这些（文学）书籍都从我藏匿书籍的地方被拿走——就好像那些书是异端邪说一样，被扔进了火中，看到这一切事情的发生，我深受折磨，痛苦地呻吟着，好像是我自己被扔在火中燃烧一样。我记得父亲看到了我的悲伤，便从火中抢出两本已经有点烧焦的书。我还在哭泣着，父亲把书交给我，一只手拿着维吉尔的书，另一只手拿着西塞罗的书。看到我如此悲伤，他笑着说："来，拿着这本——维吉尔的书——你可以偶尔用来放松自己的精神，拿上这另外一本——西塞罗的书——它可以帮助你学好法律。"

上面这段话有几个地方值得特别注意。

首先，是这样一个事实：尽管很明显是彼特拉克的父亲（也许是因为他大动肝火，也许是他用这种极端的方式来让自己的儿子集中精力学好法律）把那些文学书籍扔进了火中，但彼特拉克却用了被动语态来描述这个事件：书"被拿走"和"被扔进"火里。就好像彼特拉克即使在时隔了这么久之后，也要维护自己父亲的形象。像许多年轻人一样，他与自己的父亲意见相左（但他仍然深爱着自己的父亲）。

其次，很明显的是，彼特拉克的家里很有文化氛围。在彼特拉克小的时候，因为教廷远在阿维尼翁，他的父亲在相当长的时间里远离家庭，彼特拉克的早年是在那儿附近的一个法国小镇上长大的。但当父子俩在一起的时候，老彼特拉克对古代文学的热爱给他的儿子留下了深刻的印象。最后，不出所料的是，彼特拉克提到了维吉尔和西塞罗，古典拉丁诗歌和散文中这两位伟大的作家——他这么提是很有深意的。这两位作家在彼特拉克所做的事情上都留下了印记，因为彼特拉克反复诵读了他们的作品，吸收得特别彻底，以至于这二人作品中的一些段落会不由自主地出现在彼特拉克的写作中。

说到彼特拉克和他父亲的关系，他们都很喜欢这些作家（尤其是维吉尔），他们的这种关系体现在一本手抄书中——这是彼特拉克一生都带在身边的一本书，现在收藏于米兰的安布罗斯图书馆，在其流传过程中曾藏于许多不同的收藏家之手。该书的内容涵盖维吉尔的作品《牧歌》（*Eclogues*）、《农事诗》（*Georgics*）以及史诗《埃涅阿斯纪》（*Aeneid*），古代评论家塞尔维乌斯（Servius）写的最著名的对维吉尔的评注，"白银时代"的作家斯塔提乌斯（Statius）写的《阿喀琉斯纪》（*Achilleid*，有关阿喀琉斯的故事），一些由古罗马著名抒情诗人贺拉斯[1]写的诗并附有评注，以及一篇由古代语法学家多纳图斯（Donatus）撰写的语法规则。这本手抄书本身就是一个小小的图书馆，至于谁是手稿的编撰者则存有争议，一些学者认为，

[1] 贺拉斯（Horatius，前65—前8），古罗马诗人、批评家，代表作有《诗艺》等。他是古罗马文学"黄金时代"的代表之一，与维吉尔、奥维德并称为"古罗马三大诗人"。

彼特拉克和他的父亲是这本手稿的幕后推手。在彼特拉克从博洛尼亚回到阿维尼翁一段时间后，他就开始着手这本手稿的编撰工作，并聘请了一名意大利人，甚至可能是一名来自佛罗伦萨的书吏，来抄写手稿。还有学者提出，当彼特拉克的父亲还在佛罗伦萨居住时——也就是与但丁在同一个时代的时候——编写了这些东西。部分学者则认为，手抄本是在老彼特拉克先生的指导下，由彼特拉克在法国南部抄写的。

有一个核心事实是毫无疑问的：彼特拉克自己在书中添加了大约2500个旁注，来解释文本中的内容。这些注释的范围很广，从某些词的简短定义，到较长的将某文本与其他经典联系起来的段落。举个例子，他对《埃涅阿斯纪》第一卷第36行有这样一段拉丁语文字的注释："随后，朱诺试着抚平自己内心深处那个永痛的伤口……"（参见插图4）。在《埃涅阿斯纪》的行文中，维吉尔在提到了缪斯女神并开始讲述埃涅阿斯的故事之后，他为即将到来的事情安排好了场景。他在这样写的同时，也引入了《埃涅阿斯纪》故事情节中的一个主要人物：朱诺女神——朱庇特主神的妻子。朱诺对特洛伊人怀恨已久，因为特洛伊的王子帕里斯（Paris）在一次选美比赛中选择了维纳斯（Venus），而不是密涅瓦（Minerva，智慧女神，即希腊神话中的雅典娜）和朱诺本人，她从来没有忘记过那个"永远的伤痛"。当然，史诗中的英雄埃涅阿斯是个特洛伊人，他是安喀塞斯（Anchises）这个凡人与美神维纳斯的儿子，而美神维纳斯在选美比赛中打败了朱诺。在《埃涅阿斯纪》的故事中，埃涅阿斯从特洛伊城燃烧着的废墟中出发，历经风险，最终抵达意大利。在那里，经过了一系列的战斗之后，他成功地建立了罗马。

妒火中烧的女神朱诺从头到尾都在冷眼盯着埃涅阿斯，并时不时地制造一些麻烦，期望看到埃涅阿斯的失败。只要有可能，朱诺都会给他设置一些障碍——这就是彼特拉克那一小行文字的背景。当单独阅读的时候，这行字看起来没有什么特别的意义，但是对彼特拉克来说，它却内涵丰富。在对这行文字的评论中，彼特拉克这样写道：“正是从这里开始，神的矛盾冲突导致了他们对人类事务进行干预。这整部作品的所有故事，一直到最后，都是被神所左右。在这一方面，维吉尔特别以荷马为榜样。”彼特拉克的评论表明，首先，他对《埃涅阿斯纪》的整个故事进行了条理性的分析。他很清楚地知道，《埃涅阿斯纪》的上半部分（从第一至第六卷）是以荷马的史诗《奥德赛》（*Odyssey*）为背景的；而在其最后的六卷里，则参考了荷马的《伊利亚特》（*Iliad*）。彼特拉克接着说：“这些神（如果真的有多个神的话）所创造出来的不和谐，至少是他们能够创造出来的不和谐，都非常强烈地指向一个神，那是我们也崇拜的神，连哲学家们也不得不承认他的存在。”彼特拉克接着提到西塞罗和亚里士多德都批判了多神论的观念，而他们倾向于只有一个至高无上的神的观念。最后，他又在手抄本的其他两处对这条注释做了交叉引用。

那么，我们了解到了什么呢？最重要的是，我们知道对彼特拉克来说，阅读代表着深度参与。哪怕是一首诗中的一行，也可能指向无数条路。彼特拉克从事实出发——这是神灵介入人类事务的开始，《荷马史诗》成了维吉尔作品里的“深层背景”——转向更主观也更有意义地为某些问题提出解释。最大的问题是（在彼特拉克之后，这个问题变得更大）：作为一个基督徒，一个人应该如何以及在多大程度上涉猎、学习并吸收异教徒写的古代文本？他并没有想在这个方面回答这个问题；相反，彼特拉克的整个世界观都受到了这个问题的影响。例如，我们可以发现，如果说彼特拉克没有表示焦虑的话，他至少对多神论问题表示了关注。“神灵们”创造了“不和谐”，这是第一个问题。彼特拉克说，如果神灵们所做的事跟人类一样有缺陷和弱点，那么这些神灵就不是真正的神。相反，这些“神”之所以会做出与神灵身份不符的事，对彼特拉克来说，这就意味着你需要再作分析，然后就会得出有“一个上帝”的结论。古人中就有这样的先例——即使是西塞罗和亚里士多德这样不信教的思想家，也曾思考过这些问题。彼特拉克间接地提到了亚里士多德在《形而上学》（*Metaphysics*）中的一段话。亚里士多德认为，必须建立起一个首要原则，然后才能有其他规则。在西塞罗的作品中，有许多例子表明，他对多神的观念进行了严肃的批判。

还需要记住的是，这是一行注释里的一个标注。在这本手抄书中，大约有2500个这样的注释。这些注释当然代表着不同的视角，但每一个注释都为我们提供了彼特拉克如何进行阅读的宝贵证据。我们看到的是，这种反复翻阅的深度阅读风格是彼特拉克从青年时代起就养成的习惯，这个习惯他终生一以贯之。这本叫作《安布罗斯的维吉尔》的书伴随了彼特拉克的一生。该书在14世纪20年代末被人偷走的时候，他一定特别地痛苦。当被盗的书在1338年失而复得时，彼特拉克显然异常地高兴，以至于他做了一件深受意大利各地绘画爱好者们赞赏的事：他委托一位才华横溢的锡耶纳画家西蒙·马提尼（Simon

Martini）为这部手抄本画了一幅卷首插图（参见插图5）。

马提尼与乔托（Giotto）、杜乔（Duccio）和契马布埃（Cimabue）一道，是代表了14世纪托斯卡纳绘画成就的关键人物。今天，如果你去佛罗伦萨著名的艺术博物馆乌菲齐美术馆，当你进入博物馆的第二个展厅时，会看到一幅《天使报喜》（*The Annunciation*）——那是大天使在向惊讶的圣母玛利亚宣布她将怀上上帝之子的重大时刻。西蒙·马提尼和他同时代的画家利波·梅米（Lippo Memmi）一起创作了这幅画（参见插图6）。人们看到的是多方面的表现：首先，画中带有巨大的情感能量，突出了该事件的重要性，天使表情专注，圣母玛利亚则刚开始意识到自己将承担何种责任；其次，这幅画作显然是一件豪华之作，画中装饰了金叶（天使宣布玛利亚将领受福祉的话语，用凸起的金片衬托出来）；最后，环顾画面的四周，我们可以看到色彩的巧妙运用，既精致又清晰，宝座上和圣母披肩上的色彩尤其斑斓。这幅大型绘画创作于1333年，当时被摆在锡耶纳大教堂（Cathedral of Siena）里当作祭坛画，在意大利绘画杰作中占有一席之地。

最能代表那幅作品的元素——比如画面的形式美和连贯性、色彩的使用等——与彼特拉克的维吉尔手抄本中的小幅卷首插图十分相似。这幅卷首插图与乌菲齐博物馆中的《天使报喜》一样，也讲述了一个故事。它虽然尺寸很小，却是件杰作，它以独特的方式将文本和图像结合在了一起（参见插图5）。我们首先看到的是诗人维吉尔，他身体倾斜着，手里拿着一支笔，腿上放着一本书，坐在一片森林中，身边有些看起来像是牧羊人的人围绕着他。其中一人拉开一顶轻纱帐篷，维吉尔坐在帐篷里。下面是由彼特拉克创作的两段拉丁文诗句，其内容如下：

> 甜美的意大利，你是滋养杰出诗人的一片土地，
> 但正是这人（维吉尔）达到了希腊人的目标。
> 塞尔维乌斯为我们揭示了维吉尔的高深话语，
> 从而为将军、牧羊人和农民们指明了道路。

文本和图像交相辉映，都在告诉人们这场景中发生的是什么事件，也揭示了彼特拉克是如何审视他自己的。

具体到这一场景中，拉开纱帐的牧羊人正是塞尔维乌斯，他是在古代对维吉尔作品做了最著名评注的作者（其中一篇被收入《安布罗斯的维吉尔》之中）。画面上把诗人和评论家的位置做这样的处理，表明了彼特拉克对阅读这件事的看法：阅读是件永无止境的事，需要对原作进行仔细研究（在插图里，维吉尔是斜坐着的姿势），但其作品需要有受人尊敬的古代讲解者的指导（在插图里，塞尔维乌斯为人们拉开了纱帐）。彼特拉克在书中的数千条注释都体现并扩展了同一个主题，即阅读、写作和反思就像一个圆环，是循环往复以至无穷的。维吉尔的作品显然是大有用途的，对领兵的将领们来说，他们要看《埃涅阿斯纪》，该故事里写了许多战斗场景、英勇的军事功绩，以及对我们今天所说的“作战心理”的现实描述，这些都融为一体，使之成为对行武之人大有助益的文本——但彼特拉克的诗行提醒说，只有正确地理解阅读才能对人有所帮助。对牧羊人和农民来

说，维吉尔的《牧歌》和《农事诗》可以起到相似的作用，如果人们理解了作品的根本内涵，就可以用来丰富自己的工作和生活了。

到了二十出头的时候，彼特拉克的阅读习惯已经基本形成。他后来给乔万尼·薄伽丘（Giovanni Boccaccio）写了一封文采飞扬的信，薄伽丘成了他的崇拜者和朋友。在这封信中，彼特拉克描述了自己阅读的方式，以及阅读某些作品给他带来的影响：

> 我读过维吉尔、贺拉斯、波伊提乌[1]和西塞罗。我不是只读一遍，而是读了千遍也不厌；我不是走马观花，而是流连忘返；我尽用自己的智慧来思考文中的内容，进而沉思遐想。我在早上看到的东西，会在晚上细心消化；我在孩提时代就吸收的东西，到了老年还会像老牛反刍那样反复回味。我是如此直接地吸收了这些真知灼见，它们不仅印在我的脑海中，而且还深入我的骨髓，与我自己的思想融为一体。其结果是，哪怕我这辈子再也不去看他们的著作，他们的思想都已经难以遗忘，因为他们的精华已然深深地扎根于我精神的最深之处。

彼特拉克接着写道，他对这些作品了如指掌，有时他都无法将原作中的段落与自己的思想区分开来，甚至记不清楚有些东西是否出自

[1] 波伊提乌（Boëthius，480—524），欧洲中世纪时一位百科全书式的思想家，在逻辑学、哲学、神学、数学、文学和音乐等方面都做出了卓越的贡献，有“最后一位罗马哲学家”“奥古斯丁之后最伟大的拉丁教父”之称。

其他作者之手笔。

这些发人深省的语句给了我们很多的启示。不出所料的是，彼特拉克在谈到阅读时，主要借用了饮食和消化的隐喻来阐述道理：“消化”“吸收”，最有趣的是“反刍”。这最后一个词（彼特拉克所用的拉丁文为“ruminarem”）跟我们平时说的“反刍”是一个意思，但这个词在拉丁文中主要指的是“反刍动物”吃东西时的动作。例如，在彼特拉克熟读的一篇文章中，维吉尔用这个动词来形容一头牛在吃草。这里要说的是，彼特拉克自己把阅读和写作看作理所应当的事情，因而他做这些事几乎是出于本能，就像一头牛要吃草那样自然。

到彼特拉克去上法学院的时候，书籍已经成为他人生中不可或缺的物品。我们会在后面的篇幅中更多地介绍他对书籍的喜爱、他收集的个人藏书。最重要的是，彼特拉克对书籍的痴迷，成就了他重要的发现和革命性的学术工作。现在，我们来说说彼特拉克年轻的时候，即14世纪20年代的初期到中期。1320年至1326年，其间虽然有一两次短暂的间歇，彼特拉克主要是在博洛尼亚学习法律。和他一起学习的有他的弟弟盖拉尔多（Gherardo）。和彼特拉克一起在博洛尼亚求学的还有另外两个人，他们后来成了他终生的朋友。

第一位是吉多·塞特（Guido Sette），当彼特拉克还是一个孩子的时候就认识了他，他也是彼特拉克在1367年写的那封信的收件人。遗憾的是，吉多并没来得及读到这封信，因为他在收到信之前就去世了。和彼特拉克一样，吉多也是个意大利人，小时候被带到了法国南部。吉多的老家在意大利的卢尼贾纳（Lunigiana）地区，和热那亚比较近。与彼特拉克不同的是，吉多在后来的生活中更加倾向于追求职业上的发展，他最终在1358年成为热那亚的大主教。尽管他们走上了不同的道路，但彼特拉克和吉多一直保持着通信联系。

对彼特拉克的前途和发展来说更重要的，是他在博洛尼亚还遇到了另一位朋友贾科莫·科隆纳（Giacomo Colonna）。贾科莫出自罗马最显赫的家族之一，与罗马教廷有着密切的联系。正是通过贾科莫，彼特拉克才进入了科隆纳家族的圈子——不仅是出于友谊，也是为了生存，这一点后来被证明是很重要的。彼特拉克在1325年从科隆纳家族得到了一些小额资助。贾科莫的兄弟乔瓦尼是位红衣主教，彼特拉克在1330年来到了红衣主教的家庭，成为其家庭牧师，有了固定收入，并一直为其服务到1337年。

我们可以看到的是，14世纪30年代早期的那段时间，正是彼特拉克探索、发现和成长、成熟的阶段。在这之前，彼特拉克的生活中发生了两件大事，这两件事都在他生活的不同阶段起到了重要的标志性的作用。第一件事是他的父亲于1326年去世，彼特拉克在博洛尼亚听到父亲去世的消息后，和弟弟盖拉尔多一起回到了阿维尼翁。第二件事是彼特拉克终于做了一件他一直想做，却因为父辈的压力而没法去做的事情，这就是放弃学习法律。在《致后人的信》中，他描述了自己对律师这个行业以及他在博洛尼亚学习法律的看法：

> 在我年轻的时候，如果我坚持下去，肯定能有一份收入丰厚的工作。但是当我的双亲都故去之后，我就放弃了这方面的学业。这并不是说我不喜欢法律的权威感。法律毫无疑

问是崇高的，充满了罗马的古老传统——这是我很爱学的东西。但让我失望的是，人们的背信弃义破坏了法律的实施。因此，我不愿意投入精力去研究一个自己不想以不诚实的方式从事的行业。事实上，哪怕我心怀敬意，我也几乎难以凭良心去执法。此外，如果我认真照章办事，我的那份“纯真”就会被人视为是不称职的。

在彼特拉克的父亲去世之后，他就再也没有考虑过学习法律，或者将来从事律师这个职业了。

我们从刚刚引用的这段话里了解到的当然还不止这些。首先，细心的读者可能会看出一丝端倪，即彼特拉克对自己作为独立的个体有着强烈的意识，并勇于摆脱传统的期望。在他写于晚年的另一封信中，彼特拉克用拉丁文“peregrinus ubique”来形容自己为“四处漂泊者”。这个词可以译为“流浪者”，也可以译为“朝圣者”。如果说大多数人都有自己的家园的话，彼特拉克很早就认为，从来没有任何地方可以称作他真正的“家”。如果说大多数人在开始打下扎实的职业教育基础之后，在父母的支持和鼓励下，都会坚持在那一个领域学习，彼特拉克则与众不同。尽管他在后来的生活中，也会多多少少为那些在经济上给予他支持的人做些外交方面的工作，但他从20多岁开始就认定了自己的使命：专注于个人的发展，专心于搞自己的创作和学术研究。他接受某项工作、暂时屈就于某个职业，都是为了让自己能够更好地去做所喜欢的事，其他的一切都是次要的。

在过了两代人的时间之后，有一位名叫莱昂纳多·布鲁尼

（Leonardo Bruni，1370—1444）的精明的知识分子用托斯卡纳语写了一本篇幅短小的《彼特拉克的一生》。布鲁尼评论说，彼特拉克在他生活的早期接受过一些（与教会有关的）小任务。实际上，这意味着彼特拉克能够被“算作”一名牧师。但如果他不想接着干的话，他就不能晋升到正式的神职。这也意味着他能够得到一些收入，这种称为“恩赐”的闲职，在不同的教区里都有。

我们可以从彼特拉克的生活中举出一个例子。比如，他在1335年被任命为法国南部城市图卢兹附近的隆贝（Lombez）一座大教堂的“教士”，尽管他从未在那里居住过。这个职位让彼特拉克有了一点儿收入，并享有作为教堂“成员”的地位，却没有要求他去做同时代人所说的“灵魂关怀”，或拉丁语所说的“cura animarum”。当布鲁尼评论到彼特拉克接受委派之事时，他说彼特拉克这样做“与其说是出于自己的选择，还不如说是出于谋生之必要”。布鲁尼老于世故，他在某种程度上说对了，彼特拉克从他父亲那里继承的遗产要么管理不善，要么被挪用，要么两者兼而有之。因此，正如他在给他弟弟的信中所说的那样，“我们从富有变得贫穷”。自从父亲去世之后，彼特拉克就四处谋求薪水和资助，这样他才能醉心于自己的两个喜好之一——享受精神生活，并用经典化的作品来表达。而且随着年龄的增长，他日益倾心于基督教的观点。尽管布鲁尼描述了彼特拉克为何接受宗教委派，但其背后的真实情况也事出有因。布鲁尼所写的《彼特拉克的一生》几乎完全忽略了彼特拉克内心深处的基督教倾向。到了布鲁尼的时代，人文主义运动中的许多领袖几乎忘了彼特拉克的基督教背景，而彼特拉克对人文主义运动的影响则广泛而深远。关于彼特拉克在宗教方面的信仰，我们在后面的章节中会有更多的讨论，现在要讲的是另一件标志性的事件，这件事引发了彼特拉克终身的爱恋。

父亲离世后，彼特拉克回到了阿维尼翁。尽管彼特拉克在晚年的时候才写下了这段话，告诉我们当时发生了什么，但他在诸多方面都显露了自己的心迹：“劳拉，以她的美德而闻名，也因我的诗歌早已声名远扬，在我年纪尚轻的时候，在1327年，时为4月6日，地点是在阿维尼翁的圣克莱尔教堂，她首次进入了我的眼眸。”当听到劳拉在1348年香消玉殒的消息之后，彼特拉克在他最喜欢的一本书《安布罗斯的维吉尔》的扉页上，记下了自己第一次看到劳拉的时间和地点，并写了下面这段文字。1348年至1352年，在意大利（甚至整个欧洲）横行的瘟疫造成了大批人死亡。这段文字接着讲述了他如何（从一位朋友的来信中）得知劳拉的死讯，以及他为什么要在这本书中留下这份记录：

> 我决定把这令我伤心欲绝的痛苦记忆写下来。而且我想，自己之所以要笔下带着一丝苦涩的甘甜，在我的眼光经常流连的这个地方记下此事，是因为这样我就能不时地看到这些话，为时光的飞逝而冥思遐想。而且它能提醒自己，今生的确再无可恋之处，因为自己与浮华世界最坚固的联系已被毁去，现在该是逃离巴比伦的时候了……

彼特拉克最有可能是在1351年写下这个小注释的。在《安布罗斯的维吉尔》的扉页上，它是一系列讣告记载中的一条——当彼特拉克听到朋友或亲人去世的消息时，他会记下简短的悼文。彼特拉克对劳拉的怀念，连同他记下的其他悼词，显示出他意识到死亡随时都在人们身边，也证明了他如何感叹生命的宝贵：一个人该如何度过自己的生命，该在社会中有怎样的作为，以及人的精神生活与其自身的个性意识有着什么样的关系。

彼特拉克对劳拉之死的记录也让人知道了劳拉对他的生活产生了何种影响，或者更确切地说——当彼特拉克看到一个真实的、鲜活的、有呼吸的、拥有精神内涵的女性——她在世界上有着自己的位置，有着自己的智力和情感（简而言之，是一个活生生的个人）的时候，对彼特拉克来说，这个人不仅仅是劳拉，而是成了一个有着特殊意义的“劳拉”，即他的缪斯女神，一个完美无缺的人，一个身上带有人们用来形容传统女性所有美德的人（参见插图7）。她很美丽，贞洁无瑕，最引人注意的是，佳人是静默无声的。这最后一种特质是彼特拉克自己都没有意识到的，在他的诗歌中，只在某些片段里让虚无缥缈的劳拉说了几句话。但是，在他的所有作品中，人们都感觉到，劳拉只是一个偶像，而不是一个有着自己主观意识的人，她是一个只存在于彼特拉克的虚构世界中的人，一睹她的芳颜之后，就能够给彼特拉克以灵感。

彼特拉克对劳拉的感情，在他用拉丁语和意大利语两种文字写就的作品中都有体现——这也是值得注意的。诚然，在用这两种语言写作时，彼特拉克的感情会带有不同的色彩。他在《安布罗斯的维吉尔》手抄本扉页上的笔记是用拉丁语写就的。无论是在写信、创作散文体论文或是做旁注时，彼特拉克用拉丁文写起来，最能自然地进行自我表达。拉丁文对他来说是如此根本和重要，以至于在涉及某些概念和构思的时候，他可能只会用拉丁语来思考。

但是，劳拉——或者说，那个特定的“劳拉”——在彼特拉克的意大利语诗歌中是这般地深入人心，以至于劳拉在彼特拉克的诗作中，进而在文学史上，都是一个绕不开的重点话题。例如，劳拉的名字无数次地出现在彼特拉克的作品中。“劳拉”（Laura）这个名字与意大利语单词“lauro”有关，该词在意大利语中是“月桂树”的意思。月桂树的形象不断地出现在彼特拉克的诗歌中，这与达芙妮（Daphne）和阿波罗（Apollo）的神话故事有关。奥维德在《变形记》（*Metamorphoses*）[1]中曾以独特的方式讲述了这个故事。奥维德的这本诗集用优美的拉丁诗句和标志性的方式汇编了古代的神话。这是一部在中世纪广为人知的文本，也是彼特拉克的一部心仪之作。

《变形记》的第一卷中讲到了达芙妮和阿波罗的神话故事，它包含了彼特拉克诗歌想象中反复出现的元素：有情人的无可奈何，自然与人类生活充分的相互渗透，以及爱情所能带来的痛苦。神话的故事如下：

达芙妮是河神的女儿，单身未婚，而且很喜欢这样的生活。阿波罗是宙斯的儿子，他自己也是神，在跟爱神丘比特说话的时候态度

---

[1] 《变形记》是罗马诗人奥维德创作于公元1—公元8年的作品，全书共15卷。该书的内容取材于古希腊罗马神话，并依据古希腊哲学家毕达哥拉斯的“灵魂轮回”理论，故事中的人物出于某种原因而被变成动物、植物、星星或者石头等。全书按时间顺序讲述了从宇宙的创立、大地的形成、人类的出现，直到罗马的建立、恺撒遇刺变为星辰、奥古斯都顺应天意建立统治的历史。全书包括了约250个传说（多为爱情故事），描述了希腊和罗马神话中的世界历史。

傲慢。作为报复，丘比特用箭射了阿波罗。爱神的箭射中某人时，就会使那人身不由己地坠入爱河。而当阿波罗看到达芙妮的时候，就成了这种爱的牺牲品——那种如痴如狂的爱，让他完全失去了理智。在奥维德的故事里，阿波罗对达芙妮的爱就像一场烧毁树篱的大火，而那大火是被过路人的火把点着的。阿波罗找到达芙妮，试图介绍自己是谁，是干什么的：宙斯是他的父亲，他自己有能够看到未来的能力，他也是音乐之神，等等。但这些都无济于事，顽固的达芙妮只想保持自己的童贞并继续单身。她逃跑了，而阿波罗则紧追不舍。她跑过树林，“轻风吹拂着她的四肢，微风吹拂着她的衣裳，温柔的阵风撩起她柔软的头发，使她在奔跑中显得更加美丽”。但阿波罗这个年轻力壮的天神一直在穷追猛赶，达芙妮意识到，阿波罗凭借着神力的速度和被爱燃烧着的那颗心，一定能抓到自己。达芙妮一到父亲的河边，就恳求父亲帮助自己改变外表，改变那“给旁人以太多眼福的身体”。话没说完，她的四肢就开始僵硬，胸部长满树皮，头发变成树叶，手臂变成了枝丫，双脚变成了树根，总之，她变成了一棵树。她不是变成一棵普通的树，而是变成了一棵月桂树。然而阿波罗的爱丝毫没有改变，他宣布说，这棵树，这棵月桂树，将成为“他的”树。从那以后，月桂冠就成了音乐、文学和军事上取得胜利的象征。在战争中获胜归来的罗马军事将领会戴上月桂编织的桂冠，著名的文学人物也能戴上桂冠——正如我们将在后面看到的那样，彼特拉克自己也将戴上桂冠。

从这一个故事中，我们也很容易看出为什么奥维德的《变形记》在中世纪深受喜爱，以及为什么这些故事在彼特拉克的心中占有特殊的地位。奥维德的拉丁语诗歌结合了庄严的六音步，并不断推进。奥维德和维吉尔以及贺拉斯一起，被认为是罗马古典时期三位最重要的诗人。《变形记》也是希腊和罗马神话故事的诗歌补充，其中许多故事都围绕着“变形”这个中心展开，解释了星座、植物、动物、岩石等的起源。每当一种植物被神奉为圣物或有神圣的关联，这种神圣的特性就会在各种古代作品中得到体现。例如，女神阿弗洛狄忒（Aphrodite）所爱的英俊小生阿多尼斯（Adonis）被一头野猪杀死，于是阿弗洛狄忒用阿多尼斯的血做了一朵红色的银莲花。古代文学中有数百种有关神性的传说，而在《变形记》的故事中，人们找到了对这些关联的解释。最后，《变形记》总结了古代人们对情感问题的态度，其中许多爱恨纠葛在彼特拉克时代依然让人似曾相识——尽管在时间上已经过了1300多年。

与爱情有关的主题亘古不息。达芙妮和阿波罗的故事包含了爱情的元素，而这些元素影响了彼特拉克所有的诗歌（参见插图8）。当阿波罗看到达芙妮的那一刻，那一眼万年的感觉让他几乎失去了理智。这种有关爱的信念包含了某些假设，即爱是一股狂野的力量，情不知所起。从某种意义上来说，古代神话中的丘比特之箭所象征的那种一往情深，让人失去了理智的力量。如我们通常所看到的，神话和信仰有助于揭示社会习俗。在这里，这些关于爱情的理念有助于解释为什么包办婚姻在古代以及在彼特拉克的时代都是习以为常的事（这种习俗在西方一直持续到相当近代的时期，而且现在世界上的许多地方依然保持着这样的习俗）。婚姻的存在是为了巩固家庭成员之间的联系，以连接起更大的亲属群体，并给后代留下财产。疯狂的爱情则不为这种大环境所容忍。

在爱情方面，彼特拉克也没能逃离两性之爱的这些普遍框架，我们可以举他写的十四行诗《欲望激励着我》（*Voglia mi sprona*）作为一个例子。对于他的诗歌，后面的章节里会有更多的讨论。现在，我们只需要侧重了解在这首诗中，彼特拉克在试图自我诊断，并理解他为什么如此地被爱情所折磨就足够了。他写道，欲望、爱情和肉体的快乐驱使着他，哪怕他的心都无法意识到，为什么某个不时冒出来的欲望成了自己“盲目和危险”的向导。然后又写道，“感官成了主宰，理性已经死亡”。不知何故，他一直希望他和自己所爱的对象之间能够达到某种不确定的完美顶点——而这样的希望，他自己在灵魂深处都承认，是做不到的。如果我们对他所爱慕的对象是谁有任何疑问的话，我们可以来读读这首诗的最后一句：“那是1327年，确切地说，时为4月6日的第一个时辰，我走进了迷宫，从此无法找到走出之门。”

1327年4月6日，就是彼特拉克第一次见到劳拉的那一天，他在自己珍爱的维吉尔手抄本上用拉丁文记下了这个日子。正如彼特拉克在成百上千行诗中清楚地表明的那样，这一行诗反映了他痛苦的爱和饱受折磨的个人认同。初见劳拉的芳影，那一见钟情的感觉，让彼特拉克找到了真爱，也激发了他在诗歌创作上进行新的尝试，而他的创新永远改变了西方文学的发展进程。但我们现在要说的是彼特拉克的另一个发现，一件本身就具有同样重要意义的事情：对古代世界的发现。

第二章

探索古代世界

到了14世纪20年代的末期，彼特拉克已经是一个精力充沛、日臻成熟的青年人了。父母去世后，他和自己心爱的弟弟盖拉尔多把父母留下来的遗产都花用得差不多了，这时彼特拉克不得不开始四处寻求财务上的支持。他做过一些杂事，也曾受雇于科隆纳家族。正是在一生中的这个阶段（1326年父亲去世之后），彼特拉克对古代世界原有的热情变成了更为持久的挚爱，而这件事本身就有着非凡的意义。

我们现在很难理解誊写的手稿——书，要靠亲手来抄写——会是个什么样子。如果今天我们看到一本印刷精良的书，比如说一本翻译自古代历史学家李维的著作，那么这本书本身的外观形式，往往会让人难以看见书本在出版之前所需要经历的所有步骤。书籍会有一个封面，上面会印上作者的名字和作品的标题，也会列出书的译者和编辑（如果这两件事是由不同的人所做的话）。但书籍在出版过程中经过了什么样的准备工作呢？也许译者和编者会写一些关于该书的记录，就某些部分进行评论，比如该书参考了这之前什么样的拉丁文版本，以前的译著在哪些方面启发了当前的版本，以及该书在编译时遵循了什么样的规则等。他们很可能会列出一些参考书目，以便好奇的读者和学者可以跟进并阅读，就该项工作进行更为专门的研究。然而，总的来说，这将是一个相对“干净”的文本，是基于前人在好多个世纪以来探究、校勘的结果：学者们就原有的拉丁文本做出研究的结论，目前的译本都会借鉴前人的研究成果。

现在我们来想象一下这样的情况，假设面前的文本没有经过翻译，更重要的是，要读的拉丁文本没有单一的标准版本，而只有手写的抄本。不仅如此，那些幸存下来并且让你可以查看到的拉丁文手抄本还是不完整的，甚至你面前可能会出现两份看似“相同”的文本，但这些文本在某些方面也存在着歧义。你可能会遇到一些段落，其遣词造句的顺序不同，用词的拼写也不同，并且是用明显不同的笔迹来书写的。彼特拉克在研读李维文本的时候就面临着这样的处境。李维是一位活跃于古罗马奥古斯都时代的杰出的历史学家，他写下了古罗马从半神话时代的建立直到他自己所生活的那个时代的历史。翻译对彼特拉克来说并不困难，因为正如我们已经知道的，拉丁文是他非常熟悉的一种语言。

尽管如此，彼特拉克在阅读中依旧遇到了许多问题，比如不同文本的顺序杂乱和文字的不完整，“同一部”作品却存在着不同的版本，以及各式各样的手写风格等。在研究李维的著作时，所有这些问题对彼特拉克来说都是司空见惯的。彼特拉克很看重李维的作品，他自己的世界观也深受其影响。彼特拉克把李维的作品看作一把钥匙，他希望能借助这把钥匙去打开了解古罗马文化的大门，从而也能够改善和提高自己所处的那个时代已经堕落了的文化。换句话说，彼特拉克想借鉴古代的精华来帮助现代社会。

随着年岁的增长，彼特拉克养成了一种习惯，即给逝去已久的古代人物写信，以此来与他们进行心灵上的交流。他在晚年的时候给李维写了这样的一封信，表达了自己从成年之初就一直怀有的情感："如果老天有眼，我多希望要么自己能生在您的年代，要么您能生活在我的时代。"为什么这么说呢？彼特拉克对他自己的那个时代感到失望，因为那时人心不古，也未能保存宝贵的传统文化财富："我们知道您写了142册关于罗马历史的书。您一定满怀豪情，如此热情地、坚持不懈地写作。可惜，现在尚存于世的只有30册的样子。"彼特拉克接着哀叹当下道德的沦丧，其时人们只看重金钱和追求感官享受。随着自己上了年纪，彼特拉克更是时常哀叹世风日下。而他对李维所著文本的了解，以及事实上李维有多少著述已经失传的说法，都是很有参考意义的。李维的著作《罗马自建城以来的历史》（以下简称《罗马史》），确实是由142册"书"组成的——参照现代书籍的话，每本书差不多有中篇小说的长短，即有70页到80页那样的篇幅。书以10册为一集，有时以5册为一集的形式流传，到了彼特拉克的时代，正如他所提到的，大多数册子都已经失传了。

我们现在能看到的李维的著作，包括35册书，还有第36册书上的一些片段。事实上，多亏了彼特拉克的努力，我们今天才能看到其中的许多篇幅。因为是他花了很多的心血和精力，才把他所能找到的30

册书集中到了一起（李维著作后面的5册和第6册的一些片段是后来陆续被发现的）。我们应当注意的是，李维的作品并没有标准版本，也没有合集流传下来。在中世纪的时候，人们还没有收集李维作品的传统，其著作是零散流传的。而实际上，人们读到的都是一些分开的卷册，每一本单独册子都有其不同的文本来源。

因此，彼特拉克想方设法去收集了在他生活的那个时代尚存的三辑手抄本：第一辑（包括了李维著作的第1册至第10册）讲述了古代罗马半神话式的起源，以及罗马如何在早期崛起，成为区域性的权力中心；第二辑（包括了书的第21册至第30册）记述了罗马如何打败北非的汉尼拔将军，最后赢得了布匿战争[1]；第三辑（包括书的第31册至第40册）则讲述了罗马对周边地区的进一步征服，并为巩固权力不断向东扩展其统治的故事。在1328年至1329年，彼特拉克亲力亲为地做这份工作。他请人抄写了第一辑10册的手稿，并亲自抄写了其中的很多内容（该辑最后有大约50页的篇幅都是他亲手抄写的）。他找到的第三辑的文本大约抄写于那之前的一个世纪，其最后一部分有很多篇幅已经遗失。接着彼特拉克又开始着手整理工作，把他能找到的缺失部分尽可能多地抄写进文本中。后来他发现了一套相对完整的第四辑10册的版本，就花钱让一个抄写员来进行了誊写。彼特拉克随后把所有这些部分装订成册，这份手稿完好无损地保存到了今天，经过了不同的藏家之手后，现在保存于伦敦的大英图书馆，其档案号为“哈雷2493”（Harley 2493）。

---

[1] 布匿战争（Punic Wars）是在古罗马和古迦太基两个古代奴隶制国家之间为争夺地中海西部统治权而进行的一场著名战争。当时罗马人称迦太基人为“Punics”。

这本手稿装订精美，弥足珍贵。不是说书里附有什么特别著名的名家插图，而是因为它让我们了解到彼特拉克是如何进行编纂的。为了更好地理解彼特拉克的工作方法，我们可以来看一个例子，其篇幅大小是这套书中常见的格式，其编排也颇为典型。在彼特拉克的手稿中，在我们现在所拥有的手稿的第二页上，就能看到一个很好的例子（参见插图9）。然而，李维的《罗马史》一书写到这里已经是第3册了。为什么呢？这是因为从彼特拉克于1328年至1329年对这部经典著作进行研究开始，到该册子收藏于大英图书馆之间的那段时间里，该书的第一刀（一叠对折的手稿）及最后一刀的手抄本都遗失了。

书是一刀一刀装订起来的，这一实际情况可能也让现代读者感到疑惑。“一刀”是由一叠对折的纸或羊皮纸（经过处理的兽皮）集合而成的，纸或羊皮纸经过折叠后装订在一起，然后缝合成书。如果你仔细看看本书的装订（除非你是通过电子版阅读），你应该能够分辨出这些折叠处。如今，一刀一刀的纸更多地是直接粘贴在一本书的书脊上，而不是像在彼特拉克的时代那样缝在一起成为一本书。不用多说的是，我们再也不用羊皮纸了，纸张现在成了标配。在彼特拉克的时代已有了纸张（那是用泡软的破布制成的），其价格大约是羊皮纸的六分之一。彼特拉克收集编辑的李维作品集是用羊皮纸抄写的。虽然装订成了一卷，但它是一本集合而成的书，反映了装订者（在这里我们指的是彼特拉克）的品位和他优先考虑的事物，也反映了原作者的想象力。我们现在所能看见的这套书，遗失了两刀卷张的这个事例，也给我们上了这样一课，即早期的书籍保存相当不易。换言之，虽然就像彼特拉克本人曾经哀叹的那样，我们感叹有太多的好东西没能流传下来，但我们还是应该感到庆幸，并为现在还能看到这些文物而欣慰。

回到我们所要讨论的例子当中，彼特拉克的工作涉及诸如监督如何选择和装订手稿等这类实际事务，也涉及仔细阅读和比较原文。我们要讨论的这个问题出现在李维著作的第3册中。罗马建立起来了，早期的王权时代已经结束，这个年轻的共和国正试图在城邦内部构建其政治秩序；对外则继续发动战争，以扩大其在城邦之外的影响力和权力。那个时候，罗马已经制定出了一些赖以维系这个年轻共和国的政策。其中最重要的是每年选举两位执政官，这两人掌管军事，担任共同领导人，负责城邦的治理。但在一段时间里，罗马人似乎觉得最好选出十个人来进行临时管理，并制定罗马的法律。根据现在的研究，这些被称为“十人委员会”的人，于公元前451年就职。作为一个团体，他们根据自己得到的授权起草了一套法律，但是后来他们越权了，最终被剥夺了权力。虽然政治体制恢复了常态，但罗马的军队及其士气受到了损害。正是在这一个节骨眼上，李维的叙述中出现了我们要讨论的例子。

当时掌权的两位执政官对恢复罗马的统治秩序感到有了足够的自信，因为他们同时也是部队的将领，觉得已经可以把罗马的军队拉出去，到罗马城外去参加战斗。两位执政官中有一位名叫瓦列里乌斯（Valerius），准备迎战来自两队的敌军，一队是埃奎人（Aequi），另外一队是沃尔西人（Volsci），这两队敌军联合起来与罗马为敌。瓦列里乌斯决定先避免与对方直接交战。李维认为这是一个明智的策略，因为，如果瓦列里乌斯急于投入战斗，“由‘十人委员会’的胡作非为所带来的负面效果，考虑到罗马人的士气无法与敌军相提并论，我不知道（我怀疑）如果真的打起来，罗马军队是否会遭遇重大的失败”。（这里的翻译从字面上和句子的顺序上大致按照了拉丁文的词序。）在彼特拉克收集到的抄本中，他所看到的拉丁文原文是“aut socio antiquaialibs”，其意思大概是说“敌军拉帮结派素有历史，也与动物联系在一起”。经他修订后，拉丁文的文本如下：“haud scio an, qui tum animi.”〔我不知道（我怀疑）如果真的打起来。〕简而言之，彼特拉克的版本理顺了李维的精妙观点：由于“十人委员会”在过去两年中的不当统治，罗马的部队士气是如此低落，士兵们还没有做好迎战敌人的准备。虽然这个例子简单明了，却清楚地展示了彼特拉克是如何工作的，以及他在编辑文本时所遇到的问题。

我们提到的这一点，仅仅是李维笔下宏大历史叙事中的一个例子，而且只是一个相对较小的细节。在彼特拉克对这部作品进行编纂之前，读者看到带有缺陷的手抄本时，大概能够知道，瓦列里乌斯当时并没有急着与埃奎人和沃尔西人打仗。因此，读者能够大概了解叙述中涉及的基本事件和年代。然而，李维用一两个字就表达出的历史人物心理上的微妙波动（在这里）就缺失于篇幅中了：当一个将领决定在何时何地投入战斗时，军队的士气是很重要的。再说一遍，这只是我们列举的一个小例子。

但是想象一下，如果在书中的数百处进行这样的修订，会是怎样的情形。彼特拉克将他手中李维的手抄本与他能够找到的其他手抄本进行比较，就其中有疑问之处进行思考，就每个段落进行琢磨，然后纠正文本——彼特拉克进行了数百处这样的纠正（参见插图10）。我们在插图的第三行看到他做的标记是非常典型的：他在错误的单词下面标了点号，提醒读者这些单词需要改正。看看手稿也有助于我们准确地了解手抄本中的错误是如何以讹传讹的。彼特拉克标记的这句话是这样的："haud scio an, qui tum animi." 请注意，在插图中，原稿上写的不是"haud"（"不"），而是"aut"（"或者"）。彼特拉克只是简单地在单词前挤进了一个字母"h"，并巧妙地将最后的字母"t"更改为"d"。同样要注意的是，他只在第一个"o"下面加了一个点，就把"同盟"（socio）这个词改成了"知道"（scio，作为短语是"我不知道"）。我们可以看到"animalibus"（"与动物在一起"，这是手抄本对李维原文的错误解读）和"animi"（"精神"，这是彼特拉克校对文本后的正确解读）这两个词之间的差别有多小。一个昏昏欲睡的抄写员，偶尔在这一句或那一段中出现了差错，这就是问题的症结：一次抄写中的小错误被记录了下来，然后一次又一次地被他人复制……

彼特拉克既不是第一个，也不是最后一个意识到在手抄文本中，质量有好有坏，而遇到质量较差的文本时，人们就需要去对比其他的文本，并运用自己的常识，去努力还原出尽可能合乎常理逻辑的读本。在查理曼大帝（Charlemagne，公元800—814年在位）统治时期，校对《圣经》和其他宗教读物文本的运动蓬勃开展。到了12世纪，人们对古代经典有了新的兴趣，不少学者做过文本的校勘工作。然而，彼特拉克的与众不同之处在于，他将一系列游离松散的思想和嗜好结合成一种愿景，这种愿景可以说达到了痴迷的程度。彼特拉克对古典文献的热爱、对文本的密切关注，以及作为优秀的文学评论家对细微差别的鉴别，都与他日益增长的这种认识相结合：他认为自己所处的社会在价值观及语言方面，与古罗马人的社会“无法相提并论”。换句话说，他的研究发现与他的历史及学术方面的著作交相辉映。

要了解这二者如何相得益彰、起到了相互促进的作用，我们可以看看彼特拉克于1333年在比利时的列日（Liège）所遇到的另一个“发现”：他在那里发现了一份西塞罗的《为诗人阿齐亚斯辩》。彼特拉克在那时已经受雇于科隆纳家族，当他们履行各种职责的时候，彼特拉克会与他们一起出行。然而，他总是在找书。彼特拉克在后来的一封信中（他在晚年时写的）描述了自己生命中的这个时期。他写道，当朋友们要出门时，会来问彼特拉克想要他们给他捎带些什么东西，他总是只有一个回答：“除了书，尤其是西塞罗的书，其他什么都不需要。”在同一封信中，彼特拉克还谈到，虽然他是和朋友们一起旅行，自己却在列日逗留了下来：“我耽搁在那里，让我的朋友们久等了，直到我请一个朋友帮我一起把西塞罗的一篇演讲抄写了下来。后来那篇演讲传遍了意大利。”其中就有西塞罗的《为诗人阿齐亚斯辩》。正如彼特拉克解释的那样，在那里哪怕是想抄写文本，也不像在其他地方那么容易做到：“说来好笑，在那座美丽但不够开化的城市里，想找到墨水都要花不少功夫。而我找到的墨水实际上写出来的是橙黄色！”通过他的努力，西塞罗的《为诗人阿齐亚斯辩》得以广为人知。让我们考虑一下这个事实：在彼特拉克发现这个抄本之前，西塞罗的《为诗人阿齐亚斯辩》只有两份流传于世，而现在我们能够看到有两百多份手抄本，几乎都是彼特拉克手抄本的“副本”（也就是说，它们是根据彼特拉克的抄本再手抄下来的副本，或副本的副本）。

彼特拉克发现西塞罗的《为诗人阿齐亚斯辩》，从很多方面来看都是件重要的大事。它展示了西塞罗如何为一位名叫阿齐亚斯的诗人进行辩护。这位诗人被指控没有履行罗马公民的义务（而这似乎是出于政治原因而捏造的罪名）。彼特拉克和新兴的人文主义者们非常钦佩西塞罗，把他当作写就最好的拉丁文的典范。在这篇演说中，人们可以看到，西塞罗充分调动了自己雄辩的口才来为诗人做辩护。更重要的是西塞罗所说的话，以及他如何运用论点和论据。西塞罗在解释他为何要替诗人阿齐亚斯进行辩护时说，虽然阿齐亚斯没有演说家和舆论倡导者所善用的那种能言善辩，但他的艺术，即诗歌本身就“值得人们尊重”。因为，“事实上，所有与人类有关的艺术都具有某种共通之处，所有门类就像是绑在一起那样融会贯通”。在为诗歌这种艺术形式做了简短却有力的辩护之后（在这一部分里，西塞罗用了拉丁文里的“humanitas”一词，该词表示“人文”的意思），西塞罗在随后的演说中向听众建议，他将以一种与法庭上正常情况下稍有不同的方式发表演讲，并要求旁听者离开，以便他能“更专心地介绍一些关于人文学科的研究”。这里所用的“关于人文学科的研究”的表达，在拉丁文中是这样写的：“de studiis humanitatis ac litterarum。”其字面意思是“关于人文与文学之研究”。

在这两句引语中，我们可以看到拉丁文“humanitas”这个词的用法都有些特殊，并且与我们所理解的“humanity”一词意思并不完全相同。如果我们想理解彼特拉克，以及这个词如何在他的心里引起了共鸣，就要注意以下两点：

第一，奥卢斯·格留斯[1]（Aulus Gellius，活跃于公元2世纪）解释了这个拉丁词的含义。他认为“humanitas”这个词超越了将人与动物区分开来的概念，甚至比“对全人类的博爱”的概念更加广泛。格留斯写道：“‘humanitas’就是希腊人所说的‘paideia’，即我们在形容高雅艺术时所说的‘教育’和‘指导’的意思。”这也是西塞罗在《为诗人阿齐亚斯辩》演说中所说的，当他使用“人文”这个词的时候，特别是当他将这个词与“学习”这个词配对使用时，所要表达的意思。

第二，前面翻译过来的“人文之研究”，在拉丁文中最基本的形式是“studia humanitatis”。这一表达涉及了语言的五个方面：语法、修辞、诗歌、历史和道德哲学。像彼特拉克这样的人文主义者和那些跟随他的人，就运用了这些学科来重新思考他们的世界。彼特拉克和其他人并没有总是同时列出这些学科。此外，彼特拉克和跟随他的大多数人文主义者故意采取局外人的那种反权威的姿态。因此，他们并没有试图在大学里正式列入这些学科，也没有试图在这些主要涉及语言的方面付出努力。但这一整个领域是真实的和重要的，它代表了一种转变，即彼特拉克和其他像他一样的人希望能够学以致用，并不仅只学那些因为列在了学校的课程中而不得不去学的、枯燥乏味的学术科目。彼特拉克发现自己最喜欢的拉丁文作家西塞罗对这些学科

---

[1] 奥卢斯·格留斯，古罗马作家、法学家、拉丁语语法权威，著有《阿提卡夜话》。

进行过如此激动人心的辩护，而这些学科是他生性就喜欢的，其重要意义自然不言而喻。这是融合了发现文本、亲手临摹经典以及享受旅行的一举多得的时刻。在彼特拉克的一生中有过许多这样的时刻。所有这些都强化了他原本就带有的并在不断增长的观念，这就是：他自己所处的社会中缺少了某种东西，而古代罗马的精华部分，如果能够正确借鉴的话，就可以为今天提供榜样。

然而，当彼特拉克在1333年发现西塞罗的《为诗人阿齐亚斯辩》时，他的生活经历中还缺少一样东西：罗马。

> 可悲的是，事实上，罗马不知道自己的好。我不仅痛惜人们的无知（尽管没有比无知更糟糕的东西了），而且痛惜许多美德的流失和消亡。又有谁会怀疑，如果罗马能够重新认识自己，罗马就会再次崛起？

彼特拉克后来在给乔瓦尼·科隆纳（这位科隆纳是彼特拉克的亲戚，而不是前面提到的那位同名同姓的朋友和赞助人）的信中表达了这种感情。他想表达的意思是，罗马城市里到处都可见其往日的辉煌——残损的古迹，由李维和其他人所记录下来的古代历史，它的昔日帝国——但现在这座城市本身和它在世界上的地位却远远落后于这一古老的遗产。要了解在彼特拉克眼里罗马为何如此衰落，就要看看罗马的现实以及彼特拉克的构想。

关于彼特拉克的构想，我们只需要看一下彼特拉克的心思，以及在他心中理想化了的意大利，更需要理解他的激情，以及彼特拉克外在和内在的双重身份——而外在的刺激常常导致他内心的反省。那是1336年，彼特拉克与科隆纳家族保持着良好的关系，并开始了他作为一个文学人物、一个朝臣和兼职外交官的职业生涯，以此为他的赞助人服务。在家里的钱用完之后，他的弟弟盖拉尔多走上了另一条路，最终成了天主教加尔都西会教派[1]的一个教士。彼特拉克很佩服弟弟的基督教信仰，但他也有足够的自知之明，知道自己永远无法接受那种苦行僧般简朴的生活方式——哪怕这种生活方式看起来显得颇为吸引人。

彼特拉克的这些倾向，以及对意大利的远眺，都出现在他最著名的一封信中。该信通常被称为《攀登旺图山》（*Ascent of Mont Ventoux*）或《攀登风之山》。那座山位于法国南部的普罗旺斯，彼特拉克和他的弟弟登上这座山的原因很平常，只是因为山就在那里（参见插图11）。在《攀登旺图山》中，彼特拉克描述了这一旅程，并在这一过程中又一次对自己的灵魂进行了内省，他的内省至今仍能唤起人们在情感上的共鸣。

彼特拉克把这封信寄给了迪奥尼吉·达·博尔戈·圣·塞波尔克（Dionigi da Borgo San Sepolcro）。他是彼特拉克最好的朋友之一，也是彼特拉克的忏悔牧师。彼特拉克解释说，他从小就生活在这个地区，“被命运带到此地”，多年来一直希望能登上这座山。这封信是自我反省的典范，为此后的几个世纪中各种各样的思想家的创作定

[1] 天主教加尔都西会教派，1084年由圣布鲁诺在法国格勒诺布尔创立，该教派主张禁欲苦行。

下了基调。在这类以自传为中心的作品中，以米歇尔·德·蒙田[1]在16世纪后期写的《散文集》（*Essays*）最为著名。但在彼特拉克写那封信的时候，还未及谈论影响后世。他只是想简单地写封信，跟对方讲讲他自己，以及他内心的情感状态。

彼特拉克注意到，他的弟弟盖拉尔多选择了一条比较直的，但对体力要求更高的路，直达山顶；而他自己，“我一直在试图逃避爬高的挑战，但事物的本质不会取决于人的想法，任何东西往下降是不可能达到高处的”。在遭到弟弟讥笑了几次之后，彼特拉克终于也爬到了顶峰：“我从那里向着意大利的方向凝望，那里是我的精神归属之地。”彼特拉克似乎在为自己去意大利做着心理准备，在几年之后，他真的去了意大利。

随后彼特拉克又反省了一番，并告诉他的忏悔牧师说，他仍然为自己无法摆脱世俗而感到遗憾，他永远无法摆脱血肉之躯的软弱——无法摆脱他对劳拉的爱和肉体欲望的罪恶，无法避免地屈服于欲望。他想要克制那些欲望却无法做到，“如果可能，我会去恨；如果不能，我会不情愿地勉强去爱”。最后，彼特拉克极目远眺，最远能看到马赛湾，近处则俯视着罗纳河。

然后，彼特拉克看了忏悔牧师送给他的礼物，即圣奥古斯丁的一小本《忏悔录》（*Confessions*）。这是一本用拉丁文写就的基督教经典著作，从5世纪初就为自省式自传树立了榜样，彼特拉克和其他许

---

[1] 米歇尔·德·蒙田（Michel de Montaigne，1533—1592），文艺复兴时期法国思想家、作家。其散文对弗兰西斯·培根、莎士比亚等影响颇大，所著《散文集》三卷名列世界文学经典，被后世称为随笔的杰作。

多人都从中获得了精神上的支持："上帝——无所不在的上帝，我在第一次开始写这句话的时候，就有上帝为证。"彼特拉克偶然翻到圣奥古斯丁书中的这一段："人们会惊叹于高山之雄伟、大海之巨浪滔天、河流最宽阔的河道以及群星的熠熠闪烁，但他们却没能去思考一下自己。"彼特拉克读了这一段之后，写道："我承认，自己感到震撼。"他对自己很是生气，因为当他本该更多地修炼自己的灵魂时，却对世俗之物孜孜以求："我在内心里审视着我自己，从那一刻起，我没有再多说一句话，直到我们返回到山脚下。"彼特拉克像往常一样，全神贯注于自身和内心的反应。接着他讲述了他和弟弟在一轮皎洁明月的清辉里下山之后，到第二天早上要离开小旅馆之间，他所做的事情：

> 当仆人们为我们预备晚餐的时候，我独自一人躲到房子里一个隐蔽的地方，趁着自己想写点东西的兴头还没有减弱，兴之所至地赶紧把自己想到的这些写信告诉你。如果等到我离开这里，可能也就不再想写了。

在这封信中，我们同时观察到了隐含的和明确的信号，这是彼特拉克为读者们准备的信号。

这些读者是谁？收信人是迪奥尼吉·达·博尔戈·圣·塞波尔克——彼特拉克的朋友和忏悔牧师当然是其读者。所以从某些方面来说，彼特拉克作出自我审视是完全恰当的。但当彼特拉克在写东西的时候，心里也想着其他读者。他仔细地收集自己的信件，保留他想要保存的东西——这样他就可以给后人留下他想要的自我形象。从这封信中，读者能得到什么样的印象？首先，我们看到彼特拉克非常关心自己的良心和行为状态，时时审视着自己的过失与不足，并敦促自己改进。其次，我们还可以体会到彼特拉克对意大利的热爱，哪怕不是现实中的意大利。就像他曾感叹于“意大利的天空”那样，他是用“心，而不是眼睛”去看意大利的。最后，也许最重要的是，彼特拉克作为作家，告诉迪奥尼吉（还有我们），他决定如何以及在何处记下他的经历。我们看到，写作是彼特拉克自我认识的一个不可缺少的组成部分，而且几乎就像是一种安慰心灵的自我疗愈。

彼特拉克在1337年前往罗马进行了对他来说最重要的旅行，当时他担任科隆纳红衣主教的随从。罗马是彼特拉克想象中的伟大城市，西塞罗曾经在这里生活和工作过。更重要的是，罗马帝国就是从这里开始扩展，并成为世界古代史上最有权力的强国。彼特拉克一直在书中以及就像他在《攀登旺图山》中所写的那样，在心里去体会意大利。现在，他要通过具体的旅行来了解意大利了。在《致后人的信》中，他说自己从童年起就“一直渴望着能去访问这座城市”。他还写道，他在这次访问中认识了斯特凡诺·科隆纳，他是科隆纳家族的族长，是一个彼特拉克认为“可以与古代伟人相提并论的人”。

这次访问让彼特拉克大吃一惊。他到达那里的方式，以及他一路的经历，都是值得记述评论的。这些情况可以用彼特拉克在访问期间寄出的一封信中的一句话来概括：“归根结底，这里所有的事情都要靠武力来解决。”他到了罗马以北65公里的卡普拉尼卡镇

（Capranica），住在那里的科隆纳家族成员家里，并从那里寄出了这封信。

彼特拉克从法国南部城市马赛出发，乘船抵达意大利城市奇维塔韦基亚（Civitavecchia），这是在罗马西北67公里处的一个港口城市。他在航行中遇到了暴风雨，克服了重重风险。虽然彼特拉克在离开港口的内陆地带卡普拉尼卡找到了一个安全的地方栖身，但是在科隆纳家族的庄园之外，到处都让人觉得不安全。彼特拉克在同一封信中说，每个人似乎都全副武装；不断有人警告他说，不要独自一人出门，因为那样太危险了。彼特拉克为意大利的自然之美而着迷，他首先描述了周围的山丘、树林和泉水，然而——

> 和平的景象荡然无存，我不知道是人们犯的哪一种罪孽，或是何种天理，或又是何种星卦造成人们的命运如此悲惨。有谁知道呢？一个牧羊人要全副武装观察着树林的方向，不是害怕有狼，而是害怕有强盗来抢劫。……归根结底，这里所有的事情都要靠武力来解决。

本来应该是一派宁静祥和的森林景象，现在却变成了一个危险的境地。彼特拉克独自闯了过去，“每个人都惊讶地看着我，因为我面带平静、无所畏惧、手无寸铁。相比之下，我看到的每个人才让我感到惊奇，因为他们满心恐惧、行事紧张、全副武装”。彼特拉克在信的结尾告诉收件人红衣主教乔瓦尼·科隆纳，他如何期待前往罗马。

然而，情况仍然是危险的，彼特拉克随后又马上给红衣主教科隆纳写了一封信。彼特拉克报告说，考虑到情况危急，他写信给隆贝主教、乔瓦尼·科隆纳的兄弟贾科莫·科隆纳征求意见。贾科莫回信嘱咐他在那里等着，直到贾科莫亲自来接他。几天后，贾科莫和他弟弟斯特凡诺·科隆纳一起赶到了那里，“他们各自带了不到百名骑兵随从。路上看到的人很明显都充满了恐惧，因为他们知道敌方麾下有五百名或更多的士兵等在那里”。但好在他们两个人都以能征善战闻名。最后，尽管环境险恶，彼特拉克还是和他们一起顺利地离开了卡普拉尼卡。

彼特拉克写给科隆纳红衣主教的下一封，也是最后一封信，是从罗马发出的。信很短，彼特拉克说，他是如此不知所措，以致写不出多少东西。他担心他多年来一直梦想着要去访问的地方会让自己失望，这座“永恒之城”可能与自己脑海中想象的形象大为不符。然而，彼特拉克并没有失望，“事实上，罗马比我想象的还要伟大，遗址更加壮观。我不再对为什么这座城市能够统治过世界觉得奇怪，而是对为什么自己这么晚才被罗马征服觉得奇怪”。

彼特拉克描述的第一次罗马之行，值得揣摩。他在这三封信中的大部分叙述都没有什么突兀之处，信件都是写给对他资助最多的赞助人科隆纳家族中最显赫成员的。彼特拉克使用古典而华丽的拉丁文描述了他的旅程，也明确表达了对自己终于有机会去往罗马的期待。然而，他所描述的情况可能会让当代的读者大吃一惊。谁是让当地居民害怕的科隆纳的“敌人”？谁是那些阻碍彼特拉克前往罗马的对手？为什么这个美丽的乡村看起来会如此危机四伏？

简单的答案是信中提到的奥尔西尼[1]家族的成员，他们长期以来利用各种机会来骚扰科隆纳家族的势力范围。要给出更复杂的答案，我们就需要了解欧洲前现代社会那个棘手的环境；同时，还要回到彼特拉克所处的政治现实。如果说有一个特征使那个社会区别于我们自己现在的环境（至少与我们现在相对和平的西方社会相比），那就是武力和公开暴力的存在。彼特拉克的信告诉我们，发生暴力事件是习以为常的事情。想要能安全地旅行，就得要有武装护送——他所有的工作都是在这样的背景下进行的。所以当讨论到政治问题时，彼特拉克和其他许多人一样，会产生一种梦想。彼特拉克想象着、期望着意大利能够像在古代那样再次统一，他甚至憧憬着能有一个专制独裁的人出现。

在此行约一年半之后，彼特拉克为罗马一位没有注明姓名的元老院元老写了一首诗，题目是《高尚的精神》（*Spirto gentil*）。他在诗中以极大的热情表达了自己的理想，并回顾了古罗马伟大的遗产（这是让他自豪的地方），接着他提到了可怕的现状（这是让人感到羞愧之处）。彼特拉克称这位没注明姓名的元老为“强有力的领导人，又能干又聪明”，而那位元老则拥有为罗马“正名”的权力。他接着写道：

我求诸你，是因为我在哪里都看不到一丝美德的光芒，

[1] 奥尔西尼和科隆纳是当时罗马两个强有力的家族，把持着枢机主教团。正当这两个家族中的代表在选举会议上为获胜而争斗时，他们的追随者在罗马街道上也展开了血腥的争斗。

因为美德之光已经在这世上熄灭，我看到世人皆不以作恶为耻。我不知道意大利究竟是在等待着什么，或是在渴望着什么？竟然不知道自己的不幸何在，变得老气横秋、懒散迟缓。她会永远沉睡吗？没有人能将她唤醒吗？我真想用手扯着她的头发把她唤醒！

罗马在这里被当作女性，那个未具名的人物则被视为一个严厉的纠正者，能够唤醒罗马这个沉睡的、任性的女人：“请自信地用你的手揪着她可敬的发梢，抓住那些蓬乱的头发……”罗马这个女子睡着了，需要那人先将之唤醒。彼特拉克接着写道：“我日夜为其痛苦和哀泣，把我很大的希望寄托于您的身上：因为如果罗马人要抬头仰望，不负其荣光——在我看来，这样的日子要靠您来指引。”

从这首诗的开头，我们可以观察到一些显著的特征——这些特征反映了并继续打造着文学家和文化人物看待政治的方式。在西方文化中，有着一种典型的二分法；这种二元分裂中，最深刻和最重要的是“男性”和“女性”之分。罗马被视为“女性”，她是被动的，需要一个来自外部的救世主，靠她自己是无法取得成功的。那位元老必须采取积极、有力，甚至激进的行动，去揪住罗马的“头发”，把她摇醒。在彼特拉克的期待和想象中，他是个理想中的“男性”——好在男性现在已经不能这样粗暴地对待女性了（哪怕情况尚不尽如人意）。但换句话说，在过去，男人曾经是这样对待女人的。这套二分法虽然是个框架性的结构，但对彼特拉克来说却只是个开始。

在这首诗的后面，彼特拉克加强了对罗马的神话化，也表明他对出现救世主的希望更加迫切了：

> 世上之人在回忆起过去的时光或回首往事的时候，那古老的城墙仍然或让人害怕，或让人热爱，甚或让人为之战栗；那葬着伟人的墓碑，那些伟人的名望与星月同光、与宇宙共存；这片古迹所能代表的一切：所有这些，所有的希望，都要通过您的领导来修正现有的缺陷。

把罗马神话化（一个臆想中的罗马，一个曾经强大的帝国，与彼特拉克在仅仅一年半以前所目睹的坍塌、破损的中世纪城市形成鲜明的对比）是彼特拉克有意为之的，他这样写是为了与现实中的罗马形成对比，这个现实代表了前现代生活中普遍的悲哀：

> 如果天堂对地上的事物还有任何关心的话，那么那些灵魂升天的公民，他们的躯体还遗存在地上，都会来求您站出来，结束长期以来存在的公民仇恨。因为这种情况让民生不安，隔绝了他们的朝圣之路……

罗马有着古老的、长存于世的历史，有着帝国的雄伟，更加上了基督教的威严。然而，这座“永恒之城”却饱受“公民仇恨”（odio civil）的折磨。这种“公民仇恨”，就像在卡普拉尼卡的情况一样，是彼特拉克所处的意大利前现代生活的一个特征。宗族间时有械斗，以亲属关系为纽带的社会团体之间竞争激烈，人们不断使用暴力和寻机复仇。与其他城市一样，罗马也受到这些问题的困扰。事实上，基督教最神圣的一些地点（比如在罗马朝圣者想去的某些教堂和圣地），都因为这类暴力事件的发生而让人望而却步。这种情况让人精神紧张，彼特拉克希望这种状况能够尽快得到解决。

> 人们目睹的是些什么？
>
> 举目所见，妇女在流泪，年轻人手无寸铁，年长者疲惫不堪，他们在恨自己，恨的是自己活得太长；穿着黑衣、灰衣、白衣的修士，以及所有其他遭受苦难病痛的人，都在呼喊着：“哦，我们的主啊，救命啊，救救我们吧。”

问题是，罗马这个拥有悠久历史的城市，在市民无法无天和贵族争权夺利的混乱中失去了活力，社会显得毫无秩序。这座城市具有潜力，有古老的遗产，也可以有各种潜在的可能，但它需要找到一个解决问题的方法。

彼特拉克给出的灵丹妙药（如果可以这么称呼的话），不是关于某种政府管理的理论，而是希望出现这么一个人，即他的诗中所致敬的那位能够横空出世去解决问题的人。如果我们在讨论有什么样的政治思想是解决问题的万能之策，那么这种一厢情愿的看法并不值得我们认真看待。但是，就像他之前的知识分子和他之后的许多人那样，彼特拉克非常愿意支持强人统治，希望有一个能“搞好一切”的救世主式的人物出来掌控局面。

如果说彼特拉克对古代世界的探索和认识帮助他得到了学术上的

发现，促使他创作出了激励人心的诗歌，并为追随他的意大利知识分子指明了道路，那么他还具有另一个方面的特质：他受绝对理念的支配，是一个幼稚的知识分子。我们将会看到，在这件事上，彼特拉克的绝对理念源于一位名叫科拉·迪·里恩佐[1]的人。而且，当彼特拉克到了那一个阶段的时候，他已经声名远扬，享誉整个欧洲了。

[1] 科拉·迪·里恩佐（Cola di Rienzo，1313—1354），14世纪罗马政治家，潜心研读拉丁文写成的古罗马文献，倡导复兴罗马。

第三章

声名鹊起

彼特拉克的诗篇《高尚的精神》表明，他和许多人一样，曾寄希望于有某个人以独裁的方式来提供强有力的领导。同时，这也预示着彼特拉克在诗歌方面的创作变得越来越有影响力。当彼特拉克完成了自己人生中的一个阶段，即他的罗马之旅和对住在那里的科隆纳家族的访问，他准备开启自己的下一个阶段了。这个阶段以他于1337年（从罗马）返回法国南部为起点，到1348年随着黑死病的出现而结束。在此期间，彼特拉克开始了一系列重要拉丁文作品的创作，并获得了桂冠。他第一次将他的意大利语抒情诗收集成册，并与一位独裁君主成为朋友。

离开罗马之后，彼特拉克于1337年在法国沃克吕兹（在法语中的意思是“封闭的山谷”）买了一座房子。从地理上看，这个地方靠近教皇所在的城市阿维尼翁。但对彼特拉克来说，这里与外界有着天壤之别，象征着世外桃源般的孤寂生活（参见插图12）。他的几乎所有的主要作品都是在这里开始创作的。索尔格河（Sorgue）河口这个幽静的地方象征着心灵和身体上的隐退，城市里让人分心的诱惑都远离这里。他在一部拉丁文作品中这样写道："让我们远离城市，乐而忘返。"他在《致后人的信》中这样描绘沃克吕兹："最重要的是，我创作的几乎所有作品都是在那里构思、开始或完成的，如此多的作品让我一直忙到今天。"沃克吕兹代表了驱动他创造力的一个方面——正如我们将看到的，他的另一个愿望是得到公众的赞扬和认可。

彼特拉克在沃克吕兹的最初几年开始创作两部作品：《名人列传》（*De viris illustribus*）——一部关于古代杰出人物生平的作品；以及一部用拉丁文写的史诗——尽管他毕生都在完善这部作品，但他最终没能写完它。这部作品的名字叫《阿非利加》（*Africa*），讲述了罗马英雄大西庇阿（Publius Cornelius Scipio Africanus）在布匿战争中击败北非将军汉尼拔的故事。正是在这场战役之后，罗马才真正走上了成为世界强国的道路。这两部作品都共同表现出了作者对古代典范的兴趣，彼特拉克的观点是：为了塑造现在的世界，一个人需要回顾过去吸取教训，收到前事不忘，后事之师的效果。

在这些年里，彼特拉克又一次与古代的历史有了关联，这次是获得了给文学人物的桂冠奖。在他的《致后人的信》中，他告诉我们他住在沃克吕兹时发生了什么事：

> 当我住在那里的时候——要说这事真是太棒了！我在同一天里收到了两封信，一封来自罗马元老院，另一封来自巴

黎大学的校长。两封信都邀请我去接受给诗人的桂冠：一封建议我去罗马，另一封则邀请我前往巴黎，仿佛他们在互相竞争着给我这个荣耀。

真是太神奇了。如果这封信听起来有点做作，那是因为它的确如此。彼特拉克曾向他的朋友和忏悔牧师迪奥尼吉·达·博尔戈·圣·塞波尔克和贾科莫·科隆纳透露过，如果他能得到奖励杰出诗人的桂冠，他会为此非常感激。我们可以在彼特拉克那封被称为《攀登旺图山》的书信之后，他寄出的其他信件中看到这些暗示。为什么彼特拉克会渴望戴上桂冠呢？

首先，他看到了一些最近的例子。一位名叫阿尔贝蒂诺·穆萨托的思想家和诗人，于1315年在其家乡帕多瓦[1]获得桂冠。但丁在博洛尼亚也被授予同样的荣誉，但他拒绝接受，因为他只想（尽管这是徒劳的）在佛罗伦萨获得这种荣誉。彼特拉克意识到，获得桂冠这件事是有可能的，而且已经有过两个例子（其中的一个还真给诗人加授桂冠了），这更激励了他。获得“桂冠”这件事还有其象征意义，因为给诗人戴上“桂冠”是古人的一种习俗：文学、诗歌和历史可以在政治文化中发挥作用。后一个因素（政治上的原因）导致彼特拉克选择罗马而没有去巴黎。的确，正如他在写给科隆纳的信中所说的，巴黎大学是“我们时代学术研究的重镇”，但罗马是“世界之都，城市之王”，因此，他要选择罗马，而且颁奖仪式会在曾经埋葬过古代伟大

[1] 帕多瓦（Padova），意大利东北部一城市。

诗人的废墟举行。

彼特拉克知道，在接受桂冠之前，他还有一件必须做的事：找一位举荐者。于是，他主动接触那不勒斯国王、安茹王室的罗伯特，希望国王能“指正”他的作品。如果国王认为彼特拉克的作品有价值，就可以向罗马的元老院举荐，让彼特拉克获得桂冠。罗伯特因支持学术事业而获得了“智者”的绰号，他帮助加强了那不勒斯大学的实力，并成为艺术家和学者的赞助人与支持者。彼特拉克在《致后人的信》中，将这位统治者描述为“最伟大的国王和哲学家”，这位国王也是当时唯一被彼特拉克称赞为“智慧和美德的朋友”的统治者。

当时是否有某种成文的规定说要如何以及在何种条件下才能给诗人加授桂冠呢？没有。相反，从上面的描述所显示的内容中可以看出，尽管彼特拉克号称颇为内向内省，但他也很会运用公共关系。彼特拉克明白，如果这位以“智慧”和“美德”著称的国王提出“官方”建议，他精心计划的争取桂冠加身的努力就更有成功的希望。换言之，除了为彼特拉克提供资金支持，这位国王的加持还将给彼特拉克提供社会学家们所说的“社会资本”：一个强大的社会网络的支持所能提供的力量和资源。

于是，彼特拉克从马赛港出发前往那不勒斯。与他同行的是他一直在与之修好的另一位统治者阿佐·达·科勒乔（Azzo da Correggio）。科勒乔后来统治了帕尔马四年的时间，彼特拉克还去那里拜访过他。到了那不勒斯之后，彼特拉克为国王朗读了他用拉丁文写就的史诗《阿非利加》，然后接受了三天多的考察。国王对彼特拉克的印象非常深刻，他甚至都想在那不勒斯颁给彼特拉克一顶桂冠。但是，彼特拉克在《致后人的信》中告诉我们，他没有接受，而是带着国王的推荐信离开了那不勒斯，国王还派遣了使者护送他前往罗马元老院。

来自罗马著名家族的元老奥尔索·德·安圭拉拉（Orso dell' Anguillara）把彼特拉克迎接到罗马的七座山丘之一的（也是最高的）卡比托利欧山（Capitoline Hill），仪式在那里举行。这是一座重要的山丘：就是在这里，第一批罗马人在古代世界建起了城堡，中世纪的罗马人则把政府中心放在了这里。彼特拉克在仪式上公开宣读了他专门为这个场合撰写的演讲稿。这是我们现在所能找到的、为数不多的他的公开演讲之一。

这是一篇颇为出色的作品，其主题是谈论诗歌艺术——这不出意料。对那些认为彼特拉克是意大利文艺复兴时期人文主义之父的人来说，演讲词在一开始就引用了维吉尔的一句话："是爱指引我向上，越过了帕尔纳索斯山[1]那孤寂的斜坡。"维吉尔的《农事诗》描写了牧人与羊群、四季的变迁与自然的规律，巧妙地提到了希腊的帕尔纳索斯山——这座山俯瞰着阿波罗的家乡德尔菲（Delphi），那也是缪斯女神的圣地。彼特拉克用这句话作为开场白是有其意义的：他致力于诗歌艺术，也致力于缪斯所代表的所有其他门类的艺术。然而，随着演讲的继续，有趣的事情发生了：彼特拉克或多或少地遵循了中世纪圣典布道的那种结构和技巧，因为他分析、揭示和解释

[1] 帕尔纳索斯山（Parnassus），位于希腊中部，古时被认为是太阳神和文艺女神们的灵地。

了维吉尔的句子。

一方面，正如一位学者曾阐述的那样，这种解读方法“以崇敬的方式诠释了维吉尔的经典作品”。这类仔细的重复研读，再加上自己的反思，形成了彼特拉克写作方法的一个部分，而且涵盖了他所涉及的凡世的以及宗教题材的作品。

另一方面，彼特拉克运用的那种“中世纪”的方法，揭示了一些值得注意的事实。首先，最明显的是，这篇演讲词表明，理想化的“中世纪”和同样理想化的“文艺复兴”之间那种老生常谈的区别，远没有学者们以前所宣称的那样明显。沿着这些思路，彼特拉克在如何组织他的演讲词的时候所做出的选择，也特别显示了很重要的一点——风格。观众有其期待，为了有效地与听众沟通，最好就不要违背他们的期望。演讲词带有布道的形式是为人们所熟悉的，其节奏符合了人们意识中的某个部分。听众对这种形式的熟悉，使得彼特拉克的演讲内容更加引人注目。在很大程度上，演讲词几乎完全引用了古代的凡世文本，其中引用了不少西塞罗的话语。在演讲的三个部分中，彼特拉克分别解释了什么是诗歌艺术（由某种神圣的灵感所激发出来的感情）；阐明了诗人所做的是什么样的事（在虚构的表面形式下真实地反映了现实）；在演讲的最后，他问道：为什么是现在？为什么是他？

针对这最后一个问题，彼特拉克的回答是：自己可谓“在对的时间里那个对的人”，而原因可以有很多。他本人在获得桂冠的认可之后得到了荣耀，而更为重要的是，他所要写的人也会因此得到荣耀。此外，他在诗歌中要谈论、歌颂和阐述的东西，对罗马这座城市也会有所裨益。作为对这些说法表示的一种肯定，颁发桂冠仪式（仪式的程序是由彼特拉克自己来编排的）继续进行。罗马元老院的元老奥尔索面对聚集着的人群，宣读了给彼特拉克的颁奖词。他在颁奖词中宣布，彼特拉克是“伟大的诗人和历史学家”（magnus poeta et historicus），他获得桂冠，并被当作一位“大师”（表明他有教书育人的特权）。此外，彼特拉克自此以后还将拥有罗马公民的身份。

在精心安排的仪式和特殊背景下发表演讲，所有这些都意味着一个事实：彼特拉克为诗歌提供了一个新的角色。进一步说，他让历史和人文学科在一个城市的政治生活中起到了作用——更具体点说，是在罗马这个地方起到了作用。彼特拉克从遥远的栖身之地法国来瞻仰这座城市（哪怕最初只是通过书本来审视），他认为罗马有悠久的历史作为基础，应该成为一个新的、充满活力的权力中心。而且他希望教廷能够搬回罗马，给这座城市注入活力，而不是继续在法国当他口中常说的“巴比伦的俘虏”。

但彼特拉克能提出什么样的愿景呢？除了从局外人的角度对当局提出批评那种经典的知识分子角色，他是否也为某种政治现实所束缚呢？如前面所述，彼特拉克于罗马获得桂冠之前，他在沃克吕兹一直专心撰写的一部作品是关于古代杰出人物的《名人列传》。在那部作品的序言中，他说很乐意去写写当代伟人，却无从下手，因为当代王公们的所作所为，“无法为历史增辉，相反却只是提供了笑料”。这种对自己同时代人的蔑视贯穿于彼特拉克的工作和职业生涯当中，这很可能是由于他个人的不安全感和强烈的自我批评的一种表现，然后他将其外化为对他人的蔑视。后来的思想家们能从彼特拉克对罗马和意大利的想法中得到启发，但在日常政治实践中，彼特拉克却完全缺乏自信，不能也不愿意参与对现实中的政治能产生影响的工作。

也许这种与实际的脱离，是他戴上桂冠后不久就受到了科拉·迪·里恩佐影响的原因。彼特拉克支持了这位优缺点都很明显的政治人物的逆袭。科拉很善于煽动人群，他爱用古罗马的象征来激励群众，用有说服力的政治辞令以及暴力在一段时间内掌控了罗马。科拉·迪·里恩佐的故事值得在这里提一下。他出生于一个普通家庭，在那个高度等级化的社会里，他原本不太可能在公共生活中出人头地，但科拉获得了公证人的头衔。他有三个长处：第一，他才华横溢、自学成才，曾钻研了很多有关罗马的历史，这样他就可以把罗马的历史遗迹（哪怕已经坍塌损坏）与其古老的历史联系起来；第二，他能言善辩，有很强的演讲天赋，这在任何年代都是一种稀缺的能力，而在他自己的那个时代，演讲能力更是弥足珍贵，当时在街头巷角经常有演说家发表讲话，以这种公开的、口头的形式与人们进行交流，作为传递新闻、促进社区讨论甚至提供娱乐的手段；第三，科拉天生就有善于利用各种政治符号和象征性姿态的才华。

科拉的第一次胜利，是他被选为前往阿维尼翁访问团的一员，与教皇克莱门特六世（Clement Ⅵ）会面。科拉在那里发表了一个激动人心的演讲，他哀叹罗马的悲惨境况，谴责他称之为“罗马寡头”的贵族，给人留下了深刻的印象。当时的一份记录记下了科拉的控诉：“罗马的寡头们其实是些街头罪犯：他们藏污纳垢，让谋杀、抢劫、通奸和各种形式的邪恶大行其道。他们让这座城市荒芜一片。”科拉雄辩的演讲影响了教皇，并得到教皇的首肯。但在场的许多罗马贵族以及听到科拉演讲的其他一些人，听了都感到极不舒服。这次访问使科拉的地位如日中天。科拉回到罗马后，经过将近三年的谋划和政治交易，领导了一场反贵族起义，成为新政府的首脑。科拉的头衔是“保民官”，他暂时被人们所接受了，大多数贵族都做了退让。科拉通过战略性的杀鸡儆猴行为（比如进行公开处决）来赢得罗马人民的信任和尊重。

彼特拉克给科拉写了一封赞扬信，并鼓励他继续下去，“要谨慎、勇敢，无论是在维护城市的自由，还是在重建其古老的影响力方面，你的努力都不会失败——上帝和群众都支持这样一个正义的事业”。

随着时间的推移，科拉变得越来越雄心勃勃。他理所当然地认为，罗马应当有权统治整个意大利。他提议在罗马建立一个执政联盟，并给在意大利各地的主要统治者们写了信，敦促他们派代表到罗马来开会。有趣的是，后来还真有些地方的统治者派来了代表。科拉举办了这样的会议，甚至大胆地认为他可以裁决神圣罗马帝国的皇帝路易四世及其主要对手查理（这人很快就登基成了神圣罗马帝国的皇帝，其称号为查理四世）之间的争端。

回到罗马之后，科拉开始对罗马人征缴新的税收，以维系他铺张浪费的管理方式，罗马人民开始对他失去信心。科拉喜欢逮捕和监禁贵族（然后通常又把他们释放），就像他对斯特凡诺·科隆纳所做的那样（顺便说一下，斯特凡诺·科隆纳是1341年在彼特拉克获得桂冠仪式上公开赞扬他的罗马重要公民之一），因此贵族们从最初的默许变成了积极的反对。最后，科拉失去了教皇的支持，逃离罗马。他躲藏在修道院里长达两年之久，直到1350年。正是在这一年，更加疯狂的科拉向北旅行，来到了布拉格，并亲自拜见神圣罗马帝国的皇帝查理四世，试图说服他将罗马和意大利从教皇的暴政控制下解放出来。但这都无济于事，查理四世皇帝将科拉囚禁了一年，然后把他交给了教皇克莱门特六世。教皇立即将科拉囚禁起来，并让三位红衣主教进行审判。红衣主教们“发现”科拉犯下了许多罪行，因此决定将他判处死刑。

然而，彼特拉克自始至终都是科拉的支持者。他写信请求释放科拉，但是没有任何结果。科拉当时没被处死只是靠了运气，克莱门特六世去世了，新任教皇英诺森六世（Innocentius Ⅵ）认同科拉对罗马的基本评判：要打倒那些贵族。科拉被赦免，得到了释放，并于1354年在他找来的雇佣军的护送下返回罗马。科拉又一次在罗马获得了权力——但这一次，他明显缺乏一碗水端平的能力，更快地表现出他缺乏基本的理智，开始近乎任意地杀人。科拉很快就失去了那些一直渴望着欢迎他归来的罗马人民的信任。一群愤怒的民众在10月8日包围了他的住所，尽管科拉试图化装逃跑，但他很快就被抓住，遭受残忍折磨后死去。

我们可以通过不同时期的信件来看彼特拉克与科拉的关系。在科拉奇迹般掌权期间发生的最重要的事件之前，他们两人就知道对方，甚至可能已经见过面。彼特拉克于1341年在罗马成为桂冠诗人，科拉作为罗马代表团的一员访问阿维尼翁去觐见教皇克莱门特六世——他们有可能在这两次事件中见过对方。但是，1347年科拉在罗马取得胜利之后，情况发生了真正的变化。彼特拉克当时写了一封信，敦促罗马人民要坚定立场，记住他们经历过的贵族混战所造成的暴政：

“你们的自由和你们救世主的荣耀”——彼特拉克在这里指的是科拉·迪·里恩佐——在他们贵族看来却是一种耻辱。彼特拉克意识到当时的形势不稳，危险迫在眉睫：

> 我担心会有许多人，甚至会有非常多的人，他们通过与暴君通婚联姻，或依靠卑鄙的长期卖身投靠，践行“好死不如赖活”的生活哲学。有许多人如果能在街上摆点威风，或者是被他们的领主任意传唤，哪怕受到无耻命令的屈辱，他们都会认为自己已经有了身价，自以为高贵。还有许多贪婪肮脏的寄生虫，坐在暴君邪恶的桌子旁，贪婪地吞下从他们领主的嘴边剩下的任何残羹剩饭。

那么，彼特拉克真正害怕的是什么呢？他极为担心的，正是他当时所生活的意大利的基本现实：在这样的社会里，家庭关系（“通婚联姻”）比一个人是否优秀更为重要，在公开场合有面子非常重要（“能在街上摆点威风”），人们之间要能互相利用才能建立起最重要的关系（“吞下残羹剩饭”）。

换言之，彼特拉克担心的，正是他知道在社会上很现实地存在的情况：当时的生活环境很容易让人们退回到原来的状态。我们知道，这些因素或多或少地体现在前现代社会里，人们所处的需要面对面打交道时奉行的基本原则是：社群关系建立在乡里乡亲的地域范围之内，以血缘亲属为基础，而且遵守着严格的仪式规矩。彼特拉克只能用一个想象中的、已经荡然无存的“自由”世界来与之抗衡。他像许多人那样，从李维在其《罗马史》理想化的描述中想象出来一个理想世界——在这种想象里，淳朴的罗马人注重道德，奋勇参战，律己而自治，并建立起了帝国。只要有了有利条件（如果有合适的领导者出现），就有可能重建像古罗马这样强大的帝国。

因此，当彼特拉克将收信人的称呼从“罗马人民”转成“科拉”时，其语气也有了戏剧性的转变：“但是，你，最勇敢的人，你用爱国者的肩膀支撑着摇摇欲坠的国家这副重担，打点好自己的装束，要像警惕最凶恶的敌人那样，来防备这些公民。”彼特拉克把科拉当作救世主，实际上是把他比作一个特殊模式的救世主：“你，是个当代的布鲁图[1]，总是把历史上的布鲁图作为自己的榜样。”根据李维的记载，在罗马最早期的历史中，是布鲁图带领罗马摆脱了王政时代的统治，使罗马从早期的君主制过渡到了共和体制。彼特拉克在这里回忆起往事，希望激励起科拉在某些方面能够发挥同样的作用，最重要的是：“不要考虑出身，不受感情左右。”

讨论完统治策略后，彼特拉克接着给出劝诫并发问道：

> 事实上，有什么样的灵感不能从对过去的记忆中获得？古罗马曾经是一个在全世界都备受尊崇的名字，又有谁会不希望罗马能够重建其应有的往日辉煌？上帝和人类都会支持这样一个正义的事业。

---

[1] 布鲁图（Brutus，约前85—前42），他是古罗马共和国的一名元老，为了维护罗马的共和体制而组织并参与了对恺撒的谋杀。

过去是梦想的灵感来源。彼特拉克在下一句话中揭示了他的梦想，或者说至少是他梦想的方向：“意大利，最近无精打采地躺在地上，头朝下低着，现在已经挣扎着要站起。”这就是他的梦想：意大利被他想象成一个沉睡的巨人，将再次崛起。

彼特拉克追忆着古罗马的例子，敦促科拉去阅读有关古罗马历史的记述，他写给科拉的信延续了这一脉络。最后，他再次改变收信人的称呼，直接向罗马公民喊话：“但是，你们，罗马的公民——现在才第一次真正配得上公民这个名字——你们要完全相信，他是你们的天赐之人。”彼特拉克鼓励罗马人记住：他们多次流血牺牲，失去了自己的家园，换来的却是帮助了那些不负责任的贵族贪得无厌地追逐无限的权力。正像有道德的古罗马人推翻旧专制，建立起罗马共和国一样，今天的罗马人也应该以科拉·迪·里恩佐为领袖，去摆脱当地那些贪婪、好战的贵族的束缚，重建他们古老的辉煌：获得自由。“人们为了自由，让古罗马摆脱帝王的统治，让恺撒这类人送掉性命。”

彼特拉克在这里所说的“自由”，或多或少地意味着摆脱外部的统治，在这个提到罗马的案例中，他指的是不受当地贵族的随意统治，除非他们获得了被统治人民的同意。然而，彼特拉克能说出的也就是这么多了。他并没有提出现代人所认识的那种民主制度，他的观念基本上是消极的、停留在口头上的。说他是消极的，是因为如同他那个时代的许多人一样，彼特拉克指出一个城市不应该是这么个样子（由一些不关心公民死活的、有权势的当地大家族来主宰）；说他停留于口头上，是因为彼特拉克对罗马人民和对科拉·迪·里恩佐所发出的呼吁，都相当情绪化。他只是寄希望于从古代找到现成的先例——选择跟随某种特定的方式——来打动他的听众，满足他们精神上的渴望。彼特拉克在最后提出，他们有共同的利益，这应该能让他们团结起来，“坚定不移地、和平地相互依存”。

彼特拉克的这封信揭示了意大利文艺复兴时期知识分子生活中的许多重要内容，也表明了文艺复兴时期的思想家们容易遇到的一些盲点。其积极的一面是：他们有着强烈的历史感，对古代世界有着极大的热情——这极大地影响了他们有关当代社会论点的形成。其消极的一面是：他们对古代历史的选择性解读，以及对现实政治中的得失取舍之疏远，容易造成他们不切实际的理想主义。而这种理想主义在现实中是永远无法实现的。更不用说他们希望能有救世主出现，这是一种危险的信仰，即希望能有一个不切合实际的人物，凭着其个人的美德，可以领导一整个社会从积贫积弱到健康发展。随着科拉清晰地表现出他缺乏基本的理智，彼特拉克开始后悔他早期对科拉的信赖。但是，对强有力的统治者的希望和需要，决定了文艺复兴时期意大利城邦的政治经历的局限性，使其无法达到这种神话般的境地——创造一个统一的意大利——这是彼特拉克早期曾经憧憬过的梦想。

与几乎所有文艺复兴时期的知识分子一样，彼特拉克给后人留下的宝贵遗产不在于他的政治观点，而在于他创造性的学术工作。这些工作为随后的五代人奠定了基调。在今天，他最为人所知的作品是他的《歌集》（*Canzoniere*）。这本书收集了他用意大利语创作的诗歌，其中包括我们已经在前面讨论过的那首《高尚的精神》。然而，回过头来看，值得一提的是，彼特拉克在罗马的卡比托利欧山上被冠以“伟大的诗人和历史学家”的桂冠，在那个仪式举行了两年左右之后，他才开始认真地收集自己创作的意大利语诗歌，集成《歌集》。正如彼特拉克写的几乎所有的作品那样，他一辈子都在持续琢磨构思。我们现有的版本包括了366首诗，其中大部分是十四行诗（参见插图13）。这本诗集有不同的书名，这本身就透露了很多信息。“Canzoniere”就是“歌曲集”的意思，因此是最为中性的标题（人们在古代就有“歌曲等同于诗歌”这样的认知，这是有历史依据的，指的是诗歌会被人们吟诵，而且通常是以有节奏的歌唱形式来进行吟诵的）。彼特拉克也把这个集子称为“Rime sparse”，这在意大利语中的意思为“零散的韵律”。最后，他还提到过诗集的拉丁文标题：按照其字面意思来理解，是“用意大利语写的零碎小品”（Rerum vulgarium fragmenta）。

这些不同的书名都有助于我们理解彼特拉克这个人身上的悖论：他故意贬低自己的意大利语作品，至少在公开场合是如此；他把精心创作的诗歌说成是“零散的”，是一些“碎片”；他认为自己的拉丁文作品才有历史价值（配得上桂冠诗人的称号），而他的意大利语诗作则不过是些琐碎的东西。但这种悖论只是表面现象，彼特拉克从未停止过修改自己的诗作，他甚至在创作中投入了大量的情感，他在一生中不断地对其诗作进行重新排序。我们以诗集的第一首作品为例：

从这些零散的诗句中，

诸君可听到我心灵的叹息，

那是我青春时期的第一次错误之举，
那时的我与现在的我不可同日而语。

在希望成空、哀念亦成空的时候，
我用不同的方式或哭或诉；
有过爱情体验的人才能够理解这种心情，
我渴求你的理解，而不仅仅是为我惋惜。

但是很快我就发现，
自己在很长的时间里其实是人们口中的笑料，
我在内心深处常为自己感到羞愧难堪。

狂妄的追求结出的却是饱受羞辱的果子，
这使我悔恨，也让我得到清醒的认识：
世俗之乐只是稍纵即逝的梦幻！

彼特拉克的这种措辞为整本诗集定了个基调。

诗的第一行点明了“零散的诗句”，从而阐述了作者所想表现的谦逊的自我形象。接下来，彼特拉克谈到了自己为“青春时期的第一次错误之举”而“叹息”。彼特拉克在意大利语中用的“错误”（errore）一词，也可以被翻译为“漫游”。这意味着诗人年轻时走在一条蜿蜒的小路上，现在他在把事情搞清楚之后，可以回首往事了。他对风格有着自我认识（“用不同的方式”），也刻意呈现了自己是一个在情感上认真参与、有着强烈的自我意识的人（“或哭或诉”）。彼特拉克寻求理解与同情，实际上，他还意识到自己有着很大的名声（“是人们口中的笑料”），他的“狂妄”（意大利语是“megalomane”一词，也有“吹牛”的意思）让他在自己内心产生了羞耻和忏悔的想法，因为“世俗之乐只是稍纵即逝的梦幻”。

彼特拉克的所有矛盾都呈现在这首短诗中：他想要提及自己的意大利语诗作，同时又需要淡化其意义；在炫耀、自满的同时又想要显得谦虚；在把他早期的恋爱情感当作自己情感之中心的同时，又要把自己的爱恋看成一个需要超越的阶段。这首诗放在了诗集的首页，却是在诗集里其他许多诗作写完之后才写成的（彼特拉克在有生之年里，对他的《歌集》进行了先后九次的收集、整理和重新编排的工作）。这些诗歌的主题，如果要用一个词来形容的话，绝大多数歌咏的是彼特拉克早期对劳拉的“爱恋”。她是彼特拉克在1327年4月6日的弥撒上一见钟情而远远地崇拜的女子——或者我们应该说是他“可能见过”的那个女人。尽管有些学者曾试图考证其真人是谁，事实上我们对劳拉这个人一无所知。

1327年4月6日这个具体的日子有两个来源。如我们所见，第一个来源是彼特拉克于1348年在《安布罗斯的维吉尔》的扉页上写的一份记录。在那个记录中，彼特拉克提到，他刚从一位朋友那里听说劳拉去世了。他写道：“她的生命之光熄灭，让白昼顿时如同黑夜，而我，唉，身在维罗纳，对自己的命运感到手足无措。”一些学者甚至认为彼特拉克是在1351年以后才写的这份记录，但把日子往回写成了1348年，因为“7”这个数字对彼特拉克来说非常重要，所以他可以把自己认识劳拉的时间分为 3 个 7 年。公平地讲，劳拉对彼特拉克来说，不管他是否真的认识劳拉本人，或者说劳拉仅仅是一个只可远观的对象，劳拉一直代表着他的欲望和渴求。这个女人有如缪斯女神，明亮地存在于他的脑海当中，是激发他写出《歌集》的灵感源泉。

我们在第二个来源中可以研究一下彼特拉克的这种感觉，就是在《歌集》中那首题为《欲望激励着我》的诗，我们之前已经读到过这首诗：

欲望激励着我，爱神将我指引与护送；
享乐诱惑着我，习惯使我失控；
希望吸引着我，又鼓舞着我，
它伸出右手，抚慰着我的心胸。

我那可怜的心想要握住希望，
但不知道希望本身就很盲目和危险；
感官成了主宰，理性已经死亡；
欲望尚未满足却又生出另一个欲望。

美德、荣誉、美丽，加上她温柔的举止，
甜蜜的话语把我带到可爱的月桂树旁，
我心甘情愿地被那树梢缠绕。

那是1327年，确切地说，

时为4月6日的第一个时辰，

我走进了迷宫，从此无法找到走出之门。

“爱”（彼特拉克在诗中指的是“爱之神”丘比特，彼特拉克早就被他的箭射中）是彼特拉克的向导，但这种爱是一个“盲目”的向导，而且还会“走进迷宫”。背叛导致一个欲望带来了另一个欲望，循环往复让人永不满足，彼特拉克被困在其中（就像被困入了一个“迷宫”），注定要看到自己不能触摸的事物，要渴望着自己无法拥有的希望，因而生活在一个痛苦的无法获得满足的状态之中。对方的“美德、荣誉、美丽、温柔、甜蜜的话语”把他吸引到了树上，他自己就像一只毫无戒心的小鸟，只想寻找一个看似自然的地方歇息停靠，不料却被困在树枝之间（“被那树梢缠绕”）。

彼特拉克在这首诗的结尾想告诉我们的是，他爱上劳拉的日子就像个寓言（这个日子经过仔细的选定，因为他认为4月6日是基督的受难日）。我们意识到，这首诗就像彼特拉克在《歌集》里所表现出来的对劳拉难以忘怀的爱那样，像是一个寓言。在中了丘比特之箭后，彼特拉克对劳拉那种无法企及的渴望，似乎与他所理解的基督教生活中的重要奥秘有着异曲同工之妙：我们的生活被一种神秘的力量驱动着，只有在死后我们才能与之融为一体。彼特拉克对劳拉的爱是这场尘世纠结的缩影，这使他的诗歌超越了普通爱情诗歌的格局，从而达到了更高的境界。

正如我们在《高尚的精神》一诗中所看到的，《歌集》有时也会涉及政治，在诗歌《我的意大利》（*Italia mia*）中更是如此。彼特拉克在写这首诗的时候，正是他崇拜科拉·迪·里恩佐的时期。该诗包含的一些主题现在也已经为我们所熟悉。我们记得彼特拉克在从法国前往那不勒斯的时候，有一位名为阿佐·达·科勒乔的人陪同他上路，此人是意大利北部的一名军队头领（在意大利语中叫作“condottiero”），他对控制米兰附近的帕尔马地区很感兴趣。1340年，阿佐娶了该地区一个贵族冈萨加的女儿（彼特拉克也在现场参加了婚礼），并很快征服了他想要的城市。彼特拉克去访问他，在那里逗留了一段时间，后来陷入了一场战斗的交火之中（这么说是个比喻），这场战争发生在阿佐和他联姻的冈萨加家族的另一个成员之间。战争在1344至1345年持续进行，《我的意大利》就是在这一时期写的。尽管这首诗中明确提到了帕尔马的情况以及当时正在进行的战斗，但这首诗超越了其直接背景，成了意大利民族情绪高涨的试金石。以至于在150多年后，马基雅弗利[1]在写他的名作《君主论》时，还引用这首诗作为该书的最后一段话。

这首诗以一种充满激情与哀伤的方式开始，直接呼唤着意大利：“我的意大利，虽然我的诗章无法医治你满目疮痍的躯体，但我还是希望我的叹息之词，能给台伯河、阿诺河和波河这片我现在居住的地方带来希望。”彼特拉克已经给出了很多暗示，这三条河流提供

[1] 马基雅弗利（Niccolò Machiavelli，1469—1527），意大利政治思想家和历史学家，其思想常被概括为马基雅弗利主义。他率先明显地摆脱了中世纪神学和伦理学的束缚，为政治学和法学开辟了走向独立学科的道路。他主张国家至上，将国家权力作为法的基础。代表作《君主论》主要论述为君之道、君主应具备哪些条件和本领、应该如何夺取和巩固政权等。他是名副其实的近代政治思想的主要奠基人之一。

了一个地理上的定位：台伯河是罗马的一条大河；阿诺河是流经托斯卡纳（更具体地说是流经佛罗伦萨）的河流；波河则流经米兰，在彼特拉克所居住的地方附近。而意大利正在经受着“致命的伤害”，四分五裂。

接着，彼特拉克祈求上帝——“天堂的统治者”（“Rettor del cielo”）——来看看这个地方（这里暗指意大利），在那里，“无谓的琐事都会引发残酷的战争”。彼特拉克声称自己作为诗人要大声地呐喊，并希望自己的诗歌能够产生效果：“骄傲野蛮的战神，让人们的心肠坚硬顽固。主啊，求你解开人们的心结。求你让我吟诵的诗行，唱出你的真理，哪怕我自己渺小又无声望。”就像他写给罗马元老院元老的《高尚的精神》那首诗一样，彼特拉克坚信诗歌可以对政治和战争的现状产生影响。

在谈了上帝之后，他转向批评意大利的统治者：“命运之神把美丽的意大利交到了你们的手上，对此你们似乎毫不在意：为何从国外引来这一片刀光剑影？”彼特拉克用的意大利语是“Pellegrine spade”。“spade”这个词很简单，是表示“剑”的意思。“pellegrine”（“外国的、外来的”），其拉丁语词根还有“peregrinus”的含义，可以用来表示“旅行者”或“朝圣者”。其结果是，虽然彼特拉克的确首先指出了他想描述为“外国人”的群体的存在，但他也有一丝隐含的哀叹，那就是意大利这样一个朝圣者要来旅行的地方，现在缺乏任何凝聚力。而那些来自国外的人（在法国长大的彼特拉克如是说）证明了他们对意大利的福祉和未来繁荣所造成的破坏。他把“外国人”比作洪水，而这些“外国人”在意大利的土地上横行霸道，这是意大利统治阶级的软弱所造成的。

现代读者也许不太清楚的是，彼特拉克所说的“外国人”指的是招募来的雇佣兵，因为在那时，意大利城邦的君主（或想要掌权的统治者）们常年作战，经常需要从国外招募雇佣兵来补充他们的军队。因此彼特拉克对这些无能的统治者说，他们是在用一种“虚妄的谬误”来安慰自己，因为他们想“从贪婪的人那里得到爱或者真诚”。简而言之，彼特拉克想说的是，如果你是一个统治者，那么这些雇佣兵是为钱而战，是不会对你忠诚的。在彼特拉克之后，人们在意大利也会断断续续地听到这种抱怨，直到16世纪初，马基雅弗利在《君主论》中用一整章的篇幅来证明了同样的基本思想：意大利的统治者们不知道如何进行统治，他们都很愿意把基本的军事事务外包给那些没有内在动力的人——这些雇佣兵怎么可能好好地去执行他们的职责呢?

彼特拉克在《我的意大利》中，建议意大利以阿尔卑斯山为北方的天然边界，“大自然赐给我们得天独厚的条件，让阿尔卑斯山作为屏障，在意大利和狂犬般的德国人之间筑起一道隔墙”。他接着又绕回来，进一步谴责德国雇佣兵和他们所携带的“巴伐利亚人的奸猾”，说他们“与死神嬉戏”，而不是照他们应该做的那样去战斗。其意思是雇佣兵们会给对方打信号，要彼此放水，而不是真的殊死战斗。

彼特拉克提醒那些他没有具体提到名字的意大利统治者（《我的意大利》这首诗是写给他们的），他们拥有“高贵的拉丁血统”，因此应该为自己让德国人或其他“外国人”占了上风而感到羞耻。然后，彼特拉克又用诗意的语言说起了意大利："这里难道不是我降生的地方？难道不是我幸福成长的摇篮？这里是我的故园，是我慈祥的母亲，是我无比信赖的土地，我的父母也在这里安葬。"诗人依靠自己的存在来说服那些冷酷无情的政治家：必须改变自己有关政府运作的看法，要建立起一支强大的本土军队。如果是这样的话——这里出现了这首诗中最著名的句子，马基雅弗利后来引用为他写的《君主论》一书的结尾："美德将拿起武器对抗残暴，战斗很快就会结束，因为在意大利人的心中，古老传统的力量尚未消亡。"

在这里，最突出的是彼特拉克将古代与现代的美德联系起来，他认为，如果在他自己那个时代里能够重现古代美德的话，那就更好了。当彼特拉克讨论政治和军事行为的标准时，他跳过了任何我们认为是中世纪的东西。他的这一做法与他在其他作品中表现出来的思想是一致的。因为虽然他看到当时的某些领袖拥有美德，比如那不勒斯的国王罗伯特就算是一个，但彼特拉克对与自己同时代的人和对意大利的领导阶层的总体评价是很低的。在这首诗以及他的许多其他作品中，彼特拉克在许多方面都有力地开创了一种趋势，这种趋势将贯穿整个意大利的文艺复兴时期：着眼于古代，并向当代的政治和军事精英们传授政治行为的道德。有时令政治理论学者们感到困惑的是，这些建议在表面上似乎更多地应该出现在有关政治理论的作品中，结果却并不是这样。相反，这类建议往往显得小心翼翼地出现在诗歌里（比如在这首诗歌中），或者出现在对话、书信、历史和其他文章中。彼特拉克在这里想倡导的是要意大利城邦自力更生的美德，如果城邦统治者们自己不能带头表现出这种模范行为，那么自立自强的精神就无法得到蓬勃发展。彼特拉克认为，这种自主的力量还没有得到发扬，但如果意大利的领导者们不再把外国士兵请到战场上来帮自己打仗，而是自己管好自己的事情，这种能够独立自主的情况就有可能会出现。

就像彼特拉克被科拉·迪·里恩佐迷住时所说的话那样，彼特拉克在这里也说了很多劝诫的语言——这样的话语总是很吸引人，而且也很容易被听进去——但是脱离现实，而且无法解决意大利城邦政治运作中的实际需要。城邦的规模还比较小，暴力冲突往往是以家族和亲属关系为基础，城邦之间也缺乏共同的政治习惯：这些因素意味着，呼吁意大利团结起来的人，几乎全都是来自那些要么视野超越了意大利半岛的人，比如彼特拉克自己；要么就是像但丁那样，被从自己的城市驱逐而流放在外的人——但丁也时不时地指出，意大利需要团结起来。

彼特拉克在《我的意大利》的结尾部分，直接提到了自己的诗歌：

诗啊，我劝你庄严地
传达出你的信息，
因为你要让那些傲慢者知晓，
那些人早已沾上恶习，
而恶习就是真理的死敌。
你要在为数不多的正直人那里
试试或好或坏的运气，

问问他们："谁能来保护我？

我要奔跑且呼吁：和平，和平，和平快快飞抵！"

彼特拉克在诗中很明显地运用了说服的心理策略，那些听到这首诗的人，那些同意并听取其启示的人，就能自视为灵魂高尚的人——尽管当下这样的人很少。真正的领导者将从这样的人中崛起，这是少数能够回望意大利历史上最伟大的荣耀，从而领导国家向前发展的人。他们要接受并保护现代世界最有能量也最独特的文化：信奉基督教——彼特拉克认为这是一个关键的因素，再加上信奉古罗马的美德，这就能保证在当代的成功。

在写作这首诗的时候，彼特拉克也在和科拉·迪·里恩佐通信。从这些通信中，从彼特拉克的桂冠授予仪式的举行，以及他写的《我的意大利》一诗中，我们都可以看到：彼特拉克在14世纪40年代中期就已经成名。他在那个时代的文化生活中有了自己的声音，至少可以确保那时的政治领导人会听听他的看法，也可以说，彼特拉克的名声在那个时候已经是如日中天了。

此时的彼特拉克人到中年，1344年时他刚年过40岁，也就是古人们所说的"鼎盛时期"。在那一年，他已经有了一个7岁的名叫乔万尼（Giovanni）的儿子。彼特拉克还有一个名叫弗朗西丝卡（Francesca）的女儿，出生于1343年。尽管彼特拉克如此推崇劳拉，却从来没有记录下给他生了孩子的女人的名字，他也不大谈论自己的孩子。彼特拉克在《安布罗斯的维吉尔》手抄本的扉页上记录了对他来说关系亲近的人的死讯，并在1361年就自己的儿子乔万尼的死亡做了如下描述：

> 我们的乔万尼，一个生于困苦、受累于我的苦难的人，他活着的时候我对他有着永无止境的真心关怀；他的死，让我伤心痛苦。他在主后1361年7月10日去世，死时才25岁。……我是在当月14日的晚祷期间，在帕多瓦听到这个消息的。他死于米兰，那里爆发了一场非同寻常的瘟疫，使人们死伤惨重。这场瘟疫侵袭了米兰。而在那之前，这座城市曾有幸避免了这种瘟疫的发生。

孩子、瘟疫、死亡。如果说彼特拉克的生活和思想的一方面是公开的——与政治领袖往来，渴望在公开场合得到认可；那么他的另一方面则是极为私密的——他将自己的注意力和智力集中于他自身和他脆弱的心灵之上。他有生理欲望（其结果是他有了孩子，而他却从未提过孩子母亲的名字），有凡人的那种不稳定性。他最终还做出了决定，要彻底搬回意大利去。这些事件刺激了彼特拉克的内心生活，我们接下来就要来说说这一点。

第四章

内省之人

彼特拉克于1347年开始思考我们今天所说的“人生抉择”。他走访了与他关系亲密的胞弟盖拉尔多。盖拉尔多在四年前就“出家”到了蒙特里厄（Montrieux），去和天主教加尔都西会的僧侣们一起生活。什么样的生活才是最好的？生活在凡尘世间，从事政治活动，写出文学作品来获得荣耀，或者是远离红尘——像盖拉尔多那样，选择去修道，选择一种可以沉思冥想、实践自己的基督教信仰并将外界所有的诱惑抛在脑后的生活方式？彼特拉克不是第一个，也不是最后一个思考入世生活和修行生活之间有什么差异的人。但和他自己之前或之后的其他思考者一样，他经历过这种来自内心深处的矛盾纠结，几乎他所有的作品中都充满了这种矛盾的情绪。

例如《论宗教安逸》（*On Religious Leisure*）一文。彼特拉克于1347年开始写这篇作品，并写了好几年。这篇论文是以长篇书信的形式写就的，它包括了不同的片段。总的来说，我们看到彼特拉克在试图扮演某个角色：一个虔诚和深沉的思考者。他对自己的修道院之行印象极为深刻，他说："我好像到了天堂，我看到上帝的天使们长了凡人的身体，在世间生活，他们注定将来会跟随基督，升入天堂……"彼特拉克回来后，想在自己深刻的印象消失之前写下点东西。他在开篇就告诉读者他的文章有什么目标："我要掌控好自己的笔，让那些距离遥远的人读了我的信有如与我面对面交谈，尽管（坦白地说）我可能只表现了自己比较高尚和美好的一面。"彼特拉克清楚地意识到，哪怕他用了对话式的语气，他自己复杂的个性也很难全面地展现出来。

彼特拉克写这篇论文的主要意图是向僧侣们提供温和的忠告。这种忠告起源于《圣经》和基督教的传统，但最重要的是借鉴了圣奥古斯丁的精神。圣奥古斯丁这位可敬的思想家历来被认为是基督教教会中四位最伟大的神学家之一，与圣杰罗姆（St Jerome）、圣安布罗斯（St Ambrose）和圣格列高利（Gregory the Great，又译大贵格利）齐名。他在罗马帝国初现之期，就对人类的境况提出了很有感染力的说教。最重要的是，圣奥古斯丁强调了上帝的全能性和全知性。他在思考人性的时候，着重强调了这一观点。一方面，他认为上帝是无处不在并无限强大的；另一方面，作为上帝创造出来的人类，则是有限的和渺小的。那么，我们人类生存于世，只是路过一个驿站，作为一个朝圣者，暂时的痛苦和快乐都将在来世得到解决。在来世里，有永恒的精神存在。彼特拉克把这些说法深深地内化于心了。

例如，在《论宗教安逸》中，彼特拉克生动地描述了人的境况是多么脆弱，它正如何遭受着灾难和不幸。彼特拉克历数了他从历史研究中所了解到的、众所周知的古代灾难事件，提到了让罗马帝国消亡的外族入侵，甚至评论了当代发生的事件，比如“从日出到日落，瘟疫就像带着一把镰刀，史无前例地将人们成片地割倒”。他接着列举了人类所遭受的从疾病到贫穷这一系列的痛苦和灾难，最后说到了“人类的罪恶造成了世界上所有的问题和其他灾难，这些问题和灾难真是多得数不胜数”。只有这样，人们才能理解上帝的威严：通过认识到人（受局限的、遭受着无数痛苦和罪恶的折磨）与上帝（无限的、慈爱无比也强大无比）之间有着多么大的距离，“谁能用人类的语言来解释，或者甚至通过人类的头脑来想象上帝的恩典有多大，或者上帝给了人类怎样的忠告”？彼特拉克提醒僧侣们（以及他所有的读者），人类和神性之间的鸿沟是巨大的：“一想到我们自己地位之低微和上帝有多么崇高，不免让人心中充满恐惧和惊讶。”人们一般认为文艺复兴思想应该会积极肯定人的潜能，而彼特拉克这样的说法，表明了文艺复兴的思想其实也是丰富多样的，它经过了不同的发展阶段，而且在文艺复兴的主要人物中，也有着截然不同的认知和观点。

当然，《论宗教安逸》的内容远不止这一段文字所显示的那么简单。彼特拉克在文中还讨论了如何抵挡财富和权力的诱惑，如何控制人的肉欲，如何遵循僧侣生活的要求——这些建议许多都借助源自《圣经》的典故和引文来加以强调。彼特拉克最后要求僧侣们为他祈祷。这篇文章虽然是一封书信的形式，但是他把沉思变成了（正如彼特拉克所敦促的）交谈，也是一篇有关如何阅读和理解的雄文，他旁征博引，很好地给出了积极的建议。

《论宗教安逸》几乎只是顺带地提到了“瘟疫”的肆虐，然而，这一事件值得说上几句。正如瘟疫影响了其他许多人一样，这是在彼特拉克有生之年发生的最重大的事件之一，也是对他产生了最大影响的事件之一。在西欧，黑死病[1]发生的时间在1346年至1353年。据统计，有30%至60%的人口因此死亡。应该补充的一点是：对意大利的大部分地区来说，这一比例数字都要往高的那一边靠。对于鼠疫是如何传播的以及瘟疫从何而来，学术界有着不同的解释。最普遍为人所接受的理论是，一种有毒的鼠疫杆菌（称为“yersinia pestis”，会导致黑死病）由老鼠携带，随着从东到西沿贸易航线航行的商船而来。虽然许多人将瘟疫传播的途径与船只的运行联系起来，但瘟疫是因为病菌传播的理论要在几百年后才有人提出，而且老鼠在病菌传播方面所起的作用几乎没人提到。不过，是否知道瘟疫由什么途径传播，这对当时的疫情控制不会有什么影响，因为14世纪的医疗水平根本无法治疗这种疾病。

为了了解黑死病对当时的影响，我们可以看看对黑死病最有名的描述——这是彼特拉克最好的朋友之一乔万尼·薄伽丘所写的。薄伽丘在他语言幽默、用意大利文写的100个故事《十日谈》（*Decameron*）里，详细地描述了瘟疫在佛罗伦萨如何发生及其产生的影响：

---

[1] 黑死病是人类历史上最为严重的瘟疫之一，1346年在西欧爆发，到1353年又神秘地消退。在欧洲大约造成2500万人死亡，约占当时人口总数的三分之一。

> 不知是因天体运行的影响，还是因为我们的多行不义，上帝大发雷霆，降罚于人，这场瘟疫几年前先从东方开始，夺走了无数的生灵，然后毫无停顿地以燎原之势向西方的四面八方蔓延，造成生灵涂炭。人们采取了很多的预防措施，想了很多防范的办法，却都徒劳无功。

薄伽丘描述了针对瘟疫肆虐，无论是保持公共卫生或是进行祈祷——所有这些努力都无济于事。他对瘟疫症状的描述读起来既令人恶心又令人痛心："染病的男女，最初在腹股沟或是在胳肢窝下突然肿起瘤子来，到后来愈长愈大，大的大如苹果，小的小如鸡蛋。"很快，病人的身体上会出现斑点，这是死亡必将来临的迹象。据薄伽丘说，药物和医生的建议都是徒劳无功的，因为医生也不知道导致这种疾病的原因，所以他们很难开出合适的治疗方案。因此，"大多数病人都在出现病症的三天之内就葬送了性命"。

但最大的问题是，瘟疫是通过人与人之间的接触传播的，"那情形仿佛干柴靠近烈火一样容易燃烧起来"。薄伽丘接着讲述了面对瘟疫的来临，当时人们不再遵守往常的风俗习惯，他们的日常生活和仪式受到了干扰，社会秩序一片混乱。薄伽丘说，有些人认为，唯有清心寡欲才能逃过这一场瘟疫，于是他们各自结了伴儿，把自己与外界完全隔绝开来，吃着事先备好的食品、喝着葡萄酒，不与外人交谈，"对外界的疾病和死亡的情形完全不闻不问，只是借助音乐和其他娱乐来消磨时光"，有的人则彻底放纵，纵饮狂歌，尽量满足自己的一切欲望，在酒馆或人家的住宅里聚会。薄伽丘说："这些地方很容易找到，因为大家都是活了今天保不住明天的心态，哪儿还顾得到什么财产不财产呢？所以大多数的住宅竟成了公共财产，任何一个过路人都可以大模大样地闯进去，只当是自己的家一般占用着。”随着房屋开始共享，有关物品和财产归属的正常规则似乎都暂停了。可是，这些人对于病人同样是避之唯恐不及的，法纪和圣规几乎全都荡然无存。还有的人用鼻子闻着鲜花香草，或是香料之类，认为这些气味可能有助于保护自己免受疾病的侵袭。而其他人则逃离城市，抛下“他们的家、亲戚、财产和家当”，前往偏远的农村，他们似乎认为，上帝的愤怒不是针对他们的，而是针对佛罗伦萨本身，或者“他们简单地以为留住在城里的人们末日已到，不久就要全数灭亡了”。

换句话说，人们对瘟疫的反应是五花八门的。除了可怕的症状和人们的不同反应，对薄伽丘影响最深的似乎是亲近家庭和亲属之间本该有的那种正常关系受到了干扰（参见插图14）。不仅是城里的同胞们之间彼此回避（这已经足够糟糕了），而且——

> 这场瘟疫使得人心惶惶，竟至于哥哥舍弃弟弟，叔伯舍弃侄儿，姊妹舍弃兄弟，甚至妻子舍弃丈夫都是经常发生的事。……就连父母都不肯看顾自己的子女，就好像这子女并非他们自己亲生的一样。

当一切都尘埃落定之后，竟没有足够的墓地来埋葬大量的死者，因为在佛罗伦萨的城墙以内，有“超过十万人被夺去了性命”，农村也同样受到影响。最后这个数字因为修辞的效果而被夸大了（这是中古社会的一种常见的做法），但夸张得并不算严重。最近的学术研究表明，对佛罗伦萨来说，黑死病造成的死亡率约为60%——也就是说，实际的死亡人数在8万人左右。对今天的个人（和整个社会）来说，如此高的死亡率所造成的心理创伤，令人无法想象。在中古时代，没有现代的医学，瘟疫的影响是既深远且广泛的。薄伽丘的描述虽然带有一点文学色彩，却是透彻的、准确的。值得强调的是，文艺复兴在许多方面都代表着经历过这样一个给社会带来深重影响的创伤之后，幸存者所建立起来的世界。

回头再来谈彼特拉克，我们可以说，瘟疫及疾病在人们心头造成的焦虑，以各种各样的方式表现了出来，而且对彼特拉克性格中的某些倾向具有强化的作用。首先，有他认识的人死了。最牵动彼特拉克内心的，必然是劳拉之死。他在《安布罗斯的维吉尔》手抄本中写下了讣告记录，而且是此类记录中篇幅最长的一则，这本身就颇有含义。彼特拉克在开篇写道："劳拉，那位非比寻常的、在我诗歌中备受赞美的女士，于我弱冠之时初次进入我的眼眸……"他把见到劳拉的时间精确到了具体的某一天（1327年的4月6日，正如他在《欲望激励着我》一诗中所记录的那样），然后记录了她的死讯。在5月才寄到的彼特拉克朋友的一封来信中，他得知了这个消息，劳拉是在（与彼特拉克第一次见到她的）同一个月里的同一天去世的。然后，彼特拉克提到劳拉的遗体（"那最纯洁、最美丽的身躯"）后来埋在了阿维尼翁。彼特拉克以值得特别一提的方式结束了他的讣告记录，正如他自己所想的那样，所有这一切，可能对他自己来说其实是件好事。彼特拉克说，他"为时光的飞逝而冥思遐想"，而且"今生的确再无可恋之处，因为自己与浮华世界最坚固的联系已被毁去，现在该是逃离巴比伦的时候了”。换言之，彼特拉克在自己珍藏的维吉尔著作上写下了给自己的提醒（他写在手抄本上的讣告并没有打算给很多人看到），他必须认真考虑做一些他已经思考了很长一段时间的事情，这样的一个时刻已经到来了。他必须离开阿维尼翁，即“巴比伦”（他带有贬义地把这地方比作那座波斯古城。巴比伦是巴别塔的所在地，还有反抗上帝的坏名声）；他必须最终彻底地回到意大利。从某个方面来看，甚至面对劳拉的死，彼特拉克都要先抒发一下自己内心的斗争。

然而，每当人们在彼特拉克的生平中发现这样的某个利己主义片段时，就能看到另一个反例，那就是他的真诚和内心的情感波动。大约在瘟疫袭来的同时，在听到劳拉死讯的时候，彼特拉克正在用对话的形式写一本书，叫作《我内心秘密的冲突》，简称《秘密》。彼特拉克于1347年开始这本书的创作。不久之后，他到加尔都西修道院探访了他的胞弟盖拉尔多（因此，沉思冥想的生活及其吸引力对他的思想造成了很大的影响）。彼特拉克一直到1353年都还在写这本书，而那时瘟疫已经过去了。在这段时间里，他也按照自己在记下劳拉讣告时所说的那样，依前言行事：他最终决定离开（法国）阿维尼翁前往意大利。在给科拉·迪·里恩佐的一封信中，彼特拉克写道：“事情将按照永恒法则所决定的方式发展。我不能改变这些事情，但我可以选择逃离。”正如一位学者正确强调的那样，彼特拉克是一位行者，他的足迹遍布四方有着很多的原因：他早年因父母不得已把他带到国外而背井离乡；直到他被罗马吸引，去那里追思怀古；再到他在余生中四处不断寻求资助和庇护。然而彼特拉克还有另一种旅行——脑海里的旅行，那是一种借助于我们可以称为“对话”的情感而进行的精神旅行。

严格地说，“对话”是一种有两个或两个以上的对话者参与的文学形式，他们的对话相互补充、相互对比。自古罗马时代以来，就有很多不同类型的“对话”，其中柏拉图的《对话录》可能是古代最有名的著作，书中有很多是把柏拉图的老师苏格拉底作为主要的对话者，偶尔也把苏格拉底当作柏拉图自己的代言人，更通常的做法是把苏格拉底当作理性之声，通过后来被称为苏格拉底式的提问，柏拉图从其他对话者那里引导出了真理。在古代和中世纪还有其他形式的“对话”，比如西塞罗与他人的对话，他比柏拉图用了更多的发言者来进行对话，希望呈现出不同的哲学立场：某个发言者会阐述一个哲学流派的思想，而另一个发言者则介绍另一个哲学流派，如此等等。虽然中世纪的人接触不到柏拉图和西塞罗在各自的《对话录》中提到的大多数书籍，但中世纪也出现了各种各样的对话录。

令人惊讶的，而且彰显了对话这种形式的闪亮之处的，是在对话的过程中，不同的立场都会得到宣扬，而且没有某个特别的权威在那里告诉读者，哪一个是正确的或哪一个是错误的。事实上，即使加入了权威的判断，从某种意义上来讲，对话的结构与形式让读者也成了其中的一个对话者。这样，读者就不必被某个观点所约束，而可以在对话的过程中形成自己的观点与立场。从彼特拉克开始，意大利有许多知识分子采用了这种长篇对话的形式：运用推理的方法不仅仅是为了解决问题，也是为了提出问题。

因此，当彼特拉克用对话的形式写下他的《秘密》时，这种做法是有其特殊意义的。同样值得注意的是，他终其一生都没有将《秘密》拿出来示人，而他的其他许多作品，无论是写完了的还是未完稿的，他都会让别人看。彼特拉克似乎真的认为这部作品只是为了给他自己一个人看而写就的，是一种精神上的支撑。在这种精神上的自我慰藉里，来回的对话代表了一种生活方式，就像对话也是一种正式的写作技巧一样。正如在《秘密》的序言中所写的那样，彼特拉克是这样看待他这本书的："因此，哦，你这本小书啊，远离了人们的喧嚣，满足于静静地和我在一起。"《秘密》借鉴了苏格拉底式对话的模式，其中的两个角色：一个是"弗朗西斯科"，即彼特拉克本人；一个是"奥古斯丁"，借用了彼特拉克的偶像之一——圣奥古斯丁的角色。书中还有一个重要的人物——真理女神，一个沉默的角色，她被放在旁观的位置上，静观对话。当彼特拉克深思熟虑的时候，他写道，真理女神就会出现在他面前，像个容光焕发的女人，"从她坐着的马车和她的脸上来看，她就像个圣洁的贞女"。因此，对彼特拉克作为一个作家、作为他自己作品的最终读者来说，以及对其他可能读到这本书的读者来说，真理女神起到了一种"保证"的作用，表明彼特拉克会以诚实的方式来展现出他自己的灵魂。

在这个对话中存在的一个问题是，彼特拉克对自己内心的激烈冲突拿捏不定。他面临着这样的冲突：是听从自己的本性（追求爱和荣耀），还是遵从他所知道的作为一个基督徒，他必须努力去做的事（静思冥想，摒弃肉体的爱以及文学荣耀所能带给人的骄傲与诱惑）？

对话中最重要的因素是圣奥古斯丁的出现。奥古斯丁也曾与这些非常相似的问题做过斗争。奥古斯丁也许是拉丁世界的教会历史上最著名的神父，他写了对中世纪西方世界来说最重要的两本书：《忏悔录》和《上帝之城》（*City of God*）。一方面，《忏悔录》展示了皈依上帝的原型故事，奥古斯丁在其中讲述了自己的一段经历。他年轻时出生在北非，母亲是一个基督教徒。他长大成人，却并不信教，而是热爱尘世的享受，耽于“肉体的罪恶，让自己的灵魂受到污染”。然而在奥古斯丁沉溺于欲望之乐的时候，却能听到“锁链的叮当声”，只有当他信服了耶和华之后，他才得到了拯救。正如奥古斯丁所说，他已经准备好成为一个完全彻底的基督徒，哪怕他还心存疑虑。然后，当奥古斯丁在米兰的时候——那时应该是公元386年（根据我们目前的测算），有一次，他听到一个孩子在花园里说话，小孩用拉丁语说，“拿着读吧”（tolle, lege）。他打开手中的一本《圣经》，看到的第一段就是保罗的《罗马书》。奥古斯丁读到了其中的一段话，上面写着：“行事为人要端正，好像行在白昼；不可荒宴醉酒，不可好色邪荡，不可争竞嫉妒。总要披戴主耶稣基督，不要为肉体安排，去放纵私欲。”在读完这段经文之后，他立刻感到内心充满了光明，因为自己的疑惑顿然消失了。

细心的读者在回想起彼特拉克所写的书信《攀登旺图山》时，就会意识到彼特拉克把奥古斯丁看成自己的榜样。正如奥古斯丁随意翻开一本书，就看到了一节有意义的段落，彼特拉克也是如此；正如奥古斯丁打开《圣经》，彼特拉克打开了奥古斯丁写的《忏悔录》。在《忏悔录》这一有意义的章节中，在靠前面的一些段落里，奥古斯丁描写了他与自己的性欲做斗争的经过，他发出了一个后来很有名的请求："主啊，请给我克制的能力和贞洁的品格，但请再等那么一阵子。"奥古斯丁通过这个经历向读者展示了一些有意义的内容：他一直在为自己的皈依做准备，但单凭他自己的意志是不够的；只有当上帝介入，引导奥古斯丁的手翻到《圣经》相关的片段，他才最终服从，接受了上帝的恩典。换句话说，仅仅靠人类的意志是不够的。

还要说说奥古斯丁的《上帝之城》。我们知道这本书对彼特拉克来说意义重大：他亲自珍藏的这本书现在仍然存在于世；而且巧合的是，这是他买的第一本书（他在书的扉页上写道，他于1325年在阿维尼翁买到这本书）。《上帝之城》是一部奠基之作，从很多方面来说，这部著作为人们如何看待中世纪的历史建立了一个目的论的范式。也就是说，奥古斯丁假定，历史在某种程度上是神圣的：它有一个方向和一个最终的终点，并且历史的发展模式是可以描绘出来的。奥古斯丁生活在古罗马帝国逐渐灭亡的时期，他经历了一个标志性的事件，见证了帝国的衰落：当时一个叫作西哥特人[1]的德国部落在410年入侵了罗马。当时的人指出，罗马衰败的一个原因是基督教的兴起，（在他们的反对者看来）基督教的信徒放弃了多神教万神殿的力量而专注于崇拜一个单神，并宣扬个人的谦卑，而不是在公众场合举行宏伟的宗教仪式。奥古斯丁是一个充满激情的基督徒，他在《上帝之城》中反驳了这些说法。他在书里暗示，上帝在其威力无边的智慧中，对人类有一个计划。这个计划通常包括了遭遇失败和忍受世俗

[1] 西哥特人（Visigoth）："西边的哥特人"，在罗马帝国早期的几个世纪迁入黑海地区的日耳曼部落。

的痛苦，而且从表面上看，这些失败和痛苦似乎没有什么意义。奥古斯丁提出，上帝的愿景包括两个“城市”：一个是“人的城市”（日常生活、人类政治、战争等），另一个是“上帝之城”。这两个“城市”意味着当上帝的旨意如此传达的时候，在时间的尽头，“上帝之城”将战胜一切。当最后的审判日（Judgement Day）到来的时候，尘世的忧虑最终都会烟消云散，那时只有生命中的永恒才有价值。

因此，在《忏悔录》和《上帝之城》这两本书里，包含了两种观点：为了成就个人的皈依而必须进行自我克制；还有这样一种历史观点，即基督教最终能够战胜世界上每天都面临的问题。这些观点都对彼特拉克有着极大的影响，并以不同的方式在他的作品中表现了出来。

在《秘密》这本书里，真理女神在作品的序言中登场之后，彼特拉克就遇到了他马上能认出来是奥古斯丁的那个人，他甚至都不必询问对方的名字。对方貌如教士，神态自若、严肃庄重，穿着阿非利加省区的衣裳，有着罗马式的雄辩口才。这些都清楚地表明，这个人就是最伟大的教父奥古斯丁。

从这之后，奥古斯丁的作用就是一名向导、一名教师、一名严厉的监督者；而彼特拉克则是一名谦逊的学生，有时任性，却总是常备不懈。也就是说，奥古斯丁和彼特拉克作为对话者将履行这些职能。当然，“奥古斯丁”（对话中用的名字是“Augustinus”）和“彼特拉克”（在文中用的名字是“Franciscus”）实际上都是彼特拉克自己（作为作者的彼特拉克）的不同方面。彼特拉克编写这些对话，并通过对话来获得自我治疗的良方。

在第一卷中，彼特拉克和奥古斯丁谈论起彼特拉克正在明显地经历着的抑郁。奥古斯丁敦促彼特拉克像斯多葛学派（Stoics）的人所建议的那样，接受美德和约束。彼特拉克同意这是自己必须做的事，但他正饱受着这样一个折磨：他似乎无法在这一努力中取得成功，他认识到“没有什么比无法挣脱邪恶的枷锁更加难以忍受的事了”。在三卷本篇幅的对话中，发生了一件很奇怪的事：书中的奥古斯丁与历史现实中的奥古斯丁角色有所偏离。在书中，奥古斯丁这个角色一再敦促彼特拉克（这个角色）要加强自己的意志，认为这是彼特拉克要克服自己喜欢各种各样世俗欲望的倾向所必需的。真正的奥古斯丁——那个在阿尔及利亚希波（现代阿尔及利亚的安纳巴）的主教，那个写了《忏悔录》和《上帝之城》的人——用彼特拉克一样的方式与自己的罪恶进行过斗争。正如我们所见，对奥古斯丁来说，自由的意志还不足以让他摆脱罪恶的重担；只有在他听从于上帝的恩典之后，他才能够解放自己，让上帝的光辉照耀在自己身上。相反，彼特拉克在书中代表着奥古斯丁为人类意志的力量而辩护，让奥古斯丁在这里的对话中以及在书里的其他部分，具备了谴责彼特拉克的功能。他们是不平等的，至少在文学空间里的对话中是如此的，奥古斯丁像是一个主人。到了第一卷的结尾，奥古斯丁为彼特拉克提供了一个诊断，也就是说，在奥古斯丁看来，哪怕彼特拉克尚未培养出改变自己的能力，但是他已经锻炼出了认识到自己有什么问题的能力。

那么，彼特拉克的问题是什么呢？换句话说，他在自己身上看到的那些使他如此痛苦的倾向是什么呢？正如奥古斯丁在《忏悔录》中描述自己被欲望的“锁链”束缚一样，彼特拉克也使用锁链的比喻来形容自己的欲望和对荣耀的热爱。追求爱和荣耀就是彼特拉克的弱点。首先，他想通过自己的写作，通过自己那些在罗马的卡比托利欧山上被授予“伟大的诗人和历史学家”称号的事业，来获得荣誉。在书的第二卷开头，奥古斯丁警告彼特拉克说，彼特拉克将面临一个艰难的考验；而彼特拉克回应说，自己正经历着绝望。奥古斯丁反驳说，“绝望是万恶中最坏的东西”，而彼特拉克必须为即将到来的考验在灵魂上做好准备。在这一过程中，两位对话者讨论了经典著作，特别是学习经典能有什么样的好处。奥古斯丁问起彼特拉克，在对古典文学和哲学进行了解读之后，如果他不能记住自己所读的东西，他又如何能够从中受益：“好吧，你以自己的才能为荣。但你读了的东西对你有什么益处呢？在你所读过的那么多东西中，有哪些在你的灵魂里扎了根，按时结出了果实呢？”奥古斯丁继续说道，你知道了关于世界的事实和“关于自然的秘密，却不了解你自己的内心”，那么这些东西又有何益呢？在书的第二卷的结尾处，奥古斯丁（换句话说，是彼特拉克自己的良心）很明显地看到，主要的问题在于彼特拉克对俗世的过度热爱，以及他相信自己能够找到一个比遁世修行这种艰难的道路更容易实现内心和平的方法。

对话者奥古斯丁所代表的彼特拉克思想的这一个方面，显然对于作为个体的彼特拉克有着近乎强迫性的关注。这并不是说这种自我审视在彼特拉克时代是史无前例的——祈祷、忏悔和精神操练是中世纪精神生活的一个重要部分，但彼特拉克的情感强度之高很不寻常，特别是这些情感用了拉丁语典雅的文学形式来表达。把自己作为写作和研究的最重要的对象，这种倾向渗透到了彼特拉克所有的作品中。

换句话说，这都同属于自我研究这一个方面。从很多方面来说，这本《秘密》像一把钥匙，在该书的第三卷，也就是最后一卷中，这个功能变得清晰起来。

经过一番闲谈，奥古斯丁为彼特拉克指出了他的问题。这是对话中有关“锁链”这个概念最强有力的一处形容：“在你的左右两侧，有两条坚固的锁链紧紧地锁住了你，妨碍你去深入地思考生与死。”彼特拉克问道：“是些什么样的锁链？”奥古斯丁回答说：“你很清楚这些锁链是什么。但是，你因其好看而高兴，却没有将之视为锁链，反而把它们当作财富。……你就像一个手戴着金手铐、脚锁着金脚镣的人，当你为它的金光灿灿而快乐的时候，却看不到它们其实是枷锁。”彼特拉克又问道：“那么你指的这两条‘锁链’是什么呢？”奥古斯丁答道：“情爱与荣耀。”

奥古斯丁指出，首先，情爱，特别是彼特拉克对劳拉的爱，让彼特拉克如此欲罢不能，以至于他把自己的心和灵魂都交给了一个人而不是造物主。彼特拉克反驳说，在他对劳拉的爱中，“从来没有邪恶，没有肉欲，除了深深的大爱，没有什么可以责备的地方”。奥古斯丁却并没有被说服，认为彼特拉克对劳拉的爱对彼特拉克造成了负面的影响：“如果你没有耽于她美貌的诱惑，你可能会成为一个更成功的人。”彼特拉克继续进行反驳，说他自己最爱的是劳拉的灵魂。但奥古斯丁却没有理会这些说辞，接着，就像查尔斯·狄更斯（Charles Dickens）笔下的（《圣诞颂歌》中的）“过去之灵”那个角色一样，奥古斯丁带着彼特拉克回到了童年，问了他最难回答的问题：“你还记得自己那时候对上帝有多么敬畏，你是多么频繁地想起死亡这个问题，你对宗教有多么虔诚，你是多么看重正直的品格吗？”冷不防被问到这个问题，彼特拉克的回答很感人：“我的确记得。随着岁月的流逝，这些美德正在逐渐减少，这让我非常痛苦。”在后面的几行文字里，彼特拉克承认了事实：在他看到劳拉并爱上了她之后，“我走上了一条弯路，尽管我经常带着泪水回望过去，但我无法再去坚持走那条康庄大道。必须承认的是：当我偏离那条笔直大路的时候，特别是在事情发生的那个时刻，我就有了道德上的困惑感”。

需要记住的是，“彼特拉克”和“奥古斯丁”都是同一个人，即作者彼特拉克本人，他的痛苦和强烈的自我审视是显而易见的。彼特拉克在这里哀叹什么呢？从表面上看，是某位美丽的女子，在年轻时唤醒了彼特拉克的情感和激情，但这些情感和激情却与彼特拉克心目中理想化的那种沉思冥想的基督教生活格格不入。然而，在更深刻、更持久的层面上，彼特拉克哀叹的是时光的流逝以及衰老使年轻人的理想失去了锐气，还有在我们生活的十字路口中所面临的那些抉择时刻。那些十字路口总是意味着一个人必须做出抉择，而且，随着年龄的增长，一个人会越来越多地意识到，自己做出的某个决定会排除其他可能的选择。事实上，随着《秘密》第三卷的展开，人们可以感到，彼特拉克正面临着生命中的重大选择。然而，彼特拉克之所以是彼特拉克，就在于哪怕他的决定中某些部分变得明确的时候，其他问题仍然会悬而不决——正如我们将会看到的那样。

首要的是，彼特拉克的情绪变得强烈。奥古斯丁不断地提醒彼特拉克，他对劳拉的爱在他自己的内心里造成了很大的混乱和痛苦，让他追逐虚荣，也让他失去了对自己的控制。奥古斯丁指责说，正是因为对劳拉的爱，彼特拉克变得“面色苍白、神形困顿，青春朝气消弭，眼里常含泪水，眼神充满忧郁，头脑懵懂混乱，甚至寝食难安”。“你觉得这些是健康的状态吗？”彼特拉克因为对劳拉的爱而失去了自我控制：“她的一言一笑，都会影响着你的精神状态，你会因为她的情绪波动而变得高兴或悲伤。归根结底，你完全依赖于她的意志。”奥古斯丁接下来说的话，让我们又一次得以饶有趣味地一窥彼特拉克是如何安身立命的：“还有什么比这事更疯狂呢？你不满足于看到她的脸——而正是这张脸造成了你这一切的苦恼——你还请了一位高明的画家画了她的肖像，然后把画像随身携带，让自己看了就眼泪流个不停。”这是一件真事：彼特拉克委托画家西蒙·马提尼为他画了一幅劳拉的肖像画，这幅肖像尺寸不大，画在纸上，让彼特拉克能够在旅行中随身携带。但是这幅画后来失传了，马提尼就是为彼特拉克的《安布罗斯的维吉尔》画了卷首插图的那位画家。彼特拉克在《歌集》里的两首诗中提到了这幅肖像。其中一个说法特别值得人们注意：“西蒙应该是在天堂里画了这位高贵女子的形象；画家在那里看到她，并在纸上描绘，让我们可以在此间看到她可爱的容颜。”就像彼特拉克在《安布罗斯的维吉尔》那本书里写着劳拉的名字一样，作为纪念，彼特拉克随身携带着劳拉的画像。

在《秘密》的篇章中，劳拉不仅仅是一个令人伤心的人物，她成了文学上的载体，让彼特拉克能够过渡到他的下一个主题——荣耀，以及他寻找荣耀的方式。正如彼特拉克自己所说的那样，他借助了自己对劳拉的想象并且得益于劳拉作为缪斯女神的品质。然而，奥古斯丁

（对话者）还是对彼特拉克（作者）提出了最强烈的批评。作为“奥古斯丁”的彼特拉克指责道，他对劳拉的名字是如此地迷恋，以至于后来他开始沉迷于任何听起来像她名字（Laura）的词语，从而产生了“戴上帝王的王冠或诗人的桂冠”的想法。而且，“既然知道自己毫无疑问不可能获得帝王的王冠，你就渴望得到诗人的桂冠——靠你的研究水平获得这样的一顶桂冠还是有希望的——你在这方面的虚荣，不比你对这位女士的爱恋略少几许”。

“毫无疑问。”这句话在拉丁语中的表达是“non fas erat”，从字面上来说，它的意思是“这是不合法的”。彼特拉克是否在巧妙地表示对自己糊里糊涂地支持了科拉而表示遗憾，这种遗憾的表达只是说给他自己听的？他是否在某种程度上怀疑自己在1341年时所表现出来的自信？彼特拉克在那时精心策划让自己获得了桂冠，而且在象征层面上，他把诗歌和政治联系在了一起。当然，要确切地这样解释是不可能做到的，但是随着故事的进展，贯穿在《秘密》一书里的自我怀疑感越来越强烈。在经历了从爱到荣耀的转变之后，这种自我怀疑感也达到了一个顶点。事实上，在彼特拉克看来，这两者之间是有联系的——劳拉的美貌激励了他，促使他去寻寻觅觅——他开始了一场关于荣耀的讨论。最终，他也开始讨论“抽身而去”的可能性。

彼特拉克所做的第一步，是他略有保留地承认，自己对劳拉的爱是徒劳的。他承认实际上自己对佳人可说是过于着迷了。尽管如此，彼特拉克还是坚定地对奥古斯丁说：“请你知道：我只能这样去爱。我的灵魂已经习惯了为她赞叹，就像我的眼里只有她，除此之外，一切都失去了色彩，一切都暗淡无光。”那么，接下来的问题就是，该怎么办？起初，答案似乎是出去旅行，离开自己习惯的居住地阿维尼翁（这是他的伤心之地）。彼特拉克提到他也曾经试图逃离，但这些做法对减轻自己的焦虑没有什么明显的影响。他问奥古斯丁，如果灵魂得不到治愈，旅行又有什么好处？奥古斯丁以一种很有说服力的方式对这个问题做出了回应："我并不是说灵魂必须要疗伤或得到治愈，而是说它必须经过洗礼。"灵魂得到"洗礼"的概念，对于对话者奥古斯丁和作为作者的彼特拉克都是至关重要的。它构成了哲学史上一个传统的部分，而它的重要性却一直没有得到充分的承认。在这种情况下，精神历练的传统（更具体地说是靠阅读与写作来实现精神升华）则与该传统交相辉映。

这一思想贯穿于哲学的整个发展历史中，在柏拉图的著作和基督教的历史里，尤其是奥古斯丁的《忏悔录》和耶稣会士的"精神练习法"（"Spiritual Exercises"）中，以及一些非西方的传统中，都得到过表达。它的精髓是：一个人可以通过专注审视自己的性格，发现自己的缺点，并有意识地加以改正。而对彼特拉克来说，读书和写作，写下他自己的苦恼，提出支持和反对的正反两方面论点，就是达到自我完善这一目的之有效方式。以奥古斯丁在《秘密》中所说的为例："那么，这就是我的建议、我的敦促、我的命令，你的精神必须得到这样的教诲，把那些压在心上的东西放在一边，然后，义无反顾地走出去。只有到那时，你才会明白，当进行精神疗法时，放空自己，功效会有多么强大。"实际上，奥古斯丁在告诉彼特拉克——当然也是彼特拉克在告诉自己——一些看似简单却极其重要的事情：你所在处，心亦随形。除非你能把那些阻碍自己前进的东西抛在身后，否则旅行也不会对你有什么帮助。

命中注定会困扰彼特拉克的不仅仅是劳拉，还有对毫无抗拒之力的人来说，容易引起负面反应的那些外在事物。奥古斯丁告诫彼特拉克：“看到别人衣服背后的一片紫色（传统上这是有权势的政治家们的服色），心中就重新燃起雄心壮志；看到一小堆硬币，就起了贪婪之心；看到一个美丽的身体，就心动欲念；眼神交会，就唤醒了心中沉睡的爱慕。”这里说到了感官，说到了感知，说到了一个人在日常生活中的经历如何导致了只能让人日后后悔的思绪和行为。奥古斯丁给彼特拉克的建议是，必须离开这个地方，在新的环境里生活——前提是彼特拉克要注意照顾好自己的灵魂。彼特拉克表示同意，但说他“不确定自己该去往何处”。奥古斯丁回答说，他很清楚意大利一直萦绕在彼特拉克的梦中，彼特拉克在自己的一首诗中赞颂意大利是一个与众不同的美丽之地。奥古斯丁说，彼特拉克喜欢意大利人民的生活习俗，赞美意大利的优美环境，所以，“无论你的灵魂把你带到哪里，去吧，去享受这快乐。放手去吧，快上路，别回头！忘掉过去，展望未来。你远离自己的祖国、远离你自己——已经太久了！现在是回归的时候了”。彼特拉克把自己当作一位流亡者，表达了与意大利的自我认同感（“远离自己的祖国、远离你自己”）。彼特拉克活到这个岁数的时候，这种意识已经成为他生命中不可或缺的一部分。

随着对话的进行，情况发生了明显的变化：彼特拉克确信他即将移居意大利，但奥古斯丁似乎仍然认为彼特拉克需要去做更多的精神操练。这一次，他们谈到的问题是人类生命的无常，以及应更多地思考一下人们将如何老去——这会有助于我们对自己在宇宙中的位置进行更成熟的反思。奥古斯丁问道："那么，让我问问你这个问题，难道你没注意到自己的容颜一天天都在苍老？随着时间的消逝，自己的头发也日渐灰白？"彼特拉克惊讶地回答说，很明显的是，人们都会变老。而且在他看来，人们衰老的速度会变得越来越快。奥古斯丁再一次变成严厉的大师，告诫彼特拉克："不要去担心别人，而要专注于自己。"奥古斯丁问彼特拉克是怎么想的，以及关于年华老去他有什么话想说。彼特拉克引用了古代文学中许多谈论衰老或与衰老有关的例子来作为回应。奥古斯丁变得不耐烦了："我告诉你要想想迟暮之年的事，而你却举出一群著名的老人作为例子，这又能说明什么问题呢？"彼特拉克的本能——这一点无论是他作为对话中的人物还是作为作者本人都是如此——就是在出现任何问题的时候，他都会下意识地去看看古代有什么先例。

在这里，奥古斯丁谈的是与衰老有关的问题；彼特拉克的反应是去看看古人的例子，看看有谁曾经优雅地老去，因此可以成为如何赢得荣耀的榜样——哪怕这些人死去已久，他们已成为文学和文化记忆的一部分。可奥古斯丁一点都不想听，他不失时机地把彼特拉克带回到现实中来。他做的第一步，是告诉彼特拉克他在某些方面还像个孩子，或者至少是仍然沉迷于带着孩子气的追求之中。彼特拉克必须明白，"时光飞逝，人老珠黄，唯有精神不变"。奥古斯丁接着说："童年不再，但幼稚依旧。相信我，你已经不像自己想象的那么年轻，大多数人都还活不到你现在的年龄。"严厉的奥古斯丁继续告诉彼特拉克说，他已经是个老人，却仍然如此迷恋于情爱，应该感到羞愧："所以，抛开你孩子气的无所事事吧。"

奥古斯丁随后给彼特拉克这个“文艺复兴人物”上了一课——这段讲话可以适用于中世纪任何人所练习的精神操练法，它铿锵有力，值得多加引用。奥古斯丁告诫道：“你要先想想。”

> 关于灵魂的高贵，这可是个大事，如果我想谈论这个话题，就需要翻遍我的整本书。想想人类本来身体就脆弱，何况还如同行尸走肉，这完全是同一回事，没有人能用语言来说清楚时间的流逝这个问题。想想人是必死的，但不能事先知道自己死亡的具体时刻——会在何时、在何地——但死亡这事随时都可能发生。想想看，在这一点上，所有的人都错了：他们以为自己能够推迟那无法推迟的事情……

这里所说的都涉及死亡。奥古斯丁敦促彼特拉克记住，要把每一天都看作（而且可能是）自己的末日。一方面，这种想法与彼特拉克遭遇了黑死病的经历有关；另一方面，作为作者的彼特拉克（而不是书中对话的人物），在这里是自己进行着一次经典的精神操练。在这种练习中，一个人可以通过坚定自己的信念来训练自己的心智，通过记住（而且是亲手写下）自己所知道的什么是最重要的东西，来完善自己。

这种将个人的精神成长与写作联系起来的做法，可以追溯到古罗马皇帝马可·奥勒留（Marcus Aurelius）。奥勒留用希腊语写作，且只是为了自己的精神修养而写，并在内心深处剖析自己的思想。他写的《沉思录》（*Meditations*）经受了时间的考验；而且与彼特拉克的

《秘密》极为相似的是，该作品并不全是为了大众阅读而写的。

对话中最有趣的那个部分，说彼特拉克把写作当作获得荣耀的一种手段。彼特拉克列举了自己的担心，接着又将自己的精神思维向前推进，这有点自相矛盾。因为这正是奥古斯丁接下来要说的。他列举出了彼特拉克的作品，其中提到了彼特拉克自己认为可能会给他带来持久荣耀的作品：他写的《名人列传》和《阿非利加》。到了彼特拉克写《秘密》一书的时候，他已经在这两部著作上投入了大量的心血，所以有必要停下来想一想。

《名人列传》收录了一系列人们眼里的古代杰出人物的传记——从这个意义上来说，研究他们的生平，可以让现代读者学到美德（参见插图15）。彼特拉克非常重视这项工作，在编写这本书的时候，他充分发挥了自己的学术能力和历史学家的特长。事实上，彼特拉克在这本书的序言中，既写到了他手头想做的事，也写到了如何厘清可能存在冲突的不同资料。在这样做的过程中，他还帮助创造了历史学家应该努力去实现的一个新想法：

> 我决定要……收集并把对那些伟人的赞美整合到一个地方。这些人因为其卓越的荣耀而名垂青史，我发现对他们的记忆既多且广，但散落在不同的卷册中——许多有学问的人发挥了他们的才智，给我们留下了这些记录。

一方面，这种想法（要把伟人的事迹从不同的资料中收集起来）是为人们所熟悉的——这些故事既存在于古代的资料中，也存在于彼特拉克同时代人的作品里。另一方面，彼特拉克在这个问题上花了足够的时间，认识到了自己的“方法”会是很重要的。例如，他写道：

> 尽管我要写的东西来自其他作者，但我写的东西在编排上会有所不同。如果一位作者没写到的，我会从另一位作者那里拿过来加以补充。……我要把分散在许多历史书籍中的各种东西整合在一起，不管是出自一位作者或是几位作者，我都要把故事整合成一个整体。……在遇到历史学家有不同的说法时，我不会去充当和事佬，也不去收集每一个微小的事实；相反，我抄录了那些更为真实或者更有权威性的故事来源。

读者从中会得到以下几个印象：

首先，采用比较的形式是这种方法的一个关键部分，这意味着作者的目标不是为古代的一个事件找到某个来源，然后只用这个来源作为基础；相反，必须对不同的说法进行权衡比较，以便将逻辑合理、时间有序和可靠性强等这些因素都考虑在内。彼特拉克只对古代信息感兴趣（正如我们所见，他认为当代的君主们“无法为历史增辉，相反却只是提供了笑料”）。彼特拉克毫无疑问是一位“现代”历史学家：他没有使用档案资料，对历史学家现在用来重建古代世界的其他证据（比如铭文、硬币或考古遗迹等）也相对不感兴趣。尽管如此，彼特拉克在这里展现的思想，以及这种思想所反映的方法，可以被看作一颗种子，一旦种下，就可以生根和发芽。继他之后，意大利文艺复兴时期的思想家们继续撰写了大量的历史著作，其中很多在专业性上超过了彼特拉克。但他的这一基本理念（没有任何一个权威是不能去挑战的，历史作者需要进行广泛的比较，并根据需要使用尽可能多的资料）成为这一时期学术活动的标志之一。当然，说回彼特拉克，来看看他自己的内心，《名人列传》是他希望能为自己赢得荣誉的一部作品。

彼特拉克的长篇叙事诗《阿非利加》也是如此，其灵感来源是基本相同的，即把注意力集中在古罗马取得的胜利和古罗马的模范领袖身上。他也借鉴了历史，尤其是李维写的有关古罗马的历史。事实上，彼特拉克努力收集整理的李维文本的某些部分（特别是李维撰写的《罗马史》第3册），对他创作《阿非利加》来说十分重要。因为彼特拉克在史诗里讲的是第二次布匿战争，这是在公元前3世纪后期古罗马扩张的一个关键部分。当时的罗马作为一个不断发展的共和国，与北非城邦迦太基（今天的突尼斯）发生了战争。这场战争情节跌宕起伏，英雄人物辈出，尤其是非洲将军汉尼拔，他率领部队在西班牙登陆后穿越了法国。然后，令人难忘的是，汉尼拔和他的部队穿越了阿尔卑斯山，其中有些人骑着大象。与他对阵的是古罗马的一位著名将军大西庇阿，曾经败在迦太基人手下。后来，大西庇阿不顾罗马一些主要人物的反对，挥师攻进迦太基，并在公元前202年的扎马战役中击败了汉尼拔——这是罗马与迦太基长期冲突的转折点。战争结束时，古罗马强加给战败的迦太基人非常苛刻的条件，以至于后者从此无法再威胁古罗马的扩张宏图。当大西庇阿回到罗马时，他获得了“胜利者”的荣誉。罗马城里举行了盛大游行，并且在一个公众仪式上，他作为大胜的将军被授予了桂冠和紫袍。大西庇阿被冠以“非洲征服者”的称号，以纪念他的胜利。此后，大西庇阿重新回归平常生活，不问政治。当古罗马的党派斗争让他难以忍受的时候，他更是退隐到意大利南部的一个乡村庄园定居。

大西庇阿一生中的许多事迹都让彼特拉克产生了共鸣：保卫意大利半岛不受外族的侵扰，扩张了罗马的势力；战斗中良好的军事作风；甚至大西庇阿一生中至少有一部分时间可能没被自己的家乡认同——这些故事都让作为“外人”的彼特拉克心有戚戚焉，《阿非利加》的内容包括了所有这些主题。《阿非利加》有两个值得注意的特点：第一，作品是用拉丁语写的；第二，这是一部作者有心创作出的史诗，以维吉尔的史诗《埃涅阿斯纪》及其中优美的拉丁语六音步诗为范本。至于史诗是用拉丁语创作的这个事实，并没什么令人奇怪之处，彼特拉克在其他地方写道，他把拉丁语看作“我们所有艺术的根源”。而且很明显，他认为拉丁语是一种能长久流传的语言，可以作为一种“官方”语言来记录需要认真纪念的事情。此外，一位早期的意大利北部文学人物，帕多瓦的阿尔贝蒂诺·穆萨托（Albertino Mussato，1261—1329），曾有意识地用一种古典化的（而非中世纪的）拉丁语风格写了一篇拉丁史诗《埃塞里尼》（*Ecerinis*），尽管这首诗主要只是歌颂了当时的一位专制君主和强人埃泽里诺·达·罗马诺（Ezzelino da Romano，1194—1259）的业绩。

但在这里还有一个事实是，在彼特拉克开始创作《阿非利加》的时候，但丁的《神曲》（*Divine Comedy*，原译《喜剧》）已经成为公认的经典。当然，但丁的《神曲》不是一部史诗，但这部作品就摆在那儿，一直盘踞在彼特拉克的脑海里。彼特拉克甚至在和朋友薄伽丘的通信中谈到此事的时候，都从来没有提起过但丁的名字。关于彼特拉克与但丁的这层关系，容后再讨论。然而我们已经知道，但丁在彼特拉克的心里就像一个幽灵，彼特拉克总是想与之一争高低。维吉尔的《埃涅阿斯纪》是拉丁文学的开创性史诗，它讲述了罗马起源的故事，其优美动人的语言引人入胜，因此在彼特拉克的创作之前就有了一些著名的先例。与维吉尔的构思相比，彼特拉克的作品有差异：维吉尔的《埃涅阿斯纪》有12章，而《阿非利加》只有9章。维吉尔讲述了一个故事，以一种令人信服的方式，将神话、历史和政治评论巧妙地融为一体，使《埃涅阿斯纪》成为并一直是世界文学的经典。

而彼特拉克的《阿非利加》从未有过这样的成功，事实上，他从来没有真正写完这部作品。彼特拉克面前矗立着维吉尔和但丁这样两座高山：一座颇为古老，一座属于“现代”（与他同属一个时代），这两人都写出了令众人信服的传世名作。今天，《阿非利加》被人们普遍认为是一部失败的史诗作品。但是往深层去看，这部作品在帮助我们理解彼特拉克的目标和眼界方面则具有重要意义。从某些方面来说，彼特拉克想写的那种史诗与他所处的社会不太合拍，例如，在维吉尔的《埃涅阿斯纪》中，神灵们经常干预人类的事务。埃涅阿斯本人是半神半人（维纳斯是他的母亲），朱诺女神对埃涅阿斯的家乡特洛伊深恶痛绝，这成了埃涅阿斯一生中许多曲折故事的导火线。对彼特拉克来说，他处在一个只认一个神的基督教环境中，就很难进行类似的叙述。他确实也写了一个“诸神的议会”，他试图将这个描写基督教化，进而让诸神们讨论人间事物，但这个安排很生硬，读起来不顺畅，反而分散了读者的注意力。在许多方面，彼特拉克把他的《阿非利加》看作可以和自己写的《名人列传》相提并论的作品：两部作品都通过例子向读者传授美德，并且都揭示了古罗马历史中那些过去被人们所忽视的，但很重要的部分。然而，即使是在后一点上，评论家们也批评彼特拉克：从本质上来讲，他只是用诗歌的形式改写了李维《罗马史》的第3册，用不那么悦耳的诗句讲述了李维在不朽的拉丁散文中所表达过的内容。

无论这部作品有什么不足之处，《阿非利加》打开了一扇窗户，让人们了解到彼特拉克对诗歌的看法和他想在历史上占有一席之地的愿望。至于他对诗歌的看法以及诗歌应该表达些什么，彼特拉克借恩尼乌斯（Ennius，前239—前169）这样一位在今天鲜为人知的诗人之口，来表达自己的思想。恩尼乌斯生活在《阿非利加》所描述之战争的那个年代里，在《阿非利加》的结尾部分，恩尼乌斯说：

> 诗人没有权力去公开取悦大众。诗人首先必须为真理打下最坚实的基础，依靠这些基础，他可以将自己隐藏在美丽和多样的祥云之下，为读者准备一件需要花很长时间去完成的事，而且还要静下心来去做。对读者来说，在真正的意义很难发现的时候，一旦找到了就会愈觉甜蜜。

诗人必须能够看到和了解生活中发生的一切——美德的培养、对自然世界的研究——然后，他必须将这些都隐藏在“一件可以盖住它们的斗篷之下”或“藏在一块薄纱下面”。

这话说得引人关注。一方面，说真理是诗歌中蕴含着的核心，需要读者去认真地理解、安静地欣赏，这一观点已属于老生常谈——古代有学问的读者在解读诗歌的时候，就是依靠这种方法。随着基督教的兴起，这种解释倾向变得更为重要，因为中世纪的思想家们在《圣经》中发现了多个层次的意义：一个是在表面的字面意义上的解释；还有一个是在一系列更深的层次里，需要去挖掘才能看出的意义。另一方面，人们也习惯于认同诗人们往往都能道出真理的观点。彼特拉克并没有否认这一点，他直言不讳地表示，诗歌要用真理作为其坚实的基础。彼特拉克在说这话时，心里想着的是自己的长诗《阿非利加》：作品必须包含真理，应该在多个解释层面上具有迷人的美。因此，诗歌中最重要、最深刻的意义要留给那少数的读者——这些读者有时间、智慧和能力，并且知道好的诗歌不仅需要有作者，也同样需要有能产生共鸣的读者。

令人惊讶的是，彼特拉克用了诗人恩尼乌斯作为其代言人。恩尼乌斯的确是《阿非利加》诗歌里所描写的与伟大英雄大西庇阿·阿非利加同时代的人——在这一点上，他的出现按时间顺序来说是符合逻辑的。但彼特拉克和我们都对恩尼乌斯了解甚少，只看到过他写的只言片语。在当时和现在，恩尼乌斯所拥有的只是一个名声，说他从古希腊的榜样那里学到了文化知识。因此，从古希腊人被世人公认的优秀文化那里学习，然后以原创性的方式把古希腊文化介绍给古罗马的受众，恩尼乌斯是第一批这样做的重要拉丁作家之一。恩尼乌斯的出现，也告诉了我们很多关于彼特拉克对自己在诗歌发展史中有着何种地位的看法。

首先，按照这些思路来看，提到了谁和没提到谁同样重要，而在这里，没提到的主要是诗人维吉尔。在恩尼乌斯阐述诗歌的价值之后不久，个中的奥妙就变得更加清晰。恩尼乌斯回顾了诗歌的历史，讲述了他在梦中所梦到的事物。他说自己在梦中回到了“最早的年代，实际上回到了人类历史的最初”，而历史已经遗忘了那些诗人。他在梦中见到了一个很特别的人，就是诗人荷马，他身带异象，才华似乎是由天所赐。因而，恩尼乌斯继续说：“我惊讶于一个凡人竟能达到如此的高度。”荷马成了恩尼乌斯在梦中的领路人，当恩尼乌斯的眼睛看到一个引人注目的景象时，他要求荷马给他解释他们面前所见到的景象。恩尼乌斯这样叙述道：

> 我要说——因为我看见一个年轻人坐在一个封闭的山谷里——“啊，我最尊敬的领路人，这人是谁？他坐在娇嫩的月桂树间，在深沉地思考，花朵盛开的枝条缠绕在他的头上。如果我没有弄错的话，在他的内心深处，有着高尚的情怀，他正在借此沉思。”

不难猜出这是怎么一回事。荷马对恩尼乌斯说：“你一点也没有错。你看到的我们这个族类的后人（荷马在这里把诗人当作一‘族’或一‘类’人），在意大利地区，人类的最后一个时代会产生这样的诗人。伊特鲁里亚（Etruria）的佛罗伦萨，起源于罗慕路斯[1]种下的根，会用其宽阔的城墙作为他的衬托。这座城市虽然现在默默无闻，但将来会闻名于天下。”

在向恩尼乌斯说出这位诗人是谁之前，荷马有更多的话要说：

> 在最后的那个时代，尽管他在自己的生活中会经历许多动荡波折，此人将把古代的女子（缪斯女神）带回到赫利孔山（Helicon）。他的名字将是弗朗切斯科（彼特拉克的名），他将让你触目所见的一切都变得声名远扬，他收集起以下这些历史写成一部作品：发生在西班牙的战斗、远征利比亚以及那些能与你的大西庇阿的作为有关联的功绩。他那诗篇的题目就是《阿非利加》。

至于没提到的人，有两个重要的名字不见于文中：维吉尔，当然还有但丁。按理来说，缪斯女神在维吉尔的时代依然很活跃，然而，彼特拉克只是从荷马和恩尼乌斯就直接跳到他自己的时代。彼特拉克当然喜欢维吉尔，正如他自己在其他作品中所提到的那样，但在他自己写的《阿非利加》史诗里，哪怕提到这位伟大的古罗马诗人，似乎都会是个威胁。然后，彼特拉克自称他能够将缪斯女神捧到女神应有的位置上，这是在暗示但丁的伟大作品并不可能实现这样的目标。我

[1] 罗慕路斯（Romulus），古罗马神话人物，与孪生兄弟勒莫斯（Remus）共建一新城，后来兄弟不和，罗慕路斯杀弟之后将新城改名为“罗马”。在罗马传说与神话中，他们由一只母狼喂养长大。

们可以更确定地说，彼特拉克是想表达自己希望能创作出全新的作品的愿望。

在以上的所有内容中，有几个要点脱颖而出。首先是关于赫利孔山的提法，我们可以将这个提法与彼特拉克在罗马卡比托利欧山上为其桂冠授予仪式上所作的致辞结合起来，更具体地说，还可以引用彼特拉克在那次致辞开头所引用的维吉尔的话："是爱指引我向上，越过了帕尔纳索斯山那孤寂的斜坡。"帕尔纳索斯山和赫利孔山都被认为是缪斯的领地，象征着诗歌和艺术的神圣空间。彼特拉克在致辞中引用维吉尔的名言，以及他在《阿非利加》中提到赫利孔山，都表明他认为在现代文化中有这样一个缺陷，即缺失严肃诗歌的创作，而他正是填补这个缺陷的人。其次，恩尼乌斯提到佛罗伦萨这一点值得注意。这表明，哪怕彼特拉克几乎一辈子都没怎么在佛罗伦萨居住过，但他仍然觉得有必要宣称这座城市是自己的故乡。无论是在地理位置方面，还是在与其他著名文学人物的对比中，佛罗伦萨的存在和彼特拉克作品中的其他许多东西一样，让我们看到他毕生都在寻找自己的真实身份和身份所在。最后，我们注意到，在荷马和恩尼乌斯的谈话中说到，彼特拉克正坐在一个"封闭的山谷里……在他的内心深处，有着高尚的情怀"。在创作《阿非利加》的过程中，这种情怀有助于预测彼特拉克将创作出能够讲述征服者大西庇阿·阿非利加的故事之史诗。同时，它也有着更大的意义：彼特拉克相信，在他的有生之年，自己的作品就会扬名天下；而且在自己身后，作品肯定会流芳百世。

此后不久，恩尼乌斯和荷马又注意到这位年轻诗人的另一个特点：他充满了巨大的潜力。荷马告诉恩尼乌斯："瞧他有多大的信心啊！"换句话说，彼特拉克"能运用好自己的才华，得到许多的赞扬"。荷马接着预言彼特拉克受到"对月桂的爱和崇敬"的激励，将会在卡比托利欧山上获得桂冠加身的辉煌。彼特拉克对"劳拉"（Laura）和"月桂"（laurel）极度热爱，他把自己放在两位古代诗人的视野之中的方式，以及他对在自己的那个时代重振古代仪式的愿望，都成了他孜孜以求的目标——所有这些都在他那六音步诗中有所暗指。

然而，也许最重要的是，彼特拉克认识到了自己对荣誉的渴望，因为能否把长篇叙事诗《阿非利加》写完，才是彼特拉克在《秘密》中真正要讨论的问题。回到《秘密》这本书，回到第三卷也是最后一卷的地方，再来看奥古斯丁对彼特拉克的批评。《秘密》的结局部分正是有关荣耀的讨论。奥古斯丁问彼特拉克是否知道什么是荣耀，彼特拉克谦虚地请奥古斯丁做解释。奥古斯丁引用了西塞罗的话："荣誉是'一个人在自己的同胞、国度以及各个民族人们口里的''名声'或'声誉'（在拉丁语里的词是fama）。"接下来的问题是，什么是名声？彼特拉克再次请教奥古斯丁。这一次，奥古斯丁的话算是严厉的。他说："你要知道，名声只不过是许多人在街谈巷议时谈论到某个普通人而已。"到这里还好，但奥古斯丁接着阐述道，但这类赞扬也只不过是"过眼云烟"。

彼特拉克回答，他知道哪怕丰碑都难持久，但他仍然激励着自己去获得荣耀——毕竟，自己活在世上，追求荣耀似乎是一件很自然的事情。即使"名望"在当下看来是转瞬即逝的，但仍然值得努力去追求。奥古斯丁说出了彼特拉克的真正目的："你对每天做的事情并不满意。……你想到了那么遥远的未来的事，你是希望自己在还没出生的子孙后代那里依然享有名声。"奥古斯丁接着专门谈到了彼特拉克寄予厚望的两部作品。

首先是《名人列传》，这样"一部巨大的作品，需要耗费一个人能想得到的那么多的时间和精力"。奥古斯丁接着说："哪怕这部作品还没写完，激励你努力向前的是强烈的荣誉感，让你登上了一艘前往阿非利加的诗船。"奥古斯丁在《秘密》这本书里用来描述彼特拉克对荣誉之渴望的语言，与《阿非利加》中的"荷马"曾经用过的话语相类似。当古希腊诗人看到彼特拉克这位年轻的诗人时，认识到彼特拉克在几千年后能成为一系列大诗人中的一员。这两部作品中的关键词都是拉丁语"stimulus"，这个词可以用来表示英语中"刺激"的意思，但也可以用来表示"goad"（用刺棒驱赶）或"spur"（马刺），这两个意思都与马术语言有关。这就是彼特拉克理解中的荣耀与名望：他是马，而荣耀和名望激励着他。不管怎么说，在《阿非利加》和《秘密》中出现这样类似的语言，让我们了解了彼特拉克在自己人到中年之时的状况：他通过用拉丁语创作的作品来追求荣耀，同时却对这种追求感到疑惑和困扰。

在《秘密》行将结束的时候，死亡的话题也出现在对话者的思考中。哪怕是一个伟人，其名字要想流传下来都会受到很多因素的阻碍。死亡是最主要的一个原因，正如奥古斯丁告诉彼特拉克的："首先，与你在生活中有过交往的人都会死亡。此外，人们还会遗忘，这是伴随着老年而来的一种自然的恶果。"人们也更爱赞扬年轻人，他们总在试图超越自己的前辈；许多人的判断也反复无常；除了这些，甚至连坟墓都会塌毁消失，彼特拉克本人在《阿非利加》中称之为“第二次死亡”（奥古斯丁也很快就提醒了他这一点）。虽然书籍的寿命似乎更长，但归根结底，它们也会受到其他形式的破坏和遗忘。换句话说，书（彼特拉克自己的书）最终也会被遗忘。从某种程度上说，后一种情绪反映了前现代社会中人们的一种真正关切，那时的人根本无法想象我们今天会有这么多的书籍。从更广泛的意义上来说，这种劝告某个人不要指望写书能给个人带来长久名声的说法，也代表了彼特拉克在自己的文学创作中的挣扎，以及他要面对无法把书写完的苦恼。

事实上，在听了奥古斯丁关于死亡和衰老，以及放弃世俗之物的所有言论之后，这个问题变得清晰起来。彼特拉克带着感伤的心情提出了问题：

> 那么，我该怎么办？在写作中断之后，我应该放弃吗？或者，我应该加快进度，在上帝的祝福下，完成手头的这些任务，这样，我就可以摆脱这些顾虑，可以就更重要的事情进行较深入的阐述？

奥古斯丁最后给了个简单的双重回答：“第一，抛弃你手头历史作品这沉重的束缚，已经有其他人用他们的才华充分地描述了古罗马人的英雄事迹及他们的名望。”奥古斯丁继续尖锐地说道：“第二，把《阿非利加》这部作品放在一边，留给那些拥有这部作品的人去看。你既无法为大西庇阿也不会为自己赢得荣耀：这位英雄的业绩无须别人再来赞扬，你只会在一条小路上跟在他的后面无望地挣扎。”。这部史诗是彼特拉克在充满灵感的时候开始写的（他因此获得了自己梦寐以求的桂冠），并在获得桂冠诗人之后还在继续撰写的一部作品；是彼特拉克在写《秘密》一书的时候，仍然在全神贯注地续写的一部作品。对话的其余部分还有一些不确定的反复，但关于《名人列传》和《阿非利加》的两个劝告，代表了对话者奥古斯丁向对话者彼特拉克传达的核心信息。当然，这也象征着彼特拉克自己在心里的矛盾挣扎。

该对话以彼特拉克仍处于矛盾状态中而结束。彼特拉克承认，奥古斯丁的建议——把作品抛在脑后，先审视自己的灵魂——是正确的做法。彼特拉克说，尽管他想这样做，然而“我却无法战胜自己的欲望”。奥古斯丁回答：“我们正在回到我们以前的辩论中——你将意志说成是无能为力的。”这就意味着，在奥古斯丁看来，彼特拉克放弃了对他自己意志的控制，如果他真的想（控制自己的意志），他就能够走上奥古斯丁为他所描绘的康庄大道。我们再一次看到了奥古斯丁的代表性，也就是说，奥古斯丁本人敏锐地意识到了人类意志的弱点。但彼特拉克并没有试图对奥古斯丁关于人类意志的思想进行系统的描述，相反，彼特拉克将自己个性的一面和内心冲突的一部分写在了纸上。他的这两个方面一直如影随形，永远是他这个人的一部分：内心与外表、沉思与进取，既是一个安贫乐道者，又是一个四处奔波的人。

彼特拉克要搬家了。在创作了《秘密》的初稿，在瘟疫中幸存下来并经历了现实中的劳拉之死（哪怕她的形象会一直留在他的心底）之后，彼特拉克审视了自己在法国的生活，终于做出搬到意大利定居的重大决定。他是在1353年最终做的这个决定。在米兰大主教乔万尼·维斯孔蒂（Giovanni Visconti，1290—1354）的赞助下，彼特拉克前往米兰，他写的一封带有韵律诗韵味的书信表现了他的兴奋之感：

> 哦，我们的意大利！问候你，我亲爱的意大利，致以我的问候啊，上帝眼中这片最神圣的土地！这片土地物产如此丰富，这片土地让骄傲者敬畏，这片土地比其他任何地方都更加高贵、更加富饶、更加美丽！这片土地三面临海，著名的高山林立。在这片土地上，显赫的战功、神圣的法律，都备受尊敬。这片土地是缪斯之家，英雄辈出，有无尽的宝藏，其艺术和自然赢得了人们由衷的赞誉，同时也让意大利成为全世界的导师。我期待已久，现在就要回到你的怀抱，并在那里再也不会离去……

显然，彼特拉克对这一次搬迁很满意。在那些年里，彼特拉克也结识了他一生中最重要的一个知己。

第五章

鸿雁传书：彼特拉克与薄伽丘

“失去了土地，也没一片天空属于我。我云游四方、居无定所，无论在哪里，我都是一个漂泊者。”彼特拉克在给一个朋友的拉丁语信件中，写下了这些话。这些话表明了为什么彼特拉克需要不断地寻找新的地方、新的人和新的文化环境。读者可能已经能够推断出彼特拉克对这些地方都不满意。彼特拉克有这样一种性格，即他能够体验到巨大的快乐，但也常常生出强烈的不满足感。事实上，在《秘密》一书里，“奥古斯丁”和“弗朗切斯科”就彼特拉克的“aegritudo”或“acedia”进行了长篇大论的讨论。这两个词都可以用来形容“无精打采”。但我们今天知道，这种精神萎靡是抑郁症的一种表现。哪怕是在1353年搬回意大利定居之后，彼特拉克为了排遣“aegritudo”而进行旅行的爱好，也没有改变过这种状态。

然而就在彼特拉克四处云游的时候，有一件事让他大为宽慰，这就是他与乔万尼·薄伽丘的友谊。薄伽丘一向被人认为是彼特拉克的追随者，他的作用其实远远不止于此。他从一个仰慕者变成了彼特拉克的知己，是彼特拉克最好的朋友之一，也是彼特拉克作品的推广者。彼特拉克是在1350年前往罗马参加教皇的一次盛大庆典的时候，在佛罗伦萨第一次见到了薄伽丘。在他们第一次会面的一年之后，彼特拉克来到了在威尼斯附近的帕多瓦，薄伽丘自己花钱前往那里拜访了彼特拉克，希望能邀请彼特拉克去佛罗伦萨讲学，到佛罗伦萨大学担任教授。薄伽丘和该大学的官员们已经安排好了职位，希望彼特拉克能够接受。但事与愿违，因为彼特拉克还没有准备好做出这种承诺，哪怕这能让他正式地融入佛罗伦萨，而且家乡城市在他自己的家族传承中显得非常重要，他还是没有接受这个邀请。虽然薄伽丘没能成功地将彼特拉克延揽到佛罗伦萨，但是，他们在情感上的关系却越来越牢固，而这有赖于彼特拉克最重要的自我表达方式：书信。他们两人之间一共通了18封信，讨论了文学和但丁的存在（有时说得隐晦，有时说得直白），记载了彼特拉克与薄伽丘友谊关系的发展。

彼特拉克和薄伽丘的通信本身就值得写一本书来讨论。薄伽丘比彼特拉克年轻10岁，崇拜这位年长的学者。就像这种关系中年长的那位经常会做的那样，彼特拉克在他的这位崇拜者面前谈论自己的焦虑和担忧，展示了作为朋友、父亲和兄长的几重形象。我们来看看这些信件中的三封就能证明这一点。我们从中既可以看到彼特拉克在完全成熟时期的心境，也可以看到一种意大利文学典范是怎样形成的。

第一封信与某位没提名字的诗人有关，有些人认为彼特拉克对那人有些嫉妒。薄伽丘早些时候写了一封信给彼特拉克，在彼特拉克眼里，信中说到的两件事需要给予答复。彼特拉克的语言基调就算不是言辞激烈的，至少也是充满情绪的：

> 首先，你颇为迫切地请求原谅，因为你似乎赞扬了某位国人——此人当然在风格上能够受到大众的喜爱，而且在现实中也的确是一位杰出的诗人——也许对他有点过誉了。你为自己解释，你觉得，你担心自己对他的表扬或对任何其他人的赞美都可能会影响到对我的夸奖。你接着解释说，如果我仔细看看你对他的评价，会有助于提升我的名气。你明确地补充说，你尊重他，是因为在你自己还很年轻的时候，他曾是你学习上的第一个向导，就像是照亮你的第一束光的源头。

首先，我们可以注意到，信中没有提这位作者的名字，但这些充满焦虑的谈话，肯定是围绕着但丁而起的。彼特拉克从来没有提起过但丁的名字，但不可否认的是，但丁在彼特拉克的心理上留下了阴影。彼特拉克在信中使用的语言值得人们注意，在这里被翻译成“受到大众的喜爱”的那个拉丁单词是“popularis”，这个词有很多含义，中性的意思是“属于大众的、流行的”。从这个意义上来说，彼特拉克在这里用这个词，也意味着“大众的语言”——也就是说，这种语言与彼特拉克有着相当复杂的关系，正如我们将在他的其他信件中所看到的那样。彼特拉克将“popularis”一词用来肯定但丁在诗歌上的成就（但丁，当然“在现实中也的确是一位杰出的诗人”），这一事实也表明，彼特拉克对“popularis”的事物，包括语言在内，其实是有点看不上的。因此，吸引一般群众的东西，在他眼里是微不足道的，他认为那类作品不够精致、深刻。

彼特拉克还透露，他非常清楚自己享有的名声：

> 现在，那些恨我的人说我恨他，或者鄙视他，这样他们就可以引发群众（他在群众中很受欢迎）来恨我。这是邪恶的一种新方式，是一种能让人苦恼的有效手段，所以就让真相本身来作为我的回应吧。

彼特拉克在那时已经是个众所周知的人物。就像所有名人的遭遇一样，总会有人想拖他的后腿。尽管如此，人们不免想要知道到底有多少人会去如此议论，或这些话在多大程度上其实是代表了彼特拉克自己脆弱的情感。首先，彼特拉克问，对一个“我只见过一次，而且还是在我的孩提时代见过”的人，有什么理由会产生仇恨？至于“真相本身”，彼特拉克告诉薄伽丘，他的父亲老彼特拉克和但丁于同一个时期住在佛罗伦萨，并且都因政治而遭受了被迫流亡的命运。因此，“正如你所看到的，没有什么会引起我的仇恨，而只会有心生欢喜的理由”，因为说到底，他们来自同一处家园。换句话说，那些他没提到名字的（臆想中的）诽谤者，试图毫无根据地暗示彼特拉克对但丁有任何敌意的话，应该先想想他们两家之间有着深厚的历史渊源。

彼特拉克的批评者（也许是他自己臆造出来的）还说，尽管彼特拉克一直热衷于收集书籍，但“我从来没有他的书”（《神曲》），“尽管我特别渴望收集书籍，而且我的确在寻找一些几乎毫无希望能找到的书。而那本书，作为新书，是容易得到的，我却没有出于习惯去收藏它，而是有点漠不关心”。彼特拉克喜欢寻觅书籍的习惯广为人知，那么，任何人都会觉得奇怪，为什么彼特拉克从来没有收藏一本“他的书”（librum illius，“那个人的书”，这话无论是用拉丁语或英语来说都是很拗口的，彼特拉克用这样的词就是为了避免提及书名或作者）。彼特拉克承认，有一点确实是真的：他渴望成为一名优秀的意大利文作家，而彼特拉克刻意避免拥有“他的书”（指但丁的书），是因为他自己不想冒“自愿或不自愿地成为模仿者”的风险。彼特拉克接着承认，这种立场是出于年轻人的骄傲和自尊，如果有人在他的作品中发现任何与“他或其他人”相似的东西，薄伽丘需要明白，这仅仅是因为巧合或者是英雄所见略同。

不管怎样，情况已经发生了变化，正如彼特拉克所解释的：“今天，我已经不再有这些担心。既然我已经走出了这一步，放下了压抑过我的恐惧，我就全心全意地欢迎所有人的作品，尤其是他的作品。”请注意，彼特拉克并没有明确地指出自己欢迎谁的作品，他指的是“诗人”或“作家”，但他甚至无法说得更清楚明白一些，但丁再次只是作为“他”而出现。在这个时候，信中更重要的因素是彼特拉克的态度。彼特拉克隐约的意思就像《哥林多前书》中所说的一句话——“既成了人，就把童年时期的事丢弃了”，暗示着他已经进入了一个新的阶段，这个阶段在许多方面（哪怕不是在最重要的方面）涉及了语言的运用。在该信的前面部分，彼特拉克曾解释过他年轻时的决定，因为害怕自己会不经意地去模仿但丁的作品，所以他没去购买但丁的书。彼特拉克谈道，在他生命中的那一个阶段，他对意大利文很推崇，认为“没有什么比它更为优雅的了”，而且他那时尚未有“更高的追求”。换言之，彼特拉克想说的是，现在，当自己到了完全成熟的时期，他更专注于使用拉丁语：他用散文的形式来写学术著作以及像《阿非利加》这样的诗歌。从表面上看，这是真的。但表面的东西会蒙蔽人，因为即使在彼特拉克晚年继续用拉丁语写作的时候，他也在自己的两部意大利文丰碑上花了巨大的心血：他的《歌集》和《胜利》（*Triumphs*）。

然而，在我们谈论彼特拉克生平中晚些时候所做的那些事情之前，有必要先看看这三封信中的第二封。因为正是在这封信里，彼特拉克阐述了他对模仿的看法——也就是说，人们应该在多大程度上使用和模仿古代那些受人尊敬的作品的模式。这封信也让我们能够知道一些独特而有趣的方面，能多多少少地了解一些彼特拉克的世界，以及在他所生活的年代里人们的阅读与写作习惯。彼特拉克写这封信的目的，是想让薄伽丘修改几行他之前给过薄伽丘的诗稿，换句话说，彼特拉克想要确保薄伽丘拥有自己作品的最新版本。

在阅读和写作的问题上，我们需要时刻牢记在脑子里的是：在彼特拉克的时代，所谓出版（发表）是件与现在情况很不相同的事情。事实上，彼特拉克在这里所做的正是如此：“发表”——向对他来说是重要的或关键的读者“公开”自己的作品。这封信里讨论的诗歌主题是“田园诗”（Bucolicum carmen），这一主题呼应并模仿了人们所知道的维吉尔的诗集《牧歌》。维吉尔的这些田园诗大都寄情山水，并时而含蓄、时而明确地融入了政治的寓意。彼特拉克创作了12首这样的诗歌。正如他通常所做的那样，他会在创作的过程中，把这些作品与值得信赖的朋友和读者分享。彼特拉克跟薄伽丘分享了其中的一首。薄伽丘很快就认真地读了这首诗，并在离开的时候抄了一份带走。但在薄伽丘离开之后，彼特拉克又与另一位朋友分享了同一首诗，而那人碰巧是个阅读速度比较慢的人。那人在仔细地阅读之后，发现彼特拉克在诗中无意地加入了一些其他作者的句子，其中有维吉尔的，也有奥维德的（他告知了彼特拉克这个发现）。所以，彼特拉克在这封给薄伽丘的挺长的信件最后，要求薄伽丘把他手里的那份诗稿中的其中两行改掉。在阅读、写作和“发表”方面，薄伽丘可能会与他自己的社交圈子，尤其是知识界的朋友分享彼特拉克的作品，而彼特拉克的作品在那时经常很快就会传诵一时。彼特拉克心里也知道会有很多人想看到他的作品，因此他想确保薄伽丘手里有最新的版本。我们所看到并注意到的是，只有当一位作者去世再也无法做出修改的时候（尽管这样说有点不敬），某部作品才算是最后定稿。

这封信除了让我们了解到彼特拉克早期如何“发表”作品，以及他如何构思自己的作品，还让我们了解了彼特拉克是如何看待某些古代作家的。这种关系主要与他的阅读有关——更具体地说，与他阅读的方式有关。彼特拉克告诉薄伽丘，他在读某些作家的作品时，“读得既快又认真，除了到国外旅行，我不会有任何延误”。他列举了四位作家——恩尼乌斯、普劳图斯[1]、乌尔提亚努斯·卡佩拉[2]和阿普列尤斯[3]，并解释道，当涉及这些作家时，他自己在脑海中对读到过的这些作家的东西记得非常清晰，就好像他们“坐在我记忆的走廊里一样”。彼特拉克的意思是说，如果他看到其中某位作家的文章片段，他就能清楚地辨认出来。他能意识到这是另一位作者写的，而不是他自己的作品。

而对于其他某些作家，彼特拉克则抱着不同的态度。在我们之前看过的一段文章中（第17页），彼特拉克提到了维吉尔、贺拉斯、波伊提乌和西塞罗，他特意点出自己对某些重要的古代作家的作品非常熟悉，并用具体的比喻来加以强调。他接下来说的话更为引人注目：

> 不过，与此同时，由于不断使用及反复温习，我经常觉得是自己写下了那些文字，觉得那是自己的东西，由于我陷入了这缤纷繁杂的文字和思绪中，有时甚至我自己都记不清这些东西是否出自其他作者的手笔。

彼特拉克在这里所用的语言值得人们注意。他简单地把他反复读过的文字称为“这些东西”（用的是拉丁文中的代词“haec”），这

[1] 普劳图斯（Plautus，约前254—前184），古罗马第一个有完整作品传世的喜剧作家。

[2] 乌尔提亚努斯·卡佩拉（Martianus Capella，生卒年不详），约活动于公元5世纪，古罗马后期的拉丁文散文作家，出生于阿尔及利亚。他坚持新柏拉图主义，对基督教采取积极态度，以对话的形式引入主题，在当时曾产生了一定的影响力。

[3] 阿普列尤斯（Apuleius，约123—约180），古罗马作家、哲学家。其最著名的作品是《金驴记》。

样，那些由单个作家创作的具体作品，就变成了类似物理学中所说的“原初质料”（prime matter），可以任由新的作者（彼特拉克）来使用并转换成不同形式的东西。或者，用更浅显的话说，按照彼特拉克自己的比喻，这些单独的文本变成被他消化了的食品，成为一种能量的来源，滋养着他的日常工作。

彼特拉克还表示，当他说自己“陷入了这缤纷繁杂的文字和思绪中”的时候，他感到自己被所读的东西包围住或者说是被围困了。他用来表示“被围困”的拉丁语是“obsessus”，这个词与英语词汇有共通之处：“沉迷”。尽管彼特拉克身陷那些受人尊敬的作家之伟大作品的围困（当然那是自愿的），但他也必须寻求突破；他必须找到一种方法来写出自己的特色。他要让薄伽丘明白什么才是最关键的：“我要请宙斯的儿子阿波罗和真正的智慧之神基督为证：我从来没有想过要去剽窃任何人的作品，就像我不会去贪图别人的财产一样，我也不会去觊觎别人的创造性才能。”彼特拉克在同一句话里提到了阿波罗和基督的名字：这两个名字都很有分量，他们一起守护着知识和真理。有了这两位的庇护，彼特拉克想要确保的是：让薄伽丘知道，彼特拉克的作品是他自己写的，文中如出现与他人的作品有任何相似之处，都是无意中发生的，或者是英雄所见略同而带来的结果。毕竟，“我承认，我希望用别人的话和建议来丰富我的生活，而不是我的文采”。

最后，在信的结尾，彼特拉克要求薄伽丘修改诗歌抄本中的相关段落，并提出一个请求——“如果你还发现有类似的情况”（也就是说，如果薄伽丘发现彼特拉克在其他段落里无意中使用了其他人的句子），“请你酌情进行修改，或者以友好的方式提醒我。事实上，在我眼里，如果你或任何一个朋友，自主地用友好的态度不断地给我挑出问题，那对我来说，是最愿意欣然接受的了”。彼特拉克准备好了以“最公平的精神”来接受这种纠正，而且不仅愿意接受朋友的纠正，甚至还会接受“对手的狂吠，前提是我能从他们的一片仇恨中，看到有任何真理的闪现。快乐地生活，想着有我，一切安好”。彼特拉克把他与薄伽丘的关系描绘成一种师徒之间的关系，很明显地，他也想寻求年轻的薄伽丘的认可。彼特拉克更加信任薄伽丘，希望对方在帮助维护自己的声誉方面发挥作用。

彼特拉克收集了自己写的信件，最后一批信件被称为《老年集》（*Res seniles*），其中有一封在1364年写给薄伽丘的信。他们之间的关系在信中开始显现出分量，我们看到了后来成为意大利文学早期典范的雏形，也了解了更多关于阅读和写作的方法。当然，彼特拉克也对他所处的那个社会提出了一些尖锐的批评，那些话语就像长了翅膀一样，很快流传开来，并在接下来的一个世纪里时常被人们提及。

在信的开始，彼特拉克很明显地认为他们要触及一个似乎很敏感的领域，因为彼特拉克表示他希望提出一个具体的话题。彼特拉克首先强调，他和薄伽丘两人志同道合，彼特拉克认为他们两人是“一个模子里印出来的两个人”。然后彼特拉克像他通常所做的那样，用拐弯抹角的方式，先是（如前所述）讲了很多关于书面作品如何流通的渠道，谈论了诗歌，然后引入了他所关心的问题。他告诉薄伽丘，自己几乎被一群人包围了，这些人“虽然没有多少天赋，却拥有很好的记忆，颇为勤奋，事实上，他们还大胆无畏，因为他们经常出现在君主和其他有权有势者的殿堂里”。他们用自己熟悉的语言“朗诵别人的诗歌”，目的是为了挣钱。这些漂泊游荡的诗歌朗诵者来找彼特拉克，乞求他分享一些诗行，这样他们就可以拿去朗诵。彼特拉克有时对他们深感厌烦，没有答应对方的要求；而有时他又心生怜悯，就递给对方几篇作品，让他们也能挣点钱来维持生计。

然后，彼特拉克提到了他想要说的话。这些四处游走的诗歌朗诵者有一次提到了一件非常奇怪的事情，他们说（这里是彼特拉克对薄伽丘说的话）：“你烧掉了自己用意大利文写的所有诗作。”彼特拉克刚听到薄伽丘烧毁诗作的消息时感到震惊。他问来访者：薄伽丘为什么要这样做？尽管大多数人都保持沉默，但有人告诉了彼特拉克（这里又是彼特拉克对薄伽丘说的话）：“现在你更加成熟，有了一定的年纪和阅历，你想修改自己年轻时写出的那些东西。”当“我们的朋友多纳托”（多纳托·阿尔班扎尼，他们两人的共同朋友）跟彼特拉克说了更多关于这件事的前因后果，告诉彼特拉克更多关于薄伽丘为何这样做的相关原因之后，彼特拉克更加困惑了。彼特拉克说：

> 多纳托告诉我，在你年轻的时候，你特别喜欢意大利文（托斯卡纳语）的风格，投入了大量的努力和时间。直到你在创作的过程中，看到了我年轻时的同类作品。从那一刻起，你的写作欲望就冷却了。你并不满足于只是停笔不写类似的东西——不，而是更进一步地，你对自己已经写好的东西也大为痛恨，甚至一把火把过去的作品全都烧掉了，目的是要烧个干净，而不是去加以修改。因此，你

不仅废弃了自己的努力，而且让后人无法再分享你在这方面的劳动成果，而原因只有一个：你认为那些作品与我写的东西无法相提并论。

现在我们明白了，正是羡慕和不安促使薄伽丘烧掉了自己的作品，而他嫉妒的对象正是彼特拉克本人。彼特拉克惊呼道："这样的恨多么不值得！多么冤枉的一把火啊！"

值得注意的是，信中所描述的事情很可能在现实中发生过：年纪稍轻的诗人薄伽丘醉心于用托斯卡纳语言来创作诗歌（当然是因为受到了但丁的激励。但在彼特拉克的这封信中，还是没有提到但丁的大名）。他付出了青春的所有热情，想要留名青史。但与彼特拉克的抒情诗相比，薄伽丘还是略逊一筹。当然，他们之间的关系可以从中略见一斑，因为他们意识到自己在意大利诗人不断变化的排名中所处的相对位置。事实上，彼特拉克接下来讲的正是后一个问题。他扮演了一位睿智的年长导师的角色，愿意向比自己年轻的同时代人表达出于严格要求的爱护。这可真是份严厉的爱，正如彼特拉克所说，他猜测薄伽丘烧掉自己诗作的行为，不知是因为"反映出对自己有更高要求的那种谦逊，或其实是一个自高自大的人表现出来的骄傲"。在提出了态度究竟是谦虚还是骄傲的猜想之后，彼特拉克接着分析了薄伽丘的想法："你要自己就此事做出判断。我则会按照我和你谈话时的习惯，进行自己的推测。"彼特拉克接下来展现出了特别典型的彼特拉克式心理：有彼特拉克本人的谦逊和自豪感，让备受欣赏的年轻后生表示服从的大男子主义。最重要的是，彼特拉克表达了对自己、但丁和薄伽丘三个人在意大利新兴的文学史上有着怎样之地位的看法。

在援引了一些过分担心自己排名的古代作家作为例子之后，彼特拉克说出了自己的感受："我担心你如此明显的'谦逊'实际上是出于骄傲。"他接着说：

> 所以，假如说我真的排在你的前面（能与你齐名是我的荣幸），那么排在你前面的还有我们擅长意大利文创作的那位。有那么一两个人（而且还是你的同胞）排在你的前面，或者说只有那么区区几位能排在你的前面，真的会让你感到如此困扰吗?

我们可以注意到彼特拉克在这里做了个排名。"我们擅长意大利文创作的那位"是但丁，彼特拉克排在第二，而薄伽丘排在第三。他试图让薄伽丘减少一些被伤害感（"能与你齐名是我的荣幸"），但其意思是显而易见的。无论如何，在意大利文[1]创作方面，薄伽丘只能排在第三位。

最值得注意的是，在彼特拉克有些杂乱无章的陈述中，我们看到了他对意大利文学经典第一次做出评价的雏形，其排名顺序后来也一直保持不变：但丁、彼特拉克、薄伽丘。这个位次不仅按他们的年龄来排序，而且也按其相对成就来排位。很快，佛罗伦萨人就自豪地把这个群体称为佛罗伦萨的"三皇冠"。这三位作家不仅成为该城邦的

[1] 原文为"vernacular"时，译作"意大利文"，原文为"Italian language"或"Italian"时，译作"意大利语"。——编者注

骄傲，而且他们的创作最终成为意大利语的基石。在此后的近两个世纪里，学者们把他们的作品视为使用托斯卡纳语的规范样本（参见插图16、17、18）。

在彼特拉克的时代，这一切都尚无定论。（回到他的信中来看，）彼特拉克当下想做的，是找到一种方法，让薄伽丘对排名靠后这种情况能够做到释然。彼特拉克解释说，如果一个人排在第一名后面的位子，其实更能激励自己去争取更大的成就："嫉妒会刺激情侣，也能激励学者，因为如果没有竞争对手的话，爱会减弱；没有模仿对象的话，美德就会麻木。""模仿对象"这个词很有意义，其拉丁语单词是"aemulus"，与拉丁语单词"aemulatio"（"模仿"）词根相关。但这个词的意思广博，它同时包含许多不同的含义：模仿、竞争、奋斗、对手。在这个例子中，彼特拉克是在谈论和他同时代的诗人。但我们可以把"aemulatio"这个概念定义为"竞争性模仿"，它暗示了文艺复兴时期许多思想家对古希腊罗马的看法：要对古代进行模仿，但在模仿时必须带着批判的态度。要把自己视同与古人在同一个空间里竞争，并要努力最终超越古人。就像很多涉及彼特拉克的其他事情一样，彼特拉克也想超越古人，哪怕他从来没能完全达到那个高度。

在这封信的其余部分，在对排名的顺序，以及薄伽丘为何应该对自己的排位感到满意做了更多的评论之后，彼特拉克向薄伽丘提出了他真正的建议："所以，不要怒火中烧，可怜你的诗吧。"换言之：往前走，别去多想你的诗了，哪怕这些诗可能是三流的。随后，彼特拉克笔锋一转，让人们更多地了解到他如何看待自己与古人的对比、他对意大利文的理解，以及他认为意大利文其实更难写好的观点。他向薄伽丘承认，他也曾想过要烧掉自己年轻时用意大利语创作的诗歌——事实上，如果不是因为自己的诗歌在那时“已经广为人们所知，超出了我的控制范围”，他也会想一把火将其烧掉了之。彼特拉克接着写了一段值得多加引用的文字：

> 说真的，有一阵子，我确实有过与我现在所想相反的意图，想把自己大部分的时间都用于意大利文写作的事业上。其原因是，一方面，在我看来，古代伟大的天才们已经把拉丁文中高洁的两种文体（散文和诗歌）都耕耘得如此细致，以至于无论是我还是其他人，都无法再增添什么有意义的东西。而另一方面，由于意大利文使用的时间不长，受到人为的破坏还比较少，也只有很少的人在上面开荒种地，意大利文还是一片大有可为的天地。

彼特拉克在这里提到，他年轻时对古代的东西如痴如醉，无论是诗歌还是散文，他几乎无法想象自己能够用拉丁语写出的任何作品，能好到与古人所达到的水平一比高低的程度。这种压力压得他喘不过气来，于是他转向了意大利文的创作。彼特拉克说，在意大利文创作方面，“只有很少的人在上面开荒种地”——这又是对但丁的一种暗中攻击，因为但丁的《神曲》在那时已经名满天下了。

随后，彼特拉克对他接下来所做的事情做了一个相当奇怪和模棱两可的描述：

在青春激情的鼓舞下，我在这一领域开始了一项重要的工作，奠定了一座大厦的基石，准备好了石膏、石头和木头。但是当我看到我们这个滋生着骄傲和懒惰的时代，我就开始有些心痛，想看看那些拿着这些东西到处招摇撞骗的人到底有什么样的“天才”，他们说话的风格又“华丽”在哪里。其结果是，他们简直不是在背诵文章，而是在肢解割裂着作品。

这里需要进行很多的破译。首先，“我在这一领域开始了一项重要的工作”，是哪部作品？什么题材？他所说的“重要的工作”可能是指他写的《胜利》，我们在后文会对这部作品有更详细的解读，或者也很可能是他用拉丁文给作品取名的书《用意大利文写的零碎小品》——也就是他今天最为读者所知的意大利语作品、抒情诗集《歌集》。不管怎样，彼特拉克给薄伽丘的暗示是，这是他写过的一部作品，但现在作为一个老人，彼特拉克已经把该作品抛在脑后了。青春可以像意大利文那样奔放，成熟时则应该有如拉丁文一般的严谨。年轻人应该有爱情和诗歌相伴，哲学和宗教则适合那些有了一定年纪和阅历之后变得智慧的人。

彼特拉克为什么要做出这种转变？这涉及更深层次的问题。事实上，我们可以说，出于塑造自我形象的目的，彼特拉克选择让人知道他在文体上进行了转变——而实际上他并没有这样做。因为他一生都在写作意大利文诗，他心中没有明说的希望是，自己有朝一日能够成为一位青史留名的意大利文诗人。这同一封信也说出了一个更直接的原因，解释了为什么彼特拉克对写意大利文作品心有疑虑。简单地说，人们会在公共场合里背诵和吟唱意大利文诗。每次有人用口头进行诗意的表达时，就意味着朗诵者把过去只是在纸上的诗歌在口头上演绎了出来。这种口头和书面混合所造成的问题，正是彼特拉克在这里带有明显讽刺意味所指出来的“那些拿着这些东西到处招摇撞骗的人”（他所说的“东西”是指书面作品）。彼特拉克同时痛斥了那些人“华丽”的说话风格。对彼特拉克来说，最大的问题是如何能够对他自己的作品进行掌控。他重点谈论的问题是，专业的诗歌朗诵者所做的，“不是在背诵文章，而是在肢解割裂着作品”。彼特拉克使用拉丁词“scripta”表示“文章”，其最简单的意思是“写下来的东西”。至于“割裂”，他用的拉丁词是“discerpi”，这个词有暴力的含义，有“肢解、分割”的意思。

显而易见的是，彼特拉克不仅对自己的作品相当珍视，而且把写作看作文字的表达。也就是说，他很看重特定的词语如何按照特定的顺序写在一页纸上，不管是他自己亲笔写的或是由专业的抄写员在他的监督下来誊写的。因此，从某一个方面来说，彼特拉克自己所说的从用意大利文到用拉丁文的转变，是为了有更多的掌控，因为能够理解拉丁文的人比较少。而且，考虑到对所有使用拉丁文的人来说，拉丁文是第二语言，人们一般不会在公共场合，或者在有钱人赞助的诗歌朗诵会上去朗诵拉丁文作品。

我们不清楚的是，这封信在多大程度上准确地反映了彼特拉克纠结的心理状态。他接着表示了他的厌恶：

> 我听了一次，接着又听了一次，然后经常听到，并且对这件事进行了更加认真的思考。最后我意识到，在松软的泥地和流沙上建房子，是浪费时间。我，甚至连同我的作品，在人群里只会被撕扯得七零八碎。

人们再一次感觉到彼特拉克对自我和工作的强烈认同，以及对失去一致性、被“撕裂”所感到的不安。我们观察到彼特拉克的综合个性：既高度自尊、关心并维护与朋友的友谊（正如他在给薄伽丘的这封信中所做的那样），又心生厌世情绪——他对“人群”的憎恶。这里的“人群”指的是那些喜欢意大利文诗却不肯谨慎认真地按照作者的意图再现诗歌的人。很明显的是，从某种意义上来讲，这种怒气是要让人们看到的。彼特拉克一定也意识到了，在他那个时代，诗歌既靠写作也靠传诵，而且诗歌有人传诵才是好事。

彼特拉克接着告诉薄伽丘说，就像一个人在路上看到了一条蛇，然后他就改变方向，“走了另一条路，一条更直更长的路”。诚然，彼特拉克已经意识到自己年轻时写的意大利文诗（“那些零碎小品”）实际上已经成了公共财产。然而，他会尽量不让自己的诗歌“被人撕裂”。后一种说法表明，他会继续关注自己的意大利文诗——这是一种暗示，预示他将继续编辑和修订自己的诗歌，只不过他不会在公众面前广而告之而已。

然而，到了那个时候，彼特拉克的火气更大，他随时准备好要抨击那个时代困扰他的一切事物。不只是无知者的无畏令人不安，他更关心的是“那些自称有学问的人……他们除了充满荒谬，还特别无知特别骄傲，这就让人觉得尤其可恨”。在彼特拉克继续对他那个时代所谓学识渊博者进行批判之前，他似乎对一切都看不惯：“哦，多么不光彩的时代啊！人们看不起古代，看不起自己的母亲，看不起那些高尚艺术的发现者。现在的人不仅敢把自己跟古人放在同一水平上，而且还敢把自己摆得更高！”自下而上，那些人（在他眼里是“那些人渣”）、军队的领导人（“他们喜欢打仗，就像是去参加婚礼一样”，而且他们不关心输赢，更关心吃喝玩乐）、政治阶层（他们更关心统治权力的象征——“金色与紫色”——而不是如何以体面的方式治理国家），都糟透了。然而，所有这些群体，尽管他们很坏，至少都有借口说是因为他们没有受过很高的教育。“但是，我要问的是，号称有学问的人，尽管他们一定对古人有所了解，却仍然身陷同样的盲目之中，他们还能有什么借口呢？”为了确保薄伽丘能领会他的意思，彼特拉克接着说，“我的好朋友，要知道，我说这些话的时候很生气，而且我是带着痛苦和愤怒说这些话的。”

彼特拉克认为，真正的问题在于一些当代人如何看待学问的最高形式。这种文化批评的风格在文艺复兴时期持续了很久。虽然历史上从来不缺脾气暴躁的批评家，但可以说是彼特拉克开创了这种特殊的批评方法：一种将雄辩与实质联系起来的批评——更具体地说，他认为知识的获得与宗教态度是否虔诚有关。他的基本观点是，创造和传播知识的制度化的机构并没有起真正重要的作用：

> 那些疯癫程度超过了其无知程度的渺小的辩证法学家，眼下正像一窝黑压压的蚂蚁一样群涌而起，像是从一棵长满

树洞的橡树上的黑暗深处冒出来，把高等学府的所有耕地都毁了。这些人批判柏拉图和亚里士多德，嘲弄苏格拉底和毕达哥拉斯，而且——天哪！——他们在无能的领导人的扶持下正在做着所有这些事情！

对现代读者来说，这一措辞可能显得晦涩难懂。彼特拉克批判的是当代知识分子，他们把大部分时间都花在“辩证法”，或者我们所说的逻辑上。他拒绝说出他所指的那些人（“我不想费口舌去说出那些行为不配我去提其名字的人”）。但彼特拉克觉得有问题的地方是，这些没提名字的人物一头扎入了高度专业化的黑暗海洋里，以至于他们无法专注于（他所认为的）真正重要的事情：用基督教的思想引领自己过有道德的美好人生。而且事实上，这些人物中有许多人还在大学的神学院里任教，这就让事情变得更糟，因为他们的研究兴趣有可能会从内部来腐化社会。

在彼特拉克和薄伽丘的对话接近尾声之时，我们可以更深入地探讨这一切的意义。彼特拉克详细描述了一个具体的事件，其故事丰富多彩，引人注目。他首先说，这批傲慢可憎的新思想者中，流行着用带有不敬意思的暗示手段或言语来贬低古代教会的神父——比如安布罗斯、奥古斯丁和杰罗姆这些传奇性的名字。他们甚至贬低说：“奥古斯丁虽见多但识少。”彼特拉克接着说：“不久前，其中一个人来到了我的图书馆。”这位思想家（彼特拉克还是没提其姓名）是“以‘现代’的方式进行哲学思考的人物之一，他们认为如果不对基督和基督的天道指手画脚一番，仿佛就显得自己一事无成”。所以，彼特拉克描绘的情况明显地符合一个规律：此人非常傲慢，似乎是在做着与基督教有关的学术工作，但在其研究中，实际上却背离了基督教最重要的原则。

彼特拉克接着提起了“宗教经典中的一个段落”，当他的客人听到这段话时，显得怒气冲冲：“出于愤怒和轻蔑，他把自己的脸扭曲出比他原来的长相更丑的表情，带着怒气说：‘你去信你的教会圣师吧！就我而言，我有自己信奉的人，有自己所相信的东西。’”这句话借用了经文并略做了改动，所以彼特拉克在他的回答中也引用了经文。但重要的一点是，这位年轻的思想家似乎对教会的“圣师”公然不敬。换言之，他嘲弄的就是彼特拉克随时准备捍卫的那些神父（奥古斯丁、安布罗斯等）。

最后，事情发展到了这样一个地步，那个傲慢的客人对彼特拉克说了一些不可原谅的话：

> 你——去做一个虔诚的基督徒吧。就我而言，我对那些东西一点也不信。你的保罗，你的奥古斯丁，其实所有你所宣扬的人，他们才是最唠叨的人。如果你有心去听听阿威罗伊（伊本·路西德[1]）的思想，那你就知道他比你说的这些微不足道的人要伟大得多。

这句话把彼特拉克逼到忍无可忍的地步，因此他用以下方式回

[1] 伊本·路西德，西方人多称其为阿威罗伊（Averroës，1126—1198），阿拉伯哲学家、学者。

答："这是我和像你这样的异教徒之间常见的老问题，你滚吧！带着你的异教想法滚吧！永远不要再回来！"彼特拉克接着告诉薄伽丘："我揪着他的外套，把他扔了出去！我从来没有这么粗鲁过——当然那是因为他的态度更加无礼。"

讨论这段插曲，让我们可以了解到彼特拉克的心态，以及他对文艺复兴的影响。今天的人们很难理解其信中涉及的术语以及彼特拉克为什么会有那么强烈的情绪反应。圣保罗和圣奥古斯丁是人们熟悉的名字。圣保罗是当时犹太教新分支的主要福音传道者，该分支后来成了基督教，其书信成了基督教历史和基督教经文的标准。圣保罗在写给罗马人的信中，呼吁人们在全知全能的上帝面前要谦卑谦逊，这给了奥古斯丁以巨大的启示。而奥古斯丁的《忏悔录》是彼特拉克十分看重的著作。

然而，阿威罗伊是一位相对不为人所知的人物，尽管他曾对中世纪思想产生过颇大的影响，这多少有些出人意料。阿威罗伊活跃于12世纪的大部分时期，是一位用阿拉伯语写作的西班牙穆斯林人物。他崇敬古希腊哲学家亚里士多德，而亚里士多德的著作曾为中世纪的伊斯兰思想提供了基础。当亚里士多德的作品在12世纪和13世纪被翻译成拉丁语时，其来源有时是希腊语原著，有时则借助了阿拉伯语的翻译著作。而阿威罗伊对那些作品的评论也被译成了拉丁语。因此，阿威罗伊的评论成了西方人士阅读和理解亚里士多德的一个组成部分，以至于阿威罗伊被人们称为"评论家"（但丁在《地狱》的第四章中把阿威罗伊称为"写了伟大评论的评论家"）。在13世纪的欧洲，亚里士多德成了主流思想家，人们围绕着他的著作进行了意义深远的辩论。同时还出现了以亚里士多德的著作为基础的学术课程，欧洲的主要思想家都对之进行刻苦的研读，既要理解亚里士多德，还要在有可能的情况下尽量把他的思想与基督教的教义协调起来。阿威罗伊和他的精妙评论代表了另一种方式，让西方的思想家们在读亚里士多德的书遇到困难的时候，可以借用来破解难题。

关山难越，困难重重。举例来说，人们在读亚里士多德的著作时，遇到的困难之一就是如何解释人类的灵魂。亚里士多德认为，人的灵魂就是他所说的人的最终实现。这句话的意思是灵魂类似于人的形态，我们可以把它看作某种“模式”，但重要的是，这不是一个预先存在的模式，也不是一个独立于实际的、物质的人之外的存在模式。亚里士多德认为，物质事物只有在物质和形式统一时才具有真实的存在。因此，当这个问题涉及人类具体的个人时，他的理论充其量是模棱两可的：一个人在其肉体死亡后，是否还有任何东西能够幸存？亚里士多德似乎在暗示，最坏的情况是，当一个人的肉体死亡时，他的灵魂也随之死亡。但是他没有明确说出来，人们也可以读出正反两种意思。

对中世纪的基督徒来说，这种模棱两可的说法带来了一个重大问题。基督徒当然会相信人的灵魂是不朽的——也就是说，在人的肉体死亡之后，会有某种形式的东西留存下来。不管亚里士多德说了些什么，那都无所谓，而阿威罗伊再掺和进来，就使问题更加复杂化了。

其中的一个关键问题涉及知识。亚里士多德说，当我们了解周边这个世界时，我们首先是根据自己的生理感觉来获得认识的。道理很简单：除非你的感官参与其中——至少在一开始时运用了感官，否则你是不可能知道什么东西的。但是，还有另一个涉及处理信息的层次，而这就涉及智力了。但涉及谁的智力呢？亚里士多德说，宇宙中还有一个更大的智慧。而且，有意思的是，他把人类个体的智慧行为与更大的智慧联系到了一起。阿威罗伊在他的解释中明确了其中的利害关系，将亚里士多德所说的超人类的大智慧与人类自身联系了起来，并指出：当人死亡时，人类从事智力活动的灵魂与这个更大的普遍智力结合在了一起。一方面，这种解释支持了这样一种观点，即人类灵魂中存在着某种不朽的东西；另一方面，它表明，人的个体在死后将不复存在，而是被一个统一的、更大的、普遍的智慧所吸收。因此，认为人在死后可能要根据善恶表现接受个人奖惩的想法就不成立了。

这是阿威罗伊在他对亚里士多德作品所做的大量评论中所采取的诸多立场之一。随着大学在13世纪的发展和学者们对亚里士多德的作品进行更深入的研究，基督教的领袖们意识到，要把亚里士多德的某些立场和基督教的正统说法相调和是很难做到的，甚至不可能做到。而阿威罗伊的某些立场，简直就是异端邪说。

当时对这些问题的讨论十分热烈。巴黎主教甚至在1277年发出命令，禁止巴黎大学（当时欧洲最重要的神学研究中心）的老师们教授这些课程，以及与学生们讨论多达219段经文的陈述——这些经文当时成了人们热烈讨论的话题。很明显地，其中一个受到谴责的主张是“智力面前人人平等”，还有其他一些阿威罗伊式的观点也引起了争议。矛盾之处在于，许多神学家都认为阿威罗伊是帮助他们理解亚里士多德思想的一个伟大的解释者。更重要的是，他们把阿威罗伊看作“au courant”，也就是说，引用阿威罗伊的观点会给人一种全新的、令人兴奋的认识。作为这段讨论的结束，到了彼特拉克的时代，阿威罗伊要么被看作一个妖魔鬼怪（一个用异端思想来败坏基督教的伊斯兰思想家），要么被视为代表了一些最新的、最令人振奋的学术思想。

因此，当彼特拉克向薄伽丘提起自己与傲慢的阿威罗伊派哲学家的相遇时，我们听到了历史的回声。我们也可以由此观察到，彼特拉克所说的话代表着一种批评意见，这种批评始于他，并在之后贯穿了意大利文艺复兴时期，而且确实可以往回追溯到彼特拉克那里。这种文化批评或含蓄或明确地指出，本应创造传授知识的大学体制并没有发挥出其应有的作用。虽然彼特拉克在给薄伽丘的信中没有用这些词来表达，但很明显的是，受到阿威罗伊影响的哲学家多是来自大学学院的人。

正如我们将看到的，这种反体制的倾向也出现在彼特拉克的其他作品中。从他写给薄伽丘的信中，我们可以看到一位年华老去的彼特拉克，他对自己所处的世界心生抱怨。他越来越关心自己的名声，关心自己与但丁相比的地位，关心他自己的作品与古代世界有何确切的联系。作为“漂泊者”的彼特拉克在这些信中活灵活现，从一个话题跳到另一个话题，跨越了他的拉丁文和意大利文作品中所代表的广阔领域。当我们要谈论彼特拉克生命中的最后几年时，看看他的流浪者心态对他的作品产生了什么样的影响，可谓恰如其分。

第六章

走向完结

1353年之后，虽然依旧是漂泊者的灵魂，但彼特拉克的余生与意大利保持着紧密的联系。在这段时间中，他接受了不同统治者和城邦的赞助。从1353年到1361年，大部分的时间他都待在米兰，住在有权有势的维斯孔蒂家族的宫廷里，甚至曾担任过他们派驻到位于布拉格的神圣罗马皇帝查理四世宫里的大使。

很能说明问题的是，彼特拉克在意大利的首个主要停留地是米兰，住在维斯孔蒂的家里。维斯孔蒂家族用专制的方式统治着米兰，这意味着米兰是在一个人（和一个家庭）的统治之下。这种治理模式在中世纪晚期的意大利很普遍。彼特拉克后来还继续从其他城邦及统治者那里接受资助，然而，他总是骄傲地认为自己是个佛罗伦萨人。相比之下，佛罗伦萨是个共和国，一个在那里拥有公民权的人，可以积极参与城邦的治理。我们在这里指出当时有这些不同形式的政府以及彼特拉克参与其中，是为了说明其实彼特拉克对政治的现实情况并不太介意。相反，他关心的是他自己，想的是从哪里能得到资助。在他对科拉·迪·里恩佐这个人物崇拜了很长时间之后，除非他的赞助人要求他参与，否则彼特拉克会逃避参与具体的政治活动。1361年，在米兰又有瘟疫爆发之时，彼特拉克搬到了威尼斯；从1367年起，他得到了在帕多瓦的卡拉拉（Carrara）家族的资助，并于1370年在帕多瓦郊外的阿尔夸（Arquà）购置了一所乡间别墅，在那里度过了他的余生，直到1374年在那儿去世。

在生命中最后这段“意大利”时期，彼特拉克继续专注于创作。虽然在给薄伽丘的信中，甚至在他著名的《致后人的信》中，彼特拉克说（也许说得太夸张了一点）他的注意力已经从用意大利文转向用拉丁文创作，从创作诗歌转向研究哲学，但其实他一直着力于用意大利语创作诗歌。

彼特拉克从未停止过对《歌集》的修改，他的这部意大利文诗歌集被他称为“用意大利文写的零碎小品”。我们已经看到彼特拉克是如何纪念和寓言化了他对劳拉的爱（例如《欲望激励着我》一诗），拥抱政治主题（例如《高尚的精神》一诗），甚至发表了对意大利未来的遐想，就像流亡者们经常希望自己的祖国不仅仅是一些松散的城邦，而且要在政治上能统一起来（例如《我的意大利》一诗）。《歌集》是一部大师之作，因此，作品具有让读者产生无限阅读解释的可能性。

我们从彼特拉克的一首名为《美丽的树叶下那舒适的绿荫》的诗中，可以看到他做出离开普罗旺斯的决定是很不容易的。这首诗很可能写于14世纪40年代末，展示了他对劳拉的一往情深以及他如何留恋自己初次见到劳拉的地方。在诗的开头，彼特拉克回顾了自己看到并喜欢上一棵美丽的树木时的情景："世人从未见过如此优雅的树枝，风也从未摇动过我那时看到的绿色树叶。"在彼特拉克理想化的想象中，劳拉与法国南部的风景融为一体，她的头发像树叶（那样娇嫩而清新），她的身体像优雅的树枝。彼特拉克说，他曾经觉得自己受到"月桂"的保护，而"月桂"当时是"从天空中庇护着他"。但随着时间的推移，他逐渐意识到眼前还有许多"森林、石头、乡野、河流和山丘"。诗人现在应该做出改变了，"其他的爱、其他的树叶和其他的光，我要寻找另一种越过山丘、去到天堂的方式，现在是这样做的时候了——我该去寻觅新的枝条"。彼特拉克一直在分析着自己的心理，无论在本诗中或是在其他作品里，他都为我们打开了一扇门，让我们看到他内心的挣扎，了解他的心路历程。

彼特拉克在其他作品中更直接一些。《歌集》中收录了一系列诗歌，抨击阿维尼翁的教廷的道德败坏。在其中一首诗中，彼特拉克表达了这样的希望——"天堂的火焰将会落在你的头发上"，从而把那个教会拟人化为《启示录》（*The Book of Revelation*）中所说的"出名的妓女"。那个教会"通过使他人贫穷而使自己变得富足和强大"，并且是"背叛者的巢穴"，在那里孕育出了世界上一切的坏东西。彼特拉克接着指责那个教会是"酗酒、卧榻、美食的奴隶"，一个各种放荡的人都能引以为家的地方，一个"年轻的女孩和老头子在房间里淫乱"的地方。在诗的结尾，这位诗人说："就那样活着吧，直到你的恶臭传到上帝那里。"

从某些方面来说，彼特拉克在宗教上是特别虔诚的人。现代读者听到他如此谴责中世纪时期基督教的主流机构天主教教会，可能会感到惊讶。彼特拉克不仅在诗歌中表达了这些观点，还用拉丁文写了一系列匿名书信（称为“没有署名的信件”）来谴责教会在道德上的败坏，并将阿维尼翁比作巴比伦——在《启示录》中，巴比伦被说成是一个吸食圣徒之血的妓女——彼特拉克在前面引用的诗中也用了这个比喻。为什么会出现如此激烈的言辞？其中一个原因是，当人们有机会接触到某个机构的内部运作时，他们就会看到外界所不知情的那些细节。今天的人们难以理解的是，到了14世纪，教会在政治上发挥着很强的作用，发展成了在其内部运作中类似于中世纪晚期其他城邦的那种官僚机构，表现得非常像一个热衷于搞政治的国度。

然而，在彼特拉克看来（事实上，对许多像他这样的人来说），教会似乎走得太远了。那些持这种观点的人认为，教会偏离了它的真正使命：教会应该宣扬作为基督徒的谦逊，号召人们信仰基督，并服务他人。彼特拉克情绪激昂的诗歌不仅批评了教会变得过于富有，还进一步批评教会以牺牲他人为代价来积累财富；而且最核心的问题是道德败坏，因为“老头子”（他当然指的是高级牧师）与年轻女孩做着可耻的事情。正如在提到《启示录》时所用的语言那样，彼特拉克暗示说，他相信，末日哪怕不是近在眼前，也已经为期不远。由于欧洲遭受了毁灭性的瘟疫，有三分之一甚至一半的人口死亡，他的这些说法不免更加令人信服。

我们不能把彼特拉克对他那个时代的某些教会及教会中的某些人的批判，当作他对基督教的批判。彼特拉克所有的写作，尤其是在他生命中最后阶段的作品，都反映出了一种深深的基督教情感。这在彼特拉克的作品中，尤其是从他生命最后阶段的三篇作品中可以看出来：《论两种命运的补救方法》（*De remediis utriusque fortunae*）、《论自己和大众的无知》（*On His Own Ignorance and That of Many Others*）以及《永恒的胜利》（*Triumph of Eternity*）。

《论两种命运的补救方法》是一部应景的著作。尽管该作品对今天的人来说没多少吸引力，但它让我们得以一睹彼特拉克的世界。这部作品的不同之处在于，这是他唯一一部在比较短的时间内专心写完的作品。彼特拉克在1354至1357年的大部分时间都花在了这部作品上，当时他在米兰为维斯孔蒂家族效力。这部作品用拉丁文写成，有254则简短的对话。写这些“补救方法”占据了他的大部分时间。这部作品在当时很流行，我们现在能看到250多份手抄本。然而，很明显的是，欧洲在15世纪50年代兴起的活字印刷术，并没有让这部作品更广泛地流传，因为我们基本上没看到早期印刷的版本。这个情况说明，这部作品有其特殊的时代局限性，后世的读者对它没多少感觉。

从广义上来讲，我们可以把《论两种命运的补救方法》归类为智慧文学的一个样本，在哲学思想上倾向于斯多亚学派提倡的恬淡寡欲的观点。其文本分为两册：第一册是关于好运和应该如何不以物喜的（包含有122则对话）；第二册则是讨论厄运的（包含了剩下的132则对话）。值得注意的是，在作品中的对话者——欢乐、希望、恐惧、绝望和理性——都是“拟人化”的，也就是说，这些名字是人们情绪的个性化表现（参见插图19）。前四个代表了灵魂中的情绪、个人的灵魂中那些容易被情感所左右的特质，而且人的情感会剧烈地波动，如果不加以节制，就可能让人不快乐，而理性则可以作为必要的缓解力量。

如果想知道彼特拉克想要表达些什么，最简单的办法就是看一看这些对话中的一个。在这本书第一册的前几则对话中，有一则对话的题目是《我生在光荣的国土》。其中的两位对话者是“欢乐”和“理性”，而理性在其中发挥着协调作用。对话者“欢乐”用一个简单的陈述开了个头，他们的第一次交流既简洁明了，又富有启发性。

> 欢乐：“我生在光荣的国土。”
>
> 理性：“当光明照耀在你的身上时，其实你会有更多的麻烦。比较小的星星只在晚上发光，而太阳一出来，哪怕明亮如牧夫座（Bootes）和启明星（Lucifer），也会顿时显得暗淡无光。”
>
> 欢乐：“我的国家名扬天下，而我是其公民。”
>
> 理性：“如果你与美德为伍，与邪恶做斗争，那么这就是件好事。前者（享有公民的身份）取决于你的幸运，而后者（与美德为伍、与邪恶斗争）则取决于你自己是否能这样做。”
>
> 欢乐：“我的祖国既幸运又宏伟。”
>
> 理性：“我们应该看看何谓宏伟，因为一个国家是否宏伟，取决于是否人口众多、财富殷实、土地肥沃、地理位置良好、空气清新、泉水纯净、地理位置靠近大海、有安全的

港口、恰到好处的河流等等。当你看到一个地方能培育出好马，并且牛肥羊嫩、果实鲜美时，你说那片土地美丽富饶。但那里的人到底怎么样呢？对于这一点，你竟然既不闻不问，也不认为这是个需要考虑的因素。唉，你可真会做评判啊！事实上，对一个国家最高的赞誉就应该是：它的公民富有美德。”

我们还记得彼特拉克的《秘密》一书，他曾在书中私下与自己的优柔寡断和自己认识到的弱点做斗争。即使是从“我生在光荣的国土”这一简短的开头部分，我们也可以看到彼特拉克在这里为我们提供了一个面对公众的、外向的参照，与他在《秘密》一书中写得如此深刻（哪怕这只是为他自己的阅读）的那种心理和精神上的磨炼遥相呼应。在这里，作者最关心的是一个人从何处而来的“家园”，以及人应该如何看待自己的出身。在此处翻译成“祖国”的拉丁文单词是“patria”，在英语中，它可以被翻译为“家园”或者“祖国”，尽管后一个词（“祖国”）在当前英语的用法中，倾向于表示比彼特拉克在这里所指的地方更大的范围。他说的地方是中世纪晚期的城邦，面积通常小到人们可以步行穿过，但又大到足以让当政者有能力发动战争，拥有相应的外交政策，并起到政治中心的作用。

“欢乐”——用来形容人们天真的、积极乐观的观点——代表了一个为自己的出生地而感到骄傲的人。这段对话没有指名道姓，“欢乐”可以指代任何地方的任何一位对自己的城市不假思索地感到骄傲的公民。“理性”在这里的作用，是指出人们习惯于关注赞美，会忽略掉什么才是在更深层次上更重要的东西，从而纠正“欢乐”那肤浅的认识。如果你出生在一个充满荣耀的地方，你就很难取得更大的荣誉。如果你的家乡被认为是富足的，那么这种说法通常应当归功于该城市所拥有的财富、地理位置，以及在大众眼中，那个地方本来就牛肥马壮、物产丰饶。值得注意的是，“理性”从对某个城市好坏的客观描述转变为对个人的指责（“你说那片土地美丽富饶……”），这种写法能让读者感受到好像那对话是针对自己而写的。每次你不自觉地用传统的观点来看待这个或那个现象是好是坏时，你可能会遗漏一些隐藏在表象下的自己所看不到的东西。

在《论两种命运的补救方法》的第二册里，讨论的重点从好运气转向坏运气。其中一个对话讨论了在彼特拉克的时代里，人们脑子里老是会想着的一件事，那就是瘟疫。“理性”作为对话者一直存在，但这一次，理性的对应词是“Metus”。这个拉丁词的意思是“恐惧”，但这个词还有表示深层心理恐惧的含义：

> 恐惧：“瘟疫四处肆虐，让我战栗不已。”
>
> 理性：“这也只不过是对死亡的恐惧，一旦你把它搁置在一边，心里就会有一种彻底的平静感。即便如此，对那些灵魂高尚的人来说，恐惧不仅应该被置之不理，甚至都不应该给它在你的心头冒出来的机会，因为有什么比害怕平凡之事更不值得的呢？”

正如我们在彼特拉克所写的比较私人化的《秘密》一书里所看到

的那样，在《论两种命运的补救方法》这个较为公开的作品中，有一个明显的主题——尽管这个主题是从一个特定的事件（此处是人们可以理解的对瘟疫的恐惧）而来，但它却具有普遍的相关性——即对死亡的思考。

稍后，对话继续进行：

> 恐惧："瘟疫使我不寒而栗。"
>
> 理性："如果是出于对人类的关爱而让你感觉如此的话，那我就要给予表扬，因为没有什么是比同情人类的不幸更为重要的了。但如果你自哀自怜，那我就无法苟同，因为既然瘟疫只是让固有一死的人死了，那为什么要把这个事看作对任何他人有害的呢？"

如果说在彼特拉克所写的《秘密》一书中，他倾向于书写比较长的句子，进行比较广阔的思考的话，那么在这里，彼特拉克用了一种更为简单、更符合时代的方式提出了他的观点：倡导大众践行基督教的斯多亚式禁欲主义。人生自古谁无死，更何况何时命终、死于何处，这在很大程度上都是自己无法掌控的事情。所以，首先，哀自己命也有涯；其次，担心着如何而死（比如说遭受瘟疫）——这些想法其实是一种自私的表现。

《论两种命运的补救方法》里其他简短对话的内容颇为相似，谈论的都是人们在日常生活中会关心的问题，无论那些问题是积极的还是消极的。对话主要涉及彼特拉克所生活的时代，而后世的关注点就会有所不同。对我们来说，这些作品帮助我们了解彼特拉克步入老年时的心路历程：他最关心的是生活伦理，防范他人的傲慢（甚至有时显得像是在说教），并且总是能够用拉丁文来最简练地表达出他自己的这些担忧。彼特拉克成熟时期的另一部作品《论自己和大众的无知》也具有这些特质——虽然这部作品在今天有着更广大的影响，因为彼特拉克是在情绪焦灼的状态下写就的。

《论自己和大众的无知》写于1367年，是彼特拉克晚年的作品，也代表了他复杂人格的一种总结。在书中，他对教育、学习，甚至友谊所代表的特殊概念进行了提炼。彼特拉克于1361年从米兰搬到了威尼斯（以躲避当时爆发的另一场瘟疫），他在那里一直住到了1367年。在安顿下来之后，彼特拉克与四位年轻人交了朋友，那四个人都是威尼斯的贵族。我们从《论自己和大众的无知》的献词书信中了解到，彼特拉克常常和这些志趣相投的朋友聚在一起，谈论文学、哲学和生活——或者说他自以为与年轻人谈得颇为投机。然而，在其中的一次谈话中，这些年轻人因为某件事转而反对他，这让彼特拉克深深感到被冒犯。在这件事的刺激下，彼特拉克写出了这部作品。

我们可以在这里暂停下来，讨论一下该文本的具体形式和体裁。《论自己和大众的无知》的手稿幸存了下来，这是中世纪后期和文艺复兴时期留下的珍贵的文学遗产之一，也意味着我们能够看到彼特拉克的亲笔书法和他自己注释过的文本。事实上，这部作品有两个版本——一部存于柏林，另一部存于梵蒂冈图书馆。这两个版本同时展示了彼特拉克在1371年把这部作品送去给他所要献给的那个人之前，所做的大量工作。实际上，梵蒂冈版本里包含有彼特拉克自己在前一个版本上所做的旁批。彼特拉克告诉接受献书者，自己是在乘船旅行时写下的这些感想。从潦草的页边注释来看，不难相信彼特拉克确实是草就于途中。他写写改改，然后再写了一遍——从柏林版的书页上，可以看出这个痕迹（参见插图20）。我们看到当他与人谈笑风生却出了岔子时，他内心涌出来的能量。彼特拉克对那次对话不欢而散的具体原因耿耿于怀，因为对方冒犯了他的文化理念。

从体裁上来看，《论自己和大众的无知》是一种讽刺文体。然而其中也有微妙的差别。我们还能看到彼特拉克写的另外三篇讽刺文章，而那三篇讽刺文与《论自己和大众的无知》不同，它们遵循了讽刺文体裁的规则。讽刺文是褒贬辞格的一种，也就是研究辞格的学者所说的表意修辞。一般来说，这种体裁的写法意味着情感上要有完整性，也就是说，当你赞扬某人的时候，你真的是在赞扬他；而当你在责骂某人时——就像讽刺文所应当做的那样——你就一股脑儿地骂个痛快。在今天的人眼里，读彼特拉克的讽刺文会颇令人吃惊，因为他在行文中偶尔还用上了粗鲁的话语。

举个例子，彼特拉克曾经遇到过一个傲慢的医生，那医生暗示说，彼特拉克只是个诗人，无法让人看得上眼。除此之外，医生还说，他在自己的学科中投入了长期的研究，意味着他是个哲学家，不像卑微的诗人彼特拉克那样百无一用。这种侮辱的态度激怒了彼特拉克，在他写的《针对医生的檄文》（*Invective Against a Doctor*）中，我们可以料到彼特拉克会说些什么。彼特拉克一方面写道，医生不是哲学家，真正追求智慧（也就是说真正的哲学）在于人是否有自知之明和有道德的行为，而不是对某种具体技术的掌握；另一方面，彼特拉克还说了这样的话："如果我看到你能够鄙视转瞬即逝的物质、培养自己的美德、赢得真正的赞美、视金钱为粪土、追求天堂的目标、不到富人的厕所里逐臭，我才会相信你所追求的一切。"请注意，他在这里提到了"厕所"，在文中的其他地方，彼特拉克贬低这位医生，说医生的职业让人的手上沾满了粪便（彼特拉克在这里用了一个很粗俗的词）。彼特拉克为自己作为一名作家而感到自豪，他甚至对医生说："当你的手在摸索排泄物的时候，我的手却在写一些能让后人满意的东西。"换句话说，彼特拉克对这位医生大光其火，极力强调自己的优越，尤其是自己所做的一切，并利用一切机会，不顾手段的高低，去抨击那个医生。

放在这样的背景下，我们就会明白《论自己和大众的无知》的基调为何如此醒目，因为在这本书里，彼特拉克不像在其他讽刺文中表现得那样尖酸刻薄，而是以渴望的态度、夸张的（甚至有些虚假的）谦虚手法，表现了自己哀伤和愤怒的语气。彼特拉克在收入《老年集》的一封书信中，为此做了铺垫。彼特拉克这封信是写给比自己稍微年轻一些的朋友多纳托·阿尔班扎尼的，觉得对方能够理解他的意思（他的信任并没有错：阿尔班扎尼后来成为在文学上和文化上，在更大的范围内推广彼特拉克学术思想的关键人物之一。他还把彼特拉克用拉丁文写出的《名人列传》翻译成了意大利文）。彼特拉克为阿尔班扎尼和其他读者定下了基调，希望当人们阅读《论自己和大众的无知》时，"就像你经常在冬夜里听我在炉边闲聊一样，兴之所至，无所不谈。我称这部作品为一本'书'，但其实这是一番谈话"。

在这段话里有两个关键词，其实彼特拉克也想让读者们以这样的方式来看待他的作品："闲聊"和"谈话"。翻译为"闲聊"的这个词在拉丁文里是"fabulo"。正如读者能猜测到的那样，这个词与"讲故事"有关。在意大利文艺复兴时期，继彼特拉克之后，许多思想家都像彼特拉克一样，把对智慧的真正追求（这是哲学的根本定义而不是一般人所理解的那样）与讲故事联系了起来。安杰洛·波利齐亚诺（Angelo Poliziano）就是持这种看法的人之一，他毫不夸张地写道："故事（他用的拉丁词是"fabellae"）不仅是哲学思辨的开始，讲故事也是（而且经常是）哲学可以运用的工具。"

讲故事、交谈或（回到彼特拉克在作为前言的书信中提到的第二个重要的词汇）"谈话"，彼特拉克用的是拉丁文"colloquium"（座谈）一词：在意大利文艺复兴时期，彼特拉克大力开创的一个重要潮流，是将雄辩的谈话与智慧的获得联系起来。座谈不仅仅意味着"谈话"——尤其是彼特拉克使用的这个词，还意味着在另一头会有一位倾听者，而且如果倾听者愿意的话，他也会对谈话的内容做出回应，而这种互动的过程也可以通过对话让参与者共同获得智慧。正如我们将要看到的，彼特拉克在《论自己和大众的无知》中，强烈地反对那种用死板的方式寻求智慧的倾向。

《论自己和大众的无知》的确是一部杂乱无章的作品，彼特拉克花了相当长的时间来揭示出那个促成他写出这本书的具体事件。我们有必要在这里了解一下彼特拉克的思路，因为在激烈地捍卫自己并贬低对方的立场的时候，他提出了一个对意大利文艺复兴中某个流派的思想很有影响力的宣言——这种思想在他之后又流传了几十年，甚至几百年。在那之前的早些时候，彼特拉克透露，这些已经断绝了往来的朋友们觉得《论自己和大众的无知》是一部杂乱无章的作品。他认为这与朋友们的嫉妒有关。因此，他问道：他们能嫉妒什么呢？他回答说："他们无法嫉妒我的知识和口才，他们断言我一无所知。至于口才，如果我有口才的话，他们和我们的现代哲学家一样鄙视口若悬河的能力，认为有学问的人应该拒绝卖嘴皮子。"这句话代表了问题的关键：彼特拉克相信，真正的智慧必须与口才相结合才能发挥作用，这是他在《论自己和大众的无知》中自始至终要阐述的一个主题。彼特拉克很快就挑明了那些人真正妒忌的是什么："本人名声虽小，但他们妒忌我的名声，妒忌我在这一生中建立起来的声望。"

"名声虽小"，这种"谦虚"自始至终贯穿于《论自己和大众的无知》。至于名义上的嫉妒，彼特拉克的描述其实告诉了我们他真正的目的，那就是他想要指出、批判、（而且坦率地说）嘲弄（那些已经断绝了往来的）朋友所看重的那种所谓学识。

彼特拉克承认，其中有一位确实相当有学问，然而，"学问让许多人疯狂，而且让几乎所有人都引以为傲"。这位先生知道些什么样的东西呢？"这第四位老兄对野兽、鸟和鱼很有研究。他知道狮子有多少根鬃毛，老鹰的尾巴上有多少根羽毛，还有一只章鱼在缠着东西的时候会绕上多少圈。"他说这位朋友"知道鼹鼠是瞎的，蜜蜂是聋的，鳄鱼是唯一一种能移动其上颚的动物"。在接着列举了诸多此类事情之后，彼特拉克才打住，停止引用那一连串的动物事实。接着是这部作品中最有趣的一段，由于其独特的矛盾对立，而值得全面引用其中的一段：

在大多数情况下，这些都是假的。正如当许多这类动物被带到我们所在的地方时所揭示的那样。很明显地，那些写这些东西的人并不知道这些事实，而且因为人们大多没见过这些动物，各种信息就更加容易让人相信，或者更随便地被生造了出来。然而，哪怕这些情况是真实的，它们对我们生活是否幸福快乐也毫无贡献。我想问，了解兽类、鸟类、鱼类和蛇的本性，却忽视或忽略我们自己的人性，那我们生而为人之目的何在？或者说，如果忽视我们从何而来、要往何处去这些问题，生而为人还有什么意义呢？

上面这一段成为彼特拉克所写的《论自己和大众的无知》中最重要的段落之一。

应该指出的是，彼特拉克把一系列有关动物的深奥事实一行一行地列举出来，大部分都是在借鉴古罗马自然主义作家大普林尼[1]的著作。大普林尼写的《自然史》是关于自然世界的知识宝库。彼特拉克当然是在嘲弄某个心态膨胀的学者——该学者为自己在某个特定领域内拥有丰富知识而扬扬自得，结果却落得个“只见树木，不见森林”的后果。因此，在某种意义上，这篇文章传达了一个明确的信号：过度的专业化让人无法看到人类智慧所能代表的更广大的视野，结果变成了一件坏事。然而，从更广阔的角度来看，这段话也代表了向人文

[1] 盖乌斯·普林尼·塞孔都斯（Gaius Plinius Secundus，23—79），世称大普林尼（与其养子小普林尼相区别），古罗马作家，以其所著百科全书式著作《自然史》著称。

主义转变的过程中最核心和最具争议的元素之一，在彼特拉克之后的许多意大利知识分子都果断地进行了这种转变。

一方面，彼特拉克为尚处于萌芽阶段的经验主义提供了辩护，他对未提及名字的朋友的批评，主要与证实或缺乏证实有关。罗列和炫耀从书本上看到的有关动物的知识（尤其是当书中说到的动物被人拿来检查，并证明与文本中给出的描述事实不相符的时候），这种做法似乎很愚蠢。需要搞清楚的是，彼特拉克说“那些写这些东西的人并不知道这些事实”（他用来表示“不知道”的拉丁词是“incomperta”），他只是就事论事，换言之，他并没有提出经验主义的理论。后来的思想家，比如弗兰西斯·培根等人，强调要收集证据、需要提供可复制的实验等。彼特拉克对没有证据就乱说话的批评，在这里主要是当作一种修辞元素，一种对批评他的人进行反驳的方式。但是，如果说我们不应该高估彼特拉克在这里所说的话，那么我们同样不能忽略他这样的话语，他的评判至少指出了要重视证据，这为后来这样的标准成为现代科学的基石之一播下了种子。

更值得我们关注的是，彼特拉克不再使用原始的经验主义话语，而是像他所处的那个时代中的其他人一样，转而全力贬低那个时期的整个自然科学。当彼特拉克质疑道，如果一个人不首先去关注人生的目的，那么去了解自然科学的事实又会有什么用？他在说这话的时候，就预示了意大利文艺复兴时期后来五代思想家们在知识上会关注的主要方面。说到底，这两种情况同时存在，是颇令人瞩目的：实证主义尚处于新生阶段，同时也受到了相应的批判。人们似乎在避开自然科学，这也是意大利文艺复兴时期的知识分子常受到后人诟病的原因之一。

乔治·萨顿[1]是著名的现代科学历史学家之一，他不赞成这种远离实证的倾向。针对彼特拉克如此权威地引领了的思想运动，萨顿写道："从哲学和科学的角度来看，这无疑是一种倒退。……唯一能纠正他们的方法，是直接向大自然学习——进行科学实验——但他们几乎无法理解这一点。"有许多其他人也认同萨顿这一观点，这一观点甚至在今天还能听到回响：彼特拉克和那些跟随他的意大利知识分子是落后文化的代表，而不是进步文化的先驱，因为他们只是怀旧复古，从而阻止了（科学）现代性的进步。

然而，萨顿和其他认同他观点的人一样，对彼特拉克和意大利文艺复兴时期其他的知识分子想做的事有些误解。为了理解这一方面的问题，我们需要对彼特拉克的《论自己和大众的无知》及其创作背景进行更深入的研究。彼特拉克说，让那些朋友愤怒的起因，是他对亚里士多德说了一句貌似不恭的话："起初他们感到惊讶，然后变得愤怒，因为他们觉得我说的话违背了他们的教派及其祖先的法则。""教派"和"祖先的法则"——这是整个作品中最有意义的两个表达。彼特拉克用来表示"教派"的拉丁语词是"haeresis"，这是一个直接从希腊语那里借来的拉丁词语，其起源是希腊语的动词"haereô"，其词根的意思是"分离""选择"和"割裂"。"haeresis"最初只是表示一种选择，是一个相当中性的

[1] 乔治·萨顿（George Sarton，1884—1956），科学史学科的创立者，美籍科学史家。从某种意义上来讲，他可以说是近代科学史学科的重要奠基者之一，著有《科学史导论》。

词语。随着时间的推移，这个词被用来表示某人选择加入一个团体，有时甚至用来表示某人错误地加入了一个宗教团体，正如“异端”（“heresy”）一词所暗示的那样。所以当彼特拉克说他的朋友们在意识到他不会成为他们“教派”的一份子之后而生气，所有这些含义都通过这个词表达了出来。在彼特拉克的措辞里，他形容了宗教色彩，暗示某个教派的成员将自己与外界有益的接触隔离了开来，并暗示一个人的自由不应当受那些看似严格的教派所限制。他指的教派成员是谁？是亚里士多德学派的人。我们稍后将对此进行更多的讨论。但另一个表述值得在这里先说一下：“祖先的法则”。

这里要讨论的拉丁词是“paternae leges”，也可以翻译为“父辈的法则”。但我们说的是什么法则？谁是制定这些法则的人？通过回答这些问题，我们可以解读彼特拉克的愤怒从何而来，这样也就能解答彼特拉克最反对的是什么，并了解他助力促进了的文化运动，因为这里要讨论的是制度性的文化及其带来的副作用。

在彼特拉克成年的时候，欧洲的大学已经有两个多世纪的历史了。例如，博洛尼亚大学从11世纪开始教学，成为罗马法律研究的主要中心（因此也是现代民法传统研究的发源地）。彼特拉克曾在此就读，学过法律。巴黎大学在1200年获得了法国国王颁发的特许状（官方发布的认定文件），后来在1215年得到教皇英诺森三世（Innocentius Ⅲ）的正式认可，巴黎很快就成为欧洲神学研究的主要中心。正如其他大学一样，这两所大学也按时间顺序按部就班地建立了命名、章程等程序。换句话说，到了彼特拉克的时代，大学代表了人们文化生活中的一个重要组成部分，代表了一个理所当然的现实：

高等教育将会持久存在下去。

从那时的大学历史来看，其演变经过是引人注目的。大学的源头是一些吸引人的地方，某位“导师”（意思是老师，拉丁语里的“magister”）可能就某些话题，比如法律或哲学有着令人激动的新想法。这些观念非常有趣，以至于吸引了一群热心的学生聚集在他的周围，向他学习。渐渐地，越来越多的学生聚集在一起，组成一个小组，这个老师与其他像他一样的人聚集在城市的某个地方。这种早期的聚集现象，直到现在还存在着，在欧洲城市的某些城区（例如巴黎的左岸）带有很明显的中世纪大学的特征。在这类地方，人们逐渐建起房屋建筑，发展并建立起流传了几个世纪的仪式和模式。这也是为什么在现在的大学毕业典礼上，我们仍然穿着长袍，我们也仍然颁发着西方中世纪时发明的学位头衔。“文学学士”（B. A.）最初是指学士学位（Baccalaureus Artium），说明一个人有资格进入下一步的课程学习，攻读“文学硕士”（M. A.）学位（Magister Artium）——它的意思是承认那个人有教学能力（拉丁文为“licentia docendi”）。在强化学习了人文学科之后，如果漫长而严格的课程没有把你吓退的话，你将有资格进入三类（法律、医学和神学）专业学校之一去继续学习，完成学业后你可以获得“博士”学位。

这些传统有些保留到了今天，但这不应该掩盖这样的一个事实：大学的形成（至少在其早期阶段）在某种意义上是“偶然的”。大学之所以在某些地方成立，是因为当时那个地方（至少在最初）是有学术氛围的。就法律和哲学来说，这两门学科都是因为人们有了重新发现而引起了研究的热情。在法律方面，最重要的事件是人们在11世纪重新发现了《古罗马法》（*Corpus iuris civilis*），即《民法大全》的重要文献，它包括古罗马帝国灭亡之后人们收集到的有关罗马法的重要文献。当《民法大全》还显得很“新鲜”的时候，人们感到特别兴奋。学生们开始蜂拥到博洛尼亚去听有关法律条文的讲座，博洛尼亚大学也就成了欧洲研究法律的主要场所。以《民法大全》为基础的民法研究与教会法（或教会律例）研究并驾齐驱；不久之后，博洛尼亚就成了进行这两种研究必去的场所。同样地，在哲学方面，亚里士多德的作品又被重新发现，成为推动变革的关键事件。到了中世纪时，亚里士多德的大部分著作都快被西方所遗忘，因为人们对希腊语所知甚少，兴趣也转移到了别处（后来亚里士多德的一些有关逻辑的著作被翻译成拉丁文，才在中世纪为欧洲人所知）。然而，拜占庭的知识分子还在继续研究亚里士多德，伊斯兰的思想家们也同样如此——这种研究有助于中世纪伊斯兰科学和哲学的显著兴起。伊斯兰教在8世纪传到了西班牙，并在那里延续了几个世纪。整个中世纪时期，在意大利南部还有一些讲希腊语的人。

在11世纪和12世纪的时候，经济的蓬勃发展让人们有了更多的资源来培养对学习和文化的兴趣。亚里士多德的一系列作品被翻译成拉丁文，其中有一些是直接从希腊文本翻译过来的，而另一些则是从阿拉伯文辗转翻译而来的。无论如何，亚里士多德在西方的流行与大学的兴起是同步的。很快地，在一些大学里，许多文科课程和神学研究中很大的一部分（哲学被人们认为是神学研究中必不可少的一门辅助学科），都充斥着亚里士多德的作品和相关的问题。这种主导地位是如此强大，中世纪大学校园里的思想家们甚至直接把亚里士多德称为

“哲学家”而无须说出他的名字。而彼特拉克所反对的，正是这种某个思想家独尊、独大的氛围。最后，当他说起与朋友们发生冲突的具体事件时，他准确地表达了自己的意思。

彼特拉克讲述了他与朋友的会面通常会如何进行：“他们曾经提出一些亚里士多德式的问题，或者一些关于动物的话题来供大家讨论。我会保持沉默，或者开开玩笑，或者引入一些其他的话题。”到这里为止，一切尚好。这种互动对中世纪和文艺复兴时期的文人来说是比较正常的：他们聚在一起，讨论一些具有知识性的话题，并让对话自行展开。然而，我们推断，这些对话开始带上了一些不同的色彩。在朋友们提出了他们想要讨论的问题之后，彼特拉克常常会做出这样的反应：“有时我会微笑着问：亚里士多德是如何知道那些没有内在的理性基础，而又不可能通过直接体验了解之事物的？”这些评论很有意思，因为它们似乎让我们如此接近现代科学解释的理论。彼特拉克在说“没有内在的理性基础”时，用的拉丁文是“cuius nulla ratio esset”，我们可以把这句话从字面上理解为“说不出理由”。这里的关键词“理由”（拉丁语中的“ratio”），可以用来指很多东西：“理性”“论证”“清算”“理性解释”“解释”和“计划”等。当然，彼特拉克指的是所有这些东西，不是其中具体的一个概念。他真正想说的是，无论他的朋友们提出的涉及亚里士多德或其他的什么问题，那些问题都不能仅仅用思维推理来进行彻底的解释。

当彼特拉克说他的朋友们把“不可能通过直接体验了解之事物”当作事实来讨论的时候，他用了拉丁词“experimentum”来表示“直接体验”。这又是一个有意思的词语，它让我们首先想到“实验”

和“做实验”，这个词有一系列的含义，包括“证明”“观察”以及“直接体验”（此处选择的译法）。就像中世纪和文艺复兴文化中的许多东西那样，你可以选择或多或少地来解读这些短语。彼特拉克在这里用的措辞在过了很长时间之后，成了现代科学词汇的一部分。但我们应该把这个词和其他类似的启发当作种子——人们知识生活中一部分的种子。这些种子飘浮在不同的时间节点上，直到很久以后才生根并结出果实。

无论如何，彼特拉克在这里所表现出的关注都更加直接、有意和有目的。正如我们所看到的，当彼特拉克接着讲述事情的经过时，他提到自己偶尔会质疑与亚里士多德有关的问题，而这时他的朋友们就会做出反应：

> 他们会感到惊讶，并暗自愤怒，而且会把我看作一个亵渎者，因为我并没有光把那个人的权威性拿来当作对某件事实的证明。很明显的是，从哲学家到爱好智慧的人，我们都已经成为亚里士多德的信徒（或者说毕达哥拉斯的信徒）。这些人捡起了那种可笑的习俗，在这种习俗里，如果“他”说过了，那他们就什么也不问了。正如西塞罗所说的，那个“他”就是毕达哥拉斯。

首先，要介绍一点背景：在古代关于毕达哥拉斯的许多传说中，有一个说法是他的追随者（甚至在几个世纪之后的追随者们）对毕达哥拉斯和他的智慧都极其迷信，甚至为了证实任何主张、声明或立场的真实性，他们只需要说“他说是这样的”（用的拉丁语是“ipse dixit”）就行了。西塞罗的确讲述过这个故事。对于西塞罗来说，这种固执己见的倾向，似乎预示着一种意识形态的僵化：它抑制了好奇心以及真正的哲学精神。彼特拉克在用这个概念时，表达的也是同样的意思。

像往常一样，彼特拉克选择使用的词也很能说明问题，尤其是当他写到“从哲学家到爱好智慧的人，我们都已经成为亚里士多德的信徒”。彼特拉克使用了“哲学家”和“爱好智慧的人”，语法学家把这两个关键词称为“同位语”：它们由“和”这个词分开，但事实上，“和”这个词在这里是当作连接词来用的。彼特拉克想说的是，“哲学”和“爱好智慧的人”是一样的。这一概念也跟毕达哥拉斯的传说有关，当一位统治者问毕达哥拉斯，他是不是希腊语中所说的“智者”（sophos）的时候，毕达哥拉斯说自己并不是智者，而是一个“智慧的爱好者”（philosophos）。

我们可以看看彼特拉克是如何澄清他对亚里士多德的看法的：“我相信亚里士多德是一个伟人并且很博学，但他仍然只是一个人，因此他可能对某些事情——甚至可能对许多事情——也是一无所知的。”我们可以理解彼特拉克在这里所说的意思。先让我们回过头来看一下但丁在《地狱》的第四章中所描绘的“善良的异教徒”，也就是说，基督诞生以前或没信基督教的那些人，他们在各个方面都过着品格高尚的生活。他们对基督从未有过认识，所以他们不会进入炼狱或升入天堂。然而，由于他们具备了美德，他们不用遭受永远的惩罚。但丁在《地狱》中把亚里士多德称为“智者中的大师”，但丁进一步说，“哲学家族”中的所有其他成员——也就是广大的哲学家，甚至亚里士多德的老师柏拉图，都“仰望着他”（即亚里士多德），“并对他表示敬意”。但丁所用的语言暗示着一种强烈的崇敬。当一切都尘埃落定之后，当时间抹去了世俗传统的风云变幻，从古到今的所有哲学家，都对亚里士多德那种超人的伟大表示敬畏。换句话说，在但丁眼里，亚里士多德在所有哲学家中最为卓越——这是但丁所认定的一个事实，是他研究了中世纪哲学和神学之后完全接受的认识。但丁接着在他自己写的《神曲》中也是如此陈述的。《神曲》对传统创造性的综合阐述，经受住了时间的考验。

认为亚里士多德无比卓越的这种想法历来根深蒂固。人们认为这种说法都不需要多加阐明，而彼特拉克则在《论自己和大众的无知》中对这种倾向进行了批评。亚里士多德是伟大的，他是一个“博学家”，因为他的作品涉及的范围甚广，直到现在都值得人们的高度赞赏。但是，他不是唯一的哲学家，而且要记住（彼特拉克说的是）：亚里士多德是一个人，像我们其他人一样，他也可能会犯错。作为知识分子，我们的责任就是记住这个事实，并通过自由的探索精神，来防止我们对亚里士多德产生盲目崇拜。

这至少是解读彼特拉克的一种方式。它也帮助我们了解他在《论自己和大众的无知》中所想阐述的东西。书中后面的一段文字中给了我们另一种解读方式。彼特拉克公开断言自己曾经的朋友反对的是什么，特别是当他们的讨论涉及伦理和什么使人快乐这类问题时，他说，“我并不崇拜亚里士多德”，或者用拉丁语来说，“quod Aristotelemnon adoro”。这句话中的最后一个词“adoro”实际上是指崇拜，也就是在这里的翻译。这个拉丁词还含有人们可以用英语来理解的意思："爱慕"或"珍惜"。如果我们把它理解为一种（"崇拜"）意思，那么前面的解释（即彼特拉克反对狭隘的知识教条主义）不仅是正确的，而且对彼特拉克在这里要说的意思应该是唯一可能的解释。

然而，紧接着这句话，彼特拉克又补充了一句，使他的意思和如何理解他的含义，在这儿变得更为复杂了。在彼特拉克讲述了朋友们的批评（他并不"崇拜"亚里士多德）之后，他这样说道："但有另外一个是我崇拜的。"当然，他所指的正是耶稣基督，基督"从不承诺空洞无聊的猜测，说些谬误的事情，更不会没有根据言之无物，让人不知所云"。正如我们在彼特拉克写给薄伽丘的信中看到他所表达的愤怒那样，他担心的一个方面是，在大学里研究神学的哲学家们过于深陷在亚里士多德的学说里面，以至于他们脱离了真正的基督教教义。因此，从表面上来看，彼特拉克的意思是明确的：文化需要重新定位，要熟悉正宗的古典拉丁语，但重点是要从基督教的角度来看问题。

但在这个表面之下，蕴藏着另一个更有力更持久的含义，而这是萨顿以及与他相似的人没能从彼特拉克身上看出的（而且直到现在还有一些人仍然没能看到这一点），那就是：彼特拉克开创了意大利知识传统中最好的一面。彼特拉克并不是反对亚里士多德，而是对亚里士多德学派的追随者们很有意见——也就是说，他反对的是亚里士多德的信徒们所表现出来的那种迷信。在这里，亚里士多德既是一个象征，又是一个历史上真实存在过的人物。我们看到，亚里士多德思想作为一个历史存在，与中世纪基督教的正统思想在某些方面很难互相调和。其中两个最突出的例子是亚里士多德在人类灵魂是否能够不朽的问题上，有着模棱两可的立场，以及他相信宇宙是永恒的，而不是由上帝创造出来的（《创世纪》及基督教的正统思想里则认为是上帝所创造的）。尽管如此，彼特拉克还是愿意倾听亚里士多德的观点，而且实际上他还对亚里士多德进行了研究，但他研究的角度带有一个重要的转变：彼特拉克开始将亚里士多德视为古人多种思想中的一个声音，古人所有的思想都值得研究，但需要与自己身边的现实相结合。对彼特拉克来说，他所理解的现实就是基督教。可是以任何语言变奏而引申的努力，都不能让亚里士多德在灵魂方面，或者宇宙永恒等问题上，说出一些这位先哲没有说过的那些话。

亚里士多德无论是作为一个历史人物还是作为哲学上的一套文本，都代表着一个现实，他那象征性的价值在帮助我们理解彼特拉克的真正成就时同样重要，甚至更加重要。从象征的意义上讲，亚里士多德对研究机构来说，是他们依赖的课程。更重要的是，那些研究机构能够有意识或者不自觉地以一种不加批判的方式临摹照抄。彼特拉克坚决地把自己放在一个局外人的角度，不与现有的机构掺和。

这就是彼特拉克最重要的成就：有勇气设定自己的方向，并且认识到有时候个人需要打破自己继承的传统。这一成就并非没有略带讽刺。彼特拉克曾在大学就读，继他之后，意大利文艺复兴时期的许多知识分子也有意识地采取这种局外人的姿态。在中世纪晚期的大学里，甚至还有人反对大学形成的那种僵化的写作文体。例如，曾任巴黎大学校长的让·格尔森（Jean Gerson）曾倡导了一种写作风格，他认为这种风格对研究大学以外的问题所起的作用，可能比在大学里练习规范的写作形式所能起的作用要大得多。因此，我们对彼特拉克所持的那种局外人立场，不应高估其独创性、影响范围及重要性，但也不能低估它，这是彼特拉克留给意大利文艺复兴时期的遗产。这种遗产不仅影响了在欧洲北边的像伊拉斯谟[1]等这些名人，到了16世纪晚期，还影响了米歇尔·德·蒙田。蒙田很有自省的能力，他曾这样说过："我从未见过比我自己更大的怪物或奇迹。"

这是彼特拉克另一个有意义的贡献，他的拉丁语散文比他的诗歌（无论是意大利文诗歌还是拉丁语诗歌）都更为有力地表现出了这一点：通过对他自己和他的同时代人进行严格的剖析，他让我们把自己看作真正的人，都有缺点，有时会为情所累。这里有自相矛盾的地方，对彼特拉克来说，拉丁语虽然是他在学校里所学的第二语言，但用拉丁语写散文却让他更能诚实地表达自我。我们从彼特拉克的文字中看到他表露出的自我怀疑、愤怒、悲伤、骄傲、虚荣和其他的各种情绪。当然，彼特拉克在诗歌中也表现了这些情绪，但是，他在作诗时会受到格律的约束，因为诗歌这种体裁会更注重结构、技巧和修辞。人们在欣赏诗歌的时候，往往需要去挖掘其中蕴含的情感，而在彼特拉克的书信和批判檄文等作品中，他的所有情感皆外露。

人们可以在彼特拉克写的《论自己和大众的无知》中看到这种情况。当一切都说出和做过之后，我们终于明白了彼特拉克和过去的朋

[1] 德西德里乌斯·伊拉斯谟（Desiderius Erasmus，史学界俗称"鹿特丹的伊拉斯谟"，约1466—1536），文艺复兴时期尼德兰人文主义思想家和神学家，是一个用"纯正"拉丁语写作的古典学者。他对宗教改革领袖马丁·路德的思想有巨大的影响。

友们最终决裂的原因：在有关美德的问题上，他说了一些与亚里士多德观点不同的话。长期以来，亚里士多德在《尼各马可伦理学》[1]一书中，就人类的美德或曰“卓越”这个问题上，所说的话几乎可谓一言九鼎。从某种意义上来讲，美德被看作一种可以平衡极端的手段。例如，勇敢被视为在懦弱与鲁莽之间可以找到的一个合适的平衡。人们也可以说，美德是每个人都拥有的能力，但需要加以练习才能得到充分的发展。例如，只有不断地表现出勇敢的行为，一个人才会真正变得勇敢；只有践行乐善好施的行为，你才会成为一个行善积德的人，如此等等。亚里士多德的《尼各马可伦理学》是他被翻译成拉丁语的众多作品之一，并成为人们在大学里认真研究和热烈讨论的主题，对于亚里士多德有关美德及与伦理学有关的许多其他话题，人们都有过相当精细的解读。

彼特拉克并没有告诉我们他具体说了些什么。但不管他说的是什么，他的话在别人眼里一定是个错误，或者是与亚里士多德的立场不一致的观点。我们可以从彼特拉克的语调中推断出对话的场景：一位受人尊敬的老人和一群自负的年轻人在一起，年轻人对他们感兴趣的领域有什么最新的进展很是关注，喜欢炫耀和吹嘘他们自己所知道的事情；而且他们也在测试着那位老者，看看他知道些什么，想测试他的知识在哪些地方有漏洞，想知道他们在哪方面能够驳倒老者，从而留下自己的印记。我们再来看看这位老人，他在生活中已经见多识

[1] 《尼各马可伦理学》（*The Nicomachean Ethics*）是古希腊哲学家亚里士多德的伦理学著作，约于公元前330年成书。全书共10卷，132章，探讨了道德行为发展的各个环节和道德关系的各种规定等问题，认为人只有依靠理性的指导，慎思明辨才能判断是非善恶。该书为西方近现代伦理学思想奠定了基础。

广：熟悉的亲友已经死的死，散的散，有权有势的统治者也难逃死亡的命运，各种学术风气此起彼消。不管这件事的具体过程如何，事情发生了，也许他们之间的争论一直都在等待着某个爆发点——事情终于有了一个结果。

但是，彼特拉克认为他的朋友们在行为上真正缺乏的（或者说有缺陷的）是什么呢？一方面，正如他所说的（当然是在他的眼里），对方有群体思维的倾向——“从哲学家到爱好智慧的人，我们都已经成为亚里士多德的信徒”；另一方面，彼特拉克还说了一些与亚里士多德的文字本身有关的话。我们可以看到，彼特拉克批判亚里士多德时，这样说道：“我承认自己不喜欢他的风格。”这就是他真要说的话吗？他不喜欢的是其形式还是内容？不，彼特拉克还有话要说。彼特拉克回顾了自己了解亚里士多德的过程，说自己“读过”也“听过”亚里士多德的作品（这意味着彼特拉克在大学里听过有关亚里士多德的讲座）。彼特拉克接着说：“要问我学到了什么，我确实比以前知道的多了一些。”这话说得对。“不过，我在精神层面和以前没什么两样，我的意志没有产生变化，我还是过去的那个我。”如果你不因自己的所学而有所改变，那么学了的东西，尤其是在伦理学领域（彼特拉克和他的朋友之间产生争议时所讨论的主题）又有什么用呢？为什么学了的知识没有让你成为一个更好的人？最后，彼特拉克断言：“行善优于知道真相。”

对彼特拉克来说，真正的道德哲学家是那些以最受尊敬的方式写作和教授伦理学的人，是那些想让他们的读者和学生变得更好的人。彼特拉克在后来再次强调，他根本没有任何反对亚里士多德的意思，他只是反对宗派主义的表现，而这种宗派主义在亚里士多德派的信徒中，很容易发生。他还强调，在亚里士多德之前也曾出现过许多优秀的哲学家。因此，读者可以再次推断，在探索知识的任何时候，了解历史都是件很重要的事情。

在彼特拉克看来，要理解亚里士多德，就要把他放在特定的环境中去理解。要认识到，虽然亚里士多德是一个伟大的哲学家，但他也只是众多哲学家中的一个，而那些哲学家中还有亚里士多德的前辈和老师柏拉图。奥古斯丁曾经说过，柏拉图“让我们觉得离我们最近”，也就是说，在所有没信基督教的哲学家中，柏拉图对某些问题的分析，尤其是涉及人类灵魂是否不朽，以及人在死后是否会由于善恶而受到奖惩等问题的说法最接近于基督教的观点。

在这方面，彼特拉克对他心中的英雄奥古斯丁的看法了如指掌，这就是为什么彼特拉克在他写的《论自己和大众的无知》中，写了这么一句最著名的话（哪怕这句话有时被人误解），那就是：“优秀者赞扬柏拉图，但亚里士多德却受到更多的人喜欢。”彼特拉克在这里并不是说自己喜欢柏拉图的哲学更胜于喜欢亚里士多德的哲学，事实上，他所了解的知识无法让他在细节上做到这一点。彼特拉克曾经夸耀说在他个人的图书馆里收有至少16本柏拉图的作品，尽管在别处他承认自己读不了那些书，因为书是用希腊文写的，而他自己从未学过这种语言。相反，彼特拉克提出了这样一个观点（正如他在解释自己为什么“放弃”意大利文诗歌的写作时所说的那样）：芸芸大众是不可信的，如果一个思想家或学术流派代表了大多数人所关注的东西，那么他（们）就需要对此进行重新思考。彼特拉克有时过于强调发挥这种思路，以至于其想法变得愤世嫉俗。当然，他的自负经常影响到他对生活的态度，有时会让他感到沮丧、愤怒，有时会对自己的优越感过度地喋喋不休。然而，那些心理倾向只是关乎他个人的问题。

在对柏拉图和亚里士多德做了如此评论之后，彼特拉克的热情稍微有所减退。同时，他所撰写的《论自己和大众的无知》也到了结尾的部分。这件事发生在彼特拉克居住在威尼斯的时候，威尼斯离帕多瓦不远，他当时的赞助者卡拉拉家族就住在那里。关于威尼斯，彼特拉克写道，那是一个拥有很大自由度的城邦，包括“过度的言论自由”，这反映了彼特拉克对朋友们出乎意料的攻击的耿耿于怀。实际上，彼特拉克对威尼斯及其管理机构印象良好而深刻。他甚至曾经计划把自己的私人图书馆遗赠给该城市，希望他的藏书可以作为构建一个图书馆的基础，有益于广大的学术界，但这事最后不了了之。彼特拉克后来退隐到了他在帕多瓦郊外阿尔夸的乡间住所，远离了城市的喧嚣生活。

当我们谈到彼特拉克的《论自己和大众的无知》时，更重要的是看他留下来的东西：一种反对教条主义的态度，而他是如何反对教条主义的，则可以用很多种方式来进行解释。在该书里，很明显宗教是彼特拉克关注的关键问题，至少从表面上看是这样的。他那些年纪轻轻的哲学家朋友骄傲自大，他们如此专注于研读亚里士多德的文字，以至于忘记了基督教所倡导的谦逊。然而，有些学者认为彼特拉克是某种早期世俗主义的化身，其原因在于他表现了反体制主义的思想。就他的《论自己和大众的无知》而言，彼特拉克所反对的机构是大学，哪怕他没有用特别多的话语来说出这方面的意思。他所讽刺的那些立场（比如他的朋友们所表现出来的过分关注那些毫无意义的学术细节等）源于大学和知识分子的习惯。随着时间的推移，他们聚在一起就只做着两件事：第一是过度专业化，每一代人都在深入挖掘，哪怕他们研究的领域在整体上日益狭窄；第二是陷入一种群体思维，某些未经论证的假设成了标准。具体到这一点上，当时人们流行的习惯是把亚里士多德当作“哲学家”，而不是视为“哲学家中的一位”。形形色色的这些“学派”（照彼特拉克所说的“宗派”一词来看）在许多机构中出现，对这些倾向的反对意见，无论是否合理，表现在对“政治正确”的那些批判中。在这种情况下，早期的世俗主义意味着倡导一种与群体的规范要有所不同的做法。

在我们的时代，不用说，“世俗主义”一词的含义远远不止于此，它还让人想起无神论、反宗教的态度，以及认为人类创造的政治规范代表了公民生活中最好、最真实的部分。但彼特拉克远非如此，诚然，他批评了教会，或者更具体地说，他批判在阿维尼翁的教廷是一个邪恶的巢穴，那些本来应该宣传福音的人，却在追求肉体的享乐。在某个方面，这种批评代表了一位相对来说算个内部人士所表达的观点，因为彼特拉克有机会近距离地对某个机构进行观察，这样他就可以看到一般人从外部所无法看见的阴暗面。对彼特拉克来说，他对在阿维尼翁的教廷进行批评与他对罗马近乎神秘的看法紧密相连——罗马曾经是世界上人尽皆知的最大帝国的首都，如果有正确的领导人来掌权，并得到正确的宗教的指引，那么罗马就会再次崛起。

要是那样，该有多好！彼特拉克于1367年抱着赤诚的心情写出了《论自己和大众的无知》的初稿。在接下来的几年里，他在忙着其他事务的同时，对这部作品进行了修订，并于1371年完成了我们现在所看到的版本。在那个时候，他已经离开了威尼斯。他一生中有两个孩子，其中一个叫乔万尼，死于1361年爆发的瘟疫，彼特拉克在他心爱的维吉尔手抄本中提到过此事；另一个是他的女儿弗朗西丝卡，她后来结了婚，生了孩子，并和父亲住在一起，陪着彼特拉克一起搬到了阿尔夸镇。

彼特拉克在生命的最后一段时期明显地远离了尘世。他待在安静的阿尔夸镇里沉思，继续修改他的作品。其中有他的意大利文诗歌作品《胜利》，这部作品的最后部分比他的其他作品都更能代表彼特拉克意识中那种“假如是那样”的想法（参见插图21）。早在1351年，彼特拉克就开始了这部作品的写作，当时他已经决定移居意大利。《胜利》这部作品与意大利和但丁（对彼特拉克影响最大的人物之一）有着密切的关系，哪怕彼特拉克极力贬低但丁在他心中的地位。

《胜利》的结构告诉了我们这一点：在古代罗马，人们会用一个公开的仪式来庆祝“胜利”，以表彰一位军队将领从战场上凯旋。获胜的将军头戴桂冠，身穿紫色长袍，率领带着他们的战利品的士兵在公众面前游行。正如我们前面已经看到过的，罗马的卡比托利欧山上有一个仪式，彼特拉克作为诗人在仪式上受到表彰，并获得桂冠。因此，一方面，彼特拉克把他自己对古代的热爱带进了《胜利》的写作中；另一方面，他所写诗歌的韵律采用了但丁《神曲》中的那种

“三行诗”[1]形式。这也是一部以五步抑扬格[2]为规律的三行押韵诗句，里面有一套押韵手法，让这些诗行相互连接。《胜利》故事的展开和结构也暗示着但丁的幽灵在彼特拉克身上游荡，因为故事讲述了主人公（彼特拉克）的一段旅程：他在向导的陪同下，从尘世进到天国——这种写法在结构上与但丁的《神曲》有某些雷同之处。

哪怕采用了但丁式的结构背景，彼特拉克仍然为《胜利》打上了自己的印记，他写了六种连环相接的胜利，每一种胜利都取代了前面的一种：《爱情（或丘比特）的胜利》《贞洁的胜利》《死亡的胜利》《名望的胜利》《时间的胜利》和《永恒的胜利》。人们很容易就能看出彼特拉克所要表达的基本信息：贞洁（意味着谦逊的美德和不涉及性的爱）战胜了“爱”（意味着欲望，对彼特拉克来说，就是丘比特和他的箭所象征的东西）；死亡抹去了所有这些人世间的纠葛，却又被名望所取代，因为名望能超越死亡，更为长久，“把人从坟墓里拉起来，给他以生命”；但是人格化了的“时间”，“比追捕猎物的猎鹰还要快”，以至于把自己在作品中当作一位观察者的彼特拉克也在诗中问道：“一日不就意味着一生吗？”换句话说，即使是名望，也会随着无情岁月的增加而减少，时间将城市变成了废墟，抹去了人类所有最好的作为（“时间像个贪婪的窃贼，征服了一切；所谓名望，不过是再次的死亡，名望和死亡都会烟消云散。正因为如此，时间会战胜世界上所有伟大的名字！”）正是有了这种情绪，对

[1] 三行诗节押韵法，最典型的是但丁在《神曲》中所用的诗体：三行为一节，每节的第二行与下一节的第一、三行押韵。

[2] 五步抑扬格，即每行五个音步，每音步两个音节，前音轻而后音重。

彼特拉克来说，唯一剩下的就是上帝的天国，超越了我们所能看到、听到甚至想象到的现象——永恒。

对彼特拉克（以及对我们所有人）来说，这些问题不仅仅关乎文学，它们更多地代表着人类生活中关键的疑问，无论我们在多大程度上没有让这些问题在我们的头脑中冒出：如果我们死了，我们还剩下什么？声望消失又如何？或者，如果物理性质的可识别表象从人们的视野中消失了，还有什么东西能够持续下去吗？为了理解彼特拉克所写的《永恒的胜利》，我们需要了解（或者至少需要略知）他那个时代的思想家们是如何看待这个问题的。在这方面，没有比“复活”这个概念更重要的理论了，这是一种与人类灵魂及人类本质的理论一起建立起来的信仰。

简单地说，这个理论就是当人的躯体死亡后，人的灵魂会存活下来，并根据人在生活中的行为受到惩罚或奖励。重要的是，“人”被理解为灵魂和肉体、形式和物质的统一体。然后是关于时间的概念，认为时间会在某个时刻结束（正如彼特拉克在他写的《胜利》长诗中的顺序所表明的那样）。至于那个终结时刻什么时候会到来，人类并不知道，因为一切只取决于上帝。但当上帝做出决定时（换句话说，在时间的尽头），死者的灵魂将与躯体再次结合——不是比喻里所说的身体，而是真正的“物质上”的肉体。这种信仰一直存在。事实上，在罗马天主教的教义上仍然是这样说的。从宗教意义上来讲，它反映了一个重要的信念：基督的复活（他在十字架上被钉死后），其原因之一就是要保证人类有这种复活的可能性。保罗在写给哥林多人的第一封信中就指出了这一点：“但基督已经从死里复活，成为睡了之人初熟的果子。死既是因一人而来，死人复活也是因一人而来。在亚当里众人都死了；照样，在基督里众人也都要复活。”简而言之，基督的复活，也意味着人最终能够复活。

然而，除了宗教和教条上的理解，还有一个更为迫切和令人烦恼的难处：如果一个人的灵魂和身体分开之后，那么他还是同一个人吗？今天，根据17世纪哲学家笛卡尔的学说，我们可以假定：我们拥有一个非物质的“心灵”，这个“心灵”是真实存在的，但在其最基本的层面上，与物质并无关系。但这种纯粹的、非物质性的理解，并不是古代思想家们在谈到“灵魂”时所说的东西。对他们来说（当然对彼特拉克来说也是一样），灵魂与身体紧密相连，共同组成一个真正的个人。其结果是，尽管可以从概念上将灵魂与身体分开，但这种分离（比如人死后发生的分离）代表了人们的一种渴望——这种信仰相信，当灵魂和身体重新结合时，那时的人又可以被称为人了。所以，要期待复活。

所有这些探索，都使彼特拉克写的《永恒的胜利》成为一部有意义的作品。而这部作品恰好成为他人生的顶点，就像一块拱顶石，尤其是因为他在自己人生的最后一年之中写了这部作品。作品是这样开头的，他问了一个当老年人回忆往事时往往都会有的问题：

> 当我看到普天之下没有一样东西是稳定静止的时候，我完全惊惶失措，求诸自己的内心：“你的信心在何处？”我的内心回答道：“我信耶和华，他对信他的人从不失约。但我很清楚，这个世界在蔑视我。我明明白白地知道自己现

在是谁，过去的我怎么样。我看到时间的流逝——不，我看到时间在飞逝；我想抱怨，但我不知道为谁而抱怨，因为这都是我自己的过错。我早就应该睁开眼睛，而不是这样混日子，但事实上，哪怕到现在我也还是在虚度时光。然而，上帝的恩典从来没有迟到过，我确确实实把自己的希望寄托在神的恩典上，希望神的恩典能在我的身上产生深远而非凡的影响。”我如此发问，我的心则这样回答。如果这些东西都还不稳定，如果天堂引导着世界的转动，并控制着其运行的轨道，那么事情将如何终结呢？

结果到底会如何呢？

虽然到现在我们已经很熟悉彼特拉克的这种心态了，但值得注意的是，我们再次看到彼特拉克的自我怀疑，他“求诸自己的内心”，去问自己的内心信赖的是什么。尽管在这个自问自答的问题中，彼特拉克自动地给出了假设的答案（“信耶和华”），但他的内心仍然存有疑虑。因为彼特拉克的内心在审视这个世界的时候，想到了俗世浮华，连同尘世所有的弱点、对立和无尽的欲望，“蔑视”了他。我们这里翻译成“蔑视”的词在意大利语中是“schernito”，这个词也带有“嘲弄”的含义。就好像彼特拉克（或他的内心）在说：即使是现在，即使当自己已经年华老去，已经功成名就的时候，简言之，在他心里应该更有数的时候，这个世界（指其他人）还在嘲弄他。但这是彼特拉克自己特有的一个问题，他认为每个人都在看着他、评判他、嘲笑他。彼特拉克的内心似乎意识到了这一切，这表明他早该“睁开眼睛”了，也就是说，他应该看淡俗世（名声、你争我夺、无尽的失望），沉思自省并笃信上帝。但哪怕到了现在，他仍然在设法推迟那一刻的到来。

然而，希望还在。因为如果上帝要赐予你恩典，从定义上来说，就不会太晚给你，因为上帝决定的任何事情，都是在正确的时刻就决定好了的。彼特拉克（他自己的内心）说，他也许终于准备好了要接受神的恩典，而这将对他产生“深远而非凡的影响”。然而，彼特拉克还面临一个问题：“如果这些东西都还不稳定，如果天堂引导着世界的转动，并控制着其运行的轨道，那么事情将如何终结呢？”

就像复活的理论一样，彼特拉克的最后一个问题带有未加说明的假设，今天的人对此相对不太熟悉。彼特拉克思考着、拥抱着，但也质疑着一个广为人知的信念，即所有可以感觉到的东西都在运动，都是不稳定的，但还有一个可以确定的是，行星在其中旋转。这套理论可以追溯到亚里士多德和古希腊思想家托勒密[1]那里。在他们看来，世界上存在着“固定的恒星”，也就是说固定的天体，比如遥远的恒星，似乎永远不会移动，但还有“水晶球体系”——行星在其中按轨道旋转，并且按照固定的轨道旋转（“天堂引导着世界的转动”）。然而，即使“这些东西都还不稳定”，这一切意味着什么呢？甚至物理的天空是不是也是不稳定的呢，哪怕其运行模式看起来如此完美？彼特拉克问：“那么事情将如何终结呢？”创作《永恒的胜利》的目

[1] 托勒密（Claudius Ptolemaeus，约90—168），生于埃及，古希腊著名天文学家，认为地球居于中心，日、月、行星和恒星围绕着它运行。直到16世纪哥白尼的日心说发表，地心说才被推翻。

的，就是通过诗歌的形式来回答这个问题。这是彼特拉克善于发挥自己才干的领域，哪怕是作为诗人，他在这样做的时候也借助了使用典故、隐晦的陈述以及隐喻的手法。

在思考终结问题时，彼特拉克说："在我看来，岁月不败，会有一个永恒静止的新世界出现。"这个世界，即"永恒"的世界，突然间作为一种新的东西出现了，虽然在某种程度上我们觉得熟悉，但这个世界恒久、美丽。彼特拉克借用了《启示录》里的话语："我又看见一个新天新地，因为先前的天地已经过去了，海也不再有了。"因此在这里，彼特拉克的语言对读者来说是颇为熟悉的表达。但随着叙述的展开，彼特拉克找到了一种方法，将有关和谐统一与时间的哲学思想，用诗意表达了出来：

> 我在某一个瞬间，看到时光停滞。然而在过去，时光从来不会静止，而是以散乱的步子，改变着一切，这是多么奇妙的一件事情。我看到它由三个部分组成，这三部分组成一个整体，而那个整体仍然像往常一样，匆匆而去。

这段话看起来艰深晦涩，其实彼特拉克是在谈论时间。

"三个部分"是指过去、现在和未来，彼特拉克看到"这三部分组成一个整体"，意思是指现在。在正常情况下，现在永远不会停滞。当一个人感觉到现在的时候，会感觉到现在好像也在运动，因为"现在"很快就会变成"过去"，哪怕"现在"不可避免地还连接着"未来"。但彼特拉克看到现在"静止"了（他使用的词是

“ferma”，其意思与“运动”完全相反。参见插图22、23）。彼特拉克所指的是上帝所经历的时间：过去、现在和未来融为一体（这是从上帝的视角来看的），世界成了永恒的“现在”。换句话说，我们在时间上感觉到的区别，对上帝来说是没有意义的，因为上帝能看到一切已经发生的和将要发生的事情，就好像上帝能看到永恒的现在一样。

我们体验时间的另一种方式是通过语言。彼特拉克说，在这个新的永恒世界里，“没有‘将要’‘曾经’‘从未’‘以前’‘以后’这样的词，没有那些使人的生活变化不定的东西”。那些用来表明时间的词，在这个新的环境里将失去意义（彼特拉克在诗歌的后面重申了这一观点）。然而，那些进入永恒天国的人将能永远保留他们的记忆：“‘那些在最高的群体里的人’——在天国合唱团里的天使们——会看到他们的名字将存在于永恒的记忆中，这样的灵魂是有福的！啊，这样的人是多么幸运啊！他随着这起伏山峦间湍急的溪水奔流，而这溪流的名字就是‘生命’，许多人都觉得它令人心旷神怡。”生命（意味着人类在地球上的生命）被看作一片危险的地方，充满了陷阱，它被比作一条不断流动的河流，对人类及人类的灵魂可能的得救都是有害的。那些快乐的、获得拯救的少数人，其名字长存不朽，这样他们的名声就不仅传于尘世，而且能够永远熠熠生辉。

如同世界各地带有宗教倾向的思想者在思考尘世之后的生命到底如何那样，彼特拉克设想了一个既不同于人间，又基本上类似于人世的境界：那其实就是一个没有问题的现世。这也是为什么世上的人们常常会被迷惑的原因：“可怜的人，他们既平凡又盲目，他们把希望寄托在尘世的各种事物上，而时间会如此之快地把这些东西一扫而空。”换言之，这些人还没有认识到时间如何影响着我们的生活：我们在日常生活中似乎从来不会想到死亡，而死亡却是不可避免的。我们没有意识到“花了多年的时间和巨大的努力积累起来的财富，会在一个小时内就变得七零八落”。只有那些到了天堂，到了一个时间不再是时间的地方的人，才会真正快乐，他们才是幸运和幸福的，因为当他们在天堂“出名一次”时，“他们将永远有名”。归根到底，总的来说：“哦，此事无论何时发生，那些正在或将要前往我所说的目的地之灵魂，都会多么幸福啊！”只有永恒，才能解决生活本身所带来的所有变幻莫测且受时间限制的活动，并避开它的不稳定性。

然而，对彼特拉克来说，光说出这样的话是不够的。当他写到这首诗的后半部分时，我们看出来他的思绪转到了何处——实际上，在他生命的尽头，他的全部精力都集中于此。不出预料地，他还想着劳拉：“最幸运的是，在她的生命走到自然的尽头之前，死亡已经把她击倒！”劳拉由于瘟疫而早逝，这对她来说其实是件好事，因为她逃离了人世和苦难。在天堂的国度里，与天使们在一起，“当她年轻时，大自然在她的心中为她安放的那些可敬的话语和纯洁的思想又会浮现”。彼特拉克自己也会在那里，那是爱把他绑缚在了那里——因为劳拉。人们会看着他说：“他就是那个不停地哭泣的人，但哪怕他在哭泣的时候，他也觉得自己比别人在快乐时更为幸福。而我歌颂着的她，看到我一直在哭泣，也会惊讶于她本人的魅力，发现她自己是如何比其他人受到了更多的我的赞美。”最后，他会和劳拉（他永远的缪斯）在一起。在彼特拉克看来，她的美丽、贞洁和女性的完美，值得让他产生这种情绪（“哭泣”）。哪怕在天堂，劳拉也会保持自己的个性：她谦虚的本性，会为自己竟处于如此幸福的状态而“感到诧异”。

至于何时会发生（即人们接受最后审判的那一刻，以及进入永恒领域的那一刻），彼特拉克说“我不知道”，但“我确实相信那个时刻即将来临”。随着最后一刻的到来，将会有一次大清算，即“每个人的良心，无论清白或是蒙垢，都将赤裸裸地公开展示在世界的面前。同时也必将有进行审判的那位，他知道什么是对的”。照这种最后审判的观点来看，也就是按照神的审判，“我们必将看见各人走自己的路，好像被赶往山洞的动物，也必会看见身外之物是多么无用。那些身外之物曾经让人觉得荣耀，而拥有黄金和土地，到了那个时候，不但没有益处，反而成了坏处”。换言之，那些身负罪恶的人将会受到神的惩罚；按照同样的道理，那些生活得谦逊、善良的人，也将与那些受罚的人“区分开来”。

当彼特拉克写到结尾部分的时候，他提到了前五次的“胜利”，而所有的胜利都不如这次的胜利那么辉煌。他重申，死者将会重生，“将拥有永恒的荣誉，以及不朽的美丽”。在他收笔之前，彼特拉克需要再一次向劳拉致敬，他把自己（以及他的作品）与劳拉永远地联系在一起：

在所有将要再生的人里面，有一位让我在这个世界上口中哭喊，用一支秃笔倾诉的那个人，哪怕在天堂里，我也渴望看到她完美无缺。从塞文山脉（Cevennes）淌出的河流岸边，爱使我为她卷进了一场漫长的情感战争，我的心至今仍在为她纠结。那块石碑是多么幸运，能够覆盖在那张美丽的脸上。到了那个时候，她又会披上面纱出现。如果说，我在世上有幸见过她是一种福气，那么，倘若在天上能再次相见，该有多么美好？

彼特拉克所指的河流是迪朗斯河（Durance）。它是罗纳河（Rhone）的一条支流，流经彼特拉克心爱的沃克吕兹，在阿维尼翁附近汇入罗纳河。文章里提到的“石碑”象征着劳拉的坟墓，那冰冷的石头有幸能够离他心中的美人如此之近。最后，还有文中所写的“面纱”，这个词经常被用来指代人的身体。换言之，当劳拉复活的时候，她的美会是无与伦比的。彼特拉克通过诗歌所做的一切努力，他所有的诗歌之美，都将在那个完美无瑕、永恒不朽的女子身上得到再现。

这丝毫不让人奇怪，而且这么说对彼特拉克也不是什么特别的责备：他对劳拉的感情其实真正关乎的是彼特拉克自己，劳拉只是一个抽象的概念。但对彼特拉克来说，这是一个持续不断地存在的抽象概念，是他一生都坚持不懈地铭记在心的一个抽象概念，也是出现在他最后的作品《永恒的胜利》中的一个抽象概念。《永恒的胜利》是“如果那样，该有多好”的最佳例子：要是他能在天堂遇见劳拉，那该有多好；要是他能超过但丁，那该有多好。但愿他能摆脱自己那种严重的自我怀疑，那种对世上的生活所抱有的怀疑态度，不用再担心此生因光阴飞逝、世俗扰人，时而还病痛缠身而带来的不安稳性。如果那样，该有多好！

第七章

终曲：死亡与来世

彼特拉克被断断续续的晕厥病痛折磨了四年之后，于1374年7月19日去世。他的密友乔万尼·唐迪（Giovanni Dondi）是一名医生，唐迪在当天给另一位医生朋友写的信中说：

> 在刚刚过去的这个不幸的夜晚，就在我写信给你的这一天，死神从我们身边夺走了著名而令人钦佩的彼特拉克。在几个小时前，他又犯了几年前就得上的这种病。记得当时你和我一起去尤根尼山（Euganean Hills）他那舒适的幽居探望他时，他就已经深受其苦。

尤根尼山位于帕多瓦省，从威尼斯可以隐约地看到这些小山丘。帕多瓦当时的统治者卡拉拉家族在彼特拉克最后的几年里给他提供了资助。就在这些小山丘之间，有一个叫阿尔夸的村庄，这是彼特拉克最后居住过的地方，村官们后来决定将他们村里最有名的居民的名字加在自己村庄的名字上——阿尔夸彼特拉克村（Arquà Petrarca，参见插图24）。彼特拉克去世之后声名鹊起，随着时间的推移，名气也越来越大。然而，他获得声望的原因，以及人们从他的生活和工作中得到的启发，也随着时间和环境的变化而改变。

在彼特拉克去世后的最初几年里，他受到尊敬的原因之一是他出于友情而给朋友的馈赠。尽管彼特拉克偶尔脾气暴躁、愤世嫉俗，但是他了解他的朋友们，了解他们的需要，以及什么才是他们关心的东西。彼特拉克在1370年写了一份遗嘱，清楚地表现出了他对朋友们的照顾。例如，彼特拉克帮助了他的朋友多纳托·阿尔班扎尼（彼特拉克的《论自己和大众的无知》一书就献给了这位朋友），帮他还清了所有的债务。多纳托后来把彼特拉克写的《名人列传》译成了意大利文。因此，在让彼特拉克的拉丁语古典学术著作普及成意大利文的古典文学，成为15世纪意大利知识分子生活中的一部分的过程中，多纳托起到了至关重要的作用。

我们也可以看看彼特拉克在遗嘱中说到要遗赠给薄伽丘的东西："献给塞拉多的乔万尼勋爵，或曰薄伽丘。尽管我很不好意思给这样一位伟大的人物留下这么少的东西，但是我要遗赠50枚弗罗林（florin），让他能够买件冬衣，在冬夜里做研究与学术工作时用以御寒。"弗罗林是佛罗伦萨城从1252年开始铸造的一种货币，到了14世纪晚期，它在欧洲已经成为大家认可的贸易工具。这种金币的信誉很好，很有价值。彼特拉克送给薄伽丘的礼物并非微不足道：这笔钱相当于一个普通工人大约一年半的工资收入。但最值得注意的是彼特拉克送出礼物的方式，他给的不仅仅是钱，而是一件作为礼物的“冬衣”。这不是一件随随便便的“冬衣”，而是薄伽丘在做研究的时候可以穿着御寒的一件冬衣。尽管薄伽丘家族有贵族血统，但他的经济状况并不富裕。彼特拉克对如何把这份礼物以合适的方式送出去的考虑，令人感动。他的遗赠不仅只是个单纯的财务遗赠，他还赋予了这份礼物在精神上的意义，这就是他们共同热爱与分享的主题：他们的学术事业。薄伽丘很感激彼特拉克对他的记挂，在给彼特拉克的女婿（他也是彼特拉克遗嘱的执行人）的一封信中，薄伽丘提到，他自己知道，这份礼物“相当厚重”。

像薄伽丘和多纳托·阿尔班扎尼这一类人，他们认识彼特拉克，并把他当作朋友来爱戴，他们很注意保护和传播彼特拉克的作品。在给彼特拉克的女婿的同一封信中，薄伽丘表示担心彼特拉克的《阿非利加》（“我认为这是一部神来之笔写出的著作”）可能会落到错误的人手中。《阿非利加》是彼特拉克轻易不肯示人的一部作品，他总是认为这部作品还没有真正写完。薄伽丘的担心是合理的，事实上，彼特拉克的手稿里，只有一份是定稿，而每个人都知道手稿多么凌乱易失。对于彼特拉克的作品，尤其是《阿非利加》这部史诗，下一代人之间进行了疯狂的争夺，因为彼特拉克的许多仰慕者都试图得到他的文学遗产。

彼特拉克对拉丁语和古代世界的热爱，对当时人们的崇古意识起了决定性的促进作用，人们对古代的热情日益增长，这一热情在佛罗伦萨达到了狂热的程度。在一些知识分子中，这种古典化趋势的部分原因是他们对古典化拉丁风格有精确而深刻的理解。他们往往优先考虑用拉丁语写作，一方面既要表现出独创性，另一方面又要“符合”古代古典作家（比如西塞罗）的语法，“符合”那些曾经风靡一时的古代作家的风格。彼特拉克也有同样的愿望。然而，在这场新的文学、古典化运动中，当这些思想家把精力集中在拉丁语的风格上的同时，在进行更加深入地研究古典拉丁语化遗产的时候，他们也将注意力集中在了古代思想家的身上。

从这个角度来看，彼特拉克的拉丁语作品开始显得并不完美。彼特拉克在后来两代知识分子中流行了多年之后，佛罗伦萨出现了一群知识分子，成了这种精致古典化趋势的先锋。他们完善了拉丁语的古典化风格，其中一些人积极参政，为国家政府服务。在评判某位思想家的价值时，所有人都会把这位思想家的拉丁语风格作为评价其高低的一个关键标准。莱昂纳多·布鲁尼是这一群体中最杰出的一位。他曾经担任过教皇秘书，又多年担任佛罗伦萨的执政官（佛罗伦萨的最高政治职位之一）。布鲁尼最初来自托斯卡纳的阿雷佐市（Arezzo），但在到了佛罗伦萨之后，他认为自己首先是个佛罗伦萨人，而且赢得了公民的身份，并最终因为自己是该市的首席历史学家而获得了终身免税的待遇。

布鲁尼的大部分文学作品，都是为了赞颂佛罗伦萨（它的体制、文化和著名人物）而写就的。在著名人物方面，尽管布鲁尼的大部分作品都是用拉丁语写的，但他也用托斯卡纳语写了但丁和彼特拉克的传记。关于彼特拉克，布鲁尼写道：

> 他是第一个具有足够的才能、能够识别并让人们意识到失传的古典文体那优雅风格的人。诚然，他也有不足之处，但正是他以一己之力，重新发现了西塞罗的作品，看到并打开了通往完美的道路。

换言之，布鲁尼对彼特拉克表示出了极大的尊重，因为彼特拉克是第一个明确地将古代风格打造成具有当下价值的思想家。更重要的是，布鲁尼是将彼特拉克及对他的怀念与佛罗伦萨紧密联系在一起的主要推动者之一。在该传记中以及其他地方，布鲁尼也曾经批评彼特拉克，认为彼特拉克的拉丁语还有待改进，因为布鲁尼他们这一代人对拉丁语水平的高低特别看重。另一位思想家弗拉维奥·比翁多（Flavio Biondo，布鲁尼的朋友）也有类似的观点：

> 首先，弗朗切斯科·彼特拉克，这位才华横溢又很勤奋的人，是他开始用优美的修辞唤醒了诗歌。但是在那个我们只能怪书籍稀缺而不缺乏天才的时代，他没能达到西塞罗那种口若悬河的雄辩，跟我们这个世纪的许多作家相比，也有所不足。

一代又一代，世代相传。从这个时候开始——比如说，从布鲁尼的有生之年（他于1444年去世）算起，实际上，在后人的眼里有三个彼特拉克。首先，是作为古典主义学者的彼特拉克，他“踩着古人的足迹”，并因此受到意大利许多知识分子的尊敬。布鲁尼和他的那一代人完全赞同彼特拉克：这个彼特拉克不那么看重高度专业化，他更重视培养雄辩的口才（哪怕彼特拉克的拉丁语从来没有达到这些人眼中应有的高水平）。还有很重要的一点是，彼特拉克着眼于古代，其目的是为了让今天更美好。并不是所有的意大利思想家（包括布鲁尼本人）都能接受彼特拉克把古典主义与基督教联系起来的做法，但彼特拉克坚信古代世界是当今这个堕落世界的典范，这给了许多人以启发。对意大利文艺复兴时期的几乎所有思想家来说，无论他们的个人倾向如何，这样的彼特拉克都让他们感到自豪，是他们的楷模和令人尊重的前辈。

其次，是作为拉丁语学者的彼特拉克，或者说是用拉丁语写作的学者和作家彼特拉克。彼特拉克自己在这一方面抱了最大的希望，然而他这一方面的成就在后来的几个世纪中却注定几乎要被遗忘。这并不是说他的拉丁语作品不为人所知：随着活字印刷术的出现，他的大部分拉丁语作品都被收集在一起并保存了下来，只是后世的人倾向于同意布鲁尼及其同行对彼特拉克这一方面的成就评价比较低的判断。作为拉丁语作家的彼特拉克在19世纪晚期被重新发现，因为意大利那时正在努力地、在更大的范围内寻找意大利的文学遗产。到了20世纪，当对意大利文艺复兴感兴趣的学者们开始整理、探讨那个时期还有什么拉丁语资料没有被研究过的时候，彼特拉克的拉丁语作品进入了人们的视线。他未完成的拉丁语史诗《阿非利加》，在20世纪20—40年代不出所料地重新获得重视，因为作品歌颂了意大利可以达到的伟大程度，以及意大利曾经征服过非洲的一部分历史。不过，那时他的这类作品主要还只是为该领域的专家们小范围所熟知。

最后，是作为意大利文诗人的彼特拉克。正是由于在这个领域的写作，彼特拉克对后世的知识和文化生活产生了最直接的影响。而且，正是他的这个身份在现代形成了最为持久的声望。自相矛盾的是，从某种程度上来说，彼特拉克在这方面的影响与他在14世纪时所倡导的，后来人们在15世纪时对拉丁语的兴趣高涨有关。简而言之，当意大利的思想家们想把意大利的方言提升成经久不衰的语言时，他们从各个角度研究了拉丁语，认为托斯卡纳语（彼特拉克所用的语言）是意大利语中最适合成为“高级”语言的一种。在彼特拉克离世后的一个世纪里，他用托斯卡纳语创作的诗歌在文艺复兴思想家们的眼里达到了非常高的水平，以至于一位著名的知识分子克里斯托福罗·兰迪诺（Cristoforo Landino）开始在佛罗伦萨大学开设有关彼特拉克十四行诗的课程。作为课程的开场白，兰迪诺在课程演讲中（在15世纪60年代后期）强调，任何值得尊敬的语言都需要有学问和技法为基础。他接着说：“因为不学好拉丁语，就无法掌握这些知识；任何想学好托斯卡纳语的人，都必须首先要学好拉丁语。”他所说的意思是，托斯卡纳语应该要像拉丁语一样受人尊重，拉丁语长期以来因为它的规范且有使用者一致同意的规则，那些想发展托斯卡纳语的人特别需要首先了解古典拉丁语。在很多人看来，彼特拉克的托斯卡纳语诗歌（和薄伽丘用这种同样的语言写的散文）都体现了这种特质：它们结合了一种严谨的书面结构，方便用于教学和保存，说这种母语的人能够自然地在口语中灵活使用它。

到了16世纪20年代的意大利，人们似乎生活在一个新的世界里。新教改革（Protestant Reformation）已经开始（虽然当时并不是每个人都能意识到它的深远影响），马丁·路德及越来越多他的追随者正在积极挑战教皇在所有涉及基督教问题上那至高无上的地位。意大利本身也经历了一系列大伤元气的战争。意大利被包括法国、西班牙和其他国家在内的各种外部势力入侵，而且似乎看不到何时才是个尽头。活字印刷术于15世纪60年代传入了意大利，成为大家都知道的现实存在。书本印刷的标准化以及书籍的出品，达到了前所未有的高度。后一个因素，即图书的印刷，也意味着人们开始频繁地感觉到信息过载。简而言之，这些原因就更促使了人们在许多领域内寻找秩序和标准化。在意大利，语言的标准化就是这些领域中的一个。在这个方面，没有人比彼得罗·本博（Pietro Bembo）的作用更为重要。

本博是威尼斯一位著名外交官的儿子。他很早就接触到了托斯卡纳语，因为他的父亲认为这是对良好教育的必要补充。本博从小伴随着父亲的经历，让他产生了一个重要的观点，这也是所有优秀的外交官都会持有的相同看法：清晰的语言交流是至关重要的。本博的拉丁语写作遵循了经典的西塞罗文法中体现出来的那种金科玉律，并在这一事业上成就斐然，他因此于1513年被任命为教皇的秘书。当人们在讨论意大利语，以及哪种意大利方言适合作为高阶语言的问题时，毫无疑问的选择是托斯卡纳语。当他还是一个小男孩，在佛罗伦萨父亲的身边生活了两年，从那时起，本博就深深地爱上了托斯卡纳语这种语言。本博用托斯卡纳语创作了一部广受欢迎的爱情诗集，并很早就开始撰写在意大利语言研究方面最具影响力的一部作品。这是一部对话集，被称为“*Prose della volgar lingua*”，也就是《论意大利方言》。

简单地说，彼特拉克在本博这本书中“无处不在”。他的作品经常被引用，作为供人们讨论、分析如何恰当使用和模仿的例子。从文体上看，《意大利语言论丛》用的是对话的形式，所以不同的人物表达着不同的观点。但归根结底，书中得出的结论是明确的：托斯卡纳语是意大利方言中最好的一种；而托斯卡纳语写得最好的是14世纪彼特拉克创作的诗歌和薄伽丘写的散文。正如其中一位对话者用权威的口吻所说的那样，尽管后来还有其他一些托斯卡纳语高手，但“很明显的是，这种语言的巨大发展要归功于彼特拉克和薄伽丘这两个人。从那以后，甚至没有人能够达到他们所取得的成就水平，更不用说能够超越他们了”。托斯卡纳语诗人彼特拉克也因此成为现代标准化意大利语的基石之一。应该说，《意大利语言论丛》比较罕见地做了这样的陈述，让彼特拉克心里希望却总是没有表达出来的想法成为现实：彼特拉克成了诗歌创作的楷模，其成就甚至超越了但丁。

在他离开人世后的几个世纪里，作为诗人的彼特拉克仍然鼓舞和激励着后世许多的思想家和艺术家。例如，在16世纪，还出现了不少用托斯卡纳语创作的女性作家，比如维多利亚·科隆纳（Vittoria Colonna）和韦罗妮卡·甘巴拉（Veronica Gambara），她们受到彼特拉克文学成就的感染，也受到了他的启发，认为可以用本土语言来进行严肃的文学创作。在整个欧洲，“彼特拉克派”文学流传了开来，比如法国作家路易丝·拉伯（Louise Labé）和英国作家埃德蒙·斯宾塞（Edmund Spenser），他们在自己的作品语境中借鉴并融入了彼特拉克的抒情格调。

浪漫主义时代的思想家和艺术家们所感慨的，则是彼特拉克梦幻般的、让人萦绕心头的人物形象：他执着于一个无法实现的理想（爱上劳拉）以及他对诗歌艺术的献身精神。在这一时期，彼特拉克本人成为人们“游学旅行”途中必看的一部分，来自欧洲北边的游客向南前往意大利，在古老的废墟前（就像彼特拉克本人曾经做过的那样）发思古之幽情，并寻求与意大利文化产生深入的联系。比如著名的英国诗人珀西·比西·雪莱[1]即为其中之一。他的诗作《尤根尼山中抒情》就是一个很好的例子。诗歌传达了这些倾向，而尤根尼山脉正是彼特拉克在阿尔夸找到的最后归宿。对雪莱来说，在他的女儿克拉拉去世后不久，他在精神上需要恢复，在那个地方的逗留让他对时间、死亡和自然这些话题沉思不已。这里也是诗人们可以占据一席之地的地方。雪莱的诗歌中有几行是献给他的朋友拜伦勋爵[2]的，他这样写道：

当荷马的鬼魂紧紧抓住

围绕着毒蛇的废泉；

最神圣的莎士比亚

让埃文河和世界充满光明；

就像他无所不知的力量

[1] 珀西·比希·雪莱（Percy Bysshe Shelley，1792—1822），英国浪漫主义诗人，被认为是历史上最出色的英语诗人之一。1811年由于发表《无神论的必然性》一文被牛津大学开除。重要作品有长诗《解放了的普罗米修斯》以及其不朽的名作《西风颂》等。

[2] 乔治·戈登·拜伦（George Gordon Byron，1788—1824），英国19世纪初期伟大的浪漫主义诗人，代表作品有《恰尔德·哈罗德游记》《唐璜》等。在其诗歌里塑造出了“拜伦式英雄”的形象。

在短暂人生中生出想象；
就像彼特拉克骨灰缸里的爱
仍然在你的山丘中燃烧，
一盏不熄的灯，心脏靠它
看事物是超自然的，你也是如此，
强大的精神：也将如此
庇护你的城市。

该诗的写作与地点有关：荷马与斯卡曼德河（Scamander River），莎士比亚与埃文河畔的斯特拉特福（Stratford-upon-Avon）那一带，彼特拉克与尤根尼山。彼特拉克对劳拉的爱变成了一盏“不灭的明灯”，它将永远在山中燃烧，让人们能够看到“超凡脱俗的事物”。威尼斯这座没有被点出名字的“城市”，对拜伦来说，就像与其他作者有关的地点一样，成为诗人们心中的圣地。

在音乐领域，作曲家兼演奏家弗朗茨·李斯特（Franz Liszt）后来为彼特拉克的三首十四行诗作了曲。其中一首值得在此部分引用：“我看不到和平，也不想再有战争；我心生害怕，却怀抱希望；我热得像火，也冷如冰霜；我时而飞上云端，时而坠落到地上；我视万物如草芥，却拥抱着整个世界。”这也是雪莱的彼特拉克，他飞到“天堂之上”去看那些地球人只能在梦中想到的事物。彼特拉克接着写道：“我无眼却能看见，无舌却在哭喊；我真想死去，却又求别人来救命；我对自己心生怨恨，又爱着万物众生。我咽下悲伤，边笑边哭；死亡和生命对我来说都是一样：女士啊，为了你，我变成了这般模样！”这就是彼特拉克的全部，他对劳拉的爱里蕴藏着很多的象征：他的内在与外在，他的情感在极度快乐和深度绝望之间来回波动，诗歌也表达了他对生与死以及更多事物的迷恋。

李斯特最初把这首诗和另外两首诗的歌词谱上了曲，后来，他重新进行了设计，并将钢琴乐谱整合到他写的《朝圣岁月》（*Years of Pilgrimage*）第二部当中，这是他对艺术进行的一次盛大回顾。这部作品涉及意大利音乐、艺术和文学的题材，其中拉斐尔、米开朗琪罗、巴洛克画家兼诗人萨尔瓦托·罗萨（Salvator Rosa）、彼特拉克和但丁并肩而立，这些人都曾激发了李斯特的创作灵感。每位人物都有其作品为代表：拉斐尔的一幅画，米开朗琪罗的一尊雕塑，彼特拉克的三首十四行诗，最后是但丁的《神曲》。但丁最后出场，从李斯特提到但丁的次数或者受但丁的鼓舞而创作的作品来看，对他来说，但丁是最重要的。就像在他们活着的时候以及在死后的排名那样，至少在这个情况下，但丁占了第一的位子，彼特拉克名列第二。

我们可以用无数种方法来追溯彼特拉克的声望在他死后的几个世纪里如何地起伏，不过这里既不是这样做的地方，也不是如此做的时候。因此，最好的结论是再次聆听彼特拉克。他最感人的一首诗、一首后来海顿和舒伯特都为之作了曲子的诗，叫作《独自沉思》（*Solo et Pensoso*），这首诗恰巧是本博亲手抄写的那首（参见插图25）：

在最荒芜的田野里，我独自沉思，
迈着迟疑缓慢的步子，我放眼四顾，

为的是避开任何留下过人类脚步的地方。

我不想惹人注意，却无处躲避，
因为哪怕我尽力压抑，
别人一看便知道我的心里燃烧着爱情。

所以我现在相信，山川和堤岸，
河流和森林，都知道我的内心！
而其他人却毫不在意。

但我知道自己找不到崎岖之路或荒野之途，
让爱神无法前来与我纠缠，
因为爱总是与我如影随形。

彼特拉克是在三十岁出头的时候写就的这首诗。那时他还是个年轻人，取得了一些成绩，在后来的日子里还有着更大的成就。

令人吃惊的是，哪怕在这里，哪怕为了创作出优美的诗歌而必须受到韵律和暗喻在语言方面的束缚，彼特拉克还是有他的自知之明：他知道自己有一种避免与人接触的倾向，他知道自己内心的混乱是从外表就能看出来的，而且他知道自己一直在寻找着“爱”的灵感。我们现在知道，那是一种永远无法实现的渴望，就像此恨绵绵在现实中永远无法实现那样。也许彼特拉克给今天留下来的最珍贵的遗产，就是这么一个非常内向的人，他在自己的一生中找到了与外界沟通的方法，在追求名声和荣誉的过程中，清晰地留下了自己的特征与个性。彼特拉克个人的复杂性如此公开地展现出来，既隐蔽又公开，既友善又易怒，在沉湎于回首往事的时候却梦想着未来。这些矛盾体本身，使他成了一个具有无限迷人魅力的人物，而且是与我们这个时代无比契合的人物。

图片出处

作者和出版商要对以下图片资料来源及复制许可表示感谢。由于版面有限，有些地点只是做了简要的罗列。

From Biblioteca Ambrosiana, Milan ms a 79 inf. (the 'Ambrosian Virgil'): 4 (fol. 54r), 5 (fol. 1v) (photos © De Agostini Picture Library); from Biblioteca Apostolica Vaticana, Rome ms Vat. Lat. 3197(Petrarch, Canzoniere): 25 (fol. 16v) (photo © 2017 Biblioteca Apostolica Vaticana, reproduced by permission of the Biblioteca Apostolica Vaticana, with all rights reserved); from Biblioteca Civica Queriniana, Bresciams Inc. g v 15 (Petrarch, Canzoniere e trionfi): 7 (fol. 33v), 8 (fol. 7r) (photos Alfredo Dagli Orti/Art Resource, New York); from Bibliothèque Municipale, Cambrai (ms b+239 (229)) (Petrarch, De Remediis utriusque Fortunae): 19 (fol. 5r) (photo Médiathèque d'Agglomération de Cambrai - clichécnrs/irht); from Bibliothèque Nationale de France, Paris ms Français 239 (Boccaccio, Decameron): 14 (photo Bibliothèque Nationale); from Bibliothèque Nationale de France, Paris ms Ital 548 (Petrarch, Canzoniere): 21 (fol. 11r) (photos Bibliothèque Nationale); from Bibliothèque Nationale de France, Paris ms Latin 6069f (Petrarch, De virisillustribus): 15 (fol. Av) (photo Bibliothèque Nationale); from Bibliothèque Nationale de France, Paris ms Latin 6802 (Pliny, Natural History): 12 (fol. 143v) (photo Bibliothèque Nationale); from British Library, London Harley ms 2493 (the 'Codex Aginnensis', Livy's Ad urbe condita): 9 (fol. 2r), 10 (fol. 2r, detail) [photos © The British Library Board]; from British Library, London ms King's 321 (Petrarch, Canzoniere): 13(fol. 1r) [photo © The British Library Board]; Galleria Nazionale delle Marche, Urbino: 1 (photo Scala, Florence (courtesy of the Ministerodei Beni e delle Attività Culturali)/Art Resource, New York)); Galleria degli Uffizi, Florence: 6, 16, 17, 18 (photos Gabinetto Fotografico delle Gallerie degli Uffizi); photo © Andrii Gorulko/ Shutterstock.com: 3; Isabella Stewart Gardner Museum, Boston, Massachusetts: 22, 23 (photos© Isabella Stewart Gardner Museum/ Bridgeman Images); photo ©LianeM/Shutterstock.com: 11; photo marka/ Alamy Stock Photo: 24; from Petrarch (ed. Vellutello), Il Petrarcha, con l'espositione d'Alessandro Vellutellodi novo ristampato con le Figure a i Triomphi, et con piu cose utili in varii luoghiaggiunte (Venice, 1547): 2

(photo Division of Rare and Manuscript collections, Cornell University Library, Ithaca, New York - from the Fiske Petrarch Collection); from Staatsbibliothek zu Berlin, ms Hamilton 493(Petrarch, De sui ipsius et multorum ignorantia): 21 (fol. 28v) (photo Bildarchiv Preußischer Kulturbesitz).

激发个人成长

多年以来，千千万万有经验的读者，都会定期查看熊猫君家的最新书目，挑选满足自己成长需求的新书。

读客图书以“激发个人成长”为使命，在以下三个方面为您精选优质图书：

1. 精神成长

熊猫君家精彩绝伦的小说文库和人文类图书，帮助你成为永远充满梦想、勇气和爱的人！

2. 知识结构成长

熊猫君家的历史类、社科类图书，帮助你了解从宇宙诞生、文明演变直至今日世界之形成的方方面面。

3. 工作技能成长

熊猫君家的经管类、家教类图书，指引你更好地工作、更有效率地生活，减少人生中的烦恼。

每一本读客图书都轻松好读，精彩绝伦，充满无穷阅读乐趣！

认准读客熊猫

读客所有图书，在书脊、腰封、封底和前后勒口都有“**读客熊猫**”标志。

两步帮你快速找到读客图书

1. 找读客熊猫

2. 找黑白格子

马上扫二维码，关注“**熊猫君**”

和千万读者一起成长吧！

读客文化

文艺复兴七巨人

卡拉瓦乔

[美] 特洛伊·托马斯　著

刘海翔　甘露　译

河南文藝出版社

·郑州·

豫著许可备字-2022-A-0047

图书在版编目（CIP）数据

卡拉瓦乔 /（美）特洛伊·托马斯著；刘海翔，甘露译. -- 郑州：河南文艺出版社，2023.5

（文艺复兴七巨人）

ISBN 978-7-5559-1244-6

Ⅰ. ①卡… Ⅱ. ①特… ②刘… ③甘… Ⅲ. ①卡拉瓦乔 (Caravaggio, Michelangelo da 1573–1610) – 传记
Ⅳ. ① K835. 465. 72

中国版本图书馆 CIP 数据核字 (2022) 第 140652 号

文艺复兴七巨人：卡拉瓦乔

著　　者　[美] 特洛伊·托马斯
译　　者　刘海翔　甘　露
责任编辑　王　宁
责任校对　李亚楠　苑留员
特约编辑　王　偲
策　　划　读客文化
版　　权　读客文化
封面设计　陈　晨
封面插画　王　晓
出版发行　河南文艺出版社
印　　刷　河北中科印刷科技发展有限公司
开　　本　890mm × 1270mm　1/32
总 印 张　49.75
总 字 数　1122 千
版　　次　2023 年 5 月第 1 版　2023 年 5 月第 1 次印刷
定　　价　315.00 元（全七册）

如有印刷、装订质量问题，请致电 010-87681002（免费更换，邮寄到付）

插图1　卡拉瓦乔，《扮作酒神巴克斯的自画像》，创作于1593—1594年，布面油画

插图2　卡拉瓦乔，《捧果篮的男孩》，大约创作于1593—1594年，布面油画

插图3　西蒙·彼得扎诺，《基督降架》，1584年，布面油画

插图4　文森佐·坎皮，《水果商贩》，创作于1580年，布面油画

插图5　西皮奥内·普佐内，《基督受难与使徒》，创作于1588—1590年，布面油画

插图6　卡拉瓦乔，《鲁特琴演奏者》，大约创作于1596年，布面油画

插图7　卡拉瓦乔，《吉卜赛算命者》，创作于1594—1595年，布面油画

插图8　卡拉瓦乔（传），《吉卜赛算命者》，创作于1594—1595年，布面油画

插图9　卡拉瓦乔，《纸牌作弊老手》，创作于1594—1595年，布面油画

插图10　卡拉瓦乔，《青春音乐会》，创作于1594—1595年，布面油画

插图11　卡拉瓦乔，《酒神巴克斯》，创作于1596—1597年，布面油画

插图12　卡拉瓦乔，《蛇发女妖美杜莎》，创作于1594—1595年，布面油画

插图13　卡拉瓦乔，《忏悔的抹大拉》，创作于1595—1596年，布面油画

插图14　卡拉瓦乔，《逃往埃及途中的休憩》，创作于1595—1596年，布面油画

插图15　卡拉瓦乔，《昏迷中的圣方济各》，创作于1595—1596年，布面油画

插图16　卡拉瓦乔，《亚历山大的圣凯瑟琳》，创作于1598—1599年，布面油画

插图17　卡拉瓦乔，《犹滴砍下荷罗孚尼的头颅》，创作于1598—1599年，布面油画

插图18　卡拉瓦乔，《圣马太蒙召》，创作于1599—1600年，布面油画

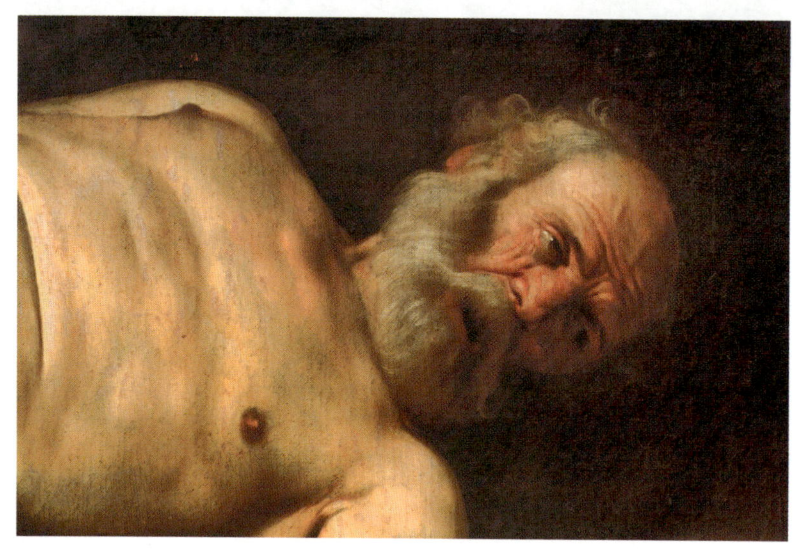

插图19　卡拉瓦乔画作《圣彼得蒙难》中的圣彼得头像局部，创作于1600—1601年，布面油画

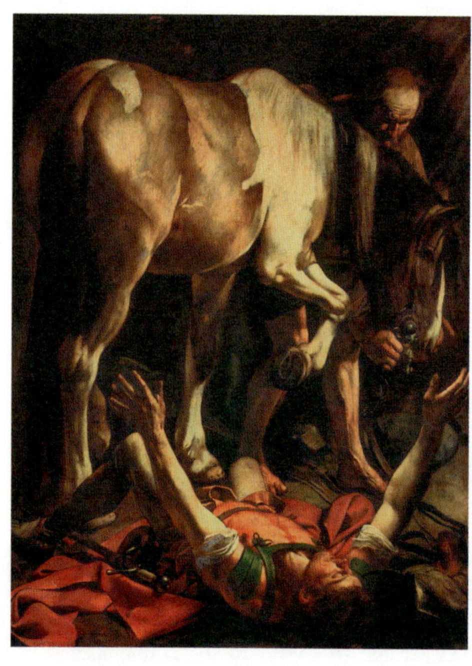

插图20　卡拉瓦乔，《圣保罗的皈依》，创作于1600—1601年，布面油画

插图21　阿尼巴尔·卡拉齐，《圣母升天》，创作于1600—1601年，木板油画

插图22　尼科洛·塞西格纳尼，《乱石砸死圣史蒂芬》，大约创作于1583年，壁画，罗马圣斯德望圆形堂（Santo Stefano Rotondo）

插图23　卡拉瓦乔，《亚伯拉罕的献祭》，大约创作于1603年，布面油画

插图24　米开朗基罗，《诺亚献祭》中左上部的裸体青年，创作于1509—1510年，壁画，梵蒂冈西斯廷教堂

插图25　米开朗基罗，《最后的审判》中的圣巴多罗买，创作于1534—1541年，壁画，梵蒂冈西斯廷教堂

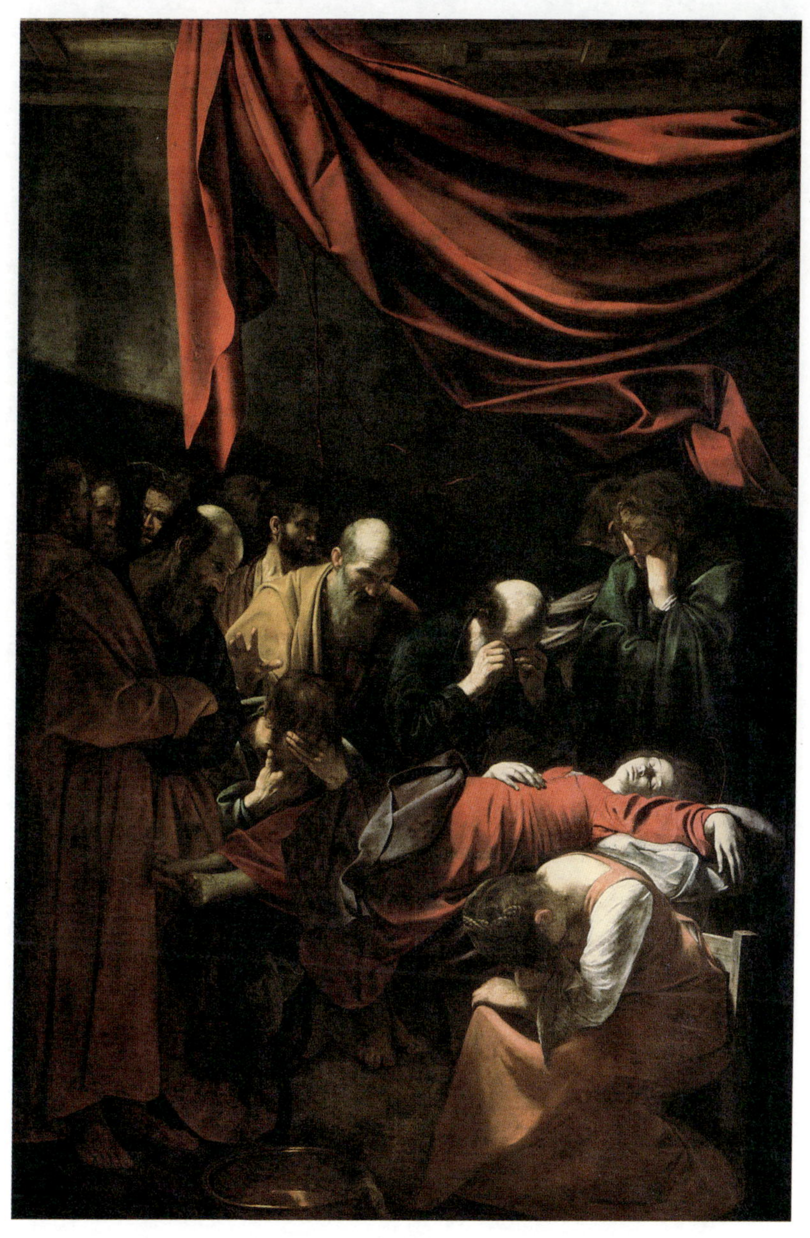

插图26　卡拉瓦乔，《圣母之死》，创作于1604—1606年，布面油画

插图27　卡洛·萨拉塞尼，《圣母永眠》，创作于1607年，布面油画

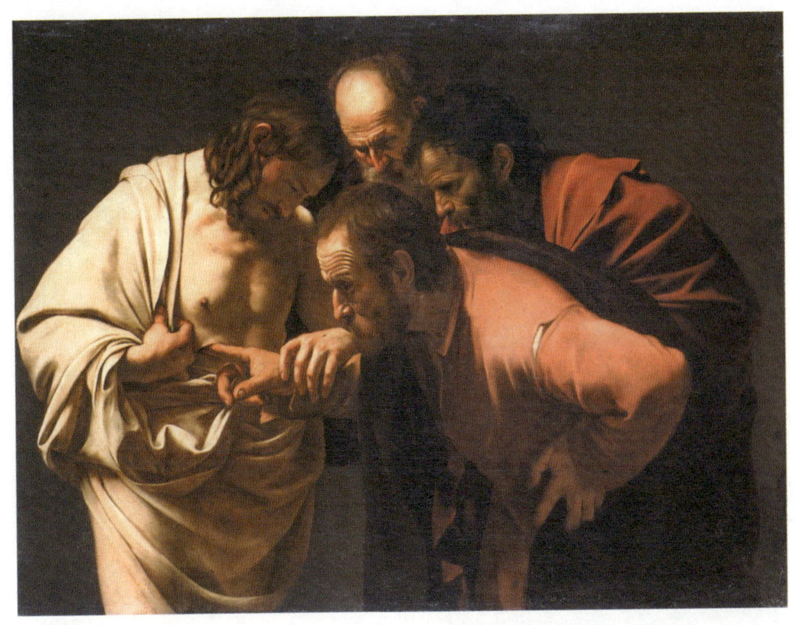

插图28　卡拉瓦乔，《圣多马的怀疑》，创作于1601—1602年，布面油画

插图29　卡拉瓦乔，《圣马太蒙召》中圣马太、老人与左边男孩的局部细节，创作于1599—1600年，布面油画

插图30　卢多维科·卡拉齐，《圣马太蒙召》，创作于1610年，布面油画

插图31　卡拉瓦乔，《圣马太殉道》，创作于1599—1600年，布面油画

插图32　卡拉瓦乔，《胜利的爱神丘比特》，创作于1601—1602年，布面油画

插图33　卡拉瓦乔，《在旷野的施洗者圣约翰》，创作于1601—1602年，布面油画

插图34　雅各布·科巴尔特，《圣马太与天使》，创作于1597—1602年，大理石雕

插图35　卡拉瓦乔，《圣马太与天使》，创作于1602年，布面油画

插图36　卡拉瓦乔，《圣马太与天使》，创作于1602年，布面油画，原作已毁

插图37　卡拉瓦乔，《圣马太与天使》中圣马太头部的细节画面，创作于1602年，布面油画，原作已毁

插图38　卡拉瓦乔，《洛雷托的圣母》，创作于1603—1605年，布面油画

插图39　卡拉瓦乔，《圣母玫瑰经》，创作于1605—1606年，布面油画

插图40　卡拉瓦乔，《手提哥利亚头颅的大卫》，创作于1609—1610年，布面油画

插图41　卡拉瓦乔，《圣马太殉道》中画家的自画像细节，创作于1599—1600年，布面油画

插图42　卡拉瓦乔，《逮捕耶稣》，创作于1602年，布面油画

插图43　卢西奥·马萨里，《圣马太与天使》，大约创作于1610年，布面油画

插图44　阿戈斯蒂诺·维尼齐亚诺临摹拉斐尔的《圣马太与天使》，创作于1518年，铜版雕刻

插图45　卡拉瓦乔，《以马忤斯的晚餐》，创作于1601年，布面油画

插图46　卡拉瓦乔《圣马太蒙召》中耶稣和圣彼得的细节画面，创作于1959—1600年，布面油画

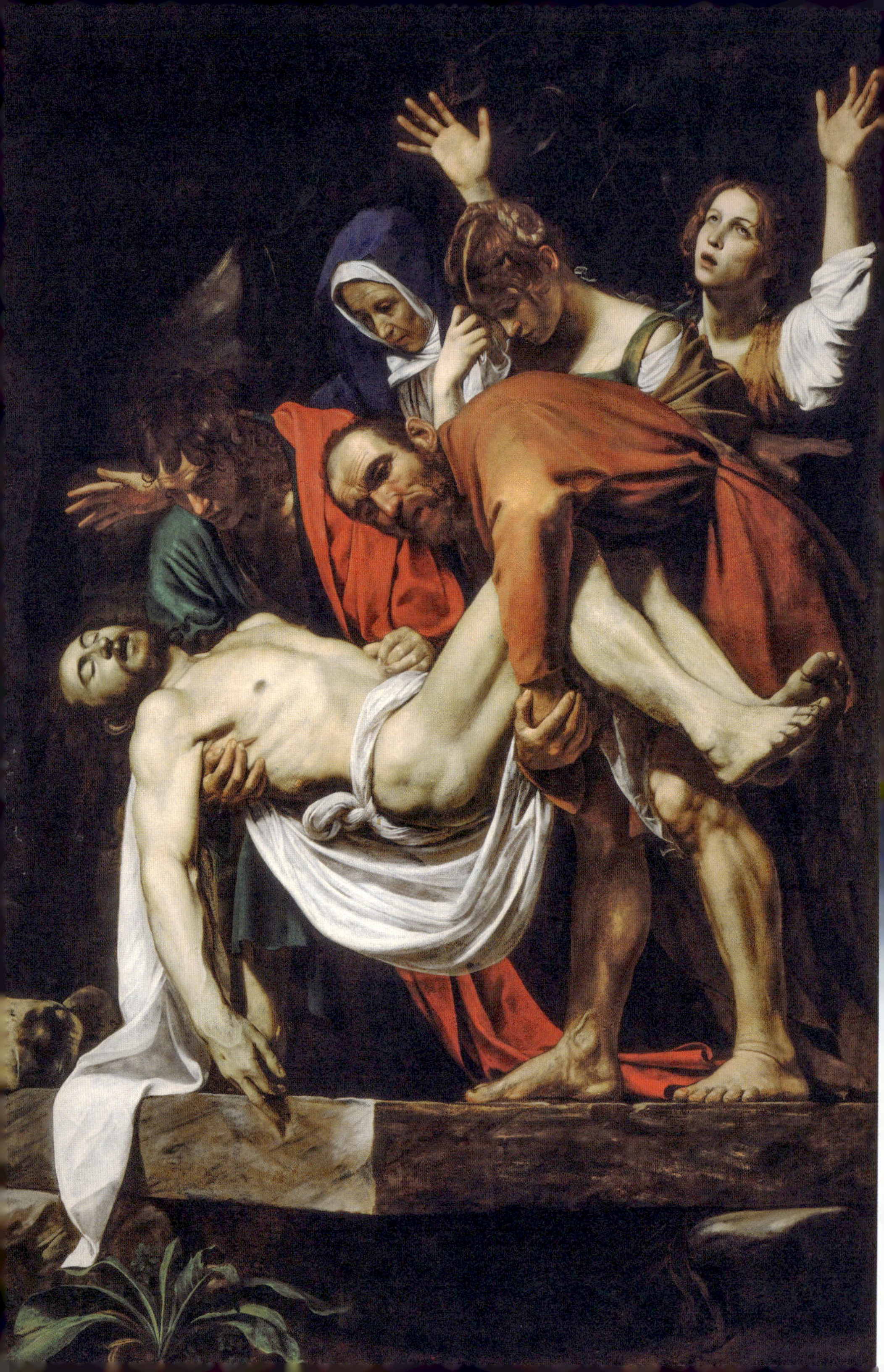

插图47　卡拉瓦乔，《基督降架》，创作于1602—1604年，布面油画

插图48　卡拉瓦乔，《以马忤斯的晚餐》，创作于1606年，布面油画

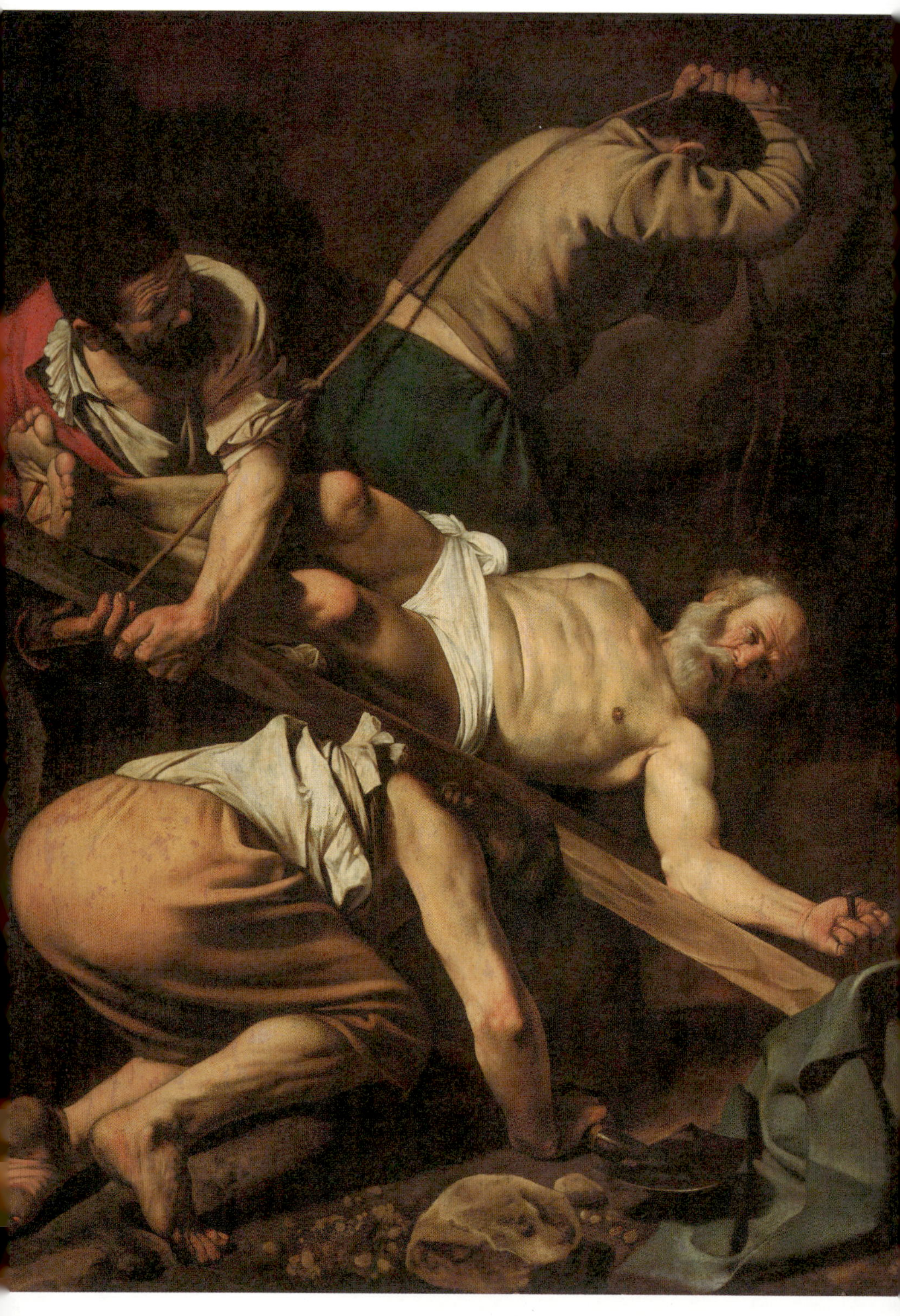

插图49　卡拉瓦乔，《圣彼得蒙难》，创作于1600—1601年，布面油画

插图50　卡拉瓦乔，《抹大拉的皈依》，创作于1598—1599年，布面油画

插图51　卡拉瓦乔，《被蜥蜴咬伤的男孩》，创作于1596—1597年，布面油画

插图52　朱塞佩·塞萨里，《圣马太复活埃塞俄比亚国王的女儿》，创作于1591—1593年，壁画，罗马圣路易吉·迪·弗朗西斯教堂之孔塔雷利小礼拜堂

插图53　卡拉瓦乔，《圣母玛利亚与蛇》，创作于1605—1606年，布面油画

插图54　卡拉瓦乔，《圣安德鲁殉难》，创作于1607年，布面油画

插图55　卡拉瓦乔，《被鞭挞的基督》，创作于1607年，布面油画

插图56　卡拉瓦乔，《阿罗夫·德·维格纳科特及侍从的画像》，创作于1607—1608年，布面油画

插图57　卡拉瓦乔，《陶醉的圣玛利·抹大拉》（临摹版，原作已失传），创作于1606年，布面油画

插图58　卡拉瓦乔，《圣露西下葬》，创作于1606年，布面油画

插图59　卡拉瓦乔，《圣杰罗姆在写作》，创作于1607—1608年，布面油画

插图60　卡拉瓦乔，《仁慈七善事》，创作于1606—1607年，布面油画

插图61　卡拉瓦乔，《施洗者圣约翰被斩首》，创作于1608年，布面油画

插图62　卡拉瓦乔，《拉撒路的复活》，创作于1608—1609年，布面油画

插图63　朱塞佩·塞萨里，《拉撒路的复活》，创作于1592—1593年，布面油画

插图64　卡拉瓦乔，《牧羊人朝拜》，创作于1609年，布面油画

插图65　卡拉瓦乔，《圣方济各、圣劳伦斯与耶稣诞生》，创作于1609年，布面油画

插图66　卡拉瓦乔，《圣厄休拉的殉难》，创作于1610年，布面油画

插图67　卡拉瓦乔，《莎乐美接受施洗者约翰的头颅》，创作于1607—1609年，布面油画

序 言

笔者在本书中提出了这样的观点：卡拉瓦乔在1600年左右创造的新的艺术表现形式，超越了他之前的任何一位画家。卡拉瓦乔更进一步地建立了被今天的人们所认可的、代表了现代性的特征。仅仅说他在生前就被人们看作那个时代中最有原创性的画家，还无法证明他的现代性。他的名气以及他的艺术创作中的现代特征，不仅仅存在于他现实主义的表现和暗色调技法（他笔下很有特点的强烈的明暗对比）之中——这些手法在当时已被人们广泛认为是创新性的；同时体现在他作品的深层所带有的模棱两可的含义。事实上，正是让观看者需费力揣摩作品的含义这一点，才是他现代性的最明显标记。

卡拉瓦乔的艺术出现得恰如其分，正是人们称为“中古历史前期”的那段漫长时期的中段——即大约开始于1400年的人文主义和文艺复兴的崛起阶段，并延伸到法国大革命时期。其作品的特质展示了明显的和关键性的进步，显示了典型的现代品质：自我意识、自我表现、内省、主观性和怀疑主义。他的作品在形式、内容和艺术实践上进行了新的实验，表现出了社会意识；充满了矛盾、难以琢磨的对立面及其不确定性；扬弃传统（或曰彻底重塑传统）以及强调个人主义。而在他的个人生活中，他对自由、平等和更高的社会地位孜孜不倦地追求。这些特质在他的作品中反复地出现，我们可以在他的自画像中看到他的自我意识和自我参照。他将自画像插入他的叙事画中，他在作品里画上了自己的形象〔《扮作酒神巴克斯的自画像》（*Self-portrait as Bacchus*），参见插图1〕。卡拉瓦乔以令人意想不到的方法重塑艺术中的传统主题，展示了他自己的内省和主观性。在他以人为本的宗教题材作品中，人们可以感受到某种怀疑主义。特别是，在他的画作中，主人公对画中事件的心理反应显得模棱两可。他在绘画的形式和内容方面的实验，集中表现在他的写实笔法中；他在艺术上的新实践，包括不打草稿直接绘画，以及把风俗画的元素引入宗教绘画中的做法，还推动了为迎合鉴赏家需求而开辟的新的私人艺术市场的出现。在他的画布上，圣徒和信徒皆以平民般的风格简单表现，代表了他的社会意识。卡拉瓦乔的作品所展现出的矛盾、含混不清、对立，以及难以说明的不确定性，鼓励了观众去思考和探索他那些往往显得神秘的作品。他拒绝接受前辈艺术中的理想主义式的视觉修饰，而是从根本上重塑了传统。他在追求自由和个人生活的更高地位的过程中，凭借才华和勤奋，努力摆脱了贫困。他坚持认为，作为一个成功的画家，自己应当受到尊重。凡此种种，卡拉瓦乔的艺术标志着现代主义的更高阶段。在他的作品中，只有那种新的现实主观手法承载着他的绘画风格；而且在他的叙事绘画中，同样直白地表达了主人公的心境。

15世纪早期，这些现代性特征的萌芽有些早已隐隐出现，尤其是在多纳泰罗（Donatello）的雕塑中。在卡拉瓦乔时代过去很久之后，这些特征在19世纪和20世纪现代主义的成熟阶段达到了很高的水平。虽然其同时代人用他们自己的方式来讲述和谈论他艺术中的新颖之处，但在我们这一代人看来，卡拉瓦乔绘画风格的现代性是很清楚的。这是因为，我们在经历过现代主义和后现代主义之后，有了“后见之明”，并且能够更好地理解他的表现力。换句话说，现在我们能够利用自己在现代性方面的经验，来解读卡拉瓦乔的艺术，对其进行批判性的检验，把他的艺术放在17世纪的历史和社会背景中去看，并阐述为什么他的作品在今天仍然能够触动我们。

卡拉瓦乔画作的一个显著特点是，在今天，当我们站在他的画作面前时，仍然可以感受得到其作品的新颖性和激进精神：我们能感觉到这些作品与同时代其他人作品的区别。他的艺术展现了现代性最普遍的主观意识，他在宗教叙事画中放进自己的自画像，这可以被理解为他的主观角色或个人伪装的呈现，这也代表了他的骄傲，也说明他不是一个虔诚的基督徒。无处不在的黑暗包围着他的画中场景，暗示着人类的孤独——这在某种程度上是因为，在他的那个时代，已经有人提出新的宇宙观，这种知识让人怀疑上帝在宇宙中的位置以及上帝与人类的关系。

卡拉瓦乔在他的叙事绘画中，为他的主人公建立起了一种鲜明的心理表达，让观众难以像欣赏过去的艺术那样很容易地作出诠释。由于画中人物的心理很接近现实，他的人物往往很难从宗教的角度来解释。他的宗教题材作品显得（到现在仍然如此）带有互相冲突的含义，导致人们作出了各种截然不同的解读。在他还活着的时候，就有批评者开始对他作品中的宗教内涵是负面的还是积极的进行过辩论，这方面的争论一直持续到现在。有些解读者强调其作品在宗教内容上的深度，而另一些解读者则强调其作品的世俗性。卡拉瓦乔在对神灵事件的认识上，持坚定的人性和世俗的观点；在表达和寓意上，则依情况而定并持对立的态度。这本书要讨论卡拉瓦乔表现力的多义性——而正是这种多义性标志了现代主义的一个新阶段。

在16世纪晚期的宗教艺术中，绘画作品都画有天堂里的天使合唱团，头顶光环的圣徒，以及神性化、理想化了的优雅凡人。在这样的大环境下，卡拉瓦乔构思了他激进的现实主义作品：人类在画作中与神灵的世界是隔绝的，无法参透其奥秘。哪怕像基督或天使这样的神圣形象，也可能会出现在表现日常现实的世界里；但他画作中的主角往往无法理解宗教形象的重要性。精神领域不可避免地成为卡拉瓦乔世界的一部分，但人们对精神领域的认识是有限的——这是一种稍纵即逝的东西，很难从画家的黑暗画面中辨别出来。对于卡拉瓦乔来说，作为一种包容性很强的现象学概念，“真实的作用”需要放在神圣的场景下才能存在。但是，艺术家从人和世俗的角度出发，将神性放在其应有的位置，可以说是那时凡人难以理解的东西。他的绘画纠正了那些表现天堂的绘画景象，因为那种画面从来都是普通人未曾经历过的场景。

卡拉瓦乔直接根据人体模特，而没有预先准备素描草稿，就开始作画。这个做法引领了现实主义的革命，他也以此闻名。尽管最近有研究证明，除了在潮湿的颜料上刻出线条之外，他还用画笔直接画出画布上的人物和物体的轮廓。然而，卡拉瓦乔没有另外事先进行素描或写生就进行的绘画实践活动，并不意味着他只是盲目记录了生活中的某些时刻。画家没有天真到光用油彩就来画出某个未经摆设的画室模特，虽然卡拉瓦乔的同时代人曾经指责他正是这样做的。尽管如此，卡拉瓦乔的宗教人物仍然带有一种现实感，因为这是他的初心。通过他的自我意识和经过调整的视角，他的画面容易给人一种“人在现场”的错觉（但也仅限于此）。卡拉瓦乔将自己的模特画成圣徒的模样，并不能令他同时代的批评者信服——因为他选择保留他的模特身上的特定身体特征，并且经常忽略传统的宗教元素。他那构思缜密的场景包括了看似真实的人的情感和姿势，而画中人正对他们身临其境的宗教事件作出反应。

因为卡拉瓦乔在画中希望传达的，是真实的而不是人为的优雅姿态，其作品对他那个时代的人来说，似乎难以解读、相互矛盾、含义复杂；对于今天的许多观众来说，情况依然如此。要想感受卡拉瓦乔画中人物的动机、心情或意图，并不总是那么容易，因为画中场景表现得太过现实了。大约在1620年，朱利奥·曼奇尼（Giulio Mancini）就已经看出了卡拉瓦乔作品中主人公在行为上的隐秘性质，他说，卡拉瓦乔的人物缺乏动作和表达。有人批评卡拉瓦乔的主人公对宗教人物（比如基督或天使）的回应态度有些高深莫测，之所以说高深莫测，是因为他们的表现似乎太过真实，以至于显示出心存怀疑的态度。卡拉瓦乔所画人物的表情，可能看似真实可信，但仍然是基于画家在画室里的构思，基于模特摆出的姿势。

与他之前的艺术家不同的是，卡拉瓦乔坚持让他的模特表现出来的样子要显得真实，而不是人为的或做作的神态。他在画布上的构图，有意识地显示了他的美学观念和叙事策略，其历史依据、艺术意图和内在含义，经常受到当时评论家的批评，但有时又被视为在宗教上符合了教义的说法。卡拉瓦乔的主角们经常表现出对神迹的不理解，也经常显示出他们对宗教世界是有所感知的。他画出的人物略显神秘，因为他们表现出人类在认识神迹奥秘时会有的那种困惑。他的视觉手法不是反宗教的——更确切地说，他想着重表达人类在理解神性时的那种难度。在神学中，这也是历史悠久且符合教规的说法。这在教会悠久的历史中得到过证明，甚至早到基督的使徒本身，他们也是费了很大的力气才认识神迹的。卡拉瓦乔从根本上表现出了他的主人公们深刻的人性角度，其潜台词是：并不完美的人类与神灵之间有着很深的分界，而人要充分了解《圣经》事件是很难的。

在卡拉瓦乔成熟时期的作品中，自然环境（包括在通常情况下会有的风景或室内背景）几乎是不存在的，画面的背景是一片看不透的黑色。在他的宗教题材绘画里，那模糊不清的背景被用来类比人类存在于一个孤立的世界中，对遥远的神圣上界只有极为有限的认识。尽管卡拉瓦乔的画面展示了来自外部的强烈光线，而且诸如基督和天使等神圣人物造访了他的主角，但画中人对神灵的认识是有限的。他那空洞的背景似乎带有“宇宙”的含义，因为在卡拉瓦乔生活的时代里，人们就天体的构成提出了许多新的但相互矛盾的理论：有人提出地心说，也有人提出日心说；有人声称宇宙是有限的，有人则认为是无限的。卡拉瓦乔的布满阴影的画面，表达了画家对宇宙和人类的位置的焦虑。因为新的科学让人们觉得，上帝和传统认识里的天堂，看起来比以往更加遥远。

卡拉瓦乔画作中的黑暗空间，往往被异常强烈的光线穿透——这种光线无法用普通术语来解释。在他成熟时期的许多作品中，那种光似乎既是世俗的又是神圣的，甚至在他大力强调有形现实时，他都把光视为在自然和精神维度里无法分开的元素。（除了描绘亮光和基督等圣像，卡拉瓦乔画作中的每一个方面都考虑到了要让神与世俗之人彻底分开，他着重于表现后者。）他的许多画作中的光源，可以被解释为太阳——即便如此，那股光线也会带有神灵的含义。因为在卡拉瓦乔的时代，太阳的光辉被神学家和自然哲学家们[1]理解为既是物质的又是精神的。他对光的处理反映了文艺复兴后期更广泛的哲学、意识形态和宗教信仰的影响，当时的精神和世俗领域并不总是那么容易区分开的。卡拉瓦乔最初是在罗马的圣路易吉·迪·弗朗西斯教堂（The Church of San Luigi dei Francesi，又译圣王路易堂）的孔塔雷利小礼拜堂里，创作描绘圣马太的故事时，尝试了把光合成并统一在一起。在《圣马太蒙召》（*The Calling of St Matthew*，参见插图18）一画中，光是神圣的，但也是自然世界的一部分，它们都来自同一个光源。在黑暗的背景下，强烈的亮光从上面照到画面的右边，照在主

[1] 在1833年之前，科学家被称为自然哲学家（natural philosopher），直到当时剑桥大学三一学院的导师威廉·惠威尔（William Whewell）创造了“科学家”（scientist）这个名称。——译者注（如无特殊说明，本书脚注皆为译者注）

人公身上；可以从斜角的光线中辨别出光源来，光线反照在后墙上；基督在召唤着马太成为使徒的时候，就有这么一股光亮伴随。

卡拉瓦乔的现代性，不是从社会生活领域直接发展起来的，而是从宗教环境下的社会发展起来的。他通过描绘穿着破烂衣服的平民圣徒和农民来表达对穷人的同情。他特意把他们的指甲画得又黑又脏——这像个晴雨表，可以用来判断他对赤贫阶层的同情。后来在他的罗马生涯中，由于他继续坚持要描绘包括穷人在内的貌似不得体的人物，他失去了给教堂祭坛画画的差事。比如他在画《圣马太与天使》（*Inspiration of St Matthew*，参见插图36）的第一个版本时，圣徒被画得像个受惊的粗俗傻子一样。卡拉瓦乔在他的场景中加入了嘲讽元素，通过这种方式，他尝试了在表现宗教题材时可以大胆到什么程度。他让观众在更深层次的意义上参与进来；而从他个人的角度来说，他是想在罗马艺术界为自己赢得名声。由于卡拉瓦乔的对立态度，他绘画中的宗教作品中所隐含的积极意义，并不总是那么显而易见的，以致引起了人们对他的严厉批评。而在这一过程中，他的矛盾表现手法，既使他名声大振又让他声名狼藉——而这一事实同样也成为他的现代性的一部分。

我们可以从他早期的世俗作品来考察和解释卡拉瓦乔艺术的复杂性，比如他所画的一个性别难辨的男孩演奏着音乐——那种带有暗示性的画面，以及他在1600年后数量相对较少的世俗绘画，比如色彩斑斓的《胜利的爱神丘比特》（*Victorious Cupid*，参见插图32）。从1590年末开始，在罗马出现了一批新的私人收藏家，他们开始对这样的画作情有独钟（参见插图2）。卡拉瓦乔在将注意力转向创作尺寸庞大的宗教题材作品时，充分利用了他在画这种世俗画作时所学到的知识，以及如何吸引这类观众的技巧。当他的宗教题材作品因为没被教堂接纳而拿到市场上去卖的时候，那些作品也受到了这一类收藏家的喜爱。卡拉瓦乔曾是一名世俗题材的画家，这对他创作宗教画时敢于运用革命性的手法产生了决定性的影响。他将高度现实的普通人物置于无光背景之前的做法很是新颖。他在宗教题材的作品中运用想象力，通过用光束照耀普通凡人的世俗世界，来暗示他要表现的是神圣的场景。在琢磨如何创造宗教叙事画面的手法时，卡拉瓦乔既满足了他所熟悉的私人赞助商那种世俗观众的品味，也回应了罗马宗教界关于如何表现恩典和自由意志等主题的重要辩论。他的作品富有对立性，展现了他对如何表现带有感染力的宗教形象进行的革命性再认识。这很可能是他有意为之的结果，是为了满足有修养的赞助人和收藏家们的需求，这类人在1600年左右塑造了人们对艺术的新品味。他们珍视新奇和复杂的表现手法，也欣赏画家能够用新的和大胆的方式表达宗教意义。

卡拉瓦乔的画中带有嘲讽、色情、不入流的人物及粗俗无礼的成分，也许可以说成是他拥抱了“异见文化”——哪怕他的作品在政治倾向上是不那么公开的（在他那个年代，他也不可能那样去做）。卡拉瓦乔表达异见的方式，跟晚他两个半世纪的居斯塔夫·库尔贝[1]所做的很相似。要想破译卡拉瓦乔的艺术，就必须运用多层次解释的策略，因为卡拉瓦乔的艺术就像库尔贝的艺术一样，具有偶然性和复杂

[1] 居斯塔夫·库尔贝（Gustave Courbet，1819—1877年），法国伟大的写实主义画家。

性。就他的艺术作品的复杂性而言，卡拉瓦乔没有直接的追随者。事实上，我们可以这样说，要等到库尔贝出现以后，我们才有了看到类似画面的感觉。他在欧洲各地的追随者并没有注意到他所创作的宗教艺术的多义性，那些人要么将绘画主题转向世俗主义和风俗画（这些作品比较受新兴的艺术市场欢迎），要么通过删除（或者根本就没能发现）大师宗教作品里那些令人不舒服的特征，来规范他们画笔下的宗教场景。

卡拉瓦乔艺术的现代性特点，包含了神圣与自然、信仰与怀疑、宗教与科学、超然与世俗、神性恩典与人的自由意志、智慧与无知、财富与贫穷的对比，并且把观众放进这些两极分化的力量纠缠交织的场景当中。他的艺术所展示的那种世俗和精神的对立，以及消极因素和积极因素的对立，一直处在一种紧张状态之中，从未获得完全的解决。而在某种程度上，正是卡拉瓦乔表现出了这种冲突感，才使他显得像是一个现代的艺术家。

关于本书的编排，笔者在这里要交代一句。本书按时间和题材混合排列。有关卡拉瓦乔早期（1599年以前）和晚期（1606—1610年）的生活和作品的讨论是按时间顺序来安排的；对他在罗马时期（1599—1606年）的成熟期油画，则按题材进行讨论；本书其余部分，则将他的生活、作品及其所处的历史背景揉杂在各个不同的主题章节中。这样的安排，让我们能够对卡拉瓦乔在罗马的成熟时期绘画中展现出来的重要创新进行更详细的分析和概念上的聚焦。

目 录

第一章

早期生活（1571—1599年）：米兰与罗马

在米开朗基罗·梅里西（Michelangelo Merisi）刚到罗马的时候，他被人们叫作卡拉瓦乔——这是米兰附近的一个小镇的名字，是他的祖籍地。最近发现的一份文件显示，他不是生于卡拉瓦乔镇，而是于1571年9月29日出生在米兰。那天正好是庆祝大天使圣·米迦勒（St Michael the Archangel）的节日，这位天使也就被当作他的守护神。对于卡拉瓦乔的早期生活，我们所知甚少，虽然根据斯蒂法尼亚·马乔奇（Stefania Macioce）收集到的资料，我们可以描写出一个大概的样子。在这些记录中——主要是与他的家人有关的交易记录——有一些提到了卡拉瓦乔本人。在过去的传记里，哪怕是由那些对卡拉瓦乔怀有敌意的评论家写的东西，也提供了一些有用的信息。比如和他同时代的乔瓦尼·巴格利奥（Giovanni Baglione）是一位画家，也是卡拉瓦乔的对手，他早在1642年就写了一本有关卡拉瓦乔的传记。那个时期还有些其他的人写了有关他的传记，其中最重要的是作家兼艺术理论家乔瓦尼·皮埃特罗·贝洛里（Giovanni Pietro Bellori），他在1672年写了《画家的生平》。根据医生、艺术品经销商和收藏家朱利奥·曼奇尼（Giulio Mancini）在1620年写的有关画家的早期传记，此前人们普遍认为卡拉瓦乔的父亲费尔莫（Fermo）是卡拉瓦乔镇的侯爵弗朗切斯科·斯福尔扎（Francesco Sforza）的建筑师和管家。事实上，几年前发现的文件证实了巴格利奥原先的说法，即费尔莫其实只是一个石匠，他在米兰和卡拉瓦乔镇为斯福尔扎干活的时候，都是以这种身份出现。他的工作能够让家人的日子还算过得去，但是并不富裕。画家的母亲露西亚·阿拉托里（Lucia Aratori）的娘家在卡拉瓦乔镇拥有一栋大房子。虽然她的家庭可能不是贵族，但与强大的科隆纳家族以及斯福尔扎家族有着千丝万缕的联系。弗朗切斯科·斯福尔扎的妻子科斯塔扎·科隆纳（Costanza Colonna）是后来为卡拉瓦乔提供保护的诸多贵族中的一位。

由于家里与当地贵族的关系密切，卡拉瓦乔从小就对富裕阶层的生活方式有了第一手的了解。他在后来涉及的许多问题上，包括他曾触犯法律，都是由于他以为自己出身高贵、阶级地位优越，能有某种特权。与此同时，他痛苦地意识到他自己家里的贫困。当他的父亲可能是由于瘟疫而在卡拉瓦乔镇去世的时候，情况变得更加糟糕了。卡拉瓦乔当时只有6岁，他的母亲要照顾四个孩子和一个养女，不得不依靠亲戚们的帮助度日。当卡拉瓦乔19岁的时候，他的母亲也去世了。

卡拉瓦乔从小就深知穷人的疾苦，他们很容易感染那时不时发生的瘟疫。在16世纪70年代的米兰，城里街头常有冻死骨。他了解米兰大主教圣卡洛·博罗梅奥（St Carlo Borromeo）为关照贫困的穷人所作的努力，因此，在他后来的宗教题材画作中，卡拉瓦乔表现出了对贫苦人士的强烈同情——这在一定程度上可能来源于他童年时期对广大穷苦人民在米兰所遭受苦难的记忆。他肯定了博罗梅奥大主教在精神和生活上对穷人的帮助。但这位性格严厉的大主教采取了严厉的专制方式，他不断怀疑人的原罪并进行压制，热衷于根除异教徒，并在瘟疫暴发期间把穷困潦倒和无家可归的人隔离起来——这些都让画家卡拉瓦乔无法认同。

当卡拉瓦乔在1580年初定下要成为一个画家的目标之后，他曾经来到米兰，在来自贝加莫的画家西蒙·彼得扎诺（Simone Peterzano）手下当学徒。彼得扎诺自称是提香（Titian）的学生，他让卡拉瓦乔间接地了解到了威尼斯画派的风格——这在他后来画《逃往埃及途中的休憩》（*Rest on the Flight into Egypt*，参见插图14）一画的景物描绘中有所体现。彼得扎诺在米兰的圣斐德理教堂（San Fedele）所画的《基督降架》（*Deposition of Christ*，参见插图3）中，大胆地在一片灰暗的背景中，用强光表现了他所要画的人物。卡拉瓦乔的作品，明显地借鉴了其风格。

彼得扎诺的现实主义手法简洁清晰，这表明他深受博罗梅奥的影响。后者在1577年写的《建筑和装饰说明》（*Instructiones fabricae et supellectilis ecclesiasticae*）一书中，专门有一个章节讲“神圣形象和画面该如何表现”。博罗梅奥认为，信仰根植于神圣故事的形象化，就像圣依纳爵·罗犹拉（Ignatius Loyola）在他的《属灵操练》

（*Spiritual Exercises*，又译《神操》，写于1548年）中所说的那样。博罗梅奥强调艺术要清晰而直接，通过表现宗教礼仪来引导出观众心中的虔诚。他的理念启发了米兰派的艺术家，他们所画的作品，大多以朴实形象触动观众的情感，不太注重感官上的细微差别。

这种具象的、直白的绘画，在一定程度上也是列奥纳多·达·芬奇（Leonardo da Vinci）[1]对米兰艺术产生了长远影响的结果。达·芬奇在这座城市生活了大约22年（1482年至1499年或1500年；1508年至1513年），并通过"明暗对比法"（chiaroscuro）大胆地塑造了旗帜鲜明的现实主义人物形象，给这里的人们留下了影响深远的遗产。他的风格通过他在米兰的学生得以延续，那些学生中有伯纳迪诺·卢伊尼（Bernardino Luini）、乔瓦尼·安东尼奥·博塔费奥（Giovanni Antonio Boltraffio）等人。意大利伦巴第（Lombardy）一带的暗色现实主义传统，同样影响了来自意大利北部城市布雷西亚的画家吉罗拉莫·萨沃多（Girolamo Savoldo），比如他画的《圣马太与天使》（收藏于纽约大都会艺术博物馆），就经常被人拿来和卡拉瓦乔的作品相比较。当时流行的表现虔诚的自然主义，比如来自意大利北部城市摩德纳的雕塑家吉多·马佐尼（Guido Mazzoni）等人的彩绘雕像，也对卡拉瓦乔后来成长为一个富有戏剧性却又是发自内心的现实主义画家产生了影响。在16世纪中后期，来自伦巴第的克雷莫纳镇的

---

[1] 列奥纳多·达·芬奇，全名列奥纳多·迪·瑟·皮耶罗·达·芬奇（Leonardo di ser Piero da Vinci），意思是芬奇镇梅瑟·皮耶罗之子列奥纳多。达·芬奇（da Vinci）并不是姓，而是"来自芬奇镇"之意。本书中简称他时，用的都是他的名字列奥纳多。

安东尼奥·坎皮[1]（Antonio Campi）描绘了宗教场景，其人物所处的场景没有相应的光亮。他的哥哥文森佐（Vincenzo）专门画水果与人物（参见插图4），这一表现手法强烈地影响了年轻的卡拉瓦乔的风格。他们三兄弟中的长兄朱利奥（Giulio），则以表现音乐家和游戏题材的绘画而闻名，这也是卡拉瓦乔年轻时爱画的题材。

后面的这些题材，与博罗梅奥提倡的那种严谨的宗教风格没有任何共同点，却对卡拉瓦乔产生了强烈的影响，揭示出他的艺术在发展过程中的另一种世俗风格。这种处理神圣的和世俗的不同风格和题材的方法，后来融汇一体出现在他的宗教绘画中。这种综合表现带有模糊性、矛盾性和复杂性，也是他既受到赞扬又饱受批评的地方。就像其他艺术家的作品一样，卡拉瓦乔的绘画作品并不是凭空出现的。哪怕这里提到了他的艺术风格的来源，他自己的创新也必须得到强调。他不是被动地去追随传统，而是勇于做一个创新者：他把过去的艺术风格融合塑造成了全新的、自己的东西。

从他母亲去世到1592年，卡拉瓦乔变卖了大部分遗产，其中主要是家里拥有的土地，他这么做显然是为了让自己不受法律处罚。他的生活似乎从一开始就麻烦不断。据曼奇尼和贝洛里简单的手写记录记载，卡拉瓦乔在米兰参与了一起谋杀案——也许是作为一名共犯，这导致他出卖土地，流亡罗马。尽管最近发现的文件表明，画家可能是在1595年或1596年初到的罗马——而事实上，人们长期以来一直认为他早在1592年就到了那里的说法，可能才是正确的。一方面，卡拉瓦乔

[1] 安东尼奥·坎皮（Antonio Campi），意大利画家。

那些幸运地被保存下来的画作，甚至是最早的画作，似乎都是在罗马画的——如果他在1596年才到那里的话，就很难解释他的艺术是如何发展的了。而他的艺术之路是如何发展的，这一点在他的画布上可以清楚地得以追溯。所以几乎可以肯定的是，卡拉瓦乔的艺术要有些年头来修炼，而不是仅在16世纪90年代末的那短短的几年就能有的大幅度的提高。

针对法国大革命前夕的特点，查尔斯·狄更斯曾有过这样的描述：这是最好的时代，但也是最坏的时代。这种说法可能同样适用于形容卡拉瓦乔时代的罗马。在那时，财富和贫穷的鸿沟是巨大的。经过反宗教改革运动的严峻考验之后，那些有幸属于贵族阶层，或者因为替贵族服务而得以进入上层社会的人，生活奢华安逸，并且能够享受到新的文化和更多的舒适。贵族们不仅在宫殿里尽情享受，还成了教会中的统治精英，出任红衣主教、大主教等，而且他们往往还不愿意舍弃尘世的幸福。与此同时，成千上万处于社会底层的人忍受着艰苦的生活，勉强度日，甚至差点饿死。在16世纪后期，教皇对穷人，包括吉卜赛人和流氓无赖的态度摇摆不定——有时向他们提供食物和庇护所，有时候又将他们驱逐出罗马。从16世纪80年代到90年代，罗马这座城市开始了一个重要的扩建计划。根据这个计划，罗马建起了数量惊人的喷泉、教堂、宫殿和新的宽敞街道。卡拉瓦乔到达罗马时，正逢克莱门特八世教皇（Clement Ⅷ）时期的开始。克莱门特八世在统治上既有政治上的权宜之计，又对反宗教改革的热情有着微妙的宽容。相对以前的教皇，他对知识分子、诗人和研究古董的艺术家们没采取那么敌意的态度；但在另一方面，他在消除异端和控制异议时，却也同样冷酷无情。克莱门特有时会像他的前任一样，为人严厉、不近人情。卡拉瓦乔本人可能也由于教皇的品味而深受其害，因为在克莱门特的继任者保罗·博尔盖塞（Paul Borghese）于1605年成为教皇之前，卡拉瓦乔没有得到过来自梵蒂冈的任何机会。

16世纪后期罗马最杰出的人物之一是圣菲利波·内里（St Filippo Neri），他是奥拉托利会（Oratorian）的领袖，献身于为穷人服务，过着简单的生活。他机智风趣，经常发表非常受欢迎的非正式说教。到1595年去世时，圣菲利波·内里已经有了众多的追随者。卡拉瓦乔很可能也受到了他为穷人奉献的精神的影响。我们在卡拉瓦乔的宗教画作中，看到了他对卑微低贱的人们所表达的同情。后来，在内里去世后成为罗马奥拉托利会领袖的红衣主教塞萨尔·巴罗尼奥（Cardinal Cesare Baronio）的领导下，卡拉瓦乔从吉罗拉莫·维特里奇（Girolamo Vittrici）那里得到了一个机会，为在瓦利切拉的圣玛利亚教堂绘制《基督降架》一画（*Entombment of Christ*，参见插图47）。这座令人印象深刻的教堂，当时是由奥拉托利会修建的。

除创造了巴洛克绘画这种新古典风格的阿尼巴尔·卡拉齐（Annibale Carracci）之外，在16世纪后期，很少有杰出的画家在罗马工作。卡拉齐和他的兄弟阿戈斯蒂诺（Agostino）于1595年被请到罗马，在法尔内塞宫（Palazzo Farnese）的大堂天花板上画壁画。他们的堂兄弟卢多维科（Ludovico）也是一名艺术家，当时留在了博洛尼亚。到了卡拉瓦乔的时代，费德里科·祖卡里（Federico Zuccaro，也称Zuccari）已经退休，当时其他较著名的画家有朱塞佩·塞萨里（Giuseppe Cesari）、克里斯托弗罗·隆卡利（Cristoforo Roncalli）

和西皮奥内·普佐内（Scipione Pulzone）。塞萨里是一位风格主义者（Mannerist），他的画风随和、优雅，因而赢得了广泛的钦佩，不断有人请他去画新的作品。他既画壁画，也画一些小幅的布面油画，有时用明暗形成鲜明的对比，但更多的时候他靠微妙变化的颜色来表现（参见插图52）。他让卡拉瓦乔做了很短时间的助手。隆卡利也是一位风格主义者，专门画壁画。他的作品生动优雅，富有戏剧性的表现力，深受红衣主教巴罗尼奥（Cardinal Baronio）的喜爱。普佐内是一位“反风格主义”画家，他通过简单的、不刻意修饰的自然主义表现手法，回应了像博罗梅奥和红衣主教加布里埃莱·帕莱奥蒂（Cardinal Gabriele Paleotti）这些牧师所倡导的理念。他的画作带有让人容易接近又能唤起虔诚心灵的风格。帕莱奥蒂还在1582年写过《神圣与世俗图像论述》（*Discorso intorno alle immagini sacre e profane*）一书。而普佐内的画法，似乎回应了教会所强调的绘画要能够自然地表达出人的虔诚态度这样的要求〔《基督受难与使徒》（*Crucifixion with Saints*），参见插图5〕。卡拉瓦乔也许意识到了，在这样传统的艺术环境中，他能够闯出一个富有创新的空间。他立下雄心，要靠标新立异来为自己创立名声。

卡拉瓦乔初到罗马时，虽然很穷，但并非完全没有社会关系。科斯塔扎·科隆纳是卡拉瓦乔镇侯爵的妻子，她的父亲是曾带领教皇舰队在莱潘托（Lepanto）战胜了土耳其人的马尔坎托诺·科隆纳（Marcantonio Colonna）。她很可能把这位年轻画家介绍给了她那有权有势的家族中那些住在罗马的成员。卡拉瓦乔到罗马后不久，就住在潘多福·普奇的家中，普奇在教皇西斯都五世（Pope Sixtus V）的妹妹卡米拉·佩雷蒂（Camilla Peretti）家里当管家，而佩雷蒂与科隆纳家族关系密切。在普奇家住了一阵子之后，这位年轻的艺术家挺不满意的，因为主人只给卡拉瓦乔提供沙拉而没什么肉吃，导致画家尖刻地为这个主人取了个著名的绰号“沙拉阁下”。作为一个并不算出名的年轻画家，卡拉瓦乔发现自己默默无闻，自己的画作几乎无法卖出去，也找不到能够帮助和提携他的赞助人。他只好为已经成名的大师打下手，为小摊小贩画些人物肖像和水果静物之类的作品。

第二章

现代艺术市场的出现：早期的赞助者

卡拉瓦乔先是跟着来自西西里的一个名不见经传的画家洛伦佐·卡利（Lorenzo Carli）作画——卡利粗制滥造了许多绘画作品；后来卡拉瓦乔又在主要以肖像画闻名的安蒂夫托·格拉姆蒂卡（Antiveduto Grammatica）的工作室里干了不长的一段时间。他决心要在艺术阶梯上站到更高点，他跟随的画家也越来越有名。终于在大约1593年的时候，卡拉瓦乔得到了在朱塞佩·塞萨里的画室干活的机会。塞萨里是罗马当地最受欢迎的壁画画家。他聘请卡拉瓦乔来画单独的小幅图案，通常是画些鲜花和水果。塞萨里属于风格主义（mannerism）画派的画家，但他的年轻助手已经画得更加自然。乔瓦尼·皮埃特罗·贝洛里提到，在塞萨里的画室里，卡拉瓦乔用油彩描绘了静物，包括画了“一个花瓶，表现出了水和玻璃的透明，以及房间里的窗户在花瓶上的倒影，甚至画出了新鲜欲滴的露珠”。贝洛里具体指的是哪幅画，我们还无法确定，但他的评论肯定可以用来描述卡拉瓦乔在后面几年里所创作的一些画作的细节，比如收藏于圣彼得堡的《鲁特琴演奏者》（*Lute Player*，参见插图6）、收藏于佛罗伦萨的《酒神巴克斯》（*Bacchus*，参见插图11），以及收藏于伦敦的《被蜥蜴咬伤的男孩》（*Boy Bitten by a Lizard*，参见插图51）。贝洛里批评卡拉瓦乔在画作中模仿了“平庸而低俗的形式”（forme umili e vulgari），却赞赏他画出的现实主义效果，并对此进行了赞赏性的描述。贝洛里矛盾的说法，却揭示了卡拉瓦乔艺术里包含的一个对立层面。过了不到一年的时间，卡拉瓦乔就离开了塞萨里的工作室，决心要自己单干，闯出一条属于自己的路。

大概在1593年，卡拉瓦乔还在塞萨里门下干活的时候，遇到了普罗斯佩罗·奥西（Prospero Orsi）。这是一位精明的商人，他开始致力于推介这位年轻画家的作品。为了帮助推出卡拉瓦乔，奥西为他的作品广作宣传和推销，向画商和富有的收藏家作介绍，奠定了“卡拉瓦乔追随者”（Caravaggisti）这种现象的基础。贝洛里提到，是奥西帮助卡拉瓦乔成名，引来了上层赞助人的兴趣。奥西自己也是一位画家，他从事买卖原作及复制品的生意（包括临摹卡拉瓦乔作品的复制品）。他在自己的画作中，也模仿了卡拉瓦乔的风格。在画店刚刚开始在罗马出现的时候，奥西就跻身于艺术品市场经营者之列了。

在公开的艺术品市场上，通过商店或摊位，或直接通过中间商来出售作品——这被认为有损已经成名的艺术家的尊严，但在好几年的时间里，卡拉瓦乔一直不得不这么做。乔瓦尼·巴格利奥提到，在卡拉瓦乔职业生涯的早期，他通过一个名叫瓦伦蒂诺（Valentino）的小贩，在圣路易吉·迪·弗朗西斯的大街上卖画，我们现在知道，瓦伦蒂诺的真实姓名叫科斯塔蒂诺·斯帕塔（Costantino Spata）。意大利雄心勃勃的艺术家中，没有人会愿意在公开市场上低价卖画，他们更愿意画定制画，因为价钱更高，当然内容也得按定制要求来画。卡拉瓦乔后来顺利地完成了这一转变，他在成功建立起宗教题材画家的名声后，很容易找到一些重要的私人和公共场所的委托作画机会。但在开始的头几年里，他很难找到买家。他在卖自己画的人物作品时，曾遇到过很大的困难，以至于他被迫把优秀的画作《被蜥蜴咬伤的男孩》（参见插图51）以1个半银币的价格低价出售。他同样令人印象深刻的画作《吉卜赛算命者》（*Gypsy Fortune Teller*，参见插图7），也才卖了8枚银币。

卡拉瓦乔在16世纪90年代中晚期的世俗题材作品，渐渐地受到罗马私人收藏家这样一帮新受众的追捧。围绕一个著名艺术家的作品来建立有特色的私人收藏——这种做法，当时在这座城市里还是件新鲜事儿。弗朗西斯科·马利亚·德尔蒙特（Francesco Maria Del Monte）和其他一些人，包括彼得罗·阿尔德布兰迪尼（Pietro Aldobrandini）和西里亚科·马特伊（Ciriaco Mattei）等，在引导这种收藏概念上起了很大作用。1600年，买卖和复制卡拉瓦乔早期作品的二级市场已经形成。到了这个时候，他几年前所画的作品价格也稳步上涨，市场上充斥着他的画作的复制品和临摹品。由于卡拉瓦乔艺术的广泛吸引力以及他不借用助手的做法，限制了他推出作品的数量，卡拉瓦乔成了最常被人临摹的画家之一。有些狡诈的画商试图将临摹作品伪装为他的原作出售——事实上，那时就有许多高质量的复制品被当作卡拉瓦乔的作品在市场上易手。由其他画家临摹作为他的作品出售的油画有：《纸牌作弊老手》（*Cardsharps*，参见插图9）和《吉卜赛算命者》——这些画是由卡洛·马诺恩（Carlo Magnone）临摹的。据另一份报告说，有一位裁缝卖掉了一幅由圭多·雷尼（Guido Reni）仿照卡拉瓦乔画的人物画。

在1600年之前，卡拉瓦乔显然认为，有人临摹或出售他的作品，对他的事业是有帮助的，因为这引起了人们对他的画作的关注，而当时他基本上还不为人们所知。这也是他和奥西交朋友的部分原因。卡拉瓦乔的传记作者朱利奥·曼奇尼也早在1606年就临摹过卡拉瓦乔的作品，包括《纸牌作弊老手》和《吉卜赛算命者》。到1600年后，卡拉瓦乔开始出名，他就十分痛恨自己的模仿者了。他认为那些临摹他的人窃取了他的创意以及潜在的卖画钱，而且那些复制品对他的画作价格产生了负面影响。最终，他的名气变得非常大，以至于收藏家们争相收藏他的任何作品，丝毫不去管画作的主题、画了些什么。卡拉瓦乔1610年去世之后，他画作中精品的价格涨了起来，在某些情况下甚至大幅上涨。他的一幅《吉卜赛算命者》在1613年以300枚银币的价格卖出——这几乎是卡拉瓦乔本人在罗马的圣路易吉·迪·弗朗西斯教堂所画的、表现圣马太故事的那几幅著名油画所获酬金的两倍。

卡拉瓦乔的作品，从一开始就表现出了惊人的独创性。他最早的油画作品——他通过画店和摊位上卖出的油画——形成了一种独特的流行风格。卡拉瓦乔擅长画穿着有点古典意味的服装、手里拿着水果的年轻男孩，比如他的《剥水果的男孩》（约画于1592—1593年，现收藏在罗马的隆基画廊里）；《捧果篮的男孩》（*Boy with a Basket of Fruit*，参见插图2）；《扮作酒神巴克斯的自画像》（*Self-portrait as Bacchus*，又名*Bacchino Malato*，参见插图1）。他表现底层社会的生活场景，选取了作弊和赌博这样的题材，比如《吉卜赛算命者》（参见插图7和8）以及《纸牌作弊老手》（参见插图9）。这样的题材，是在罗马的人们以前从未见过的主题。

正是奥西，让卡拉瓦乔这位年轻的画家与艺术经销商科斯塔蒂诺·斯帕塔建立了联系。后者做了一件改变了卡拉瓦乔命运的事，把卡拉瓦乔介绍给了他的第一位重要赞助人——外交官和艺术鉴赏家、红衣主教弗朗西斯科·马利亚·德尔蒙特。在1595年年底，卡拉瓦乔住进了红衣主教的宫殿里。这种安排，肯定是他梦寐以求的。因为住在王子或红衣主教的家里，让卡拉瓦乔有了安稳的地方，能专心地给这个重要的赞助人画画；同时也让他能够与其他贵族精英有了接触——这些人中可能会有人想买他的画。住在德尔蒙特那里，给了他这样的机会，让权势集团中的人知道他，并最终把一些公共场所的绘画项目委托给他去画。

德尔蒙特是一位多面手，他热衷于音乐和艺术，也涉足今天我们称为科学的“自然魔法”。他对戏剧、文学、历史和考古学也颇感兴趣。当他成为佛罗伦萨大公爵科西莫一世（Grand Duke Cosimo Ⅰ）之子费迪南多·德·美弟奇（Ferdinando de’ Medici）红衣主教的首席顾问时，他的优越地位有了保证。费迪南多在父亲突然去世后放弃了神职，当上了佛罗伦萨大公爵。德尔蒙特借由大公爵的推荐而成为红衣主教，随后帮着照看大公爵在罗马的财富。新任红衣主教在1589年搬进了马达玛宫（Palazzo Madama），这是美第奇家族在罗马的宫殿，就在圣路易吉·迪·弗朗西斯教堂对面的大街上。

当人们把卡拉瓦乔介绍给德尔蒙特时，这位红衣主教买下了《纸牌作弊老手》，也许还买了卡比托林欧博物馆（Capitoline）所藏的《吉卜赛算命者》（*Gypsy Fortune Teller*，参见插图8）一画。德尔蒙特和他富有的朋友们被这些画面上所表现的穷人——那种他们所不熟悉的“另类”人物迷住了，哪怕城市流浪者和吉卜赛人想出过无数的抢劫和骗人的手法，让罗马民众和教皇常常大伤脑筋。这类人物是红衣主教经常光顾的流行剧院里所热衷表现的人物。他被卡拉瓦乔的创新主题和风格所打动，并鼓励卡拉瓦乔多画些表现小男孩的场景。这类画作包括《捧果篮的男孩》（参见插图2）、《扮作酒神巴克斯的自画像》（参见插图1）、《青春音乐会》（*Concert of Youths*，参见插图10）、《鲁特琴演奏者》（参见插图6）、《酒神巴克斯》（参见插图11），以及《被蜥蜴咬伤的男孩》（参见插图51）。这些画曾被各种各样的人解释为：比喻爱情或情欲的作品；品味浮华或伤春悲秋；也有人说画作暗示了感官的刺激或季节的流逝；或表现了人情百态，提醒骗子难防。拿着水果和演奏着音乐的男孩，显然带有同性恋暗示的色彩。在17世纪中叶，有人挖掘出证据，证明德尔蒙特本人其实是个同性恋者。

哪怕红衣主教的批评者——比如德克·范·阿梅登（Dirck van Ameyden）——出于敌意的说辞并不可靠，但德尔蒙特确实喜欢聚会，经常呼朋唤友，而且对生活充满热情，享受生活中的乐趣。有的人认为他沉迷于娱乐，玩得有点过分，但也有人认为这对他的名声毫无影响，甚至那些强调德尔蒙特为人谦虚正直、做事大度这些优点来为他辩护的人，也承认他喜欢享乐和休闲。有一则逸事说，德尔蒙特在马达玛宫举行的一个聚会上，让男孩们穿着女孩的衣服。针对德尔蒙特私生活的争论，忽略了他在宫廷政治活动上的重要性，忽视了这个红衣主教在教皇法庭上为费迪南多·德·美弟奇和佛罗伦萨，以及为法国争取过的利益，忽视了他的这些真正的贡献。德尔蒙特以在自己的宫殿里这样非正式的环境中作为协调者做幕后工作而闻名，他招待了支持法国利益以及反对法国这样两个对立方的人。

卡拉瓦乔表现男孩的画作带有同性恋意味的说法，是关于他的作品是否得体的许多相互矛盾的说法之一。当然，这些画作带有挑逗意味——出于艺术家想要成名的愿望，他是有意这样画的。如果他想让自己的画明显地表现出同性恋的品味，那么他可能是在玩一个危险的游戏。因为这些画可能会引起人们的怀疑，并导致当局去调查他的私生活。卡拉瓦乔自己可能是双性恋者。当时在罗马，同性恋是一种可被判处死刑的罪行。后来他的宗教题材绘画，同样也被人称为不雅，许多人认为其内容太世俗化了。

卡拉瓦乔有意忽视不同题材之间的区别，在引领新的画风时，得到了他的赞助人的热情支持。卡拉瓦乔住在马达玛宫的时候，经常有机会与红衣主教在罗马的精英朋友们交往，其中包括朱利奥·曼奇尼医生，这是最早撰文介绍卡拉瓦乔生平的人；教皇克莱门特八世的侄子皮特罗·阿尔德布兰迪尼红衣主教（Cardinal Pietro Aldobrandini）；教皇西斯都五世的侄子亚历山德罗·蒙塔托红衣主教（Alessandro Montalto）；本尼代托·朱斯蒂尼亚尼红衣主教（Benedetto Giustiniani）及其兄弟银行家文森佐（Vincenzo）——此人从卡拉瓦乔那里买了一些画作；还有基洛拉莫·马特伊红衣主教（Girolamo Mattei）及其兄弟西里亚科（Ciriaco）和阿斯德鲁贝尔（Asdrubale）——这几人热衷于收藏，也买了卡拉瓦乔的作品。德尔蒙特的朋友中还有银行家奥塔维奥·科斯塔（Ottavio Costa），科斯塔同样购买了卡拉瓦乔和乔瓦尼·巴蒂斯塔·克雷森齐（Giovanni Battista Crescenzi）的作品。后者是一位画家，其父亲维吉尼奥（Virgilio）和弟弟贾科莫（Giacomo）在卡拉瓦乔被请去绘画之前的几年里，负责监督圣路易吉·迪·弗朗西斯教堂里孔塔雷利小礼拜堂的完工。卡拉瓦乔继续住在红衣主教德尔蒙特的家中，直到1601年——那时他在教堂里的画已经让他名声大震。

卡拉瓦乔身材粗壮、皮肤黝黑，一名理发师在1597年为一桩刑事案件作证时，形容卡拉瓦乔是“一个高大的年轻人，黑胡子，黑眼睛，眉毛浓重；身穿黑衣，一副邋里邋遢的样子，穿着一双破旧的黑色长袜，满头乌发，耷拉在前额上”。卡拉瓦乔在德尔蒙特家里感受过那种温文尔雅和学术气氛，与之形成鲜明对比的是，卡拉瓦乔到了罗马的街头，却获得了为人傲慢、是个好斗的麻烦制造者这样的名声。他和那些喜欢打架斗殴的朋友待在一起，其中包括建筑师奥诺里奥·隆吉（Onorio Longhi）和同为画家的奥拉齐奥·简提列斯基（Orazio Gentileschi）——他是阿特米谢（Artemisia）的父亲。卡拉瓦乔开始触犯法律。他被警察拘留的记录始于1598年，当时他犯了一系列的事，从挥拳打架或拔剑格斗到砸破女房东的窗户，以及把一盘洋蓟摔到侍应生的身上等。

卡拉瓦乔因其暴躁的脾气、坚持自己的权利和积极捍卫自己艺术的态度而日益出名。他开始想象自己享有特权，行事能够不受法律约束。当他因未经许可就佩戴刀剑而被捕时，他说：“我佩剑是因为我是红衣主教德尔蒙特的画家，因为我作为他的仆人受到红衣主教的关照。”在这一傲慢的回答中，他声称自己作为红衣主教手下的人而享有特权，并强调他作为被主教雇用的人，到了街头也还应该享有特殊的照顾。尽管他难以相处、脾气暴躁，但在红衣主教的关照下，他继续画着极其复杂、精细和新颖的作品。

虽然卡拉瓦乔最早的油画作品在题材上并不涉及宗教，但它们开始展示了他在后来成熟时期的作品中仍在全面运用的艺术方法。他的作品从1599年开始，就基本上专注于宗教题材了。卡拉瓦乔早期的世俗作品，不仅确立和完善了他的现实主义手法、人物的心理表达，以及黑暗环境的处理这些特点，而且建立和完善了他善于把题材和意义巧妙地模糊化的特点。

第三章

在罗马的早期作品（1592—1599年）

卡拉瓦乔通过他最早的两幅油画，即《捧果篮的男孩》（参见插图2）和《扮作酒神巴克斯的自画像》（参见插图1），创造了一种新的、带有挑逗性的绘画。在那时的意大利北部、佛兰德斯（中世纪欧洲一伯爵领地，包括现比利时的东佛兰德省和西佛兰德省以及法国北部部分地区）和荷兰部分地区，画有人物形象和水果的作品并不少见，但它们在构想方面较为平淡无奇，通常描绘的只是卖东西的小贩，比如文森佐·坎皮所画的《水果商贩》（*Fruitseller*，参见插图4）。相比之下，卡拉瓦乔创作的作品主题模棱两可，时间或地点难以确定，而且带有情欲的暗示。这两幅油画中的男孩，肩上披着一件衬衫或长袍，看起来有点古典意味，却又非常有现代感。尽管画家那时还相当年轻，在这两幅画里用笔还颇为粗糙，但作品仍然传达了这种感觉，即画中人在我们面前摆弄着姿势。在《捧果篮的男孩》这幅画里，男孩头向后仰，双唇张开，他直视着观画者，仿佛为了方便观看者欣赏而故意摆出一个性感的姿势。乔瓦尼·巴格利奥在他所写的卡拉瓦乔的传记中声称，《扮作酒神巴克斯的自画像》是画家看着镜子画出来的——这表明卡拉瓦乔只是画出了他自己所看到的景象。乔瓦尼·巴格利奥和乔瓦尼·皮埃特罗·贝洛里都夸大了卡拉瓦乔作品中的自我临摹性质，而忽视了作品中呈现人物、再现陌生性质和人为的设计这些方面。这个男孩头上戴着常春藤，眼睛注视着观看者，视线来自右肩方向，似乎暗示着某种亲密关系，以及某种我们只能猜测的故事。艺术史学家罗伯托·隆吉将这幅油画命名为《病中酒神》（*Bacchino Malato*），因为画里男孩面带病容，皮肤呈绿黄色；他的表情既忧郁，又显神秘。这样的作品很能吸引有品位的罗马收藏家，他们喜欢带有隐喻和暗示着某种可能性的象征画面。

在《酒神巴克斯》（参见插图11）这幅画中，肉感的神祇向观看者提供了一杯酒，无意中打破了绘画与现实、古代与当代之间的障碍。这不是神圣的狂喜，而是醉酒后的放荡，他那呆滞的目光透过玻璃杯延伸出来，邀请观看者和他一起逃避，进入暗示强烈的色情堕落境地。观看者被鼓励成为其“同伙”，成为巧妙伪装世界的一部分。通过这些手法，年轻的卡拉瓦乔表达了强有力的视觉陈述，并创造了一个令人难忘的形象。

巴格利奥虽然在一般情况下对卡拉瓦乔怀有敌意，但也情不自禁地欣赏着《鲁特琴演奏者》（参见插图6）这幅画里表现的优美写实。他提到画中一些细节的精细构思，比如在花瓶上折射出的窗户和房间的影像，在花儿和水果上的露珠，等等。这幅画中的音乐是可读的：它不是古旧、呆板的，而是像16世纪的佛兰德斯乐派[1]作曲家雅克·阿卡德尔（Jacques Arcadelt）所作的一首歌——《君知吾之爱》（*Voi sapete ch [io v'amo]*）。同样，《青春音乐会》（参见插图10）画中的男孩，服装是古典的，画里摊开的乐谱和乐器却是现代的，由此带来永恒和当下的一个迷离神奇的际遇。这类作品对红衣主教德尔蒙特来说特别有吸引力，他喜欢看音乐演出，家里收藏有大量的乐器。从年轻人的神态、他们穿着的服装，以及他们弹琴、唱歌这类举止的象征意义来看，画里的情欲成分是显而易见的。这些画里的男孩都是雌雄同体的，暗示着同性恋的品味。《鲁特琴演奏者》中的年轻人性别特征很模糊：巴格利奥称为“男孩”，但贝洛里认为画里是位年轻的“女子”。卡拉瓦乔这种把风格和时代混合起来的典型做法，在他后来的宗教绘画中也有所呈现，他的宗教绘画也因此被批评为过于世俗。

大约在1596—1598年，卡拉瓦乔引入了两种新的技法，深刻地影响了他在后面十年成熟时期里作品的创作。第一个创新表现在《被蜥蜴咬伤的男孩》（参见插图51）那幅画里。那种戏剧性的明暗对比，突出强调了从侧面锐角扫过年轻人的脸和身体的光线，使人体的大部分消失在深深的阴影中。此外，一条强烈的对角线阴影阻断了落在后墙上的光线——这是卡拉瓦乔著名的“地窖照明”的一个例子，这种画法第一次出现在他画的《捧果篮的男孩》（参见插图2）那幅作品里。另一个创新是艺术家对瞬间的捕捉，揭示了男孩在被爬行动物咬

[1] 佛莱芒乐派（The Franco-Flemish School），是15世纪中叶至16世纪继勃艮第乐派后的一个音乐流派，以这个乐派的音乐家大多来自尼德兰的佛兰德斯地区（法国北部、荷兰与比利时南部）而得名。佛兰德斯乐派是文艺复兴时期的一个重要乐派。

伤时一阵疼痛的反应。如同他早期的其他作品一样，这部作品是精心设计的，带有情欲暗示，尤其是通过男孩噘嘴的表情、纤细的手指（被咬的是男孩的中指）、裸露的肩膀和男孩耳朵后面的玫瑰这些细节。通过这一有趣而幽默的主题，画家喜欢进行讽刺的一面浮出了水面。在他的作品中，戏剧性、情感化和稍纵即逝的瞬间这几个因素，第一次结合在了一起。

《蛇发女妖美杜莎》（*Medusa*，参见插图12）这幅画也许创作于《被蜥蜴咬伤的男孩》之后不久，画面上令人吃惊的表情更加强化了前面一幅画的情感基调。画布粘在凸面木板上，因此是三维的，有点像在真正的盾牌上画了美杜莎的头像，对敌人起着警告作用。巴格利奥告诉我们，这幅画是红衣主教德尔蒙特送给佛罗伦萨大公爵费迪南多一世的礼物。因此，这幅画通过赋予公爵蛇发女妖美杜莎象征性的保护作用，来讨好收礼者。通过符号学的暗示，观看者会意识到：在这幅画的视觉形式下，还可能暗示了另一种媒介，即声音。观者好像听到了美杜莎的尖叫，因为她似乎还活着——这是从她受惊的表情来暗示的一个事实，而且通过在她头上扭动的、形象逼真的蛇加以强调——美杜莎的形象似乎打通了绘画和现实之间的障碍。但她同时似乎又已经死了，就像一幅毫无生命迹象的画面——因为从她被割断的脖子里涌出了鲜血。在谈到绘画时，那个时期的吟游诗人们不断重复地在诗歌中比喻这些绘画看起来是如何生动，尤其是当他们提到卡拉瓦乔作品的时候。当观众担心被蛇发女妖美杜莎看到、自己会变成石头时，这幅画同时表现出了恐怖和幽默的一面。因为当观看者意识到这只是一幅油画时，就会在心里感到欣慰。虽然卡拉瓦乔经常被讽刺为是个喜欢舞刀弄剑、粗俗无礼的街头无赖，但他也有知性的一面，这幅画让我们对他有了新的认识。尽管卡拉瓦乔对符号学一无所知，对艺术理论也知之甚少，但他在创作这幅作品的时候，一定有意识地在画面里糅合了艺术与生命、生与死、恐怖与幽默、视觉与听觉的表达元素。

卡拉瓦乔通过描绘坑蒙拐骗的场景，还为绘画引进了新的主题，这些作品有《纸牌作弊老手》（参见插图9）和《吉卜赛算命者》（参见插图7）等。虽然在意大利北部曾经有人画过描绘打牌场景的作品，但他是第一个以表现作弊为主题创作大幅油画的画家。《纸牌作弊老手》这样的作品，之所以能够吸引德尔蒙特，不仅是因为画面表现了幽默而颓废甚至是危险的主题，而且因为画中强烈对比的颜色，以及画家能够鲜明、清晰地画出精细的纹理和外表来。这幅画给观者带来的乐趣包括：画面揭露出了一场骗局，同时富有审美吸引力。《吉卜赛算命者》同样也是一幅新颖之作，它将这样的场景第一次作为一个独立的主题而展现出来——哪怕这类作品的灵感源于意大利和北欧的以日常生活为题材的写实画。卡拉瓦乔画笔下的吉卜赛女人（zingara），正向容易受骗上当的年轻人眨着眼睛，不知不觉地就把他的金戒指给骗了过去。这位画家笔下的一些三教九流的形象，比如赌徒、剑客或雇佣军人（bravi），都是以意大利文学和戏剧中，尤其是即兴喜剧（commedia dell’arte）里的人物为原型的。吉卜赛女郎算命者在当时的戏剧表演中是个经常出现的角色，她们有时甚至会骗到那些精英观众，其中包括德尔蒙特这样的人头上。尽管“吉卜赛女郎”被画家用幽默的方式做了化解，但这样的形象仍然带有模糊不清的含义：她仍然会被权贵阶层里的人妖魔化为邪恶的“另类”。

贝洛里认为，卡拉瓦乔只是临摹了他眼前的东西的说法是不对的，因为卡拉瓦乔对当时在版画和戏剧中相当流行的底层人物进行了深思熟虑的重新描绘。在接下来的30年里，卡拉瓦乔在意大利、法国和荷兰的追随者们，就这些绘画题材有过几十种不同的二次创作，使得人们很难欣赏这两幅油画的原貌。但这两幅油画在他的作品中是独一无二的（与插图8《吉卜赛算命者》相似的还有另外一幅油画，是德尔蒙特曾经收藏过的作品，现在藏于罗马的卡皮托林博物馆。该画可能是另一位画家的临摹品）。在那个世纪后期，古典主义的倡导者贝洛里特别欣赏卡拉瓦乔早期的世俗绘画，正是因为它们与大幅叙事绘画在画面上有所差异，在结构上有所对立。

就在这个时候，卡拉瓦乔开始创作他的第一幅宗教题材油画《忏悔的抹大拉》（*Penitent Magdalen*，参见插图13）。该画可能会被误认为是在表现一个当代女子的生活场景。贝洛里说，卡拉瓦乔“画了一个女孩在晾干头发……在地板上放了个小瓶罐、珠串和宝石，就把她当作抹大拉了”。画作表现了玛利·抹大拉的平凡、忏悔和谦虚，她低下头，双手交叠，穿着绣花上衣、锦缎裙子，披肩围拢在膝盖上。这与之前的抹大拉艺术形象大不相同——在那些画中，抹大拉通常是裸体或半裸体的。在《忏悔的抹大拉》画中，卡拉瓦乔将宗教文本改写为活生生的戏剧，他把这一革命性的思想——直接用生活原型来描绘人物，而不需要前期的草稿——带入他成熟时期的宗教作品中。他的做法引起了争议，也让他声名鹊起。

《逃往埃及途中的休憩》（*Rest on the Flight into Egypt*，参见插图14）一画，则展示了一个半裸体天使的背影，天使在为神圣家庭演奏音乐。圣母玛利亚在睡眠中把还是个孩子的基督抱在怀里，而约瑟夫则手里拿着天使的乐谱。一头驴把头伸在约瑟夫和天使的头之间，似乎也在听着音乐。画面左侧前景是嶙峋的岩石，而右侧则是长得超大的植物，构成了部分干涸、部分青翠的象征性景观，一直延伸到朦胧的远方。这幅画，是卡拉瓦乔少数几幅画有景色的作品之一，他后来的作品中的背景变得越来越模糊不清。天使演奏着音乐，有着让人遐想联翩的一面——这种暗示同样出现在他那时画的、表现年轻男孩的世俗作品里。体态诱人的天使，体现了卡拉瓦乔绘画中的那种“危险的不可预测性”，为“观看者四处游走的眼睛留出了无尽遐想的空间”。当我们了解了天使原型的来源时，有关天使的反常性概念就会加强几分：这是卡拉瓦乔在模仿阿尼巴尔·卡拉齐创作于1596年的《大力神的审判》那幅画中体现“邪恶”的形象来画的。年老的约瑟夫衣着简陋，光着脚坐在站立着的六翼天使面前——这样的主题稍后还会出现。在卡拉瓦乔第一次画《圣马太与天使》（参见插图36）时，画中人转变为马太和天使这样更有争议的人物，其创作缘由亦如是。

卡拉瓦乔所画的《昏迷中的圣方济各》（*Ecstasy of St Francis*，参见插图15），其创新和独特之处，在于圣人的身体躺着，眼睛几乎闭上，头往后仰，由一个半裸体的天使托着。远处云层上的点点光亮显示黎明破晓；在左边的风物场景中，围绕着一堆火种的几个小小的人物正急切地向左望去——从那里照过来的一束神奇而强烈的光线，洒落在圣人和天使的身上。卡拉瓦乔没有去画传统的六翼天使，是六翼天使在弗朗西斯的身上留下了基督伤口的痕迹。画家通过神圣之光的力量，让圣人在个人体验和内心层面上都感受到了这股强光。以这种方式处理画面，卡拉瓦乔为自己后来的宗教题材绘画奠定了基础：他在这些画作中隐去了来自天堂光亮的启示，并选择专注于从人的角度来看神迹、上帝的召唤，以及圣人的死去。

马大在《抹大拉的皈依》（*Conversion of the Magdalen*，参见插图50）一画中的确切作用是不容易确定的。人们曾经认为是她用手指数着玛利·抹大拉所犯下的罪恶，同时劝自己的姐妹放弃这种有罪的生活方式。但新的解释说，画中的马大是在列举基督的神迹，因为像她的姐妹一样，她自己也是个基督徒（见《路加福音》第10章第38～42节）。一份写于1606年、描述这幅画的清单上写着：玛利“正在转变信仰”——也许是指马大在鼓励姐妹要接受基督。在她皈依的时候，玛利的眼光似乎越过了她的姐妹，反映其内心世界的翻滚起伏。她的左手放在一面凸面镜上——这面镜子是卡拉瓦乔工作室里摆设物品的一部分。镜子通常是虚荣心的象征，镜面里反射着一股从左边一个看不见的窗户里照进来的强光，象征着神圣的优雅光芒。哪怕有着这些元素，这幅画还可能会被人误认为世俗的画像，而不是虔诚的宗教题材作品。这幅画显示出了卡拉瓦乔宗教绘画的未来走向，他的重点是从世俗的角度来看待神迹。

卡拉瓦乔令人眼花缭乱的大幅油画作品《亚历山大的圣凯瑟琳》（*St Catherine of Alexandria*，参见插图16）看起来也像一幅肖像画，但破损的车轮、剑、棕榈树枝、坐垫和人物头顶的光环表明，这确实是一幅表现圣者的画面。画家在这里几乎彻底完善了他的“暗景设计”（tenebroso）风格，取得了惊人的效果。凯瑟琳的脸庞和衣衫在背景下显得非常突出，锦缎衣服上的织锦图案笔法自如，构成了色彩的奇迹。画中的现实主义色彩是如此引人注目，以至其宗教意图反而成了某种标志性的、而不是内在的神圣场景的一部分。由于画中的模特儿用的是名妓菲利德·梅兰德罗尼（Fillide Melandroni），以及画中有把沾了鲜血的轻巧细长的双刃剑——几乎可以肯定的是，卡拉瓦乔在他的决斗中用上了这把剑——这种现实主义的意味得到了加强，更显得画里故事宛如发生在当下。

《犹滴砍下荷罗孚尼的头颅》（*Judith Beheading Holofernes*，参见插图17）则展示了虚构之作《犹滴记》（第13章第1～12节）中所描述的可怕场景。在故事场景中，这位勇敢的犹太寡妇拯救了她的人民免受荷罗孚尼带领的亚述军队入侵者的伤害。犹滴出手砍掉荷罗孚尼的脑袋，当她在做着这样惊人之举的时候，她那严肃的、眼神冷酷的仆人站在右边，手里拿了一块布准备把人头包起来。当犹滴用单手顺时针旋转着割下荷罗孚尼的头颅时，一股股鲜血从荷罗孚尼的脖子上喷涌而出。犹滴试图与敌将之间保持一定的距离，姿势显得生硬——这表明，创作这幅作品时，卡拉瓦乔还不是一个完全成熟的艺术家。但对形体表面的强调、把令人惊恐的主题融入一个综合的叙述故事、对瞬间的把握、戏剧化的光线和黑暗的背景——这些因素构成了卡拉瓦乔在他成熟的罗马时期作品里那种富有感染力的图像。

第四章

朴实的现实：卡拉瓦乔的生活与成熟时期的罗马作品（1599—1606年）

卡拉瓦乔站在了现代性新阶段的起点，他接受了罗马的圣路易吉·迪·弗朗西斯教堂给他的第一份公共场所绘画的任务，并创造了一种荒凉的现实主义。由于在这之前的几十年里，孔塔雷利小礼拜堂的修建几乎没什么进展，这给了他机会，让他能够画出这些有突破性的作品。此前，属于"风格主义"画派的朱塞佩·塞萨里忙于去画其他指定作品，因而没有完成教堂的壁画，只画好了天花板的部分（参见插图52）。由于法国神父的抱怨，教皇克莱门特八世（Pope Clement Ⅷ）在1597年命令教士吉阿科莫·克雷森齐（Giacomo Crescenzi）将孔塔雷利小礼拜堂的管理权移交给圣彼得教堂的建筑委员会。这些变动，使卡拉瓦乔获得了这份委托，得以创作教堂的绘画。按照乔瓦尼·巴格利奥的说法，卡拉瓦乔能得到这份工作，是因为有红衣主教（德尔蒙特）的支持。在他画的《圣马太蒙召》（参见插图18，这是教堂里的一幅横廊绘画）一画中，卡拉瓦乔打破了传统，将宗教故事画得好像事情就发生在当时的罗马街上一样。他用以前画的世俗作品中出现过的衣冠不整的男孩取代了人们通常在历史画中看到的那种优雅人物。基督和圣彼得穿着简单的古典装束，似乎走进这样的一群人里——其中一个是16世纪晚期的税务员，一位老人，加上三个形迹有点可疑的年轻人——其中一个是佩戴着剑的保镖。这种“亡命徒”的形象，也可见于《圣马太殉道》（*Martyrdom of St Matthew*，参见插图31）中，是另一幅横廊绘画，表现了他们正在逃离那个可怕的场景。

卡拉瓦乔在1602年完成了他为教堂创作的第一幅祭坛画，即《圣马太与天使》（*Inspiration of St Matthew*，参见插图36）。后来，在该画被拒绝接受之后，他又在那年的晚些时候画了第二个版本（参见插图35）。到了那时，卡拉瓦乔直率的现实主义手法已经达到了成熟的阶段。他在孔塔雷利小礼拜堂的作品为他赢得了声誉，使他成为画面宏大的宗教绘画创作中的伟大创新者。此后他几乎只专注于宗教题材的创作，他的画作呈现出新的形式，其中引起争议的地方也越来越多。

卡拉瓦乔以尘世为中心的画法，在他所画的《圣马太蒙召》中清晰可见。基督和圣彼得从右边进入现场，前者伸出手指向税吏马太，召唤他来做使徒。两个年轻的剑客聚在柜台的旁边，转过头来，仔细而好奇地看着圣者的来访。而马太却因基督的召唤惊呆了，他仍然坐着，指着自己，好像是在说“你是在叫我吗”。我们并没有看见马太急于跟从主的安排，而是看见一个还没有被宗教信念所打动的人。在这个戏剧性的场景中，在场者的表情模棱两可，暗示着他们心理上的不安和具有相当现代意义的那种内在的复杂性。他们的反应与传统艺术表现中那种庄重高雅的画中人物截然不同。在他为礼拜堂的祭坛所画的第一版《圣马太与天使》（参见插图36、37）中，卡拉瓦乔将这个使徒画成一个没什么文化的农民。使徒在天使的帮助下，努力想写出《四福音》，而天使则手把手地在引导他。在这里，画家也特别关注马太那种出于人类本性的反应，以及他的无知。《圣马太殉道》一画，则表现了圣人的恐惧和在那想要谋害他的人面前，他是多么无力无助，而不是表现圣人如何勇敢地面对死亡。卡拉瓦乔画笔下的主人公，经常表现出无知、恐惧、惊讶或冷漠，而不是表现出他们如何亲身经历神迹。

卡拉瓦乔在他的第一版《圣马太与天使》画中，似乎把他的圣人描绘成呆头呆脑的样子，这并不是他从活生生的模特身上直接临摹的著名方法所造成的意外后果。也就是说，我们不能断言说，艺术家只是以某种天真的方式画下自己所看到的形象，即卡拉瓦乔所选的模特本身就是不起眼的人物——由此来解释他所创造的这些不够高大的意象的原因。我们在这幅画中看到的，是画家就如何表现作品作出选择的结果——他让模特摆出的姿势和画出模型的方式——而不是他用活生生的模特来临摹作画本身给作品带来的直接影响。卡拉瓦乔的批评者曾错误地认为，他只是以未经处理的方式直接画下他在画室里看到的东西。例如，朱利奥·曼奇尼就认为，他从卡拉瓦乔的作品中所感受到的缺乏表现力，是卡拉瓦乔临摹真人模特所带来的结果：

> 这一派画家……与自然紧密相连。在他们作画的时候，总是光画自己眼前看着的东西……在叙事作品和情感的解读中，重要的是要基于想象，而不是直接观察事物，仅仅是现场写生，在我看来是很难令人满意的，因为画家不可能把那么多人带到一个房间里，让他们表演故事……模特们或笑或哭……而且为了画家的临摹还必须保持着某个姿势。其结果是，（卡拉瓦乔和他的追随者们）笔下的形象虽然看起来很有力，却缺乏动感、表情和那种优雅的意味。

在卡拉瓦乔的《圣马太与天使》一画中，马太不仅形象生动（这一点曼奇尼也表示同意），而且他的表现力也很引人注目。当他读到基督祖先的故事以及基督就是弥赛亚救世主的时候，表现得大为惊讶；而天使则在引导着他书写《马太福音》。至于动作，画家感兴趣的是捕捉一个特定的时间瞬间，而不是暗示连续的、流畅的动作。此外，卡拉瓦乔有他自己的方法来代表动作，就像在《圣马太蒙召》（参见插图18）一画中，基督的脚正要迈出画面。卡拉瓦乔用真人模特来作画的方法，并不是一个缺陷，而是让画家能够画出他想要的那种表现力。由于人们没见过卡拉瓦乔的素描草稿，他似乎设法让他所画的第一版《圣马太与天使》里的马太那个模特，摆了很长时间的姿势；模特按照卡拉瓦乔的想法，把眼睛睁得大大的。

在曼奇尼看来，风格主义画家或阿尼巴尔·卡拉齐这类的17世纪古典主义画家，在表现“动作、表情和优雅”方面会更为成功。但他们用来表现这些特性的方法，正是卡拉瓦乔想要避免的。他希望自己所画人物的身体和姿势是真实的和个性化的。卡拉瓦乔作画的方法新颖，说明了他为什么要用画室的真人模特来直接创作：他的目的不仅是研究人体结构和姿势，而且是能够精细地调整人物的面部表情，以毫不妥协的现实主义手法来描绘人物的心理状态。卡拉瓦乔全新的表现力，像曼奇尼这样的传统主义者未能感受到，他们根本无法看到卡拉瓦乔新手法所包含的意义。

卡拉瓦乔的同时代人在写到他的画作时，偶尔会有所误解或恶意地解读。历史学家兼画家约阿希姆·冯·桑德拉特（Joachim von Sandrart）在1629—1635年间住在离圣路易吉·迪·弗朗西斯教堂只有几步之遥的朱斯蒂尼安宫（Palazzo Giustiniani）。他对孔塔雷利小礼拜堂里的绘画十分熟悉，他错误地认为《圣马太蒙召》一画中表现了“玩着牌、掷骰子和喝着酒的流氓”。画面里的桌上确实放着钱，但那是税收收上来的钱，而且桌子上并没有纸牌、骰子或酒，只有马太的墨水瓶和用来记录收税情况的纸张。卡拉瓦乔画作中那些平庸的人物所带着的讽刺含义是，画家如此画出他们的形象，似乎是有意为之，目的是打破人们用崇敬的态度来描绘圣人形象的常规——可能是这一事实，导致桑德拉特产生了他的误读。

在完成了孔塔雷利小礼拜堂侧面礼堂的绘画后，卡拉瓦乔又画了《圣彼得蒙难》（*Crucifixion of St Peter*，参见插图19、49）和《圣保罗的皈依》（*Conversion of St Paul*，参见插图20），再次展现了他的出色技巧。这两幅画是为教皇克莱门特八世的司库蒂贝里奥·切拉西（Tiberio Cerasi）在人民圣母教堂（Santa Maria del

Popolo）的小礼拜堂而画的。切拉西在担任教皇财务主管的工作中，曾与文森佐·朱斯蒂尼亚尼（Vincenzo Giustiniani）共事过，后者是红衣主教德尔蒙特的朋友，也是卡拉瓦乔的支持者。可能是朱斯蒂尼亚尼向切拉西推荐了卡拉瓦乔。人民圣母教堂的奥古斯丁修道士们可能也会喜欢卡拉瓦乔的作品，他们与卡拉瓦乔的家乡伦巴第有渊源上的关系。毫无疑问，他们也赞同突出圣者优雅和使徒皈依这类带有奥古斯丁会风格的内容，而且卡拉瓦乔已经在附近的圣路易吉·迪·弗朗西斯教堂里画过圣马太皈依的故事。卡拉瓦乔要为切拉西小礼拜堂（Cerasi Chapel）[1]作画的主题，是彼得和保罗的故事。在16世纪40年代左右，米开朗基罗在梵蒂冈的波林教堂（Pauline Chapel）通过壁画表现过同样的主题。毫无疑问的是，切拉西会将卡拉瓦乔的新作品与米开朗基罗的壁画进行比较。切拉西也让卡拉瓦乔和阿尼巴尔·卡拉齐两人进行了一场比赛。卡拉齐是当时在罗马的另一位很有才华的画家，曾为切拉西画过教堂里的祭坛画。卡拉齐那时刚在法尔内塞宫（Palazzo Farnese）的天花板上画完了他那令人叹为观止的、关于众神之爱的湿壁画，因此切拉西小礼拜堂将成为他的祭坛画和卡拉瓦乔的侧面墙壁画之间的一场引人注目的竞争的一个舞台。

在卡拉瓦乔画的《圣彼得蒙难》里，画家表现了圣徒被钉在十字架上抬起时，脸上带着的神秘表情：面对当下的严酷现实，彼得坚毅的脸上显露出紧张和痛苦的神情——也许更多的是一种被遗弃

[1] 切拉西小礼拜堂（Cerasi Chapel）是罗马著名的人民圣母教堂（圣奥古斯丁会的教堂）内的5个礼拜堂之一。

的绝望感，而不是坚定的信仰；两个贫穷的工人冷漠地努力要把钉着彼得的十字架抬到合适的位置；而圣人已经按他所希望的那样，被倒着钉在了十字架上。我们在这幅画中没有看到光环，没有殉道者的花环，也没有等待圣人升到天堂的天使。彼得几乎赤身裸体，体态不安。彼得严肃而专注地看着前面，看着在切拉西小礼拜堂里真正的圣坛那个方向——但从他的表情上，不容易看出他在宗教上表现了多么坚定的信仰。卡拉瓦乔想在彼得身上实现另一种表现方式，即人类在对宗教的理解中，心存怀疑、恐惧和对信仰的质疑等心理活动不仅是可能的，而且是由此达到更深刻的理解所必须经历的。彼得在面对死亡而不屈不挠地看着祭坛的时候，他流露出的复杂情绪，反映出他既有决心也有存疑。正如在《圣经》里（《路加福音》第22章第54～62节）和后人撰写的《使徒行传》所记载的那样：他起初逃离了罗马，但后来又自己回来，直面被钉上十字架的酷刑。

卡拉瓦乔对彼得赴死的阴冷描绘，与卡拉齐为教堂所作祭坛画《圣母升天》（*Assumption of the Virgin*，参见插图21）的风格大相径庭。后者采用了明亮、饱和的颜色，用完美、高亢的色调表现了具有古典风格的人物。卡拉瓦乔的画作苍朴、粗犷，没有着力去把圣人和普通人区分开来，对他来说画中人的人性才是他最想表现的。在这方面，特别是由于他的画面表现了极简的背景场景，他那些直截了当地表现人物情感的作品，与16世纪后期出现的许多反宗教改革的绘画和版画也很不同——那些作品强调了天主教教徒殉道的残酷场景。例如，塞西格纳尼（Circignani）在罗马的圣斯德望圆形堂所画壁画里的严酷画面（参见插图22）——在其壁画中，殉道者是通过他们的特征和精心设计的古代场景来辨认的，画面关注的是外在的残忍场面，而不是人物的内在情感。

这些作品更像是寓教于图的画片，而不是艺术作品，画作里甚至包括了说明场景的解说词。相比之下，卡拉瓦乔的“殉道”和“受难”的场面，比这些矫揉造作的风格主义作品更为直接和真实。他的作品更令人不安，不仅仅是因为作品里展现出了非凡的现实主义，而且因为他有微妙的表现力。画家在画中对殉道者作了更为突出的表现，他们的身体被放到靠近画面的平面，周围的阴暗环境强调了他们的苍凉心境。卡拉瓦乔的现代性，部分在于他表现殉道场景时所刻画出的人物的心理深度——以他画笔下的圣彼得为例，圣彼得在直面痛苦和死亡的时候，是整个身心都在发颤的。

卡拉瓦乔的其他作品，也揭示了他在描绘痛苦和折磨的场景时艺术上的精妙，而不限于揭示他在艺术上的探险和取得的壮观效果。他画于1603年的《亚伯拉罕的献祭》（*Sacrifice of Abraham*，参见插图23），栩栩如生地表现了惊恐万分的以撒（Isaac）[1]。因为画家令人信服地捕捉到了这个小男孩就像一个真正的孩子那样尖叫的样子；他的身体显得触手可及，柔软而光滑，就要被自己的父亲用刀去扎。在其他的作品中，卡拉瓦乔一直着迷于表现斩首或被斩首后的场景——从早期的作品，比如他画的《蛇发女妖美杜莎》

[1] 以撒（Isaac）是《圣经》中的人物，亚伯拉罕和妻子撒拉唯一的儿子，也是以扫和雅各的父亲。《神吩咐亚伯拉罕献以撒》中，神为亚伯拉罕预备了献祭的公羊，代替以撒。

（参见插图12）、《犹滴砍下荷罗孚尼的头颅》（参见插图17），一直延续到他后来的作品，比如他画的《施洗者圣约翰被斩首》（*Beheading of St John the Baptist*，参见插图61）、《莎乐美接受施洗者约翰的头颅》（*Salome Receiving the Head of John the Baptist*，参见插图67），以及《手提哥利亚头颅的大卫》（*David with the Head of Goliath*，参见插图40）。通过殉道者和斩首的场景强调生死的界限，卡拉瓦乔在现实的绘画中，获得了使他的观众目瞪口呆的际遇。他利用这些主题的充分表达，比他之前的任何艺术家都更令人信服地创作出了死亡即将来临或死亡现场的图像。

和《圣彼得蒙难》画在同一个教堂里的《圣保罗的皈依》（参见插图20），延续了卡拉瓦乔对尘世的关注。在圣保罗皈依的时候，他的情绪是完全向内引导的：他的眼睛闭着，呈现出前所未有的平静；他避免用一般意义上的炫耀姿态来向观者展示自己的信仰。卡拉瓦乔有意识地运用“无声胜有声”（这里是从肯定意义上来形容）的方法，似乎不需要特别的技巧，就可以直接再造场景的现场感，表现保罗的真实经历。他的画在叙事观念上似乎没有得到充分的宣扬，以至于有许多人质疑他的作品，认为它们缺乏艺术性（这是从消极的意义上说的）。但也有人认为，这些才是真正的宗教体验。事实上，他的画从来都不缺收藏者。

《圣保罗的皈依》这类作品，体现了卡拉瓦乔精心构思的叙事策略，是经过深思熟虑才创造出来的，而非那些批评者所说的——他仅仅是临摹模特而直接画出来的。卡拉瓦乔认为，保罗的皈依是由一种内在的心理力量驱动的，而不是像表现这一主题的传统绘画那样，认为保罗是因为天空中出现了上帝的雄伟形象而导致他皈依的。圣人从他那匹花色骏马上重重地摔了下来，平躺在地上；他的手臂摊开，形成早期基督教徒祈祷的那种姿势，面向一束穿透了黑暗的光线。保罗的马匹抬起了一只马蹄，以避免踩在他的身上——而不了解情况的马夫则手握马缰来稳住骏马，马夫低下头来以避开强烈的光线。这幅画的真实性和直接性，是之前的宗教艺术作品中从未呈现的。

在完成这些作品之前，卡拉瓦乔在罗马的名声就已经很响了。他在孔塔雷利小礼拜堂里画的侧堂油画确立了他的名声；在为切拉西教堂绘画的合同中，他被称为“本城有名的画家”（egregiusin Urbe Pictor）；同样的，在1604年，来自托伦蒂诺的贵族兰奇洛托·毛鲁齐（Lancillotto Mauruzi）在写信时，也提到，卡拉瓦乔是罗马城里最好的画家。

卡拉瓦乔一跃成为明星，但他的恶劣本性没有改变，他被警察拘留的记录也越来越多。当他被关进监狱时（这种事情经常发生），他那些有权有势的赞助人势必会来帮他。卡拉瓦乔成名后，变得更加多疑、好斗，不断地陷入麻烦和争吵中——有时与职员、警卫为了女人争风吃醋，有时与那些批评他的作品的人发生冲突。他去打了一个年轻的学画者吉洛拉莫·斯潘帕，因为这人竟敢贬低他在孔塔雷利小教堂的绘画。卡拉瓦乔有选择性地打骂他认为模仿了他的风格的画家，他小心翼翼地保护着自己的风格不被他人学去。卡拉瓦乔为自己在罗马的显赫名声而自豪，并十分防范那些抄袭他的人或质疑他在画界地位的画家。

不过，卡拉瓦乔对某些追随者的容忍程度就比较高。他与著名画家奥拉齐奥·简提列斯基关系良好。卡拉瓦乔的新现实主义，对年轻的艺术家很有吸引力。如来自博洛尼亚的圭多·雷尼、来自威尼斯的卡洛·萨拉塞尼（Carlo Saraceni）和来自伦巴第的巴托洛梅奥·曼弗雷迪（Bartolomeo Manfredi），他们都来到罗马并开始模仿他的风格。卡拉瓦乔特别憎恨巴格利奥，当巴格利奥这位平庸的画家在他画的《神圣之爱》中对卡拉瓦乔画的《胜利的爱神丘比特》（参见插图32）进行视觉上的批判时，卡拉瓦乔变得愤怒起来。巴格利奥抢走了卡拉瓦乔想要争取的、罗马重要教堂伊尔日教堂创作祭坛画的一份合同，卡拉瓦乔写了污浊的诗句谩骂巴格利奥，因而巴格利奥在1603年起诉了他。在随后的审判中，卡拉瓦乔被关进了监狱。法国大使菲利普·德·白求恩（Philippe de Béthune）是卡拉瓦乔众多富有和有地位的艺术支持者之一，在他的游说斡旋后，卡拉瓦乔被释放了。这场诽谤审判，记下了卡拉瓦乔关于自己艺术理念的少数宣言之一（虽然法庭不是对绘画上的精细之处进行广泛讨论的最佳地点）。卡拉瓦乔说，他推崇的画家必须是“valenthuomini”的画家，即“善于绘画和模仿自然事物”的优秀艺术家。他列举了当时在罗马创作的一些画家，认为那些画家才值得喜爱——所有这些画家中，包括风格主义画家、古典主义者和自然画派画家，让他觉得最令人钦佩的品质是：他们对绘画有真正的了解，很好地实践了自己的风格，并且功成名就。他们包括风格主义画家朱塞佩·塞萨里、费德里科·祖卡里和克里斯托弗罗·龙卡利，以及代表新巴洛克风格的改良古典主义者阿尼巴尔·卡拉齐。卡拉瓦乔提起这些画家的名字，是因为他想让自己能够与这些受人尊敬的画家相提并论。

在1600年之后，卡拉瓦乔创作了一种新的宗教绘画。他转向了一种风格刚硬的现实主义而不是自然主义的手法：人们通常理解的自然，被他从绘画中省略了，在他作品的阴暗背景中模糊不可分辨。在孔塔雷利和切拉西两座小礼拜堂的绘画中，他都展示了一种新的、直截了当的宗教表现力，集中于一种真实再现的、直截了当的（哪怕是有点模棱两可的）人物姿态和情感的表达。他笔下的主人公对自己所处的故事场景有着惊人的真实反应，其心理深度和直接性在宗教绘画中可谓前所未见。这些人物看起来非常真实，似乎完全是按照模特画出来的——但事实上，他们同时也是受到古代雕塑和米开朗基罗的艺术启发而创作的复杂的作品，这些作品的来源与那些“风格主义”画家所用的素材来源相同。卡拉瓦乔画的《在旷野的施洗者圣约翰》（*St John the Baptist in the Wilderness*，参见插图33），与他在孔塔雷利和切拉西小礼拜堂的作品大致创作于相同的时间，画中人物那构图均衡（contrapposto）的姿势，让人想起米开朗基罗在西斯廷教堂天顶上所画的《诺亚献祭》（*Sacrifice of Noah*，参见插图24）中左上角的那个裸体青年；卡拉瓦乔在同一时期画的《胜利的爱神丘比特》（参见插图32），其双腿不雅地张开，很可能也是受到米开朗基罗画的《最后的审判》（*Last Judgment*，参见插图25）中的圣巴多罗买（St Bartholomew）那个人物形象，以及他在佛罗伦萨的德尔拉宫的《胜利》雕像的启发；在《圣马太蒙召》（*The Calling of St Matthew*，参见插图46）一画中，卡拉瓦乔所画的基督伸出的召唤之手，也模仿了米开朗基罗在《创世记》（上帝创造亚当）中所画的亚当之手[1]。

不过，卡拉瓦乔的技法与米开朗基罗的技法并不相同：他画的人物与米开朗基罗画笔下那种英雄般的柏拉图式裸体毫无共同之处。后者所画的人物，在他自己的那个时代就被理解为代表了灵魂渴望升天的隐喻。卡拉瓦乔画中的人物与风格主义画家所画的人物也不相像，卡拉瓦乔画的人物并不优雅，对一些欣赏他的作品的人来说，他是用一种似乎难以言说的坦诚来塑造人物形象的。卡拉瓦乔画的施洗者圣约翰和丘比特是年轻的男孩，而不是米开朗基罗画的成年男性，并且由于他们摆出的那种挑逗性的姿势，显得有点娈童的暗示。卡拉瓦乔作品的特点是诙谐、性情乖张，在这些绘画中表现出来的矛盾和歧义，是他现代性的标志。他回避传统而倾向于表现冲突，让观众自己去欣赏和理解他的作品。

尽管卡拉瓦乔与风格主义画家描绘的是相同的视觉形象，他使用的方式却不相同。他拒绝了前人的理想主义，不仅放弃了风格上的抽象，而且放弃了修辞上的精英主义态度。在风格主义画家的作品中，人物经常带有做作的姿势——这些姿势通常在解剖学上是不可能做到的，这其实体现了在法国和意大利出版的“风格主义”标准模板画册中提倡的那种经过修饰的优雅。这些画谱手册中倡导的行为举止，在16世纪时被人们认为代表了受过教育的、高雅的风度。直到17世纪，画家们仍在表现这种“人为的”人物举止规范。但卡拉瓦乔的作品在很大程度上摒除了这些手法。在以新的方式勾画出他的主人公时，卡

[1] 该作品在梵蒂冈西斯廷教堂，该教堂以米开朗基罗的穹顶画《创世纪》及壁画《最后的审判》闻名于世。

拉瓦乔旨在用更模糊的形象来取代以前宗教艺术作品中那些光怪陆离的人物——在面对神迹显现的时候，展示了这些人物作为俗人的反应，他们心理上会有的那种可信的反应。卡拉瓦乔画笔下的形象，其反应大胆而真实，表现出了他们面对基督或天使时，常常会有的那种看起来相当直截了当的震惊或困惑的心态。

通过现实主义的手法，卡拉瓦乔表现了他的主题，用生动自然的叙述手法，对之进行了梳理和强化，而且他的叙述还能与几个世纪以来的宗教传统产生共鸣。他的新颖性主要表现在他画中人物的真实性和他倡导的艺术信条上，而这种新颖性立即吸引了全欧洲的年轻艺术家，他们全心全意地模仿卡拉瓦乔的风格。乔瓦尼·皮埃特罗·贝洛里写道，罗马的年轻艺术家"把他的作品看作奇迹"，并开始在罗马的广场和街道上寻找他们自己的模特。然而，那些更偏向于传统的批评家和古典主义艺术家们则痛恨他的风格。那个世纪的晚些时候，尼古拉斯·普桑[1]说，卡拉瓦乔"来到世界上是为了败坏绘画艺术"。古典主义大师贝洛里则对卡拉瓦乔的作品大加批评："他不知道如何走出地窖（指卡拉瓦乔画作中阴暗的画面背景）。（他缺少）创意（invenzione）和构思（disegno），其作品没什么得体或艺术性可言，但这些批评并没有影响他的名声迅速提高。"

贝洛里并不特别反对卡拉瓦乔早期世俗作品中的现实主义，他

[1] 尼古拉斯·普桑（Nicolas Poussin，1594—1665年），17世纪法国巴洛克时期重要画家。普桑的作品大多取材于神话、历史和宗教故事，作品构思严肃而富于哲理性，人物造型庄重典雅，富于雕塑感，代表作有《阿卡迪亚的牧羊人》等。

非常钦佩卡拉瓦乔年轻时画的静物作品中那些花卉和水果的细节。巴格利奥也是一样，他在评论卡拉瓦乔时，通常都是偏向批评的。卡拉瓦乔成熟时期的作品，即他的巨幅宗教题材画作里，生动形象的主人公被放在模糊的背景中——这让批评者们特别不喜欢。他们从卡拉瓦乔的宗教绘画上看到的，不只是令人反感的高度现实主义的人物，而且这些人物显得无比卑微、低级甚至粗俗。卡拉瓦乔的批评者们经常未能正确地解读他对画笔下人物的心理表现力。罗杰・德・皮尔斯（Roger de Piles）在他写于1708年的《绘画基础课程》（*Cours de peinture parprincipes*）一书中，在“表现力”方面给了卡拉瓦乔零分，因为他宣称卡拉瓦乔只是模仿自然，因此这方面的艺术对他来说并不重要。事实上，正如后来的法国评论家德尼・狄德罗[1]所认识到的，卡拉瓦乔的艺术表现力是强大的，同时也是含蓄的、反古典的、有意为之的。

[1] 德尼・狄德罗（Denis Diderot，1713—1784年），法国启蒙思想家、哲学家、作家，百科全书派代表人物。

第五章 神性与人性

卡拉瓦乔新的绘画风格直接、坦率，比他之前的艺术家更清楚地展现出世俗世界与天堂世界之间的鸿沟。他坚定地从人类的视角来看待客观存在，坦率地画出了他笔下的凡人在认识神性的时候所面临的困惑。与他同时期的大多数画家相比，卡拉瓦乔更喜欢让观看者也参与进来，一起思考人类与天堂的关系——因为他自己无法表现出这两者之间的关系。他不想去描绘天堂，不是因为他仅画下他自己看到的、摆在面前的东西；相反，他避免描绘神圣的画面是因为他有意识地不去画那些场面。

天堂的不可知性，是卡拉瓦乔所建构的世界的一部分，是他经过调整的视觉世界。这不是那种幼稚的“存在于世”（Dasein）的外化，也不是他自己想要表现的“故我在”——用马丁·海德格尔（Martin Heidegger）的现象学分析来看，卡拉瓦乔只画自己在画室里眼前所能看到的东西，完全是为了证实他自己的存在；相反，他把画面的背景画成黑色调，从符号学的意义上来说，是想表现人类对超越俗世经验的事物还无法理解。有些人认为他只是一个世俗艺术家，在他的绘画中对圣灵显得很不虔诚，特别是在那些模棱两可的和略有讽刺意味的场景中，他有时把圣徒画得颇不得体。在卡拉瓦乔去世大约10年之后，朱利奥·曼奇尼批评卡拉瓦乔的《圣母之死》（*Death of the Virgin*，参见插图26），认为该画作违反了教义上的说法。曼奇尼称卡拉瓦乔笔下那毫不起眼的玛利亚所用的模特是“来自奥尔塔奇奥（Ortaccio）的肮脏妓女”，并解释说，“那些虔诚的神父出于这个原因拒绝了（这幅画）”。在卡拉瓦乔传记的旁注中，曼奇尼补充说，用于表现这位圣母的模特是画家的一个情人。在这里，曼奇尼指的是某个真实存在的女人，他甚至可能知道那个女子的名字。尽管有人认为他的说法是隐喻性的，用“肮脏妓女”（meretrice sozza）一词作为修辞性的形象，来评论这幅画的低俗和不恰当的风格。不管怎样，在曼奇尼看来，卡拉瓦乔画笔下的圣母只是一具浮肿的尸体，她那张茫然的脸被光线从下方照着，没有一丝天使般的模样。玛利·抹大拉和光着脚的使徒们包围在简朴的尸床边，他们都在为失去圣母而悄悄地哭泣和哀悼。

众所周知，卡拉瓦乔在他的宗教题材作品中用了妓女来做模特。在他早期的绘画中，他用了安娜·比安奇尼，她可能在《忏悔的抹大拉》（参见插图13）中作为抹大拉（Mary Magdalen），在《逃往埃及途中的休憩》（参见插图14）中作为休息着的圣母玛利亚而出现。他还用了菲利德·梅兰德罗尼作为模特，其形象被画成《抹大拉的皈依》中的玛丽（参见插图50），以及《亚历山大的圣凯瑟琳》（参见插图16）。人们也许可以解释说，在后一幅画中的剑被认为是象征着阳具，而菲利德用手指在剑上滑动，这可以被理解为一种带有性暗示的双关语。对当时爱说笑打趣的人来说，从庄重的绘画中看出性意象，并不是什么不寻常的事——而在这一点上，卡拉瓦乔似乎还在故意引导人们得出这样的解释。这些人物形象让观众看了摸不着头脑，让人们不敢确定这些人物到底是圣人，还是那些不适合画进宗教题材作品里的底层社会人物。

《圣母之死》典型地表现了卡拉瓦乔探索人类经验与神性关系的特别现代的观念。他没有像前人那样，想象俗世与天堂之间存在着某种自然的或能够“正常化”的关系——后者在绘画中很容易被描绘成与前者有良好的交融——而是认为：要将具体的形式赋予一个世外天堂的感觉，这是画家无法做到的事。对于卡拉瓦乔来说，使徒和圣人（包括圣母玛利亚），还是属于凡人。他在这幅画中对玛利亚死去所作的直截了当的大胆描述，与卡洛·萨拉塞尼（Carlo Saraceni）所画的遵守传统原则的那个版本大为不同。后者被选来取代卡拉瓦乔的作品，放在了罗马阶梯圣母教堂（Spezieria di Santa Maria della Scala）里。萨拉塞尼的祭坛画《圣母永眠》（参见插图27）表现了圣母坐在床上，满心崇拜的使徒和信徒们围在边上，祈祷并仰望着天空，画面上有天使在云朵和金光中演奏着音乐，并带来了鲜花。卡拉瓦乔选择了表现正在死去的圣母，而萨拉塞尼则用一种假设场景来表现圣母死亡的主题。显然，在1607年，也就是卡默里派神父们拒绝接受他们在六年前委托卡拉瓦乔所画的作品的时候，他们认定他们更愿意把死亡和假设的情况当成一种“经过”（transito），或把“圣母安眠日”（dormitio）表现成一个综合的场景——这一场景表明复活的圣母在等待着升入天堂。卡拉瓦乔不愿意在绘画中推测他自己所看不到的东西，他坚持认为：超越人类经验的事物，同样也超出了人类的解释或理解。

在卡拉瓦乔的其他画作中，人类属性的神性迹象也不见踪影，因为这些主题被世俗化了。例如，在他所画的《基督降架》（参见插图47）一画中，没有一个人头顶天使光环。卡拉瓦乔认为，基督的威严在他存于尘世的肉身中是充分可见的，不用借助于光环，所以卡拉瓦乔在画基督的时候，几乎都不画光环。但即使在基督头顶有光环的时候，比如在《圣马太蒙召》（参见插图18、46）中，税务官马太仍然显得不知所措，不知道自己应该如何反应。人们都期望艺术家表现出马太有跟随基督的意愿，因为《圣经》故事里说了马太立即跟上了基督——卡拉瓦乔在画这幅《圣马太蒙召》时得到的启示应该是：“圣马太……从柜台边起来，一心要跟从我们的主。”但卡拉瓦乔却通过困惑的神情来揭示了马太的人性弱点，而基督必须通过给予额外的恩典（参见插图29）才能让信徒心甘情愿地跟随。卡拉瓦乔在自己所画的场景中，通过表现马太的犹豫不定，制造出一种紧张的局面，来集中反映出神的力量克服了人类的优柔寡断。画家在这里表现的不是世俗的冲动，而是希望通过表现普通的人对神力的不理解，从而更显出恩典的力量是如何强大，来强调这个税务员的困惑不解是很自然的反应。

另一幅类似的作品是《圣多马的怀疑》（*Doubting Thomas*，参见插图28）。作品表现了画中的人物刚开始还不知道在他们面前的就是神。粗俗的农民出身的使徒们惊奇地发现了神圣存在的意义：当持怀疑态度的门徒用手指探查了基督的伤口之后，圣多马和他的两个同伴就不再怀疑，并当下成为信徒。卡拉瓦乔的这幅画完成于他为切拉西教堂作画之后不久。他在切拉西教堂为富有的银行家兼知识分子文森佐·朱斯蒂尼亚尼侯爵画了作品。文森佐和他的兄弟贝内德托（Benedetto）以收藏艺术品而闻名，他们请卡拉瓦乔画《圣多马的怀疑》，可能是因为他们与罗马奥拉托利会的密切联系。他们与在帕廖内的圣多马教堂（San Tommaso）有联系，这个教堂是专门为圣多马这位圣人而修建的。在这幅画中，画家将基督（在画中没有头顶光环）与粗鲁的使徒之间作了对比。其区别是微妙的，因为他画笔下的基督，看不出什么灵性的特征：他的身材逼真，身上还带着难看的伤口。圣多马的手指往伤口里插得那么深，深到令人担心。圣多马查看基督的伤口——这件事对天主教的改革者来说很重要，他们用这一行为来作为基督复活和他是个真神的证明，从而演示了信徒心里的怀疑如何得以消除——这个故事为信徒们的信仰提供了一个可靠的信息。看到这幅画的大多数人都认为，基督抓住圣多马的手，让圣多马把食指探进了自己身上的伤口。但基督脸上关切的表情可能表明，圣多马把手指插得太深，让基督感到了疼痛并用左手挡住，阻止自己的追随者往伤口里插得更深。无论如何解读，画家对人体形体上的关注，超过了他对神性世界进行更多探索的兴趣。

卡拉瓦乔的艺术清楚地表明了人物与神灵之间的鸿沟。这一距离既表现在心理上——通过他所画的来自俗世的主人公；也表现在身体上——比如他把所有形象太过真实的天使放在画布的顶部，或避免画出天父。理解卡拉瓦乔的新式绘画，需要观察者洞察人事，对在神学上长期确立的概念——人类对神性世界一无所知——有所了解。在设想人类经验和未知的神圣领域之间的差距时，卡拉瓦乔仍然是出于宗教冲动的角度而工作。他画的人物，虽然完全是普通人，但经历着信仰的考验；他画了圣人，这个做法可能是为了满足教会提出的要求——要符合《圣经》上的解释。

例如，卡拉瓦乔在他第一次画的《圣马太与天使》（参见插图36、37）中，让观者能够看到使徒正在努力地想要去理解自己面前经文的含义，而观看者可能已经熟悉《马太福音》的开篇，以及这些篇幅如何使《旧约》和《新约》产生关联。卡拉瓦乔把马太描绘成一个四肢发达、头脑简单的呆子，来强调马太很愿意接受天使的神助，从而写好他的《马太福音》。卡拉瓦乔画笔下那头脑简单的马太，与罗马奥拉托利会领袖菲利波·内里（Filippo Neri）所珍视的某些品质之间，也有相似之处。菲利波·内里以爱开玩笑而闻名，以此来掩盖他所做事情的严肃性。在1622年时写了内里传记的皮埃特罗·贾科莫·巴奇（Pietro Giacomo Bacci）指出，罗马奥拉托利会的这位创始人喜欢让自己显得大智若愚，他故意通过愚蠢的行为来掩盖自己出于明智的谦让。巴奇指出，内里总是牢记使徒的这句格言："你们中间若有人在这世界自以为有智慧，倒不如变作愚拙，好成为有智慧的。"（《哥林多前书》，第3章第18节）类似的说法在圣依纳爵·罗耀拉《属灵操练》一书里也有。他说，他"愿意被人认为一无是处，是上帝的愚人"。这个说法与《圣经》中的一段话（《哥林多前书》，第4章第10节）有着异曲同工之妙："我们为基督的缘故算是愚拙的，你们在基督里倒是聪明的。"从神学的角度来看，这些段落证明，卡拉瓦乔的处理手法——把马太画成外表简单朴实的，其实是有道理的。

尽管当卡拉瓦乔去孔塔雷利小礼拜堂作画时，朱塞佩·塞萨里已经在穹顶那里画上了先知和《圣马太复活埃塞俄比亚国王的女儿》（*St Matthew Resurrecting the Daughter of the King of Ethiopia*，参见插图52）这些作品。卡拉瓦乔构思了一个能够保持主题统一的办法，在他的三幅绘画中，表现了马太对神的帮助所作的反应，这些画独立于塞萨里的壁画之外。卡拉瓦乔的作品强调的是人物心理上的而不是宗教上的感受——马太在神灵面前是被动的。这三幅油画揭示了马太在获得神助之前的几个步骤或阶段：他接受恩典的召唤，获得写作的灵感，以及最后进入了天堂。但我们所看到的，只是凡人马太在接受召唤（参见插图18、29）时的似懂非懂。在卡拉瓦乔画的第一幅启示里（参见插图36、37），或者在《圣马太殉道》（参见插图31）的画里那样，马太想保护自己，却显得力不从心。卡拉瓦乔更着重表现人物而不是上天的事情，重在表现人类听到神圣启示时的难以理解或恐惧。正如《圣马太殉道》那幅画中的天使身处在黑色背景下的小而厚重的云层里一样，卡拉瓦乔几乎不让人躲避到宏大的、超自然的环境里面去。在强调他所认为的俗世和神灵之间应该有什么样的适当关系时，他的理解几乎有点像是拙劣的模仿。比如第一幅启示画里的马太，感觉就像是个傻瓜，他的脚在踢着，似乎想要威胁在教堂里主持仪式的牧师；或《圣马太蒙召》一画中，马太好像还在质疑着基督。

第六章

含糊与不确定性

卡拉瓦乔的艺术中存在着含糊的不确定性——这一点，在他所处的时代和我们这个时代，都引起了观察者的注意。他的作品中一个引人注目的难题是，由于其简朴的现实主义和神秘的表现力，对他的作品可以有不同的解释，有时似乎隐藏了深刻的宗教意义，有时却又明显地破坏了深层的宗教含义，有时可谓两者并存。含有歧义，是卡拉瓦乔艺术具有现代性的一个典型表现，也是他复杂的绘画修辞的一部分。而对于他的现实主义作品中带有的多义和不同寻常的表现方式，我们不能简单地将之理解为理所当然。人们发现，很难解读他的人物形象，也很难解读画作里主人公的情感状态和意义。例如，观看者会想知道，当圣彼得被送上十字架的时候，他那直勾勾地看着人的、让人难以理解的表情，到底意味着什么（《圣彼得蒙难》参见插图19、49）；为什么圣母被画成一具放在太平间桌子上的浮肿尸体（《圣母之死》参见插图26）；或者在《圣母玫瑰经》（*Madonna of the Rosary*，参见插图39）一画中，殉道者圣彼得瞪大眼睛凝视着右边，那眼神既可被解读为严肃的，也可被解读为嘲讽的。卡拉瓦乔画作中的模糊性，就是这样体现的，其意义至今仍然起着作用。

卡拉瓦乔作品中的模棱两可，在一定程度上是由于他坚持采用“现实世界”的态度和他画的人物所展现的身手姿势，以及他拒绝沿用他的前辈画家们所习惯运用的那些视觉语言。如果沿用了那些技法风格的话，他作品中的意思就会比较具有可读性了。卡拉瓦乔作品中的含混不清，可能是有意为之，为的是故意让作品带来歧义的解读，呈现出丰富的视觉语义难题，好让观看者能够参与感官和智力上的游戏，并鼓励观看者深入思考信仰方面的奥秘。他的作品中展示的谜面可能是他设计出来的效果——而这种效果，对私人收藏家和老练的罗马知识分子有着特别的吸引力，他们的议论会给他的作品带来轰动效应。

卡拉瓦乔绘画中的模糊性是既深且广的。在《圣马太蒙召》（参见插图18）一画中，关于哪个人物代表了圣马太所引起的歧义，就已经让一些学者争论不休——他们认为这很难明确说清。有的学者坚持认为，坐在桌子中央那个留着胡子的人不可能是圣马太（参见插图29），因为他指着自己，好像是在问基督：在喊谁呢？而这样的表现会破坏他能够成为使徒的全部意义，扭曲这一场景在宗教上的意义。有的人认定桌子左端的男孩是马太，但也有人认为画里那人是个纳税人，也有人说那人是个窃贼。卡拉瓦乔故意让第一次访问孔塔雷利小礼拜堂的参观者很难从桌子边上的人物中看出来谁是马太，以此来吸引观众的兴趣和注意力。很可能，传统上人们认为马太是桌子中央留着胡须的那个人——该说法是正确的。艺术家选择画出决定跟随基督之前的马太，这样既强调了基督出现的突然性，又在两个主要的主人公之间制造了某种戏剧性的心理磁场。虽然卡拉瓦乔笔下那个留了胡须的马太，其目光专注，表现出对基督的某种兴趣，但他仍然保持中立态度，还没有做好积极追随上帝的准备，因而显得不那么积极：他用手指着自己，心存怀疑和犹豫。相较其他艺术家在这一主题的绘画中对马太的描绘，卡拉瓦乔画出的这位税务员更显真实，没有那么拘泥于格式。例如，在卢多维科·卡拉齐所画的版本（参见插图30）中，马太显得谦卑和虔诚，好像随时准备着追随基督。而在朱塞佩·塞萨里的素描和克里斯托弗罗·隆卡利的壁画中，马太则好像在说自己配不上神的眷顾。

如果在教堂另一侧的画作《圣马太殉道》（参见插图31）的场景真的是在表现洗礼仪式的话，卡拉瓦乔又用上了他特有的奇怪方式：在画面下方的池子里，几乎没有表现出洗礼水。如果他想强调马太的血与圣水混合，让人想起基督的洗礼、献祭和复活这些故事，以此来暗示马太的身体死去和他的灵魂重生的话，这可是一个重要的疏忽。不管卡拉瓦乔画了什么来作为圣水的暗示，那些细节都随着时间的推移而变暗，变成让人无法辨认的一团漆黑。正因为画家忽略了去画好水池的情况，以至于有一些现代评论家猜测说，画面前景中的那些半裸人体，是否真的是等待洗礼的新入教者？有人在最近的研究中把这些人解释为马太治愈的残疾者，但他们最可能是准备进入浸礼池受洗的新信徒。

这幅画中的天使，只有从马太的角度才能看到，画中的其他人物都没有注意到天使的降临。然而事实上，圣马太本人也并没有表现出看到天上使者来临的迹象。即使我们是从上面的视角看着马太的头部，但很明显他的目光还是盯着自己面前的刽子手。圣马太全神贯注于自己所面临的攻击，以至于忽略了天使递给他的棕榈枝。他似乎伸出右手想保护自己不受刽子手的伤害，他的右手实际上朝着天使和棕榈枝（又或许是被刽子手扳成这个样子的），这暗示了——也许是不经意的，又或者是卡拉瓦乔的典型的奇特之处——马太拒绝接受棕榈枝，从而破坏了上帝恩典和拯救在宗教意义上的重要性。卡拉瓦乔再一次如此安排他的主人公，让画中的人无法感知神圣的世界，而观众只能面对这种在视觉上难以解释的难题。

卡拉瓦乔画的第一版《圣马太与天使》（参见插图36、37），是要当作教堂的祭坛画，画中有双重的模棱两可之处。首先，画家没有把在写《马太福音》的马太描绘成一个有学识的人，而是把他画成一个粗俗之人，因为，从画作中的表现来看，他显然无法写出自己面前的希伯来文。卡拉瓦乔把圣人画成这副模样，难怪让乔瓦尼·皮埃特罗·贝洛里出于宗教的说法，再看画中人物缺少那种古典式的理想化，因此批评该画缺少一种崇敬。卡拉瓦乔在这里的观点，似乎与时常保持警惕的保守派红衣主教加布里埃莱·帕莱奥蒂（Gabriele Paleotti）的观点一致。帕莱奥蒂在他《神圣和世俗图像论述》中说，《圣经》的内容不是由人撰写的，而是人根据上帝的旨意而写的。卡拉瓦乔的画里，天使在指导着摸不着头脑的马太——就把这一层意思表达得特别好。

这幅画的另一个模棱两可之处集中体现在天使的身上：天使的身体显得颇为性感，与祭坛画显得格格不入。事实上，圣路易吉·迪·弗朗西斯教堂的牧师拒绝接受这幅画，然后由富有的银行家、知识渊博又热心的文森佐·朱斯蒂尼亚尼买下来，他是卡拉瓦乔的支持者。可能是朱斯蒂尼亚尼说服了孔塔雷利小礼拜堂的掌管者，给了卡拉瓦乔第二次机会，再为教堂绘制祭坛画；他也可能帮助画家获得了为切拉西教堂画两幅油画的机会。他还让卡拉瓦乔为自己画了《圣多马的怀疑》（参见插图28）和《胜利的爱神丘比特》（参见插图32）这两幅作品。

如果抛开其宗教功能，考虑到其潜在欣赏者是某位私人赞助商，卡拉瓦乔画的第一版《圣马太与天使》就要用世俗的话语模式来解读了。在这幅画中，性感的年轻天使在许多方面都与为朱斯蒂尼亚尼所画的《胜利的爱神丘比特》相似，也不可避免地会被人拿来与后者相提并论。在《胜利的爱神丘比特》一画中，爱神展示了他带有挑逗性的情欲，也代表了严肃的人文主义事业的升华——这种渴望，通过分布在男孩身下的一些标志物来表现：画家在那个地方画了代表政治、建筑、音乐、战争和名誉的标志。通过这样一个比较，第一版《圣马太与天使》中天使的情欲部分就会被放大；而另一幅图中的丘比特，则会被视为他在欣赏自己大胆的诱惑，有着男色的暗示，也表现了他对礼仪的藐视。《胜利的爱神丘比特》一画中的模糊性，让人们得出了相反的解释，从公然显示性欲，到表现隐喻性的“神圣的爱”（amor divino），各种说法都有——后一种说法似乎很难自圆其说。在卡拉瓦乔画的第一版《圣马太与天使》中，把天使想象成代表了神圣的爱，这同样具有挑战性。卡拉瓦乔一定还有别的意思，最有可能的是，他喜欢用一种讽刺的、感性的诱惑，来代表一种超越人类所能代表的神圣的美。画家有时为了创造出讽刺和审美的效果，并由此在他所画的复杂人物身上产生出一种令人惊奇的丰富感觉，而在表现宗教含义的方面作了牺牲。

在17世纪的头几年里，卡拉瓦乔从一些新的重要的公共机构那里获得了似乎源源不断的绘画订单。到1601年6月的时候，他已经搬出德尔蒙特红衣主教的宫殿，住到基洛拉莫·马特伊（Girolamo Mattei）红衣主教那儿去了，而且很可能在那里一直住到了1603年。方济各教派是基督教一个秩序严格的分支，马特伊作为其主教，可能对卡拉瓦乔的创作产生了影响。卡拉瓦乔画出了粗犷而简洁的画作，包括切拉西小礼拜堂的两幅油画。红衣主教隔壁住着他的两个兄弟——西里亚科（Ciriaco）和阿斯德鲁贝尔（Asdrubale），他们两人都热衷于收藏古罗马的雕塑以及当代艺术作品。卡拉瓦乔为西里亚科画了几幅画，包括《在旷野的施洗者圣约翰》（*St John the Baptist in the Wilderness*，参见插图33）、《以马忤斯的晚餐》（*Supper at Emmaus*，参见插图45）以及《逮捕耶稣》（*Taking of Christ*，参见插图42）。为西里亚科所画的《在旷野的施洗者圣约翰》，与为朱斯蒂尼亚尼所画的表现世俗场景的《胜利的爱神丘比特》一样，似乎是一幅色彩斑斓，甚至有一丝淫秽的绘画，显然缺乏卡洛·博罗梅奥（Carlo Borromeo）或加布里埃莱·帕莱奥蒂在其有关神圣绘画的论著中所倡导的那种规范。这幅作品的模糊性是如此强烈，以至于作为圣约翰出现的男孩的身份受到了质疑：他被人们解释为神话人物弗里克索斯（Phryxus）、牧羊人帕里斯（Paris）或亚伯拉罕的儿子以撒（Isaac）。画家展示了男孩的裸体，他没有画上宗教画中应该有的芦苇，并且画的是一只公绵羊而不是一只羊羔——画家的这些手法，似乎故意要让人产生迷惑。画中的公羊起初令人费解，但不一定是一个无关紧要的图像，因为献祭的公羊是基督的象征。背景中的公羊和葡萄藤可能表明，这个男孩很可能就是施洗者圣约翰，因为预见了基督的牺牲和人类由此而得到的拯救，他因此露出了微笑。人们需要用这种基督教教义的说法来为这个男孩的形象作解释；加上画中人坦率和代表肉欲的赤身裸体，又表明了卡拉瓦乔艺术中那种二元的复杂性质。

卡拉瓦乔绘画中那种飘忽不定的感觉，也许是他故意而为的。他的画让人无法清晰地解读，产生了矛盾的含义，而且，他画里的人物的姿态和举止也都模棱两可，让人很难确定这些人物形象在卡拉瓦乔绘画中的真实角色和具体行为到底是什么。他的策略之一很可能是要在他的画中形成一种“对清晰说教的抵制”，向观众强调人类视觉或人们理解神圣启示时所不可避免的局限性——这让看他的画的人对宗教重新产生一种神秘感。

卡拉瓦乔使用的视觉语言迥异于他那个时代的规范，从而使他的绘画具有多层次的有效交替，并具有独创性和非常规性的特点。他没有遵从以宗教规则为基础的艺术体系里的标准。同时，他那些颇有品位的顾客也注意到了他出于宗教上的虔诚而没有遵从艺术规范的原因，他们尊重他的作品，因为那些作品在审美上或智力上都表现出了特色，成了一种新形式的典型。因此，从接受理论和观众反应方面来说，卡拉瓦乔让观看者调动大脑和审美感，在欣赏作品的过程中，去进行一场意义何在的探索，从而让观看者在智力和感官上都得到了参与。卡拉瓦乔的非常规性还在于，他颠覆了以前的宗教礼仪和艺术表达上的规范，那些规范已经失去了活力，再也无法让观看者产生一种新奇或惊讶的感觉。

意思含糊，是他绘画作品中的一个主导话题。虽然一些评论家看到了其中积极的宗教意义，但也有人对他的作品持否定态度。笔者前面的论点表明，艺术家的“另类”，有时是有意为之，是出于画家的意识；但有时也是无意的，是他的绘画特质所带来的结果。无论是哪一种情况，卡拉瓦乔的绘画作品，在基督教教义核心信仰的意义方面给观众带来不确定性——这不可能是他的目标。他的作品让人很难清晰解读，是他吸引观众注意力的一种手段，意在引导旁观者能够认真并持久地参与画面中的场景，并了解人们在现实生活中所经历的、在信仰方面会遇到的复杂感觉。

卡拉瓦乔在他的宗教绘画中，除了完全是宗教式的反应，还经常出人意料地、大胆地在他所画的人物身上展现出一种智力上或情感上的反应〔例如《圣马太与天使》（参见插图36）、《以马忤斯的晚餐》（参见插图45）、《圣多马的怀疑》（参见插图28）〕，而非一种整体上的性灵反应。卡拉瓦乔在他的画布上可能用开玩笑的方式表现了他对宗教所抱有的潜在的负面思想，以便让旁观者在解读他的画作时，在头脑中产生紧张和受到启发的思绪。有思想的观察者会因为这些想法而困惑，这种新颖的策略是导致人们去接受和解释他的作品的重要原因，这也是他的表现手法具有现代性的一个重要部分。卡拉瓦乔创造了一种新的感悟，只有把这种感悟放在其作品的偶然性和复杂性的特点之中，才是其现代性的特点。观众的感知仍然是辩证的和矛盾的——事实上，他的艺术中那种深刻的模糊性，仍然是其艺术最吸引人的地方之一。

在孔塔雷利小礼拜堂里，还有一个性质不同的模糊之处，那就是在第一版《圣马太与天使》中，马太的外表（参见插图36、37）与侧廊油画中的形象很不相同。在卡拉瓦乔早期（1599—1600年）的侧廊油画中，马太身材修长，长着一张长长的脸和尖尖的鼻子（参见插图29、31）；而在卡拉瓦乔后来画于1602年的作品中，马太身材粗壮，脑袋浑圆。没有人提供过令人信服的解释，来说明卡拉瓦乔是出于什么原因如此彻底地改变了圣马太的相貌。佛兰德斯（Flemish）雕塑家雅各布·科巴尔特（Jacob Cobaert）在1587年接受过一份委托，雕刻了一座大理石雕塑来充当教堂的祭坛（参见插图34）。到了1602年1月，科巴尔特的雕塑终于被安放在祭坛上的时候，却马上遭到圣路易吉·迪·弗朗西斯教堂牧师们的反对。他们反对的理由是雕塑的审美品位不够好，这为卡拉瓦乔接受委托来画一幅祭坛画以代替那尊雕塑一事创造了机会。

科巴尔特于1602年还在雕刻他的大理石雕像——这个事实本身就决定了没有必要去讨论卡拉瓦乔什么时候画的第一版《圣马太与天使》。有一些学者为了解释几幅画中马太的长相不同的原因而提出了一种观点：卡拉瓦乔的第一版《圣马太与天使》是一个临时的试验，当时就准备以后要被替换掉的。在1960年发现了一份签订于1602年2月的合同，该合同是有关卡拉瓦乔画的第一版《圣马太与天使》的。这表明，卡拉瓦乔是在科巴尔特的雕像被认为不合适之后，才开始创作这幅画。这也就是为什么卡拉瓦乔在画第一版《圣马太与天使》时，如此戏剧性地改变了他画笔下的圣人的相貌——当时他已经在《圣马太蒙召》（参见插图29）和《圣马太殉道》（参见插图31）这两幅画中画过圣马太了。这曾经是艺术史学家没有解决的一个难题，圣马太的模样在卡拉瓦乔的侧廊画中是一致的，在他后来画的第二个版本祭坛画中也保持了一致（参见插图35）。在第一版的《圣马太与天使》（参见插图36）中，马太与旁边绘画中他的模样完全不同。卡拉瓦乔侧廊画中的马太和他的第二个版本《圣马太与天使》画中的长相，与科巴尔特所雕刻的大理石雕像中的圣马太一样，都是身材修长、鼻子细长的。圣马太模样变化的原因，可能是卡拉瓦乔想与科巴尔特在大理石雕像中塑造的圣马太的相貌显得不一样。

科巴尔特的圣马太雕塑，到1599年的时候已经处于相对完成的状态。卡拉瓦乔在开始画他的作品之前，无疑已经看到过这件作品。在卡拉瓦乔作画的时候，很可能被人要求去借鉴科巴尔特版的圣人的身体特征。卡拉瓦乔是一位坚定地致力于独创性的艺术家，他一定很反感于被人要求去遵循另一位艺术家确立的先例——何况那还是一位不太著名的雕塑家。科巴尔特的雕像群一被教堂拒绝，卡拉瓦乔一点时间都没浪费地就摒弃了科巴尔特所设想的马太的特征。卡拉瓦乔在他的第一版祭坛画中创作圣马太的新形象时，似乎更重视发挥自己的艺术自由和创造力，而不是去考虑圣马太在教堂里的不同作品中外表是否显得一致。卡拉瓦乔画的第一版祭坛画在1602年遭到拒绝的原因，除了对圣人不敬的抱怨，圣马太看起来跟侧廊绘画里的形象显得不一样可能也是其中之一。卡拉瓦乔发现，一个底层社会打扮、身材壮实的形象，更能表达他的想法。画作里那个朴实的人，就像一个学习落后的小学生一样，在接受着一个高高在上的天使的指导。卡拉瓦乔是如此坚定地要摒弃科巴尔特那种传统的方法，这使得他顾不上保持教堂里宗教人物在画面形象上的一致性。

第七章

对立的含义

卡拉瓦乔的宗教题材的绘画带有强烈的现实主义色彩和异常的表现力，这使得他的支持者和批评者得出了互相对立的解释。笔者用“对立”这个词来表示他的画作让人们能够就其宗教内容进行正面和负面的两种解读。有些批评家认为，卡拉瓦乔对涉及神的艺术抱着一种亵渎的态度；其他人则声称，卡拉瓦乔画出了一种真正的宗教情感——由此导致了对他的作品截然相反或对立的评价。事实上，基于卡拉瓦乔画作中那些难以捉摸的、大胆的现实主义因素和艺术家有意选择去画不同于一般的画家的东西，他的作品难免会引发观看者得出或积极或消极的解释。而这种正反评论，都可以找到其解释的由头，该由头往往集中体现在画中主角没有表现出明确的信仰上。在人们试着对这些作品进行解读的时候，他的作品被证明是含义模糊的、内容复杂的。特别是，卡拉瓦乔通过他的人物鲜明的举止和他们在面对基督或天使出现的时候脸上带着的那种困惑的反应，的确暗示了正与反两种含义。通过本章节的讨论，笔者将展示，我们如何在一定程度上解释或调和这种对立的解读。

对卡拉瓦乔的绘画，在宗教方面能够给出对立的（正面或负面的评价）解读，这在一定程度上造成了人们对他的看法不一，从卡拉瓦乔所处的时代开始，一直延续到今天都是如此。在他那个时代，许多人看卡拉瓦乔的画时，没有看到作品中积极的一面；对他作品的内容，只是在某种辩证程度上的接受——这种现象在今天依然存在。一方面，卡拉瓦乔的绘画似乎缺乏宗教方面的内容，他的作品坚持现实主义，强调人间与神界的隔离，所描绘的主人公对于神迹明显缺乏精神上的理解，画面上有强烈的明暗对比，暗示着虚空。与这位画家同时期的传记作家们大多偏向于古典主义，拒绝接受他的作品中那种坦率的现实主义；评论家们则认为，他的作品缺乏仪式感和宗教感。另一方面，也有少数人认为，他的画作在宗教方面有着深刻的表现力。对于那些理解他的作品的人来说，卡拉瓦乔几乎一夜之间就成功摒弃了16世纪后期罗马艺术的那种抽象和理想化的效果，使那些手法看起来真的是过时了。对于那些积极回应他的新风格的忠实信徒来说，卡拉瓦乔的绘画强调了图像的真实性。卡拉瓦乔作品中的现实主义不是世俗主义的例证，而是用来指出：人哪怕在世间受到物质方面的局限，依然可以通过具体而生动的方式来对神性加以想象。

卡拉瓦乔的主要对立策略之一，是从风俗画的角度来思考宗教题材绘画的风格和内容。他刚到罗马的时候，这种以日常生活为题材的写实画正在罗马流传开来。他通过世俗化的宗教绘画来承载他创作现代化作品的冲动；同时也通过将风俗绘画融入宗教作品，将风俗绘画神圣化了。正如他把《纸牌作弊老手》（参见插图9）一画中的剑客形象放进了《圣马太蒙召》（参见插图18）那样——这种世俗的冲动再加上他朴素的现实主义手法，形成对他作品产生争论的根源，也让我们知道了他对宗教艺术的对立表现手法。卡拉瓦乔很快就发现，他在宗教艺术作品中用上二律背反的形式——比如他在《圣马太蒙召》中把马太画得心不甘情不愿的做法——会造成争议，也能给他带来名声。

今天的批评家们仍然用一种对立的态度来讨论卡拉瓦乔的艺术：有的学者将他定义为一个缺乏宗教情感表达的世俗的现实主义者，另一些学者则从他几乎所有的作品中都找出了他有深刻的宗教信仰的证据。笔者在卡拉瓦乔的艺术整体中所看到的是一个辩证的过程，在这个对立的过程中，既有消极的一面，也有积极的一面。他的宗教表达是含蓄的，但只要仔细考虑卡拉瓦乔的宗教观念，就可以看出积极的方面还是占据了主导地位。

例如，卡拉瓦乔为孔塔雷利小礼拜堂创作的三幅油画（我们在这里暂时省略掉第二个版本的《圣马太与天使》），每一幅都具有一些在宗教和礼仪方面似乎有问题甚至是消极的特质，集中表现在马太在听到耶稣召唤他时表现出来的犹豫不决（参见插图29），第一版《圣马太与天使》中显示出的困惑（参见插图36、37）和在《圣马太殉道》时的痛苦（参见插图31）。正如乔瓦尼·皮埃特罗·贝洛里和其他人所告诉我们的那样，这些形象，让贝洛里有理由去批评卡拉瓦乔的奇怪之处及卡拉瓦乔对宗教题材离经叛道的表现手法。

但是，从积极的角度来说，在孔塔雷利小礼拜堂的这三幅绘画表现了一种超凡力量的介入——这种力量来源于神的恩典，主导着人类的意志力或理解力。马太的行为受到了神的指引：在《圣马太蒙召》中，神给予了恩典；在第一版的《圣马太与天使》和《圣马太殉道》中，天使提供了来自上天的帮助，指引了进入天堂的道路。对卡拉瓦乔的艺术，从宗教的角度无论是作消极还是积极方面的解释，都要先深入地审视他的表现手法和宗教上的目的，以及这些目的是如何与他的作品交织在一起的；也要看看他的同时代人和前辈画了些什么。不管怎么说，在他的作品中，世俗的一面与精神的一面之间的对立仍然在发挥作用，在解释他的作品的过程中，这些问题从未得到完全的解决——在某种程度上，正是这种强调看画者的反应和辩证的冲突，才体现了他的作品在艺术上的现代性。

从17世纪直到现在，许多评论家都声称，卡拉瓦乔在他的绘画中呈现出未加修饰的现实：他的工作室模特所演示的现实，让他只专注于此时此地，只关注于所看到的人和物。其实在他的艺术中，他所呈现的真实的场景，实际上是富有想象力的历史和《圣经》的重建，而把其伪装成尽可能真实的样子，即使这些重建包括了基督或天使的形象。他的绘画并不只是呈现未经修饰的现实，而是建立在一种主张人类的想象力能够超越物质存在的意识形态立场之上。这种立场可以被误解为反宗教。卡拉瓦乔很可能意识到了对他的艺术可能产生的负面解读，并利用这一解读来引起争议，从而进一步推动他的事业。他并没有狡猾地把对宗教的消极态度潜藏在他的表面意象之下，但他可能以一种巧妙的方式，隐晦提出消极的宗教观念，以制造紧张气氛，并挑战面对他的绘画的旁观者，让观看者与作品进行深入的互动。

一些学者指出过卡拉瓦乔作品中的含糊特性。当他们使用这个术语时，他们通常是指卡拉瓦乔的作品有“不确定性”，从这个意义上来说，人们不能确切地了解卡拉瓦乔在画里要传达什么，因为那些作品的结构或画里主人公的互动方式很难确定。在笔者看来，卡拉瓦乔的画作更多地显示了理解上的不确定性，而不是在宗教态度上的摇摆，因为积极的宗教意义最终在卡拉瓦乔的作品中还是占了主导地位。尽管如此，许多人依然从他的作品中发现了对宗教消极的意义，例如17世纪的朱利奥·曼奇尼或一些当代学者。

卡拉瓦乔在《圣马太蒙召》（参见插图18）中展示了新颖性。在这幅画里，马太对基督心有余虑。这种处理方法，从宗教的角度来说是有问题的，但卡拉瓦乔作品的新颖之处就在于，它巧妙地展示了基督的积极召唤以及马太的抵触。画面上展现的心理力量和表现力，皆取决于这种对立表现的张力。有人说《圣马太蒙召》这幅画中留着胡子的人不可能是马太，因为按照《圣经》的说法，他应该立即站起身去追随基督，这种说法可能没被接受。相反，在这幅画里，卡拉瓦乔似乎采取了奥古斯丁修士会的说法，我们看到了上帝的神秘恩典（基督在右边伸出手指着马太），要马太站起来跟随自己。圣马太对基督这样召唤自己的好奇反应，正是表现了人类虽然不理解神迹，却被神的恩典所折服。马太脸上的光，更多是暗示着他信教的开始，而不是这位税务员目光中显露了别的任何情感。马太很快就会发现，基督的呼唤是不可抗拒的，而这种神圣的力量就是奥古斯丁修士会的人想强调的。

这种对马太犹豫不决态度的强调，以及神的恩典对他的思想在起作用的表现，可能与多明我会修士（Dominicans）和耶稣会士（Jesuits）之间关于宿命和自由意志的相对价值所进行的争论有关。卡拉瓦乔在孔塔雷利小礼拜堂作画的那几年里，人们就这些议题进行过争论。尽管卡拉瓦乔很可能不知道这场辩论的详细情况，他可能大体上意识到了人们在皈依的过程中，神的恩典与自由力量之间的竞争。在特利腾大公会议（Council of Trent）[1]就如何显示神的恩典所进行的早期讨论中，一些重要的神学家采取了奥古斯丁修士会的立场，即在接受神的恩典的过程中，人类的意志仍然是被动的，没有积极地听从于上帝。哪怕卡拉瓦乔想进一步强调马太的自由意志，而不是对基督心怀困惑，马太还是用了一种中立、温和甚至是愿意接纳的表情在看着主，表现出他对主是有兴趣的而不是会加以拒绝的（参见插图29）。马太放在桌子下面的腿，朝着基督的方向转动，这也许是他愿意跟随主的第一个迹象（参见插图18）。从画面的底部，很难辨认出基督的脚，但其实祂已经要转身离开了。基督往右边的方向走，表明祂确信祂的召唤会有效果，马太的意志将被唤醒。通过显示神的恩典，这幅画的对立方面被提升到了更高的层次。在卡拉瓦乔所画的马太身上，人们通常能看见的那种虔诚让位于现实情感的表现——由此，宗教虔诚难免打了折扣，但最终，积极的宗教表达取得了胜利。

[1] 特利腾大公会议从1545年12月开始至1563年12月止，含四阶段共二十五场会议，中间经历过三位教宗。特利腾是一小城，位于意大利北部。这个经历了二十五年的大公会议召开的目的，除规定并澄清罗马公教的教义之外，更主要的是进行教会内部的全盘改革。

卡拉瓦乔可能有意让他的画显得模棱两可，部分的原因是为了表现他的大胆，以及为了让自己的作品在新的艺术市场上有吸引力。但他的矛盾心理背后，隐藏着更深层次的宗教情感。看卡拉瓦乔的画，消极的方式是看到他表现了人类和神性之间的鸿沟，正如他画笔下的主人公在看到神迹时暂时难以理解一样；但从另一个角度看，这些画作表现了当凡人认识到神性显现时所感到的那种震惊。人们可以强调凡人的突然开悟，而不是把重点放在主人公为何对神迹如此认知这一面上，就像《以马忤斯的晚餐》（参见插图45）、《圣多马的怀疑》（参见插图28），以及他画的第一版《圣马太与天使》（参见插图36、37）这些作品中所表现的那样。圣马太在观众眼里可能就是一个目不识丁的农民，因为他不识字，更不用说想写《马太福音》这样的作品了。但当人们注意到他的眼睛惊讶地睁得大大的时候，就会意识到这幅画所传递的积极的宗教信息：天使引导着马太的手，马太突然得到了启示，发现自己能够阅读和理解天使所写的文字了。他顿时就领悟到，在他自己所写的《马太福音》开头所列的四十代人的深刻意义——这证明了基督就是救世主弥赛亚。

像马太这样的主人公，很难认识到神的存在，这强调了他们突然领悟到神迹时的那种深层意义。凡人对天界来之不易的理解，更说明了人们由于在精神上获得洞察力，从而超越了自己有限的理解，这个过程需要克服多么大的障碍。早期的基督教神父们，比如圣约翰·克里索斯托（St John Chrysostom），曾讨论过使徒们卑微的下层社会出身，以及他们写《马太福音》时，一定是获得了神的助力。卡拉瓦乔清楚地画出了马太的贫穷状况，他把天使的指导描绘成积极主动的，为圣人突然理解了摆在他面前的经文奠定了基础。这幅画试图通过表现使徒的卑微来吸引穷人，但在作品被拒绝接受后，画作最终被文森佐·朱斯蒂尼亚尼纳入手中。朱斯蒂尼亚尼是卡拉瓦乔事业上很有影响力的支持者，他主动提出要为自己的私人画廊购买这幅画，因为他似乎知道如何欣赏这幅作品的奇异性、冒险性甚至煽动性。这幅画既能吸引普通的教堂信徒，也能赢得有品位的收藏家们的青睐，这又体现了卡拉瓦乔艺术的另一个对立特征。

卡拉瓦乔没有画过在宗教上只表现消极意义的画，如果某种消极的内涵似乎在画作中占了上风，问题可能出自观看者对这幅画进行了错误的解读，就像17世纪的时候对卡拉瓦乔抱有敌意的批评者所做的那样。在卡拉瓦乔所创作的《圣母之死》（参见插图26）中，他最终因将圣母的形象画得太过平凡而受到批评。朱斯蒂尼亚尼帮助他获得了画这幅画的合同，卡拉瓦乔从赞助人拉齐奥·凯鲁比尼（Laerzio Cherubini）那里获得了高昂的酬金。而罗马阶梯圣母教堂（Santa Maria della Scala）的牧师们消极地解读了这幅画——这幅作品里日常可见的世界，似乎与他们想象中的天堂世界截然不同。对他们来说，把圣母画成一具尸体，是令这幅作品无法让人接受的致命之处。但对于那些能够看得懂这幅画的人来说，那些悲伤的使徒聚集在圣母身边，为失去她而产生的那种悲伤显得十分真实；而这幅画顶部的红色布帘，实际上暗示着圣母被带上了天堂。观看者如果以这种方式来看这幅画，就会选择抛开负面的观点，不是把焦点放在圣母的遗体上，而是去关注另一种观念——一种在宗教方面更为积极的观念。这位画家在观众对这幅画的解读上制造了一种张力，让解释性的问题不是那么容易。许多人认为，卡拉瓦乔没有强调宗教的内容，或拒绝赋予他的作品以神圣的目的。

在16世纪后期的布道中，有关对立主题的讨论，支撑了画家在绘画的实践中表现宗教上积极和消极的态度。这种主题常见于比通托主教（Bishop of Bitonto）康内利奥·穆索（Cornelio Musso）的训诫中。他是一位著名的演说家，复兴了由教父对教徒进行训诫的模式。他在特利腾大公会议上表现突出，尤其是他提出的释罪方面的主张。他认为现实存在是由成对的对立物“恨与爱、恐惧与希望、欢乐与悲伤、惩罚与奖赏、辱骂与赞美、功勋与过失、拯救与诅咒”构成的，莫不如此。这种矛盾对立，源自圣奥古斯丁的思想。圣奥古斯丁的基督教观点建立在希望与惩罚、爱与恐惧之上。对穆索来说，基督既是来赎罪的，也是来审判的。卡拉瓦乔深刻地思考了如何通过对他来说很重要的对立层面——世俗与神圣、人类与神灵的相对存在——来创作他的绘画。

在创作了《圣马太蒙召》和《圣马太殉道》两幅画之后，卡拉瓦乔在画里不再画剑客了，取而代之的是农民以及衣衫褴褛、打着赤脚的圣人。在他为罗马约瑟夫广场教区的圣阿格斯提瑙教堂创作的《洛雷托的圣母》（*Madonna di Loreto*，参见插图38）中，有农人跪在圣母和圣婴面前祈祷。乔瓦尼·巴格利奥和贝洛里都批评了这幅画，因为男朝圣者的腿暴露在外，双脚沾着泥巴，而画中老妇人的帽子又脏又破，两人都跪在圣母和圣婴的面前。巴格利奥声称，“由于这幅宏伟画作在细节上的这种猥琐，公众对此颇有微词”。人们对这种不当表现的感知，表明观众对放在祭坛附近的绘画是否出现不恰当的细节是相当敏感的。在一般人看来，这样的画面应该突出场景中的神圣性。此外，卡拉瓦乔的画可以被解释为：他在暗示只有头脑简单的朝圣者才会相信圣母、圣子从圣地搬到洛雷托这样的奇迹。事实上，卡拉瓦乔这幅油画的赞助人埃梅特·卡瓦列蒂（Ermete Cavalletti）于1602年到过洛雷托朝圣。按照传统，进入圣殿的朝圣者要光着脚，穿着破衣服，以显示他们的谦卑。此外，卡拉瓦乔显然到过洛雷托，并亲自去参观过圣殿。事实证明，在他的画作中，他画了在罗马被认为是失礼的细节，实际上却是他对去洛雷托朝圣的忠实记录。事实上，受到批评的细节在现实礼仪中却分毫不差。然而画家选择了不仅强调手足的裸露，而且把手和脚都画得那么脏，连衣服都脏兮兮的——这清楚地表明，他画笔下的这两个朝圣者，是很久没怎么好好洗洗的农民。

卡拉瓦乔的绘画对宗教意象和含义有着不同寻常而且令人不安的模棱两可的处理方式。他的宗教绘画中可以得出积极的解释和消极的解释——这种对立的含义是艺术家自己在画布上勾画出来的，其原因有很多：它代表了人类在理解神迹时会遇到的困难；它通过画中人物简单、坦诚，有时甚至有点神秘的举止行为，来强化他的新现实主义表现手法的力量；它鼓励观赏者积极地参与解释他的作品；它引起争议，从而在罗马艺术界留下了卡拉瓦乔的印记。因为有了这种矛盾的、模棱两可的表现方法，卡拉瓦乔的艺术是现代的，其中积极的意义和消极的意义都可能存在，并且观众自己的解释行为也是接受和理解他的绘画艺术的一个重要部分。在某种程度上，这是一种相当现代的方式，看画者要在面对卡拉瓦乔画作里复杂的意象时，自己去努力认识到画里包含的积极意义和消极意义。

第八章

社会的宗教环境对卡拉瓦乔的影响

乔瓦尼·皮埃特罗·贝洛里在他写的《画家生平》中，对卡拉瓦乔表现出了一种抱有敌意的态度。尽管他肯定了卡拉瓦乔通过现实主义的表现手法，推进了自己所选择的艺术，而现实主义在那之前并不太流行。贝洛里的结论是，卡拉瓦乔坚持表现“脏乱差”（cose vili），由此未能体现出艺术中最美的部分。这一说法通常被艺术史学者们描述为，一位典型的古典主义者对卡拉瓦乔那种毫不修饰的现实主义所表现出来的深恶痛绝。但贝洛里的这番言论包含了一种对画家作品的重要的批判性见解：这种评论的关键点是，一般人认为是风格方面的问题，其实在本质上，这是一个涉及社会阶层的问题。

在艺术创作中，出现了一种新潮流，即表现普通的题材或“底层生活”这类主题，卡拉瓦乔是创造这种新潮流的主要力量之一。更重要的是，他似乎已经察觉到了在作品中让人得出矛盾对立解释的好处，他知道这种矛盾对立的解读需要观众作出动态的反应，而且这种反应发生在公共场所。他意识到自己的这种现代观点的社会性影响，这种现代观点强调冲破那道高雅的大规模历史绘画与以贫苦的主人公为特色的风俗画之间的障碍。他有意创造了一种具有挑衅性的艺术——哪怕画的不是“脏乱差”，至少是画了粗犷的、普通的人物，而且具有明显的创新表现力。卡拉瓦乔的现实主义风格不求风雅，与他所描绘的社会边缘型的“底层人物”保持着一致的画风。他认为有必要借鉴传统方法进行创新表达，通过深思熟虑的反思来更新宗教绘画，并在宗教和社会生活两者关系不可分割的社会里，更加公开和坦诚地揭示宗教和社会之间的关系。卡拉瓦乔有意绕开传统的艺术机构，比如罗马的圣路加艺术学院（Accademia di San Luca）——尽管他自己似乎也加入了这个特殊的机构，而他加入的目的显然是跻身其中获得象征性的地位，虽然他从来没有进入其核心圈子。卡拉瓦乔不去听那些根深蒂固的保守派对他的批评声音，而是直接在教堂的公共空间展示画作，让所有社会阶层的人看到自己的作品。在某种程度上，卡拉瓦乔也由此被认为是一个有着现代性特征的画家。

当卡拉瓦乔在他的早期作品中画了底层阶级，包括纸牌作弊老手和算命者这些人物的时候，这些形象让观看者更加看不上处于社会边缘的穷人和危险的、肆无忌惮的剑客这类人物。卡拉瓦乔从16世纪北欧画家创作的表现赌徒的版画中，衍生出他的底层人物的类型，而他画的剑客武士类人物，则是根据意大利戏剧（其中包括意大利情景喜剧）中的人物形象来创作的。因此，卡拉瓦乔不是像贝洛里所说的那样，仅仅依靠从大街上找来衣衫褴褛的穷人作为模特，他还从流行的视觉资源和戏剧形象中寻找灵感。卡拉瓦乔在罗马和那不勒斯时期创作的绘画，结合了他常用的模特儿，综合了他从印刷品上看到的图像——这让他的艺术增添了一层丰富的色彩，有了更深的内涵。卡拉瓦乔让风俗画中对神灵不敬的态度这类可疑的内容进入自己的绘画，这样，他就敢于在宗教绘画中抒发异见。

卡拉瓦乔在他第一次接受公共委托创作《圣马太蒙召》和《圣马太殉道》（参见插图18、31）的时候，就将市井小民的形象画进了宗教场景。他在《纸牌作弊老手》（参见插图9）和《吉卜赛算命者》（参见插图7）中画过的几个半身人物画像，几乎都没怎么修改，就被变成了围绕在马太身边的剑客——他这样做混淆了低俗艺术和高雅艺术之间的界限，让人很难分清什么是世俗的和神圣的。当卡拉瓦乔继续画宗教题材的作品的时候，他对穷人表现出了同情心。那些市井俗人现在被画成了农民出身的崇拜者〔《洛雷托的圣母》（参见插图38）、《圣母玫瑰经》（参见插图39）；被画成了乡下使徒《圣马太与天使》，参见插图36；《圣彼得蒙难》（*Crucifixion of St Peter*，参见插图49）；以及《圣多马的怀疑》（参见插图28）〕；还被画成可怜的门徒和旅店老板（《以马忤斯的晚餐》，参见插图45），以及画成马夫（《圣保罗的皈依》，参见插图20）。在《洛雷托的圣母》和《圣母玫瑰经》两幅绘画作品中，卡拉瓦乔把农民画成虔诚的家人；在《洛雷托的圣母》中，圣母被画成了一位母亲，带着赤脚的成年儿子；在《圣母玫瑰经》中，圣母与圣子面前跪着三个男性，其中有两个打着赤脚，穿着朝圣者那种简单的装束，在画的最左边，描绘了一位富有的绅士（可能是这幅画的捐助者），他戴着一个颈褶——这些揭示了卡拉瓦乔对宗教的平等态度，让富人和穷人一起出现在画作中，人在上帝面前是平等的。在这些作品中，卡拉瓦乔把穷人描绘成好人，而没有再去画那些名声不好的可疑之人，或者那些惹恼罗马当局的人（比如画家本人），例如乞丐、小偷、街头艺人、流氓地痞，以及他在早些时候画的《圣马太蒙召》和《圣马太殉道》中出现的剑客这一类人物。卡拉瓦乔对菲利波·内里的说法和他那个时候文化中许多类似人物所表现的民粹主义有另类反应。从阶级划分的角度来看，卡拉瓦乔拒绝表现宫廷式的优雅，而是去画了贫苦阶层的简单生活。他在艺术中积极表现了贫苦人的形象，而不是去营造人为的虚幻世界。

贝洛里欣赏卡拉瓦乔早期的世俗绘画，赞赏其逼真的品质，但当画家开始在他的宗教绘画中引入世俗画或底层社会的生活元素时，贝洛里就提出了特别强烈的批评，比如在《圣马太蒙召》（参见插图29）中左边的男孩，他在把硬币偷偷挪到自己的身边。许多人起初对卡拉瓦乔的宗教题材绘画反响不错，但不久之后，宗教和艺术界的保守人士就公开提出了他们的批评。卡拉瓦乔在《圣马太蒙召》中所画的带着世俗相，甚至形迹可疑的男青年（那个似乎在偷硬币的男孩），违反了反宗教改革派的禁令，他们禁止在宗教绘画中表现那些与宗教无关的物品或人物，那些“不成体统”的内容，比如“吉卜赛人数钱”这类场景（红衣主教加布里埃莱·帕莱奥蒂在他写于1582年的关于神圣形象的论文中特意提到过）。画进宗教场景中的剑客，比如卡拉瓦乔的《圣马太蒙召》里的人物，其形象在绘画上的含义是模棱两可的，并且带有潜在的危险：带着剑的男青年甚至可能准备在必要的时候去威胁基督，以保护他的主人。很快地，卡拉瓦乔的画作中的剑客形象就被身份低微的虔诚者所取代：他改画那些有宗教信仰的农民，衣衫褴褛，手脚很脏，带着自然的形象，也是表现生活真相的标志。但卡拉瓦乔画这些人物，也让他可能遭受批评。

卡拉瓦乔的现代性，不是直接从社会领域发展而来的（例如在有些批评家的解释里，19世纪的巴黎艺术是受社会影响而产生的），而是从宗教领域里发展而来的。当时，宗教信仰，包括罗马教友会和致力于帮助穷人的慈善兄弟会等机构，是帮助减轻贫困带给人们的苦难的社群组织。教会机构的存在，表明反宗教改革的领导人在同情大众化、民主化的倾向和保持教会传统的家长态度之间采取谨慎的态度。卡拉瓦乔在孔塔雷利小礼拜堂的绘画，除了表现出对穷人和社会上的边缘化人物的同情，还触及了更大的国际问题。与法国有关的事在许多方面被引入画中。例如，亨利四世接受了天主教的信仰——在说服亨利四世信教这件事情上，红衣主教德尔蒙特起了作用——这件事在《圣马太蒙召》（参见插图18）里有间接的反映。在圣路易吉·迪·弗朗西斯教堂这座建在罗马的法国国家教堂里，这幅画突出了受洗的主题，这座教堂也是罗马举行庆祝亨利四世接受天主教仪式的地方。

卡拉瓦乔把穷人——连同他们在现实中的所有情况，比如破烂的衣服、不干净的赤脚，以及对宗教事件的缺乏理解——都画入了宗教场景中，这正好表现了他现代性的另一个方面。他故意摒弃这样一种观念，即只有按照古老的规范画出的那种理想的、高贵的人物，才值得在宗教题材的绘画中出现。或者，哪怕要画社会底层的人物，也要像费德里科·巴罗奇（Federico Barocci）那样，只画身上干净、模样好看的农民。或者更准确地说，卡拉瓦乔是在1599年在孔塔雷利小礼拜堂作画时，才开始了他作为宗教题材大型绘画画家的职业生涯。他画的是自己熟悉并曾经画过的内容：普遍的人性。卡拉瓦乔让他早期的艺术创作适应了新的任务。事实上，他在1601年创作《以马忤斯的晚餐》（参见插图45）之前，无论是在他的风俗画或是在他有关宗教题材的作品中，都没有画过破烂的衣服。这幅画左边的信徒外套上的洞，就是他画笔下最早的例子。他第一次在宗教题材绘画中画出下属或仆人的形象，是在创作于1598年至1599年的《犹滴砍下荷罗孚尼的头颅》（参见插图17）中，接着是《以马忤斯的晚餐》里的客栈老板，以及《圣彼得蒙难》（参见插图49）中的两个刽子手。

以前也有画家画过穷人，但卡拉瓦乔的现实主义风格为人们展示了前所未有的贫穷细节：他的圣徒和崇拜者都有肮脏的指甲和污浊的脚。在画这些细节的时候，他不是像贝洛里后来所想的那样，即盲目而天真地模仿自然，而是通过视觉语言呈现出一种低到尘埃里的人性，反映人们在面对宗教的奥秘时，只有一知半解的理解。这一点有助于反驳那些卡拉瓦乔同时代人的论点——他们说卡拉瓦乔只注意现实主义的表达，而亵渎了神迹的意义。其实，卡拉瓦乔通过接地气的表达方式，为自己的作品增添了另一层丰富内容。他经常借鉴前人的艺术，特别是借鉴了米开朗基罗的作品。他的画雅俗共赏，显得既复杂又简单。

卡拉瓦乔画笔下的人物，形象如此普通，标志着他们不仅贫穷，而且无知。在他创作的《圣母玫瑰经》（参见插图39）一画中，五个虔诚的、模样普通的礼拜者跪在圣多明我和圣母面前，所有人都伸手想去拿念珠，而念珠是宗教祈祷时穷人特别爱用的一种物品。有些人认为，这幅画作含有对天主教操纵穷人的讽刺描绘，破坏了真正的宗教表达。在卡拉瓦乔生活的时代，乔尔丹诺·布鲁诺（Giordano Bruno）曾强烈地批评基督教，因为他认为基督教被有权有势的人拿来当作操控社会的工具。布鲁诺声称，通过宣扬个人能够得到拯救的虚假希望，统治者能够操纵其臣民的行为。卡拉瓦乔是否打算在这幅画中批评教会的这一点，我们尚无法确认，但他肯定意识到，让教皇经常头疼的事是要考虑在罗马如何对付穷人这样的问题，不知道是要给穷人一些施舍好，还是干脆把穷人赶走了事。有大量的宗教团体、会众和社会机构（比如奥拉托利会）专门帮助穷人，而卡拉瓦乔因为他的赞助人和委托方的缘故，与这些组织有所联系。他在自己的绘画中表现了基督教对穷人的关怀和穷且愈坚的理想。他对穷人的关注以及在绘画中表现穷苦人的做法，被后来的画家，比如居斯塔夫·库尔贝和奥诺雷·杜米埃（Honoré Daumier）[1]所继承并延续。在卡拉瓦乔所处的那个时代，一个受过教育的人想在公共领域内就贫困问题直接向权力机关发起挑战，还是一件不可能的事。

在卡拉瓦乔画的第一版《圣马太与天使》（参见插图36、插图37）中，马太在社会层面上表现为一贫如洗，在宗教层面上则表现为对神的奥秘一无所知。卡拉瓦乔在这部作品中充分运用了二律背反的策略，他在一个可以被视为消极或积极的宗教符号框架内，解决了贫穷

[1] 奥诺雷·杜米埃（Honoré Daumier，1808—1879年），法国著名画家、讽刺漫画家、雕塑家和版画家。

和无知以及宗教理解的问题——这些问题看似相反，却交织在一起。表现圣徒的贫困，可以被理解为是消极的；对圣徒们缺乏适当的尊重，也可以理解为是积极的，因为圣徒虽然在物质上匮乏，却能够理解神迹。我们可以引用卡拉瓦乔同时代的某些宗教和历史权威著作（包括早期的基督教教会教父所写的东西），以了解当人们从神学的角度来看问题时，对他绘画中出现的那些普通甚或底层意象的认识。但问题仍然在于，与他同时代的人在看到他的作品时，是否会同意这样的观点。

在他创作的《圣母之死》（参见插图26）里，卡拉瓦乔明白无误地把圣母玛利亚描绘成一个在社会层面上的普通人的形象。在卡拉瓦乔的批评者眼里，他画的是一个在宗教层面上与神圣世界完全隔绝的人。卡拉瓦乔创作这幅祭坛画的地方是罗马阶梯圣母教堂，这座教堂得到了“关爱之家”（Casa Pia）的支持。“关爱之家”是一家慈善机构，致力于拯救堕落妇女或有堕落倾向的妇女。因此，朱利奥·曼奇尼在提到这幅画时说，画中把圣母描绘得看起来像一个妓女——他似乎把教堂的目的和卡拉瓦乔所画的形象混为一谈了。这幅画在挂了六年之后，于1607年从教堂中消失，似乎是“关爱之家”皮亚会势力减弱的结果。而与此同时，保守的加尔默罗会（Carmelite）神父们在教会中的势力不断壮大。卡拉瓦乔在画中展示了圣母的身体已经开始腐烂——这一点尤其违背了加尔默罗会修士们所坚信的关于“圣身不腐”的原则。这幅画之所以被拒绝，也可能表明保罗五世时期的罗马人对将圣徒描绘成穷人的兴趣正在减弱。

在个人层面上，卡拉瓦乔希望在自己的生活中能够激活一种现代意识，即在一个几乎绝不允许这种改变发生的、压制性社会体系中，能为自己争得一些自由。他对阶级差异有着敏锐的批判性认识，他发现了一种能够重构自我的方法，就是要为自己争取阶级地位和特权。但与此同时，当他在自己的艺术作品中反映社会和宗教不同势力之间的紧张关系时，又表现出了有争议的一面。卡拉瓦乔生活在一个自由受到限制的时代。尽管阶级界限和社会等级制度非常严格，但对像他这样的人来说，一旦拥有非凡的才能、动力和对艺术有了新的视野，就多少有点社会阶层流动的空间。在卡拉瓦乔的时代，一位杰出的画家可以拥有那些社会地位低下的人所无法想象的特权。但他的野心也有其消极的一面。虽然这位画家1590年曾在罗马有过穷困潦倒的经历，这让他对穷人抱有同情心；但到了1600年，他的雄心壮志已经让他的社会地位得到了提升。卡拉瓦乔出入像个绅士（哪怕他尚未获得真正的封号），他非法携带刀剑（正如他在警察记录中承认的那样），变得盛气凌人，为了维护他的权利而欺压别人。在孔塔雷利小礼拜堂的第一幅大型宗教画中，他对贫穷和野心这两种不同力量的体验，以及卑微和神圣感召之间的冲突，都得到了淋漓尽致的表达——这些画作给卡拉瓦乔带来了他渴望的名声。

第九章

卡拉瓦乔自画像中对自身形象的塑造

卡拉瓦乔在有关宗教题材的叙事画中画上自画像，创造了人为的形象或某种伪装。这是一种扭曲的自我形象，同时他创造了一种异见的表达方式。他在至少五幅宗教题材的绘画作品里，画上了自画像——他用这种棘手的方式来呈现自己。我们不能幼稚地把这些肖像画解读为他性格的伪装或反映，一个更好的讨论方法是，我们要问：卡拉瓦乔为什么要通过角色扮演的方式在绘画中呈现自己？为什么他选择在自画像中，在很大程度上把自己画成反面人物？肖像画是一种既具有自我反省性又具有自我反思性的巧妙设计，前者是画家通过肖像画赋予作品某种自我反省的特质，使肖像画成为一种装模作样的伪装；后者是通过自画像作含蓄的自我批评。卡拉瓦乔这些自画像把自己画成一个罪人，也表示了他的骄傲，这种解释从他充满暴力的生活细节中可以得出。他的自我形象同时具有讽刺意味和严肃性。在某个层面上，这些自画像可以被理解为他自我意识的图像化，画家表现出是自己骄傲的态度和行为导致自己没能做好一个基督徒；在另一个层面上，这些画又可以看成是某个可以推而广之的罪人。卡拉瓦乔以这种方式使自画像显得新颖，又因为自画像带有一种复杂的自我意识表达，而体现出了现代性。

卡拉瓦乔之前的画家，通常在他们的绘画中不加掩饰地画上自画像，作为对自己外表的记录。比如拉斐尔，在他画的《雅典学派》（创作于1509—1511年）里，这位大师在画中作为旁观者谨慎地出现在壁画的一边，在画面的叙述中没有起任何作用。而与之不同的是，卡拉瓦乔却把自画像画得很不讨人喜欢，甚至可以解释为他在绘画故事中把自己定位为负面的角色。例如，在卡拉瓦乔画的《手提哥利亚头颅的大卫》（*David with the Head of Goliath*，参见插图40）中，他把自己描绘成了邪恶的歌利亚。如果把这幅画中大卫剑上的首字母读作“H-AS O.S”，在拉丁文中就代表着“谦卑扼杀了骄傲”，那么卡拉瓦乔把自己当成可怕的哥利亚，就是默认了自己的骄傲。卡拉瓦乔创作这幅画的部分原因，可能是他对自己于1606年在罗马大街上杀死了拉努奇奥·托马索尼（Ranuccio Tomassoni）进行的反思，那是画家出于骄傲而引发的犯罪，导致他卷入了决斗。卡拉瓦乔在这幅画中把自己描绘成邪恶的化身——掉了脑袋的哥利亚——这幅可怕的自画像揭示了他作为一个基督徒的失败，因为他犯了杀人之罪。年轻的大卫是卡拉瓦乔的“杀手”，却表现出一种混合着同情和遗憾的沉思。画家通过明显的设计，积极地、自觉地操纵着自己的角色，把自己画成神话，强调了自己的傲慢、堕落和自恋。卡拉瓦乔以一种奇特的沉思方式，将自己的骄傲从生活中升华到了艺术里。

卡拉瓦乔反常的自我表象，让他的批评者能够抓住把柄，这些人包括乔瓦尼·巴格利奥、乔瓦尼·皮埃特罗·贝洛里和其他的早期传记作家。卡拉瓦乔的传记作者倾向于证实他生活中发生过的事件，以及卡拉瓦乔所接受的绘画委托是事实，这些批评家对他的个性的解释和对他的艺术作出的判断，还是有着严重的偏见。例如，他们认为卡拉瓦乔是一个恶人，得出这一论点的依据是卡拉瓦乔其貌不扬、外表邋遢、衣裳破烂，因而让那些批评家根据相貌学来作出这样的解释。贝洛里在他所写的有关卡拉瓦乔生平的文章中，将画家其貌不扬的外表与他画面同样黑暗的作品，以及画家不安分守己的个性联系在一起：

> 卡拉瓦乔的风格真是人如其画，他的肤色黝黑，眼睛乌黑，眉毛和头发也都是黑的，这个色调自然而然地反映在他的绘画中……他龟缩在黑暗的画风里，而这也与他狂躁和好动的性格有关。

将卡拉瓦乔貌似有缺陷的个性和长相特征，与他同样“有缺陷的”艺术联系起来——这样的描述，反映了乔瓦尼·巴蒂斯塔·德拉·波尔塔（Giovanni Battista della Porta）在那个时候写的《论人类的面相》中提出的面相学理论。

人们必须问的是，卡拉瓦乔为什么要选择用这种消极的眼光来表现自己？说他之所以这样做是因为他杀了人，光引用这种心理分析的理论是不够的。因为画家早在《圣马太殉道》（参见插图31、41）中，就把自己描绘成一个在圣马太殉道时陷入进退两难困境的人，而这幅画是在卡拉瓦乔杀死托马索尼之前画的。在有关卡拉瓦乔的早期传记中，人们可以找到他刻意把自己搞得很难相处的例子——哪怕这些线索是由那些对卡拉瓦乔持有偏见的人所写的。巴格利奥、贝洛里、朱利奥·曼奇尼、约阿希姆·冯·桑德拉特、弗朗西斯科·苏辛诺等人形容卡拉瓦乔傲慢、好战、易与人争吵、蔑视他人、脾气暴躁、心烦意乱、性格古怪、做事野蛮、为人凶残。也许这些批评家是故意对卡拉瓦乔的为人进行如此负面的评价，然后据此对他的作品进行贬低。但卡拉瓦乔行为中的这些破坏性特征，在一定程度上得到了证实——这些证据不是来自那些带有偏见态度的传记作者，而是来自诸如关于他的警方记录这类资料。卡拉瓦乔是一位深思熟虑、善于反思的艺术家，他以深刻的洞察力创作了宗教题材的绘画，但他无法抑制自己强烈的骄傲感，也许正是这个原因，他发现把自己画成让人讨嫌之人，其实是个很好的自我宣传之法。

如果说卡拉瓦乔把自己的骄傲和任性混为一谈，那么他这样做的理由就是他在绘画艺术上取得了巨大的成就。他的暴躁脾气，无疑与他的骄傲有关。最近的研究表明，他的一些街头斗殴是因为他对那些批评他绘画作品的人进行的报复，包括他杀死了托马索尼的那个事件——托马索尼的家人似乎与卡拉瓦乔在绘画方面的对手巴格利奥很是友好。从17世纪初的时间点往回看，卡拉瓦乔来到罗马时身无分文，他意识到自己局外人的地位，从一贫如洗的绝境中奋起，通过在艺术上的革命来证明自己。他认为自己是一个孤独的人，而他的艺术同样是独一无二的——在此基础上，卡拉瓦乔塑造了在自己绘画中出现的个人形象。

卡拉瓦乔在罗马为教堂画第一幅宗教题材作品《圣马太殉道》（参见插图41、31）时，就在画里插入了自画像。在这幅画中，画家把自己描绘成一个靠近背景中心的人，一旦他发现有人袭击马太，就决定要逃跑；他不像身边那些人那么衣着讲究，只穿了一件衬衫和一条浅棕色的裤子，而且似乎很匆忙地把一件斗篷披到了肩上；他的衣服部分脱掉，这表明他是一个等待洗礼的新信徒，就像这幅画的下方坐在洗礼池上的三个半裸体的人一样。他由此表示自己尚未接受洗礼，他从被处决的圣人身边逃走，意味着自己的懦弱，而他准备逃离则意味着他尚未经受正式的洗礼。卡拉瓦乔的眼睛并不直接看在刽子手身上，相反，他似乎是朝着天使手里拿着的棕榈叶或向右逃走的祭坛男孩那个方向瞥了一眼——他似乎忽视了刽子手，从而使人们对这个叙述场景产生了模棱两可的印象。他在逃离的时候，面带怒容，将手一挥，其实是滑向了罪恶和邪恶，而不是寻求救赎和善行——因此，卡拉瓦乔在通过这种方式展示自己的时候，给自己的艺术表现和自我形象画上了消极的一笔。

卡拉瓦乔在其他绘画中表现了自己与基督教的关系存在问题的一面。在《逮捕耶稣》（参见插图42）一画中，他站在右边，举着一盏灯，当耶稣被抓住的时候，人们可能会期望卡拉瓦乔能去看看耶稣的反应，但画家的目光明显地只是在看着自己手中的灯。这种不寻常的视线既可以解释为消极的，也可以解释为积极的。他把自己的自画像画在那些去抓基督的人当中，还拿着灯来帮助那些去逮捕基督的人——这确实是一张有问题的自画像。但他所注视的灯，按照经典上的理解，可以说成基督的光，它作为普世救恩的一个标志而发光，是由耶稣被捕这件事情引发的。另一种解读这幅画的观点是，卡拉瓦乔在黑暗中拿着灯，代表的是他自己独特的绘画风格，画家在强调他自己的艺术信条。卡拉瓦乔的艺术有一个整体的特点，就是他的作品提供了各种可能产生相互冲突的意义，并由此带来模糊性。他的同时代人和现代的评论家们，都被这些不同的解释所吸引。

另一幅自画像出现在《拉撒路的复活》（*Resurrection of Lazarus*，参见插图62）中：就在基督举起的手臂后面，卡拉瓦乔在朝左看。他似乎在这里扮演了一个罪人的角色：他的双手紧握着，仿佛在祈祷，表明他需要救赎（此时他已经杀死了托马索尼）。卡拉瓦乔把自己画得比基督慢了一步，在朝着光的方向看，这是一种象征性的构思。如果以另一种方式读画，我们就能看出，在这幅画里，他的脸直接面对着主的正面，希望得到主的拯救。

卡拉瓦乔的最后一幅自画像出现在《圣厄休拉的殉难》（*Martyrdom of St Ursula*，参见插图66）里。在这幅画中，卡拉瓦乔重复了他在《逮捕耶稣》中的自我表现，但体现了不同的重点。在这幅可能是他最后一幅作品的画中，卡拉瓦乔的容貌更加明显，而且面色苍白；他的眼睛不再像《逮捕耶稣》一画中那样警觉，而是显得呆滞而且半闭着；他张着嘴，似乎由于他的无精打采让他无法恰当地闭上嘴；他的自我形象更显悲观，甚至带着绝望，他以一种无助的感觉望向光明，仿佛迷失在拯救之光当中。在这幅画里，卡拉瓦乔的目光望向空中，眼睛并没有看着这幅画的主体——圣厄休拉的殉道场景。对于他来说，重要的是他画了自己在朝着光亮之处看，在他看来，光是一种精神上的东西，与他艺术作品中的任何人物形象一样重要。

这里讨论的五幅绘画，就画家所呈现的自己的形象而言，如果按照基督教的规范性解释来看的话，都是不妥的。因为那些从宗教的角度来看是正面的因素，都被令人不安的东西抵消掉了。贯穿这些画的主题，是卡拉瓦乔用了一种消极的自我表现来描绘他自己是一个不合格的基督徒。他极有可能意识到这种失败的根源在于他自己过于骄傲。这些画描绘了他无法接受基督教的教义，尤其是基督徒要懂得谦卑的说法。通过对这五幅绘画的整体分析，我们可以得出结论，卡拉瓦乔认为自己作为一个基督徒是不合格的，其原因是他是一个骄傲的人。

卡拉瓦乔可能是第一个将自己的自画像用现代性的方式放进作品里的画家，他在自我表现方面达到了前所未有的深度，显示了丰富性和内省性。其他画家在宗教叙事绘画中，并没有插入过这么多具有如此复杂意义的自画像。卡拉瓦乔在他的画作中，都把自己表现成一个高傲的人，无论是表示拒绝或是表示需要基督教的拯救，他都因此饱受17世纪评论家的批评。卡拉瓦乔把自己描绘成一个有悖常理的罪人——他这样做的动机，不同于他同时代的人在他们所写的传记中对卡拉瓦乔的描述。他们认为卡拉瓦乔是一个邪恶的人，创作的作品非常糟糕；而卡拉瓦乔却认为自己是一个虽然有缺陷但仍然值得骄傲的人，因为他创作了非凡的作品。

第十章

怀疑主义、色情因素、反讽与机智

卡拉瓦乔放荡不羁的名声，源于他暴躁的脾气和他在街上拔剑斗殴的行为，也源于他对绘画的开创性尝试——这一尝试突破了宗教绘画所能接受的最大限度。他的艺术中包含对宗教的怀疑，也涉及色情、讽刺和机智的表现，大大超越了单纯的“具备破坏性”这一特色。他的绘画中的这些方面，使观众能够参与丰富的视觉和智力对话，鼓励观众去探究更深层和更复杂的含义——有些新的含义在他之前的作品中从来没有出现过。卡拉瓦乔是一位大胆的画家，他勇敢地迎接可能失败的风险——对他的作品评头论足的人不少，他也承受着自己的作品被一再拒绝的苦恼。

当时对宗教持怀疑态度的哲学家们讨论过人类到底有多么无知，这种观点在卡拉瓦乔阴暗的绘画中可以找到很多例证。古代主张怀疑论的哲学家塞克斯都·恩披里柯[1]的著作在1560年出版后，怀疑论成为欧洲的一股强大力量。卡拉瓦乔的艺术与米歇尔·德·蒙田[2]和弗朗西斯科·桑切斯（Francisco Sanches，约1550—1623年）的怀疑论作品一样，在摒弃了旧的宇宙观和宗教真理之后，营造出了一种深刻的不确定性和一种新的质疑态度。他的艺术反映了怀疑论这种观点，即人类想要理解超越人类经验的、更大的、神的世界——这种能力是很有限的。面对周围迅速变化的世界观，卡拉瓦乔所画的空间环境和对神迹抱有怀疑态度的主人公，暗示了他也持有蒙田及其他人所提出的对天主教的怀疑论点，可谓惺惺相惜。

卡拉瓦乔的作品通过光和暗的对应，揭示人类对上帝和神性世界理解有限。他的作品符合蒙田的理念。蒙田认为，人类只能了解上帝选择为人揭示的东西。同样，卡拉瓦乔的艺术与桑切斯的作品有共通之处。桑切斯认为，虽然人类通过神的启示可以获得某些知识，但我们通过自己的努力得到的理解是不完全的。桑切斯坚持认为，哪怕是我们的眼睛亲眼所见的东西，我们都无法真正理解，况且还有视而不见的时候。卡拉瓦乔的艺术和这种怀疑论调之间产生了一致性。他画笔下那些困惑的凡人，当他们意外地遇到像基督或天使这样的神圣人物时，就表现出了这一点。在《圣多马的怀疑》（参见插图28）中，这位信徒坚持心存怀疑，即一个人只能相信自己经过视觉和触觉验

[1] 塞克斯都·恩披里柯（Sextus Empiricus）是罗马帝国时期的希腊专家，怀疑论者。他的生活和讲学的时间大致在二世纪中后叶。恩披里柯的著作记载了古代怀疑论者的主张以及他们对各派学说的反驳，是研究古代哲学的重要史料。

[2] 米歇尔·德·蒙田（Michel de Montaigne，1533—1592年），文艺复兴时期法国思想家、作家、怀疑论者。所著《随笔集》三卷名列世界文学经典，被人们视为随笔的上佳之作。

证过的东西。哪怕在检验了基督的伤口之后，圣多马和他的同伴也只是表现出了惊讶，还没有表现出坚信不移的迹象。卡拉瓦乔的绘画，把主人公的位置放在画面的平面上，与近在咫尺的经验性现实持平，这暗示着旧的确定性的丧失。他的艺术与桑切斯和蒙田所倡导的理念有着密切的关系，与他们的现代宗教观不谋而合。

经常有人批评卡拉瓦乔，说他的宗教题材绘画太具模糊性，这些宗教绘画看起来过于世俗，而某些作品则过于色情。他通过情欲来表现天使身上的神圣之美，而没有把天国的优美和人的肉欲区分开来。例如，在《圣马太殉道》（参见插图31）一画中，一个裸体的天使倾斜在云上，露出后背。在他画的第一版《圣马太与天使》（参见插图36）那幅画里，一个性感的天使侵入了圣徒的私人空间，人们该如何解读这个迷人的六翼天使呢？在这幅画中，画家画了马太不起眼的外表和迷人的、雌雄同体的天使，聪明地表现出了一种讽刺的对比。当马太面对神灵时，他的外貌粗陋、体形板正，一副尘世之人的模样；而天使则是迷人的，身体柔软、体形弯曲有致。天使的一只手轻巧地放在自己的脖子上，而另一只手则优雅地在引导着圣徒那只巨大的手去写字。天使的眼睛半睁半闭，从又厚又圆的嘴唇里说出有关《马太福音》的话语。圣徒的注意力集中在这一页的文字上，他不知道——或者至少没有注意到——天使之手轻快地触摸，或是正吹拂着他的脸庞的天使柔和地呼吸。卡拉瓦乔在这里把肉欲神圣化了吗？也就是说，他是在用色情作为神性的隐喻，还是把神性肉欲化到了冒犯教会的程度？尤其是他那些被拒绝的宗教题材作品——这些作品被从教堂庄严的环境中移走，而被纳入私人收藏。这种模棱两可的性质，丰富了风俗画的内容，拓展了风俗画的界限。

画家通过天使的形象暗示：凡人要理解天堂的美，只能通过看到一种物质的、世俗的表象，通过世俗的隐喻来实现。卡拉瓦乔把他画笔下的天使们画得看起来像是真实的和世俗的，而其他艺术家则试图把天使们画成超凡脱俗的完美形象。卡拉瓦乔的天使，似乎更属于人间而不是天堂，即使他们从天上降临，人类也永远无法升到他们的高度。伊波利托·法尔科内（Ippolito Falcone）是一名神学院的学生，也是一位来自意大利锡拉丘兹的作家。他在1668年写道，当有人要求卡拉瓦乔在《圣露西下葬》（*Burial of St Lucy*，参见插图58）中空空如也的上半部分画上天使时，卡拉瓦乔回答说，因为他从未见过天使，他不知道该如何去画。法尔科内的评论显然是夸大其词——因为卡拉瓦乔确实画过天使，但法尔科内道出了一个基本的事实，即卡拉瓦乔所画的六翼天使似乎更像一个性感的男孩，而不是一位天上来客。

卡拉瓦乔从一开始就画过类似第一版《圣马太与天使》中的情色天使，最早见于在1595—1596年创作的《逃往埃及途中的休憩》（参见插图14）。在那幅画里，有一个姿态撩人的六翼天使。在1606年离开罗马以后，卡拉瓦乔不再画裸体天使了，他后来画的那些天使，都循规蹈矩地披上了外衣。这种情况也许表明，在意大利南部，他没能找到那种品位精致的赞助人，他们能够欣赏的是他在罗马时画的天使。南方比较保守的宗教传统，可能迫使他重新思考自己描绘天使的方式。因此，他后期画的天使，都显得比较符合礼仪规范。

在卡拉瓦乔画的第一版《圣马太与天使》（参见插图36、37）

中，他以幽默的方式展示了马太精神上的挣扎。通过描绘出信徒与天使有趣的互动，艺术家揭示了使徒在苦苦挣扎时人性的一面，这会在观众中引发出一种由讽刺引起的移情反应，比传统的严肃方式更能引起观众的共鸣。尤其是在这一幅画中，卡拉瓦乔似乎掩盖了宗教内容潜在的严肃性，即马太最终理解了自己面前的文本。但这幅画初看之下，似乎表现出一种几乎忽视宗教的讽刺。艺术家突出表现了圣徒无知的外表，这是一幅有问题的图画，圣徒惊讶地睁大眼睛，表明马太突然洞察了基督就是救世主弥赛亚——这一点，对于正确理解该主题很重要。但这幅绘画的意义没有被人注意到。毕竟，这幅画是要用来放在祭坛后面的，而宗教的传统要求这样的作品必须品味高雅，让人心生崇敬。虽然卡拉瓦乔表现了使徒的单纯和贫穷，以及《马太福音》的神圣来源，但这幅作品并没有被认为是在倡导人们求助于上帝。人们只需看看卡拉瓦乔所画的第二个版本的《圣马太与天使》（参见插图35），看到他为创作出一幅更符合传统的祭坛画而作的改变，就能认识到为什么在卡拉瓦乔第一版作品中，天使和圣徒的形象会让教会当局不快，他们对讽刺的容忍度是很低的。

在讨论卡拉瓦乔在哪些方面违反了教会的规范时，我们可以参考卢西奥·马萨里根据卡拉瓦乔的第一版《圣马太与天使》，于1610年创作的一幅作品（参见插图43）。在马萨里所画的版本中，卡拉瓦乔作品里所有不合时宜的东西都被删除了：马太的脚（不再脏了）向后缩着，没有伸到画面前方、摆到观众面前；一个明显不那么性感的天使没有去触碰圣徒；马太在天使没有肢体干预的情况下书写；马太看起来不像一个目不识丁的农人。马萨里画的“清洁”版本，就像卡拉瓦乔自己的第二次尝试一样，从视觉上明确地告诉我们：卡拉瓦乔第一个版本中到底有哪些冒犯了宗教的地方，以及他没能画出来的意象。马萨里的画提供了视觉证据，有助于补充乔瓦尼·皮埃特罗·贝洛里和其他作家（例如乔瓦尼·安德里亚·吉利奥）为我们了解卡拉瓦乔的作品提供的文字记录。吉利奥跟加布里埃莱·帕莱奥蒂一样，写了一篇反宗教改革的、有关在宗教艺术中该如何遵守宗教礼仪的论文。卡拉瓦乔和马萨里的作品之间显著的区别是，后者甚至从宗教的方面来看，都不太能引起人们的兴趣。

卡拉瓦乔所画的第一版《圣马太与天使》有两个视觉来源——拉斐尔在法内仙纳庄园（Villa Farnesina）画的《朱庇特和丘比特》（创作于1517年），以及阿戈斯蒂诺·维尼齐亚诺（Agostino Veneziano）创作于1518年的铜版画《圣马太与天使》（*Inspiration of St Matthew*，参见插图44）。据此，我们进一步看出，卡拉瓦乔是如何将世俗与神圣的元素混合起来的。拉斐尔的壁画有一种幽默的元素，表现在朱庇特捏着丘比特的脸颊；相比之下，在维尼齐亚诺的作品里，那理想化、古典化的马太却显得缺乏智慧。卡拉瓦乔在描绘马太时，借鉴了经典作品里的模式，但通过一种刻意的讽刺策略，又颠覆了这些模式。像卡拉瓦乔一样，拉斐尔和维尼齐亚诺都表现了马太双腿交叉而坐，其中一条腿向观众的方向突出，但脚伸得适当，显得古典。卡拉瓦乔在表现马太裸露的腿和肮脏的脚时，进行了讽刺性的处理，违反了借鉴这些作品时的准则——这在他创作第一版《圣马太与天使》时，就引起了观看者的注意。卡拉瓦乔作品中的讽刺之处在于，他对古典艺术作了幽默的反转并以“假”的方式进行了模仿。也就是说，卡拉瓦乔从古典作品和他同时代的保守艺术家那里进行借鉴的时候，并不认为那些原型值得模仿，所以他对原型进行了改造和贬抑。他之所以能这样做，是因为在那个时候，通过私人的收藏，人们正开始以一种新的、世俗的方式来欣赏宗教题材的作品。绘画市场的环境有了变化，画家也有了更多的吸引注意力的策略，这些都是卡拉瓦乔自己创造出来的。为了回应保守派关于艺术创作规则的论述，卡拉瓦乔在这些新的条件下创作出了一种形式新颖的绘画。通过他“严肃的玩笑”，卡拉瓦乔借鉴了前人的绘画习惯，并考虑了宗教题材作品的摆放环境，但他也以现代的方式，把作品作为艺术对象来看待，既借鉴了传统，也打破和扭转了传统。

尽管卡拉瓦乔在他画的第一版《圣马太与天使》中，强调了农民圣徒那种简单淳朴，但他可能没有充分考虑到的是，他的讽刺态度和毫不妥协的现实主义极有可能造成误解。他一定意识到了自己在一些画作中触犯了宗教禁忌，朱利奥·曼奇尼和乔瓦尼·巴格利奥等批评家后来都提到过这一点。卡拉瓦乔并不打算有意识地去反宗教，但他确实想进行大胆的表现。他想强调人性与神性之间的差距，他把这一点作为他的整体策略的一部分来描绘人类在神灵出现时的反应——而这种反应，在某些人看来是不够“宗教”的，但在他看来却是真实的。他的讽刺，常常被人看作是负面的，这让他的绘画不容易被人们所接受。即便如此，卡拉瓦乔一定因自己的作品引起了争议、造成了“街谈巷议”的效应而感到高兴。正如巴格利奥在他所写的卡拉瓦乔的传记中所提到的，费德里科·祖卡里就卡拉瓦乔在孔塔雷利小礼拜堂的绘画问道：“怎么这么多人在议论此事？（Che rumore èquesto?）”卡拉瓦乔一定会为自己的绘画引起人们争议而感到高兴，因为他喜欢看到自己的作品产生轰动效应。

奇怪的是，在卡拉瓦乔表现神圣显灵的图像背后，隐藏着讽刺。他所画的使徒和门徒们经历神的启示，比如见到基督或天使之类的圣人的时候，不是在某个久远的过去，或某个遥远的地方，而是就发生在他们的眼前。对他们来说，认识到神的出现应该是很直接而且明显的事，就像卡拉瓦乔作品的观看者都能看出来一样。有人可能会问：为什么在《圣多马的怀疑》（参见插图28）中，使徒认为有必要把他的手指伸进基督的伤口那么深？或者，为什么在《以马忤斯的晚餐》（参见插图45）中，哪怕耶和华看来“变了形象”（《马可福音》第16章第12节），他也必须为大家带来这顿饭，然后追随者才能认出基督？卡拉瓦乔以这样一种方式勾画了他表现神灵突然显现的画面，而使徒们似乎都是笨头笨脑的，无法像画作的观看者那样——观画者能比使徒们更快地看出基督的神性。从宗教的角度来看，对卡拉瓦乔的作品进行这种解读是积极的，却以牺牲了宗教题材绘画的严肃性和庄严感为代价。因此，即使在对卡拉瓦乔作品进行正面解读的时候，人们也能在看到宗教含义的同时，看到在美学意义上的讽刺。

这种特殊的讽刺方式，造成了卡拉瓦乔的同时代人对其绘画的评论主要是消极的。那个时候，很少有人对他的作品进行正面的解读，卡拉瓦乔的艺术几乎被所有评论他的人所唾弃，因为艺术界的文人都没有把他当作是宗教题材的严肃画家，哪怕他对当时的画家产生了巨大的影响。今天，人们对他的评论相当不同，他通常被视为一个对绘画中的宗教内容表达有着深刻思考的画家。

在这些作品中，卡拉瓦乔以一种最显著的方式，通过机智的诙谐，而不是用其他画家所青睐的那种理想化的高尚形式，来突出他的主人公在意识到基督显灵时的表现。《圣多马的怀疑》（参见插图28）中，信徒们对基督是否真是个神的疑虑，是以一种粗野的具体行为来描绘的，画家运用了直截了当的现实主义手法。三个门徒像戏剧表演那样，一致地靠近，用极大的注意力把他们的三双眼睛集中在圣多马插进耶稣伤口的手指上。在收藏于伦敦的《以马忤斯的晚餐》（参见插图45）中，基督的神性表现在他祝福的姿态上，以及他集中专注地做出这个姿势；在场的两个门徒大为惊讶，似乎要从他们坐着的椅子上跳起来，因为他们为自己的所见震惊不已。基督的手摆放的位置，以及他还没有留胡子时的模样，借鉴了米开朗基罗《最后的审判》那幅壁画，但是基督的手停留在一只油腻的鸡和一个快要腐烂的水果上，而不是放在那些受到诅咒和得到拯救的灵魂上。（和卡拉瓦乔同时代的观众中，有多少人会注意到，放在靠近桌子边缘的篮子里的葡萄和其他水果在宗教上的象征，还有篮子的影子就像一条鱼的形状，而鱼是基督的象征？）在这些绘画中，如同卡拉瓦乔画的《圣马太与天使》一样，神是在刹那间被边上的人认出来的，而这一突然的启示最终结束了那些信徒的无知。在《圣马太蒙召》（参见插图18、29）中，马太的无知也是一个重要的主题。因为他穿着光鲜的衣服，周围都是他的狐朋狗友，他还没有完全意识到自己将要成为一名基督的使徒，但他似乎已经感觉到了基督的神性。然而，在卡拉瓦乔所有的绘画中，都暗示：人类想要知道神，全靠神的恩典。

第十一章

明暗的运用

卡拉瓦乔之前的大多数画家，都喜欢描绘光天化日之下的明亮世界，注重光线。卡拉瓦乔则创造了一种令人吃惊的新的表现手法：他的作品画面上近乎一团漆黑，而且这种黑暗是一种非自然但正常的状态，画面被一股刺眼的神秘光线照亮，而那光线看起来似乎同时具有自然和神圣之力。在卡拉瓦乔主要表现宗教题材的成熟时期作品中，表现了一种糅合了光亮和黑暗的神学，其中用暗色来指人类世界；他通过表现阴暗的背景，用一种隐喻的方式暗示了一个脱离于人类经验之外的神学天堂。艺术家所画的黑色背景，并不是要否认宗教的意义，而是想用它来象征人类无法理解上帝和祂的神圣境界，这一概念没有违背宗教的思想，是许多教士都能接受的。圣保罗在《哥林多前书》第13章第12节中就表达了这一观点："我们如今仿佛对着镜子观看，模糊不清……到那时，就要面对面了。"卡拉瓦乔画笔下的光亮，必须与黑暗作斗争，让那股光芒看起来是奇迹般的显现——因为，虽然他画里的光芒是如此明亮，却从来没有战胜过黑暗。

在反宗教改革运动时期，人们把自然世界看作一个黑暗的地方，这种主题在中世纪时期无数的布道、教义和宗教诗歌中得以传播，卡拉瓦乔阴暗晦涩（tenebroso）的风格似乎与这些说法一致。他的暗色调主义表现手法，与神圣和世俗之间有着对立关系的学说可谓息息相通。他画了强烈的光照，常常在黑暗中照耀着信徒皈依的场景，就像圣保罗所描述的光："那吩咐光从黑暗里照出来的神，已经照在我们心里，叫我们得知神荣耀的光，显在耶稣基督的面上。"（《哥林多后书》第4章第6节）人类的黑暗世界，往往与邪恶联系在一起；基督则与光明联系在一起："我是世界的光。跟从我的，就不在黑暗里走，必要得着生命的光。"（《约翰福音》第8章第12节）在寻求拯救的过程中，基督徒通常使用黑暗和光明的隐喻，例如圣依纳爵·罗耀拉在《属灵操练》里所提及的隐喻，从事这种精神修行的人在黑暗的房间里进行长时间的祈祷和忏悔，寻找上帝的光芒。在这种场景中，黑暗可能显示出一种积极的价值，因为黑暗代表了忏悔。

卡拉瓦乔在孔塔雷利小礼拜堂的绘画作品中，第一次画出了一种丰富的感觉，即他画笔下的光虽然来自一个单一的光源，看似普通却显神圣。他这幅作品里的光，似乎来自太阳。我们必须考虑到，在他那个时代，牧师们和自然哲学家们（我们现在称之为科学家）都认为太阳的光是物质的，同时也是精神的。卡拉瓦乔通过现实主义艺术再现了一股光芒，那道光似乎来自尘世又带有神性，是那种无法描述为传统的自然之光的一道灵光。

在卡拉瓦乔的《圣马太蒙召》（参见插图18）一画中，我们看到一种异常强烈的光从一个无法用普通术语来定义的外部光源射入画面。光线照在看起来像是罗马的一条街道上；光源同时又带着一股强大的神性，神秘地强化了基督召唤信徒前来跟随的权威。一条倾斜的光线穿过后墙，突然变成了阴影，正好在光明与黑暗的分界点上，基督的光环一分为二（参见插图46）。在这条光线的正下方，基督的头和手在明暗对比中得到了突出：一部分在强烈的光照下，一部分在深深的阴影中，让他的存在增添了一种神秘感。基督的手与光线完全平行，就在光线的下方。主的招手姿势和流动的光线相得益彰，形成互补，更显有力。光源从基督的背后照来，暗示着是主带来了光明，而光线也伴随着主。就像卡拉瓦乔几乎所有的画作一样，画家在这幅画里也拒绝交代光的来源，但因为光与基督的紧密关系，而自带有神圣的意义。在黑暗的空间背景下，强烈的光线暗示着上帝的存在，不是在绘画的物理空间里，也不是在缥缈的天堂中，而是以一种无法形容的方式存在，无处不在。这让人想起了乔尔丹诺·布鲁诺形容的神的概念。布鲁诺假定上帝存在于世界内，但又超越了世界。他认为上帝是无限的和不可知的，存在于纯净的、深不可测的本质当中。

卡拉瓦乔另一幅与《圣马太蒙召》创作于大约同一时间的画——《圣保罗的皈依》（参见插图20），有强烈的光照从画面的右上角进入，照在保罗的身上；在一片黑暗的画面中，有几乎让人难以察觉的光。在这幅画中，光的属性完全是灵性的，因为《使徒行传》（第26章第13节）告诉我们，保罗皈依时“看见天降光芒，比日头还亮”。但是在《圣马太蒙召》中，那种光亮则完全可以被定义为自然之光，也完全可以看作灵性的光芒。

正是在1600年，在创作《圣马太蒙召》这幅作品时，卡拉瓦乔第一次展现了他画笔下光的合成和统一的本质。那束光有一个在画面之外的、看不见的神圣来源，但它同样是自然世界的一部分，可以看作阳光。卡拉瓦乔在这幅画里的手法，超越了以前的宗教题材画家，表现了光既是自然的，也是神圣的。在《圣马太蒙召》中，极端的对比手法吸引着人们去特别注意亮光，光线与基督互动的特殊方式也显示了这种双重功能。在卡拉瓦乔早期的绘画中，他并不总是从宗教的角度来考虑用光的，每当这样做的时候，他通常避免显示光亮同时具有灵性和世俗的效果，他有时使用不同的光源来代表自然和神性。例如，他在创作于1595—1596年的《昏迷中的圣方济各》（参见插图15）中描绘了强烈的光照，但是落在圣人和天使身上的光只能是神光，因为那光芒奇迹般地出现在黎明之前，而在背景中的黎明则用了单独的柔和的自然光来表现。同样，在他早期创作的《逃往埃及途中的休憩》（参见插图14）中，我们看到了混合的光源，其中有很难确定光源的强光照在画面前部的人身上，而不太强烈的光线则洒在遥远的夜空之中。相反，在《圣马太蒙召》中，光线同时是神圣的和自然的，并且来自一个单一的光源。画家在《基督降架》（参见插图47）里，画出一股强烈的神光，压倒了周围的光线。他画的圣母玛利亚抬起双臂，直视着这道神奇的光，而光的源头在画外，观众看不见。卡拉瓦乔因此用一种来源神秘的非世俗之光，来修饰他高度具象的现实主义场景。

卡拉瓦乔对光的认知和他那个时代的自然哲学家之间有着惊人

的相似之处。比如贝尔纳迪诺·特莱西奥（Bernardino Telesio）、弗朗西斯科·帕特里齐（Francesco Patrizi）、托马索·康帕内拉（Tommaso Campanella）、乔尔丹诺·布鲁诺和伽利略·伽利雷（Galileo Galilei），像卡拉瓦乔一样，他们都认为光同时是自然的和神圣的。尽管他们声称自己研究自然，但他们从物理和精神两个方面来讨论光。他们作为自然哲学家，在对光的研究中看到了物质和神性的融合，部分原因是这种物质（或本质）对他们来说仍然是一个谜。卡拉瓦乔对光的认知，从相同的文化环境中发展而来，基本上与他们的思想是一致的。

对16世纪的自然哲学家特莱西奥来说，天堂——尤其是太阳和它发出的光——代表着热的原理。寒冷则以惰性物质，比如地球和黑暗为代表。物质是被动的和无色的，在特莱西奥看来，这意味着物质是黑色的。特莱西奥称白色和光为“非物质的面貌”或温暖的“种类”，能够有效地消除物质的暗化效应。我们可以用这个方法来解读卡拉瓦乔，他构思出通过一股强光来照亮地球上的暗物质。他表现出的黑暗似乎挺吓人，那束光芒可能随时会熄灭，使地球回到黑暗的惰性中去，失去神灵光辉的照耀。

卡拉瓦乔因通过观察来了解自然的实证研究而闻名，他揭示出光与文艺复兴时期柏拉图式的理想主义有着意想不到的联系。他作品中的神秘之光与不同时间和地点的新柏拉图主义和基督教作家的思想有着相似之处，比如当时的自然哲学家弗朗西斯科·帕特里齐（留待后面讨论）和圣奥古斯丁（St Augustine）。在卡拉瓦乔出生前的十年里，艺术理论家乔瓦尼·安德里亚·吉利奥在他写于1564年的《对话》（*Due Dialoghi*）中写道，光象征着精神上的光明（la illuminazione de la mente），能驱逐“无知的阴影”（le tenebre）。他这种寓言式的写法，领先于布鲁诺的理论。卡拉瓦乔的画揭示了与光的隐喻思想相对应的关系。例如，在《圣保罗的皈依》（参见插图20）中，神圣的光驱散了尘世的阴影，滋养了保罗的内心。

在光这个问题上，与卡拉瓦乔相比，最有趣的自然哲学家也许是柏拉图主义者弗朗西斯科·帕特里齐。大约在卡拉瓦乔到达罗马一年前，帕特里齐接受了在罗马大学（Sapienza in Rome）讲授柏拉图哲学的一个教席。他认为上帝创造了比任何事物都重要的空间，然后用光这种最美、最有效的东西将空间填满。在他写于1591年的《宇宙哲学新论》（*Nova de universis philosophia*）一书中，帕特里齐介绍了整个宇宙都依赖于光的理论。像特莱西奥一样，他把光想象成既神圣又自然的物质，是无形的，是物质世界的一部分。帕特里齐认为，光介于纯粹的可理解和纯粹的感官之间的一个中间位置——也就是说，介于神圣的、无形的事物和有形的物质现实之间。他认为光是物理世界中最可以用来比拟为上帝的。太阳光既是物质的，又是非物质的；既是有限的，也是无限的——这取决于人们如何观察光亮。光不是严格意义上的物质，而是与神灵密切相关的事物。因此，对帕特里齐来说，来自太阳的可见光，是无形的精神领域的东西，但是因为它存在于空间之中，所以又是物理的和理智的。帕特里齐说上帝无处不在，因为所有事物都是祂创造的；但是上帝又并不在任何一个固定的地方，因为上帝的无形性排除了祂在一个明确位置的可能。同样，布鲁诺断言说，上帝在自然界的一切事物中都是内在的，同时祂独自存在于人们所能解释的、宇宙之外的一个纯粹的本质中，超越时空，深不可测。对于帕特里齐来说，空间是物质和无实体两种属性共存的场所，但上帝的存在不需要空间。上帝隐身在我们面前，我们认识祂的唯一途径是通过看到祂发出的光，但我们的认识是有限的。在帕特里齐和卡拉瓦乔看来，人们只能通过光来认识神。

很特别的是，我们看到卡拉瓦乔表现光亮的现实主义手法与柏拉图主义者的思想是一致的。虽然卡拉瓦乔的现实主义与柏拉图的理想主义有云泥之别，他似乎直觉地理解了帕特里齐所阐述的那种既是物理的又是精神的光。对于康帕内拉来说，光也是神圣知识的来源。卡拉瓦乔画笔下强烈的光亮穿透黑暗，定义了物体，塑造出三维立体的体积，几乎具有一种可感知的性质。就这一点来说，他的光线似乎属于这个地球。但同样的光照，在他有关“蒙召”和“皈依”内容的人像上，有了神圣的一面：因为光伴随着基督，让基督借着光，给毫无思想准备的人带来了光明。对帕特里齐和卡拉瓦乔来说，光是上帝和物质世界之间的媒介。

帕特里齐指出，最强的可见光来自太阳，最弱的则来自光的对立面，即地球的漆黑一片，无透明度。地球永远是黑暗的，是所有黑暗的源头，正如太阳是阳光普照的明亮来源一样。他坚持传统的新柏拉图主义观点，认为地球是黑暗的，因为地球离存在于苍天之上的上帝之光最为遥远。他设想地球是宇宙的中心，但地球并没有因此享有什么好处——它处于中心，却远离上帝，故笼罩在黑暗之中。黑暗是与地球联系在一起的，容易产生腐败；白色则与太阳和上帝联系在一起。这一理论，将形而上学、伦理的维度与物理维度结合起来。

在帕特里齐的哲学探讨和卡拉瓦乔的绘画展示中，上帝的纯净之光在地球上与腐化的阴影混在一起，这是因为我们对更高境界的事物感知能力很差。在卡拉瓦乔的绘画里，上帝的恩典之光作为更高境界的事物，仅仅是有选择性地照入人类唯利是图的世界。卡拉瓦乔通过画里模糊的背景暗示地球离上帝和上帝之光距离最远，表明了他与帕特里齐的看法一致。在《圣马太蒙召》（参见插图18）中，基督和祂身后的光照入黑暗的环境，那个环境代表了人类世界。尽管帕特里齐认为人类和地球离上帝很远，但他仍然乐观地认为，现实世界是受到神的祝福的，世界的存在受到了上帝眷顾，因为所有较低层次的事物都参与较高层次的事物。这一思想，大致相当于卡拉瓦乔对人类了解神灵的描述：神借着奇迹般的光，借着基督的恩典（基督是神在人间的化身），引导人们获得启示，愿意皈依。

乔瓦尼·保罗·洛马佐（Giovanni Paolo Lomazzo）在1584年写下了《论绘画艺术》（*Trattato dell'arte della pittura*），他是在艺术论文中用大量篇幅对光的象征意义进行论述的第一位作家。在描述形而上学的光时，他和帕特里齐一样，大量借鉴了菲契诺（Ficino）的新柏拉图主义传统。洛马佐说，上帝身边的光是最明亮的；离得远些时，光就会变得弱些；而在离上帝最远的地方，则是真正的黑暗（molto oscuro）。这种对光的看法，也适用于卡拉瓦乔，他画笔下那强烈而集中的光芒，并不是白天明亮的蓝天中那种光线的扩散，他的光是来自看不见的光源，是穿透黑暗的一股明亮光束。他的绘画的一个基本特征是，他画笔下的光芒似乎照进了一个几乎无法穿透的黑暗空间。他画的光从太阳而来，而太阳光既是自然的一部分，也充满了神圣的意义。即使卡拉瓦乔作品中的光似乎结合了自然性和神性，然而正如朱利奥·曼奇尼所指出的，他画里模糊的背景是不自然的，象征着黑暗的人类世界。

卡拉瓦乔可能通过将强烈的阳光瞄准他的物体（或者直接通过窗户或天窗，或者利用镜子），来实现他的工作室照明。乔瓦尼·皮埃特罗·贝洛里和约阿希姆·冯·桑德拉特（Joachim von Sandrart）都写道，卡拉瓦乔在一个黑暗的房间里作画，画室只有从上方照入的一个光源。他的女房东曾在1605年抱怨说，卡拉瓦乔损坏了他租用的房子，因为他在屋顶上敲了一个洞，让光亮照进来。但让他画中的光看起来神圣的原因是卡拉瓦乔的艺术表现，而不是在屋顶上打洞。对于17世纪的许多评论家来说，卡拉瓦乔阴暗晦涩的光线运用，仅仅是作为一种惊人的技巧来吸引别人注意自己，他们几乎没有想到光具有神学上或宇宙观方面的意义。马齐奥·米莱西（Marzio Milesi）写的一首诗是一个例外。这首诗写于卡拉瓦乔在1600年创作《圣马太蒙召》之后不久。米莱西在卡拉瓦乔的油画中找到了真正的宗教感，他将基督背后的强光与基督本人联系在一起："耶稣如此闪耀，他吸引了旁观者的眼光，启发了他们的思想，使他们深思熟虑，似乎凡人的灵魂都受到了祝福。"

在分析卡拉瓦乔的绘画时，可以借助布鲁诺讨论光的观点，因为他们二人都把太阳比喻为一种神圣的光源，它可以减少地球上的自然黑暗。布鲁诺认为，纯粹的光是神圣的存在，但照到我们身上的光是混乱的，还带有某种黑暗。他把太阳（所有代表宗教的自然符号中最有力量的）放在我们太阳系的中心，并把它想象成一个所有人都能看到的神灵，其灵性之光照耀着全人类。布鲁诺坚持认为，人类只能从思想的阴影中，部分地理解纯粹的思想，与上帝紧密联合；世界蒙在阴影下时，并不完全是黑暗或邪恶的，而是仍然被太阳照射着，太阳是神的有力象征。这些想法，与卡拉瓦乔对光的认知是一致的。和布鲁诺一样，卡拉瓦乔认为，人类处于黑暗之中，等着主的光芒来照亮。布鲁诺和卡拉瓦乔都认为，自然与神性是有关系的。他们两人都将阴影与人类的无知联系在一起，把光与上帝联系在一起。但他们之间存在着重要的区别。对于布鲁诺来说，在道德和宗教层面上，宇宙无限表明善的无所不在。我们所看到的邪恶，只是因为我们的片面理解而带来的幻觉，对宇宙有了全面的观察后，所有的阴暗都会被消除。相比之下，在卡拉瓦乔的绘画中，光和影代表着个体心灵面对人生悲剧时的挣扎，以及寻找信仰的努力。他认为，人类心存怀疑，这是获得宗教体验的一个部分。

卡拉瓦乔晚期作品中，虽然明暗对比仍然很强烈，但那些暗示光亮来源的线索并不总是像早期作品中那样清晰。例如，他在1606年创作的《以马忤斯的晚餐》（参见插图48）第二个版本，其背景就是暗色的，缺少将后面墙壁分割成明亮和阴暗的对角轴的光芒。基督的头上没有光环，因此艺术家排除了在暗影中显现光轮和墙壁光的可能性——如他在第一版的《以马忤斯的晚餐》（参见插图45）中所画的那样。在他创作的第二个版本的《以马忤斯的晚餐》中的光，可以看作神圣之光或普通的亮光——但这种解读比《圣马太蒙召》那幅画的解读更难确定。观看者在欣赏卡拉瓦乔在孔塔雷利小礼拜堂所画的

《圣马太蒙召》及其他宗教题材绘画时，画面上的光似乎具有神秘的神性来源，也可以看作自然的光亮，但画布中的主人公们，似乎并不总能意识到那股光芒的精神含义。

卡拉瓦乔画光亮，显然是用来比喻神迹的。但他的画面中显得一片黑暗时，那黑暗并不一定意味着相同的意思，或者至少并不是每一个观众都看出了同样的意思。例如，在他创作的《洛雷托的圣母》（参见插图38）里的一团漆黑，就被人们认为有精神的、神圣的、忏悔的和神秘的含义。这些看法可能是成立的，因为黑暗是代表多种意义的，其解释取决于人们如何欣赏某幅绘画，如何理解艺术家表现某个主题，以及黑暗和光亮是如何互相对应，从而创造出整体效果的。但卡拉瓦乔作品中的黑色所反映的黑暗世界，与他那个时代的神学家和自然哲学家们想表达的观念相似。尽管卡拉瓦乔的作品中画着神秘的光芒，但保守的宗教当局对卡拉瓦乔还是抱有戒心，他们认为，卡拉瓦乔在宗教题材的绘画中引入了太多的自然主义元素。

第十二章
艺术的科学

卡拉瓦乔展示了一个经验主义者对事物特殊性的关注，他的油画借着黑暗的背景和强烈的光线，探索了人类与超人类感官而存在的神圣世界的关系。他处理空间的新手法，呈现出了一种戏剧性的对比，即近乎完全的漆黑一片被异常强烈的光线照亮。借由基督教的暗喻来理解，我们知道，黑暗象征着人类世界，而光明象征着拯救。我们了解了卡拉瓦乔时期的神学家和自然哲学家就天堂何在、世界系统如何构成所进行的讨论，就能理解卡拉瓦乔作画的信条。他画布上表现的明暗对比，在宗教上，可以比作他那个时代的人就宇宙结构到底如何而进行的科学辩论。

画家画出的阴暗背景，表明他对天堂的可知性持怀疑态度。那些黑暗背景预示着人类知识的局限性，即一个人无法知道超越了自己直接感官体验的东西。正如他那个时代的自然哲学家们所理解的空间概念那样，卡拉瓦乔作品里表现出的空间，似乎是不可知、不可测量的。列昂·巴蒂斯塔·阿尔贝蒂（Leon Battista Alberti）在15世纪的绘画中创造了一种表现空间结构的几何方法。和他不同的是，卡拉瓦乔创造了一个在很大程度上是直观的空间，这个空间神秘而黑暗。卡拉瓦乔创作的时候，阿尔贝蒂的那种像箱子一样的空间表现，已经被人弃而不用，艺术家们在表现空间时，带有更多的主观看法。在16世纪早期，风格主义（又称形式主义）艺术家们就已经摒弃了阿尔贝蒂的做法。米开朗基罗在创作《最后的审判》（1534—1541年）时，就已经用以人物位置来定义空间取代了用几何投影所展示的空间。17世纪，随着科学的进步，安德里亚·波佐（Andrea Pozzo）等艺术家推出了更加精细的几何空间系统，特别是用于天花板绘画所需的复杂投影法。在卡拉瓦乔的时代，在绘画时表现空间既靠直观感觉，又靠科学的观念，而艺术家还是更加依靠自己的主观理解。

哥白尼在1543年发表了《天体运行论》（*De revolutionibus Orbium Coelestium*）。自然哲学家们提出了新的宇宙概念，与亚里士多德和托勒密那一派传统的说法不同。这种新思想由圣托马斯·阿奎那（St Thomas Aquinas）发扬光大。他们认为世界是有限的，包含在宗教所说的天堂之内。到了1600年，传统的亚里士多德学说和托马斯学说的见解均受到了严峻挑战。自然哲学家们提出的那种新的宇宙观，让宗教里所说的天堂和上帝的特别位置无处安放。在卡拉瓦乔那个年代，人们提出了不同的、相互矛盾的理论：有人说世界是以地球为中心；有人说世界是以太阳为中心；有人说世界有限，也有人说世界无限。乔尔丹诺·布鲁诺、贝尔纳迪诺·特莱西奥、弗朗西斯科·帕特里齐、托马斯·迪格斯（Thomas Digges）和威廉·吉尔伯特（William Gilbert）都说宇宙是无限的，但每一个人的形容不尽相同。有些人描绘了神学里的天堂，有些人形容了物理上的天堂，有些人把两者混为一谈。例如，在1576年，迪格斯按照哥白尼所说的新秩序，将行星安排在太阳周围，并用一个无限的星域来取代传统的、有限的、固定的星体外壳，这个星域属于上帝的天朝，也是上帝的选民和天使们的栖息地。无须多言，在罗马教廷看来，这种说法属于异端邪说。布鲁诺的说法则更加激进，他认为宇宙物质是统一的、无限的，没有固定的中心，也根本没有基督教所说的天堂。

卡拉瓦乔阴暗的画面，暗示了人们对世界和人类地位的焦虑。在他的画布上，除有亮光照亮的画中人物之外，空间是无法解释的，所有的东西都消失在一片黑暗之中。基督教教义中所说的天堂，从来没有出现在他画布的顶部——这在一定程度上反映了卡拉瓦乔那代人的感觉：新科学的挑战，使得上帝和传统的天界显得异常遥远。

卡拉瓦乔对自然世界的研究具有三重意义。首先，虽然说他的宗教题材绘画是精心安排的画室设计，用新颖和自觉的表现手法描绘了《圣经》事件，但他同时还具有一个真正的经验主义者的那种坚持，把世上的事物描绘得很精美。尽管他的作品结构和意义都很复杂，但他所画的物体及其表面——闪亮的缎子或羊毛衣物、人物的皮肤和人体的肌肉及骨骼——都表现出自然科学家的那种眼光和经过了仔细观察的效果。这表明，他和自己同时代里研究解剖学、植物学、天文学等学科的那些人一样，对自然是很用心的，也很善于发现。

其次，卡拉瓦乔表现的光，反映了形而上学的思想。他那强烈而刺眼的光芒所具有的品质，超越了对自然的观察，并且具有双重的意义。这与他所处的那个时代中，自然哲学的科学和形而上学两方面的研究相匹配：那光看起来既是自然的又是神圣的。虽然早期宗教题材艺术家在作品中也进行过同样的探索，但卡拉瓦乔更执着地以他的"暗色渲染法"强调了他的光所具有的地界与神界的二元性。他通过"暗色渲染法"，故意将地界和神界那种象征非自然的黑暗与强烈的灼热光芒对立起来。

最后，卡拉瓦乔的作品通过黑暗的空间环境展示了人类认知的局限性。这些空间环境是人类对神圣世界或神学天堂一无所知的隐喻，表明那个世界超越了我们的直接感知。宗教作家和自然哲学家都用黑暗来描述人类与上帝的隔离。卡拉瓦乔的绘画中所展示的这些问题——对自然进行积极的和实际的研究，自然现象所包含的形而上学性质，以及人类理解上的局限——在很大程度上影响了他那个时代的自然哲学家。

卡拉瓦乔住在罗马红衣主教德尔蒙特家里，可能间接地了解到了当时人们关于世界体系的争论。这位红衣主教对科学很感兴趣，他的兄弟吉多巴多（Guidobaldo）是一位数学家、自然哲学家和天文学家。吉多巴多坚定地支持年轻的伽利略。伽利略访问了红衣主教在罗马的家，并得到了他的帮助，从而获得了美第奇家族的资助。红衣主教本人在卢多维西娱乐场（Casino Ludovisi）自己的炼金实验室里实验了新的药物，他让卡拉瓦乔在那里的天花板上作画，画上了不同的天体，包括被星座标志笼罩着的地球、太阳和月亮，以及代表异教神灵的木星、海王星和冥王星。也正是住在红衣主教家里的时候，卡拉瓦乔才琢磨出了他著名的“暗色渲染法”。模糊的背景对宇宙系统既没有形象上的表现，也没有比喻上的描述，但它们确实表明了对人类在宇宙中所处位置的理解。就当时人们提出的理论而言，人类在宇宙中的位置是有争议的，是人们所不熟悉或不知道的。

卡拉瓦乔在作品中不去画天父和那光芒四射的殿堂——这一点有时会受到他的教堂赞助人的质疑。对画家抱有的这种怀疑态度，与当时的人们对自然哲学家的反应是一致的。自然哲学家们通过他们关于宇宙空间本质的辩论，使神圣显得遥远而且难以理解。卡拉瓦乔的油画表达了哲学家们的观点，只有在隐含的、基本上看不见的精神力量的背景下，人们才能解释自然世界。从宗教的角度来看，他的作品中有很多问题，比如空间呈现的方式，因为他的画面黑暗，代表着不确定性（比如暗示上帝是内在的却是超然的）；比如他画的光，无论是神圣的还是世俗的，这些表现手法都符合他那个时代自然哲学家的观点。当时的自然哲学家们提出了各种各样的世界体系理论，在一定程度上制造了混乱。正如约翰·邓恩（John Donne）的话所表达的那样，“新的哲学让人们对所有一切都心生怀疑”。甚至连总是乐观的布鲁诺都有了新的怀疑。布鲁诺后来拒绝承认人类灵魂能够提升到形而上学的或更高层次的精神层面。在他写于1585年的《论英雄激情》（*Eroici furori*）中，谈到了“人类对神圣事物看不清，感知力不足”。新的宇宙论的争论，带来世界体系到底如何确立的不确定性，这也反映在了卡拉瓦乔的暗色调主义中。其精神意义和形而上学的含义，远远超出了简单化的“地窖照明”的范畴。

卡拉瓦乔画作晦涩的背景，无法与任何特定的宇宙图式联系在一起。他画里的意象虽然坚决地省略掉了对神学所说的天堂进行表现，但还是遵循了基督教的传统。尽管布鲁诺相信上帝创造了一个美好的、无限的宇宙，但卡拉瓦乔的宗教表达却含混不清，并呈现出一种更加悲观的前景。布鲁诺具有批判精神，他拒绝将地球视为受眷顾的、固定不动的、宇宙的中心，并且推翻了亚里士多德关于地球和天体区域的区分理论。这种激进的宇宙观，与卡拉瓦乔画布上空间的不确定性、空虚性和怀疑精神相得益彰。

卡拉瓦乔还没有生活在一个被称为“科学革命”的新科学价值观主导的时代。约翰内斯·开普勒（Johannes Kepler）、伽利略和威廉·哈维（William Harvey）等人的许多重要作品，要等到1605年或更晚些时候才出现，而在那时，卡拉瓦乔的艺术已经进入了成熟阶段。16世纪后期以及17世纪的大部分时间里，自然哲学家们通过简单的观察来研究自然，也有许多人被炼金术、占星术、形而上学的推测和自然魔法所吸引。直到17世纪及以后，我们认为是科学家的人，甚至连艾萨克·牛顿本人，都对赫尔墨斯神智学（hermeticism，或称神秘学）着迷。通常这两种新旧学说并没有明显的区别，而是产生了一种“混合体”。自然哲学家们把他们对自然的研究与精神上的关怀联系起来。例如，特莱西奥向他的读者保证，他只会在仔细观察的基础上对自然进行最严格的讨论。但在他的文章中，他很快就开始解释上帝对自然现象的创造，以及在自然的运行中所起的作用。他声称，热量——最重要的是，在热表现为光的时候——是上帝创造的，是上帝对其产生了影响。在自然哲学家的作品里和卡拉瓦乔的绘画中，都表现出了这种把物质的和神圣的东西混为一谈的倾向。

在他们对天堂的推测中，自然哲学家们首先假设上帝是不可知的，然后很快就开始寻找各种方法来定义祂，并证明上帝是如何在物理和形而上学两个层面安排了宇宙万物。卡拉瓦乔也是如此，他强调了人类面对神灵时的困惑，但最终，他的作品里的主人公获得了精神上的洞察力。对于卡拉瓦乔和哲学家来说，尽管他们声称只遵循自然，他们还是不可能将物质和精神领域区别开来。卡拉瓦乔的艺术与16世纪晚期的哲学运动之间存在着许多联系。画家表现了卑微和贫穷的人物形象，正如他在第一版的《圣马太与天使》（参见插图36）中所画的人物，这体现了平等、自然寡欲的斯多葛主义（Stoicism）的精神；他接触了怀疑论，强调人对神的认识是有限的，比如他画的《圣马太蒙召》（参见插图18）；他的自然主义手法在唯物主义方面涉及原子论；他对自然的研究根植于自然哲学；他在对光的神秘表现方面，甚至受到了柏拉图主义的影响。

卡拉瓦乔的艺术并没有反映出15世纪和16世纪初人文主义者的自信观点，即人类与上帝和谐相处，上帝创造的自然秩序无比辉煌。相反，他的作品坚持了16世纪晚期的悲观主义观点。当时教会受到攻击，特利腾大公会议表现出了人类的罪恶本质。卡拉瓦乔绘画中的空虚部分不是布鲁诺乐观设想中的那种无限的物理空间，而是一种心理上的黑暗，它揭示了人类无法去理解神的奥秘。

卡拉瓦乔艺术中神秘的一面，与他通过观察对自然进行了深入的研究之间得到了平衡。由于这样的观察，也由于他直接根据人体模特来作画而不是先画出草稿，他的艺术与新的经验主义科学有着密切的联系。他的经验主义方法强调了感官的表现，营造了一种所谓的真实。这一点受到了17世纪传记作家的赞扬，比如乔阿希姆·冯·桑德拉特（Joachim von Sandrart）在他的《德国特切学院传》（*Teutsche Academie*）中所作的评论。卡拉瓦乔的作品表现出了与他那个时代自然哲学里真正的经验主义的相似之处。他的画是以观察自然为基础的，伽利略的科学也是如此。有研究者甚至把他的一幅油画通过揭示其隐喻层面，而与伽利略新的力学方法联系起来。在卡拉瓦乔的《圣彼得蒙难》（插图49）中，三个男子用绳子、手和背托起钉着圣徒的十字架，其身体动作与伽利略在1590年写的《论重力》（*On Motion*）有可比之处。卡拉瓦乔在绘画中对重量和力量（即重力的作用）进行了逼真的强调，因为他画里的那三个人以不同的方式努力地举着沉重的十字架。

伽利略在信仰问题上基本保持沉默，因为他认为科学与宗教有着不同的维度。但这种科学方法和信仰的分离，并不意味着伽利略拒绝宗教，甚至拒绝把上帝当作宇宙的设计师。他认为上帝是世界的创造者，上帝“根据自己的内心提出了（宇宙的）结构设计，而（人类）尽管付出了巨大的努力，却几乎没有察觉到（宇宙的）结构中所体现的计划”。但伽利略在追求科学真理，特别是追随哥白尼主义的过程中，与宗教权威发生了冲突；卡拉瓦乔在遵循艺术真理时，似乎也违背了自己的信仰。通过他们的伟大创新，这位画家和这位科学家都对当时的文化提出了异见。卡拉瓦乔的绘画描绘现实世界的非凡能力，可能说明他对乔瓦尼·巴蒂斯塔·德拉·波尔塔在1558年写的《神奇的自然》（*Magiae Naturalis*）感兴趣。该书及其许多后续的版本中，有很多对各种工艺和技术奇迹的描述。德拉·波尔塔介绍了幻象设备，如凹面镜、透镜和暗箱（Camera Obscura）等东西。卡拉瓦乔很可能用了镜子作为绘画辅助工具：他在1599年借了一个大镜子来画《美少年那耳喀索斯》（*Narcissus*）；而在那之前，他在《抹大拉的皈依》（参见插图50）中，展示了一面凸面镜子。他可能用过一面镜子来构图，设法在二维空间中表现出三维现实的效果。乔瓦尼·巴格利奥描写了卡拉瓦乔如何用镜子作画；卡拉瓦乔的女房东在1605年以拖欠房租的理由没收了他在维科圣比亚（Vico San Biagio）一带租住的房子里面的财产，其中包括一面“盾牌形状的镜子”（speccio a scudo）和一面大一些的平面镜。

由于德尔蒙特对科学有兴趣，他可能帮助过卡拉瓦乔使用光学仪器。卡拉瓦乔不太可能使用暗箱，虽然暗箱可以生成外部场景的虚拟图像；也不太可能使用抛物面镜，虽然它可以捕捉并投射来自自然的图像，但抛物面镜只能照出一个模糊的图像，忽略了大部分的细节，此外，抛物面镜的焦距也非常有限。无论如何，卡拉瓦乔的宗教题材作品不仅临摹了他在画室里看到的视觉形象，而且运用了他的创造能力。他似乎也用镜子来追逐不断移动的阳光，因为光线是从他的工作室窗户照进来的。但哪怕当他用镜子的时候，他也操纵着自己所看到的景象：在《被蜥蜴咬伤的男孩》（参见插图51）中，从窗口反射的光线来自玻璃瓶的右侧，而照亮人物主体的光线则来自左侧。此外，通过他在作品中的隐喻、引起争议的讽刺元素，以及画中图形和空间的扭曲，他拓宽了表达的疆域，超越了自然主义的观察或对技术设备的依赖。

第十三章

宗教之秩序

试图将卡拉瓦乔的宗教表达狭隘地与某一个宗教教派、团体（比如耶稣会、奥拉托利会、方济会、波罗米安会等）或个人联系在一起是很困难的。他的艺术与奥古斯丁主义有着密切的联系，但又并非仅限于此。奥古斯丁的影响对《圣马太蒙召》（参见插图18）更具决定性。在卡拉瓦乔的其他一些绘画作品中，除罗马奥拉托利会或耶稣会的影响外，按照一些学者所宣称的，他的作品也受到了方济会的影响。卡拉瓦乔可能在他的个人生活中与奥古斯丁主义有着一种特殊的关系——因为他犯了杀人罪，需要上帝的恩典，而这正是奥古斯丁神学强调的一个方面。然而，方济会的影响可见于《昏迷中的圣方济各》（参见插图15）以及《逮捕耶稣》（参见插图42）等作品中。后者是卡拉瓦乔为西里亚科·马特伊（Ciriaco Mattei）创作的。马特伊和他的兄弟基洛拉莫（Girolamo）红衣主教特别推崇圣方济各（St

Francis）。像卡拉瓦乔的其他赞助人一样，他们有着特殊的宗教习俗和信仰，兄弟两人可能曾与卡拉瓦乔就宗教主题的表现进行过讨论。这些主题对他们来说非常重要，他们希望看到卡拉瓦乔在为他们所作的绘画中将其反映出来。在《逮捕耶稣》中，耶稣在被捕时表现出了舍己精神——这一行为反映了方济会在反宗教改革时期所表现出来的那种特殊的坚韧性和灵性。

然而，方济各会的那种虔诚和简单，只是卡拉瓦乔艺术中一个可察觉的部分，却无法解释他那些更大胆、更引人议论的作品中的神学含义。耶稣会的影响，可见于卡拉瓦乔生动的描绘中，这与圣依纳爵·罗耀拉的《属灵操练》中所提倡的理念相符。然而，卡拉瓦乔的画面背景往往空空如也，几乎不符合《属灵操练》中所要求的“场所构成”——从这一方面来看，他的作品在性质上与耶稣会欣赏的有所不同。耶稣会教徒喜欢的是像在圣斯德望圆形堂（Santo Stefano Rotondo）中的壁画那样的绘画（参见插图22）：在精心描绘的背景下，表现圣徒殉道时的可怕场景。此外，卡拉瓦乔也从未受到耶稣会士的眷顾。

有些人认为，罗马的奥拉托利会对卡拉瓦乔有着决定性的影响，特别是该组织创始人圣菲利波·内里所倡导的朴实表达，启发了卡拉瓦乔去画卑微的圣徒和农民。德尔蒙特红衣主教与罗马最贫穷的宗教派别包括奥拉托利会有联系，卡拉瓦乔的庇护者科隆纳家族则与内里身边的核心人员关系紧密。但是，卡拉瓦乔从未见过内里。内里也特别欣赏费德里科·巴罗奇（Federico Barocci）的绘画。内里的继任者、红衣主教塞萨尔·巴罗尼奥（Cesare Baronio）更喜欢克里斯托弗罗·罗卡利（Cristoforo Roncalli）那种表现信徒的虔诚的装饰性图画。此外，奥拉托利会成员的谦逊，只限于他们服务社会的计划和他们自己甘守清贫的态度上，而在宗教绘画方面，他们却期望画家带着尊重的态度把基督和圣徒描绘成庄严的样子。卡拉瓦乔的那些作品被认为是很不得体的——他把圣徒和朝圣农民画成一副邋里邋遢的样子——这如同冒犯教会里的其他群体，也冒犯奥拉托利会的人。另外，奥拉托利会的人可能会对卡拉瓦乔画的第一版《圣马太与天使》（参见插图36、37）给予积极的回应。在画中，马太低着头，一副无所适从的样子；他光着腿，却并不显得粗俗或者无礼，而是“赤身的基督”的一个卑微的追随者。而到了卡拉瓦乔画《基督降架》（参见插图47）的时候——这幅油画是为奥拉托利会在瓦利莱塞拉的圣玛利亚教堂绘制的——画家确保了在他的油画里没有任何会引起争议的图像。

卡拉瓦乔艺术的特点，包括宗教场景的直接性和真实性，主人公与基督有近距离的个人接触，并通过皈依来接受主的恩典，这些都是奥古斯丁主义的典型表现。卡拉瓦乔在罗马的三幅主要绘画作品都是受奥古斯丁教派教堂的委托而画的：为圣阿戈斯蒂诺教堂画的《洛雷托的圣母》（参见插图38）、为人民圣母教堂画的《圣保罗的皈依》（参见插图20）和《圣彼得蒙难》（参见插图19、49）。在他另外几幅作品中，卡拉瓦乔也遵循了奥古斯丁派的立场，即不管一个人是否主动参与，恩典都会降临到其身上。他画出了自己画里的主人公还没准备好，就获得了本不应得的恩典〔《圣马太蒙召》（参见插图18）〕，画出了他们惊讶地发现眼前的基督竟然是神〔《以马忤斯的晚餐》（参见插图45）〕。

16世纪的天主教改革者，比如胡安·德·巴尔德斯（Juan de Valdés）和皮特罗·马蒂尔·弗米格里（Pietro Martire Vermigli）等人，与圣奥古斯丁一样，相信上帝会让人进到天堂。卡拉瓦乔的《圣马太蒙召》支持这种宿命论的观点。在这部作品中，马太的极度惊讶和缺乏“善行”表现在他停止数钱，转向基督，但仍然犹豫不决，不知道自己是否应该去跟随主（参见插图18、29）。表现奥古斯丁教义的《圣马太蒙召》，反映了卡拉瓦乔自己对马太犹豫不决态度的理解，因为他没有遵从自己从朱塞佩·塞萨里（Giuseppe Cesari）那里继承下来的在1591年签订的合同附录，其中规定卡拉瓦乔应该画出圣徒要站起来并追随基督这样的场景。法国圣路易吉·迪·弗朗西斯教堂的神父们很可能已经认可了奥古斯丁的含义，即这幅画的意象应该集中在皈依这件事上。这一观念是奥古斯丁教派的典型思想，反映在这些牧师特别在意犹太人的皈依。《圣马太殉道》（参见插图31）也背离了卡拉瓦乔在1599年应该遵循的塞萨里在1591年签下的合同附录，因为他在画面的下方添加了成人洗礼的场景。

因此，《圣马太殉道》这幅作品强调了罗马人在反宗教改革时期的两个重要理想：吸引异域人民的皈依，以及为教会服务的殉道精神。根据雅各·德·佛拉金（Jacobus de Voragine）在13世纪撰写的圣徒传集《黄金传说》（*Golden Legend*），马太去埃塞俄比亚就是为了改变异教徒，让他们来信基督。孔塔雷利小礼拜堂在1565年跟罗马的著名画家吉洛拉莫·穆齐亚诺（Girolamo Muziano）签订的最初合约中，写明拱形天花板的中心画应该表现圣马太为埃塞俄比亚国王和王后洗礼的场景。尽管这一主题最终被放弃，但卡拉瓦乔借鉴了这一理念，在他的《圣马太殉道》中加入了洗礼的场景。因此，他对外族人的皈依和洗礼也表达了同样的观点。所以，知道了卡拉瓦乔的赞助人是谁，以及他个人在绘画倾向上的表达，让我们能够从这些作品中发现奥古斯丁派所注重的形象表达。

16世纪末期，人们在罗马发现了古代基督教的墓穴，并进行了新的勘察，安东尼奥·博西奥（Antonio Bosio）在1632年写的《罗马地下城》（*Roma sotterranea*）一书中做了记录。圣马太遇难的主题，反映了当时的罗马人对早期基督教圣徒和烈士英勇牺牲情况的关注。天主教神父在那个时期也遇到了类似的例子。在宗教战争期间，在北欧国家，在天主教新传入的北美和亚洲等地区，他们遭到新教徒的迫害。罗马奥拉托利会和教会历史学家巴罗尼奥红衣主教（Cardinal Baronio）表示，他很羡慕那些为了正义而死的人，因为他们死得光荣——这反映了那个时候神职人员的共同感受。加布里埃莱·帕莱奥蒂红衣主教在他写于1592年的《神圣与世俗图像论述》一书中说，艺术家们应该毫不犹豫地描绘基督徒所经受的那些恐怖的折磨，在他们创作的艺术中赞美殉道的勇气。在罗马的圣斯德望圆形堂（参见插图22）穹顶壁画中，表现基督信徒遭受迫害的场景，其目的就是激励牧师和其他的天主教教徒，要准备为自己的信仰而牺牲。这些壁画是应教皇格列高利十三世（Pope Gregory XⅢ）的要求而画的，这位教皇与耶稣会有着很紧密的联系。卡拉瓦乔的作品也描绘了马太的殉难，表明马太是现代福音传教士的典范。

穆齐亚诺从来没有在孔塔雷利小礼拜堂画过任何东西。当朱塞佩·塞萨里最终在1592—1593年接过这个活儿并绘制了天花板的壁画时，他画的是《圣马太复活埃塞俄比亚国王的女儿》（参见插图52）。在这一点上，天花板主题绘画的意义改变了，它现在强调了马太能够复制基督复活死者的力量——更普遍地说，在反宗教改革的背景下，壁画验证了圣徒的精神力量和奇迹。卡拉瓦乔在这个礼拜堂里的三幅画，就其意义来说，有着完全不同的焦点，并且没有依循塞萨里树立的有关神圣力量的主题。卡拉瓦乔强调了奥古斯丁派所说的那种被动性，即马太最初在《圣马太蒙召》（参见插图18、29）一画中被召为使徒时，并不是很主动的；在卡拉瓦乔画的第一版《圣马太与天使》（参见插图36）中，马太似乎完全不知道自己该如何下笔撰写《马太福音》；而在《圣马太殉道》（参见插图31）中，马太则显得孤立无助。

在卡拉瓦乔创作的《圣保罗的皈依》（参见插图20）中，圣徒躺在地上，他因为被强大的神光照射而从马上摔了下来。《使徒行传》（*Acts of the Apostles*）里描述了基督如何用一种来自天堂的声音对保罗说话，而在绘画中，上帝之光直接照进了保罗的内心，他仰卧着，闭着眼睛，双手举向天空，迎接自己的皈依。在切拉西教堂里，卡拉瓦乔在绘画上方的窗户上，画了代表圣灵的鸽子，而窗户则让教堂充满了阳光。根据圣奥古斯丁的说法，圣灵持有上帝的爱，在这里照亮了卡拉瓦乔画在一座奥古斯丁派教堂里的保罗。《黄金传说》一书指出，保罗是最配不上上帝恩典的一个罪人，因为他一直以来都在迫害基督徒。在这样一个独特的构想中，卡拉瓦乔将圣徒的顿悟表现为：在神圣之光的照耀下，使徒被动地从内在接受了奥古斯丁派所说的那种恩典。

卡拉瓦乔的自画像，在《手提哥利亚头颅的大卫》（参见插图40）中作为哥利亚被斩下的头颅出现，可能指的是他自己被判处了死刑（缺席审判），以及他在谋杀拉努奇奥·托马索尼之后请求得到饶恕。大卫剑上的铭文“谦卑扼杀了骄傲”，是奥古斯丁的座右铭；而大卫作为基督的原型，能够为有罪的哥利亚／卡拉瓦乔提供宽恕。这幅画可能是为希皮奥内·博尔盖塞（Scipione Borghese）创作的，是此人帮助艺术家卡拉瓦乔获得了教皇的赦免，令他能按计划于1610年重返罗马。

和相信主的恩典一样，信仰坚定是奥古斯丁主义的基石，因为对信仰的积极展示是主给了恩典的结果。卡拉瓦乔在其他绘画中也表现了宗教信仰，例如《洛雷托的圣母》（参见插图38）以及《圣母玫瑰经》（参见插图39）中，农民在祈祷时表现出的那种简朴的虔诚。后一幅绘画里包含了多明我会画派的造像元素（圣多明我会所呈现的念珠），表现了卡拉瓦乔对奥古斯丁主义的认同。信仰和恩典在这里得到了平等的表达：信仰表现为人们向往圣多明我所持有的念珠那种积极的姿态，恩典则表现为神圣的礼物给了想要念珠的人民。除这些画之外，生活在17世纪时的作家和医生弗朗西斯科·斯坎内利（Francesco Scannelli）还描述了卡拉瓦乔所画的一幅圣奥古斯丁的半身像。2011年，有人说发现了此画——这是没有根据的，因为被发现的那幅画缺乏表现力，风格乏味，并且画的内容与斯坎内利的描述并不一致。

对卡拉瓦乔的宗教思想和精神生活，我们基本上没有什么直接的了解。1605年的一次“信教调查”（Statod’ anime）证实，至少这一次他接受了圣餐仪式。他的早期传记作者未能对他的宗教思想或他作品中的天主教内容多作阐述。在艺术家去世一个多世纪后，弗朗西斯科·苏辛诺（Francesco Susino）于1724年在他对卡拉瓦乔生平的描述中，声称卡拉瓦乔“质疑我们的神圣宗教”，并且“被指控是一个对宗教没有信仰的人”。就是这位苏辛诺写下了以下这个著名的故事：当卡拉瓦乔进到圣母玛利亚教堂（the church of Madonna del Piliero）有人给他圣水时，他回答说自己不需要，因为“我所犯的罪，都够判我去死了”。

虽然艺术史学家们仍然在争论卡拉瓦乔的绘画是否表现了宗教信仰，但他的宗教题材作品无疑对他想要表现的主题进行了认真的处理：因为画中的人物既有凡人的感染力，画里的宗教表达似乎也有了感染力。他与教会委员会签订的合同，几乎没有具体提到他的绘画要如何表现宗教价值。然而，这些合同在有些地方确实阐明画家应该根据所涉及故事的简要总结或者“以画家认为最好的方式”来描绘《圣经》事件；合同还要求画家“显示其水平”，比如在1591年为孔塔雷利小礼拜堂所签订的合同附录中提到的要求。卡拉瓦乔为人民圣母教堂的切拉西礼拜堂所签的作画合同中，要求画家“根据自己的创作和才华”来准备“画稿”。

除具体说明要表现的主题之外，艺术委员通常会对艺术家在宗教内容的表现方面提出要求。这类要求简单，在如何描绘场景方面，给了艺术家相当大的自由。对于赞助人和收藏家们来说，他们“更欣赏卡拉瓦乔的艺术实验，而不是他对反宗教改革情绪的升华”。这种态度鼓励了卡拉瓦乔发展自己的绘画思想。教会拒绝接受他的宗教画作，有时是因为他的作品中出现了不受欢迎的裸体或不雅形象，比如《圣母玛利亚与蛇》（*Madonna dei Palafrenieri*，参见插图53）一画。该幅绘画表现了一个裸体的年幼基督，但画中的基督比类似的绘画里显得年纪更大更成熟，而且圣母明显是袒胸露肩的。卡拉瓦乔的作品也曾因违反礼节或技巧原因而遭到退稿，而不是因为艺术家违反了神学的观点。卡拉瓦乔在为孔塔雷利小礼拜堂作画时，所收到的要求、指示，比大多数情况更为详细，但最终画家并没有遵守这些指示要求。鉴于卡拉瓦乔拥有这样相对的艺术自由，我们可以说，除需要考虑作品主题的适当性和遵守基本的宗教知识之外，卡拉瓦乔不受约束地选择了去强调奥古斯丁的那种价值观，而且在更广泛的意义上，尝试了以新颖的方式在自己的绘画中呈现出宗教故事。

第十四章
对卡拉瓦乔艺术的接受

卡拉瓦乔从根本上改变了绘画的实践和观念，他的作品比以往的艺术更多地依赖于观众的积极参与，自主解释作品中的模棱两可和新颖性。通过呈现模棱两可的叙述场景，他鼓励观者面对他的作品时提出问题。他的一些重要作品，如《圣马太蒙召》、第一版的《圣马太与天使》和《圣母之死》等，都会让观者感到迷惑，因为在这些叙述场景中，缺乏能够为观者解读绘画提供的关键信息——那些16世纪的人们所习惯的视觉修辞符号。卡拉瓦乔的批评家们在那个时候就已经在讨论他的画里到底表现了消极还是积极的宗教意义，这场辩论到今天仍在继续，只是今天的讨论更为深入。

早期的许多评论家在评论卡拉瓦乔的作品时，都认为他在宗教表达上显得颇为不敬。这些对他的作品持特别否定态度的评论家，包括朱利奥·曼奇尼、乔瓦尼·巴格利奥、弗朗西斯科·斯坎内利和乔瓦尼·皮埃特罗·贝洛里。他们指出卡拉瓦乔作品里的人物显得低俗粗鲁，并列举了他的绘画作品不利于表达虔诚的原因。中间派的代表人物是红衣主教奥塔维奥·帕拉维奇诺（Ottavio Paravicino），他在写给一位朋友的信中说，卡拉瓦乔的绘画介于神圣和世俗之间。持积极看法的有法官马齐奥·米莱西，他写诗赞美卡拉瓦乔作品中那种神圣和虔诚的表现，说卡拉瓦乔的画能激发人们产生一种严肃的宗教感动。在现代出版的评论中，一些学者提出了强有力的论据，说卡拉瓦乔的绘画表现出了打破传统的宗教表现方法，他们从卡拉瓦乔画的人物中，看出了人无法理解神的奥秘这层意思。他们认为，他的场景中没有表现末世论的概念——因为在末世论者看来，死亡是最终的，获得拯救是不可能发生的。另一些人则认为卡拉瓦乔积极地接受了传统的宗教态度。

帕拉维奇诺在1603年写的关于卡拉瓦乔艺术的信件，有助于我们了解卡拉瓦乔的绘画以及在卡拉瓦乔的宗教题材作品中可感知到的互动性的意义。这封信描述了作者的想象：如果卡拉瓦乔为一个学识渊博的牧师去绘画，他就会选择去创作“意义介于神圣与世俗之间的绘画”。帕拉维奇诺替卡拉瓦乔说出了这些话，这一事实清楚地表明，红衣主教意识到：在艺术中，可以有微言大义的空间。他的评论表明，画家本人是有意识地去创作符合特定赞助人口味的作品的，这些赞助人能够欣赏画作中模棱两可的含义，明白一幅画可以有不同的解释空间。

他在罗马时期为教会创作的作品遭到拒绝并不得不作出修改——这已经成为卡拉瓦乔传奇故事的一部分。到1602年的时候，摆放在公共场所的卡拉瓦乔的五幅重要的宗教题材绘画都做过修改：为孔塔雷利小礼拜堂创作的《圣马太蒙召》《圣马太殉道》和《圣马太与天使》（参见插图18、31、36、37、41、46）；然后是在人民圣母教堂切拉西礼拜堂的《圣保罗的皈依》；根据巴格利奥的说法，还有《圣彼得蒙难》（参见插图19、20、49）。后来，他画的《圣母玛利亚与蛇》（参见插图53）和《圣母之死》（参见插图26）甚至遭到了退稿。

卡拉瓦乔有些作品是他自己主动要求修改的，特别是《圣马太蒙召》和《圣马太殉道》两幅作品。贝洛里声称，在卡拉瓦乔画第一版《圣马太与天使》（参见插图36）时，由于圣路易吉·迪·弗朗西斯教堂的教士们嫌画面表现过于现实，画着圣徒叉着双腿、赤着双脚，显得不雅，这幅画被拒收了。乍一看，圣徒似乎是一个目不识丁的农民，这违背了红衣主教加布里埃莱·帕莱奥蒂在1582年写的《神圣与世俗图像论述》中提到的规则。他在书中告诫画家，不要把宗教形象画得普普通通，让人看了激发不了献身精神，并说，要把圣人画得看起来很机智聪明的样子。不同的艺术史学者还从文献、绘画技巧和风格、画家的个性，或宗教机构以及文化习俗的影响等方面对卡拉瓦乔被退稿的原因提出了不同的解释。第一版《圣马太与天使》很可能是因为画面不雅而被拒稿。无论如何，画家的作品都存在着一些问题，这些问题来源于他对如何通过艺术作品来表达宗教题材有自己的基本思路。很明显，他认真思考过如何不拘一格地表达宗教题材的内容，但这样的作品在别人看来有时是有问题的，正如巴格利奥、贝洛里和其他人的评论中所说的那样。

近年来，根据一些新发掘的文献证据，也有人提出了新的理论，认为卡拉瓦乔的油画之所以被拒绝，不是因为作品不雅，而是由于一些烦琐的实际的原因，或是画家出于风格或概念上的考虑，自己要求重新画的。有人认为，第一版的《圣马太与天使》被替换掉，是因为画面的大小设计不准确。为切拉西礼拜堂定制的《圣保罗的皈依》（参见插图20）之所以重新画过，很可能是画家自己的决定；或者与跟这幅画一起创作的另外一幅画——《圣彼得蒙难》的第一个版本（参见插图19、49）——有关，也可能是因为礼拜仪式上需要改变画作在礼拜堂里的摆放位置而重画的。有人认为他的《圣母玛利亚与蛇》（参见插图53）不是因为画面不雅而被教宗的御座轿夫（抬教皇的轿夫）拒绝，而是因为御座轿夫在那座教堂里如何行使教皇权利而引起的争议使作品不适合摆放在圣彼得教堂。但即使在1606年5月初这一争议得到解决后，御座轿夫们仍然声称他们不想要卡拉瓦乔的作品。他的油画在1606年6月以100枚银币的价格卖给了希皮奥内·博尔盖塞。卡拉瓦乔的早期资料中没有提到让他修改画作的这些技术上的原因。其实，这些因素都表明了他的作品被许多人视为过于世俗或不恭。

人们对卡拉瓦乔的艺术有着很不同的反应：一方面，他的赞助人和支持者热衷于购买他的作品，并在他遇到法律问题时为他提供坚定不移的支持；另一方面，早期的卡拉瓦乔传记作家对他的艺术提出了毫不留情的批评。写过卡拉瓦乔传记的作家们提到，在他的作品被教会退稿后，马上就有私人收藏家来买他的作品——这种说法其实也承认了一个新的艺术市场的出现，这种市场里既有世俗收藏者也有宗教赞助人，他们在收藏艺术品的时候，只从行家里手的审美角度出发。这些知识渊博的收藏家当时已经意识到卡拉瓦乔作品会引起争议，并且可能已经看出作品在宗教内容方面的模糊性。事实上，包括宗教界人士在内的收藏家对他遭到退稿的作品也很看重，这表明有些人根本不介意在神圣意象的表现上带有模糊性质。

卡拉瓦乔的欣赏者们注意到了他的奇怪之处，事实上，他的怪癖可能是他吸引人的一个方面。他用非传统的我行我素开创了宗教题材绘画的新局面。他的两位支持者写到了他的奇怪之处。摩德纳公爵（Duke of Modena）的大使在1605年写的一封信中，引用了卡拉瓦乔的赞助人红衣主教德尔蒙特的话，说这位画家有一个“最古怪的大脑”（uno cervello stravagansimo）。德尔蒙特说出这话，是因为那个大使请求德尔蒙特去说服画家，给公爵送去一幅他答应过要画的作品。红衣主教的反应是，他不敢保证自己能办成此事。德尔蒙特在说这话时提到，热那亚的马可安东尼奥·多利亚王子（Prince Marcantonio Doria of Genoa）曾邀请卡拉瓦乔为他彩绘一座阳台走廊，尽管王子提出要给画家6000枚银币的高价，卡拉瓦乔却不想接受这个项目。这句话的意思是，一个“正常的”的艺术家不会放过这样的机会。卡拉瓦乔之所以拒绝这份委托，可能是因为他不想去画壁画。

另一份文件是尼科洛·迪·吉亚科莫（Nicolao di Giacomo）在1609年写的笔记，他记录了自己委托卡拉瓦乔创作“根据画家随想而画的有关基督受难的四个故事”，卡拉瓦乔画好了其中一个故事，展示耶稣背着十字架。“……这真是一幅非常漂亮的作品。……这位画家……头脑可谓疯狂（cervello stravolto）”。这个文件很重要，因为它清楚地表明了赞助人想要得到卡拉瓦乔的作品。在这幅作品中，艺术家可以自由地按照自己的想法，选择任何自己喜欢的方式绘画。收藏家们看重卡拉瓦乔的创新，宁愿看看他能想出什么法子，而不是给他详细的指示让他去照着画。另外，这份文件似乎将卡拉瓦乔在艺术上的创新与他“有问题的大脑”联系了起来。他的同时代人可能认为，正是画家那奇怪的个性，才在一定程度上带来了他的创新（invenzioni）。

这两份由直接认识卡拉瓦乔的赞助人写的文件，还有他的第一位传记作者朱利奥·曼奇尼的陈述作为补充。曼奇尼认识卡拉瓦乔，并将其描述为古怪的人，“不得不说，卡拉瓦乔是一个非常古怪的人（stravagantissimo）”。在那个世纪的后期，菲利波·巴尔迪努奇（Filippo Baldinucci）也说，卡拉瓦乔“头脑非常的奇怪”。哪怕他以“古怪”著称，卡拉瓦乔在表现宗教题材艺术的创新中，也在他那个时代吸引了一批欣赏他的私人赞助者。卡拉瓦乔与他们建立了新型的关系——这种关系尊重艺术自由和创新，也为一个全新的、独立的宗教艺术品市场奠定了基础。这个新市场基于私人赞助人委托画家创作宗教题材的绘画；在卡拉瓦乔的作品被教会退稿时，也能够把作品转售给其他赞助人。

卡拉瓦乔早在1590年的世俗题材作品，就曾受到罗马私人收藏家的追捧。毫无疑问，这位画家熟悉私人收藏市场，也对私人收藏家有吸引力。而且卡拉瓦乔后来画的那些宗教题材大幅油画，继续得到私人收藏家的青睐。卡拉瓦乔作为一名世俗画家的个人经历，深深影响了他后来在宗教绘画艺术中所创造的变革。他在宗教画中强调世俗人类世界的新观念，部分原因是他为了迎合私人收藏家喜欢世俗形象的兴趣；同时，这些宗教题材的油画反映了那时人们正在辩论的东西——这些辩论给诸如“主的恩典”和“自由意志”等话题带来了新的思考。

卡拉瓦乔绘画中的模糊性，以及他作品中对宗教思想的新呈现，是为了吸引那些有教养的赞助人和收藏家，比如马特兄弟和文森佐·朱斯蒂尼亚尼（Vincenzo Giustiniani）这类人。他们委托卡拉瓦乔创作宗教画，并在教堂退稿时买下他的作品。这些赞助人大约在1600年的那个时期影响了艺术中的新品位。在这种审美趣味中，新奇性和复杂性，与在艺术中表达宗教的新方式同样重要。一些富有经验的同时代观众，包括佛兰德斯画家彼得·保罗·鲁本斯（Peter Paul Rubens）和意大利诗人詹巴蒂斯塔·马里诺（Giambattista Marino）等在内，积极回应了卡拉瓦乔令人耳目一新的对宗教含义的见解。《圣母之死》（参见插图26）是人们拿来形容卡拉瓦乔作品让人看了觉得不妥的一个著名例子。这幅画被罗马阶梯圣母教堂的卡米利特礼拜堂退稿后，就被拿去拍卖。在鲁本斯的建议下，曼图亚公爵（Duke of Mantua）通过他在罗马的代理商乔瓦尼·马格诺（Giovanni Magno）买下了这件作品。罗马的艺术家们施加了压力，要求在拿去曼图亚之前将这幅画进行公开展览。画作于1607年4月在罗马展出，这幅画在罗马的艺术家和普通民众当中引起的反响表明，教堂不愿意接受这幅画，并不影响人们在非宗教的背景下欣赏这幅作品。

在1603年到1606年，公共机构对卡拉瓦乔的委托创作数量减少了，部分原因是他画的祭坛画让许多人看了觉得受到冒犯。他把使徒、圣徒和朝觐者都画成穷苦人，这让许多观众感到不安，特别是那些对雇用哪位画家来装饰教堂拥有决定权的宗教当局。卡拉瓦乔年轻的时候，在意大利北部受到了“底层教会”的影响，大主教圣卡洛·博罗梅奥在那里为穷人做义工。但当卡拉瓦乔在罗马的作画阶段接近尾声的时候，随着1605年保罗五世博尔盖塞的当选，天主教逐渐脱离博罗梅奥的朴素苦行，以及卡拉瓦乔画中那种反宗教改革流派的形象。博罗梅奥认为教士应该谦逊，要以基督那些贫穷的门徒为榜样——但这样的信仰很快就过时了。

教会现在想创造出显示权力和权威的光环，穷人受到了越来越多的管制和约束。卡拉瓦乔显然同情基督教里的穷人。他大约在1605年画好了他的《洛雷托的圣母》（参见插图38），描绘了两个卑微的朝圣者。事实上，他对弱势群体一直抱有同情态度，这种精神一直保持到他最后的创作当中。在1603年至1606年间，卡拉瓦乔从罗马教堂那里只得到了三份祭坛画的委托。在保罗五世当上教皇后，卡拉瓦乔希望能够获得更多的委托创作——通过新任教皇的侄子、红衣主教希皮奥内·博尔盖塞的推荐，他画了教皇的肖像；从圣彼得教堂那里获得了一份委托，去画《圣母玛利亚与蛇》，但这幅作品被认为是不雅的，后来教会拒绝接受该画，这让卡拉瓦乔陷入了绝望。当希皮奥内·博尔盖塞买下被拒绝的《圣母玛利亚与蛇》时，该画变成了一件世俗作品。希皮奥内·博尔盖塞是从一位鉴赏家而不是从一位红衣主教的角度出发来购买这幅画的。

在这之后，卡拉瓦乔的作品在罗马的私人场合里受到推崇，但他不再是宗教绘画界的中心人物了。他逐渐变得孤立，部分原因是他渴望在宗教题材的艺术中画出让人更容易接近、看了更乐观的形象。他发现，那些倾向于古典主义的年轻画家，比如圭多·雷尼（Guido Reni），他们画风高雅的作品在那时更受欢迎。当卡拉瓦乔于1606年完成《圣母之死》时，他表现出了自己不愿妥协的态度，因为贫困的玛利亚看起来是真正地死去了。当这幅作品被拒时，他再一次陷入了痛苦。卡拉瓦乔在财富方面也千金散尽，这是由他名声在外的暴力行为和频繁被警察逮捕造成的——他在那些年里有很多被警察带走的记录。由于他在罗马艺术界日益边缘化，他变得越来越易怒，常常找他的对手（包括那些他认为对他在艺术上的声誉造成威胁的人）寻衅打架。

1606年5月28日，卡拉瓦乔骄傲和暴躁的天性让他犯下了一桩重罪：卡拉瓦乔在他的一些支持者的帮助下，在维拉·斯克洛法大街上似乎故意去找了他的老对手拉努奇奥·托马索尼（Ranuccio Tomassoni）找碴儿打上一架。接下来几天的报道说，他们的决斗源于一场关于网球比赛赌注的争论——这种说法是不准确的。目击者的叙述表明，为了网球赌注而发生争执的说法是为了掩盖这两人之间进行了决斗这个事实，因为决斗在当时是一种非法活动。在随后的比剑中，卡拉瓦乔杀死了托马索尼。这个事件改变了卡拉瓦乔的生活，他逃到罗马东南部的山区里去，然后又到了那不勒斯和意大利南部的其他地方，再也没有回到罗马这个让他成名的城市。

后来，在17世纪的末期，贝洛里之所以对卡拉瓦乔的艺术如此厌恶，是因为他的欣赏角度建立在古典主义理想的基础上，而古典主义理想在卡拉瓦乔死后才演变成根深蒂固的教条。这位著名的评论家贬低卡拉瓦乔，是因为他的学院派美学观点适合欣赏与卡拉瓦乔同时代的画家阿尼巴尔·卡拉齐那类画家的作品，也比较符合为教皇服务的外交家和作家乔瓦尼·巴蒂斯塔·阿古奇（Giovanni Battista Agucchi）所提出的理论概念。贝洛里认为卡拉瓦乔是个叛逆的局外人，在画作中强调了“肮脏和畸形”的元素。而在那个时期，人们对穷人的轻视程度甚至超过了卡拉瓦乔活着的时候。卡拉瓦乔身边尽是抱有敌意的评论家，以及与他的气质和风格截然不同的艺术家。有人在讨论他的艺术时说，随着17世纪的发展，卡拉瓦乔的艺术变得过时了。

卡拉瓦乔的油画，其实反映了一个时期的文化特点。对卡拉瓦乔持批判态度的许多传记作家在开始写他的时候，那个文化时期已经烟消云散了。有人认为，他的绘画与16世纪晚期的艺术和文化有着更多的共同点。例如，他对殉道者的描绘，据说取材于16世纪晚期罗马的圣斯德望圆形堂里令人恐怖的壁画场景（参见插图22）；其构思取自反宗教改革的思想，而反宗教改革运动歌颂了圣洁的牺牲。即使这些作品创作于所谓的“胜利的教会”那种宗教更自信的时代，人们还是关注着宗教故事里的苦难部分——这一论断是有道理的。卡拉瓦乔的艺术源于16世纪，但这一事实并不妨碍我们在其绘画中辨别出我们现在公认为是现代元素的东西，或者从他的作品中发现在后来的艺术中才有更明显表现的那种品质。

幸运的是，卡拉瓦乔在1606年移居意大利南部的一个附带效应是，他发现那里的人特别提倡反宗教改革中那种苦行僧般的虔诚，而这一点对他有着特别的吸引力。他于1607年在那不勒斯所画的《仁慈七善事》（*Seven Works of Mercy*，参见插图60）一画，展示了他在南方的成功。到了1613年，为了购买这幅画，有好几个人出了2000枚银币或更高的价钱——这比原来的定价高了6倍。但是委托画家创作这幅画的皮奥·蒙特兄弟会（Confraternity of the Pio Monte）拒绝了所有的开价。

卡拉瓦乔创新性的暗色风格，在他死后很长一段时间里继续蔓延，影响了诸如意大利艺术家卡罗·沙拉契尼（Carlo Saraceni）、巴托洛梅奥·曼弗雷迪（Bartolomeo Manfredi）和阿特米西亚·简提列斯基（Artemisia Gentileschi），荷兰艺术家亨德里克·特尔·布吕根（Hendrick ter Brugghen）、赫里特·凡·洪特霍斯特（Gerrit van Honthorst）、德里克·凡·巴布伦（Dirck van Baburen）和伦勃朗·梵·莱茵（Rembrandt Harmenszoon van Rijn），法国艺术家西蒙·乌埃（Simon Vouet）、瓦伦丁·德·布洛涅（Valentin de Boulogne）和乔治·德·拉·图尔（Georges de La Tour），西班牙艺术家弗朗西斯科·里瓦尔塔（Francisco Ribalta）、胡塞佩·德·里贝拉（Jusepe de Ribera）、迭戈·委拉斯开兹（Diego Velázquez）等一些后来的艺术家。如果没有卡拉瓦乔作为榜样，就无法想象他们能画出那样的作品。即便是在罗马，年轻的画家们后来对卡拉瓦乔艺术的狂热追捧，最终还是让位给了古典主义和巴洛克风格。

哪怕像居斯塔夫·库尔贝这样的19世纪画家运用了表现底层社会人士的艺术方法（这一点让人想起了卡拉瓦乔），在18世纪和19世纪上半叶的大部分时间里，卡拉瓦乔的声誉仍然下降了。随着20世纪现代艺术的兴起，人们又对卡拉瓦乔产生了兴趣。20世纪的现代艺术引入了以复杂性、模糊性、矛盾性和鼓励观众参与这些激进的新风格。艺术史学家罗伯托·隆吉（Roberto Longhi）作了特别重要的贡献，他让公众注意到卡拉瓦乔，并吸引了20世纪的很多学者对这位画家进行研究。卡拉瓦乔的现实主义风格对今天的艺术是有影响的，我们可以找到一些这样的例子，特别是在摄影和电影中。更确切地说，卡拉瓦乔的现实主义风格对今天的艺术的真正影响是他的绘画中带有的歧义和矛盾——这些才是现代性概念的本质。

第十五章

浪迹意大利南部（1606—1610年）

卡拉瓦乔杀死了拉努奇奥·托马索尼之后，逃到了罗马东南部的山区，到了扎加罗洛（Zagarolo）或帕莱斯特里纳（Palestrina）一带，在科隆纳家族的保护下继续作画。他后来搬到那不勒斯，在那里过着双重生活。由于他是个在罗马享有盛誉的画家，他在那不勒斯受到艺术界的尊敬，并成为当地艺术家的榜样，其中许多人都以他的风格为准绳。卡拉瓦乔那时开始调整绘画的表现方式，使自己的作品不那么具有争议性。当他在意大利南部重振自己的艺术创作时，又有很多教会开始请他作画。然而，他同时也是一名被判处死刑的逃犯，并且一直生活在恐惧之中，担心自己随时会被迫返回罗马接受刑罚。卡拉瓦乔发现很难调和生活中的这两个方面，这可以从他的行为中看出来，因为他身边的人觉得他越来越古怪。卡拉瓦乔也不断地从一个地方搬到另一个地方。

因为卡拉瓦乔在绘画界的名声，他在那不勒斯很容易地就获得了重要的绘画委托。他在那里的作品包括《仁慈七善事》（参见插图60）、《圣安德鲁殉难》（*Crucifixion of St Andrew*，参见插图54）以及《被鞭挞的基督》（*Flagellation of Christ*，参见插图55）。通过这些作品，卡拉瓦乔吸引了乔瓦尼·巴蒂斯塔·卡拉齐奥洛（Giovanni Battista Caracciolo）和路易斯·芬森（Louis Finson）等当地画家的注意，他们成了卡拉瓦乔忠实的追随者。几年之内，那里的许多艺术家也被他折服，卡拉瓦乔因此改变了那不勒斯艺术的进程。尽管卡拉瓦乔在那不勒斯取得了巨大的成功，他还是在1607年7月去了马耳他。卡拉瓦乔之所以去这个岛上，可能是因为他有望在那里获得一个骑士的头衔，他希望这能成为让教皇赦免他的罪过的一条途径。与此同时，他的名声在罗马得以延续。在罗马，画家和公众都蜂拥而至，去看在圣路加学院展出的卡拉瓦乔画的《圣母之死》（参见插图26）。

卡拉瓦乔到了马耳他之后，就为圣约翰骑士团的总团长（Grand Master）阿罗夫·德·维格纳科特（Alof de Wignacourt）画了几幅肖像。由于画了这些画，卡拉瓦乔被邀请加入骑士团，实现了他的雄心壮志。他为维格纳科特画的肖像画里有一幅保存至今。在这幅逼真的肖像画中，穿着盔甲的维格纳科特身边伴随着一位随从（参见插图56）。在维格纳科特向教皇保罗五世提出申请之后，卡拉瓦乔获得了马耳他十字勋章。在庆祝仪式上，维格纳科特把在马耳他岛上的卡拉瓦乔比作古希腊画家阿佩列斯（Apelles）——阿佩列斯曾受到科斯岛上的同胞们的广泛赞美。尽管卡拉瓦乔犯了杀人罪，但教皇通过一项特别授权批准卡拉瓦乔被授予荣誉骑士（pergrazia）——这一称号被授予那些无法证明自己是贵族出身的人。

卡拉瓦乔随后为瓦莱塔（Valletta）大教堂的演讲厅创作了他最大的一幅作品，即《施洗者圣约翰被斩首》（参见插图61）。维格纳科特对这幅画非常满意，于是他送给了画家一条金链和两名奴隶等作为礼物。然而，这段好时光是短暂的，卡拉瓦乔在1608年8月袭击并重伤了正义骑士（Knight of Justice）乔瓦尼·罗多蒙特·罗埃罗（Giovanni Rodomonte Roero）。画家因此失去了骑士团的支持，被关进了圣安杰洛城堡（Castel Sant' Angelo）的一间地下牢房里。但卡拉瓦乔成功地逃脱了出来，他显然是用绳子爬出了牢墙。不知为何他能够神不知鬼不觉地就驶出了港口，前往锡拉丘兹（Syracuse）。卡拉瓦乔的逃亡是如此神奇，他去锡拉丘兹的路上竟然平安无事，一定是因为他得到了其他骑士的帮助，甚至可能是维格纳科特本人给了他帮助。在他逃跑后，骑士们将他逐出了圣约翰骑士团，并颁布了一项法令，宣布卡拉瓦乔“被剥夺了骑士称号，像一块腐烂的臭肉一样，被扔出了组织”。

卡拉瓦乔来到锡拉丘兹，也很受欢迎。作为最杰出的在世艺术家，他受到了艺术界、文学界人士和市议会的热烈欢迎，他在那里获得了极其丰厚的报酬。卡拉瓦乔为因这个城市的守护神而建的圣卢西亚·阿尔·塞波尔克罗（Santa Lucia al Sepolcro）教堂画了一幅由该地市议院委托创作的祭坛画，即《圣露西下葬》（参见插图58）。尽管受到众多赞扬，他的精神还是越来越错乱，他的心里充满了焦虑，害怕马耳他骑士或罗马法庭会派人来追杀他。弗朗西斯科·苏辛诺在他的传记中描述了这位艺术家是如何穿戴整齐，匕首放在身边才上床睡觉的。他忍受不了些微的批评，焦虑不安，做事烦躁，和他有接触的一些人则认为他疯了。

尽管卡拉瓦乔在锡拉丘兹取得了成功，但他感到需要继续走，他的下一个目的地是西西里岛上的墨西拿（Messina），并于1608年底或1609年初到达那里。墨西拿比锡拉丘兹大，有更多的接受委托作画的机会。富有的乔瓦尼·巴蒂斯塔·德·拉扎里（Giovanni Battista de' Lazzari）委托卡拉瓦乔为帕德里·克罗西菲教堂（the church of Padri Crociferi）的宣讲坛作画。苏辛诺也许是想入非非地声称，卡拉瓦乔在这里被赋予了自由创作的权利。根据苏辛诺的说法，由于画了令人印象深刻的《拉撒路的复活》（*Resurrection of Lazarus*，参见插图62），卡拉瓦乔获得了1000枚银币的巨额报酬，这是他八九年前在罗马为公共场所作画所得报酬的6倍。在这幅画受到热烈欢迎之后，圣玛利亚·拉·康塞齐奥内（Santa Maria la Concezione）的圣方济会（Capuchin）礼拜堂又给了卡拉瓦乔1000枚银币，请他绘制主祭坛画。他为这座教堂创作了《牧羊人朝拜》（*Adoration of the Shepherds*，参见插图64），以低调的风格体现出嘉布遣修道会看重的谦逊。这幅画也很受欢迎。尽管取得了这些伟大的成就，画家还是接着漂泊，这一次是去了西西里岛北部的巴勒莫（Palermo）。

卡拉瓦乔在那里为圣劳伦斯的讲堂创作了《圣方济各、圣劳伦斯与耶稣诞生》（*Nativity with SS Lawrence and Francis*，参见插图65），这可能是他最中规中矩的一幅祭坛作品。他没有在巴勒莫待太久，1609年10月，他就回到了那不勒斯。卡拉瓦乔在西西里岛取得了巨大的成功，在那里他得到了名人的待遇和丰厚的报酬。但这与他可怕的个人心态形成了鲜明对比，他在那儿的时候，经常意识到有被俘的可能或面对死亡的威胁。人们对他的反常行为颇为疑虑，乔瓦尼·巴格利奥说，卡拉瓦乔回到那不勒斯，是因为有敌人在追杀他。显然卡拉瓦乔的恐惧忧虑是对的，因为在1609年10月24日，他在塞里格里奥旅馆的时候，脸上负了重伤，据说到了毁容的程度。巴格利奥那时的说法，以及现在新的研究，都强烈暗示这次袭击的幕后主使是乔瓦尼·罗多蒙特·罗埃罗——那位被卡拉瓦乔在马耳他袭击过的正义骑士。尽管遭受挫折忍受持续的恐惧，卡拉瓦乔在那年的10月至第二年的7月，还是在那不勒斯创作了大量作品，包括《莎乐美接受施洗者约翰的头颅》（*Salome Receiving the Head of John the Baptist*，参见插图67）和《圣厄休拉的殉难》（*Martyrdom of St Ursula*，参见插图66）。

与此同时，在罗马，卡拉瓦乔那些有权有势的盟友——科隆纳家族、多利亚家族、红衣主教费迪南多·冈萨加和西皮奥内·博尔盖塞，正努力争取罗马教皇给卡拉瓦乔一个赦免。1610年7月，当卡拉瓦乔确定自己会被赦免，并从冈萨加那里得到安全的保证之后，他决定返回罗马。但当他到达罗马附近的帕洛时，城堡的首领把卡拉瓦乔关了两天——显然是错误地逮捕了他，以为他是另一个人。与此同时，载着卡拉瓦乔所有东西的三桅小帆船（felucca）把他丢下，沿着海岸向埃尔科莱港（Port' Ercole）方向行驶。他怒不可遏：船上有几幅画，那是他打算送给西皮奥内·博尔盖塞以感谢他帮助自己得以返回罗马的。他冒着7月中旬炎热的天气，步行前往100公里以外的埃尔科莱港，途经沼泽地带，饱受蚊子叮咬之苦。

卡拉瓦乔可能也乘船追了一段距离，最终到达埃尔科莱港的时候，发现那艘三桅小帆船已经离开了，并带着他的画和其他随身物品返回了那不勒斯。卡拉瓦乔发烧了，病得很重，卧床不起。几天后，他就死在了这个离罗马不远的荒凉之地。整座城市都在等待着他的归来，传来的消息却是他已经死了。7月28日的一篇报道写道："据悉，著名画家米歇尔·安杰洛·卡拉瓦乔在埃尔科莱港患病后去世。他在色彩涂画和模仿自然方面表现最为出色。"三天后，另一篇报道说："著名画家米歇尔·安杰洛·卡拉瓦乔在从那不勒斯到罗马城的途中，死在埃尔科莱港。卡拉瓦乔之所以能够重回罗马，要感谢教宗陛下撤销了对他犯了谋杀案的逮捕令。"凯塞塔主教（Bishop of Caserta）德奥达托·根蒂莱（Deodato Gentile）1610年7月29日写给西皮奥内·博尔盖塞的一封信中，准确地报告了卡拉瓦乔去世的情况。卡拉瓦乔死后，许多人称赞他是一位伟大的艺术家。诚然，我们想了解卡拉瓦乔的个性，但在他生命结束400多年之后，事实上我们只有一些有限的资料——有时这些资料还带有偏见——我们还必须从挺远的距离来作出我们自己的推论和心理分析。也许他真的相信自己的祖先是贵族。可以想见，他作为一个画家如此努力地工作的原因之一，是为了获得他认为自己应该得到的尊重。卡拉瓦乔作为罗马最优秀的艺术家，不仅仅是基于他发明了一种新的、通过"暗色法"来表现的现实主义，使他画的人物形神生动；更重要的是，卡拉瓦乔表现出一种诚实和真实的风格。在他的艺术达到成熟的时候，他展现了一种在伦勃朗之前其他任何艺术家都无法相提并论的、深刻的表现力，以及一种在居斯塔夫·库尔贝之前没有人能够达到的真实感。

卡拉瓦乔对自己的重要性有着自信的认识，而且可以想象，他也知道自己有能力去理解人类复杂心理的深度，并将这种感受画到作品中去。他深信没有其他艺术家能够像他那样做。也许像达·芬奇一样，卡拉瓦乔看不起其他人，因为他认为自己理解深刻、成就卓越。尽管他对自己的艺术有着很高的评价，但根据他早期的传记作者所说，他不大在公开场合自吹自擂，却公开地大肆贬低其他画家的作品。卡拉瓦乔特别在意自己的特权和地位，以至于一受到批评，他的反应就很强烈。当他头脑发昏、在罗马杀死了托马索尼之后，作为那个时代最受尊敬的艺术家，他在罗马的职业生涯就此结束；他费尽心思获得了骑士的身份，后来却与骑士团里的一位兄弟打斗，因此毁掉了他留在圣约翰骑士团里继续获得尊重的机会。也许，卡拉瓦乔在意大利南部经常从一个地方搬到另一个地方的原因，不仅是为了躲避追捕他的人——不管那些追兵是想象的还是真实存在的，或许也为了得到新的荣誉——他似乎总是需要得到新的荣誉。

很难解释的一个谜团是：如果卡拉瓦乔如此关注自己的高贵地位和贵族出身，他为什么会在绘画中站在穷人一边？他对卑微者的同情态度，有很多例子可以佐证：《洛雷托的圣母》（参见插图38）中下跪的平民夫妇；第一版《圣马太与天使》（参见插图36）中谦逊的圣徒；《圣多马的怀疑》（参见插图28）中地位低下的使徒；《圣母玫瑰经》（参见插图39）中挤在圣母玛利亚脚下的人群；《圣露西下葬》（参见插图58）中形象突出的工人；在墨西拿创作的《牧羊人朝拜》（参见插图64）中单纯的牧民。尽管他认为自己的贵族血统（此说值得怀疑）比大多数人都优越，但他对穷人很是同情，在自己的绘画中似乎是站在穷人这一边。他这样做的一个原因是：做慈善是显示贵族气派的活动，他的画主要面对的观众是富有的赞助人和支持者，这些人支持通过施舍来减轻穷人的负担。也许卡拉瓦乔的人生观也受到了他自身经历的影响，他童年，特别是在他父母去世以后，他的生活特别贫困。他刚到罗马时，身无分文。卡洛·博罗梅奥和菲利波·内里对穷人的关心，似乎也让他真正地感动。或者说，卡拉瓦乔至少知道应该如何在自己的作品中反映出他那些富裕的赞助人普遍持有的心态，即他们作为基督徒，有义务帮助那些需要帮助的人。卡拉瓦乔的作品更受富人和老到的收藏家的赞赏，而穷人本身显然抱怨他们在卡拉瓦乔的绘画中被丑化了。

另一个谜团是他的奇怪行为。卡拉瓦乔最坚定的支持者都注意到他的“疯狂大脑”。他的行为，包括街头斗殴，还有后来的杀人案，说明他的心灵饱受折磨，而不仅仅是人们所说的脾气急躁、为自己的艺术而骄傲，或他觉得自己高人一等这些原因。我们已经讨论了他的作品中那些令人不安的东西，以及在某些情况下，他如何引起赞助人对他的奇怪之处的评论。除此之外，我们很难洞察他的心智，因为时隔400多年之后，要做到这一点是很难的，所以卡拉瓦乔的精神状态对我们来说仍然是一个谜团。

第十六章

折中与灵性

在卡拉瓦乔晚期的作品中，他创作中期的那种大胆尝试、引人注目和具有颠覆性的绘画效果，越来越被三种倾向所取代。第一，他的作品呈现出了更强的平衡感，因而这些作品更具结构性和对称性，并且简洁明快地展现了现实主义的特点。第二，我们在这些后期的作品中，看到了情感表达上的深化，作品不再那么张扬，而是显示出一种更冷静、更富沉思的精神。第三，艺术家的技法也发生了变化，他的笔法更粗犷、简略，颜料涂层则比较薄，在表现明亮的部分时，喜欢用长而窄的白色线条，作画的速度也比较快。当他在意大利南部频繁搬家的时候，他经常根据记忆来作画，而没有使用模特。

尽管卡拉瓦乔的作品构图显得越来越对称，人物的肢体语言也不那么夸张，但我们并不能说卡拉瓦乔的艺术变得较为传统了。因为他在先前的创新基础上创造出了一种更加深刻、与众不同的表现力。他后期的作品很少表现出他早年在罗马时期创作的绘画中那种戏剧性的效果，他画笔下的主人公所表现的那种突然的惊讶反应减少了，那种捕捉到瞬间场景的效果也不那么明显了。在淡化早期作品中的戏剧效果的同时，他也尝试性地借鉴了他那个时代其他画家（比如阿尼巴尔·卡拉齐）作品中的古典主义手法。卡拉瓦乔还为他画中的主人公铺垫了层次较深、较为复杂的空间。在他那些尺寸较大、人物较多的作品中，人物的大小随着几个空间区域透视而逐渐减小——其他画家的作品也是这样处理的。在他尺寸最大的画作中，人物占据了画面上比较少的空间，而且常常被安排在画面的下半部分。

卡拉瓦乔后期的作品中，凡人和神灵的分离仍然存在，但也许不像以前那样明显。例如，在《圣方济各、圣劳伦斯与耶稣诞生》（参见插图65）中，那位飞来的天使似乎与凡人在一起思考着基督的诞生这件事的意义。但在场的凡人对天使的出现似乎并没有什么意识，使得天使在场这种亲密感在很大程度上被抵消了。天使指向天堂，让人注意到一个缺失的存在：我们没看到天堂，只看到一片黑暗。他画中的主人公面对神灵事件的反应，不再是表面上显露出怀疑，因为他画出了一种深层的灵性感觉。卡拉瓦乔早期作品意义中的模棱两可及其对立或辩证的一面也不那么明显了。这种变化可以在《圣方济各、圣劳伦斯与耶稣诞生》（上面提到的这幅）中看到。他晚年创作的另一幅表现耶稣诞生的画，他在墨西拿创作的《牧羊人朝拜》（参见插图64）中，也是如此。在这些作品中，我们看到的只是画中人物深情的投入，而不再看到他早期作品中常出现的那些令人不安的元素——比如表现出疑问的主人公、色情上的暗示或不雅的姿势。然而，哪怕卡拉瓦乔在作品中越来越遵循宗教的规范，在表现上也不动声色，他的作品仍然是独一无二的。

卡拉瓦乔创作的《以马忤斯的晚餐》第二版（参见插图48），是他后期作品风格变化的一个代表。同一题材早期版本（参见插图45）的一个鲜明特点，就是强调当门徒们意识到基督来临的时候，表现出了惊讶的反应；后期的作品则展示了较为沉静且略带沉思的手法。在第一版中强烈的色彩和对比，则被他后期作品中更常见的暗色所取代。卡拉瓦乔的后期作品中，比如他在画年老的女仆的时候，亮色有时只是用油彩线条来表现，而不是像以前那样用精心描绘的细节来表现。在收藏于米兰的这幅卡拉瓦乔后期作品中，右边的门徒抓住桌子的边缘（类似于收藏于伦敦的早期版本），左边的人抓住椅子的扶手。但后面这幅画中的门徒不像是就要从座位上跳起来，他对基督降临的反应似乎略带沉思。在后期的这幅作品中，左边的门徒只是有点惊讶地举起了他的手，他抬高的左手大多陷在阴影中，而他的右手则完全被阴影遮盖——他的反应并不像在卡拉瓦乔早期作品中右边的那个门徒那样强烈。第一版那幅画中的门徒，双手直接伸出，而左边那只手则似乎要冲出画面，戏剧性地往观者这边的空间伸过来。在后面一幅作品中，基督伸手赐福于食物的动作也不那么有力，他的脸笼罩在阴影之中，餐桌上的饭菜也不那么明显，既没有鸡也没有水果，更多的是在强调圣餐的意义，重点描绘了酒瓶和面包，画中所有的人物都显得更加内省，更加专注于基督赐福于食物的精神意义，而不那么去强调人物身体的反应。这些变化，显示了艺术家成熟的视野。卡拉瓦乔描绘出了一种心理深度，以一种后来伦勃朗也采用的方式，揭示了参与者的想法。

卡拉瓦乔的《陶醉的圣玛利·抹大拉》（*St Mary Magdalen in Ecstasy*，参见插图57；原作已失传，但有许多摹本传世）中，其感情的直接、内敛和质朴，是在他的早期作品中很难看到的。作品通过画中人物身体的外在表现来传达深刻的灵性和感情。卡拉瓦乔画出了玛利眼神中那种强烈的悔恨、悲伤和无助——这在很大程度上是因为他让光从下方照亮了玛利的眼睛。她仰着头，张开嘴，几乎闭着眼睛，传达出一种全然的精神状态和深深的悔恨。这种悔恨的感觉，可能出自卡拉瓦乔的内心，因为根据朱利奥·曼奇尼和乔瓦尼·巴格利奥的说法，这幅画是在卡拉瓦乔杀死拉努奇奥·托马索尼后不久创作的，当时他藏身于罗马东南部的阿尔巴洛山里。

《圣厄休拉的殉难》（参见插图66）也许是卡拉瓦乔的最后一幅作品。它表现了厄休拉克制的惊讶，因为她意识到，在画中左边部分的匈奴王刚刚射出了一支箭，射中了她的胸部。匈奴王的冷酷和不动声色，与厄休拉有感染力的沉痛形成了对比。厄休拉低着头，鼻梁笔直，面部轮廓分明——这是一种经典的构图；同时，在她俯视自己的胸部、手压在箭头边的时候，她那内敛的表情，显得既深感伤心又深刻有力。画中的其他部分，特别是匈奴王的头部，都画得比较简略——我们由此可以看到卡拉瓦乔后期风格的三个特征：含蓄的表达、对古典传统的借鉴和表现手法的宽广。

卡拉瓦乔画面宏大的《圣露西下葬》（参见插图58），与他那些尺寸较小的、在投影面画出人物半身像的作品不同，它在更丰富的构图中创造了四个空间区域。两位掘墓人在画面前部的空间里构成卡拉瓦乔新的对称方式，他们的正面和后背形成了画面的框架。在第二个区域，紧挨着右边的掘墓人后面，站着一名身穿盔甲的军官，他在监督着下葬；一位主教手持一支牧师的权杖，为圣露西的遗体祝福。在掘墓人的后面，在他们围成的第三个区域，躺着死去的圣人；她的头向后倾斜，嘴张开着，手臂搭在地上；跪在她身旁的是一个老妇人，她在哀悼中，双手捧着自己的脸。在老妇人身后的第四个空间里，站着一群人，他们是参加葬礼的人，看起来就像一条古典装饰带从左往右延伸。所有这些人物的透视，从前到后迅速缩小——这似乎看着不大自然。但我们要意识到在这里画家是用夸张的视角来表达情感效果，强调死亡是一种终结。在画面的前部是掘墓人、铁锹和泥土，然后是圣人那没有生气的遗体，最后是在画面后部的哀悼者。就像画家的《圣母之死》（参见插图26）那幅画一样，卡拉瓦乔在画中更多地强调了人世间生命的逝去，而不是再现天堂的荣耀。

《圣露西下葬》一画，就像卡拉瓦乔在那些年里创作的《施洗者圣约翰被斩首》（参见插图61）、《拉撒路的复活》（参见插图62）以及《牧羊人朝拜》（参见插图64）等作品一样，卡拉瓦乔在画的下半部分画了尺寸相对较小的人物，上面有一片很大的空间。在他早期的作品和刚刚提到的这三幅作品中，卡拉瓦乔没有在画的上方画出天使的天籁合唱或其他神圣的人物来表明圣人将会去的地方，他坚定不移地专注于画中人物的世俗场景。在这幅画中，就像他以前的作品一样，卡拉瓦乔让画笔下的主人公不受宗教天堂愿景的影响，而侧重表现尘世间的人性。他的宗教题材绘画中，上半部分空旷的空间一定会让与他同时代的观看者感到奇怪、反常，甚至感到恐惧——因为他们习惯于看到大的祭坛画中天空中画有圣者的形象。卡拉瓦乔似乎使用了一种很特殊的视觉修辞，在这样一幅宗教题材绘画中的留白的上半部，就像语言修辞中的省略推理法那样。在这个例子中，没有明说的这个暗示，是一个充满了神灵的天堂。

在卡拉瓦乔创作生涯的最后时期，尺寸宏大、人物众多的祭坛画是他作品重要的组成部分。但实际上，与他创作的成熟期罗马时期（1599—1606年）相比，这一时期他也创作了很多尺寸相对比较小的、只画了半身人物的作品。我们倾向于将他与这种较小类型的绘画放在一起探讨，这些作品描绘了靠近画作投影面的部分人物。在他成熟期的罗马时期，画中画了人物全身的作品与画了人物半身的作品比例约为3∶1；而在他晚期的作品中，这个比例则明显低于2∶1。撇开这两种类型的绘画作品能得到多少酬金不谈，这种画面上只有很少几个人物，或只画一个人物的半身绘画，让卡拉瓦乔在其职业生涯的晚期，能够更充分地探索作品的情感深度，加大表现力度。他后期创作的这类尺寸比较小的作品包括《手提哥利亚头颅的大卫》（参见插图40）、《圣厄休拉的殉难》（参见插图66）、《莎乐美接受施洗者约翰的头颅》（参见插图67）、第二版的《以马忤斯的晚餐》（参见插图48）、《陶醉的圣玛利·抹大拉》（参见插图57）、《圣杰罗姆在写作》（*St Jerome Writing*，参见插图59）和《睡眠中的丘比特》（*Sleeping Cupid*，1608年，收藏于佛罗伦萨的皮蒂博物馆）。我们有理由说，这些尺寸比较小的作品，画出了卡拉瓦乔一生中创作的最具情感和最具表现力的一些人物，尤其是《手提哥利亚头颅的大卫》《圣厄休拉的殉难》《陶醉的圣玛利·抹大拉》三幅作品。

与卡拉瓦乔这一时期尺寸比较大的绘画不同，《圣杰罗姆在写作》是一幅精心完成的作品。这幅以忏悔为主题的画，突出表现了有“教会医生”之称的圣杰罗姆的年老体衰：画家画了一块表示自我惩罚的石头和一颗骷髅。这幅作品是为那不勒斯的马耳他骑士团团长老伊波利托·马拉斯皮纳（Ipolito Malaspina）画的，他的盾形纹章出现在画的右下角。这是一幅表现沉思的作品，画中的杰罗姆在床边记着笔记，陷入沉思。相比之下，《莎乐美接受施洗者约翰的头颅》（参见插图67）的尺寸较小，但该作品画得很快，从示意性的几笔就画出的帷幔可以看出。刽子手遗憾地审视着约翰被砍下的头颅；而老妇人则双手紧握为之祈祷，思考着圣人的命运结局；但冷酷的莎乐美却冷眼旁视——也许是出于内疚而不敢去看盘中的头颅。

正如我们所看到的，卡拉瓦乔画中那种壮观的、具有颠覆性的效果，在1600年左右引起了人们的注意并使他享有盛誉。随着他的艺术日渐成熟，在他后期的作品中，这种效果则逐渐式微。卡拉瓦乔在1610年去世时年仅38岁，他最后几年创作的艺术作品里的深奥内涵，在后来的艺术家的作品中才得到了更为全面的表现。

第十七章

晚期作品（1606—1610年）

卡拉瓦乔在那不勒斯的时候，为皮奥·蒙特慈善会（Pio Monte della Misericordia）创作了一幅尺寸巨大、画面复杂的《仁慈七善事》（参见插图60）。该慈善会是成立于1601年的一家新的慈善机构，目的是帮助那些穷人和病人。这幅画是为装饰该机构新教堂的祭坛而创作的。这幅祭坛画的主题，在意大利艺术中很少见，即使有人画这个主题，通常也是按不同的部分来画，每一个部分都画着一种仁慈义举。卡拉瓦乔的创新是通过一个想象中的统一场景，把所有仁慈的行为聚集在一个户外的夜景中，就好像这些事情发生在那不勒斯街道上的一个狭窄的拐角处。他画了复杂的一组十二个人物，描绘了《马太福音》（第25章第34～46节）中讲述的仁慈行为：为饥者提供食物；给口渴的人饮水；收留陌生人；给受寒者衣服穿；帮助生病的患者以及探望身陷牢狱的人。按照传统，画中还加入了第七种行为：

为死者下葬。在卡拉瓦乔的构图中，有一位招待陌生人的旅店老板；圣马丁把他的斗篷送给一个身体半裸、坐在街上的人；古罗马女子佩罗（Pero）露出乳房，给她那身陷牢狱、快要饿死的父亲西蒙喂奶；还有人举着火把抬走一具尸体。在这些人物之上，圣母和圣子由两个翅膀巨大的天使托举着，飞在画面的上方——这一组神圣形象似乎太具象，身体太过沉重，看上去太过真实，好像无法在空中停留很长时间。事实上，他们看起来头重脚轻，几乎就要冲下街道。尽管如此，这幅巨幅绘画在构思和绘画上都是出色的，在高光部分用了卡拉瓦乔在罗马时期创作的作品中所没有看到过的亮点，产生了一种闪烁发光的新效果。

卡拉瓦乔去那不勒斯的时候，显然带上了他创作的《圣母玫瑰经》（参见插图39）。这幅作品似乎是他还在罗马的时候就画好了的。不知道是谁委托卡拉瓦乔创作了这幅作品，也不知道这幅画是为哪个教堂创作的，但这幅作品毫无疑问是一幅祭坛画。卡拉瓦乔应该是希望把这幅作品卖给那不勒斯的圣多明我会教堂。作品可能被某个教会或信众组织拒绝了，因为在1607年秋天，这幅画被放到了艺术品市场上。如果作品是被拒绝的话，可能是由于画面上的圣徒们普遍显得举止冷峻，画家对这个主题过度的说教式处理，以及对右边圣徒们近乎讽刺的表现（包括睁大眼睛的殉道者圣彼得，他看着观众，他的头上有一道受过重伤的伤口，他只是凄惨地指着圣母和圣子），还有画中左边那些跪在圣多明我面前的农民们那肮脏的脚丫子。然而，那些把手向上伸向玫瑰经的赤脚平民，其虔诚之心很是令人感动。卡拉瓦乔把注意力集中在他们身上，发展了他在《洛雷托的圣母》（参见插图38）一画中的主题。在《圣母玫瑰经》中，他与自己在1600年左右进行过的那种激进创新保持了距离。在那个时候，他喜欢将人物放在前景中，并强调某个戏剧性的时刻；而到了这个时候，卡拉瓦乔把注意力转移到了文艺复兴时期的古典主义艺术风格上，为他画笔下的人物创造了一种更传统的构图和更深广的空间。同时，他修正的态度也反映了在那时新出现的古典主义画风，被诸如阿尼巴尔·卡拉齐这样的艺术家所欣赏和接受。这股艺术潮流，后来在鲁本斯和其他人的努力下，形成了巴洛克风格。卡拉瓦乔的艺术风格，正显示出越来越符合主流的迹象。

卡拉瓦乔为那不勒斯的德弗兰奇斯（de Franchis）家族创作了《被鞭挞的基督》（参见插图55）。这幅画后来摆放在圣多明我·马焦雷（San Domenico Maggiore）教堂的小礼拜堂里。在这幅画里，他采用了文艺复兴时期的古典主义画风，这从画中对称的构图和画上的基督英雄式的肌肉组织表现中可以看出来。卡拉瓦乔此画的灵感来源是显而易见的：他借鉴了摆放在罗马蒙托里奥镇的圣皮埃特罗（San Pietro）教堂里、由塞巴斯蒂亚诺·德尔·皮奥博（Sebastiano del Piombo）约于1521年创作的《基督受鞭》。左边那个揪着基督头发的施虐者表情野蛮，与基督的高贵形象形成了鲜明对比；基督嘴唇紧闭，表情坚毅；基督的身体向左边倾斜，用几乎可以被描述为像芭蕾舞者的脚步来平衡自己。在卡拉瓦乔转向古典主义的同时，他在作画的时候下笔用色面积更大，画得也更快。这些作画技巧方面的特质，连同基督严峻、克制的表情，体现了他后期作品中的那些特征。

卡拉瓦乔为那不勒斯的总督唐·胡安·阿隆索·皮门特尔·赫雷

拉（Don Juan Alonso Pimentel Herrera）创作了《圣安德鲁殉难》（参见插图54），该画表现了一种很难通过画面来呈现的超自然现象。圣安德鲁被钉在十字架上三天之后，应群众的要求被放下来。但是，安德鲁拒绝获救，这让为圣徒解绑的刽子手呆若木鸡，无法移动。那位下令处决圣徒，然后又命令把圣安德鲁从十字架上放下来的罗马总督出现在画作的右下角，他的手搭在自己的臀部，表明他对这一意外情况大惑不解。卡拉瓦乔画了一位患有甲状腺肿瘤的老妇人，她站在左下角，用专注的眼神看着神迹的发生。

卡拉瓦乔在马耳他岛创作的第一幅画，是圣约翰骑士团总团长阿罗夫·德·维格纳科特的肖像。维格纳科特的骑士团有着悠久而辉煌的历史。该骑士团是欧洲骑士中历史最悠久的，其起源可以追溯到十字军东征时代。势力强大的苏丹苏莱曼在1565年对骑士们发起了猛烈的攻击，马耳他岛虽然牺牲了约7000名保卫者，但还是赢得了胜利。维格纳科特年轻时曾经参加过这场保卫战，许多年之后，他在那儿成为总团长。在卡拉瓦乔绘制的几幅肖像画中，唯有这幅画保存至今，表现了维格纳科特身穿盔甲，手持指挥棒，身边有个侍卫帮他拿着头盔的形象（参见插图56）。对这幅肖像画，可以有不同的解读：一方面，总团长面朝左边看去，头微微抬起，显得骄傲而自信；另一方面，维格纳科特的目光坚定，左脸在深深的阴影中很难看清，他显得不怒自威，像是一个强大的对手，紧握着他的仪式指挥棒，仿佛那是一把武器、一支权杖。这两方面的意思都是没有争议的：在维格纳科特温和的统治下，岛上和平安宁，但是如果土耳其人胆敢再次进攻，他将成为他们无情的对手。他的岛屿要塞固若金汤，能够安全地保护意大利免受敌人从南部海域发起的入侵。

卡拉瓦乔随后为维格纳科特以及在瓦莱塔的圣约翰公会大教堂（Co-Cathedral of St John in Valletta）的讲堂画了《施洗者圣约翰被斩首》（参见插图61）。这幅画的宽度超过5米，是他有史以来尺寸最大的作品。这幅画可能是在大教堂西南侧的讲堂大厅现场绘制的。《圣经》里的《马可福音》第6章第21～29节，讲述了莎乐美（Salome）让父亲希律（Herod）对施洗者圣约翰施行斩首的故事。莎乐美的请求，是因为她心生嫉妒的母亲希罗狄亚斯（Herodias）坚持要莎乐美这么做，这个故事在中世纪流传的《新约外传》（*Apocrypha*）中也被提及。卡拉瓦乔对这一场景的展示，与他几年前的画风非常不同：他没有展示任何花哨的服装，而是画了一个很大的监狱院子，以此来取代他早期作品中那种黑暗的背景。画里的主要人物构图十分古典，形成一个对称的安排，有四个人站在圣约翰的身体上方。除了左边的五个人物，卡拉瓦乔还在右边画了两名囚犯，以平衡整个构图。这些看上去在远处的人物，只占了略微超过整个画面四分之一的篇幅，这与他早期的作品大不相同。在卡拉瓦乔早期的作品中，画中一般都是近距离展示半身像的人物，看起来似乎要冲出画框，融入观众的空间。

和他在那不勒斯画的《被鞭挞的基督》（参见插图55）一样，卡拉瓦乔在这幅画中也采用了一种新的方法来吸纳古典元素。他表现了施洗者约翰像一个英勇的贵族，画中莎乐美手里拿着的一个大盆（准备用来装被斩下的头颅），地上的剑、行刑者背后握着的小刀都暗示准备完成斩首，最重要的是约翰颈部的伤口和流到地上的鲜血，表现了现场的残忍。卡拉瓦乔以一种不寻常的方式在这幅作品上签了名：在地上的血迹中，他写了"f. Michel A."，显然是"米开朗基罗弟兄"的缩写（参见插图61）。这个签名的含义也是双重的：它标志着卡拉瓦乔对自己作为一名骑士并得到维格纳科特的喜爱而感到骄傲，但也令人想起他手里沾着杀了人的鲜血（作为一名荣誉骑士，卡拉瓦乔并没有誓死捍卫骑士团的责任）。通过这种方式，卡拉瓦乔在整部作品的和谐平衡与约翰被杀的恐怖场景之间作了调节，还用他在鲜血上的签名作了点缀。

在卡拉瓦乔的《拉撒路的复活》（参见插图62）里，其中心人物那令人难忘的姿势，可以在朱塞佩·塞萨里同一主题的绘画（*Resurrection of Lazarus*，参见插图63）中找到部分原型。在塞萨里的画中，拉撒路的上身是垂直的，他的手臂伸出画的水平轴（其中一只手臂弯曲在肘部）。卡拉瓦乔的版本令人印象更深刻：拉撒路的两臂与躯干呈直角伸展，但身体与绘画的垂直轴呈60度角斜放。这一效果既有力又让人目眩，还表明拉撒路的身体像具僵尸。而基督在左侧伸出的召唤之手，以水平方式伸展，强化了画面的构成。围绕着拉撒路的人物形成的圆圈，似乎使整个作品呈螺旋式运动。拉撒路的妹妹马大的头部使观众失去了方向感，她的脸饱含深情，几乎碰到了拉撒路的脸，但从拉撒路的角度看，马大的头部却是反着的。与所有这些不稳定的因素比较，卡拉瓦乔为拉撒路画了一个经典的框架，由两个人物像弯曲的括号把拉撒路围了起来：左边托举起拉撒路身体的人，和右边看着拉撒路的马大。拉撒路伸出双臂的身体，构成了一个十字架的形状，暗示着基督后来在十字架上被钉死，以及在这幅场景中的耶稣复活。拉撒路在死亡和重生之间进行的生理和心理上的矛盾斗争由他对立的双手表现出来，他的左手悬空在地上的一个头骨上，代表了死亡；而他的右手举了起来，接受着上帝的光和基督的命令。由于卡拉瓦乔特有的模棱两可的手法，画中没有清楚表示拉撒路是接受还是拒绝复活——因为他的右手手势可以理解为接受，也可以看作拒绝。就像卡拉瓦乔画的《圣露西下葬》（参见插图58）以及《牧羊人朝拜》（参见插图64）一样，这幅画的上半部分是空的，其原因可能是卡拉瓦乔不愿意在像这样的大幅作品中画上天使类的人物。像他晚期的大多数油画一样，这幅作品是用松散的笔触很快完成的，画中的光线看起来出奇地光亮。

卡拉瓦乔在1609年画了两幅描绘耶稣诞生的作品。这两幅画比他大多数的作品都更符合人们对祭坛画的期望，也遵守了惯例。在《牧羊人朝拜》中，所有的人物形象都是按对角排列的：三个牧羊人和约瑟夫注视着玛利亚和刚诞生的基督，他们的头像瀑布那样向左下方倾斜。这幅画中完全没有卡拉瓦乔早期作品中那种模棱两可、容易引起问题的形象；相反，这幅画简单而虔诚地画出了人们是如何表现出崇敬行为的。在这幅画中，背景的空间感和相对的空旷感突出了庄重的场景，作为“谦恭的圣母”（Madonna of Humility）的玛利亚坐在地上。画家继续表现了贫困的主题，主人公衣着简单，在画面的左前方还画有木匠工具。这幅画中一个非传统的方面，就是玛利亚身后的那头牛：它不像一般祭坛画里那样看着刚刚诞生的基督，由此来象征基督徒的忠诚，牛的眼睛完全被驴给挡住了。

卡拉瓦乔在表现圣诞场景的另一幅作品《圣方济各、圣劳伦斯与耶稣诞生》（参见插图65）中，以展示赤裸的婴儿耶稣孤独地躺在地上这种传统的方式，象征了基督未来的事业。所有的人物似乎都在默默地为这未来的事业祈祷着。在这幅画里，卡拉瓦乔尊重了传统，画出了那头牛俯视着基督的样子。就像卡拉瓦乔画里的所有天使那样，这幅画里的天使俯身向前，好像要掉下来。天使的手指向天堂，但如同卡拉瓦乔的其他作品一样，这里又是一个典型的场景，他在画面的上方没有做任何暗示以说明天堂存在，只有一片黑暗。

即使在这些看似最传统的后期作品中，卡拉瓦乔也超越了传统。他通过观察人的实际面貌和行为，来表现主人公的行为举止和情感。卡拉瓦乔不仅忠实于人的现实风貌，而且以艺术中罕见的深度表达了人的情感。

总　结

卡拉瓦乔与现代性的构建

在现代绘画方法的形成中，卡拉瓦乔起到了关键的作用。在中古历史的前期，有些早期作品已经让人看了会有复杂的、多层次的解释，比如波提切利（Botticelli）的《春》（*Primavera*）或米开朗基罗的《最后的审判》（*Last Judgment*）。但卡拉瓦乔在1600年前后的艺术作品，标志着一个新的、更复杂的发展阶段，可以与塞万提斯和莎士比亚在文学中的创新相提并论。后两者在文学作品中同样为人们呈现了现实感、层次感、惊人的效果、讽刺和意思模糊等阅读体会。笔者在本书中所描述的卡拉瓦乔那些新的手法，引人注目地预示了在19世纪和20世纪现代主义艺术更为成熟的发展。卡拉瓦乔在艺术上独树一帜，同时在许多方面取得了进步，开创了一种激进的绘画流派，他在改变绘画风格的同时，也为作品的社会意义、表达手段和宗教含义带来了革命。他的画作常常让人难以接受——这本身就是卡拉瓦乔采取了对立和颠覆性策略的证据。人们在欣赏他的油画的时候，能够感觉到一种张力，从而激发观看者带着好奇心进行思考，因此，卡拉瓦乔开创了现代意义上的那种吸引观众的参与。在赞助人欣赏品味不断变化的情况下，他很好地顺应了艺术市场上新出现的那种对自主创新的需求。事实上，卡拉瓦乔本人就是促成这种变化的重要因素。对他来说，他没有过多考虑作品要在教堂里如何摆放这样的事情。

卡拉瓦乔在绘画创新上的大胆表现，引起了早期传记作者的注意，比如卡雷尔·凡·曼德尔（Carel van Mander），他撰写了关于卡拉瓦乔的最早的报告之一（他于1603年写的手稿在一年后出版）。曼德尔这样描述卡拉瓦乔在艺术中的无畏精神：

> 还有一位米开朗基罗·达·卡拉瓦乔，他在罗马做得很好……他凭着自己不懈的努力，富有远见、颇具勇气地面对一切而摆脱了贫苦，不是那种会心灰意冷或缺乏勇气地退缩的人，而是勇敢无畏地奋勇向前的人，是那种在各方面都大胆地寻求机遇的人。

曼德尔随后的论述清楚地表明，他不仅看到了卡拉瓦乔在创造一种新的现实主义风格时显示的胆识，而且理解了卡拉瓦乔同样大胆的宗教图像表达。哪怕在卡拉瓦乔遇到严重麻烦的时候，那些有权有势的赞助人仍然努力地帮他——这也证明了他们对卡拉瓦乔艺术的热爱。

卡拉瓦乔早期的作品预示了在他成熟时期的绘画中那种非同寻常的主题表现。他早期作品中大胆的做法，体现在他对古典和当代风格元素的混合使用、他对画中人物的情绪和内在心理方面的强调，以及他在画年轻男孩时所带有的同性恋情欲的暗示。在他获得为宗教场所创作绘画的第一份委托时，他在孔塔雷利小礼拜堂使用了他在《被蜥蜴咬伤的男孩》（参见插图51）中尝试过的方法，即展示画中人物在某个特定时刻表现出来的惊讶反应。在为孔塔雷利小礼拜堂创作的油画里，卡拉瓦乔在《圣马太蒙召》（参见插图18、29）中，表现了收税人面对基督召唤时那种惊讶的反应；在第一版的《圣马太与天使》（参见插图36、37）中，马太为有天使来引导他写下《马太福音》而感到惊奇；在《圣马太殉道》（参见插图31）中，突然出现的杀手令人惊讶。再晚一些的时候，他在《以马忤斯的晚餐》（参见插图45）以及《圣多马的怀疑》（参见插图28）这类作品中，都重复表现了这种惊讶时刻。卡拉瓦乔在宗教绘画中使用了人物吃惊的场景，暗示了凡人在经历神的启示时那种陌生与惊奇的感觉。他没有使用在他之前的其他艺术家所普遍采用的尘世凡人遇到神迹时表现出自然和欣喜的画法。

到了1600年，在他成熟时期的罗马作品中，卡拉瓦乔已经在光的运用方面成功地创造了一种强大的新的表现手法。在17世纪评论卡拉瓦乔作品的人当中，几乎没有人注意到，在世纪之交后的几年里，他的绘画作品中那种光亮耀眼的光线所具有的神圣性质。卡拉瓦乔住在红衣主教德尔蒙特那里的时候形成了他的用光手法，且这种手法在为孔塔雷利小礼拜堂所作的绘画中已表现得非常成熟。他第一次有机会在宗教题材的作品中通过一系列叙事绘画来表现光亮的隐喻。在这些作品和后来的创作中，他用光来代表人类在神的启示面前那种不理解和被动性，用黑暗来象征人类孤立于一个似乎远离天堂的世界中。

卡拉瓦乔于1606年后在意大利南部创作的作品之所以被称为晚期作品，不仅仅因为1610年他年纪轻轻就去世了，这些作品属于晚期，还因为它们带有一般艺术家在老年时期常见的风格。这些油画的特点是笔法很放得开，人物的表现力达到了无与伦比的深度。提香和伦勃朗的晚期作品也具有这些特征。他们活到了长寿的年纪，形成了真正的老年风格。卡拉瓦乔的艺术在1606年后，显得更为平静，更具有冥想性质的灵性，而且情感深沉、风格简洁。他早期罗马作品的壮观效果大大减少了，他的艺术越来越符合宗教规范，他的作品却越来越具有深刻的表现力。在他后期的作品中，他似乎想证明他有能力用古典主义的手法来与其他艺术家竞争——因为那些批评卡拉瓦乔的人把他拿来和古典主义的艺术进行对比，认为他无法掌控画面的设计和构图。他成功地在画中人物的表现力上超越了他之前几乎所有的艺术家（可能提香除外），他后期的作品不再依靠戏剧性和华丽的效果，就超越了自己在罗马时期的成熟绘画（参见插图66）。

在这本书中，笔者集中讨论了卡拉瓦乔艺术的复杂性。正是这种复杂性，让他的艺术带有现代性，包括他的作品中那种鲜明的现实主义：它强调人性而不是神性，尊重穷人而不是只看重富人，以及他的作品中那种可以作正反解读和因情况而异的表现力。他的艺术表现了各种矛盾，包括对现实与神灵、黑暗与光明、无知与启示、讽刺与严肃的展示。人们在接受他的艺术作品的时候容易产生困扰，这源于他的表达策略，这种策略起步于到那时为止，人们前所未见的、坚定不移的现实主义。卡拉瓦乔让模特们重新演绎他从一个全新的角度设计的宗教场景，并根据主人公的心理反应来构思出一个完全现代的视点。他画笔下的圣徒揭示了人类理解的局限性，这种局限性在之前的大型教堂艺术中从未出现过。他的主人公表情复杂而且很难读懂。在他通过人物面对神灵的现实反应来传达的反理想主义手法中，他创造了一种批判的、对立的表达和意义。他画中的人物在举止上的模糊性，让人对他的绘画作品产生了不同的解读——这种理解上的歧义，始于他所处的时代，一直延伸到今天。他的艺术中的这种矛盾因素使作品带有现代性。卡拉瓦乔的作品所带有的奇异性，开拓了新的艺术市场，这种市场寻求审美快感和奔放的创新，而不那么看重画家对反宗教改革在神学上的解读——哪怕在他的作品中，宗教意义隐含在了更深的层次和意想不到的层面。他对人性面对神性的理解是悲观的，基本上可以说是悲剧性的（参见插图67）。

卡拉瓦乔的同时代人很容易看到他的现实主义手法，但他在宗教表达上的深层含义，则在很大程度上不为他们理解，至少他那些同时代人的论述中鲜有表达。无论是过去还是现在的批评家们，都发现了在宗教图像的呈现和意义的表达方面，他的作品有着不同寻常和令人不安的处理方法。由于他的绘画本身具有模糊性，直到今天的艺术史研究文献中，人们还在提出截然不同的观点：一些研究者赞同他在宗教方面的积极态度，还有一些人则强调他的世俗观点。作为对人类在宗教方面能够理解到什么程度的一种严肃探索，卡拉瓦乔画出的图像在宗教艺术的表现方面，加深了一些人的理解，也让另一些人心生反感。

在讨论人们对卡拉瓦乔宗教题材作品的反对意见时，笔者在本书中提出了通过图像解读进行商榷的方案，试图让读者看到他的绘画是如何在一个基本上属于对宗教抱着积极态度的框架内构思出来的。人们对他的艺术产生误解的地方，有一部分可以通过了解他的视觉叙事手法是如何基于历史的和他那个年代的神学思想来解决。由于他采用了对立的策略，他的绘画不那么容易被理解，这使得人们需要经过深思熟虑，才能够慢慢地领会到：卡拉瓦乔的作品在表现和审美两个层面上，都比人们注意到的画中的自然主义更有价值。卡拉瓦乔新颖的反理想主义的表现手法；他对现实主义和人类的坚定关注——而不只是从神性的视角来关注；他的作品中所包含的矛盾、模棱两可的表现手法；他对普通人的关注，以及其艺术的复杂性——所有这一切，都让我们能够得出这样的结论：卡拉瓦乔在创造现代性方面迈出了重要的步子。他创造了一种新的艺术手法——要过了250年以后，才有其他画家能够达到类似的境界。

尽管在本书中，笔者把卡拉瓦乔的艺术还原于他所处的那个时代，但笔者有关卡拉瓦乔在何处展示了现代性的讨论，则肯定了他对绘画艺术日后发展走向的开先河之功。他那主观的、体现了个人风格的艺术创作方式，在他有生之年就很不寻常，更像是在后来的年代里才出现的现代性表现。他的作品预示了19世纪和20世纪的艺术发展，影响了从居斯塔夫·库尔贝到巴勃罗·鲁伊斯·毕加索再到安塞尔姆·基弗这些画家的作品。他画笔下的平民主人公以及其矛盾的表现力，可以在库尔贝所画的农民身上找到影子；他画笔下的模糊性和复杂性，由毕加索在他的作品中进行了再现；他的反讽和二律背反的笔法，则在基弗的后现代作品中重新展现。只有在我们这个时代，我们才能充分地欣赏卡拉瓦乔的艺术，因为他的作品体现了我们现在所认识的、代表了现代艺术的根基和特征的那些品质，而同时，这些特点又深深地扎根于他那个时代的文化之中。

图片出处

作者和出版商对以下图片资料来源和/或复制许可表示感谢。以下列出了一些作品的来源，但没有另在图片说明中详述。

Photo akg-images/Cameraphoto: 57 (private collection, Rome); photo akg-images/De Agostini Picture Library/V. Pirozzi: 63 (Galleria Nazionale d'Arte Antica di Palazzo Corsini, Rome); photo Alinari/Bridgeman Images: 32 (Gemäldegalerie, Staatliche Museen, Preussischer Kulturbesitz, Berlin-Dahlem); photo bpk, Berlin/Stiftung Preussische Schlösser und Gärten, Sanssouci/Gerhard Murza, Bildergalerie, Potsdam/Art Resource, n\: 28 (Bildergalerie von Sanssouci, Stiftung Preussische Schlösser und Gärten Berlin-Brandenburg, Potsdam); photos Bridgeman Images: 14 (Galleria Doria-Pamphilj, Rome), 17 (Galleria Nazionale d'Arte Antica, Palazzo Barberini, Rome), 26 (Musée du Louvre, Paris), 35 (Cappella Contarelli, San Luigi dei Francesi, Rome), 45 (National Gallery, London), 48 (Pinacoteca di Brera, Milan), 50 (gift of the Kresge Foundation and Mrs Edsel B. Ford, Detroit Institute of Arts, Detroit), 51 (National Gallery, London), 64 (Museo Nazionale, Messina); photo De Agostini Picture Library/Bridgeman Images: 13 (Galleria Doria-Pamphilj, Rome); photos De Agostini Picture Library/G. Nimatallah/ Bridgeman Images: 16 (Museo Thyssen-Bornemisza, Madrid), 67 (National Gallery, London); photo Foto Marburg/Art Resource, n\: 36, 37 (destroyed; formerly Gemäldegalerie, Kaiser-Friedrich-Museum, Berlin); photo Kimbell Art Museum, Fort Worth, Texas: 9 (ap 1987.06, Kimbell Art Museum, Fort Worth); photo Leonard C. Hanna, Jr. Fund/ Bridgeman Images: 54 (Cleveland Museum of Art, Cleveland); photo Erich Lessing/Art Resource, n\: 39 (Kunsthistorisches Museum, Vienna); image © The Metropolitan Museum of Art/Art Resource, n\: 10 (The Metropolitan Museum of Art, Rogers Fund, 1952 [52.81]), 44; photos Mondadori Portfolio/Electa/Art Resource, n\: 3 (San Fedele, Milan), 66 (Palazzo Zevallos Stigliano, Banca Intesa Sanpaolo Collection, Naples); photo Mondadori Portfolio/Electa/Mario Berardi/Bridgeman Images: 30 (Pinacoteca, Bologna); photo courtesy the National Gallery of Ireland: 42 (National Gallery of Ireland, Dublin); photo Allen Phillips/Wadsworth Atheneum, courtesy the Ella Gallup Sumner and Mary Catlin Sumner Collection Fund: 15 (Wadsworth Atheneum Museum of Art, Hartford);

photos © rmn-Grand Palais/Art Resource, n\: 7 (Musée du Louvre, Paris), 56 (Musée du Louvre, Paris); photo San Luigi dei Francesi, Rome: 52 (Cappella Contarelli, San Luigi dei Francesi, Rome); photo Santa Mariadella Concezione, Rome: 43 (Santa Maria della Concezione, Rome); photo Santo Stefano Rotundo, Rome: 22; photos Scala/Art Resource, n\: 4 (Pinacoteca di Brera, Milan), 5 (Cappella del Crocifisso, Santa Maria in Vallicella, Rome), 6 (State Hermitage Museum, St Petersburg), 8 (Pinacoteca Capitolina, Rome), 11 (Galleria degli Uffizi, Florence), 18 (Cappella Contarelli, San Luigi dei Francesi, Rome), 19 (Cappella Cerasi, Santa Maria del Popolo, Rome), 20 (Cappella Cerasi, Santa Maria del Popolo, Rome), 21 (Cappella Cerasi, Santa Maria del Popolo, Rome), 23 (Galleria degli Uffizi, Florence), 24, 25, 27 (Cappella dell'Assunta, Santa Maria della Scala, Rome), 29 (Cappella Contarelli, San Luigi dei Francesi, Rome), 31 (Cappella Contarelli, San Luigi dei Francesi, Rome), 33 (Pinacoteca Capitolina, Rome), 34 (Santissima Trinità dei Pellegrini, Rome), 38 (Cappella Cavalletti, Sant'Agostino, Rome), 41 (Cappella Contarelli, San Luigi dei Francesi, Rome), 46 (Cappella Contarelli, San Luigi dei Francesi, Rome), 47 (Pinacoteca Vaticana, Rome), 49 (Cappella Cerasi, Santa Maria del Popolo, Rome), 53 (Galleria Borghese, Rome), 58 (Santa Lucia al Sepolcro, Syracuse), 59 (Cathedral Museum, Valletta, Malta), 60 (Pio Monte della Misericordia, Naples), 61 (Oratorio di San Giovanni Battista dei Cavalieri, Valletta, Malta), 62 (Museo Nazionale, Messina), 65 (stolen in 1969, formerly Oratorio di San Lorenzo, Palermo); and photos Scala/ Ministero per i Beni e le Attività culturali/Art Resource, n\: 1 (Galleria Borghese, Rome), 2 (Galleria Borghese, Rome), 12 (Galleria degli Uffizi, Florence), 40 (Galleria Borghese, Rome), 55 (Museo Nazionale di Capodimonte, Naples).

图片目录

序　言

第一章

1588—1590年，布面油画

第二章

插图6　卡拉瓦乔，《鲁特琴演奏者》，大约创作于1596年，布面油画

插图7　卡拉瓦乔，《吉卜赛算命者》，创作于1594—1595年，布面油画

插图8　卡拉瓦乔（传），《吉卜赛算命者》，创作于1594—1595年，布面油画

插图9　卡拉瓦乔，《纸牌作弊老手》，创作于1594—1595年，布面油画

插图10　卡拉瓦乔，《青春音乐会》，创作于1594—1595年，布面油画

插图11　卡拉瓦乔，《酒神巴克斯》，创作于1596—1597年，布面油画

第三章

插图12　卡拉瓦乔，《蛇发女妖美杜莎》，创作于1594—1595年，布面油画

插图13　卡拉瓦乔，《忏悔的抹大拉》，创作于1595—1596年，布面油画

插图14　卡拉瓦乔，《逃往埃及途中的休憩》，创作于1595—1596年，布面油画

插图15　卡拉瓦乔，《昏迷中的圣方济各》，创作于1595—1596年，布面油画

插图16　卡拉瓦乔，《亚历山大的圣凯瑟琳》，创作于1598—1599年，布面油画

插图17　卡拉瓦乔，《犹滴砍下荷罗孚尼的头颅》，创作于1598—1599年，布面油画

第四章

插图18　卡拉瓦乔，《圣马太蒙召》，创作于1599—1600年，布面油画

插图19　卡拉瓦乔，《圣彼得蒙难》中的圣彼得头像局部，创作于1600—1601年，布面油画

插图20　卡拉瓦乔，《圣保罗的皈依》，创作于1600—1601年，布面油画

插图21　阿尼巴尔·卡拉齐，《圣母升天》，创作于1600—1601年，木板油画

插图22　尼科洛·塞西格纳尼，《乱石砸死圣史蒂芬》，约创作于1583年，壁画，罗马圣斯德望圆形堂

插图23　卡拉瓦乔，《亚伯拉罕的献祭》，大约创作于1603年，布面油画

插图24　米开朗基罗，《诺亚献祭》中左上部的裸体青年，创作于1509—1510年，壁画，梵蒂冈西斯廷教堂

插图25　米开朗基罗，《最后的审判》中的圣巴多罗买，创作于1534—1541年，壁画，梵蒂冈西斯廷教堂

第五章

插图26　卡拉瓦乔，《圣母之死》，创作于1604—1606年，布面油画

插图27　卡洛·萨拉塞尼，《圣母永眠》，创作于1607年，布面油画

插图28　卡拉瓦乔，《圣多马的怀疑》，创作于1601—1602年，布面油画

插图29　卡拉瓦乔，《圣马太蒙召》中圣马太、老人与左边男孩的局部细节，创作于1599—1600年，布面油画

第六章

插图30　卢多维科·卡拉齐，《圣马太蒙召》，创作于1610年，布面油画

插图31　卡拉瓦乔，《圣马太殉道》，创作于1599—1600年，布面油画

第七章

第八章

第九章

插图40 卡拉瓦乔，《手提哥利亚头颅的大卫》，创作于1609—1610年，布面油画

插图41 卡拉瓦乔，《圣马太殉道》中画家的自画像细节，创作于1599—1600年，布面油画

插图42 卡拉瓦乔，《逮捕耶稣》，创作于1602年，布面油画

第十章

插图43 卢西奥·马萨里，《圣马太与天使》，大约创作于1610年，布面油画

插图44 阿戈斯蒂诺·维尼齐亚诺临摹拉斐尔的《圣马太与天使》，创作于1518年，铜版雕刻

插图45 卡拉瓦乔，《以马忤斯的晚餐》，创作于1601年，布面油画

第十一章

插图46 卡拉瓦乔，《圣马太蒙召》中耶稣和圣彼得的细节画面，创作于1959—1600年，布面油画

插图47 卡拉瓦乔，《基督降架》，创作于1602—1604年，布面油画

插图48 卡拉瓦乔，《以马忤斯的晚餐》，创作于1606年，布面油画

第十二章

插图49 卡拉瓦乔，《圣彼得蒙难》，创作于1600—1601年，布面油画

插图50 卡拉瓦乔，《抹大拉的皈依》，创作于1598—1599年，布面油画

插图51 卡拉瓦乔，《被蜥蜴咬伤的男孩》，创作于1596—1597年，布面油画

第十三章

插图52 朱塞佩·塞萨里，《圣马太复活埃塞俄比亚国王的女儿》，创作于1591—1593年，壁画，罗马圣路易吉·迪·弗朗西斯教堂之孔塔雷利小礼拜堂

第十四章

插图53 卡拉瓦乔，《圣母玛利亚与蛇》，创作于1605—1606年，布面油画

第十五章

插图54　卡拉瓦乔，《圣安德鲁殉难》，创作于1607年，布面油画

插图55　卡拉瓦乔，《被鞭挞的基督》，创作于1607年，布面油画

插图56　卡拉瓦乔，《阿罗夫·德·维格纳科特及侍从的画像》，创作于1607—1608年，布面油画

第十六章

插图57　卡拉瓦乔，《陶醉的圣玛利·抹大拉》（临摹版，原作已失传），创作于1606年，布面油画

插图58　卡拉瓦乔，《圣露西下葬》，创作于1606年，布面油画

插图59　卡拉瓦乔，《圣杰罗姆在写作》，创作于1607—1608年，布面油画

第十七章

插图60　卡拉瓦乔，《仁慈七善事》，创作于1606—1607年，布面油画

插图61　卡拉瓦乔，《施洗者圣约翰被斩首》，创作于1608年，布面油画

插图62　卡拉瓦乔，《拉撒路的复活》，创作于1608—1609年，布面油画

插图63 朱塞佩·塞萨里，《拉撒路的复活》，创作于1592—1593年，布面油画

插图64 卡拉瓦乔，《牧羊人朝拜》，创作于1609年，布面油画

插图65 卡拉瓦乔，《圣方济各、圣劳伦斯与耶稣诞生》，创作于1609年，布面油画

总　结

插图66 卡拉瓦乔，《圣厄休拉的殉难》，创作于1610年，布面油画

插图67 卡拉瓦乔，《莎乐美接受施洗者约翰的头颅》，创作于1607—1609年，布面油画

读客文化

文艺复兴七巨人

牛 顿

[意] 尼科洛·圭恰迪尼 著

刘海翔 甘露 译

河南文艺出版社

·郑州·

图书在版编目（CIP）数据

牛顿 /（意）尼科洛・圭恰迪尼著；刘海翔，甘露译. -- 郑州：河南文艺出版社，2023.5

（文艺复兴七巨人）

ISBN 978-7-5559-1244-6

Ⅰ. ①牛… Ⅱ. ①尼… ②刘… ③甘… Ⅲ. ①牛顿 (Newton, Issac 1642–1727) – 传记 Ⅳ. ① K835. 616. 11

中国版本图书馆 CIP 数据核字 (2022) 第 116045 号

文艺复兴七巨人：牛顿

著　　者 ［意］尼科洛・圭恰迪尼
译　　者 刘海翔　甘　露
责任编辑 王战省
责任校对 李亚楠　苑留员
特约编辑 王　偲
策　　划 读客文化
版　　权 读客文化
封面设计 陈　晨
封面插画 王　晓
出版发行 河南文艺出版社
印　　刷 河北中科印刷科技发展有限公司
开　　本 890mm × 1270mm 1/32
总 印 张 49.75
总 字 数 1122 千
版　　次 2023 年 5 月第 1 版　2023 年 5 月第 1 次印刷
定　　价 315.00 元（全七册）

如有印刷、装订质量问题，请致电 010-87681002（免费更换，邮寄到付）

插图1　这是18世纪的一幅画布油画摹本，临摹了戈弗雷·克内勒（Godfrey Kneller）于1689年所画的艾萨克·牛顿肖像（这幅肖像是目前人们已知的第一幅牛顿肖像）。（意大利）洛韦雷小镇上的塔迪尼学院（Accademia Tadini）院长马可·阿尔贝塔里奥（Marco Albertario）鉴定该作品是牛顿肖像画

插图2　埃米莉·夏特莱翻译的牛顿《数学原理》（1759年）的法文版，在她去世以后出版。她用莱布尼茨的理论作为注释，丰富了书里的内容。玛丽安·卢瓦尔（Marianne Loir）所画的“加布丽埃勒·埃米莉·勒托内利耶·德布勒特伊，即夏特莱侯爵夫人画像”，约创作于1745年，布面油画

插图3　在乔治王统治时期的英国，人们很喜欢邀请巡回演讲人用模拟太阳系运转的机械模型——“太阳系仪”（orrery）来讲解牛顿体系下的自然世界。来自德比的画家约瑟夫·赖特（Joseph Wright）在1766年创作的《自然哲学家讲解太阳系仪》，布面油画

插图4　在这幅画中，弗朗索瓦·杰奎尔和托马斯·勒瑟正在讨论某个数学问题。在画面的最左边，可以看到《圣经》的书脊，这代表着科学和信仰之间的中和。路易·加布里埃尔·布兰切特的《弗朗索瓦·杰奎尔和托马斯·勒瑟两位神父在罗马的圣三一教堂里工作》，作于约1772年，布面油画

De cavernis metallorum occultus est, qui Lapis est venerabilis. HERMES.

插图5　亚历山大·杜桑·利莫戎·圣迪迪埃（Alexandre Toussaint de Limojon de Saint-Didier）的版画作品《赫耳墨斯的凯旋》（1689年，阿姆斯特丹）

插图6　雅克·卡洛特，《绞刑场景》，1733年，蚀刻版画

插图 7　“处决查尔斯一世之场景”，摘自《行刑手理查德·布兰登的供词》（伦敦，1649年）

插图8　艾萨克·牛顿的出生地伍尔索普的庄园，地处林肯郡的格兰瑟姆附近

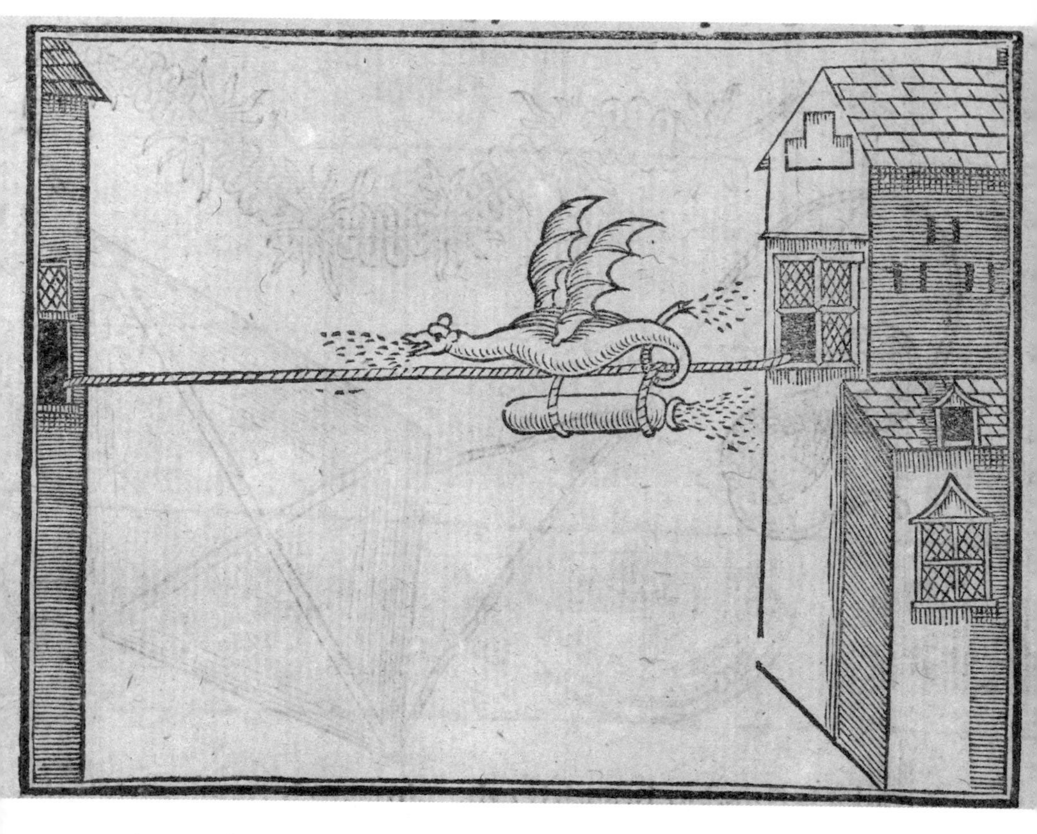

插图9　“如何制造飞龙”，出自约翰·贝特所著《自然与艺术的奥秘》四部书（1654年，伦敦）。年轻的牛顿查阅了这本书，以便充分利用他灵巧的双手

Of Colours 17

56 The pouders of Pelluced bodys is white soe is a cluster of small bubles of aire, ye scrapings of black or chare horne, &c: [because of ye multitude of reflecting surfaces] soe are bodys wch are full of flaws, or those whose parts lye not very close together (as Metalls, Marble, ye Oculus Mundi stone &c) [whose pores betwixt their parts admit a grosser Æther into ym yn ye pores in their parts], hence

57 Most Bodys (viz: those into which water will soake as paper, wood, marble, ye Oculus Mundi stone, &c) become more darke & transparent by being soaked in water [for ye water fills up ye reflecting pores]

58 ~~If wth a bodking gh~~

58 I tooke a bodkine gh & put it betwixt my eye & ye bone as neare to ye ~~end of~~ backside of my eye as I could: & pressing my eye wth ye end of it (soe as to make ye curvature a, bcdef in my eye) there appeared severall white darke & coloured circles r, s, t, &c. Which circles were plainest when I continued to rub my eye wth ye point of ye bodkine, but if I held my eye & ye bodkin still, though I continued to presse my eye wth it yet ye ~~colours~~ circles would grow faint & often disappeare untill I renewed ym by moving my eye or ye bodkin.

59 If ye experiment were done in a light roome so yt though my eyes were shut some light would get through their lids There appeared a ~~a redish spot in ye midst at srs, a~~ greate broade blewish darke circle outmost (as ts), & wthin that another light spot srs whose colour was much like yt in ye rest of ye eye as at k. Within wch spot appeared still another blew spot r

插图10　牛顿用锥子按压眼睛，使其变形，产生不同视觉效果的研究（约1666年）。这项实验既显示了牛顿对视觉感知功能的兴趣，又显示了他所接受的训练

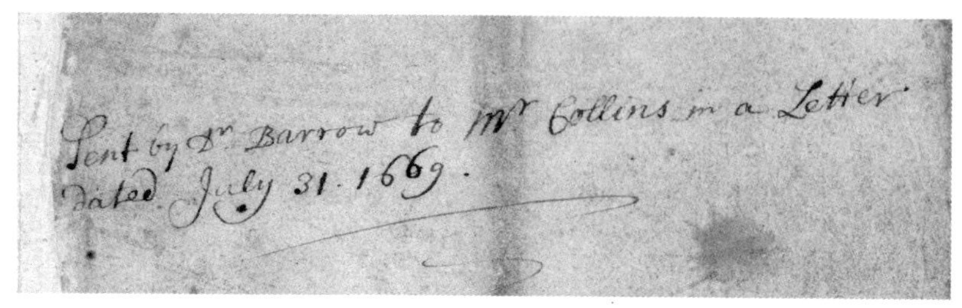

插图11　1669年7月31日，巴罗博士寄给柯林斯先生的牛顿《分析》手稿封面。在牛顿生活的时代，数学家们经常通过书信往来而不是借助印刷出版物来交流他们的想法

插图12　来自艾萨克·牛顿的《流数法与无穷级数之方法论》（伦敦，1736年出版）。一些远古的数学家使用流数法来指导射手一次射杀两只鸟：射手的步枪沿着他行走的曲线路径（LMN切线）对齐

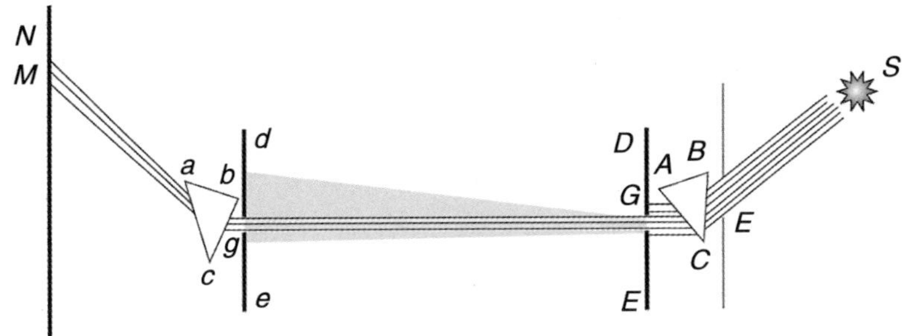

插图13　“判决性实验”，阳光通过小孔E，在两个棱镜中折射

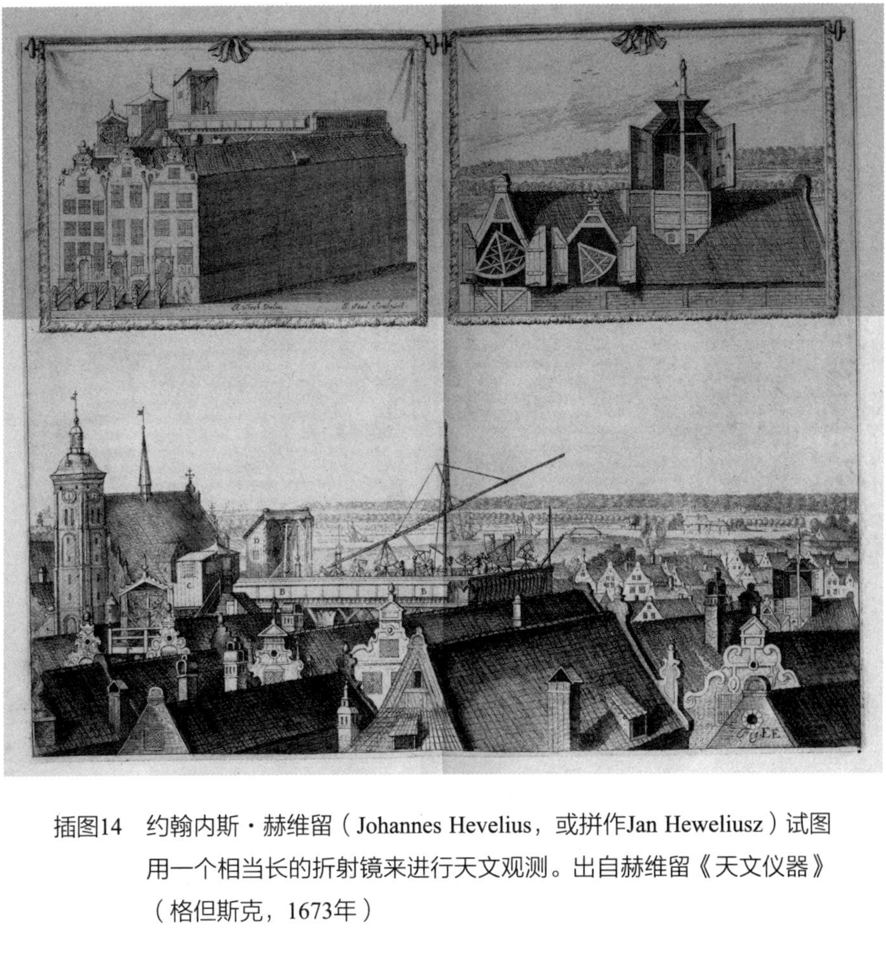

插图14　约翰内斯·赫维留（Johannes Hevelius，或拼作Jan Heweliusz）试图用一个相当长的折射镜来进行天文观测。出自赫维留《天文仪器》（格但斯克，1673年）

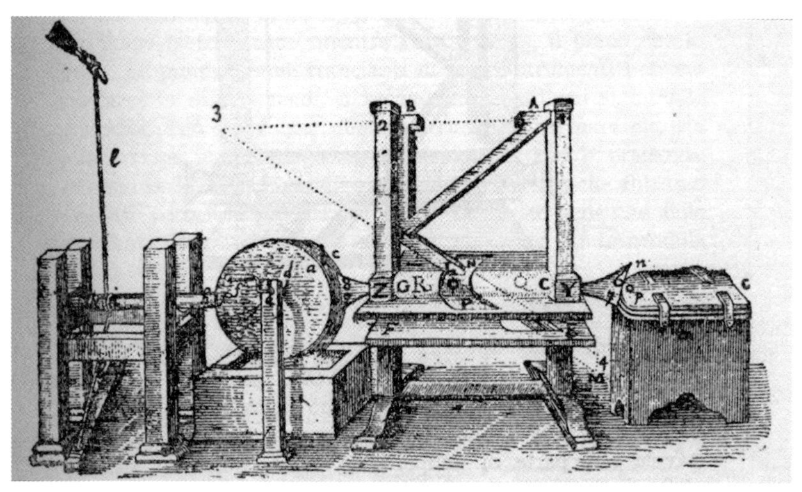

插图15　笛卡儿《屈光学》书中列举的双曲透镜切割机（莱顿，1637年）

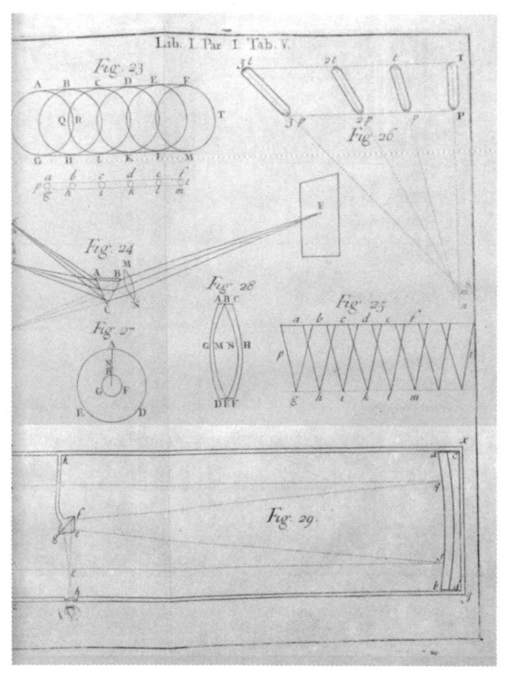

插图16　根据牛顿理论造出来的反射望远镜的结构，由凹面主镜和反射副镜（棱镜）组成，出自《光学》（*Optice*，伦敦，1719年）

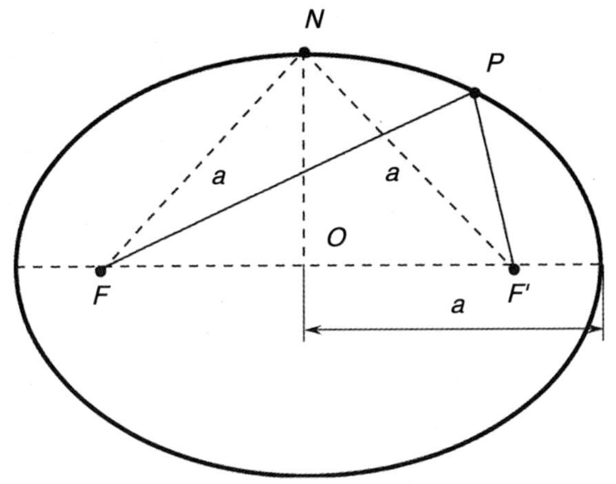

插图17　椭圆形

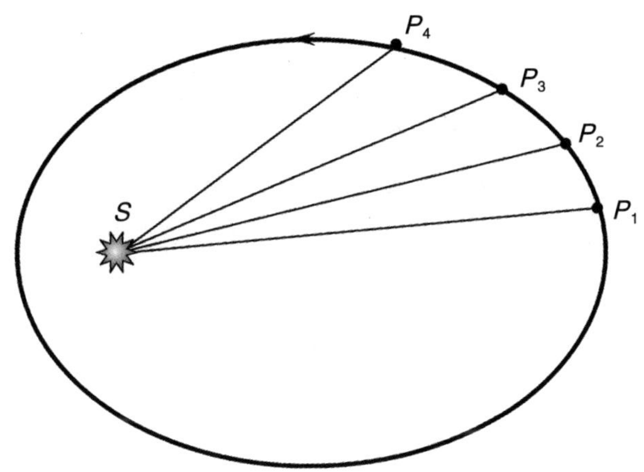

插图18　根据开普勒第一定律和第二定律画出的行星围绕太阳运行图。椭圆率被大幅度夸大了

插图19　艾萨克·巴罗，剑桥大学第一位卢卡斯讲席数学教授，是一位天才的数学家，也是微积分的发现者之一。大卫·洛根，《艾萨克·巴罗》，1676年，石墨牛皮纸画

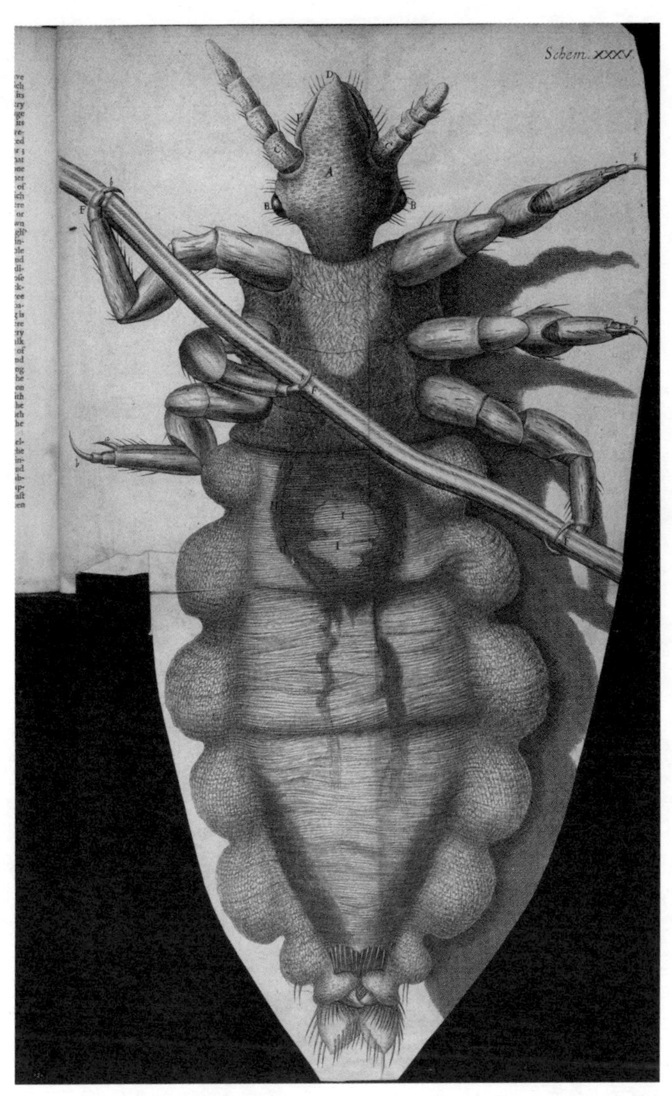

插图20　爬在头发上的虱子，来自罗伯特·胡克的《显微图谱》。这件作品不仅是早期显微术中最伟大的杰作之一，而且为插图艺术提供了一个很好的例子。胡克在这幅作品中表现了他对自然主义手法的审美偏好

插图21　“隐多珥的巫婆”（Witch of Endor）是《圣经》中一个有争议的人物，约瑟夫·格兰维尔的《论鬼怪幽灵》（*Saducismus triumphatus*）扉页版画（1681年，伦敦）就画有这么一个形象，她一心要把撒母耳的灵魂召到扫罗王面前

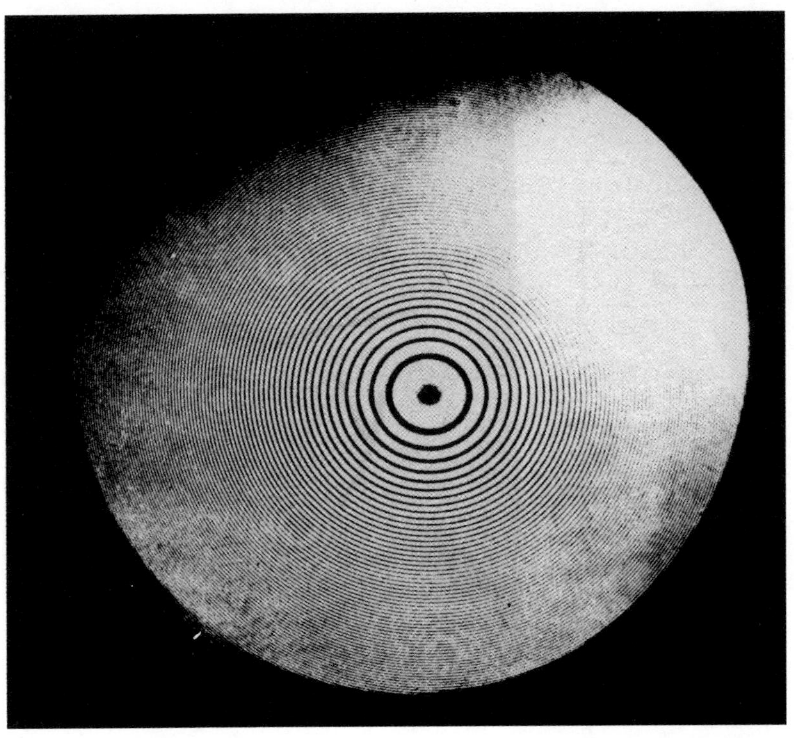

插图22　如《推理假设》（1675年）中所述，单色光照在牛顿的实验装置后所产生的光环：平凸透镜放置在一块平板玻璃的表面上

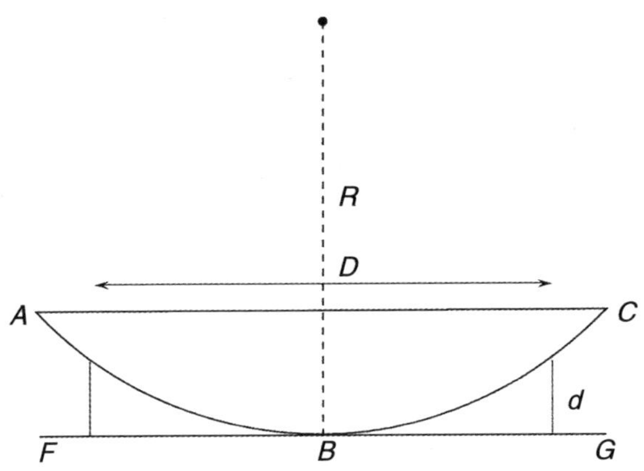

插图23　将半径为R的平面凸透镜ABC放置在平板玻璃表面FBG上，当光线从上方照下来时，会形成色环（参见插图22）

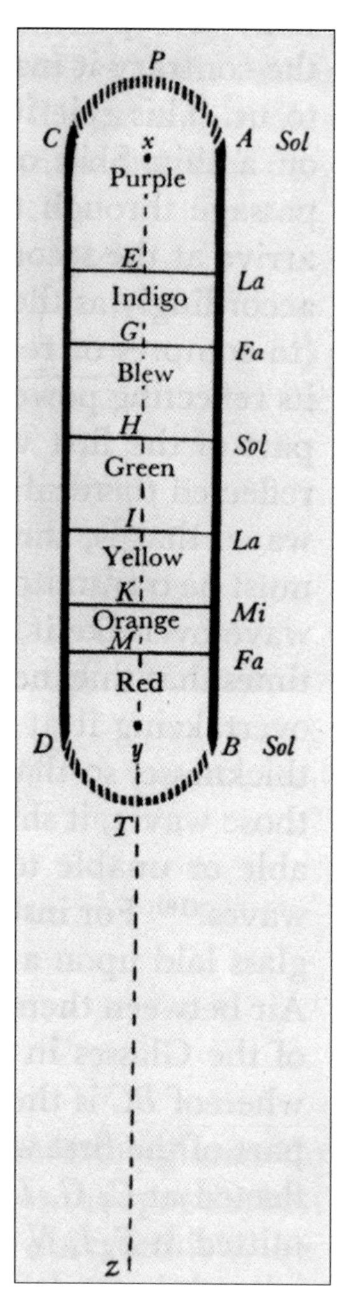

插图24　牛顿在《推理假设》（1675年）一文中，对棱柱光谱和音阶作了类比。对牛顿生活的年代英格兰所使用的音符标注方式不熟悉的读者，可以忽略右边的注释

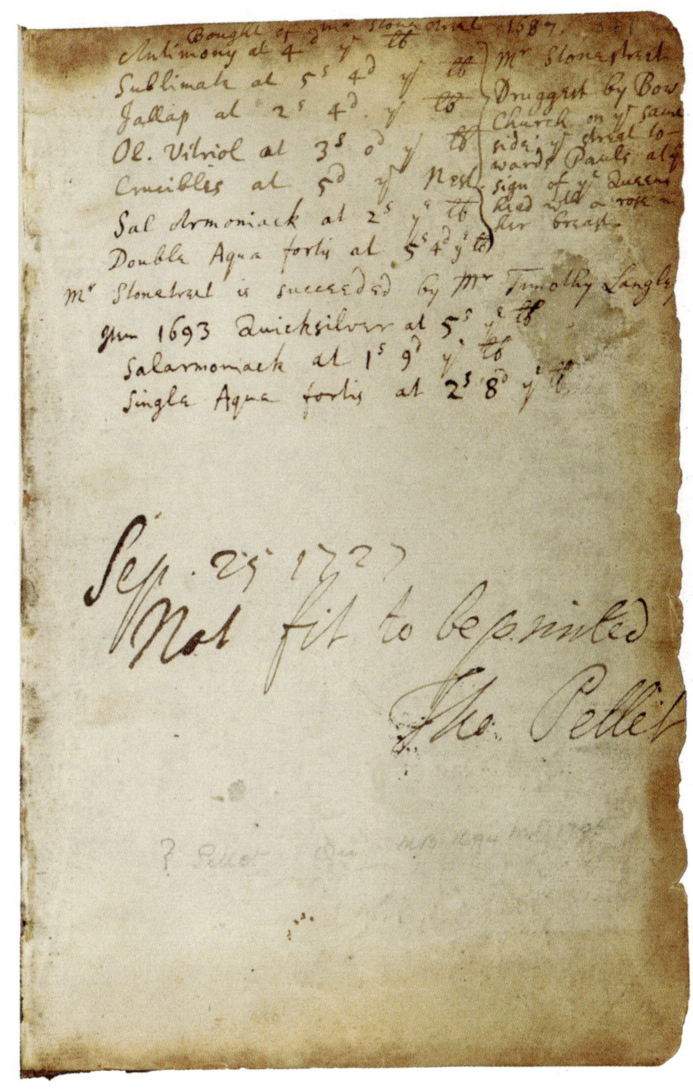

Bought of Mr Stonestreat 1687.
Antimony at 4d ye lb
Sublimate at 5s 4d ye lb
Jallap at 2s 4d ye lb
Ol. Vitriol at 3s 0d ye lb
Crucibles at 5d ye Nest
Sal Armoniack at 2s ye lb
Double Aqua fortis at 5s 4d ye lb

Mr Stonestreet Druggist by Bow Church on ye same side ye street towards Pauls at ye sign of ye Queens head with a rose in her breast.

Mr Stonestreet is succeeded by Mr Timothy Langly
Jun 1693 Quicksilver at 5s ye lb
Salarmoniack at 1s 9d ye lb
Single Aqua fortis at 2s 8d ye lb

Sep. 25 1727
Not fit to be printed
Tho. Pellet

插图25　牛顿标明了他在1687年和1693年所购材料的价格。这一注释显示出炼金术在当时是多么公开：市面上有化学品公开出售，炼金术士拥有许多令人羡慕的原料柜子。在牛顿死后，托马斯·佩莱在此页加了一句“不适合印刷发表”

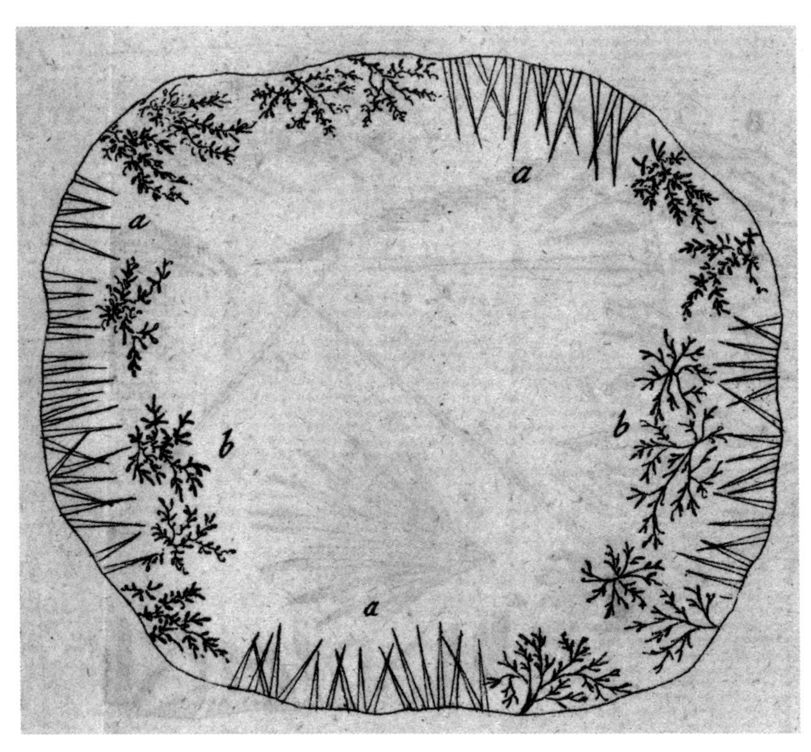

插图26　“锑之花”，引自亨利·贝克著《显微镜的使用》（伦敦，1753年）

216 *ALGEBRÆ*

noſcatur punctum L. Et poſito AK = x & KL = y, ad exprimendam relationem inter x & y, aſſume

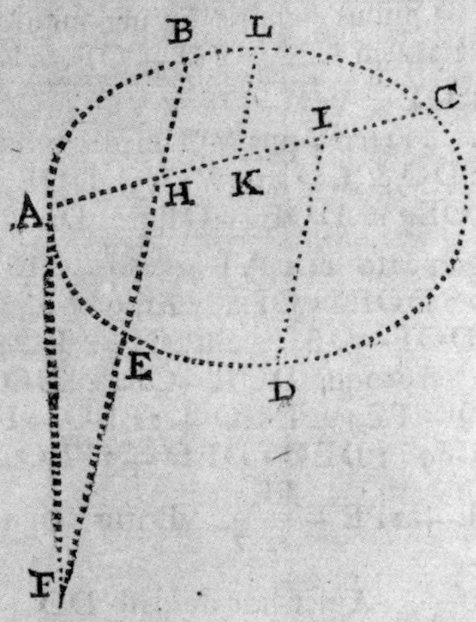

quamvis æquationem quæ Conicas ſectiones generaliter exprimit, puta hanc $a + bx + cxx + dy + exy + yy = 0$, ubi a, b, c, d, e denotant quantitates determinatas cum ſignis ſuis, x vero & y quantitates indeterminatas. Si jam quantitates determinatas a, b, c, d, e invenire poſſumus, habebimus Conicam ſectionem. Fingamus ergo punctum L ſucceſſive incidere in puncta A, C, B, E, D, & videamus quid inde ſequetur. Si ergo punctum L incidit in punctum A, erit in eo caſu AK & KL, hoc eſt x & y nihil. Proinde æquationis omnes termini præter à evaneſcent, & reſtabit $a = 0$. Quare delendum eſt a in æquatione illa, & cæteri termini $bx + cxx + dy + exy + yy$ erunt $= 0$. Porro ſi L incidit in C erit AK ſeu $x =$ AC, & LK ſeu $y = 0$. Pone ergo AC $= f$, & ſubſtituendo f pro x, & 0 pro y æquatio ad curvam $bx + cxx + dy + exy$

插图27　在《卢卡斯代数讲义》中，人们可以看到代数分析和几何分析之间的比较，其中的第55题要求通过给出的5个定点，找到一个二次曲线的锥顶点。按照牛顿的观点，这个问题的几何解是非常重要的

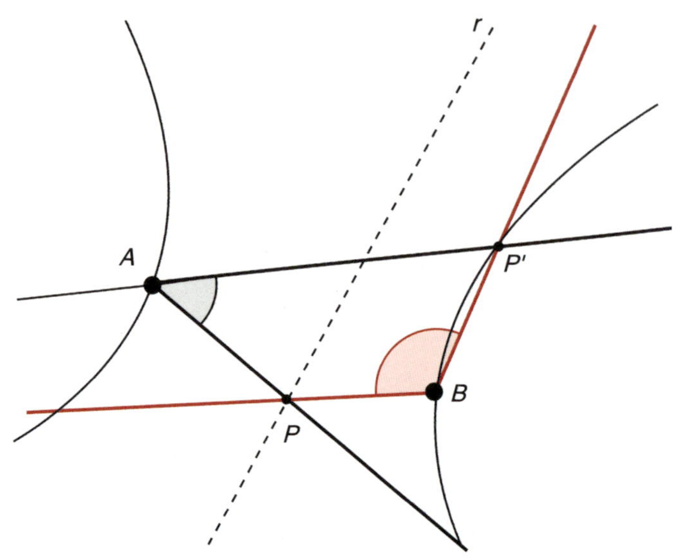

插图28　牛顿在1672年8月20日的一封信中向约翰·柯林斯讲述了圆锥曲线的“有机”构造

插图29　梅德的《世界末日》（1672年）中，显示未来千年里世界末日的时间图之细节。牛顿非常看重梅德的解释，并恭敬地遵循了他的方法

插图30　尼古拉斯·法蒂奥·德·杜利尔于1689年在伦敦认识了牛顿，他在好几年的时间里与牛顿关系很近，成为牛顿最亲密的合作者之一

插图31　爱德蒙·哈雷手里拿着一张纸，上面画有与四阶代数方程有关的图表。哈雷在1687年写了一篇关于这个问题的论文。托马斯·默里（Thomas Murray），《埃德蒙·哈雷》，约创作于1690年，布面油画

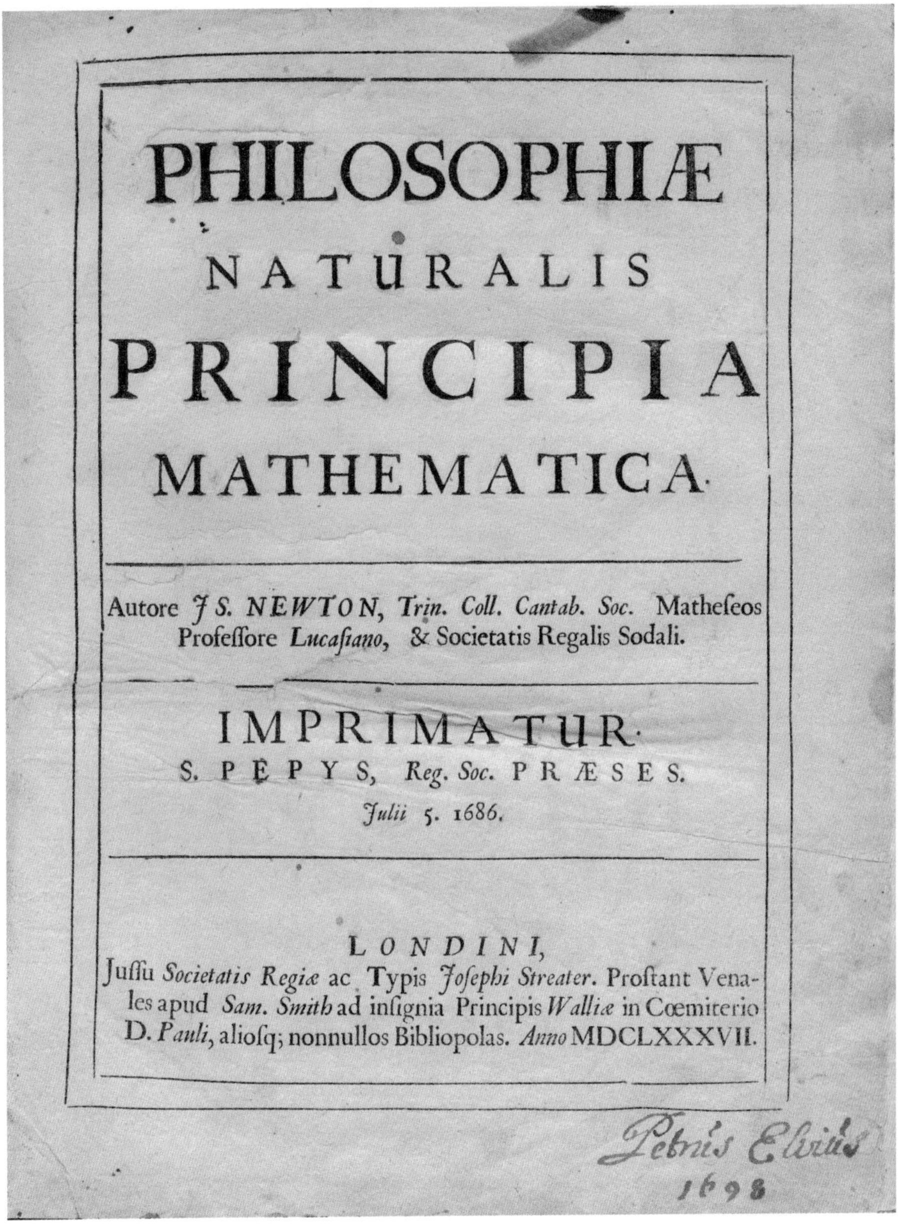

PHILOSOPHIÆ

NATURALIS

PRINCIPIA

MATHEMATICA.

Autore *JS. NEWTON*, *Trin. Coll. Cantab. Soc.* Matheseos Professore *Lucasiano*, & Societatis Regalis Sodali.

IMPRIMATUR.

S. PEPYS, *Reg. Soc.* PRÆSES.

Julii 5. 1686.

LONDINI,

Jussu *Societatis Regiæ* ac Typis *Josephi Streater*. Prostant Venales apud *Sam. Smith* ad insignia Principis *Walliæ* in Cœmiterio D. *Pauli*, aliosq; nonnullos Bibliopolas. *Anno* MDCLXXXVII.

Petrus Elvius
1698

插图32　艾萨克·牛顿《数学原理》第一版的封面

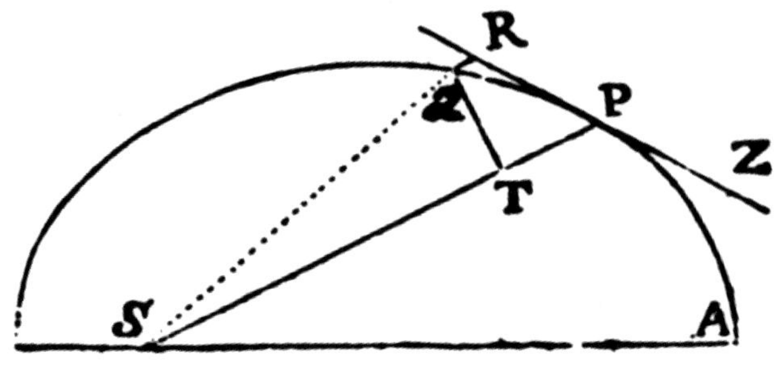

插图33　《数学原理》第一卷第6命题的示意图。物体在朝向*S*的向心力的作用下，沿着轨迹*APQ*在空隙中移动。偏离惯性运动（由于牛顿第二运动定律）的*RQ*测量向心力的强度和方向

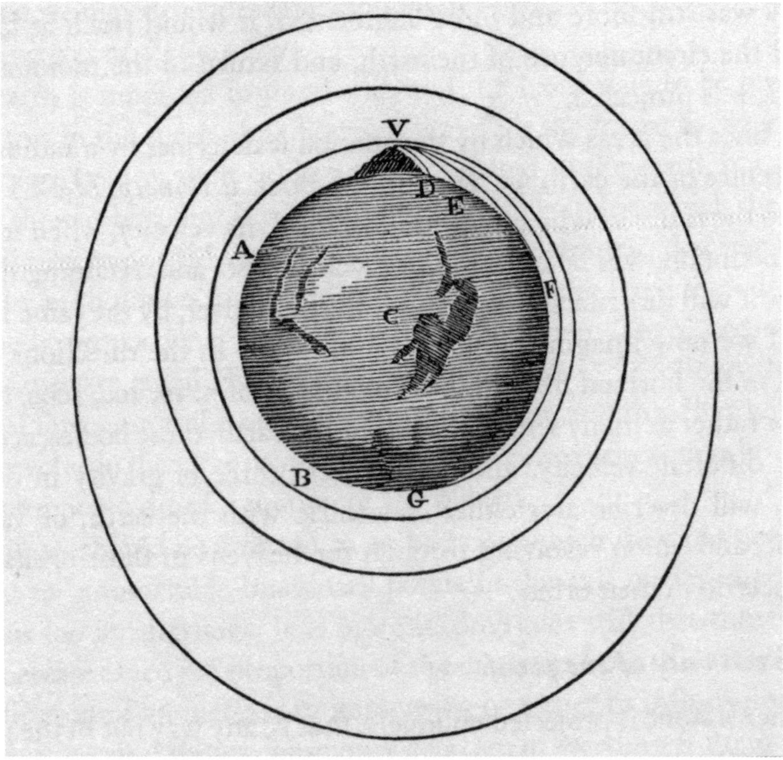

插图34　如何将卫星送入轨道。该图例借鉴了艾萨克·牛顿《世界体系论》第二版（伦敦，1731年）里的插图

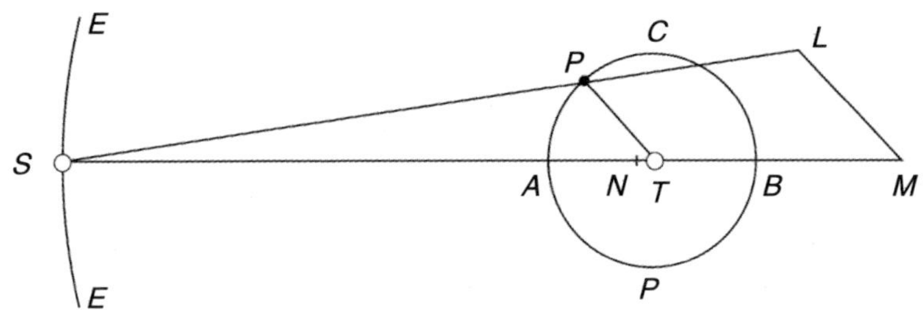

插图35　第一卷第66命题的图例。牛顿研究引力相互作用中的三个物体。这一命题是计算分点运动、潮汐运动和行星运动的基础

插图36　19世纪时一幅根据想象描绘英国皇家学会开会场景的作品。担任会长的艾萨克·牛顿爵士坐着，手里拿着一把木槌，他面前的桌子上摆着该学会的权杖。约翰·亚瑟·夸特利创作的木刻版画

Gualt. Charletoni, M.D. liber ex dono Nobiliſs. Autoris.

CHRONICUS CANON, ÆGYPTIACUS, EBRAICUS, GRÆCUS;

&

Diſquiſitiones

D. *JOANNIS MARSHAMI*

Eq. Aur. & Bar.

LONDINI,

Excudebat *Thomas Roycroſt*, anno *MDCLXXII.*

插图37　约翰·马沙姆（John Marsham）所著的《从埃及与希腊年表论正典圣经》（*Chronicus canon Ægyptiacus Ebraicus Græcus et Disquisitiones*，伦敦，1672年）。牛顿拥有该书的1676年版本，并充分利用了这本内容广博的大部头著作，研究如何把希伯来年表与古埃及人和古希腊人的历史对照起来

插图38　这幅版画来自威廉·琼斯编辑的牛顿数学图表（1711年）中的一幅扉页画像。智慧女神密涅瓦（Minerva，即希腊神话中的雅典娜）和小爱神们展示着来自《数学原理》一书中的几个图表

插图39　牛顿的最后一幅肖像，时为他去世的前一年。画中人自豪地拿着一本《数学原理》的第三版。该画像由无名艺术家模仿埃诺克·塞曼创作，1726年，布面油画

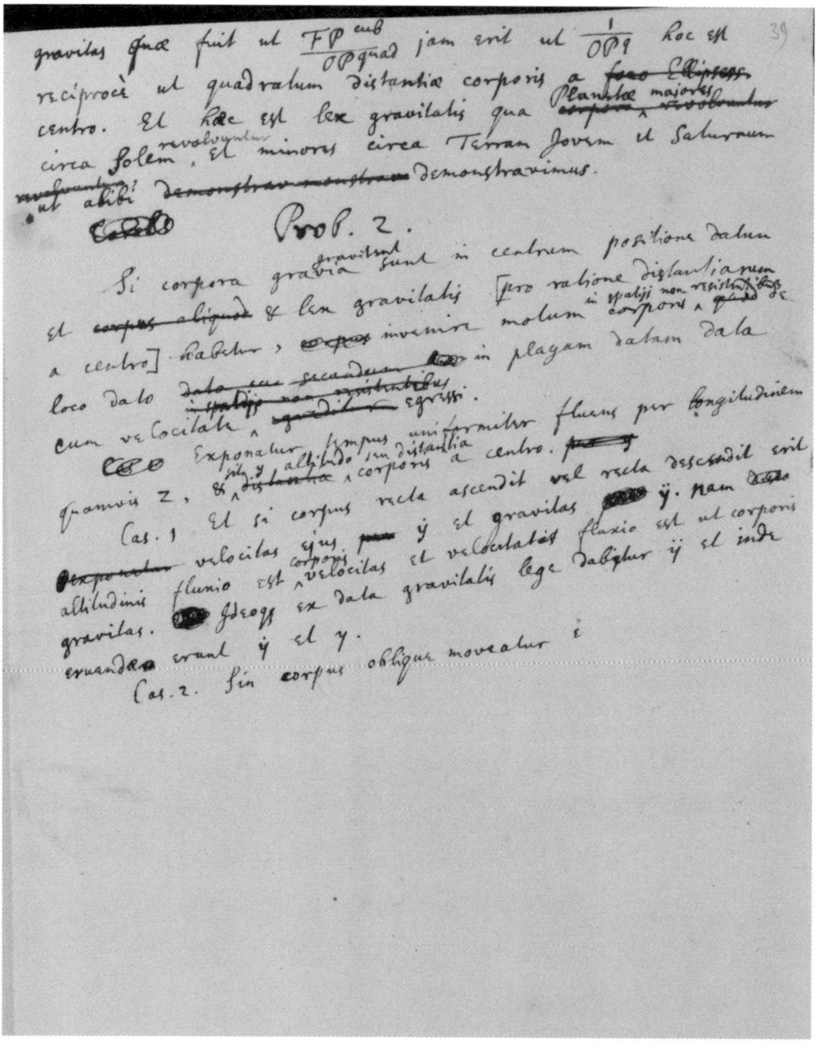

插图40　牛顿试图用“流数法”微积分写出中心引力轨迹的运动方程（17世纪90年代早期）

插图41　由画家安德烈亚斯·谢茨创作的《戈特弗里德·莱布尼茨像》，1703年，布面油画

RYSBRACK
H. S. E.
ISAACVS NEWTON Eques Auratus,
Qui animi vi prope divinâ,
Planetarum Motus, Figuras,
Cometarum ſemitas, Oceanique Æstus,
Suâ Matheſi facem præferente,
Primus demonſtravit;
Radiorum Lucis diſſimilitudines,
Colorumque inde naſcentium proprietates,
Quas nemo antea vel ſuſpicatus erat, perveſtigavit.
Naturæ, Antiquitatis, S. Scripturæ,
Sedulus ſagax fidus Interpres
Dei O. M. Majeſtatem Philoſophiâ aſſeruit,
Evangelij Simplicitatem Moribus expreſſit.
Sibi gratulentur Mortales,
Tale tantumque exſtitiſſe
HVMANI GENERIS DECVS.
NAT. XXV. DEC. A. D. MDCXLII. OBIIT. XX. MAR. MDCCXXVI.

插图42　牛顿在英国的威斯敏斯特教堂里的纪念碑（1731年）。牛顿斜倚在四本书上，四本书代表了他毕生研究的四个方面

插图43　牛顿的广泛兴趣在他的纪念碑的这个细节中展示出来。在这四本书的书脊上，人们可以读到“神性”“编年史年表”“光学”“数学原理”。人们认为牛顿在宗教和历史方面的著作是以他的科学成就为基础的

目　录

导 论

牛顿的形象

在过去的三个世纪中，艾萨克·牛顿的形象一直是令人高山仰止的。牛顿被公认为历史上最伟大的科学家之一，能与他相提并论的是阿基米德、伽利略、达尔文、爱因斯坦以及其他少数几位科学家。然而，在这种共识背后，人们对他的认识事实上还存在分歧、争执和不同意见。历史学者不能忽视的是，牛顿声望的形成，经历了一段复杂的历史。如果谁想要为这位英国自然哲学家写一本简短的人物传记，就不仅要研究他的公开作品、众多画像、收藏品和数百万字的手稿，还需要探讨那些由科学家、作家、艺术家、神职人员以及政治人士所塑造的一系列的牛顿“形象”，所有这些都需要人们的关注（参见插图1）。

当牛顿还在世的时候，人们就对他的研究持不同的看法。对于当时的英国数学家来说，牛顿发现了“新的分析法”；而对于欧洲大陆的数学家来说，牛顿的研究并没有让他们觉得有什么新颖之处。牛顿通过对光与色的研究进而提出的新理论，并没有如这位年轻的卢卡斯讲席教授[1]在1672年时所期待的那样被人接受，反而还引发了一场持续多年的争论。牛顿的万有引力理论受到支持者的赞赏，并被称为对行星运动的物理规律之无可争议的发现。而对笛卡儿和莱布尼茨的追随者们来说，这不过是一个有趣的数学理论，没有什么具体的意义。虽然爱德蒙·哈雷[2]称赞《自然哲学的数学原理》[3]（以下简称《数学原理》）是一部对航海有用处的著作，但对英国皇家学会的许多成员来说，牛顿的工作成果似乎还比不上弗朗西斯·培根（Francis Bacon）旨在推广实用知识所作的努力。培根的计划得到了罗伯特·波义耳[4]等具有影响力的实验哲学家的支持。有些人称赞牛顿在《数学原理》和《光学》中提出的有关自然的概念，与《圣经》中所揭示的真理相一致；而对另一些人来说，牛顿就自然哲学方面提出的数学原理，可能对人们的宗教信仰带来潜在的危险。一些人指责他为异教徒打开了通向自然魔法的大门，让人们耽于唯物的享乐主

[1] 卢卡斯讲席教授（Lucasian Professor）是英国剑桥大学一个地位崇高的冠名教职，霍金也曾担任该职。——译者注（如无特殊说明，本书脚注皆为译者注。）

[2] 爱德蒙·哈雷（1656—1742），英国天文学家，哈雷彗星的发现者。

[3] 《自然哲学的数学原理》，是牛顿的三卷本代表作，成书于1686年。1687年该书的拉丁文版首次出版发行，牛顿本人于1713年与1726年又进行了两次修订。该书的宗旨在于从各种运动现象探究自然力，再用这些自然力说明各种自然现象。牛顿在书中首次提出牛顿运动定律，奠定了经典力学的基础。牛顿在此书中还首次发布了他的有关万有引力定律的研究。该书被誉为“科学史上最重要的论著之一”。

[4] 罗伯特·波义耳（1627—1691），英国化学家，在1662年根据实验结果提出波义耳定律：“在密闭容器中的定量气体，在恒温下，气体的压强和体积成反比关系。”这是人类历史上第一个被发现的“定律”。

义。甚至有人认为，牛顿的理论对文艺复兴时期自然哲学中的神秘特性产生了广泛的影响，而新的力学学科当时才刚刚兴起。其他批评者则指责牛顿是位自然神论者。他们说牛顿支持那种认为上帝存在于人之内心的概念，甚至说牛顿捍卫了反“三位一体论”的异端邪说。也就是说，他否定在公元4世纪的普世会议之后绝大多数基督教教派接受的教诲，即上帝是“三位一体”的：或者说，是永远并存、同一存在和不可分割的。也许有人认为，随着时间的推移，这些在当时看来充满矛盾的解读，会逐渐得到某种更独立的一致评价——后来事实证明并非如此。

18世纪常被称为“牛顿的世纪”。伏尔泰作为一位杰出的哲学家，是最早开始普及牛顿理论的哲学家之一。他认为，那些摈弃“旧制度”、拥护启蒙运动新思潮的人，应当吸收、采纳牛顿的理论。伏尔泰在法国倡导牛顿主义，其政治方面的意义是显而易见的（当时的英国没有法国式的君主专制制度，因此，牛顿能提出万有引力的理论要归功于当时没有审查制度的约束）。从启蒙运动的角度来看，牛顿哲学（或者说“牛顿方法”）可以应用于其他学科，也可以用来研究社会以及道德方面的问题。在18世纪中叶，牛顿的自然哲学几乎可以被当作一个普遍的标准，用来评判人们如何才能获得真正的知识。然而，人们对牛顿理论和方法的接受，并没有在步调上保持一致，而是在看法上产生了分歧。不同的人都试图援引他的理论，比如为基督教辩护的人和无神论者、把牛顿和培根联系起来的经验主义者，以及试图把牛顿、哥特弗里德·威廉·莱布尼茨（Gottfried Wilhelm Leibniz）和克里斯蒂安·沃尔夫

（Christian Wolff）的理论调和起来的理性主义者。伏尔泰的情人、出色的夏特莱侯爵夫人（Marquise du Châtelet）也作过类似的努力（参见插图2）。

18世纪，牛顿的形象广为传播，得到人们的崇拜。在（欧洲）主要的文化中心和其他许多地方，描绘这位英国伟人的绘画和雕像上往往还带有赞美的文字，读到这些文字的读者也有很多。正如我们将在后面的章节中所看到的那样，牛顿在18世纪时显现出来的形象，其实有些失真。事实是，牛顿的科学成了其他人的某种文化时尚，而这种文化时尚与基于牛顿著作的学术研究几乎毫无关系。贵族阶层和富裕的上层阶级聘来导师和实验者，让他们讲解牛顿自然哲学的新颖之处。这些人之所以有这种兴趣，一方面是他们相信科学知识有助于他们的工业生产和商业经营活动；另一方面是牛顿的哲学又使人们把自然界看作某个主宰者创造出来的神奇产物（参见插图3）。在整个启蒙运动时期，介绍《数学原理》和《光学》的读物都大获成功。

然而，有一个只有少数科学史专家才知道的事实——这一事实掩盖了牛顿思想在18世纪时曾经遇到的大问题。牛顿的数学思想确实曾遇到过麻烦，我们甚至可以把18世纪称为牛顿的数学影响力衰落的世纪。在很多情况下，人们更多注意到的是来自欧洲大陆的科学家，比如约翰·伯努利和丹尼尔·伯努利父子（Johann and Daniel Bernoulli），莱昂哈德·欧拉（Leonhard Euler），让·勒朗·达朗伯（Jean-Baptiste Le Rond D’Alembert），约瑟夫·路易斯·拉格朗日（Joseph-Louis Lagrange）和皮埃尔·西蒙·德·拉普拉斯（Pierre-Simon de Laplace）——拉普拉斯在18世纪发展了微积分，引入了函数的概念，创立了偏微分和变分法。

更重要的是，这些进步是基于莱布尼茨的计数法以及莱布尼茨关于数学的研究得来的，而不是借助牛顿的研究。当人们看到莱布尼茨的数学成果之后，牛顿的《数学原理》才得以在欧洲大陆被人们所接受。基于三个定律或运动公理的牛顿力学很快被一个更为普通的方法所取代，这就是“最小作用量原理”。18世纪，在数学方面取得的最大进步，是拉普拉斯的《天体力学》（*Traité de mécanique céleste*，1799—1827），这当然也标志着牛顿思想的成功，因为该书以万有引力理论为基础。但这项研究也体现出了牛顿学说的某个弱点：万有引力的成功，要依靠莱布尼茨及其在欧洲大陆的追随者所研究出来的计数法才能实现。这在弗朗索瓦·杰奎尔（François Jacquier）和托马斯·勒瑟（Thomas Le Seur）加了注解的注释版《数学原理》（1739—1742，在日内瓦出版）中得到了证明。这两位法国修士与在日内瓦的温和派加尔文主义者兼数学家让-路易·卡兰德利尼（Jean-Louis Calandrini）合作，完成了他们的注释。这个版本很有趣，因为在他们的注释中，这三位研究者运用了莱布尼茨的微积分和许多欧洲大陆数学家的成果，比如约翰·伯努利和莱昂哈德·欧拉的研究成果。事实上，欧洲大陆的数学家们很快就重读了牛顿的巨著，并将其融入自己的数学研究中。在插图4中，我们可以看到：两个修士在专注地进行合作，注释牛顿的原著。杰奎尔在他的密友死后托人创作了这幅画。画家参考了一幅勒瑟的漫画来描绘其形象：因此，画中人的鼻子显得太长了。

直到19世纪初叶，牛顿的形象才开始得到较大程度的重新评价。这个时期的文化背景十分复杂，在这篇导言中想作一个简单的描述都很难，我们只能大致回顾一下。在浪漫主义前期，自然哲学（Naturphilosophie）以及人们对启蒙运动初期带有的批判态度，都有可能导致人们拒绝接受牛顿的思想——如同我们在后面的讨论中将会看到的，那些思潮与启蒙思想是格格不入的。此外，在纯科学领域里，以微粒观认识自然的观念正逐渐衰落，而人们再次误认为这是牛顿的自然哲学导致的。得益于托马斯·杨（Thomas Young）和奥古斯丁-让·菲涅尔（Augustin-Jean Fresnel）的研究，光的波动理论成为主流观点，然而人们普遍认为是牛顿捍卫了光的微粒理论。汉斯·克里斯蒂安·奥斯特（Hans Christian Oersted）和迈克尔·法拉第（Michael Faraday）的理论认为，电和磁是由接触所产生的力而引起的。也就是说，运动在介质中以有限的速度传导，而不是像牛顿引力那样在瞬间和远处传导。

对于撰写牛顿传记的作家来说，19世纪早期是一个很有意思的时期。如上所述，牛顿的形象正是在这一时期得到了人们的重新评价，而且直到今天，我们仍然可以听到这种重新评价的回声。在整个18世纪，写牛顿的传记作家们只不过是重复了伯纳德·勒博维尔·德·丰登内尔（Bernard Le Bovier de Fontenelle）对牛顿的赞扬，而勒博维尔本人又是从约翰·康迪特（John Conduitt）那里得来的资料。约翰·康迪特是牛顿外甥女婿，也是牛顿晚年时的密友，他负责保管牛顿去世后留下的大量手稿。牛顿的形象虽然已经被固化，但并不是说就不带有复杂性。例如众所周知的，牛顿除了研究数学、力学、光学和万有引力的理论，还对《圣经》经文的解读、预言、炼金术以及编年史怀有浓厚的兴趣。他的同时代人，尤其是与他通信的人和朋友都知道，牛顿在某种形式上持有反对“三位一体”的异端看法。这一点可以从牛顿去世后出版的各种著作中看出来，例如《修订版古代王国纪年表》（*The Chronology of Ancient Kingdoms Amended*，1728年）、《对但以理预言和圣约翰启示录的考察》（*Observations upon the Prophecies of Daniel, and the Apocalypse of St John*，1733年），以及《关于犹太人眼里的圣体之论文》（*A Dissertation upon the Sacred Cubit of the Jews*，1737年）。牛顿在两封信（1754年）中讨论了“三位一体论”的信奉者是如何误解了《新约全书》；在写给神学家理查德·本特利（Richard Bentley）的四封信（1756年）中，牛顿谈论了上帝与自然的关系。在牛顿去世后的那几十年里，当人们逐渐淡忘活生生的牛顿的时候，英国人的普遍看法是，牛顿除了是一位伟大的自然哲学家，还是一位完全遵守英国圣公会正统教义的基督徒。他对世界的看法，就算没有证明，至少也暗示着宇宙间有一个最高的主宰。牛顿的同时代人在某种程度上对他“相信异端的看法”表示怀疑，这一点也在逐渐被人遗忘。

随着牛顿的私人档案被逐渐发现，人们开始对牛顿的人设产生了怀疑。在此之前的18世纪和19世纪上半叶，他的私人档案只是偶尔有人去查阅。牛顿的私人文稿显示出他是一个智力超群、有道德力量的人。在一般人眼里，牛顿是启蒙运动中受人敬仰的科学家，是虔诚的圣公会教徒，并受到英国教会的赞许。而牛顿所从事的、前面提到的某些方面的研究，与他的这个形象不符。牛顿的档案在1888年首次对公众开放。当时，由天文学家约翰·考克·亚当斯

（John Couch Adams）、化学家乔治·唐宁·利文（George Downing Liveing）、中世纪史学家和古董学家亨利·理查兹·卢尔德（Henry Richards Luard）以及物理学家乔治·加布里埃尔·斯托克斯（George Gabriel Stokes）组成的一个委员会，编纂出版了剑桥大学图书馆所藏的牛顿手稿目录。朴茨茅斯伯爵五世，即牛顿的外甥女凯瑟琳·巴顿（康迪特的妻子）的后裔，决定捐赠他手头所拥有的那些“与科学有关”的牛顿手稿。朴茨茅斯伯爵在收到一份关于藏品内容的初步报告时表示，“希望将牛顿有关神学、编年史、历史学和炼金术方面的文稿归还给他”。因此，该委员会只保留了牛顿的部分手稿——涉及数学、《数学原理》一书、流体力学、与莱布尼茨进行的争论、光学、天文学、炼金术的部分手稿，以及部分书信；归还了牛顿手稿中与“科学”无关的部分——牛顿的传记材料以及涉及他在铸币厂的活动的部分。委员会表示对这类藏品“不太感兴趣”。在这里，我们第一次看到牛顿的两个形象，即科学家与炼金术士，实验哲学家和异见者。这样的两种“面目”后来让研究牛顿的学者分成对立的两个阵营。牛顿的“秘密”手稿后来在1936年被公开拍卖。朴茨茅斯伯爵所藏的档案被分拆，散落到了各地。这虽然可能会让人感到遗憾，但正是由于有了这次牛顿藏品的拍卖，才让学者们最终能够看到牛顿的其他文稿。

几经周折之后，有两个买家没花多少钱就获得了大部分的拍卖品。他们是犹太学者亚伯拉罕·亚胡达（Abraham Yahuda）和英国经济学家约翰·梅纳德·凯恩斯（John Maynard Keynes）。亚胡达买下了牛顿手稿中有关编年史、教会历史、教会研究和有关预测术的部分；亚胡达所藏的牛顿手稿现在保存于耶路撒冷的以色列国家图书馆。凯恩斯则把他收藏的主要涉及炼金术和传记性回忆录的牛顿手稿，捐赠给了剑桥大学的国王学院。凯恩斯也写了一篇题为《牛顿其人》（*Newton the Man*，1945年）的文章，引起了轰动。凯恩斯通过研究他所收藏的牛顿手稿，得出了一个令人惊讶的结论（这个结论经常被人引用）：牛顿并不是启蒙运动的第一位科学家，而是摩西·迈蒙尼德[1]的一个追随者。迈蒙尼提斯是12世纪一位研究《犹太法典》（*Talmud*）的伟大学者、哲学家和科学家。凯恩斯认为，牛顿是一位哲学家，他试图解读自古以来就流传于中东的"神秘兄弟会"的文本。对凯恩斯来说，说到底，牛顿并不是一名科学家，而是"最后一位魔术师，最后一位巴比伦人、苏美尔人。他用自己伟大的头脑，与那些将近1万年前就开始创立了人类的知识遗产的人一样，睁开双眼看向可见的知识世界"。凯恩斯的文稿的确引起了人们的惊讶：在他的文章中，牛顿喜欢用符号和炼金术的象征，认为自然的精神渗透一切，金属可以变形，他还相信埃及占星术士的神话，研究了赫耳墨斯[2]的智慧和魔法石。例如，读过凯恩斯文章的读者会发现，在17世纪90年代初，牛顿在完成了关于行星运动的杰作《数学原理》之后，曾经在尼古拉斯·法蒂奥·德·杜利尔（Nicolas Fatio de Duillier，参见插图5）的帮助下阅读了有关炼金术的法语文献。很明显的是，牛顿对代表魔法石的徽章很感兴趣，他在一份手稿中画下了这个徽章，

[1] 摩西·迈蒙尼德（Moses Maimonides），中世纪犹太哲学家、医生、神学家。他爱医术、爱病人的精神，至今为人所称赞。

[2] 赫耳墨斯（Hermes Trismegistus），古埃及伶俐之神。

手稿的标题是“杰作之方法”。凯恩斯在1936年以大约20英镑的价格买到了这份手稿（现藏于剑桥大学国王学院图书馆，凯恩斯藏品第21号，第6册）。

那么，牛顿是个什么样的人呢？他是个冷静的数学家，计算行星的轨道，信奉决定论的自然观，而且还如约翰·济慈（John Keats）所抱怨的那样：“让所有的彩虹失去了五光十色的魅力。”或者更确切地说，他是一个否认正统基督教教义的异教徒，把自然哲学看作寻找那主宰宇宙的单一之神（pantocràtor）之天意所在？或许，牛顿是“最后一位苏美尔人”。他恢复了赫耳墨斯[1]那种神秘的异教智慧；也许还是迈蒙尼提斯的追随者？我们应该考虑到，这些问题是在20世纪中叶，朴茨茅斯伯爵所藏的牛顿手稿被人们看到之后才出现的。当时的文化氛围对科学与非科学的界限等问题特别敏感，卡尔·波普尔（Karl R. Popper）、保罗·费耶阿本德（Paul Feyerabend）和托马斯·库恩（Thomas Kuhn）等人，从哲学的角度对此进行过辩论。另外，历史学家则从事考证，沃尔特·佩格尔（Walter Pagel）、保罗·罗西（Paolo Rossi）和弗朗西斯·耶茨（Frances A. Yates）等人开创了一项新的考证工作，旨在评估魔法和炼金术在所谓的牛顿科学精神形成过程中所起的作用。这些研究者很快就形成了两派：一派以阿尔弗雷德·鲁珀特·霍尔（Alfred Rupert Hall）、玛丽·博阿斯·霍尔（Marie Boas Hall）为首，还有伯纳德·科恩（Bernard Cohen）和德里克·托马斯·怀特塞德（Derek Thomas Whiteside）等

---

[1] 赫尔墨斯（Hermes），希腊神话中的神。

人，他们是科学家牛顿的捍卫者，倾向于不要高估牛顿手稿中有关炼金术和神学部分的重要性；而另一派包括弗兰克·曼纽尔（Frank E. Manuel）、贝蒂·乔·蒂特·多布斯（Betty Jo Teeter Dobbs）和理查德·韦斯特福尔（Richard S. Westfall）在内的新派学者，则认为有“另一个”牛顿。这个牛顿其实是一名炼金术士和神学家，他只是把很小一部分的时间与精力放在了数学和物理方面的研究上。

这一批杰出的牛顿研究者现在都已经离去，但他们留下了重要的遗产。现在应该是我们更为冷静地重新审视“牛顿的两面性”这个问题的时候了，这个问题是因牛顿的手稿在市面上出售而引起的。多亏了前面提到的这些历史学家的考证研究，我们对牛顿及其时代才有了更多的了解。因此，牛顿对炼金术、编年史，以及《圣经》里提到的预言和教会历史等很有兴趣——这些方面对我们来说就不那么令人惊讶了。牛顿属于他那个时代，他不是苏美尔人的代表，不是出自马西利奥·费奇诺[1]的学院派新柏拉图主义者，也不是鲁道夫二世（Rudolf Ⅱ）宫廷里的帕拉塞尔派炼金术士。牛顿对炼金术等的热情与研究，非常不符合我们现代人眼里的科学家形象；但对与牛顿同时代的人来说，他们似乎又觉得理应如此——哪怕牛顿研究的结论和方法有时可能会让当时的人们感到惊讶。牛顿显然不喜欢重复自己从别人那里学到的东西。他是独辟蹊径的思想家，无论是对数学定理还是对《圣经》段落的解释，总是致力于寻找新的东西。

摆在我们面前的困难有很多。第一，我们必须明白，牛顿所做的

[1] 马西利奥·费奇诺（Marsilio Ficino，1433—1499），文艺复兴时期意大利哲学家、美学家、佛罗伦萨柏拉图学院派最著名的代表。

事，不是试图回答他自己随意想出来的问题，而是要解决他同时代的人所提出的问题。而且，这些问题并不只有纯粹的理论维度，而是存在于特定的政治事件和社会背景之中。那些重大的事件不仅困扰着牛顿，而且也是他同时代的所有人都必须面对的问题。我们需要研究牛顿的资料，也要看看他与别人的往来信件，以及他在出版和介绍自己的思想方面所采取的极其独特的方法。

第二，我们必须在试图弥合科学家牛顿和“未知的”牛顿这两个形象的过程中，避免因过于仓促地解读朴茨茅斯伯爵五世所保存的牛顿手稿而带来的误解，避免因“还原作用”（reductio ad unum）所带来的那种风险，即以为可以找到一个关键点，来解答牛顿思想的实质统一性问题：例如，有人以为，我们可以很容易地把牛顿的数学和神学研究拿来进行类比。昆廷·斯金纳（Quentin Skinner）已经对这种“融贯性的神话”提出了警告，他指的是尼可罗·马基雅维利（Niccolò Machiavelli）[1]和托马斯·霍布斯（Thomas Hobbes）[2]的思想；根据斯金纳的说法，在阅读经典作品的时候，有必要避免人为地用“由果及因”的方式去生造出某种融贯性的解读。就像斯金纳笔下的马基雅维利和霍布斯那样，牛顿的知识积累过程也充满了矛盾和不连贯之处。我们必须承认这些矛盾的存在，而且前提是我们要避免通过多年后出现的学科区别方式来看待这些问题——我们不能用牛顿及

[1] 尼可罗·马基亚维利（1469—1527），意大利政治思想家和历史学家，代表作有《君主论》《论战争艺术》和《佛罗伦萨史》等。

[2] 托马斯·霍布斯（1588—1679），英国政治家、哲学家，创立了机械唯物主义，指出宇宙是所有机械地运动着的广延物体的总和。他提出“自然状态”和国家起源说，指出国家是人们为了遵守“自然法”而订立契约所形成的。

其同时代人所不知道的科学和非科学等概念来界定牛顿的研究，因为那时的人自称是“自然哲学家”而不是“科学家”。

第三，也是最后一点（这一点也是我特别关注的），我们不应该认为“传统的”牛顿，即作为数学家和物理学家的牛顿，就比作为炼金术士和神学家的牛顿显得距离我们更近一些。在牛顿生活的时代，天文学、光学甚至数学的目标和方法的定义，与现在人们所接受这些学科的范畴有很大的不同。从本书的观点来看，重要的是了解牛顿和他的同时代人如何看待这些科学学科与宗教和哲学领域之间的联系，特别是在重大问题之间有着哪种深刻的联系。当时的那种认识与今天的情况颇为不同。

在作了这样简短的历史介绍说了那么多容易让读者厌烦的警告之后，现在是时候见见牛顿了。在第一章，我们将到英格兰北部的一个小村庄，时间节点是英国的保皇党和议会党爆发内战之后的那几个月。

第一章

从伍尔索普到剑桥（1642—1664）

牛顿生活的年代（1642—1727），社会面临着深刻的变革。这些变革改变了英国的君主制度、英国教会以及英国议会。在牛顿漫长的一生中，他见证了英国内战（1642—1641）和“空位期”（the Interregnum，1649—1660），经历了斯图亚特王朝（1660—1688）的复辟，以及发生在1688年的光荣革命（the Glorious Revolution）让奥兰治的威廉和玛丽·斯图亚特王后登上了王位，最后则是汉诺威王朝的登基（1714年）。

政治和宗教背景

在牛顿童年的时候，英国发生了内战。1642年，英国议会和国王之间发生了一场史无前例的军事对抗，并在爱尔兰、苏格兰和英格兰地区都起了武装冲突。这场动乱是由于英国国王推行严苛的税收政策而引起的，战争也随之爆发。此外，英国国王与坎特伯雷大主教威廉·劳德（William Laud）一道，推行了一项政策，倡导英国国教圣公会的结构和仪式，而这种做法受到了有影响力且组织良好的宗教团体（特别是清教徒们）的反对。清教徒们受约翰·加尔文（John Calvin）思想的影响，认为只有少数人才能得到永恒的救赎。他们宣扬严格的教义道德，并在教区内积极组织虔诚的信徒团体。在他们看来，大主教劳德所规定的教会教义和礼拜日仪式，与罗马天主教太相似了。清教徒的言辞日趋激烈，他们对世界的看法有时接近“千禧年主义”[1]的理论。我们应该考虑到这样一个事实：自1618年欧洲大陆陷入“30年战争”（Thirty Years War）以来，残酷的冲突使得欧洲人口锐减，雅克·卡洛特（Jacques Callot）作品中描绘的那种掠夺和饥荒场景四处发生（参见插图6）。天主教教徒、路德宗教徒和加尔文宗教徒之间爆发了战争，他们拿起武器互相残杀。当宗教战争的发生是以维护“主的名义”而开始的时候，还有什么能比去说服人们与“圣徒”一起作战更迫切的事情呢？

牛顿在饱受内战困扰的英格兰度过了童年。英国国王最终遭到了处决（1649年，参见插图7），其继承人则被流放（1651年）。我们将会在后面看到，牛顿在童年阶段，其家庭和学校的环境在政治和宗

[1] 千禧年主义（Millenarianism），某些基督教教派正式的或民间的信仰。千禧年指耶稣基督复临并在世界建立和平与公义国度的1000年，是世界末日来临前的最后一个世代。

教方面远非稳定不变：内战造成的分裂甚至蔓延到各个地方，迫使家庭分离、社区分裂。牛顿很可能在年轻时就目睹了政治宗派主义和宗教狂热所造成的分裂效应。因此在他的一生中，牛顿对宗教观点上的分歧（天主教教徒除外）都相当宽容。他认为求同存异的政治观点是有益的：与他通信的人中，有雅各宾派和辉格党人，有阿米尼乌斯派教徒和苏西尼派教徒，也有长老会和圣公会的教徒。现在人们会把牛顿看作是一个对宗教极其狂热而且厌世的人，而这样的形象和牛顿本人或许大相径庭。

魅力十足的奥利弗·克伦威尔（Oliver Cromwell）从1653年起就一直担任英联邦、苏格兰和爱尔兰的元首，并被授予“护国公”（Lord Protector）的称号。在他死后（1658年），他的儿子理查德没能证明自己是一个可靠的领袖。新的一轮经济萧条造成了民众的紧张与不满，人们对“极端主义者”（比如贵格会教徒）这样的宗教团体所可能引发的骚乱心怀恐惧，这些因素都为斯图亚特王朝的重新建立铺平了道路。查理二世在1660年结束流放，回到首都来主政。他毫不掩饰自己贪图享乐、喜好奢华的性格，带着他的多个情妇四处炫耀。英国社会里的很大一部分人喜欢这个新的外部环境，人们可以游戏娱乐、享受文化和戏剧生活。然而，斯图亚特王朝的复辟，让一些人关注和怀疑君主制复辟后的做法，因为新的君主重新确认了天主教教徒的权利。早在1663年，一位国会议员就曾提出这样的看法：“有人计划修改我们王国的政府宪法，仿效法国的模式，而（在法国）他们已经失去了所有的自由，并且受到武断的军事统治。”历史研究证实，查理二世的确想与路易十四统治下的法国修好，而新教徒在当时的法国是遭受迫害的。不仅如此，英国与法国还在1670年签订了《多佛条约》（*Treaty of Dover*），建立了联盟，一起来对抗荷兰。这个联盟的可行性和好处是显而易见的，但其中包含的秘密条款规定：如果有机会，查理二世就将适时宣布自己信仰天主教，以此来换取法国的财政援助。因此，查理二世的臣民对他的忧虑是有根据的，而且情况超出了他们最坏的想象。在很多人眼里，第三次英荷战争（1672—1674）其实是一场反对宗教改革的运动。

查理二世于1672年颁布了《再次大赦谕诰》（*Second Declaration of Indulgence*），试图确保宗教宽容，暂停对公开不遵守祈祷要求的人所实施的所谓“惩罚不顺从者”的刑法。英国国教根据《教会统一条例》（*Act of Uniformity*，1662年），规定了人们必须遵守的宗教仪式和圣礼规矩。查理二世的举动被解读为对天主教教徒的支持。在接下来的一年里，英国议会迫使国王撤回了《信教自由令》，否则他们将不会投票赞成为战争提供资金，而且要求国王批准一项新法案。该法案确认了与之前相反的原则：政府所有的执政者都必须通过一项宗教测试（接受英国圣公会的信仰）并宣布永不改变信仰。对于那些不愿意接受这项规定的新教信徒来说，这意味着他们会继续被边缘化。1673年，由于有了这项新的法规，国王的兄弟詹姆斯要辞去海军上将的职务，才能迎娶摩德纳的玛丽（Mary of Modena）。玛丽信仰天主教，她有个外号叫“教皇的女儿”。对于反天主教的人来说，詹姆斯是比查理二世更值得严重关注的人。在英国王室复辟时期，安德鲁·马维尔（Andrew Marvell）出版了一些颇有煽动性的小册子，如《英格兰教皇和专制政府的形成》（*An Account of the Growth of Popery and Arbitrary Government in England*，1677年）一书就指责英国王室阴谋推行专制暴政。甚至有公众舆论指责说，是天主教教徒带来了瘟疫（1665年）和“伦敦大火”（Great Fire of London，1666年）事件。17世纪70年代末和80年代初，也是牛顿对异端教派的文本开始感兴趣的时候，当时的人们特别关注天主教、教皇和“专横”政府是否即将复辟。

1679年到1681年，英国有人试图通过制定法律来阻止詹姆斯成为王位继位人。这一举动的主要捍卫者之一是沙夫特斯伯里伯爵一世安东尼·阿什利·库珀（Anthony Ashley Cooper, 1st Earl of Shaftesbury），他也是约翰·洛克（John Locke）的支持者。牛顿在17世纪90年代时，与洛克是朋友并且与他通信，因此与充满煽动性的激进思想有过近距离的接触。在洛克那个圈子里的人看来，在英国王室复辟期间，天主教教徒正在策划阴谋，他们有必要反对这个阴谋；一些人做好了准备，在必要时发起针对国王的武力暴动。在稍后的章节中将会讨论到，对那些抱有反天主教态度的人来说，如果詹姆斯二世（在1685年）继位成为英国国王，就会让形势变得更加严峻。查理二世与路易十四之间的协议是保密的，人们当时只是怀疑他信了天主教。查理二世在弥留之际，才把他信了天主教这个秘密说了出来。但詹姆斯二世的情况则完全不同，他自称信仰天主教，试图公开捍卫天主教教徒的利益，想要废除“宗教忠诚法案”，并委派天主教教徒去出任领导职位。我们接下来会看到，牛顿对此表示了反对。牛顿公开地甚至可以说是勇敢地站在辉格党一边——尽管他没有表现得更为激进。这在一定程度上解释了他在“光荣革命”后的政治命运。在1688年和1689年的事件中，牛顿站在英国政坛获胜派系的一边。在后面的第六章中就会提到，他和有权势的哈利法克斯勋爵一世（Lord Halifax）查尔斯·蒙塔古（Charles Montagu）关系很好，这对牛顿在伦敦的事业发展应该是颇有益处的。

在牛顿生前的那个时代，人们在英国的社会生活中普遍害怕、排斥甚至迫害天主教教徒，而对持自然神论或异端思想的极端分子则更是如此。自然神论者认为，不需要上帝的启示，人们就可以理解宗教的真理——牛顿很可能从未认同过这个立场。在当时的英格兰，有些人被社会认为是异端人士，其中包括了反对“三位一体”论的倡导者，例如苏西尼派教徒、反对天主教的人道主义者莱里奥（Lelio）、福斯托·索齐尼（Fausto Sozzini），以及他们的追随者。他们拒绝“三位一体”的宗教信条。在其他许多关键问题上，也有人持所谓异端的立场，比如认为有魔鬼存在，以及人的肉体死亡之后，灵魂仍然会继续存在等。这类人被称为“芸芸众生”，其中最著名的成员是约翰·弥尔顿（John Milton）。不仅在王室复辟时期，而且在“光荣革命”之后，英国社会对宗教方面的少数派——比如对贵格会教徒——都进行了广泛的迫害，这类人被排除在学术职务之外。比如牛顿的朋友、剑桥卢卡斯讲席教职的继任者威廉·惠斯顿（William Whiston）就遇到了这个问题。他们还可能遭到逮捕、面临酷刑，在一些特殊情况下，甚至会被处死。后面我们将更深入地探讨牛顿如何看待“宗教”这一有争议的问题。在这里，我们只需要注意到，牛顿对反“三位一体”的异端观点颇为认同，尽管他在什么时间段有了这样的态度还不太清楚。然而如果他公开表达同情这种异端学说的话，就会彻底损害他的学术和政治生涯。

牛顿的童年

在英国内战爆发了几个月之后，根据当时在英国使用的罗马儒略历（Julian calendar），艾萨克·牛顿于1642年12月25日出生在林肯郡格兰瑟姆附近的伍尔索普（参见插图8）。他的父亲也叫艾萨克，在他出生前就去世了。牛顿家拥有一个庄园，家人都是自耕农，算是小农场主。牛顿的家庭名声很好，但朋辈中并没出什么文人墨客或者神职人员。在艾萨克早期的文化教育中，其母系家族似乎扮演了更为重要的角色。他的母亲汉娜·艾斯库格出生在一个比较有学问的乡绅家庭。汉娜的哥哥威廉取得过一定的成功，他曾在剑桥大学学习，获得了硕士学位，并被任命为英国圣公会的神职人员。事实上，牛顿小时候是在舅舅、舅妈的照料下长大的，对他们来说，为家里的孩子提供教育是件理所当然的事情。牛顿三岁的时候，他的母亲汉娜与63岁的巴拿巴·史密斯结为夫妻，搬去了其新丈夫的家。史密斯是北威瑟姆区（North Witham）的主教。牛顿则仍留在外祖母家里，他也许觉得自己被抛弃了。按照现在谷歌地图的数据来看，史密斯的教区离牛顿外祖母家走路只需要33分钟。1653年史密斯去世后，汉娜带着这次婚姻与主教生的三个孩子，又回到了老家伍尔索普的庄园。

牛顿的家境一般，但也不算贫穷。在一个等级鲜明的社会里，牛顿善于抓住任何有利于提高自己社会地位和获得经济回报的机会，沿着社会的阶梯往上走。我们看到，成年之后，牛顿首先在剑桥大学获得教授职位（1669年）——这一殊荣在当时并不如今天的人们所想象的有那么高的地位；接着，他成为议会议员（1689年）、皇家铸币厂的监工（1696年）和厂长（1700年）——这是一个报酬丰厚且享有盛誉的职位，后来他还被任命为英国皇家学会的主席（1703年）；最后，牛顿在1705年被封为爵士。

在牛顿所生活的社会中，要取得事业上的成功，并不是一件容易的事。一方面，在当时英国社会毫无疑问地有能够让人发展、实现社会流动的机会。17世纪的英国，人口显著膨胀，具体体现为土地的财富有了重新分配。其部分原因是修道院交出了领地；另外在君主立宪制下，属于国王的土地也开始出售。尤其是在伦敦，城市地区有了很显著的发展。这些因素导致了商人和城市中产阶级的出现，这些人往往进入绅士阶层。另一方面，人口的增加又使许多人陷入贫困。此外，持续的动荡、仇杀和清洗让许多人的命运改变，有些人甚至会被开除公职或受到司法的处罚。

牛顿于1655年开始到格兰瑟姆（距离伍尔索普大约7英里）的免费文法学校上学，并寄宿于镇上的药剂师威廉·克拉克（William Clark）家中。克拉克是镇上最同情清教徒的人之一。在那之前，年幼的牛顿是在舅舅家和他们的朋友汉弗莱·巴宾顿家那样的环境中长大的。这些人都属于保皇党，遵守英国圣公会的教规。因为政治和宗派信仰的不同而产生冲突，又因这种冲突将一个小社区甚至是一个家庭（巴宾顿家族与克拉克家族有亲戚关系）分裂成相互敌对的派别，分裂成不同派别的同情者——这一定是身处那些动荡年代里的英国人所共有的经历。

除了可能让牛顿接触清教徒的思想以外，克拉克在牛顿所接受的早期教育方面可能也发挥了很大的作用。威廉·克拉克是一位药剂师，有一个当医生的弟弟，名字叫约瑟夫，与林肯郡的另一位名人、新柏拉图主义哲学家亨利·莫尔（Henry More）有着密切的联系。威廉·克拉克收藏了不少有关化学（或炼金术）方面的图书，也有一个实验室——这可能在牛顿年轻时曾激发过他对化学和自然哲学的兴趣。

格兰瑟姆文法学校的学生接受的是传统的教育。换言之，学校教学生古典语言，比如拉丁语、希腊语，可能还教一些简单的希伯来语。掌握这些语言对阅读《圣经》来说是必不可少的，因此，对牛顿同时代的许多人都乐于从事的宗教职业，也是必须要求的。然而，牛顿读得最多的书籍，不仅有《圣经》，还有拓宽视野的课外读物，比如带有“数学魔术”这类标签的读物（参见插图9，当时出版了许多有关各种发明与装置的目录，传播甚广）。根据牛顿去世后其他人提供的说法，现存的手稿和表现几何图形的版画（参观者今天在牛顿的出生地伍尔索普仍然能看到这些文物）在牛顿年轻的时候也促使他对技术发明产生了兴趣，并且自己去动手做实验。事实上，这也是他后来做实验时的特点。他的实验改变了光学的发展，比如他做的“决定性实验”（experimentum crucis），以及他造出的反射望远镜，这些实验至今仍然被视为物理学史上的里程碑。不幸的是，我们对牛顿在克拉克家里所做的日晷实验知之甚少。

到剑桥上学

1661年，在伯顿·科格斯教区当主教的舅父威廉·艾斯库格、格兰瑟姆文法学校的校长以及克拉克的内弟巴宾顿的推荐下，牛顿成为牛顿家族第一个接受大学教育的学生，进入剑桥大学的三一学院（Trinity College）就学。巴宾顿曾因同情保皇党而被三一学院开除，后来得以复职，并于不同场合为牛顿说话。牛顿在自己大学生涯的早期，在政治上持有什么样的倾向，我们无法知晓，但我们有足够的线索可以推测。从普通意义（不是从神学或政治学）的角度来看，牛顿是一个清教徒：他不参加同龄人的宗教活动，而是把自己封闭在书房里，但却会在那里一丝不苟地列出自己（需要忏悔）的原罪。牛顿在1663年遇到了约翰·威金斯（John Wickins）。威金斯在当年早些时候入学，与牛顿成了朋友。这两个学生显然有着相同的爱好——我们可以说，他们不爱与其他喜欢热闹狂欢的学生混在一起。在后来的20年时间里，威金斯一直是牛顿的室友和助手，偶尔也帮牛顿抄写文书。据我们所知，在牛顿的一生中，他没碰过女人，没有去看戏，也很少光顾那些伦敦受过教育的圈里人经常聚会的咖啡店。在牛顿现存的手稿中，他解释了如何在研究中最大限度地集中注意力的规则，如何避免世俗享乐的诱惑，还详细地列出了这些诱惑是什么——他的描写有点近乎情色——这让人不免怀疑牛顿有偷窥的癖好。

在“科学革命”（Scientific Revolution）的重要人物当中，牛顿这样的表现并不是唯一的。他的朋友波义耳也认为，禁欲、寡念是作为虔诚的基督教徒自然哲学家的必备品质。科学史学家罗伯特·默顿（Robert K. Merton）甚至附和了德国社会学家马克斯·韦伯（Max Weber）于20世纪初发表的、有关资本主义如何诞生的理论。其大意是，英国的清教主义（Puritanism）和德国的虔诚主义（Pietism）是实验科学发展的先决条件。在清教主义的道德理想中，严格的自我控制、执着于研究的献身精神、平静地接受实验结果、对自然的研究旨在揭示上帝之旨意，以及把科学中的新发现应用于服务社会——这些都是科学研究中的重要因素。这种观点影响深远，虽然现在人们认为那有点片面化和过于空泛，但它却可能抓住了让我们能够了解牛顿内心的一个重要方面。我们可以从他的手稿和书信这类历史证据中提出一些初步的推测。

牛顿被剑桥大学录取为一名拿助学金的“助学生”（subsizar），即他作为一名贫穷的学生，要勤工俭学，而且在参加宗教仪式的时候，要坐在教堂里与其他学生分开的座位上。然而，牛顿应该不必做这些蒙羞之事，他可能还有其他的烦心事。因为当时的剑桥大学乃至整个英国的政治局势仍然动荡不安，正处于不断变化的状态。斯图亚特王朝仅仅在这之前的一年复辟，而剑桥作为同情清教徒的地方，正在承受着压力。人们很容易想象年轻的牛顿在这种政治动荡中所经历的焦虑感。对牛顿那一代人来说，未来似乎是不确定的，因为没有一个公认而且容易找到的权威能够证明真理，能够保证正义。这种不稳定性，在自然哲学和神学领域也是如此。剑桥大学仍然在传授的亚里士多德哲学已经失去光彩。培根、笛卡儿、霍布斯、斯宾诺莎等人都雄心勃勃地提出了各种新的哲学观点，以取代旧的知识形式。人们认为，两者之间的选择具有重要的神学意义。人们在最近对欧洲历史和英国历史的研究表明，有关神学的辩论往往很容易演变成政治上的动荡和战争的灾难。

牛顿很快就寻求通过书本里的世界来摆脱这些问题的困扰：他借阅书籍，自己也买书来看；他在笔记本上用细小而清晰的笔迹写出了自己的想法，并借鉴了神学常见书籍的体裁来整理他的思想。牛顿对数学方面的著作特别上心——我认为，这并不是因为牛顿特意选择，而是因为他特别具有数学方面的创造力。他在写于1664年冬天之后的笔记中，揭示了如何独自完成了一次心灵之旅：在研究了当时最高深的数学问题之后，他仿佛有了一块跳板，达到了新的高度，创造出新的概念，提出了新的方法。所有的评论家都同意：就在短短的几年内，牛顿修炼成了有史以来最伟大的数学家和实验物理学家之一。

那时的英国大学里，人们所学的课程仍然与亚里士多德的学说密切相关。牛顿通过阅读逻辑学、修辞学和自然哲学概要等，熟悉了亚里士多德的传统学说。在如今保存于剑桥大学图书馆的一本牛顿笔记本（人们有时称该文物为“三一学院笔记本”）中，牛顿对这些科目做了评论——我们这名“助学生”从1661年开始在这本笔记本上记录他的观点。进而，牛顿被新的“自然哲学”所吸引，而这种“自然哲学”正好质疑了亚里士多德的思想。牛顿也开始阅读笛卡儿的著作；尤其是在1664年，牛顿开始深入研究笛卡儿的《几何原理》（*Geometria*）。这是在1637年用法语出版的一本数学著作，是《方法论》（*Discours de la méthode*）[1]的附录，其中的曲线用方程式来表示，后来由弗朗斯·范肖特（Frans van Schooten）翻译成拉丁文。牛顿还为笛卡儿的《哲学原理》（*Principia Philosophiae*，1644年）做了注释。该书是机械论哲学[2]的一本代表作，试图从几何、物质、运动和碰撞的角度来解释自然的所有现象。此外，他阅读的图书的作者中，有波义耳〔牛顿评论了其《关于色彩的实验与思考》（*Experiments and Considerations Touching Colours*，1664年）〕，还有约翰·沃利斯〔其著作《无穷算术》（*Arithmetica infinitorum*，1656年）对牛顿产生了特别的影响〕。他还阅读了由托马斯·萨卢斯伯里（Thomas Salusbury）在1661年翻译成英文的伽利略的《两大世界体系的对话》（*Dialogo*）、霍布斯的《论物体》（*De corpore*，1655年）和沃尔特·查尔顿（Walter Charleton）的《查氏阐述伽桑狄发展之伊壁鸠鲁理论》（*Physiologia Epicuro-Gassendo-Charltoniana*，1654年。这本书是根据皮埃尔·伽桑狄[3]提出的原子论写成的）。简言之，牛顿通过自学阅读，对新兴的自然哲学方面的最新进展有了相当广泛的了解。值得一提的是，牛顿读的这些书籍，并不是大学课程里所要求阅读的书目，而是纯粹出于他的个人兴趣。

笔记本的每一页都详细地记录了牛顿年轻时阅读的书籍、他最初

[1] 《方法论》，笛卡儿在1637年出版的著名哲学论著。该书对西方人的思维方式、思想观念和科学研究方法产生了极大的影响。

[2] 笛卡儿试图构建普遍有效的科学体系，提出了“机械论哲学”（mechanical philosophy），其基本观点是事物通过接触互相影响。笛卡儿希望以此为我们提供一个关于物理世界的全面的解释。

[3] 伽森狄（1592—1655），法国哲学家、物理学家、天文学家，著有《伊壁鸠鲁哲学汇编》《对笛卡儿〈沉思〉的诘难》等著作。

的反应和他的学习方法。特别有趣的是牛顿于1664年到1665年在《哲学的某些问题》（*Quaestiones quaedam Philosae*）标题下所写的几页。牛顿用的是一本普通的册子〔也就是一个笔记本，分为不同的部分，每一部分都专门讨论一个常见的主题：用希腊语标的“topos”（主题），用拉丁语标的“locus”（经历），用英语标的“place”（地点）〕。他在笔记中列出了自己感兴趣的主题，并打算进行更深入的研究——牛顿不仅阅读了亚里士多德的文章以及那些反对亚里士多德的文章，而且准备自己做些实验来论证这些问题——因此，他用了分析和比较的方法。用笔记本做记录，是在17世纪的英国流行的一种做法。牛顿也许是受其继父的启发，模仿他所做的神学笔记。这本被人称为“杂记本”（the Waste Book）的珍贵对开笔记本，曾经属于他的继父史密斯；牛顿上大学时，将这个本子从伍尔索普带到了剑桥。

牛顿很快就表示，他要提出新的想法和展示新的实验结果。牛顿的阅读笔记涵盖了从原子的本质和真空到物质的凝聚（这些是伊壁鸠鲁理论中的典型主题，查尔顿对之接受，而笛卡儿则对之提出了反驳）、连续数的组成问题和除不尽数字的研究〔从中我们可以发现牛顿阅读了约翰·沃利斯（John Wallis）所写的《通用数学》（*Mathesis universalis*，1657年）〕。牛顿的阅读笔记还涉及空间、时间和运动的特质〔从中我们可以看到笛卡儿的影响，牛顿研究了笛卡儿的作品，阅读了《哲学著作》（*Opera philosophica*，1656）〕，谈到了恒星和彗星的性质，以及宇宙的构成等问题。牛顿对光学、磁学和电学现象也很感兴趣。他仔细地阅读了波义耳的《关于色彩的实验与思考》（1664年）。而从1665年开始，有迹象表明，牛顿还读了罗伯特·胡克（Robert Hooke）写的《显微图谱》（*Micrographia*，1665年）。然而，牛顿在《哲学的某些问题》中记录的研究也包含有关视觉的理论和实验（其中有针对眼睛功能的理论描述和实验，参见插图10）。牛顿还研究了听觉、想象力、幻想与发明、灵魂与上帝的关系等问题〔牛顿在这方面阅读并比较了霍布斯在《论物体》（1655年）中以及亨利·莫尔在《灵魂不朽》（*Immortality of the Soul*，1659年）中提出的相互对立的观点〕。

对于不熟悉17世纪自然哲学的读者来说，这份书目的范围很广，内容看起来也很杂。事实上，当时新的自然哲学从很多不同方面（比如笛卡儿的机械观、伽桑狄的原子论、波义耳的实验哲学等），从整体上对亚里士多德的哲学提出了挑战，动摇了学院派哲学的基础。“新派哲学家”所做的研究与挑战，涉及讨论和重新审视亚里士多德哲学传统中所设想的所有主题。与此同时，亚里士多德的思想也远非死板一块的学说，因为对亚里士多德的作品可以有很多不同的解读。在当时，要讨论这个复杂的传统，就意味着在智力上接受挑战，要对世界、对人、对知识以及最终对上帝本身和对上帝与自然的关系提出疑问。牛顿在自己的一生中，和他的许多同时代的人一样，总是坚持这种更宽广的观点，把对自然哲学的理解建立在调查研究的基础上，敢于在哲学和神学方面都提出具有挑战性的问题。

在牛顿求学的那些年里，剑桥大学有哲学家亨利·莫尔和数学家艾萨克·巴罗（Isaac Barrow）。据我们所知，莫尔与牛顿在格兰瑟姆时就已经相识，而巴罗在牛顿接受教育的某些方面产生过影响。

莫尔与拉尔夫·库德沃斯（Ralph Cudworth）一起，被普遍认为是“剑桥柏拉图主义学派”的主要代表。他试图把笛卡儿的机械论当作理解新柏拉图哲学的前提。莫尔起初对笛卡儿思想抱有热情，但后来更多地则是与同时代的许多人一样，对机械哲学所带来的唯物主义和无神论的潜在后果深感忧虑。事实上，在莫尔看来，笛卡儿的机械论让人产生一种自然概念，把自然当作类似时钟那样的机制，说自然会按照不可避免的规则运行——因此，自然世界似乎独立于上帝的旨意。在一个完全由物体之间的碰撞规律所支配的自然现实中，自由意志还有什么样的空间呢？按照莫尔的说法，不能把自然简化为被动的物质、运动和微粒之间的碰撞。根据这位英国哲学家的说法，有一种非物质的因素让自然变得主动，而不仅仅是被动。就像我们所了解到的，牛顿至少从17世纪70年代开始，就关注这些机械哲学和微粒论会对神学的理论产生什么样的影响。历史学家们现在还在争论：牛顿在哪些方面受了莫尔的影响？我们明确知道的是，他们两人交换过意见，但后来他们在一个双方都感兴趣的话题上出现了分歧：如何看待古希伯来人的《本始智慧》（*Prisca Sapientia*）和对《圣经》预言该如何解释。

而关于巴罗在牛顿年轻时期对他产生过哪些影响，似乎有比较多的记载。从1663年起，巴罗在剑桥大学担任卢卡斯讲席数学教授。他和牛顿同是三一学院的研究人员，我们知道他在向牛顿介绍最复杂的数学计算方面起了作用。牛顿很可能听过巴罗的一些讲座。巴罗的数学研究与牛顿早期的数学著作有很多相似之处。巴罗还请牛顿帮着监督自己手稿的出版。也正是巴罗在1669年把牛顿的一份手稿寄给在伦敦的数学家，让人们关注牛顿早期的数学研究。最后，也是在1669年，巴罗对牛顿的数学才华感到震惊，他力荐年轻的牛顿接任卢卡斯讲席教授一职。因此，我们有理由相信，牛顿在早期的自然哲学和数学研究中并不是孤立的。但是，是什么样的数学发现能给巴罗留下了如此深刻的印象呢？我们将在下一章讨论这个问题。下面我们将会看到，在17世纪60年代中期（历史学家们所说的“奇迹年”），牛顿在数学和光学方面都有了重大发现，并开始以一种创新的方式思考有关引力的问题。

第二章

两项早期成就（1665—1668）

英国仿佛还没有受够灾难和政局动荡的充分考验，可能来自荷兰的瘟疫就于1665年开始在伦敦肆虐。到了夏天，情况变得更加糟糕。由于当时缺乏可靠的人口普查资料，很难估计死亡人数，特别是底层的穷人死了很多。人们认为，1665年到1666年，伦敦大约有四分之一的人口死于这场瘟疫。

发明创造的黄金时代

受剑桥大学防疫措施的影响（关闭学校、疏散人员），牛顿搬到了远离学术环境的乡下。虽然牛顿被迫中断在校园里的学习生活，但这个阶段却构成了“牛顿神话”的一部分——据说著名的“苹果启示”正是发生在这个时期。1665年也被称为牛顿的“奇迹年”。根据现存手稿的记载，在1665年和1666年，牛顿在数学和光学方面都取得了重要成果，他在匀速圆周运动、月球和行星的运动以及万有引力等领域，都有了令人耳目一新的发现。

大约50年后，牛顿曾如此回忆自己的早期研究：

> 我在1665年年初，发现了近似级数的解法和求得任何二项式的规则。同年……我发明了流数微分法，在第二年的一月，提出了有关颜色的理论。……也是在那一年，我开始思考引力是否会影响到月球的运行。……这一切都发生在瘟疫流行的那两年（1665年和1666年）。在那些日子里，我正处于自己年龄上的黄金时期，是发现和思考数学与哲学问题的最佳年纪。

牛顿对自己年轻时的科学成就进行了这种自传式的回顾，大体上是准确的。这段话经常被人引用，但我们应该把牛顿所指的年份拉长到1665年至1668年。按理说，一个科学史学家不能全盘照抄牛顿留给后人的自传资料——特别是约翰·康迪特、威廉·斯图克利（William Stukeley）、大卫·格雷戈里（David Gregory）和亚伯拉罕·德·莫伊夫（Abraham De Moivre）等牛顿的知己和朋友所写的回忆录。这些人的回忆录构成了牛顿第一部传记所主要依靠的信息材料。然而，在这一章中，我们将遵循牛顿本人在上述引文中提出的，而且经历史研究被广泛证实了的进程。接下来，我们将概述年轻的牛顿在数学、光学以及万有引力方面的贡献。

级数和流数法

牛顿年轻的时候，书桌上有关数学的书籍寥寥无几（见表1），新的代数解法吸引了他的注意。在这种新方法中，常数值和变数值的符号通过方程式来表现。牛顿通过韦达和奥特雷德的著作了解了这一新的数学方法。然而给予牛顿数学方面最大启发的文本，是笛卡儿的《几何原理》。笛卡儿在这部著作的开篇一句话中说，他提出的新方法能够解决“所有的几何问题”。在《几何原理》中，笛卡儿解释了如何使用“方程式”来求解几何问题。事实上，自欧几里得（Euclid）开始，几何学中的问题已经通过平面测量（主要是通过计算曲线的相交）得到解决。欧几里得的《几何原本》（*Elements*）通过圆规描出的圆与直角延长的直线计算交点。笛卡儿的革命性思想是，几何问题求解中所用的曲线可以被看作是点（平面上）的轨迹，其坐标满足多项式方程所表示的关系。因此，比如说根据笛卡儿的新方法，$3y = ax^2$是抛物线方程（其中x和y是变量，a是常数）。

表1：牛顿在17世纪60年代做过评注的一些数学书籍

勒内·笛卡儿（René Descartes），《几何原理》（阿姆斯特丹，1659—1661）
弗朗索瓦·韦达（François Viète），《数学文集》（*Opera mathematica*，莱顿，1646年）
弗朗斯·范肖特，《数学练习集锦》（*Exercitationum mathematicarum libri*，莱顿，1656—1657）
威廉·奥特雷德（William Oughtred），《数学精义》，第三版（*Clavis mathematicae*，牛津，1652年）
约翰·沃利斯（John Wallis），《数学论丛》（*Operum mathematicorum*，牛津，1656年）
约翰·沃利斯，《书信集选》（*Commercium epistolicum*，牛津，1658年）

在17世纪初期，几何与代数仍然被认为是两个独立的学科。前者处理离散的数量级（如某个片段的长度或角度），后者处理离散数字的数量级（如自然数1、2、3……）。因此，为了用代数方法来处理几何问题，韦达、费马、笛卡儿等数学家必须从概念方面克服极大的障碍。到1665年，牛顿已经掌握了笛卡儿的方法，用方程来表示和研究平面曲线对他来说已经不是难事。牛顿特别感兴趣的，是笛卡儿在《几何原理》中发展出来的一种确定平面曲线的切线的方法，并将其用于设计屈光的非球面透镜。简言之，我们可以说牛顿是通过研究笛

卡儿的《几何原理》而成为一位数学家的。

笛卡儿的《几何原理》内容简短，其拉丁文版附有弗朗斯·范肖特和其他数学家的长篇评论，为解决几何问题提供了一种系统的方法。然而，该书存在空白和未解决的问题。最令人失望之处，是笛卡儿把自己局限于对其所谓的“几何”函数（我们称之为“代数”函数）的代数处理之中，并且非常明确地排除了“力学”函数（现代术语称之为“超越”函数），例如螺旋线，因为它缺乏“精确性”。笛卡儿的意思是，这些函数不能用x和y的方程来表示，方程的项数是有限的，例如圆周长的$x^2+y^2=1$。此外，笛卡儿还忽略了一个最重要的问题：曲线曲面面积的计算（如圆面积的计算）。牛顿那一代最有洞察力的数学家都知道，数学发展的下一步是找到一种方法，从而解决笛卡儿的杰作中没有涉及的问题。

在很多情况下，机械曲线很有研究的必要。它们自然而然地作为技术问题的解决方案出现〔如惠更斯在研究测时法（计时学）中使用了摆线〕；同时也是自然哲学的解决方案〔如笛卡儿在与马林·梅森（Marin Mersenne）的通信中，可以用对数螺旋来解答运动状态下的问题〕。机械曲线也是解决曲线曲面面积问题的一种方法。最值得注意的是，以双曲线为界的区域，可以用对数函数来表示。因此，对数的计算——这在17世纪的数学、制定对数表、航海、测量和天文学中都是很重要的问题——这些都是笛卡儿的《几何原理》中没有提到的函数问题。

我们不应该忘记的是，牛顿早期的数学发现，不仅是因为这位年轻的学生对数学本身产生了迷恋，而且也是由于数学的实际应用价值——尤其是三角函数表和对数表的制作。在约翰·柯林斯（John Collins）的推介下，牛顿很快就引起了数学研究界（如从事计算圆桶容积的“测量”研究者）的注意。我们常常把牛顿看作一位自然哲学家，认为他的想法不着边际而没什么实用性，因此往往低估了牛顿对所谓的“数学实践者”（如计量员和测量员）的实际工作需要所作出的贡献。因此，力学曲线和曲线曲面的计算，成为年轻的、雄心勃勃的数学家们喜欢讨论的一个话题——艾萨克·牛顿当然不缺乏雄心壮志，但他要如何解决上述问题呢？

牛顿通过阅读亨德里克·范·赫拉特（Hendrik van Heuraet）和乔安内·哈德（Joannes Hudde）在《几何原理》的拉丁版本（1659—1661）后面的注释，以及沃利斯在《无穷算术》（*Arithmetica infinitorum*，1656年）中的注解，还有最有可能的是得益于他与巴罗交流思想和交换书籍，他找到了一个答案：一种他称之为“新分析”的方法。在现代欧洲的早期，“分析”是一个具有复杂语义层次的术语，医学、化学、哲学和数学都会用到这个词。对数学家来说，“分析”意味着“数学求解的艺术”，正如帕普斯在《数学论文集》（*Mathematical Collections*，该书编写于公元4世纪，其拉丁文版本最早出现于1588年）中所概述的那样。牛顿正在进行的分析，有什么“新”的地方呢？简言之，在于他提出了“无穷大”和“无穷小”的概念。[1]笛卡儿的问题求解法，仅限于“有限”方程（具有有限项数

[1] 极限理论中，“无穷大”和“无穷小”并不是数（具体说，不是除0以外的常数），而是以0为极限的变量。事实上，正是由于牛顿提出微积分时在“无穷小”这个概念上的阐述不明确，导致微积分理论在早期受到一些数学家的攻击。

的方程）所表示的有限量级（如有限段）。相反，沃利斯认为，有限的曲线曲面是由无穷多个“无穷小”（小于任何有限小的数，但不等于零）的表面组成，并用无穷多个项或因子的和或积来计算它们的面积。正是追随着沃利斯的脚步，牛顿在1664年至1665年冬天得出了他在数学上的第一个发现——二项式定理。这让他能够通过“无穷级数”，即对无穷增长的级数项的求和与加总（想象一下用π这个无穷多位小数定义的数来计算圆的面积），来求得近似曲线曲面之和。[1]

牛顿发明的数学方法——他很快就称之为“无穷级数和流数法”——成功引起了对许多问题的讨论，其范围之广令人印象深刻。牛顿可以确定所有已知曲线的切线。此外，他还计算出了对天文学有重要意义的曲线（如椭圆），甚至可以计算出由力学曲线（如摆线）所围成的面积。借助二项式定理，牛顿能够用无穷级数来表达三角函数表和对数表。事实上，二项式定理能够求解由圆周限定的表面面积之近似值（并由此来计算三角函数，如正弦和余弦），或通过无穷幂级数来限定等边双曲线（由此来计算对数）。想要了解这种逼近过程的读者，可以考虑π的计算，它是3的后面跟着无穷小数（3.14159……）。这种新方法的普遍适用性，使数学在欧洲达到了只有少数数学家能够想得到的水平，其中最著名的有苏格兰人詹姆斯·格雷戈里（James Gregory），他在那时也算出了类似的结果。牛顿的“新分析”无疑是他最著名的数学发现。笼统地讲，可以说，这种新方法包括了我们现在所说的、用莱布尼茨的术语来定义的“微

[1] 这其实是微积分发展史上一个有名的例子，可参看中国魏晋时期刘徽的“割圆术”。

积分”。这也就是为什么人们常说牛顿年轻时“发现了微积分”。然而，要说出这个词的确切含义并不容易。从历史上来看，严格明确上述表述的具体指代，并不是一件容易的事。我们要让直接参与其中的历史人物来说话，看看他们所说的“微积分”指的是什么意思，以及他们是如何运用微积分的。我们今天所知道的微积分（关于它应该是什么以及应该如何传授，仍然存在着模棱两可的地方，有时还有不同意见）。微积分由一系列符号、概念、方法和理论组成，这些都是在很长一段时间内积累起来的。当然，微积分不是一个人发明的。实际上，我们应该把微积分的发现，看作是一个漫长的过程，至少以皮埃尔·德·费马（Pierre de Fermat）和开普勒时期的研究为起点，而以欧拉的工作达到发展的巅峰。不管怎样，到了17世纪60年代的后期，首位“卢卡斯讲席教授”巴罗（在微积分创立过程中的主要倡导者），意识到了自己在三一学院的年轻同事牛顿在数学方面已经取得了重大进展——这无疑值得在剑桥之外为更多人所知。

1669年7月，牛顿的一部简短手稿《运用无限多项方程的分析》（*De analysi per aequationes numero terminorum infinitas*，以下简称《分析》）经由巴罗寄到了伦敦。收件人是业余数学家柯林斯，他靠出版数学图书谋生——虽然这个行当的收入颇为微薄。由于那场著名的伦敦大火[1]导致了印刷业的萧条，出版行业也陷入危机，但柯林斯还是设法印了几本书，大部分与代数和航海方面的内容有关。在这

[1] 伦敦大火发生于1666年9月2日至5日，是英国伦敦历史上最严重的一次火灾，烧掉了许多建筑物，但也部分解决了自1665年以来伦敦的鼠疫问题。重建后的伦敦以石头房子代替了原有的木屋，个人卫生也得到改善，瘟疫不再暴发。

些学科领域里，人们对得到最新的英语读物有着很大的需求。牛顿在《分析》一书中，主要讨论了如何用无穷级数来计算曲线曲面面积的方法。牛顿确信，他称之为“无限方程组”的无穷级数，是解决他那个时代数学家们所面对的尚未解决的问题，特别是对那些重点难题的最佳解法。当牛顿在1676年向莱布尼茨总结其内容时，也许是与笛卡儿研究《几何原理》时的初衷相呼应。牛顿说道，使用“无限方程”扩展了“分析的极限”，从而“通过这些分析方法……我们能够解开所有问题”。

当柯林斯收到牛顿文稿的时候，他非常激动，虽然对他是否真的知道自己手里的这份手稿有多么重要还存有争议（参见插图11）。对牛顿来说，与柯林斯建立联系，意味着能够很容易就接触到在英国和在欧洲大陆的数学家，以及活跃在英国首都的印刷商和书商。牛顿有这么吸引人的机会来发表自己的研究成果，引起人们的关注，但他却不为之所动，这份手稿当时并没有印刷出版。人们应该注意到，当时牛顿与出版界并非毫无来往——事实上，他正忙于编辑伯哈德·瓦伦（Bernhard Varen）于1672年出版的一部有关地理的书籍；在柯林斯的鼓动下，他还在编辑巴罗的讲座材料；并为将一篇荷兰语的代数论文翻译成拉丁文而做了大量的工作。

从现存的牛顿和柯林斯往来的书信来看，从1669年到17世纪70年代后期，牛顿对出版自己的数学著作的态度有了很大的变化。柯林斯给牛顿提了几项建议：例如，将《分析》和他想要出版的巴罗的一些论文一起发行。在等待牛顿同意的同时，柯林斯抄录了《分析》这本书——这本书的篇幅很短，印刷成本不会太高。我们有充分的理由认为，柯林斯在与英国甚至是欧洲大陆的数学家之间通信的时候，介绍了这部新作的相关信息。史学家如果读了牛顿和柯林斯往来的书信，就会看到牛顿当时摇摆不定的态度：起初，牛顿似乎就要接受柯林斯的邀请，准备出版《分析》一书，甚至准备向柯林斯提交一部范围更大的作品——在这部作品中，牛顿将自己的发现作了系统的展示。但是在几周之内，他改变了主意，这让柯林斯大失所望。

牛顿在1671年基本上就写好了新的论文，题目叫作“流数法与无穷级数之方法论”。牛顿这篇“方法论”是比《分析》篇幅更长的论文。如果在17世纪70年代出版的话，这本书就会改变数学史。然而，由于牛顿对公开出版自己的作品抱有让常人难以理解的态度，这本书过了60多年之后（直到1736年）才出了英文版。1672年到1676年，欧洲自然哲学家围绕“判决性实验”所展开的大论战（这一点我们稍后将进行详细介绍），让牛顿更加坚定了这种态度（参见插图12）。牛顿当时取得的成果，已经足以让他成为欧洲同时代最有创造性的数学家。然而，牛顿在写给柯林斯的信中说，自己越来越不愿意让作品公开出版。在17世纪70年代的中期，牛顿更是把他的数学珍宝牢牢地握在自己手里。对于少数几个与他有过书信来往、探讨数学问题的幸运者，以及那些能接触到他的手稿的人，牛顿总是要求大家保持沉默，不露口风。是什么使得牛顿对公开发表自己的数学发现产生了那么大的焦虑呢？

史学家们在这个问题上仍有分歧。牛顿对公开出版他的数学杰作所持有的态度，部分原因在于：在他那个时代，数学家们主要是通过传阅手稿和互写书信，而不是靠出版印刷物来传播自己的成果。此外，我们不应忽视这样一个事实：在17世纪70年代末，牛顿开始对“当今之人”所采用的代数方法持批判态度——那种态度近乎蔑视。他将注意力转向“古人”的几何研究方法。到了17世纪90年代时，他对古人的态度几乎到了崇敬的地步。牛顿认为，代数缺乏几何学那种简单性、美感和确定性。在后来的日子里，牛顿曾告诉《数学原理》第三版的编辑亨利·彭伯顿（Henry Pemberton），他在开始数学研究时，读的是笛卡儿的书，而不是古希腊伟大的几何学家的著作，对此他感到后悔。最后，我们将进行讨论的是牛顿在1672年发表了自己在光学实验方面的早期成果，没想到却引起了令人灰心和恼火的争论——这使牛顿相信，公开出版自己的研究成果会带来风险。牛顿在光学方面的这一发现，就像他提出的流数法与无穷级数的求法一样，也与实际应用密切相关。

棱镜和望远镜

1726年，已经垂垂老矣的牛顿告诉他的朋友约翰·康迪特（他的外甥女凯瑟琳·巴顿的丈夫）：1665年8月，他买了一个玻璃棱镜，试图根据笛卡儿“介绍光谱的书”〔应该是《屈光学》（*Dioptrique*）或《流星研究》（*Météores*，1637年出版）〕来做一些实验。因此，就像在数学研究中一样，似乎主要也是笛卡儿启发了牛顿。然而，我们也应该想到，巴罗所教的课程中也特别涉及了光学和数学问题。在牛顿时代，亚里士多德关于“颜色是由光亮和黑暗的混合而产生的”的理论，仍然受到一些人的拥赞，牛顿当然也对此作了批判性的思考。

笛卡儿认为，光是通过由球形粒子组成的介质所传播的“某种运动——迅速而活灵活现的运动”；球形粒子倾向于直线运动，也有自转的倾向。因此，当白光被认为是微小粒子的运动（更确切地说，倾向于运动时），在反射或折射的情况下，球体可以获得额外的旋转运动，而正是这种额外的运动，让人产生了颜色的感觉。不同物体表面的不同纹理，会造成或多或少的快速旋转运动，因此产生了不同的颜色。

笛卡儿的理论是用机械力学的方法来解释光学现象（例如反射、折射和颜色）产生的原因。与牛顿同时代的自然哲学家们，都还无法确切地解释某些现象，比如光的性质、光是如何产生的，以及光如何与物质相互起作用；还有如何解释彩虹等现象、化学实验中出现的颜色、肥皂泡上产生的色彩，以及那时才刚刚发现的双折射和衍射等等。笛卡儿还阐明了一个关于折射的数学定律（“斯涅尔定律”），论述该定律可以用来研究望远镜中透镜的原理。

牛顿很快也了解到有关光的其他理论，比如胡克所捍卫的理论，即光是在介质中传播的“快速振动运动”“脉冲”或“振动”。胡克在1665年写的《显微图谱》中使用了类似于“波或环”在水面上传播的比喻。波动光学阐述了“波”理论，而不支持“微粒”理论。跟笛卡儿一样，根据胡克的波动理论，白色是光的原始颜色，而光里的颜色是白光的变形，因此基于笛卡儿或胡克的假设而提出来的色彩理论，被称为“改良主义理论”。根据《显微图谱》的说法，白光脉冲与物质相互作用时会发生形状的改变。正是这种变形，造成了脉冲的变化，让人们感觉到了颜色的不同。

牛顿年轻时还参考了另一本重要的著作，就是波义耳的《关于色彩的实验与思考》（1664年）。波义耳认为，最重要的是要先做过实验之后，才能对颜色的形成作出解释，所以该书的副标题就叫“色彩实验史之发轫”，他还在扉页引用了培根的话。和培根一样，波义耳认为，要研究自然现象，首先要研究产生这些现象的各种环境。例如，波义耳研究了颜色形成的过程中所产生的化学变化，并着眼于研究大量的细节。他讨论了“在添加了碱性盐或亚硫盐之后，茉莉花和雪花颜色的变化”，以及“再用画家的颜料来混合，看看会出现什么情况”。事实上，这些实验包含了相当丰富的实验结果，之后还讨论了当时关于颜色形成的理论。像所有人一样，波义耳采用了改良主义理论。在他看来，颜色主要是光线在与物体表面相互作用时所产生的光线变化而带来的结果；“物体的颜色主要取决于其表面部分的质地，也部分取决于物体纹理的变化”。值得一提的是，波义耳还对玻璃棱镜产生的光谱进行了研究。波义耳进而描述了他用两个棱镜做过的一个实验，这个实验很可能激发了牛顿对光的研究兴趣。

1665年到1668年，牛顿花费了大量时间来重新做那些现有文献中所描述的实验。在牛顿所能看到的书中，有很多关于用棱镜来做实验的描述，除了笛卡儿和波义耳的实验，还有查尔顿的《查氏阐述伽桑狄发展之伊壁鸠鲁理论》和霍布斯的《论物体》。

牛顿把房间的窗都关起来，遮挡光线，在一片百叶窗上钻了一个圆孔，并让一束阳光投射到一个三角玻璃棱镜上——关键的时刻出现了！牛顿把光线投射到远离棱镜的隔板上，他因此能够观察到从红色到紫色的光谱，这是他已经在书上读到过的一个“众所周知的”现象。但他并没有像预料的那样看到圆形的图像——投影在隔板上的图像被拉长了。很可能在这个时候，牛顿的头脑里就已经考虑过这样的问题，即颜色不是白光的变化；相反，白光是由颜色组成的。棱镜不会“改变”白光，但会将其分离出不同的颜色；其中红光的折射率较小，紫光的折射率最大。在得出这个结论之前，牛顿思考了导致光谱形状拉长的可能原因。会是因为棱镜的玻璃有缺陷吗？还是棱镜的定位有问题？或者说，因为阳光照进来时的视角有限，照到棱镜上的光束不是由平行光线组成的？牛顿一个接一个地做了不同的实验，一一排除这些疑问。他所采用的方法既有数量的精准性又有实验安排上的想象力，还有心灵手巧的办法。他逐渐得出结论：太阳光是由折射率不同的光线组成的，因此光线在这个从空中照到玻璃、再以不同的角度从玻璃反射回空中的过程中，会有不同的折射率。

为了验证这一直觉，牛顿进行了一项注定日后闻名天下的、著名的“判决性实验”（参见插图13）。牛顿在这个实验中，使用了两个棱镜：“ABC”和“abc”。在第一个可以旋转的棱镜后面，他放置了一个带有小孔的隔板。通过旋转棱镜“ABC”，牛顿使蓝色、红色或黄色的光束通过该隔板的小孔，让光线穿过第二个隔板“dge”，再让光线重新聚焦，照在第二个固定棱镜“abc”上。牛顿注意到，当在第一个棱镜上以较大或较小的角度调整折射的光线时，第二个棱镜也会有较大或较小角度的折射。因此，牛顿声称，白光是由具有不同折射系数的光线组成的。与牛顿同时代的读者很难证明那些组成光线的成分是“不变的”——那些光束不会因折射而改变。事实上，照过第二个隔板的带色光束照在第二个棱镜上时，出现了一些明显的色差（如黄色光束照在第二个棱镜上时，会产生带有绿色和红色边界的图像）。牛顿在1672年写的论文，没有触及为什么会出现（几乎是）均匀色彩的光束这一问题。人们只有在用透镜对实验进行改进之后，才能验证第二个棱镜没有改变穿过第一个棱镜的彩色光束，而是使其发生折射，而且颜色保持不变。牛顿还进行了各种实验，他将透过棱镜分离的光线重新聚焦在一个点上，从而重新获得一道白光。牛顿总结道：白光并不简单，它是由具有不同折射率的光线组成的整体；这些光线只是光的组成部分，因为它们在反射或折射之后，都没有发生改变。

牛顿在私下的注释中，用微粒论的术语来解释了这个结果。也就是说，对牛顿来说，光是散发着的微粒。牛顿观察到，如果光是波的话，光就不会直线传播，而是能穿透过障碍物。按照惠更斯的理论，我们看到的是一个光波的框架，但如果照那样的说法，牛顿的结论是说不通的。根据牛顿的理论，每种颜色都是由不同性质的微粒造成的（如给人红色感觉的微粒，会比给人紫色感觉的微粒速度更快或物理质量更大）。人们曾认为，白光是不同微粒的混合物，通过光与物质相互起作用，而光与物质可以用玻璃棱镜加以区分。威廉·纽曼（William Newman）曾看到这样的类比，把牛顿在光学方面的著作和他在炼金术方面的著作相提并论：当炼金术士分离并重组构成物质的微粒时，光学师则通过棱镜折射白光，看到光谱颜色的分散，然后再让光线重新聚焦，再次得到白光。我们在后面将会看到，牛顿无论如何都会试图将他所看重的、有关光的微粒假说，与他在“判决性实验”中得到的结果区分开来——后者只是简单地证明了白光的组成部分（无论是微粒还是其他东西）有着不同的折射率。

牛顿有关光线的理论所产生的一个具体效果就是，可以指导望远镜的制造。人们在那时就知道，由透镜组成的望远镜在聚焦成像的时候，会有一种称为球面像差的缺陷。正如笛卡儿所揭示的，当一道平行光束照在球面透镜时，接近透镜中心的光线，比通过透镜边缘附近的光线，其聚焦点会稍远一点。这就意味着，放置在距离遥远处的单色点光源，并不能完全聚焦在某个点上。为了消除这一缺陷，人们就要用曲率最小的球面透镜。然而，这样做则又要增加焦距，也就意味着必须制造出更长的望远镜。因此，在17世纪中叶的时候，人们用的望远镜非常长，用起来很不方便（参见插图14）。

笛卡儿在《屈光学》（1637年）一书中讨论过的一个建议是，可以根据《几何原理》一书中所揭示的原理来研磨双曲透镜，因为双曲透镜不受像差的影响。笛卡儿在数学家克劳德·梅多奇（Claude Mydorge）和透镜研磨匠让·费里尔（Jean Ferrier）的帮助下，想方设法造出了一台研磨双曲透镜的机器（参见插图15）。笛卡儿的期望很高，他相信通过改善望远镜的性能，能够在天文学方面带来巨大的进步。这一领域的研究在英国也同样蓬勃发展，许多与牛顿同时代的光学家和天文学家都对不受像差影响的透镜进行了研究和尝试。牛顿仔细阅读了那些材料并做了详细的记录。

牛顿本人在早年的研究中，对如何利用非球面透镜产生了兴趣。但他在研究了色彩的问题之后，开始相信所有这类尝试都注定得不偿失。事实上，正如牛顿用玻璃棱镜做过实验后所确信的那样，透镜还有另一个缺陷：色差。白光的各种成分具有不同的折射率，因此不管你磨出怎样的透镜，都无法将点状白光源的不同成分重新聚焦在另一个点上。对牛顿来说，再怎么去研磨非球面透镜都是没有用的，因为这些透镜无论如何都会受到色差的影响。然而，色差是由于折射而不是反射所产生的效果：不同颜色的光线会以相同的方式反射。正是由于这个原因，牛顿构思并制造了一台反射望远镜。在牛顿的望远镜中，凹面镜反射的光线照在45度倾斜的平面镜上（参见插图16）。从用于观察的目镜（平面镜片）中，可以看到垂直于望远镜轴线的镜片所反映出来的图像。牛顿使用的是球面镜，而不是抛物面镜：因此球面像差还是无法避免。此外，平面目镜也会带来一些轻微的色散。

反射望远镜远不是什么新鲜的东西。特别值得注意的是，苏格兰数学家詹姆斯·格雷戈里在他写于1663年的《光学的进展》（*Optica promota*）一书中，就对反射望远镜作过描述，这本书给了牛顿灵感。然而，应该指出的是，是牛顿第一个提出了理论解释，来说明反射望远镜有哪些方面的局限性。牛顿认为，任何透镜都会出现色差问题。然而，事实证明这一观点过于悲观了。1695年，也许在征求过牛顿本人的意见之后，大卫·格雷戈里建议说，可以通过“用另一种介质（就像我们眼睛里的物质结构那样）来制作物镜”，从而克服这个缺陷。在人的眼睛里，“水晶质”的眼球“生来就能应付自如”，有了“房水和玻璃状液”后，眼睛就具有不同的“折射能力”。瑞典数学家塞缪尔·克林根斯蒂耶纳（Samuel Klingenstierna）于1754年指出了如何制造出一种消色差折射镜的方法。在18世纪中叶，有一些光学仪器制造商——其中最引人注目的是约翰·多隆（John Dollond）——通过把不同折射率的玻璃组合在一起（几乎可以完全避免色差问题），生产出了消色差透镜。最后应该指出的是，虽然反射望远镜的概念并不完全是新的，但牛顿是第一个真正制造出了反射望远镜的人。制造望远镜所涉及的问题远不是那么简单的。特别是，牛顿在镜片的设计上还表现出了高超的技艺，这面镜子是用他自己发明的合金制成的。牛顿在1668年制作了两个望远镜的最初模型。在巴罗的鼓励下，牛顿于1671年公布了这个消息，并把其中的一台送到了英国皇家学会——该学会的目的是要发展新兴的自然哲学。牛顿的发现相当符合英国皇家学会所倡导的技术发明和实验目标，他因此于1672年1月当选为皇家学会会员。然而，反射望远镜要大约一个世纪之后，才成为对天文学研究有用的工具。因为哪怕镜片刚刚被抛光过，也只能反射出入射光线的很小一部分，而且镜片往往很快就会失去选择。

一个月后，牛顿在英国皇家学会的会刊《哲学会刊》（*Philosophical Transactions*）上发表了一封题为《关于光和颜色的新理论》的来信，阐述了他的颜色理论。在这项研究中，牛顿使用培根和胡克都熟悉的术语，将他用两个棱镜进行的实验称为“判决性实验”。牛顿这个实验的想法是，通过实验来区分开两种理论，从而能够确定哪种理论是成立的。事实上，牛顿认为他利用两个棱镜来做的这个实验能够推翻色彩改良主义理论，并且证明自己的理论不仅仅只是猜想。然而我们将看到，与牛顿的预期相反，他发表于1672年的文章却在1672年到1676年遭到了猛烈的批评。

月球和行星

中世纪时期，在信仰基督教的欧洲（甚至在欧洲以外，主要是在受伊斯兰文化影响的地区），人们运用占主导地位的天文理论，就可以不费太大气力而非常准确地预测行星的位置。这个理论是在公元2世纪由克劳迪斯·托勒密（Claudius Ptolemy）提出来的，当时他是居住在埃及亚历山大的一位天文学家、占星家和地理学家。托勒密的体系以亚里士多德的宇宙观和物理理论的要素为基础，并加以发展，同时他在技术方面还参考了天文学家们用希腊语编写的著作。

托勒密的体系（地心说）把地球作为宇宙的中心，并认为地球静止不动。月球、水星、金星、太阳、火星、木星、土星以及其他固定的星球围绕着地球运行。这些天体都处于一个由固体、透明的晶体材料做成的球壳里。例如，火星被嵌在太阳和木星之外的另一个球壳中。宇宙就像一个时钟，其“齿轮”就是那些被称为“天球”的水晶球壳，行星和恒星的运动是由这些齿轮的运动而引起的。行星和恒星构成了完美和永恒的世界。地球在月球的球壳之下，位于宇宙的中心，但却会发生不断的变化、新生和衰亡。我们没有必要在这里对托勒密的理论体系着墨过多，因为在牛顿生活的年代里，虽然天主教教会还被官方认可，但托勒密的体系在有学问的人当中已经失去了市场。

推翻托勒密体系的主要人物是波兰教士尼古拉斯·哥白尼（Nicolaus Copernicus）、丹麦贵族第谷·布拉赫（Tycho Brahe）、意大利数学家和哲学家伽利略·伽利雷（Galileo Galilei）、德国天文学家约翰内斯·开普勒（Johannes Kepler）。他们传给牛顿那一代人的宇宙观与亚里士多德和托勒密的地心说没有任何共同之处。正如哥白尼在1543年所说，太阳是行星系统的中心，水星、金星、地球、火星、木星和土星围绕着太阳运行。恒星之间相距遥远，在16世纪到17世纪，天文学家们就开始怀疑它们与太阳相似，也许每颗恒星都有一个类似太阳系的行星体系。

正如伽利略在17世纪早期所揭示的那样，太阳的表面有太阳黑子，月球表面则参差不齐，有山有谷，木星则有自己的卫星。对牛顿的同时代人来说，很明显太空不是固体的：行星不是由水晶球体推动的，而是在空旷无垠的空间中移动。事实上，那时已经有证据表明彗星穿过太阳系。在16世纪的下半叶，第谷·布拉赫曾经说，被民众和权贵们视为不祥预兆的那些彗星与尘世无关，而只是穿过行星系时没有遇到阻力的天体。

这个宇宙无边无际，由“无限的远方”组成，也许有外星人存在。如此多姿多样，毫无规律可循，让生活在17世纪的人们惊讶不已，同时也给他们提出了一系列极难回答的问题。比如，如果地球是绕着地轴快速自转并绕着太阳高速旋转的，那为什么我们感觉不到地球的运动？如果没有实心的球体，那么是什么东西支撑着行星能够围绕着太阳的轨道运行呢？我们在下面会看到，哈雷在1684年向牛顿请教的纯数学问题的背后，其实涉及了这个有关宇宙的问题，这也是促使牛顿发表《数学原理》的初衷。

我们稍后将要看到，哈雷和牛顿提到了行星运动的三个特征。开普勒在《新天文学》（*Astronomia nova*，1609年）与《和谐的世界》（*Harmonices mundi libri*，1619年）中阐述了这三个后来被称为“定律”的特征。

要理解开普勒定律，我们就要记住椭圆形的几何定义：给定一个平面p，以及属于平面p的两个点F和F'（称为焦点），椭圆是点P的轨迹，轨迹上的任何一点到两个焦点的距离之和是一个常数，即$\overrightarrow{FP}+\overrightarrow{F'P}=2a$（参见插图17）。还要记住的是，$a$被称为半长轴，而$FP$被称为径向量。

开普勒第一定律指出，以太阳作为焦点（F或F'），所有行星都沿着椭圆轨道运行。

开普勒第二定律指出，太阳与某个行星之间的半径向量$\overrightarrow{SP}$，在相同的时间内扫过相同面积。因此，如果一颗行星在30天内从P_1移动到P_2，在接下来的30天内，它会移动到另一个点P_3，而扇面SP_2P_3的面积会等于扇面SP_1P_2的面积；再过30天，这颗行星会移动到P_4这个点，而扇面SP_3P_4的面积也等于扇面SP_1P_2的面积（参见插图18）。

开普勒第三定律[1]指出，围绕太阳运行的行星的旋转周期T和其

[1] 通俗来讲，开普勒第三定律所描述的，是行星轨道大小以及行星通过轨道所用时间的关系，即其半长轴（行星和太阳之间的平均距离）的3次方，与其周期（绕太阳一周的时间）的平方成正比。

轨道的半长轴的关系是 $T^2 = Ka^3$，其中K是常数，因此，无论是哪颗行星，经过测量，一旦设置了时间和距离的单位，如果将行星围绕太阳完成一次完整的公转所需的时间定为 T（如用天来表示），将行星围绕太阳完成一次完整公转所需的时间 T 进行平方，再除以其轨道半长轴的立方，则可得到相同的常数K。

开普勒的三个定律并没有马上为人所接受。在17世纪的时候，有的天文学家还拒绝接受或忽视开普勒的理论。行星的轨道几乎是圆的，因此很难证明开普勒所提到的数据必然会与椭圆轨道一致。然而，开普勒在运用椭圆形算法所得到的行星运动规律预测，比他的前辈们用圆形轨道的算法所得到的预测要准确得多。与托勒密的理论相比，哥白尼提出的体系与布拉赫的体系都没能更加准确地预测行星的运行。从数值分析上看，开普勒取得了极大的进步，但是对宇宙的解释呢？开普勒的三定律为人们提供了能够解释行星运动的因果关系的方法吗？开普勒三定律解释清楚了是什么让行星移动的吗？

开普勒从磁力学的理论中找到了这个问题的答案。威廉·吉尔伯特（William Gilbert）在《论磁力》（*De magnete*，1600年）中曾说，地球是一块巨大的磁铁。根据吉尔伯特的说法，是地磁力的影响让地球自转并保持其转向不变。佛兰芒数学家兼工程师西蒙·斯特文（Simon Stevin）于1608年在他的《论天体运动》（*Vanden Hemelloop*）一书中，将磁性的作用推广到了解释行星运动。“磁性说”的支持者描述说，磁力是看不见的，在距离很远处仍有磁力，而且在本质上也许是非物质的。吉尔伯特形容说，地球是有磁力的，就像“一个带有灵魂的活生生的人体”。“磁性说”有时与某种神奇的宇宙观、或宇宙万物有灵论混为一谈。对开普勒来说，太阳是“宇宙的神圣原动力”。太阳自有其灵魂，而且其磁极一直延伸到太空。太阳在其轴上自转（通过观测太阳黑子可以确认这一事实），而太阳的这种旋转又会带动着行星围绕太阳公转。行星也有由太阳赋予的灵魂，这就像人的灵魂激活身体器官的运动一样。行星同时还具有某种磁极性，这种磁极性既吸引又排斥着行星，让行星围绕着太阳运转。

因此，开普勒的磁力模型有点复杂：它设想有某股磁力吸引着行星围绕着太阳成圆周运转，而另一股磁力引起行星呈径向（既朝向太阳又远离太阳）运动。这两股运动的合成，导致了行星的椭圆轨道。我们由此得出开普勒第一定律的解释（行星会围绕太阳以椭圆轨道运转）。开普勒第二定律说明了行星在围绕太阳公转时的速度变化，也带有物理上的意义。当行星离太阳最近时，引起其圆周运动的作用力会更大，因此开普勒推断，行星在那时的转速也会更快。

早在17世纪中叶，许多自然哲学家就对“磁力学”产生了兴趣。其中最值得注意的一位是与牛顿同时代的英国皇家学会会员克里斯托弗·雷恩（Christopher Wren），我们将在后面的章节中继续提到他。在这里，我们只需要强调这个事实，即开普勒有这样一个假设：太阳会发出一股非物质的力量，对距离遥远的星球产生影响，从而导致行星根据开普勒第一定律和第二定律运转。这个想法的某些因素，对牛顿的理论产生了一定的影响。然而，根据牛顿的理论，是引力而不是磁力推动了行星的运转。用磁力学说来解释天文现象，会遇到许多无法解释的问题。有些人表示反对，说磁力只有在近距离的情况下才能产生作用，而且磁力只对某些物体起作用，因此，由磁力推动行星运转的说法是不合理的。磁铁在加热之后也会失去磁性，所以太阳怎么可能发出磁力呢？后面这个观点是牛顿在写给皇家天文学家[1]约翰·弗拉姆斯蒂德（John Flamsteed）的信中提出的。

另一种解释则基于力学观点。因为根据力学的理论，不仅仅是天文现象，其实所有自然现象都可以从粒子或微粒的角度来解释，也就是说，用粒子之间的形态、分布、运动和影响来解释。血液的循环或人的知觉是生理现象，折射是光学现象，彗星运动是天文现象，但这些现象都必须从物质、运动和碰撞等方面加以解释。力学原理的主要倡导者是笛卡儿，他在《哲学原理》一书中阐述了机械原理，然而笛卡儿的力学理论没有给不可估量的力量、引力、人的情感或灵魂留有任何余地。自然定律一方面必须包含运动和碰撞的定律，另一方面则包含关于物质粒子形状和大小的许多假设。我们知道，在牛顿时期的英国，人们倾向于接受微粒物质的观点，但认为粒子具有“活动原理”，由于无法解释的原因，粒子与磁力学所设想的物质产生了关联。

笛卡儿在《哲学原理》一书中，说有非常细微的物质构成了旋涡，由此可以解释行星为什么会运转。根据笛卡儿的说法，星际空间充满了极其细微的粒子所组成的物质。这种流体的粒子围绕着太阳旋转，行星就像旋涡中的树枝一样，被拖进了旋流之中。笛卡儿没有试着去为行星的运转做定量分析。在他之后的其他人，例如17世纪晚期

[1] 皇家天文学家（Astronomer Royal），是英国授予皇家格林尼治天文台台长的头衔。

的莱布尼茨和18世纪中叶的莱昂哈德·欧拉，都曾试图不提远距离磁力的作用，而用行星涡旋这样的假设来解释行星的运转，但都没有成功。根据这一观点，行星的运转是由于接触作用而引发的，是由构成涡旋的物质与行星之间的碰撞而引起的运动。

必须强调的是，牛顿并没有在他年轻的时候（所谓的“奇迹年”）构思出他的万有引力理论。人们都津津乐道于树上掉下了一个苹果，由此启发了一个昏昏欲睡的哲学家提出万有引力理论这样的故事。威廉·斯图克利（1752年）在18世纪曾写了牛顿传记，并且在解读牛顿神话方面着墨甚多。该书说牛顿在自己晚年的回忆中有此类说法，“苹果启示说”或许真有其事。牛顿在大学休学期间，受到苹果坠落的启发，从而思考地球引力可能辐射到很远的距离——这种可能性确实是存在的。事实上，牛顿年轻时在匀速圆周运动和引力方面取得了挺有意义的成果。在牛顿1664年开始记录的“杂记本”的第一页上，他画了一个关于匀速圆周运动的小小示意图，用几何学的方法来对撞击和运动之间的关系进行一些粗略的推理，得出了我们可以用惠更斯原理来解释的匀速圆周运动的结论（从时间上来讲，加速度与速度的平方成正比，和半径成反比）。牛顿也试着用开普勒第三定律和惠更斯定律，很容易地推导出了适用于行星的一个平方反比定律。然而，如果想从牛顿在17世纪60年代他年轻时留下的手稿中，找到他在那个时期就提出了万有引力理论的证据，这似乎有点夸张。牛顿在其中的一份手稿中，似乎对很早就有人提出的反对哥白尼的观点表达了自己的意见。反对哥白尼观点的人说，如果地球绕着自己的轴心旋转，那么旋转产生的离心力就会把在地球表面的物体向上抛。牛顿阐述说，在地球表面，离心力比向心力小得多。他在17世纪60年代末期撰写的一份手稿中，将地球表面物体的加速度（他从钟摆运动的实验中获得g的测量值）与月球匀速圆周运动时向地球的“下落”进行了比较。牛顿认为，引力是一种力，从地球影响到月球，其强度随着距离的平方反比而变化。但这个时候，离牛顿真正提出万有引力理论，还有很长的一段时间。

我们需要注意到的是，在上述所有关于匀速圆周运动、月球加速度和行星运动的论文中，牛顿并不需要用到“微积分”。他当时只是对物体运动的问题作了一些偶尔为之的研究，还不需要运用微分法。人们可能会认为，牛顿发明微分法是用来计算连续变化的运动，以便能够用数学的方式来表示速度、加速度和力的变化，然后再将这一数学知识应用到研究行星系统中去。然而，从现有的证据来看，情况并非如此。牛顿早期著作中的唯一证据，是他在17世纪60年代中期的一篇手稿中隐约提到微分法与研究运动之间的联系。我们从手稿中看到：

> 假设物体b沿着某个椭圆轨道运动，那么它在每个点上的力（如果它运动到某个点是确定的）可以通过与其弯曲度相等的切线来找到。

人们可以由此推测出：牛顿意识到，运用惠更斯定律，可以求得平面轨迹的弯曲率计算结果（这当然是微分法里的一个元素），即可以通过局部运算来计算力的常量。这只是牛顿现存的早期文献之一，而牛顿在此处勾画出了微分法与力学研究之间的重要关系。

如果说牛顿在“奇迹年”的那段时间里就得出了结论：引力是万有的，可以延伸到任何距离，对任何物体都起作用，引力与物理质量的乘积成正比，并且随距离的平方反比而变化——那我们就是对现有的文献过度解读了。我们应该注意到，牛顿早期的手稿并没有提到开普勒有关行星运动的第二定律，也没有说万有引力是所有物体相互吸引的结果。尽管人们在这个问题上还没有达成一致意见，然而大多数史学家认为，牛顿在早期的手稿中勾勒出了围绕圆周运动的动力，这表现出在牛顿当时的理解中，有一种离心力会从中心向外移。我们现在所看到的牛顿力学教科书里是不会这样说的，但在牛顿的《数学原理》一书中，却有这种说法（当然，在这个问题上，史学家还是看法不一）。此外，直到17世纪80年代的早期，牛顿都还考虑过是否有星际涡旋存在的可能性。牛顿在《数学原理》的第二卷和第三卷的最后部分中，显然认为这一概念与引力理论互相冲突。虽然牛顿的这些早期手稿很有意思，但在本章所讨论的时间段里，牛顿还远未构思出他的万有引力理论。就像我们在接下来的两章中将要看到的，牛顿年轻时代感兴趣的不仅仅是数学、光学和行星的运动。

第三章

年轻的教授及其听众（1669—1674）

在本章涉及的时期，牛顿的学术生涯也顺风顺水：他在1667年成为剑桥大学三一学院的研究员，并且于1668年获得了文学硕士学位。艾萨克·巴罗（参见插图19）在1669年辞去了卢卡斯数学讲席教授的职位，他很可能尽力推荐了当时还很年轻、并且还不知名的艾萨克·牛顿来接任这个位子。这一转折点对牛顿学术的发展所起的重要作用，怎么强调都不过分。因为教授的职位让他能够全身心地投入研究，不受外界干扰，直到近30年后，他于1696年离开剑桥大学，前往伦敦。

在剑桥大学的讲座

是什么原因让巴罗放弃了数学系主任的职位？也许，作为一个非常虔诚的教徒，巴罗觉得他在工作中不能履行牧师的职责，这不符合他立志献身于圣职的理想。巴罗辞职后，就把自己的余生都献给了神学研究。他留下了大量的布道著作，并由此赢得了很高的声誉。我们从牛顿的生平中，也能感觉到类似的纠结。事实上，根据剑桥大学三一学院的章程，作为学院的研究员，牛顿必须在获得硕士学位后的七年内出任神职。但由于上面有人保护，也许是巴罗本人（他成为皇家牧师和三一学院的院长）给予了担保，英国皇室于1675年颁布特许，豁免卢卡斯讲席教授出任神职的义务。然而，牛顿之所以不想跟神职扯上关系，也许有比巴罗更深层次的原因。英国在1673年通过《宗教忠诚法案》之后，那些不遵守英国圣公会正统教义的人被禁止担任公职。也许在17世纪70年代中期，牛顿对上帝的看法已经与英国教会的信条不尽相同。特别是对基督教中有关圣父、圣子及圣灵“三位一体”的说法，牛顿有他自己的看法。然而，牛顿在其人生的后期却满心欢喜地出任了英国皇家铸币厂的总监和厂长的职务。

作为卢卡斯讲席教授，牛顿必须在每个学期中，每周做一次演讲，每年需要提交至少十次书面报告。作为一名教师，牛顿似乎没有多少听众，我们不太清楚他的课是否真的有或到底有多少学生去听。不过，牛顿的助手和秘书讲述过这样的事：牛顿在空无一人的教室里讲课，“因为没有听者，他只好对着墙说话”——这可能并不完全准确。事实上，牛顿留下了一份《三角学摘要》（*Epitome trigonometriae*）。牛顿的这份讲义，主要是以赛斯·沃德（Seth Ward）所著的《三角学示范》（牛津，1654年）这本入门书为基础。这是当时在剑桥大学的学生亨利·沃顿（Henry Wharton）于

1683年写下的听课记录。沃顿后来成为坎特伯雷大主教的私人助手，为英国教会记录历史。在他去世的时候，当时英国的知名作曲家亨利·普塞尔（Henry Purcell）为他的葬礼写了安魂曲。据沃顿的传记作者说，沃顿在数学方面“得到培养并掌握了相当高的技能，这是因为他得益于艾萨克·牛顿先生的教育。牛顿在自己的房间里，给沃顿和为数不多的其他几个学生在这门崇高的学科方面作了进一步的指导”。当时的人们习惯于抄录教授们的讲义。在剑桥大学图书馆浏览的人，经常可以看到其他学生在课堂上记录的笔记——这些笔记有时候是转抄的，在学生之间交换。因此我们可以推测，牛顿确实教过三角方面的课程。

“卢卡斯讲义”则是另一回事。这些讲义存放在大学图书馆里，教员们可以去公开查阅（学生不行），但是如果未经作者同意，不得抄录。牛顿为图书馆提供了三个系列的“卢卡斯讲义”：在1672年写的光学讲义、在1683年到1684年写的代数讲义，以及在17世纪80年代中期写的《数学原理》的部分初稿。这些讲义的日期可以往回写，因此给人的印象是：在讲义上所记的日子里，这些课程仿佛真的上过一样。然而这些讲座对学生们来说显然太难了，在牛顿时代的大学生只学习了非常基础的数学和科学知识。简言之，牛顿记录下来的讲义，只能证明他的研究工作，却证明不了他少得可怜的教学活动。

向英国皇家学会提交论文

1660年，在查理二世复辟之后几个月，英国皇家学会在伦敦成立，创始成员包括罗伯特·波义耳和克里斯托弗·雷恩，他们是当时的“超级大师”。在这段时间里，他们在牛津大学和伦敦格雷沙姆学院（Gresham College）聚会。格雷沙姆学院成立于1598年，旨在促进传授有关贸易和航海方面的技术。多亏了保皇党人、苏格兰共济会成员罗伯特·莫雷（Robert Moray）的斡旋，英国国王于1662年授权成立该皇家学会。学会设有一名会长、两名秘书、一名司库和一名顾问。皇家学会的一些会员剑走偏锋，支持了反对国王的英联邦活动，例如奥利弗·克伦威尔的妹夫约翰·威尔金斯（John Wilkins）。约翰·沃利斯（1663年当选为皇家学会会员）也将他的密码技术用于帮助建立共和事业，并成为威斯敏斯特议会（Westminster Assembly）的一员。对于处于初创时期的皇家学会来说，该学会一方面要确保英国国王的地位得到拥护，另一方面又要把科学实验当作与宗教或政治方面的争议无关的活动。该学会的主席是数学家威廉·布朗克（William Brouncker），担任秘书的是亨利·奥尔登堡〔Henry（Heinrich，海因里希）Oldenburg〕，其职责是与英国国内和外国的科学界人士通信联系。波义耳的一位助手，勤奋认真的罗伯特·胡克，于1662年11月被任命为皇家学会的实验部主任。

胡克在牛津大学时认识了波义耳。他能维修机械、擅长绘画、能自己做科学仪器，还是一个发明家——胡克这些非凡的技能让他成为这群牛津人里可贵的一员。胡克生于1635年，很小就失去了父亲。他先是在画家彼得·莱利（Peter Lely）的画室里当学徒，然后在威斯敏斯特学校学习，其间他经常光顾17世纪中叶在伦敦风行一时的钟表店、乐器行和机械店铺。波义耳借助胡克的技术专长，制造出了著名的空气泵——这是让波义耳得以研究空气特质的重要工具。1666年9月伦敦发生大火之后，胡克又在雷恩重建英国首都时助了一臂之力。胡克这个人很有意思，因为他在工匠和自然哲学家之间搭起了沟通的桥梁。他是保罗·罗西和詹姆斯·贝内特所描述的科学革命时期的人物之一。这两位作者告诉我们，不要低估那些工程师的贡献，因为在那个时期，人们对自然的看法是：自然是由微粒之间的碰撞调节的一种机制。这些工程师制造的工具，为人们认识微观物理世界提供了有用的设备，这就是微观模型。胡克运用钟摆和从圆锥表面晃过的球体来研究行星的运动，并通过观察泉水来研究空气的弹性特质。他由此建立了真实的力学模型，来说明自然现象也有相似的表现。在胡克制造的仪器中最著名的是显微镜。他利用显微镜进行了一系列非同寻常的观察，如上述《显微图谱》（1665年）一书的插图所示。该著作特别能代表英国皇家学会所提倡的那种强调实验的理念（参见插图20）。胡克的兴趣广泛，他所涉猎的范围包括了光学、天文学、制造手表、化学、解剖学和化石研究等。其聪明才智让他当之无愧地赢得了“伦敦的能工巧匠”的称号。

牛顿在演示了他的反射望远镜之后，于1672年成为英国皇家学会的一员。他的这一创新，完美地符合了新成立的皇家学会的要求，该机构将显微镜和望远镜观测的改进视为一项重要的工作。我们知道，牛顿在1672年提交了他那篇著名的“判决性实验”的论文，并在论文中声称自己已经证明了关于光和颜色的一个新理论。对大多数皇家学会的会员来说，牛顿那么相信自己“证明”了某个新的物理理论，这听起来当然显得有点傲慢：一般人是不会用这样的措辞的。牛顿在1672年提交的有关光学的卢卡斯讲义中，已经对这一理论进行了彻底的阐述，而且牛顿把讲座的日期写成1670年。牛顿在第三讲中说，运用“几何学”来分析，有关色彩和一般的自然哲学问题都可以获得“最佳佐证”。他还对那些把自己局限于“猜想和可能性”的自然哲学家表示了不满——牛顿说的可能是胡克。胡克在《显微图谱》中提醒读者，要把书中关于“事物起因”的任何论述都看作是一个“小小的猜想”，是一个“存疑的问题”和一个“不确定的猜测”。牛顿反对概率论中那种论据模糊不清的立场，表明了他在自然哲学问题研究中的观点，而这与英国皇家学会里一些有影响力的会员（如波义耳）所提倡的观点并不一致。牛顿公开拒绝了现在被称为“假设演绎法”（hypothetico-deductive method）的研究方法，而这种方法正是由笛卡儿所提倡的。

胡克对通过数学运算来寻找真理的做法并不陌生，而且他曾对依据“哲学代数”来进行实验的想法进行过深入的思考。但在《显微图谱》一书中，胡克遵循了概率论的道德价值观，这一理念当时盛行于英国皇家学会。我们应该记住的是，在斯图亚特王朝复辟之后，英国皇家学会中的许多自然哲学家都尽量避免提出“毫无疑问”或“教条性”的绝对结论。政治上固执己见的哲学家或坚守神学教条的人，都不会被接纳进英国皇家学会，因为该学会当时倡导的是无伤大雅的、适度的怀疑论。这可能也就是为什么皇家学会的会员们对任何号称结论确定的话都会有所怀疑，而怀疑论和概率论在一些最有影响力的皇家学会宣言中得到了认可。比如胡克有关显微术的杰作和约瑟夫・格兰维尔[1]写的《科学的怀疑》（*Scepsis scientifica*，1665年）。格兰维尔著作的副标题是“承认无知，是通向科学的道路：一篇关于教条主义和自大虚荣的文章”。他公开捍卫实验哲学，反对教条主义的“虚荣”，并为皇家学会的其他成员代言。格兰维尔明确表示，学术研究中所用的实验方法不应该与宗教和政治上的宗派主义扯上联系。这不仅是研究者让自己远离清教徒式的“狂热”（这里是技术层面的一个术语，与人们当时在神学方面的辩论有关）和教条主义，捍卫怀疑论和概率论，也是确保新生的实验科学可以独立于政治和神学的一个办法。我们应该记住，在当时的欧洲大陆，伽利略受到宗教法庭的审判，笛卡儿的思想在荷兰受到由加尔文宗教徒主导的大学的谴责。这些事例都表明，保证这种研究上的独立性是多么重要。

值得注意的是，格兰维尔是培根式实验科学所倡导的那种温和的怀疑论捍卫者，他特别相信幽灵和巫师。根据英国皇家学会这位早期成员的说法，他的实验证明了《圣经》中许多地方所暗示的内容。他以复杂的文化方式，把现代科学和魔法联系了起来（参见插图21）。牛顿则认为，必须摒弃这种认识，因为这背离了上帝向先知们揭示的那种理性而朴实的宗教，那种由基督重建的宗教。

在牛顿提交的有关光学的卢卡斯讲义以及1672年写的论文中，他打破了英国皇家学会所提倡的行为准则，阐述了他提出的有关颜色的理论——他认为这个问题“属于物理学方面的课题”——而且这个理

[1] 约瑟夫・格兰维尔（Joseph Glanvill）是17世纪晚期查理二世时代的一位牧师，他喜欢调查异常现象，尤其是英伦三岛的鬼怪事件。

论“不是一个假设，而是最严谨的证明”。牛顿声称自己在“光和颜色方面提出的新理论”（1672年）有着“最明确的证据”，但这遭到了胡克的强烈批评。他在经历了这场激烈的辩论之后，感觉自己大受伤害。牛顿的“判决性实验”引来了争论，这使得他再也不愿意发表自己在数学方面的严谨成果。他于1672年发表的优秀论文受到胡克、惠更斯和其他一些耶稣会士的批评。这个令人沮丧的经历很可能让牛顿心生怨气，也导致了他再不肯发表自己在其他领域的研究成果。牛顿在1672年5月25日写给柯林斯的一封信中，提到了是否同意让他的光学讲义付印的问题。他在信中对柯林斯说：“我现在已经下了决心，不再把自己的研究成果印刷出来了。因为我已经失去了自己以前享受的宁静与自由。”

牛顿声称，与其他说法相比，他提出的颜色理论有更大的确定性，因为这个结论通过了实验和数学运算的验证。但是，为了证明因为自己在研究问题时应用了数学运算，并超越胡克的《显微图谱》等文献中所运用的概率论，牛顿还需要避免卷入关于数学方法的确定性的更大争论之中。牛顿敏锐地意识到，他运用级数和微积分的方法还有待商榷，因为他在运用级数理论时要提出一些假设（如级数所有项的系数要通过辨别第一项的规律来确定），在使用一些概念（如流数法中的“无穷小”或“瞬间”的概念）的时候，也很容易引起争议。他知道，每当沃利斯这样的数学家在发表新的分析法的时候，就会受到那些捍卫古典几何学之严谨性及确定性的学者们的批评。而沃利斯所采用的方法，是牛顿在运用无穷级数时所借鉴方法的基础。对于牛顿来说，这种争论是不可忍受的。他宣称，自然哲学借助几何学的运算可以得到认证：如果数学想为自然哲学提供支撑，就需要有无可争辩的数学方法。

牛顿对机械哲学那种定性的模型表示厌烦，比如笛卡儿和微粒学说的一般追随者（无论他们是否承认原子论）试图用不可见的、假设性的粒子来解释自然现象。相反，牛顿则想从可测量的现象中“推导出”自然定律（最突出的是他于17世纪60年代发现的光学定律和在17世纪80年代发现的万有引力定律）。演绎运算给人以更大的确定性，而且这是数学家的领域，不像笛卡儿派微粒学家眼里的“也许称得上优雅迷人的”浪漫描述——罗杰·科茨在为《哲学原理》第二版（1713年）所写的序言中曾这样形容过。

牛顿同时代的许多人并不接受他所提倡的把数学运用到自然哲学研究中的观点。在他们看来，牛顿在1672年的文章中所阐述的有关光的理论还不完整。牛顿确实从数学上确定了光线的折射，但他没有清楚地解释“光”是什么，也没有从物理上解释是什么东西造成了颜色的产生。就像惠更斯一样，胡克也对牛顿提出了批评，说数学上的演绎不足以作为哲学解释的依据：哲学解释的建立，需要能够陈述光的本质是什么，以及光的现象如何与这个本质有因果关系。笛卡儿认为光是螺旋式转动的，而胡克认为光是振动产生的。牛顿对这一批评做出过回应，他声明在自然哲学的研究中，出于对确定性的需要，在推测假设物质或光的微观物理学成分方面，他把从现象中确定地推导出数学规律与作出猜测性的推论——把这两个方面严格地区分开来。以下是牛顿在1673年给惠更斯写的一封回信中的一段话：

> 然而，检验如何通过假设来解释颜色，这并不是我的目的。我从来没有打算去展示色彩的本质与差异，而只是想展示，事实上颜色是光线中原有的、并且是不变的品质；如何去解释这些本质及差异，我就留给其他人用力学假设来解释了——我认为这不是什么困难的事情。

注意体会一下，作为数学家，牛顿在提到笛卡儿派的自然哲学家们的时候，这里所表现出来的轻蔑语气。牛顿认为，那些人提出的力学假设都不是什么“困难的事情”。

牛顿最终认为，他所提供的证据几乎都是无可置疑的。他可以证明阳光是复合组成的。但是牛顿的说法真的有充分的依据吗？白光都是一样的吗？没看到画家们只用几种原色，而并不用去调和无数的光谱成分，就能组合出白色来吗？胡克想知道：为什么从棱镜中分离出的彩色成分，必须来自照亮棱镜的那道光？此外，牛顿似乎信奉的那种微粒理论，是能够解释色散现象的唯一理论吗？比利时列日的一位耶稣会士安东尼·卢卡斯（Anthony Lucas）在1676年提出：只靠做了少数几个实验，就推导出有关颜色生成的理论，是否显得有些仓促？“天才的波义耳先生”是英国皇家学会让人高山仰止的名人之一。难道忘了他所告诉我们的：关于自然的普遍性陈述，必须建立在耐心收集的数据和做过“大量的新实验”之基础上？但对牛顿来说，一个构思精细的实验，比不确定的归纳法更可以揭示真相——这要归功于对他们所讨论现象的“演绎”。我们在这里只能想象一下，牛顿是个反天主教的人，他这样受到一个耶稣会教徒的挑战，心里一定特别窝火。这个耶稣会教徒在提出批评的时候，炫耀着严谨的三段论逻辑、波义耳式的措辞，并且质疑牛顿在做实验时是否足够心灵手巧！

我们接下来会看到，牛顿的万有引力理论也遭到了类似的批评。有人指责说，牛顿在数学上证明了万有引力定律，却没有从物理的角度对万有引力是什么、它是如何发生作用的，以及它如何引起物理质量之间的相互吸引等现象给出解释。在关于“光的本质是什么”的争论中，牛顿试图避开胡克的批评。牛顿清楚地指出，他明确地说过，他的理论与光的本质这个问题无关，无论光是微粒还是波的形式。事实上，与胡克、惠更斯和耶稣会士之间的交锋，迫使牛顿修正并在一定程度上放低了他最初大胆声明的调子。最后，牛顿在事实上说明：他结合经验和几何学所证明的是，太阳光不是单一的，而是由无数不同的、可分的且不会变的光线混合而成的一种混合物，每一种光线都与一种纯色相联系。我们有必要放弃力学假设，把这种说法限定在关于可观察到的现象所表现出的数学规律的陈述上——简单地说，这就是牛顿关于数学自然哲学的理想。

关于光与炼金术宇宙论的一封书信

为了回应胡克和惠更斯以及那些好争辩的耶稣会教士的批评，牛顿于1675年12月给英国皇家学会的秘书奥尔登堡发去了两篇文章。在第一篇题为《解释光之属性的假设》的论文中，牛顿明确了他对光之属性的更具思辨性的想法。在第二篇题为《观察论》的文章中，他对物体的自然颜色和薄膜表面颜色的形成，从数学上给出了一个解释。也就是说，这种现象是由彩色条纹的形成而出现的，比如肥皂泡上的那些彩纹。即使对牛顿本人来说，想要解释这种现象，也需要考虑到在介质中必须出现一些周期性的振动（参见插图22）。因此，牛顿决定用对手熟悉的方法来作个解释，要“极其完美地”解释什么是“光”。

在第一篇论文中，牛顿小心地把自己限定在对合理假设的讨论中。有趣的是，牛顿总是煞费苦心地区分这两种方法：要么肯定地陈述一个理论，要么提出假设，作为未来研究的指南。他写道：“任何人都不可以将我的这一假设与我的其他论述相混淆，也不可以用某一种说法来衡量另一种说法的确定性。”在《光学》（1704年）一书中，牛顿将这两种方法很好地区分开了。事实上，任何有关推测性的假设，都被放到了结尾阶段的“答疑”部分。此外，在理解牛顿如何提出他的假设方式时，我们不应低估那可以看作是某种折中办法的解决方案：在讨论光和颜色的问题时，牛顿试图以尽可能宽泛的方式来阐述这个假设，使之既能运用于光学研究方面的可能发展，又能适用于形而上学的各种阐述自然的观点。

牛顿在《推理假设》中认为，空间中弥漫着一种非常有弹性的流体，即一种很薄的以太（伴随着其他的以太流体）。这种流体不仅存在于空间中，而且渗透到物体里，渗透了“晶体、玻璃、水和其他自然物体的孔隙”。然而，在空间中，它比固体和液体里的密度要大。在以太中，有类似于声波振动的那种振动，但其振动“更迅速”而且“更微小”（我们今天会说，其波长更短）。光可以被认为是由与乙醚相互作用的“许多难以想象的小而迅速的各种大小的微粒”组成的——事实上，乙醚被描述为一种介质，对“由运动原理不断推动的”微粒起到了阻力的作用。这显然是牛顿更为认可的概念，然而，他很快又补充道：

> 但是，与此不同的是，人们可以假设光就像任何其他物质散发那样，或任何其他推力或某种缥缈的精灵，从无垠的主体中扩散，或者也可以适当地进行一些想象。为了避免争论并使这一假设能放之四海而皆准，人们可以发挥自己的想象。

当微粒遇到折射介质的表面时，它们会产生以太波，就像一块石头扔进池塘里那样。以太会“折射光”——也就是说，微粒倾向于向以太密度较低的区域偏转。并且，考虑到以太在玻璃中的密度小于在空气中的密度，其结果是，发光微粒在通过分离空气和玻璃的表面时会发生偏转。牛顿解释说，当微粒从空气穿入玻璃时，会在垂直于表面的方向获得加速。简言之，牛顿用这个模型解释了折射的机制。在《数学原理》第一卷的第14节中，牛顿展示了如何从他在1675年作出的假设中推导出斯涅耳折射定律。（一个重要的区别是，在《数学原理》中，牛顿没有提到以太，而是更抽象地说这是一种短程的力，它使表面附近的发光微粒偏转，从而分离出折射率不同的两种介质。）

根据牛顿的研究，胡克在《显微图谱》中所观察到的薄膜（如肥皂泡、云母等）的现象，可以通过光子微粒和以太之间周期性的“相互作用”所出现的结果来解释。牛顿认为，在薄膜的表面，以太会出现周期性的稀释和凝聚。因此，牛顿一方面试图继续沿用光的微粒假说，另一方面也试图为该现象提供解释。正如人们今天所知道的，这种现象清楚地揭示了电磁辐射的周期性特征。通过利用平面凸透镜，牛顿能够测量与各种颜色相关的以太“振动有多大”（参见插图23）。实际上，光环的出现与透镜和平面之间空气薄膜的深度相对应，表现为一定长度的整倍数。牛顿得出的结论是，这个基本长度与振动的以太介质的“脉冲”长度一致。例如，在黄色的情况下，脉冲的长度为1/80 000英寸。今天，我们用电磁波波长作为量度来解释牛顿得到的结果，电磁波的波长让我们能够感知到各种颜色，也就是说，我们将牛顿所说的光环解释为是由反射在透镜和表面之间空气薄层的有限表面上的光的干涉造成的。根据人们现在认可的测量数据，深紫色的波长约为400纳米，红色的波长约为650纳米，这些结果与牛顿当年计算的结果非常接近。

牛顿在1675年写下的文章中，把以太假说不仅用于解释光学现象，还用于解释化学、电学、磁学和引力现象；内聚力也是牛顿想要理解的一种现象。事实上，微粒子物质理论必须能够解释粒子怎样可以结合在稳定的化合物中。牛顿如何在这一语境下对视觉感知表现出兴趣，这是很值得我们注意的。牛顿对视觉和听觉之间可以作出类比的可能性很感兴趣。他想知道，如果空气中的震动通过空气传播，空气撞击耳鼓而造成了声音，那么视觉是否是由于以太的发光振动而引起的呢？牛顿的想法是，就如同声音一样，当“光线冲击”视网膜的时候，光线会“激发振动”，“沿着含水的毛孔或毛细血管的结晶髓，通过视觉神经进入位于大脑中的感觉器官”——这也就是为什么牛顿产生了把音符和彩色光谱作对比的想法（参见插图24）。

声音的和谐或不和谐，是由于空气振动时的比例变化。同样，颜色上的和谐与否——比如金色与蓝色呈现出的和谐，以及其他颜色比如红色与蓝色呈现的不和谐——也可能来自这种振动的变化。就像颜色根据色调区分为红、橙、黄、绿、蓝、青和深紫色那样，1/8个音符以内的声音也可以根据音调来进行划分。

不过，牛顿很快就意识到，他在作这种类比的时候必须更加谨慎。因为他发现，辅音间隔时的比率与传播到视觉神经这种“动物本能”的波，其“大小”（我们现在所说的“波长”）之间的比率并不相对应。光谱中的极端颜色（“颜色最深的紫罗兰色”和“颜色最深的猩红色”）的波长，其比例差别曾经被假定为1：2，由此来证明八度音阶和光谱之间的相似性，但这个比例现在无法成立了。经常有人说，牛顿在研究音阶和色谱学的类比而进行的实验，表明他坚守了毕达哥拉斯的神秘主义精神。从古代到17世纪，一直都有一些基督教作家在思考这样一个观点：宇宙和人类是造物主智慧的外在表现，造物主用与音乐和谐一样的数学（算术或几何）规律，创造了人类和宇宙。说起这个观点，人们会马上想起库萨努斯（Cusanus）和开普勒的名字。毫无疑问，牛顿对音乐的音阶和棱镜光谱细分之间可能存在的某些关系很感兴趣；然而，这种兴趣并没有使牛顿成为毕达哥拉斯派的一个继承者。也不能由此就说，牛顿代言了音乐和谐与宇宙结构之间有联系的那种理论，就像柏拉图在《蒂迈欧篇》[1]里所描述的那样。牛顿文集的某些章节显然表现出，牛顿作为作者接受了宇宙与自

[1] 柏拉图在《蒂迈欧篇》（*Timaeus*）中，讨论了古希腊人的宇宙观，认为宇宙由地、水、风、火四种元素组成。

然和谐的概念，尤其是他把“自然类比”作为他所做研究的指导准则。然而，牛顿在《推理假设》中所思考的是听觉和视觉的类比，而不是音乐和自然现象之间的类比；他并没有认为世界是根据音乐的那种和谐有序而创造出来的理念。相反，我们稍后就会看到，在17世纪80年代中期，牛顿意识到不能简单地把宇宙认为或描述为“和谐的”。虽然宇宙当然受万有引力意义下的数学定律所支配，正是万有引力造成了行星的运转，但是这些运动本身与任何定律都有偏差——哪怕这个定律可能有助于用简单的数学术语来描述它们。与开普勒这些真正的新毕达哥拉斯派所宣称的相反，牛顿所说的宇宙在数学上并不完美。接下来将会提到，在牛顿神学观点中，这一特点至关重要。

在《推理假设》这篇论文中，牛顿也许是受到了英国哲学家凯内尔姆·迪格比（Kenelm Digby）的研究的影响。牛顿想搞清楚，“地球的引力”是否可能是由某个“以太特质”的“持续凝聚”产生的。早在《哲学问答》中，牛顿就否定了笛卡儿所说的概念，即重力是由微小物质的压力而引起的。笛卡儿在《哲学原理》一书中指出，由于与微小物质组成的高速涡旋接触，物体被推向地球的中心。牛顿则观察到，这种作用是与物体的表面面积（不是与物体的物理质量）成正比。牛顿接着说，重力的作用不同于空气对抛射物运动时所产生的阻力——其阻力大小表现为抛射物表面大小的函数，而重力则总是与该物体的物理质量成正比。很有意思的是，牛顿用什么术语来描述引起万有引力的以太效应。这种以太与笛卡儿所说的微小物质有很大的不同，它是属于几何学的、机械的和惰性的。带来万有引力的“灵性”不是由“具体的以太主体”构成的，而是由一些薄而分散的东西构成的，也许是由一种“油性的、黏性的、坚韧的和有弹性的物质”构成的。这种性质与以太有关，以太可以用来解释光的现象，可以用来解释阳光为什么能够不断照耀、产生运动，也可以用来解释与空气有关的问题。这种稀薄、飘浮的东西迅速降落，在地球的“毛孔”里凝结，成为潮湿的活性物质，随后又从广袤的大地被吸引到大气层的高处。以太的快速运动拖拽着它所弥漫的物体，以太在地球的“内部”发生转化，这使得它无法穿透地球的“毛孔”，从而也无法对地球施加作用，然后以太接着从地球里挥发出来。在这之后，快速地向下运动又重新开始，导致物体下降。牛顿补充道，事实上，自然界一直处于这样一个循环的转换过程中。牛顿在《推理假设》一文中提出的宇宙学观点令人叹为观止。因为它具有巴洛克式的美，并且远离了济慈所抱怨的数学理论之冷漠，牛顿因此声名鹊起：

> 而且，就像地球一样，太阳或许也能大量地吸收这种物质，以维持其光芒，并且让行星不至于远离太阳。而且我们也可以认为，这种物质为太阳提供能源或携带着阳光，这种物质充盈在我们和恒星之间的巨大空间里，为太阳和行星提供充足的能源储存。

牛顿的语言不像机械哲学家的语言，而更像化学家的话语。如果愿意，你甚至可以把它说成是炼金术士的表达。在牛顿眼里，自然界中弥漫的不仅仅是人们通常所理解的那种机械的、被动的“具有广延性的东西”（res extensa），而是某种重要精神的主动作用。根据多布斯等学者的说法，牛顿的这种精神，更接近于斯多葛派所说的“元气”（pneuma），或是新柏拉图主义者亨利·莫尔所阐述的“支配物质的原则”（Hylarchic Principle），而不是笛卡儿哲学里所说的粒子原理——这种说法如今被认为不靠谱。

牛顿就此写了好些有趣的段落，特别是那些关于意志力和肌肉运动之间的关系，以及那些关于上帝和自然之间的关系等的段落。牛顿提到了一个“令人困惑的问题”：肌肉通过什么方式收缩和扩张，因而导致动物能够运动？有关这个问题，最著名的说法来自笛卡儿学派的学者，他们认为神经系统是由一些细管组成的，动物的生命力（一种气态或类似岩浆的物质）通过细管流动，充斥着神经和大脑的毛孔。笛卡儿派学者在解释意志力的时候这样想象：大脑和四肢之间有类似水力传送那样的相互作用，大脑和四肢之间的相互作用依靠体液流动，而四肢的运动是由于其肌肉里有体液推动。牛顿提出的假设显然与笛卡儿的说法相似：注入肌肉的以太是一种能够膨胀与收缩的“动物精华”。牛顿推想到，人的灵魂也许有能力通过神经传输这种精神或“风力”，让肌肉得到充实。牛顿补充说，没有必要认为肌肉中以太的密度要有很大的变化，因为以太的弹性很强，即使是其密度的微小变化，也足以为肌肉带来很大的压力变化。

因此，牛顿在他的《推理假设》那篇论文中提到的发光以太，由于其振动，造成了薄膜中颜色的形成。还有一种以太与浮世的精神结合在一起，引起了引力现象。此外，这篇论文还有很多地方提到了电、化学和磁性等现象。出于很典型的谨慎态度，牛顿将以太形容为介于“灵魂”和“物体”之间的媒介。正是后面这一点，让我们能够解释笛卡儿二元论哲学中那些许多人似乎无法理解的东西：灵魂对身体的作用。对牛顿来说，他在对引力和光学进行研究的时候，并没有脱离对现实世界以及上帝在自然界中起到何种作用——进行研究的兴趣和关注。这一点在牛顿描述上帝的行为那一段落中尤为明显：上帝创造了“自然的整体框架”，从以太着手，让以太凝结成各种形式，这最初的一步是直接出于造物主之手，后来又被自然的力量所锻造，在上帝的旨意下“增加和繁衍”，并完全模仿了原生物质。

但是，牛顿的以太到底是物质的还是精神的？史学家们经常会提出这个问题。然而，有两个原因导致这个问题很难回答。在笔者看来，首先，牛顿故意让这个问题悬而未决。他在这一点上的不可知论，与约翰·洛克有相似之处，都对“灵魂是否非物质的”这一点持谨慎态度。其次，以太是上帝与自然、灵魂与身体之间的一种调解工具：“上帝给予了动物超出我们理解的自我运动能力，毫无疑问，上帝也能够在其他物体中植入运动功能，而我们可能对此还了解甚少。”以太模棱两可的特性，有点类似于伽森狄所说的“流动材料”（flos materiae），它部分地具有机械特性（速度、弹性、稀薄），又部分地具有化学特性（融合、非融合），还部分地具有生命力（能为植物和动物注入生命力）。牛顿把这些特性描绘成连接身体和灵魂的媒介，是上帝创造行动的工具。作为一种超越了笛卡儿二元论的元素，以太赋予自然以统一性，而正是因为它（在某种程度上）的物质性，让人们能够对其进行实验分析。因此，牛顿在1675年写的《推理假设》中提出的自然哲学，旨在揭示具有深远影响的问题，而似乎没有想要在唯物主义和活力论之间采取某种形而上学的立场。

第四章

日臻成熟的学者（1675—1683）

牛顿在他的《推理假设》中所提出的充满以太的迷人宇宙以及感知和肌肉运动的生理学原理，都与炼金术有关。事实上，《推理假设》是牛顿写给英国皇家学会秘书的一封书信，并因此进入了公众视野。再加上牛顿的《光学》一书与他写的“答疑”中的某些部分，以及《论自然界中的酸性物》（*De natura acidorum*）等，都应该被视为牛顿在炼金术这个领域中最重要的著作。人们常说牛顿没有发表过他在炼金术方面的研究，这其实只是部分事实。牛顿自己留下了实验室笔记、炼金术术语简编以及他查阅的书籍和手稿的摘录。但在上述作品中，牛顿让其他人了解到了他的探索以及那些他在这一领域的研究中较为有效的成果，说牛顿在炼金术方面“秘而不宣”的观点，应该需要修正。如今，我们有幸能在“艾萨克·牛顿的化学研究”这个文献网站上，仔细阅读牛顿有关炼金术方面著作的注释本。

作为炼金术士的牛顿

到17世纪70年代中期的时候，牛顿已经成了一位炼金术行家了。牛顿最初对炼金术产生兴趣的时间，可以追溯到17世纪60年代末。那一段时间里，他在为望远镜的镜子做合金实验时一定初试过身手。而为望远镜做镜子这件事，不应该被理解为牛顿是在探索如何炼金的事情上。但是，如果我们不把牛顿在造币厂的工作算在内的话，牛顿在炼金术方面的研究都没能为他带来什么满意的成果（虽然牛顿对金属的实际应用知识，对他在造币厂的工作肯定是有帮助的），其原因当然是牛顿想要化腐朽为神奇：把普通金属变成黄金。而一位隐士想用密封的容器把金属合金稍微加热就炼出金子来，这是不可能做到的事情。

此外，从17世纪60年代末期到18世纪的前10年的那段时间里，牛顿在炼金术领域进行了理论和实验的研究，留下了大量的手稿、书信。牛顿还在自己藏书中有关炼金术方面的著作上做了细致的注释。这些都足以证明他对炼金术的兴趣。在评估牛顿涉及炼金术方面的手稿时，有一个需要注意的问题是，这些文字几乎都是牛顿从印刷品和别人的手稿上抄录或摘要记下来的：在牛顿留下来的上百万字的作品中，他写到炼金术方面的内容只有少数几个段落。牛顿显然对这些文献很感兴趣，但是，他研究过这些文献并不意味着他完全赞同这些文献的内容；牛顿做了注释和抄写，这本身也并不意味着他赞同那些作者的观点。这些作者中有一些是炼金术士，他们信奉希腊神话人物赫耳墨斯（Hermes）的智慧，是基督教化的或新柏拉图式的卡巴拉（Kabbalah）秘技的信徒。然而，牛顿和那些“隐士哲学家”保持着明显的距离，甚至对卡巴拉秘技的信奉者相当厌恶，他认为早期的基督徒受到了犹太神秘主义、诺斯替教（Gnosticism）[1]和新柏拉图主义的影响，导致了基督教的腐败堕落。如果不加以区分就把牛顿和他所阅读并注释过的炼金术书籍的作者生硬地联系起来，我们就有可能会把如此陌生的立场（如约翰·迪的神秘主义）强加给他，这会引来对牛顿最讽刺和尖刻的评论。不过至少从凯恩斯的时代开始，牛顿在人们的眼中就是一个“隐居的、孤僻的人”。

然而，牛顿为了寻找魔法石（the philosopher’s stone）和点石成金的技巧而俯身看着一个热气腾腾的熔炉——这样的形象，无疑与人们从启蒙运动和实证主义传统中认识到的科学家的形象相去甚远。但我们要注意，不要去做这种没有多少证据的假设。如本书《导论》部分所述，这个悖论主要来自这样一个事实，即我们倾向于将“科学”和“炼金术”这样的学科分类用于牛顿的研究，而牛顿的同代人并没有这样的概念。像牛顿这样的科学家，在那时宁愿被人称为“自然哲学家”，他们的雄心壮志远远超越了现代物理学家或化学家的学科追求。然而，把炼金术与装神弄鬼、神秘主义和非理性联系起来，是一种文化现象。正如威廉·纽曼（William Newman）和劳伦斯·普林西比（Lawrence Principe）在其开创性的著作中所阐明过的那样，这种现象主要发生在18世纪的最后几十年和19世纪。当时，人们不仅对

[1] 诺斯替教，公元2世纪兴盛的早期基督教的一个分支，相信人曾有前生，并会有来世。

催眠术产生了兴趣，而且在德国还出现了炼金术士共济会。此外，身处维多利亚时代的英国人也热衷于探讨幽灵、神秘主义和“精神研究”。

事实上，17世纪的炼金术士并不像我们现在所想象的那样，一定就是个骗子或故弄玄虚的神秘者。人们在18世纪开始对炼金术嗤之以鼻，其实早在17世纪，炼金术士已经成为人们批评和嘲弄的对象，他们有时因造假而触犯法律。不少炼金术士在向王公和统治者承诺可以将普通金属点化为黄金之后，就被关进牢房。在生命的最后几天，他们身边放着一大堆炼金设备，如果不能成功点化出黄金就会被送上绞刑架。但除江湖骗子以外，还有一些炼金术士致力于生产药物、颜料和染料以及提炼金属。在当时中欧兴起的矿山里，他们的冶金技能大受欢迎。我们可以假设，许多像波义耳和牛顿这样的自然哲学家都会有兴趣与这些有一技之长的人打交道，因为他们的确拥有某种实际经验。应该指出的是，正是这些有特殊技能的人，往往也会去寻求点金之术，因为当时还没有人能肯定地指出这办不到。在17世纪，在宫廷、矿山、药房、画家工作室和染料工作坊都有人做炼金术试验，在大学里有时也有人想去实践一下。它是一门融合于当时文化的学科，不一定是被禁止的或是非法的，也不一定与诸如赫耳墨斯的神智学、炼金术学说或新柏拉图神秘主义等文化运动有什么联系。与牛顿同时代的重要思想家，如洛克和波义耳这两位经验主义者和怀疑论者，致力于探究自然的一切，他们并不像文艺复兴时期的人们那样相信人会有突然的灵感。换句话说，这些思想家与通过神秘的启蒙就可以获得知识的想法几乎从不搭界。相反，他们像牛顿一样，想通过在实验室里的实验和对炼金术文本的研究，来对该领域有更多的了解。

有人说，牛顿的图书馆里收藏了许多有关炼金术方面的文献——实际上，17世纪正是炼金术的黄金时代。应该强调的是，尽管这些书籍的标题很奇怪（如《阿卡纳秘籍》），但还不能把它们归入“神秘、深奥”的类别。因为这些东西是印刷品，在主流书市上可以买到而且售量很大。当时的许多人被这种读物所吸引，其中一些书可供增长学识和娱乐。属于炼金术领域的某些书籍，其目的似乎是博读者一笑，引起读者的好奇心，让读者在读到这种神秘的语言和神秘符号的时候，甚至可能产生一种敬畏的感觉。这类书籍在今天读来，还会产生与牛顿时代一样的效果。例如类似迈克尔·梅尔（Michael Maier）的《亚特兰大赋格曲》（*Atalanta fugiens*，1618年）一书——人们读这类书的目的，很可能是追求道德的提升和智力的愉悦。在这些作品中，读者会看到的是巴洛克风格的神秘织锦挂毯和图案，必须借助基督教有关美德和罪恶的寓言来解读。这就需要读者多少具备一些文化知识，了解古典语言，有时还包括对希伯来语、音乐理论、神话，以及基督教化的卡巴拉秘技和《圣经》的了解。在近代早期，家有藏书的人往往拥有一种自我学习的能力，一种类似于21世纪网络浏览者的学问。在阅读古典诗集和古罗马神话、研读《圣经》注释和古代历史简编的“箴言录”（adagia）基础上，通过翻阅像《亚特兰大赋格曲》这样的书籍，读者们可以在人文方面提升自我，推动高尚的人文主义运动。这种阅读既锻炼了大脑，又拓展了博学知识、提高了道德情操。

但牛顿对炼金术的兴趣显然不仅仅是出于好奇。他深信，通过解读炼金术文本里的符号和象征性的语言，他就可以获得点石成金的知识。牛顿为此尽可能广泛地研究了炼金术文献，哪怕有些炼金术信奉的理念是他所反感的——比如新柏拉图学派的三位一体主义或基督教信仰者的卡巴拉秘技实践等。尽管如此，他仍然认为，他还是可以从集中体现了堕落的宗教和哲学观点的文本，例如《秘义集成》[1]这类著作中，学到一些切实可行的实验室程序。事实上，牛顿并没有把炼金术当作寓言式的神话或神秘的语言，而是把它当作一个密码。他试图破解这个密码，以便获得一个简单的描述，让他能够找到一个适用于实验室的公式。我们来分析一下牛顿对著名炼金术士——比如梅尔和森迪沃吉乌斯等人的炼金术著作的研究，就可以毫无疑问地看到，牛顿的确曾尝试过炼金的方法。

正如纽曼令人信服地指出的那样，17世纪的人相信炼金术。牛顿、莱布尼茨和洛克等人都对炼金术产生了兴趣，其中有两个原因。首先，在矿山从事金属研究的技术人员依据炼金术的理论成功地提纯了金属，他们传递出来的信息是，金属在地下发生了变化，而且他们可以证明金属发生变化的真实性。人们因此认为，银矿中存在金子的痕迹，就表明最初的普通金属自然转变成了黄金。其次，关于物质和凝聚的理论在17世纪颇为流行，让人们相信可以把金属分解成更微小的基本粒子。铅和铁这类金属，当时被人们认为是化合物（不是如当代化学所定义的，是元素）。因此人们总是

[1] 《秘义集成》（*Corpus Hermeticum*）大约写于公元2世纪或公元3世纪，是一本中世纪魔法专著，被认为是历史最悠久的占卜著作。

希望通过打破金属凝结的手段（无论通过什么方法），将这类金属分解成其最原始的成分，然后重新组合，生成不同的金属。那些谨慎坚持微粒观点的人，比如波义耳，则无须借助于神秘的信仰，就能够接受这样的说法：可以把某种金属，比如铅，溶解为构成该物质的最基本和最细小的微粒，然后重新排列这些微粒以组构成黄金。

那么，什么是炼金术呢？要回答这个问题并不容易，因为这门学科是在极其多样化的背景下实践的：既有乔达诺·布鲁诺（Giordano Bruno）这样不受外界影响、坚持己见的炼金术士，也有罗伯特·波义耳这类“持怀疑态度的化学家”。如果我们用某种武断的标准来罗列一长串炼金术士的名单，然后来概述他们之间的关系，那么最终就会让这个时期看起来像是魔法史上的一章，而不是科学史上的一页了；这一章从帕拉赛尔苏斯（Paracelsus）[1]无缝跨越到牛顿的时代。因此，为了避免泛泛而谈，我们把注意力集中在17世纪中叶的英国就是个合适的做法。

在皇室“空位期”的伦敦，有一位名叫乔治·斯塔基（George Starkey）的新英格兰炼金术士，化名“艾雷纳乌斯·菲拉莱斯”（Eirenaeus Philalethes）。斯塔基与塞缪尔·哈特利卜（Samuel Hartlib）以及波义耳有过接触。学者纽曼和普林西比在他们的研究中充分说明了斯塔基如何将扬·巴普蒂斯塔·范·海尔蒙特

[1] 帕拉赛尔苏斯（1493—1541），瑞士医学家、化学家。

（Jan Baptista van Helmont）[1]的观点传播到了英国。范·海尔蒙特认为事物是由微粒构成的，但关键的一点是，他所说的微粒与笛卡儿的微粒概念完全不同。对范·海尔蒙特来说，这些粒子是有外壳的，有外部结构和内部更小的结构，而粒子内部的小结构可以在炼金过程中分割和重组，正是这些最复杂的粒子构成的粒子排列，使金属的形变成为可能。此外，粒子的内部小结构很活跃：物质不是一成不变的。这些物质由位于它们内部的“种胚”（semina）所激活——范·海尔蒙特可能从卢克莱修[2]那里借来了“种胚”这个术语。而“种胚”一旦被激活后，就会催生出发酵和生长这类重要的生物活动，而金属由于含有这种必需的动能而具有疗效。

牛顿在《推理假设》一文中所用的语言，表明了他对斯塔基和范·海尔蒙特理论的兴趣，以及他对用粒子论的观点来看待化学的认同。而这种观点并不符合力学观念中那种被动物质的性质——牛顿认识理念中的这一点，可以从他有关炼金术的手稿中看出来。我们以与牛顿同时代的人为例，就连沃尔特·查尔顿（在英国传播皮埃尔·伽桑狄思想的人）和纳撒尼尔·海莫尔（Nathaniel Highmore）这两个人，都认为物质是由具有物理质量和能力的粒子组成的（而不仅仅是笛卡儿认为的具有广延性的粒子）。我们还需要提一下马修·黑尔（Matthew Hale），他声称上帝“赋予物质一种积极的美德”。牛顿

[1] 扬·巴普蒂斯塔·范·海尔蒙特（1580—1644），西属尼德兰或西班牙哈布斯堡王朝时期的化学家、生理学家和医生，在化学理论和实践上都有卓越贡献，是炼金术向近代化学转变时期的代表人物。

[2] 提图斯·卢克莱修·卡鲁斯（Titus Lucretius Carus，约前99—约前55），罗马共和国末期的诗人和哲学家，以哲理长诗《物性论》（*De Rerum Natura*）著称于世。

曾多次表示赞成这一观念，即如果没有造物主让物质自行运动，物质会变得“愚蠢和迟钝”，而且由于偶然的撞击，物质只会向外移动。这种观点当时在英国大行其道，人们致力于捍卫反机械论的微粒子理论，这也正是牛顿在他对炼金术的研究中所提到过的观点。因此，我们可以说，牛顿认为物质是由具有上帝赋予的积极力量的粒子组成的，他借鉴了反笛卡儿和反霍布斯阵营的人所做的工作。这些阵线得到了英国各式各样的自然哲学家的支持，不仅有新柏拉图主义者，还有伽桑狄或新斯多葛学派的支持者，以及受到范·海尔蒙特思想影响的炼金术士。不过，牛顿仍然没有完全与持有这些立场的人站在一起：他对炼金实践的兴趣似乎从来没有转化为哲学上的，或者形而上学的立场，他并没有采纳斯多葛主义或柏拉图主义。

牛顿从事炼金术的实验，延续了长达几十年的时间。我们知道，牛顿在1669年购置了熔炉，用来做金属实验。我们现在拥有大量的牛顿手稿证明他在17世纪70年代到90年代期间，做了实验性的研究（参见插图25）。从这些手稿中，我们可以推断出牛顿对金属的嬗变特别感兴趣，即研究把一种金属转变成另一种金属的可能性。我们从牛顿早期的一些手稿中了解到，他与其他人一样，认为金属可以“像植物一样生长”。在地球的深处，可以发生类似于植物生长（如种子的发芽）的变化：金属自身也会生长、腐烂和再生。因此，对金属的研究可以在“精细化学”方面为人们提供一把钥匙，来研究现实生活中的特征现象，而不是拘泥于机械学派所研究的那种“俗套”的化学。在炼金术士中广泛流传的一个说法是，物质之所以具备植物的生态，是由于隐藏在物质粒子最深处的微小“种胚”在起作用。普通化学研究的是物质微粒之间的结合过程，而精细化学研究的则是物质最深层、最彻底的嬗变过程，这一过程涉及生命有机体的生成和生长这类重要的自然现象。

在一定的温度下，所有的金属都会熔化。而作为金属中的一种，汞在室温下是液态的。炼金术士认为，金属具有一种流体的性质，即所谓的“汞质”，以及一种固体的或油腻体的性质，即所谓的“硫质”。根据炼金术的说法，汞和硫以及盐（根据帕拉赛尔苏斯的理论）会以复杂的方式发生微粒子反应。实现金属嬗变的路径之一是从某种金属中将其“汞质”分离出来，再与另一种金属的固体物质重新组合。牛顿认为锑很重要，将辉锑矿（一种硫化物矿物，分子式为Sb_2S_3）与另一种金属熔融，会在坩埚底部得到“锑块”，这是一种物质沉淀。牛顿被他形容的这种“闪亮之星”的水晶体外观所吸引，并想有所收获。他做过的一个实验是将辉锑矿石、铁和铁矿石、铜、锡、铅和铋先行融化，用硝石提纯：在坩埚底部的沉淀物中，牛顿发现了一颗“光亮的星星”——他的确看到了“星状”的晶体结构。也许牛顿希望通过这一提炼过程，产生“魔性汞体”，而黄金可以从其中生成。牛顿注意到有一些晶体结构，状若树枝晶〔其中一种“魔法树”，在贝特的《自然与艺术的奥秘》（*Mysteries of Nature and Art*）一书中有所描述，牛顿在格兰瑟姆读书时曾查阅这本书〕。在某些情况下，这些树枝晶看着就像具备植物的形态，在炼金术士的眼里，它们就像是在化学的花园里成长，从而揭示了金属世界与生态现象之间的联系（参见插图26）。

我们在前面讨论了牛顿对现实世界的兴趣（如他对生长、发酵和衰败等现象的研究），以及他对身体和灵魂之间的关系（涉及知觉、意志力和自由意志等）提出的问题。尽管现存的手稿尚不能证明牛顿所认识的宇宙“充满生命”，但他试图找到这些问题答案的初衷，很可能就是让他从研究机械学说转而研读炼金术文献的动因。这些兴趣，不但在他早期的作品中有所体现，在他后期的著作中仍然可以看到。例如，我们从牛顿后期著作中读到：“物体的运动如何遵循上天的意志，动物的本能又是从哪里来的？”牛顿还这样说过：“我们不能说所有的大自然都是没有生命的。”因此，尽管学者们在这个问题上还存在着意见和分歧，但人们还是很容易这样猜测：牛顿对物质固有的力量很感兴趣，他认为这种力量能够激活意志和身体之间的相互作用，从而让人们可以把人看作一个自由的主体，能够通过灵魂来影响身体的运动，也把上帝看作是影响自然的力量。这些作用并非源于笛卡儿机械哲学所倡导的那些处于被动的物质，而是炼金术士、新斯多葛学派人士、新毕达哥拉斯学者和新柏拉图主义者所说的重要因素发挥了作用。古人的权威性对牛顿来说是很重要的。他和许多炼金术士（迈克尔·梅尔等）都深信，古希腊和古罗马神话里隐藏了有关炼金术配方的指南。众神与行星有关，行星与金属有关，因此斯塔基和牛顿可能会把伏尔坎在金星和火星上撒网的神话故事，解释为从金属（铜和铁）冶炼出晶体的一种方法。炼金术不仅是实验哲学家关注的一门学科，而且也是诠释学家们要研究的一个领域。他们要带着分析和解读符号所必需的文献学工具，对炼金术文献进行文本分析。

牛顿在年轻时写下的一份手稿中，似乎表达了自己的（不是抄写其他作者的）观点，这是他提到炼金术理论的手稿中为数不多的一份，其题目是《论自然的明显规律和植物生长的过程》（*Of Nature's Obvious Laws & Processes of Vegetation*），文章后面是一篇用拉丁文写的短篇论文，开头是这样说的："矿物令人产生兴趣"，地球是一个"庞大的动物"，它吸入和呼出一种虚幻的灵性，对地球的"焕发活力"至关重要。根据学者威廉·纽曼的研究，牛顿参考的作者有迈克尔·森迪沃吉乌斯（Michael Sendivogius）——一位为鲁道夫二世服务的波兰炼金术士，以及约翰内斯·格拉塞乌斯（或称"格拉斯霍夫"）——牛顿在17世纪60年代时，对其著作做过批注。这一派的观点认为，地球深处有一种重要的介质导致了金属的形成，而炼金术士试图在实验室里重现在地下世界中发生的这种金属嬗变。牛顿认为，物质在地下发生的这些嬗变是由于"酸性液体"将金属溶解成汞和硫黄的成分，并将这些成分带向地心。这些金属成分在地球深处遭遇了上升的气雾，气雾重组了金属成分，形成了新的金属。牛顿认为，从地下冒出的气雾"飘荡在地球各地"，"赋予动物和植物以生命"。牛顿对酸性物的重要性所做的研究，可以见于一份题为《论自然界中的酸性物》的手稿。牛顿在1692年把这篇文章交给了苏格兰医生阿奇鲍尔德·皮凯恩（Archibald Pitcairne），后来在该文"杰出的作者"（牛顿本人）的同意下，印行于约翰·哈里斯（John Harris）所编的《技术词典》（*Lexicon Technicum*）第二卷（1710年）中。再加上牛顿写的《推理假设》以及他在《光学》中的一些"答疑"文字，这是牛顿在他有生之年出版的有关炼金术研究的少数论著之一。

与《论自然的明显规律和植物生长过程》及《化学索引》（*Index chemicus*）一道，在牛顿所涉及炼金术的手稿中，最重要的一本是《实践手册》（*Praxis*，约写于1693年），这是牛顿在提炼黄金方面的成就和总结（巴布森所藏手稿，第420号）。这篇文章与牛顿的其他手稿本一样，最初是写在一些炼金术书籍上的各种注释。这些书中有亚历山大·圣迪迪埃（Alexandre St Didier）所著的《赫耳墨斯的凯旋》（*Le Triomphe hermétique*）。后来这些注释发展成一篇独立的论文，牛顿在这篇论文中似乎试图阐述他在金属嬗变的炼金术方面的成果。正如学者保罗·格林汉姆（Paul Greenham）最近提出的，牛顿充分运用了炼金术传统中那些带有性和占星术的图像。牛顿并没有从精神或神秘的角度来理解这些图像，而是将它们看作可翻译成在实验室里用于实践的一种编码语言。在这本手稿中，牛顿对炼金术文献进行了深入的研究，用那些象征意义的图像，来表示从中提取出使黄金与汞混合后能够生长和繁殖的一种过程（那些图像暗示“精液”与“肮脏的妓女”之“月经”混合，还附有一张“有趣的12个炼金术符号表，以及这些符号与异教徒所信之神、七大行星、四种元素和独特的第五种元素——地球或混沌杂乱——之间的对应关系”等）。我们需要再重复一下：牛顿把这种“植物生长”理解为微粒子的变化，因为这种变化是物质中最微小的粒子发生了反应。

炼金术在牛顿的自然哲学研究中占有重要的地位，这是他在年老时的消遣。与牛顿信件往来较多的约翰·柯林斯在1675年10月19日写给詹姆斯·格雷戈里的信中抱怨，说自己无法让牛顿对数学继续保持兴趣，尤其是无法说服牛顿出版他的数学研究：“（牛顿）专注于化学研究和实践，他和巴罗博士都开始认为，在数学上的推测已经没有多少可做的事情了。”

代数与几何

人们通常认为，牛顿年轻时在“奇迹年”的创造性爆发之后，为了炼金术、宗教和自然哲学等其他兴趣方面的研究而放弃了数学。从上面柯林斯的信中也可以看出一丝证据。然而，牛顿现存的手稿由怀特塞德编辑出版了八大卷，其鸿篇巨制反驳了这样的观点。其实一直到17世纪90年代中期，牛顿作为一名数学家，还继续收获着成果。直到他从剑桥大学迁到伦敦去担任不列颠造币厂的主管，这一变化才给他的生活方式带来了真正的改变。下面，笔者将试图概述牛顿成熟时期的数学研究。

1683年秋天到1684年初冬的某个时候，根据卢卡斯讲席教授的职责要求，牛顿存放了一套讲义。这些讲义后来以《广义算术》（*Arithmetica universalis*，1707年）为标题出版。这些讲义写于1673年到1683年，但日期其实都是后来才加上去的，而且这些讲座极有可能从来就没有让剑桥的学生听到过。在《卢卡斯代数讲义》（*Lucasian Lectures on Algebra*）中，牛顿借鉴了他在17世纪60年代所取得的研究成果，以及在1670年时为杰拉德·金克胡森（Gerard Kinckhuysen）论文的发表而记录的观察结果。虽然牛顿对笛卡儿持反对态度，但从几个角度来看，这些讲座都可以说是笛卡儿构思的一种拓展——因为代数在这里被广泛地运用于解决几何问题，特别是用来作为曲线问题的运算工具。然而，《卢卡斯代数讲义》也包括了关于代数使用的一些重要评论，值得人们深入思考（参见插图27）。在讲义的最后一部分中，牛顿指出，我们必须把曲线看作由运动而不是由方程式来定义的。

牛顿坚持认为，我们必须把曲线视为运动的轨迹，而不是像那些追随笛卡儿的现代数学家所宣称的那样：在笛卡儿平面里，曲线被定义为平面上满足方程式的点的轨迹。这一观点深深根植于牛顿对几何学与力学之间关系的概念中，而这个概念在牛顿数学化了的自然哲学研究中具有极为重要的意义。17世纪90年代，牛顿在撰写讨论几何学的著作时，重新考虑了这个问题。牛顿认为，研究几何的“类型”，例如球体、圆锥体或圆柱体，最好的方法不是通过方程式，而是通过“该几何体为何有此形状的原因”。了解曲线之力学起源的几何学家，比代数学家在认识论上有一个优势：他知道曲线的性质，因为他掌握了曲线的构造。牛顿似乎在暗示说，我们知道自己可以构造些什么，而不是我们可以计算些什么。此外，设想了由运动产生的曲线，让我们可以将几何学与研究“基于物性产生的真实之力”（rerum natura）联系起来。

因此，对牛顿来说，在几何结构中，重要的不是运用几何量的方程，而是找到一个优雅而简单的跟踪描摹机制。牛顿在17世纪70年代中期疏远代数的原因之一，是在他看来，古希腊几何学家所使用的几何方法在美学上更加令人愉悦。牛顿经常肯定地说，古人的几何方法“远比笛卡儿的方法优雅”。与“代数微积分”的“乏味”相比，牛顿经常赞叹几何的优雅与简洁，这也是牛顿数学手稿中经常出现的惯用语句。这种美学评价在牛顿思维中的重要性，如何强调都不为过。

然而，应该指出的是，尽管牛顿对古人的数学方法表示了钦佩，但他并不认为数学没有进步，也不认为他自己的发现不是真正的创新。特别是在他写了《数学原理》之后，牛顿非常清楚自己在数学方面（特别是在世界体系的数学化方面）作出了独特的贡献。牛顿在简要介绍《数学原理》的一份手稿中，用第三人称的手法提到了自己：

> 讲到数学这部分，其巨大困难似乎是古人在这方面取得过成绩，但之后的进展甚微。在过去的一个时代里，数学的研究得到复兴与发展，一些能干的数学家，例如伽利略和惠更斯，作了比古人更深入的研究。在牛顿开始思考世界体系的问题之前，他在其三本著作的前两部中，在关于力学与运动的新命题方面，取得了颇多的进展。

牛顿推崇古人，是欣赏他们的方法，但他绝对没有认为，现代社会唯一能做的只是对古希腊数学的重新发现，后人还是可以有足够的发展空间。但人们不能依靠乏味的符号演算，而是要在几何方面具备更深的洞察力。这里的一个例子是，牛顿在1672年给柯林斯的信中给出了“史坦纳定理”（Steiner’s theorem）的等价形式。[1]牛顿指出，如果将两个给定角度的角绕各自顶点（极点A和B）旋转，有一对边的交点P能保持在一条直线r上，则剩下一对比边的交点P'的轨迹将

[1] 史坦纳定理的逆命题是古希腊的《几何原本》中的定理，阐述的是静态规律。牛顿这里将定理以动态的方式并结合运动（Motion）重新诠释出来，正体现了上文中牛顿所认为的“对于古希腊数学，后人还是可以有足够的发展空间，但需要几何方面更深的洞察力”。

描绘出一条圆锥曲线（参见插图28）。

17世纪70年代末，牛顿评论了笛卡儿对亚历山大统治后期古希腊的数学家帕普斯（Pappus）提出的一个几何问题所给出的解答，牛顿言辞激烈地说道：

> 诚然，他们（古人）的方法远比笛卡儿的方法优雅。因为他（笛卡儿）是通过代数微积分来取得（解决帕普斯定理问题）的结果，把演算转换成文字的时候（按照古人的做法来讲解），就会证明演算文字是如此乏味和纠结，甚至令人反胃，而且让人感觉艰涩难懂。他们总是按照某些简单的方式来写，认为用其他不同风格的文字就会不值一读，因此他们掩盖了对自己推算步骤的分析。

然而，事后看来，牛顿之所以赞美几何“优雅”，是因为他误解了笛卡儿代数的作用和强项。当然，要把代数符号用文字表述出来时，常常会导致相当晦涩的数学演示。可以说，数学家在17世纪初引入数学符号时，其目的就是将数学演示从烦琐的语言表述中解放出来。此外，只有代数才能做到用几何学无法做到的概括。牛顿知道代数在进行概括时是多么方便，他也没想否认这一点。只不过牛顿所坚持的是，在解答某些问题时，现代人过于依赖代数来求解，而其实用古人的几何方法可以得到更简单朴素、更富有审美趣味的答案。

牛顿反对笛卡儿的代数方法——人们不应该低估他的这种价值

观。也就是说，我们应该避免对牛顿的数学实践和方法去作优劣评判，如果认为他的方法会把人们带进数学的死胡同，这是一种“马后炮”的说法。牛顿反对笛卡儿在解析几何中使用的代数符号，后来又对莱布尼茨的微积分提出了批评。他所提出的这些批评，我们都应该把它放在牛顿当时所考虑的、更广泛的哲学领域来评价。如果把牛顿对几何学的辩护看作一种倒退，并把代数化看作17世纪数学中的一种进步元素，这就意味着我们没能从价值观上来领会惠更斯、巴罗和牛顿等作为同一学派的数学家，与以笛卡儿、奥特里德和沃利斯为代表的另一学派的数学家之间的争论。针对代数来为几何学辩护，牛顿并不是唯一一个这样做的人：那时在一批数学家中盛行复古之风，牛顿的著作构成了该数学流派的一部分，其中包括了16世纪和17世纪重要的几何学家。第一，牛顿侧重可视化而不是算法效率。第二，他认为几何比代数更适合于物理的现实世界。第三，牛顿在寻求恢复古代几何知识的过程中，事实上促进了投影几何的发展。17世纪其他的数学家，如布莱斯·帕斯卡尔（Blaise Pascal）和吉拉德·德萨尔格（Girard Desargues），都在这个领域中取得了突出的成就。第四，简洁、典雅的审美标准，是牛顿选择古人的几何方法的主要因素。第五，牛顿对笛卡儿代数的批判态度，其实也反映了他对笛卡儿哲学以及当时的机械世界观的反感。因此，牛顿在17世纪70年代后期偏爱几何，代表了他全面的数学和哲学观点。牛顿对几何方法的运用，在他的杰作《数学原理》一书中，发挥了重要的作用。我们将在下一章对此进行讨论。

异教徒牛顿

牛顿在17世纪70年代中期的数学研究，带有批评笛卡儿主义的色彩，也表现了他对古人的崇敬。他认为那时的当代人把本来简洁的知识搞得复杂化了，因此需要恢复、发扬古人的思想，这也是牛顿宗教观的鲜明特色。当然，在牛顿的数学著作中提到的“古人”，与我们在他的宗教手稿中看到的“古人”有着完全不同的含义——当牛顿提到欧几里得和摩西时，意思是不一样的！牛顿尊重前者是因为其数学方法，而他推崇后者则是因为摩西是位先知。然而，尽管牛顿在提起这些例子时侧重点有所不同，但作者的心态却贯穿着一条主线，那就是对现代人的堕落予以抨击。我们从牛顿的文体上和修辞上，可以看出他作为一位自然哲学家、神学家和数学家的感受：虽然牛顿讨论的是不同的学科领域，但他对同时代的人持有怀疑态度，并热衷把他自己的研究当作是在恢复过去的知识。此外，值得注意的是，在牛顿对古代历史的回望中，毕达哥拉斯既是拥有对宇宙纯朴知识的智者，也是一位大数学家。

首先，我们可以从一个很明显的例子来观察。对牛顿来说，就像他所处的那个时代一样，宗教有着巨大的重要性。作为一个合格的新教徒，牛顿认为，阅读和领悟《圣经》，是过有道德的生活所不可或缺的核心要素。尽管牛顿的宗教信仰是随着时间的推移而有所变化的，但我们可以说，至少从17世纪70年代后期开始，他还对某些说法保持着忠诚。最值得注意的是，他认为，像诺亚这样的先辈所揭示的简朴宗教，不断地遭到后人偏好迷信的自然倾向的破坏。例如，牛顿在晚年得出的结论是，当古希伯来人的宗教传入埃及的时候，就被一系列的魔法信仰所腐蚀。诺亚和他的儿子，以及古代的国王，都被神化了。他们带有预言性的隐隐约约的话语，被当成一种崇拜，被用来解读宇宙，把恒星和行星都说成有灵魂的东西。犹太人自己后来都信的那种带有异教徒意味的多神论观点，先是被摩西揭穿，后是被基督揭穿，基督让宗教恢复了原来的样子。这种简单、原始的宗教，包括人们要承认上帝是独一无二的、是至高无上的主，以及要遵守有关“互爱”的诫命。

然而，对早期教会历史的研究表明，在“使徒时代”之后，人们背离了基督传达的简单信息。由于人们用字面上的和形而上学的术语来解读《圣经》的暗语，事情变得更加糟糕。破坏者（牛顿认为新柏拉图主义者、卡巴拉秘技信徒、“赫耳墨斯派教授”和诺斯替派就属于这类人）扭曲了圣书的含义。他们没有将《圣经》中的比喻性语言解读为代表上帝统领着他的所造之物，而是用一种物理的或形而上学的方式来解释这一点：“信仰中出现重大错误的时刻，就是当人们不再从道德的、以上帝为主宰的层面，而是从物理的、形而上学的层面来解读《圣经》。而引领这种错误解读的，就是异教徒哲学家、卡巴拉秘技信徒和一些学者。”事实上，根据牛顿的说法，“三位一体”是基督教化的异端版本，是由异教徒所持的新柏拉图主义或诺斯替教演变而成的学说。在牛顿有关宗教方面的作品中，有一个反复出现的主题，就是说异教徒的形而上学导致他们把三位一体神性的“同质性”具体化。牛顿认为，类似的形而上学错误，导致了各种各样的宗教怪物的产生，从埃及的多神论到毕达哥拉斯的灵魂轮回论，以及后来的天主教对圣徒和遗物所表达的崇拜。罗马天主教教徒喜欢用包括洒圣水和形象崇拜在内的魔法仪式，一些修道做法其实也玷污了道德和宗教。牛顿在言辞上与新教保持一致，但他的宗教信仰却与任何既定的说法都有所不同。

从1936年拍卖会上出售的牛顿手稿中，我们可以清楚地看出，在涉及有关基督形象的这个问题上，牛顿持有一些异端的看法——尽管对牛顿是在哪一时期拥有这种想法的，还存在分歧。他与英国国教所认同的立场之间最大的冲突，涉及“三位一体”的教条。牛顿在手稿中，的确表现出了他反对三位一体论的信仰。牛顿与他的一些通信者——惠斯顿和塞缪尔·克拉克（Samuel Clarke）等人分享了他的这一认识。牛顿相信基督是神圣的，但基督是从属于天父的，而不是与天父同为一体的。牛顿承认他相信基督之死、复活和升天，并且相信基督把圣灵遗赠给了自己的门徒（像牛顿如此重视《圣经》字面解读的信徒，是不可能有其他想法的）。然而，牛顿认为，基督是天父的仆人，比神的力量要小得多。因此，他认为可以敬拜基督，却不能对基督祈祷——就算祈祷，也是要借着基督来向天父祈祷。对牛顿来说，认为基督与天父同为一体的想法是一种形而上学的想法，在《圣经》中没有得到证实。而《圣经》的说法才是真正信仰基督教唯一可靠的基础。虽然有一些不确定性，人们从牛顿的手稿中还是可以推断出，牛顿也否认魔鬼和妖怪的存在，他不相信灵魂在肉体死后还会存活（根据这个认识，在基督再临的时候，少数幸运者能够获得永恒的生命）。

为牛顿异端信仰的形成和发展过程建立一个年表是极其困难的。

因此，在这一章节里，我们不过分拘泥于具体的日期，只能简单地说，我们谈论的是牛顿在17世纪70年代和80年代所持的立场。很多证明牛顿有异端立场的手稿，无法确定准确的日期。比如我们早些时候所看到的情况，牛顿在1675年时申请豁免兼任圣职的义务。尽管还有一些不确定性，但这一事实可能会被解释为，牛顿有意避免发誓承认英国国教圣公会的《三十九条信纲》，而其中一条正是关于相信三位一体论的。学者斯科特·曼德尔布罗特（Scott Mandelbrote）研究了一份1677年的文件，该文件显示了因《尊重宗教法案》的要求，牛顿作为硕士学位获得者，要参加神学辩论，而他就在这种背景下接触到了反对三位一体论的文章。在那次辩论中，牛顿研究了如何认识自由意志与神的预言之间的关系——这是一个令人颇费脑筋的问题。

在英国王室复辟时期，有许多思想家转向相信“反三位一体”的异端，或者转而信奉自然神论的立场，否认人们必须通过神的启示才能认识上帝。这些不同的主张，比如相信自然神论和反对三位一体的说法，当时被人们认为是用来对付斯图亚特宫廷的天主教阴谋，也有人认为这是天主教对英国圣公会的一种腐蚀。在17世纪70年代，英国的新教徒感觉在欧洲受到了攻击。在他们看来，查理二世在英国复辟，很明显是要回到亲法政策的年代，以享乐主义和道德瓦解为特征。因此，在这种政治氛围下，牛顿对自己的宗教理念不愿多言，或者更确切地说，他只是在经过精心挑选的、值得信赖的朋友圈子里说说自己的观点，这也不足为奇。公开披露这些信息就会危及他的职业生涯。在牛顿之后担任卢卡斯讲席教授的威廉·惠斯顿（William Whiston）就是一位反三位一体论者，只是因公开表达了自己的信仰，他于1710年被剑桥大学开除，而牛顿却没有站出来为他辩护一句。事实上，即使在“光荣革命”（1688年）和斯图亚特王室被驱逐之后，反三位一体论者也不得不保持低调。英国在1697年通过的《惩罚亵渎神明法》（*Blasphemy Act*）中宣布“独神论”教派是一项严重罪行，并禁止持反三位一体态度的人担任公职。然而，连犹太教的亚流派（Arians）或苏西尼派，都没有惠斯顿受到的迫害多。犹太教这些人受到的严厉惩罚次数相对很少，甚至用一只手都数得过来。在这样紧张、压迫的气氛中，牛顿闭口不谈自己反三位一体的宗教信念的做法是可以理解的。持被主流社会认作的“异端看法”的牛顿，赞成宗教宽容（当然不包括宽容天主教教徒），这也就不奇怪了。此外，他避免在公开场合发言，只是在私下里和道德高尚的、研究《圣经》的学者谈谈自己的想法。牛顿深知基于宗教信仰的政治激进主义所造成的恐怖，在政治上他是复辟文化的典型代表，倾向于在宗教问题上进行清醒的反省。牛顿赞成在有争议的问题上维持主流宗教信仰，只是在私下的范围内，在人们都简单地宣称持有尼西亚信经之前的那种信仰时，他保持了自己的信仰。

必须指出，对同时代的人来说，牛顿对某些异端思想抱有同情态度——这并不是个秘密。事实上，牛顿在临终前拒绝接受圣礼的行为、在社交场合上的一些回应，以及在《数学原理》（1713年）的“综合注释”部分中所描述的上帝与自然的关系，这些细节都足以让牛顿的同时代人怀疑他是一个异端思想者，对反三位一体论持同情态度——牛顿只是偶尔遵从英国圣公会的仪式。据报道，在1705年，有大约100名剑桥学生集体对着牛顿大喊：“赶走狂热者，信仰要一致！”那时牛顿刚在安妮女王参观剑桥大学时被封为爵士。这一事件可能不是空穴来风，牛顿的异端看法也许早就让人有所耳闻。显然，当时为了避免在政治上和宗教上惹来麻烦，牛顿要保持沉默，但这并不排除他在公开场合的行为和作品中使用的语言会有意无意地表现出他的信仰，也无法阻止牛顿与其他的异见者分享他们共同的异端思想。

牛顿确信自己是上帝挑选出来的选民圈子中的一分子——这个圈子里的人拥有数学和哲学方面的能力，能够理解上帝在“自然之书”中的权力，并且通过他们对《圣经》最深层元素的了解，能够理解上帝想要揭示的真理。这样的说法听起来可能带有些非理性色彩，从而传递出牛顿像（古罗马）两面神的那样的形象：一面是数学家，另一面则是深奥的宗教“行家”。这就是一般人在阅读牛顿有关预言的文章时，必然无法解开的“《达·芬奇密码》效应”[1]之问题。然而，要理解牛顿的信念，与人们现在阅读丹·布朗（Dan Brown）的《达·芬奇密码》这部惊悚小说之历史背景全然不同。也就是说，牛顿是生活在宗教氛围很浓厚的环境中的一个虔诚笃信宗教的人，他深信自己之所以拥有非凡的数学能力（任何读过其数学论文的人都能够明显地看出这一点），是因为有“上帝的恩赐”，是一种“天赋才能”（《马太福音》第25章第14～30节）。牛顿相信，他在道义上有责任要用自己的才能去阐释《圣经》里涉及数字命理和寓言教义的段落。为了跳出丹·布朗侦探小说里的那种情节来了解牛顿，我们一方

[1] 《达·芬奇密码》是美国作家丹·布朗创作的长篇小说，集侦探、惊悚和阴谋论等多种风格于一炉，并激起了大众对某些宗教理论的普遍兴趣。该书在2003年3月由兰登书屋出版，并以750万册的销量打破美国小说销售的纪录。

面要考虑牛顿的宗教心态（人的一生都要归结于上帝意志的安排），另一方面也要考虑他那个时代的宗教和学术文化的背景——在那种文化氛围里，破译宗教里所说的预言，是人们高度重视的一种人文活动和宗教活动。

拯救大众并不需要用到宗教里最深奥的真理（“唯独长大成人的，才能吃干粮”），对一般人来说，他们“像初生的婴孩对奶水的需求一样”就足够了。只有那些注定要从事解释《圣经》的“被上帝挑选出来”之人、那些有识之士，才需要进行和平的讨论。在17世纪70年代中期，牛顿集中研究了《启示录》，而在后期则专心攻读《但以理书》。著有《世界末日》（*Clavis apocaliptica*，1627—1632）的剑桥大学学者约瑟夫·梅德（Joseph Mede），深受牛顿的景仰。牛顿与他同时代的这些英国人一样，遵循着包含人文主义的训诂传统，而这种传统的代表人物有洛伦佐·瓦拉（Lorenzo Valla）和德西德里乌斯·伊拉斯谟[1]（Desiderius Erasmus）等人文主义者，以及改革派的伟大人物如菲利普·梅兰赫顿（Philipp Melanchthon）和约翰·加尔文（Jean Calvin）。这些少数“被选出之人”对复杂的经文做出解释，破译其中带有预言性的语言。《圣经》中为什么要用寓言和象征来进行表达呢？新教的激进派给出的答案是：因为上帝想考验那些被选中而且能够受到拯救的人，考验他们的信仰。解读《启示录》或圣坛的结构和意义，是有识者在道义上的责任，一种“此生最大的责任”。他们要识别反基督的理论，区分什么是教会真正该做的事，揭

[1] 德西德里乌斯·伊拉斯谟（史学界俗称鹿特丹的伊拉斯谟，1466—1536），是中世纪尼德兰（今荷兰和比利时）著名的人文主义思想家和神学家。

露背道之人，从人类的历史中读出上天设计的印记，并做好准备等待基督再临。牛顿一如既往地表现出他在解读《圣经》文字时的谨慎态度，他并没有像那些预言基督再临的人那样激动不已（牛顿引用《圣经》的话说，“主来的时候，就好像夜间的贼一样悄悄地到来，因此我们无法预计其到来”）。牛顿在文字中有两个地方提到基督将再临，推测基督再临的时间都写为在遥远的将来。为了“阻止幻想者的胡乱猜测”，他说这个时间不会早于公元2060年（参见插图29）。

正是在对《圣经》的经文进行过耐心的考证研读之后，牛顿勾画出了上帝的形象，说上帝是唯一的、至高无上的统治者，无所不能，无所不知。上帝在每一个时刻都掌控着自然事件和人类历史的进程，在世界上作为一个无处不在的现实而行动着。牛顿在论文《普通学术》中，总结了《数学原理》第二版的“综合注释”部分。我们看到牛顿这样写道：上帝的作用就像“眼睛、耳朵、大脑、手臂、感知力、理解力和行动力”。根据牛顿的说法，上帝一直在指挥着宇宙事件的发生——这不是笛卡儿所认知的上帝（笛卡儿派的学者不太愿意接受的解释认为，笛卡儿的上帝是世界机器的创造者，这个机器在被创造出来之后，就可以独立于其创造者而自行运转了）。与牛顿同时代的许多人认为，在一个由被动物质组成的微粒之间的碰撞定律所支配的世界机器中，不可能需要人的自由意志和上帝的天意行动。在牛顿看来，机械论否认终极的自然，最重要的是它否认了上帝的存在。对牛顿来说，上帝根据其旨意统领着世界，而哲学家则从自然现象中领悟着这个天意。

上帝在这个世界上如何起作用？他凭借什么来表现其天意？牛顿

想避免接受泛神论或者巴鲁克·斯宾诺莎（Baruch Spinoza）[1]对上帝与自然的定义。波义耳曾强调，上帝直接引导人们移动自己的身体，就像人类的大脑指导肢体的运动一样。牛顿采纳了这个观点，也许他实际上是从波义耳那里借鉴过来的。牛顿强调说，要做到这一点，上帝必须无时无处地出现在每一个时刻及每一个地方。牛顿所处时代的自然哲学家们不得不面对这样的两难处境：因为新的通过数学表达的科学来揭示的自然秩序，无法说是偶然的产物（如享乐主义所暗示的那样），也无法说是必然的产物（如斯宾诺沙主义所暗示的那样），而只能是上帝的旨意。牛顿是否如多布斯所说的那样，相信上帝如同炼金术文献中所讨论的那样，在调节植物生长的原理中显示自己的存在？牛顿的手稿似乎没有给这个问题一个明确的答案。此外，贯穿于宗教改革和反宗教改革的神学文献中的有关自由意志和神圣恩典这样重大的问题，在牛顿眼里似乎不是个值得争论的问题。也许是因为牛顿认为这些问题与忠实地阅读《圣经》文本是毫不相干的——因为在研读《圣经》的时候，不需要去想哲学以及形而上学的问题。

必须强调的是，尽管牛顿不喜欢形而上学，但事实上他确实赞同采用某种形而上学的立场来与笛卡儿的二元论分道扬镳。牛顿在《论引力》（*De gravitatione*，日期未知）的手稿中，并在后来更成熟时期的作品（比如“答疑”第23～31题）以及《光学》等书中强调，上帝是：

[1] 巴鲁赫·德·斯宾诺莎（Baruch de Spinoza，1632—1677），荷兰唯物主义哲学家。

无所不能、无处不在的，其意志能够指挥着广袤无垠的宇宙内的一切事物，从而形成和改造了宇宙的所有组成部分，而且比我们依靠意志来指挥自己身体的动作要来得更加便捷。

上帝把有如他本身的自主能力赋予了人，但正如上帝在世界上是无处不在的，人的意志对行为能产生作用，决定了灵魂与身体无法分离。而笛卡儿的二元论和莱布尼茨关于预先设置和谐的观念，则把人的灵与肉分开来：我们在《论引力》中读到，正如笛卡儿所宣称的，思维观念和各种物质之间的区别不会如此“合理和完美，能够让被创造出来的同一个物质既能思考，又能够扩展延伸”。因此，正如大卫·格雷戈里在1694年写的一份备忘录中所表达的那样，牛顿认为灵魂随着尸体而消亡，只有当基督再次降临的时候，肉体才能复活，灵魂也才会随着肉体重生——灵魂并不是独立于肉体而存在的。牛顿在这里也许受到了英国内战时期以及王位空缺期间广泛流传于英国的神学家的思想的影响（约翰·弥尔顿是个众所周知的人物），但我们也不能排除苏西尼派的论著对他的影响。牛顿与洛克交流了这些思想，他可能把凡人概念纳入了还原古代犹太宗教的研究中，因为在牛顿时代，研究《圣经》的著名学者已经得出了结论：在《旧约全书》中，没有提到灵魂能够独立于身体而存在的观点。

牛顿的观点是，上帝是世界上绝对的、唯一的主宰，而这个观念在早期基督教流传的几个世纪里，受到异教徒思想特别是新柏拉图主义、赫耳墨斯主义和诺斯替主义的渗透和破坏。先有摩西，然后是基督，恢复了古老的宗教，但古老宗教又被早期的宗教机构，特别是在公元325年在尼西亚[1]召开的大会上，受到亚他那修[2]这类变态之人的破坏。他们通过迫害希腊神学家阿里乌斯（Arius），将一个真正的哲学怪物，即三位一体的教条，引入基督教信仰。根据牛顿的说法，三位一体教条的捍卫者无法从《圣经》中引经据典，而只能引用一些异教徒哲学家的理论。《福音书》中说，基督重申了他对天父的从属关系，而《新约全书》则似乎为认同三位一体理论者提供了声援——这是因为阿里乌斯的敌人巧妙地对《圣经》做了篡改。

牛顿特别关注所谓的“若望书的关注”[3]争论，他认为这是由于杰罗姆在翻译经文的拉丁文时理解有误。牛顿在17世纪90年代早期曾与洛克通信，表示支持下面提到的立场，即要从文献的角度来研究《圣经》。牛顿的书信表明，他受到了当时不少人所持有的这个观点的影响，这种观点的基础是伊拉斯谟和理查德·西蒙（Richard Simon）等人所提倡的一种哲学方法。他最初曾想在荷兰匿名发表这些书信，但是后来打消了这个主意。

牛顿仔细地研究了早期教会的历史，偷偷写下了详细的论述，并研析了基督教早期发生的关于基督身份的神学辩论。牛顿的文章令人印象深刻，一方面是因为他分析牧师经文时所表现出来的博学；另一

[1] 罗马皇帝君士坦丁大帝于公元325年在君士坦丁堡附近的尼西亚召开了第一次大公会议。参加这次大公会议的共有318位主教，大部分是东方的主教。

[2] 亚他那修（Athanasius）是基督教史上的名人，是东方教会的教父之一，曾出席公元325年召开的尼西亚会议。

[3] “若望书的关注”（Comma Johanneum）是《约翰一书》第5章7～8节中的三句内插短语。在欧洲早期现代社会里，该处成为新教徒和天主教教徒辩论“三位一体”教义时的争议点。

方面是因为他有条有理的分析，就好像他准备在法庭上发表反对亚他那修的演讲一样。牛顿从《圣经》的文字、神学甚至政治和道德层面上，阐明了自己反对亚他那修的立场。牛顿收集了亚他那修从事“阴谋”的历史证据——根据牛顿的说法，亚他那修对阿里乌斯使用了阴谋诡计。牛顿反对三位一体观点的著作言辞激烈，敢于论争。

牛顿在17世纪70年代还开始考虑如何解释《圣经》里的预言（尤其是《启示录》中的预言）。正如炼金术士要研究自然、宇宙学家同物理学家要研究各种迹象一样，牛顿想看上帝是如何有目的及有秩序地对历史进行了干预，让历史去揭示上帝的旨意。事实上，破译出来的预言只不过是对历史事件的描述。上帝通过向先知揭示这些预言，是想表明人类的历史是按照其旨意的计划而注定要发生的。然而，破译预言并不是为了功利，也不是为了预测未来或预测基督何时再临（有如在当时流行的有关千禧年的文章中所写的那样），破译预言只是为了确认上帝的意志是如何决定人类历史的发展的。正如炼金术士致力于研究自然之书，其实并不是为了得到黄金或健康那样，对《圣经》经文的考证，必须着眼于理解上帝在历史上的作用。因此，找到历史事件与《圣经》预言之间的对应关系，就变得很重要了。

牛顿在研究《圣经》预言的过程中，对人类的历史有了什么样的看法？至少从17世纪80年代中期开始，牛顿就认同“摩西哲学”的说法。这种说法从文艺复兴时期一直流传到了至少18世纪的时候：犹太人的古老智慧后来被弄虚作假的解读者误解了。牛顿深信，像诺亚和后来的摩西这些先人和先知，他们知道的真理不仅涉及上帝以及上帝与创世纪的关系，而且涉及创世纪本身。古代犹太人拥有天文和物理知识，牛顿作为自然哲学家，试图“还原”这些知识。牛顿在17世纪80年代写的一部拉丁文著作《神学的真谛》（*Theologiae gentilis origines philosophicae*）中，明确指出偶像崇拜与错误的“地心说”有联系。对牛顿来说，从这个角度去看，托勒密是埃及人——这一事实意义重大，因为正是在埃及，对诺亚的宗教产生了多神论的误导。诺亚和他的儿子知道以太阳为中心的宇宙世界，但这种智慧却因为错误的解读而失传；哥白尼在许多世代过去之后重新发现了这个原理。

牛顿还认为，希腊哲学家毕达哥拉斯和德谟克利特受到了这种智慧的影响——因此，在毕达哥拉斯和德谟克利特的学说中，会有一些古代犹太智慧的元素：“日心说”以及涉及虚空与原子概念的宇宙知识。正是在这种背景下，牛顿提到古人的智慧包含一种“理性宗教”，一种不仅仅在希伯来人当中，而且在不同文化中也在传播的神性观点。通过面对自然的神思冥想，古代一些圣人在没有受到神之启示的情况下，理解了“神”这个词，认识到世界上有一个独特的神圣统治者存在着。圆形庙宇（prytanea）是古人崇拜唯一之神的地方，表示古人认识到以太阳为中心的行星体系。这种“本始智慧”（prisca sapientia）以深奥的语言表达，显示在建筑比例中，蕴藏在文本和图案标志里，却让普通人摸不着头脑。

许多牛顿同时代的英国人都很相信“本始智慧”，牛顿的许多追随者都支持这一观点。他在17世纪80年代中期撰写的《数学原理》最后一卷的开头部分就已经阐述了这一观点。那本书在牛顿去世之后才出版发行（1728年）。我们在书中读到，哥白尼的体系早已有人知晓，包括“菲洛劳斯[1]、萨莫的阿里斯塔丘、柏拉图，……整个毕达哥拉斯学派的成员，阿那克西曼德[2]……还有努马·庞皮留斯[3]等”。哥白尼本人在费西诺的新柏拉图主义影响下，在《天体运行论》（*De revolutionibus*，1543年）中阐述了非常相似的思想。根据牛顿的说法，在欧多克索斯[4]、卡利普斯[5]和亚里士多德之后，“古代哲学才开始衰落，取而代之的是希腊人的流行文学”。牛顿于17世纪90年代写了《数学原理》之后，把他的研究归功于古代犹太人、迦勒底人、古希腊人和拉丁圣人对光学定律和天体力学的知识——他只是重新发现了这些知识。在被称为“古典学派研究”（*Classical Scholia*）的手稿中，牛顿把这些手稿计划增写进他的《数学原理》中，但他没有发表。大卫·格雷戈里在《天文物理与几何初步》（*Astronomiae physicae et geometricae elementa*，1702年）的序言中，将这些内容包括了进去。牛顿在这些手稿中写到，古人知

---

[1] 菲洛劳斯（Philolaus），古希腊哲学家，公元前约480年生于意大利南部，卒年不详。是毕达哥拉斯学派（继毕达哥拉斯本人以后）的杰出代表。

[2] 阿那克西曼德（Anaximander，约前610—前545），古希腊唯物主义哲学家，认为万物的本源不是具有固定性质的东西，而是“阿派朗”（无限定，即无固定限界、形式和性质的物质）。“阿派朗”在运动中分裂出冷和热、干和湿等对立面，从而产生万物。

[3] 努马·庞皮留斯（Numa Pompilius，前753—前673），罗马王政时期第二任国王，在其43年的统治中没有发生一次战争。

[4] 欧多克索斯（Eudoxus），约公元前400年生于小亚细亚的尼多斯（今土耳其西南部），约公元前347年卒于尼多斯。精通数学、天文学、地理学，首先引入“量”的概念，将“量”和“数”区别开来。欧多克索斯对数学的第二个贡献是建立了严谨的穷竭法，并用它证明了一些重要的求积定理。

[5] 卡利普斯（Callippus），古希腊天文学家。

道引力随距离的平方反比而变化，并且他们用音乐隐喻暗示了这一知识。的确，在“古典学派研究”里，牛顿说数学家毕达哥拉斯似乎有意拨弄着用羊肠和牛筋做琴弦的阿波罗竖琴，演奏出天籁的和谐。根据牛顿的说法，毕达哥拉斯用像编码一样的音乐语言把他对万有引力的知识隐藏其中。

然而，与牛顿同时代的其他自然哲学家对“本始智慧”这种提法表达了一些怀疑，这从克里斯蒂安·惠更斯和牛顿的一位年轻追随者尼古拉斯·法蒂奥·德·杜利尔（Nicolas Fatio de Duillier，参见插图30）之间的通信中可以清楚地看出来。牛顿对炼金术文本的兴趣是因为他崇敬古人。17世纪90年代，在法蒂奥的帮助下，他开始阅读法蒂奥为他翻译的炼金术资料和惠更斯在17世纪90年代出版的《光的性质》（*Traité de la lumière*）一书。牛顿不仅尊重现代人的物质理论，而且也看重古人的物质理论——他们的想法散见于炼金术的文献中，包括那些被牛顿视为江湖骗子的人所写的文字，也包括那些异教徒或卡巴尔派人士有关形而上学思想的文章。

牛顿是否因此确信，先人诺亚在凝视彩虹的时候，在毕达哥拉斯弹奏竖琴的时光中，还有努马·庞皮留斯在崇拜火灶神维斯塔神庙（Temple of Vesta）里的火光时——他们是否已经具备了充分的科学知识，使他们得以了解微积分、万有引力和光的色散理论？他们是否演算着方程式，观测着地球的形状、地球大气中星光的折射率以及彗星的周期？这种天真的想法可能会引起惠更斯的怀疑，并且在英国皇家学会引来讽刺——牛顿当然不是这样天真的。牛顿最有可能的意思是，古代先哲对自然那种简单的看法，符合真正的宗教（他们知道行星由于引力而围绕着太阳运转，物质是由在真空中运动的微粒等组成，等等）。牛顿认为，我们有责任运用实验和数学哲学、仪器、实验室测试和数学推理，来恢复古代先祖们从启示中得到的知识。根据新教的教导，牛顿认为“先知时代”（上帝通过圣灵与人类对话的时代）已经结束。在基督之后，我们正处于解释者的时代，不得不忙于自己的工作，以艰苦的实验、数学研究和文字考证工作，来避免那些寻求神圣启示的人们的“热情”，以及理性主义系统建设者的假设，进而消除形而上学的异教徒们所造成的不良后果。实际上，根据牛顿的说法，自然哲学的数学（“哲学的事务”）让我们能够找到一种对自然的认知观，从而有助于思考上帝对自然世界所发挥的影响。在接下来的两章中，我们将介绍更多有关这方面的内容。

第五章

自然哲学家（1684—1695）

1679年11月，刚在不久前当选为英国皇家学会秘书的胡克给牛顿写了一封短信，传递了和解的态度。他在信中表达了与牛顿重新建立联系的意愿，建议把有关“判决性实验”的争论搁置到一边，并提出了自己关于行星运动的设想。

胡克和哈雷所起的作用

胡克提出的这个假设并不新鲜：早在1666年，他就向英国皇家学会提交过一篇论文——《从观测中证明地球的运动》（*An Attempt to Prove the Motion of the Earth from Observations*），这篇论文致力于表述他对恒星视差的天文观测。在论文的结尾部分，胡克向他的读者描述了一个“对世界体系的认识，在许多方面与人们现有的认识不同，回答了有关‘动力概念’总体规则的所有问题”。

胡克的新体系是否成立，要依赖于三个“假设”。第一，假设所有的天体“从天体中心都有吸引力或引力产生，因此天体不仅吸引着自己的球体……还吸引了在其引力范围内的所有其他天体”。胡克似乎认为，这个引力范围是有限的。第二个假设，很可能来自笛卡儿的《哲学原理》，说所有物体以恒定速度直线运动，直到它们被一些其他有效的力量偏转并弯曲成曲线运动，其形状可以像一个圆、椭圆或其他更复杂的曲线。第三个假设说，“引力之力量的强弱程度，取决于物体离自身中心的距离有多远”。胡克描述了太阳系的行星被太阳引力吸引的方式，以及它们之间的相互吸引如何“相当大地”影响了天体的运动方式。他希望天文学家能够致力于研究引力的变化规律，以期得出“天体所有运动的共同规律”来。

从胡克与牛顿在1679年和1680年的通信中可以看出，有关行星运动的这三个假设，让这位卢卡斯讲席教授完全措手不及。我们知道，牛顿在1675年写的“假设”中，曾设想有一种“以太精灵”，造成了“地球的引力”。并且他还设想说，行星系统和“我们与恒星之间的广袤空间里”充满了这种物质，这就是行星围绕太阳运行的原因。在《光学》的一些讨论（第21题和第22题）中，“假设”中的以太仍然存在。与笛卡儿所说的星际涡旋不同的是，牛顿的说法带有炼金术的意味。然而，牛顿在1680年到1681年与托马斯·伯内特（Thomas Burnet）和弗拉姆斯蒂德的通信中，考虑了充满以太的地球和太阳涡旋的提法——可以说他借鉴了笛卡儿的概念。地表涡旋引起潮汐涨落，这个概念也出现在瓦伦纽斯的《地理学指南》上，牛顿编辑了该书的第一版和第二版，分别于1672年和1681年在剑桥印刷发行。

不过，1682年出现的彗星（后来被人们命名为“哈雷彗星”）却向黄道平面移动。哈雷彗星与其他行星不同，其轨道方向是逆行的，与人们假设的星际涡旋的运动方向相反。对哈雷彗星的观测，使牛顿认识到必须认真看待胡克的理论，其说法似乎是合理的。根据胡克的说法，行星的运动确实发生在空旷的空间中，并表现为“平面的天体运动与正切运动及物体中心产生的吸引力相结合的结果”。此外，胡克表达的内容似乎显示出他认为，吸引力随着距离平方的倒数而减小。胡克在1679年的1月请求牛顿演示一下受这种引力影响的物体是如何运动的，并从物理方面解释其原因。

作为物理学家，胡克的直觉似乎非常准确。但如果我们根据牛顿在那之后的几年内就提出了万有引力的理论，从而高估胡克对牛顿的影响，这恐怕就有点夸大其词。然而，牛顿很有可能在与胡克的通信中得到启发，使他能比以前看得更高、更远。史学家们对牛顿从胡克那里得益甚多的说法存在分歧：学者迈克尔·诺恩伯格（Michael Nauenberg）最近强调了胡克的作用，他说在1679年的时候，牛顿琢磨出了有关行星轨道运行的数学理论。尽管如此，必须说，虽然胡克引导了牛顿对行星的认识——在这一点上胡克应该得到肯定，但胡克没有为新的范式提供数学模型。像胡克那样提出一个定性的假设（行星在真空中运动，并在朝向太阳的方向受到平方反比的引力，从而使行星偏离其直线惯性轨道）是一回事；而像牛顿在《数学原理》中所指出的、系统地用数学来进行分析的那样，提出一个定量的证明则是另一回事。

英国皇家学会有关会员对胡克的“世界体系”论述进行了仔细的讨论。杰出的数学家和建筑师克里斯托弗·雷恩曾研究行星是否受到某种力量的影响，这种力量是否随着距离的平方反比而变化。雷恩曾在1684年向胡克和哈雷提出这个问题，希望他们从数学上给出行星运行的模型，并许诺将给成功者40先令的奖励。要为雷恩提出的问题找到解决方案实在是太难了——也许正是由于这个原因，哈雷在1684年8月拜访了牛顿。哈雷和牛顿会面的记录并没有告诉我们哈雷到底问了牛顿什么问题、牛顿给了什么样的回答，但他们的讨论无疑给哈雷留下了深刻的印象。很明显的是，牛顿从数学的角度构思出了一个新理论，能在定量方面为胡克和雷恩关于行星运动的假设提出解答。哈雷回到伦敦，牛顿答应他会以书面形式用数学理论给他提供行星运动的详细解释。哈雷在1684年11月收到了牛顿寄来的一份题为《论物体在轨道中之运动》（*De motucorporum in gyrum*）的简短手稿，其中包含了合理的解决方案，回答了雷恩允诺了40先令奖励的那个问题。牛顿证明，遵循开普勒第一定律和第二定律的行星，也会朝向太阳，被一种随着平方反比而变化的力量所吸引。

哈雷表现出了很大的热情。他把这个情况告诉了英国皇家学会的会员们，同时敦促牛顿继续完善自己的想法。牛顿充满激情，开始不知疲倦地高强度工作，甚至到了让他的助手都感到吃惊的程度。牛顿常常倚在桌子边上，站着就写，都顾不上坐下来。他全神贯注地写着，可谓废寝忘食。在1687年夏天，这部改变科学进程的经典终于出版了。在那三年的时间里，哈雷收到了牛顿寄来的数百页数学论证、图表、实验结果和天文观测的手稿。哈雷逐行阅读、纠正并耐心地加以评论。他还与出版《数学原理》的英国皇家学会和印刷商保持着联系。哈雷还做了更多的事情，虽然他自己手头并不宽裕，但他还是出钱出版了这本书。哈雷可能没有从这部著作的出版中得到经济上的好处，但也没亏钱。如果没有哈雷的热情和决心，《数学原理》那时就不可能出版（参见插图31）。

哈雷也在牛顿和英国皇家学会的其他成员之间进行了调停。首先，他要面对的有些敏感的问题是胡克。胡克觉得自己被冒犯是有道理的，因为他认为牛顿应该承认他对发现万有引力的贡献，而《数学原理》的出版事实上进一步恶化了他们两人之间的关系。牛顿在自己的著作中没有提到与胡克的通信，也没有提到胡克有关引力与行星运动之间关系的理论所给予他的启发。胡克的理论也于1674年发表，并在英国《皇家学会哲学会刊》[1]上作了阐述，因此胡克的贡献不能完全被忽视。牛顿在写给哈雷的信中，毫不掩饰他对胡克的恼怒：胡克只是提出了一个假设，而不是给出数学证明。因此，按照牛顿的说法，这根本不值得一提。胡克在余生中一直感到不平，他的朋友约翰·奥布里向古董学家安东尼·伍德抱怨：胡克觉得自己作出的"自创世纪以来最伟大的发现"被人剽窃了。牛顿也被胡克的暗示惹怒了，因此哈雷很难说服牛顿，无法阻止他取消出版《数学原理》的第

[1] 《皇家学会哲学会刊》（*The Philosophical Transactions of the Royal Society*，缩写为Phil. Trans.）是由英国皇家学会出版的一本科学期刊，始创于1665年，是世界上最早专注于科学的期刊。期刊标题中的词语"哲学"（philosophical）源于"自然哲学"（natural philosophy），也就是现在我们所说的科学（science）。

三卷书稿，该书在扉页中说明要献给一个“世界体系”——这个体系看起来更像胡克在1674年勾勒出来的体系，而不是牛顿在1675年提出的“假设”中所描绘的体系。

哈雷也需要获得皇家学会的认可，因为牛顿的作品只部分地代表了学会的理想。牛顿提交了一个很难阅读的文本——即使是在这些顶尖学者当中，也很少有人能理解它。《数学原理》中只有零星的数学命题的实际应用提示，而与胡克和博伊尔等研究人员多年潜心收集的证据相比，它的实验证据并不多。牛顿的著作语调显得不容置疑，这显然不符合培根所提倡的自然哲学理念。培根在他的著作《新工具论》（*Novum organum*）中指出，自然哲学要有助于社会进步，要建立在归纳证据的基础上，还要经得住其他“内行人士”的批评。哈雷在向英国皇家学会及其支持者詹姆斯二世（James Ⅱ）推介《数学原理》的时候曾提到，在该书的第三卷中，有些内容在指导航海方面很有用处。牛顿从来自欧洲、非洲、美洲和亚洲的观察者那里收集了有关潮汐、秒摆的长度随着纬度变化而变化以及彗星的数据。其中的一些实验数据，在运用上牛顿确定月球运动的数学方法之后，可以在导航、制图和经度测定等领域产生重要的结果。

《数学原理》一书的结构：首先是“给读者写的前言”，接着是一些定义和对定义的评注，然后是有关三个“公理或运动定律”的表述，后面附了相关的注释。这部著作分为三卷，前两卷主要讨论涉及真空中物体运动的数学研究（第一卷），以及形成阻力的介质，比如空气或水（第二卷）。第三卷则论述了“世界体系”：牛顿在这里陈述了他的宇宙观，认为行星在广袤的空间中运行，太阳对行星的吸引力与距离的平方成反比。这个力，即引力，作用于宇宙的所有物质之间，使处于两点的粒子相互吸引，其强度与物体物理质量的乘积成正比，与距离的平方成反比。这种力量因什么而产生则颇为神秘，牛顿没有多说是什么原因。我们在后面会看到，这一事实引起了不少人的批评。根据惠更斯等批评者的说法，牛顿重复了他在提出有关色彩理论时犯下的错误：他陈述了一个数学定律，但未能解释支撑该定律的物理原因。《数学原理》一书在英伦三岛上颇受欢迎，但在欧洲大陆却遭到了冷遇。

应该补充一句，《数学原理》一书文本写得很糟，这很不利于人们接受牛顿的这部代表巨作。牛顿充满创新的激情，最终交给出版商的却是一堆繁杂的书稿。书稿中提到的问题跨度很大，任何尝试过认真阅读《数学原理》一书的人都知道，书中有很多推论其实比相关的定理要重要得多；也知道牛顿为了简洁起见，没给读者多少提示，而是要读者自己去推导很复杂的论证。约翰·康迪特在一份记录中写道，“剑桥大学的学生们看到牛顿时都说：就是那人写了一本谁都看不懂的书”。阅读牛顿著作的主要难度在于，他的结果是使用只有少数专家才能理解的数学方式表达出来的。今天，我们已经习惯了这样一个事实：理论物理学家所用的语言只有该领域的专家才能理解。但在牛顿时代，大多数有关宇宙研究的文本，如伽利略和笛卡儿的作品，人们都可以不必是一个数学行家，就可以不太费力地读懂。康迪特在记录中还告诉我们，牛顿的著作让文化阶层的人产生了困惑。像查尔斯·蒙塔古（Charles Montagu）这样有权势的贵族显然愿意花一大笔钱，请人来帮着讲解《数学原理》一书中的复杂推理：

哈利法克斯伯爵（查尔斯·蒙塔古）问艾萨克·牛顿爵士是否有办法让他不必学好数学，就能了解牛顿的发现。牛顿爵士说：不，这是不可能的。但有一位缅因先生向伯爵推荐了约翰·梅钦。伯爵付了梅钦50基尼[1]的金币。梅钦自己告诉我说，他试过好几种方式，但都没办法把问题讲清楚，只好绝望地放弃了。亨利·彭伯顿也给出了丰厚的报酬，想请人来讲解——这显示了当时各个阶层的人所怀的热切愿望，都想了解这个主题。

因此，乍一看，哈雷资助出版的这部作品，似乎并不能体现英国皇家学会宣言中所倡导的理念。说到底，《数学原理》的出版，对皇家学会来说，在某种程度上仍然有些突兀。英国皇家学会的会员要践行的是培根式的实验哲学理想，研究成果要可供公众讨论，有益于人类福祉。然而尽管如此，人们仍然立即认识到了牛顿著作的重要性，哪怕大多数人都无法把它从头读到尾（参见插图32）。

《数学原理》序言：哲学的困境

牛顿在《数学原理》第一版的“序言”中指出，自然哲学的“所有困难”，是“从运动现象中发现自然的力量，然后用这些力量来证

[1] 基尼（Guinea），英国旧时金币名。

明其他现象”。我们应该注意到，在这一意向的陈述中，把传统的和略有创新的元素结合在了一起。自然哲学还是亚里士多德所说的“哲学”，因为它是一门“旨在找到现象起因的科学”（verum scire est scire per causas）。然而，这些起因并不是亚里士多德学说里的原因，而是那种物质的、形式的、有效的和最终的原因，甚至也不是牛顿所说的原因，即机械哲学中所说的微粒之间的碰撞，微观机制里的那种看不见摸不着的东西。运动现象发生的原因在远距离上才能产生作用——我们将在后面的篇幅里看到——这种说法在欧洲大陆引起了人们的批评。就像我们在讨论英国的化学发展史时所说的那样，牛顿所处的环境有利于人们接受他的立场，因为许多人认为，自然是由发挥着积极作用的原理所引导的。我们不排除说，是这种文化态度让人们愿意接受牛顿的引力理论。必须指出的是，从牛顿的文字中，很难看出他有关引力理论概念的来源，是基于同意物质在近距离产生相互作用的理论——以短程相互作用理论为基础的远距离引力概念——如果是那样的话，就能表明牛顿的化学知识也影响了他的宇宙观。然而我们也不能排除说，在英国的文化氛围里，物质理论领域中的反机械论可能造就了一个宽松的空间，让牛顿能够提出引力理论；而在笛卡儿主义占主导地位的欧洲大陆上，想提出类似的理论，就没有那么好的环境了。在通常情况下，一个社会群体的态度、心态和文化时尚所起的作用，是难以证明的。正是这些起着隐蔽作用的因素，决定了人们会接受什么理论、拒绝什么学说。

在《数学原理》的“序言”中，牛顿还告诉了我们一些非常有趣的事情，说他打算用研究运动的过程作为出发点，来“发现是什么推动力造成了这一切”。正如他在为卢卡斯讲座而提供的有关光学的讲义中所说的，正是几何学让自然哲学家得到了“最佳证据”。牛顿在“序言”中以一种相当新颖的方式描述了几何学——事实上，牛顿认为，几何学是从属于力学的，因为几何物体被认为是由运动产生的，因而由力学的方式呈现给几何学家。牛顿接着说道，力学为我们展示了如何研究直线、圆以及几何所要研究的其他形式的曲线。

这里很重要的一点，是要了解牛顿扭转了人们的一个传统认识，即认为力学（连同音乐和天文学）只是“混合了数学的分支学科”，它的地位比不上几何学（与算术一样，几何属于“纯数学学科”）。在亚里士多德派的传统观点中，与纯数学相比，非纯数学不那么完美，因为它们研究的是物质的、不那么完美的对象，而不是纯数学科学所研究的内容。但是，对于牛顿力学来说，力学并不比几何学差，同时也不属于几何学。如果人们在说“力学”的时候，指的是帕普斯在《数学论文集》第八卷中提到的那种“理性力学”——牛顿曾引用“理性力学”这个说法。“理性力学”告诉人们如何画曲线（如用圆规画出圆或用椭圆仪画出椭圆）；理论力学在几何学家开始研究这些问题之前，就可以解决曲线问题。牛顿在这里似乎于字里行间表达了与笛卡儿不同的看法。笛卡儿在其《几何原理》（1637年）中，把“机械”曲线（如螺旋曲线）描述为是不精确的，因此也不属于几何学所要研究的范畴。

牛顿在写“序言”时，已经在研究“有机几何学”方面积累了多年的经验。为了理解牛顿说对自然哲学的研究和对运动原因的研究只能通过运用几何运算来完成，他认为几何归属于理论力学时的脑中所想，我们还需要注意到：他在撰写《数学原理》之前，就对几何学进行了研究。有机几何学研究了在何种情况下会产生平面曲线（希腊语为“organa”）。为了简单起见，我们可以把指南针看作是生成圆的工具，或者是牛顿发明的绘制圆锥曲线的工具（参见插图28）。牛顿的这些几何研究，与当时吉拉德·德萨格（Girard Desargues）、布莱斯·帕斯卡（Blaise Pascal）和菲利浦·德拉希尔（Philippe de La-Hire）的投影几何研究有关（牛顿在《数学原理》中引用了德拉希尔有关圆锥截面的论文）。把曲线想象成由仪器绘制而不是由方程得出的结果，使牛顿能够扩展几何曲线的类别。在笛卡儿的坐标系中，呈螺旋形的曲线无法用代数方程来表达，因此笛卡儿就认为这样的曲线不属于几何研究的范围，但事实上并不像他所说的那样。

但在本章要讨论的问题中，最重要的一点是，有机几何学从本质上来说是一种很适合牛顿用来研究自然哲学的工具。牛顿在17世纪90年代为《数学原理》的“序言”部分所写的修改手稿中，这样说道：“我们在用几何方法来测量任何由上帝、自然或技工制作出来的平面图形时，都会发现，它们的结构无比精确。”因此，不仅人类的工匠用操作仪器能绘制出曲线，而且上帝（牛顿在“前言”中说上帝是“最完美的机械师”）和自然本身就为我们展现了完美的曲线。也许我们可以说，就像人类工匠手中拿着指南针来导航一样，上帝通过其力量来为我们指引方向？我们可以说行星的运动是由某种力量引起的吗？归根结底，这种力量取决于“上帝之手”，从而将行星的轨迹绘制在天空当中？这是一个高度敏感和有争议的话题，我们在后面还会回过头来讨论这个问题。在这里我们可以说的是，这些问题似乎超出了牛顿的精神视野。这些都是牛顿不打算回答的形而上学的问题——我们再怎么强调也不为过的是，牛顿非常清醒地知道，要避免猜测上帝究竟是如何影响着自然的。

牛顿立志要研究的主要问题之一是，如何从行星运行的轨道来推导出运动力。从研究行星运动着手，牛顿推导出在行星之间有引力的存在，这种引力随距离的平方反比而变化，并与天体的乘积成正比。牛顿在确定了这种力的存在之后——或者说，一旦能够用这个规律来归纳概括，表明这种力作用于构成宇宙的所有物质——牛顿就继续“演示其他现象的规律”，比如潮汐起落、月球运转、彗星轨道等。

对于一个现代物理学家来说，牛顿的方法看上去是这么自然，以至于我们可能都无法意识到，他在“序言”中所概述的研究思路实际上是多么地具有创新性。牛顿告诉我们，自然哲学的主要问题是从可观察的事物（现象）着手，以便发现引力，而引力才是造成这些现象的隐性原因。让我们想象一下子弹或行星的轨迹：这是我们可以看到的现象，更重要的是，我们可以去测量这些轨迹。牛顿说，这种轨迹是由力的作用而造成的，有点像用圆规追寻圆圈上的每一个点。然而，我们可以制作和使用圆规，而引力却是在大自然发挥作用的一种因素，我们无法感知它，它也不是人类创造出来的东西。但是，我们可以通过测量轨道的加速度来推断有这种力量的存在。

牛顿在“序言”里以讨论引力的计算为起点——因为之前就有人说过行星的运行轨迹是可以测量出来的。牛顿正是通过这些测量，才得以发现了万有引力。然而，牛顿应该用哪一个参照系来测量物体的运动呢？行星、月球和彗星的运行轨道，要放在哪一个空间参照系中来表示？我们应该用什么样的钟表来测量天体的运动？如果不澄清这一点，我们就无法准确地推导运动力的大小。正是在思考这个问题的时候，牛顿提出了对绝对时空概念的著名思考。

定　义

在“序言”之后，《数学原理》一书首先对绝对的时间和空间进行了界定解释。

第一个定义是“物质的质量”，由密度和体积的乘积来衡量。我们需要记住的是，密度是由比重来测量的。我们现在将牛顿提出的第一个概念称为“物理质量”。牛顿学派的学者一致认为，这个定义是力学发展史上重要的一步。事实上，在牛顿之前，学界存在着很多模棱两可的说法：有关重量、体积和物体如何伸展，都有着不同的说法。然而，牛顿清楚地区分了重量和物理质量：前者是会产生变化的，苹果在地球上的重量与在月球上的重量不同。让·里奇（Jean Richer）有关秒摆的长度随着纬度的变化而变化的实验表明，在地球上，物体的重量也会随其位置的变化而变化。然而，物理质量是一个不变的量。牛顿在定律中解释了物理质量概念的含义，特别是在讨论具体的物理情况下的时候。例如，牛顿知道，根据第二定律，施加在不同物体上的同一力量，会引起与其物理质量成反比的加速度。正是在《数学原理》一书中，我们发现，惯性物理质量和引力物理质量之间的概念有所区别，并且还有实验可以加以证明。

第二个定义是“动量”，用速度和物质的质量的乘积（物质的质量×速度）来衡量。这一概念在笛卡儿的研究中，以及在惠更斯、沃利斯和雷恩等人对物体受到力的撞击时会发生什么现象的研究中，都起到了关键作用。

第三个定义非常有趣，我们来看看牛顿有关运动的学说，注意它与人们今天所学的牛顿力学理论之间的区别，这是件很重要的事。牛顿在他给出的第三个定义中说：物质的“固有力”或“惯性力”（一种起反作用的力），存在于每一个物体当中，大小与该物体相当，并且能够使物体保持其现有的状态，保持静止或匀速向前运动的状态。当有“外力”作用于物体上，使其改变运动状态时，就会产生一种“力”，我们可以将“外力”理解为作用于某个物体上的各种力的合力。牛顿把惯性也说成是一种“力”。他似乎认为物体本身具有某种形式的内部固有之力，当某个外力（如一个冲击力）作用于物体时，固有之力在物体内部被激活，从而对匀速直线运动的变化起一种“反作用力”的作用。这是一个有趣的想法，我们也很容易把它和牛顿很不喜欢说物质是“被动”的观点联系起来。应该说，这一解释似乎又被牛顿在其《光学》（我们在后面会再讨论）里谈到的第31道“答疑”中所说的话所掩盖。牛顿在那个地方将惯性说成是一个“被动原理”，单凭它自己是无法在自然界中保持运动的。牛顿在定义中继续阐述了外力和三种不同向心力的测量方法。由于篇幅所限，我们在此就不予详述。

绝对时空

牛顿在为自然哲学的基本定义所做的注释中，引入了“绝对时空”的概念。同样，牛顿在这个注释中，与他在写“序言”部分时一样，表达了与笛卡儿不同的看法。笛卡儿在他的著作《哲学原理》（1644年）的第二部分（第24、25节）中，把运动定义为一部分物质相对于紧邻它的其他部分物质的位移。相反，对牛顿来说，物体的运动与绝对空间有关。牛顿反对笛卡儿的运动概念，以及他随后对绝对空间和时间所作的辩解，既有形而上学和神学的性质，也有物理和天文的性质。前者在牛顿为书中定义所做的注释中并不明显：牛顿在完成《数学原理》第二版（1713年）和第三版（1726年）的修订时，在著名的“综合注释”中，对其再次作了阐述，后来在莱布尼茨与克拉克之间的通信中（1715—1716）也有提及。

人们通过尚属尝试的研究，在牛顿所写的许多文稿中，给他的“形而上学”或“神学”方面有关时空的概念下了定义。我们来看看这样一些材料：最明显的，有《论引力》（一本略显神秘的笔记本，其日期和目的尚不清楚），还有一篇简短地称为《时间与位点》（*tempus et locus*，约写于17世纪90年代的早期）的手稿，以及一份草稿（写于约1718年）——该草稿可能是为了收入18世纪10年代后期、由胡格诺派教徒皮埃尔·德梅泽奥（Pierre Des Maizeaux）所编辑的书信集里。显然，牛顿对人们当时认同的空间、时间和运动的理论（特别是对笛卡儿的理论）持批评态度，他认为这些理论无助于搞好科学实践，甚至从宗教的角度来看也有潜在的危险。在笔者看来，牛顿一向以重视实际应用为导向，此时却要涉足对自己如此陌生的哲学领域，这背后至少有一个动机，那就是他对宗教的关注。我们马上就要看到，牛顿以数学为基础的物理研究——或者更确切地说——正如他在该书的“序言”中所阐述的那样，他在自然哲学中要研究的“主要问题”，首先需要提出假设：绝对的时间和空间是非常“真实”的概念。也就是说，绝对的时空独立于其他参数或人为的测量而存在。牛顿担心，当他提出无限的和永恒的实体假设时，这两个属性对人们的宗教信仰会产生什么样的后果。因为在宗教里，“无限”与“永恒”只属于上帝。牛顿承担着把神圣的属性赋予自然的风险，因为在那之前，人们认为宇宙在时间和空间上是有限的。但是，牛顿指出，绝对的时间和空间既不是物质，也没有物质的属性：这些是真实的存在。而且从宗教的角度来看，绝对时空的本体论地位较弱，并没有冒犯宗教的意思。用牛顿的话来说，它们是“存在着的存在”，它归功于上帝的“发散效应”。这样的说法可能被理解为，既然上帝是无所不在的和永恒的，那么空间和时间也是无限的。换言之，因为“万物的存在取决于时间的长短，其存在的幅度则取决于空间的大小”，牛顿自然哲学所定义的无限时间与无限空间，也是因为有了上帝的存在而得出的结果。牛顿的这些立场，在莱布尼茨与克拉克的通信中被公之于众，引起了许多评论与批评。幸运的是，我无须在这有限的篇幅中，去论述那些棘手的问题。

在为该书的定义部分所提供的注释中，牛顿解释了“绝对的、真实的和数学的时间”概念，阐明它与任何外部事物都无关，“毫无变化地流动”。同时，绝对的空间“不用参照任何外部事物”。牛顿说，我们谈论的是在绝对的时间和绝对的空间里物体的位置与运动。但是，我们如何确定绝对的空间和绝对的时间呢？围绕在我们周围的物体中，哪一个是静止的，或者是相对于绝对空间所呈现出来匀速的直线运动？由于牛顿物理定律在一个参考系与另一个参考系之间没有变化，且相对于前者的直线运动是均匀的，这就增加了人们在理解这个问题时会遇到的固有困难。正如伽利略说的，人们不可能根据物理经验来确定我们的实验室是静止的还是匀速直线移动的。牛顿认为，根据旋转所引起的“效应”，我们可以把相对运动和绝对运动区分开来。

牛顿举了两个例子。第一个著名的例子是“旋转水桶”实验。牛顿让我们想象一下：在一根“绳子”上挂了一个装满水的桶。他举这个例子显然是为了反驳笛卡儿的说法，因为笛卡儿把运动定义为两个相邻物体之间的移动。牛顿则认为，桶壁相对于桶里所装之水的相对运动，与如何定义水的运动状态无关。如果我们扭转吊桶的绳子，当松开绳子后，桶随绳子旋转而水基本上没有旋转——所以有相对运动。随后，随着桶壁和水的摩擦力的作用，水也开始随着桶旋转——相对运动慢慢消失。如果我们用手突然抓住水桶，桶壁和水之间又会有相对运动——水面会发生弯曲。然后，桶壁和水之间的相对运动会逐渐减小，直到水面恢复平静。根据牛顿的说法，笛卡儿给出的运动定义则使得我们无法对这种现象提供因果解释——水相对于桶的相对运动与水面的曲率之间没有稳定的关系。牛顿解释说，水表面的曲率，受到水相对于绝对空间的旋转的影响，而与水相对于相邻物体的运动无关——这是牛顿的推理。直到两个多世纪后，当爱因斯坦的相对论深刻地改变了牛顿物理学所依赖的时间、空间和运动的直观概念的时候，这个问题才得以解决了。在牛顿举的第二个例子中，假设我们有两个“球”，在一个空空荡荡的空间中用一根“绳子”连接起来：没有其他物体可以用来测量由两个球和一根绳子所组成的这个系统的运动。如果在绳子上测出了张力，那么（就表明）两个球相对绝对空间在旋转。如果我们知道绳子的弹性系数，就可以据此算出球体旋转的速度。因而，我们就可以确定旋转运动相对于绝对空间的状态会有什么样的结果。

牛顿认为，在相对于绝对空间加速度的参考体系中测量出来的加速度，并不能与真实的受力情况相对应。为了确保动力学推导出实际存在的力，我们需要考虑物体的“绝对”运动，也就是说，加速度要放在绝对时空里测量。简言之，如果自然哲学想要从运动中发现力，那么这些运动就要根据绝对时空来测量，以确保得出的推论可以引导我们识别真实的、非虚构的力。如果这些力必须取决于选择什么样的参照系，那它们就是“虚构的”力。

上面我们考虑了与空间参考系有关的例子。现在让我们来考虑测量时间的问题。假设我们都同意使用相同的空间参考系（如静止的参照系或相对于固定恒星均匀移动的参考系——这是牛顿做的选择）。假设在这个系统中，有两个观察者在测量物体的运动。让我们假设他们都同意要观测的物体是沿着一条直线运动的。然而，这两个观察者使用了两个不同的时钟。在“观察者1”看来，物体在相等的时间内移动了相等的空间距离；而在“观察者2”看来，物体运动出现减缓

（比如，它在第一秒里移动了1米，在第二秒里移动了0.9米，而在第三秒里移动了0.8米，依此类推）。因此，有关力的推导是不同的。“观察者1”会得出结论认为，作用在物体上的合力为0，这大概是因为物体在没有重力存在的空间中运动；而“观察者2”可以推断出，可能有某种介质施加了阻力，从而阻碍了物体的运动。牛顿认为，这两个观察者不可能同时都是对的。牛顿认为，研究自然哲学就必须发现真正的力，因此我们需要尽量准确地计算出真实的加速度。我们永远无法做到绝对精确，因为我们无法确定绝对时空，也就不能完全准确地测量相对于它们的真实运动，但是我们可以逼近真实的数学意义上的绝对时空。

牛顿在为书中的定义所做的“注释”中，提出过非常严格的要求。他提出的有关绝对空间的假设过于严格，因为牛顿定律只需要有一个惯性参照系的等价类（在这里我们用了一个不合时宜的说法），而不需要一个单独的、特定的静止参照。换言之，对牛顿力学来说，绝对速度是一个毫无意义的概念（正如牛顿在为定律所作的推论中证明的那样）。因此，在某种程度上，通过将绝对空间称为特定的静止参照，牛顿作了一个不必要的严格假设。从牛顿力学的观点来看，他的绝对时间概念则是更为合理的（这里并不是从狭义相对论来衡量的）。确实，绝对时间的结构对牛顿力学来说是正确的：我们可以通过测量一个未加速或未减速的运动，或者一个孤立的旋转物体，来得到绝对时间的近似值。但牛顿有关运动的定律，根本没有提供近似“真实速度”的标准。与绝对静止的参照系之概念相反，绝对时间的本质，“均匀流动”或时间间隔的绝对相等（从更广泛的意义上来说，时间间隔的绝对比率）不是牛顿不必要地引入的概念，而是运动定律中所隐含的概念。

牛顿认为，天文学家们经过实践，已经教会我们如何用“时间方程式”修正太阳时间（solar time）来获得绝对时间的近似值，从而确定恒星时间（sidereal time）。有一个重要的事实需要强调，那就是，牛顿为绝对时空的辩护，是建立在他确信这些概念是由坚实的科学实践而得来的认识上。一个世纪后，康德对此有很多话要说，概括来说就是：采用一个好的时钟和一个好的空间参照系，意味着在现有的技术和科学知识水平下，人们可以测量出那些无限接近真实值的加速度。从这些加速度中，我们可以推断出力的方向和大小，在研究“基于物性产生的真实之力”时，才能尽可能地计算出力的真实大小。

还必须回答的最后一个问题是：我们如何区分一个“真实的力”和一个“表象上的力”？根据牛顿第三运动定律，施加于物体A上的真实力（可能是接触所产生的力，也可能是从远处传来的力）是由另一物体B引起的，而物体B又由物体A施加的相等的、反向的反作用力而加速（根据牛顿第三运动定律）。真正的力总是两个物体之间的“相互”作用：

> 把作用力和反作用力说成是分别施加于两个物体的一对力，碰巧以作用和反作用的方式出现，是有误导性的。“力”对应于物体之间的相互作用，它无法分解成单独的“作用”和“反作用”，它只是存在于我们对它的描述中。

牛顿在《数学原理》第三卷中，在研究行星体系的时候，通过假设一个相对于固定恒星来说静止的参考系和一个由地球自转来决定的时间，证明了行星和太阳通过相等并且相反的引力相互作用，而且引力会随着距离的平方而减小。牛顿能够确定行星和太阳的相对物理质量，并表明行星系统的物理质量中心总是非常接近太阳。在牛顿自己看来，他的研究使得由哥白尼的理论而引起的大辩论可以得出最后的结论，没必要再多争论了，牛顿能自豪地说，他通过测量行星系统中的真实运动和真实作用力，解决了“哲学面临的主要困难”。然而牛顿的一些同时代人，特别是惠更斯、莱布尼茨和乔治·伯克利（George Berkeley）等人，则对他的绝对时空的概念仍持怀疑态度，他们对此有深度的批评，不应被忽视。恩斯特·马赫（Ernst Mach）在19世纪末对绝对时空的概念提出了强有力的批判。如前所述，爱因斯坦提出的相对论理论，则永久地改变了我们对空间和时间的概念。

运动三定律

《数学原理》一书的基础，是牛顿提出的有关运动的三个“公理或定律”：

第一定律：在无外力作用下，物体总保持静止或匀速直线运动。

第二定律：物体加速度的大小与作用力成正比，与物体的质量成反比。加速度的方向与作用力的方向相同。

第三定律：相互作用的两个物体间的作用力和反作用力总是大小相等，方向相反，作用在同一条直线上。

牛顿当时并不知道自己所提出的定律的创新性。事实上，他把前两个定律（错误地）归功于伽利略，却没有提到笛卡儿，而他其实真应该感谢笛卡儿的研究。牛顿在一份手稿中，将第一定律的发现归功于古人，他列举了卢克莱修[1]、阿纳克斯格拉斯和亚里士多德等人在这方面的著作。我们再次看到，牛顿在写作中，纵向地提到了古代科学对他的启发。卢克莱修在《物性论》[2]中阐述的德谟克利特（Democritus）的原子论，当然与亚里士多德派学说在哲学上属于不同的派别，然而牛顿在提到古代传统时，似乎并不太关心这些哲学上的区别。

在定义第三定律时，牛顿把它归功于雷恩、沃利斯和惠更斯的研究。牛顿阐明，每一个力都会对应一个相等且方向相反的力——这一事实，对于理解牛顿的宇宙观是至关重要的。开普勒等支持磁力学说的人曾说，太阳对行星施加着吸引力。牛顿则告诉我们，太阳对任何行星的引力，都必须与行星对太阳的力相等且方向相反。因此，我

[1] 卢克莱修（Lucretius，约前99—前55），罗马共和国末期的诗人和哲学家，以哲理长诗《物性论》（*De rerum natura*）著称于世。他继承古代原子学说，阐述并发展了伊壁鸠鲁的哲学观点。

[2] 卢克莱修在哲理诗篇《物性论》中，倾向于消解世界的实在性，凸现对一切无限细小、轻微和机动的因素的感受。

们不能仅仅把太阳看作一个静止的、对地球和其他行星施展引力的物体。太阳也会受到来自行星的反作用力，这种力会使太阳产生加速度。而与地球和其他行星相比，太阳因为有比较大的物理质量，因而使它看起来好像是恒定不动的。

最后，我们应当知道，有关运动的牛顿三定律，使人们可以从物体的运动现象来推导力的大小（如牛顿在书的“序言”中所界定的）。对力的测量，要按照绝对时空的函数来进行，即这些测量要在相对于绝对空间近似静止或者匀速直线运动的参照系下，并用“好”的时钟进行。牛顿第一定律让我们能够确定，如果一个物体不是处于静止状态或者不是以匀速的直线而运动，则作用于该物体的力之合力不会是零。牛顿第二定律让人们得以测量这种力的强度和方向，因为有这种力的存在，物体实际运动轨迹会对惯性运动方向有一定的偏离。这种偏离提供了测量合力的方法（参见插图33）。牛顿第三定律则要求我们把力想象成两个物体之间的相互作用。两个物体之间的相互作用就是真实的引力，这和虚拟力不同。虚拟力是在相对于绝对空间做加速运动的参照系中，使用了和绝对时间不同步的时钟测得的。

世界体系

《数学原理》的前两卷中，在研究物体运动的定理和数学问题的时候，有大量抽象的讨论，但有几个显著的例外（如有关流体阻力和声音传播速度的实验）。直到第三卷里，牛顿才把这些抽象的定理应用到对自然现象的研究上来。事实上，在《数学原理》的第三卷中，牛顿放弃了前两卷中普遍采用的抽象数学方法，而用具体的术语来描绘他对“世界体系”的研究：

> 在前两卷中，本人所提出的哲学原则，其实并不是哲学问题而只是数学问题。吾等还需要根据这些原则来更好地演示此世界体系。

牛顿在前两卷中，把与行星运动有关的天文现象作为研究的起点。他通过自己计算出来的一些数学结果，推断出在所有行星和太阳之间有引力存在。而且，引力的强度随距离的平方反比而变化，且与物体物理质量的乘积成比例。他还介绍了引力在其中的作用。牛顿通过归纳概括，指出引力作用于宇宙的所有物体——这就是万有引力理论的起源。

牛顿的这一理论有两点引人注目。第一，牛顿宣称自己达到的定量精度很高（其实有时还有不准确之处）；第二，《数学原理》对自然现象提出了统一的数学理论。石头扔出的抛物线、海水涨落、月球运行、行星和遥远彗星的运动等，这些都是由同一个原因造成的，那就是引力。

《世界体系》中的一个著名插图，用最简单的方式来说明了后面这一点。《世界体系》是在牛顿去世之后，才于1728年发表的一篇短文。牛顿本来是为《数学原理》的最后一卷（参见插图34）

而撰写这篇文章的。在这张插图里，我们看到，在一座非常高的山上放着一门大炮。如果大炮往水平方向发射一枚炮弹，其初始速度比较低，那么由于惯性直线运动和引力引起的加速运动这两者的结合，炮弹的弹道将大致遵循伽利略所设想的那种抛射体轨迹。然而，如果我们逐渐提高炮弹离开大炮的速度，我们将看到炮弹会有越来越长的弹道，一直会延长到炮弹进入环绕地球的轨道。对哪怕对数学知识掌握不多的读者来说，其中的信息也很清楚：伽利略也研究过的同样的力，即我们熟悉的引力，是月球环绕地球运转的原因。

地球和天体现象这种令人惊讶的统一，是基于构成引力推导基础的天文学现象（现象1～6）和简短的演示（命题1～8），其中使用了第一本书的一些结果——结果是从现象本身开始的。请记住，牛顿在《数学原理》一书的“序言”中说过，研究自然哲学的目的是要从现象出发，去研究是什么作用力影响着自然界的运转。

在证明了重力的存在之后，牛顿接着阐述了他在书的“序言”中所探讨的第二个问题：从这个力中推断出现象。引力理论的成功，取决于天文学家是否能把这个理论运用于观测现象，特别是运用引力理论，能够帮助天文学家预测出尚未观测到的现象。也就是说，如果这个理论能够拓展我们的知识，它的价值或成功就会更大。

简言之，我们看到了《数学原理》第三卷后面阐述的引力理论有多大的成功。这个宏伟的推论可以分为不同的主题：（1）行星运动的特征（命题10～17）（参见插图35），（2）地球（命题18～20）和月球的形状（命题38），（3）月球运动的不平均现象（命题22～35），

（4）（春分、秋分的）分点岁差（命题21和命题39），（5）潮汐运动（命题24、命题36～37），（6）彗星轨迹（命题40～42）。从这个列表来看，牛顿得出的结论之重要性是显而易见的。一个单一的力，即人们所熟悉的导致物体向地球中心坠落的引力，就能够解释有关地球和天体的大量现象。而且我们可以从数学的角度来研究这种力。数学成为一种语言，让我们能够理解各种各样现象的起因。正是引力的数学化，使我们有可能解决人们在当时关于"世界体系"的探究所面临的最大谜团：以什么理由去相信哥白尼提出的日心体系，而不是人们一直认为的地心体系？如果行星围绕太阳运行，那么是什么力量使行星保持在轨道上运行呢？

虽然《数学原理》是一部鸿篇巨制，但解决这些难题的法则还面临着技术上和基础层面上的困难。牛顿在书的第二卷和第三卷中所涉及的许多问题（如流体的运动、声音的传播、月球最高点的运动、地球的形状、潮汐起落、岁差现象等），都用了物理和数学的工具来解答。但事后看来，光用这些工具似乎还是不够的。事实上，牛顿使用的几何方法很快就过时了。比如我们前面所看到的，《数学原理》中明显缺乏微积分的运用，牛顿第二运动定律并没有用公式$F = ma$来表达。《数学原理》中那些讨论不充分的课题，比如有关流体力学和固体力学、变分学和偏微分方程理论、最小作用原理、椭圆积分等方面的解答，还有待后来的数学家们——包括约翰·伯努利、克莱奥特、丹尼尔·伯努利、欧拉、达朗伯、拉格朗日和拉普拉斯等人——的努力。尽管我们注意到了《数学原理》中的不足之处，但我们仍然不能低估该书中所取得的积极成果，也不能低估牛顿努力的进步性。

比如，牛顿提出了行星摄动理论，虽然理论尚显粗糙，不能令人满意，但一直到20世纪初期，牛顿的这个理论都一直在指引着数学、物理学方面的重要发展。

牛顿提出的行星理论，其最大的成功之处在于，他能够首次把数学预测和因果解释两者的需要结合起来。在牛顿之前，有人提出过预测性的数学模型，但却无法给出更多的解释（如开普勒的三定律，让人们可以规划出精确的天文表，却没有对行星运动的原因分析出任何结论）。也有人提出过解释性的（不是以数学为基础）系统（如笛卡儿的涡旋理论认为，是太阳周围微妙物质的运动引起了行星的运动，但笛卡儿提出的不是一个数学上的理论）。而牛顿的“世界体系”则解释了导致行星运动的原因，即重力；同时也为它提供了一个数学公式，可以预测出人们以前从未听说过的精度。牛顿通过这个系统，实现了他自己在早期光学研究中提出的一个理想，即把几何学与哲学结合起来。他希望通过几何学的计算和应用，能够取代自然哲学研究中的“猜想和概率”。

然而，牛顿只是给出了大致的预测，他的理论和观测数据之间存在着差异。牛顿与他同时代人的一个共同优点是，他们并没有对这些异常现象视而不见，尽管按照当时的标准，这些差异几乎可以忽略不计。我们在前面提到，力学和数学在18世纪的发展，很大程度上在于人们试图解决这些异常现象。牛顿在《数学原理》的第二卷和第三卷中，也试图解决这种理论数据与观测结果之间的微小差异（差异有时也不小，比如月球最高点的运动如何计算）。简言之，《数学原理》集合了很多成功的理论，但书中也有许多尚未解决的问题。因此，这项工作为进一步的研究指明了方向。牛顿著作的巨大影响在于它的进步性，在于它是一本开放性的著作。它不仅包含有解决方法和成功的答案，而且也提出了问题和空白，指引了一代又一代的数学家和物理学家去进行研究。正如著名的天文学家赫尔曼·邦迪（Hermann Bondi）所说的那样：一个科学家的伟大，不仅在于他给出了什么答案，也在于他提出了什么样的问题。

如上所述，《数学原理》不仅在技术上理解起来有难度，而且在本质上也与人们的观念相冲突。对牛顿的许多同时代人来说，《数学原理》从数学的角度来看是一部杰作，但从物理学的角度来看却不尽如人意。《数学原理》一经发表，就有人表达了这种看法。笛卡儿学派的自然哲学家们必然会做出这样的反应，因为对他们来说，提供物理解释就意味着要呈现一个力学模型。牛顿提出了什么物理模型来解释引力呢？在《数学原理》一书中，牛顿没有对“什么是万有引力”以及“万有引力是如何在物体之间以何种方式产生作用”进行物理上的解释：为什么物体在很远的距离还能相互吸引，而且没有时间上的延迟？早在17世纪70年代，当人们讨论牛顿的“判决性实验”时，就已经有人对牛顿提出过这样的批评。胡克和惠更斯在对牛顿提出批评时说，牛顿描述了白光色散的数学规律，却没有解释光是什么以及它产生颜色的物理原理。在《数学原理》一书中，牛顿同样提出了引力的数学理论，却没有去说明这种力的物理性质。

惠更斯是一位坚定支持笛卡儿学派的人物。他对《数学原理》的反应很有意思，因为在欧洲大陆上的大多数自然哲学家一开始都认同惠更斯的观点。惠更斯一方面对牛顿的数学工作赞不绝口，另一方面则对牛顿提出的物理理论表示怀疑。惠更斯写道：

> 我也不满意他（牛顿）基于引力原理提出的所有那些其他理论，在我看来这是荒谬的。……我常常惊讶地看到，他能够就这么一个荒谬的理论基础而进行如此多的研究和艰难的计算。

该定律的荒谬之处，在于两个不同的物体能够在相距遥远的地方，在一个空荡荡的宇宙空间里，相互起着吸引作用。惠更斯坚持的是笛卡儿的力学哲学，根据该哲学，自然现象要从互相接触的角度来研究，例如粒子之间的碰撞和波纹在介质中的传播。像万有引力这样的超距作用（action at a distance）是不可接受的，而且也不符合惠更斯在不同场合中多次讲过的那种“合理的哲学”。

欧洲大陆上的许多人和惠更斯一样，抱有这种怀疑态度。有人批评说，牛顿引入了一个无法理解的原理。在许多人看来，这一原则似乎是对文艺复兴哲学的神秘性质的一种回归；而机械哲学恰恰是因为与这一传统背道而驰才得以诞生。还有人怀疑，牛顿作为《数学原理》的作者，把他自己的这些设想与自然魔法的传统混为一谈。根据自然魔法的传统说法，自然受到非物质力量的支配、受到神秘的“引力”和“反引力”的支配。最引人注目的是，在法语和德语国家，牛顿的《数学原理》被视为一部在物理学方面带有缺点的著作。皮埃尔·雷蒙德·德蒙莫特（Pierre Rémond de Montmort）在1712年写信给约翰·伯努利，称赞了尼古拉斯·马勒布朗士（Nicolas Malebranche）

所著的《真理的探索》（*De la Recherche de la vérité*）新版本。该版本发展了笛卡儿的涡旋理论。德蒙莫特希望牛顿在出版《数学原理》的第二版之前能够读一读这部著作。伯努利在回信中表示同意，他说关于引力的问题，牛顿提出的只是一个“假设”。

牛顿非常认真地看待这些反对意见。从某种意义上来说，他同意批评者的意见。牛顿在1693年给理查德·本特利的一封信中写道：想要假设“无生命的非理性物质（在没有其他非物质的事物发挥作用的情况下）没有相互接触，就能对其他物质起作用和影响”，这是“无法想象的”。牛顿认为惠更斯和在欧洲大陆的天文学家们提出的反对意见有其一定的道理，但他们的反对意见只是基于一个机械论的概念。根据那个概念，物质是无生命的。在下一章中，我们将看到，牛顿在他的壮年和晚年时期是如何与来自欧洲大陆上的同行进行辩论的。他在辩论中，试图捍卫自己在光学和引力研究中所采用的方法。这涉及数学、物理，以及方法论的不同，甚至神学的观点——正如刚才我们在前面引用的段落中所推断的那样。

事实上，牛顿在与他人的书信往来中，以及在为后来版本的《数学原理》所作的重要补充里——比如在阐述“自然哲学的研究规则”和“综合注释”中，都讨论了科学方法、因果关系，以及绝对时空的性质等这些棘手的哲学问题。事实上，这些著作是18世纪哲学的经典：它们对启蒙运动的哲学思想家们产生了深远的影响，一直延续到康德，甚至影响到后来的哲学家。这些资料应该得到更多的关注。在本书这样简短的导论型书籍里，无法就这些内容展开而写出更多的篇幅。牛顿作为一个伟大的科学家这个事实，使得他在陈述《数学原理》时所展示的哲学宣言特别令人信服。对于要写牛顿传记的作者来说，牛顿参与哲学问题上的讨论，其实是事出无奈，这一点值得我们注意。牛顿写了有关哲学方面的文章，这似乎并不是出自他的真正兴趣，而是就像在17世纪70年代时牛顿就色彩问题提出的理论第一次引起了争论那样，由于他需要在批评声中维护自己的数学和实验研究，尤其是他还要应对一位大哲学家（莱布尼茨）的批评。随着有关《数学原理》所引起的争论进一步展开，牛顿在这个时期成了伦敦政治和科学生活中的一位重要人物。在下一章中，我们要谈一谈作为公众人物的牛顿。

第六章

最后的岁月（1696—1727）

《数学原理》的出版，让牛顿进入了公众的视野。在1687年之前，只有少数几个同道知道他的数学成就；1687年之后，牛顿就不再只是剑桥大学里一位独来独往的教授了，他成了当时最著名的自然哲学家之一，成为一个公众人物。他必须肯定自己的观点，保护自己的理论不受批评，并使其理论看起来有充足的吸引力。他要让类似约翰·洛克、理查德·本特利和塞缪尔·克拉克等这些没有数学背景、不能充分理解牛顿理论的人也能信服。在牛顿生命的最后几年里，与同时代的人所进行的讨论（而且经常是争论），促使他更好地解释和完善了许多在以前只是自己藏于箱底的思想。正是在这种背景之下，牛顿卷入了在欧洲范围内哲学家之间的争论。我们得到的印象是，对牛顿来说，哲学是一种需要而不是一个职业，是一种出于防御需要而采取的策略，而不是一个出于自主选择的研究方向。

简言之，牛顿对因果关系和理论解释等问题作出回应，是为了抵挡莱布尼茨等哲学家的抨击，而不是出于他自己真正的兴趣，牛顿从未就哲学问题系统地写过文章。

作为公众人物的牛顿

牛顿于1689年遇到了一位来自日内瓦的年轻学者尼古拉斯·法蒂奥·德·杜利尔，他与法蒂奥建立了一种亲密却短暂的友谊（参见插图30）。法蒂奥对新的自然哲学很感兴趣，他已经结识了几位著名的科学家，其中最著名的是乔瓦尼·多梅尼科·卡西尼（Giovanni Domenico Cassini，巴黎的天文台台长），以及荷兰的著名人物惠更斯。牛顿后来在1689年到1993年成了法蒂奥的导师。法蒂奥与牛顿讨论炼金术的问题，与惠更斯保持着联系，对曲线求积的研究作出了贡献。法蒂奥还提出了一种基于以太引力而发挥作用的理论——这种理论在某些地方（特别是在日内瓦）很流行。法蒂奥曾考虑要为《数学原理》的再版做编辑和注释，并请惠更斯帮助他一起完成这项任务。很显然，牛顿被这位有才华的年轻人迷住了——法蒂奥有一种天赋，能够赢得他同时代一些最伟大的自然哲学家的好感。但是，牛顿和法蒂奥的合作在1693年因某种无法解释的原因而结束了。值得注意的是，同年，牛顿患上了严重的神经衰弱症，牛顿在与人的通信中透露出了相当大的心理痛苦。关于产生这一现象的原因，人们已经说了很多，并提出了各种各样的假设：最生动却未经证实的解释是，牛顿在做炼金术的实验时，由于几乎没有采取任何预防措施，导致他汞中毒。法蒂奥后来加入了“卡米撒教派”[1]（Camisards）。那是一些自称“法国先知”的人，在宗教狂热的鼓动下，于1685年《南特敕令》（*Edict of Nantes*）[2]遭到废除后，通过武装起义来反抗路易十四，后来许多胡格诺派教徒[3]不得不逃亡国外。在这次事件发生后，法蒂奥于1707年被绑在查令十字街示众。牛顿与他疏远了，因为牛顿是一个很注意保护自己政治生命的人。

在《数学原理》出版后，1688年至1689年，英国发生了一场被称为“光荣革命”的政坛地震。“奥兰治的威廉”（William of Orange）率领了一支强大的军队从托贝入侵。詹姆斯二世将王国的大印扔进泰晤士河里，被迫前往法国避难。这次入侵是由英国政界和英国国教的重要人士所推动的。如前所述，詹姆斯二世于1685年登基，加剧了他哥哥在位期间就存在着的宗教紧张局势。由于《南特敕令》遭到废除，反天主教的情绪高涨，导致成千上万的胡格诺派教徒来到伦敦寻求庇护——他们带来了在路易十四的统治下新教徒如何遭到迫害的骇人听闻的故事。在这种局势紧张的情况下，詹姆斯二世仍然固执地表现出他对天主教的好感，使民众怀疑他可能想要恢复天主教教徒的权利，而这激起了人们的愤怒。

早在1678年至1681年，一个品行不端的、名叫提图斯·奥茨的挑

[1] 卡米撒教派：反对《南特赦令》被撤销之后的大迫害的法国新教起义者。

[2] 法国国王亨利四世于1598年签署颁布《南特敕令》，承认法国国内胡格诺教徒的信仰自由及公民权利，这条特赦令于1685年被路易十四废除。

[3] 胡格诺派教徒：十六到十七世纪法国新教徒形成的一个派别，又称雨格诺派。

刺者，就因他歇斯底里的指控导致了数十名无辜的人被审判或处决。奥茨用一系列虚假的谣言使公众相信：英国当时正面临一个阴谋（所谓的“教皇煽动的阴谋”）——有人要在耶稣会士的帮助下暗杀查理二世，从而倡导罗马天主教。我们不知道牛顿是否被这些谣言所说服，但可以肯定的是，1687年英国国王想下旨，意欲让（剑桥大学的）西德尼·苏塞克斯学院给一位本笃会（天主教隐修院修会之一）修士授予荣誉学位。牛顿放下了《数学原理》的写作，积极参与了剑桥大学里的反对活动。牛顿和剑桥大学的其他代表与校长乔治·杰弗里斯（George Jeffreys）发生了对抗〔杰弗里斯是一个在道德上毫无顾忌的人，曾经极其严酷地镇压了蒙茅斯公爵（Duke of Monmouth）领导的反对天主教国王的叛乱（1685年）〕。最终，剑桥大学捍卫了自己的立场，并未给那位修士授予学位。在牛津大学也发生了类似的事情，詹姆斯二世强迫该校的抹大拉学院任命了一位天主教教徒为院长。

詹姆斯二世出逃后，当英国召开议会时，形势变得特别有戏剧性，也很有利于某些人突然获得政治前途。1689年1月，英国不再有合法的君主，辉格党人支持入侵者奥兰治的威廉——他们甚至为入侵者有资格当君主的合法性进行了辩护，说威廉的到来是为了捍卫新教，是为了反对斯图亚特王朝复辟“天主教”的野心。新国王的登基引发了一场危机，同时引发了激烈的道德辩论和政治见解的冲突。牛顿在1689年被选为剑桥大学的代表，参加英国的“国民议会”（Convention Parliament）。他于1701年再次参加了议会。

这场“光荣革命”给英国历史的发展带来了不可估量的后果。从王朝的角度来看，结果是威廉和他的妻子玛丽（詹姆斯二世的女儿）登上了王位，并终结了信仰天主教的君主登上英国王位的可能性。英国法律规定，王位继承者必须信仰新教。在威廉和玛丽以及安妮都没有任何继承人的情况下，根据英国在1701年通过的《王位继承法》（*Act of Settlement*）的规定，王位最终必须移交给汉诺威王朝的（选帝侯的妻子）索菲娅夫人和她的非罗马天主教继承人。有些人认为，从“光荣革命”到汉诺威王朝继承事件的发生，完全是人为的而不是神权赋予的，而另一些人则希望这是神的旨意。还有一些人发现很难（至少很难公开）拒绝接受斯图亚特王朝的统治。《信仰自由法》（*Act of Toleration*，1689年）确认了英国国教至高无上的地位，但允许那些持不同政见的新教教徒享有礼拜自由（不能获得公职或在大学里任教）。天主教徒、犹太人、无神论者及像牛顿那样的反三位一体论者都不被社会容忍，所以他们必须谨慎行事。如前所述，接替牛顿出任卢卡斯讲席教授的威廉·惠斯顿，由于宣称自己反三位一体的信仰而被剥夺了学术职务。牛顿巧妙地避免了因宗教信仰而妨碍自己的事业的可能性。当然，牛顿也赞成容忍新教的各种教派。

事实上，在当选国会议员之后，牛顿也觉得自己已经进入了政治精英的行列，雄心勃勃地准备离开剑桥，前往伦敦去寻找薪酬丰、声望高的职位。1696年，在洛克和财政大臣查尔斯·蒙塔古（Charles Montagu）的斡旋下，牛顿被任命为英国皇家铸币厂的总监，之后又（于1699年年底）被任命为铸币厂厂长。接着，牛顿在1703年被任命为英国皇家学会的会长，并于1705年被封为爵士。牛顿政治地位的迅速提升，让他有了很大的影响力，并且变得富有。在伦敦，牛顿和他的外甥女凯瑟琳·巴顿（牛顿同母异父妹妹的女儿）住在一起。凯瑟琳善于社交，她也许曾做过牛顿的老同学、有权有势的蒙塔古的情妇。这个关系似乎对牛顿在伦敦的事业也起到了决定性的促进作用。然而，由于后来英王威廉在对法战争中的四处征伐使英国的财政陷入了困境。牛顿在铸币厂的职务后来被证明完全不是一个挂名差事而是非常忙碌。为了应对金融危机，英国成立了英格兰银行（1694年），推行新货币并重新铸币。牛顿主要负责铸造新的货币。在这个职务上，他多年来为炼金术而烧炉子做实验所获得的金属知识，也许对此助益良多。牛顿致力于打击造假币者——这位内向的数学家和自然哲学家有着令人意想不到的调查技巧。同时，他也展示了相当大的勇气，尽管根据一些人的说法，牛顿将造假币者送上绞刑架是一种病态乐趣。

1703年，牛顿当选为英国皇家学会的会长（参见插图36）。这个职位使牛顿能够有机会在欧洲最重要的科学机构之一阐述他对用数学来研究自然哲学的想法，这是他自年轻时代开始就很感兴趣的研究。牛顿倡导的这一议程，却遭到一些博物学家、医生、植物学家、古董学家和实验哲学家的反对，他们对《数学原理》中用数学语言所作的陈述持有怀疑态度。牛顿去世之后，在其他人为继任学会主席而展开的竞争中，这种反对意见就变得更加尖锐。牛顿并不是像人们常说的那样——行使他作为学会会长所拥有的权力，把挂在墙上的胡克肖像拿掉，而是在与英国皇家学会的天文学家弗拉姆斯蒂德的激烈争论中占了上风——后者拒绝让牛顿随意使用格林威治天文台收集的天文数据。

牛顿需要这些数据，因为他仍然在致力于完成有关月球运转的理论。如同我们所知道的，直到第三版及最后一版，《数学原理》都还存在着许多缺陷和不足之处，其中最大的问题在于如何预测月球的运动。牛顿在《数学原理》的第三卷和他于1702年写的一篇短文中阐述的月球运转理论还有许多不足之处，这绝对让牛顿特别沮丧。因为如果他能找到一个解决方案的话，他就能琢磨出利用天文仪器来测定经度的一种方法。如何确定经度，是航海科学中极其重要的问题。在公海上航行的水手，有了月星距表（月球与天体的角距表）后，就能够做这些事情：首先，观察月球相对于固定恒星的位置；然后根据这一观察结果，读取表格上的格林尼治标准时间；在与当地时间进行比较之后，确定自己的经度。牛顿于1714年成为英国议会的“经度测量委员会”（Parliamentary Committee for the Board of Longitude）中的一名成员。该委员会作出规定，要奖励那些能够按照要求的准确精度来解决经度问题的人。牛顿和弗拉姆斯蒂德在谁拥有皇家天文台所收集的天文数据的知识产权问题上，意见分歧很大。英国皇家的天文学家从自己的口袋里拿钱出来资助制造了许多仪器，因此所有权应该属于他？或者是在安妮女王丈夫的支持下，英国皇家学会会长于1710年被授予了皇家天文台“常客”称号，因而也该获得所有权？牛顿这位理论家急于为证实自己的数学理论而寻求数据，可是弗拉姆斯蒂德却不想施以援手。牛顿的作品，被天文学家认为其中的天文数据还没有精确到可以出版——这样的迂腐可真激怒了牛顿这位数学家。最后，牛顿强行拿走了保存在格林尼治天文台的文件，并把它们交给了弗拉姆斯蒂德的死敌爱德蒙·哈雷。弗拉姆斯蒂德所著的《不列颠星云表》

（*Historia coelestis*）于1712年出版。两年后，随着乔治一世登基，风向发生了变化，情况变得有利于天文学家了。弗拉姆斯蒂德收缴了能够找到的哈雷著作，一把火烧掉，“作为献给天堂真理的祭品”。牛顿在担任皇家学会会长的长时间里，行事像一个绝对的君主，他的愿望是英国皇家学会的其他成员对他只能表示服从。不过最重要的是，牛顿推动了对电学现象的研究。这种研究的灵感来自他的观点，即电力可以在光学、化学和其他关键现象的研究中发挥关键作用。

牛顿在伦敦生活的岁月里从事的另一项学术性工作是编年史。这门学科的目标是把《圣经》中所阐述的希伯来历史与其他古代民族的历史综合起来讲述，参考对比埃及人、亚述人、巴比伦人、玛代人、波斯人、古希腊人和古罗马人的历史，像曼涅托[1]、约瑟夫斯[2]和希罗多德[3]等人的历史著作那样，写出一部宏大的人类文明史。许多博学的学者，如艾萨克·沃修斯（Isaac Vossius）和杰拉德·沃修斯（Gerard Vossius）、约瑟夫·斯卡利格（Joseph Scaliger）、丹尼斯·佩陶（Denis Pétau）、塞缪尔·博哈特（Samuel Bochart）和约翰·马沙姆（John Marsham）等历史学家，都曾对发生在不同文明中的事件深感着迷。但如何同步描述这些事件，在叙述中东古代历史这

[1] 曼涅托（Manetho，生活年代约为公元前4世纪末—公元前3世纪初），古埃及祭司和历史学家。他用希腊文写成《埃及史》一书，书中保留下来的片段成为今人研究古埃及历史的重要史料。

[2] 约瑟夫斯（Josephus，37—100），在当时罗马帝国所辖犹太省的耶路撒冷出生，是公元1世纪时的犹太历史学家，代表作有《犹太古史》和《犹太战争》等。

[3] 希罗多德（Herodotus，约前484—前425），古希腊伟大的历史学家，史学名著《历史》一书的作者，西方文学的奠基人，人文主义的杰出代表，在古罗马时代被誉为“历史之父”。

样的宏大场景中讲述《圣经》的历史，成了一个棘手的难题。

这种兴趣产生的背景，是当时的人们见解纷争。人们越来越意识到《圣经》的传播经过了复杂的历史。因此，像牛顿这样对宗教问题认真执着的人，就有道义上的责任，要去寻找《圣经》最权威的版本，确认《圣经》中的真理。牛顿的目的是，通过研究《圣经》里提供的叙述，来对比和反驳异教历史的权威。在他看来，异教徒们夸大了他们文明的古老程度。另外，还有很重要的一点，在牛顿时期的英格兰，人们对人口统计学和年表研究兴趣大涨。《圣经》和异教徒文献里所描述的古老历史和神话，必须与人口增长的知识相符合。简要来说，编年史是一门陌生的学科，它所涉及的知识面跨越了文字学、《圣经》诠释学、考古学、古代历史、地理学、神话学、人口学和天文学等学科。

史书上各种关于国王、君主、先知和战争的漫长记载，让不同的编年史作者画出了各种年表（参见插图37）。研究对这些问题的认识，对神学来说是很危险的。犹太人贡献了最古老的文明吗？古代文明之间有着怎样的关系？古代的知识和仪式是如何从一个民族传播到另一个民族的？并且，在这个传播过程中会产生怎样的偏差？神学家艾萨克·拉佩雷（Isaac La Peyrère）提出了一个著名的疑问：亚当是第一个人吗？世界是什么时候创造出来的？如果创世只发生在基督降临之前的几千年，那么地球上怎么会有这么多的人呢？

最有可能的是，牛顿对编年史的兴趣，部分源于他对《圣经》预言的研究。因为他认为《圣经》里的预言是指真实的历史事件，所以对他来说，获得更精确的古代历史知识就显得非常重要。牛顿和其他许多反对千禧年事件狂热者的编年史作者一样，对确定创世日期或预测世界末日几乎没有兴趣——虽然他有两份手稿的残页（一份手稿的日期晚于1704年之后）幸存了下来。他在其中推测“基督再临”（Second Coming of Christ）和在地球上建立“天国”（Kingdom of God）的时间最早不会早于公元2060年。牛顿在编年史方面的研究，表明了他对我们现在所说的史前史和古代历史产生了浓厚的兴趣。因为像马沙姆一样，牛顿把注意力集中在了世界大洪水发生后的事件上。那时的牛顿已经是伦敦的一位名人，他似乎也很期望在这个博学的领域里有所建树。他很看重这种建树给人带来的声望，也许他对其深奥的内容也确实有些着迷。牛顿对古代宗教受到破坏的看法，在他晚年创作的古代文化史中有所表达。

牛顿用自己在自然哲学方面的专长，为编年史的研究带来了方法上的创新。正如学者布赫瓦尔德和费恩戈尔德在他们开创性的研究中所表明的：牛顿在利用数字资料、天文学知识和人口数据变化方面为编年史的研究带来了创新的方式。然而这一创新竟然导致了牛顿的一本未经授权的年表的法文译本在巴黎出版时，受到了“法兰西文学院”[1]的人文学者的尖锐批评。他们认为，这门学科应该建立在古文和文本证据的基础上，而牛顿却将混合采用自经典文献中的资料，结合进了他在《数学原理》中研究过的天文预测，对昼夜平分点做了计算。当然，牛顿在利用天文学知识做编年史的研究方面并非独树一帜，但他作为杰出的宇宙学家和他在数学、天文学方面的技能，使他

[1] 法兰西文学院（Académie des inscriptions et belles-lettres），是法兰西学院（Institut de France）下属的五个学部之一。

的编年史在数学的精确方面达到了前所未有的高度。

牛顿认为，多亏了文献学和历史学的分析（这样的分析在今天看来可能会显得有点离奇），他通过研究几种古代资料得到了证据：例如《提坦之战》（*Titanomachy*）[1]的残卷、阿拉图斯的希帕库斯（Hipparchus of Aratus）所著的《现象》（*Phaenomena*）里的评论〔半人马座的喀戎（Chiron the Centaur）和穆塞乌斯（Musaeus，根据牛顿的说法，这是古代著名天文学家的神话名字）为阿尔戈人准备的一个天球，在这个天球里，昼夜平分点与今天的星座不同〕。在《数学原理》中，牛顿提供了一个定量方法来预测人们所说的“岁差”现象（precession of the equinoxes，岁差是天文学和地球概论教学的重点与难点内容之一），测量由地球旋转轴的周期运动引起的分点的缓慢运动。牛顿因此推断出伊阿宋（Jason）和他的队伍在阿格斯[2]建造的船上进行航行的年份——这艘船装备了穆塞乌斯的天球。对阿尔戈英雄[3]的航行进行年代测定（牛顿再次指出，这个神话隐藏了一个历史事件，即古希腊曾经试图说服地中海的其他民族联手起来对付埃及），使人们能够对特洛伊战争进行新的年代测定，也因此可以对所有古代历史进行年代分析。根据牛顿所制定的年表，他仔细研究过的所罗门神庙（Temple of Solomon）的建筑时间应该在特洛伊战争之前，而不是人们一般相信的是建于更晚的时间。这只是牛顿试图把异

[1] 提坦之战（“众神之战”）是希腊神话中提坦神族与奥林匹斯神族为了争夺宇宙霸主地位而展开的一场战争。

[2] 在希腊神话中，阿格斯是个长着100只眼睛的怪物，它永远都能保持警惕。

[3] 古希腊神话中的伊阿宋曾带领50名阿尔戈英雄去寻找金羊毛。

教徒的文明年代写得短一些的一个例子。牛顿的历史研究证实了他的信念，即文化是从信基督的诺亚之地传播到埃及的法老之地的，而正是在埃及，最早的基督一神教被破坏成了多神的偶像崇拜。

在牛顿关于圣殿的一些手稿中，我们看到，他认为宗教建筑与宇宙结构之间有着和谐关联的证据。我们也了解到，牛顿相信，异教徒的庙宇结构也证明了在外邦人[1]中有人认同日心宇宙学说。牛顿之所以对耶路撒冷的“神的会幕”（Tabernacle）和“圣殿”（Temple of Jerusalem）的比例感兴趣，并因此对确定圣杯的尺寸大小感兴趣，是因为他相信：对新耶路撒冷来说，圣殿是一个先知的形象，是上帝给人启示的地方，也是记录古希伯来人如何敬拜的重要场所。最后一点还说明了谁是上帝选出的子民。

尽管牛顿的这项“历史”研究与我们的科学观念相去甚远，但很显然他的文学风格与他在炼金术和天文学方面的研究，在数量及精度方面是一致的。牛顿用这种态度仔细研究了《以西结书》（*Ezekiel*）[2]中对圣殿的描述，该撒利亚的优西比乌（Eusebius of Caesarea）所写的《编年史》或弗拉维乌斯·约瑟夫斯（Flavius Iosephus）的《犹太文物》中所记载的古代历史。牛顿的治学方法也体现在他如何运用天文学、人口统计学的理论和数学方面的知识，来解释资料的来源和古代年表。

牛顿于1704年用英文发表了《光学》一书，两年后这部著作也有了拉丁文的译本。在这篇论文中，牛顿发表了他对折射（我们之前

[1] 外邦人（gentiles），犹太人对非犹太人的通称。

[2] 《旧约全书》中的一卷书，记载了先知以西结看到的异象。

讨论过的牛顿做的“判决性实验”以及类似的实验）和光的干扰（他在17世纪70年代对光环的观察）等研究，并增加了新的对衍射的研究成果。这部著作和《数学原理》一样，是一部伟大的杰作，而其读者范围还要更广一些。牛顿在附录中发表了专门谈曲线求积（积分）问题的《曲线求积术》（*Tractatus de quadraura curvarum*）和专门研究立体曲线分类问题的《三次曲线枚举》（*Enumeratio lienearum tertii ordinis*）。我们应该注意到，虽然牛顿在17世纪70年代把光的干扰现象归结为由以太发光振动所造成的现象，但在《光学》这本书中，他没有再提及以太，而是提到了会有引力从近距离作用于发光的小粒子上。《光学》的结尾部分有16个“答疑”。在该书的拉丁文版本（1706年）和英文的第二版（1717—1718）中，“答疑”部分发生了有趣的变化，题目数量也增加到了31个。有趣的是，在这一部分里面，牛顿也试图在他的研究中清楚地区分开，哪些是“遵循数学家的分析和综合方法”而从现象中“推导出”的答案，哪些是尚无法确定、是他作为猜想和假设提出来的——以便指导未来的研究。这些“答疑”是研究牛顿的学者们读得最多的段落之一。学者们这样做是有道理的，因为这些“答疑”包含了对化学、电学和磁学方面的洞察——这些洞察在整个18世纪激励了这些领域中的研究者们的钻研兴趣。这些“答疑”还涵盖了牛顿关于宇宙学的假设、上帝与自然的关系以及科学方法的重要陈述。

在1707年，不清楚是否征得了牛顿的同意，威廉·惠斯顿做主，以《广义算术》（*Arithmetica universalis*）为书名出版了牛顿的代数讲义。这是最早出版的牛顿数学研究出版物之一，而且由于某些章节中有教学指导的性质，这本书在出版后大获成功。牛顿在书中展示了他作为代数学家的非凡能力，然而在最后（如我们所知）的附录中，他却发表了一系列看低代数而推崇几何的声明——这些声明在一本致力于展现代数方法的著作中显得很不协调。只有那些熟悉牛顿数学手稿的人，才能在《广义算术》一书本身及附录之间的这种不协调中，看出牛顿在反对现代人数学研究的论战中所留下的痕迹，以及笛卡儿在《几何原理》中提出的建议；看出牛顿表示他推崇惠更斯和古代几何学家的例子，把他们的研究作为榜样。按照牛顿的说法，古人的数学方法在优雅和简洁方面超过了现代人。反过来说，有一些问题（如通过五个给定点画出一个圆锥曲线）用几何方法能够精确地解决，牛顿因此证明了几何要优于代数。这些问题在牛顿与莱布尼茨后来进行的辩论中，会再次被提及。

牛顿与莱布尼茨究竟谁先发现了微积分，这个问题引起了一场激烈的争论。1699年，法蒂奥在其著作《几何双相性研究》（*Lineae brevissimi descensus investigatio geometrica duplex*）一书中，指责了莱布尼茨以“微积分”的名义发表的数学方法。根据法蒂奥的说法，微积分是牛顿发现的。这里应该清楚地指出，对莱布尼茨在巴黎（1672—1676）期间所写手稿的研究已经证明，他的微积分公式是独立于牛顿而自己发明的。此外，莱布尼茨的微积分，从本质上和算法上都有自己的特点，与牛顿的级数和流数方法是不同的。汉斯·斯隆（Hans Sloane）和约翰·沃利斯想平息这场纠纷，从中进行了一些斡旋。他们很快就写信给莱布尼茨，责怪法蒂奥一定是采取了某种计谋才得到了英国皇家学会的认可。但牛顿和莱布尼茨两人的分歧，在1708年变得不可弥合。苏格兰数学家约翰·基尔（John Keill）在《皇家学会哲学会刊》中，指责莱布尼茨剽窃牛顿的级数和流数方法。牛顿的支持者指责莱布尼茨通过书信以及在1673年和1676年两次访问伦敦期间得到了牛顿在这方面研究的资料，并在1684年根据牛顿的方法出了书，只是简单地改变了微积分标准的符号。这是一个非常严重的指控，并且在英国皇家学会的官方出版物上公开发表，而牛顿是该学会的会长。莱布尼茨也是英国皇家学会的一名会员，他呼吁杂志作出官方道歉。

针对这场争论，有两本书分别于1711年和1713年出版。第一本是牛顿年轻时的数学论文集（牛顿在1669年研究出数列法的《运用无限多项方程的分析》一文首次在此书中发表）和他写的一些书信，这本优雅的小册子是威廉·琼斯（William Jones）编辑的。琼斯是一位数学老师，在牛顿的朋友圈中占有重要地位，他自己也热衷于收集书籍和数学手稿（参见插图38）。琼斯是乔治·帕克的导师，乔治的父亲托马斯·帕克在1721年被封为麦克莱斯菲尔德伯爵一世（1st Earl of Macclesfield）。琼斯购买了约翰·柯林斯与牛顿在17世纪70年代的来往书信，这些书信资料对《书信集选》的出版极为重要。该书由英国皇家学会下属的一个委员会编辑，该委员会是为了应对莱布尼茨要求约翰·基尔撤回剽窃指控而成立的。就像1715年在《皇家学会哲学会刊》上匿名发表的“关于《书信集选》之讨论”一样，牛顿自己实际上认真阅读了这些文章。《书信集选》在1713年年初免费发行，可想而知，该书支持约翰·基尔的观点。莱布尼茨再次被指控抄袭，这次的指控更加严重，因为《书信集选》是由英国皇家学会官方批准的委员会所进行的调查得出的结论，这标志着牛顿和莱布尼茨两人之间全面论战的开始。在欧洲大陆的数学家和在英国的数学家两个团体都卷入了这场争论，而且直到1716年莱布尼茨去世之后，这场争论都还没有结束。

《数学原理》第二版于1713年出版。这本书在技术细节上与第一版有着很多的不同（1726年出的第三版则几乎没对第二版作什么修改）。来自剑桥大学的一位才华横溢的年轻天文学教授罗杰·科茨（Roger Cotes）为此做了很多工作。他修改了1713年版本中的许多错误（一些错误是由支持莱布尼茨的数学家约翰·伯努利所指出的）。最重要的变化是，科茨为本书写了一篇讨论研究方法的序言，并增加了牛顿在书的结尾部分所写的“综合注释”。在这两个新的补充中，牛顿和科茨回应了来自欧洲大陆哲学家的批评。欧洲大陆那些人远没有被引力的概念所说服，这一概念对许多人来说似乎是不可理解的，它更像是一种数学技巧，而不是真正的物理学上的解释。事实上，牛顿在他的著作中试图为理解自然哲学定义一种新的方法，牛顿的新概念在英国大受欢迎，而在欧洲大陆上却遇到了强大的阻力。

神圣天意

优秀的古典主义者和神学家理查德·本特利通过宣教，让牛顿的自然哲学在英国得到了最早的公开肯定。罗伯特·波义耳在遗嘱中申明，他要资助举办一系列的布道会。波义耳的受托人成立的一个委员会，任命本特利来负责挑选传教士。波义耳这位伟大的实验派哲学家跟牛顿有过书信来往，他也是胡克的支持者。波义耳于1691年去世，死前表达了想在伦敦的教堂进行公共布道的意愿。他希望基督教各派别之间抛开分歧，捍卫基督教的真理，以对抗“无神论者、一神论者、异教徒、犹太人和伊斯兰教徒”等“异教者”。“波义耳讲座”成为传播牛顿学说的有力工具。事实上，本特利决定不仅要依赖于《圣经》，而且还要通过自然哲学来捍卫基督教。“自然神学”（physico-theology）这种体裁后来变得非常流行。此外，这种说教可以直接借鉴“诗篇”（Psalms）的传统。在《圣经·旧约》的《诗篇》中，对创造奇迹的描述，往往伴随着对造物主的赞美。从这个意义出发，自然主义者约翰·雷（John Ray）在1691年发表了《从世上万物看上帝智慧的表现》（*The Wisdom of God Manifested in the Works of Creation*）。他认为，世界上没有生命的东西和有生命的生物都呈现出如此完美的状态，这就证明了必定要有一个技艺超群的“工匠”才能创造出如此美好的作品。这就是众所周知的目的论的证明，或者说“设计论证”（Argument from Design）。根据这个理论，自然世界为哲学家揭示了一个目的，这个目的不能归因于自然规律，而应该归功于一个有远见的“天佑建筑师”的设计。

本特利决定联络当时著名的自然哲学家、《数学原理》的作者，于是他在1692年给牛顿写了一封信。牛顿在1692年12月至1693年2月给本特利发去了4封回信（后来于1756年发表），全面揭示了牛顿的宗教观。牛顿显然对这位年轻的神学家作出了热情的回应，并声称自己的《数学原理》中的成果，可以被用来证明神圣主宰的存在。然而，我们也许可以从牛顿的回答中观察到某种焦虑。对牛顿来说，认识本特利有助于自己在伦敦谋求一个有声望的职位。事实也是，本特利与英国国教中有影响力的人物联系颇多，他是很有影响力的神学家爱德华·斯蒂林弗利特（Edward Stillingfleet）跟前的红人。本特利的问题也可能被看作是：外人想要探究一下牛顿的文章中是否隐藏有对神学信仰的某种不利因素。说到底，《数学原理》里阐述的宇宙学是基于无限空间、虚空和原子的，它讨论了控制微粒之间起决定性相互作用的自然法则是否存在，而在书的第一版中几乎没有提及上帝。人们不能排除，从牛顿的宇宙观中能够看出卢克莱修和伊壁鸠鲁的思想，而这会让《数学原理》显得仿佛与无神论和无宗教的哲学同出一门。此外，哈雷在对牛顿著作的介绍中，也带有伊壁鸠鲁的语气，而这在该书的第二版中进行了修正。当时有人怀疑意大利逃难者乔万·弗朗西斯科·萨尔维米尼（Giovan Francesco Salvemini）是个无神论者，他把《物性论》中引用卢克莱修赞颂伊壁鸠鲁的话语，收入了由他收集的牛顿作品集中。

牛顿肯定地向本特利说，从科学的角度来看，笛卡儿《哲学原理》里所描述的机械宇宙论是不存在的。笛卡儿认为，可以想象恒星、行星，甚至太阳系和地球的形成都是碰撞的结果，受被动的物质微粒之间的碰撞定律所支配。相反，牛顿说“如果没有神力的调解，新系统就能从旧系统中发展出来——这样的想法是荒谬的”。行星以近乎圆形的轨道围绕太阳运行——牛顿很清楚，一颗行星要进入圆形轨道，就必须非常仔细地确定从太阳到该行星半径矢量横向的初始速度。如果初始速度偏低或偏高，或其初始角度稍有偏差的话，就会造成一个非圆（椭圆、抛物线或双曲线）的轨道，这就可能让行星以更类似于彗星的轨道靠近或离开太阳——而如果外界条件是这样的话，就不可能产生生命。牛顿补充道：“我不知道自然界中有什么力量可以在没有神力干预的情况下，引起这种横向运动。”事实上，在与本特利的通信中，牛顿声称行星系统表现出来的顺序和稳定性，即行星以相同的方向、大致相同的平面和近乎圆形的轨道运动，都揭示出有一个“原因”的存在，而这个“原因”不可能是“盲目的、偶然的，而是对力学和几何学的原理非常熟悉”。牛顿总结道：“我不得不把这个（行星）系统框架的起因归结于一个主宰。”在其他文章中，比如在拉丁文版的《光学》（1706年）一书的最后一个答疑里，牛顿又重复了这一论点。

《数学原理》还有一个没讲清楚的重要问题就是恒星。人们常说牛顿把天体物理和地球物理统一了起来。但是，在天上不仅有行星，还有恒星。如同牛顿同时代的人们所理解的那样，在牛顿看来，这些天体完全配得上“固定恒星”的称号。对于牛顿和本特利来说，恒星是不动的，并且不会改变位置。因此，本特利向牛顿提出了一个很难解答的问题：如果引力延伸到无穷远，那么是什么东西阻止了恒星的相互吸引并往其引力的中心塌陷呢？本特利的提问让牛顿感到措手不及。这位神学家在提这个问题的时候，显得好像他是比牛顿这位卢卡斯讲席教授更好的数学家。牛顿首先说，恒星是无限的，是均匀分布的，由于每颗恒星在各个方向上都受到无穷多的恒星所吸引，天体就处于平衡状态。但如果这样说的话，反对者就可以说，那么地球也应该处于平衡状态——也会有无数多的恒星把地球往各个方向吸引！牛顿和本特利偶然发现了所谓的“宇宙学悖论”。对于这个问题，其解决办法在于：认识到恒星不是“固定的”，而是相互吸引，并且以与行星和彗星相同的方式遵循着轨道而运行。恒星也在“运动”的观点，要到18世纪才被人们所普遍地接受。

从本特利和牛顿书信来往的某个时刻开始，我们看到了一个让人惊奇的角色逆转：本特利从数学和宇宙学的角度提出问题，而牛顿则从一名神学家的角度作出解答。假设数量无穷多的恒星均匀地分布，而且处于一个平衡状态，那么我们要如何评估形成这种平衡的概率？牛顿认为，这就像要让无数的针头直立在镜面上一样困难。就在这个地方，牛顿再次援引了上帝的旨意作为说明：这些恒星处于平衡状态，是因为上帝把它们摆放在彼此相距遥远的地方，而且分布的方式也极为合理，从而防止了本特利所担心的吸引、塌陷的情况发生。牛顿写道：

> 更难想象的是，在无限空间中的所有粒子都能处在如此精确的位置上，从而保持了完全平衡。因而我认为，其难度就像不是要把一根针，而是要把无数多（就如同广阔无垠的空间中的粒子数量之多）的针精确地立在其相应的位置上。但我承认这是可能的，至少由于某种神圣的力量，使这状态成为可能；如果它们出现在这样的位置，我同意你的看法，即它们将永远保持这种姿态不变，除非按照天意又开始进行新的运转。

正如牛顿在《数学原理》中所说：尽管时间跨度很大，在创造了宇宙之后，上帝施展了“持续的奇迹”来阻止恒星的坠落。

用“上帝的干预”来解释太阳系为什么能够保持稳定，这个概念在1706年出版的拉丁文版《光学》一书的第23道“答疑”题中说得特别清楚。我们知道，《数学原理》讨论了行星系统受到行星相互扰动的影响。根据牛顿的说法，如果放任这个系统自生自灭的话，它就注定会毁灭。行星和彗星之间的相互作用，最终将导致太阳系内的不同天体之间的碰撞。托勒密、哥白尼甚至开普勒的宇宙规律，都不见于牛顿的天体相互作用的系统中。牛顿认为，我们在行星系统中观察到的规律性并不是由自然所形成的，而是由超自然力量所导致的。由于“神力的支配”，我们的星球能够避免万有引力所造成的长期破坏，“行星系统中奇妙的均匀性”只能是“选择的结果”。事实上，根据牛顿的说法，行星和彗星的相互引力作用会形成不规则现象，随着时间的推移，这些不规则现象会不断累积，直到系统需要上帝的“改造”来加以纠正。牛顿正是从这个角度出发，推测出彗星在世界周期性的变化中所扮演的角色。彗星尾部散开的物质给行星带来生命，而当彗星落在恒星上的时候，就会增加热量——从天文学家于1572年与1604年所观察到的“新恒星”（novae stellae）现象中可以看到这一点。牛顿在老年时提出了一个想法，即1680年在太阳系中出现的彗星，会按照神的旨意毁灭地球上的生命。

如同我们在文中所观察到的，牛顿在第23、31条“答疑”中所说的上帝，并不是存在于必要法则之下或者是基于“无法控制的命运”所形成的自然创造者。他是一个“智慧的代表”，将秩序带到需要神来干预的脆弱的自然界中来。第23、31条“答疑”包含了一些关于这个“强大的永恒存在的原动力”之行为方式的即时陈述，这些陈述随后在《数学原理》第二版的结尾处重新出现在“综合注释”当中。牛顿再次表述了他在“论引力”一文中所表达的思想：

> （上帝）无所不在，就像我们的意志能够调动我们身体的各个部位一样，上帝的意志无远不及，并且能够随其意愿形成并改造宇宙的各个部分。但我们不可把世界当作神的身体，也不可把世界的某些个部分当作神的身体的某些个部分。上帝是一个统一的存在，无所谓器官、躯体或手足，而这些器官、躯体或手足都是他的属灵，服从于他的意志。他是这些器官的灵魂，正如人的灵魂是通过感觉器官进入感觉部位的灵魂一样，灵魂在各种事物那里直接存在而感知外界，并不需要任何第三方的介入。感觉器官不是为了让灵魂能够在其中感知事物的种类，而是仅仅为了将它们传送到那里。上帝不需要这样的器官，因为他存在于事物的本身之中。

因此，绝对空间成为牛顿宇宙学研究的舞台。牛顿必须明确他在神学上的立场，小心翼翼地避免陷入一种无形的形式。事实上，牛顿在“综合注释”中所描述的“上帝之手”（Deus pantokràtor）是无所不在的，并能够直接干预自然世界的发展。

那么，万有引力在遥远的物体之间能瞬间起作用，最终是否真的起源于上帝之力呢？牛顿在这个问题上的立场是非常微妙的。牛顿毫不怀疑引力和所有自然现象一样，最终都掌握在上帝手中，上帝是一切自然现象的根源。然而，这并不意味着我们不能用亚里士多德的术语来研究“次要原因”——这个术语似乎也可以用来对牛顿的文献进行分析——也就是说，我们无法确定调节引力的物质机制。牛顿在给本特利的信中这样写道：

> 我们可以说重力是物质的本质，而且是物质内在的本质——请不要把这个概念归功于我，因为我不能假装说自己知道重力产生的原因。很难想象，无生命的物质（若非有其他非物质的东西启动）能够在没有相互接触的情况下，就对其他物质产生作用和发生影响；如果按照伊壁鸠鲁的理论来理解万有引力，就更当如此而论了。这就是为什么我希望你不要把引力现象的发现归功于我。地心引力应该是与生俱来的，对物质来说是必不可少的——这样，物体就可以在真空中与另一个物体虽然相隔着遥远的距离，而且不需要任何中间介质，其移动或力量的影响就可以从一个物体传递到另一个物体上去。对我来说，我相信任何一个在哲学上有思维能力的人，永远都无法相信如此巨大的谬论。地心引力一定是由某个原动力根据特定的规律不断发挥作用而引起的，但这个原动力具体是物质的还是非物质的，我就让读者自己去思考这个问题了。

关于牛顿的这一说法，人们进行了很多讨论。牛顿所说的引力是

“物质的”还是“非物质的”呢？我们可以注意到，早在牛顿1675年写的“假说”中，引起万有引力的因素并没有被说成是“野性且无生命的”物质（牛顿在《数学原理》的“综合注释”中观察到，这样的“机械原因”对物体产生的力与物体表面成比例，而不是与物体的物理质量成比例），它是具有积极元素的物质（因此与“其他非物质的东西”有关）。牛顿与其同时代的人都熟悉以太的概念，而且人们长期以来就集中地讨论过这个问题，包括炼金术士和化学学者——他们批评笛卡儿的机械学说；也有新斯多葛学派和新柏拉图主义者——他们批评了霍布斯的《论物体》；此外还有伽桑狄和查尔顿等基督教化了的伊壁鸠鲁主义的追随者。一大批不同的思想家都相信物质中存在着“主动元素”，而不仅仅都是被动的惯性。试图将牛顿与这些学派中的某一个联系起来，都是不可能的，也是毫无意义的。最后，我们应该注意到，牛顿不愿意让人把他与伊壁鸠鲁相提并论。牛顿显然担心他的哲学思想可能在某种程度上与伊壁鸠鲁的原子主义产生联系，与某种形式的异教徒哲学有了关联。在那种哲学理论中，物质的本质就具有积极的原理。而牛顿认为，这些原理只能由上帝来赋予物质。这就是为什么牛顿向这位年轻的神学家提出如此建议。本特利肯定已经理解了驱使牛顿“祈祷”他不要把这个理论说成是牛顿提出来的“原因”，也就是说，自然本身可以是主动的，可以有一个独立于造物主意志的生命原理。

牛顿认为，如果没有“主动原理”的存在，就不可能解释宇宙中“运动”的起源，也不可能解释随着时间的推移而保持速度的运动。由于有摩擦、非弹性碰撞等因素，运动的速度必然会下降，也就是牛顿在《数学原理》中所研究的、今天人们所熟知的“回弹系数”（coefficient of restitution）。他为研究这个系数做了实验，测量了两个物体正面碰撞时，分离速度与接近速度的比率。牛顿一如既往地要和笛卡儿保持距离。笛卡儿认为运动守恒（笛卡儿用了一个有点误导性的术语，把运动守恒称为“动量”，即mv）是自然的基本原理（自然则只是上帝不变性的形而上学基础）。相反，莱布尼茨把“活力”（vis viva, mv2）作为力学的基本定律。[1]听听牛顿自己怎样说，是很有意思的。他在1706年出版的书（或1717年至1718年出的英文版）中，在第23条“答疑”里再次引用：

> 相对惯性（Vis-inertiæ）是一种被动原理。通过它，物体可以保持运动或静止的状态，接收与所受力成比例的运动，并相应地产生阻力。如果只有这一原则，世界上就不可能有任何运动。其他的一些原理对于物体产生运动是必要的，运动可能产生，也可能停止。但是由于流体的坚韧性、部分的磨损和固体很弱的弹性，运动中丢失的力比得到的更多，而且总是在衰减。因为物体要么是绝对坚硬，要么是如此柔软以至于失去弹性，它们不会互相反弹，其不可渗透性只会让运动停止下来。如果两个相等的物体在真空中直接碰撞，它们将根据运动定律停在碰撞的地方，失去所有的动力，并且保持静止。除非它们有弹性，并从其弹性中获得新的运动。

[1] 这个能量的概念出自莱布尼茨的“活力”（vis viva）想法，其定义为：一个物体的物理质量和其速度的平方。莱布尼茨认为总的“活力”是不变的。

与此同时，在欧洲大陆，笛卡儿和莱布尼茨则表示，相信自然界存在着守恒定律，但牛顿再一次反驳了他们的观点。他主张，被动的物质运动不可避免地会衰变。对牛顿来说，物质中存在的主动原理造成了运动的守恒，但主动原理也可以用来解释引力、发酵以及物体的凝聚力。接着，他这样说道：

> 在我看来，这些（最初是上帝创造的）粒子不仅有一个相对惯性的、伴随着这种自然产生的被动运动规律，而且它们还受到某些主动原理的影响，例如引力原理，以及产生发酵和物体凝聚力的原理。

必须强调的是，对牛顿来说，源于自然哲学的论点（恒星和行星系统的稳定及秩序、运动守恒、动物世界中观察到的比例）并不意味着可以低估上帝的启示对真正宗教知识所起的核心作用。牛顿似乎是在说，他的自然哲学恢复了远古犹太人早就已经熟知的、与上帝启示相匹配的自然观。牛顿对神的旨意的观察表明，牛顿作为自然哲学家承认统治宇宙的《圣经》中的上帝的存在，他是以这样的方式来看待自然的。然而，在牛顿的其他手稿中，他思考过在“外邦人”中是否有一种“最理性”的宗教，一种基于对自然的明智认识而得来的“天文神学”。牛顿在17世纪90年代的早期写道：“因此，最早的宗教也是最理性的，直到各个邦国偏离了上帝的原意。如果没有上帝的启示，人们就只能通过自然的框架去认识神灵。”

我们在本节中看到，牛顿在1692年到1693年写给本特利的信中，表达了伦敦教会讲坛上所宣扬的思想。这些思想将在拉丁文版的《光学》（1706年）第23条“答疑”和《数学原理》（1713年）的“综合注释”中得到强调和更详细的阐述。牛顿认为，他的自然哲学有一层潜在的含义——表明在无限的空间和无限的时间里，有一位无所不在的主宰。他认为：引力是一种非机械的活动原理，它的存在可以从现象中用数学的方式确定地推断出来，但引力产生的原因尚无法搞清楚。其原因有可能是上帝的直接干预，也可能是受到尚未发现的自然原因的影响。当然，自然哲学家耐心地试图解开的因果关系，最后必然只能归结于是神的设计。在“综合注释”中，牛顿提出了他著名的座右铭——“不杜撰假说”（hypotheses non fingo）。在这句座右铭中，他清楚地标出了在他的自然哲学中牢固确立的与仍然无法分析的事物之间的界限。这篇著名的文章值得全面引述：

> 到目前为止，我们已经用引力的概念解释了空间和海洋潮汐的现象，但还无法确定产生这种力量的原因。可以肯定的是，引力必须从一个穿透太阳和行星中心的地方开始，而且力量不会减弱；这个引力所起的作用，不是根据它所作用的粒子表面的大小（如机械论所说的那样），而是根据它们所含固体物质的数量，并将其效力传送到四面八方；引力传到了很远的距离，而且总是以距离的两倍成比例地递减。朝向太阳的引力，是由太阳主体所组成的粒子的引力所构成的；而离开太阳的引力，则以距离的两倍比例精确地减小，直到土星的远日点——从行星远日点的

静止状态来看，这是很明显的；不仅如此，如果其远日点也是静止不动的话，太阳的引力会远及哪怕是最遥远的彗星。但到目前为止，我还没能从现象中发现这些引力性质的原因，我也没有提出任何假设。因为凡是未能经研究现象而推导出来的东西，都被称为一种假设；而假设，无论是形而上学的还是物理的，无论是神秘性质的还是机械性质的，都不能在实验哲学中占有一席之地。在实验哲学中，特定的命题应该从现象中推导出来，然后通过归纳法加以概括。因此，人们发现了物体的不可穿透性、运动性、冲力以及运动和引力定律。对我们来说，地心引力确实存在，并且按照我们已经解释过的定律运行，而且能够充分解释天体和海洋的所有运动——这就足够了。

在下一节，我们将略为讨论一下欧洲大陆的哲学学派倡导者莱布尼茨对牛顿自然哲学所作出的回应。但在此之前，我们有必要先考察一下牛顿的自然哲学为什么能够在英国获得成功。众所周知的是，牛顿在英国被誉为有史以来最伟大的哲学家。哈雷为他写了颂歌，亚历山大·蒲柏[1]写了著名的押韵诗句，画家为牛顿画了肖像，牛顿本人也身居高位——这些都说明牛顿哲学在英国声势如虹。应该指出的是，如果讨论到技术细节的话，牛顿的学问远远地超出了绝大多数与

[1] 亚历山大·蒲柏（Alexander Pope，1688—1744），英国新古典主义诗歌的代表。他模仿罗马诗人，诗风精巧隽俏，内容以说教与讽刺为主，形式多用英雄双韵体。他曾花了13年的工夫翻译了古希腊史诗《伊利亚特》（译成于1720年）与《奥德赛》（译成于1726年）。

他同时代人的理解能力。因此，我们有理由探究，为什么牛顿的自然哲学在英国几乎一问世就立即得到了人们的一致接受。这是一个没有简单、明确答案的问题，社会学家和科学史学家都给出了各种各样的解释。在这里，笔者不打算细谈这场引人入胜的历史辩论，而只想重点谈一谈英国文化和政治的某些方面——似乎是这些原因，为牛顿的成功这一文化现象提供了肥沃的土壤。

首先，我们可以观察到，牛顿的自然哲学被人们当作是对危险的形而上学和神学思潮的回应。那些思潮蕴含在新科学的著名支持者——比如笛卡儿、霍布斯和斯宾诺莎的理论中。新的机械哲学对宗教思想是个挑战，因而几乎所有宗教派别的信仰者都不愿意接受。我们也不应忘记，在17世纪早期的几十年里，伽利略提出的科学理论曾引发了一场声势浩大的宗教冲突。王室复辟时期的英国人，正走出激烈的、暴力的政治冲突，而这些冲突是由激烈的宗派分裂引发的。因此，我们有理由推测，牛顿同时代中的许多人感到特别迫切需要的是，避免以公共利益的名义实施的那种宗教偏狭——那种偏狭造成了破坏性的影响。清教徒们想建立一个由虔诚者组成的国度，这个雄心变成了建设一个宽容社会的希望，而这个社会还是要由大多数臣民所认同的、共同的宗教价值观所统治。因此，许多科学家试图把对自然的研究，作为一种与宗教相适应的实践。牛顿的自然哲学有着显著的反机械论观点，以一种由不可估测的动力原理所带来的物质观念为基础，让人们联想起上帝对自然的天意干预，而且是持续干预。牛顿自然哲学的特点是心怀谦虚，认为人类的理性无法理解引力的起因。这样的说法，能让在英国圣公会内部占主导地位的派系，运用于他们所倡导的在上帝面前要谦卑的理论中。本特利是一长串物理神学家中第一个将宗教和牛顿哲学结合在一起的人，直到18世纪末的威廉·佩利（William Paley）也结合了牛顿的理论来发表护教言论。牛顿去世后，体现宗教精神的牛顿主义在欧洲大陆也被广为接受，无论那些人是属于加尔文派还是信仰天主教。

此外，正如学者杰拉尔德·斯特拉卡（Gerald Straka）所指出的那样，牛顿经常提到的神圣天意，是在“光荣革命”发生之后、英国圣公会的信徒们表达谦卑的文字中一个极受欢迎的主题。威廉的入侵难道没有受到“新教徒之风”的神助吗？是那阵顺风推动着未来国王的舰队抵达了英国，并且阻止了詹姆斯的舰队出海抗击。在1689年国民议会上建立的有关君主继位的制度，以其独有的方式澄清了世袭继承制度，其中是否体现了上帝对历史进程的天意干预？牛顿哲学在《数学原理》出版后获得的肯定，不仅得益于该书在数学和预测方面取得的成功，还得益于英国王室复辟以及“光荣革命”时期人们独特的宗教心态。牛顿是一个坚定的反三位一体论者，他享受着这种文化氛围，巧妙地利用了尼哥底母[1]主义（Nicodemism）的思想来隐藏自己的信仰。而牛顿的那些思想，即使是在1689年宗教氛围变得稍微宽容之后，尚且有可能令他陷入困境。我们将在下一节中看到，在欧洲大陆上，人们的反应则完全不同，牛顿与本特利的来往书信中讨论过的许多问题，再次出现在带有宗教和政治色彩的争论之中。

[1] 尼哥底母，《圣经》中出现的人物，曾夜间拜访耶稣，通常用来表示秘密或胆怯的信徒。

与莱布尼茨的争论

在约翰·基尔发表了关于莱布尼茨剽窃的指控之后，牛顿与莱布尼茨之间的争论导致了《书信集选》（1712年）以及一系列信件、文章和小册子的出版，这些都引发了欧洲文化王国的热议。经常有人说，争议的双方分成了两派：在英格兰和苏格兰以及荷兰部分地区的牛顿派，以及在欧洲大陆主要在（瑞士的）巴塞尔和巴黎的莱布尼茨派。牛顿和莱布尼茨两人到底是谁发明了微积分的争论，实际上让欧洲的数学家在一层更复杂的意义上产生了分裂。许多人试图调解这场争论，而不是仅仅为两位主角中的某一位进行辩护。例如，约翰·伯努利明确宣称，他自己在发明微积分中所起的作用，跟莱布尼茨所起的作用同样重要；皮埃尔·伐里农（Pierre Varignon）曾想在牛顿和莱布尼茨两人之间做出调停；基尔本人也和克里斯蒂安·沃尔夫（Christian Wolff）在物质结构和医学问题上展开了一场与数学争论有关的辩论。在这场全面论战中爆发冲突的两位竞争者，都是杰出的数学家：牛顿和莱布尼茨发现了“相同”的算法，但他们对数学的看法、对数学的作用以及他们个人对数学思想发展所作出的贡献却大相径庭。事实上，正如笔者之前所提到的，牛顿和莱布尼茨发现了“相同”的数学理论，即“微积分”，这是一个非常有问题的概念。他们的两种算法之间是有相同之处（事实上，隔着英吉利海峡的两岸，18世纪早期的数学家很容易就能从莱布尼茨的陈述转换到牛顿的观点），但在符号和概念上却也存在着差异。此外，牛顿和莱布尼茨都提供了他们各自在数学理论上的几个版本——不同的符号、新方法的发展、各自概念的改进，而且从某个时刻开始，他们肯定还相互影响着对方。

牛顿在1715年的《陈述》中认为，他与莱布尼茨的区别在于：莱布尼茨的微积分允许符号不对应于任何真实的数字（无穷小的量值）；而在牛顿偏爱的几何解法中，量值是真实的，并且就像古人的几何解法一样总是可见的。因此，牛顿试图将他的几何方法（他说这种方法与古人的方法是一致的）与莱布尼茨所提倡的、带有象征性的现代方法进行对比。莱布尼茨则很乐于指出，他的算法有将大脑从“想象的负担”中解放出来的重要性，将数学简化为“充分利用推理”是这位德国哲学家的理想追求。莱布尼茨试图将推理（甚至是在哲学中的推理）都简化为用代数的符号来表达。诚然，莱布尼茨对微积分本质的开创性思考（在这方面，牛顿是不熟悉的），在某种意义上与牛顿的清晰性和严谨性相辅相成、交相辉映。

此外，有两个原因使《数学原理》的数学演算没有牛顿自己想要说的那么经典。第一，牛顿的方法引入了经典几何中所没有的极限过程，而只有学过微积分的数学家才能理解极限过程的概念。第二，在《数学原理》的一些深奥章节里，牛顿用了相当复杂的求积（积分）运算，而只有撰写《曲线求积术》（*De quadratura*）的作者才能运用这种算法。特别是在一些命题（如《数学原理》的第一册中的第41命题）中，牛顿首先说明读者必须知道“曲线图形求积”的方法才能读懂。在这些命题中，牛顿把某个问题简化为求积，但对如何演算这种求积却只字未提。为了帮助那些困惑不解、想要开悟的追随者读懂这道题，牛顿的做法是将《数学原理》中的几何转换成代数，并提供了详细的解答方案，包括用上了对当时的人来说非常难懂的函数。

但是，这种对于《数学原理》书中的演算来说必不可少的运算方法，只是在1690年写的书信中，或者在某几次有人毕恭毕敬地来拜访这位当时已经成名的自然哲学家时，牛顿才在交谈中说出了这种方法。在很大程度上，牛顿似乎倾向于在私人的语域中来表达他的代数和微积分计算，而在和公众交流的时候，他却用让人想起阿基米德的风格那样的方式，来表达自己的自然哲学思想。牛顿也在私下跟格雷戈里这样说道："代数可以用来求解问题，但完全不适合用来写作和与子孙后代交流。"此外，《数学原理》的过时文风和几何解法，让莱布尼茨和约翰·伯努利有机会批评牛顿，说他在1687年的时候还没有微积分的概念——如果牛顿懂得微积分，他为什么不在《数学原理》书中用上微分方程呢？然而莱布尼茨和约翰·伯努利当时并不了解牛顿的私人信件，也不了解牛顿在发表自己的数学发现时所采用的独特策略（参见插图39）。

但是，莱布尼茨和伯努利直截了当地提出的问题，需要由数学史家费一番功夫来解释，笔者希望只用举一个例子就足以恰当地说明这一点。牛顿在17世纪90年代早期的一篇关于中心引力运动的笔记中，就通过用代数术语（如位移、时间、速度和"引力"）的数学表达来解决这个问题（参见插图40）。他试图写的是中心引力运动的运动计算方程式。在谈到物体由直线自由落向引力中心的简单计算时，他写道，距离引力中心（高度或距离，y）的第二个流数$\ddot{y}$，由在y这个字母上加双点来表示，它与"物体的引力"成正比。牛顿在这里用了非常接近属于18世纪伯努利和欧拉解析力学的方法，来深入探讨中心引力的问题，或者说，牛顿至少在接近于这个方向上进行了一个初步的实验。牛顿的手稿至此戛然而止，人们只能猜测，如果在“物体斜移”的条件下，作者是否还在其他地方对这个问题继续进行了运算?

笔者应该说清楚的是，我在这里并没有想让大家的注意力放在这一页，因为我还不能说已经找到了足以说明牛顿知道如何写出$F=ma$的方程式的证据。在研究数学史和物理学史的学者中，关于牛顿是如何用数学的方式表达第二运动定律的，人们的争论有点空洞。我们知道，在《数学原理》中，牛顿在讲第二定律的时候，并没有用微积分来表述。所以，（让人难以回答的）问题是：牛顿能写出$F=ma$这样的公式吗?如果他写不出来，那么是谁第一个这么写出来的?数学史学家们经常关注一些直截了当的问题，比如是谁发现的、谁先发现的这类问题，而这些问题往往让人不胜其扰。也许我们应该结束这个争论，承认牛顿第二运动定律的形成有个过程，要从惠更斯的贡献开始算起，到欧拉的贡献作为结束，而牛顿也在这个过程中扮演了一个重要的角色。

此外，如果硬要说牛顿也可以写出$F=ma$这样的公式，那么这种说法是牵强的（在该手稿中牛顿并没有提到这样的公式）；但如果说牛顿无法将他的流数微积分与力学联系起来、无法与他自己所说的“理性力学”联系起来，这样的说法也同样是错误的。在这张草稿上，我们发现牛顿正是这样做的：“引力”，即中心力，与径向位移的第二个流数成正比。但是在这里，我们首先感兴趣的是这页手稿的一个细节，它与内容无关，而与形式有关。当我们在寻找牛顿在微积分方面如何计算理性力学的文本时，我们不应该只是阅读他那些已经印刷出来的著作或是他为公众准备的手稿。相反，我们有必要绞尽脑汁，研究一下牛顿用速记的方式在类似这页草稿纸片上所记下来的东西。我们今天在回顾数学、物理的发展史时，要注意研究牛顿的私人手稿，而不是他非常仔细地向公众所展示的成果。要理解作为数学家的牛顿，这在很大程度上需要依靠猜测，我们要通过阅读他那些往往很简洁的文字，来揣测出他在数学实践时的想法。牛顿所运用的研究工具很快就会过时，但他创造出来的方法却影响了18世纪数学的发展。

所有这些问题，都是出现在关于牛顿与莱布尼茨谁最早发明微积分的争论之中。这两位数学家不仅互相指责，而且在指导其数学发现的哲学观点也不相同。牛顿不仅确信这位德国哲学家剽窃了他的解题方法（我们应该强调的是，这一指控是错误的），他还认为莱布尼茨的微积分不够优雅，没有体现出数学之美。牛顿认为莱布尼茨只是用了一些空洞的符号，而且还不能确指真实的事物——其实，莱布尼茨是现代数学和哲学的典型代表。此外，牛顿对莱布尼茨在数学符号方面的创新几乎没有兴趣，而这对莱布尼茨来说是至关重要的，莱布尼茨非常看重自己在符号和算法操作方面的发明。

值得注意的是牛顿如何编排《书信集选》，从而坐实了约翰·基尔所提出的针对莱布尼茨剽窃的指控。《书信集选》里描述了牛顿如何在17世纪60年代时就在曲线求积领域用无穷级数得出了结论。莱布尼茨的反应是大表震惊，在他看来，这本《书信集选》里没有出现一个关于微积分的词语！莱布尼茨想要知道，代表微积分的基本规则（两个变量的和、积、幂和商的微分规则）在哪里讨论过？对符号逻辑大师莱布尼茨来说，“发现微积分”意味着在基本的题目里，要用简单的规则为最复杂的情况来确定算法。牛顿是历史上能够解决复杂数学问题的伟大数学家之一。“发现微积分”意味着能够解决具有挑战性的问题。对牛顿来说，《书信集选》自然不会把任何注意力放在那些对莱布尼茨来说是如此重要的简单规则上。即使到了今天，微积分的课本上还都是从讨论这些规则开始讲起的。

我们在上面简要介绍的牛顿与莱布尼茨的数学争论，很快就发展成为一场广泛的哲学辩论。在那本没有标明作者名字的《陈述》的结尾，牛顿回顾了《书信集选》的来龙去脉，在上面这样写道：“应该说，这两位先生在哲学观念上也大相径庭。”这些哲学上的差异，在1715年的时候产生了重大的政治影响；莱布尼茨和牛顿各自参与的政治活动也让这场争论更加激烈——这也在一定程度上解释了，为什么他们有关数学抽象概念的争论会引起如此强烈的反响。我们知道，牛顿活跃于哈利法克斯勋爵的圈子里，与推动“光荣革命”的英国国教派的关系非常密切。而莱布尼茨在那个时候已经成了奥匈帝国皇帝和俄国沙皇的顾问，并为汉诺威公爵服务（参见插图41）。在某种程度上，由于莱布尼茨的外交努力，汉诺威王室获得了参与罗马帝国皇帝选举的地位，而莱布尼茨的资助者于1714年以乔治一世的身份继承了大不列颠和爱尔兰的王位。莱布尼茨是一位杰出的外交家和形而上学者，他在基督教各派之间积极推行一项普世的和解政策——如果他以“皇家历史学家”（Royal Historian）的身份来到伦敦，对牛顿及其追随者来说，一定是一件令人生畏的事情。而在伦敦，人们反天主教的情绪高涨。实际上，莱布尼茨在其众多的政治著作中，揭示了他为支持哈布斯堡王朝而设立的政治议程——希望皇帝甚至教皇能够提供庇护和指导，呼吁大家超越教派差异。莱布尼茨为建立“基督教王国”（res publica christiana）和德意志联邦体制进行辩护的动机，是出于典型的中欧知识分子的利益。他们的这些心思与许多英国人的利益相去甚远。英国人在威廉国王在任时，已经经历过一个由外来君主统治而使英国动荡衰弱的外交政策；同时，在英吉利海峡另一边（欧洲大陆）的人则对这种政策有更清楚的了解。莱布尼茨不仅在讲德语——比如在维也纳那个信仰天主教的宫廷和在路德会的黑尔姆施泰特大学（University of Helmstedt）——的圈子里获得人们的认可；而且在英国，麦克莱斯菲尔德伯爵引用吉尔伯特·伯内特主教对这位德国外交官的赞美之词来表示对莱布尼茨的欣赏。因此，对许多英国人来说，莱布尼茨在政治上是危险的。英国人把反对汉诺威王朝来英国继承王位，特别是把反对“宗教宽容法案”的推行，视为反对天主教的努力。有关谁先发明了微积分而引起的争论，其目的主要还在于让莱布尼茨在皇室面前名誉扫地。

可以说，我们在本章中所看到的、围绕牛顿对数学方法的思考而产生的焦虑情绪，是因为在牛顿广泛的哲学观点中，数学扮演着如此重要的角色——这一事实所决定的。牛顿的哲学思想挑战了笛卡儿和霍布斯所提倡的“机械论”哲学的神学异端，挑战了在英国皇家学会盛行的概率论观点以及莱布尼茨通过外交努力而捍卫的泛基督教主义。作为自阿基米德时代以来最伟大的数学家，牛顿把数学作为斗争的武器。可以说，在到底谁才是微积分的发明者而引起的论战中，牛顿把莱布尼茨描绘成一心想报复的形而上学的阴谋家，说莱布尼茨盲目地“依赖符号的思维”（cogitatio caeca）、借助了某些不存在的东西，比如涡旋和无穷大这些概念。莱布尼茨那看上去显得很现代的数学理论，其实没有本体的依据。因此，这些理论被牛顿描述为在某种程度上与莱布尼茨的“虚假哲学”产生关联。他认为莱布尼茨的“虚假哲学”类似于公元三四世纪污染教会的“罪恶之谜”（《帖撒罗尼迦后书》第2章第7节），颇有危害性。牛顿在与莱布尼茨争论谁先发明微积分期间所写的关于早期教会历史的草稿，现在还留存于世。在曼纽尔、韦斯特福尔和伊里夫等学者进行了深入研究之后，这些手稿之间在文本上是否一致，可能值得引起更多关注。牛顿在这些手稿中为我们提供了一个历史叙述，他旁征博引地讲述了“长于接纳异教思想的人”、不道德的卡巴拉主义者和诺斯替教教徒，如何破坏了古代希伯来人的原始宗教，“使《圣经》从道德的意义变为形而上学的意义”。而牛顿在这些抨击异端思维的文章中，暗讽了像莱布尼茨这样“不道德的剽窃者”。这些文本证据表明，牛顿自己对微积分是谁发现的，以及是否有人剽窃的看法，是带有个人立场的，他对有关启示、宗教界的腐败与复兴等，作了自己的描述，而这些叙述包含在他关于历史编年表和宗教史方面的著作中。

威尔士王妃卡罗琳（The Princess of Wales, Caroline）本来肯定很乐意在宫廷里接待莱布尼茨——这位在哲学和神学方面她都很信赖的学者。但这件事后来没有发生，因为来自牛顿学派的人对莱布尼茨大肆抨击。他们异口同声，让卡罗琳相信牛顿的哲学思想才是有价值的。事实上，莱布尼茨在1715年11月写给王妃的信中，就曾担心在伦敦的牛顿派哲学家们会提出颠覆宗教原则的理论。按照贝托罗尼·梅利（Bertoloni Meli）的说法，莱布尼茨显然是想发起一场“毁灭性的袭击，给对手带来非常严重的创伤”——如果莱布尼茨是对的，那么牛顿和他的追随者们的说法就是异端邪说。莱布尼茨的这封信，值得在这里完整地引用：

> 朴素的宗教本身似乎（在英国）面临衰败。许多人把灵魂与物质混为一谈，有的人把上帝也当作具有有形的身体的“人”。洛克先生与他的追随者们甚至对灵魂是否属于物质都还不确定，也不敢肯定灵魂是否会自然地随着肉体的消失而消失。牛顿爵士说，太空就像一个器官，上帝通过它来感知事物。但是，如果上帝需要依靠任何器官来感知事物，那么接下来的结论就是：人们不必完全依赖上帝，世界也不是由上帝创造的。牛顿爵士和他的追随者们对上帝的创造也持有一个非常奇怪的看法。根据这些人的观点，全能的上帝时不时地要给他的时钟上发条，否则这个时钟就会停止摆动。上帝似乎没有足够的远见来使时钟永动无止。不，根据这些绅士的说法，上帝制造的机器是如此的不完善，以至于上帝必须时不时地在一个宽敞的地方清洗钟表，甚至像钟表匠修理钟表那样，来修理自己的创造物；因此，上帝肯定不是一个熟练的老手，因为他常常不得不修理自己的仪器，有义务把事情做好。依我之见，同样的力量和活力永远存在于这个

世界上，只是会遵循着自然的规律和上帝预先建立的完美秩序，从物质的一个部分传递到另一个部分。我也认为，上帝在创造奇迹的时候，他并不是为了满足自然之需要，而是出于对人类的恩典。对此有不同看法的人，肯定都对上帝的智慧和力量抱有不良的理解。

在这封信中，莱布尼茨总结了他与牛顿意见不合的一些原因。莱布尼茨于1716年去世后不久，他与为牛顿进行辩护的神学家塞缪尔·克拉克之间的书信公开发表了。目前还不清楚克拉克以及科茨在为《数学原理》（1713年）第二版所写的序言中，在多大程度上忠实地代表了他们所捍卫的牛顿思想。莱布尼茨和克拉克所讨论的问题包括空间和时间的性质，真空，上帝和自然的关系，天意和神性的无所不知，充分理性原则和不可分辨的同一性，原子的存在和物理学中的守恒定律等。这封公开信是深刻影响了18世纪欧洲哲学的一篇杰作。

莱布尼茨在信中重申了他对牛顿引力理论的批评。他说，牛顿只说在两个距离遥远的物体之间有引力在起作用，却不对这种相互作用的引力机制作出解释——这就意味着牛顿要么是在借用某个永恒的奇迹来自圆其说，要么就是把亚里士多德学说里的神秘性重新引入自然哲学的讨论中。这让人想起莫里哀所嘲讽的鸦片造成的精神麻痹有让人“闭门不出的好处”。莱布尼茨在批评中所用的最后一个比喻，引起了科茨的愤怒反应。科茨在为《数学原理》（1713年）所写的“序言”中，花了相当大的篇幅来回应这个问题。牛顿自己对莱布尼茨的回应，可见于他的一份手稿中。牛顿在这份手稿中对莱布尼茨于

1712年发表的、一封写给荷兰博学家尼古拉斯·哈特索克（Nicolaas Hartsoeker）的信进行了评论。莱布尼茨在信中甚至谈到，说引力是引导行星运转的原因，就像是援引超自然现象来对自然现象进行解释。总之，莱布尼茨对牛顿理论的抨击是有充分理由的，因为我们在前面的章节里讨论了牛顿有关“天意如此”的观点。然而，牛顿确信自己已经证明了引力的存在——更准确地说，他已经“从现象中推断出”两个物理质量为m_1和m_2的物体，其相互吸引的引力与距离平方成反比，与物理质量的乘积成正比。当时有一本杂志曾发表了莱布尼茨对引力理论进行批评的文章，牛顿给这本杂志的编辑写了回信，其中这样写道：

> 在不知道引力因何而起的情况下就能够理解其规律，这在哲学上是一个重大的进步。就像我们在不知道驱动钟表的齿轮引力是如何驱动着时钟的运行那种道理一样，或者就像我们并不知道肌肉是如何在心智的力量的指引下收缩或扩张的，但我们知道在身体的机能中，肌肉会收缩或扩张，因为这是属于动物运动的哲学道理。

牛顿的这一回答，为他著名的座右铭“我不杜撰假设”作了铺垫。这一座右铭出自《数学原理》第二版（1713年）的“综合注释”中。在这里要注意，牛顿的研究方法并没有否认假设的启发作用。假设可以来自公式的推导（如牛顿在为《光学》一书写的“答疑”中所作的推导），但必须与确定已知的东西区别开来。按照牛顿的说法，在讨论引力的时候，我们确信它存在，但我们还不知道其存在的原因。牛顿并不否认人们在将来有可能确定引力的起因，他只是说，他还没有能够“从现象中推断出这种原因”的工具。相反，莱布尼茨支持笛卡儿的涡旋理论，并将行星向太阳的方向加速归结于空间里存在的以太起了作用。不过，对牛顿来说，接受在行星间存在着以太这一说法，会导致他从年轻时就在《光学讲座》中批评过的错误，这就是：将自然哲学简化为一种“浪漫主义”，依赖于粒子的作用，而粒子的存在只是源于假设而不是出自证明。

我们也许可以说，牛顿的伟大抱负之一是区分假说和确定性之间的不同。牛顿实现了这一雄心壮志，得到了绝大多数英国自然哲学家的肯定，但却在最初之时，遭到了欧洲大陆上大多数自然哲学家的否定。1727年牛顿去世时，他在伦敦所受到的尊崇，令伏尔泰印象深刻。伏尔泰自称（不一定是真的）他当时也出席了牛顿的葬礼（参见插图42）。牛顿当年在英国的支持者中很少有人能想到，牛顿的思想在法国和欧洲大陆其他国家被笛卡儿派学者反对了几十年之后，最终得到了承认——虽然这种承认的方式与我们试图在本书的篇幅中所讨论的自然哲学几乎没有关系（参见插图43）。

我们在本书里研究的牛顿，并不是像凯恩斯所说的那样，是漫步在王朝复辟时期的英格兰街头的一位苏美尔人。他也不是像媒体所形容的帕拉塞尔派人士或毕达哥拉斯派的占星家。他首先是一个问题解决者，为他能够如此有效地解决数学、炼金术和《圣经》解释学等方面的问题而自豪。他从自己的技术专长出发，痛斥系统构建者、理性主义者和狂热者营造的“罗曼史”。他持有“反哲学”立场，这使得试图将他定义为一个柏拉图主义者或是经验主义者，是苏西尼派教徒或是自然神论者，成为一项不可完成的任务。这既源于他属于高度专业化研究领域的自豪感，也源于他所支持的宗教极简主义。牛顿与“人群中狂热而迷信的那些人”保持着距离，认为宗教生活应该建立在对《圣经》的朴素解读和道德规范的基础之上，这些规范可以归结为两条“最大的戒律”。然而，牛顿又是一个雄心勃勃的实践者，当涉及与他的自然哲学议程相关的主题时，他能够展开哲学和形而上学的争论。此外，牛顿还认为，他在自然哲学和在《圣经》及早期教会方面的研究，对拯救人类能起决定性的作用。牛顿有一个宏伟的计划：哪怕与那些21世纪最具思辨力的宇宙学家和弦理论家所绘制的计划相比，这都是一个过于宏大的计划。他的科学工作的成功与失败，他的科学议程与实践之间的分歧，以及他通过对教会早期议会事件带有偏见的评价，对他所处时代政治紧张局势的独特解读——所有这些，描绘出了一本支离破碎、自相矛盾、无法归入任何一个哲学或宗教派别的知识分子传记。研究牛顿的一生，让我们能够接触到我们前辈那“往昔岁月”式的、复杂的文化世界，就像史学家感受“他乡异域”一样，去体验那过去的时代。

牛顿年表

记录日期为公历（格里高利历法）	
1643年1月4日	出生于英国林肯郡伍尔索普的庄园（如果根据罗马儒略历，则为1642年12月25日）
1654年到1655年	在格兰瑟姆的免费文法中学读书，寄宿在镇上的药剂师家里
1661年	进入剑桥大学的三一学院，开始勤工助学的学生生活
1664年	其间开始师从艾萨克·巴罗学习数学，并开始撰写《哲学问答》
1664年到1665年	对英国数学家约翰·沃利斯的《无穷算术》（1656年）一书进行注释。发现了二项式定理
1665年	获剑桥大学文学士学位
1665年到1666年	奇迹之年。发明了流数法。做了"判决性实验"。就圆周运动和引力会延伸到月球的假想进行研究
1667年	当选剑桥大学三一学院院士

续表

1668年	获得文学硕士学位。开始炼金术实验
1669年	《运用无限多项方程的分析》的文稿由巴罗寄给约翰·柯林斯。当选卢卡斯讲席教授
1670年到1671年	撰写《流数法与无穷级数之方法论》
1670年到1672年	开设光学讲座
1671年	将反射望远镜送到英国皇家学会
1672年	被选为英国皇家学会会员。引发了关于“光与色的新理论”的争论
1673年	收到惠更斯写的《摆钟论》（*Horologium oscillatorium*）
1675年	向英国皇家学会提交了《解释光之属性的假设》的论文。注意到光的干扰现象。英国国王特许卢卡斯讲席教授可以豁免接受圣职的要求
1676年	因为莱布尼茨的关系而向奥尔登堡发送了两封有关数学的信函
1679年到1680年	与胡克通信，讨论行星运动问题
1683年到1684年	将“卢卡斯代数讲义”材料提交剑桥大学图书馆
1684年	哈雷拜访牛顿。写了论文《论物体在轨道中的运动》
1685年到1687年	撰写了《数学原理》一书
1687年	反对国王要求（剑桥大学的）西德尼·苏塞克斯学院给一位本笃会（天主教隐修院修会之一）的修士授予荣誉学位。牛顿和剑桥大学的其他代表与校长乔治·杰弗里斯勋爵产生了冲突。出版《数学原理》一书
1689年	当选为英国“国民议会”议员
1692年到1693年	与本特利就自然哲学与宗教关系的问题通信
1693年	经历了精神错乱的时期

续表

1696年	作为英国铸币厂的总监搬到了伦敦
1699年	法蒂奥指控莱布尼茨抄袭微积分的发明
1701年	当选为英国国会议员
1702年	《月球学说》出版
1703年	当选为英国皇家学会会长
1704年	《光学》一书出版
1705年	被安妮女王封为爵士
1706年	拉丁文版的《光学》一书添加了新的“讨论”部分
1707年	惠斯顿将牛顿的卢卡斯代数讲义出版，名为《广义算术》
1710年	哈里斯出版的《技术词典》第二卷中，发表了《论自然界中的酸性物》。《英国皇家学会哲学会刊》中，有约翰·基尔写于1708年的指责莱布尼茨剽窃的文章
1711年	琼斯编辑了牛顿的数学著作
1713年	《书信集选》免费发行。由科茨编辑的第二版《数学原理》出版。写了“综合注释”
1715年	《书信集选》里发表了匿名的“情况陈述”
1715年到1716年	与莱布尼兹和克拉克通信
1717年	英文版《光学》（新增“答疑”部分）第二版出版，1718再版
1725年	《牛顿爵士的故事》未经授权而出版
1726年	由彭伯顿编辑的《数学原理》第三版出版
1727年	3月31日去世，拒绝了牧师为他做的临终祈祷

鸣 谢

一

本书是笔者2011年用英文于罗马出版的《牛顿传》一书的缩写版和修订版。我要特别感谢几位牛顿研究者，我在过去的20年里和他们有书信来往。特别要提的是，这些学者让我获益良多：在了解牛顿的数学方面，有汤姆·怀特塞德和迈克尔·诺恩伯格；在了解牛顿的自然哲学方面，有伯纳德·科恩和乔治·史密斯；在了解牛顿的光学方面，有艾伦·夏皮罗、杰德·布奇瓦尔德和弗朗哥·圭迪斯；在了解牛顿的炼金术方面，有比尔·纽曼和拉里·普林西比；在了解牛顿的宗教方面，有斯科特·曼德尔布罗特、罗伯特·伊里夫和斯蒂芬·斯诺贝伦；在了解牛顿的年表研究方面，有杰德·布奇瓦尔德和莫蒂·费因戈尔德；在了解牛顿的哲学思想方面，有玛丽·多姆斯基、斯特芬·杜塞恩、安德鲁·贾尼亚克和埃里克·施利瑟。

拉克尔·德尔加多·莫雷拉、弗朗哥·圭迪斯、德米特里·莱维汀、比尔·纽曼、拉里·普林西比、斯蒂芬·斯诺贝伦与吉見多久和对本书的各个章节提供了有用的评论。我要感谢他们以及来自沃伯格研究所的本丛书编辑弗朗索瓦·奎维格，感谢他的善意帮助。我从“牛顿研究规划项目”（由罗伯特·伊里夫和司各特·曼德布罗特主持，详见www.Newton Project.ox.ac.uk）和“牛顿化学研究规划项目”（由威廉·纽曼主持，详见http://webapp1.dlib.indiana.edu/newton）以及“加拿大牛顿研究计划”（由斯蒂芬·斯诺贝伦主持，详见www.isaacnewton.ca）等方面在线提供的牛顿手稿抄本中获益匪浅。

笔者要感谢剑桥大学出版社允许我在本书第二章（在谈到“级数和流数法”时），以及在本书第四章（谈到“代数与几何”时），引用2016年在剑桥大学出版的由罗伯特·伊里夫和乔治·史密斯所编辑的《剑桥牛顿研究指南》第二版中，本人所写的章节“简论艾萨克·牛顿的数学研究”（见该书第382～420页）。

二

作者和出版商要对以下图片资料来源及复制许可表示感谢。由于版面有限，对某些地方只做了简要的介绍。

Galleria dell'Accademia Tadini, Lovere, Bergamo (photo Studio Fotografico Da Re 2015 © Accademia Tadini, Archivio Fotografico): I; collection of the author: 22; © Biblioteca Civica Angelo Mai e Archivi storici comunali, Bergamo: 33; © Biblioteca Nazionale Braidense, Milan and Ministero dei Beni e delle Attività Culturali e del Turismo: 15, 16; © Biblioteca Nazionale Marciana, Venice and Ministero dei Beni e della Attività Culturali e del Turismo: 38; © Bibliothèque de Genève: 30; © Bibliothèque Nationale de France, Paris: 5; photos Compomat s.r.l./ © Niccolò Guicciardini: 13, 17, 18, 23, 28 (courtesy Massimo Galuzzi), 34, 35; reproduced by kind permission of the Syndics of Cambridge University Library: 7 (xxi.41.14), 9 (LE.5.24), 10 (Add. 3975, f. 15), 12 (M.4.31), 14 (Qq*.1.61 (A)), 20 (U*.4.35(C)), 21 (Williams 504), 25 (Add. 3975, f. 174v), 26 (Hh.15.44), 27 (M.6.11), 29 (Yorke. a. 31), 37 (N.9.19), 40 (Add. 3965, f. 39r); © Dean and Chapter of Westminster: 42, 43; photo Derby Museum Collection: 3; © Herzog August Bibliothek, Wolfenbüttel: 41; from Isaac Newton, *Philosophiae Naturalis Principia Mathematica* (London, 1687): 32; © Musée des Beaux-Arts, Bordeaux: 2; © Musée des Beaux-Arts, Nantes: 4; © National Portrait Gallery, London: 19, 39; © Royal Society Library, London: 11, 31, 36; from H. W. Turnbull, ed., *The Correspondence of Isaac Newton*, vol. i (Cambridge, 1959): 24; © Victoria and Albert Museum, London: 6.

读客®文化

文艺复兴七巨人

布莱瑟·帕斯卡

［美］玛丽·安·考斯 著

陈蕾 译

河南文艺出版社

·郑州·

图书在版编目（CIP）数据

布莱瑟·帕斯卡 /（美）玛丽·安·考斯著；陈蕾译 . -- 郑州：河南文艺出版社，2023.5
（文艺复兴七巨人）
ISBN 978-7-5559-1244-6
Ⅰ . ①布… Ⅱ . ①玛… ②陈… Ⅲ . ①帕斯卡 (Pascal, Blaise 1623-1662) – 传记 Ⅳ . ① B565. 23

中国版本图书馆 CIP 数据核字 (2022) 第 196058 号

文艺复兴七巨人：布莱瑟·帕斯卡

著　　者 ［美］玛丽·安·考斯
译　　者 陈　蕾
责任编辑 王　宁
责任校对 李亚楠　苑留员
特约编辑 王　偲
策　　划 读客文化
版　　权 读客文化
封面设计 陈　晨
封面插画 王　晓
出版发行 河南文艺出版社
印　　刷 河北中科印刷科技发展有限公司
开　　本 890mm × 1270mm 1/32
总 印 张 49.75
总 字 数 1122 千
版　　次 2023 年 5 月第 1 版　2023 年 5 月第 1 次印刷
定　　价 315.00 元（全七册）

如有印刷、装订质量问题，请致电 010-87681002（免费更换，邮寄到付）

插图1　《油灯前的马德莱娜》，乔治·德·拉图尔，1640年，布面油画

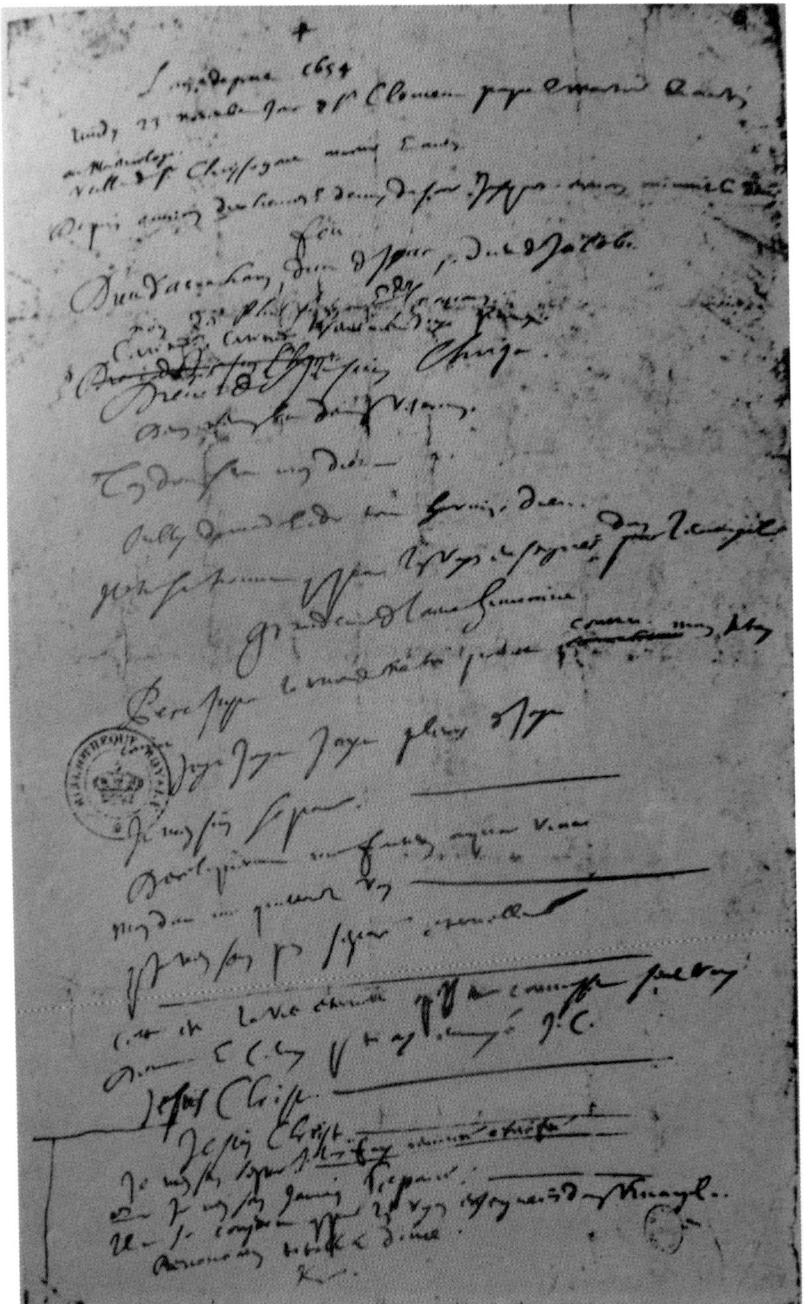

插图2　帕斯卡的《追思》

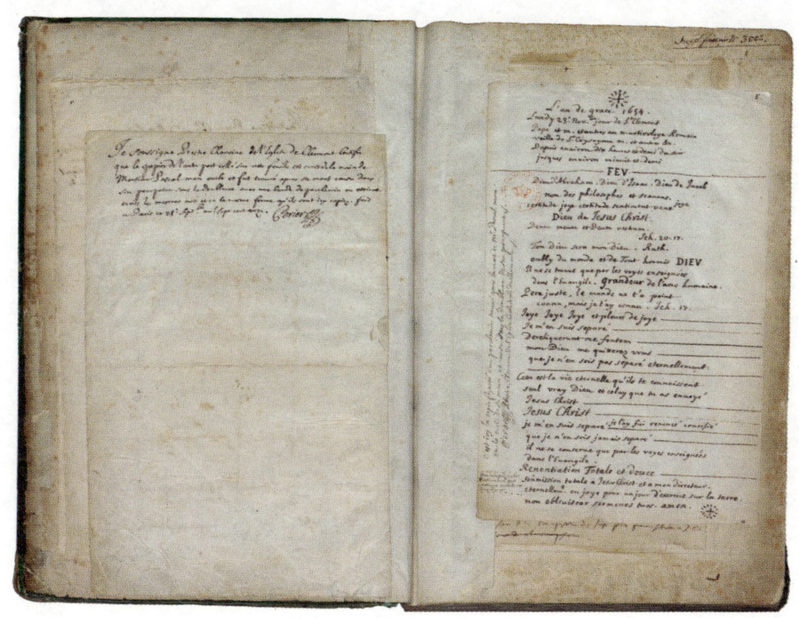

插图3　《追思》，帕斯卡的“华丽版本”

插图4　《风中的芦苇》（*The Reeds in the Wind*），雅克·卡洛（Jacques Callot），1628年，蚀刻画

插图5 《圣徒艾琳陪伴圣塞巴斯蒂安》，乔治·德·拉图尔，1649年，布面油画

插图6 《布莱瑟·帕斯卡》（*Blaise Pascal*），弗朗索瓦·凯内尔二世（François II Quesnel），1690年，布面油画

插图7　《吉尔贝特·佩里耶》（*Gilberte Périer*），17世纪

插图8　《枢机主教黎塞留》，菲利浦·德·尚佩涅（Philippe de Champaigne），布面油画

插图9　少年时期的帕斯卡肖像素描，他的朋友让·多马特（Jean Domat）作于1649年

插图10　帕斯卡的算术机器

插图11　帕斯卡画像，1839年

插图12 《安热莉克·阿尔诺修女》（*Mère Angélique Arnauld*），菲利浦·德·尚佩涅，布面油画

插图13 《凯瑟琳-阿涅丝·阿尔诺修女》（*Mère Catherine-Agnès Arnauld*），菲利浦·德·尚佩涅，1662年，布面油画

插图14 《雅克利娜·帕斯卡》（*Jacqueline Pascal*），约17世纪

插图15　《从山上眺望的乡村波尔-罗亚尔修道院》（*Port-Royal des Champs, Viewed from a Hill*），玛德莱娜·德·布隆涅（Madeleine de Boullogne，1646—1710年），水粉画

插图16　乡村波尔-罗亚尔修道院的回廊

插图17　波尔-罗亚尔修道院旧址院内的帕斯卡井

插图18　《圣西兰院长——让·迪韦吉耶·德奥兰内》（*Jean Duvergier de Hauranne, Abbot of Saint-Cyran*），菲利浦·德·尚佩涅工作室作，约1646年，布面油画

du Monastere du S.t Sacrement, des Religieuses de PORT ROYAL Ordre de Cisteaux, portant le titre et l'habit des Filles du S.t Sacrement, bastie
le Paustre, dans le Fauxbourg de S.t Iacques a Paris.
Dessignée et gravée par I. Marot, Avec privilege du R. Chez P.

插图19　《波尔-罗亚尔修道院》，17世纪，版画

插图20 波尔-罗亚尔修道院

插图21 《索邦神学院博士安托万·阿尔诺》（*Antoine Arnauld, Doctor of the Sorbonne*），17世纪，版画

插图22　《皮埃尔·德·费马》（*Pierre de Fermat*），弗朗索瓦·德·普瓦吕，17世纪，版画

插图23　《安托万·森格兰》（*Antoine Singlin*），菲利浦·德·尚佩涅，1664年，布面油画

LETTRE
ESCRITE A VN PROVINCIAL PAR VN DE SES AMIS.
SVR LE SVIET DES DISPVTES *presentes de la Sorbonne.*

De Paris ce 23. Ianuier 1656.

MONSIEVR,

Nous estions bien abusez. Ie ne suis détrompé que d'hier, jusque-là j'ay pensé que le suiet des disputes de Sorbonne estoit bien important, & d'vne extrême consequence pour la Religion. Tant d'assemblées d'vne Compagnie aussi celebre qu'est la Faculté de Paris, & où il s'est passé tant de choses si extraordinaires, & si hors d'exemple, en font conceuoir vne si haute idée, qu'on ne peut croire qu'il n'y en ait vn suiet bien extraordinaire.

Cependant vous serez bien surpris quand vous apprendrez par ce recit, à quoy se termine vn si grand éclat; & c'est ce que ie vous diray en peu de mots aprés m'en estre parfaitement instruit.

On examine deux Questions; l'vne de Fait, l'autre de Droit.

Celle de Fait consiste à sçauoir si Mr Arnauld est temeraire, pour auoir dit dans sa seconde Lettre; *Qu'il a leu exactement le Liure de Iansenius, & qu'il n'y a point trouué les Propositions condamnées par le feu Pape; & neanmoins que cõme il cõdamne ces Propositiõs en quelque lieu qu'elles se rencontrent, il les condamne dãs Iansenius, si elles y sont.*

La question est de sçauoir, s'il a pû sans temerité témoigner par là qu'il doute que ces Propositions soient de Iansenius, apres que Messieurs les Euesques ont declaré qu'elles y sont.

On propose l'affaire en Sorbonne. Soixante & onze Docteurs entreprennent sa defense, & soustiennent qu'il n'a pû respondre autre chose à ceux qui par tant d'écrits luy demandoiẽt s'il tenoit que ces Propositions fussent dans ce liure, sinon qu'il ne les y a pas veuës, & que neantmoins il les y condamne si elles y sont.

Quelques-vns mesme passant plus auant, ont declaré que quelque recherche qu'ils en ayent faite, ils ne les y ont iamais trou-

A

插图24　《致外省人信札》，帕斯卡，1656年1月

PENSÉES
DE
M. PASCAL
SUR LA
RELIGION,

Et ſur quelques autres ſujets.

EDITION NOUVELLE.

Augmentée

De beaucoup de Penſées, de la Vie de l'Autheur, & de quelques Diſſertations.

Sur la copie imprimée,

A AMSTERDAM,
Chez HENRI WETSTEIN.

Anno M. DCCIX.

插图25 《思想录》封面（1709年版）

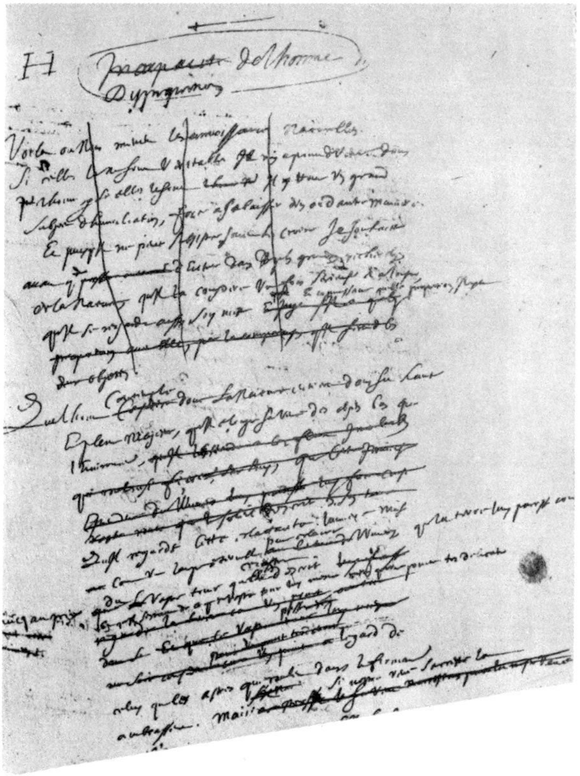

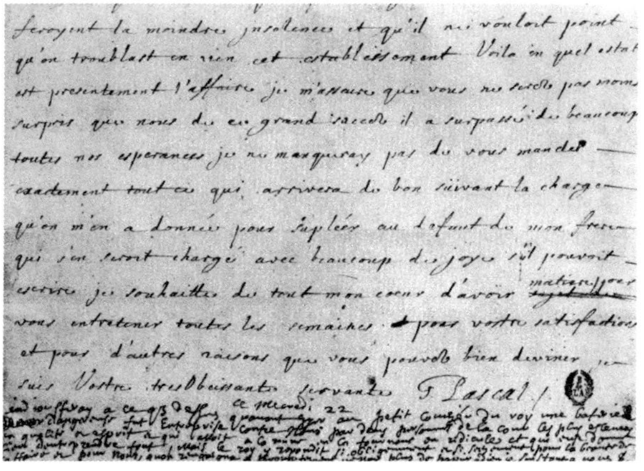

feroyent la moindre insolence et qu'il ne vouloit point
qu'on troublast en rien cet establissement Voila en quel estat
est presentement l'affaire je m'asseure que vous ne serés pas moins
surpris que nous de ce grand succés il a surpassé de beaucoup
toutes nos esperances je ne manqueray pas de vous mander
exactement tout ce qui arrivera de bon suivant la charge
qu'on m'en a donnée pour supléer au defaut de mon frere
qui s'en seroit chargé avec beaucoup de joye s'il pouvoit
escrire je souhaitte de tout mon coeur d'avoir matiere pour
vous entretenir toutes les semaines pour vostre satisfaction
et pour d'autres raisons que vous pouvés bien deviner je
suis Vostre tres obeissante servante G Pascal

插图26、27　《思想录》手稿

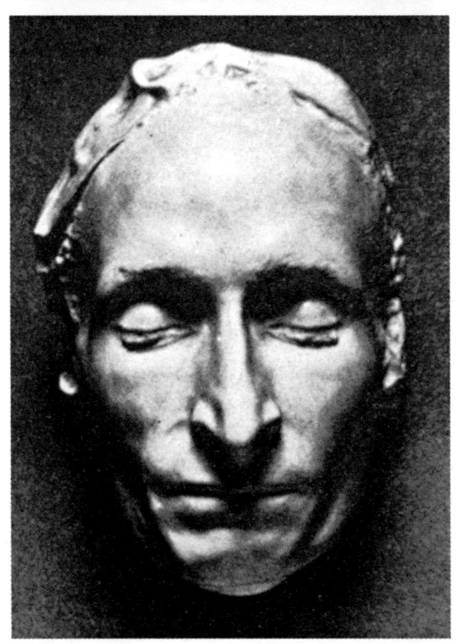

插图28　帕斯卡的遗容脸模

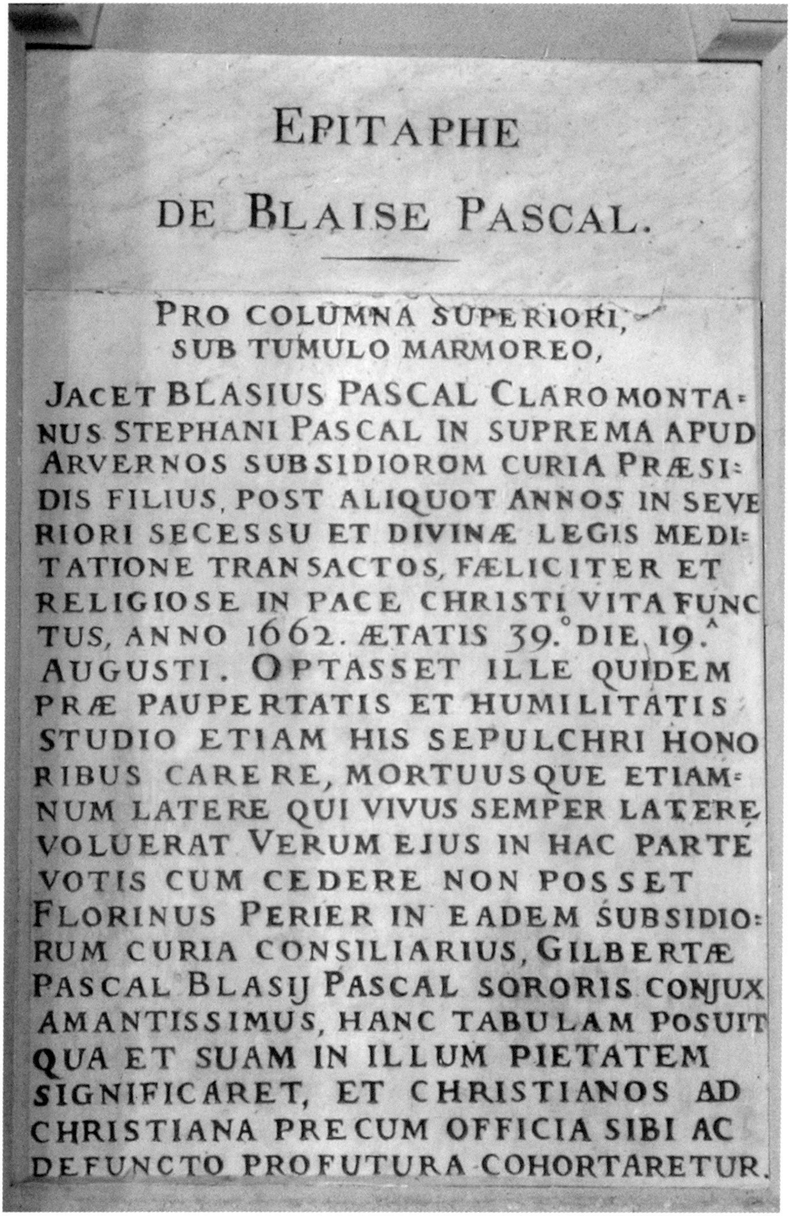

EPITAPHE

DE BLAISE PASCAL.

PRO COLUMNA SUPERIORI,
SUB TUMULO MARMOREO,

JACET BLASIUS PASCAL CLAROMONTA=
NUS STEPHANI PASCAL IN SUPREMA APUD
ARVERNOS SUBSIDIOROM CURIA PRÆSI=
DIS FILIUS, POST ALIQUOT ANNOS IN SEVE
RIORI SECESSU ET DIVINÆ LEGIS MEDI=
TATIONE TRANSACTOS, FÆLICITER ET
RELIGIOSE IN PACE CHRISTI VITA FUNC
TUS, ANNO 1662. ÆTATIS 39.° DIE 19.^
AUGUSTI. OPTASSET ILLE QUIDEM
PRÆ PAUPERTATIS ET HUMILITATIS
STUDIO ETIAM HIS SEPULCHRI HONO
RIBUS CARERE, MORTUUSQUE ETIAM=
NUM LATERE QUI VIVUS SEMPER LATERE
VOLUERAT. VERUM EJUS IN HAC PARTE
VOTIS CUM CEDERE NON POSSET
FLORINUS PERIER IN EADEM SUBSIDIO=
RUM CURIA CONSILIARIUS, GILBERTÆ
PASCAL BLASIJ PASCAL SORORIS CONJUX
AMANTISSIMUS, HANC TABULAM POSUIT
QUA ET SUAM IN ILLUM PIETATEM
SIGNIFICARET, ET CHRISTIANOS AD
CHRISTIANA PRECUM OFFICIA SIBI AC
DEFUNCTO PROFUTURA COHORTARETUR.

插图29　帕斯卡墓志铭，巴黎圣艾蒂安教堂

插图30　《布莱瑟·帕斯卡》（*Blaise Pascal*），热拉尔·埃德林克（Gérard Edelinck）根据弗朗索瓦二世·凯内尔的画作制作，17世纪90年代，版画

插图31　《帕斯卡的外套》〔*Pascal's Coat (Le Manteau de Pascal)*〕，勒内·马格丽特（René Magritte），1954年，布面油画

目　录

序

与帕斯卡同在

汤姆·康利（Tom Conley）

勒内·夏尔（René Char）于1934年创作了一首名为《油灯前的马德莱娜》（*Madeleine à la veilleuse*）的短诗，来致敬乔治·德·拉图尔（Georges de La Tour）的同名画作（参见插图1）。人们很容易联想到玛丽·安·考斯（Mary Ann Caws）正是从这首诗中读懂帕斯卡的。在油画中，马德莱娜仿佛一位木头雕刻的忏悔者，油灯中灯芯燃烧发出明亮的光，照在桌子上用来忏悔的那些东西上——一根缠绕的鞭子、两本合着的书、一个木十字架。不言而喻，从这幅油画的美感中，从夏尔的诗句中，考斯也许想到了帕斯卡的《思想录》（*Pensée*）。考斯并不像众多的评论家那样，对帕斯卡渊博的知识无限赞赏，而是从帕斯卡的内心出发对其进行解读。油画中，抹大拉的马利亚左手托腮，右手轻抚着膝上冰冷的骷髅头表面，在灯光中直面时间的流逝和死亡。考斯承认她已经花了相当长的一段时间来思考帕斯卡，也许就像抹大拉的马利亚那样，抑或不像。她借用了吕西安·戈德曼（Lucien Goldmann）的话：我是那种会被帕斯卡影响但不会被他改变的人，无论是过去还是现在，帕斯卡都是最伟大的人。记忆的片段突然闪现在考斯的脑海中：在1956年11月6日，她23岁的时候，她记得自己被耶稣会和詹森派之间的斗争深深吸引，以至于当她在巴黎天主教学院开始学习时，也想象自己处于《致外省人信札》（*Provinciales*）所描写的场景之中。她又补充道，很久以后，当她读到罗兰·巴特（Roland Barthes）的《萨德　傅立叶　罗犹拉》（*Sade Fourier Loyola*）一书时，她的兴趣再次被点燃。

该书明确表达了一种任何一个喜欢法语的人在分享《思想录》时，都怀有的未曾言表的热情。文学评论家圣伯夫（Charles-Augustin Sainte-Beuve）在谈论《波尔-罗亚尔修道院》（*Port-Royal*）和《随笔集》（*Essais*）时，承认我们每个人心中都有蒙田的说法。同样，他和他的读者在那时很有可能也想到了帕斯卡。对帕斯卡无比崇拜的艾黎·福尔（Élie Faure）是一位充满梦想的外科医生、激进派人士、艺术史学家、电影爱好者。他认为帕斯卡同莎士比亚和塞万提斯一样，都是散文界的领军人物。马克思主义哲学家列斐伏尔（Henri Lefebvre）在其早期工作中就从帕斯卡的论文中发现了有关空间、日常生活、身体节奏等方面的论述，这些论述为帕斯卡的毕生思考奠定了基础。现在，考斯在本书中告诉我们，虽然我们生活在一个充满数字技术、手机、iPod（音乐播放器）、iPad（平板电脑）、Instagram（一款图片分享应用）以及Twitter（“国外的微博”）的时代，但帕斯卡的写作方式、思维方法仍然可以作为一种灵活通用的手段，去衡量真理与行为的道德准则。

若要弄清楚本书如何安排其思考的空间，只需回想一下另一位热衷于帕斯卡的读者——莫里斯·布朗肖（Maurice Blanchot）是如何组织《文学空间》（*L'Espace littéraire*）里的内容的。布朗肖这本书集合了对马拉美（Mallarmé）、里尔克（Rilke）、卡夫卡（Kafka）和荷尔德林（Hölderlin）的作品评论。在一篇序言中，布朗肖认为无论一部作品所涵盖的历史多么断断续续，包含的层面多么零零散散，只要它有实质的内容，就能将读者吸引到一个移动的中心[1]。帕斯卡的一个移动坐标或是灭点可以在第五章中找到，考斯全文引用了帕斯卡于1654年11月23日夜里写下的著名文章《追思》（*Memorial*）。考斯强调说，正是很多年前我读到了这段文字，才开始研究帕斯卡这个奇怪的天才。

奥拉托利会会友皮埃尔·盖里耶（Pierre Guerrier）将这篇文章命名为《追思》，它本身的形式长久以来一直是个谜。1732年，帕斯卡去世七十年后，盖里耶对外公布说，在这位博学家去世几天后，一位用人发现死者的马甲鼓起来一块儿。据说他剪开了衣服内褶的口袋密封线，发现并取出了一张折叠的羊皮纸，里面包着一张纸，上面有帕斯卡潦草的字迹（参见插图2）。他注意到羊皮纸内侧还有帕斯卡又抄写的一个版本，这个版本书面整洁，字迹优美。时任克莱蒙教堂教士的帕斯卡的外甥路易·佩里耶（Louis Périer）宣称曾在1692年展示

[1] 一本书，即使内容是零散的，也会有一个中心。这个中心不是固定的，而是根据写书的压力和写作环境而移动。一个固定的中心也是会移动的，似乎在变得更为中心，更隐蔽，更不确定和在专横中通过保持不变来忠于自己。——译自布朗肖《文学空间》序言，1955年版，第5页。

过写在羊皮纸上的“华丽版本”（参见插图3）。1711年，佩里耶将这张羊皮纸和里面包着的纸粘到了背板上。1732年，从没见过这张羊皮纸的盖里耶对外公布了这一发现。传说在拆除波尔-罗亚尔修道院时，这张羊皮纸可能被剪成了碎片，分发给忠实的信徒们。[1]不管这张羊皮纸到底去哪儿了，可以想象，在帕斯卡人生最后八年里（他于1662年8月19日去世），他一直秘密地贴身保管着这份记录着他的顿悟的手稿。

虽然写有初稿的那张纸和包它用的写有抄写稿的羊皮纸最终只是个神秘的传说，这篇文章却使人们注意到那些使帕斯卡的文字具有启发性和神秘性的地方。在初稿版本中的第一行字上方有一个似乎是仓促画下的十字架（在横线和竖线交叉点处有一大滴墨水的痕迹）。第一行字记录了这件事的时间——1654年，下面有四行，再下面写着一个小写的“火”（feu）字。在“华丽版本”的最上方有一个小心描绘的十字架，并从中辐射出十一条线。在下面，是手写体的五行文字，接下来是一个碑文体的大写的“火”（FEU）字，在这个字两边各有一条直线延伸到边白，以表示强调。读者们已经注意到，

[1] 雅克·达里乌拉（Jacques Darriulat）称：帕斯卡手中的羊皮纸去哪儿了？没有人知道。那些隐士认为这是一份见证了神圣景象的文件，但是他们为什么不加倍小心地保管它呢？这真是奇怪。人们猜测这张羊皮纸被剪成了碎片，和其他遗物一起分发给了波尔-罗亚尔修道院的朋友们……因此，自从帕斯卡的这份手稿被发现以来，它一直受到了非同寻常的对待。于是，这张写有完整华丽版本的羊皮纸——而不是写有字迹潦草的初稿的那张纸——被挑出来用以满足忠实信徒们的盲目崇拜。而现在，情况恰恰相反，我们认为那份初稿比后来的完整版价值更大。在《思考思想录：追思》（*Penser les Pensées: Le Mémorial*）一文中重点介绍了两份手稿的图片。达里乌拉进一步注意到，帕斯卡只能感觉和触摸到《追思》这篇文章，但是看不见它，因为它的存在是一个秘密：帕斯卡将它写在一张纸上，用羊皮纸包好缝在了他的紧身上衣里面，十分隐蔽。

这段文字不仅列举了一些引言，集合了一些《圣经》里的文献，而且证明了是其他东西或是其他人给了帕斯卡启示。这仿佛预见了兰波（Rimbaud）著名的格言，“我是另一个人”。无论是过去读着陈旧的拉鲁斯经典版《思想录》的学生们，还是不切实际的七星诗社（La Pléiade）或是其他文学评论家，读者都不会忘记看到《追思》时的不安。

也许从整体上看，初稿和抄写稿上的两个十字架标记和“火”字都是《思想录》的象征。在本书中，考斯提供了她猜测的依据。当她谈到“两个无穷”时（帕斯卡的注释中一个重要的时刻，这本来是一段为基督教辩护的对话），希望使人们注意到帕斯卡的法语既严肃庄重又富有强烈的情感和智慧，考斯说《思想录》的翻译在各国一直是项棘手的任务。考斯详细叙述了在赌桌上，基督信徒努力使不可知论者和自由思想者相信上帝的存在，她注意到为什么帕斯卡的推理不能确定上帝是否存在，但是尝试一下是合理的。帕斯卡请求其抛硬币来确定“是”还是“否”的那个人其实面临的是一个必赢的结果：如果硬币是正面，则上帝存在；如果是背面，伴随着硬币掉落的那种怀疑本身则可以被看作上帝存在的迹象。进一步讲，这个赌约是——而且必须是保证过的，因此可以说，赌博者是乘着一艘无舵之船，漂浮在无边的大海上。考斯仔细思考了这段文字，她注意到帕斯卡用“croix”这个词表示硬币正面：它被翻译成“正面”，指的是硬币的正面，但是“croix”这个词还有“十字架”的意思，因此十字架的符号就出现在了赌注里。这里和其他地方一样，翻译非常重要。

情况的确如此，如果可以从字面上来理解《追思》上的符号或者“图形”的含义，即用口语的词汇来解释其字面含义，那么翻译就更为重要了。《追思》一文顶端那个荒唐可笑的标记（在抄写版的底端也出现了）可能是一个命令，它要人们相信：当说出“croix”这个词时（“正面”和“十字架”两个含义），还能指它的一个同音词“crois”（我相信/你相信），这是要求承认或屈服于信仰的一个祈使句。正如广告商精心设计的宣传语中的双关语一样，这句模棱两可的话表达了或激发了怀疑，换句话说，这是一个秘密的标记，是在视觉管理方面隐藏的上帝的证明。当考斯被迫翻译这篇文章中关于赌注的一句话时，她把帕斯卡的方式中的智慧——比如令人无法生气的简洁，甚至是狂乱的愚蠢——都归为一类。抛到硬币正面就说明上帝是存在的，我们来权衡一下这种做法的得与失。我们来评估一下这两种情况。如果你赢了，你就赢得了一切；如果你输了，你什么也没失去。然后“毫无疑问，上帝存在”这个赌注就成了电影里的画外音，也许还是一个间接引语的片段，或者甚至像罗兰·巴特所注意到的那样，在一段话中插入括号中的内容通常属于另外一个谈话或是（和别人）耳语的话题。我们被要求相信的“上帝存在”这句话，几乎已经使我们愉快地产生误解，“你（tu）”和“上帝（Dieu）”处于同一个位置。“上帝存在……你存在”，并且可以类推出“他存在”：于是说话者与上帝联系起来——在这个过程中，说话者和上帝被联系在了一起。

正是在此处，考斯给了我们理由和依据去更加细致地考虑一种“写作方式”的风险。在这种写作方式中交织着许多秘密，在所见与所言之间充满了令人眼花缭乱的迂回曲折。米歇尔·德·塞尔托（Michel de Certeau）曾以这种风格为主题写文章谈论帕斯卡的神秘写作方式。长时间仔细阅读帕斯卡给夏洛特·德·罗阿内（Charlotte de Roannez，当时23岁，1656年8月4日在波尔–罗亚尔修道院皈依基督教，在她被修道院接纳为新教徒之前）写的第四封信，塞尔托发现，整体来看，这些信的秘密和可见性在一起增长，他还发现时间的流逝使得私人通信变成了“思想”，“事件的奇点是由思想的韧性引发的”，这使得文本恰好在作者消失的地方变得可见了。这些从阅读中获得的事件或“经历”提出了帕斯卡称为“写作方式”和“转变一件事情”的方法。“转变一件事情的方法是无限的”。通过帕斯卡《思想录》里的“陈述是多么变化多端啊”和“命题可以向任何一个方向迁移”的观点，塞尔托为他所谓的转换实践而争辩：说话方式或风格和做事方式或风格会产生新的对话，即使这件事已经很久远了……转变乘以可能性，它们使事情得到发展，使事情发生转变并回到不稳定的平衡之中。他认为，这些转变具有一种风格的移动的精确性。在给夏洛特·德·罗阿内的第四封信中隐藏的含义立刻就明了了，它们标记了帕斯卡所说的：

上帝从感知的世界退出并隐藏起来的奇怪秘密。这个秘密在自然的遮掩下一直是隐秘的，人类看不透……当看不见时，它（或他）更可识别，当可见时，反而识别不出……一切事物都是掩藏上帝的面纱……上帝为了他人隐藏于万物之中，为了我们以各种方式被发现于万物之中，愿我们对他的恩泽给予无限的回报。[1]

仔细分析这封信的言语中的行为之后，塞尔托展示了这些话是怎样被高明地写出来的，还展示了其确定的含义是怎样被最好地激发的，最重要的是展示了在读者意识到发生变化之前“敏锐的速度和渗透力”改变读者的位置时，某物是如何“经过”的。通过必需的通路，经由支离破碎的连接、逻辑的跳跃或是加速的省略来刺激运动，帕斯卡的做事方式让读者既没有时间去反应，也没有时间留在原地。这种方法的目的在于运动，在于一种处于运动中的对话，这种方法也成为“过程的移动性”的产物，永远不会固定在某个特定的地方。正如他用蒙田的《蒙田随笔集》中那样简单的公式化语言所说的：思考秘密就是学会如何去读懂它。思考就是为了发现，但只有在运动中才能发现，因为尽管在运动着，仍然可以感觉到位置的不同。不但在不同位置隐藏的事物立刻清晰可见，而且某种其他的、难以言表的事物也能显露出来，这些事物随着时间的流逝——而且也只能随着时间的流逝——被人们逐渐理解，不再轻易被遗忘。帕斯卡的形象在本书中得到了描述。宗教理念交叉在他的思维方式中，产生了一种“遗失

[1] 读者们也许会奇怪，为什么指代上帝的代词不是大写的。有这样想法的读者可以回想一下阿格里帕·多比涅（Agrippa d'Aubigné）的《迪亚娜大屠杀》（*Hécatombe à Diane*）（写于16世纪晚期），作者巧妙利用字母H的形状像绞刑架的特点将赫卡特（Hecate）与地狱（Hell）联系起来（绞刑架在地形图上很常见，用字母H表示）。因此，在巴洛克诗歌传统中，它有地狱的联想含义。对帕斯卡来说，他主要是呼吁普遍的人性，因此可以说指代上帝的“他”（he）用普通词形比专有名词形式更好。

的上帝”的效果和一种不为人类所知的“真理”的效果[1]。帕斯卡似乎是要改变并推翻笛卡儿所认为的思考就是权衡的想法，即“思考”（penser）和“权衡”（peser）是对应的，他认为，思考就是为了让它过去。帕斯卡进一步解释说，在写给夏洛特的第四封信中，他引用了《旧约》（*Old Testament*），那些围绕着“以赛亚”（Isaiah）及《圣经》其他要点的引号就像虚拟的光环，标志着某种古老的真理经过语义场的历史景观时产生了“回声的距离”。结果是，眼睛看到的不再有风险，但写作变得不安全了。眼睛看到的事物，通过相信得到了调解；但“我相信”只是他者说话的一种方式，一种对他人进行的陈述。

在上面的段落中，塞尔托对隐藏的上帝的“古怪的秘密”的解读导致了离题。这种离题暗示，考斯对于帕斯卡的毕生崇拜，追随了帕斯卡从不循规蹈矩、总是千变万化的写作踪迹。这种写作方式能够立刻对不经意间发生的——甚至是不重要的——一些小事产生影响，并从表面上对深刻的并未解决的事情产生影响。考斯在她的专题著作中对于帕斯卡在多大程度上受到蒙田的影响进行过论述。在谈到帕斯卡对于具有交谈艺术的无法企及的作者（例如塞尔托）怀有崇敬之情时，考斯暗示，《思想录》和帕斯卡其他作品的影响力都归功于技巧本身：伟大的画家如此，由文字和事物的不同而产生的运动效果也是如此，而且这种效果清晰可见。文字和描述的事物彼此间既相互

[1] 塞尔托，《古怪的秘密：帕斯卡》（*L'Étrange secret: Pascal*），第331页。塞尔托把自己的这些话与《思想录》（拉菲马版）的第840条联系了起来，其形式与内容都在关于神秘主义的作品中有所提及。在那些作品中，他说“真理”是还未被了解的错误。

融合又相互远离。在《论交谈艺术》（*De l'art de conférer*）中，米歇尔·德·蒙田借用绘画艺术，详细阐述了如何机智地处理交谈这门艺术。似乎是为了提示帕斯卡，蒙田写道：因为我们正在处理有关交谈方法的问题，而不是交谈本身的问题。蒙田的文章顺便暗示出“方法”和“自身”一定有差别，但“交谈”与“对话”是有争议的。帕斯卡发现蒙田对于作家本身进行了有关空虚和自负方面的描述甚至刻画，而这些地方的“写作方式”尤其令他感到厌恶。但自相矛盾的是，蒙田所谓“不得不描述自己的愚蠢行为”，在表面上似乎对帕斯卡而言成为一种消极的启示，实际上却并没有带来任何的消极影响。因为当知识和存在处于风险中时，这种可见性与可读性的隐藏关系是通过诗人的写作“方式”和思维“方式”形成的。

邀您共同欣赏本书《布莱瑟·帕斯卡》时，也许很值得从这个角度去思考帕斯卡《思想录》中最著名的一篇文章。“会思考的芦苇”是他创造的一种说法，代表了人类本身虽然处于很悲惨的境地，但同时像英雄一样坚强和伟大。“会思考的芦苇”使帕斯卡的形象始终引人注目。正如帕斯卡贴身存放的《追思》一样，每一位法国人都在心中牢牢记住了他杜撰的这种说法[1]。

“人虽然只是一根芦苇，但人是一根会思考的芦苇。”像对《追思》进行抨击、影响《思想录》写作风格的那些陈词滥调一样，语言显著的可见性——不信服的人会问“会思考的芦苇”究竟是什么鬼

[1] 欢迎读者们去查阅多米尼克·德斯科特（Dominique Descotes）和他的团队所制作的不断更新的网站www.penseesdepascal.fr，在这个网站中可以看到写有《思想录》的纸张和碎片的复制品，插图4就来源于此网站。

东西——在写作方法中被发现。有证据显示，帕斯卡在精心撰写格言的过程中，可能已经从蒙田的《为雷蒙·塞蓬德辩护》（*Apologie de Raimond Sebond*）中为他自己的创作找到了素材。《为雷蒙·塞蓬德辩护》是一部史诗，它对人性中的自以为是进行了无情、诙谐的抨击。与此同时，它对于上帝是否真的存在进行了激烈的质问。蒙田认为如果上帝的出现是可辨别的，那么这种辨别是通过幡然醒悟实现的。虚荣将人类置于存在的阶梯的上层，蒙田对此感到愤怒并进行责骂。于是，他颠倒了这种世界秩序，将人类丢进了宇宙的粪堆。

人类是所有生物中最脆弱的，不一会儿又变得最自以为是。人类感觉并看见他们自己寄居在这个到处都是泥坑和粪便的世界，将自己依附、固定在这个最糟糕、最没有活力、最混浊的宇宙的某个部分。人类居住在条件最差、离天穹最远的地方，和条件最糟的动物一起居住在地球上，却想象着把自己安置到月球的轨道上，把地球上的天空踩在脚下。[1]

蒙田把人类变成了一种悲惨的生物。但人类为什么如此悲惨呢？所有拉丁语学者都明白，跟帕斯卡一样，蒙田是一位拉丁语专家，他们还知道“悲惨”这个词来自“菖蒲”，“菖蒲”很像沼泽甚至麦田中的一种芦苇。这种悲惨源于成熟的芦苇，因为长在芦苇茎最上面的种子被风吹走了或者得了锈病枯萎了。但同时，“菖蒲”也与书写工具有关联。阿尔弗雷德·格劳赛尔（Alfred Glauser）写了一篇

[1] 蒙田，《随笔集》，皮埃尔·维莱（Pierre Villey）和维尔丹·L. 索尼耶（Verdun-L. Saulnier）神父编辑，1965年出版于巴黎，第452页。波尔多版是根据蒙田作品的电子传真而复制的，读者可以在这一版本中看到作者在哪里进行了修改，是怎样修改的。

评论帕斯卡《人是一根会思考的芦苇》（*Roseau Pensant*）的文章，他注意到帕斯卡把蒙田对人类“悲惨”状况的描述“翻译”成了芦苇的形象。人类的救赎归功于人类对自身进行的思考。在过去的拉丁语和法语电影中，菖蒲经过芦苇，成为象征书写工具的图标，既可见又可读。思考是为了写作，而写作是为了令人信服。鉴于帕斯卡的写作方法和写作风格中包含着“古怪的秘密”，芦苇则成为一个移动的形象，一个无风时挺得笔直、被风拂过时前后摇摆的形象，一个精神、呼吸都能令所有东西朝气蓬勃的形象。

如果在语言上曲解只是开玩笑，那么会思考的芦苇也可能变成一根倾斜的芦苇，一根始终倾斜、弯曲着的芦苇，这根芦苇在不知从哪儿吹来的风中摇曳着。所以，如果思考是为了写作，写作是为了令人信服，那么想要令人信服就要有所倾向。无论何时，当有人承认自己拥有某种倾向或“倾向于相信”时，这个人可能在宣布一种不断重复的快乐的感觉，因为当思想根据难以言喻的创作手段变化时就会产生信仰。这是因为帕斯卡精彩的写作方式一部分归因于对陈词滥调的改变，所以我们很好奇“倾斜的芦苇”是否可以成为除蒙田的《为雷蒙·塞蓬德辩护》外另一个源于日常的随意形象的说法，正如雅克·卡洛的蚀刻画《风中的芦苇》（*The Reeds in the Wind*）中那个形象一样（参见插图4）。

在卡洛的这幅画中，隐藏的上帝借用了地图北部地区的风标图形。他有可能是一个像丘比特一样的小天使，或者只是躲在云朵后稍纵即逝的面部幻觉。弯曲的芦苇倒映在泛起涟漪的水面上，紧密平行的线影法让位给一层层的泡沫和平滑的波形曲线。芦苇的倒影突出了蚀画的这些线条是蚀刻过程的重要组成部分。这些线条构成这幅画存在的原因和效果，就如同帕斯卡的芦苇一样，它们是弯曲在风中的虚拟的书写工具。这些线条证实了“会思考的芦苇”很可能正是同一根倾斜的芦苇，而这根“被风吹倾斜”的芦苇承认了风的存在，但隐含的意思是，这只是一个可怜的错觉。在帕斯卡看来，所有的事物都是上帝创造一切的活证明，芦苇对风做出的回应可能就证明了它愿意相信风的存在。艺术史学家亨利·福科隆（Henri Focillon）很久以前就把卡洛称作法国伟大的作家，因此，对卡洛来说，芦苇既是笔，又是雕刻刀[1]。而且和帕斯卡一样，无论是在画作中还是在其他的可见性中，卡洛“思考”的意愿或倾向展现了创造时的“古怪的秘密”。

本书引导读者去感受为什么考斯也许相信要想写作就要进行思考，要想看见就要读书。她著有一些很有见地的关于诗歌和绘画的作品，谈论夏尔、马瑟韦尔（Motherwell）、詹姆斯（James）、雅贝斯（Jabes）等的作品，在她的书中，可见的和不可见的事物排列顺序都相同，读者由此会对帕斯卡的一生产生共鸣。考斯从《思想录》中找到了人生的动力，可以说，她的生命已经与《思想录》连在了一起。总之，可能正是《思想录》的一个可见的碎片或是残余物，使考斯开始关注勒内·夏尔，而夏尔的《片段格言》（*Parole de Fragment*）激发了人们对乔治·德·拉图尔的崇拜之情，其伟大画作

[1] “我要把他放在最伟大的作家之列，因为这位雕刻家的刻刀就像是鹅毛笔一样，能够使人再次感受到预先确立的和谐与系统的一致的虚伪，而关于它的艺术史还未被清除。在我们的语言和风格还充斥着繁重冗长、缓慢拖拉和兜圈子的时代，他的纯粹而自由的风格已经超越了这个时代。卡洛这位洛林地区的雕刻家，是法国伟大的作家之一。”《劳特雷克的卡洛：法国艺术透视》（*De Callot à Lautrec: perspectives de l'art français*），1953年出版于巴黎，第41页。

《圣徒艾琳陪伴圣塞巴斯蒂安》（*St Sebastian Attended by St Irene*）（参见插图5）应该在烛光中静静欣赏。圣徒艾琳（St Irene）左手摸着尸体的脉搏，右手举着一支火把，火焰摇曳颤动着，在火苗中隐藏着清晰可见的几个数字——392，这是拉丁文《圣经》中描述这个场景的页码。这位神圣的殉道者死于穿过他腹部的箭杆，鲜血就好像通过扶着尸体手腕的这位活着的圣人的手，逐渐消失在熊熊燃烧的火焰中，同时它仿佛也变得鲜活起来。这就是看得见的思维模式和写作方式带来的动力，不管是在本书中还是在她的其他作品中，这些都属于且仅属于考斯一个人。

第一章

早期教育与移居巴黎（1623—1641）

帕斯卡家族的成员是来自奥弗涅地区家境寒微的外省精英，属于小资产阶级或者“穿袍贵族”阶级，这取决于您的观点。布莱瑟·帕斯卡的父亲艾蒂安·帕斯卡（Étienne Pascal）在数学、科学和古代语言方面具有天赋，然而，在当时以及他所处的阶层中只有古代语言是主流。1608年，艾蒂安前往巴黎学习，在那之后他返回奥弗涅地区的克莱蒙，并买下了一个顾问职位——一种处理财政事务的地方法官。1616年，艾蒂安28岁时，娶了安托瓦妮特·贝贡（Antoinette Begon）为妻，并和她在克莱蒙一起生活。在失去一个女儿安托妮娅（Antonia）之后，这对夫妇于1620年生下了吉尔伯特（Gilberte），并于1623年6月19日生下了布莱瑟（Blaise）。在艾蒂安有能力买下更加重要的职位之后，他们全家迁往教堂附近居住。1625年10月5日，雅克利娜（Jacqueline）在那里出生了。

布莱瑟·帕斯卡在出生第一年有两个奇特和怪异的重要标志特征，他无法忍受看见水流动，以及不可以见到父母在一起（尤其是他们接吻的时候）。看到之后他便会陷入一种神志不清的状态，并且会剧烈抽搐。这种情况伴随他一生，尤其是在遇到巨大的压力时。“啊，”雅克·阿塔利（Jacques Attali）说，“看，在这个家庭里与性有关的一切是如何被‘隐藏、遮掩、审查的’。”[1]这是从一开始就值得注意的，因为它或许能够解释日后接二连三的各种错乱纠葛，特别是与后面将要讨论的兄妹之间的情感纠缠有关联。雅克利娜与帕斯卡之间形成了一种似乎比恋爱关系更为错综复杂的关系。或许在帕斯卡的早年，他对于情感的表达有一种生理上的憎恶；或许他已经凭直觉预知以后他将要信奉的信条。他成为詹森派的信徒坚持奥古斯丁主义后，在关于圣奥古斯丁神学思想的论述中写道：我们生来便堕入原罪，尽管时间与神话制造的鸿沟已使我们远离了伊甸园。[2]早期的教父并不反对宣扬性行为及其为生育而非享乐的目的。公元2世纪的一位基督教护教士圣贾斯汀·马提尔（St Justin Martyr）声称：我们基督教徒或仅为繁育子女而结婚，或拒绝婚姻、完全禁欲。另

[1] 关于布莱瑟·帕斯卡的生平概述，我们可以参照雅克·阿塔利的清晰思维和研究。在准备过程中，为了使他的著作《布莱瑟·帕斯卡——法兰西的天才》（*Blaise Pascal, ou le génie français*）具有很强的可读性，他参考了大量关于帕斯卡的材料。他在前言和参考书目中列出了所有的资料，总共包括530部作品，引用了以菲利浦·塞利耶（Philippe Sellier）、米歇尔·勒·盖恩（Michel Le Guern）和多米尼克·迪卡特（Dominique Descotes）为主的一大批在克莱蒙费朗的帕斯卡研究者的著作，并提到数百个关于帕斯卡的互联网站点。

[2] 奥利维耶·勒布（Olivier Reboul）在《悲剧的主题：帕斯卡与罪恶传递的谜团》（*The Tragic Subject: Pascal and the Mystery of the Transmission of Sin*）一书中声称，亚当的过错就像一个遗传的罪恶影响了我们每一个人。我们的自由在一开始就已经堕落了，它必然会走向邪恶。

一些公元2世纪的基督教道德论者，如亚历山大的克雷芒（Clement of Alexandria）声明丈夫要适当“使用”妻子并且仅为繁育子女之目的，并宣称除了为繁衍后代的交媾是对自然的伤害。罗马天主教会达玛稣一世教皇（Pope Damasus Ⅰ），是基督教教义的一位早期阐述者，他的侍祭圣杰罗姆教父（St Jerome）是拉丁文《圣经》（*Vulgate Bible*）的译者。达玛稣一世猜测并宣扬：亚当和夏娃在被上帝创造出来时原本是没有性行为的，他们在伊甸园犯下的原罪引起了对性的恐惧，如果我们的始祖遵从了上帝的旨意，我们在生育繁殖的时候就会少一些负罪感。在《思想录》中，帕斯卡写到“消遣”时，认为那些消遣娱乐使我们离上帝更远而陷入原罪更深，他将性滥交与其他娱乐方式诸如赌博、酗酒以及卖淫等相提并论。毫无疑问，帕斯卡即使在很小的时候，就懂得如何把身体奉献给上帝，虽然仅仅是出于本能。因此，他的疾病和歇斯底里可能表明他的内心有某种更大的躁动。

实际上，艾蒂安·帕斯卡可能相信了儿子的疾病是由一个女巫诅咒在婴儿床上的他而引起的。这样的传说，可以从布莱瑟的姐姐吉尔贝特（参见插图7）的回忆录《帕斯卡的一生》（*Vie de Pascal*）中找到一些蛛丝马迹。关于这个事件，没有太多具体的细节记载，但有一种解释是，科学家艾蒂安对那些不能医治他儿子的专职医生感到非常失望，以致他放弃了理性，并到别处寻求治疗的方法。他让自己相信，如果一个女巫对他的孩子施了咒语，那么她同样也可以把它解除——这或许也证明了这位父亲是多么疼爱自己的儿子吧。在17世纪，尽管科学和宗教拥有权威地位，但人们还是非常相信魔法和咒语。一位老妇人被指控诅咒了婴儿布莱瑟——她对帕斯卡的母亲安托瓦妮特念了一个咒语，只因后者拒绝给其施舍。但是这位老妇人的巫术是值得怀疑的，因为她被威胁如果拒不承认施了诅咒就会被绑在刑柱上烧死。于是，在她的指导下，安托瓦妮特和艾蒂安将布莱瑟的命运转移到了一只黑猫的身上。然而命运转移并没有起作用：这只黑猫死了，布莱瑟却没有好转。接着女巫用三种不同植物的九片叶子制作了一种膏药，让一个七岁的孩子在满月下将它烹熟。布莱瑟陷入昏迷。他的父亲打了那个老妇人，指责她害死了自己的儿子，让全家人都陷入悲痛。但不久孩子便醒了过来并露出微笑，他痊愈了——其不容辩驳的证据就是，他不再对流动的水或是父母的拥抱产生应激反应。不明不白地被治愈，帕斯卡后来在他的《思想录》中有关于“放弃理性”的叙述，或许是联想到了父亲思想的一时迷信冲动，他声称：理性的最后一步是认识到在它之外还有无限的事物。如果没有意识到这一点，那理性也是微不足道的。

帕斯卡终生遭受抽搐带来的痛苦折磨，而其所处的时代似乎充斥着迷信的行为与信仰。他的母亲于1626年去世，人们普遍认为她的死因是食用了过量的樱桃。得出这样一个毫无根据的结论，是源于17世纪人们对于过量食用水果的后果以及樱桃的特性不了解，虽然这种水果是有象征意义的。在17世纪的诸多画作中，樱桃是生育与青春的象征，常用于表现家庭肖像中母亲形象的活泼与丰满。但我们也见过对耶稣婴儿形象的描绘，他手中握着一枚石榴或几颗樱桃，既突出了他的甜美可爱，也强调了他即将到来的流血牺牲。安托瓦妮特·帕斯卡夫人的离世似乎给这个年轻的家庭留下了印记，因为艾蒂安年仅38岁便成了鳏夫，但他并没有续弦，而是雇用了一名保姆——路易丝·德尔福（Louise Delfaut），为他三个年幼的孩子来充当母亲的角色。她把他们养大成人，并和他们一家生活在一起，直到1658年去世。不管怎么说，是艾蒂安养育了孩子们。他拒绝送孩子们去学校，因为他本人亲身经历过在优秀的地区学校甚至巴黎大学受教育，但仍觉不足。他希望孩子们能够从一名高级教师那儿学习到更加高深的知识，于是用提炼自拉伯雷（Rabelais）和蒙田（Montaigne）著作中的组织方法来教育他们。雅克利娜和布莱瑟借助字母卡片来学习法语，通过会话来学习语法知识而不是死记硬背语法规则。布莱瑟甚至在大约七岁的时候就开始学习拉丁语，那时他还没有完全学会法语，总之他表现出了早期学习的天赋。

艾蒂安的教育方法是不以任何方式强迫孩子们，并在介绍每个学科之前解释学习它们的目的，他还经常和他们谈论自然。吉尔贝特在对布莱瑟的描述中称，他总是想知道每件事情的原因，比雅克利娜表现得更加好奇。吉尔伯特自称是三个孩子中天资最平庸的一个。也许她说得没错，而不单纯是自谦，但我们很幸运能看到她的回忆录真实地讲述了他们的生活。至于从小就灌输给孩子们的信仰，或许也是艾蒂安的功劳。正如阿塔利所言，艾蒂安确保将孩子们的教育与宗教区分开来，因为信仰并不是科学，科学可以传授到大脑里，而信仰是已经根植于心中的更深层次的知识。

巴黎与科学

1631年，帕斯卡举家迁往巴黎，艾蒂安因此得以进入科学界。两年前，枢机主教黎塞留（Cardinal Richelieu）已被任命为朝廷首席大臣，这意味着那不仅是一个有关文化创作的批评与分析的学术时代，也是一个动荡不安的时代。布莱瑟八岁时，一家人到巴黎玛莱区附近的圣殿区居住，他已经成为一名崭露头角的自学者，渴望成为第一个发现新事物的人，而且，据说他常常像哥伦布（Cristoforo Colombo）发现美洲大陆那样大呼大叫。随着布莱瑟的学业进展，他的父亲继续教导他，但他们的关系并不是十分密切，没有证据表明父慈子孝。但艾蒂安竭尽全力培养他的儿子，每个星期一、星期二、星期四和星期五都用拉丁文与他交谈。他强调倾听对话比读书要重要，这样布莱瑟能够学会思考和自己推理。不久之后，布莱瑟学会了希腊语，他和父亲讨论逻辑学、物理学、哲学和天文学。但是艾蒂安苦于如何向小帕斯卡介绍数学，而不令他被晦涩的概念所难倒，所以一直在推迟。然而，阿塔利宣称，帕斯卡在很小的时候就秘密地隐瞒着他的父亲发现了数学这门能够发挥他天赋的学科，他对数学是“一见钟情”。

1634年，帕斯卡一家搬到圣梅里修道院街，住在他们对面的罗阿内公爵〔Duc de Roannez，即阿蒂斯·古菲耶（Artus Gouffier）〕成了艾蒂安的朋友。罗阿内公爵把艾蒂安介绍给一个聚集在马兰·梅森（Marin Mersenne）周围的团体。梅森是一位被任命的牧师，与科学界有联系并以对数学的贡献而著名（梅森素数），他被称为

17世纪上半叶科学和数学世界的中心[1]。那时梅森已经有穿着黑色极简风格衣服的习惯，他建立了巴黎科学院之后，与勒内·笛卡儿和皮埃尔·德·费马保持通信。在这个巴黎科学院里有很多伟大的人物，他们聚在一起开诚布公地分享和讨论科学与数学的发现。在这个时候，大约十一岁的帕斯卡正在自己做实验，早早地表现出他的好奇心和创造力。他用一把刀敲击桌上的玻璃杯，发出叮当的响声，试图了解这个声音，根据家族传说，他还写下了第一篇文章《声音论》（*Treatise on Sounds*），但是这篇文章已无迹可寻。他还用数学家的术语“公理”和“定义”来演示欧几里得（Euclid）《几何原本》（*Elements*）中的命题，他可能是从父亲的图书馆中找到了《几何原本》的拉丁文版，并从中知道了这些词语，他仅仅撕掉其中一页以便不被发现。艾蒂安一发现帕斯卡的秘密，并意识到儿子在欧几里得几何方面天赋异禀，便请求梅森允许他带着儿子去参加他们的集会，梅森这位大学者张开双臂欢迎这个男孩，引导他进入了一个能促进他天分发展的博学世界。布莱瑟对几何学的惊人理解能力是如此令人信服，在他十二岁半时，他已经在梅森的聚

[1] 思考这一时期的著作和观点的一个更有意思的方式取决于知识的模式及视觉和口头上被称为失真的文本，其中一个著名的例子是汉斯·霍尔拜因（Hans Holbein）的《大使》（*The Ambassadors*），当你从某一角度看时，你会看到一个头骨。梅森的学生让·弗朗索瓦·尼克隆（Jean François Niceron）发表了《透视法》（*La Perspective curieuse*）后，这种视觉受到了欢迎，这种变形理论是通过将绘画艺术应用于射影几何学而形成的。解释学的某种策略基于变形，也就是说，要看到灵性的形象，必须从另一个角度来看，而不是一般的视角。帕斯卡的图形与矛盾之间的思考就是他的解释学的一个例子：如果《圣经》自相矛盾，这个矛盾必须通过一个图形手段来解决，所以帕斯卡在看到矛盾时不是从逻辑上解决的，而是给出几何图形，这种灵感可能是源自他对于几何图形所具有的卓越天才。当然在基督教的上帝之爱中，所有的矛盾都应该得到解决。再一次强调，不同的极端注定要趋于一致。

会上与不同的数学家见面。他和法国哲学家、观测科学家、天文学家和数学家皮埃尔·伽桑狄（Pierre Gassendi）讨论希腊哲学家伊壁鸠鲁（Epicurus）的思想，伊壁鸠鲁认为人在生命终结时身体和灵魂都会消亡，因此死亡并不可怕，而伽桑狄的哲学思想在怀疑主义和教条主义之间找到了平衡。帕斯卡还与笛卡儿和费马等数学大师对话，大师们以梅森学院的精神对解析几何问题进行争论。在多米尼克·迪卡特（Dominique Descotes）撰写的《布莱瑟·帕斯卡：文学与几何》（*Blaise Pascal: littérature et géométrie*）中有精彩描述：梅森神父想要说服人们认识到科学的实用性，提出了他所称为的“欢乐的算术”，演示了求圆形的面积、几何比例在道德行为中的应用、无限大的数字导致奇怪和不合理假设的方式，以及增加力量的技巧等。通过这些，生性聪敏的帕斯卡弄清楚了轮盘赌的摆线：根据轮子与滚动圆的关系，简易的轮盘和缩短或加长的轮盘是不同的。在《思想录》中，或许是回忆起了那些启发他致力于数学研究的对话，帕斯卡写道：有些人说得很好但写得不好。因为有观众帮他们热身，从他们的头脑中激发出比没有这种热身时他们所能想到的更多的灵感。因此，总是人类的创造力在推动社会进步。

奥弗涅与艾蒂安的赦免

1638年，受到“三十年战争”的影响——一场始于1618年的系列战争，起因是天主教徒与新教徒之间的宗教争端，演变为争夺欧洲政治霸权的对抗战争——法国政府拖欠债券，无法继续向投资者支付年金。艾蒂安·帕斯卡也受到影响。他把大部分家产都投进了债券。金融崩溃的时期糟糕透了，因为那时恰逢“投石党运动”（1648—1653年）。“投石党运动”是法国贵族反抗君主的历史时期，对路易十四（Louis XⅣ）的王权统治造成了极大的挑战，最终却使得王权更加巩固。由于艾蒂安在这样一个动荡的时期参与了抗议活动，他的名字被记录在案，并被确定为示威的首领之一。因为害怕被捕入狱，他逃往奥弗涅地区，并重新开始了乡下生活。然而，他对抗朝廷的罪名并没有困扰他太久，这要归功于13岁的才华横溢的雅克利娜。虽然当时年仅13岁，但雅克利娜已经是一位诗人、演员，在十分欣赏她的才华的枢机主教黎塞留鼓励下，她小小年纪就筹谋帮助父亲获得赦免（参见插图8）。雅克利娜在乔治·德·斯居代里（Georges de Scudéry）的话剧《暴君之爱》（*L'Amour Tyrannique*）中扮演卡桑德拉（Cassandre），在黎塞留主教和他的侄女艾吉永女公爵（Duchesse d'Aiguillon）面前表演，而正是这一角色的演出确保她的父亲获得赦免，并于不久后被授予鲁昂副税务专员一职。雅克利娜一直是受人尊敬的诗人，直到1652年她进入巴黎的波尔-罗亚尔修道院（不是与之相关的位于乡间的波尔-罗亚尔修道院旧址）时被告知要放弃创作，她照做了。

1639年，16岁的帕斯卡在一次研讨会上展示了他的《略论圆锥曲线》（*Essay on Conic Sections*），其中包含一个定理，现在称为“帕斯卡定理”或“神秘六边形定理”。这次会议由梅森主持，有许多著名数学家出席，例如法国数学家、工程师吉拉德·笛沙格（Girard Desargues），他提出了“笛沙格对合定理”，以及三角形透视法，还有对帕斯卡来说尤为重要的一套完整的圆锥曲线理论，它启发了帕斯卡对圆锥曲线的研究。没有人能意识到帕斯卡关于圆锥曲线理论的基础性工作有多重要，这对于后来的射影几何学，特别是19世纪和20世纪的研究，包括现代建筑学和工业设计等的影响都是十分深远的。射影几何学不同于欧几里得几何学，因为它不仅能够揭示物体本来的形状，而且能够描述它们将要呈现出的物体形象。其不同之处在于，由于我们观察物体时，物体的长度和角度可能会发生扭曲变形，射影几何学提供了一种在三维平面上看物体的方式。丹尼尔·C. 福克（Daniel C. Fouke）在关于“帕斯卡物理学”的叙述中，描述了这样一个概念，它给我们提供了视角，使我们能够发现第一眼察觉不到的统一性：

> 想象一下，在一个圆锥顶部栖息着一只眼睛，就会发现点、直线、圆、椭圆、抛物线等是彼此的图像。用一个圆作为投影的图像，在圆内刻画图形或刻上图形并将这些图形上的点投影到圆锥体的其他部分上，显示出它们的共同特性。圆的简单性和对称性使其性质容易被掌握，当投射到其他圆锥形截面上时，使人可以解开圆锥体的特性。

帕斯卡六边形定理主要假设为：圆锥曲线内接六边形其三对边

的交点为共线。他的定理被公认为是亚历山大学派的帕普斯（Pappus of Alexandria）“帕普斯定理”的推广，帕普斯是公元4世纪的一位希腊数学家。尽管帕斯卡并没有为他的定理进行证明，但很快它就被其他人所接受，正如他充满激情的博学一般，帕斯卡定理被证明并超越了它天才的基础。在这里我们可能会想到阿尔贝·贝甘（Albert Béguin）的话：他（帕斯卡）一旦了解到事物的某些基本原理就立刻将注意力转移到别处去，似乎他要起身找寻那些有更多闲暇的人去做所有与调查和求证有关的工作。

当帕斯卡展示他的发现时，他给人们留下了深刻的印象，以至于其中一位听众说，他产生的推论比李子树结的李子更多，你只要轻轻摇晃一下他，李子就全都掉落在他的周围了。梅森对这名年轻数学家的印象也十分深刻，他说“帕斯卡超越了所有曾经从事这个主题研究的人”（见图9）。而笛沙格则带着一种专业的钦佩将这个六边形属性称为“帕斯卡定理”，这是对这位崭露头角的天才的一种回馈。但是在这一点上笛卡儿表现出对帕斯卡的嫉妒，他指控16岁的帕斯卡抄袭笛沙格的理论，这种诽谤式的指控终究会破坏笛卡儿和帕斯卡之间的关系，但帕斯卡对他几何导师的敬意并未减弱，他在《论宗教》（*Discours sur la religion*）一文中向笛沙格致敬，他称笛沙格为这个时代的大师之一，是在数学尤其是圆锥曲线理论方面最杰出的学者。

永久性疾病与家庭教养

然而，帕斯卡的热忱和在数学方面的创新性却无法缓解他的病痛，他一直都是神经脆弱的，患有偏头痛，甚至瘫痪。尽管如此，他还是得到了周围一小群崇拜者的支持，与罗阿内公爵阿蒂斯·古菲耶、公爵的妹妹夏洛特以及他自己才华横溢、能写诗并能将整部剧作都熟记于心的妹妹雅克利娜保持着友好的关系。雅克利娜自己受到痤疮的困扰，痤疮在她的脸颊上留下了一些痕迹，这或许在一定程度上造成了她的自卑和脆弱，同时使她对哥哥的孱弱多病怀有坚定不移的同情，这或许也是她渴望到波尔–罗亚尔修道院避世的一部分原因。

1641年，与帕斯卡一家人共同在鲁昂生活的艾蒂安的年轻表弟弗洛兰·佩里耶（Florin Périer）与吉尔贝特结婚，婚后夫妻俩仍旧留在家中。遭受头痛和腹痛折磨的布莱瑟，自腰部以下几乎都是麻痹的。从那以后，每当麻痹症状发作他便用上双拐走路，而此时麻痹症的发作似乎已经十分频繁了。通常情况下，他只能依靠流食补给营养，固态食物会给他的胃造成麻烦。据吉尔贝特后来记载，从18岁起，布莱瑟没有一天不在痛苦中度过。对于为他治病的医生，他称他们只有“伪科学”，而凭借着他们的医生外衣来欺骗世界——这让人联想到莫里哀（Molière）的喜剧《无病呻吟》（*Le Malade imaginaire*）的情节，患有疑病症的阿尔冈（Argan），与他的医生迪亚弗先生（M Diafoirus）面对面作斗争。帕斯卡传记作者中最具戏剧性的雅克·阿塔利，把这种过重的疾病与他在一岁时的类似行为进行了比较，当时他的父母互相拥抱：一旦一个家庭成员被非他本人的另一个人占有，帕斯卡的身体就会发生剧烈的反应。但是，正如我们将在下一章中看到的那样，在鲁昂，帕斯卡仍然展现了他的天才创造力——他发明了“计算器”来帮助他的父亲处理税收计算问题，还有一个精神觉醒的场景，在其中他经历了第一次皈依，并让他走上了一条永远不会动摇的道路。

第二章

鲁昂与帕斯卡计算器；科学实验与自负；“第一次皈依”

到了1642年年底，枢机主教黎塞留已经去世，法国政府的动荡局势以及帕斯卡家族与其的关系，使这个家庭陷入了不稳定的境地。当帕斯卡一家与黎塞留的联盟走到尽头时，他们不确定如何与黎塞留的助手和接班人、意大利外交官和政治家枢机主教马萨林（Jules Mazarin）相处并获得同样的青睐。黎塞留去世后，马萨林被任命为法国首相。1643年法国国王路易十三刚刚去世，留下一个五岁的王位继承人，因年纪太小无法管理国家事务，奥地利的安妮女王（Anne）开始摄政，授予马萨林更多的权力。法国仍旧在和西班牙交战，政治氛围更加不稳定。弗洛兰（Florin）和吉尔贝特·佩里耶在这段时间有了他们的第一个儿子，而新的家庭成员似乎没有对布莱瑟产生多大影响，他那怪病还是老样子。他的姐夫弗洛兰不再继续担任他父亲艾蒂安·帕斯卡的助理，而艾蒂安担任税务官职位的鲁昂是黎塞留枢机主教任首相时最富有的省份。弗洛兰和妻子搬回了奥弗涅，在那里他重新谋取到克莱蒙议会的一个职位。他们曾短时期地把儿子艾蒂安·佩里耶（Étienne Périer）留给他的外祖父照顾，希望他能从母亲和舅舅、姨妈所接受的相同的教育中受益。布莱瑟因为这个孩子而分散了注意力，他与妹妹雅克利娜的关系更加亲密，他在妹妹的陪伴中寻求到了慰藉——这些情况可能为他们后来建立的联系奠定了基础。随着弗洛兰的离开，艾蒂安·帕斯卡少了左膀右臂。也许正是这个原因激发了他儿子布莱瑟的灵感，布莱瑟在这个时候发明了他的算术机器〔machine à penser（法语，意为会思考的机器）〕，希望可以帮助父亲自动计算税款。

算术机器

帕斯卡当时只有19岁，他设计制造了算术机器，基于时钟系统来做加减乘除法。他的发明旨在帮助父亲进行会计处理，与自1850年以后政府机构中使用的设备相似。这台机器最终被命名为“帕斯卡计算器”（Pascaline），是他凭借其教育基础创造性地解决问题的另一个例证：了解事物是如何运作的。他不仅尝试设计一台机器来帮助他的父亲统计和收税，而且他可能对威廉·施卡德（Wilhelm Schickard）发明的计算钟进行了完善。施卡德是蒂宾根大学的希伯来文和天文学教授，自1619年开始至1635年去世一直在该大学任教，他发明的计算钟是在耐普尔（John Napier）发明的手动计算装置基础上研究出来的。[1]在施卡德遗存下来的关于计算钟这一装置的笔记中，我们知道该设备可能存在缺陷或者不完善。而帕斯卡的计算器不存在这样的问题，然而，他在接下来的两三年里一直对它进行完善，同时帕斯卡也取代了弗洛兰成为父亲的助手，协助他管理日常的财政税收事务。[2]

当机器准备公开出售时，帕斯卡在其附带的说明书中强调，他无法解释这个复杂的设备是如何运作的，但是感兴趣的人可以购买一个，并可以从他令人尊敬的朋友、皇家学院数学教授吉勒·罗贝瓦尔（Gilles Roberval）那里得到解释说明（参见插图10）。帕斯卡还向那些好奇的人明确表示，这个装置太复杂了，难以效仿，购买仿制品将是一个严重的错误，因为如果没有帕斯卡的指导和精确的测量，即使是最有才华和技术高超的工匠也无法复制。他坦言已经制作了五十多个机器原型，并使用其中一台为他父亲的市政税收服务多年。他这个发明的重要性说明了他对该设备的自豪感以及对其原创性的捍卫。

[1] 施卡德计算钟的相关论文和图稿直到20世纪的某一时期才被发现，当时约翰·开普勒（Johannes Kepler）的传记作者发现了1623年到1624年施卡德写给开普勒的两封信，其中描述了计算钟。这一发现显然引发了争论，有人认为帕斯卡的发明（帕斯卡算术机器）可能仿照了计算钟，因此是施卡德计算钟的一个复制品〔详见让·马尔甘（Jean Marguin）的著作《1642—1942年计算设备与机器的历史，三个世纪的思考机器》（*Histoire des instruments et machines à calculer, trois siècles de mécanique pensante, 1642–1942*），1994年出版于巴黎，第48页〕。不过，我认为，正如帕斯卡在《思想录》中所言，他本人会对那些质疑发明顺序的人说："竞争本身就令我们愉悦，而并非胜利。"〔出自布莱瑟·帕斯卡《思想录》，罗杰·阿黎留（Roger Ariew）译，2004年出版于印第安纳波利斯，第189页，片段637。〕

[2] 法国当时的流通货币单位导致了计算机器的设计存在一些问题。1里弗（livre）等于20苏（sous），而1苏（sou）等于12丹尼尔（deniers），这一货币体系在法国一直保留到1799年，而在英国，相似倍数的货币体系则延续到了1971年。帕斯卡必须解决十分复杂的技术问题，相对于将1里弗分成100等份，将它分成240等份要困难得多。信息来源于苏格兰圣安德鲁斯大学数学与统计学院的J. J. 欧康纳（J. J. O'Connor），由F. 罗伯逊（F. Robertson）编辑。

在致法国首席大法官皮埃尔·塞吉耶（Pierre Séguier）的一封信中，帕斯卡请求他对该机器给予“荣誉保护”，因为对于未知的发明来说，审查者总是比批准者要多，似乎强调他担心人们会认为他不可能自己设计制造出来这种机器，因为这对他们来说太复杂了。他有生之年在法国仅制造了七台机器，因这些机器价格昂贵；让·弗朗索瓦（Jean François）在他1653年的著作《算术学》（*L'Arithmétique*）中对这台机器做出了负面的报告，似乎也妨碍了销售，因此生产数量并不多。其中最早一台的面板上刻有其手写的铭文，他这样写道：此标志为批准印记，奥弗涅发明家布莱瑟·帕斯卡，1652年5月20日。[1]1652年，他把一台机器敬献给了瑞典女王克里斯蒂娜（Christina），她以博学、宗教热诚和对科学家与数学家的尊崇而闻名，这令帕斯卡继续对他的发明备感自豪。他在信中颂赞了女王的统治权威与尊重科学的完美结合，既体现了她的统治方式，也体现了她对科学界的敬佩之情。帕斯卡对发明的热情以及对所做贡献的满足感在他这封信的开头溢于言表，他声称，如果他能当面向女王陛下陈述开展这项工程的计划，那么这项工程就再伟大不过了，信中充满了他对该项目的智慧热情和奉献精神。

他受人尊重是很正当的，因为他是第一个自动操作数字和符号的人，除了施卡德的计算钟，没有其他类似的机器被制造出来，直到查尔斯·巴贝奇（Charles Babbage）1823年设计能计算20位数的计算

---

[1] 关于帕斯卡的化名：在拉丁语中，“arvum”是指耕地，而且由于“arvernus”在字典中不存在，所以帕斯卡似乎用的是这个词的同源词，也可能与“有教养的发明家”的意思有关联。

机，1834年发明分析机。现代计算机就是从这个时代开始的，十进制系统过渡到了二进制。在当代，我们可以通过杰出的数学家和密码学家艾伦·图灵（Alan Mathison Turing）的工作，深入了解这种计算和解码系统。图灵计算机是电脑的起源，正如我们所看到的，帕斯卡发明的算术机器——帕斯卡计算器，就是这个起源的起源，它是所有计算机的祖先。

帕斯卡在塞纳河沿岸上诺曼底北部的一个小镇鲁昂的生活似乎真正激发了他的智慧的涌动，灵感如潮水一般涌现。正如帕斯卡在他的《思想录》中所言：大自然始终向前发展，有进有退。它前进又后退，之后又前进更远，有时又后退两倍之多，然后以前所未有的速度加速前进。因此，每个人都从发明创造的周而复始及其潮起潮落所蕴藏的宝藏中受益。

科学活力

这也是帕斯卡科学工作的重要时期。如阿尔贝·贝甘所提到的，帕斯卡的工作方法是有趣的。关于他与他的个性相关的工作方式，贝甘提供了一个充满趣味的思考。与那些逐渐成熟的人相反，帕斯卡从小就生病，意识到自己的生命可能会很短暂，他只能使用他所拥有的唯一资本：年轻。正如贝甘所言：但帕斯卡，他的整个生活方式和思想风格表明了他在不知自己还能活多久的情况下，如何利用自己当前的天赋。因此，他迫切地投身于工作，他的工作方法具有偶然性，缺乏耐心，总是变来变去，这些使他一旦了解到事物的某些基本原理就立刻将注意力转移到别处去。

正如前一章所提到的，年轻的帕斯卡于1640年写成了他的《略论圆锥曲线》，这是基于他对吉拉尔·笛沙格关于综合射影几何学的研究（参见插图11）。但帕斯卡的实验工作不局限于几何和数学。他以液压流体的原理为核心，对流体动力学和流体静力学的研究做出了巨大的贡献。1648年，帕斯卡证明，静水压力不取决于流体的重量，而取决于海拔的差异。通过将一根长而细的管子（10米）插入密封的装满水的桶中，然后给管子注满水，流体静压的增加，即由于重力作用，在流体内某一给定点处的流体平衡所施加的压力，导致了桶的破裂，这就是所谓“帕斯卡裂桶”实验。在另一次科学实验中，他发现了被称为“帕斯卡定律”的原理，证明了在整个封闭系统中流体压力保持不变。这个特殊的发现导致他发明了用于测试流体压力传输的注射器，以及约瑟夫·布拉默（J. Joseph Bramah）1795年发明的水压机，该压力机使用液压来增大力量。

到了1646年，帕斯卡还学习了意大利佛罗伦萨物理学家、数学家埃万杰利斯塔·托里拆利（Evangelista Torricelli）的研究成果，他曾做过一个著名实验，将一个装有水银的玻璃试管放入同样装满水银的盆中进行汞实验。这个实验似乎启发了帕斯卡开始研究大气压力，促成了气压计的发明。借助自己杰出的科学技能和强烈的好奇心，帕斯卡想知道保持水银在管内的作用力的情况。正如本·罗杰斯（Ben Rogers）所说，托里拆利认为空间确实是真空的，但是他作为学术科学界的中流砥柱，相信正统的学术思想家所传授的“自然厌恶真空”，因此而否认。帕斯卡着手证明托里拆利实际是正确的，并深入探究他自己的实验。“经过四年的时间，进行了一系列非常详细和严格的求证”，帕斯卡在1647年出版了他关于这个问题的第一本书《关于真空的新实验》（*Expériences nouvelles touchant le vide*）。他向读者强调，他不愿意给出一个完整的论文，详细说明他为了证明真空存在而尝试的新实验，以及实验所得到的结果的全面报告。他写道，他宁愿读者们提前知道摘要的核心，以便可以首先看到整个工作的目的，并向读者保证，他的摘要只是指他自己的实验，而不是其他人的，因为只有他的意志方可展现他的天才。尽管帕斯卡的兴趣仅在于他的摘要的核心，但他列举了用于实验的工具，如试管、注射器、波纹管和不同长度及形状的虹吸管，以及诸如水银、水、葡萄酒、油和空气等物料，声称他的文章显示了他是如何将自然界中所有的材料和感官从他所能制造的最大器皿中移除的，以及需要多大的力量来实现这一点。从本质上讲，他声称已经证明自亚里士多德流传下来的“认为在自然界中不存在真空”这一古老信条是错误的，根据亚里士多德的说法，密度更大的东西将填补空缺。

似乎最吸引人的是，帕斯卡对神迹十分崇拜，而这与他获得切实证据的科学热情和渴望相互矛盾。他对证据的需求推动了他的科学发现，但他对不可见事物的坚定信仰却是他宗教热忱和禁欲的一个特征。在《思想录》中，他引用《圣经·约翰福音》（*John*）第10章第38节说：“即便你不相信我，但至少应相信神迹。[1]”指出神迹是

[1] 此处译文采用直译，未按圣经中译本原文处理。

上帝存在的最有力证据，正如德蒙·克拉克（Desmond Clarke）指出的，对帕斯卡来说，他强烈的个人信仰和对詹森主义严谨虔诚的公开承诺，使他不可能不反思科学成果的地位，而这些成果被看起来不可辩驳的实验证据所证实。然而，他从来没有动摇过科学探究精神，他发明了自己的实验方法来反驳“某种看不见的物质支撑玻璃管中的水银”的观点。1648年秋天，帕斯卡确信他需要进一步的证据支持他关于真空的理论，帕斯卡请求他的姐夫弗洛兰·佩里耶进行“多姆山实验”，他因疾病发作而无法自己完成。弗洛兰在1648年9月22日给帕斯卡的信中写到，他精力充沛地爬上了多姆山，实验产生的结果得以保存下来。他详细描述了实验，并提供了实验过程的细节，包括测量和距离，他也对那些帮助他完成任务的可敬和值得信任的人做了简要介绍。弗洛兰细心地提到，他的助手既有教士，也有非专业人士，表示这是一个可信的、无偏见的团体。这封信本身就是帕斯卡科学生活中一件可爱的工艺品，也显示了他从家人那里得到的尊敬，特别是在他从事的科学研究方面。弗洛兰在这封信的开头表达了诚挚的歉意，由于天公不作美和公务繁忙等没有早些进行实验，然后表示，希望他对此事件的充分、忠实陈述足以证实自己工作的精确性和谨慎态度。

这次实验是成功的，帕斯卡最惊人的认识，就像阿塔利所说的那样，是空气的重量随着海拔高度变化而变化。换句话说，山顶上的空气比地面上的空气要稀薄，这意味着气压表中的水银的数值在山顶上是不同的。考虑到当时人们对地球大气环境的了解，帕斯卡关于空气在海拔高度中变化的假设，使我们对世界的认识有了巨大的进步。

然而，尽管帕斯卡天赋异禀，他仍将自己得出的结论归功于那些之前提出理论与进行实验的前辈。他在《论宗教和其他主题的思想》（*Discours sur la religion et sur quelques autres sujets*）一文中写道：在多个世纪的历史进程中所有彼此追随的人，都应当被视为一个现在存在并且要继续学习的人。

怀疑者与自负

当艾蒂安·帕斯卡于1650年带领全家人回到巴黎时，帕斯卡饶有兴致地撰写他的《论真空》（*Traité du Vide*），他试图提出一个基于弗洛兰多姆山实验的理论，并且据说他在圣雅克-德拉布什利教堂的钟楼上进行了实验。事情往往如此，他遭到一些人的怀疑，他们拒绝接受他的发现。帕斯卡似乎总是为这种怀疑提前做了准备，正如有关他的发明的通知和信件所证明的，对于反对、指责和嫉妒，他的附加说明经常用来作为先发制人的回应。我们或许还记得帕斯卡写给首席大法官并请求他给予支持的那封信，以此来反击那些可能怀疑他的计算机器的人，他们认为机器构造过于复杂而对帕斯卡来说，这不可能研制出来。一位耶稣会的数学家，笛卡儿派的教授艾蒂安·诺埃尔（Étienne Noël）在阅读了《关于真空的新实验》一书之后，批评了帕斯卡对真空的断言，声称它不可能是水银之上的真空，它必须是一种物质，是哪种物质他却无法证实。诺埃尔遵循这样一个例子进行了推理：尽管我们声称静脉血中流动着某种物质，但它与胆汁、痰液和忧郁（指的是当时人们认为，存在于人体内的基本体液或液体）等混合在一起，因此空气也是如此，它由火、水和土组成。因此他推测，通过小孔进入玻璃管以代替汞的物质是净化的空气，通过快速下降的水银柱的推力与空气中的其余成分分离。他直接挑战了帕斯卡的两个主张：水银上方的空间没有充满纯净、稀薄的空气；空白处没有填充任何自然或感官所知的物质。帕斯卡用自己的一封信回应，不仅谈到了诺埃尔的每一个主张，而且还提醒他说，他的理论是基于假设而不是被科学证明的，因为他承认思考真空却没有真正证明他所说的稀薄的空气存在。帕斯卡这位严谨的天才，在此被认为得出了科学方法上最好的陈述之一，他声称证明一个假设，并不是对其所有现象都必须求证，但是否定其中一个单一的现象就证明了整个理论的谬误。

对帕斯卡实验工作的最好描述之一是让·哈尔法（Jean Khalfa）的《帕斯卡的知识理论》（*Pascal's Theory of Knowledge*）。在文中，他展示了帕斯卡的所有科学观察如何基于“有意义的观察条件的建构”，因为正如帕斯卡所写的：实验是我们在物理学中必须遵循的真正的主人。帕斯卡对经验哲学的贡献怎么强调也不为过，正如丹尼尔·C. 福克（Daniel C. Fouke）所说的，他不是把他的实验做得孤立和做成特指，而是把它们作为普遍现象联系起来，尽管他没有发现所有新的真理，但他还是主动合成了孤立的现有知识……帕斯卡的实验，无论是真实的还是想象的，都建立在另一个实验之上，就像推理链一样。

笛卡儿在指责帕斯卡抄袭了笛沙格的射影几何学作品时，已经表示不支持帕斯卡。他在1640年4月1日致马兰·梅森的一封信中写道，甚至在读了不到一半《略论圆锥曲线》时，他便猜测作者从笛沙格那里学到了东西，这是他自己承认之后无可否认的。他继续贬低当时只有16岁的帕斯卡，因为对于圆锥曲线还有更多的事情可以说明，一个16岁的孩子要经历一段困难时期才能阐释清楚。但是，为了理解笛卡儿对帕斯卡关于真空的发现的反应，我们可以考虑后者的突破究竟有多大。正如阿塔利告诉我们的那样，真空不可能性的假设并不是不合理的：真空是最难接受的时代概念之一，那些最不喜欢迷信的学者，如笛卡儿、梅森或者莱布尼茨（Gottfried Withelm Leibniz）都深信真空不可能存在。也许从亚里士多德以来，那些研究物理学的人试图驳斥这个理论，正如我们所看到的那样，那些努力反而滋养了帕斯卡发现证据的需求，否定其中至少一种现象便可以否定“自然厌恶真空”的整个理论。因此，他承诺重做托里拆利实验，并确认弗洛沦蒂（Florentine）的发现，以便他可以更进一步解释真空。阿塔利认为，帕斯卡的工作压力可能使他的病情比以前更加严重，因为在这个时候——1647年春天，他患上了比以往任何时候都更严重的偏头痛和胃痛。正如吉尔贝特在一封信中所写的，她的弟弟被劝说把实验搁置一段时间并寻找其他形式的娱乐，以便他能够充分休息，也就是说要帕斯卡寻找一些世俗的社交活动。

于是，1647年夏天，帕斯卡被送到位于巴黎布莱斯米什街他的姐姐吉尔贝特和姐夫弗洛兰的家中，从他的科学活动中恢复过来。那年秋天，传奇人物笛卡儿从瑞典的克里斯蒂娜女王宫中回来，终于见到了闻名已久的这位早熟的年轻人。当帕斯卡躺在病床上休养时，笛卡儿去拜访了他，在这两天的拜访中，他们实际上见了两次面。雅克利娜在1647年9月25日致吉尔贝特的一封信中记录了他们第一次见面的细节。她告诉她的姐姐，她从蒙蒂尼先生（M. de Montigny）那里得知，一天晚上帕斯卡在做礼拜时，蒙蒂尼与哈伯特先生（M. Habert）一起拜访了他们家，他们说笛卡儿表示热切希望见到帕斯卡，因为他总是听说人们对艾蒂安·帕斯卡和他的儿子怀有崇高敬意。考虑到哥哥的虚弱状况，特别是在早上，她对于是否同意见面犹豫不决，后来终于同意了，因为她知道这是帕斯卡的荣耀。第二天早晨，笛卡儿在一个随从的陪同下来了，笛卡儿和帕斯卡在礼节性的寒暄之后谈论起了帕斯卡的算术机器。当吉勒·罗贝瓦尔（应帕斯卡邀请而来）向笛卡儿展示并示范计算器时（正如他习以为常的那样，他受委托为帕斯卡销售计算器），笛卡儿对它倍加推崇。在示范结束之后，谈话转向了帕斯卡关于真空的实验，雅克利娜写道：当我们叙述一个实验并问他认为在注射器中收集了什么东西时，笛卡儿说是一种精炼的物质。雅克利娜没有记下帕斯卡回答了什么，由于他还在病中，只是尽力回答。罗贝瓦尔认为帕斯卡说话实在是太困难了，便礼貌地斥责了笛卡儿。但作为回应，笛卡儿回答得也有些粗鲁，坚称自己讲得有道理，所以他想和帕斯卡说多少就说多少。那时候，注意到已是中午，笛卡儿起身离开了，因为他受邀到圣日耳曼街吃饭，罗贝瓦尔恰好也受到邀请，于是两人同乘一辆马车去赴宴。笛卡儿第二天早上又来了，实质上是完成他前一天的拜访。因为当时雅克利娜不在会见室内，所以他们的第二次谈话内容我们不得而知，但是她确实提到笛卡儿待了好几个小时，还简要询问了帕斯卡的疾病，“尽管帕斯卡并没有过多告诉他”。笛卡儿嘱咐他卧床休息并多喝肉汤直到他感觉好些。雅克利娜写给姐姐的信中最后一个看似相关的细节，是她提到了帕斯卡写给梅森的信，请求他提供笛卡儿可能反对空气柱的所有理由。雅克利娜在读到梅森的回信后告诉吉尔贝特："不是笛卡儿先生反对空气柱，相反，他是强烈坚持空气柱存在的，尽管他的推理过程与我哥哥的不同，而罗贝瓦尔先生才是不相信空气柱的人。"梅森也证实笛卡儿很高兴见到帕斯卡并见识了算术机器，但雅克利娜写道："我们认为这仅仅是出于礼貌。"

帕斯卡和笛卡儿之间的紧张关系完全不是人们想象出来的，因为多年来的信件和评论都透露出他们之间的敌对、傲慢和当然的竞争关系。笛卡儿在拜访帕斯卡两年后的一封信中声称，他们两个人见面时他已经告诉帕斯卡到山顶上去测量试管中汞柱的高度——这本质上是将多姆山实验归功于自己。由于当天没有谈话记录，所以很难知道真相，但正如阿塔利所暗示的那样，这很可能是一个谎言，因为笛卡儿自己关于真空的理论已经显示与真相相去甚远，这证明了他思想上的谬误。然而，他仍然在1649年6月给数学家朋友皮埃尔·德·卡卡维（Pierre de Carcavi）写了两封信，将帕斯卡最终实验的主意归功于自己，声称没有自己的建议，帕斯卡也不会想到这个实验，因为他在这个问题上持相反的意见。但更伤人的是，笛卡儿在与帕斯卡见面不久之后，写信给一位荷兰天文学家和物理学家克里斯蒂安·惠更斯（Christiaan Huygens）说帕斯卡脑袋里有着太多的真空。这不是微不足道的，也暴露出他自己的不安全感。

帕斯卡似乎并不感激那位长者（笛卡儿）看似温和的钦佩，有人认为他是笛卡儿的门徒。然而，米歇尔·勒·盖恩（Michel Le

Guern）认为，帕斯卡对笛卡儿体系的接受度是有限的，比如当他自己的经验和实验与笛卡儿的某些理论发生矛盾时，他是持有不同意见的。帕斯卡并不回避公开表达他对笛卡儿的看法，例如，他曾说笛卡儿哲学是大自然的小说，就像唐吉诃德（Don Quijote）的故事。他的外甥女玛格丽特·佩里耶（Marguerite Périer）也提到，当被问及笛卡儿时，帕斯卡说："我不能原谅笛卡儿。他本想在他的哲学中完全去掉上帝的影子，但他还是忍不住让上帝将世界轻轻捻动起来，而在那之后，他便对上帝没有任何作为了。"

第一次皈依

1646年，帕斯卡一家仍旧住在鲁昂，经人引荐他们接受了詹森教派的思维方式。这个被称为"第一次皈依"的特殊事件在玛格丽特·佩里耶的家庭回忆录中有详细描述。她解释说，在附近的罗维尔镇，一个热情而虔诚的牧师吸引了来自四面八方的教区居民，其中包括艾蒂安·帕斯卡的医生和朋友德朗德先生（M. Deslandes）和拉布泰莱里先生（M. La Bouteillerie）。他们决定皈依上帝。他们继续行医，但是怀着虔诚和慈善之心。帕斯卡的父亲听到传闻说有两个人要在鲁昂的一条小街上决斗，匆忙赶去劝阻，途中不慎在一块冰上滑倒并造成胯骨脱臼。他的伤势越发严重，因为他的朋友德朗德和拉布泰莱里当时不在城里，他拒绝了其他医生的治疗。当两人终于赶到并为他医治腿关节时，情况却不容乐观，这就需要他们长时间留在他身边，因为艾蒂安不肯接受其他医生诊治。他们和帕斯卡一家人一起住了三个月，玛格丽特声称这是“上帝旨意，天赐良机”。这两个人“对邻居的宗教信仰和世俗事务有着同样的热情和慈善之心，她在她的外祖父乃至其全家人身上都发现了许多崇高的灵性”。她声称，他们认为这种令人难以置信的才能浪费在科学研究上是可耻的，还认为这些科学天赋毫无价值，所以他们陪伴着帕斯卡，说服他拿起充满虔诚信仰的著作并努力阅读。和其他家庭成员一样，玛格丽特也惊叹舅舅与生俱来的信仰，以及他能辨别善良和虔诚的能力：

> 因为他思想非常坚定和善良，尽管他非常年轻，但从不习惯于年轻人的荒唐，通过这些先生他理解了上帝的美好：他感受到了他，爱上了他，并且拥抱了他。当他们为上帝争取到了帕斯卡时，他们便争取到了帕斯卡全家。

帕斯卡天生具有说服和影响包括他父亲在内整个家庭的能力，这一点从玛格丽特描述的这个改变他们生活的事件中能明显地看出来：宗教启蒙使帕斯卡调整了对他所致力研究的物质世界投入的精力和所持观点。正如我们将在下一章中看到的那样，这也是雅克利娜做出“戴上头纱”[1]的决定的动力，她置身于波尔-罗亚尔修道院这个与外界隔绝的世界，使自己的身体在生死存亡中得以神圣化，并且疏远了自己曾经像对待配偶一般关心呵护的兄长。

[1] 原文中的assume the veil，直译为“戴上头纱”，代指进入修道院成为修女。——译者注

第三章

雅克利娜·帕斯卡——从诗人到修女（1648—1652）

1652年5月7日，在波尔-罗亚尔修道院的围墙内，雅克利娜·帕斯卡给她的哥哥写了一封长信，恳请他同意她皈依基督并出席仪式，在仪式上她将披上头纱并成为“圣厄费米-雅克利娜修女（Soeur Jacqueline de Sainte-Euphémie）”：

> 没有任何合理的理由可以阻止我进入一心向往的修道院，但是我仍然需要得到你的同意，这是我发自肺腑真心诚意祈求的。不要设法阻止我进入修道院，因为那没有必要；而是要带着喜悦、带着轻松的心情、带着平静接受这个事情，因为这对我来说非常必要。我将完成我生命中最伟大、最光荣、最快乐的行动，但如果你不能这样做，我的极端喜悦之心将混合着极端不悦之情，这种忐忑不安的心情与这伟

大的恩泽极不相称，我相信你不会过于敏感而使我感到极度悲伤。

尽管雅克·阿塔利称兄妹之间存在恋爱关系，我们当然不能断定这是雅克利娜进入修道院的原因。阿塔利以一贯口吻戏剧性地写道：上帝能够给予她帕斯卡所不能给予的东西。

帕斯卡的家庭戏剧性事件遍布于诸多传记作品中，而阿塔利的传记则是令人印象深刻的作品之一，它详述了帕斯卡和他妹妹之间关系的亲密本质。事实上，布莱瑟对雅克利娜的追求者进行了阻挠。每当她好像对某个向她求婚的人感兴趣时，布莱瑟便陷入神志昏迷和瘫痪的状态，并出现暂时的晕厥。1648年，当布莱瑟和雅克利娜与父亲一起居住在布赖斯米什街的家里时，他们兄妹似乎认为两个人亲密如夫妻，正如1648年4月1日他们在给姐姐吉尔贝特的信中所写：

必须承认，从此刻开始我们需要考虑我们是真正联系在一起的，并且这使得上帝也很高兴让我们加入他的新世界，就像他当初用血肉创造世俗人类的那种精神一样。

帕斯卡一生中最不可思议的部分当然是他与妹妹雅克利娜的关系，他似乎完全为她所倾倒。她一度负责他们的家事料理和生活起居，书写并邮寄他们的所有信件，甚至那些写给姐姐吉尔贝特的信。然而，1651年10月17日，布莱瑟在写给姐姐的信中表达了他的困惑，也许是因为他失去了对自己信件的掌握：“我现在不知道我的第一封信是如何收尾的。妹妹没有注意到它没有写完就寄了出去。”

帕斯卡对性的反感，对肉体的极大厌恶，或许可以作为认识他与雅克利娜之间亲密关系本质的一个侧面。她目睹了分娩这个可怕的原罪现象，而他排斥任何与性有关的想法，二人都被这种原始的羞耻感所束缚。阿塔利对此直言不讳：

> 布莱瑟从来不接受自己是因父母的性爱行为而出生的观点，他厌恶性爱，即便他知道性爱如果消失，生命本身也会消失。他禁欲、谦卑、自我厌弃并拒绝别人的温柔，他想要以此来忏悔父亲由于犯下“性爱”这一重罪从而生下他，只有当父亲成为鳏夫时才爱他。

我们从帕斯卡关于圣事的言辞中可以知道他对于婚姻的感受。当一个来自奥弗涅的资本家向吉尔贝特当时年仅15岁的大女儿求婚时，吉尔贝特写信给帕斯卡征求他的建议，她声称这桩婚事将是有益的。她的弟弟似乎很反感“婚姻”这个想法，他回信称：“您不能以任何方式损害上帝的慈悲或者严重伤害自己的良知，而使自己犯下最严重的罪行之一，使一个如此年幼天真而虔诚的孩子陷入基督教最危险和低劣的境地。”他接着说，一桩有利的婚姻对世俗而言是欣然向往和乐于接受的，而在上帝眼中却是邪恶和有害的。“俗世中的如意郎君尽管财智双全，而他在上帝面前实际上是真正的异端。”布莱瑟·帕斯卡用一句话总结婚姻，认为它是一个人最不可能成为基督徒的条件。他经常流露出的对人与人之间的温情所持有的绝对仇恨令人惊讶，正如他在临近生命尽头时写下的这个片段：

> 任何人对我有所依恋，对她而言都有失公平，即使她这样做是出于自愿。任何一个被我激起欲望的人，我必将背叛；因为我不是任何人的归宿，也没有什么可以令人满足。

雅克利娜·帕斯卡——从诗人到修女

雅克利娜与她的哥哥布莱瑟一样也是神童，8岁能写诗，11岁主演一部五幕喜剧。她是一位公认的诗人，如前所述，她13岁时就已经凭借表演实力说服黎塞留首相赦免她的父亲。她写了具有政治意义的诗歌，并且有人用不全是讽刺的方式暗示帕斯卡的（少数）诗作是在试图涉足她的领域。

但雅克利娜为了追随上帝放弃了这一切。当她改变了想法，一心想进入波尔-罗亚尔修道院后，她就向女修道院院长阿涅丝修女（Mère Catherine-Agnès）（参见插图13）请教了关于她的作品以及她曾经被黎塞留首相认为有价值的诗歌作品的看法，想知道她是否应该继续写作。阿涅丝院长曾是首任修道院院长安热莉克修女（Mère Angélique）（参见插图12）的追随者，是她忠实和坚定的支持者，

11岁的时候便被任命为修道院院长。关于雅克利娜·帕斯卡的事情，阿涅丝院长咨询了一位名叫安托万·森格兰（Antoine Singlin）的牧师。[1]森格兰是圣西兰神父（Saint-Cyran）钦点的教区牧师，他要求忏悔者绝对服从。因此，他建议雅克利娜雪藏自己的才能，因为正如阿涅丝院长宣称的那样，女性应该谨守谦卑与沉默。尽管雅克利娜等到父亲去世以后才进入修道院，但她再未写过一首诗。她“戴上头纱”的信念似乎并没有动摇，但是她在1652年给哥哥的信中明确地表达了自己的悲伤，因为帕斯卡不同意她成为修女。

> 这就是为什么我要写信给你，从某种意义上说，作为我必须要做的事情的主人，我要对你说：不要把你所不能给予我的东西拿走。因为上帝用你来促成他恩典的第一次行动的进展，你知道只有从上帝那里我们才能得到一切为了善的爱和喜乐，而且你也知道，如果我因为你的错而失去了它，你就扰乱了我的幸福，却不能还给我幸福。通过你的柔情，你一定能感知到我的柔情，并且判断我是否足够坚强而不顾你的感受，让这种柔情成为过去，我也许还不够坚强，可能会因受到这样一个损失而痛苦不堪。

[1] 阿塔利简要介绍了波尔-罗亚尔修道院的历史，以及帕斯卡与雅克利娜于1647年秋天如何通过鲁维尔的教区牧师、艾蒂安的医生德朗德先生和拉布泰莱里先生的告解神父吉耶贝尔先生（M. Guillebert）来了解它。吉耶贝尔神父向他们讲述了有关森格兰先生的非凡布道，他接替圣西兰成为波尔-罗亚尔修道院的院长，而圣西兰于1625年在巴黎圣雅克郊区建立了该修道院。参见阿塔利《布莱瑟·帕斯卡传》，第124至133页。

帕斯卡在个人事情上左右摇摆，特别是在他亲爱的妹妹雅克利娜决心进入修道院的这件事情上，给人的印象是一个极度犹豫不决的兄长。为了劝阻她不要成为见习修女，他想把父亲留给雅克利娜的那部分遗产据为己有，希望在没有解决财产问题的情况下修道院对她不予接纳。[1]帕斯卡起初说，这需要四年时间，但是之后他放弃了。再次改变主意之前，他对雅克利娜如此仓促的决定感到愤怒。虽然对雅克利娜来说快速决定未尝不是一件好事，因为任何拖延都可能使她动摇决心。然而不久，帕斯卡又一次改变了主意。这是极端的感情用事——就像雅克利娜对基督充满热情的皈依一样极端。

1652年1月4日，雅克利娜在没有告知帕斯卡的情况下于清晨离开了家，正式进入修道院（参见插图14）。帕斯卡惊厥和抽搐的旧病发作，痛不欲生。他们的姐姐吉尔贝特请求雅克利娜回心转意，但是雅克利娜说，她的哥哥已经用一种情感上的胁迫先后四次阻止她离开，这次她一定要成功。她让吉尔贝特转告布莱瑟，她想在修道院的客厅里见他，他也可以写信给她，但是这两件事帕斯卡都没有做。她反复地写信给他，请求他准许自己进入修道院，因为她不希望他们在情感上分道扬镳。

[1] 雅克利娜父亲的遗产问题，即她带给女修道院的“嫁妆”，其实并不算问题，因为成为修女后便“了却尘缘”，物质财富就无关紧要了。

早期的波尔-罗亚尔修道院

正如我们从艾蒂安以及帕斯卡全家早期的信仰转变中所知道的那样，詹森主义是一个很有说服力的教义，一旦面向世人便让人难以逃脱。显而易见，波尔-罗亚尔修道院在坚定的说服力方面非常引人注目，以致雅克利娜·帕斯卡决定在那里开始宗教生涯（有人认为，这个决定是她逃避兄长的一种方式，也是对天花的一种报复，因为天花已经使她容颜受损，并且令她无法步入婚姻）。具有讽刺意味的是，波尔-罗亚尔修道院的名字起源于"沼泽"，修道院的乡间建筑便位于谢夫勒斯，这个词源并不是让人很愉快，但它与帕斯卡和雅克利娜所修行的谦卑十分匹配。在17世纪的社会动荡和思想运动中，像让·拉辛（Jean Baptiste Racine）和布莱瑟·帕斯卡这样伟大的作家与波尔-罗亚尔修道院都有着密切的联系，波尔-罗亚尔修道院位于巴黎，乡村建筑风格非常简约，与其所倡导的礼仪朴素和禁欲主义相得益彰（参见插图15、16）。这个时代伟大的肖像画家菲利浦·德·尚佩涅的作品也与这一风格相近，没有华丽的粉饰，简约，细节更为丰富，更有静默的价值。雅克利娜进入该修道院后，帕斯卡与波尔-罗亚尔修道院的联系得到了加强。他想要到乡村的波尔-罗亚尔修道院去做一名静修的隐士或独身者，而他也确实在此静修了两个星期。这个传统始于安托万·勒·迈特（Antoine Le Maistre），他是一名律师，也是安热莉克修女的外甥，他放弃了世俗的一切，并于1637年到该乡间修道院附近的一个小屋隐居，在此他发现了"孤独的乐趣"。

但是，在波尔–罗亚尔修道院成为雅克利娜和帕斯卡生活的一部分之前，它作为一家詹森派的机构，仅有十五年的历史（参见插图17）。事实上，它的历史很有趣，它因作为一个颇具影响力的詹森主义避风港及其有说服力的地位而迅速崛起。1633年，在科尔内留斯·詹森（Cornelius Jansen）多年故友和追随者圣西兰的指导下，修女们了解了詹森的宗教教义，认为一个人只有靠上帝的恩典才能得救，以此方式修行注定会得到救赎。每逢星期天布道的圣西兰于1634年成为修道院的院长，并开启了"革新时期"——与外界隔离，甚至与圣礼分离，以打破无意识的和常规性的仪式惯例，认为这些惯例扼杀了想象力（参见插图18）。[1]但与基督教教徒对立的团体耶稣会，与教皇的关系更加密切并且坚定地支持自由意志，指责他进入了危险的启蒙之路，而且圣西兰的特立独行激怒了枢机主教黎塞留，他强烈赞同地说："圣西兰先生比千军万马更可怕。"1638年，黎塞留

[1] 在波尔–罗亚尔修道院的诸多紧张局势中，最著名的事件之一是"侧门开放日"事件，这个侧门是允许修女与外面的人交谈的格栅。这个故事或丑闻始于即将成为安热莉克修女的少女雅克利娜·阿尔诺（Jacqueline Arnauld）。受到一位过路僧侣布道的影响，她改革了她的修道院，圣伯夫（Sainte-Beuve）在他的《波尔–罗亚尔修道院》（*Port-Royal*）一书中讲述了这样一个故事：阿尔诺先生和夫人（她的父亲和母亲）敲门，她打开了栅栏门，阿尔诺先生命令她打开大门。她请求他进入旁边的小客厅，这样她就可以通过格栅与他说话，但他继续敲门和威胁。阿尔诺夫人称她的女儿忘恩负义。阿尔诺先生走进了会客厅，她见到了处于痛苦之中的父亲，他用以往的温柔语气同她说话，告诉他为她所做的事情，以及他一直把她放在心上。但这最后一次，他只能乞求她保持做自己，而不是以轻率的苦行毁灭自己。这些话是最大的磨难，他温柔的语气则是最严重的威胁……她发现自己变得软弱，无力抵抗。然而，在这场压倒性的斗争中，她感到无论如何不能屈服，她失去了知觉，倒在地上不省人事。〔出自圣伯夫著作《波尔–罗亚尔修道院》（1840年出版于巴黎），第101至111页，被弗朗索瓦丝·伊尔德塞梅（Françoise Hildesheimer）引用于其著作《16—17世纪法国的詹森主义》（*Le Jansénsisme en France aux xvie et xviie siècles*）1991年出版于巴黎，第36、37页〕。

将圣西兰投进文森监狱，他的所有文件都被查获。尽管如此，圣西兰在狱中读到了詹森的短文《论奥古斯丁》（*Augustinus*，1640年出版），书中概述了詹森主义的主要原则，即希波的圣奥古斯丁的恩典教义。科尔内留斯·詹森在众多注释者中取得了一席之地，他们都相信自己理解的奥古斯丁思想是唯一有效的。圣奥古斯丁应当符合下面一句近乎享乐主义的话：我们必须按照最令我们喜悦的方式来行事。詹森对此的解释是：人的愿望必然要符合当下的意志，因此对于善恶是无能为力的。只有有效恩典才能使人归于天国的喜乐。这种有效性并不一定是理所当然的，相反，它是上帝的无偿恩赐。[1]所以耶稣会指责圣西兰为“复活的加尔文主义”，由裁决卢丹所有权一案的法官让·德·洛巴尔德蒙（Jean de Laubardemont）对圣西兰进行审问，但圣西兰在黎塞留去世后于1643年2月6日被释放，并在当年10月去世。黎塞留枢机主教宣布詹森的著作是破坏天主教会的阴谋，马萨林主教在黎塞留去世后接替他的位置，于1643年试图推行教皇的训令，他与黎塞留持有相同的观点，谴责《论奥古斯丁》著名的五大命题的异端性质。

老安托万·阿尔诺[2]是一位著名律师，也是安热莉克院长和阿涅丝院长的兄弟。他还是法国国王亨利四世的密友，曾于1594年申请将

[1] 对詹森主义者来说，奥古斯丁的影响似乎比托马斯·阿奎那（Thomas Aquinas）的影响还要大：他不仅仅是一位哲学家，更是一个拥有丰富心理和精神存在的人，他的精神永放光芒。他的精神存在比他的哲学教义更加重要。即使在政治上，他的“基督教秩序”概念也是非常重要的。现在对奥古斯丁思想的正统解读认为，人们意志的权利和上帝恩典的全能是和谐统一的。然而，信奉纯粹的、不容置疑的预定论（宿命论）也是指奥古斯丁。

[2] 这里的Antoine Arnauld the father指的是老安托万·阿尔诺，因其最小的儿子名字也叫Antoine Arnauld，为了区分两人，称其子为小安托万·阿尔诺。——译者注

耶稣会（称他们为盗贼和刺客）流放到巴黎大学，因为他们攻击了国王。他的二十个孩子中的十个被送进波尔-罗亚尔修道院，甚至1619年他的遗孀也进入了乡村波尔-罗亚尔修道院。圣伯夫这样描述阿尔诺：

> 凭借他的严谨、诚实和可靠，他是一位正确和可信赖的灵魂医生……“治愈，治愈”是他唯一的座右铭，他唯一的关心和呼喊：那些人是多么不懂自我克制！“清洗，清除”任何困扰每个灵魂的东西，并“在上帝面前诋毁它”……由于原罪，人的灵魂，一个又一个的灵魂都拥有与生俱来并且无法治愈的罪孽，这个灵魂是要由耶稣基督来拯救而且只能由他来拯救，那就是他的工作。他专注于此项工作，别无其他。

在巴黎，当时还是一位神学院学生的阿尔诺遇到了科尔内留斯·詹森，并且跟随他学习了奥古斯丁主义。小安托万·阿尔诺是一个严格的禁欲主义者，但充满了欣喜若狂的乐观主义，是“高卢主义”（Gallicanism）和保密想法的捍卫者，如阿涅丝院长在《念珠的秘密》（*Le Chapelet Secret*）一书中所列举的那样（在我看来，帕斯卡将证明书缝在自己衣服里直到他死后才被发现的保密做法，正是遵循了这个传统）。让·拉辛写了一首关于小安托万·阿尔诺的诗歌，他是他父亲二十个孩子中最小的一个，拉辛称他为“伟大的阿尔诺”（Le Grand Arnauld）以与他的父亲区分开。这首关于他的著名诗歌被直接命名为《为阿尔诺先生的肖像而作》。[1]

因此，马萨林的罗马教皇训令及以后事件，让小安托万·阿尔诺受到刺激而做出回应。一位耶稣会牧师塞迈松神父（Père de Sesmaisons）曾授权他的忏悔者萨布莱侯爵夫人（Marquise de Sablé）在接受圣餐仪式之后去参加舞会，并允许罪人在忏悔之后立即领圣餐。塞迈松神父坚持认为，越是缺少上帝恩典，就越应该勇敢地接受圣餐。阿尔诺于1643年8月25日在《关于频繁圣餐》（*De la Fréquente Communion*）一文中反驳了这一说法。这篇文章是用法文书写的，而不是拉丁文，所以能够被更广泛的读者所接触。几乎在同一时间，圣叙尔比斯教堂的一位牧师拒绝宽恕利昂库尔公爵（Duc de Liancourt），因为公爵与詹森派和波尔-罗亚尔修道院关系密切。就这个谴责，阿尔诺再次写文章回应。但是在1656年1月31日，他遭到谴责并被驱逐出索邦神学院。随后，为了回应这场争论，以及耶稣会（亲近罗马教皇的一派）与詹森派之间的激烈争斗，阿尔诺要求帕斯卡写一篇说服力强的文章，并声称他应该做些什么，而且他足够年轻可以这样做，所以帕斯卡写成了他的《致外省人信札》（*Lettres*

---

[1] 《为阿尔诺先生的肖像而作》一诗如下：

他的著作高尚无比，他的内心甜美单纯，
逐本溯源追求真理；
从他的一切长期战斗中，阿尔诺取得了胜利，
并保持了信仰的神圣传习；
他揭示了上帝恩典的隐晦奥秘，
为卑微的忏悔者寻找确切的路径，召唤罪者接受福音的约束力；
他永恒愿望的唯一目标便是上帝：即使在最初时刻，教会也从未有过
一个比他更加狂热的复仇者，也未有过一个比他更为温顺的孩子。
（如无特殊说明，本书译文为译者根据原文文本新译。）

Provinciales）一书，这是后面一章的主题。

耶稣会和詹森派

耶稣会和詹森派关于救赎的争论在帕斯卡的生活和工作中当然是头等重要的。耶稣会与教皇关系更亲密，而詹森派则与国王关系更为紧密。弗朗索瓦丝·伊尔德塞梅在其有关詹森主义的权威性著作中，清晰地下了这样一个定义：不恰当地称为詹森主义，只不过是对那些夸大自由意志而不利于神力的不明智理论的回应。这是宣布上帝的权利，而不是大胆地宣布人的权利。在这里，她引用了奥古斯丁·加齐尔（Augustin Gazier）的话，她继续描述道：在基督教的所有时代中出现的争论，人与神的关系这个棘手的问题，以及17世纪在比利时鲁汶以及荷兰等地关于奥古斯丁的研究十分流行。[1]然而，詹森派则谴责耶稣会过于受到贝拉基主义的影响。

公元4世纪末，僧侣贝拉基从英国来到罗马，在那里他强调人的意志，淡化上帝的恩典行为。公元410年以后，贝拉基在埃及、巴勒斯坦和中非、北非传播他的学说，受到莫诺森一世教皇、佐息末教皇（the Popes Innocent I and Zozimus）和以弗所委员会最后一届会议的

[1] 当然，这些问题不断出现，伊尔德塞梅能够简洁清楚地说明争议和对立双方，即圣奥古斯丁主义反对贝拉基主义者的争议，改革的重点在于信仰的救赎〔没有路德（Luther）或茨温利（Zwingli）正确地处理上帝的恩典与人类自由之间的关系问题〕，特伦特会议的圣教会持谨慎立场，将产生诡辩主义者和奥古斯丁主义者的相反倾向，罗马方面（指天主教教皇）对奥古斯丁主义的詹森主义表达方式予以谴责。

谴责。418年，以弗所会议确定了原罪的影响，并肯定了上帝恩典的必要性。圣奥古斯丁在这种背景下介入，奠定了连续几个世纪不断提及的恩典理论的基础：使上帝成为人类意志的缔造者，但补充说，是人使这种意志有效；他们更倾向于喜欢来自人的自由意志，而不是来自上帝的意志本身。他提出柏拉图的哲学和心理学上的类比最适合用来翻译《圣经·四福音》的内容：在上帝那里奠定人的思想基础，并从他那里发现灵验的真实性，圣奥古斯丁从其中推断出关于世界的秩序和偶然性的解释。他坚定自己的立场，即上帝是救赎的绝对主人，他的恩典激发了人的欲望。对奥古斯丁而言，如果没有创世者上帝的恩赐，没有人是美好和善良的，上帝赐予的是恩典，因为它是无偿的。

在经历宗教战争的动乱之后，法国看起来似乎是宗教改革的一部分，但其大部分仍然以天主教为主。1627年后，天主教进行宗教改革，君主制得到加强，新教的影响力当然较小，这在很大程度上归功于亨利四世。尽管如此，在17世纪，旧的宗教秩序改革仍在尝试，波尔–罗亚尔修道院便是一个杰出的例子。奥古斯丁主义主导了法国的反宗教改革。法国教会和君主制的支持者站在一边，而天主教反宗教改革者与教皇绝对权力主义者（指位于山那边的意大利，即罗马天主教教皇）结盟。人称“夫人”的奥尔良公爵夫人（Duchesse d’Orléans）为“限制教皇权利自由”发表了讲话，声称：“在法国，我们不关心罗马或教皇！！！”因此，法国教会在天主教会中是独特的和自治的，而国王与教皇之间的激烈对立，以及两个专制政体之间的对立加强了。

耶稣会仍然以与世俗和其他一切事物有着高度的精神联系而闻名。在特伦特会议之前，1545—1563年，在伊格内修斯·罗犹拉（Ignatius Loyola）的精神旅程之后，耶稣会的主要特点是服从教皇。[1]让我陈述一下，在我年轻的时候第一次邂逅伊格内修斯·罗犹拉时的表现。圣伊格内修斯的做法是非常直观和令人着迷的，可以产生终身的影响。我仍然可以看到身体沉重的玛丽骑在骏马上一路走来，寻找一个可以停留的地方：你想要感受一下你在自己面前排演的一幕幕戏剧化场景，陈列在你面前的戏剧性的一幕幕场景。

所以我来参加这个项目，既是对耶稣会的罗犹拉传统感兴趣，又因曾在巴黎的天主教研究所学习，虽然本笃会在精神上有一个坚定的传统，对于詹森派和耶稣会的双方论战都持开放态度。后来，通过研究罗兰·巴特和他的辉煌著作《萨德，傅立叶，罗犹拉》（*Sade, Loyola, Fourier*），我感受到多年来双方论战的紧张局面更加剑拔弩张，相信这种紧张局势给思想赋予了生命。

帕斯卡的波尔-罗亚尔修道院

1643年圣西兰逝世后，安托万·森格兰接管了巴黎的波尔-罗亚尔修道院（参见插图19、20），1647年修道院更名为“圣礼波尔-罗

[1] 伊尔德塞梅又引用加齐尔的话：每个人都知道巴黎大学和耶稣会之间一直存在这种论战。从耶稣会诞生那一刻起，索邦神学院通过批评、责难来谴责他们的机构，除此之外，它宣称这个团体的诞生更多地是为了毁灭而不是为了教化。

亚尔修道院”。但在1637年，在谢夫勒斯山谷中的修道院，隐居者已经在附近的一个叫“谷仓”的农场里静修，圣西兰在此创办了小学校，由那些放弃了世俗生活的隐士负责日常教学，一直到1660年。有人认为，这一举动是有意使这个以沼泽地为地基的修道院建筑看起来比实际上更引人注目。由于没有太多的体制结构（或者正是这个原因），这对年轻人来说仍然是一个很好的教育。不出所料，此举招致了嫉妒，特别是来自耶稣会的嫉妒。曾于1655—1658年在那里学习过的伟大剧作家让·拉辛称：没有任何一处庇护所能够像这里一样天然纯净，远离本世纪的传染性氛围；也没有任何一所学校像这里一样更坚定地教导基督教的真理。帕斯卡基于“讨论而不是记诵”的思想，从蒙田的《论交谈的艺术》（*De l'art de conférer*）中汲取了灵感，在波罗雅尔创立了一个学习如何阅读的新方法。实际上，他对教育非常感兴趣，教育了他的两名较年长的外甥：艾蒂安·佩里耶和路易·佩里耶（Louis Périer）。

无论如何，修女们于1648年返回乡村波尔-罗亚尔修道院，波罗雅尔两座修道院一直并存到1667年。乡村波尔-罗亚尔修道院的目的是实行“体力劳动与精神生活的完全平衡，远离当今时代，但并非完全与世隔离”。1660年，帕斯卡在进行《思想录》的写作，关于小学校被强迫关闭一事，拉辛断言说：针对年轻人的教育，是导致耶稣会破坏波尔-罗亚尔修道院的主要原因之一。在枢机主教黎塞留和国王路易十三相继逝世后，根据圣伯夫著作关于这个问题的记载，除在其奉行的詹森主义上留下一些残存的痕迹外，波罗雅尔精神似乎绝迹了。

不过，波尔–罗亚尔修道院对帕斯卡家族的影响再怎么说也不算夸大，因为在它的高墙内布莱瑟失去了妹妹。也许自从她走后，帕斯卡也失去了一部分自我认同感。他也寻求它所代表的孤独，以及放弃世俗世界可能提供的精神承诺。或许他只是受到雅克利娜的启发，她于1652年写下了一封重要信件，从牢不可破、坚不可摧的围墙后面乞求他的允许：

> 如果世界对不再见到我而感到遗憾，请放心，如果这不是反对物质美好的问题，那么这种幻觉会立刻消失。因为世界不可能对一个不属于它的人怀有友善之情，一个从不想成为世界一部分的人，一个除了想斩断和它的一切联系而别无所求的人，通过永远离开它、庄严地发誓和皈依一种与它的行为准则完全对立的生活，一个即将给予别人她所拥有的一切最宝贵的东西的人，并对她所认识的每一个人铭刻上她的喜爱之情。

雅克利娜·帕斯卡成了圣礼波尔–罗亚尔修道院的一名修女，名叫圣厄费米–雅克利娜修女。在那里她成了“著名女修道院学校校长”，设计了一个不寻常的神学教养计划，每个学生都有一本法语和拉丁语的诗作为她的基本祈祷书，并且在节日期间，修女教师将为节日发表自己关于《圣经·四福音》的评论。而在1661年，修道院和詹森主义本身受到攻击，法国神职人员公会制定了一个信仰的章程，谴责詹森取自奥古斯丁的五个命题，质疑天主教的信仰和上帝恩典的问题，雅克利娜也没有跳出局。当路易十四国王命令王国的所有神职人员和教师签署反詹森主义的“仪式书”（the Formulary）时，她和当时的许多詹森派会士一样，表面上同意天主教教义而实际上并不承认其主张。从本质上讲，他们是在规定信仰条款，但是不接受认为詹森的五个命题是异端的指控。正如约翰·J. 康利（John J. Conley）所描述的那样，安托万是詹森坚定的支持者，他表述了法律与事实之间的区别，即教义问题和事实问题。天主教会不能强制执行教皇没有同意的事实问题。实际上，这个“仪式书”是事实问题，因为它指责詹森的奥古斯丁主义为异端性质的主张没有足够的证据。因此，詹森主义者可以签署这个谴责书，让人知道他们的签名只是赞同对这些异端命题的谴责，而不是赞同所宣称的詹森派教义包含这些命题的错误谴责。

雅克利娜在1661年6月23日致安热莉克·德圣让修女（Soeur Angélique de Saint-Jean）的一封信中，表达了她内心对她和修女姐妹们被要求签署“仪式书”的不安：“看到被上帝托付真理的那些人是不忠诚的，我再也无法隐藏刺穿心底的痛苦。”她继续问是什么原因使得被迫签署“仪式书”的所有神职人员都无法回应：“我知道我应该尊重主教，但是我的良心不允许我声称书中有某种自己并没有发现的东西，特别是那么多有资历的人也证实它不存在。”她对该文件的观点感到疑惑，并且意识到她地位和性别的卑微，但是她试图克服这些劣势，她声称：“我非常了解还轮不到女子们来捍卫真理。但是通过我们这个时代的某些可悲的倒行逆施，我们可以说既然主教似乎有一个女子的胆识，女子们就必须有一个主教的勇气。”

正如康利神父所写，雅克利娜迫于压力最终也签了名，但是在附言中表明了自己有所保留。就在她向安热莉克院长发出关于她们的事业和信仰的热情洋溢的信件三个月之后，她于1661年10月4日逝世。她被称为有良知的殉道者，因为她体现了修女成为神学家的权利：去传授、去提供精神方向，去获得神学文化，并在良知危机中拒绝苟同。也许如开头那样用雅克利娜对她的兄长充满爱和绝望的话语来结束本章是最合适的：

> 于我而言，喜欢其他人胜过我自己已经不再合理，只是他们应该对自己施加一些暴力来偿还我四年来给自己施加的暴力。我最为期待你的友谊的见证，胜过其他所有人，并且祈祷在上帝保佑下，我将于三位一体的那天皈依上帝。[1]

[1] 这里要注意雅克利娜对帕斯卡的称呼语的亲密程度，她一会儿使用表示个人亲密关系的代词“tu”，一会儿使用正式称呼语“vous”，在这两种称呼之间摇摆不定、来回切换，这表明了她写信时内心强烈的情感，这一点意义重大。甚至在她的落款签名（votre très humble et très obéissante soeur et servante, S. J. D. Sainte-Euphémie）中我们能看到，她使用的是正式的代词，正如这封信一般公式化，如某种声明一般。

第四章

帕斯卡的“世俗时期”（1650—1654）

除了雅克利娜，很显然，帕斯卡还有其他女性追求者，并且他在一定程度上与她们保持联系。如果他是独身主义者，并不是由于缺少别人的喜爱。事实上，在雅克利娜离开他去往波尔–罗亚尔修道院之后，他有机会结婚。正如阿塔利所述，他儿时的朋友阿蒂斯的妹妹夏洛特·罗阿内表达了对帕斯卡的爱意，这引起了一系列特殊的情况。阿塔利声称，夏洛特对波尔–罗亚尔修道院的向往，部分是由于她希望帕斯卡可能会阻止她“戴上头纱”成为修女，正如他曾经希望阻止雅克利娜一样。夏洛特当时只有20岁，并且坚决不愿意嫁给阿卢耶侯爵（Marquis d’Alluye），于是她冲进了修道院。她似乎非常喜欢和帕斯卡待在一起，但是帕斯卡很长时间内曾坚决拒绝让自己心爱的妹妹进入修道院，现在他也拒绝夏洛特进入修道院当修女，他想帮助他最好的朋友避免重复他妹妹的命运。这一点从两人在1656年9月至1657年2月的频繁通信中可以得到证实。阿塔利描绘了感情上的一系列传递关系：夏洛特爱布莱瑟，布莱瑟爱雅克利娜，而雅克利娜爱上帝。夏洛特假装爱上帝以取悦布莱瑟。不必说，是布莱瑟把她推进了上帝的怀里。

帕斯卡继续给夏洛特写信，并且她的每封来信他都回复。然而在1683年，夏洛特于弥留之际在病榻上请求德·拉·弗亚德公爵（the Duc de La Feuillade）——她最终嫁给了他——销毁了所有布莱瑟的信件。没有任何原件留存下来，但有一些抄写件得以保存。我们看到，1656年10月，帕斯卡建议夏洛特应花费足够的时间来摆脱世俗的爱情，而他自己，如他所言，两年前已经脱离凡尘。

> 我知道那种痛苦必定会降临每个皈依的人头上，他们亲手毁掉上帝老人，以此为新的天堂开辟空间。整个宇宙必定会被毁掉。当然不经历痛苦你就永远无法自我超脱……在经历这种不安与哀伤之后，你必须走出去，去那些正要生产的人或是正在哺乳的人身边，也就是说，要走到那些对这个束缚着他们的世界有依恋的人身边。

他提到了怀孕，这似乎有些奇怪，因为他是一个厌恶性的人，即使是为了繁衍后代也不能接受。但他此处关于超脱的呼吁与他在《思想录》中呼吁扑灭信仰上帝的热情之火类似，他呼吁人们放弃对上帝的信仰直到这种信仰变成一种自然而然的行为。他声称我们值得别人的爱这种观点是错误的，我们应该想要得到爱的这种想法是不公平的，并且声称倾向于自己就是一切混乱的开始。对秩序的渴望羁绊了帕斯卡一生，并在其《思想录》中有多处体现。

在致夏洛特的另一封信中，他建议她必须“努力不被任何事所困扰，把发生的一切都看作最好的安排”。同年12月，在另一封信中他鼓励她保持正确的人生方向，“从长远来看，两件事对于自我圣化是至关重要的：痛苦与喜悦……因此，正如德尔图良（Tertullian）所言，你决不能认为基督徒的生活是悲惨的生活，你只是留下快乐去追求别的东西了，更加伟大”。

于是奇怪的事发生了：在帕斯卡的推动下，夏洛特不顾父母亲的反对，于1657年2月进入了修道院，或许不是出于虔诚而是绝望，无非是对帕斯卡这种虔诚皈依的鼓励而感到绝望。然而，正如某部话剧中的女主角被解围之神所救一样（尽管在这一特殊事件中诉诸神灵的做法似乎有些荒诞），突然，她母亲的一位亲戚带着一封特赦信来到了波尔–罗亚尔修道院，要求让罗阿内小姐（即夏洛特）离开修道院回到她母亲身边。虽然仍旧爱着布莱瑟，夏洛特还是回到了母亲身边，并且不久后嫁给了德·拉·弗亚德公爵。她坚持要在临终销毁所有帕斯卡的来信似乎暗示了他们两个人之间的实质暧昧关系，那是一种两个人曾经所共同拥有的亲密关系。整个故事如同17世纪的一部小说《名利场》（*Vanity Fair*）的情节，深深打动了读者。

帕斯卡的赌博论

帕斯卡的姐姐吉尔贝特将他塑造成一位隐士的形象，这也是法国詹森主义的根据地波尔–罗亚尔修道院想要他成为的那个样子，当然，他曾经是波尔–罗亚尔修道院的一位隐士。然而事实上，他厌恶孤独，并且拥有众多的朋友，他喜欢与朋友交谈并共度时光。比如，他在微积分、概率论的工作方面有他的朋友安托万·贡博（Antoine Gombaud）、舍瓦利耶·德·梅雷（Chevalier de Méré）做顾问；在轮盘赌的实验方面有阿蒂斯·古菲耶提供协助；甚至他致力于撰写《思想录》来为基督教辩护，其最初本意也是为朋友达米安·米顿（Damien Mitton）——一位神秘人物而作，就像阿塔利告诉我们的那样，他也是一名狂热的赌徒，在《思想录》中曾三次出现他的名字；而《致外省人信札》中那些1656—1657年的书信，假定一个天真无知的乡下人询问耶稣会的行为方式，是帕斯卡为他的朋友安托万·阿尔诺（参见插图21）辩护而写。阿尔诺和皮埃尔·尼科尔（Pierre Nicole）的追忆在某种程度上削弱了这位令人敬畏的天才的名望。下面是1662年9月2日，皮埃尔·尼科尔致M. 德·圣卡莱先生（M. de Saint-Calais）的信，其中写到了帕斯卡的去世：

> 后人不会太注意他，因为他身后留下的著作不足以表达他那已经为人所知的广阔浩瀚的思想，但事实上他并没有失去太多：因为人的声誉和评价微不足道……与此同时，这位伟大思想家所留下的仅仅是两三部小著作，其中某些严格来讲毫无用处。

历史有权利对这些著作做出自己的评判。当然在任何情况下，帕斯卡真正对世界产生重要影响的不仅是他著名的轮盘赌，而是他的思想和他尝试说服他人的方式。帕斯卡与罗阿内公爵、舍瓦利耶·德·梅雷以及达米安·米顿之间的友谊，对他去理解如何与那些他想要劝说皈依基督的人交谈至关重要：他必须运用聪明才智和世俗智慧。人们认为，微积分、概率论的出现始于他的才智和赌注论。总而言之，如果不是道德，那就是世俗知识和外向的性格一直伴随着帕斯卡，尽管这不符合家人和波尔-罗亚尔修道院对他的期望。

他从未明确拒绝过有益的交谈与交好的同伴这种理想状态。从世俗精神看，这样做的目的就是参与到良好的氛围中，这与美好的精神如出一辙，根据法兰西学院1694年出版的词典，“好人”指的就是拥有美好的精神，总是准备进行有益的交谈，并且始终是优秀的伙伴。虽然帕斯卡一直声称，只有基督教才能使人们既可爱又欢快，因为在“文明社会”中我们不能两者兼得，而《思想录》中的格言完全符合这种精神和有教养的人之间的谈话。这位超越宗教的思想家始终坚持关心那些对人们有用的东西，所以，正如我们所知，在他生命的最后一年，他和阿蒂斯·古菲耶（罗阿内公爵）建立了一个公共交通系统，但它忍受着和帕斯卡计算机器同样的经历，当然也有一些改变。但是，这些以及其他许多事情的原始冲动构成了布莱瑟·帕斯卡的复杂与神秘，而不像蒙田所描述的他始终是郁郁寡欢的。

世上关于帕斯卡的故事俯拾即是，这些在七星诗社版的《思想录》〔1998—2000，这是继1954年雅克·舍瓦利耶（Jacques Chevalier）版后的第二个版本〕中有被讲述，同时也曾在尼古拉斯·哈蒙德（Nicholas Hammond）的《帕斯卡剑桥手册》（*Cambridge*

Companion to Pascal）中被讲述过。其中有一则十分有趣，是关于一位数学家计数的逸事。据说，帕斯卡与他的老朋友古菲耶一起去拜访阿尔诺。他们一起漫步在圣维克多的乡间，三个人遇到一群绵羊，古菲耶问阿尔诺能否猜出羊的数量，阿尔诺说他不能。但是帕斯卡很快用他的手指来计数，说有400只羊。古菲耶问牧羊人有多少只羊，确实是400只。

赌 博

“如果赌上帝存在，让我们来权衡一下利益得失。我们来评估这两个方面：如果你赢了，你便赢得了一切；如果你输了，你什么也不会失去。然后，下赌注，毫不犹豫地赌上帝存在！”

这就是布莱瑟·帕斯卡著名的赌博论，出自他的《思想录》，那些章句片段最初作为对基督教的辩护。我并不想也写一本关于“帕斯卡赌博论”的书，这一主题已经是陈词滥调了，因为这是许多人听说的关于帕斯卡的第一件事，因此忽视了他的性格和工作的微妙之处。对我而言这似乎不能完全描绘出他情感热烈的本来面目，甚至也不能充分表现他的智慧。洛朗·蒂鲁安（Laurent Thirouin）联系基督教教义解释了赌博——即这种游戏或者赌博活动——如何与帕斯卡大力游说相契合：

完美的基督徒玩游戏，这是人类的命运，并且以一种谦卑的精神接受赌博……玩家赌博却不完全迷失自己，他总是以某种方式保持在自己的赌博行为以外……《思想录》是一个辩护，是上帝的圣意转化的一场游戏。

正如皮埃尔·安贝尔（Pierre Humbert）简洁的表述："帕斯卡创新了几何学，打乱了物理学，创立了概率论，并将新的、丰富多彩的方法应用到赌博游戏的艺术中。"

乔恩·埃尔斯特（Jon Elster）关于帕斯卡和"决策理论"（The Decision Theory）的著作通俗易懂，它表明了在耶稣会的作品中如何以幽默的方式呈现赌博的关键元素，而帕斯卡在他的《致外省人信札》一书中对此提出了质疑，特别是质疑了耶稣会关于上帝对于"微不足道和轻而易举的"拯救请求的观点。埃尔斯特认为，双方的相似之处值得一提，因为耶稣会的论点是，一个小小的世俗牺牲会毫无疑问地确保拯救，（然而）赌博派的论点则是一个大的世俗牺牲可以确保某种非零概率的拯救。埃尔斯特说，两种情况下的预期收益都是无限的。在这里帕斯卡将宗教信仰与科学和数学文化融合在一起。

作为一名数学家，数学建构对帕斯卡来说非常重要。他声称，我们知道无限的存在，但不知道它的本质，因为它像我们一样有外延，但不像我们这样有限度。（然而）我们既不知道上帝的存在，也不知道上帝的本质，因为他既没有外延也没有限度。理性不能决定上帝的问题，但是试图做出一些尝试是合理的，因此这个问题是可以讨论的。他声称：在这无穷无尽的距离的极端，正在玩的是正面还是反面的游戏。正如前面提到的，他用croix这一法语单词来表示"头"，翻译为“面部”，指的是硬币的正面，但是croix还有“十字”的意思，于是这个符号进入了赌博。

当然，翻译是非常重要的。我将举出一两个例子，从世界著名的赌博游戏的著名结论开始，在《1658—1662年的发展》一书中可读到：

> 正确的是不打赌。
>
> 是的，但你必须打赌。这由不得你，你已经上了船。

我们已经忘记有多少次读到类似“你已经上了船”这种字眼了。尽管如此，从《人口的失衡》（*Disproportion de l'homme*）一文中回顾水的意象是一件不错的事情：我们漫游在无边无际的水面，它总是未知的、漂浮不定的，把我们从一端推向另一端。此外，正如一些评论家所提醒的，这似水的意象能够加强行文的流动，好像带着我们行走，在如水一般的地面上我们滑行和跌倒，不断寻找一个稳定的根基（没有任何事情能阻止我们，尽管另一种说法是生命在于运动，静止就是死亡），这可能源于帕斯卡早年在鲁昂海港的成长经历。当然，我们从蒙田的《随笔集》中可以看见，帕斯卡从中所读到的：理智丧失，蹒跚而纠缠，在这种骚动中摇摆，飘浮在人们的滔滔言论之中，既无法驾驭，也漫无目的。

因此，我们特别关注这些作品，关于我们的不确定性和决策的必要性。事实上，这些语句直到今天仍然俘获我们的心。下面是罗杰·阿黎留的译本，他使用的远非“你已经上了船”这样直白的词汇，不会让人惊恐得后颈的汗毛直立：

正确的事情是根本不赌。

是的，但你必须赌。这无法选择。你承诺过的。

我马上就觉得，我确实是承诺过这么做。这就像关于“约定（engagement）”这个存在主义术语的最佳翻译的争论，我们经常使用“涉及（involved）”这个词。总之，我将会很高兴使用“承诺（committed）”这个词。

数学家皮埃尔·德·费马（Pierre de Fermat）也是来自梅森科学圈子的一员。帕斯卡在一封致费马的信中，与他深入讨论了概率论，他声称他的朋友舍瓦利耶·德·梅雷（贡博）不能理解一条数学直线是无限可分的，而这对帕斯卡而言就像接受上帝的存在一样简单。事实上，梅雷作为一个赌徒，他也已经开始研究如何从本质上衡量决策的风险，关于赌局中涉及的“分数”，以及赌局被中断时谁获胜。在《思想录》中，帕斯卡讨论了娱乐消遣作为管理生活的一种方法，他认为：

每天赌一小会儿，这样一个人的生活才不会无聊。如果每天早上给他一笔当天所能赢到的钱，条件是不让他赌博，你会使他不开心。因此，这不仅仅是他寻求的娱乐，他必须为自己塑造一个激情的对象，并且为之激发自己的欲望、愤怒和恐惧。

这个无聊的讨论在当时是特别新鲜的。这个著名的帕斯卡的赌博论（Pascal’s Wager）在需要某种风险的情况下得到广泛的引用，这种风险可能会以有限的损失带来无限的收益。赌博本身是必要的，因为宇宙已经被设定于赌博之中，不赌博是不能接受的：

> 是的，但你必须下注。这是无法选择的。你已经承诺过了。你有两件东西可输：真与善；也有两件东西来下注：你的理智和意志，你的知识和福祉；而你的本性有两点需要避免：失误与不幸。既然你一定要选择，那么选择一个而不是另一个也就不会有损于你的理智。这一点是确定了的。但你的福祉呢？让我们来权衡一下认为上帝存在的得与失吧。让我们评估一下这两种情况：如果你赢了，你就赢得了一切。如果你输了，你什么都不会失去。因此，你就不必迟疑，去赌上帝存在吧！

这里包括了很多预测和相关的内容。代词“你”不是作为旁观者，而是作为参与者，而且很容易看出一些现在的股市分析师如何提到帕斯卡来解释自己的冒险行为。在生命的最后时刻，帕斯卡拒绝放弃他所认为的耶稣会与詹森派之间微不足道的争论：那不是这场赌博的一部分。

机会几何：帕斯卡与费马

如前所述，帕斯卡与几何学天才皮埃尔·德·费马通信，费马一生中从未真正发表过任何东西，而是通过对话、信件以及他写在别人的文章边白上的注解开诚布公地分享他的想法。他是图卢兹议会的律师，却被认为发现了微积分的早期元素，为概率论和解析几何做出了巨大贡献（参见插图22）。第一次见到费马时，帕斯卡还是一个男孩，和他的父亲一起参加梅森的科学聚会，听着费马和笛卡儿讨论几何学。当二十多年后，他开始研究数学概率论或者数学结果分析时，便开始与费马通信。在1660年（这是他们初次交流六年之后，也是在帕斯卡去世前两年）8月的一封信中，帕斯卡称呼费马为这个世界上最“英勇”的人，并向他保证自己比别人更加能够辨别这些品质，因为他无限钦佩这些品质，尤其是它们出现在费马这样有才华的人身上时。他说，如果他身体好一些，他会去图卢兹拜访费马，这并不是因为费马是欧洲最伟大的几何学家，而是因为他在两人的对话中想象到了丰富的“精神”和“荣誉”。关于几何学，帕斯卡坦言，这是一项最高级的思维活动，尽管他承认这是一个“毫无意义的”努力，但他认为这是“世界上最好的职业，却仍旧只是一个职业”。

这两位数学家1654年的通信，实际上形成了早期的概率论，似乎构成了一篇论文，提供了范例并显示了他们相互依赖彼此的工作，因为他们正在寻找一个满足原始问题的方程，测试一场未完成的赌局的结果。他们的信件散发出慷慨大度的气息，符合梅森神父科学圈子的共享理念和学术严谨，但他们也彬彬有礼和彼此赞美，没有一丝自我主义或相互竞争的痕迹。实际上，费马在给皮埃尔·德·卡卡维的一封信中提出，将要出版的这部著作他是不应该署名的，而帕斯卡应该被认为是作者。他对这位年轻数学家的钦佩和尊重在这封信中显而易见，因其关于圆锥曲线的论文在射影几何领域做出了杰出的贡献。在信的开头，对其发现帕斯卡对该项目的重要性的感觉与自己不谋而合，他表达了自己的喜悦之情。而且，他当时以一种十分典型的感情表达方式表明自己非常敬重（帕斯卡的）天才，相信他能够征服所从事的一切活动。

对此帕斯卡或许并不同意，就像他在10月的信中回应费马的请求一样，费马请求他致力于研究一个数学命题。费马的贡献源于他对丢番图（Diophantus）的著作中一个缺失的证明所做的旁注，丢番图是一位亚历山大的古希腊数学家，被称为“代数之父”。费马不仅假设帕斯卡理解他的命题，而且会通过它来创造无数的新发现，声称希望有许多超越，使知识得到丰富。对此，帕斯卡首先表示钦佩，因为信中详细描述了一种截然不同的偶然性的方法，它证实了他们的方法是独特的、个人的，也是优雅的。但是关于费马把数字发明的细节都大方分享的做法，帕斯卡坦承费马的这些发现远在自己之上，他只能仰慕，并谦卑地恳求费马在他闲暇时完成证明。勒·盖恩认为，这种谦虚和婉拒的态度实际上可能不是指上面提到的命题，而是帕斯卡在8月29日的信中提到的费马之前提出的命题，即费马在他的计算中犯了一个错误。为了避免他的尴尬，帕斯卡拒绝说出这个错误，他认为费马最终会自己发现它。不管怎样，帕斯卡对这位几何学家的谦虚态度和尊敬是很明显的。通过他们的通信，我们知道了天才如何工作，并且看到他们在与自己的同道中人相互切磋时更加意气风发。

在帕斯卡特有的天才方面，特别是科学和数学的严谨性方面，我们看到他需要有力的证据来支持他的发现，无论是数字的还是物理的。更重要的是，这个片段就是通常人们所知道的“帕斯卡赌博论”，证明了帕斯卡对人类心理学的适应程度。虽然他捍卫基督徒的权利，不提供上帝的证明或其本质的证据，但他似乎把这件事看作上帝实际上是一种自然规律，或者是一种可以观察到并且不可避免的现象。不需要证明上帝的存在。我们可能会在这里援引德尔图良的名言：无论如何都要相信，因为这是荒谬的。[1]

逻辑法则规定，如果有人获得了上帝存在的证据，就不再需要单凭信仰行事，这是根本的道理。帕斯卡在1656年致夏洛特的一封信中坚持认为，如果上帝不断向人显圣，那就没有任何信仰他的信念了。如果我可以简单地来解释信仰，那么，对帕斯卡来说信仰就是这样一种东西，我们必须努力使它发挥作用从而证明值得拥有它。

[1] 出自德尔图良《论基督的肉身》（*De Carni Christi*）第四节。上帝之子被钉在十字架上：这没有耻辱，因为这是可耻的。上帝之子死了：无论如何都要相信，因为这是荒谬的。他被埋葬又复活：这是确定的，因为这不可能。

第五章

“第二次皈依”：《追思》（1655—1657）

这份著名的“启示之夜”的誓约通常被看作帕斯卡的第二次皈依，那时帕斯卡31岁。当他的父亲在冰上摔伤被治好时，圣西兰神父的思想对帕斯卡发挥了神奇的作用，于是有了他的第一次皈依。而当他自己与命运交锋之后不久，似乎就发生了第二次皈依。正如阿塔利所讲述的，一个不知是谁讲的故事声称帕斯卡坐的马车跑上了一座没有护栏的桥，两匹马一头扎进了水中，而车厢悬在了桥边，没有翻到水中，帕斯卡幸免于难。在波尔-罗亚尔修道院与安托万·森格兰一番交谈之后，帕斯卡深受启发，回家闭门两天，不吃不喝，只以鲁汶大学詹森派翻译的《圣经》为伴，从而发生了帕斯卡的“启示之夜”，他当晚就写下了那篇誓约书（参见插图23）。帕斯卡把这篇誓约，或被称为《追思》的祈祷文写在了一块羊皮纸上，并用另一块折叠的羊皮纸包好缝到了他穿的衣服里。他生前从未谈起它，只是把它藏在衣服里，依靠它活着，就像他秘密穿着一件自己的刚毛衬衫[1]一样。很多年来，这篇帕斯卡贴身保管却从未提及的炽热的信仰誓约一直萦绕在他的脑海中，也回荡在我们很多人的耳畔。正是这种持久的个人行为的秘密性和文字中的戏剧性场面（喜悦，喜悦的泪水）引起了我们的注意。很多年前，我就是读到了这段文字才开始研究帕斯卡这个古怪的天才的。《追思》全文如下：

1654年，恩典之年，

11月23日，星期二，圣克莱蒙、教皇和殉教者及其他殉教者的节日。

圣克里索各努（St Chrysogonus）的殉教者和其他殉教者的节日前夜，

大约从晚上十点半到十二点半，

火。

亚伯拉罕（Abraham）的上帝，以撒（Isaac）的上帝，雅各（Jacob）的上帝，

不是哲学家和学者的上帝。

确信、确信、情感、喜悦、和平。

耶稣基督的上帝。

我的上帝和你的上帝。

你的上帝将是我的上帝。

[1] 刚毛衬衫（hair shirt）：苦行者所穿的粗毛布衬衣。

除了上帝，忘记世界，忘记一切。

仅仅通过《四福音》（*Gospel*）的教导才能找到他，

人类灵魂的伟大。

正直的天父，世界尚未知你，

但我已知你。

喜悦、喜悦、喜悦、喜悦的泪水。

我已经和他分离：

他们抛弃了我，生命之泉。

我的上帝，你要抛弃我吗？

让我永远不要和他分离。

这是永恒的生命，他们知道你，

唯一的真实的上帝，你派遣了耶稣基督。

耶稣基督。

耶稣基督。

我离开了他，我从他那儿逃逸，

被排斥的他，被钉于十字架的他，

让我永远不要和他分离。

我们只通过《四福音》的教导把握他，

完全地弃绝尘念和甜蜜，

完全地服从耶稣基督和我的指导者，

为世上一日的修行永远欢乐。

我决不忘记你的话。阿门。

隐私和回忆：这些文字现在看来似乎很重要，我们确实也觉得它们重要。尽管帕斯卡遭受着那么明显的病痛，抽搐、胯骨痛，无尽的病痛，还有不得不放弃他所从事的科学研究和最终放弃写作的事实，他从未背叛过自己的誓约，而是一直珍藏着它。我认为这一事实对我们去理解和欣赏他那压倒一切的真诚和彻底的谦恭至关重要，即使是对最亲近的东西也是真诚而谦恭的。

帕斯卡写作时用的诸多笔名；他劝说世俗朋友们——甚至是那些没能被劝服皈依他的信仰的朋友——的能力；他为朋友们激烈辩护，比如为安托万·阿尔诺（Antoine Arnauld）辩护；他最终接受妹妹去做神职——所有这一切使我相信他会迅速而轻易地放弃那些他轻而易举就理解了的事物，这是他性格的一部分，也是我们详述他的性格而非他的发明和天赋的主要原因。我没有皈依，但是我被说服了，不只被他“劝说的艺术”所说服，我还被很多因素说服，没有理由在这个被悄悄藏起来却最引人注目而且越发特别的誓约上逗留太久。

与勒迈特·德·萨西先生的对话

在波尔–罗亚尔修道院举行的一些重要辩论中，布莱瑟·帕斯卡与该修道院院长勒迈特·德·萨西（全名为路易·伊萨克·勒迈特·德·萨西，Louis-Isaac Lemaistre de Sacy）于1654年或1655年关于哲学的那场讨论一直很有名。萨西的秘书罗贝尔·德·方丹（Robert de Fontaine）将其记录了下来。我将根据方丹回忆录中流传下来的报告摘录如下。方丹开头便描述了勒迈特·德·萨西所鼓励的和平精神，萨西坚持认为我们不应该审判，因为只有上帝才能准确地做出审判，继而讲述了萨西将如何平息即将引起神学及一般自然科学争论的一切冲突。方丹在对旧波尔-罗亚尔修道院的描述中说道：关于笛卡儿的新观点和哲学人文科学，在这个废墟之上曾经引起了多少次争论啊！在波尔-罗亚尔修道院的吕伊纳公爵（Duc de Luynes）的城堡中，人们无时无刻不在谈论笛卡儿的世界新体系，或称之为“笛卡儿思想”，以及其三种独立存在的方面：肉体、精神、上帝。方丹宣称萨西仰慕笛卡儿新思想中上帝的统治，在这里所有人都俯首称臣，而且简单地接受了笛卡儿和亚里士多德之事是一个小偷杀死另一个小偷并偷走他的战利品的观点。令萨西烦恼的是这些哲学家的著作被等同于《圣经》一般对待。因而他认为所有人（哲学家）的思想都互相残杀才是件大好事。他说：那就更好了。死去的人越多，敌人就越少。或许笛卡儿思想的下场也不例外。

萨西声称上帝创造这个世界的原因有两个：一个是展现自己的伟大，另一个是在自然界中绘制隐形的东西。但是，他认为笛卡儿的思想破坏了这两方面。他指责笛卡儿为了欣赏和质疑其构图中的每个部分或材料而忽略了整体。方丹借用了萨西对笛卡儿的回应：

> 我并不是自称要说出事物真实的样子。世界是如此庞大的物体，你迷失在其中；但我把它看作一个字母表。有些人一再翻看这个字母表中的字母，并发现一些东西；我也发现了一些东西，但或许不是上帝所创造的。

萨西说，有些人摸索着寻求真相，如果他们真的找到了，那只是运气。他把它比作巴黎圣母院上的大钟：“时钟说的是事实，如果我说，走快点吧，它马上就不正确了。它现在说的是事实，但它每天只讲一次事实。”方丹希望不要被帕斯卡的光环所迷惑，虽然他在任何情况下都是迷人且有说服力的。萨西很早就意识到“帕斯卡说的一切，（都证明）他自己已经读过圣奥古斯丁了”，所以他相信帕斯卡已经发现了与早期教父相同的真理。正如萨西习惯于与他们谈论他们所知道的事，他也愉快地与帕斯卡谈论那些自己并没有广泛了解的哲学家。例如，他们讨论了爱比克泰德，一个坚韧的希腊哲学家，他相信我们无法控制外部事件，因为它们是由命运决定的，但是我们可以通过严格的自律来控制自己的行为。正如方丹叙述的，萨西在与帕斯卡交谈采访时，声称爱比克泰德在对待失去的事物方面是一位真正的哲学家：永远不要说我失去了它，他说，要说我把它还回去了。我的儿子死了？“我把他还回去了”；我的妻子死了？“我把她还回去了”。财产和其他一切也都如此……你不应该希望事情按照你的意愿发生，而是应该希望它们顺其自然。请记住，你在这里就像一个演员，你扮演一个戏剧的角色，主人高兴给你什么角色，你就演什么。如果他给你一个寿命短的角色，那你就演短的；如果他给你个寿命长的角色，那你就演长的。如何扮演交给你的角色，取决于你，但选择哪个角色，取决于别人。每天都思考死亡，不要奢求任何过分的东西。

他还声称这位哲学家展示了人类必须有的上千种行为方式，但他从来不吹嘘自己的成就，而是学习上帝的意志并遵循。然而，帕斯卡却认为爱比克泰德的方式是错误的，他没有意识到自己在上帝面前的无力感：

> 精神不能被迫相信它已知是错误的东西，意志也不能喜欢它已知会使它不快的东西。因为这两种能力都是自由的，通过它们我们可以变得完美，人凭借这些能力能完全认识上帝，爱他、服从他、取悦他，治愈所有恶习，获得所有美德，成为上帝的圣徒、朋友和同伴。

帕斯卡认为，爱比克泰德错误的观念导致他犯下更加严重的错误，比如这样的观点：如果一个人认为上帝要求他自杀的话，那么他就会这样做。

他们还讨论了16世纪有影响力的法国哲学家米歇尔·德·蒙田（Michel de Montaigne），他的《随笔集》（*Essais*）中那些设想的尝试最为著名。正如帕斯卡所说，对蒙田来说，把一切都置于普遍的怀疑之中，怀疑是这样普遍的存在，以至于它会被自行消除，以至于他怀疑他是否怀疑，甚至连最后这个命题都怀疑。他的不确定性围绕着自身无休止地永恒循环……在这种怀疑自己的怀疑中，在这种无视自己的无知中和他所谓主人形式，这是他观点的本质，但他无法用积极的词汇来表达它……他不想说“我不知道”，于是便说了那句“我知道什么”，他把这句话当作座右铭……他摧毁了人类最确定的东西……以表明你不知道在何处安放你的信仰。

蒙田“在这个普遍的怀疑中占有这样一个优势，无论是成功或失败都一样得到强化”。帕斯卡相信，出生于新教国家却公开承认是天主教徒的蒙田，正是在动荡、摇摆和穿梭中与16世纪的法国异教徒进行斗争并取得胜利的。“蒙田的很多成就是别人无法匹敌的，他挫败了那些没有信仰却自认为知道真正正义的人的自豪感；使那些固执己见的人醒悟，还使那些自认为找到了科学中不可动摇的真理的人醒悟。”

据方丹说，萨西热切地聆听着帕斯卡的话，并用圣奥古斯丁的话来赞美他所讲述的事：哦，真理之神！那些懂得这些推理的微妙之处的人是不是更让你喜欢呢？

帕斯卡和笛卡儿在两端，蒙田在中间

关于帕斯卡和笛卡儿之间的关系，当然有很多可以谈，说得轻巧一点儿，他俩相处得一点儿都不愉快。莎拉·贝克韦尔（Sarah Bakewell）在她的杰作《如何生活》（*How to Live*）一书中，简洁、机智地（这也是帕斯卡所拥有的两个特点）讨论了围绕笛卡儿、帕斯卡，当然还有蒙田三个人之间的错综复杂的关系。这个标题并不令人意外，后者（指蒙田）比前两位更加平易近人和温和有度。正如T. S. 艾略特（Thomas Stearns Eliot）谈论蒙田，说他是帕斯卡“伟大的对手”，因为帕斯卡每次都会赢。正如贝克韦尔所说的那样，他发现通过蒙田传播的皮浪主义（怀疑论）传统如此地令人不安，以致还没看完《为雷蒙·塞蓬德辩护》（*Apologie de Raimond Sebond*）的一页就得赶快翻开笔记本，记录下自己迸发出的激烈想法。他不断地圈出蒙田的一些想法并仔细地思考，他的反应是如此强烈以至于他们之间的对话是不可替代的。皮浪主义传统以怀疑论作为研究的基础，认为知识的绝对确定性是不可能的。然而，如爱比克泰德一样在任何情况下都很冷静的禁欲主义者，是根本不受灾难影响的。

在这里，我觉得有必要强调一些我觉得相关的事情。首先，蒙田对骑马事故的记忆——当他被身后一名骑士无意撞落马下后昏迷不醒，以及他康复的记忆，这些始终在他的脑海里挥之不去，就像帕斯卡在经历马车坠落的相似事故之后，也始终无法忘记一样。这些至关重要的事实，无论多么偶然，都不可避免地在他们的思想中留下了截然不同的印记。蒙田保持着他一贯温和的生活方式，对自己的痊愈心怀感恩，并乐此不疲地记录着自己的感悟和思想，为他和那个时代感到喜悦。帕斯卡一直感觉到左边身体在痛苦的深渊中徘徊，这也给我们所了解的帕斯卡留下了很深的印记。正如超现实主义运动的创始人安德烈·布勒东（André Breton）在他的小说《娜嘉》（*Nadja*）散文诗般的开头引用的一句如此令人难忘的谚语：“告诉我你总是想起谁，我就会告诉你你是谁。”我们感觉到帕斯卡总是想起那痛苦的深渊，因为它一直困扰着他。但是，两个人物在方方面面都完全相反，蒙田谈论自己说：

> 我对这些激烈的鼓动没有什么经验，我性情懒惰和缓。我本性温和与中庸。我的过激行为并没有让我走得很远。他们没有什么极端或奇怪的东西。在我看来，最美丽的生活是

那些符合人类共同模式的秩序，但是没有奇迹，没有怪癖。

《为雷蒙·塞蓬德辩护》是蒙田根据信仰而非基于理性的怀疑基督教的随笔和争论，对自蒙田以来的一个又一个思想家来说非常重要，它和帕斯卡未完成的为基督宗教写的《辩护书》（*Apologia*）有相类似的题目和计划。但是蒙田的《辩护书》却不会给人任何带有厄运一直萦绕在你的脑海中的那种挥之不去的感觉。至于启蒙运动的领袖狄德罗（Diderot）和伏尔泰（Voltaire），在我们看来，他们就像光明远离黑暗一样远离帕斯卡。伏尔泰对帕斯卡的怨恨众所周知，以至于我忍不住重复其中一些话，最著名的是“帕斯卡，你有病！”“我敢于支持人类，反对这个崇高的邪恶主义者。”然后，伏尔泰以诙谐的方式抨击了帕斯卡的《思想录》的第57个片段后，他继续说道：

> 当我看着巴黎或伦敦时，我找不到任何理由陷入帕斯卡谈论的那种绝望之中。我看到一个根本不像荒岛的城市……把世界看作监狱牢房，所有人都是犯罪分子，这是狂热分子的想法……蒙田描绘自己的设计是多么令人愉快啊，一点也不像帕斯卡那样诡计多端！因为他描绘了人性本身。而帕斯卡去贬低蒙田的计划是多么微不足道啊！

“微不足道”在这里是一个语气强烈的词语，我认为用它是错误的，因为帕斯卡长期与蒙田的《随笔集》中的“人性”做斗争，这本书对帕斯卡来说非常重要，以至于他会在重读中不断圈出一些文章。在我看来它不是微不足道的，而是迫切地融入他的整个存在和信仰模式之中；更多的是全心投入而非微不足道，更多的是抨击而不是贬低。无论我们选择站在哪一方，我们所使用的词语都必然会占用我们的头脑。正如加斯顿·巴舍拉尔（Gaston Bachelard）所说，世界的大小取决于我们词汇量的大小。但是，像伏尔泰一样伟大的思想家们和无神论者有权按照自己的意愿来谈论像帕斯卡那样伟大的思想家和信徒。蒙田是一位伟大而务实的思想家，帕斯卡从未忘却他，我们的确也认为他不应该这样做。

第六章

《致外省人信札》与圣荆棘冠神迹

充分恩典（sufficient grace）和有效恩典（efficacious grace）这两种模式之间带有报复性的斗争正在继续着。1656年1月23日，帕斯卡使用路易·德·蒙塔尔特（Louis de Montalte）这个笔名写出了第一封致外省人信札（参见插图24）。

作为路易·德·蒙塔尔特这个名字的变位词，萨洛蒙·德·图尔提（Salomon de Tultie）重复了《圣经·哥林多前书》（*First Epistle to the Corinthians*）中的一段话："世人凭自己的智慧，既不认识神，神就乐意用人所当作愚拙的道理拯救那些信的人，这就是神的智慧了。"[1]帕斯卡缩写成："矛盾：基督教的无限智慧和愚蠢。""萨洛蒙"这个词自古以来意为"智慧"，而"图尔提"一词化自"愚蠢

[1] 此处未抄录《圣经》原文，为作者意译。

（stultitia）”，因此萨洛蒙·德·图尔提这个名字再次构成了一个矛盾体。萨洛蒙·德·图尔提与帕斯卡的文章混在一起，难以区分。萨洛蒙的风格更加明白易懂，令人印象深刻，而且经常被人引用，因为他谈论的都是日常生活。正如耶稣基督、圣保罗（St Paul）和圣奥古斯丁一样，萨洛蒙选择了“博爱法则，而非精神法则”，“在每个话题上说点儿题外话，但是都和最终目的有某种关联，始终把最终目的记在心里”。这种“博爱法则”指的是对别人无私的爱，一种基于《圣经》的对其他人普遍却完全真实的爱，以及对另一个人温柔的爱。[1]

第一封信一经发表立刻获得了成功。之后帕斯卡又写了十八封更为“神圣”的信札。塞维尼侯爵夫人（Marquise de Sévigné，一个法国贵族，也热衷于信札写作）非常喜欢读这些信。她对这些信完美的写作风格很感兴趣，声称没有比它们更出色的讽刺嘲弄，也没有比它们更自然或是要求更高的深受柏拉图伟大对话影响的作品，这些雄辩的信札表明了蒙塔尔特对上帝和真理的热爱。前三封信是在为曾敦促帕斯卡为詹森教做事的安托万·阿尔诺辩护，其余的信是对耶稣会松懈的道德进行反击。《致外省人信札》于1657年结集出版。在第一封信中，作者就说明了这些信札关注“当前索邦大会上的辩论”这个话题，关注关于詹森派的《论奥古斯丁》的争论和它的看似异端的

[1] 这个话题来自埃里克·侯麦（Éric Rohmer）的电影《慕德家一夜》（*Ma nuit chez Maud*）中哲学家和牧师的讨论，他们讨论了“博爱”和帕斯卡严酷的生活态度（牧师说帕斯卡穿了一件刚毛衬衫，他还缺少《圣经》中所要求的那种爱的事）。帕斯卡拒绝接受单一自我的说法，因为自我有多重含义，这当然与他对蒙田的批判有关，而蒙田在作品中谈论了单一自我。

五大命题。前十八封信出版后，在1779年，第十九封写给阿纳神父（Annat）的信的片段发表了。这些信札是讽刺作品和经典散文的杰作，被后世用来娱乐，使文章生动有趣，也被当作讽刺和批判性文章的典范。

《致外省人信札》里充满了嘲弄、戏谑和真正的（也是有效的）抨击。前三封信是轻松的，但是从第四封信开始，口吻变得更为严肃。例如，在第四封信中，从乡下而非城里来的天真的蒙塔尔特询问一位耶稣会士“事实的恩典”（actual grace）这一术语的含义。他的询问引出了耶稣会士对于救赎的思考。这位神父不仅乐于教导这个好奇的年轻人，还给他解释了充分恩典的含义：充分恩典是上帝给人们的启示，通过它上帝对人们显示他的意愿，而依靠它人们很兴奋地去实现上帝的意愿。蒙塔尔特对“事实的恩典”这个术语还是困惑不解，于是请求神父更详细地解释一下。这位耶稣会士声称：“如果我们犯罪之前，上帝没有使我们意识到这么做是有罪的，也没有给我们一个启示让我们避免这么做，那么这种行为就不能被认为是有罪的。”耶稣会士接着去拿来一摞书，里面有很多例子来解释“事实的恩典”的含义，但是其中没有一本是真正的《圣经》，蒙塔尔特机智地假装糊涂揭露了耶稣会著名的诡辩之道。

前四封信和最后两封信都谈论了恩典和自由的问题。据弗朗索瓦丝·伊尔德塞梅所说，耶稣会士路易·德·莫利纳（Luis de Molina）于1588年在里斯本发表了两种恩典的理论：他用“充分恩典”这个术语代替了奥古斯丁教派所说的“有效恩典”，认为这种充分恩典可以带给人们行善事所必需的一切，但是只有在他的自由意志支配下才能生效。所以上帝给了人们足够多的充分恩典。这是充分恩典和有效恩典争论的基础。帕斯卡反对莫利纳关于人类自由的观点，并为奥古斯丁教派的传统和决定论辩护。他说上帝希望消除罪恶，而不是消灭犯罪的人。

接下来的信札依靠具体的案例抨击了耶稣会松懈的道德。自此以后，我们很难再看到像前几封信那样生动有趣的地方，但是仍然保持着气势。1657年，普罗旺斯议会谴责了前十六封信；同年9月6日，教皇将它们列为禁书。当然这是对这些信札的最高赞美，用信中讨论的一个术语来说，就是有效性。这些信妙语连珠，流传至今。比如第十六封信中的评论：这封信有点长，因为我没时间把它缩短点。

蒙塔尔特被塑造成一个中立、天真、什么都不懂的形象。起初，他是一个虚构的叙述者，但是后来又变成了真实的人，有真实的对话。而著名的西班牙诡辩论者埃斯科瓦尔（Escobar）的形象，在帕斯卡关于波罗雅尔话题的诗歌中是一个代表耶稣会的诡辩论者。在第十七封信中，帕斯卡以叙述者的身份申明他不是波尔-罗亚尔修道院的成员。帕斯卡发觉一切关于恩典和预定论的持续争论都毫无结果，令人厌倦，偏离了真正的信仰。他的所有努力都不能阻止后来的谴责和波尔-罗亚尔修道院的拆除。当所有修女不得不在反对詹森教的仪式书上签字时，帕斯卡却不用签，当然他强烈反对这种做法。

《致外省人信札》中很多讽刺的细节是非常有趣的。这些信札中有很多我喜欢的细节，其中一个就是关于耶稣会放纵松懈的做法，这在我看来和有趣的决疑论可以相提并论。你可以去参加两个半场的弥撒，它们合起来可以算你完成了一次周日的完整礼拜。最初这些信似乎是一种游戏，但是越往后越严肃。以下是从中摘录出的一些片段，可以显示出它们的神韵和表现手法。

第一封信

争论的焦点是阿尔诺所说的："没有上帝的恩典我们将一事无成，而这种恩典在圣彼得（Saint Peter）跌倒时并不存在。"你和我都思考关于恩典的一些重大问题的检验问题，比如恩典是否施与每一个人？其是否有效？但是我们都错了……为了弄明白这一争论，我求助于我的一位邻居M. N.。他是纳瓦尔学院的神学家，也是一位狂热的反詹森派，而我的好奇心也使得我像他一样热烈了。我问他是否正式认定"恩典是施与每一个人"，从而打消一切疑问。但是他反驳了我，告诉我那并不是问题的关键，他们那派人中有人认为恩典并非施与每一个人，那些审查者在索邦的一次会议上也说这个观点是有问题的，而他本人也赞同这一观点，他引用了圣奥古斯丁的名言来证明他的想法："我们知道恩典不是施与所有人的。"

第一封信有趣地讨论了"直接能力（pouvoir prochain）"这个术语，关于它的争论一直没有停止过，比如：

我要走时对他们说："为了避免成为名义上的异端，我必须读出那个词的发音？这个词在《圣经》中有吗？""没有。”他们说。“那么是教父的、主教会议或是其他权威用的词吗？既然这个词没有权威的保证，本身又没有意义，有什么必要用它呢？”“你可真顽固不化！”他们说，“你必须说这个词，否则你就是异端，阿尔诺先生就是一个异端；因为我们是大多数，而且如果有必要，我们还能拉来很多僧侣，以获取胜利。”

这就是人多势众的威力。以此来作为威胁，真是讽刺！

《致外省人信札》中有一些信确实非常有趣：第二封信中有一段内容围绕着“充分恩典”和“有效恩典”两个关键词，给教士设下陷阱，使他必定上当。刚刚通过了一项规定，每个演讲者只能讲半个小时，所以这个“天真的”说话者这样问道：

第二封信

“你把你的演讲内容调整到了一定的时间内吗？”“是的，”他说，“他们前几天就是这样做的。”“你必须讲半个小时吗？”“不，我可以少讲点。”“但是不能多讲，”我插嘴道，“不过，对那些无知的人来说，这倒是一个重要的规定！而对于那些不想听废话的人也是个很好的借口！但是，说真的，神父，这个施与每个人的恩典本身是充分的吗？”“是的。”他说。“不过没有有效恩典，它就是无效的？”“是的。”他回答道。我继续说道：“也就是说，每个人都拥有充分恩典，但不是每个人都拥有有效恩典，对吗？”“完全正确。”他说。“那就是说，每个人都拥有足够的恩典，但是每个人所拥有的足够的恩典又是不够的，这就是说，这个恩典是充分的，但是它并不充分。换句话说，它名义上是充分的，实际上却是不充分的！神父啊，这真是一条晦涩难懂的教理！当你出家时，你就把世俗社会赋予充分一词的含义全都忘了吗？难道你不记得这个词也包含一切必要的东西啊？你怎么能说每个人都拥有产生行动的充分恩典，而同时你却承认还有另外一种对行动而言必不可少的恩典，又不是每个人都拥有的？是不是因为这一信条无足轻重，就任凭人们随意相信还是不相信有效恩典是必不可少的，任由他们自己去选择？说人们借着充分恩典可以真正地行动，这是一个无关紧要的问题吗？”“什么？”这个绅士说，“无关紧要！这是异端邪说，真正的异端邪说。有效恩典是行动的必要条件，这是一个信仰问题，否认这一点就是异端邪说。”

而蒙塔尔特这个天真的交谈者继续想到：如果一个人否认充分恩典，那仅凭这一点就能说他是詹森教派的吗？于是他问道：“如果我像耶稣会那样承认有效恩典不是必要的，我就是一个异端……如果我像您一样承认有效恩典是必要的，我就是在违背常识，耶稣会又会说我是古怪的。”所以，他说，他要么被认为是古怪的，要么是异端，或者是一个詹森教派。这真好笑。

下面这封1657年版的第六封信是一个独一无二的宝藏：

“你可以看到，不管是通过解释术语，还是通过对有利情况的观察，或是通过赞成者和反对者的双重可能性，我们总是能调和那些以前令你惊讶的矛盾，而不会违背《圣经》、宗教会议或教皇的规定。”“神父大人，”我说，“教会有您来维护，真是幸运啊。这些可能性也真是有用啊！”

读者能看到这段对教士的挖苦真是幸运啊！这个话题就讲到这儿。

第十封信

他说：“从我刚才跟你所说的，我们的神学家以他们的智慧，不辞辛劳地发现了以前禁止的很多事现在都允许了，但是因为现在还有很多罪是无法宽恕的，而唯一的办法就是去忏悔这些罪过，因此我要告诉你一些解决这些困难必要的办法。在之前的谈话中，我已经证明给你看，我们是怎样告诉他们那些原先据信仰是有罪的事情其实是无罪的，由此来缓解人们良心上的不安。如果犯了真正的罪行，现在我要告诉你一个赎罪的简单办法——去忏悔，这在过去很痛苦，但现在很简单了。”

耶稣会已经削弱了忏悔的作用，蒙塔尔特在这封信的开头表达了对此的担忧，因此他这样结束他的抱怨：“神父们省去了人们要爱上帝的烦人义务。”这确实太省时省力了！

潘特罗神父（Père Pinthereau）让人们自己判断这种特免的价值，而耶稣基督为此付出了血的代价。他特别采用了潘特罗神父的这条教理：在《圣经·新约》的恩典律中，上帝去掉了这个麻烦的义务，按照之前严格的规定，人们必须彻底悔悟才能获得神的宽恕，上帝规定了一些更易操作的圣事来弥补这种不足，这些做法都是合情合理的。而对之前是奴隶的犹太人来说，可以以别的方式来获得神的怜悯。这样，帕斯卡以蒙塔尔特的名义发现了这些麻烦——那些不爱上帝的人，也不必遵守他的戒律！蒙塔尔特很好奇，那些生平从未爱过上帝的人怎么能配得上享受他永恒的爱？他声称这种不公平太令人费解了！他恳求那些被耶稣会的诡辩论所迷惑的人睁开双眼，让上帝用对他们付出的爱治愈他们的眼盲！

总之，《致外省人信札》具有重要意义，它风格独特，讽刺尖锐，而且有很多围绕着这些信件的趣闻逸事流传下来。在1662年帕斯卡去世时，玛格丽特·佩里耶（Marguerite Périer）说，当询问帕斯卡是否后悔写了《致外省人信札》一书时，他回答道：“我一点儿都不后悔，要是现在我重新再写的话，我会写得更加激烈。”

帕斯卡的著名诗歌

后来，帕斯卡对他妹妹雅克利娜加入波尔-罗亚尔修道院也有点儿妥协了，当然，他是站在詹森教派一边的，反对强迫签字服从教士。更有趣的是帕斯卡自己曾写了一首回旋诗。这首诗与《致外省人信札》一起被人们发现，它描写了两种态度，控诉了耶稣会的道德松懈，表明了詹森教派的严谨。诗中充满了关于埃斯科瓦尔[1]（《致外省人信札》中提到过此人，我们有一些关于他的文字）的双关语，还有一些精心安排的讽刺的引文，其机智幽默值得引用。所有那些帕斯卡饶有兴趣地假意奉承耶稣会的诗歌都让我们很高兴，比如这首小诗表达的“这群随和的人乐善好施，他们为了取悦恶人，放宽了通往天堂的路”。

回旋诗：向尊敬的耶稣会神父乐于助人的品德致敬

（*Rondo: To the Reverend Jesuit Fathers about their Accommodating Morality*）

退下吧，罪恶。无比地熟练，

埃斯科瓦尔派的著名教士们去掉了他们的毒液，只留下了你们的香甜：

我们天真地品尝着，这条新的道路毫不费力地通向平静的天堂。

这样，地狱丧失了权利，如果魔鬼责问起来，

我们只需对他说：“你这卑鄙的恶魔，

我以博尼（Bauny）、桑切斯（Sanchez）、卡斯特罗（Castro）、甘斯（Gans）、唐布兰（Tambourin）的名义

[1] 埃斯科瓦尔，一位著名的耶稣会士。帕斯卡曾说：我通读过埃斯科瓦尔的论著两遍。

命令你：

退下。”

但是，一个不知名的傻瓜依赖你们，奉承你们，

却写了很多信札来攻击你们的观点，

他已经发现了这微妙的对立，

你们的概率计算接近了目标。

我们做了这一切；为你们寻找一个新世界，

退下。

与对耶稣会的诡辩论和道德松懈的讽刺相对应，我们在此可以思考那个关于神迹治愈疾病的严肃叙述：帕斯卡从未拿起讽刺的武器来反驳神迹。

圣荆棘冠神迹

帕斯卡对神迹深有体会。他在《思想录》一书中区分了神迹本身和它所带来的慰藉。人们追随上帝，不是因为他的神迹给人们带来好处，而是因为神迹本身和它们所唤醒的力量。在《思想录》的一篇文章中，帕斯卡谈到有文件记载了他的外甥女玛格丽特·佩里耶曾经触碰了耶稣的荆棘冠——上帝显灵的圣物——后被治愈的神迹：

这些不是使用未知的可疑力量来制造神迹的人，不会令

我们很难做出决定。这是上帝本人做的。上帝的独子采用热情的手段，从很多地方中选中这一个，然后把四面八方的人吸引过来接受他神奇的救助。

关于发生在1656年3月24日的这个神迹，波尔–罗亚尔修道院的修女们发觉它格外神奇，因为那天弥撒的入祭文中有这样一些话，“显示一个对我有利的迹象，让人们都看到”，瞧，真的有这样一个迹象！拉辛在他的《波罗雅尔简史》（*Abrégé de l'histoire de Port-Royal*）中谈到了玛格丽特：

她被左眼角泪道瘘管病变折磨三年了。这个瘘管外部肿大，已经损害到了内部。它整个腐烂了鼻骨并刺穿了上颚……谁看她一眼都会觉得恐惧……一位神父收集了一些救世主圣冠上的荆棘给了修女们。她们把一枝荆棘放在了唱诗班背靠窗户护栏的一个小供桌里。晚祷之后，她们列队行进祈祷赞美并亲吻它。寄宿者的女主人告诉这个小女孩用她患病的眼睛去触碰这枝圣荆棘。她照做了，之后就声称这枝圣荆棘治好了她的病。这个仪式之后，其他的寄宿者都退下了。她一到那儿就对同伴说：“修女，我的病好了，是圣荆棘治好了我的病。”事实上，她的同伴已经仔细查看了她的眼睛，发现她的左眼像右眼一样健康，没有任何多余的东西，甚至连个疤都没有。

正如《思想录》中所写，即使帕斯卡的亲人没有亲自体验过这种神奇的疗效，帕斯卡也会说在所有的神迹中，真的神迹还是盛行的。他声称，因为教会的敌人们缺少神迹，所以他们说“不能用神迹来判断教义，而应该用教义来判断神迹”。对帕斯卡来说，神迹是证明上帝存在的最有力证据，也是一种用非理性信念去证明信仰的必要手段。

第七章

关于思想的思考：1670年《思想录》的出版

对吕西安·戈德曼（Lucian Goldmann）来说，帕斯卡是“第一位现代人”。他说在1654—1662年，帕斯卡从《致外省人信札》时主张中央集权的理性主义转变为《思想录》时的极端悲观主义。不论我们如何解读《思想录：关于宗教》（*Pensées sur la religion*）中的那些悲观的极端冥想中的思想，我们都能看到帕斯卡在探究着用来解决由人类存在而产生的问题的各种各样的方法。

对当今的读者来说，我们似乎受邀来同时进行一场个人的、历史的、政治的、令人信服的、文体的、实际的和哲学的思考，在这个过程中，我们也会被自己零星的思想所中断，这是可以原谅的，也是受欢迎的。正是《思想录》中那些碎片式的思想本身允许我们这么做。不同版本里面的思想排序不同，但是都很有说服力，也有很多新的发现。正如之前所强调的，帕斯卡本人当然关心它们的排序对他的《为基督宗教辩护》的影响。同样重要的一个事实是现代版本往往省去副标题“关于宗教”，这种现象也说明了当今思想的一些趋势。不管我们对帕斯卡的一些信仰持什么态度，即使我们按照自己的方式来解读《思想录》，我们都不能忽视《为基督宗教辩护》所变化出来的思想和作品。

惊人之作

关于帕斯卡对人类处境的思考，这些思想的碎片体现了多种方式。这些碎片的处境跟不同的编辑有很大关系。最初，这些警句片段是写在大张的白纸上的，上面有笔画出的间隔线。1658年，它们被剪开，有些内容被划分到不同的类别。这些归好类的碎片本来是帕斯卡准备在那年10月或11月读给朋友们听的，以此来告诉他们这是他正在计划写的一本书——《为基督宗教辩护》的提纲。但是到1659年下半年，帕斯卡的病情阻止了他的写作计划，他再也没能继续这本书的写作。余下的部分是34捆未分类的手稿文本。本书主要采用的是路易·拉菲马（Louis Lafuma）的版本。这个版本的序言使我们放心，我们所读的内容就是帕斯卡本人的创作，而不是他的朋友们帮忙续写出的版本。[1]

---

[1] 本章中所用的是1962年出版的，由路易·拉菲马编辑的《思想录》。还有更早的莱昂·布兰斯维克（Léon Brunschwicg）编撰的版本，他在每一条思想碎片前都用数字来标示。也有晚一些的版本，比如菲利浦·塞利耶（Phillipe Sellier）的版本，讲述了20世纪90年代的哲学发现。

正如马克·富马罗利（Marc Fumaroli）在《论几何学精神和说服的艺术》（*De l'esprit géométrique et de l'art de persuader*）一书的序言中所指出的，拉丁语中的pensare一词在现代法语中有两种变体：penser意为思考；peser意为在天平上称重，因此，penser的意思就是把两种经验对象置于平衡中。《思想录》中思考的一个方面就是帕斯卡伟大的先辈米歇尔·德·蒙田的思想。正如富马罗利所说：蒙田关于伟大的人类的强大又卑微境地的悲观理论很难超越。

帕斯卡的很多作品都是在对蒙田的观点做出回应或是争辩，因此也是在和自己争辩。例如，《思想录》中未分类的那部分文本第689条：正是在我自己身上而不是在蒙田身上我找到了在他身上看到的一切。又如这个明显的例子，帕斯卡《说服的艺术》全文都是对蒙田的《随笔集》的回应。而蒙田的《随笔集》就是一些“练习”的集合，是旨在消除利己主义的关于自我的哲学著作。权衡各种思考、各种练习，这在帕斯卡呈现的思想中占有很大比例，是几何学精神的一部分，和“精细精神”一样必不可少——一方面是结构清晰、无歧义，另一方面是经验、直觉和非线性思维，自始至终都是对立平衡。pensée这个术语的多重含义给了帕斯卡的杰作《思想录》丰富的内涵，使其从各方面看都是风格独特的杰作。

排序和形式

在法国哲学家帕斯卡留给我们的遗产中，《思想录》始终是最杰出和最现代的。我已经用非正式的方式翻译了这里所选的片段。主要使用的是拉菲马的编码，并通常在后面括号里附上塞利耶的编码。下面是帕斯卡关于《思想录》中的思想排序的想法：

> 但愿人们不要说我没说出什么新鲜的内容。这些思想被表述的方式就是新的。〔696（22）〕
>
> 同样的文字，用不同的组织方式表达出来，意思就不同。不同的意思排列会产生不同的效果。〔784（23）〕

然而，他当然不可能选择某一个单一的排序。在我看来，这似乎允许我们不必像帕斯卡评论家们那么在意不同版本的不同排序，比如莱昂·布兰斯维克版，路易·拉菲马版和菲利浦·塞利耶版。这种碎片化的形式和不同碎片间的非相似性——从警句到不完整的思考，再到对人类处境的长篇深思——都允许我们不必太在意排序。如果帕斯卡本人都不太担心排序问题，我们为什么要担心呢？

> 排序……没有什么人类的知识能把握住排序。圣托马斯没能把握住。数学可以把握，但是在深度上却毫无用处。〔694（61）〕

然后，我允许自己经常进一步地思考在帕斯卡和他伟大的先辈蒙田之间的比较。这种比较不仅仅是指帕斯卡所厌恶的蒙田“描绘自己的疯狂作品”，而且作品截然不同的形式对比也很引人注目。蒙田的散文行文流畅，而帕斯卡的《思想录》在本质上都是些片段，正如这两位彼此对立又联系在一起的思想家的其他对立面一样，这些不同把他们联系在了一起，他们都是很有天赋的。“这些极端彼此触碰”，正如帕斯卡和他的思想间所发生的那样。他把这些迸发的灵感或是奇思妙想写在大张的纸上，然后剪开，留着去排序。他是怎样把一些碎片放在一起，而另一些却散着，怎样去排序的呢？在一篇名为《帕斯卡的碎片式思想：无序及其多元决定》（*Pascal's Fragmentary Thoughs: Dis-order and its Overdetermination*）的文章中，多姆娜·斯坦顿（Domna Stanton）评论说，这些思想碎片的离题和不连续的性质正是其谈论主题的本质，这种离题的无序性在文中有多种多样的体现，它们似乎是旨在说服读者的一种抽象排序的存在，这种排序化身为手稿，表现出这种离题的特点。它自身就是不连续的。她指出，这些碎片式的思想跟斯多葛学派的《警句》（*Sententiae*）类似，它们的无序性由这样一种信念决定——体现“有序性”的数学或是几何的头脑自身是无法达到表达作者意图的目的的。她把真理的内在本质描述成是“矛盾、歧义和不确定性”。正如安伯托·艾柯（Umberto Eco）在《开放的作品》（*L'Oeuvre ouverte*）中所谈论的，诗意的语言是反对整体化的，反对只有上帝才拥有的真正而完整的排序。吕西安·戈德曼这样总结《思想录》中碎片化形式的美感和必要性：

> 悖论是表达这种哲学的唯一有效形式，这种哲学认为真理在于对立面的彼此会合。而对一部想要表达人类是一种自相矛盾的生物的作品来说，碎片是唯一有效的形式。

他说，要么是杰作，要么一无是处，他所称为悲剧作品的唯一可能的立场是“缺乏完整性的完整”。

伟大的现代诗人斯特芳·马拉美（Stéphane Mallarmé）本人就曾不断地为这些思想排序，再调整顺序。其他作品都要引出这个作品——《书》（*Le Livre*），其中的文章在每次阅读时都一再被打乱顺序，于是，自发性和可能性是文字冒险的必要部分。在我看来，帕斯卡的冒险和这个象征主义的现代冒险在这些事情的基础上汇合，如果我能这么说的话。对我们很多人来讲，路德维希·维特根斯坦（Ludwig Wittgenstein）的《纸条集》（*Zettel*）中的警句起到了被解放和解放的思想刺激的作用。正如帕斯卡的《思想录》中标有数字，这些警句也有编号，但是这并不是它们留在我们头脑中的样子。

《思想录》简史

我们将帕斯卡的这些思想片段称为《思想录》，但是其实帕斯卡本人并未给它们命名。本来尼古拉·菲约·德·拉·谢兹（Nicolas Filleau de la Chaise）要给《思想录》写篇序言，但是遭到帕斯卡家人的反对，这篇序言只能以《论帕斯卡先生的思想》（*Discours sur ler Pensées de M. Pascal*）为名于1672年得以印刷。菲约说这篇文章的一部分是基于八年前他所听到的帕斯卡做的一个两小时的报告。菲约的这篇文章举了1666年的伦敦大火的例子，但是当然了，帕斯卡在这起火灾之前就已经去世了。雅克·舍瓦利耶在他的七星诗社版的帕斯卡作品中建立了自己对《思想录》中思想片段的分类。这种分类基于菲约的排序，因为菲约已经读过第一版，他的话值得一听。菲约对帕斯卡的作品进行了思考，回忆了帕斯卡的一些谈话，因此，它们和帕斯卡的其他作品一起被插入了勒·盖恩的七星诗社版本里。

《思想录》这个书名当然不是帕斯卡本人起的。由于他把其中一些思想片段缝成一捆捆的，我们也许可以把这种行为跟他把《追思》一文缝在上衣内衬里，如果换上衣就拆下来重新缝到新上衣里的行为联系到一起。[1]帕斯卡家里的一位仆人在他上衣里面发现了一张叠着的羊皮纸，里面还包着另一张羊皮纸，两张纸上都写着《追思》一文，于是他原原本本地上报了这一发现。在帕斯卡去世前八年，他每换一件上衣，就会把这个启示之夜的誓约拆下来再缝到新衣服上去。据公认最为可靠的编辑菲利浦·塞利耶所说，在1658年，帕斯卡集中了核心的27捆手稿，还有7捆留在一边。这些手稿由他的姐姐吉尔贝特一家收藏。当然，像其他类似的事情一样，还存在出版的问题。帕斯卡的外甥艾蒂安·佩里耶给1670年版或是称为“波罗雅尔本”作了序。他声称这一捆捆的手稿没有排序，彼此之间也几乎是不连贯的，因此他甚至很犹豫要不要出版。他只是照抄了两份，一份自己家保存，另一份给了波尔-罗亚尔修道院。至于出版，他们只是“挑选了那些最为清楚完整的条目……”按照一定的顺序排列起来，把关于同

[1] 对我们这些对普鲁斯特（Proust）着迷的人来说（有很多对他不着迷的人吗），会不禁想起他的伟大作品的最后一幕：弗朗索瓦兹（Francoise）在缝衣服，怎样由此联系到把宏大的建筑比作手工制品：我应该在她旁边工作，几乎像她过去那样工作……在这儿别上一页增补，在那儿别上一页，我应该构建我的书，我不敢狂妄地说它像一座大教堂，只求它像一条长裙。马塞尔·普鲁斯特（Marcel Proust），《追忆逝水年华》（*Remembrance of Things Past*）。

一个话题的片段放在同一个小标题下……而其他那些太模糊不清或是不完善的则不予发表。由于帕斯卡的家人迫切地强调这些思想片段是用来构成帕斯卡的护教文章《为基督宗教辩护》的，因此他们略去了那些不符合这个计划或是没什么意义的内容。这种做法和他们所声称的帕斯卡在受到上帝启发写出《追思》之后，兴趣就不在科学界了，而是投身于宗教生活的做法一致。帕斯卡继续过着非常贫穷的生活，把疾病当作上帝对他的考验，回避一切世俗的进步或是担忧。但是我们并不能断言他彻底放弃了对科学的兴趣。

近300年来，有很多对这些思想片段的主观排序。我个人认为，其中最著名的是莱昂·布兰斯维克在1905年的版本，最有趣的是路易·拉菲马1962年的版本，这一版本使用的是吉尔贝特保存的稿子，看着它上面缝衣针留下的针脚，它似乎是一个没有被遗忘的故事。勒·盖恩的七星诗社版本在吉尔贝特版的排序基础上进行了些许修改，于1998年至2000年由加利马尔出版社出版了两卷《思想录》。1999年，塞利耶基于波罗雅尔本出版了《思想录》，波罗雅尔本没有被重新排序，是连续文本，因此更加忠实于帕斯卡的意图，这是可以找到的比较新的版本。每一个版本的《思想录》都会细致地包括拉菲马和塞利耶的排序标码，因此，每条思想片段都有两个数字标码。不同版本的迷人之处就在于它们各自独立的排序和层次，其英译本又增添了另一种魅力。我们在不同的人生阶段读到不管是哪种排序的《思想录》，似乎都真正有幸重读帕斯卡的思想，对我们现在的生活都有益处。为了能够激活这种特权，我们可以引用帕斯卡在他短暂一生的最后两年中所表达的对于耶稣会和詹森教派之间的争斗的话：正如他

1661年所说，他不再介入这些争斗，觉得它们越来越偏离了真正重要的事。长远来看，这种做法似乎是完全正确的。在对塞利耶版的《思想录》的介绍中，热拉尔·费雷罗勒（Gérard Ferreyrolles）评论了“詹森主义”这个术语，说它适用于波罗雅尔那一派，但是他们一直都拒绝接受这个术语。

依我看来，不论何时以何种方式去读《思想录》，帕斯卡本人那些开创性的和引人深思的思想才是最重要的。而本书就是根据这一系列可以找到的版本中积累下来的智慧而写成的。我很高兴地使用了七星诗社的两个版本。雅克·舍瓦利耶所做的《帕斯卡作品全集》（*Oeuvres complètes*）于1954年由加利马尔出版社出版，马歇尔·勒·盖恩所做的《帕斯卡作品全集》两卷册于1998年至2000年由加利马尔出版社出版。我引用并思考了七星诗社所编纂的这两个版本的内容。然后，我还使用了1991年由加尼尔经典（Classiques Carnier）出版的“袖珍书”系列里的塞利耶版《思想录》以及1962年瑟伊出版社出版的拉菲马版《思想录》。然后我又重读了拉菲马的版本，这也是我最初读的版本，最终我还读了2004年哈克特出版的罗杰·阿黎留的精彩的英译本，我自己的翻译还借鉴了他的翻译。我认为在我这个时代重读重编《思想录》，重新给这些思想片段排序，重读时的多种层次会给这些思想片段增添厚度和深度。而对于每一位重读者和重编者，排序是一个长期存在而又令人着迷的问题，但是在此我想挑出某些片段来进行讨论（见图26、27）。

《思想录》摘录及劝说性思想

无论《思想录》中的思想片段怎样组织排列，我们都能从中学到很多有益于我们的写作、生活和思考方式的内容。拉菲马按照针线缝制时的孔洞进行分类，十分契合帕斯卡着迷般地将《追思》缝到衣服里的行为。这种保密和痴迷的举动已经达到了无法估计的程度。

如何思考：碎片化的灵感迸发而非冗长的思考……

如何谈论思考：正如帕斯卡的传记作家所指出的那样，当帕斯卡快速地转变写作或是实验内容时，他会哭，而我们可以哭。一旦看出了某个实验发展的方向，他就会转移到另一个实验，而不是延长这一个（参见阿尔贝·贝甘和雅克·阿塔利对帕斯卡性格的论述）。在最初的困难阶段花费精力之后，他就没有必要再进一步地研究了。因此，我们也许没必要彻底论述自己的思想，而只是在勾勒出整体计划后，在最初的和最有挑战的部分花费精力就好。接下来我们就可以突然转向下一话题，快速地转移，结束得像开始一样突然。我们可以读一些帕斯卡关于头脑“易变性”的论述，他警告人们任何事都不能做得太久，我也尽量不长篇大论地谈论这位杰出的思想家或是他的思想。

怎样权衡主题和风格：没有一个作家或思想家能把对比、对立和权衡用得比帕斯卡更有说服力了。帕斯卡将几何学的思维方式（geometrical）与直觉的思维方式（intuitive）对立起来，还把悲惨和博学和无知对立起来。在谈论几何学思维方式时，他指出了这些原则是怎样超出了普通的思维习惯并与“精细精神”相对立。“精细精神”的原则就在我们眼前，但是它们太多了以至于从我们眼前溜走，我们有很好的洞察力才能看清楚它们。他写得多么精妙啊！关于“精细精神”他写道：

> 我们必须在一瞥之下一眼看出整个的事物来，而不能靠推理过程，至少在一定程度上是这样。〔512（670）〕
>
> 而且精细精神既已习惯于这样一眼看去就下判断，所以当人们向他们提出了他们毫不理解的命题，而深入这些命题又要经过许多枯燥的甚至他们根本就不习惯于那样仔细地加以观察的定义和原理时，他们就会惊愕失措，以致望而却步并且感到灰心丧气了。

从这个思想片段开始，帕斯卡对这两种精神进行了总结，他用更为概括的语言再次谈到他开始提到的思想，似乎他又在重新谈论消遣和严肃。这种严肃的思维方式，仿佛超越了这两种精神，能毁灭一切其他的东西。

> 几何学，精确性〔132（165）〕
>
> 真正的雄辩会嘲笑雄辩，真正的道德会嘲笑道德。这就是说，判断的道德嘲笑没有规则的精神的道德。因为感觉属于判断，正如科学属于精神一样。精确性是判断的构成部分，几何学则是精神的构成部分。能嘲笑哲学，这才真是哲

学思维。[1]

怎样重复：帕斯卡这些思想表述更为突出和无可争议的一点就是在方方面面都经过深思熟虑，而且不总是那么明显地在讨论宗教，这就是他重复的艺术。我们在读他的作品时，遇到相同的短语、相同的节奏，却不觉得枯燥，这是怎么回事？《思想录》读起来不像是在布道，而像那些普通的书，或是像我们很多人都喜欢读的谚语大全。

再举一个例子，帕斯卡抨击“感情”这个概念，认为它是一种表面上的依附（暗含与献身基督教对比），与此同时，他还做了一个意外的却十分相似的类比，把“感情”与其他借来的品质——那些关于世俗职位和成就的品质做比较。以前我引用过这些内容，但是语境不同：“人们依附我，这是不正义的，尽管他们高兴而且自愿这样做。我会欺骗那些我曾使之产生了这种愿望的人，因为我并不是任何人的归宿，也并没有任何东西可以满足他们。”《思想录》（片段15）。可以和这段一起读的，比如说弗吉尼亚·伍尔夫（Virginia Woolf）在《三个基尼金币》（*Three Guineas*）中对世俗职位和责任以及它们相应的着装（比如在教堂、政府或是教育行业）的抨击，就可以看出这与帕斯卡后来的写作和思想有多么大的关系。这些思想对我们自己现在的思想很有吸引力：这就是我在此要说明的情况。比起那些复杂的关于日期、数据和排序的争论，更有意义的是帕斯卡给人启发又令人困

[1] 更多关于两种思想方式的介绍，参见罗杰·阿黎留的译本引言部分，值得引用和重复。

扰的见解，比如关于人类精神和环境，关于秩序和道德行为，关于科学的洞察力和直觉的洞察力及二者之间的关联，关于对立和矛盾等。

对《思想录》的评价

然而，关于帕斯卡的任何争论都没有他的个性、他解决问题的方式和他表达问题的方式那么令人着迷。帕斯卡的方法、风格以及他这些碎片化的表达所辐射出的能量是他的影响中至关重要的部分，远远超过了他参与的宗教事务的影响。人们更为长久地记住了帕斯卡的方法、他离题和集中的能力，而不是两个宗教派别之间的争论，即他所支持的詹森教和他所鄙视的耶稣会之间的争论。但是，无论怎么排序，当我们逐条阅读这些思想片段时，自始至终抓住我们并使我们保持注意力的是他的表达风格。令人着迷的思想，比如他关于人类的处境以及我们感知和它的关系的方式，恩典的状态或是对我们的救赎负有责任的好的作品，这些残留下来的思想片段虽然不是按照逻辑排列的，但是它们就像是迸发出的思想灵感，十分有说服力。还有比这些着迷的思想火花更糟糕的权衡一个人处境的方式，那就是他开始的方式，以及我们思维运转的最佳方式。正是帕斯卡的表达风格吸引了我们的注意力。

最初，帕斯卡对细节的艺术欣喜若狂。我们和他一起陶醉在微小的奇妙之中。因此，在我们所读过的历史中，在我们的生活中，我们一次次地见到微小的细节起到无法估量的作用：

克伦威尔要蹂躏整个基督教世界；王室被推翻了，而他自己的王朝则是永远强盛的；只是有一小块沙粒在他的输尿管里形成了。就连罗马也在他的脚下战栗；然而这一小块尿沙既然已经在那里面形成，于是他就死了，他的王朝也垮台了，一切又都平静了，国王又复辟了。〔750（176）〕

类似的细节，这些细小的沙粒，就像对立一样，使得思维的艺术本身向伟大的转变更加有力。

人类一切伟大之处就在于他们的思想。〔759（346）〕

思想和消遣

正如路德维希·维特根斯坦的智慧一样，《思想录》对于思想和消遣都有很独到的见解，它们既严肃又有趣，很吸引人。比如帕斯卡的一些有道德影响力的逸事，即使是在极其严肃之中也加上一点轻松幽默，就好像是在讲笑话或故事。如果可能的话，思想的严肃性和不同筹码之间的平衡被这种精妙的笔触所加强。

消遣——我们使人从小就关心着自己的荣誉、财富和朋友，甚至于自己朋友的财富和荣誉。我们把业务、学习语言和锻炼都压在他们身上，并且我们还使他们懂得，除非是他们的健康、荣誉、财富以及他们朋友的这些东西都处境良好，否则他们就不会幸福，并且只要缺少了任何一项就会使他们不幸。我们就这样给他们加以种种负担和事务，使得他们从天一亮起就苦恼不堪。你会说，这就是一种可以使他们幸福的奇怪方式。那我们还能做什么使他们不幸呢？想想我们还能做什么呢？我们只要拿走这一切要担心的事就行了。因为这时候他们就会看到他们自己，他们就会思考自己究竟是什么，自己从哪里来，往哪里去；这样他们就会更轻松了。而这就是在为他们准备好那么多事情之后，假如他们还有时间轻松一下的话，我们就还要劝他们从事消遣、游戏并永远要全心全意地忙碌起来的缘故了。

人心是怎样的空洞而又充满了污秽啊！〔139（143）〕

你也许没有预料到这样一个有着不容置辩的评价的结尾——从消遣到空虚，从游戏到污秽——回过头来看，它确实有道理。这很快得出的结论给人一种从一个地方跳到另一个地方、从清楚的阐述到猛地结束的感觉。因此，正如帕斯卡所洞察到的，当我们原原本本地读和写这样的内容时，我们应该做的就是我们正在做的这些，不管它们是引向宗教生活（因此得以辩护），还是引向别处。但是我们被自己的不安定转移了注意力，不知道怎么简单地待在一个地方。事实上，“我们追求的从来都不是事物本身，而是对事物的探索”〔773（135）〕。更详细如下：

人显然是为了思想而生的，这就是他全部的尊严和优点，他所需要做的就是正确地思考。而思想的顺序则是从他自己以及从他的创造者和他的归宿开始。

可是人类都在思考什么呢？从来不思考思想的起点，而是只想着跳舞、吹笛、唱歌、作诗、赌博等，想着打仗、当国王，而并不想怎么样是做国王，怎么样是做人。〔620（146）〕

把那么不重要的事物从我们现在悲惨的处境中扫出去有什么根本的错误吗？问题是它们在我们自身之外，是那么不可靠。我们可能是痛苦的，但是那是我们自己的痛苦，我们没有依赖别人或是别的事物。

吕西安·戈德曼经常评论我们的处境是悲剧性的，他将帕斯卡的一生和波尔-罗亚尔修道院的命运看作一部戏剧，就在上天的注视之下上演着。但不管我们处于什么样的处境，都必须演的是自己的剧目，因此帕斯卡说："我不属于波尔-罗亚尔修道院。"是的，帕斯卡不属于波罗雅尔，虽然他处于它的院墙之中，即使是作为一名隐士，也主要还是他自己。我们记得，帕斯卡在人生最后两年中，彻底远离了詹森派和耶稣会的派系斗争。他从来没有彻底地离开外面的科学界或是商业界，他除了依靠亲人知道一些事情，别无其他。

消遣——假如人是幸福的，那么他越是不消遣就会越幸福……是的。然而能够享受消遣，难道不也是幸福吗？不是的，因为幸福是从别的地方、是从外部来的，因而它是有依赖性的，并且可能受到千百种意外事件的干扰而造成痛苦。〔132（170）〕

我们身上充满着种种要把我们投向自身以外的东西。〔143（464）〕

这条引言上有一条注释很有趣，它表明了波尔-罗亚尔修道院是怎样按照自己的意愿去影响帕斯卡写作的：

蒙田的《随笔集》第一卷第19章："我们事业的目标是死亡，这是我们必须要看到的东西。如果因此而害怕，那怎么可能毫无狂热地向前迈出一步？常见的解决方法是不去想它。但是得多么愚蠢才能做到对它视而不见？"

波罗雅尔版的《思想录》在这句话后面又有一些补充扩展，借以表明这条论据与帕斯卡的辩护不谋而合。"但是只有信仰上帝才能做到这点！"这些增加的内容曲解了帕斯卡正在做的事，导致了或是没有导致……编辑们只是增加他们想要增加的内容来改变帕斯卡的思想。在他们对文本的最终控制中，版本所能起到的作用或是可以消除的东西是令人难以置信的。这点从他们把帕斯卡称为"波罗雅尔的秘书"也能看出来。

第八章

帕斯卡去世以及他所留给我们的遗产

正如我们现在所知道的那样，自从1662年帕斯卡不能再继续写作以来，吉尔贝特·佩里耶就被赋予了记录家庭事务的责任。正如帕斯卡对圣艾蒂安教堂的保罗·伯里耶神父（Père Paul Beurier）所忏悔的，他觉得自己无法解决恩典和预定论这些困难的问题，便在人生的最后两年退出了一切宗教斗争。伯里耶神父是佩里耶家的教区牧师，因为帕斯卡正在遭受病痛的折磨，所以这位神父签了反詹森教的仪式书也无关紧要了。对那些想要帕斯卡与詹森教的活动保持紧密关系的人来说，帕斯卡的退隐的确是个麻烦，可是帕斯卡只想服从教皇。1661年10月4日，他的妹妹雅克利娜承受不住修女们强制她在反詹森教仪式书上签字的压力，以神圣的方式去世了。不到一年之后，1662年8月19日，据吉尔贝特所说，帕斯卡经过长时间病痛的折磨，剧烈地抽搐，在说出“愿上帝不要抛弃我”的遗言之后，在痛苦挣扎中去世了。[1]就在此前不久，他还要求把圣餐给那些快死的人，不管他们是不是被上帝选中。那时，尽管他头疼得厉害，他们却没有想到他已经病重到了要执行最后的仪式的时候了。正如吉尔贝特所讲述的：

> 既然他们不想给我机会做这些事，我想做些善事来代替。由于不能在教皇面前参加圣餐仪式，我想要和教友们一起来进行。我想找一位穷困的病人，让他受到和我一样的关注。我受到这么好的照顾，可是有那么多穷苦的病人，他们比我病得还要严重，却缺衣少食。现在就去做这件事吧，让他和我之间不再有区别。

没有找到这样的人，于是帕斯卡要求送他去不治之症疗养院，要和那些得了绝症的人共同面对命运，但是他的医生拒绝了这个要求。他在巨大的痛苦中死去（参见插图28）。

1922年11月18日，马塞尔·普鲁斯特甚至在躺在病床上快要死去的时候，还在往手稿上贴纸片，根据自己的痛苦体验来描写贝尔格特（Bergotte）之死。他拒绝一切照顾和休息，就为了能够写作到生命的最后一刻，终于因为工作过度而害死了自己。他曾经给塞莱斯特（Céleste）这样的指示：“我死后半个小时派人去找米尼耶院长

[1] 吕西安·戈德曼曾谈到帕斯卡与雅克利娜被迫要签的那份臭名昭著的反詹森教仪式书的关系：到1662年去世时，他始终是一个激进的、永不妥协的詹森教派支持者，拒绝签署反詹森教仪式书，同时，他公开表示自己臣服于教会。

（Abbé Mugnie）——你会看到他会怎样为我祈祷。”在他去世的那天晚上，他口述了自己对死亡的一些反思。他对塞莱斯特说，这些反思会对描写贝尔格特之死有帮助。弗朗索瓦·莫里亚克（François Mauriac）和其他哀悼帕斯卡的人一起，对帕斯卡自我牺牲的程度感到惊叹。像著名作家保罗·莫朗（Paul Morand）、安娜·德·诺瓦耶（Anna de Noailles）以及吉德（Gide）的朋友莫里斯·马丁·迪加尔（Maurice Martin Du Gard）一样，莫里亚克将普鲁斯特之死和260年前帕斯卡的死亡痛苦进行了比较。像莫朗一样，莫里亚克回忆了1662年帕斯卡去世时的痛苦，尤其是帕斯卡在祷告中问上帝，疾病缠身虚弱不堪的他有什么用。马塞尔·普鲁斯特和帕斯卡一样饱受痛苦和折磨，他也问了同样的问题，并且像帕斯卡一样通过付出一切来回答了这个问题。

帕斯卡被安葬在他最后的教区和安身之地——圣艾蒂安教堂。他的遗体被安置在圣母教堂附近主神坛后面的右侧。[1]他的墓志铭写道（参见插图29）：

> 布莱瑟·帕斯卡在此长眠。他是克莱蒙本地人，是艾蒂安·帕斯卡的儿子。他度过了多年的隐居生活，思考上帝的律法，于1662年8月19日在耶稣基督的安宁中去世，安心而

[1] 第一块墓碑上的碑文不久就被磨掉了，而代替它的这块墓碑最终被放置在了南部海岸，因为在1789年法国大革命期间，它曾被运送到了法国古迹博物馆，当1817年它被重新送回圣艾蒂安教堂时就被安放到了别的地方。在原来那个地方，有一块现代的铜匾，提醒我们在波尔-罗亚尔修道院被拆除、墓地被亵渎之后，拉辛的遗体也被埋葬于此。

虔诚，享年39岁。他对穷人伟大的爱和基督徒的谦卑使得他必定不想要我们给逝者的墓碑上写的那些荣誉，他一生中一直都想要过隐遁的生活，去世后还想继续如此。但是他的姐夫、国王的内阁大臣弗洛兰·佩里耶不能接受帕斯卡的那些愿望，于是建了这个墓来标记他埋葬的地方，但更多地是出于自己履行这一职责的虔诚。但是，弗洛兰没有给帕斯卡那么多赞美，因为他知道帕斯卡一直都想远离并且很反感这些东西，他只会劝说基督教徒们来参加帕斯卡的葬礼并进行祷告，这对他们自己和逝者都有益处。

帕斯卡的姐夫，曾经帮他做过真空实验，钦佩并理解他对一切科学问题的酷爱，尤其是他献身詹森教派事业的热情。因此，由他来给帕斯卡立这样一座碑是很适合的。

我是那种会被帕斯卡影响但不会被他改变的人，无论是过去还是现在，帕斯卡都是最伟大的人。

在帕斯卡的所有遗产中，《思想录》当然是最为杰出和最为现代的。他被人们称为令人感兴趣的思想家之一，尤其令当今读者和帕斯卡的发现者着迷的是，他在思想风格和写作风格上的创造性，以及他在数学、科学和其他很多方面的发明创造。他的生活中有这么多的细节令人感到惊讶和困惑，以致我们往往可能会在他众多的创造中忽视掉他风格上的创造性。比如他是第一个戴手表的人，其他绅士都把表放在兜里。佩里耶小姐曾说过她的舅舅总是在左手腕上戴一只手表。当她有一次让一位钟表匠看了帕斯卡的画像后，他认出了画像里的人，说这位绅士经常来他这里修表，但是他不知道他的名字。帕斯卡经常思考时间问题，就像经常思考时钟构造一样。比如阿黎留的译本中第534（457）条思想片段中写道：

> 那些没有准则就判断一件作品的人对于别人，就像是那些（没）有表的人对于别人一样。一个人说："已经两个小时了。"另一个人说："只不过三刻钟。"我看了自己的表，就对前一个人说："你觉得无聊了吧？"又对后一个人说："时间对你简直是难以留住。"因为这时候是一个半小时。于是我就嘲笑了那些说时间留住了我或者说我是凭想象而判断时间的人。他们不知道我是根据我的表做出判断的。

那些风格可能就是帕斯卡所留给我们的最能亲密接触到的东西了。比如他的《致外省人信札》就是一个明显的例子，不仅仅是因为其中耶稣会和詹森教派之间的斗争，更准确地说是为了它的写作风格本身。

当然，帕斯卡的赌约和它所引出的赌博艺术，即关于承担风险的，之所以用赌博术语来表达，就是为了迎合当时人们对赌博的喜爱。这些关于赌博的讨论对我们当今对股市的着迷有重要意义。很多读者都是潜在的赌徒，因此，这些关于冒风险的讨论对我们当今痴迷于股市有重要意义。此外，帕斯卡在探索永动机时还介绍了一种原始形式的轮盘赌和轮盘，这个发明甚至融入了赌博的概念和用语，改善了赌博的机械装置，提高了赌博的刺激性。回顾过去，帕斯卡的一切都是令人兴奋的，不仅仅是他的赌约及其和股市、冒风险的关联，他对耶稣会松懈的道德机智的反驳，他的实验方法或是他发明了这么多东西——从计算机器到城市交通的理念；我们发现他的其他东西更令人感兴趣（考虑到波尔-罗亚尔修道院的居民和来访者之间错综复杂的关系，在巴黎和乡下以及帕斯卡一家所进入的科学界和政治界错综复杂的关系，“令人感兴趣”可能是一个合适的说法）。他的精神能量、虚弱的身体和长期的疾病共同构成了一段传奇，在世界上多个时代和地区留下了印记。

五分钱马车

这个卓越的创意家其中一个很杰出的想法就是一种可能的低成本城市交通方式：五分钱马车。这是一种公共交通方式，既实用又慈善。帕斯卡和他的好朋友阿蒂斯·古菲耶共同设计并提供资金，并且决定所有盈利全部捐给穷人（当然，长期来看，当它不再盈利并且被政府接管后，那就不是盈利终结的地方了。很多文件都丢失了）。这是一个伟大的构想，就像帕斯卡的很多发明一样，这是一个我们现代事物——公共交通的先驱，它有很多优点，但也有很多复杂性问题。

帕斯卡曾经张贴海报宣布这一发明以及它的用处和优点。这些海报上写道：“公共马车成立公告。”这些公告保留了下来，我们才得以从《帕斯卡作品全集》中看到它们。这些公告可能是帕斯卡口授的，因为1662年3月到7月的信件中详细记述的正是他对这些公告内容的建议。在1662年3月的一封信中，他强调："为了把公共马车和私人马车区分开来，根据国王的授权，车身上会有巴黎的城市盾徽，售票员会穿着蓝色制服，制服前面有国王纹章，下面是巴黎城市纹章。"他还建议这些马车除了作为公共交通工具，也可以由私人预订使用，只要他把六个座位的票全都买下来即可。这种马车的公共用途也可以成为一条议会法规，禁止士兵、男侍者、男仆和侍从乘坐，以此来确保城里人乘坐马车的舒适自在。对于那些不住在公共马车路线沿线的人，会设置一些地方供其"舒适"地候车，而且不会让他们等很久，因为在下一辆马车到来之前大多数人有地方做生意或是安身。帕斯卡打算设计一个能让乘客"坐一辆马车就去往巴黎各区"的直接路线。米歇尔·勒·盖恩在公共马车公告的注释里将这种发明的无私行为和帕斯卡这个仁慈的人物形象并列在了一起：

> 这种五分钱的马车是巴黎市的第一种公共交通形式，从根本上讲就是一种慈善工作。帕斯卡对人类灵魂所做的慈善从《为基督宗教辩护》中可以看出，现在只留下一些《思想录》的片段，而正是这种五分钱的马车表明了帕斯卡对人的身体的慈善！要想这种机制持续下去，必须建立一种基于应用数学的严密组织。我们没有保存下帕斯卡的计算……它们在1691年消失了，一起消失的还有关于慈善的计算……帕斯卡的成就就是在当时罕见的极其精确和简明的计算。

正如勒·盖恩所暗示的，“这个极其有用的股东工作从根本上讲就是一个慈善工作……因为在那时如果没有一辆私人马车，在巴黎市区走动是非常困难的”。在1662年，帕斯卡曾经让他的姐姐吉尔贝特去通知公共马车公司的一个大股东西蒙·阿尔诺·德·蓬波纳（Simon Arnauld de Pomponne），告诉他巴黎的第一个城市公共交通形式——公共马车的第一条线路何时启动。下面是吉尔贝特在1662年3月21日写给蓬波纳先生的报告，描述了这些马车的奇妙之处：

> 在周六早晨七点，公共马车带着些许炫耀，极其漂亮地排列开来……夏特雷的两名官员穿着长袍，四位警卫先生，十名或是十二名城里的弓箭手，同样多的马上骑手……市民们被告知要保管好物品，如果有人有一点侮辱别人的举动，就会得到惩罚。然后马车夫穿上和国王制服同色的天空一样蓝的制服，国王和城市的纹章绣在腰上。每十五分钟发一辆马车，每辆马车都有一名全天警卫。与此同时，城市弓箭手和骑手沿着街道排开。马车运营状况良好，很多马车都坐满了乘客，有的马车里面还有一些女乘客。唯一的问题就是街上有很多人等着乘车，马车很快就都坐满了，所以人们不得不走路，甚至我自己就遇到了这样的情况。也许应该比这七辆马车再多些马车。

她继续描写这一事件那节日般的性质，那“狂欢节”般的感觉，人们像游行一般走上街头，看看这个新鲜事物，坐坐这种专为他们设计的新型马车，甚至连工人们都停下工作来围观，使得那天好像是盛宴日一般热闹。空气中弥漫着笑声、一致的赞美声和欢乐的气氛，尽管也许是因为国王本人已经颁布命令，说不管是谁，如果说了反对公共马车的只言片语，就会受到惩罚。这个命令也暗示了公共马车对于巴黎市和君主制的重要性。

帕斯卡在世界各地的影响

帕斯卡对英国哲学家来说很重要，主要不是因为著名的上帝赌约，而是因为他的作品及写作风格。约翰·洛克（John Locke）是一位经验主义者，他认为知识是通过感官经验而不是单凭理智获得的。他在法国居住期间熟悉了《思想录》，并在他的《人类理解论》（*Essay Concerning Human Understanding*，1690年）中对帕斯卡的思想进行了反思（参见插图30）。当我们思考帕斯卡关于身体的比喻时，会想到洛克对身份和道德的思考，尤其是他认为身体作为一个单独的部分是我们有意识的自我的一部分的想法。帕斯卡的身体比喻是整体对于部分的类比，就像身体对于它的组成部分，上帝对于个人，语料库对于它的组成片段。托马斯·霍布斯（Thomas Hobbes）的道德和政治思想开启了社会契约论，为了社会重视国家而非个人。1631年，当他在巴黎做导师时遇到了帕斯卡，很久以后他写出了具有争议性的著作《法律要素》（*The Elements of Law Natural and Politic*，1640年）。帕斯卡坚持认为人类在宇宙中不重要的思想以及生物级别的想法深深地影响了他。帕斯卡的父亲艾蒂安曾经把他介绍给梅森神父。霍布斯在1640年以流亡者的身份回到巴黎，重新加入了梅森的学术沙龙。

帕斯卡的影响到达了美洲。第一版《思想录》1829年出现在了马萨诸塞州的安默斯特。拉尔夫·沃尔多·爱默生（Ralph Waldo Emerson）是一位神学家，也是超验主义的倡导者。他在教堂的长椅上存放着一本《思想录》，当感觉布道无聊时，就读一读。他觉得书中的这些思想“严肃、伟大，古老的关于神学的有些篇章又很庄严”。美国总统约翰·亚当斯（John Adams）对他的继任者托马斯·杰斐逊（Thomas Jefferson）写道：

> 我已经反复阅读了帕斯卡写的那些信札，还有四卷耶稣会历史……如果说有任何会众应该得到地球或是地狱中永恒的毁灭的话，根据这些历史学家的看法，尽管像帕斯卡那样真正的天主教徒也不行，只能是罗伊奥拉（Loiola）的同伴们。

正如我们所预料的，帕斯卡在法国本土的影响是我们所能找到的最清晰可见的痕迹了。下面让我来引用哲学家、历史学家和外交家爱德华·莫罗-西尔（Édouard Morot-Sir）所著的《帕斯卡所认为的理智与恩典》（*Raison et la grâce selon Pascal*）一书中的内容。对他来说，帕斯卡是与克尔凯郭尔（Kierkegaard）和陀思妥耶夫斯基（Dostoevsky）直接联系在一起的，“我们带着激情去读他们的作品”，而且，我们还通过自己最喜欢的作者来重新发现帕斯卡的思想：

我们认可保尔·瓦雷里（Paul Valéry），他没有让自己太过害怕无限空间的寂静[1]，但是我们注意到，他也像伏尔泰一样曾经误解了帕斯卡。在吉德的作品中，我们怀疑帕斯卡受到了压制：在它的下降曲线、它的含混不清和它的摇摆不定都令自己感到高兴的研究背后，我们感觉到那深深的不安……帕斯卡是人类处境的强大透视师，这一点无法改变。他为第一次世界大战之前的伟大小说家们分析了人类的处境，在那之后，他可能更强烈地启发了那些生活在第二次世界大战开端和动乱年代的人。在1942—1943年，乔治·巴塔耶（Georges Bataille）、让-保罗·萨特（Jean-Paul Sartre）和阿尔贝·加缪（Albert Camus）的著作——《内在体验》（*L'Expérience intérieure*）、《存在与虚无》（*L'Être et le néant*）和《西西弗的神话》（*Le Mythe de Sisphye*）直接参考了帕斯卡的思想，涉及了他的上帝赌约、理智是人类知识限度的智力……每一种思想、每一种行动，都是对存在下的赌注，是一种从严密消极思想的极端出现的希望。

莫罗-西尔继续唤醒法国同胞，这位法国哲学家对他的祖国和我们的国家都很重要。他说，我们也许可以这样认为，1960年之后，法国思想抛弃了帕斯卡是为了：

[1] 这里指的是著名的帕斯卡所表达的恐惧：“这些无限空间永恒的寂静让我害怕。”

再次拾起人类科学的实证主义梦想。但是克洛德·列维–斯特劳斯（Claude Lévi-Strauss）在《忧郁的热带》（*Tristes Tropiques*）和《神话学：裸人》（*Mythologiques L'Homme nu*）中表明，他对神话诗意结构的分析是在一种痛苦和荒谬的背景下发生的。恩典是在一种妙不可言的美中寻找的，而似乎只有音乐可以使我们找到它。因此，结构主义没有回避一个荒谬世界的宏大的戏剧化，而现代最伟大的透视者仍然是帕斯卡。

我们可以阅读另一位法国哲学家皮埃尔·布尔迪厄（Pierre Bourdieu）的《帕斯卡式的沉思》（*Méditations pascaliennes*）中关于帕斯卡重要性的讨论："我们是自动机，像我们的头脑一样……习惯给我们提供了最明显而有力的证据，它倾向于自动机，毫无思想地拖着头脑前进。"这是一个社会空间，也是一个物理空间。布尔迪厄说，在这个空间里包含很多东西，甚至包含了帕斯卡在悲惨与伟大一章中提到的所有矛盾……人类意识到自己是悲惨的。他因为自己的悲惨而是悲惨的，但是他又是伟大的，因为他知道自己是悲惨的。正如帕斯卡一直所说的，我们身上充满种种要把我们投向自身以外的东西，而布尔迪厄就采用了帕斯卡的语调来进行讨论。当然意料之中的是，在《帕斯卡式的沉思》中采用这样一位作家和思想家的语调既是危险的，又是吸引人的：

本能使我们觉得必须在我们自身之外寻找幸福。我们的热情把我们向外推。哲学家们说，“回到你们自身内部去吧，你们会在那里找到幸福”……除了那些有天赋有能力预测未来的人，客观概率永远不会变成决定性。

在这本书后面的部分，我们听到作者用和这位17世纪的伟大作家一模一样的口吻说道：

界限是生命中唯一可以确定的东西，我们尽一切可能去忘掉它，让我们自己得到消遣或是到“社会”中去避难。我们去一个由像我们一样的人们组成的社会中休闲真是愚蠢，他们像我们一样悲惨，一样虚弱，他们帮不了我们。我们会孤单地死去。

社会秩序

在《布莱瑟·帕斯卡谈两面派、罪恶与堕落》（*Blaise Pascal on Duplicity, Sin, and the Fall*）一书中，威廉·伍德（William Wood）指出，对帕斯卡来说，原始的堕落是怎样“既扭曲了我们爱的能力和评价竞争品的能力”，又鼓励了他所称为两面派的社会秩序以及一种相似的政治秩序。伍德还指出，实际上帕斯卡的接受国家法规的社会化公民的想法比阿尔蒂塞（Althusser）、布尔迪厄和福柯（Michel Foucault）早大约300年。在这个两面派的社会秩序中，正如帕斯卡在他未完成发表的《论恩典》（*Writings on Grace*）中所说，每个人对自己的爱的错乱会被转变成一种“欺骗与被欺骗的欲望”。

《等待戈多》（*Waiting for Godot*）的作者爱尔兰剧作家贝克特（Samuel Barclay Beckett）与帕斯卡和安托南·阿尔托（Antonin Artaud）的遗容面模有某种相似之处。在我的头脑中，这些非同凡响的人物形象构成了一种三幅一联的图画：阿尔托自己的沉思可以在同帕斯卡的沉思对话中被人们看到，正如贝克特的作品一样。1960年8月10日，贝克特忠实的朋友罗贝尔·潘热（Robert Pinget）在给贝克特的一封信中谈到了贝克特的妻子：“苏桑（Suzanne）觉得她必须列举出塞缪尔所有的缺点，她觉得我太喜欢他了，觉得我不应该依恋他，他谁都不依恋。”贝克特有他自己的灵魂之夜，正如他在《克拉普最后的录音带》（*Krapp's Last Tape*）中借助人物克拉普（Krapp）之口所说：那难忘的三月某夜，我突然间就看到了整个这件事，最后的幻象。在1949年写给乔治·迪蒂（Georges Duthuit）的一封信中：如果你喜欢的话，我仍只能瞥见一眼的这种状态对我们的一生来说不是太长，不太够我们去适应那片黑暗，除非说很多废话。不是贝克特的幻象很神秘，而是正如斯特芳·马拉美所讲述的既糟糕又美妙的夜晚一样，头脑中的风景聚集在一起。贝克特提到一个萦绕在莫洛伊（Molloy）脑海中的“远方的耳语者”，还说到了他的书以及他努力把头脑中的想法表达出来的做法，那才是真实的事，其他的都是赌博。人们经常觉得是帕斯卡的幻象之夜和他的打赌一直萦绕在后来的作家和思想家的脑海中：他的词汇，他的知觉。

从数学和量子时代到流行和摇滚音乐

2014年的《纽约时报》（*New York Times*）使我们想起了一位在86岁高龄去世的伟大的数学家——亚历山大·格罗滕迪克（Alexander Grothendieck）。他是一位开明的数学家，是许多学术协会的会员，也是一位不朽的思想家。像格罗滕迪克以前的学生皮埃尔·德利涅（Pierre Deligne）在法国《世界报》（*Le Monde*）上所说的，“必须从最有可能的角度去理解事物……一切都变得清晰，以至于证据似乎都不重要了……而且他的想法潜移默化地深入了数学家们的心里”。他曾经担心巴黎附近的数学机构——法国高等科学研究所正在接受法国国防部的资助……因为事实上，“最深刻理解高等数学的这个人并不相信数学能够解答一切问题。他教会我们生活比任何等式都要宝贵”。沿着这条思路，我们可以再次看看帕斯卡写给费马的信的相关部分，他说数学是最崇高的事业——对帕斯卡来说，事业是我们所能选择的最重要的事——但也只是一个职业。如他所说，他本来不会用两个步骤来选择数学。正如我们所知道的，考虑到帕斯卡自己的健康状况总是十分危急，那两个步骤不管在什么情况下都会很困难。

《纽约时报》2015年2月17日刊登了一篇题为《混乱统治宇宙》（*Disorder Rules the Universe*）的文章，讲到不确定性原则及其隐含之意。早在1928年，阿蒂尔·埃丁顿（Arthur Eddington）就曾争辩说，量子宇宙的不确定性开启了重新将精神引入世界的道路，开启了一条将量子世界的矛盾与宗教的神秘联系起来的思路。美国物理学家阿蒂尔·霍利·康普顿（Arthur Holly Compton）争辩说量子世界表明了上帝的存在。再往现在一点，帕斯卡使用笔名的做法和当代的匿名运动类似，这个运动旨在消除人们对于特权和恶名的热情。匿名运动的支持者说："我们是每个人，我们又谁都不是，我们是大众。"当然，帕斯卡并非谁也不是，他比同时代的和我们现代的很多人都更无处不在、变化多端。我们也许可以担保，如果帕斯卡去编辑他自己的脸书页面会是非常合适的，那些网络其实都是从他的计算机器演变而来的。正如他会喜欢人们把压强单位叫作帕斯卡，他也会喜欢人们称呼计算机器为帕斯卡式计算机。最重要的是他和他的信仰之间的对话。"喜悦，喜悦，喜悦的泪水"，他把那次终极体验的《追思》缝进了他的衣服里，这样就没有人能够看到，它的亲密性和私密性才是情感体验真正的意义。正如他所写的这段名言，"心里有它的道理，但是理智不知道"——当然如此，但是他不愿意把他的《追思》公之于众，发表出来。他从未丢失一丝一毫他的信仰，而且只有信仰使他有动力去写作，努力去劝说，并且去守护他全心全意信仰的态度。但是他的"精细精神"要求他不能把这些像几何证明事项一样公开地倾倒出来。正如戈尔德曼所说，帕斯卡是"第一个现代人"；又如安托万·亚当（Antoine Adam）所说，帕斯卡是唯一一个真正坚持詹森教教义的人。

帕斯卡甚至影响了嘻哈音乐和流行音乐。在让-路易·比尚夫（Jean-Louis Bischoff）所著的《帕斯卡与流行文化》（*Pascal et la pop culture*）的序言中，让-弗朗索瓦·珀蒂（Jean-François Petit）声称，帕斯卡的人文主义是一种颠覆性的力量，它能够带来一种完全不同的视界。比朔夫强调了帕斯卡作为精明商人的一面，不仅仅是关于他的五分钱马车——在他人生最后两年间，帕斯卡付出了很多努力去沟通和宣传公共马车——还有他努力地将发明的计算机器商业化，他送了一台给首席大法官塞吉耶（Séguier），为了让所有人都知道这个国家最有权力的人都想拥有一台帕斯卡式计算机器。比朔夫引用性手枪乐队主唱约翰·莱登（John Lydon），亦称约翰尼·罗滕（Johnny Rotten）的话，将帕斯卡和噪声之神放在了一起，因为摇滚音乐会是一个表现强烈情感的活动。在这些音乐会中，比朔夫看到了一种部落式的兴奋，表现出对一种神圣的声音的渴望，而事实上，莫里森（Morrison）的萨满教、性手枪乐队的异端灵知、哥特（Goths）的黑色浪漫主义、国家的党派、无条件的禁欲主义、嘻哈音乐在宗教上的拼凑，这些都证实了对超敏感品质的需要。这些证明会聚在某种帕斯卡式的兴奋之中，既是明显的又是隐藏的。

帕斯卡的方法，它强烈的风格以及它碎片式的表达所辐射出的能量得以在当代诗歌、哲学和很多其他方面显现。我坚持认为，正是帕斯卡关于传奇、赌博、内部运转和外观的思考提供了一种天才的诗歌。艺术家多罗泰·罗克博恩（Dorothea Rockburne）写了一系列关于帕斯卡的书。而诗人乔丽·格雷厄姆（Jorie Graham）在她的长诗《帕斯卡的外套》（*Le Manteau de Pascal*）中证明了他神秘而又扣人心弦的存在（参见插图31）：

我已经穿上了冰冷的外衣。

它是一件外套。

粗糙的羊毛外套。

不知源于何处。

它有很精细的衬里，但是你看到它的外面同样优雅。

我有一件外套，我正穿着它。它是一件很好的混合材质的衣服。

女人快速地向两个方向缝线，

熟练地缝好了这件实实在在的衣服，

就像夜幕召唤鸟儿飞上剃光的篱笆墙，

叽叽喳喳地叫着

一件凑合的衣服——主人把楼叶槭修剪得光秃秃的，

你知道，明年它也许会长得更加茂密——

鸟儿们挤进里面的树枝——

挤到里面的空间里，

不遮阴，也不是按时间顺序排列……

哦，改革家，逻辑，你们在哪里

现在我的名字被喊出，但是回来，在后面，在上面的世界……

我有一件外套，我正穿着它，我被要求穿着它。

某人每天跪下系上它的扣子。

图片出处

作者本人及出版方在此感谢下列各方提供插图资料或准许翻印。

Alamy: 4 (Artokoloro Quint Lox Limited); Bibliothèque Nationale de France: 3; The J. Paul Getty Museum, Los Angeles: 23; The Menil Collection, Houston, gift of Heiner and Fariha Friedrich: 31 © adagp, Paris and dacs, London, 2016.

Excerpt from '*Le Manteau de Pascal*', from *From the New World: Poems, 1976–2014* by Jorie Graham, Copyright 2015 by Jorie Graham, reprinted by permission of Harper Collins Publishers.

读客文化

文艺复兴七巨人

约翰·伊夫林

[英] 约翰·迪克森·亨特 著

李恋晨 译

河南文艺出版社

·郑州·

豫著许可备字-2022-A-0047

图书在版编目（CIP）数据

约翰·伊夫林 /（英）约翰·迪克森·亨特著；李恋晨译 . -- 郑州：河南文艺出版社，2023.5

（文艺复兴七巨人）

ISBN 978-7-5559-1244-6

Ⅰ . ①约… Ⅱ . ①约… ②李… Ⅲ . ①约翰·伊夫林 - 传记 Ⅳ . ① K835. 615. 5

中国版本图书馆 CIP 数据核字 (2022) 第 116044 号

文艺复兴七巨人：约翰·伊夫林

著　　者［英］约翰·迪克森·亨特
译　　者 李恋晨
责任编辑 党　华
责任校对 李亚楠　苑留员
特约编辑 王　偲
策　　划 读客文化
版　　权 读客文化
封面设计 陈　晨
封面插画 王　晓
出版发行 河南文艺出版社
印　　刷 河北中科印刷科技发展有限公司
开　　本 890mm × 1270mm 1/32
总 印 张 49.75
总 字 数 1122 千
版　　次 2023 年 5 月第 1 版　2023 年 5 月第 1 次印刷
定　　价 315.00 元（全七册）

如有印刷、装订质量问题，请致电 010-87681002（免费更换，邮寄到付）

插图1　弗朗西斯科·巴托洛奇所绘版画《约翰·伊夫林》，1776年

插图2　威廉·费索恩（死于1691年）所绘版画《约翰·奥布里》，作画时间未知

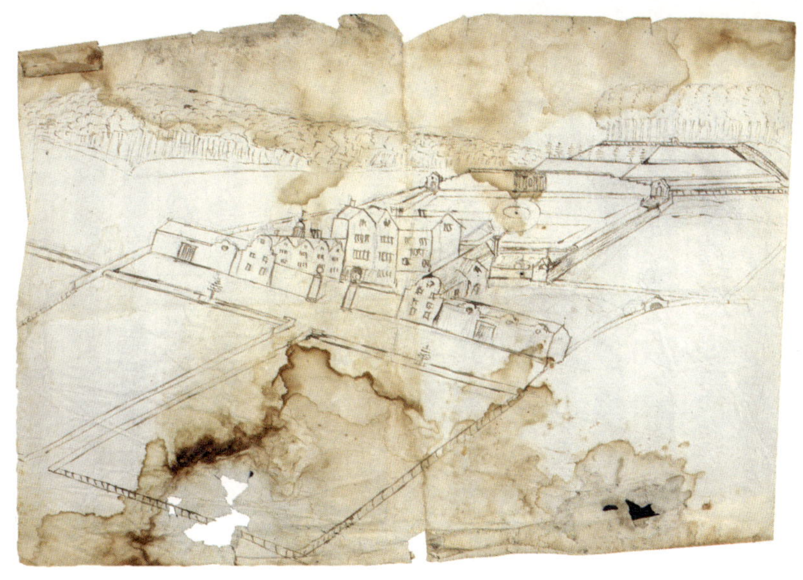

插图3　约翰·伊夫林对萨里郡沃顿的房子和周围林地的描绘

插图4　约翰·伊夫林对沃顿庄园及其周围环境描绘的粗略草图兼平面图

插图5　约翰·奥布里对沃顿庄园及其庭院的素描

插图6　约翰·伊夫林的陈列柜，被他委托于人

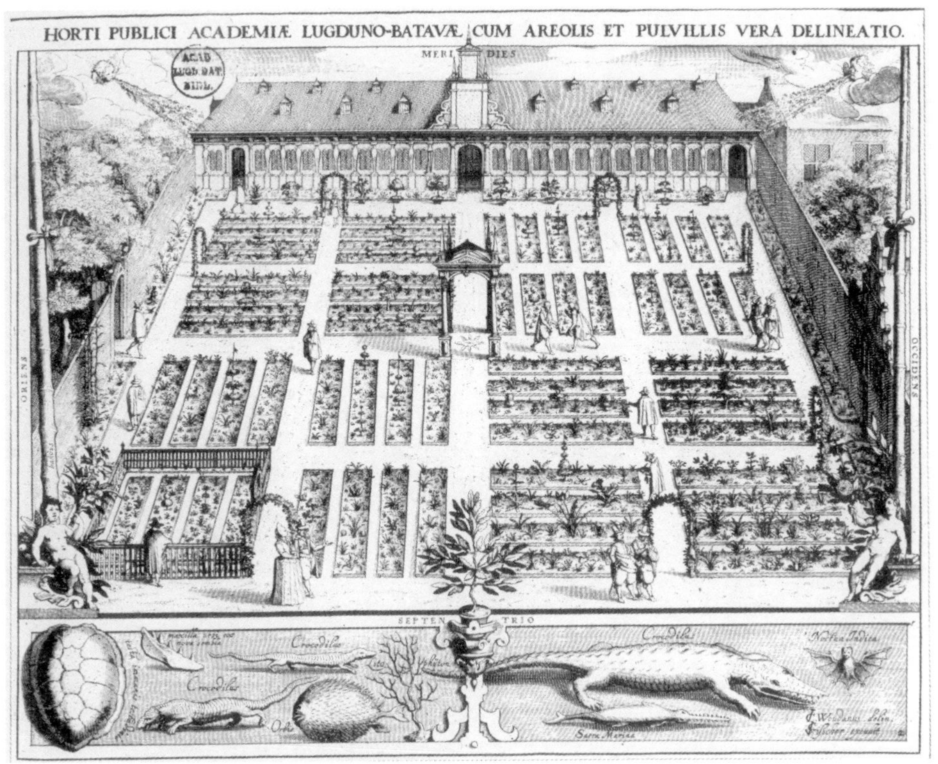

插图7　1610年，J. W. 斯旺堡雕刻〔以J. C. 汪达纳斯（J. C. Wondanus）命名〕的《莱顿大学植物园和庭院景观》

插图8　约翰·伊夫林在沃顿的书房和瀑布的素描细节

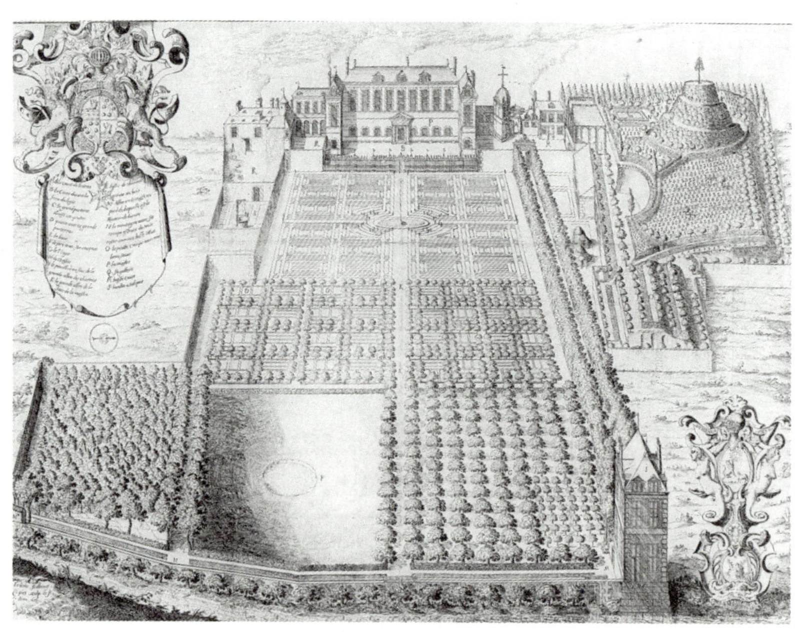

插图9　巴黎皇家植物园中的“植物培育”，由弗雷德里克·斯卡尔伯格（Frédéric Scalberge）绘制并雕刻，1636年

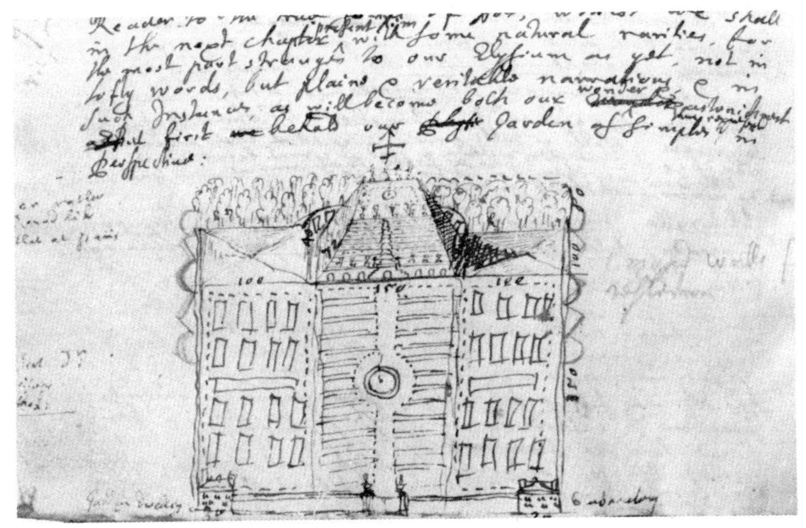

插图10　植物园草图，摘自约翰·伊夫林《大英极乐世界》的手稿汇编

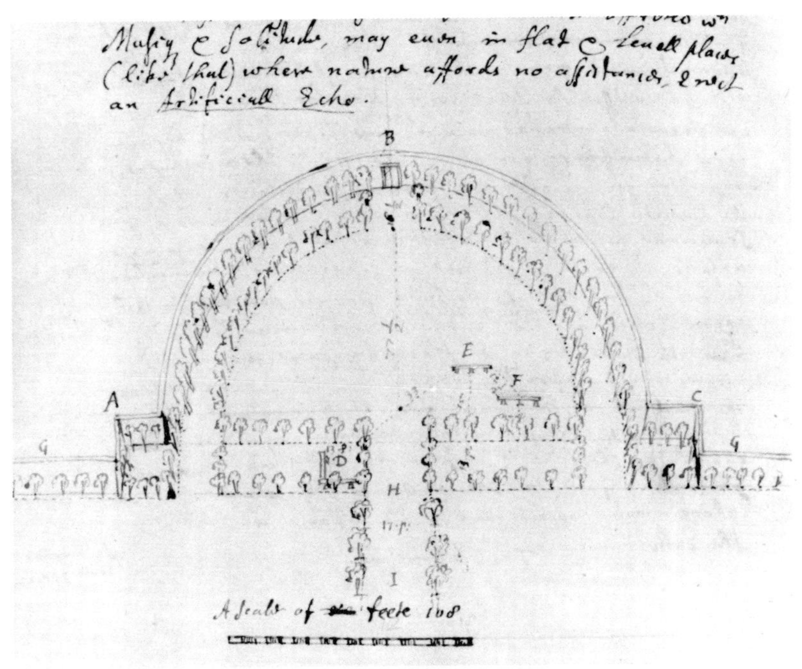

插图11　一幅人造回声的草图，来自约翰·伊夫林的《大英极乐世界》

插图12　油画，一座法国花园

插图13　约翰·伊夫林的蚀刻版画，来自画卷《献给托马斯·亨肖的罗马和那不勒斯之景》（*Views between Rome and Naples dedicated to Thomas Henshaw*），1649年

插图14　约翰·伊夫林画的维苏威火山的一幅素描署名字母“JEf”，此图为该素描的蚀刻本，摘自1649年的一套蚀刻版画

插图15　罗伯特·沃克为约翰·伊夫林作的肖像，被寄给他的妻子。画面中值得注意的除了头骨，还有桌子上的一张纸上塞涅卡的一些斯多葛学派的文字，以及一段希腊文铭文：“悔改是智慧的开始”

插图16　约翰·伊夫林的小册子《法国》（1652年）中的首字母雕刻

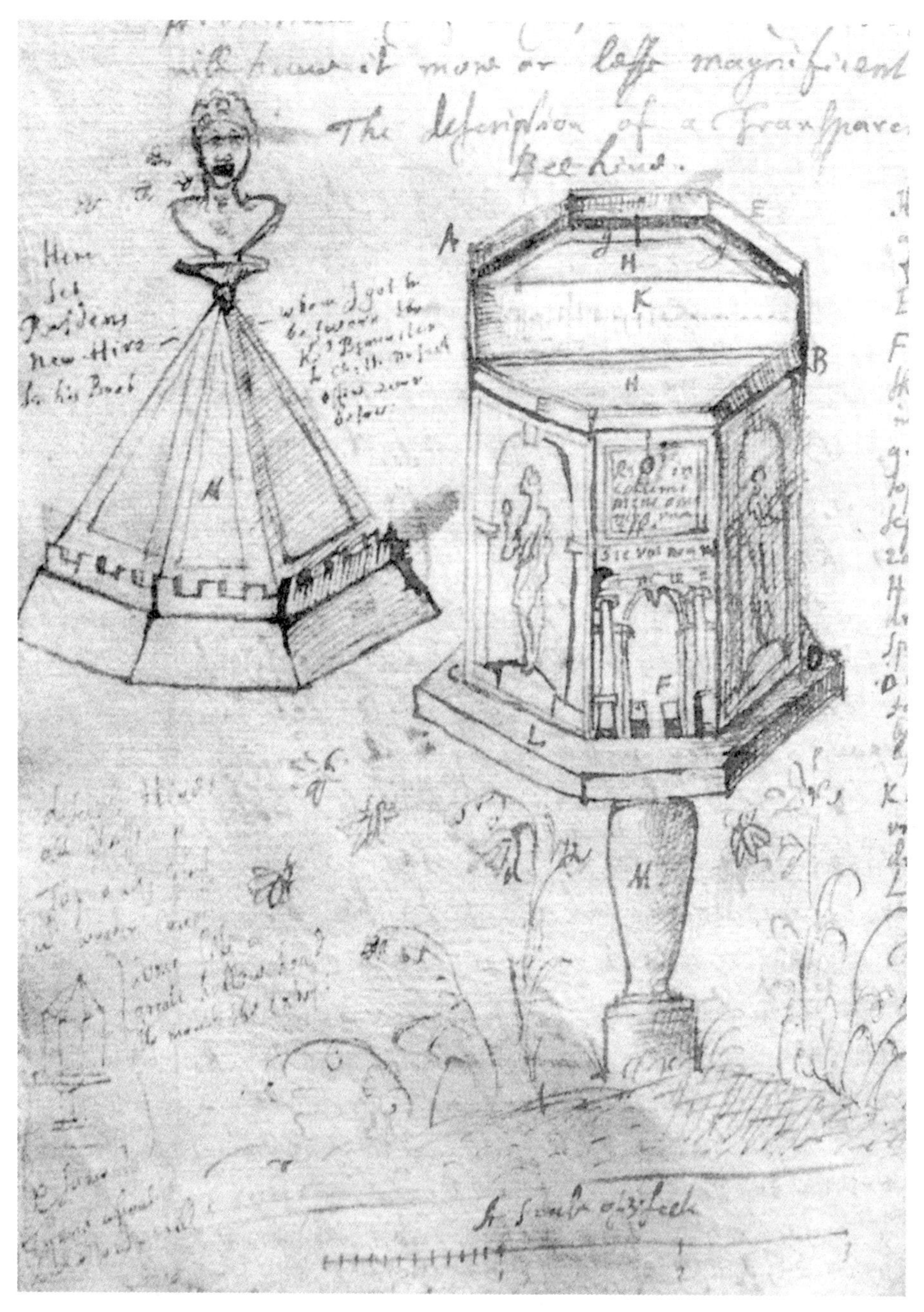

插图17　一个透明的蜂箱，来自约翰·伊夫林的《大英极乐世界》

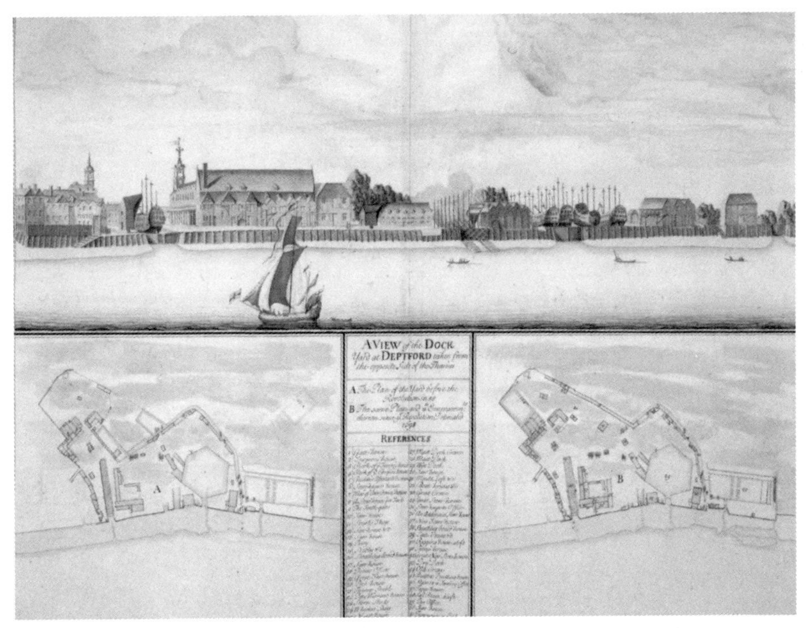

插图18　两份平面图以及《从泰晤士河对岸观察德普特福德皇家造船厂》，1698年，作者可能是当时的皇家海军测量员埃德蒙·达默（Edmund Dammer）

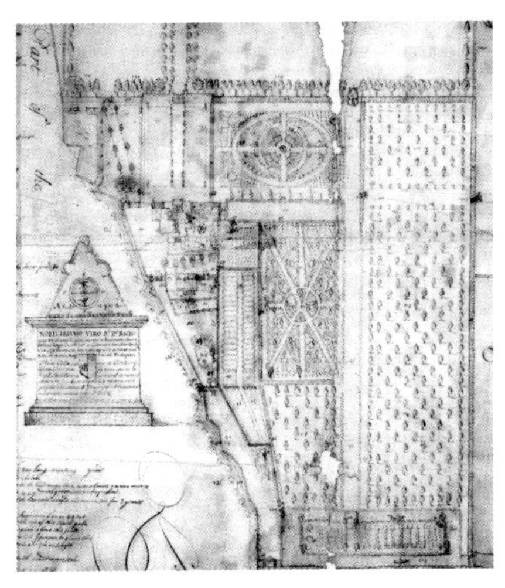

插图19　赛耶斯宫（时属肯特郡）平面图，约翰·伊夫林1652年至1699年住在此地，显示了椭圆形花园（顶部）和小树林（中间）。值得一提的是，平面图左侧没有显示“细节”列表

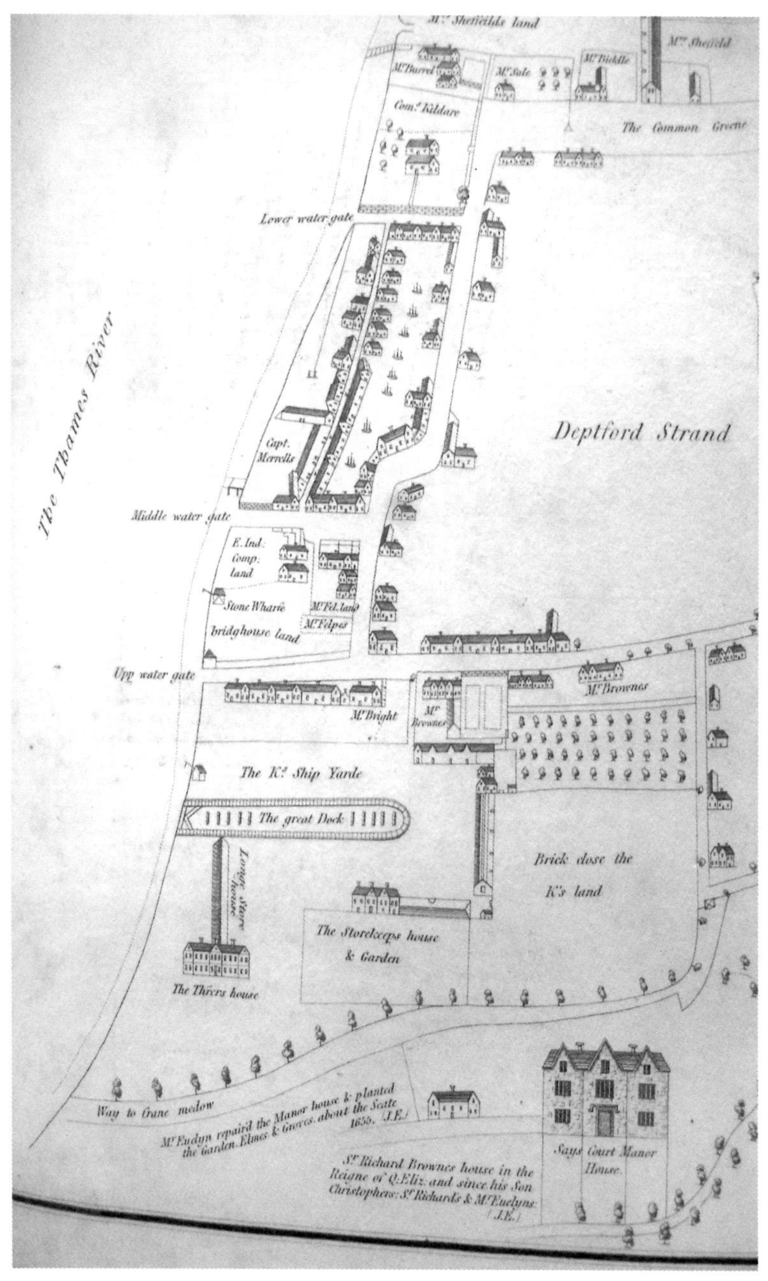

插图20　《伊夫林杂文》（1825年出版）中的房屋和码头平面图。这张重新绘制的地图参照了约翰·伊夫林在1698年前后绘制的草图，显示了赛耶斯宫与船坞之间的距离如此之近，这件事后来成了约翰·伊夫林的一大困扰

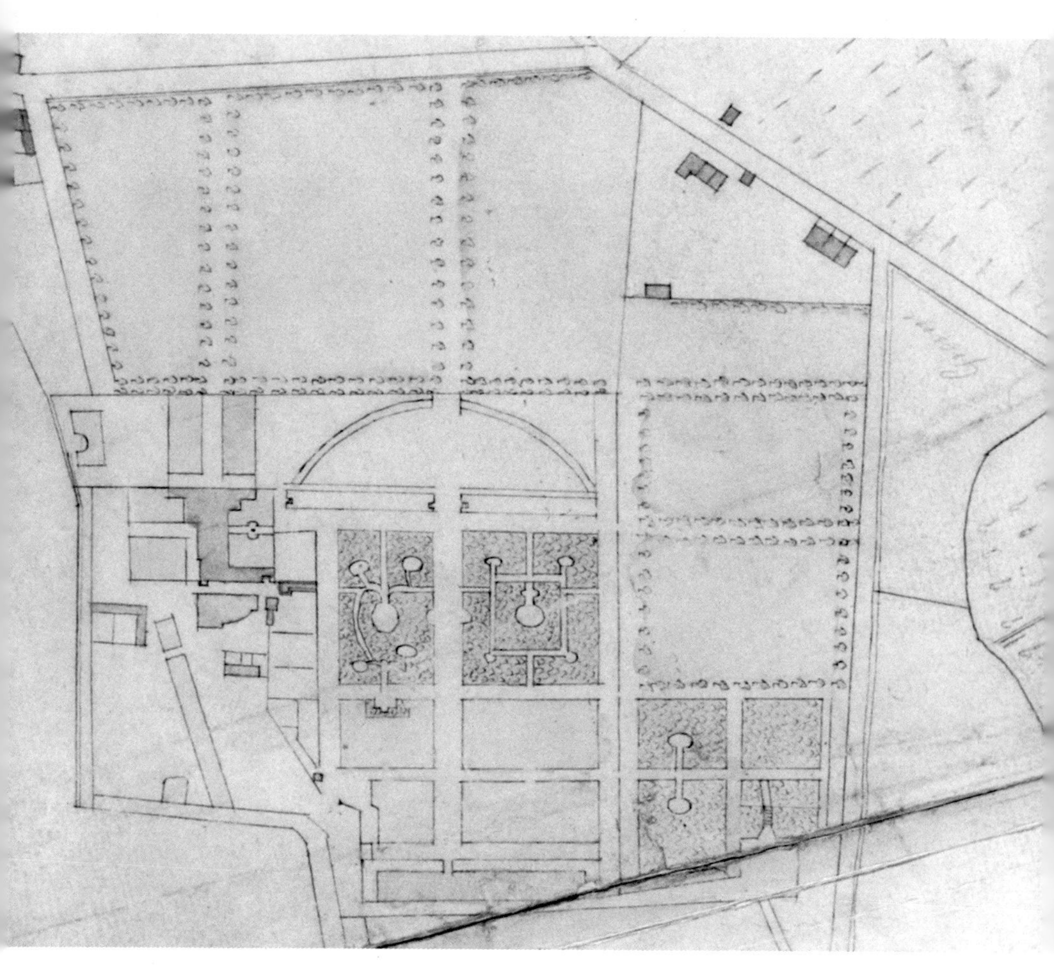

插图21　约翰·格罗夫（Joha Grove）于1690年绘制的赛耶斯宫后期详图，展示了新的椭圆形花园和小树林

插图22　《大英极乐世界》的其中一页，展示了花园工具，其中43号（在左边偏上）是一个花园浇水的车或桶

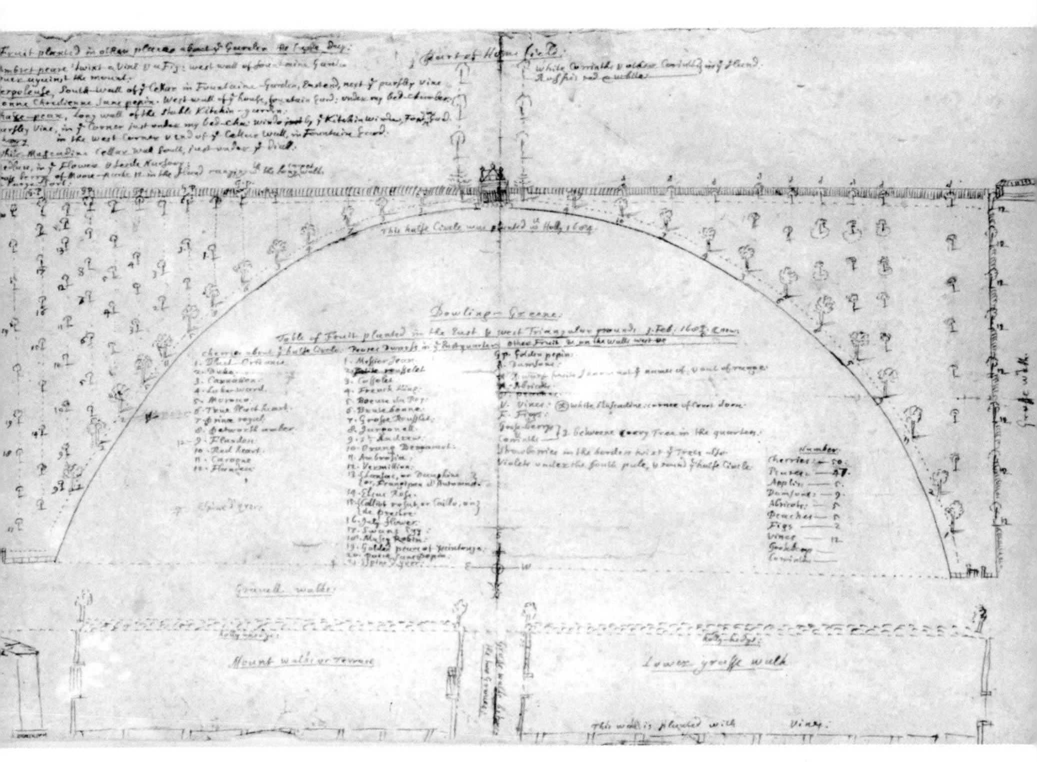

插图23　赛耶斯宫南部新计划，可追溯到1685年2月

插图24　约翰·伊夫林在约翰·比尔的帮助下设计的温斯劳斯·霍拉尔，这是托马斯·斯普拉特的《皇家学会史》的卷首插图……（1667年，许多副本中并没有这幅卷首插图，这意味着要么它已经被删除了，要么它并没有复制到每一份副本上）

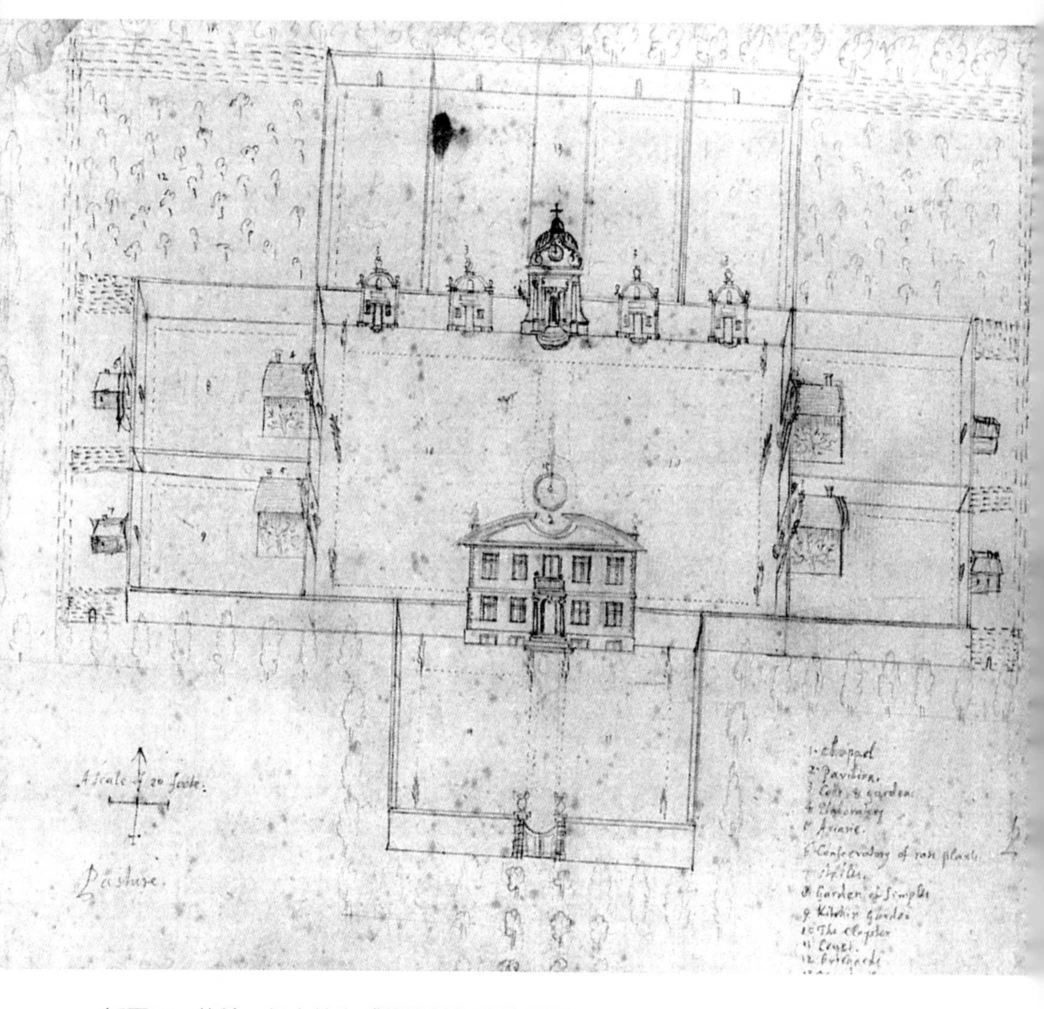

插图25　约翰·伊夫林为“新学院”画的草图

SYLVA,

Or A DISCOURSE OF

FOREST-TREES,

AND THE

Propagation of Timber

In His MAJESTIES Dominions.

By *J. E.* Esq;

As it was Deliver'd in the *ROYAL SOCIETY* the xv^th^ of *October*, CIↃIↃCLXII. upon Occasion of certain *Quæries* Propounded to that *Illustrious Assembly*, by the *Honorable* the Principal *Officers*, and *Commissioners* of the *Navy*.

To which is annexed
POMONA; Or, An *Appendix* concerning *Fruit-Trees* in relation to *CIDER*; The *Making* and several ways of *Ordering* it.

Published by express Order *of the* ROYAL SOCIETY.

ALSO
KALENDARIUM HORTENSE; Or, *Gard'ners Almanac*; Directing *what* he is to do *Monethly* throughout the *Year*.

———*Tibi res antiquæ laudis & artis*
Ingredior, tantos ausus recludere fonteis. Virg.

LONDON, Printed by *Jo. Martyn*, and *Ja. Allestry*, Printers to the *Royal Society*, and are to be sold at their Shop at the *Bell* in S. *Paul's* Church-yard, MDCLXIV.

插图26　约翰·伊夫林著，《席尔瓦，或作，一篇关于森林树木和木材繁殖的论述》的扉页（伦敦，1664年）

插图27、28　亚历山大·亨特1776年出版的约翰·伊夫林的《林木志》中的两幅版画

插图29　约翰·奥吉尔比翻译的维吉尔作品中的插图

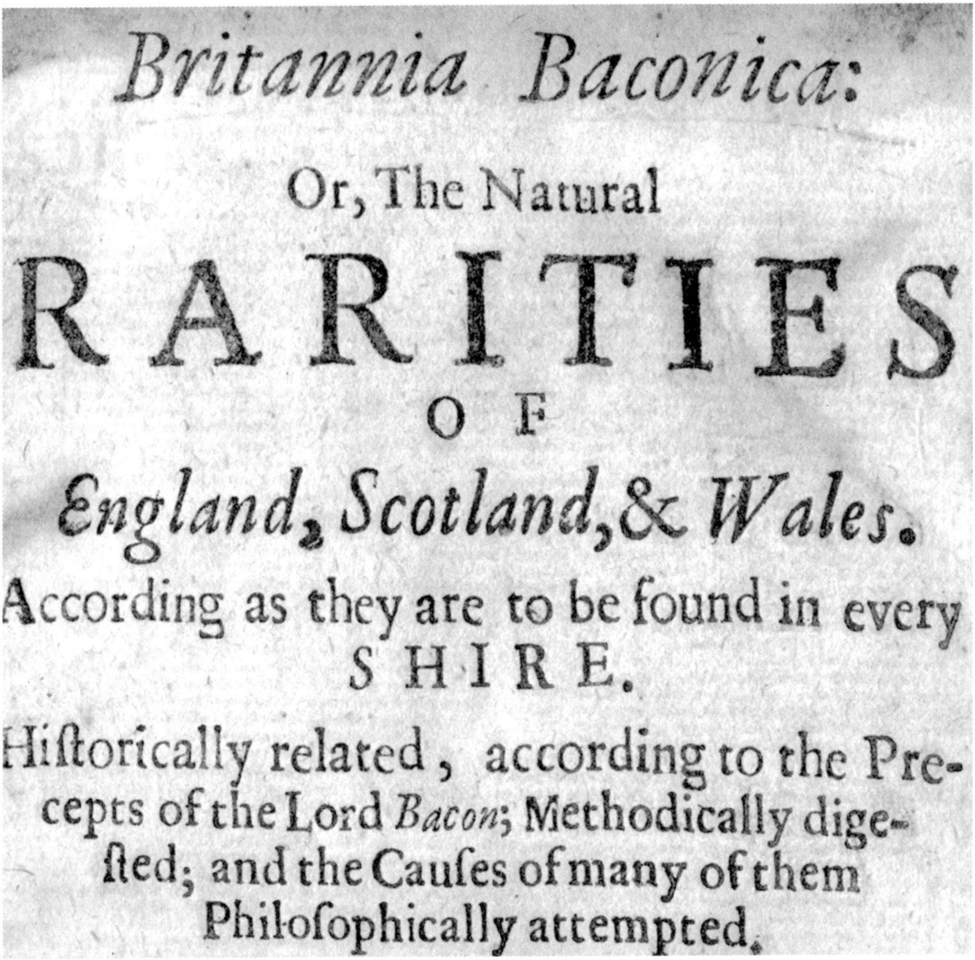

Britannia Baconica:

Or, The Natural

RARITIES

OF

England, Scotland, & Wales.

According as they are to be found in every SHIRE.

Hiſtorically related, according to the Precepts of the Lord *Bacon*; Methodically digeſted; and the Cauſes of many of them Philoſophically attempted.

插图30　约书亚·奇尔德雷的《不列颠尼亚·培根尼亚；或作，英格兰、苏格兰和威尔士的自然珍品》扉页详情（1661年）

QUERIES

In Order to the Description of

BRITANNIA.

WHEREAS *John Ogilby* Esq; His Majesties *Cosmographer*, being Authoriz'd by His Majesty to make an *Actual Survey* of His Majesties Kingdom of *England* and Dominion of *Wales*, in order to the Compiling *An Historical and Geographical Description* thereof, more Accurate than whatever has been heretofore done, in a fair large Volume, stil'd *BRITANNIA*: accompanied with another Volume of all the Principal ROADS of *England*, Ichnographically describ'd in Copper Sculptures. And being sensible that the Well-performance hereof will render it a Work highly grateful to the Publick, his Request is, That the Nobility and Gentry, and all other Ingenious Persons, would be pleas'd to return him, to his House in *White-Fryers, London*, such Remarques of the Country or Places of their Residence, or what other they may be acquainted with, as shall happen within the Verge of these following *Queries*.

1. *Cities*, their Antiquity, Government, Privileges, Commerce, &c.
2. *Towns Corporate, Market-Towns, Fair Towns, Villages*, and *Hamlets*, &c.
3. *Houses* of *Nobility* and *Gentry*, with the ancient as well as present Possessors.
4. *Castles, Churches, Chappels, Schools, Colleges, Hospitals*, and other *Publick Buildings*, &c.
5. *Mills, Beacons, Bridges, Crosses, Towers, Pyramids*.
6. *Chaces, Forests, Woods, Groves, Parks, Warrens, Commons, Heaths*, &c.
7. *Mountains, Valleys, Dikes, Rivers, Brooks, Water-works, Sluces, Ponds, Meres*, &c.
8. *Springs, Wells, Baths*, Cold and Hot *Waters*, Medicinal, Aluminous, Bituminous, Nitrous, Petrifying, &c.
9. *Works* and *Mines* of *Gold, Silver, Copper, Lead, Black-lead, Tin, Iron, Salt, Salt-petre, Allom, Coperas, Gems, Precious Stones, Glass, Crystal, Marble, Alabaster, Plaister, Fullers-Earth, Ochre, Tobacco-pipe Clay, Potters Clay, Lime, Chalk, Marl, Freestone, Milstone, Grindstone, Whetstone*.
10. *Precincts* of Diocesses, *Bounds* and *Limits* of Counties, Hundreds, and Parishes, Peculiars, and Privileg'd Places.
11. *Roman Ways* and *Stations, Coins* and *Monuments*, and other Antiquities.
12. Extraordinary *Accidents, Calamities*, and *Casualties*.
13. Peculiar *Customs* and *Manners*.
14. *Decay'd Places*, whether Cities, Towns, Castles, Monasteries, Abbies, or other Houses of Note.
15. *Vaults, Caves, Caverns, Holes, Hollows, Subterranean Passages*, or other Rarities.
16. Places of Birth, Education, Habitation, and Sepulture of *Eminent Persons*.
17. *Improvements* in *Husbandry, Mechanicks, Manufactures*, &c.
18. Extraordinary *Productions* of *Cattel, Fowl, Fruit, Plants, Herbs*, or other Animals or Vegetables.
19. What Part of the Country is *Arable, Pasture, Meadow, Woods*, and *Champain*.
20. On the Sea-coasts, *Ports, Harbors, Havens, Creeks, Peels, Peers, Watch-Towers, Land-marks, Light-houses, Sands, Sholes, Islands, Eits*, &c.
21. Productions of the Sea-coasts, of *Fish, Shell-fish, Amber, Jet, Coral, Herbs*, &c.
22. Extraordinary or Irregular *Ebbings* or *Flowings* of the Sea, &c.

To such Ingenious Persons as shall be more Eminently Instrumental herein, either by themselves or others, the Author will make Honorable Returns of Books, and carefully discharge whatever necessary Expences shall appear to have been laid out in this Concern.

And to whom Money shall be more acceptable, the Author promises such Wages and Allowances as may handsomly correspond their Pains; Always presuming, That nothing will be impos'd upon him, without sufficient Authority for its Assertion; Truth being the main of his Design in all his Collections.

From the Office in White-Fryers, Lond[illegible] *Anno* [illegible]73.

These Queries were considered at severall meetings by
Christopher Wren. LL.D.
John Hoskyns Esq R.S.S.
Mr Robert Hooke R.S.S.
Mr J. Ogilby

J. A.

插图31　奥吉尔比印刷的《查询表》，其中包括克里斯托弗·雷恩和约翰·奥布里等人的注释

插图32　埃德蒙·普利多于17世纪30年代所绘的位于萨福克郡阿灵顿尤斯顿大厅的大道，该图显示了约翰·伊夫林的提议形成过程

插图33　彼得·保罗·鲁本斯（Peter Paul Rubens）在1630年前后创作的布面油画《阿伦德尔的第21任伯爵托马斯·霍华德》

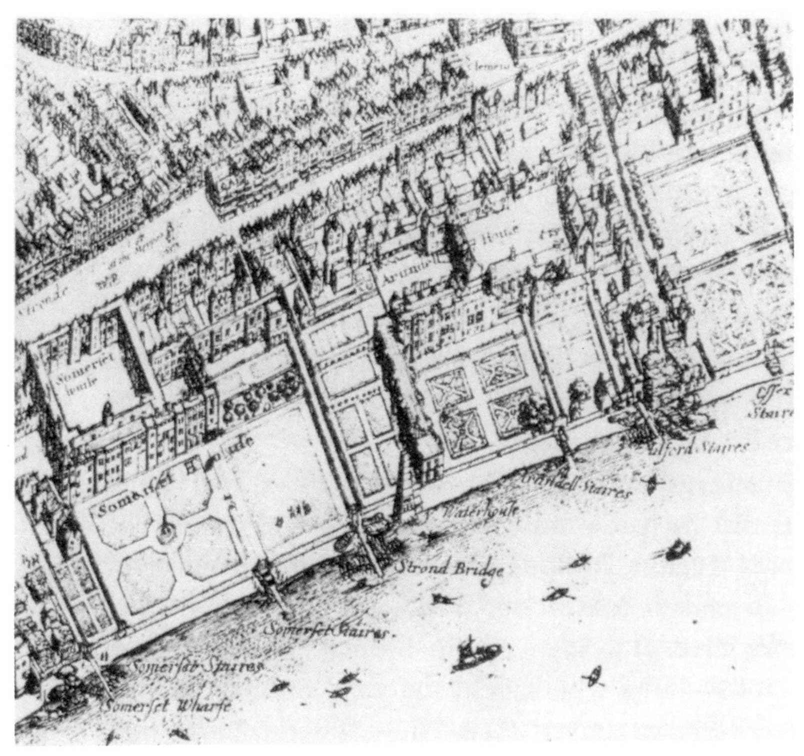

插图34　泰晤士河上阿伦德尔勋爵的宅邸，部分摘自1646年温斯劳斯·霍拉尔的伦敦地图

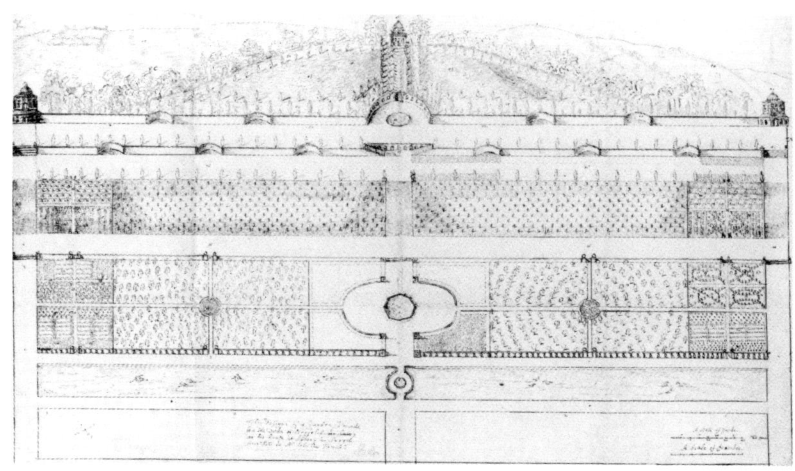

插图35　约翰·伊夫林为亨利·霍华德在萨里郡阿尔伯里公园的花园的设计，摘自《杂集》副本的附加图

插图36　约翰·伊夫林的萨里庄园阿尔伯里公园的现代鸟瞰图，如今岩穴隧道的入口被长在“罗马浴场”上方的半圆式露天建筑地带的树木掩藏

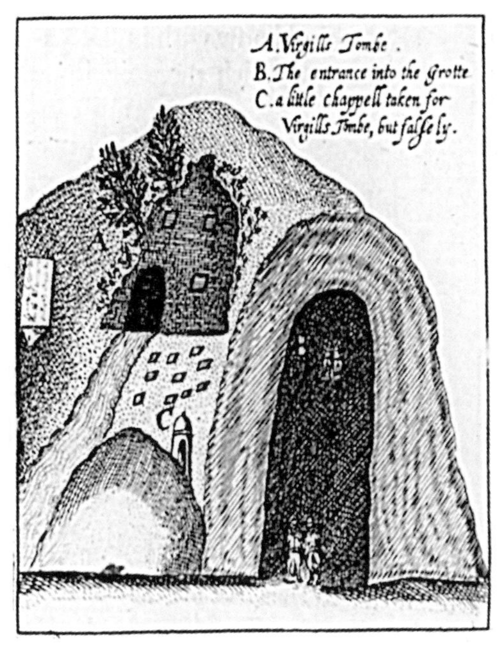

插图37　约翰·雷蒙德在《梅库里奥·意大利水星》（1648年）中所绘的维吉尔的坟墓

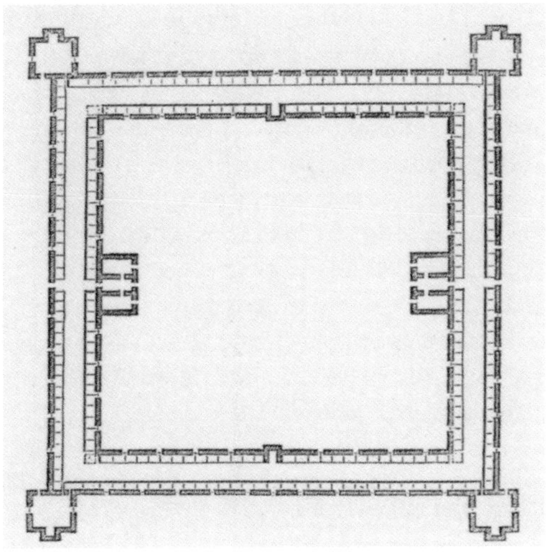

插图38　约翰·伊夫林计划于1666年在查塔姆兴建一家医院，该计划取材于威廉·布雷的《伊夫林日记与信件》（1887年）

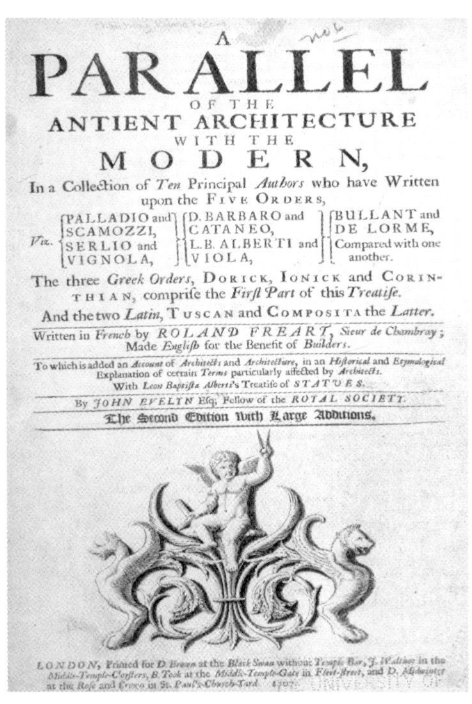

A
PARALLEL
OF THE
ANTIENT ARCHITECTURE
WITH THE
MODERN,
In a Collection of *Ten* Principal *Authors* who have Written
upon the FIVE ORDERS,

Viz. PALLADIO and SCAMOZZI, SERLIO and VIGNOLA, D. BARBARO and CATANEO, L. B. ALBERTI and VIOLA, BULLANT and DE LORME, Compared with one another.

The three *Greek Orders*, DORICK, IONICK and CORINTHIAN, comprise the *First Part* of this *Treatise*.
And the two *Latin*, TUSCAN and COMPOSITA the *Latter*.

Written in *French* by *ROLAND FREART*, *Sieur de Chambray*;
Made *English* for the Benefit of *Builders*.

To which is added an *Account* of *Architects* and *Architecture*, in an *Historical* and *Etymological* Explanation of certain *Terms* particularly affected by *Architects*.
With *Leon Baptista Alberti's* Treatise of *STATUES*.

By *JOHN EVELYN* Esq; Fellow of the *ROYAL SOCIETY*.

The Second Edition with Large Additions.

LONDON, Printed for *D. Brown* at the *Black Swan* without *Temple Bar*, *J. Walthoe* in the *Middle-Temple-Cloysters*, *B. Took* at the *Middle-Temple-Gate* in *Fleet-street*, and *D. Midwinter* at the *Rose* and *Crown* in St. *Paul's-Church-Yard*. 1707.

插图39　约翰·伊夫林的罗兰·弗雷特的《古代建筑与现代建筑的平行》英语翻译版本的扉页，第二版，1707年

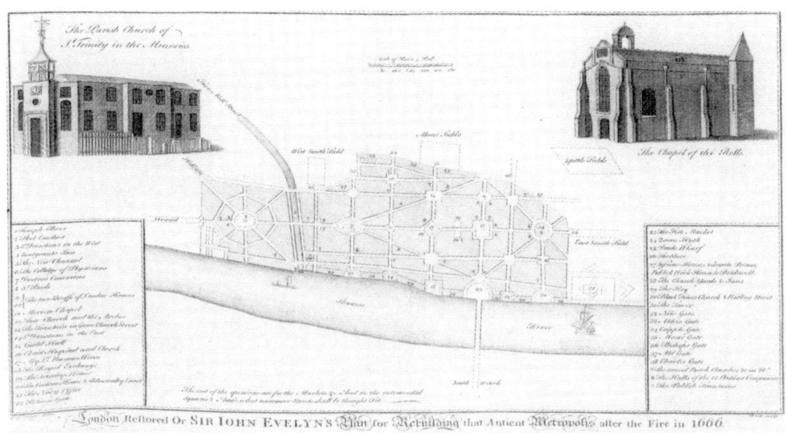

插图40　18世纪中叶的新伦敦计划，未注明日期；由于约翰·伊夫林从未被封为爵士，所以该标题误指后来的男爵

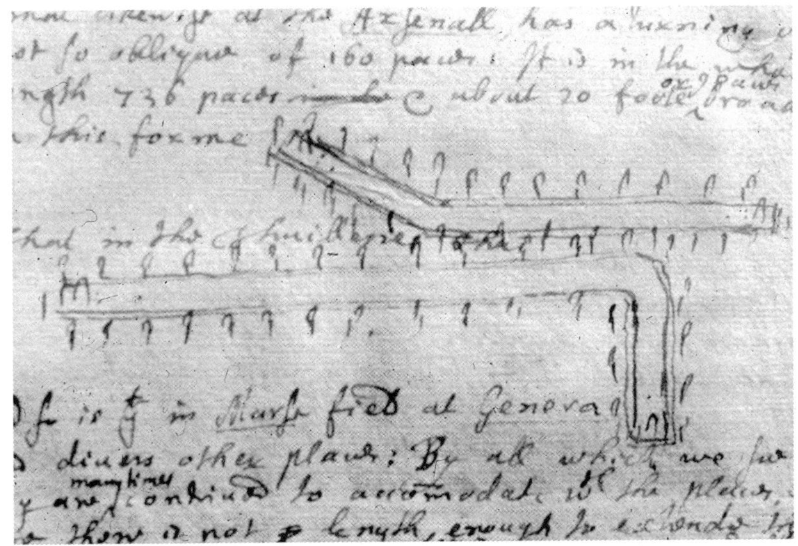

插图41　《大英极乐世界》的一幅草图，展示了“贝尔梅尔”（pellmell）的步行道

插图42　罗伯特·南特伊摄，玛丽·伊夫林，她原姓“布朗”（née Browne），17世纪40年代后期

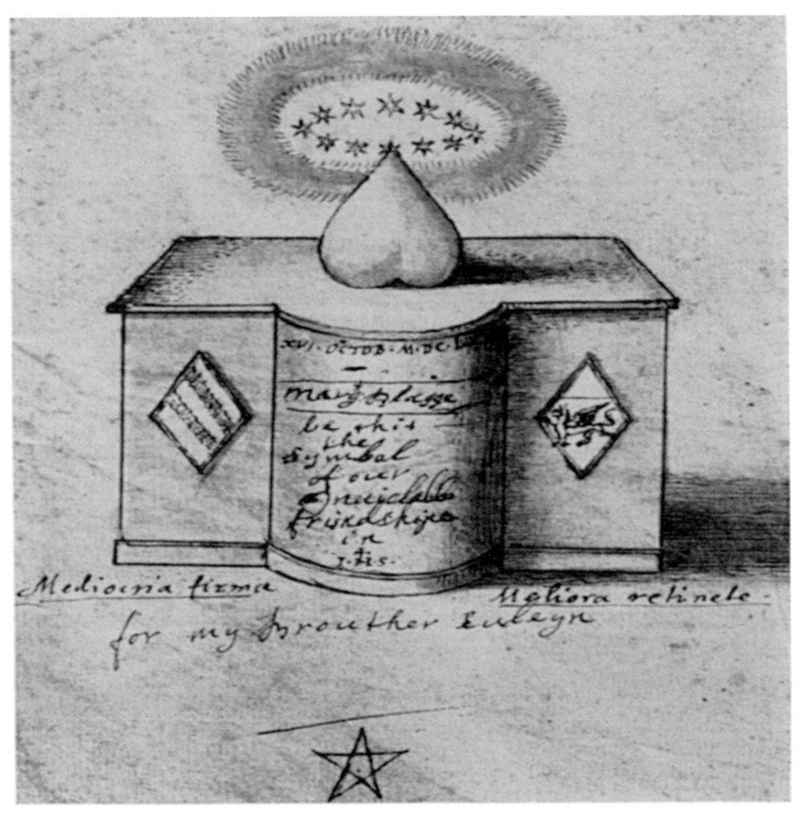

插图43　“友谊的祭坛”，由伊夫林绘制，上面刻着“这是我们牢不可破的神圣友谊的象征”，由他和玛格丽特·布莱奇创作，收录在哈里特·桑普森著1939年版的《戈多芬夫人的生活》。哈佛大学霍顿图书馆的《人生》手稿抄本中没有这幅图片（见图44）

The Life of Mrs. Godolphin
Written att the request of my } By a Friend
Lady Sylvius

Vn: Dieu ☆ Vn: Amy

Madam.

I am not vnmindfull of what your Ladysp lately Suggested to me concerning that blessed saint now in heaven. doe you beleive I need be incited to preserve the memory of one — whose Image is soe deeply printed in my heart. Butt you would have a more permanent Record of her perfections and soe would I. not onely for the veneration wee beare her precious ashes; Butt for the good of those who Emulous of her vertues would pursue the Instance of it in this, or perhapps any age before it; Tis certaine the materialls I have by me would furnish one who were master of a stile becomeing soe admirable a Subject; and wish'd I have a thousand tymes the person in the world who knew her best and most she loved would give vs the picture his pencill could best delineat if such an Artist as he is decline the vndertakeing, for fear that even with all his Skill he should not reach the origginall. how farr short am I like to fall — who cannot pretend to the meanest of his talents; Butt as indignation (they say) sometymes creats a poem,

插图44　约翰·伊夫林的《戈多芬夫人的一生》手稿的开页（1684年），应西尔维厄斯夫人的要求而写

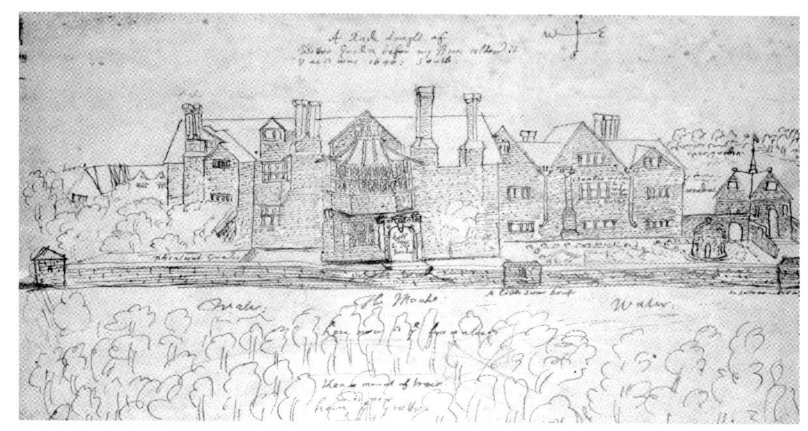

插图45　曾经的沃顿公园（素描）

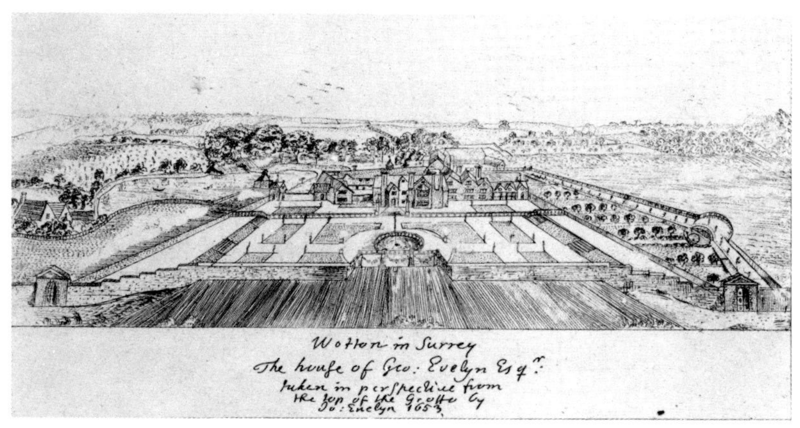

插图46　从山顶看到的沃顿公园，约翰·伊夫林1653年的蚀刻版画

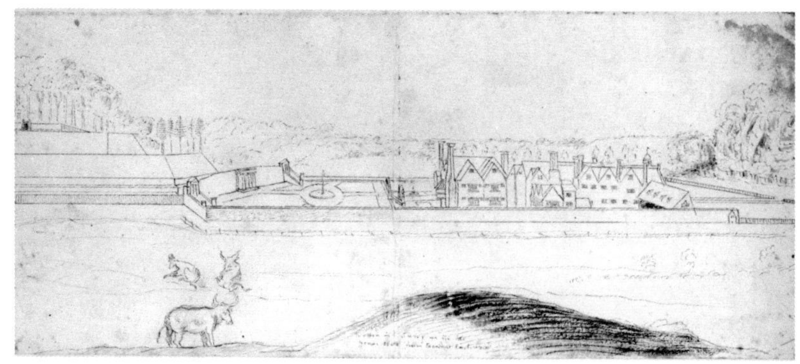

插图47　从沃顿公园远眺山景

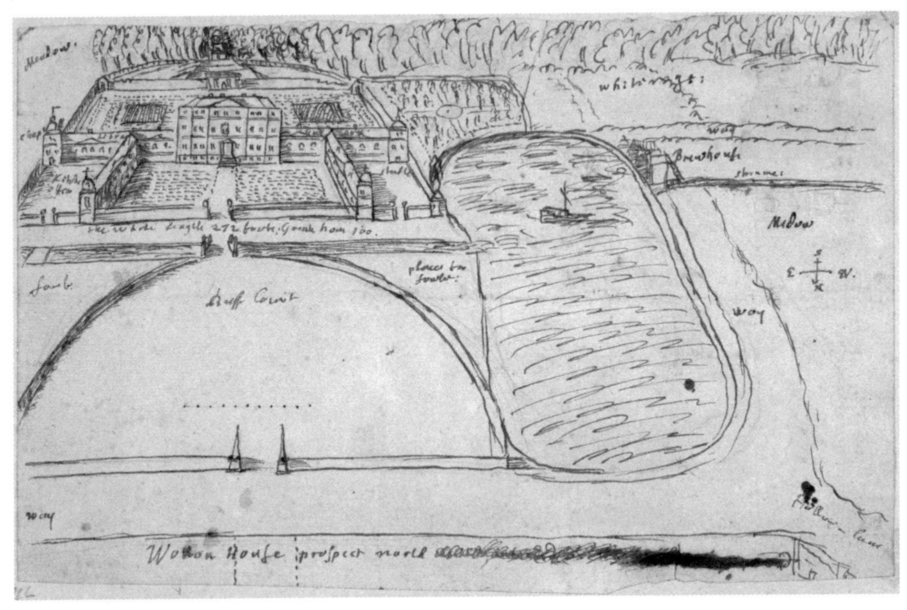

插图48　对沃顿之家现代化改造的提议

插图49　乔治·兰伯特于1739年创作的油画，《萨里郡的沃顿》

插图50　让·德·拉昆蒂尼的《完全的造园家》雕刻的头饰，约翰·伊夫林于1693年译自法文版

插图51　约翰·伊夫林的《霍顿斯日历》（1664年）扉页上的会徽

缩略语

Celebration《庆典》

马维斯·巴蒂编，《约翰·伊夫林庆典：纪念他逝世三百周年的活动》

Correspondence《信件》

威廉·布雷编，《约翰·伊夫林的日记和信件》，第四卷（伦敦，1857年），卷Ⅲ

John Evelyn《约翰·伊夫林》

吉莉安·达利著，《约翰·伊夫林：为独创性而活》（康涅狄格州纽黑文和伦敦，2006年）

Diary《日记》

德·比尔主编，《约翰·伊夫林的日记》，第六卷（牛津出版社，1955年）

EB《大英极乐世界》

约翰·英格拉姆主编，《大英极乐世界》（或作《皇家花园》，宾夕法尼亚州费城，2000年）

Evelyn DO《约翰·伊夫林的"大英极乐世界"与欧洲园艺》

奥马利·特蕾斯和约阿希姆编，《约翰·伊夫林的"大英极乐世界"与欧洲园艺》（华盛顿特区和敦巴顿橡树园，1998年）

Bibliophily《藏书家》

杰弗里·凯恩斯编，《约翰·伊夫林：藏书研究》（第2版，牛津，1968年）

LB《信簿》

道格拉斯·钱伯斯和大卫·加尔布雷斯编，《约翰·伊夫林的信簿》，第二卷（多伦多，2014年）；两卷间页码呈连续性

Memories《回忆录》

杰弗里·凯恩斯编，《给我孙子的回忆》（伦敦，1926年）

MW《杂集》

威廉·厄普科特编，《杂集》（1825年）

引 言

对自己的家和大陆感到满足的人是幸福的。

——伊夫林·阿夫特·克劳迪安

要了解人，就必须孤立他们。但在长期的体验之后，把这种孤立产生的反馈重新放到一段关系中去思考，似乎才是正确的做法。

——里尔克

大多数人都听说过约翰·伊夫林（参见插图1），但他的著作和生活却鲜为人知。他是个孤僻低调的人，但他在有生之年，总是希望在一个领域愈加广阔但时局相对动荡的英格兰承担起责任。他出版的现代注释版日记，告诉了我们很多关于他的社会生活，但很少涉及他的私人生活。相较而言，他的朋友塞缪尔·佩皮斯（Samuel Pepys）的日记受众更广——它更有趣，也更符合我们心目中复辟时期的风俗：私人化、很八卦，偶尔也显得淫荡。伊夫林仅有少量作品留存于世，但大部分都很耐人寻味，且多数只存留于珍稀藏书中。他的文章内容涵盖城市规划、时尚、伦敦天气或气候变化（有关气候变化的小书在现代已经再版了）。对于那些知情的人来说，伊夫林是一位成就斐然的园丁和树木专家。因此，他也算没有被完全忽视。

在英国知识文化的精英主义时期，伊夫林是一个不可小觑的人物。他是弗朗西斯·培根（Francis Bacon）的忠实追随者，并将这位大师的严谨精神在广泛的思想和行业中实践，丰富了培根的大部分思想体系。他年轻的时候在欧洲游历甚广，对所见的每一件事都细心留意，为英国读者翻译重要的书籍，成为宫廷中的一位成功人士（尽管他有些孤僻和谦逊）。他是新成立的皇家学会的杰出成员，并认识一些他那个时代声名显赫的大师和科学家如克里斯托弗·雷恩（Christopher Wren）、罗伯特·胡克（Robert Hooker）、温斯劳斯·霍拉尔（Wenceslaus Hollar）、罗伯特·波义耳（Robert Boyle）。他还就对他来说最重要的两件事情——园艺和树木栽培——向同时代人提出建议，并且探讨这两者在一个崭新的、开明的英格兰中所扮演的角色。然而，伊夫林关于园艺方面的不朽手稿直到2000年才被转录和出版，而他在德普特福德（Deptford）的赛耶斯宫（Sayes Court）建造的花园早已不复存在；有关树木的精彩著作《林木志》（*Sylva*）经历了诸多版本，名字被改成了令人困惑的《席尔瓦》（*Silva*），以至于他对树木栽培的关注在今天失去了意义。

他还经历了英国历史上（直到第一次世界大战之前）最动荡的时代之一：一位国王被处决，共和政体的尝试失败，军事独裁，宗教信仰和实践的形式受到挑战和改变；另一位国王因试图进行独裁统治而被流放、并被一位来自荷兰的外国政治家取而代之；整个国家参与到对抗欧洲的战争中，在北美发展殖民地——所有这些，都是由深刻的经济变革推动的。他发现自己先后生活在五位君主的统治之下，有时还会为他们服务，但他始终保持着自己的思考和冷静的头脑，并坚信他对于英格兰教会的信仰以及家庭生活的重要性，他认为这两者高于一切。

伊夫林是一个专注于家庭的人，但他也在寻求为国家效力的机会。虽然共和制被抛弃，君主制于1660年复辟，但是英格兰对他来说仍算得上是一个充满希望的国家。他写道，他满足于生活在“自己的家和大陆”，这种倾向让他年轻时就去欧洲旅行，收获了丰富翔实的见闻和知识。回国后，他对英格兰这个国家和它的文化充满了信心。为了践行他在国外滋生的想法，他翻译了自己希望同时代人能够阅读到的重要外国作品，提升了人们对欧洲建筑、城市规划和景观设计的认识。他出于自己的热情、自己的承诺而工作，但并没有完全融入这个在他看来宗教和政治都不太宽容的国家。他殷切希望将其个人经历与同时代的人进行卓有成效的交流。他深知在17世纪末，尽管“与世隔绝”是当时许多人的选择，但其已经背离了时代潮流。

在伊夫林生活的时代里，社会和文化迅猛发展而又瞬息万变，而他正处于风口浪尖。他对其中一些重要的变化做出了贡献，对其他的却望而却步。随着年龄的增长，他变得更加保守、更加虔诚，对周围的事物持怀疑态度，但他也鼓励年轻人在学识方面不断充实进取，为自己的家乡和国家尽力。他是一位敏锐的，甚至是疯狂的事物观察者，是皇家学会努力反思、诠释和解读世界上正在发生的重大事件的模范成员。然而，如此众多的兴趣爱好，尤其是在园林设计方面，消耗了他大量的时间和精力，使他发表有关空间创作和园林设计的新想法和理论的愿望终成泡影。当然，如果他活过了80岁，会遇到像约瑟夫·爱迪生（Joseph Addison）、斯蒂芬·史威哲（Stephen Switzer）甚至亚历山大·蒲柏（Alexander Pope）这样的思想家，在这些人的世界里，伊夫林对空间创作（place-making）的展望完全有可能实现。

伊夫林的兴趣范围涵盖极广，这种情况在当时并不特别罕见。由于知识门类的专业化程度早已今非昔比，学科之间的界限也已发生了根本性改变，因此现代历史传记作家们发现已经难以对伊夫林进行界定和归类。除他出版的日记外，还有关于他的各种活动的丰富信息。它们一起组成了一个庞大而繁杂的累积体系。伊夫林的所有作品中，日记被阅读的次数最多。其实日记就是他的个人日常活动记录，几乎没有什么井然有序的组织构架。伊夫林一生做了许多事业和项目，不是所有的事业和项目都可以被窥见全貌。也许他自己也发现了同样的困难，所以他似乎总在追溯过去，为自己的生活构建一个有意义的叙事体系——对日记里最初描述的事件进行修改和重写，并在他新近出版的书信简编中认真收集自己的信件。

1995年3月，当有关伊夫林的大量资料出现在大英图书馆时，他被描绘成一个有着无尽好奇心的人。但几乎没有人能清楚地意识到，对伊夫林来说什么才是真正重要的。本书依托于他早期的一些传记，比如约翰·鲍尔（John Bowle）的《约翰·伊夫林和他的世界》（*John Evelyn and his World*）（1981年），这本书内容清晰、直白，富有同理心；在鲍尔的传记之前，是亚瑟·庞森比（Arthur Ponsonby）的《约翰·伊夫林》（*John Evelyn*）（1933年）和W. G. 希斯科克的《约翰·伊夫林和他的家庭》（*John Evelyn and his Family Circle*）（1955年）；继鲍尔之后，2006年吉莉安·达利（Jillian Darley）在其著作《约翰·伊夫林：为独创性而活》（*John Evelyn: Living for Ingenuity*）中大量借鉴了现藏于大英图书馆的伊夫林藏书。

本书中的描述更为精简，虽然必须遵循伊夫林的生活和交往的大致轮廓，但重点放在标题所说的他的“家庭生活”上。我在第一章中对此做了解释，但它与17世纪家庭生活的双重含义有关，即我们今天仍然保留着生活在有家庭生活支持和考验的家庭中；但在英国早期启蒙运动的新世界中，家庭生活也强调了接纳或借鉴外国思想、新理论、新资源和技术，以及学会与一个迅速变化和扩大的世界共存的能力。面对其中的许多变化，伊夫林有时是专注的、充满关切的，有时又是沮丧的，也是摇摆不定的。

虽然对他来说，很难分离出一个特定的主题，但家庭生活提供了一个研究这位典型的17世纪人物的新视角。他的生活和职业生涯带领他经历了各种政治、宗教和社会动荡。他目睹了这些，并在一定程度上试图影响这些。为了让“家庭生活”这一焦点更清晰，考虑到他在各方面的努力，似乎应该避免“年表式的罗列”，而应进行历时和共时的叙事方式。这让我能够围绕他在赛耶斯宫的家庭生活和他在皇家学会更关注的事情的重要时刻和地点，将他的一些活动归类在一起，并优先考虑单独聚焦于这个人，同时又不会忽略他与他的时代的这种亲密关系。

目 录

第一章 家庭生活

所有聪明人都应该有两种宗教：一种是公众信仰，因为要符合人民的心意；另一种是私人信仰，内驻其于心，外显其于行。

——托马斯·斯普拉特

贯串伊夫林一生的一个中心主题是他对“家庭生活”的关注，这一主题将为之后的所有章节奠定基础。但首先需要解释的是，当时的家庭生活涉及哪些内容。今天，家庭生活（又作domus）[1]基本上意味着照顾家族中的近亲和远亲、接待来访者、接受个人信仰和家庭悲剧、管理家园和住所、处理家庭财务以及照顾不能选择父母的孩

[1] 拉丁语“domus”意为家庭。——译者注（后文如无特别说明，脚注均为译者注）

子。然而，生活在17世纪的伊夫林会将这种家庭生活模式延伸到他的亲密朋友和同事身上，比如托马斯·亨肖（Thomas Henshaw）、塞缪尔·佩皮斯、克里斯托弗·雷恩、托马斯·布朗爵士（Sir Thomas Browne）、约翰·比尔（John Beale）或约翰·奥布里（John Aubrey，参见插图2），他们经常用信件取代探访。

然而，这种家庭生活给人的感觉并不像今天这样简单。作为伊夫林家的次子，他深深地依恋着位于萨里郡沃顿（Walton in Surrey）的家族庄园，他认为自己永远不会继承它（尽管他在生命即将结束时继承了它）；即便如此，它对伊夫林永远是一个重要的地方。伊夫林没有这样一个以乡村、郡内政治关系以及邻里义务为根基的庄园。婚后，伊夫林在另外一个地方接管了原属于他岳父的一处房产，这处由一座屋子和一块土地组成的房产先是从英联邦租来的，后来又从皇室那里转租来。他可以在这里安家，沉浸在花园的建造中。在这个缺少优秀新式花园设计的国家，设计并建造这座花园成为他的第一要务。在赛耶斯宫，他曾经建造了一处带有一座花园的住所（后来，这座花园成为重要的历史遗址）。1652年，他带着妻子玛丽来到赛耶斯宫。16年里，玛丽为他孕育了6个孩子；这些孩子有的早夭，有的死于天花或其他疾病。赛耶斯宫也是他接待亲朋好友和知名人士——包括查理二世和他的王后的地方。但由于它毗邻繁忙、不断扩张和制造侵扰的德普特福德造船厂，伊夫林不断卷入资金问题、法律问题乃至领土纠纷。更有甚者，对伊夫林而言，赛耶斯宫一点也不像家：他年幼的儿子理查德（Richard）5岁夭亡之后被埋葬在沃顿，而不是德普特福德的教堂墓地。玛丽的母亲在陪女儿去英国后不久就去世了，他陪伴和安慰玛丽的地方也是沃顿。沃顿也是他在1665年伦敦瘟疫时和家人的避难所。同期，他的一个女儿出生了，就在他自己出生的房间里。沃顿也是他自我安慰的家园，（用他自己的话说）他去那里是为了“振作自己”或从疾病中恢复过来，就像他在复辟前夕所做的那样。在拥有赛耶斯宫之前，他向他的兄长提出沃顿庄园的改良方案，当最终得到它的所有权时，他建议自己的孙子在他死后执行他为沃顿庄园预想的维护和管理方案（该方案于1706年设计完成）。有趣的是，虽然我们理解了伊夫林在赛耶斯宫的园艺计划，但我们很少有这方面的图片，而在许多场合，沃顿庄园都被描绘成由建筑、梯田、水域和周围的林地组成的地方，而这种描绘多是出于对其外观的热爱（参见插图3、4）。

虽然现代家庭通常会有一两个家庭成员外出工作，有时还会把工作带回家，但伊夫林没有这种外出的“固定职业”，他不愿从事法律工作，不想在军队中服役，也没有获得任何政府部门的职位，比如皇家史官（Historiographer Roycd）。尽管如此，他仍然是皇家学会（Royal Society，成立于1660年）的杰出成员，并且是建筑、钱币学、绘画和雕塑领域的艺术大师和有专业水准的“业余爱好者”；他在造园艺术方面颇有建树。他从事了我们今天所说的公务员工作，但他没有固定的职位，因此没有稳定的经济收入。然而他又确实拥有一份政府部门的工作，还分别为复辟前曾担任驻法国大使的岳父和他的两个儿孙谋求了工作。由于他在宫廷任职，需要经常在赛耶斯宫和宫廷之间往返，在冬季那几个月里，他有时会在镇上寄宿。对于这位有原则、虔诚的人来说，宫廷并不是个适合他的地方，那里的文化氛围越来越让他感到窒息。

具有讽刺意味的是，在宫廷内，年轻的侍女玛格丽特·布莱奇（Margaret Blagge, Mrs Godolphin）和他兴趣相投，成了朋友。他后来在《戈多芬夫人的一生》（*The Life of Mrs Godolphin*）[1]中写道，这种关系的基础似乎是他对教育学的需求，实际上是他的教学技巧，加上一种虔诚的愿望，即给一名最初寻求他友谊的年轻女子提供建议。他承认他的早期教育并不是特别有用，他发现，在欧洲旅行和学习的岁月比他在牛津学到的东西更有价值，因此，他在自学中激发了指导他人的本能，并在家庭内外找到了表达渠道。

伊夫林有关家庭事务的首部系列作品之一是写给他年轻妻子的“应该被锁起来的”的“经济学指导书”（Instructcans Oecovomiques，这里指的不是他妻子，而是这本指导书）[2]。这本指导书的扉页用金字题写着：“献给：我年轻时的爱人，我壮年时充满希望的伴侣，我年迈时未来护士……玛丽·伊夫林，我亲爱的妻子。”他建议他13岁的新娘懂得关于妻子的义务和幸福结合的必要条件，懂得“父系社会”和乡村生活，同时用一系列的格言（senteneiae）和文化典故来支撑他的观点，比如赫西奥德、柏拉图和塞勒斯等。这对于这样一名多才多艺的年轻女性而言，还是带些胁迫性的，但她显然能应付自如。后来伊夫林称赞她是“世界上最好的妻子，甜美，虽然不甚迷人，但讨人喜欢。随着她的成长，她变得虔诚、忠诚，脾气也很好”。伊夫林还为女儿创作了《你的时间使用指南》（*Directions for the Employment of your Time*）[3]，这本指南从祈祷到听从她母亲的命令，在散步锻炼、练习写作、弹奏羽管键琴等小事上都给出了建议，让“上帝和你的灵魂之间进行更严肃的交流”。这些建议还涵盖了家庭祈祷时间和周日的特别指示。妻子玛丽似乎很尊重这些指示，还自己制作了一本小册子，上面写着“我的几个设计和想法，也是我的生活写照”。[4]1692年儿子约翰去爱尔兰任职时，伊夫林为他写了本小册子，内容涉及宗教、“有益身心的娱乐”，以及如何重建沃顿庄园。那时伊夫林已经知道他将从兄长手中继承沃顿庄园的遗产并传承给他儿子（尽管约翰还没来得及接手就去世了）。1704年，在约翰去世后，考虑到自己的工作和价值观，以及他自己去世后（儿子约翰去世的两年后）庄园必须得到维护，伊夫林写下了《给我孙子的回忆录》（*Memories for my Grand-son*）。

伊夫林一直是个忙碌而细致的家庭成员：教育他的儿子，为他的侄子聘请家庭教师，也替友人的孩子推荐合适的家教。只要略读一读他的一封较长的书信，就能知晓他是多么乐意承担并胜任教育和引导年轻人的职责，这份责任担当来源于他和玛格丽特·布莱奇之间建立的真诚而深厚、同时却也经常被人误解的友谊。

对伊夫林来说，更真实的家，或者说家庭，就是他的国家。他用“家和大陆”来诠释克劳迪安（Claudian）关于“知足”的定义。至少，这产生了一种交流：一边是欧洲及其知识遗产；另一边是任何可以被认为是他的“家”的地方——沃顿、赛耶斯宫——和复辟后的新英格兰。一个虔诚的家庭是一种私人宗教，需要精心培育，与之相对的，社会宗教就是国家。要想让人民服从，就必须对英格兰在宗教、艺术、文化以及在更广阔的世界中所扮演的角色做出承诺。他在1671年给詹姆斯·汉密尔顿（James Hamilton）的去信中写道，英格兰教会的宗教是一种“崇高而高尚的服务，优雅、足以达到其光荣的目的，如果伟大的人做到这一点，就会令人羡慕和钦佩，并会因虔诚而声名远扬”〔《信簿》（*LB*），第一卷，第513～514页〕。在仕途失意、流亡欧洲的阴郁岁月里，伊夫林尽己所能，为他的国家和信仰服务——通过翻译和撰写有关建筑和园艺的文章，以确保他能把过渡期间的收获传达给他的同胞。

因此，除当前的家庭和朋友圈子之外，他还需要适应更广阔的欧洲政治和文化世界。在个人和家庭生活中，伊夫林细心而慷慨，同时坚定而有原则。在更广泛、更公开地探索“驯化”的过程中，他拥有了旅行的机会。作为没有义务照看沃顿庄园的家中次子，他在英格兰共和国成立那个动荡的时期之前便离开了英国，这样一来，他或通过书籍或面对面地，接触到了和自己一样也逃离了英格兰的思想家圈层。这种对欧洲经验的第一手了解从根本上影响了他的思维、出版物和翻译作品，以及他对园林建造的热情——这本身既是一种个人爱好，也是他认为应与同时代的英国人分享的重要财富。因此，“为了我国的利益或娱乐”，他翻译并传播了关于法国园艺的论文——《法国园丁》（*The French Gardiner*，1658年）和《完全的造园家》（*The Compleat Gard'ner*，1693年）。鉴于没有意大利的论文被翻译成英语，他在关于园艺的各种评论中增加了自己对意大利设计的看法。斯蒂芬·史威哲在1718年写道：“正是由于这些翻译工作，园艺才能说像样的英语。”伊夫林在法国的专业知识和他在意大利一手考察的基础上，建立了自己的园艺和树木栽培的英语语料库，并练习建造园林。

对于这些“异域事物”（chameleon）[5]，无论是园艺、建筑、政治、雕刻、果木、林木栽培、航海和商业、奖章和硬币、绘画、民族特色、土地，或者植被，运用真正的英语来阐释它们是至关重要的。缺乏足够语言技能的英国人须用自己的语言去阅读重要的外国作品，并考虑如何将这些思想适应在英国本土，然后用英语清晰地表达出来。1654年，约翰·奥吉尔比（John Ogilby）通过《维吉尔·马罗作品集》（*The Works of Publius Virgilius Maro*）这一书名，使这位著名的罗马权威、政治家和诗人为英国人所知晓。但43年后，约翰·德莱登（John Dryden）启用《维吉尔作品集》（*The Works of Virgil*）这一书名——这看起来已经更具英语气息了；虽然奥吉尔比的版本用精美的页边注对文本进行了注解，但德莱登的译文却在平装版里独树一帜。

翻译本身就是不断努力地进行“驯化”。约翰·奥尔德姆（John Oldham）在1681年对他的《诗歌艺术》（*Ars Poetica*）所做的“广告”中宣称，他的工作是让“贺拉斯穿上一件比以前更现代的衣服，也就是说，让他说话，仿佛他仍旧在世、依然在写作一样。因此，我决定把这个场景从罗马迁到伦敦”。从字面上和隐喻上来说，改变场景是作家们永恒的主题：18世纪初，威廉·特伦布尔爵士（Sir William Trumball）敦促亚历山大·蒲柏翻译作品，他知道他会让“荷马说一口流利的英语”。伊夫林本人主要从事的也是这种翻译，他鼓励他的儿子约翰也这样做：小约翰在1673年出版了勒内·拉平（René Rapin）的《自由四世》（*Hortorum Libri iv*，1665年）的拉丁文版本，该版本仿照了维吉尔（Virgil）的《田园诗》（*Georgics*），书名页上写着“现在已译成英文”；约翰的《格罗修斯的论点》

（*Grotius His Arguments*）也在1686年“被翻译成简单的英语诗歌”。

因此，这个国家看到了“驯化”（有点令人反感地联想到驯化野生动物！）指的不仅仅是让他们的民众理解并接纳外国的思想，还要让人们尽可能用流畅的英语将这些思想表述清楚：正如托马斯·斯普拉特（Thomas Sprat）在他的《皇家学会史》（*History of the Royal Society*）中所描述的那样（伊夫林也是这个团体的成员），他称为“本土化的朴素”。这种对质朴的注重，立即在英国风靡，而英国人家中书房里一本本可读性强的图书，支撑了皇家学会的大部分业务。伊夫林也做出了自己的贡献：他为卢克莱修（Lucretius）、克里斯托姆（Chrysostom）和一群其他外国作家的作品找到了上乘的英文载体。然而，这不是“长老宗”（Presbyterian）[1]式的朴素，因为伊夫林至少赞扬了英国教会服务机构劳德教派（Laudian）的品德；更确切地说，他选择做一切可能有用的事情，以“驯化”的欧洲主义来丰富英国性格。

精通“驯化”的首席天才弗朗西斯·培根在这方面给皇家学会的成员们提供了灵感，他在新出版的《新亚特兰蒂斯》（*New Atlantis*）中特别强调了“驯化”的必要性（发表于1627年，也就是他死后的一年，当时伊夫林才7岁）。[6]在《新亚特兰蒂斯》的“所罗门之家的寓言”里，以及培根的《木林集》（*Sylva Sylvarum*）〔伊夫林《林

[1] 长老宗（英语：Presbyterianism），其教会称长老教会（英语：Presbyterian church，简称长老会），是西方基督教新教加尔文宗的一个流派，源自16世纪的苏格兰改革。

木志》的标题与培根的书作以及斯塔图斯（Statius）的《西尔维》（*Silvae*）相呼应〕中，伊夫林一定会为自己的诸多活动找到大量动力。在培根《新亚特兰蒂斯》的结尾，所罗门家族的“父亲”的长篇大论，涵盖了皇家学会及其成员共同努力效仿的每一个可能的研究领域，伊夫林本人也在某些领域中贡献了自己的力量：诸如天气、照顾病人、实验、“机械艺术”、熔炉和生热机制、各种发动机、火药制造、飞行机器和“奇怪的钟”，以及远近事物的表征——从蠕虫和小苍蝇到彩虹和天空——还有“透视屋，那是我们演示所有的光线和辐射的地方”，包括“假距离”的产生。

在《新亚特兰蒂斯》中，有一章节涉及“各种各样的大型果园和花园”，公园或“那些各种围场中的飞鸟走兽，它们不仅可以用于观赏或猎奇，而且也可以用于解剖”，这段描述一定给伊夫林留下了深刻印象：

> 在这里，我们不会过分尊重美，而是会去尊重各种各样的土地和土壤，它们适合不同的树木和草药——在这些开阔的沃土上，树木和浆果生长，而我们在那里制作各种琼浆。也是在这些土地上，我们同样实践了种植和嫁接的所有理论——野树也罢，果树也好，都会呈现不同的效果。我们使用不同的工艺，在同样的果园或花园中，打破树木和花草的生长规律；不仅让它们生长得更快，也让它们对这种超越自然节奏的快速生长产生了耐受力；我们运用超越它们本质的伟大工艺，使得植物的果实更大、更甜，味道、气味、颜色

和形状都有别于它们的本来形态。我们会经常使用其中的一部分（植物），因为它们已经具有了药用价值……我们也有办法在不用种子的情况下，用泥土的混合物让植物生长；同样地，我们也能制造出各种不同于普通植物的新植物，使一棵树或一株植株变成另一棵树或另一株植株……（第38页）

新亚特兰蒂斯的习俗和政治，反过来又明确地维持了“所罗门之家”（Solomon’s House）阐明的日常计划，这是两种家庭性质的证据：对家庭的爱和照顾，这在一次准宗教家庭聚会的精心描述中得到了表达（第26页及以下），以及对细心而专注的旅行进行奖赏。如果社会“完全致力于使这个王国和人民幸福”（第21页），那么旅行即便受到严格限制，也会带来外国的消息，从而“了解这些国家的事务和状况，特别是科学、艺术、产品和计划”（第24页）。旅行是“通过双眼去了解更多的事情”（第16页）；但是那些旅行和观察能力较差的人，那些“待在家里”的人，可以通过细读那些旅人已出版的书籍来学习，因为他们从其他国家带回了“资料、抽象概念和实验模式”，他们被称为“光的商人”（第45页）。简而言之，“我们基金会的最终目的是探知事物的起因、神秘的定律，我们要扩大人类帝国的疆界，实现一切可以实现的事情”（第35页）。

早在1592年，培根就告诉一位记者，“我把所有的知识都当成了自己的领地”；他希望清除“无聊的争论、反驳和陈词滥调”与“盲目的实验、以讹传讹的风气和欺骗”，为此需要“勤奋的观察、脚踏实地的结论及有益的发明和发现”[7]。伊夫林想必欣赏这种决心，并在培根出版的著作中，得到了源源不绝的动力——即使他也陷入了古典作家那些“盲从”的结论。培根以身作则，然而伊夫林却不一样：他只具有“温和的公民目的”，不太愿意参与政治事务，但对自然和艺术现象的审视，以及对提出问题和寻求经验理解的兴趣，对他来说就像他的家庭、宗教和国籍一样重要。

伊夫林有着很强的家庭观念，在欧洲旅行期间，他经常和他的兄弟姐妹保持联系。1659年的晚些时候，经受丧子之痛的伊夫林（幼子夭折于1658年）开始翻译圣约翰·金斯托姆（St John Chrysostom）的希腊文书籍《儿童教育的黄金指南》（*Golden Book Concerning the Education of Children*）以寻求慰藉，并特意把他和同胞兄妹手足情深的描述作为这本译著的开场白。杰弗里·凯恩斯（Geoffrey Keynes）恰当地表示，这是他的出版物中最有吸引力和最具个性化的一部。伊夫林对他在家庭中的教育角色的理解是以他对国家的关心为范本的，他作为一个英国人，并且还是一名保皇党，忠诚地为国家服务，在那里他在宗教问题上的个人良知（或者现代人所说的意识）得到了培养。迈克尔·麦肯（Michael McKeon）在他的《家庭生活秘史》（*The Secret History of Domesticity*）一书中引用了约翰·德莱登（John Dryden）的话，大意是“良知是每个个体自己的王座和君权”，从而巧妙地将王权与个人联系起来。[8]

正如麦肯（Mckeon）所证明的那样，17世纪的家庭生活有着更加丰富的意义，因为个人良知和公共行为之间的联系错综复杂，涉及私人和公共世界之间、家庭和国家或城邦之间越来越复杂的博弈与制衡。麦肯认为，“城邦和家庭之间的关系被隐喻地理解成：

城邦是按照家庭的模式构思和安排的”；虽然他引用了亚里士多德（Aristotle）的《政治学》（“国家在本质上明显先于家庭”），但他忽略了亚里士多德的历史立场，即家庭确实是城邦的先导。麦肯还引用了约翰·洛克（John Locke）的理解，“国家之于臣民的权力，也许不同于父亲之于子女、主人之于仆人、丈夫之于妻子以及贵族之于奴隶的权力”[9]。由此可见，当时对家和家庭的理解，与今天的观念大相径庭。

伊夫林在“驯化”方面的许多努力和成就都是以写信和为出版社写作以及出版物本身（不总是同一件事）的形式出现的，尤其在伊夫林最关心的领域——促进园艺和树艺的发展上，更是如此。正如伊丽莎白·耶鲁（Elizabeth Yale）所展示的，博物学家在培根的观察的基础上收集信息，然后写下笔记，勾画出项目，在通信中分享他们的信息，最后，也许他们的想法会以印刷形式被定格——尽管他们经常有兴趣进行修改，就像伊夫林对待他的《林木志》一样。[10]信件和共享笔记当然是伊夫林与塞缪尔·哈特利普（Samuel Hartlib）、约翰·比尔和约翰·奥布里以及其他人的交流方式；同样，他们的大量笔记、文件、草稿、草图和手稿，并不总是会出版。然而，正如耶鲁表明的那样，在这种观察和理解自然世界的巨大而细致的努力中，野生动物、草本植物、花卉以及陈列柜，都被用来将这种多少有些支离破碎的知识收集成对英国自然财富的描绘和再现。

不过，对许多艺术大师而言，远在投身出版行业之前，他们便通过写作和书信建立了知识交流网络。伊夫林的书信相当多，而也正是这些书信滋养并升华了他的许多想法。与塞缪尔·哈特利普通信是他的一贯做法，因为后者是欧洲各个学科知识思想重要的“调和者”。伊夫林与除哈特利普之外的许多人也保持着这种书信交流。这些数量更为庞大的信件（他也有着将重要的信件保留在《信簿》中的决心）表明，广泛地与同时代思想家保持联系，对他个人和他希望在英格兰推广思想来说都是至关重要的。如果说他相当倚重的日记写作反映了他一生中同他人建立和保持的联系（尽管有时简短、粗略，并不总是准确），那么他的书信就更雄辩地展示了他同时分享着科学和艺术、宗教和政治、公共和个人的观点。事实上，他的信件也揭示了他对“驯化”是有着双重观点的：与一大群朋友和笔友的交流反映了他的家庭；而他的家庭，只是对公共国家含蓄但明确的隐喻和转喻。[11]

但是，伊夫林和他同时代的许多人一样，强烈地意识到自己正在经历一场印刷文化的变革——不仅是通过书店和流动书商发行的书籍，还有广为流传的小册子和新闻。现在，思想可以更加迅速地被消化、被交流和被谴责；政治批评可以很快得到强化或淡化；正如培根所设想的那样，科学将不再流于传统的民间创作、人们的口耳相传和老太太所讲的故事。约翰·奥布里（John Aubrey）也是一位出色的资料编辑者，他对这种新传播媒介充满感激：

> 自从印刷术流行以来，直到内战[1]爆发前不久，普通人都

[1] 此处指英国内战（1642—1651），是发生在英国议会派（“圆颅党”）与保皇派（“骑士党”）之间的一系列武装冲突及政治斗争。

还没有学会阅读。如今，书籍已经在民间广为流通，大多数穷人都能识字；许多好书和世间各种风云变幻、奇闻逸事把所有的古老寓言都抛到了九霄云外；印刷术和火药这些神圣艺术，把捣蛋鬼（Robin-Good-fellow）[1]和仙女们都吓跑了。[12]

家是传播、教授和培养语言的地方，这样人们就可以无障碍地阅读书籍。

如果伊夫林家族的火药工业因内战而大大衰落（伊夫林本人在回应奥布里关于萨里郡和沃顿庄园的树林与溪流的言论时也提到了这一点），那么事实已经表明书籍编撰的影响力丝毫不逊于枪炮的威力，甚至可能比它更加强大。因此，伊夫林继续制作小册子，向皇家学会提交报告、书籍和译作——这是向英国读者传达外国思想的重要方式，因为现在书籍可以广泛传播。像奥布里一样，事实和观察的积累需要进行不断的修正，遗憾的是，这导致了他的巨著《大英极乐世界》（*Elysium Britannicum*）遭遇了令人挫败的滑铁卢，他曾希望把英国园丁需要知道的一切——机械的、园艺的、哲学的，全部汇集成一本书，而这本关于一个更新的亚特兰蒂斯的书值得收录在培根图书馆里。

[1] Robin-Good-fellow或者Puck（蒲克），是莎士比亚在戏剧《仲夏夜之梦》中的角色。蒲克是英国民间传说中半夜出现的小精灵，专爱搞恶作剧。

第二章

在英国的早期生活

1660年，伊夫林开始撰写《日记》[1]，开篇就描述了1620年他出生时的家庭状况，里面记录了他父母的年龄和性格：他的父亲“身材矮小，但是非常强壮……做事一丝不苟，脾气温和”（《日记》，第二章，第2页），而他的母亲“出身高贵，身体强健，棕色皮肤……她身上带有一种‘宗教式’的忧郁，抑或是虔诚的悲伤，她是珍贵的回忆，她的人生堪称榜样”（《日记》，第二章，第4～5页）。他还提到了萨里郡的沃顿和家族产业，那里离伦敦22英里，1579年伊夫林家搬了进去，而这些产业是1595年伊夫林的父亲理查德继承来的（参见插图5）。

沃顿成了伊夫林生活的轴心——就算实际上那里并不属于他，也至少是指引伊夫林生活的磁石或指南针。1699年，伊夫林的哥哥去世，没有留下继承人，因此他意外地继承了沃顿庄园——世事变化无常，伊夫林被这些变化鼓舞，又因这些变化带来的结果感到悲伤。用约翰·多恩（John Donne）的话来说，沃顿就像是指南针的固定脚，指引着另一只脚踏上漫游的道路：

> 虽然它站定中央
> 另一只脚却漫游远方
> 它谛听它的声音，
> 它是它背后的倚仗，
> 等到它重新立起挺拔的身姿
> 便指着家的方向。

后来，伊夫林在给奥布里的《萨里自然史》（*Natural History of Surrey*）作序时写道："萨里是我的出生地，也是我的乐土；但是由于一些意外，我在这片土地上所受的教育很少。"他因为对这片土地一无所知而感到很惭愧。但他称赞沃顿"是一片树木环伺的沃土"（沃顿这个名字也是因为环境得来的）。萨里郡这块土地"可以使得别墅和花园别有一番风味，让它们带上一种意大利风情"，这片土地视野开阔，遍地是绿色的冬青树，"锥形山峦绵延起伏，山上丛林遍野，山间激流流淌，这些景象造就了一片世外桃源，我从来没见过比这里还美丽宜人、罗曼蒂克的地方"（《杂集》，第687～691页）。他的哥哥乔治允许他用一个书房、一个鱼塘和"一些闲置的空间"来扩充庭院（《日记》，第二章，第81页）。总之，沃顿的风景，它的林地和花园都是伊夫林生活的灵感和慰藉，再加上他在欧洲大陆的旅行经历，出于对人们生计和英国生产木材需要的考虑，他精心建造了一些于人有益的花园。怀着克制但又深沉的爱国情怀，他在《钱币学》（*Numismata*）中称沃顿为“我们英国人的极乐世界”（第323页）：“据我所知，很少有国家（在这么短的时间内）有这么多的原料……”

这个家族曾经有一个曾祖父是爱德华六世（Edward Ⅵ）的王室官员，但自15世纪晚期，家族成员开始务农。在伊丽莎白一世（Elizabeth Ⅰ）至詹姆斯一世（James Ⅰ）统治期间，在身为火药供应商的祖父乔治的带领下，整个家族逐渐繁荣兴盛。因此，约翰·鲍尔（John Bowle，第6页）写道：“伊夫林是一名军火大亨的孙子。”1673年，伊夫林写信给奥布里，说他记得他的祖先在沃顿附近的小溪和池塘旁建起了“许多军火工厂”。尽管后来火药产业倒闭了，他的家族却仍然保有土地这项财富。此外，约翰的父亲理查德生活在乡村，“精心经营畜牧业”。理查德很富有，是一位受人尊敬的地方官员，是吉尔福德附近一所文法学校和济贫院的赞助人，还是一名治安法官，曾当过一阵子郡里的高级警长。与他的儿子在日后所做的如出一辙，他谢绝了所有的荣誉或爵士头衔。所以，沃顿可以被称为绅士阶层的典范，这是除奢华的贵族房屋之外，在英国树立的又一个榜样。

伊夫林初受教育的地点并不稳定，他先在一个“沃顿教堂的门廊”学习，然后辗转到他祖父家里，再后来到他祖母的第二任丈夫家学习，就在苏塞克斯刘易斯（Lewesin Sucsex）附近，他在那里的免费学校学习了拉丁语和法语，并且喜欢上了画画，但是他的父亲并不同意他画画。父亲希望他去伊顿（Eton）上学，但是他拒绝了，因为那里纪律严格（尽管后来他选择把孙子送到那里去读书），在这一点上，他得到了祖父母的支持。伊夫林偶尔会回到沃顿：1635年9月，母亲生病时，他被叫回家，当时他母亲因女儿伊丽莎白难产去世而悲痛万分。1635年底，伊夫林的母亲去世，这成了家庭带给伊夫林一生的悲痛主题。[2]

1637年5月，伊夫林作为一名特别研究员前往牛津大学贝利奥尔学院（Ballwiod）学习，并于5月19日被录取。他的哥哥已经进入三一学院（奥布里后来在1642年被该学院录取），他的弟弟理查德在1639年也进入贝利奥尔学院。伊夫林在《关于主神1636年和1637年的新年鉴预言》（*A New Almanack and Prognostication for the year of our Lord God 1636 and 1637*）中留下了一些注释（现藏于贝利奥尔学院图书馆）[3]，这些注释几乎没有描述他在学院的生活，但记录了他对天气的预测，还有一些关于人体解剖学和“天体运作”过分夸大的理解；伊夫林和英国皇家学会的成员们要做的就是反对这些老生常谈和怪里怪气的“长篇大论”（用培根的话说）。他和大学同学詹姆斯·辛克尼斯（James Thicknesse，詹姆斯于1641年成为贝利奥尔学院的一员）成了朋友，詹姆斯是一个“富有学识，对人友善的人”，1643年后二人一起游历欧洲。

他早年间和弟弟前往朴茨茅斯和怀特岛旅行，那会儿他便开始对新地方、新思想、新刺激产生了兴趣。后于1639年5月，他踏上前往巴斯、布里斯托尔、赛伦塞斯特（Cikencester）和马姆斯伯里（Malmesbury）的“愉快的短途旅行”，在那之后，他就在沃顿度过了夏天。他在年底回到了贝利奥尔学院（当时没有人会在牛津“留校”），于1640年2月彻底离校，但是没有拿到学位——拿到学位既昂贵又没必要。随后，因父亲生病，他回到沃顿，之后，他和乔治一起租住在中殿律师学院（Middle Temple）。在这里，他可以按照父亲的意愿，投身于自己所谓“初修法律”。1636年，两兄弟经过父亲的允许进入了律师行业。

这时，查理一世（Charles Ⅰ）和议会之间长期酝酿的冲突已让英格兰局势混乱。伊夫林见证了1614年短期的或是“胡闹般的”议会会议，1640年11月，国王被迫召开长期议会，伊夫林（回忆中）称之为“这讨厌的、致命的议会；我们痛苦的开端，20年后，这位最‘快乐’的君主灭亡”。城中和宫廷都出现“经常乱成一团”的现象，兰伯斯宫（Lambeth Palace）“遭到一群来自萨瑟克区的粗鲁暴徒的猛烈袭击，这些暴动毫无疑问是由清教徒（我们现在称之为长老会教徒）发起的”。（《日记》，第一章，第18页）

国家陷入混乱，伊夫林的家庭也遭受了痛苦：整个1640年的夏天，他的父亲疾病缠身，最终于圣诞前夜去世。1641年夏天，伊夫林一直在沃顿待着，但是他为了审判和处决斯特拉·福德伯爵（Earl of Strafford）去过伦敦。“在无人审理的情况下，一个新的法则被制定出来了，不是为了开创先河，而是为了毁灭这个人，事情到了不可挽回的地步。”（《日记》，第二章，第28页）国家陷入一片混乱，彼时他的哥哥在沃顿安家，而19岁的弟弟理查德则选择逃离“家乡这糟糕的光景”，前往了低地国家。在那年晚些时候短暂回到英国后，1643年，伊夫林又开始了欧洲冒险之旅，并在旅途中度过了六年最美好的时光。如果这个国家能够恢复稳定，“放逐”将被证明是一种很好的教育方式。

第三章

旅行的收获：欧洲大陆，1641年和1643—1647年

伊夫林对于其在牛津的时光并不想多加谈论（“我从中收获甚微”），因为他在欧洲受到的教育对他来说更有裨益。培根在他的《随笔》（*Essays*）中写道：“旅行对年轻人来说，是教育的一部分；对老年人来说，是经验的一部分。”作为家中次子的伊夫林当时既没有专注于接受教育，也没有专注于积累经验。1641年，他离开英格兰，踏上前往联合省（United Provinces）和西属（天主教）尼德兰“这两个好战[1]的国度”为期四个月的旅行。彼时他清醒地意识到一系列“有待观察考证的”（用培根的话说）外国风俗习惯十分便于他安排行程。11年后他在作品《法国》（*The State of France*）中批判法国文化，但是他在前言中仍然强调了旅行给他带来的丰硕成果：

[1] 这里原文的“jealous”意指西班牙和尼德兰之间的八年战争（1641—1648）。

“我带着某种虚荣心去模仿，以期体会最好的教育，我的同乡却都指摘这种教育，但这也让我相信，最好的教育是一种只有去遥远的国度才能带回的有用的东西。”在乱世，旅行或流放确实是一件有益之事，因为那些“从没出过远门”的人对他们所生活的世界做出的贡献少之又少。他曾经在法拉盛〔Flushing，今弗利辛根（Vlissingen）〕注意到，离开了英国，事情“彻底改变了”。引用伊夫林的一个比喻（这个比喻在17世纪也常使用），上帝用一些事物使得“（可以这样说）……这个陆地上的陈列柜”焕然一新了，这些事物在未来他“回国后能给自己国家带来利益和好处”。[1]

伊夫林给自己写的座右铭是：探索一切，保持最好（Omnia explorate, meliora retinete，《信簿》，第一卷，第3页）。1641年，他急切地想要践行自己的座右铭。后来，在《法国》（《杂集》，第45页）中，他注意到“机械上稀奇而有用的东西，组合到一起就像整个政府和政体一样神秘，称之为哲学确实更恰当”。因此，他认为记录实际的（机械的）问题和哲学问题同样重要。从法院、大使馆到纪念碑，有教会场所也有世俗场所，从古史、遗址到庭院、防御工事，从珠宝服饰和珍奇标本，到“你到的地方任何值得纪念的物件”——都必须记录，而这些“备忘录”（memoranda，培根语）可以放在一个作为好奇心的精神陈列柜的“小房间”里。

在17世纪，好奇心并不会害死猫，而是能够促进知识发展。伊夫林最终有了两个真正的陈列柜——一个是在佛罗伦萨做的，另一个是在巴黎做的（参见插图6）。[2]当然，没有任何一个陈列柜可以装得下他游历欧洲积累而来的经验，甚至装不下他在鹿特丹购买的风景画和喜剧作品，或者是他在回家路途中从帕多瓦运回的书籍、版画、地图和解剖符号注释，这些物品最终在1649年抵达伦敦。他购买的这些物品，以及在旅途中得以润色的作品，可以让我们了解他在国外六年的心路历程。伊夫林的《日记》是根据回忆写的，其中可能有一些内容是虚构的，因为后来他阅读了旅游指南（他写《日记》时，一些参考资料的出处有误），所以他最初的旅行被修饰了一番。但这本《日记》仍然是他在旅行中通过敏锐考察而得的精华纲要。起初他仅仅是将考察记在脑海里，后来因为这些考察对于英国很重要，他才拿出来撰写。而这些符号和观察，才是他真正的“陈列柜”。

1641年，伊夫林与表兄约翰·卡里尔一起旅行，随行的还有阿伦德尔伯爵（Earl of Arundel）、托马斯·霍华德（Thomas Howard）。托马斯·霍华德来自阿尔伯里（Albury），是伊夫林在萨里郡的邻居，他当时在陪同王太后玛丽·德·美第奇（Marie de' Medici）。伊夫林将在前往科隆的途中，在多特与王太后（“王太后被她生活中的种种命运折腾得辗转难安”）以及法国皇室成员再次相遇。从法拉盛开始，伊夫林和卡里尔游历了整个低地国家。他们主要是在运河上乘船，在不同的时间到同一个城镇游览，或者是去任何一个他们感到好奇的地方看风景，包括纪念碑、珍宝、建筑、花园、城市修缮和防御工事（因为当时荷兰和西班牙还在打仗，战争是常态）。伊夫林还短暂地加入了位于亨讷普（Gennep）的一家公司，还去军队“服役”过。但在“对军队和围城的困局相当满意”之后，或许在军队里一顿豪饮之后，他就想要结束军队生活了。

伊夫林对所见所闻都感到好奇，甚至不加选择地购买他后面要读的旅游指南。有一些东西在他的脑海里一直挥之不去，无论在当时还是后来。其一是对敌对信仰的好奇——实际上是对敌对信仰的包容和兴趣。他急切地探索宗教仪式和宗教场所。他参观位于阿姆斯特丹的一个犹太教堂，接触各种新教教派，亲吻被废黜的寡妇、波西米亚新教“寒冬女王”的手，她是查理一世的姐姐。他还见了躲避议会问责的英国人，还有住在布鲁塞尔的英国修女。他还参观修道院和寺院，会见加尔默罗会修士和耶稣教士，并且非常喜欢这些教士位于安特卫普（Antwerp）的学校及教学建筑。但是这些都没有动摇他对英国新教的信仰。（培根在《新亚特兰蒂斯》中提到，即使基督教教徒接受了其他宗教的存在，他们还是一如既往地信仰基督教。）此外，他对遇到的有趣的外国人也保持一种开放的心态。（比如“两个离开德国旅行、到过意大利的波兰贵族，两人都非常有学问”。）

他将自己经常看到的事物同英国的做比较，这些事物并不总是比英国的差。他欣赏欧洲城市的政府建筑，“所有的建筑都很宏伟”，同时，他也赞赏任何现代的和古典的建筑。乘船时，他注意到河堤上的麻风病人；在鹿特丹，他第一次看到大象；在阿姆斯特丹，他参观了一家收容残疾老兵的救济院。他赞赏那些“乡下（神学院或修道院）的姑娘，她们被教导成了很好的家庭妇女”，她们是追求者趋之若鹜的结婚对象。他还见到一种荷兰的感化院，“放荡的女人要被关里面，受到管教，还要参加劳动。但事实上，一切都是那么甜蜜和整洁”。在布鲁塞尔，他欣赏了鲁本斯（Rubens）的画作，透过钥匙孔窥视那里一个封闭的图书馆里摆放书籍的格子，再次叹服于花园工艺的精美，花园里有雕塑，各种形状的喷泉里传来动听的音乐。

鉴于伊夫林后期对园艺建造和园艺写作很重视，他总是回顾性地记录这些他探访过的场所，至少会对它们进行简单的说明——比如《海牙》（*The Hague*）中的“一个好看的花园和公园，其中有一些奇怪的植物”，再如《赫托根博斯的圣克拉斯修道院》（*Convent of St Clares at 's-Hertogenbosch*）里的一棵酸橙树（“我似乎观察不到它的匀称性，也无法预估它的高度”）。他总是渴望去参观军事设施，觉得那些在赫托根博斯的军事设施是世界上“无与伦比的防御工事”（在某种程度上，作为一个军事上的“门外汉”，他反而可以无所顾忌地参观这些地方）。没有比安特卫普整个城市里“美妙的树荫和参天大树下的小道”更让伊夫林开心的了。此前，他参观了莱顿大学里的植物园（参见插图7）（作为一种逃避税收和消费税的手段，他被录取进入莱顿大学，还在那里获得了一份异国植物的目录）。他还对解剖学院的剧院和大学里储藏自然珍品的柜子以及储藏室惊叹不已，他对其中的许多内容都如数家珍。伊夫林还参观了莱顿的爱思唯尔（Elsevier）印刷厂，从安特卫普的布兰丁出版社（Plantin's press）购买书籍，还参观了阿姆斯特丹伟大的地图绘制者布劳（Blaell）和洪迪乌斯（Hondius）的办公室。

10月，伊夫林在根特（Ghent）再次见到了阿伦德尔伯爵，当时阿伦德尔伯爵刚刚把病中的王太后送到科隆后返回根特。后来他们一起完成了穿越西属尼德兰的旅程，然后乘船前往多佛。一回到伦敦，伊夫林便告别了在阿伦德尔城堡获得的“贵族身份”。他先回到了中殿律师学院，然后又回到了沃顿，并对此次旅行进行自我反思——

“我处于一种嫉妒的心理中，如果可以的话，我想平静下来找回自我”。

伊夫林只在英国短暂停留。不到两年，他又回到了欧洲大陆。这几个月英国动荡不安，王室陷入困境，战争一触即发。议会成员决定宣泄他们积蓄已久的愤懑，并削弱国王对顾问大臣的掌控权。伊夫林在伦敦和沃顿之间来回奔波，他数次前往刘易斯、戈德斯通、位于萨里的朗迪顿和位于赫特福德郡的赫特英格福德伯里探亲——伊夫林的祖父乔治的两次婚姻，让他拥有了一个有24个孩子的大家庭，因此伊夫林要维系很多关系。早年间，他在从苏格兰回来的途中目睹了国王进入伦敦时的样子，“乱糟糟的人群大声地欢呼喝彩”。伊夫林是保皇派中殿圣诞庆典的组织者之一，但是他推掉了一些任务（只在庆典安排了一些恺撒的青铜半身像），之后便返回沃顿。他提到自己定期领受“心灵圣餐”的地方主要是沃顿，不过有时也是中殿律师学院。

在沃顿，经由他哥哥的允许，他建造了一间“在瀑布之上的小书房”。他还画了小书房的素描（参见插图8）。他还造了一个池塘和一座岛屿，以及“一些独居和闲适的空间”，这是他在暴风雨中能得到喘息的地方。他和他的兄弟们在北安普顿买了鞍马。当时正值第一次内战，鞍马这样的物资比较紧缺。后来，他跟随国王参加过一些战斗——一路转战至朴茨茅斯，9月，国王军队在此地遭到议会部队的围攻，他最终离开了战败的国王，前往法国。1642年，因要为国王一派寻求资金支持，亨丽埃塔·玛丽亚王后（Queen Henrietta Maria）被护送去联合省，此行再次由阿伦德尔伯爵陪同。之后，为躲避国内的战乱，阿伦德尔伯爵定居在帕多瓦，伊夫林日后会在那里与他会面。1642年11月，伊夫林决定在布伦特福德（Brentford）战役中协助国王，但他“骑着战马，带着武器”却姗姗来迟，得胜的保皇党早已撤去。第二年，他只得把自己的战马和“装饰”战马的一位朋友送去支持国王，但是国王没有打进伦敦，而是匆忙撤回到保皇派所在的牛津。

伊夫林还有一些拜访亲朋好友、以及一些培养他的“好奇心”的旅行——他近年在国外的经历无疑滋养了他的好奇心，他或许也担心议会部队会给国家造成很大的破坏。他曾亲眼见证了一名“愤怒的暴徒和狂热者”给“齐普赛街（cheapside）宏伟的十字路”带来的破坏。然后他回到了沃顿，“对威胁着我们的混乱，没有丝毫惋惜”。他从低地国家回来后不久去了阿尔伯里（Albury），在那里，他从阿伦德尔那里听说了爱尔兰屠杀数千名新教徒事件，这个事件助长了清教徒的反天主教情绪。他和他的兄弟们还去圣奥尔本斯（St Albans）参观弗朗西斯·培根爵士的纪念碑，欣赏温彻斯特教堂，两度观赏了伊丽莎白一世的哈特菲尔德花园（Hartfield）和葡萄园，还参观了位于西奥博尔德斯公园（Theoboldes Park）的另一座皇家宫殿（1651年被议会议员大肆破坏）。他在鲍尔斯公园（Balls Park）参观新房子——这一定让他想起了曾在国外看到的荷兰古典主义建筑。他还参观了议会新建的防御工事，就在现在的伦敦周边。（他匿名参观了此地，没有表明自己“已经加入国王陛下的军队”。）

1643年夏末，伊夫林意识到自己在英国南部来来回回游玩所见，让他“无法逃避做些不体面的事”。他拒绝在《神圣盟约》（*Solemn*

League and Covenant）上签字，以此表明他对长老会制度的反对。《神圣盟约》规定，议会有权从位于伦敦20英里范围内的房产中收集资金，并收取利息。由于位置，沃顿幸免于难，但最终似乎也受到了威胁：军队后来驻扎在这里。因此，伊夫林得到了还在牛津的国王的签字，获准离开英国。他的哥哥乔治鼓励他留下，要他“为自己的国家着想”，但他还是决定再次离开。因为他意识到，从长远来看，他在国外的这段时光也许终会造福他的国家。1643年10月，他的兄弟们一直陪着他到塔式码头（Tower Wharf），在那里他乘船顺流而下到达格雷夫森德（Gravesend），然后在那里搭乘邮船到达多佛。这次旅行陪伴他的是来自贝利奥尔的“非常亲密的朋友”詹姆斯·辛克尼斯（James Thicknesse）。

这些旅行日记（修订于1660年）实际上是从17世纪40年代中期复辟时期开始记录的。那时国王再登宝座。伊夫林回来时是一个已婚男人，有了自己的房子（岳父赠予的）。他可以将房子租赁出去，也可以建一个花园。他结识了学识渊博的新朋友，最重要的是，他迫不及待地想要找到途径，将他在欧洲大陆旅行中的收获学以致用。因此，我们可以从他的《日记》的字里行间找到他回到英国后开始感兴趣的一些东西。

他对花园的兴趣越来越强烈（因为他写《日记》中的花园部分时，似乎在很大程度上都是依靠自己的观察）。此外，后来他明显注意到了（当时谁又会注意不到？）欧洲的政治战争，尤其是宗教在这些战争中扮演的角色，以及国外的形形色色的政治身份和不同的政治结构——作为一个英国游客，他会评估这些东西的价值。最重要的是，他不仅从今天我们称之为物理科学的问题中寻求新的科学思想，也从农业、城市规划、树木培植、化学和当地历史这样的问题中探寻真理——文化材料会揭示这些问题，通过询问当地观察者（例如，牧羊人就会上报鲁昂附近狼群的入侵情况）以及阅读外国文献，也能发现这些问题。他购买了相关的书籍、图画和雕刻作品。他熟练地掌握了法语，后来又学会了意大利语。在罗马，他的家人都在为拮据的家庭状况担忧，但他还是买了数学、音乐和语言各个方面的书，还收集了“大量图片、勋章和其他小玩意儿”（《信簿》，第一卷，第330页）。

法国，特别是巴黎，给了伊夫林机会去开发所有“机械奇怪而实用的”兴趣，以及那些在实际中看上去并不是很重要的兴趣（《杂集》，第45页）。考虑到英国的现状，结合法国君主制的历史和命运，伊夫林前往圣丹尼斯（St Denis）的君主纪念雕塑进行参观，他表达了对路易十三之死的哀悼之情，也记录了年轻的路易十四摄政的事件，还有亨利四世在1593年皈依天主教后新教徒信仰的曲折历史——毫无疑问，这段历史对他来说是深刻的。他的首要任务之一，是正式拜访查理一世时期驻巴黎大使理查德·布朗爵士（Sir Richard Browne）。事实证明，这次会面意义非凡，因为布朗最终成了他的岳父。[3]他还参观了医院。他喜欢在索邦神学院听耶稣教徒的辩论，也非常喜欢曾在法国新教仪式上听过的颂歌，但是和英国不同，仪式上没有可以坐的长凳，这一点让他很扫兴。他对城市建设特别感兴趣——法国用的是石板而不是伦敦的鹅卵石，有新的石桥、“街道、郊区和普通建筑”，以及哥特式和巴洛克式的典雅的公共建筑。同样地，后来他发现梵蒂冈图书馆是用“符号、数字、图表和名人聪颖勤奋的发明等”来装饰的。这些装饰比牛津大学伯德雷恩图书馆（Bodleian Library）里的“古董文物”更令人印象深刻。在巴黎，他参观了皮埃尔·莫林（Pierre Morin）的花园（“郁金香、秋牡丹、金凤花、番红花等是最精致的”），旁边的柜子里收藏着贝壳、鲜花，抽屉里放着精心保存的蝴蝶标本（“我从未见过的”）。他后来回国后在赛耶斯宫仿照这座花园建造了一座新花园。在皇家宫殿里，他还领略了骑术、击剑、舞蹈、音乐制作的技巧，“以及防御工事和数学的奥秘”，他也欣赏了宫殿中的花园。伊夫林和约翰·科顿爵士（Sir John Cotton）从剑桥郡向西旅行到迪耶普，在勒阿弗尔（Le Havre），他被允许参观防御工事，看到了一门大炮上的题词——“国王最后的辩论”。他一路南行，拜访了从埃克塞特逃出来的亨丽埃塔·玛丽亚王后。在经历了几次冒险之后，他来到了图尔（Tours）。在这里，他用了近五个月来学习法语知识。

《日记》中和花园有关的内容非常多，而且其中大部分（此书的现代编辑指出）都是原创的，而不是包括他回英国后根据查阅的资料写的。他参观的植物园包括皇家植物园（Jardindu Roi，参见插图9）。他曾在逗留巴黎的早年间探访过这里，并注意到它的“围墙内有用于种植和栽培药用植物的各种各样的土壤。这个位置得天独厚，里面有人工山和自然的山、草地，栽培的树木和高地”（《日记》，第二章，第102页）。他意识到花园有必要具备多样的小气候（microclimates）以及不同地质，就像培根在《新亚特兰蒂斯》中提到的那样——“不同的土质和土壤适合种植不同的树木和药草”。他在《大英极乐世界》里草拟了一个新的植物园的构图，大致上模仿了巴黎植物园的布局，尤其是有着小气候的小山（参见插图10）。在同一份手稿中，他还画了一张自己在杜伊勒里宫（Tuileries）观察到的“人造回声”（artificial echo）构图，后来凯瑟琳·德·美第奇（Catherine de' Medici）以一种意大利风格将此构图呈现出来（参见插图11）。对“人造回声”的观察看似怪异，更怪异的是他想在一座理想的花园中建造“人造回声”，这也坐实了他对物理特性的兴趣。他还在马恩河（River Marne）的一座桥上注意到了类似的声学效果，“好的回声系统能把一个好的歌唱家发出的声音反射到10次”[4]。

伊夫林曾前往圣日耳曼昂莱进行短途旅行，在那儿欣赏着河对岸那“无与伦比的景色”。至于圣克卢（Saint-Cloud），他则说：“鲜有喷泉、雕像和树丛来点缀这座城市，但是我从来没有见过什么能超越这里的景色。”后来，他自己又补充了一段相当详细的描述；在吕伊尔（Rueil），他到过黎塞留主教花园，那里的花园比房子大得多，那一片常青树给他留下了深刻的印象；他也去过文生尼绿地公园（Bois de Vincennes），那里有“漂亮的松树林”；他钟情于卢森堡宫的图书馆，喜欢图书馆里铺满了绿色天鹅绒的书架，图书馆里的书柜、绘画作品，以及花园中清新的空气。他还特别提到了花坛上装饰得整整齐齐的盒子、角木树篱，一排排的花瓶和雕像，中间有一个喷泉的星形木头。最重要的是，“无数有地位的人、当地市民，还有异乡人”都前来参观这个花园。在对比了枫丹白露（Fontainebleau）那设计得美轮美奂的景观池、运河和喷泉，与汉普顿宫“矗立在远处的皇家林地，透露着庄严气息的、喷泉里的白色石头（这片皇家林地是可以想象的最宏伟、最气派的景象）”之后，他认为枫丹白露的宫殿不似“汉普顿宫那般庄严整齐”。他在欣赏美景的时候就在脑海中形成了一些构图。[5]园林设计的精髓在于在重塑自然环境的同时，又不忘凸显那些初始元素的原汁原味——这样的园林才是最值得欣赏的，他对这一理论尤其注重。他似乎特别欣慰地在城市花园中找到了共鸣，尽管这意味着某种“差异性”被创造出来了：他曾在塞纳大街欣赏了“像油画般美妙绝伦的风景，被奇怪地放大了的景色呈现在眼前”——这一描述呈现了一番更开阔、设计感更少的远景，与“小花园”（参见插图12）形成了鲜明的对比——那些遥远的、闻名遐迩的景观，也运用了这种“透视角度”。在吕伊尔，他被一幅完全写实的罗马君士坦丁凯旋门的画作震撼了：

> （甚至是）画技高超的人也会误以为它是用石头做的雕塑：这幅画画得实在太真实了，很难相信它是画的，而不是实实在在的石刻雕塑作品。拱门之间的天空和山丘是如此自然，导致燕子和其他一些小鸟想飞过去，结果它们都撞得粉身碎骨……（《日记》，第二章，第109页）

对于罗马的向往促使伊夫林和辛克尼斯继续一路南下法国。他们10月到达马赛，然后从戛纳乘船去热那亚。

意大利对伊夫林产生了更大的影响——意大利不仅让他领悟了最新的建筑、绘画、雕刻和造园等艺术的内核，还将一个权力割据的“马赛克”政府呈现在他的眼前：有共和党（威尼斯、热那亚），有卢卡那样的独立市、托斯卡纳公国、那不勒斯和西西里的西班牙王国、米兰的西班牙统治者和罗马教皇国（尽管他曾在阿维尼翁见过其中的一个教皇国），还有由教皇掌控的博洛尼亚（他于1645年经博洛尼亚回国）。在归途中，经过一番跋涉，他穿过阿尔卑斯山，又经过萨沃伊公国（Dutch of Savoy），进入旧瑞士联邦。他是一位睿智而寡言的观察者，在旅途中见识了不同的政体和文化，也结识了一位新朋友，有了一个旅行伙伴——这位托马斯·亨肖后来成为他在英国皇家学会的朋友和同事（参见插图13）。

伊夫林在离开罗马北上之际，写了一首相当可怕的诗，诗中写道：意大利是“世界上唯一的内阁”（《日记》，第二章，第402～405页）。诗句回顾了他所看到的景象，不过他在开篇却影射了维吉尔，他写道：“只是待在家里……我所知晓的全部／也只不过是从门廊窥见的世界。”这个在家中“封闭的自我”，在意大利向建筑、花园、绘画、雕塑、辉煌的废墟和“会说话的石头”打开了，这些经历增加了他对世界的理解。他确实是一位匆忙的旅人，他在《日记》里三次写道“我对在罗马不停奔波已经感到非常厌倦”。在那里他看到了宗教节日——圣诞夜的游行和午夜礼拜。他提到圣彼得大教堂受难日的鞭笞让人恼怒（“非常可怕，确实是异教徒的狂欢”）。在罗马的一段时间里〔后来他写信给托马斯·凯特利（Thomas Keightly），他沉迷于探索“事物的真理”〕，他承认自己“钦佩罗马教会的教条”，但对它的“教义”却不那么赞同。[6]在参观了许多教堂后，他被教堂里“全情投入的虔诚、巨大的沉默和难以想象的迷信”所震撼。

到罗马的第一天，伊夫林就有意结识了各种各样的英国耶稣会士，其中就包括诗人卢修斯·卡里（Lucius Cary，这个人“后来到了伊夫林的教堂”）；他观看了犹太人的割礼仪式，参观了一些医院，包括他非常喜欢的圣灵医院（S. Sprito），看了无数的陈列柜和收藏品，比如卡西亚诺·波索（Cassianodal Pozzo）的古董。伊夫林还参观了“德国之父”阿塔纳修斯·柯谢尔（Athanasius Cochere）的药房和花园，他和亨肖很欣赏阿塔纳修斯·柯谢尔在光学、反射和永动机方面的实验。

在整个参观过程中，伊夫林学习吸收他看到的各种东西，有时还会以草图记录。他广泛的好奇心和怀疑主义精神与托马斯·布朗爵士1646年首次出版的《伪传染病》（*Pseudodoxia Epidemica*）〔或称《庸俗的错误》（*Vulgar Errors*，后来分别于1650年、1659年和1672年再版）〕[7]中的特征很符合（布朗后来成了一名受人尊重的记者）。伊夫林还爬上了维苏威火山，画下了山中的大峡谷（参见插图14）。他曾研究过比萨斜塔，参观过佛罗伦萨的公爵动物园，听过宦官在教堂唱诗班唱歌，还在罗马和威尼斯参加过嘉年华狂欢。但是伊夫林怀疑基督荆棘王冠上的两根刺、圣多马的“怀疑之指”（“doubting finger”）[1]、七英尺的独角兽的角，或者是“亲眼所见的唯一的狮鹫爪”这些说法的真实性。他更愿意相信有人在奥尔良见到一只畸形的猫（有两只尾巴和六只耳朵），而且他对稀世珠宝和其他珍贵的宝石和贝壳也表现出极大的热情。

---

[1] 此典故出自《约翰福音》第20章第24～25节，圣多马怀疑耶稣复活，表示要用手指摸到他的伤口才相信真有其事，而耶稣亦显示了其身上的伤痕证实自己复活。

从罗马向南，伊夫林光顾了一个又一个能引起他共鸣的地方——维吉尔的出生地、西塞罗（Cicero）的墓碑、肥沃富饶的土地，那不勒斯教堂据说历史学家李维曾经参观过的，以及费兰特·因佩拉托的“异域珍品”。（爬完维苏威火山后）他又去了坎帕尼亚火山区和巴亚海湾。后来他对这一片地区的记录比参观时看到的要完整得多，想必他后来阅读的其他一些资料极大地丰富了他的内容。[8]但是回忆带给他的是历史和神秘风景的有趣组合，罗马废墟和《圣经》的关联、“美味”的水果和葡萄藤，以及硫黄烟雾，这些经历让他产生了一连串记忆，他对此既感到怀疑又非常着迷，但是这些记忆又是建立在丰富的经历之上。其中有一个实验是关于硫对人类和狗的影响，实验的对象是两只狗——它们死在一个洞穴中，但在把它们浸入附近的湖里后，这两只狗（又或仅仅是其中的一只）死而复生。此外，从其他旅行中，他也收获颇丰。比如1667年他在阿尔伯里（Albury）为阿伦德尔的孙子重新设计露台时，便用到他在探访传说中的维吉尔墓地时产生的灵感。

离开那不勒斯之后，他们在罗马及周边待了四个多月，进而参观了一些古迹和医院，也购买了书籍和雕刻作品，并游览了大量的花园。有一些景点在意想不到的地方（马克西姆竞技场、奥古斯都的陵墓），还有一些景点在朱斯蒂尼亚尼别墅、法尔内西纳别墅、博尔盖西别墅、卢多维西别墅以及城市之外的弗拉斯卡蒂别墅和蒂沃利别墅。但后来，由于缺乏资金，再加上他返乡心切，伊夫林迅速向北进发，此时陪伴他的是诗人埃德蒙·沃勒（Edmund Waller）。在威尼斯，他听了蒙特威尔第（Monteverdi）的《波佩亚的加冕》

（*Coronation of Poppea*），还观看了总督拿着金戒指与大海“结婚”的仪式[1]。他几度前往帕多瓦，并在该地的医学院学习了医学并取得了预科证书。他还参观了医院，购买了静脉和神经的图表（“这种图表在我们国家第一次见到”）。在帕多瓦，他去看望了生病的阿伦德尔，阿伦德尔在他离开之前，给他列了一张值得游览的景点清单（由于他匆忙向北前进，不得已错过了其中一些景点，比如帕拉迪奥的圆形别墅）。1646年2月，他终于离开了威尼斯，穿过阿尔卑斯山到达了旧瑞士联邦（“一半是罗马天主教徒，剩下的人进行了改革，但所有人都能和平共处”）。5月和6月间，他在布里格得了天花，病得很重，但慢慢康复了。这场病让他产生了免疫力，因此后来在赛耶斯宫生活时，他能够抵御天花病毒入侵。到了7月，在经历了许多“苦难和乏味的游历”之后，他回到了巴黎，十分庆幸自己“离家这么近”。

伊夫林在罗马写诗时批评过的“家”，无疑指的是自己的国家英国，而不是自己的家乡沃顿，沃顿是他那时唯一的“家”。一个人如果只是舒服地站在自己的门口打量着一切，那他只是“局限于自我满足中”。旅行结束后，他的世界更广阔了，但结合他回国后英国的局势，就算已经掌握了新的技能和新的知识，他依旧不明确自己究竟能做些什么。

[1] 此处指亚德里亚之婚，为庆典仪式，在威尼斯共和国时期彰显威尼斯强大的海上霸权。

第四章

婚姻和英格兰共和国时期

那些出门在外，尤其是常年在外的人，一定要习惯去处理尚未解决的事情，和朋友保持联络，及时履行义务，还要考虑故乡的状况，认真反思在外获得的新经历和新想法。伊夫林虽然“离家如此之近”（尽管他身在法国），也面临着同样的问题。接下来的十三年里，也就是复辟之前，尽管有时也信心不足，他还是开始考虑怎样将欧洲之行的经验运用到英国本土，使之适应当时的情况，来达到最好的效果。他解决了家庭问题，精心维护和圈中好友的关系，结识了更多的朋友，还吸引了其他有识之士加入他们。而且他结婚了。

特别要说的是，伊夫林需要找到一个可以安家落户和可以耕种的土地，这样一来他就可以将他在法国和意大利的花园中学到的知识付诸实践。沃顿当然不可能，因此他秉持着“陈列柜”制造者的精神（陈列柜制造者是指喜欢在他的陈列柜里收集物品的人）寻觅别的地方，在那里，他可以修建自己的图书室，在陈列柜中陈列雕刻作品、绘画作品、奖牌，甚至植物藏品。他翻译的书籍，涉及政治、宗教、科学、哲学、图书馆、古代和现代建筑、不同国家的特点，以及园艺和树木培育方面，这些书籍虽然在今天看来似乎没有什么意义，但是对他却影响深刻。此时，他也开始构思一项关于英国园艺的重要作品——《大英极乐世界》。他在之后的生活中一直为这部作品呕心沥血，可惜最终并没有完成。[1]

伊夫林的《日记》中有关这几年的经历记录甚少，可能是因为他忙于寻求自己想要去什么样的地方、想要成为什么样的人，还有可能是因为他的书信来往愈加频繁，因此在《日记》上花的时间就比较少了。漂泊多年之后，他想安定下来，但时局动荡，他又在不断地审视自己的目标，所以一切都很不易。他虽然简短地记录了自己的活动，但《日记》中少了很多深刻的思考。如果《日记》（后来经修改，至少是被审查过）说明不了什么，他频繁的私人信件给人们提供了他当时的一些观点与见解，他那些寻求本土新思想以及非英国思想的出版物也能够说明他的想法。

1647年，伊夫林回到巴黎，他可以放松一下了（“这是我一生中唯一一段无所事事的时光”）。他既享受老友的造访，也乐于和新朋友建立联系。他看到了一个生动的法国首都，这里到处都是保皇派和宗教难民。他阅读了关于自由、图书馆建设，尤其是关于园艺的法国书籍。朋友们鼓励他为英国读者引入这些实用的书籍。

同时，他爱上了保皇派大使理查德·布朗爵士的小女儿玛丽。他在欧洲旅行之初第一次见到理查德·布朗爵士。1647年6月27日，在威尔士亲王（后来的查理二世）的牧师的见证下，他们在大使官邸的一个小教堂举行了遵循英国国教仪式的婚礼。在多次到访巴黎及巴黎周边，并举行了一些庆祝活动之后，伊夫林在10月返回英国，重新审视自己的未来。

回国后不久，他在汉普顿宫亲吻了查理一世的手。第一次内战结束之际，国王被“那些不久便杀害了他的可恶的恶棍”关押在汉普顿宫。在那里，杰里米·泰勒（Jeremy Taylor）是国王的牧师。伊夫林和家人还有朋友在沃顿团聚，这让他的精神面貌“焕然一新”。在国外期间，他得知了乔治妻子的死讯（乔治在两年后的1647年再婚）。除了沃顿的情况，他还重新了解了很多事情。乔治现在是国会议员，在普莱德清洗（Pride’s Purge，1648年12月）和残阙国会（Rump Parliament）之前，他一直是赖盖特（Reigate）的现任议员，他小心翼翼地扮演着两边讨好的角色，既是消极的保皇派，同时也是扣押委员。伊夫林去看望了他的弟弟理查德，理查德也在之后的一年内结婚了。他还看望了自己的妹妹，她嫁给了一名有资格出席高等法院并进行辩护的专门律师。

伊夫林一直想要一所属于自己的房子，或者一个家。在当时的政治环境下，土地是可以进行合法买卖的。所以伊夫林可以买进、卖出或转售房产，但为了安全起见，他还是选择把一些图片和其他的轻便物品运送到法国。他去了位于德普特福德的赛耶斯宫拜访，当时布朗夫人的叔叔居住于此。赛耶斯宫由管家威廉·彼得斯照看。伊夫林的岳父允许他在拜访期间住在那里，于是他将布朗的书籍重新排序和分类。[2]最后伊夫林选择在赛耶斯宫安顿下来——尽管这不是一个理想的家，并且租约问题一直存在。1652年，伊夫林写信告知妻子（《信簿》，第一卷，第128页）他购买了一些土地，“并不是因为我有多么喜欢这个地方”，而是因为这个地方能让他开发“附带的便利和好处”（也就是说，这地方能让他建一个花园）。最终，他通过购买拥有了这片土地的租赁权和所有权，这也让他后来可以在理查德爵士急需用钱的时候寄给他一笔钱救急——那时的理查德爵士缺乏资金，在弗朗德（Frande）骚乱中被困巴黎。除此之外，在他在伦敦及伦敦周边的这段时间里，他频繁地拜访老朋友，也结交一些新朋友，比如植物学家和藏书家贾斯珀·尼达姆（Jasper Needham），还有一些在意大利有过一面之缘的人，比如内科医生乔治·乔伊利夫（George Joyliffe）。他并不相信自己所见的政治和宗教事件，他观察当地的各个派系，认真聆听传闻，经常性地用一个假名“埃普诺斯”（Aplanos，意为坚定不移）向远在法国的理查德爵士报告所见所闻，他写信寄到“安全”地址，告诉他“我们为正在遭受的苦难感到十分困惑和悲伤”（《信件》，第4页和第35页）。

教堂礼拜仪式被明令禁止，只能秘密进行。平等派[1]分子像“病毒”一样滋生蔓延。1649年5月，“国会法案”废除了君主制，国王的雕像被“扔在圣保罗的门廊和交易所”。后来，伊夫林调查了叛军从王室收藏中攫取的画作。这些叛军试图摧毁“一个国王和他忠诚的臣民拥有稀有画作的世界”。有几次，他考虑过自己是否应该彻底离开英国，但家庭的牵绊、他与沃顿的紧密联系以及写下那些他认为对国

[1] 平等派（levellers）运动是在英国内战中出现的政治运动。

家重要的事情的宏愿——这些都让他不愿永远地离开。早在1651年，伊夫林就在给妹妹的信中写道，“我可能希望有一天在我的国家成为一名杰出的人物”，但现在他满足于“一个朋友、一本书和一座花园，在未来，此花园能完美地成为我在设计上的巅峰之作”[3]。这句关于自己未来抱负的话，他在其他场合也有使用。这表明，在英国变得“杰出”或有用，或许已经要以牺牲“一个朋友、一本书和一座花园”这样本土的生活情趣为代价。

伊夫林抽出时间坐下来让罗伯特·沃克（Robert Walker）为他画了一幅肖像（一个抱着骷髅的忧郁人物，参见插图15）。他把肖像还有一本精美的小书《经济说明》（*Instructions Economiques*）寄给他的妻子。这本书由他的秘书抄录，用来装饰的卷首图上是一个戴着丰饶角饰的端坐着的女人，卷首还附加了诗歌和食谱，以及古代的风景，比如塞涅卡的鱼塘还有伊甸园——这必然表达了伊夫林对他们夫妻二人未来的期望。他还参与了一个开发永动机并申请专利的项目，这个机械项目吸引了很多人参与其中。[4]但他希望回到法国，所以他艰难地寻求机会，以便离开国家议会总理——弑君者约翰·布拉德肖（John Bradshaw）。伊夫林和兄弟们在吉尔福德“逍遥”一段时间后，于1649年7月前往法国[5]，随行的是他的文书理查德·霍尔（Richard Hoare）。

六个月之前，就在1月30日当天，国王查理在伊尼戈·琼斯（Inigo Jones）的宴会厅外的白厅被斩首。伊夫林的哥哥乔治在现场看了行刑，伊夫林却离得远远的，为“他的殉道守斋”。一周之前，伊夫林曾受到“严重威胁”，因为他翻译并出版了弗朗索瓦·德·拉·莫瓦

（Francois de La Mothe Le Vayer）1643年发表的《论自由和奴役》（*On Liberty and Servitude*）的小册子——“他把法语翻译为英语”。他后来在自己的手稿上写道：“人们可能质疑我，认为我是谋逆者，因为这本书在国王断头的前几天出版了。”（即国王被斩首）[6]伊夫林在巴黎发现了这本小册子。这本小册子表面是为年轻的路易十四辩护，实际上其中的很多思想涉及英国的国内冲突。他把译著献给了住在“萨里郡沃顿”的哥哥，署名是“自由之友”（Phileleutheros，即自由的朋友），虽然一首献诗也提到了译者伊夫林的大名。伊夫林告诉他的哥哥，这次出版是他“第一次近距离接触戏剧”[7]。在“敬读者”中，他写道，在这样“放肆的年代”，“给予人们的仅是不虔诚的祭品”，自由不是一场幻觉，也不是“对国家的柏拉图式的妄想，除在乌托邦之外便无法找寻”，同时，读者须得拒绝相信“在《物性论》[1]（*rerum natura*）中，自由便是不存在的绝对的完美”的论调。自由是可以被实现的，他论证道，过去的五千年里，没有比“现在仁慈的君主统治下的政府更加平等和伟大的了”，难怪反叛者会责难他，但是他们去关注一个尚未成名的作家未免为时过早。

返回巴黎的伊夫林受到了朋友们的热烈欢迎，也和自己的妻子玛丽团聚了（他离开玛丽将近两年了）。他还去了圣日耳曼，在查理二世奔赴苏格兰战斗之前亲吻了这位国王的手。伊夫林和罗彻斯特伯爵以及国王的一个情妇同乘一辆马车去面见国王。他还向年轻的路易十四致敬。他需要破除自己被册封为骑士的谣言（“我时常否认

[1] 罗马共和国末期的诗人兼哲学家卢克莱修创作于公元前1世纪的哲理长诗。

的一种荣誉”）。他参观了更多的花园，在皇家药材园听了一场非常棒的讲座。他遇见了保皇派人士，比如亚伯拉罕·考利（Abraham Cowley）和约翰·德纳姆（John Denham），两者同为身在巴黎的寡妇王后亨丽埃塔·玛丽亚的拥护者。他还遇见了玛丽的一个表亲，塞缪尔·图克（Samuel Tuke），他们一起在法兰西岛寻觅花园。埃德蒙·沃勒（Edmund Waller）经常从鲁昂前来巴黎与他相见并交谈。

在友人的鼓励下，伊夫林还撰写了文章《法国》。[8]这篇文章包括他对旅行益处的看法，对法国社会、君主政治、法院、军队还有宪法一些枯燥的描述。但是他发现法国“摇摇欲坠，并不是坚不可摧”，法国受缚于徇私主义，一味盲从的民众对贸易和机械工艺并不感兴趣，而他们的后代，这些“摇篮里的天使”，则是“马鞍上的恶魔”（第78页）。虽然他了解法国，也热爱法国，但还是毫不犹豫地将法国与英国做比较，塞纳河“和皇家的泰晤士河不能相提并论”。他喜欢巴黎的街景，但是不喜欢巴黎泥泞的大道，法国的空气要优于伦敦那“污浊的空气，那被意外变得令人窒息的城市”（“意外”是指伦敦的空气由于海煤燃烧的意外或事故受到污染，他在《烟尘防控建议书》中有提及）。《法国》在1652年于伦敦出版（尽管结束页上写的是巴黎时间2月15日），在一些副本的扉页上印刻着作者的名字缩写“JE”，藏在橡树和月桂树叶后面若隐若现。橡树和月桂树叶预言了他后来作为《林木志》作者时所收获的美誉，或者也暗示了他时而会隐居避世（参见插图16）。[9]

伊夫林在6月至8月短暂地回到英国，为了缓解“我的一些担忧”，他目睹了尚未正式命名的“共和国”或“自由国”的现状，看望了乔治、理查德，还有当时生了一个儿子的妹妹简。他还亲眼见证了沃顿附近的士兵没收绅士的马“为国家服务”。伊夫林在1650年8月末探访完赛耶斯宫后返回巴黎，和一些保皇派还有流放者厮混在一起（“一个小英国，一个避难所”[10]）。他带着妻子再次参观由弗朗索瓦·曼萨特为侯爵德马森设计的豪宅；在这里，他再次欣赏了这条河的景色，那“无与伦比”的森林、树木，“长满榆树的长长的大道”，还有“整体景观”（cifronario，伊夫林自创的术语），整片土地（“所有”）的景观比他在意大利见过的任何景色都要好看。[11]他与托马斯·霍布斯（Thomas Hobbes）交谈（霍布斯与弗朗西斯·培根是朋友），那时的伊夫林正在阅读霍布斯的英文著作《论政府与社会的哲学基础》（*Philosophical Rudiments concerhing Government and Society*）。他在布朗的小教堂里听耶稣会传教士的布道，聆听安托万街教堂里的“美妙音乐”。他与尼古拉斯·布兰肖（Nicholas Branchot）和肯奈姆·迪格比爵士（Sir kennem Digby，当时他认为迪格比爵士是个“误入歧途的江湖骗子”）讨论化学，还带着妻子参观了更多的花园，重游了皮埃尔·莫林的花园，再次参观了后者的陈列柜。他还写信给他的兄弟，为他“在沃顿的花园和喷泉”提供建议。他忙着探访，会见移居国外的英国人，参加各种活动，甚至和妻子在孔夫朗的河里沐浴。在那里度过的那段时光的确非常令人兴奋。外籍人士来来往往，给他提供了不少与知识分子交流和实验的机会（伊夫林当时在研究化学和天文学，还购买了书籍）。有些英国人皈依了天主教，因为英国目前的宗教环境并没有提供及时的、令人满意的解决方案。但其他一些人反而被英国吸引，即使那里的宗教活动已经受到威胁。

那是一个动荡的时期，巴黎的政治乱局与英国相比不尽相同，同时也更加复杂。即便如此，让伊夫林下定决心回国——像住在肯辛顿村的理查德·范肖或托马斯·亨肖那样，安静隐退，过着简朴的生活——也是十分困难的。一些朋友鼓励他留在法国。1651年9月22日，他听闻查理二世在伍斯特战役中战败（尽管查理逃脱了，后来又回到了巴黎）。当时伊夫林认为，就算他回家，也无望目睹复国。然而，伊夫林最终在家人还有赛耶斯宫管家的劝说下回国；他在《日记》（第三章，第59页）中写道——“在周游世界近十年后，我被说服定居在英国”，并在1652年1月如愿返乡（尽管有所迟疑）。这次他再也不会横渡英吉利海峡了。那年3月，他安排人将已经怀孕的妻子和布朗夫人带到英国，他在苏塞克斯的拉伊港（port of rye）迎接她们。

他们在皇家唐桥井（Tunbridge Wells）等待赛耶斯宫修葺完毕，在这一个月里，他驾着玛丽的新马车带她游览了肯特郡的乡村。房子需要进行大面积整修，它曾在1649年被“共和国”没收，然后被售卖。伊夫林试图买回租契（最终在1653年2月22日成功）。赛耶斯宫现在是他的地盘了，7月中旬，他们终于搬进了那里。他们与约翰的两个兄弟、家人和还有许多朋友一起享受了一次温馨的团聚。8月，他的儿子理查德在那里出生。但一个月后，布朗夫人去世了。为了分散玛丽的注意力，他在假期带着仍处于哀悼中的玛丽前往沃顿。

在共和国接下来的七年时间里，伊夫林低调地守着自己正直的秉性，从不张扬。他在“叛变者”克伦威尔（Cromwell）的统治下生存下来，并开始享受生活。他精心呵护着自己的家庭，幸福与失望并存。还帮助他哥哥的儿子（也叫乔治）接受教育，并在玛丽的亲戚克里斯托弗·瓦塞（Christopher Wase）那里找到一份家庭教师的工作。他经营着房子，在花园里耕种，扩大朋友和同事的圈子，认真了解自己国家的特点，继续撰写和翻译他认为重要的书籍或小册子，其中一些译作出版后，给他带来了特别的乐趣。他致力于翻译卢克莱修所写的第一本书，这项工作可能在朋友的督促下在法国就开始了，最终译本于1656年问世。两年后，他将尼古拉斯·邦纳芬斯（Nicholas Bonafins）的著作《园丁弗朗索瓦》（*Le Jardinier françois*）翻译成英文，以此献给他的旅伴亨肖。在这本书中，他首次引入了“olitorie”一词用来指代菜园，现在他拥有了自己的一方菜园。

1654年，伊夫林带着玛丽游历全国，拜访了她的一些亲戚，带她参观了这个她知之甚少的国家——玛丽从小在法国长大。但这一次旅行也是为了满足“我自己对英国的好奇心”。他还第一次访问了不少“北方地区”。他意识到国家遭受的摧残，如格洛斯特等城镇受到的“毁灭性的”围攻，伍斯特大教堂“在最近的战争中被严重毁坏”。他总是对花园、公园、林地、图书馆和“古代遗迹”很感兴趣。格洛斯特大教堂是一栋“高贵的建筑”，培根在他的《木林集》中提到过它的传声效果，它的“走廊似有人在低语”，“非常罕见”。让他高兴的是，与英国其他的大教堂一样，约克大教堂也“因演奏着反叛者的旋律而免于遭受那些亵渎神明者的怒火”——他几次强调了这点，比如在给杰里米·泰勒（Jeremy Taylor）的信中，他写道：“这种变化很可悲，人们也不再那么虔诚，我们现在堕落了。”（《信簿》，

第二卷，第60页）在布里斯托尔，伊夫林第一次看到了精炼的糖。他喜欢克利夫顿峡谷（Clipfon Gorge）的悬崖峭壁，“与我在阿尔卑斯最支离破碎的瀑布那里见过的任何一个自然景观都不相上下”（这是一种很奇怪的爱国主义说法，因为克利夫顿峡谷几乎不存在“支离破碎”的现象）。在索尔兹伯里，运河“疏于管理”（与低地国家相比）。而且他发现巨石阵的石头数不清[12]，他一开始认为巨石阵代表的是“修道院”，但后来又认为是“野蛮的、更加自然的庙宇”。从北方途经剑桥回来后，他对大学城的建筑和图书馆赞叹不已，但也认为北方的建筑“低矮肮脏，令人不快，街道铺设得不好，空气浑浊，就像沼泽地一样”。700多英里的旅程耗时4个月，之后，他们返回赛耶斯宫。

伊夫林和玛丽英国之旅的一大亮点是参观了牛津。他们听了演讲、辩论、布道，在埃克塞特学院、万灵学院和瓦德汉学院享受晚餐，在圣约翰看到劳德大主教的新方庭，还有新学院小教堂“穿着旧时的衣袍，在严苛的时代背景下仍旧挺立”。在基督教堂还有莫德林的图书馆，克里斯托弗·吉本斯（Christopher Gibbons）为他们演奏了管风琴（《清教徒的诅咒》）。博德利的图书管理员给玛丽和伊夫林看了旧书与“珍奇的物件”，他们来到了药材花园[1]，女士们在那里品尝了“非常美味的水果”。伊夫林还遇见了“克里斯托弗·雷恩先生，一位不可思议的年轻人”。

不过，伊夫林这次从牛津回来的收获之一，是见了瓦德姆的典狱

[1] 药材花园（Physic Garden）是一类种植药类草本植物的花园。

长约翰·威尔金斯（John Wilkins）。典狱长向他展示了一个透明的蜂箱，后来伊夫林在赛耶斯宫自豪地向国王展示并炫耀这个作品。伊夫林在《大英极乐世界》第十三章中讨论到这个作品，并为其搭配了草图（参见插图17）。书中有十多页都专门介绍了蜜蜂和养蜂（《大英极乐世界》，第273页）。就这一点，他与萨缪尔·哈特利普怀揣着同样的热情，他还征引了萨缪尔·哈特利普的《改革后的蜜蜂共和国》（*The Reform'd Common-wealth of Bees*）（1655年）。威尔金斯还向他展示了他住所上方的"画廊"，那里有"阴影、刻度盘、透视图……还有许多其他人工的、数学的、神奇的奇物"。那时的艺术大师们使用各种能够预测风雨的仪器来探索、实验，有温度计和气压计，做各种实验的气动发动机，测量旅行距离的装置（伊夫林在《日记》中称之为"示程器"），威尔金斯在1666年向皇家学会展示了这个装置，其中一些仪器和实验都在威尔金斯的实验室里。

萨缪尔·哈特利普在其1651年的著作《遗产》（*Legacy*）中指出，"示程器"是"二十大创新"之一。1655年他们第一次见面时，哈特利普赠予伊夫林一本《遗产》。哈特利普曾短暂地在英国学术研究中心工作，并且身居要职，伊夫林在访问牛津期间对他有了更多的了解。尽管哈特利普在1662年去世以后，在同时代人的心中，他"或多或少地被遗忘了"，但他所谓"办公室演讲"，在分享、交流和改革思想方面发挥了重要作用，而且在很多方面激励了皇家学会的众多后继成员。然而，似乎可以确定的是，根据哈特利普去世那一年的皇家宪章，学会中各个成员所取得的学术进步以及知识性突破，是无法凭借一人之力推进的，即便此人确实胸怀大志，也的确拥有不少人脉资源。[13]尽管如此，康涅狄格的首任州长小约翰·温思罗普（John Winthrop）仍然认为哈特利普是“欧洲伟大的智囊”，而哈特利普的首席合作研究员约翰·杜里（John Dury）则强调了他作为引导者的角色，称他为“知识轴的枢纽”。

这位普鲁士人出生在埃尔宾（Elbing），父母分别是德国人和英国人。17世纪20年代，哈特利普第一次来到伦敦。1628年，他永久地回到了伦敦，此后他似乎与每个重要人物都建立了联系。比如，在与伊夫林1655年11月见面之前，他就知道伊夫林。他还记下了伊夫林的兴趣：“畜牧和种植，养蜂和蚀刻版画。”哈特利普后来访问德普特福德时，在自己的“星历表（拜访英国艺术能手的访问日志）”上写道，伊夫林是“一个化学家，研究收集了各行各业的伟大的作品”。哈特利普发现伊夫林会说法语、意大利语和拉丁语，“（他）有许多在运转的炉子，有一个能在某种程度上创造奇迹的妻子，她在绘画和其他机械小玩意儿方面是那么敏锐”。伊夫林确实建了一间实验室，还一直在记化学笔记。他在法国的时候就学习、研究化学。[14]伊夫林还计划写一本关于各行各业的奥秘以及手工操作教程的书。他在1661年将计划上报到英国皇家学会，不过最终该计划并未完成。毫无疑问，伊夫林的妻子也非常心灵手巧，她在绘画方面得到了来访英国的法国人M. 杜·格尼尔（M. du Guernier）的指点。伊夫林和博伊尔一样，把哈特利普当成“好朋友”[15]，认为哈特利普是一个“充满好奇心的大师，非常健谈”。但哈特利普并不那么热情，可是很久以后，伊夫林说哈特利普“并非冷漠”，相反，他“热情而虔诚，十分宽容，很容易接纳当下处于统治地位的神圣党派”[16]。但是，哈特利普确实吸引了约翰·弥尔顿（John Milton），后者认为哈特利普“由天意指引从一个遥远的国家来到这里，并将为这个岛屿带来巨大的福祉”。弥尔顿在1644年把他的著作《教育》（*Education*）敬献给哈特利普，哈特利普也接受了这份荣誉。

虽然伊夫林很欣赏哈特利普对园艺和花园的见解，但还是因为他对英国政治改革那明显激进的举动疏远了他。但他们二人是“一个有趣的组合”[17]，（用弥尔顿的话说）能看出什么“能为这个岛屿带来福祉”——而至于这些福祉在什么时间以什么方式出现，他们倒是各执一词。在政权过渡时期，哈特利普是一位专家，他致力于钻研园艺，他“对克伦威尔王国的亲近，让他在复辟时期不受欢迎”。伊夫林想让这些问题既能“和皇家”有关，又能超越宗教意识形态。他们对“上帝的饲养”（《哥林多前书》第3章，第9节）不同的态度，也是让伊夫林担忧的一个问题，但是这种担忧和他对伊壁鸠鲁的原子论对其信仰影响的担忧，也有细微的差别。

在17世纪50年代早期，伊夫林最艰巨的任务之一是翻译卢克莱修的《物性论》。当他还在法国的时候，就开始把拉丁诗歌翻译成押韵的对句。1650年，《散文》的法语版本问世。它的卷首是伊夫林的肖像，由温斯劳斯·霍拉尔根据玛丽·伊夫林的一项设计雕刻而成（玛丽·伊夫林的名字被印在了一个倒水的花瓶的边缘上，但是她的名字在法国版本中并没有出现）。1656年译本问世的时候，伊夫林在《日记》中写道：“伊壁鸠鲁哲学在我们中间鲜为人知。”但这并不完全正确，正如霍华德·琼斯（Howard Jones）所阐明的那样：露西·哈钦森（Lucy Hutchinson）在17世纪50年代早期就开始翻译这本书，尽管当时并没有出版。1682年，托马斯·克里奇（Thomas Creech）也出版了这一重要文本的英文版，后来由德莱登修改。[18]用琼斯的话说，伊夫林的译本“完全可以被忘记”，但它有两个重要的意义：它使伊夫林调和了他的信仰和科学经验主义（特别是在伊壁鸠鲁的原子论方面的物理理论），而这反过来又对他产生了直接影响，让他无法完成《大英极乐世界》（这一点将在第十章中讨论）。

伊壁鸠鲁（至少对某些人来说）以优先考虑感官感受（希腊语翻译为“幻梦”）著称——我们感官上的原子意象，尤其是视觉上的原子意象，这也是亚里士多德理论中的主要感受器官。但他也宣扬“淫荡和低级人的奢侈和肉欲”，或者正如伊壁鸠鲁的一个反对者所说的，“总结来说……他的行为准则……是享乐，是幸福的阿尔法和欧米伽[1]（alpha and omega）。”（琼斯引用，第200页）因此，即便不是纯粹的无神论和亵渎之语，这种思想能吸引伊夫林这样的基督徒未免也是可疑的。但另一方面，伊壁鸠鲁思想的先进性在于其中明显的经验主义，他所探索的自然之家主要是建立在原子主义的基础上的。（“微小原子便能构成一个世界”[19]）此外，伊夫林一直对培根心存感激——培根起初出于一种同理心，也曾在《论事物的本质》（*Cogifationes de natura revum*）中探索过原子论，“有关原子的学说要么是正确的，要么是有用的示范”，因为我们是通过物质而不是思想来把握“大自然真正的微妙之处”。培根在其《随笔》的“无神论”中也指出，伊壁鸠鲁的学派“绝对可信，（他的学派）涉及四种

[1] 在《新约圣经》的最后一卷《启示录》中，天主和耶稣分别在第一章与第二十二章以阿尔法和欧米伽自称，借此说明自己既是受造物的开头也是一切的终止。

可变因素，和一个永恒的第五感，这种第五感在人类身上永恒存在，人类不需要上帝。宇宙有大量遨游的无限微小粒子（也就是原子），原子可能产生了宇宙的秩序和美感，人类没有神圣的统领”。培根在1620年的《新工具论》（*Novum organum*）中修正了这些观点，他写道，“原子学说”的假说“真空和……物质的不变性，都是错误的”（琼斯，第183～184页）。培根的《论事物本质》在他去世后，直到1653年才出版，当时伊夫林正在翻译卢克莱修的第一本书。

这一年（1653年）伊夫林将他的翻译手稿寄给他的表亲理查德·范肖（Richard Fanshawe），范肖极力称赞伊夫林的译作，因为它的“精确性”让卢克莱修避免了那些指责他的反宗教的言论——“现在不再躲避了，不去否认他被指责的事实[20]。”然而在1656年4月，当伊夫林的译本出版时，杰里米·泰勒（Jeremy Taylor）后悔自己参与了这部作品，并希望伊夫林能够找到“足够的后悔药”。伊夫林试图安抚这位“幽灵般的忏悔者”，希望他自己“对于它的责难能避免所有不良后果”，他承诺要“谨慎行事”，并感谢泰勒的“忠告”。同年，沃尔特·查尔顿（Walter Charleton）的《论伊壁鸠鲁的道德》（*Epicurus' Morals*）也出版了，充分论证了伊壁鸠鲁哲学将成为人类幸福的基础。查尔顿是一位医生、保皇派、英国新教的忠实信徒。

因此，即使伊夫林将卢克莱修的第一本书翻译出版，他也要直面他人的质疑，以及他对自己寄予的厚望：他希望自己的信仰能与卢克莱修的经验主义相调和。伊壁鸠鲁主义的中心思想与培根还有伊夫林在皇家学会的同事们的思想产生了碰撞。然而，他的译作问世时，开篇是几页鼓舞人心的话语——这在当时是司空见惯的事情，但是至少回想起来，这似乎是用来应对想要获得支持的紧张感——他需要获得来自岳父、爱德华·沃勒、克里斯托弗·韦斯以及理查德·范肖的支持。伊夫林自己在引言（“译者致读者”）中回应了其中的一些人，他认为伊壁鸠鲁“信服的是最准确的和道德的生活”，还在书的边缘印上评论来强调“翻译（即译者）并不认可诗人的反宗教思想，译者之后会对诗人的观点进行反驳”。但这说起来容易，辩解起来却绝非易事。但这至少还算是一种合理的态度。一年后，查尔顿在《人类灵魂不朽》（*The Immortality of the Human Soul*）的对白中，把伊夫林塑造成了“卢克莱修”似的人，这个人要论证“原子论”是上帝存在的证明。[21]

在伊夫林的版本中，伊壁鸠鲁确实勇气可嘉，智慧非凡，他穿过了自然世界“最遥远的门”。从某种程度上来说，伊夫林这个英国人不得不承认，他无法将“希腊的晦涩概念”用英文充分展现出来（也许押韵的对仗不符合他通常挑剔的风格）。[22]在上帝创造的独特世界和对世界复杂性、自然界物质原子的科学探索之间，伊夫林动摇了。在这一点上，他和罗伯特·波义耳不同（1656年4月，他和罗伯特·波义耳在赛耶斯宫第一次见面）。因为波义耳既是一位虔诚的基督徒，也是一位敏锐的科学家。但是罗伯特·波义耳和杰里米·泰勒相似，他更喜欢伊夫林的宗教信仰而不是他的科学研究（部分原因是泰勒不赞同后者）。伊夫林在第一本书的结尾引用了皮埃尔·加森迪（Pierre Gassendi）的墓志，这看起来非常恰当，因为这位已故的学者兼基督徒也是一位“伊壁鸠鲁制度的拥护者”。[23]

对于伊夫林的翻译的正面评价中，不止一句的意思显得有歧义，甚至都可以说是一把“双刃剑”。伊夫林清醒地意识到自己做的事情如上刀山下火海一样艰难，而这足以动摇他发表原作剩余部分的决心。沃勒给予伊夫林翻译的赞美之词主要强调了伊壁鸠鲁那深入探索的决心及其推倒（开放）传统的园林世界围栏的勇气：

他对大自然的不朽智慧
没有穷尽
他勇敢地打破了自然的壁垒
他们认识认知体系里的
天空、大地、海洋与星辰
只不过是画地为牢的狭隘智慧
直到他的自由缪斯推倒了围栏
并立即将一切呈现

但是这番体面的恭维掩盖了一个更加令人不安的想法：伊壁鸠鲁打破了传统的界限，打开了原先被那些“狭隘的智慧”所包围和限制的“闭塞”的世界，这样一来就消除了天地对探索自然领域所强加的一切限制：

卢克莱修的命运有若鹳鸟
这片国土之上出生和演绎
他用英文的诗句宣告

宇宙没有统治的君主

只有原子和概率民主地排列

在此处，身体自由运转

没有设计，没有命运，没有武力

在开头几句话中，沃勒触及了一种令人不安的新世界观——没有君主政体，只有概率和民主。所以我们得出“一个像伊夫林这样的人所能想象到的令人厌恶的结论”[24]，伊夫林自己也写道：“那是不可能的，这永远也不会发生。”他没能出版他的卢克莱修译本的剩余部分，这件事本身很严重，不仅是因为他在把一本当时极具科学意义的书译成英语时所受的挫折，而且也因为它的确间接地妨碍他去完成《大英极乐世界》这部作品，尤其这本书的副标题是“或者皇家花园”：因为贴合王室就意味着贴合英国宗教。他完成了卢克莱修大部分作品的翻译，当第一本书出版的时候，他对是否把剩下的作品交给出版社一直犹豫不决：他有时说他的打印机印错了几个字母，有时候又在思考第二个“更加谨慎的版本”，其他时候则“决定不再应对那个难以捉摸的作者”和“粗鲁的诗人”——因为卢克莱修的第四本书里有对性的直观描述，同时对灵魂大加指责，这让伊夫林难以接受。[25]

把精力集中在“机械操作工艺的历史”上可能会更好，这也是哈特利普和博伊尔这些人敦促他去做的事情。这是一个关于“机械的秘密和技巧”详细的索引，他自己搜集了一部分，也向别人求助过以获得进一步的材料。索引按行业（工匠、工程师、建筑师、造船工、石匠等）和职业或地位（助产、洗衣、缝纫、妇女）分类。这项工作也没有完成，原因与他的信仰无关。更有可能是由于他不愿意接受收集大量素材的烦琐的任务，而且他的《大英极乐世界》也需要同样的精力。的确，伊夫林的园艺作品一直是他的学术和家庭生活的中心。他更倾向于把重心放在这方面——毕竟，这是各行各业光辉历史中的一个要素。[26]

事实上，在17世纪50年代末，他正在进行另一个更适合他的翻译任务，即将博内丰的《园丁弗朗索瓦》翻译成《法国园丁》（1658年），在这部作品中他感谢了好朋友托马斯·亨肖（“作为一个花园爱好者”）对他的敦促。这些个人的感言和致敬信在下一个版本被删除了。他认为，书才是重要的，应该高于对个人的关注。他写道，出版这本书是“为了我们国家的利益和娱乐”。在第一版的前三期中，他只是倒着重复了这位法国作家名字的首字母。在后续的版本中，这部分被完全省略了，可以说，这本书就是伊夫林自己的了；他在第一版中使用化名“Philocepos”，但在献词上签名时用的仍然是他名字的首字母，他的全名出现在第二版和后续版本的扉页上。这封致敬信写道，法文版本对“土壤、气候和种植”的诠释非常好。但他想做的是用自己的亲身经验介绍他称为“最不为人所知的（但不是最不好看的）花园附录”：

例如，书的内容不仅包括花园名称，还有为花坛、洞穴、喷泉设计场地的详述、策划、材料，以及步道、远景、岩石、鸟舍、草场、养蜂场、花盆、鱼池、小树林、地下室、陈列柜、回音廊、雕像和其他饰物，如豇豆（vigna）等。没有豇豆装饰，最好的花园也会没有生机，而且美中不足……（《杂集》，第97～100页）

那部专著确实使他成为“鲜花和常青树”“鼠李的护栏和围墙”以及“真正的美感与理智并存的草木文化”的“在英国的第一个布道者”。他解释了诸如“espalier”（栅栏）这样的术语，然后在页边注释中解释为“靠墙设置的杆状树篱，在法国很常用”。他省略了法语中讨论烹饪的部分，声称他在“屠宰场”方面没什么经验。他还说，他可能混淆了或选择省略了法国水果的英文名称。因此，《法国园丁》是伊夫林在园艺方面的第一本出版物，它转移了人们对卢克莱修问题的注意力，同时又掀起一场园艺热潮。1669年出版的第二版附上了《英国葡萄园的维护》（*The English Vineyard Vindicated*），伊夫林本人还在上面添加了几页关于“葡萄酒的制作和订购”的内容。

尽管伊夫林沉浸在探索科学的世界中，他还是一直对英国国教的压制感到恼火。他在自己家里做礼拜，并一直留意正在其他地方进行的糟糕的布道，他称这些布道是“长老教式的即兴祈祷”。他在《日记》中不断地列出布道的主题和重点，并建议大家在听完布道后查阅自己的笔记。[27]1657年，尽管伦敦和威斯敏斯特规定禁止举行圣诞节庆祝活动，伊夫林和他的妻子还是庆祝了节日。在埃克塞特的一个私人小教堂里举行的圣公会礼拜和布道会上，他们被士兵质问，并遭到逮捕。随后两个忠于新政权的军官质问伊夫林，为什么他竟敢庆祝“耶稣诞辰，这是迷信”。伊夫林这样为自己脱罪：自己并不是在为查理一世祈祷，而是在为所有的“基督教国王、王子和执政者”祈祷。而且他还假装不知道西班牙国王是一名天主教教徒！

与此同时，伊夫林正在创作《英格兰的性格》（*A Character of England*）[28]，对他所珍视的一些信仰做了一次绝妙的自我批判和讽刺。这也表明了伊夫林在写作中是多么的幸福，以及（至少他自己在报告中是这样说的）与人相处时是多么的有趣和“快乐”。伊夫林“翻译”的所谓法国作者认为英国大部分地区非常糟糕且令人反感。伊夫林在第一次看到这番言论时便写道：“这个说法很苛刻，我读的是法语原文。”他认为，如果这种言论被镇压下去，将是这个国家最大的荣耀，“因为他认为这是一种非常不人道的行为”。但是，“经过再三客观的考虑，我一直努力将它翻成英语，给它自由，并不是为了谴责，而是为了指引我们的国家”。

似乎这位“法国”作家所抨击的很多英国的东西，伊夫林自己也会觉得讨厌。这个法国人承认（伊夫林也承认），伊尼戈·琼斯的宴会厅和（旧的）圣保罗大教堂令人佩服，这是“他”能做出的最好的评价了：“他”发现海德公园缺乏“秩序、装点和美景”，而人们在春季花园里“走得太快”[29]。英国人吵吵闹闹，令人讨厌（伊夫林可能也这么认为）。他们喝麦芽酒过量，还不停地敬酒。但“法国人”攻击的重点是长老会教会的神学和行为、苏格兰人引入的礼仪，以及其他“精神上的伪装者”，即“再洗礼派、贵格会信徒、第五君主制的疯狂，以及闻所未闻的异教”。

英国作家乔纳森·斯威夫特（Jonathan Swift）在其《一个恰当的提议》（*A Modest Proposal*）中使用了一种反讽的修辞手法，读起来很有趣——这并非没有根据。1729年，斯威夫特主张吃幼童对经济和饮食有益，他以“我所认识的一位非常熟悉的美国人”的肯定来支持他的论点，他认为吃掉青少年会带来良好的社会和经济效益。同样地，伊夫林赞同法国人的抨击（他自己也是这么认为的），伊夫林的依据不仅有朱文诺，还有佩尔西乌斯先前的讽刺诗集，还说已经“有一个品行端正、诚实的人给他提供了确切的消息”，也就是一位女士，当一位“严肃布道”的牧师对英国人进行“法国人”那样的指责时，她自己当时就是教会里的“旁听者”！伊夫林向他的女性读者展示了他的翻译作品，并且告诉她，也许其他人（即伊夫林本人）会比这个“弱不禁风的家伙”或“穿背带裤的宦官”更了解英国的特点。

这本《英格兰的性格》风格机智而幽默，与伊夫林1659年出版的另一本书形成了鲜明的对比，实际上那本书是他翻译过来的。伊夫林一定是在6月把两本书都寄给杰里米·泰勒了，因为泰勒感谢了寄来的“两本小书”。第二本书是伊夫林翻译的希腊语著作《教育孩子的黄金指南》（*Golden Book Concerning the Education of Children*），这本书的手稿那时才刚被发现，并于1656年刚刚在巴黎印刷。1658年1月，伊夫林5岁的儿子理查德去世，伊夫林正是通过翻译这本书才找到了慰藉。泰勒写信给他说，这本书是“为你最亲爱的、最奇特的男孩树立了一个漂亮的纪念碑……有天真的流露，包含着对精神的洞悉，这是年轻旅行者鲜有的洞察力”（《书信》，第112页）。

在17世纪的英国，婴儿夭折和母亲死于难产是令人悲伤的，也是非常普遍的。[30]伊夫林和他的家人也没能避免同样的命运。他的妹妹后来死于难产，孩子也夭折了。他的妻子在萨里郡生下儿子理查德之前，曾经在法国流产过一次。在理查德死后三周，他另一个年幼的儿子也夭折了。伊夫林和玛丽遭遇的不幸太多了，许多朋友也为他们感到悲痛。他用《日记》里最长的段落之一娓娓诉说着（第三章，第206～209页）他对理查德的赞美，以及在理查德身上尚未实现的希望。《日记》中的大部分内容和他之后翻译希腊文本时相互呼应，他在翻译时谈到了如何教育孩子。

把《教育孩子的黄金指南》献给他的兄弟们时，伊夫林提到了柏拉图的名言："那些受过良好教育的人，确实很容易成为好人。"但对伊夫林来说，这是一个糟糕的讽刺：他为儿子的教育付出了全部心血，但到儿子夭折时，他的教育还没有"完成"。事实上，当他想起他的两个兄弟都曾失去幼子时，他自己也感同身受，并参与教导了一个"有希望的孩子"。他详述了儿子理查德"早期的虔诚，以及他面对上帝的成熟"，还有他的语言技能，他学习阅读书籍和手稿，他对音乐和绘画的喜爱，他如何专心听讲道，如何背诵诗句。伊夫林回忆起他年幼的儿子，这个男孩似乎比他更像他本人。然而，伊夫林的岳父担心这个父亲对小男孩"控制过度"，使他"白纸似的心灵很容易感到困惑"[31]。翻译工作也许对伊夫林有所慰藉，但当他把译文献给兄弟们时，他崩溃了："我的眼泪很快就和墨汁混在一起了，所以我必须停下来，沉默一会儿。"幼小的理查德被葬在了沃顿。[32]

1659年，有关复辟的骚动、混乱、谣言和反抗达到了高潮。5月，奥利弗的儿子理查德·克伦威尔（Richard Cromwell）作为护国公退位。伊夫林担心"没有真正的或伪装的治安法官（即最高统治者）"，他请求上帝的怜悯——"让我们安定下来"。他在伦敦的考文特花园过冬，并严重依赖布道给他带来的慰藉——那些布道建议他“不要在这里收获，而是要等到（推迟到）世界末日”，或者让他建立“精神层面的优越性”（《日记》，第三章，第234页）。

1659年11月，伊夫林发表了《给王室的致歉信》（*An Apology for the Royal Party*）。[33]鉴于他在《日记》中指出，“支持查理二世的言论或作品都会犯下死罪”，他用了一个代称（“写给过去国会里的一个人”），自己则化名“一个热爱和平、热爱国家的人”（正如扉页上所写的），对议会进行了慷慨激昂、强烈的抨击。这封信也抨击了10月下旬流行的一本小册子——《军队对于现时政策的征求：考虑所有真诚正义之人的意见》（*The Army's Plea for their Present Practice: tendered to the consideration of all ingenuous and impartial men*）。伊夫林对此的回应在标题也上体现了，他写道“一次虚伪的征求（就像击剑时的刺探）”。他在《日记》中写道，这份《给王室的致歉信》“印了两次，流传度很广”。

1660年1月，伊夫林试图说服一位老校友、伦敦塔的中尉莫利上校（Colonel morley）站在国王一边，并写了一封致歉信给他。莫利拒绝了他的建议，但在5月晚些时候，查理二世王朝宣布成立后，莫利后知后觉地寻求伊夫林的帮助，希望伊夫林原谅“他犯过的可怕的错误，因为他忽视了我给他的建议”。

从2月到4月，伊夫林身染重疾，医生们都为他的生命感到担忧。但他最终痊愈了，并写了一篇生动而强硬的文章，来回应马尔奇蒙·李约瑟记者（Marchmont Needham），后者在从布鲁塞尔寄来的信中传递的消息诋毁了国王，并致力于反对他的复辟。伊夫林写道，复辟是“（蒙克）将军和议会唤醒他的希望和期待，是在古老和正统的基础上建立政府”。1660年4月，伊夫林的《揭露来自布鲁塞尔的新闻》（*Late News from Brussels Unmasked*）发表。[34]之后，伊夫林隐退到“沃顿甜美的乡土气息中”。《揭露来自布鲁塞尔的新闻》运用了一种生动、诙谐的新闻体（“老鼠的吱吱叫声暴露了自己”），同时灵活而自信地驳斥了“毫无根据的诽谤”和捏造的信件：

> 所谓“新闻”将把他的灵魂推向恐怖的深渊，还有他和他的弑君者同伴，他的别针、面包皮、狗、护墙和物品，隐蔽的和所有那些神秘的、粗俗的（但大量且恶毒的）喜剧作品……一张黑色的、丑陋的嘴里冒出污秽的泡沫，来自一个心狠手辣的内心，在他被剥夺的权力范围内，勤奋地、恶毒地从事着被诅咒的恶作剧……

在这之后，伊夫林更加冷静地用对国王的赞美之词予以反击，他肯定了其良好的出身和血统，以及“对朋友亲切热心”，说他是一个“像我们一样的人”，不追求“大量奢华的财物”。伊夫林对国王权威的肯定巧妙地反映了家庭的特点：一个“忠诚的新教基督徒”国家希望有一位“正确的领航员”来领导国家这艘新船，就像一个父亲掌管家庭一样。

5月，“在经历了近20年最血腥、最疯狂的叛乱之后，国王陛下向议会、将军、人民提交了《布雷达宣言》（*Declaration of Breda*）和申请书（即查理的信件），而他们也尽职地接受和认可国王的做法，这是最令人高兴的消息”。伊夫林还比较虚弱，无法接受邀请前往布雷达陪伴国王返回英格兰。但是到了5月份他好转了很多。5月29日，他站在大街上，看着国王“历经了凄惨的长期流亡，和教会共同遭遇了不幸”之后终于凯旋。路上铺满鲜花，钟声敲响，窗户上悬着挂毯，喷泉里流淌着美酒。伊夫林夸大了国王游行队伍中的士兵人数，但就像他在第二年4月向国王进献的《查理二世颂词》（*Panegyric to Charles the Second*）一样，夸大是有必要的。然而极尽所能赞美查理的智慧和任何一个可以想到的美德的《颂词》，一定（凯恩斯在《藏书家》中写道）“会在伊夫林多年以后重读的时候引起他的悲痛”，尤其是当他意识到查理在临终之际皈依了罗马天主教。但那时伊夫林却很高兴地组织了一次与国王的半私人会面，国王亲切地接待了他。之后，伊夫林回家与他的岳父见面。他那位身为驻法国大使的岳父在外漂泊了19年后终于回来了。

第五章

赛耶斯宫

我（在大陆花园中）观察到许多特殊之处，幸好，其他人都不喜欢。

园丁的工作永远不会结束。[1]

1652年，伊夫林为自己和妻子（还有不久后出生的儿子）寻找住处时，发现了妻子的祖居地。这是一座伊丽莎白时代的三层山墙式的房子，伊夫林后来表示这座房子已经“毁了”，需要进行无休止的整修，而这么做无疑是十分昂贵的。[2]1653年，他首先从英联邦获得这座房子的租约，1663年又通过英国政府续约。在赛耶斯宫，他先购置了一处房产，之后又买了另一处房产，后来又将其卖掉。遗憾的是，他没能买下为他留下美好回忆的阿尔伯里（Albury），正是在那里他与阿伦德尔伯爵相识（见第七章）。最后，赛耶斯宫成了他的家，后来他在那里建造了花园。用他妻子的话说，花园“既是他的事业，也是他的乐趣”。[3]1666年，他告诉考利，园艺是“我倾心服务、亲手栽培的情人”（《信簿》，第二卷，436页）。即便是在他重病缠身期间，这也是他“可怜的别墅和财产”，1656年他写信给哥哥或本杰明·马多克斯（Benjamin Maddox）时经常这样表达（《信簿》，第一卷，第157、174页）。他曾向杰里米·泰勒坦承，这样生活是“同性恋才做的事”，他又向杰里米·泰勒道歉，因为他“如此世俗地生活在城市”（《信簿》，第一卷，第170页）。他常与泰勒探讨“精神追求，让他……成为听我忏悔的神父”，也偶尔会斥责自己的世俗生活，这样的状态揭示了伊夫林个性中忧郁的一面，但只要他开始做园艺，这种忧郁就可以得到舒缓，甚至消失；与萨里的乡村庄园不同，困在“大城市”并不完全适合伊夫林。这也暗示了泰勒的担心，伊夫林正在翻译的卢克莱修的作品，到底会在多大程度导致他后来不愿完成《大英极乐世界》这部鸿篇巨制。正如弗朗西斯·哈里斯（Frances Harris）所说，伊夫林对房子和花园怀有的自豪与热忱，将在1680年后“成为忏悔和自责的源头”[4]。

赛耶斯宫并非风水宝地——只有几块空地、几棵榆树、几座小果园，地处偏僻的西北角，只是“乱石遍地的一大块荒地”，旁边就是德普特福德造船厂（参见插图18）；但是，正如他写给玛丽的信中所说，他会好好打理，让赛耶斯宫慢慢成为“便利而有趣的地方”。他首先修缮了房屋和一些基本的服务设施，将南入口打造成了古典式门廊。1653年，伊夫林的实验室添置了熔炉和其他必要设备。但显而易见，花园才是他最想改造的地方。1653年的一份“别墅与房产”规划图展现了伊夫林的计划，也显示了房子和花园的翻修要么已经完成，要么已在构思。这份规划图内附带的笔记和绘图都不明朗，左侧有一串标了序号的长单子，列出了可供参考的“细枝末节”[5]（参见插图19）。

从南横跨田野的引道穿过一个有围墙的庭院，通向有陶立克式（Doric）柱子的门廊。其中坐落着典型的伊丽莎白时代风格的房子，整体风格并不统一，但显然重新装修过了：“棚屋”变成了“藏酒室”，“钟楼”变成了客厅休息室，仓库变成卧室，奶酪屋变成“糕点室”。这里“从前是一个棚屋，现在是新的地下室，面积大了很多”，这里也安装了更多的“灯”和窗户，厨房水槽也“增高翻新了”。玛丽·伊夫林的“收藏柜”在门廊上方，伊夫林的新书房则是“拔地而起，长23英尺，宽11英尺，里面还有一个小书房，占了大约一半的空间”。

外部也是小空间的集合，包括有围墙的庭院、步行道和凉亭，同时还配备了实用设施：比如水泵和水箱，“我（最新）精心雕刻的”柱廊上的鸽舍“面朝着私人花园”，鸟舍、“私人花园里”的蜂巢、挤奶牧场、原本是马厩的酿酒屋、只要涨潮就可以由泰晤士河涵洞来补水的新挖的鲤鱼池等。房屋位于德普特福德船坞之间（参见插图20），与泰晤士河隔河相望，洗马池也连通了泰晤士河。从椭圆花园下方的宴会厅开始，步行好一阵儿（那条路“长526英尺，宽21英尺”）才通向一座有护城河的岛屿，那里有一条通道，楼梯沿着桅杆码头通向泰晤士河。除了必要的居家和办公空间，赛耶斯宫剩下的地方就是给伊夫林带来快乐的花园了。

尽管如今赛耶斯宫已经不复存在（此地的景点并没有记录在案，尽管有传言说部分庄园将得到重建，但均未实施）[6]，伊夫林对园林设计和建造的大量投入，还是让赛耶斯宫吸引了大批人的目光。在伊夫林建造、照料和改造花园的四十年里，他兴奋过、破费过、失望过，他还要懂得如何将欧洲旅行中的所见所闻更好地加以改造，以适应当地环境与社会状况。对伊夫林而言，没有一座花园被真正地“建造完成”——无论这座花园只是普通的花园，还是一次建立一种民族典型的尝试（他在赛耶斯宫开始从事园艺工作时，就在他的《大英极乐世界》试着描绘这种典型）。尽管我们可能会对所有花园一概而论，但其实它们各不相同。花园也会受到气候影响，无论我们多么迫切希望花园可以顺遂心意，它们依然有赖于环境，赛耶斯宫也不例外。

鉴于伊夫林拥有海外经历，以及他广泛阅读了欧洲的大陆著作，他在17世纪中叶的英格兰很难安顿下来，而且难以在此重振伊丽莎白时代的园艺辉煌，即使房子本身及其与周围环境仍然保留着些许古朴的痕迹。这里的确有一些怀旧的线索——比如他把刻下的格言放在房子门口或者挂在花园的树上，在《大英极乐世界》中，他提到了“印象、格言、刻度盘、徽章、密码和无数其他装置”（《大英百科全书》，第75页）。然而，要将花园（hortulan）文化带进早期现代世界，就要留心诸多矛盾：外来形式与理想模型需与当地和本土环境调和；个人品位也要带有国家使命感；在对新式园艺怀着热情时也不能忘记传统花园那忧郁的气质；在对动植物采用敏锐、仔细、现代的观察方法时，仍需要尊重古代种植业和畜牧业的知识；有些外来植物需要适应当地气候，而有些植物就来自英国本土苗圃。同样，还需要在尊重天体运行、承认“预言”和“占星术的精准”间找到平衡〔马克·莱尔德（Mark Laird）曾表示，伊夫林并不是它们的“朋友”〕，以及任何惊扰到泰晤士河畔花园的东西——比如天文奇观、各种动物（如鼹鼠、青蛙、老鼠、蜗牛、有害毛虫、漂亮的蝴蝶等），以及糟糕的天气。正如伊夫林在《薰衣草》（*Fumifugium*）一书中所描述的（见第六章），天气“杀死了来自异国的蜜蜂和花朵”。他似乎特别渴望摆脱占星师强行对园艺事务进行的那些“虽然好却吹毛求疵的点评”。

把伊夫林的园林作品，尤其是他的园林词汇置于欧洲当时的出版大环境下并用于实践是很有意义的。7他的参考范围相当广泛：除了一些低地国家，如法国和意大利的众多花园，还借鉴了来自不同作者的著作，比如尼古拉斯·邦纳芬斯（作品由他翻译）、查理·埃斯蒂安（Charlie Estian）、让·李艾伯特（Jean Liebert）、奥利维尔·德·塞雷斯（Olivier de Serres）、克劳德·莫莱特（Claude Mollet）和雅克·博索（Jacques Boyceau）；以及本土作者的一些作品，包括托马斯·米勒[1]（Thomas Miller）、约翰·帕金森（John Parkinson）、斯蒂芬·布莱克（Stephen Blake）、托马斯·汉默（Thomas Hanmer）和格瓦斯·马卡姆（Gervase Markham）。然而，如此大范围的学习又产生了一个问题：如何将这些正规的设备名称和

[1] 托马斯·米勒（1807—1874），英国诗人，和伊夫林根本不是一个时代的人。这里原文作者引用的都是植物学家的名字，所以原文有误，此人应是托马斯·约翰逊（Thomas Johnson，1595—1600），植物学家（botanist）。

外来术语，翻译成适用于17世纪英国的花园实践与通用词汇？[8]正如马克·莱尔德所描述，当伊夫林使用这些术语时，它们可能是“多样又难以捉摸”〔《伊夫林的创作》（*Evelyn Do*），第175页〕。

尽管伊夫林是在17世纪50年代进行《大英极乐世界》（或《大英皇家世界》）的创作，但自从1659年他出版了一份作品摘要，并将其分享给托马斯·布朗爵士和其他人后，似乎他在赛耶斯宫所做的事才是他关注的重点，是他为一个贵族花园（而不是皇家花园）进行的个人计划。虽然建造赛耶斯宫花园一定可以将他在未完成的书中塑造成“高贵与普遍的极乐世界”的形象，但他自己也知道，只有在具体和实际操作中，园丁和设计师才能看到他在做什么。[9]虽然他一直对古代权威，比如哥伦贝拉（Colamella）或维吉尔（Virgil）在《田园诗》中教给他的东西保持警惕，但正是赛耶斯宫的实际工作指导了他的思想，也正是他自己作品的智慧和格言支撑了他于1664年同时出版了《霍顿斯日历》（*Kalendarium Hortense*）和《林木志》，以及在22年后（1686年）为学徒写下《给赛耶斯宫园丁的指南》。

在曾经的果园和“整整100英亩的田地”上，伊夫林在“花园、小道、小树林、围栏和种植园”中看到了“极乐世界”的雏形。伊夫林采取了两个主要的干预措施：一是在花园南面栽种了一片椭圆形的小树林，二是规划了一片朝北的小树林，二者之间有一条高高的露台走道，一边是冬青树篱，一边是朝向小树林的檗树篱。伊夫林的设计源自其1644年和1651年造访巴黎莫林花园时的难忘记忆，还包含了他对矮林、森林，以及法国和意大利花卉展览和陈列柜的回忆。

1653年1月，伊夫林开始仿照莫林的花园来装修他的椭圆形花园

（Oral Garden，参见插图21），他写信给岳父说："我们目前在园艺方面已经做得很不错了。"马克·莱尔德的重建图显示，一个长方形内有两个椭圆，上面有哨兵似的柏树；[10]里面的椭圆是花坛，外面的椭圆坐落在草丛里，中间有一个凸起的土墩和"刻度盘"，[11]周围有八棵柏树；椭圆旁边的人形小道贯穿东、西、南、北四个方向。大椭圆的外面是"荒野"或小树林，一边是"常绿灌木丛，供鸟类栖息、人类散步，有遮阳地，也有陈列柜"；另一边，有一条小路在两端各有一个陈列柜。到了5月，伊夫林还告诉他的岳父，他自己的椭圆花园将"在设计和住宿条件方面远远超越（莫林的）花园"。"超越"多种含义——更好，也更入时，因为在之前的基础上进行了改进，使之更符合伊夫林建造的这个花园的状况。莱尔德注意到，伊夫林引入了一种"元素层次结构"：这是一种大空间的微缩版，前面的植物种植规模小，植物低矮，由近及远，后面的植物则越来越高大，占地面积也越来越大，或者（在这种情况下）在边缘种植了更高大的植被，这种设计更适合椭圆形花园。

北面的小树林，对应的是伊夫林在法国、尤其是意大利所见的景象。它的外观具有巴洛克风格，内部别有洞天。整体呈矩形，占地约40×80平方码[1]，共有八个部分，每个角落和侧面都有步行道，道路会入树林中央的一座小山，包围着中间的月桂。在树林内部，五百多棵标准乔木的树冠下，交织层叠的是"荆棘、野果、绿叶等"，树林的形状不那么明显，但树叶更繁密，形态更多样；有些走道甚至成了

[1] 1码 = 3英尺，即0.9144米。

伊夫林口中的“蜘蛛爪”——死胡同被扭成小柜子，每个柜子的中央都是“法国胡桃树”。历经了五次季节更替，伊夫林认为它“无比甜蜜而美丽”。

但伊夫林在给理查德·布朗爵士的信中提到的“住所”（accommodations）还有别的意味。1664年（甚至更早），伊夫林写道，赛耶斯宫是他的“别墅”（villa）[12]；然而，这些拉丁语词汇未经转换就译成了意大利语中的别墅，之后又直接译成英语中的别墅，词语拥有了新的含义，但伊夫林的意思是，它只是租来的。虽然这个词没什么变化，但会为泰晤士河畔的“别墅”文化带来不同的感觉，即使拉丁文或意大利文为别墅所有者带来了与其他文化间的可观又丰富的联系，但它还是重新引发了人们对17世纪英国人生活情况的关注。在法国和英国，就连一英尺[1]的长短也略有出入，实地情况、规模、气候、植物、动物也有所不同。赛耶斯宫的土壤由大量石灰、亚黏土和牛粪混合而成。[13]伊夫林从多地搜罗植物，有些源自东格林威治，但更多来自欧洲大陆，而有些植物在萨里时就需精心照料。刚住进赛耶斯宫时，他请求伯父提供一些柏树种子，因为现有的柏树种子“没能达到我的预期”，他也索要了“六棵来自巴黎的结果树（bearing trees）”，还附上了一份“我完全没见过的”植物清单。他敦促理查德爵士查询《园丁弗朗索瓦》一书，这样就会了解“法国水果名录，从而很容易就可以收集到最好的品种”。[14]直到17世纪90年代，他还从佛兰德斯搜罗了“50根皇家帕罗郁金香”和“100根

[1] 1英尺 = 0.3048米。

毛茛花”（《日记》，第四章，第648页；第五章，第59页）。

英式花园也要用到不同的器械。在当时，各类大师都在设计测量降雨量或者风速的装置，他们也在使用温度计和气压计。《大英极乐世界》中专有文字和图片记载英式花园中的必备设施：不仅有必要工具，还有灌溉的工具（参见插图22，其中43号是一辆运水车）；又或者是测量和预测天气状况的工具，比如湿度计，还有用来判定英国花园干湿度的“温度表，又叫天气瓶”（《大英百科全书》，第151页）。在1686年的手稿《方向》（*Directions*）中，伊夫林展示了一张“温床”，而在1691年的新版《霍顿斯日历》中，他增加了加热系统和温室的注释与图表，这样像香蕉树一类的热带植物也能在英格兰茁壮成长。《牛津英语词典》认为是伊夫林在1664年版的《日历》中首次使用“暖房”（conservatory）一词，但早在1644年，伊夫林在红衣主教黎塞留位于吕埃的花园里曾见过暖房（《日记》，第二章，第109页，不过这也可能是后来他写笔记时补充的内容）。他对如何确保植物在室内生长很感兴趣；1677年，他对“暖房”（有点令人困惑的）和尤斯顿温室产生了浓厚的兴趣，也曾在1685年去切尔西参观过约翰·瓦特（John Watt）的地下炉灶（《日记》，第四章，第462页）。现在他确信，与其用炉子来加热，不如利用阳光来试验，这样便能让英国成为一个持续丰收的天堂，对他而言，“开启新的天堂还不算太晚”[15]。

伊夫林急切地想知道在英国的语言环境中如何将他的植物、工作进展或住所用英语描绘出来。对于他的常青树，伊夫林写道：“即使是冬天，一座英式花园也会略逊于意大利花园。”1653年，他移植了

“拥有800棵树的伟大苗圃”，这些树有“两英尺高”，“和我在法国见过的一样”。当伊夫林再次描写栅栏树篱、墙树和近距离走道时，他看到英国已经在“声誉良好的英格兰作品”中记录“阿利特鲁斯”（aliterus，鼠李树属植物）一词。

1664年，伊夫林在《林木志》第一版加上了《霍顿斯日历》，列出了“一本年鉴，可以指导园丁们在整年的每个月里应该做些什么”，因为凡间的“天堂”需要人照料，还需要除草。他鼓励道，“这是一种独特的爱好，要珍视如此纯真、令人称赞的消遣方式（即从事园艺工作），同时还要引发贵族们对它的兴趣”。他每个月都会记录处于“盛产期”或“长久不衰”的水果鲜花，以便来年参考。在果园和“菜园”（olitory，伊夫林为菜园新造的词）以及花坛和花园里，都有一系列的任务——要应对黄蜂，照料蜜蜂（4月要“打开蜂箱，因为此时正值蜜蜂孵化季”），鸟类繁殖前需在鸟舍喂养，10月、11月要清扫落叶，防止小虫子将枯叶拖入洞中。一到12月，新的一年又要开始：“和1月一样，继续和害虫斗争吧。”

但是如果说住房建筑对英式园林来说必不可少，并且备受追捧，其他的元素则并非如此。虫害可以控制，但风暴无法避免。园林是周到计划和精心维护的产物，那么如果将莱尔德所描述的“混乱和停滞的环境”〔《环境》（*Milieu*），第116页〕放在赛耶斯宫，无论对植物还是对人来说，都是“令人不安”且无法预见的。伊夫林的女儿玛丽和他的仆人汉弗莱·普里多（Humphrey Prideaux）都被天花夺去了生命。暴风雨无法避免，但（与人类不同）它们造成的破坏在一定程度上却可以被修复。1658年6月，伊夫林在《日记》中写道，“冰雹、暴雨如此反常，冷得就像冬天，连刮了近6个月的北风”，风暴席卷了“我最好的树木”，也毁了冬天的果树。第二天，他记下了一头在泰晤士河搁浅并被杀害的鲸鱼。

伊夫林从事园艺工作的时期，我们现在称为“小冰河期末期”。[16] 在给皇家学会的一份报告中，他按时间顺序记录了1685—1686年恶劣的冬季气候。〔《信簿》，第二卷，第732～735页，后发表于《哲学学报》（*Philosophical Transactions*）第158期；见《杂集》第692～696页）〕。其实榆树和幼小的森林树木都毫发无损，但是像软木树这样的外来物种就很难恢复原状，雪松、松树、迷迭香、月桂树，要么直接死掉，要么褪了颜色；还有几条鱼，甚至长寿的乌龟都死了。只有夜莺“一如既往地活泼喧闹”——1684年4月14日，这些夜莺从非洲远道而来，伊夫林指出这种长距离迁徙值得鸟类学家进行适当的研究（《杂集》，第696页）。

正是在1685—1686年那个毁灭性的冬天，泰晤士河也结冰了，这也促使伊夫林重新考虑花园的布局。始于2月的新计划（参见插图23）体现了他的设想，17世纪90年代末的两次调查都佐证了这项计划，调查也展示了计划的实施情况（参见插图21）。最终，他彻底放弃了椭圆形花园，对小树林进行了修整和扩展。

新的半月形草地，或者叫“保龄球草地”的周围是种植园，占地是之前椭圆形花园的两倍；中心和前部仍是宴会厅，对面是草地，沿着原来的步行道可以到达护城河岛。有趣的是，这个扩大的半圆形参考了欧洲的不同风格进行设计，共有两个设计方案，并且每个方案都将对赛耶斯宫进行大幅度修改。一个设计蓝本参考了伊夫林于1644年9月在黎塞留庄园看到的半圆形花园，但是此处没有复杂的花圃设计。而在参照法国庄园的设计中，原本有雕像环绕在草坪四周，但是这里用冬青树、果树、醋栗灌木丛、草莓和紫罗兰取而代之，植物填满了角落或者说是半圆的“三角区”。这片新的保龄球草地也源于他在杜伊勒里宫看到的人造回声设计和《大英极乐世界》的草图（参见插图11）。尽管法国庄园的空间比赛耶斯宫大，且半圆形花园的两旁有树木点缀，不能产生回声，同时这样的半圆形设计在17世纪的欧洲花园也并不罕见，但伊夫林将这些国外设计元素融入了草坪和果树中，其中许多果树是1629年约翰·帕金森推荐的，比如有些树木夏天结出果实，有些甚至可以挺过冬天（1684—1685年的计划就包含了种植清单）。[17]很快在1686年，他为园丁学徒写的《指南》就包含了如何小心打理保龄球草坪——“每两周滚动修剪一次，轻轻松松”。

之前的椭圆形花园扩大了，与之相连的是通往宴会厅的、两侧栽有小树林的人行道。原来的椭圆形大小没变，虽然保留了“蜘蛛爪”，却少了一些网格；西面的空间更大了，有一条带中央陈列柜的正方形走道，方形的每个角落都有一个陈列柜；小树林里依然有各式树木。

无论伊夫林减少繁复设计是出于何种目的——降低维护次数、减少资金流失、个人偏向简化、顾忌恶劣天气，或他自己的年龄因素（他当时已经64岁了）——赛耶斯宫依然是对欧洲大陆花园设计的一种呼应。从一开始，赛耶斯宫就是借鉴意大利和法国设计元素而“发明”的花园，现在更是如此，不过更多是伊夫林自己的发明。然而，无论何种发明都不具前瞻性，他也不会意识到当时的景观理念在二三十年后，将在形式或用途上塑造英式园林建造的未来构想。

在介绍《霍顿斯日历》时，伊夫林指出，装饰和养护“伊甸园”必然需要“不断地栽培”，但这也是“充满安详的劳动”。1686年，伊夫林雇用了园丁学徒乔纳森·莫斯（Jonathan Mosse），伊夫林为他写了《指南》，包括哪些外来物种可以在英国茁壮成长。这些指导是伊夫林在赛耶斯宫学到的知识大纲，罗列了适合在花园不同部分种植（喷泉庭院、温室花园、“岛屿”等）的果树、林木和“小树林树木”，以及需要保存和使用的必备工具，“这是作为园丁必须明白的措施”；大纲事无巨细，从“粪便和堆肥”到“根据季节”为餐桌准备沙拉。其中还包括一份“熟练园丁应该使用的艺术术语”的详细清单。有些术语非常直白，但或许对园丁学徒或者“植物学家（Botanist）、拥有丰富的植物知识的人”有用，如用“夏季（Estival）、秋季（Autumnal）、冬季（Hyemal）、深冬（Brumal）”来表示植物会在哪个季节茁壮生长。而其他的术语则有些罕见，如“方位”（Aspect，即“天堂的四分之一，东、西、北和南”）、“消化”（digest，腐烂且像粪便一样消耗）或“黏液”（mucilage，“黏糊糊的东西，像紫杉浆果一样”）。在“必须了解的花园植被”注释中，植物应按字母顺序“排列”，以方便记忆。

由于伊夫林为无法或不愿出版《大英极乐世界》而感到沮丧，他抽出了标题为《关于沙拉》（*Of Sallets*）的这一章，于1699年单独出版，并将其命名为《一盘沙拉》（*Discourse of Sallets*）。[18]这显然借鉴了他在赛耶斯宫的工作，他仔细阐述了为新园丁写下的《指南》，详细介绍了沙拉所需的草药和蔬菜。现在他从培根式的实际问题转到“对原始萌芽和世界早期状态的光荣研究”：亚当和夏娃以沙拉为生，弥尔顿也被喊来支持“草本植物对健康有益”——要“遵照上帝的旨意吃素”〔格雷厄姆·帕里（Graham Parry）这样写道〕。伊夫林显然是一个沙拉制作专家，不过（正如凯恩斯在《藏书家》第237页中所注意到的那样），他在将《一盘沙拉》献给大法官和皇家学会会长时，如果没有怀着“他一贯的长篇大论式的庄严”气度，那便是毫无意义的——作者将其形容为“气势如虹地讲一件小事”。他是这样向博福特公爵夫人解释的，这“不过是几种草药”。他还说，草药“出自一位伟大作者的妙手，还有独特的美德和用途”，我们认为他说的是上帝，而不是他自己。

如今，赛耶斯宫的房子和花园早已不见踪影，伊夫林在沃顿的房子则得以留存。如果伊夫林读过本·琼森（Ben Jonson）的诗《致彭斯赫斯特》（*To Penshurst*）——他肯定知道肯特的彭斯赫斯特庄园[19]——他一定会欣赏这首诗对庄园的赞美。1652年7月，也就是他在赛耶斯宫（Sidreg estate）定居的那一年，他的《日记》写下了他和妻子从法国回来后，对彭斯赫斯特的一次造访：那里“灌溉情况良好”，曾以“花园和水果”闻名，常客来访时进行的“谈话”也让人印象深刻。琼森也称道西德尼庄园的质朴，其内部既没有大理石，也没有“锃亮的柱子、金黄的屋顶”。那里有散步的地方，可供消遣和娱乐，山上居住着树神、潘神、酒神巴克斯和所有的缪斯女神。他特别欣赏那里的树林（“山毛榉和栗树那宽阔的树荫”），这一点伊夫林一定会喜欢的。总而言之，它是一个古老而神圣的地方，与伊夫林自己所想象的将古时特色与现代技术结合的完美花园在很多地方都一致。

琼森最后将彭斯赫斯特庄园与贵族们建造的“其他建筑物”进行了比较，称这些建筑“只是自负与野心的堆叠，除此之外毫无优点”。他们的“主建造了庄园，你的主却存在于庄园里面”——这是最高的赞美。然而，人们也许会怀疑，伊夫林是否会同意这个说法——他是否会觉得难以用“存在”这样美妙的词来形容他住在赛耶斯宫这件事。当然，他们的观点有相似之处，因为赛耶斯宫并没有体现王族或王权。但是即使这样，它并不是伊夫林想要或实际上能够保护的家。在17世纪90年代，伊夫林终于能够收回他在沃顿的真正的家，赛耶斯宫先是由海军中将本堡居住，后来被年轻的俄国沙皇彼得大帝毁坏了——他砸碎了窗户，毁了玛丽最好的床单，破坏了画像，最后推着他的手推车碾过了篱笆。

第六章

复 辟

王朝的复辟对伊夫林来说既是一种解脱，也算是一种挑战。至少在他看来，动荡时期之后的这段过渡期似乎没有什么实际性作用。但令他高兴的是，在没有流血的情况下，一支曾经反叛的军队带领着国家复辟了君主制。国家和君主的财政状况不容乐观，但1661年5月，新议会召开，弑君者被处决，克伦威尔的遗体被移出了威斯敏斯特的“华丽坟墓”，并在泰伯恩刑场示众，最后被埋在一个“深坑”中。英国国教随着主教的复职而重申了其权威。

伊夫林继续侍奉国王，国王“特别高兴有我在他身边，称我为他的老朋友（他们是17世纪50年代在巴黎认识的），对我说话也显得很是热情”。加冕典礼后，他向查理和大法官呈递了《颂词》的副本，并在9月下旬提交了关于空气污染的著作《烟尘防控建议书》。他与国王一起打猎，乘坐皇家舰船与约克公爵进行比赛，在这期间，他们讨论了如何促进治理空气污染和“对花园及建筑进行改良（相对于其他国家，这在现在的英国是很少见的）”。伊夫林还被要求起草一份关于敌对使节间因优先权纷争引起的意外事故或“血腥冲突”的处理草案，他不情愿地完成了这项任务，并在国王的干预下修改了文本。[1]但他与查理就皇家学会（后期命名）进行了进一步的私下交谈，并为喜欢在烛光下工作的画家塞缪尔·库珀（Samuel Cooper）秉烛，当时画家正在为即将铸造的新货币绘制国王头像。显然，伊夫林也很喜欢复辟后的盛大景象，特别是来自各地的外国使团都参加了国王的活动，包括1661年4月的加冕典礼和1662年8月从汉普顿宫带新女王到白厅的河上庆典。1661年7月，不管伊夫林赞成与否，查理都恢复了“皇家驱厄”[1]的习俗，这可能挑战了伊夫林的科学本能，因为他注意到了查理毫不畏惧地用手抚摸病人的脸。

新建立的复辟君主制国家为伊夫林提供了私人的和专业的机会，让他能用自己喜欢的方式为国家服务——园艺、树艺、科学调查和实验、建筑和城市规划。因此，毫无疑问，伊夫林决心在他正在撰写的花园手稿上，加上“皇家花园”的副标题，因为正如他在皇家舰船上告诉国王的那样，英国最好的建园技法远落后于外国，倘若皇家发声，这一现状将被有效地改善。他还恢复了和君权过渡期间漂泊在英格兰之外的人的联系。

但新的政权也令伊夫林烦扰，国王的身边聚集着拥挤的人群，还有他厌恶的盛大又奢侈的宴会（“令人难以想象的丰盛和罕见的欢

[1] 皇家驱厄（royal touch或作“King’s Evil”），英国或法国的君主用手触摸他们的臣民，旨在治愈他们的疾病。

呼——无穷无尽的人们”），于是他选择远远地逃离“在拥挤的人群中并且只能晚归”这样的境地。事实上，他最适合小规模的会面，而不是大场面，因此他比较擅长给个人写谨慎且深思熟虑的信，这样他就可以“展开精彩的对话”了（《信簿》，第一卷，第247页）；他还讨厌聚集在沃顿拜访他哥哥的大批人群。伊夫林既不喜欢宫廷权谋，也不喜欢自己在1661年写的《推喇奴；或装模作样；一篇关于节约法律的论述》（*Tyrannus; or, the Mode; in a discourse of sumptuary laws*）中所描述的那种华丽时尚的着装和社交行为。从女性演员首次在公共剧院演出开始，他就不喜欢她们的舞台表演（“她们激发了一些贵族和豪杰的爱慕之情，甚至成为其中一些人的妻子并最终沦为他们的妓女”）。此外，他继续拒绝接受荣誉称号。尽管伊夫林冷漠、挑剔甚至虔诚，他的社交需求还是能得到满足，因为他只希望带人参观赛耶斯宫或者接待访客——查理二世和王后参观了“可怜的小屋，并观看了我的小别墅”（《信簿》，第一卷，第309页）。他的日记记录了他在伦敦和家庭之间忙碌的往返，无论是在德普特福德还是在萨里。他不停地听布道，在日记中记下讲道的主题和内容，并对其内容进行总结。

有两项活动尤其让伊夫林本人感到快乐，也增强了他为国家服务的动力：一是在1661年皇家学会成型和建立之前，他在格雷沙姆学院（Gresham college）展开工作（此处和下一章中均会有所讨论）；二是他还从事了我们今天称为“行政事务”的工作（见第八章）。

1667年托马斯·斯普拉特所著的第一版《皇家学会史》有一

幅讽喻的卷首插图（参见插图24）。该插图由伊夫林设计，温斯劳斯·霍拉尔（Wenceslaus Hollar）雕刻。这幅画展示的是查理二世即将被戴上王冠，在他右边的是弗朗西斯·培根的坐像。凯恩斯说，这里的环境或许反映了格雷沙姆学院花园庭院一侧的平铺瓷砖广场；墙壁上陈列着科学仪器，左边是装在箱子里的书籍；凯恩斯认为最右边的建筑可能是培根的《新亚特兰蒂斯》中所罗门王宫的一个典型代表。1660年伊夫林还为皇家学会绘制了新的徽章用以取代之前的版本，徽章上描绘了船只、望远镜、在云层中一只手握着的铅垂线（一种有趣的姿态，象征着测量的神圣感）、大炮、太阳或陆地地球仪，徽章上还刻有像“尝试一切”（*Omnia probate*）或是“还有多少是我们不知道的”（*Quantum nescimus*）这样的格言。[2]

1659年，在皇家学会正式成立之前，伊夫林为新建筑提出了一个计划并为其撰写意见书，旨在对类似培根在所罗门之家中所提出的那些问题进行调查。这似乎是公共社会期待的另一种更精英的“学院”。在“人们的时间被洗劫，他们的美德和最好的优势也极大地被攫取”的时代，这也许和他自己偏爱的亲近感不谋而合。伊夫林画出了一所寄宿学院的布局图，该学院将被建造在占地30或40英亩的“某个有益健康的地方”（参见插图25）。1659年9月，他在给罗伯特·波义耳的一封信中，描述了该学院的学术目标和学术范畴（《信簿》，第一卷，第253～256页）。带有注释的透视图或“平面图”展示了一座古典的中央亭台、位于庭院另一端的一所“相当小的教堂”、学生的住所〔每处住所都有自己的花园（“按照卡特尔公学学生的习惯”）〕、实验室、图书馆、“珍稀植物保护区”、马厩和树林，还有“高地或低地”。他写信给波义耳，设想这将使一小部分人“过着有益而又甜蜜的生活”，他们吃着朴素的饭菜，并在中央草坪上“打保龄球，散步或进行其他娱乐活动”；他本人会和妻子住在那里；这是“一种家庭生活”[3]。学会将聘请“资深合格牧师”以及艺术家，成员可以将这一会员身份出售给同事，也可以在个人情况有变化时辞职。伊夫林还估算了基金会的成本和维护费用。这封信的结尾写道：“‘秩序’，将会指导学院的生活。”据推测，可能因为国王的回归以及紧随而来的更大和更开放的社会的建立，也可能是他的计划带有太多的后倾性（他的计划在英联邦可能可行，但在一个保皇派的国家不行），这些因素都致使这个计划的可行性不高——就像在过渡期间他制订的其他一些计划一样，例如考利（于1661年发表）的《关于学习的进步的提议》（*Cowley's Proposition for the Advancement of Learning*），学校设有庭院、花园和试验酒窖。人们还提出了其他的方案——与培根合作过的恩斯通的托马斯·布谢尔（Thomas Bushell）提出了一个培根式的《新亚特兰蒂斯》。哈特利普设想了类似的计划，亨利·哈蒙德（Henry Hammond）早在1654年就设想了“敬虔之人”学院，更早的是在1650年，伊夫林的朋友托马斯·亨肖从法国回来后，在肯辛顿的寓所提出了“基督教学会模式”的概念。

皇家学会对这些概念进行了充分的调研，遵循并重新实践了其中的一些想法，这里就没有必要赘述了。[4]皇家学会使格雷沙姆学院举行的早期会议变得正式化〔从牛津分裂出来的组织聚集在约翰·威尔金斯（John Wilkins）和罗伯特·波义耳周围〕，会议致力于对弗朗西斯·培根的工作成果进行扩充，这一灵感经常得到成员的赞美。培根的愿景是这些工作都可以通过各成员的通力合作来实现，而正是皇家学会的这种制度特征（召开定期会议和成立委员会）进一步推进了17世纪50年代哈特利普在办公室演讲时传播的思想。如果这十年里伊夫林一直在扮演正如迈克尔·亨特（Michael Hunter）所说的那样，“一个艺术大师的角色”（参照奥布里的《我们第一批艺术大师之一》），那么皇家学会的创建就使他有了一个更加明确的“角色”，或是让他回应了（正如他本人之后深入解释的那样）英国知识分子生活的“召唤”。

鉴于今天的英国皇家学会尤其关注自然科学，我们必须注意到它在成立之初就聚集了人文主义者以及科学家，伊夫林通常称他们为“自然哲学家”，或名家艺术大师，像塞缪尔·佩皮斯、约翰·奥布里、亨利·奥尔登堡（Henry Oldenburg）、托马斯·亨肖、罗伯特·普洛特（Robert Plot）或威廉·阿格利比（William Aglionby）。这群人多元的背景令人惊讶，其中有地主乡绅、贵族、天文学家、古文物学家、神职人员、诗人、建筑师和测量员、数学家、朝臣、外交官、军人和自成一派的艺术大师，但并非所有人都能积极地参与其中。[5]这是一个公共的而非私人的组织。其成员由选举产生（伊夫林本人由查理二世提名），并致力于在国内外推动实用知识的发展。伊夫林本人当然也参与了科学实验：他的日记记录了蛇在波义耳气压发动机中的实验，被毒蛇咬伤的治疗方法；但他也痴迷于机械设备，比如编织丝袜的机器；他还对建筑项目和城市街道的改良、不同行业的历史和古老的绘画怀有浓厚的兴趣——他带着亲戚在白厅参观了女王的小陈列室，即“稀有的微雕”和其他珍品。在该学会，他是机械委员会和“园艺委员会”或作“农业委员会”（见第七章），以及另一个为讨论如何预防饥荒而设立的委员会的成员。在复辟后的几年里，伊夫林扩大了自己的涉猎范围，出版了可以证实这些跨度范围大的哲学兴趣（包含贸易和科学）的出版物。我认为，《林木志》和他的“园艺类”著作一同形成了他的另外一个“领域”。此外，无论在他生前还是身后，这都使他在国家园林绿化事务中占有重要的地位。即便他表面上谈论的是伦敦的空气污染，但他的建议还是着眼于花园和林地的建设。

1660年后，他继续写作和进行出版工作，他不仅出版了《林木志》这本永远和他有关的书，而且出版了关于果树〔《波摩娜》（*Pomona*）〕、空气污染、图书馆、时尚和雕刻的书，以及《耶稣会之谜》（*Mysteries of Jesuitism*）。这些都直接或间接地作用于他在国内推广英国思想，以及实践与其在国外曾进行过比对的工作；这些作品中有许多都与他未完成的《贸易、秘密和收据机械》（*Trades Secrete & receipts mechanical*）有关，这是他对培根的《特殊历史目录》（*Catalogue of Particular Histories*）略显古怪的补充，后来成为《新工具论》的一部分。[6]

伊夫林在白厅宫殿步行时得到了《烟尘防控建议书》的灵感——正如他在献给国王的《颂词》中描述的那样。在文中，他记录道：“诺森伯兰庄园（Northamberland House）附近，离苏格兰场附近不远处的一两个隧道中冒着烟，烟尘确实侵入了宫廷，所有的房间、画廊和周围的地方都弥漫着烟气。”这已经不是他第一次意识到这种污染了，自从1652年以来，他视污染为灾害，就开始比较伦敦和巴黎的空气。但在1661年，他认为污染会直接损害到查理的健康，尽管他在《烟尘防控建议书》的《致读者》中强调了对“这个国家”的“普遍利益”，更加着重强调了自己近期的“伤心困惑”，以及“一个如此高尚和有公共精神的王子”的复辟。于是，他提出了“改善伦敦空气”的建议。

《烟尘防控建议书》大部分内容都提到了笼罩在码头和仓库上空的“像海煤那般阴森惨淡的云”。他说，如果把木头变成了砖（“成为另一个罗马”），把砖变成了华丽的石头和大理石，那么伦敦该如何在“弥漫着恶臭、黑暗的烟气硫黄”中保持庄严和清醒呢？烟气和黑煤的蒸汽会渗透进“我们最隐秘的陈列柜和最珍贵的仓库”，黄色的霉菌会在油画和挂毯上繁殖，伦敦花园的蜜蜂和鲜花也会被糟蹋。

伊夫林在书的第一部分中广泛地讨论了建筑师、造成污染的腐败物、流传至今的古代智慧，同时也结合了当代科学和国外案例，最后给出了两个建议。而在第二部分，他建议将导致空气污染的工业制造商驱逐至伦敦数英里以外的地方，这些制造商包括酿酒商、染工、石灰燃烧工、肥皂和盐锅炉工（和烹饪类无关）。在第三部分，他建议种植大量的树木、灌木和花卉，这样气味和臭气就会从东边和西南部的低洼地上越过伦敦。正如他自己所说，这实质上是一项大规模的园艺工程，以圣詹姆斯公园的旧泉花园和朗伯斯的新泉花园为原型。1661年7月2日，他在日记中称其为“精心设计的植物园”。大小不一的田野点缀着“灌木，因为灌木的花最香，而且香味奇特，它们总是远远地、轻轻地释放着带有刺激性的香气”。下面列出了一些合适的植物，比如茉莉、玫瑰、迷迭香；在环绕种植园的篱笆或栅栏之间应该有粉红的小花、康乃馨、丁香、石竹、报春花、耳状报春花、紫罗兰，还有一年开两次的白色小花……野樱草、百合花、水仙、草莓，它们的“每一片叶子和果实都散发出沁人心脾的气息和雾气”（蒸汽）。这些带有围场或“包围式花园”的田地和农场也可以种植农作物（不是卷心菜，因为闻起来不舒服），用于消遣，提供“装饰、利润和安全”的苗圃，并为牛羊提供更好的牧场。城市附近的廉价公寓和“肮脏的小屋”也将被禁止建造。

然而，尽管查理鼓励伊夫林向议会提交一份由女王的检察官起草的提案，其中包括进一步禁止“导致伦敦烟气的几种行业”，但最终伊夫林没有得到任何回应，提案夭折。伊夫林的慷慨陈词至今仍引起共鸣；他的文本被六次再版，其中包括1933年的《全国禁烟协会》（*National smoke Abatement Society*）、1961年的《国家清洁空气协会》（*National Society far Clean Air*），以及1969年一位科学家再版的《科罗拉多国家大气研究中心》（*National Center for Atmospheric Research*）。在依赖化石燃料的世界里，《烟尘防控建议书》仍然是一个强有力的声音。[7]

伊夫林讽刺法国式服饰的话题远未引起共鸣，紧随着王朝的复辟而来的是伊夫林在1661年出版《推喇奴；或装模作样；一篇关于节约法律的论述》一书（不过，该书于1951年再版）。他问道，为何英国人能在如此不喜欢法国的同时，而又屈从于这个国家的风潮呢？伊夫林在威斯敏斯特大厅里观察到：

> 一件纯细绸质地的东西……这个英国人身上有那么多缎带，就好像抢劫了六家商店，足以让二十个乡村小贩摆摊。所有的人都穿得像一根仲夏柱（May Pole）或疯子（Tom a Bedlam）的帽子。一艘新装配的护卫舰在暴风雨中发出的声响还没有这个木偶身上的饰带发出的声响的一半那么大……

为什么我们确实需要这样的外国事物（Foreign butterflies）？当然，每个国家都认同自己的时尚：如果瑞士人放弃了他们“惊人的马裤”，他们就无法成为一个国家；而当罗马人放弃托加长袍时，他们就衰落了。国王应该重新制定《禁止奢侈法》（*Sumptuary Laws*）——用简单的材质为英国人定制合理的衣服。第二年，伊夫林还对葡萄牙新女王和女士们的“可怕的鲸骨圆环裙”倍感困惑，但他也许会欣赏查理二世的态度，后者在与法国的战争中放弃了“法国模式，因为迄今为止我们已经为此付出了巨大的代价，并受到了谴责”。此外，查理二世还“郑重地”接受了伊夫林所说的波斯时尚；但这并不会如同伊夫林所断言的，会使家庭工业繁荣起来。今天的服饰穿戴文化是随机的、奇特的以及不可预知的，所以他关于特定社会场合着具体服装的建议已经丧失了价值，虽然这并不会阻止时装公司——他们依旧会推广一些服饰，而对于此类服饰，亚历山大教皇可能会声称它们拥有在“国家、城镇和宫廷不同主题下的不同风格”。也许在近东地区度假可以穿所说的“波斯”服饰。

伊夫林在17世纪60年代所有的出版物均源于他与皇家学会的接

触。1661年，他出版了加布里埃尔·诺德（Gabriel Naudé）的《关于建立图书馆的建议》（*Advis pour dresser une bibliothèque*）（1627年）的英译本（标题页称为“翻译”），该书的内容涉及图书馆的组建和修造。诺德曾是黎塞留和马扎林的图书管理员，隶属于法国一个博学和思想自由学会，皮埃尔·加森迪（Pierre Gassendi）也是该学会的成员，伊夫林曾在墓志铭上援引了后者的《卢克莱修》译本。伊夫林对书籍的热爱、他将欧洲思想持续引进英国的需求，以及开放可用的图书馆的必要性，都让他承认出版《建议》英文版本的重要性。1653年，他开始建立自己的图书馆目录，并在17世纪50年代大量充实该目录，其中部分文献得以保存。他对其他图书馆也十分关注，包括牛津大学和剑桥大学的图书馆（尤其是牛津大学图书馆）。他为适合皇家学会的书籍分类做了笔记（《信簿》，附加手稿78344）。尽管佩皮斯发现这件作品本身“超出了我的能力范围”，但他还是极力推崇大法官的奉献精神，并对其极尽赞美之能事（“非常优秀的作品”）。伊夫林本人对该书的印刷错误很不满意，在印刷厂他“受制于既不会印刷也不会英语的酒鬼和醉汉们”，他甚至试图停止进行这项工作，不过他还是自行发表了《勘误表》（*Corrigenda*，凯恩斯，《藏书家》，第106页）。但在翻译中确实首次提及了“皇家学会”一词，因为伊夫林在其《关于建立图书馆的指示》（*Instruction Concerning Erecting of a Library*）中曾设想过它的名字和功能，他两次使用“皇家学会”的名字来指代新的“哲学大会”，并对此感到满意，没有丝毫的难为情（见《日记》，第三章，第305页）。

第二年，献给罗伯特·波义耳的书《雕刻：或铜刻的历史与艺术》（*Sculptura: or The History and Art of Chalcography and Engraving in Copper*）出版，而这本书正是在格雷沙姆学院“哲学俱乐部”的讨论和演讲中诞生的。伊夫林在日记中感谢了鲁伯特王子（Prince Robert）向他介绍金属版印刷法这件事，他在标题页上公开道，他“亲手给我展示了一种新的雕刻方式，叫作金属版印刷法，后来经他允许，我在《铜刻的历史》（*History of Chalcography*）中发表了一篇文章；自那以后，相当多的艺术家开始创作，很快他们就达到了完美的境界，仿效出了‘最柔和的缩影’”（《日记》，第三章，第274页）。伊夫林对这一烦琐的过程进行了进一步的描述，显然这是要提交给皇家学会的，但当时它只是一份手稿，后来才有了经过润色的现代版本。[8]该技术确实是一次实用的进步，因为它为图像增加了色调处理过程，引入了各种灰色阴影的光斑。鲁伯特运用金属板印的手法勾勒了一幅施洗约翰图中的刽子手的头颅（该作现展出于慕尼黑），这让该作非常抢手。伊夫林的作品在印刷文化的历史中的地位、其作品与新兴的古物研究学的关系，以及他对资料来源的重视程度，对他而言都大有裨益——这并不令人惊讶，他广泛地搜索古代资料，同时也借鉴了现代资料，比如亚伯拉罕·博斯（Abraham Bosse）和约翰·阿莫斯·科米尼乌斯（Johann Amos Comenius）的一些作品，以及瓦萨里（Vasari）的《生活》（*Lives*），因为他对教育学很感兴趣，而伊夫林在强调儿童教育时也提到了这一点。其中还包括索尔比耶（Sorbiere）对贾科莫·法维（Giacomo Favi）的生平和精湛技艺的描述，后者则曾宣称将出版一本《完整的商业周期和商业历史》

（*Complete Cycle and History of Trades*），这显然与伊夫林的个人兴趣相吻合；伊夫林的这种生活被称为“典型的我国绅士的生活，他们大部分时间在国外游荡，追求享乐，但却徒劳无益，完全令人无法忍受”。但奇怪的是，在一个如此强调雕刻术的时代，《雕刻》（*Sculptura*）却只包含了两件作品，其中一件由伊夫林本人绘制，由亚伯拉罕·赫托克斯（Abraham Hertochs）雕刻，工艺很是普通；1668年，比尔（Beale）敦促他出版另一个有更多雕刻作品的版本，不过这个提议最终没有实现。但是达利推测（第185～186页），正是伊夫林对雕刻家的建议，确保了皇家学会另一本著作的出版，即罗伯特·胡克（Robert Hooker）的《显微绘图》（*Micrographia*，1665年），上面雕刻着科学家现在能通过显微镜看到的奇妙雕刻。

1664年，伊夫林出版了两本书。他将《耶稣会之谜》（*The Mystery of Jesuitism*）献给了科学家罗伯特·莫雷爵士，后者是英国皇家学会的创始人之一，而另一部法语译作则没有以他的名字出版，他在给波义耳的信中写道：“在这些日子里，以宗教的利益为出发点去做任何事都不太可靠。”（部分重印于《杂集》，第499页）更重要的另一本书是《林木志》，这本书使他在当代声名鹊起，而该作本身也在叙述类的英国园林书籍中享有一席之地。1852年，布雷写道，“他（伊夫林）经常被称为‘席尔瓦·伊夫林’”。1689年，戈弗雷·克内勒爵士（Sir Gogfrey Kneller）应塞缪尔·佩皮斯之请为伊夫林画了一幅肖像画，画中的伊夫林手持一本《林木志》，他“瘦骨嶙峋的手指”“象征性地”握住了这卷书〔《庆典》（*Celebration*），第103页〕。真正具有象征意义的是，作为作者，他在当代享有盛名，而这本书以及这本书的主题，也让他在今天为人们所熟知。

1662年10月15日，伊夫林首次将《林木志》递交至皇家学会。皇家学会的官方印刷商赞成并要求出版它，因此，《林木志》成了皇家学会第一份正式出版作品。学会的其他成员贡献了来自德国、法国和新英格兰的材料，而比尔则为《波摩娜》的章节提供了关于果树的材料——哈特利普的“办公室演讲”再次做出了促进这些合作的努力。凯恩斯指出，《林木志》是一本“近代没人读过的书”，这似乎有点不公平（凯恩斯，《藏书家》，第130页）；[9]但在下一页，他补充说，或许更多的“科学”著作已经删减了不少“丰富有趣的信息和实用的指导”。此外，伊夫林的树木以及树木种植的知识，也为17世纪后期出现的英国园林绿化叙述形式提供了一些思路。[10]

1704年，伊夫林告诉他的孙子，他期待自己能继承沃顿，“实际上，种植树木是庄园唯一能够进行的最好和最适当的管理方式”（《回忆录》，第7页）。因此，他建议杰克“把你在萨里郡的产业转移和改良一下，尤其是要尽早地、持续地把它与橡树、白蜡树、榆树和灌木一起储存起来，因为再过几年就不会有什么令人难以置信的收益，也对恢复沃顿的名誉无益”。

伊夫林从年轻时起就知道萨里郡的树木资源丰富，所以他总是在歌颂沃顿的树林，并抓住一切机会对它们大加赞扬，就像他在写信感谢约翰·奥布里曾前往萨里郡考察时所做的一样；他对奥布里说，沃顿“林木环伺，因此得名”（《杂集》，第687～691页）。在欧洲大陆旅行期间，他经常提到有趣和非凡的树木，其中大部分都是在没有指导手册的情况下记录下来的，因此，他对安特卫普的行道树、荷兰修道院的菩提树的“均匀度和高度”，以及意大利全境的柑橘树和常青树丛充满了热情。在随后的英格兰之旅中，他最为关注的一直是林地：他在威斯特汉姆的堂兄家里发现了一处“树木茂盛、灌溉良好的庄园”，他对彭斯赫斯特的树木很满意，对贝丁顿生长过快的树木感到伤心，尽管他称赞那里有“英格兰第一个橙色花园”，而在坦布里奇韦尔斯，就是他妻子使用“治疗性”水源的地方，他欣赏着“岩石中某些白桦树过度扭曲和生长的旁枝”（《日记》，第三章，第294～295页）。在对《林木志》本身的介绍中，他经常评论一些特有的树木和种植园（“萨默塞特府小花园中的法国榆树修道院”），不过他也提到了进口的树木及引进的成功案例——“任何气候都适宜栽种的意大利桃金娘（Italian myrtle）”，或者是最近从朗格多克（Languedoc）最炎热的地区引进的意大利鼠李（Alaternus），“与我们一道在英国繁荣生长，很适合做树篱”。在赛耶斯宫里，他最喜欢和关心的就是树木，为此，他经常寻找各类种子，或是用插枝进行嫁接。就像许多游客注意到的那样，这是“最具伯斯卡式风格的（Boscaresque）”，还有一位不愿透露姓名的游客评论说，“他的花园有一部分树木繁茂，阴凉得很适合散步”[11]。

因此，考虑到他对树木的热情，以及英格兰地区对使用木材的提倡，《林木志》能够获得大量的内容支持也就不足为奇了。皇家海军是“这个国家的堡垒”（《信簿》，第一卷，第279页），在17世纪下半叶，木材为军事和商业活动提供的“木墙”是至关重要的。尽管需要为国家的造船事业提供必要的木材，但他的想法保证了在过渡期被过度砍伐的土地将会再次因小树林和森林而繁荣起来。他写道："如果我们国家的大多数绅士都盛装打扮，而他们周围则环绕着一排排庄严的酸橙、冷杉、榆树和其他丰富而古老的树木，就仿佛是在装饰埃塞克斯的新大厅……以及我们（自己的）邻近的牧场一样，那将是一番多么美妙的光景啊。"他在《林木志》后来的版本中赞扬了卡斯奥布里〔Cassiobury，埃塞克斯伯爵的产业，他的园丁是摩西·库克（Moses Cook）、尤斯顿（Euston，阿灵顿勋爵的产业）、温布尔登（Wimbledon）〕和康伯里公园（Conbury Park，克拉伦登勋爵的产业）的庄园。如今，"富丽堂皇"可能主要指高贵和豪华，但对伊夫林来说，它能用以形容国家本身。另外，在17世纪下半叶，英国海军需要私人庄园提供木材这一点也是至关重要的。然而，除了这些必要的国家要求，"人行道和林荫大道"或"古老而庄严的林荫人行道"的便利设施也应该受到重视。[12]

1664年《林木志》出版后，伊夫林便将该书分别赠予了学会、国王、财务大臣和大法官（参见插图26）。1664年2月26日和10月27日，伊夫林在私人花园收到查理的回话——"十分感谢"，两人"长谈了若干细节"（《日记》，第三章，第369页、第386～387页）。查理和伊夫林一定都很乐于见到，在1660年国王返回伦敦的一次庆典中"人们展示了一种高大挺拔的树木和皇家橡树，后者同时也象征着1651年国王在博斯科贝尔（Boscobel）奇迹般地逃脱的历史"，当时查理在伍斯特战役后藏在一棵橡树上。

1670年，《林木志》再版，伊夫林自豪地称，这本书是"唯一一次为你（查理）几近枯竭的领土装点200多万棵木材的机会；

而这本书也在三个国家风靡——这部作品的鼓舞和指导，带来了无穷无尽的益处”。《林木志》于1679年更新了第三版，1706年更新了第四版，这也是他去世的那一年，书名的拼写改为《席尔瓦》。第五版于1729年面世，1827年出版了简易版，1908年出版了“新版本”。但在1776年，约克大学的亚历山大·亨特博士（Dr. Alexander Hunter）发表了一篇经过大量注释的长文，大肆批评作者逝世后的版本是多么不堪；他把自己的笔记印在每一页伊夫林原文的下面；在该书庞大的订阅名单中，甚至出现了兰斯洛特·布朗（Lancelot Brown）的名字。《亨特的席尔瓦》还有四个版本，现在分成了两卷，最后一卷出版于1825年。

伊夫林最负盛名的著作在2014年焕发出全新的生机：在席尔瓦基金会的支持下，加布里埃尔·赫莫里（Gabriel Hemery）和萨拉·西蒙伯尔特（Sarah Simblet）合著的《新林木志：关于21世纪森林和果树的论述》（*The New Sylva: A Discourse of Forest and Orchard Trees for the Twenty-first Century*）问世。这本优雅的出版物，附带了西蒙伯尔特的现代木刻版画，并以添加红色注释的方式展现了一种17世纪的印刷效果。书中列出了伊夫林书中的树木，每一章的开头都引用了伊夫林的话，偶尔也会出现他们自己现代的、最新“科学式的”描述。所以，虽然《林木志》现在有了新的读者，但它已经不是伊夫林的书了——尽管当人们读罢此书时，可能会想起他写的某个版本。《林木志》的持续出版反映了我们在当代对森林环境的关注，也体现了我们对了解和丰富森林和环境的需求。

《林木志》的第一版不仅包含了《霍顿斯日历》，还附有《波摩娜：一个关于果树与苹果酒关系的附录》。[13]在第二版中，他增加了关于“白杨树、山杨、阿比勒”和“桤木”的章节，并扩展了关于个别树木的其他章节；此外，“关于神圣不可侵犯的直立式树木的用途的历史记录”，凯恩斯（稍有些不公正地）认为“尽管具备学术价值，但不幸的是它不符合托马斯·布朗爵士的精神，在叙述方式上稍显冗长乏味，在音乐和艺术方面也有所欠缺”（《藏书家》，第132页。第二版中出现在第35章，1706版的第四卷书中完成了终版。）。不过，伊夫林多样的研究方法最终还是集中体现在对现代树林的研究上，他对古代资料（维吉尔、霍勒斯、彼特拉克）的翻译旨在将树林的传统带入当代文化：并非所有的东西都必须是新颖的，“似乎新奇只应该更有力地促使我们去探究事物的本源，而非事物本身的价值和重要性”。他“倾向于相信”古代的观点，因为它们可以教导我们重新观察自然世界。更重要的是，维吉尔认为树林是受祝福者的最终居所，他可以从树林仍是“人间的一处天堂”这一概念中找到一种现代的欣赏方式〔托马斯·特拉赫恩（Thomas Traherne）在其17世纪70年代的诗《安舒》（*Ease*）中如是说[14]〕。我们常常忘却这种意义，正如威廉·布莱克在《天堂与地狱的婚姻》（*The Marriage of Heaven and Hell*）中所说：“因此，人们忘记了所有的神都居住在人的胸怀里。”但在现代人决定要拥抱树木之前，先人们对树林、林地和森林的喜爱早已是一种能引起共鸣、令人欣赏的情感；我们也许并不关心摩西那燃烧的灌木丛到底是不是一片树林，但如果（正如伊夫林所说）“天堂本身不过是……一座庙宇，抑或是一片上帝赐予人类的、由他亲自种植的神圣树林”，而我们作为“上帝神圣树林”的第一批信徒，便有义务关心亚马逊或任何地方森林的生存状况，即便我们不是它们的祭司，我们也是它们的守护者。从伊夫林因为《卢克莱修》感到挣扎这个角度来看，特拉赫恩所发现的观点，即原子表达了“灵魂的另一种荣耀”，倒也不是那么重要。

第三版增加了另外三篇文章：亚伯拉罕·考利（Abraham Cowley）的诗《花园》（*The Garden*）、其子拉宾翻译的《开旷林地》（*Nemus*，即林地或有空地和牧场的树林），以及伊夫林的散文《大地：关于泥土的哲学论述》（*Terra, a Philosophical Discourse of Earth*），《大地》和考利的诗在更早些时候都已经发表过。在1706年的第四版中，伊夫林增加了《阿塞塔利亚，关于沙拉的论述》（*Acetaria, a Discourse of Sallets*），这也是早在7年前就出版过的。他生前的最后一版增加了一幅纳特伊（Natteuil）在巴黎雕刻的、他30岁时的雕刻肖像，也许是为了表明他从年轻时就开始对树木感兴趣了。在1696年或是1697年的1月，他回忆说，自己年轻时“愚蠢地热衷于各类乡村生活”，“在林木及建筑被破坏和损毁的日子里，这些都是我的消遣，而叛乱啊，又持续了这么长时间”（凯恩斯，《藏书家》，第135页）。

《林木志》后来版本的增改包括了雕刻部分，在他逝世后，这方面的内容大幅度增加。第一版只是简单地增加了一幅如何储存原木的图画，而第二版再次进行了“充分地扩充和改进”，其中包含了机器的雕刻画，例如可以挖树根的机器以及可以提取树汁的机器，这些机器可以锯木头，也可以把树干钻成管子。伊夫林逝世后出版的版本（此处原文中出现的双关语很有感染力，就像伊夫林自己在《致读者》中，从木材谈话中借用了艰涩的比喻一样，他鼓励读者从他“干树枝”般的书中吸取精华）附带了更多的插图。1776年的《林木志》中有亨特的40幅画作，直观地记录了伊夫林“老树的活画廊”：其中包括了威贝克绿色戴尔橡树（Green Dale Oak at Welbeck）的4幅雕刻、韦瑟比（Wetherby）附近的考索普橡树（Cawthorpe Oak，参见插图27、28）以及其他橡树的画作，比如索尔西森林（Salcey Forest）北安普敦郡的大橡树。

《林木志》中有两章可以很好地说明伊夫林的写作范围和写作质量：一章是关于榆树的，另一章，即第30章（现在引用的是第三版的扩展版）是关于“树木的年龄、高度和砍伐”的。他的作品因“优美性和论述性兼而有之”而备受赞赏，但同时也因为“夸张且繁复”而受到批评[15]，这就解释了为什么这本书没有像凯恩斯说的那样受到现代读者的欢迎。然而，此书涉猎范围广泛，是为“观察的热情”和（如鲍尔所言）“富有深度、求知欲极强的不断学习的精神”（经常在他的摘录簿上绘画）的结合，这让《林木志》一直被想要提升园艺和培植文化讨论能力的人奉为圭臬。

伊夫林曾对巴黎各地的榆树都赞不绝口。现在，他说（这是新《林木志》第176页相关章节的开头）这种树“在森林中生长得不太好，因它的树根可能会扩张并向两侧伸展，而在树篱行和林荫道中，它就能够自由地呼吸空气”。榆树有许多用途，在潮湿和干燥的环境下都能发挥作用，因此，它“适用于水厂、磨坊、钢包、轮式泵的底、输水管道、尖木桩、水线以下的船板”。即使埋在沼泽里，它也能够像“最光滑、最坚硬的乌木”一样存活下来。它对种植方式也不挑剔，因为尽管它“喜欢在一片宁静、甜美和肥沃的土地上生长”，并且更倾向于“肥沃的水分，并在有优质草场的地方”，但在砾石之中它可以生长得同样繁盛。只要有一定深度的霉菌，它就可以“伴随着泉水获得新生”。1664年，伊夫林在自己家里和赛耶斯宫的田园中种植了一些榆树，查理二世也曾下令在格林威治公园种植榆树。亨特在1776年的《林木志》第119页的对页刊登了其叶子和种子的插图。

另一章内容广泛，是伊夫林所说的树木年龄、高度、树围和伐木“实例”的汇编。这来源于他自己的观察和亲身测量得来的第一手经验。他满怀深情地回忆起祖父砍下的一棵大树，这棵大树的一块大木板被做成了一块制作馅饼用的案板，当时保存在沃顿。但他的大部分作品都借鉴了其他文献，以及古代和现代的权威著作，甚至还有“我曾听说”一类来源更为模糊的信息——就像托马斯·布朗爵士在诺维奇写的一封信——里面描述了一棵德佩姆的菩提树。也许是从哈特利普那里，他明白了在此类调查中进行有效合作的好处：他在1661年给约翰·威尔金斯（John Wilkins）的信中写道，他希望能与皇家学会的成员在很多场合分享通信。无论是在此处还是在整本书中，他对树木和木材的描写都和西奥弗拉斯都（Theophrastus）、西塞罗、普林尼（Pliny）、斯特拉波（Strabo）、瓦罗（Varro）、维吉尔、尤塞比乌斯（Eusebius）和彼特拉克，以及像薛西斯（Xerxes）这样的古代作家有共通之处，尽管偶有不同意见。但他也需要依赖“我们的现代作家”，因为他对“所有自由和有用的艺术”的强调意味着，他必须号召英语专家中那些“热爱他们国家的坚实荣誉和辉煌”的人。因此，他在对培根、尼希米·格鲁（Nehemiah Grew）、比尔、普劳特、托马斯·图瑟（Thomas Tusser）、马卡姆和威廉·劳森（William Lawson）的援引中加上了“外国人”的标注。一些古旧的和新近发表的诗是用黑色字体印刷的，他还在《林木志》开头摘录了比尔的一首拉丁文诗。

书中所记录的树木在地理上分布广泛：从洛林（Lorraine）、佛兰德斯（Flanders）、摩拉维亚（Moravia）、罗马的阿文泰纳山（Mt Aventine），到巴巴多斯和新英格兰（其地势有利于用作船桅生产的冷杉生长）。书中还记录了波斯的柏树、赫里福德郡（Herefordshine）的梨树以及格洛斯特郡和牛津郡的重要树木样本，最后他还对谢菲尔德公园（Wovksop Park）和沃克索谱镇公园的树木做了大量的注释。然而，关于自己所有的资料和参考文献，他提前告诫读者，必须从“在这个容易上当受骗的世界里……作者的夸大和无礼，只会填充书卷厚度……”提取出“有可操作性、实用和重要的”东西。再者，“做一个好农夫比找一个好农夫容易得多，我经常在花园中（做一个农夫）可以证明这一点”。他对造地工作以经验为依据的坚持，或者至少是在英国寻找良好的农事和园艺的坚持，也为他的“园艺”工作提供了帮助。这也是除了《林木志》，他对景观美化遗产的另一个重要贡献。

第七章

“园艺”委员会

伊夫林致力于理解并描绘英国景观，尤其是在树木、森林和花园的材料方面，《林木志》则是几本最重要的出版物之一。1662年，皇家学会的“园艺”委员会成立，该委员会以维吉尔的《田园诗》[1]命名。委员会成员包括伊夫林、约翰·比尔、约翰·奥吉尔比、罗伯特·普洛特（Robert Plot）、约翰·奥布里和亨利·奥尔登堡（Henry Oldenburg）等人，许多相关人士也被吸引前来，尽管有些人并不活跃，例如诗人亨利·沃恩（Henry Vaughan）。委员会有32名成员，奥布里当选主席。成员们将收集有关英格兰、苏格兰和爱尔兰的园艺和农业历史的信息。委员会汇集一系列问题，并将其发送给不同地区的知识渊博的人。[2]委员会成立两年后，《林木志》出版了。

委员会对维吉尔怀着深切且恰如其分的敬意，这位诗人是一位可贵的前辈和楷模。维吉尔最初在《田园诗》里开始对农业进行描述，他曾许诺要写一首关于花园的诗，但这一愿望最终没有实现；考利在其文章《农业》（*Of Agriculture*）的开头便说道："维吉尔的第一个愿望……要做一个优秀的哲学家；第二个则是要做一个好农夫。"他还在文章的最后附上了《田园诗》第二册书里的一部分译文。奥吉尔比和德莱登分别于1654年和1697年翻译了维吉尔的作品，这些作品也包含了英国风景和农业版画（参见插图29）。这些译作不仅被用来诠释《田园诗》，也被用来分析维吉尔的史诗《埃涅阿斯纪》（*The Aeneia*），该书记叙了罗马的建立。正如《烟尘防控建议书》所指出的，鉴于英格兰是"新罗马"，英国的风景不仅是维吉尔诗歌的一番恰当的呈现，而且同样可以证明"新罗马"的农业发展。

伊夫林通过几部作品便找到了自己在英国景观研究中的位置：《林木志》在前一章已经讨论过；1706年，其第四本书《树木学》（*Dendrologia*），"关于神圣不可侵犯的直立式树木的用途的历史记录"，引起了人们对这些树木在现代园林中的用途的关注。1679年，《林木志》的第三版增加了两篇文章：《霍顿斯日历》，以及三年前单独出版的一部分——《关于泥土的哲学论述》（*Discourse of Earth*），而在第三版，此文本已被冠以标题《大地》（*Terra*），并作为一个章节出现。这是很有意义的：地球或土壤是园艺、畜牧业和木材栽培的基础，《大地》的出版则印证了它"关乎农业"。奥布里也被威尔特郡的土壤和不同品种的黏土所吸引。琼森的《彭斯赫斯特》也像赞美空气、木材和水那样极力赞美了土壤。《关于泥土的哲学论述》涉及庞大的议题，需要进行极其细致的讨论，但书中对此却鲜有详细描述，尽管人们很清楚，评价是根据观察和经验做出的。

《大地》的灵感很明显来源于伊夫林对自己花园的关注，也来自学会的通讯员在有关景观的各个方面所做的贡献（例如天然材料的获取和保存）；作为“园艺”委员会成员，伊夫林可以查阅咨询和问卷的回函。1675年6月，《论述》（*The Discourse*）以演讲的形式首次出现在学会的某次会议中，《哲学会刊》（*Philosophical Transactions*）将此次演讲内容整理发表——发表时间就在罗伯特·索斯韦尔爵士就水的话题发表演讲的一周之后。《论述》承认，从赫西奥德（Hesiod）、西奥弗拉斯图斯（Theofrastus）、普拉特（Pratt）、迪格比（Digby，现在已被认可）、劳伦伯吉斯、培根、波义耳，特别是比尔那里——“从他们那里我已经收到了关于此主题以及更多有趣主题的文件。”然而他没有引用波义耳的言论“如果那是真的”，而是更费力地引用了培根的观点，即彩虹末端会影响周围的土壤这种说法“可能是非常荒谬的”，因为彩虹有两个末端！

在将《关于泥土的哲学论述》呈交给英国皇家学会会长时，伊夫林淡化了该作的重要性，他指出，“一千件有无限价值的东西”能更好地扩充会员的收藏；不过，他在序言中似乎很高兴：“又谈到了一个生动活泼的主题；因为自然界中有什么东西像泥土一样迟钝沉闷呢？有什么比植物和大地生产的东西更富有灵性和活力呢？”然后他详细讨论了地球的组成、形态、环境改善和资源利用，以及它与“农夫、森林管理员和园丁的作用”是如何建立相关性的。因此，他对许多种土壤进行了非常详细的探索：例如，什么土壤最适合冠状花园的培植，或者什么土壤最适合果树的生长；人们对不同泥土的感知和识别方法、不同类型的雨是如何影响不同土壤的，如何制造和处理堆肥，以及粪便改善地球的方式——驴的粪便是最好的，因为它们“咀嚼的次数更多”，但“在这个国家”很少有驴，他也谈到了其他更多的可用资源。

伊夫林在书中称他关于泥土、霉菌和土壤“枯燥的论述”是学会很典型的一种综合论述方式，包含了第一手观察、对奇物甚至是珍奇的本能反应、对古代和现代权威的引用，同时也带有怀疑主义的特征。这篇理论性较强的综合性论文的结论是以无数细节为基础的。下文选段能够体现他惯常的叙述方式，节选这段部分原因是他在巴黎时就在植物花园中发现了不同的小气候（引用自1670年的《林木志》第三版，其中包含了《大地》）：

> 不管大地究竟做了何种贡献，还是说空气、天气的影响力和气候的天然能力拥有了一种创造力，使得锡兰（该地环境类似英国的一个海湾）生长出了一棵桂皮树，这已超出了我的判断能力；毫无疑问，贝尼埃先生（Monsieur Bernier）在他的《莫卧儿帝国的历史》（*History of the Empire of the Mogol*）[1]（原文如此）中，向我们证实了那里有一座山，一边热得令人难以忍受，生长着印度植物；另一边极度寒冷，生长着欧洲植物。

伊夫林对景观的早期兴趣来自他年轻时在沃顿的生活，以及

[1] 正确拼写应为Mughal，Mogul或Moghul，莫卧儿即波斯语中“蒙古”一词的转音，但莫卧儿帝国并非蒙古。

他在欧洲时对景观、建筑文化、园林及其相关历史的关注，甚至是他在旅行中感兴趣的传说。后来在修改日记时，他引用了普劳曼（Pflaumern）的《意大利水星》（*Mercurius Italicus*）、托蒂（Totti）的《现代罗马的肖像》（*Ritratto di Roma moderna*）、桑蒂斯（Sandy）的《旅程的关系》（*Relation of a Journey*）、雷蒙德（Raymond）的《旅程》（*Itinerary*），以及拉索斯（Lassels）的《意大利之旅》（*Voyage of Italy*），所有这些都让他想起了维吉尔所歌颂的罗马土地[3]正是在这些景观的基础上建立的。他一回到英国，就发现自己正在对自己的国家进行更多的探索（就像1654年他和妻子北上旅行时做的那样），在这种情况下，对英国的特殊性和趣味性进行类似的且更有权威性的描述就变得至关重要了。他多次的短途旅行原本意在调查林地和乡间庄园，复辟时期之后，这倒成了他对“园艺”委员会的一项重大贡献。

英国人对本土风景的文化和历史一直抱有兴趣：威廉·卡姆登（William Camden）的《不列颠尼亚》〔（*Britannia*），1586年出版，1607年第六版为增补版〕是用拉丁文写的，但在1610年被翻译成英文；18世纪初，威廉·肯特（William Kent）仍在引用迈克尔·德雷顿（Michael Drayton）的《多福之国》（*Poly-olbion*，1622年），他在对汉普顿宫和埃歇尔（Esher）《狂想曲》（*Capriccio*）的注释中，引用了其中关于英国河流[4]的几行诗句。但是皇家学会致力于研究英国风景、地形，以及通过经验观察来研究它们过去和现在的用途。坚持“历史”或“历史记录”，而非寓言、神话或其他迷信，这是早期英国启蒙运动的中心主题：“自然哲学，仅次于上帝的话语。”约书亚·奇尔德雷（Jashua Childrey）在1661年写道：“除了《圣经》，自然哲学是驱除迷信毒害的最至高无上的解药。”[5]到了17世纪下半叶，迷信成为人们探索和反复研究的一个主要话题。奥布里和托马斯·布朗爵士一样，一直忙于记录和质疑女巫的行为、人变成石头的谣言，或者天气所预示的征兆。[6]正如之前提到的，伊夫林在一本名为《杂集》的笔记中写道：“迷信仍存在于我们之中。”

奇尔德雷的《不列颠尼亚·培根尼亚；或作，英格兰、苏格兰和威尔士的自然珍品》（*Britannia Baconia, or, The Natural Rarities of England, Scotland and Wales*），是“根据培根勋爵的理念”写成的（参见插图30）。在这一点上，奇尔德雷是同代人里跟随和例证了培根作品中设定的“议程”的一位作家——尤其参考了培根的《按标题分类的特殊历史目录》，或《木林集》。前书与托马斯·布朗爵士在他的《普遍错误，或作，对公认原则事实的证询》（*Pseudodoxia Epidemica, or, Enquiries into Very Many Received Tenents, and Commonly Presumed Truth*）中对待普遍错误的方式没什么不同。该书首次出版于1646年，到1672年有5个修订版本。奇尔德雷通过自己对英国地形、地质，有时还有对动物群的经验研究，解释了一些可疑的概念；他认为人们必须“注意观察”。除此之外，他要么引用卡姆登等早期“权威人士”的说法，要么依靠自己的怀疑本能，要么求助于“据报道”或“他们说”这样的语句（第158页）。但他所关心的内容反映了英国的景观，而且不像后来17世纪的一些作家，他拒绝“干涉古代、家谱或类似的事”。他在序言中做了许多英国人会做的事，把自己的国家和意大利作了一番自吹自擂的比较，有时甚至有点可笑：奇尔德雷说，英国有和意大利维吉尔的岩穴、西比尔的洞穴，以及萨默塞特巫奇洞（Wookeyttole）一样的地方！同样地，罗伯特·普洛特在《牛津郡》（*Oxfordshire*）的手稿中记载，坐在蒂莫西·蒂勒斯爵士（Sit Timothy Tyrrels）的座位上，可以欣赏到“被很好地效仿了的意大利的美丽景色”。但这本书在1677年出版时，却删掉了“效仿意大利”的部分，他只是简单地称赞奇尔特恩斯的“美好景色”。

“园艺”委员会在一定程度上通过宣传绘图、地方志和考古发现，激发了人们对本土历史的兴趣。约翰·奥吉尔比的《不列颠尼亚；或作，旅游指南；或作，最精确的英格兰道路描述》（*Britannia Depicta; or, The Traveller's Guide; or, A Most Exact Description of the Roads of England*，1675年）利用带状地图记录步行者和骑行者的路线，标注有当地特色且有意义的项目，并解释什么值得一看，这是种有指导意义的欣赏英国风景的方式。每条路线都在地图和图片（奥吉尔比写道，这是“场景化的，或者是远景化的”）上勾画出一段路，比如从伦敦到萨里郡的巴沙特，然后在路线的左边或右边写上里程和旅行者应该注意的地方。针对那些地点，如果没有细致且详尽地累积相关经验，同时在地图上做标记的话，就无法完成英国地图的绘制——这都需要为每个地点重塑意义、重新寻找关联性、罗列和辨识古迹、废墟和其他考古遗迹，以及文物鉴定记录。奇尔德雷在讨论威尔特郡（Wittshire）的时候，曾经针对巨石阵做过一些类似的工作。[7]特别是奥布里，他不仅强调了英国地质的重要性，并且早在加入“园艺委员会”之前[8]，就对巨石阵和埃夫伯里圆环进行了考察。但其成员希望通过印刷和分发名为“咨询”或“询问”的问题来扩展这些调查，然后要求得到关于这些地形问题的全方位信息。[9]

调查问卷要求人们给出所谓“可观察到的”事物，也就是在散步时能看到或观察到的东西。其中一名成员奥尔登伯格起草了一份文件，并以此为“所有郡县调查”的基础，询问诸如水和土地等问题。但也包括“空气、植物、动物、矿物和特定地区的著名居民”等1675年皇家学会讨论的话题。[10]这些调查问卷将送交教区牧师和其他识字的乡绅。1673年，奥吉尔比提出了一项请求（参见插图31），旨在为其“不列颠尼亚的描述”寻求支持，他搜集了有关城市中心、房屋及其地形的信息——“山脉，谷地……河流、小溪和泉水”。[11]关于这个问题的手稿注释指出，克里斯托弗·雷恩和约翰·奥布里等人对此进行了（“深思熟虑的”）讨论。1674年，罗伯特·普洛特出版了《问询书》（*Enquiries*）[12]，要求在英格兰和威尔士旅行的观察者提供关于“气候”“水”“土地和矿物”以及“石头”的资料；他还搜集了有关葡萄园和“稀有植物的奇妙花园”的信息。还有一些人，比如托马斯·马切尔（Thomas Machell）在1676年至1677年，他曾要求在回答问题时指出确切的主题，用英文字母T、R或E标记〔分别代表传统（tradition）、记录（record）或个人的“经历”（personal ‘experience’）〕，马切尔甚至会问，教堂是“高雅还是平庸”？[13]和奇尔德雷的书中的调查问卷信息针对的是书卷或者历史记录不同的是，马切尔的书专为“粗俗的人”和“绅士”设计，书本体积小，适合旅行携带在口袋里。他写的是一份基本的指南，涵盖了所有英国郡县，但总体都很粗略，而委员会需要的是一份更系统、更广泛的清单。

然而，委员会手中亟待审议的材料多种多样，并且还有大量材料还在提交过程中，其中能够出版的则是少之又少。这些有趣的手稿的主题都集中在“园艺”上，它们要么无法发表，要么是等待了一段时间才出版，其中出版的作品便包括奥布里的《威尔特郡的以东码头》（*Designation de Easton-Piers in Co: Wilts*）、《威尔特郡的自然史》（*The Natural History of Wiltshire*）和《萨里郡的漫游》（*A Perambulation of Surrey*），这些均藏于伯德利图书馆（Bodleian Library）、约翰·比尔关于花园事务的信件（藏于谢菲尔德的哈特里普图书馆）、奥布里的《大英纪念碑》（*Monumenta Britannica*）[14]、伊夫林的《大英极乐世界》。其中部分调查问卷确实促成了一些书的出版：奥布里在1718年出版了他的《萨里自然史》（*Natural History of Surrey*），但伊夫林早在1673年就已经就此项目与其通过信。罗伯特·普洛特的研究成果体现在他1677年的《牛津郡》和1686年至1688年创作的《斯塔福德郡》（*Staffordshire*）中；伊夫林有一本普洛特的《牛津郡》，并订阅了《斯塔福德郡》卷。“园艺”委员会[15]努力产出优秀的作品继续吸引着学会成员和其他有相同想法的人加入，这些作品有：1664年当选为英国皇家学会会员的罗伯特·阿特金斯（Robert Atkins）的《格洛斯特郡的古代和现在的状态》（*The Ancient and Present State of Gloucestershire*，1712年）、约翰·莫顿的《北安普敦郡自然历史》（*Natural History of Northamptonshire*，1712年）和1696年当选为学会成员的约翰·哈里斯（John Harris）的《肯特郡史》（*The History of Kent*，1718年），在爱尔兰有威廉·莫利纽克斯（William Molyneux）和罗伯特·西伯尔德爵士（Sir Robert Sibbald）的作品，在威尔士有刘易斯·莫里斯（Lewis Morris）和托马斯·彭南特（Thomas Pennant）的作品，还有马丁·马丁的《苏格兰西部岛屿描述》（*Description of the Western Islands of Scotland*，1703年）。

牛津阿什莫林博物馆的管理员普洛特在《斯塔福德郡》的扉页上题下了一句《圣经》箴言："你们要将地分作七分，写明了拿到我这里来。（《圣经和合本》）"（《约书亚记》，第18章第6节）但是现在领下这一命令的不是约书亚或上帝，而是英国土地上的自然哲学家，他们有足够的好奇心去探索并描述这片土地。其中一首献给《斯塔福德郡》的诗，赞扬了如今可以从现代的"启明之树"上摘下的果实，这和伊甸园中的禁果之树正好相反。

普洛特书中有关于天空和空气（我们称之为气候）、土地、已发现和成形的石头、植物、野兽、男人和女人、艺术和古董的章节。但它们的索引更有揭示意义：《牛津郡》列出了上自达官显贵，下至低阶贵族（即当地绅士）的建筑，两卷书都附上了家徽的盾牌作为居民及其家族的证明，这一点奇尔德雷并未涉及。索引还列出了"巨大的"的老树或不寻常的树，小径和《林木志》提到的那种"有关树的其他奇景"，不过也有手推车、墓地、排污线、自来水厂、采石场、景色、磨坊（"罕见的发明"）、鱼塘和不同的农耕土壤。《牛津郡》主要描绘的不是景色或建筑，而是当地的植物。仅仅是在《牛津郡》书卷出版的10年之后，我们在《斯塔福德郡》书卷中能看到的关于地方景色和农业的版画大幅增多。房屋的形象使人联想到周围的土地和庄园。《斯塔福德郡》的索引关注工业（煤炭和煤坑），但也关注“花园，一些奇怪的灌木篱墙”、休闲步道、公园和林地的风景，或宜人的草坪。一些建筑的版画仅仅是描绘了其正面结构，但其他图片则呈现了花园、更大的森林和田野的景观、地形和土地的位置，有时有正在耕作的牛，它们总是和它们的主人或者是一些路过的人一起出现。

这些“园艺”事业因此得到了许多响应，下面将讨论约翰·比尔提供的一个例子。不过呢，他们的工作也可以说是升华了后来关于英格兰美景探索的景观设计理念——这也是个需要被探讨的话题。

伊夫林在成为“园艺”委员会的成员之前，已经从约翰·比尔那里收到了有关景观和园艺的各种观察评论，这些“关于许多有趣主题的文件”的、经过挑选的案例，很明显对编写《林木志》和部分《大英极乐世界》的内容，以及理解土地的形成有帮助。及至1659年，伊夫林已经筛选了关于英格兰美景的景观设计计划、针对“药用植物园”和“快乐花园”的草案，以及一封关于特定景观的长信，比尔在赫里福德郡的巴克伯里山设想如何将它美化成一个理想的花园。尽管评论家们将这封信解释为对自然，甚至是“美丽如画”的园艺学（即18世纪景观美学）的一种恳求，但更应该关注的是这封信的时代背景，以及它是怎样呼应当前英国景观理念的。[16]

比尔的两个计划解决了植物园的“土壤”和肥料，以及为不同种类的植物提供必要的不同地形的问题，同时也包括一条女士们如何发现“非禁果”的说明。对于快乐花园，他详细说明了一个更细致的议程，但作为一个初步的说明，强调“任何特定的幻想”中的一个地点是没有必要的，因此，他设计了“一种似是而非的悖论”，即选择最适合特定设计的艺术秘诀，因为“自然的产物”将优于“艺术的收费（即费用）和负担”。花园应该为“新颖的实验”提供空间，同时容纳野生植物，为人类造福。这两种方案都受到了普林尼、维吉尔和科鲁迈拉（Columella），以及培根、亨利·沃顿爵士（Sir Henry Wotton）和本杰明·沃斯利（Benjamin Worsley）等同时代人的影响。

比尔在信中承认，“园艺事务确实需要各种新颖和令人满意的便利设施”，他打算将它们放进书的各个章节中，尽管现在它们“只是作为序言松散地拼凑在一起”。比尔着手设计一种特定的景观和可以再生并反复利用的景观，根据伊夫林《大英极乐世界》的大纲，他现在建议添加一些有关风景娱乐性、花卉繁殖或“变种”，比如花的美丽、味觉和气息，以及“山丘、前景、悬崖和洞穴”的章节。这些建议与当前的实验构想一致，并在《大英极乐世界》中被采纳。

比尔对巴克伯里山（Backbury Hill）的提议（沿着“似是而非的悖论”的路线）既呈现了细致描绘的自然场地，也体现了将它诠释为一个“古董花园的愿景……（那）也会比其他大部分的花园好得多”。他的信心基于其对“上帝妙手中的造物（伊甸园，或是我们的世界）的确超过了我们的现代花园”这一理论的深信不疑，在现代花园中，他只看到以“狭隘且拙劣模仿的方式”打造的昂贵的作品。“那些迷人的小路、菲尔吉斯拱顶、法制山峰、祝福之山和诅咒之山……他将在巴克伯里山重新发现缪斯喷泉，包括一个大型的绿色花园（‘古代花园的完美仿制品’）”，茂密的橡树、悬崖、开阔的景色、自然的回音、牧场、泉水和一条河流。所有这些都将使赫里福德郡这个地方成为英格兰景观的完美典范，因为“有些心胸狭窄的人是多么不了解他们自己的幸福”。他在1657年出版的《全英格兰的典范，艾福德郡的果园》（*Herefordshire Orchards, a Pattern for All England*）一书中，也提出了类似的呼吁，希望塑造一个更好的英格兰。比尔在这封信中所提出的一些想法，也被伊夫林应用到了《烟尘防控建议书》中。例如，用“我们英国老朋友那树篱中一排排的蔷薇，或者是后来的紫丁香”给邻近的乡村带来芬芳，这是伦敦为驱散“他们海上煤炭的腐蚀性烟雾”而应该去学习的。他没有评估这个理想花园的成本，因为他并没有计算建筑、墙壁、雕像、水池和“园艺工艺”的费用，他会就地取材，修造堤坝、步道、广场或样式不一的花圃、葡萄园，以及各种形态的篱笆。他谈论道：“什么种类的树……可以用来装饰花区，而树的种类也可以确定青藤、藤蔓、小径、土丘、小树林和远景的排列是不是主要的（或一定是主要的），由此花饰区和装饰物（如塔尖、壁柱和固态建筑中的雕刻作品）也可以确定。”虽然巴克伯里山不是罗马的遗址（哈特利普喜欢这样想），但伊夫林肯定认为它是“我们国家”中值得一看的风景。

这封信并非没有混乱之处。正如作者本人所说，当这封信被改成了书的前言时，他发现自己很难解释他在花园中使用的“指示性植物”这个词。他自认满怀激情，还有涉足那些会激怒清教徒的事情的倾向，甚至可以说他对此相当神往。[17]在比尔的允许下，伊夫林把这封信插入了《大英极乐世界》的手稿中，同时将信的主题与古典作家笔下关于畜牧业的描述以及现代“土地学家”的作品相结合，后者使用“自然哲学”来探索对世界的理解，正如他们在英格兰发现的那样。伊夫林的贡献是对《圣经》的强烈强调，进一步把比尔的理念深化成了“上帝自己的杰作”。

比尔还说，他的设计是为了“整顿和净化”景观。因此，伊夫林也一定在比尔设想的花园里抓住了某种感觉，这种花园的艺术更精致化、典范化，同时还拥有未经修饰的野性风光，甚至是农业景观。除了他的感觉，应用于花园中的自然元素应该更显眼、更强烈。比尔暗示了设计也存在层次，即布局的巧妙度会随着远离房屋或景观中的某个定点而减少。伊夫林在枫丹白露和罗马附近的意大利别墅里都见过这样的顺序或形式上的对话；哈特利普也在1653年《土地划分或布局论》（*A Discourse for Division or Setting Out of Land*）的图112b中列出了地形布局图，在土地上建立了几何的层次，这种布局有时能在庄园中实现，有时就仅仅是构想。至少对伊夫林而言，这个层次结构的目的是教化人类——这样人们在更广阔的自然世界中就能够欣赏上帝的杰作了：在花园中，人们的眼睛和大脑得到训练，当游客走在花园中时，他们可以看到需要被感知和理解的完美形式。[18]

另一个与之相关的主题也是伊夫林所关注的，即土地应该如何耕种或“交易”（即他未完成的所有贸易历史）。他与比尔、哈特里布和奥布里的交流催生了一些方法，使他们的思想最终在18世纪的景观理念和美学中取得硕果。这不是一个景观设计中重要性日益增长的“自然主义”的问题，因为这显然不是比尔所写的。但在他们的一些交流中，引人注目的主题是“古老”的园艺是如何被视作“充分现代化”的产物的。然而很明显，在18世纪的画意风格运动中，“园艺”委员会和其伙伴们的工作是广受好评的。但每个案例的关注点都不同。我们可以通过将17世纪晚期人们对地形、意外事件、文化和土地方面的态度，与一个世纪后的威廉·吉尔平（William Gilpin）等人的著作进行简单的对比来解释：吉尔平对英国不同地区的考察让他写出了《观察》（*Observations*）系列著作，本作极大地影响了各地居民对各自生活以及各地风景的理解，但这些书的灵感并不完全来自他对英国风景的探索。

举个例子，吉尔平《瓦伊河观察》（*Observations on the River Wye*）的开篇记述的是他在1770年的第一次旅行，而这本书则出版于1782年，其标题让人想起了皇家学会对景观考察做出的褒奖。吉尔平写道："我们旅行的目的多种多样：探索土壤的文化、欣赏艺术的奇异之处、审视自然的美丽、学习人类的礼仪和不同的政治以及不同的生活方式。"这样的评论呼应了伊夫林在《大地》里对其欧洲和英国之旅的评论，也呼应了皇家学会的调查工作（寻求确定景观和地形的细节），确切地说，吉尔平的话呼应的是普洛特和奥布里这一类人的出版作品。吉尔平和17世纪晚期作家的不同之处在于，他叙述自己旅行的原因，以及他是如何叙述自己的旅行的。伊夫林确实在他的旅行中画过速写（参见插图14），并通过进一步的研究充实了它们，奥布里和其他人也做了同样的工作。但是吉尔平在不同乡村的地区旅行主要着眼于指导别人速写，伊夫林则更专注于自己观察的细节化。吉尔平后期所著的《观察》涉及英国的诸多如诗如画的风景，其中较为特别的是坎伯兰（Cumberland）和威斯摩兰（Westmoreland）的山脉与湖泊。与吉尔平在参观瓦伊河时所著的《瓦伊河观察》相比，本书着重强调的是教育教学。相比之下，伊夫林关心的是如何让自己的国家能够被理解，而不是站在绘图员的个人角度去看待自己的国家。然而，在此历史序列中有一些令人着迷的相互作用：伊夫林对过度概括持怀疑态度，他依赖自己的经验主义观点，并将其作为科学探究的适当基础。然而，在《观察》中，观察则更加笼统化，继科学研究之后，人们开始重视景观的美学，这就促进了速写，甚至（有些人认为）是景观花园建造的发展。

伊夫林致力于进行经验调查，因此他对理论的研究非常谨慎，对整理清单非常感兴趣，由此他也十分依赖那些“园艺”委员会发布的调查所暴露的细节。在《大英极乐世界》中，他指出从前他的“规则足以满足一般读者”，而渐渐地，他“现在更加着眼于个体”，就像他的《林木志》将“个体”放在“幻想和徒劳的推测”的对立面，而他的《雕刻》赞扬了法维，称他“什么也不忽略，只是继续收藏”。伊夫林一生都在扮演一个平衡的角色，在追求翔实的收集和理论（或概念，甚至是推测）之间，或在“经验原子”（用卢克莱修的话说）和上帝更大的目标之间寻找平衡。虽然他在《大英极乐世界》的开头写道，花园是一种“天堂”（《大英极乐世界》，第2页），但他也知道，在这个尘世中，他必须找到无数的实例来加固这样的“天堂”，而巴克伯里山只是其中之一。

伊夫林一直在寻找花园的例子，他在英格兰南部旅行的时候发现了一些。他也和奥布里讨论自己的萨里郡与奥布里的威尔特郡。但他找到了机会，提出了实际的、临时的、像天堂花园那般的设计。除了自己的赛耶斯宫，有时他会帮助别人在其他地方设计典型的实例。他帮助克拉伦登勋爵（Lord Clanedon）和他的儿子亨利·海德

（Henry Hyde）在牛津郡的康伯里公园和尤斯顿大厅“设计花园”（参见插图32）。他乐于提供建议，其他人也向他寻求建议。通过表弟塞缪尔·图克爵士（Sir Samuel Tuke），他建议亨利·霍华德（Henry Howard）在诺维奇建立一座公共花园，该花园在17世纪80年代建造完成，有着“许多优美的步道”和一片平坦的草坪，从温苏姆河（River Wensam）“漂亮的阶梯”就可以到达。[19]他建议约翰·肖（John Shaw）为休·梅（Hugh May）在德福特附近的埃尔瑟姆旅馆设计花园，后来又建议约翰·肖为斯蒂芬·福克斯爵士（Sir Stephen Fox）设计位于奇斯威克的莫顿大厅（Moreton Hall）。[20]

但也许伊夫林最著名的景观实践是1667年他在阿尔伯里庄园为阿伦德尔的孙子设计的梯田。第一任伯爵在1646年向伊夫林坦言，他会“卖掉他在英格兰的所有地产……在他离开这美丽的别墅之前”[21]。在意大利的自我放逐期间，伯爵曾委托伊夫林也很熟悉的温斯劳斯·霍拉尔（Wenceslaus Hollar）制作阿尔伯里的版画，这些作品于1645年在安特卫普完成。它们展现出一片树木繁茂、宁静祥和的景色；在一个山坡上有着令人惊叹的意大利风格洞穴，那上面可能是个葡萄园，在那里可以俯瞰水域。17世纪50年代，伯爵去世后，在被迫定居在赛耶斯宫之前，伊夫林甚至尝试争取阿尔伯里庄园。在伊夫林前往欧洲的旅途中，阿伦德尔是他的伙伴和朋友，也是他在意大利旅游时的良师益友和向导（参见插图33）。[22]更广泛地讲，阿伦德尔的方法是指导如何去分析和模仿古时的案例。他在泰晤士河畔的雕塑花园是第一批仿照意大利风格建造花园的尝试之一（参见插图34）。1667年，伊夫林成功地从亨利·霍华德（Henry Howard）处得到了阿伦德尔大理石雕塑，并将之作为礼物赠予牛津大学。

1670年，伊夫林拜访了阿尔伯里，想看看其工作进展。伊夫林“发现一切完全遵循我的设计和草图……运河在挖掘中，葡萄园也种植完毕”（《日记》，第三章，第561～562页）。他的设计（参见插图35）清晰地和实际的地点相呼应，就像比尔在巴克伯里山说的那样；但现在，由于他对意大利和阿伦德尔有着独特的回忆，这里变成了一个理想的天堂。现代鸟瞰图（参见插图36）展示了至今仍保留着的部分——一连串成片的梯田，两边都有斜坡连接，中间是一个半圆形，可能包含了霍拉尔所描绘的意大利风格的石窟，也可能是后来的版本；在屋后的山坡上，有一座隐没在树丛中的石碑。

伊夫林的详细计划描述了一个复杂的蓄水池（池塘和运河）、不同布局下种植的树木和藤蔓（圆形的、随机的、梅花状的）以及菜园或者果园（在长长的葡萄园的尽头）；在葡萄园上方有一些带基座的小型雕塑，在山坡上的较高处还有十个石碑雕刻，每一层中心有两个大围栏。较高的半圆式露天建筑指向了一个通向腹地的隐秘入口，整个斜坡形成了一个巨大的植物围场。伊夫林十分满意自己“新”花园的出口部分——“一个岩穴隧道穿越了公园里的山脉，足有30珀尺（pearch）[1]长。这样的‘波西利波’（Pausilippe）园艺构造在英格兰是绝无仅有的”（《日记》，第三章，第561～562页）。

在他的平面图上，这条隧道是山坡下的一个开口，这个开口的顶部似乎有一条水道（意大利文：catena d’acqua）从山顶的一座亭子

[1] pearch也作perch，是一种英国的长度计量单位，1珀尺 = 16.5英尺。

向下延伸。如果说在意大利的兰特庄园（Villa Lante）或卡普拉罗拉（Capravola），伊夫林有可能会看到水道，那么“波西利波”就肯定是他在访问那不勒斯时目睹的。因为他在意大利看到的是一条穿过波佐利和那不勒斯之间的海角的隧道，隧道上方据说是维吉尔的坟墓，当地人认为是维吉尔的魔力创造了这条隧道。1645年2月，伊夫林看到并记录了“波西利波山，左手边向我们展示的就是诗人维吉尔的坟墓，一座矗立在陡峭岩壁上的圆形建筑”；他很可能见过约翰·雷蒙德（John Raymond）于1648年在《梅库里奥·意大利水星》（*Il Mercurio Italico*，参见插图37）中所画的遗址。应该说，此类隧道在萨里郡其实是种不必要的应用型发明，尽管隧道仍然存在（在20世纪80年代，我只被允许穿过几码的隧道），人们需要它，似乎只是为了纪念和拥有怀旧的姿态。这是一种精心设计的尝试，试图把“英格兰所不存在的东西”引入英国的某个地方。而所说的姿态则是对维吉尔以及他那改变景观的神奇力量的致敬——尽管有些虚无缥缈。

早期的梯田被改造成更加紧凑且更长的梯田，这很可能暗暗吻合了皮尔·利戈里奥（Pirro Ligorio）探索和绘制的位于普拉纳斯特幸运神庙（Temple of Footune at Praeneste）的罗马梯田（现代的帕莱斯特里纳，Palesttino），也可能暗示了利戈里奥（PivvoLigovio）对古罗马的重建计划。在那里，广场上方的梯田就像在普拉纳斯特一样，是一个向外凸出的平台；这样的半圆式露天建筑在罗马设计中经常被借鉴，并在意大利花园中被采用，如阿尔多布兰蒂尼别墅（Aldobrandimm）。我们现在还尚未清楚阿尔伯里平台两端两个侧面的神庙和伊夫林画中山顶的亭子有没有建造完成；后者可能与奥布里的部分描述相吻合："公园里有一汪叫雪本泉（Shirbun Spring）的泉水，它从山坡上喷涌而出，一座漂亮的宴会厅从山坡上拔地而起，周围（几乎）都是树，它们形成了令人愉快而又庄严的树荫。"

如果比尔所主张的是一座理想的花园，在那里人们的眼睛和心灵可以见到最完美的形式（但这种形式与外部缺乏冥想的世界并不相称），那么伊夫林则希望游客可以发挥想象力，在阿尔伯里庄园去理解过去古典花园的理念和真正的形式是如何回归英国的。那是一家记忆剧场：它几乎就是一座圆形剧场，是意大利园林成分的一个缩影，"在英国是绝无仅有的"。

葡萄园装点着阿尔伯里的其中一块梯田，这在英国也并非绝无先例。在他前往阿尔伯里回访自己设计的前一年，伊夫林出版了《为英国葡萄园辩护》（*The English Vineyard Vindicated*）。这是他写的，尽管标题页上说这篇文章出自圣詹姆斯公园的皇家园丁约翰·罗斯（John Rose）之手，然而后者的理念灵感就是从伊夫林那里来的。"辩护"指的是，葡萄园在英国十分罕见，"不完全是由于气候的缺陷"，而现在我们可以将之作为一种对古罗马和希腊的典故暗喻重新引入英国的园艺。序言中，伊夫林署上了化名"Philocepos"（意为花园之友，cepos或kypos在希腊文里代表花园或种植园），他嘲笑法国园丁是"新来的人，他们认为我们有义务按照他们的方式（即设计）进行园艺工作"，因此他嘲笑的也就是法国园艺。然而，尽管伊夫林可能是想证明英国葡萄园比法国更正宗，但他最终还是在后来的第四版《法国园丁》中收录了法国的葡萄园。因此，他努力在古代园艺和现代英国设计之间建立起一座桥梁，这一点在罗伯特·索斯韦尔爵士（Sit Robert Southwell）的著作中得到了证实。他在闲暇时花费了大量的时间和精力阅读维吉尔的《田园诗》和伊夫林的《林木志》。[23]

但是伊夫林的“园艺”作品并不仅仅专注于英国的资料。贸易和外国种植园委员会也设计了问卷，并将之分发至“西印度群岛上国王陛下所有的种植园和领土”，但是，理解新英格兰与“旧英格兰”有多大差异也同样重要。在荷兰战争期间，大部分讨论也集中在航运和园艺方面：“询问如何通过丝绸、虫草、亚麻和番泻叶，去提升国王陛下在美洲的统治力，并考虑如何获得肉豆蔻和肉桂，并将其带到牙买加——土壤和气候是成功的希望。”在1681年写给当时的英国皇家学会主席克里斯托弗·雷恩的信中，他力促《我们美洲种植园的自然史》（*Natural History of our American Plantations*）一书的出版（《信簿》，第二卷，第665页）。因此，伊夫林的“园艺”工作包含了广泛的活动，从景观分析到景观设计，从外国或古代的知识和材料的引进，到当地的地形、动物和植物的清点整理。这也是他以一种非官方的方式，对他公务员这一角色做出的主要贡献之一。

第八章

公务员生涯

1661年，伊夫林第一次进入了今天可能被称作公务员的领域，这份工作很少受到别人的赏识，他的工作是撰写“法国和西班牙大使相遇的故事”，这项任务由国王“安排”，国王也“指导”了他的写作。国家档案馆保存着一份关于这一争议的手稿，但它很可能没有出版。然而，他热切地想要见证君主政体的恢复在一定程度上促使了他参与许多新活动，因此他参与了其他对他来说更合意、对国家更有利的活动；他在欧洲学到了城市设计、建筑，特别是医院相关的知识（他在阿姆斯特丹曾看到“跛足而衰老的士兵”）。但他对宫廷阴谋、赌博（“一种可怕的恶习，不适合基督教宫廷”）和“放纵的时代”，以及天主教在君主政体及其附属制度的统治地位越来越强的情况感到苦恼烦闷。

他在不同的皇家委员会担任过不同的职位，讨论过出租马车、公路和铸币厂的规章制度。1664年，他在第二次和第三次荷兰战争期间被任命为负责伤病海员和战俘的专员。后来于1671年，他成为查理二世新的外国种植园委员会（一年后更名为贸易和外国种植园委员会）的成员，年薪500英镑，其中一些事务涉及“园艺”委员会的工作，这在前一章中曾提到过。伊夫林还在日记中记载，1666年，他被委任管理耕种和硝石的制造，这很可能反映了伊夫林家族以前从事火药生产的业务。他非常想继承岳父的官位，成为枢密院的办事员，正如查理二世所承诺的那样，但这个职位最终给了威廉·威廉姆森（William Williamson）。詹姆斯二世统治时期，他被任命为枢密院长官。

本章将探讨其中的一些官方政府的角色，我们将在后面的章节中回到伊夫林其他的著作和活动中。根据伊夫林在日记中的自述，他是一个非常忙碌的人，他负责完成了多项任务，包括行政和私人事务：1675年，他写信给比尔，说他“忙得不可开交”（《信簿》，第一卷，第566页）。伊夫林继续在英国皇家学会进行实验观察，检查从印度送来的毒药，在圣詹姆斯公园观察一只鹈鹕，或者观摩耶稣会士收藏的各种日本和中国珍品，包括园林景观；他经常与其他委员或皇家学会委员会的同事共同进行访问和进餐；他常去戏院和宫廷化装舞会。在赛耶斯宫里，他接待并宴请了许多来访者，还在家里和西边的田地里种了榆树，并在“池塘旁边”种了一片小树林。伊夫林是布道会的忠实听众，关注布道的经文和段落；他同样关心家庭中的各样事务——出生、流产、洗礼、坚信礼、疾病、婚姻和死亡，包括他的兄弟理查德的事务。他安排12岁的儿子约翰在新学院接受辅导，后者于

1668年入学。1674年，约翰被中殿律师学院录取，9年后成为一名律师。伊夫林还和约克公爵夫人的一位女仆玛格丽特·布莱奇建立了友谊，“她有许多非凡的美德，我非常尊敬她”（详见第十一章）。

在所有这一切之外，他还要承担多项任务，他要走遍伤病员和战俘委员会指定给他的各个郡区，解决住宿问题，统筹物资，为荷兰战俘和本国的伤病员提供医疗援助。最重要的是，他还得没完没了地申请资助。对于一个现代官员来说，从赛耶斯宫到伦敦，从伦敦到东南海港，仅仅是花在旅行路途上的时间就够受的了，况且他还需要花费时间履行职责。他需要乘坐船只、海军游艇和有时会翻车的马车。他在运输钱款时，经常有武装警卫陪同。

因此，他于1667年回应了一位苏格兰拥护者乔治·麦肯齐（George Mackenzie）的小册子，题为《宁愿独处也不愿公开就业的道德散文》（*A Moral Essay preferring Solitude to Publick Employment*，两年前出版于爱丁堡）也就不足为奇了。伊夫林的回应不仅是为了致敬他的岳父，他本人也曾积极参与公共事务，过着投身于公共事务和积极的生活，而不是孤独及其附属物——包括“名誉、命令、财富、谈话等”（《杂集》，第501～552页）。

凯恩斯指出，年轻的麦肯齐被认为是“偏执狂”，可能这让伊夫林抓住了另一个对其公开进行讽刺的机会，由此他开始了口诛笔伐；凯恩斯还说，这小册子“只是三心二意的成品”，这似乎是对伊夫林的公共领域参与度的一种水平评估，而不是评判他在园艺方面的专注工作和他对皇家学会的具体服务。诚然，“交谈”似乎是他的主要关注点——这是无可厚非的——因为这意味着在社会中生活以及与他人交流，尽管如今这个词已经失去了更重要的意义："不去解读人类，不去与这些鲜活的图书馆交谈，会使我们失去最有用、最有益的学习成就。"伊夫林为波义耳辩护，麦肯齐赞扬的则是后者的孤独，也赞赏了他在公共部门工作时有目共睹的成绩和他的经验。对伊夫林来说，为公共部门工作基本上是为皇家学会工作，它是一个公共机构，而不是私人机构。站在古典伦理学的角度，对独处这一美德的呼吁，既是对古代实践的赞颂，也是一种担忧，他承认翻译必然有所损耗，但同时也会获得一种新的风格。伊夫林的文章以两种景象的滑稽对比结束：一种是国王和其治下秩序井然的国家，另一种是"乡绅"在睡觉、享受美食和阅读——而他的家人则挨饿、偷猎、饱受风吹日晒。

麦肯齐实际上很喜欢伊夫林的回应，尽管佩皮斯找不到"过多的好东西，尽管这对于一次普通的谈话来说已经很不错了"。这是一个不完全确定自己在王朝复辟中会扮演什么角色的回答。然而，后来的作家赞扬了这本小册子，认为它"总结了许多关于积极生活的人文主义教义，也许是最完整和最好的英语论述"[1]。伊夫林本人告诉读者，这本册子"只是几个小时的成果，用了一支笔迹较粗的钢笔，没多久就写好了"。他喜欢"这种争论的方式"（也就是说，用文字争吵或争论），这给了他"改进英式写作风格"的机会，并把它从"讲坛和剧院"的论述中拯救出来；宫廷同样是"持续狂欢的舞台"。就公共服务而言，上帝本身就是人类的榜样，因为他"总是那么充实忙碌……他投身于一种永恒的、不可理解的活动，即创造、保存和管理"。但伊夫林也引用古人的论点，如西塞罗（Cicero），来叙述哲学生活确实与知识（“科学”）有关，而不仅仅与孤独有关。野心不仅体现在“公共场所和浮夸的环境中，也表现在家里和内心生活中”。

伊夫林还拒绝了一些公共服务的任务：担任地方法官和国王的拉丁语秘书。查理曾多次要求他完成一本完整的英荷战争史，他也拒绝了。事实上，1659年，他给埃德蒙·沃勒（Edmund Waller）的第二任妻子写了一封生动的信，阐述了做一个园丁妻子（一如“夏娃本人”）的好处：他的建议权衡了维吉尔式的隐居生活，并引用了《田园诗》的说法，即“过着宁静无害的生活”，过着“勤劳而无利可图”的生活；随后列举了许多古代的园丁，他们曾是“战争中的首领，还有……和平事务仲裁者”（《信簿》，第一卷，第238～239页）。随后，他又把自己更严肃、更有成就的工作的重心转向了皇家学会。他向桑德兰夫人承认，他倾向于“为公共事业服务”（比如他的《林木志》），并补充说，那里的任务“适合我这样出生在沃顿树林中的乡村天才”（《信件》，第689页）。在皇家学会委员会中，他还致力于“改善我们的英国语言”。荷兰战争期间，他拒绝了在议会的连任，但还是在1670年再次当选。

《林木志》对树木存在需求，而他在海军工作中的角色〔为其“木墙”[1]（“wooden walls”）上的人服务〕，以及他在对外贸易和商业方面的工作，都与这种需求紧密相连。他算不上是一名战时的船长，而是某种意义上的和平缔造者。在英荷战争期间，工作和照顾

[1] “木墙”是一种比喻，代指木船，因为当时的船都是木头做的。

生病、受伤的海员及战俘并不是什么闲差事，每年300英镑的薪水也不是特别优厚。他的任务包括在肯特郡和苏塞克斯郡（这两个被分配给他的地区）来回奔波，他有权任命外科医生、医生和宪兵，以及调动医院、规划医院的空间，而且需要无休止地为囚犯和伤员筹集资金——这些资金都是他从那些为政府工作的资深同事那里恳求或索要来的，因为他们所在的政府还没有足够的预算。伊夫林还为委员会设计了印章，图案是好撒玛利亚人，座右铭为“fac similiter”（意为：就这么做）。

我们可以通过他的日记来了解他在委员会的工作，而更有用的资料则是他在为委员会工作期间频繁往来的信件，这些信件在他的《信簿》中占据了许多篇幅，其中有大量与佩皮斯的通信，现在这些信件收集在《特别的朋友》（*Particular Friends*）里。[2]佩皮斯是海军委员会的一名职员，并于1654年在克伦威尔的领导下，开启仕途。他还参加过格雷欣学院的会议。他早期对伊夫林学识的赞赏，变成了某种类似于喜爱的感情。两人在1665年第一次见面之前就有过通信。尽管佩皮斯曾在瘟疫暴发的那一年拜访过赛耶斯宫，但当时伊夫林不在肯特郡。在1665年10月的一封信中，伊夫林希望他们能更加熟悉起来。佩皮斯在日记中透露，他对伊夫林了解得越多，“就越发喜欢他”[3]。伊夫林的这些保留得比佩皮斯更长久的信件让我们看到，他比自己的日记中“表现得更加全面”（《特别的朋友》，第13页）。他们的业务最初都主要涉及海军事务。1669年，他们的关系有了质的飞跃：当佩皮斯访问法国时，伊夫林建议佩皮斯详细说明去哪里、看什么，并附上送给法国人的信件（《特别的朋友》，第68～75页）。他对佩皮斯在欧洲旅行时其妻子的病逝表示同情。1673年，佩皮斯因涉嫌教唆教皇（他对约克公爵忠心耿耿）而被判有罪时，伊夫林在伦敦塔探望了佩皮斯。

伊夫林显然很享受他为委员会所做的一些工作：例如他认为1665年1月的一次长途旅行“并不是不愉快”。他高效、谨慎、好奇（他目睹了一艘名为“实验号”的新型双壳船下水），同时也关注这场“可怕战争”的悲剧。他会见了在船只意外爆炸中幸存下来但被烧伤了的水手，目睹了可怕的截肢（“几条腿和胳膊被炸掉”），这让他不得不“深思这导致了可怜的孤儿和寡妇出现的血腥开端”，同时，还必须无休止地供给用以满足医生需求的医疗用品。他在写给佩皮斯的信件中语气焦虑、喋喋不休，有时还附上给其他官员的信件，不断请求得到更多的帮助——经济上的，医疗上的，以及对他工作的支持。他哀叹道，他本应与委员会的其他成员，以及在肯特郡和苏塞克斯郡任命的官员合作，但他面对的却是药剂师的欺骗、资金的滥用、过度的支出、水手的伪造出院证明以及医院用船的匮乏。1665年10月初写给佩皮斯的信就是典型的例子：

> 我发现有许多负责治疗潜水员的外科医生和其他一些病人站在我的门口，他们从好几个地方赶来，因为找不到住处而伤心欲绝。我被迫调遣警官和其他官员，让他们来协助我的助手……舰队中几个指挥官诚恳请求我帮助他们处理岸上的伤病员，但是文员……妨碍了我向警察发出的请求的执行……这里所有的村庄都住满了人（在查塔姆和格雷夫森

德之间），我该怎么处置这些不能动弹的可怜人呢……没有钱，我无法喂饱两千名囚犯……我不敢露面，直到我能给他们弄点点心来（也还是钱）。（《特别的朋友》，第38～40、56页）

差旅、住宿，以及食物和药品的供应都意味着巨大的开销，资金却迟迟没有到位。伊夫林经常亲自或是通过议会向国王报告。他告诉国王，委员会每周要花费1000英镑来运作。他不得不向委员会秘书阿尔伯马尔勋爵（Lord Albemarle）申请资金，用于看守囚犯和自己携带现金前往肯特的各个港口；他和海军上将桑德威奇勋爵一道，"果断地"要求用钱，以防止囚犯挨饿。

不过还有一些令人愉快的小事：他显然很喜欢与高级海军部、上议院和其他委员会面（一个伯爵和领主……的世界）；他在旅途中接受了不同的留宿邀请——他在多佛城堡受到了"盛情款待"。他甚至在格林尼治的一次晚宴上享受了一些有趣的时刻，佩皮斯描述道，伊夫林即兴口头创作了"一些完全由'可能'和'能够'构成的诗句"。他必须访问南部沿海的主要港口如多佛、德雷、桑威奇，检查德雷和桑德镇的防御工事，在各个城镇任命官员，偶尔审查他们的工作；有一次，他带着年幼的儿子约翰去多佛，并在那里出海，但他们没有晕船。1665年7月，一群皇室成员访问了梅德威河口的"诺雷号"，并看到了伊夫林所说的"王子号"，这艘船"装满了人，秩序良好、气氛庄重而物资丰饶……"一年后，"王子号"被荷兰人占领并烧毁。在其他场合，他参观了在梅德韦（Medway）入口的舰队。

1666年6月1日，他在赛耶斯宫的花园里听到大炮的轰鸣声，他彻夜策马，赶到罗切斯特，但没有看到海岸外的战斗。他回到了伦敦，在那里，从四天的战斗中，他先是收到了令人心安的消息，但随后的信息又让人心碎：他的《日记》（第三章，第439～441页）记录了相关船只的损失情况——660人死亡，1100人受伤，2000人被俘。

他负责征用并监管部分位于萨瑟克的圣托马斯医院，以接收英国舰队受伤的水兵，并提醒指挥官们准备在英国舰队与荷兰交战时接收伤员和俘虏；他还要求使用斯特兰河畔（Strand）萨默塞特宫附近的萨沃伊医院，随后还租用了利兹城堡，把500名囚犯押往那里。后来，他把水灌进护城河，建了一座新的吊桥，把泉水引入院子，并对城堡结构进行了一些维护。他对老切尔西学院的囚犯进行视察，那里的荷兰人抱怨英国白面包索然无味。他还必须求问国王，如何继续协助一些重要的荷兰指挥官，他们的船只在海上失踪并被俘；查理回想起在执政期间荷兰人对他的友好，希望能提供帮助（这就是当时战争中的风度）。由于荷兰大使还在伦敦，伊夫林向他提出了这个问题。然而，在某些场合，他可以去皇家学会“在哲学家中获得灵感”。

然而，1665年，瘟疫席卷了伦敦，成群结队的黑老鼠在拥挤肮脏的贫民窟里大肆传播疾病。伊夫林说，仅在他的德普特福德教区就有400多人死亡。国王撤退到汉普顿宫，然后到索尔兹伯里，最后到牛津。伊夫林带着他的妻子和家人回到沃顿，“寄希望于上帝的眷顾和仁慈”（《日记》，第三章，第417页）。1665年10月，他的女儿玛丽出生在伊夫林发出“第一声啼哭”的那个房间里。但在孩子受洗之后，伊夫林重返工作岗位，发现已有成千上万的人死于瘟疫，还有“受到瘟疫影响的可怜的人群，在伦敦街头乞讨”。但一年后，他仍然希望玛丽可以安全地留在沃顿。在一次家庭庆祝新年活动后，“我所有的兄弟、我们的妻子和孩子都在一起，大家欢聚一堂”（《日记》，第三章，第428页），他“为了国王陛下的事务”再次回到伦敦。

1666年春天，伊夫林起草了一份在查塔姆（Chatham）建新医院的计划，并呈给国王，国王给予了“极大的认可”，海军长官们也鼓励他“迅速着手”此事。初步的计划是在一个庭院周围建一间四边形的医务室，每个角落都有塔楼，两边的走廊有伤员的房间（参见插图38）。随这份计划而来的还有一封很长的信，详细列出了从砖瓦灰泥到窗框、四百张床的家具等一切成本的预算，以及外科医生、保姆和护士的工资。根据估算，报销款项和后期所能节约的费用能与成本相抵（《特别的朋友》，第60～65页，更简单的支出清单，见第53～54页）。资金再次短缺，伊夫林指出了在过去两年中要是拥有这样一间“医务室”可以节省多少钱，以及未来可以节省多少钱。伊夫林写作时具有回顾性，在撰写过程中他大概也思考了五年后爆发的第三次英荷战争。

1667年，荷兰海军入侵梅德韦河，在港口焚烧了英国船只（当时英国舰队还来不及离开），并引发了一阵恐慌，人们担心荷兰人会沿着泰晤士河长驱直入。伊夫林把“我最好的货物和盘子从我的房子搬到另一个地方”（是沃顿吗？）。当德普特福德船厂发生意外火灾时，他的家人惊慌失措，而这场火灾被（错误地）认为是荷兰入侵者引起的。地面部队被调遣至肯特郡的防御工事驻守。“这是个悲伤而麻烦的时期”，军队玩忽职守、舰队停留港口而不是冒险出海——这些都让他感到愤怒。他被命令在伦敦周围寻找燃料（特别是泥炭，他在《林木志》中提到过），他确实这么做了，但报告说“目前此事没有进一步推进”。他访问了查塔姆，检查了受损和仍在燃烧的船只残骸，并观察了荷兰舰队封锁泰晤士河口的情况。8月，与荷兰的纷争终于宣告结束。次年，他确定了伤病员的人数并统计了账目。

在第二次和第三次战争间那相对平静的时期，伊夫林去了东盎格鲁，并在那里待了一段时间，朝臣们打猎、买卖、赛马、赌博，虽然他有些不高兴，但他能在自己的“漂亮公寓”里避世。针对阿灵顿的尤斯顿庄园中的漂亮花园，他提议“在他的公园以及其他地方和大街上种植冷杉、榆树、酸橙等”〔这一定是埃德蒙·普利多（Edmund Prideaux）在17世纪30年代画完的，参见插图32〕，并建议他把有树从的开阔场地纳入庄园范围。他还点评了“很不错的发动机”：它可以为喷泉抽水，也可以驱动机器磨玉米。亨利·霍华德把他带到诺维奇，在那里他终于有机会见到了托马斯·布朗爵士，后者曾经和他通过信。他的“整个房子和花园都是天堂，满柜子的珍品，都是最好的收藏品，尤其是奖章、书籍、植物和自然物品”；这“确实让我重新振作起来”，尤其是在前一天晚上，霍华德和一个木匠因为房间的测量还爆发了不合时宜的争吵。

1669年6月，伊夫林回到牛津大学，看到了雷恩新建的谢尔登剧院（Shelclonian Theatre）。某位公众演说家针对皇家学会发表了一些恶毒而又充满敌意的评论，这让他很恼火，因为那位演说家尽管轻视皇家学会，但却获得了荣誉学位，并且后来在圣约翰学院受到了丰盛的款待。1671年，在埃塞克斯，伊夫林在一次偶然的机会中遇到了年轻的格林·吉本斯（Grinling Gibbons），发现他很欣赏十字架的雕刻，“他处理和绘制十字架时所持有的好奇心和严谨的态度，是我在所有的旅行中从未见过的”（《日记》，第三章，第567页）。伊夫林对此绘画的印象深刻，并把他引荐给了查理二世，查理二世对他的作品很感兴趣。这次偶然的见面使这位工匠名声大噪：最终克里斯托弗·雷恩为吉本斯提供了剑桥大学三一学院图书馆以及新圣保罗教堂的工作，吉本斯一直工作到1720年逝世。他的雕刻作品被用于装饰乡村别墅：布伦海姆、斯特沃斯和佩特沃斯。伊夫林很欣赏吉本斯的艺术，很可能是因为后者在为其作品挑选树木时总是很挑剔——水果和花环用酸橙木，镶板用橡木，奖章用黄杨木。

但是，当1672年又一次爆发（第三次）英荷战争时，海陆空再次变成战场。这场战争的导火索是英国人在英吉利海峡攻击荷兰的士麦那舰队，以及查理二世与法国秘密结盟对抗荷兰。伊夫林认为这场冲突“根深蒂固，我们都没有成为基督的‘善邻’[1]”。但他还是去了格雷夫森德，处理那些在英国对荷兰护卫队这场失败的袭击中受伤的人。他乘船前往希尔内斯检查蒂尔伯里的防御工事，还从一艘海军游艇上考察了河口两岸的“堡垒和炮台”。他在马尔盖特受到了慷慨的款待，在那里他花时间谈论了当地的酿酒业，周围乡村畜牧业的发达程度远远超过了英格兰的任何地区。伊夫林在索斯沃尔德湾海战中哀悼失去了的朋友桑威奇伯爵，并在威斯敏斯特参加了他的葬礼。他为

[1] 语出《马可福音》第12章，第30～31节，“爱邻如爱己”（Love your neighbour as yourself），常见的中文译文中多作“爱人如己”。

一位法国海军少将举办了葬礼，这位将军死于重伤。他目睹了一位水手被截去双腿，但最终还是重伤不治："王公贵胄的贪婪、愤怒和野心，给这个世界带来了多少的混乱和不幸啊，只要拥有他们一半的财产，每个人都会更幸福一些：这个健壮的人不过是个普通的水手。"

他和佩皮斯的通信恢复了，他也和先前一样来回奔波，监管着囚犯，并在可能的时候为他们和伤员提供资金。佩皮斯自己也在向更高的目标迈进——他在议会中觅得一席之地，担任了三一学院的院长，随后成为基督医院的院长，并在1673年成为海军部的秘书。战争一直持续到1674年2月，《威斯敏斯特条约》（*Treaty of Westminster*）为战争画上了句号："失去了这么多好人，这不是因为世界上有什么刺激的挑衅，而是因为荷兰人在工业以及所有其他事情上（除了嫉妒这件事）都超过了我们。"

查理二世请求伊夫林写一部关于英荷战争的历史。这个请求看上去合情合理，因为伊夫林参与了委员会的事务，同时他的文学素养有目共睹。就在1669年伊夫林向他呈递《三位已故的著名骗子的历史》（*The History of the Three Late Famous Impostors*）后，"查理开始诱使他"写英荷战争。三位骗子指的是土耳其皇室的两位冒名顶替者〔奥图马诺（Padre Ottomano）和马哈茂德·贝（Mahomed Bei）〕和犹太伪弥赛亚〔沙白泰·泽比（Shabbethai Zebi）〕，这本书是写给1662年至1674年担任国务卿的阿灵顿第一伯爵亨利·贝内特（Henry Bennet）的。伊夫林的致敬书信声称，他的故事有着"毋庸置疑的真实性"，且基于目击者，鉴于名字用了化名，所以他们不会感到"不便"。毫无疑问，这是对他自己的历史记录能力和正直人格的肯定，这也使他将不断地被要求叙述与荷兰的战争。阿灵顿以国王的名义继续要求他记录这样的历史，尤其是因为伊夫林之前的请求已经被驳回了——“被严厉地驳回了”。

在秘书办公室提供的大量研究协助下，伊夫林开始工作了，并在1670年8月向国王报告了截至当下他已经完成了的事情，国王“要求”他“更尖锐一些（也就是批判性），因为荷兰人在他们的图片、书籍、控诉书等出版作品中大肆地辱骂他”。第二年年初（即八个月后），伊夫林再次说服了自己，并得到了更多的材料，但仍然没有完成所要完成的工作。早在1660年6月的某个时候，他就在《日记》中（满怀希望地或追溯地）标注了“看看我的记录：英荷战争的整个历史”。1681年，他仍在给佩皮斯寄去大型海洋图，以及他所写的文字：“我把那些很久以前就已经写好（也就是完成）的关于英荷战争的手稿发出去了。”（《特殊的朋友》，第123页）他还附上了一幅1667年荷兰人在查塔姆战役的地图，注明了英国船只和驻扎在泰晤士河口的荷兰舰队的位置。[4]

尽管作为作者的伊夫林在1671年估计这本书有800到1000页，但它一直没有完成。1674年他出版了《航海和商业，它们的起源和发展》（*Navigation and Commerce, their Original and Progress*），皇家学会的《哲学会刊》（第九卷）也刊登了这本书中的文章，赞扬作者“激励了英格兰，为我们未来的防御和我们贸易与商业的扩展做了最有力的准备”。但伊夫林呈献给国王的，“不过是我写的关于整个战史的序言，我现在不再写了”（《日记》，第四章，第41页）。作为宣传，它应该在进入和平时期之前发布，在此期间，国王不仅敦促他继续写作，而且还朗读他的作品。但当时这段历史文稿出现后，荷兰人深感被冒犯，要求曾经接受了该版历史的印刷商将之撤回。

伊夫林毫不惊讶地发现荷兰居民擅长土地管理和装饰管理，仅通过“商业往来”就能得到他们所没有的材料——“谷物、酒、油、木材、金属、石头、羊毛、大麻、沥青，以及几乎任何其他的商品”。他接着指出，荷兰人建造了“漂亮的城市，这里的一切都迅速地发展着；荷兰人会用所有的高雅艺术来激励一个伟大的天才，由此扩大并巩固了他们的边界……”。当他将荷兰置于从迦太基到威尼斯和热那亚的古今国家考察之列时，他的论点，虽然并不改变他对英国及其贸易的主张，却再一次揭示了他对平衡和公平的关注（《杂集》，第625～686页）。

人们再一次怀疑伊夫林是由于太过谨慎才不肯很快地着手这项工作，尽管他对这一时期的历史非常感兴趣，也很想将之记录下来——尤其是他还参与其中。但是，一方面，查理二世命令伊夫林（由国务秘书资助）在评判荷兰人时不要“有所顾忌”（《日记》，第三章，第559页）；另一方面，他对政府的官僚作风和海军的无能感到不满，这可能也证实了他一直以来的一个想法，即这场战争不仅是错误的，而且不是像英国这样的基督教国家所能容忍的。

1689年8月，在给佩皮斯的信中，他要求在“你选择的图书馆里摆上一幅杰出人物的画像”，甚至就在7月，在佩皮斯的要求下，戈弗雷·科内尔（Godfrey Kneller）为他画了一幅画像后，他问道：“以上帝的名义，一个种植椰菜（卷心菜）的种植园主在这样的地方该做些什么呢？”在这封冗长的信中（《特别的朋友》，第

188～204页；他的编辑称之为“叙事诗”一般），伊夫林似乎在审视自己在这个世界上的角色、名誉，以及自己那摇摆不定的行为。而“面容……虽然对拥有者来说没有什么意义”，但他还是对晚年的克拉伦登（Clarendon）决定收集“他自己的同胞”而不是“外国人”的画像表示赞赏。伊夫林紧接着赞美了古代和现代知名人物的“面孔”，从马基雅维利和彼特拉克到第谷·布拉赫（Tycho Brahe）和哥白尼，从维多利亚·科洛纳（Vittoria Colonna）到彼特拉克的劳拉（但不是漂亮的妓女）。他鄙视皮条客、情妇和小丑导致宫廷腐败的行径，这些人贬低了英国文化。他承诺，当事实水落石出时，真相将会公布于众！

但在最后，为了避免画作成品流落到“尘封角落的中间商的手中”，他挑选出奖章来装点图书馆：人物的形象、描述或是头衔在正面，而在奖章的反面可以看到这些人物的英雄事迹，以及“著名的神庙、教堂、露天剧场、凯旋门、桥梁、渡槽、马槽、马池町”——所有这些都极大地帮助了“古代宏伟建筑的恢复（真正的纪念碑被哥特人如此野蛮地破坏了）”，勋章可以说明历史和年代，但他不能容忍有关它们是否经过抛光，抑或它们是否系伪造这样的讨论。就像他关心在牛津大学建立收藏馆一样，伊夫林也预见到了建立和维持公共博物馆的需要，就像他后来推动伦敦第一座公共图书馆的创建一样。

在给佩皮斯的信的其余部分，就是他所说的“为这么小的一件事喋喋不休了这么久”，他进行了一次全方位的游历总结，包含各个阶层的重要的大师和他自己已经出版的作品，比如《雕塑》，或者他已经在构思的书〔《努米玛塔》（*Numismata*）〕。他的作品一直使用英语，他也怀着在英国学习和进行哲学收藏的更大愿景或抱负。然而有趣的是，他似乎避免讨论他或其他人在园艺方面进行的进一步工作的计划。他在奖章和肖像的收藏方面进行了深入的研究，列出了克拉伦登和其他几十个“我现在一时不能完全想起”的名字，然后他把重点放在图书馆的建立、伟大的收藏、图书藏品的售卖甚至出口，以及建立写作学院的必要性上，这将确保“一种收紧的、自然的力量，美丽而真实，我们自己便能成长，而不总是从我们的邻居那里借鉴或窃取”。这一切的集合，将会把黎塞留在法国取得的成就带入英国，即让“有学问的人进行高质量（不那么空洞的）谈话”。

他翻译了诺德关于图书馆的书（献给克拉伦登的），此书的出版让他感到震惊。他仍然在呼吁为贵族建立优秀的图书馆，并进行维护。他还敦促人们及时关注“在我们中间变得如此频繁的（书籍）拍卖”。几天之内，需要花费数年搜集的藏品便会因此而四散各地。[5]除了建立贵族图书馆，他还要求绅士们在城里也应该有一些“合格的藏书馆”，因为伦敦不似巴黎，这里尤其缺乏好的藏书馆。然而，即使某人拥有一座像样的藏书馆，他也不会准备或愿意公布书目清单，因为“害怕被打扰”。牛津和剑桥的情况好一些，但他仍希望一些文学艺术资助者能够捐赠收藏的手稿，尤其应该捐赠给大学。比如艾萨克·沃西乌斯（Isaac Vossius）的大量手稿，这些手稿“有被我们的拍卖师罗伯特·斯科特先生和其他一些人独吞的危险”。不过，他还是挑出了雷恩为剑桥大学三一学院设计的宏伟图书馆建筑，并列出了牛津大学其他一些优秀的图书馆。但在佩皮斯看来，至少在1689年，伊夫林还未提到《大英极乐世界》或其他园艺工作。

在信的最后，他鼓励佩皮斯收集一些便宜、有用且有指导意义的版画：书名页、作者头像和肖像，以及那些自称配有武器或者技艺高超之人的画像。这些作品能够“与最好的画作竞争”。佩皮斯立即回复说，伊夫林短短五页纸的内容足以写成五卷书，远远超过其他作家的水平。

第九章

建筑和园艺的前世今生

人们在阅读伊夫林的作品时，不会察觉到他对各种问题的现代思想和古代智慧的交流有多么感兴趣。1656年，他给爱德华·瑟兰（Edward Thurland，《信簿》，第一卷，第190～193页）写了一封冗长、充满深思熟虑且颇有教育意义的信，实际上这是一篇关于祈祷的文章，他在这个主题上进行了大量的引用，包括一些著名人物的经典著作〔齐卢斯·伊塔利克斯（Silius Italicus）、德谟克利特（Democritus）、毕达哥拉斯、柏拉图、斯多葛学派、西塞罗〕，还有对圣保罗和圣奥古斯丁，再到阿姆斯特丹（Amsterdam）、亨利·哈蒙德（Henry Hammond）和亨利·莫尔（Henry More）的引用。虽然他的其他书信不是那么具有指导性，但他的公开性作品仍然对类似的、相关的领域有着极大的影响；事实上，他似乎无法在不考虑相关政局的情况下写作。在这场17世纪的“古今之战”里，伊夫林作为一名审慎、虽然有时有些笨拙的竞赛裁判，有着相当重要的地位。[1]

“古今之争”中一个至关重要且相关的方面，特别是对于那些认同现代理念的人来说，是对艺术进步的呼吁，也就是说，是对现在传入英国的古代思想的尊重和改进。但是，如果古人的理念终究比现代的好呢？无论是培根哲学派的信徒还是皇家学会的成员，谁也不会相信古人更聪明，但伊夫林在园艺这一件事上，并不倾向于否定古人的智慧。夏尔·佩罗特（Charles Perrault）的《古代与现代艺术与科学的对比》（1688—1697年）用一个隐喻描绘了艺术与科学的发展过程，这一隐喻可能会对伊夫林的家庭生活有一定的吸引力。“难道我们的祖先不应该被视为孩子吗？”佩罗特写道，“我们不应该被看作世界上的长者和真正的古人吗？”通过讨论古代和现代作家之间的家庭关系，甚至可能是表面的相似之处，就像夏尔的弟弟克劳德·佩罗特（Claude Perrault）[2]一样，他们全然渴望获得新的现代性，这为他们的论点扭转了局势。法国园丁让-巴蒂斯特·德·拉·昆蒂尼（Jean-Baptiste de La Quintinie）在16世纪90年代对艺术的发展进行了类似的论述，伊夫林在书中翻译道：“园艺艺术并非始于我们的时代，它在许多世纪以来都被‘有求知欲的人’认为是一种格言，正如古人的证词所显示的那样（页面的空白上写着‘泰奥弗拉斯托斯，科伦拉，色诺芬’）；所以，说实话，我们现在只能遵循或者改进我们祖先的做法。”总之，“园艺”委员会认为维吉尔既是一个古人，也是一个需要被养成一个“更真实的古人”的孩子，需要在现代家庭和文化中接受再次的教育：德莱登能够用他的翻译做到这一点，就像蒲柏模仿贺拉斯的书信和讽刺诗一样。伊夫林在改造阿尔伯里的花园露台时也做了同样的事。对伊夫林来说，所有来自古代世界的智慧、知识和艺术，经过筛选、诠释和完全意义上的“翻译”，都不再是遥远的过去的财产，而是现代的、充满活力的内容。

对《林木志》的读者，他解释道：“提高自然知识，扩大实用哲学的王国，不是通过废除旧的内容，而是通过实验的实际效果；收集、检查，从而改善其分散的现象。”虽然伊夫林在给爱德华·瑟兰的信中，经常喜欢在关于古现代之争的材料中运用修辞的手法，但他也敏锐地意识到，他的同时代人需要了解过去的新鲜事物。园艺和建筑在本质上显然是现代的，因为它们都是为着当前的使用，通过重新诠释来进行设计。任何求助于古代智慧的做法，都意味着现在就需要用当代的当地语言来“解读”它。因此，伊夫林在给考利的信中认为，大自然的世界需要“从‘整个地球的’各种装饰的表面到她内心最隐秘的珍宝”，让世界上“最抽象的东西”变得“有用且有益”[3]。这就是英国皇家学会所做的：表明“真正的秘密是有用的，有教育意义的”，比任何人在“过去五千年”中所做的任何事情都要好，这其中包括培根本人。而那个当代的“展现”和诠释，是把世界翻译成文字的一个至关重要的行为，这就是为什么伊夫林需要一个像考利这样的诗人，来为斯普拉特的《皇家学会史》准备一首完美的诗。

伊夫林用两种方式来理解对立权威的“斗争”和艺术的发展。首先，通过对古代智慧的考察和对其在自己国家的应用的阐述，将古代智慧转化为现代文化的一种形式；当然，具体来说，是通过对文本的实际翻译，来为现代作品提供帮助，同时又不忽略早期艺术的建议。

其次，关于园林和园艺，他通过翻译外国文献和自己进行实践活动来从事这些工作。这里有两个相关的例子：首先是《林木志》，以及他为阿尔伯里等其他景观提出和执行的建议；也有失败的例子，最重要的还是他没能给《大英极乐世界》定稿并将其出版发表。

在所有这些努力中，他需要在古代权威（完全通过古代著作获得，因为实际存在的花园很少）和园林制作、绘画、建筑、城市设计和雕刻等现代工作之间做出判断，这些工作不仅是通过图像和他周围的景象，也通过语言表达出来。无论这些作品有多少是借鉴了古人的作品，都不可避免地是现代的：花园可能模仿文字所暗示的古代布局和形式属性，但植物及其养护和用途都是现代的，设计它们的人也是现代的。伊夫林在欧洲的生活，使他有信心阐述各种艺术中的现代概念和表演。而他在国外生活时，对于直接观察重要性的确信，也使得他更想在英国推广与介绍相关概念。

伊夫林对罗兰·弗雷特·德·尚布雷（Roland Fréart de Chambray）的《古代建筑与现代建筑的平行》（*Parallèle de l'architecture antique owec lamoderre*）的翻译和呈现，集中体现了文艺复兴时期现代建筑的首要地位（参见插图39）。本书在1664年首次出版，1680年再版；其第二版因为是作者在他生前计划逝世后再版，所以直到1707年才正式出版，其中还包括了对克里斯托弗·雷恩爵士的一些补充说明和致敬。1665年，雷恩亲自到法国观察法国建筑，伊夫林很欣赏他的作品。伊夫林翻译的《古代建筑与现代建筑的平行》提倡现代建筑，反对“（古代）建筑，房屋的不对称和比例的失调”，正如他在给约翰·德纳姆（John Denham）爵士的献词中写的那样，“我们的幽默和情感的不规范性，可能会被敏锐地辨别出来（也就是说，被理解了）”。这篇文章还赞扬了法国人的《古代建筑与现代建筑的平行》，认为它比任何其他的学说都“更可靠、更快捷、更完美，它的规则是由最高贵的古代遗迹精确地测量出来的，并且得到了清楚的论证；通过对现代例子坚实、明智和成熟的比较，可以发现它们的错误”。然而，弗雷特的结论实际上是非常现代的，因为他看到了建筑比例的随意性。

伊夫林在关于建筑师和建筑的描述中，附加了自己的翻译，与在法国的版本[4]相比，“解决了语言缺失的问题”，特别是在英国的技术或“机械”词汇方面。对于理解语言术语准确性的类似关注，也促使了伊夫林对《林木志》的讨论，他说“它不是为了普通的乡下人而写的”，而是为了提高那些“更有天赋者”的能力而写的；因此，这是一种训练，是为了“使绅士和有教养的人受益和消遣，因为他们常常在怡人的耕作和园艺中获得精神上的放松”。他承认，自己“也许在某些地方（这儿或那儿）使用了一个读者还不太熟悉的词；但据我所知，没有一个是不能被上下文和语境充分解释的”。不过，他还补充了一份清单，其中一些奇怪的术语用了更直截了当的英语解释：“冠状花园”（coronary garden）指的是“花园”，“图解”（iconography）指的是“地基图”，“施粪肥”（stercoration）指的是“动物排泄的粪便”，“菜园的”（olitory）指的是“沙拉，以及属于菜园的东西”，“曝晒”（insolation）指的是“日照”。

1650年，弗雷特的《建筑平行学》（*Parallèle de l'architecture*）首次在巴黎出版，1687年，伊夫林的图书馆收录了该法语版本的副本。1652年，“为了满足一个国内的朋友的需要”，他在法国开始进行“翻译”，然后就又搁置了这项工作，直到一位在英国的建筑师同事休·梅得到了“最精致的原版”，并且敦促他完成翻译。他的版本复制了那些主要内容，并添加了他自己对古物和现代建筑的“描述”。抄本送给了国王、太后、雷恩、为它写拉丁文诗的约翰·比尔，以及负责公路和下水道的约翰·丹汉姆爵士（Sir John Dehharn）。它在雕刻和相邻的文本中对希腊和罗马秩序的讨论进行了对比，“以该书的英语版本来造福建筑者”这一主张也得到了其他大师的认可。最后一个是莱昂·巴蒂斯塔·阿尔伯蒂（Leon Battista Alberti）的《斯塔努瓦》（*De statua*）。又一次，这被称为“第一次引入我们的语言”。他向查理二世致敬，称颂他像“最神圣的建筑师”（正如他所说的，“很难不进入赞颂的模式”），他承认“后期混乱的不敬和不义”，也为那些让“我们的帝国之城”变得伟大的成就而自豪。

伊夫林显然很欣赏欧洲的现代建筑，并找机会为它在英国的出现而欢呼。他很欣赏伊尼戈·琼斯在怀特霍尔的宴会厅，以及1633年为老圣保罗教堂设计的古典门廊；伦敦的圣詹姆斯广场和南安普顿（后来的布卢姆斯伯里）揭示了优雅的联排别墅是如何开始流行起来的，议会认可了后者建筑的“规律性”。克拉伦登伯爵（前爱德华·海德爵士）的府邸是罗伯特·普洛特设计的，伊夫林在罗马认识的他，他对现代建筑有着丰富的了解，伊夫林认为他设计的建筑是英国建筑中“优雅而宏伟”的典范（《信件》，第177～178页；尽管后来他对它的“奢华”“昂贵而又浮华”持保留意见。《日记》，第四章，第321、338页）。雷恩设计的谢尔登剧院于1669年完工，伊夫林目睹了这一过程，经过深思熟虑之后，他对罗马模型进行了重新改造，使之成为适合现代学者集会的学堂。也许是在他的建议下，沃顿·伊夫林的哥哥在山脚下的石窟前设计了一个文艺复兴风格的门厅。1658年，他的日记记载，诺森伯兰庄园的外观“尚可”，发现它并没有被“过于厚重和滑稽的楼梯淹没”（第三章，第216页）：“滑稽”，他的编辑说，可能是“滑倒”，但它确实暗示了避免一组楼梯被过于花哨的细节掩盖；就其本身而言，它呼应了亨利·沃顿爵士所倡导的“朴实的赞美和简明的材料”。伊夫林提议建造所罗门的房子（参见插图25），这是在皇家学会成立之前就提出的，虽然它承认了迦太斯式（Carthusian）修道院的景观，但它绝对是现代的，而且模仿了伊夫林很熟悉的建筑——赫特福德郡的鲍尔斯公园（Balls Park）。1664年，他很不情愿地欣赏了由建筑师休·梅设计的、位于德普特福德附近的埃尔瑟姆别墅（Eltham Ladge）的部分建筑，尤其观察了对于地面的观景效果，伊夫林对这位建筑师持保留态度。他陪同约翰·德纳姆（John Denham）爵士前往格林威治宫，查理二世希望将其变得现代化，约翰·德纳姆爵士于1642年以诗歌《库珀山》（*Coopev's Hill*）而闻名，现在他是国王作品的总检察长。但是他们在怎样才合适的问题上意见不一：德纳姆想要在河上建一座以木桩为支撑基底的建筑，伊夫林认为德纳姆比起建筑师还是做一个诗人比较好，他认为从一座美丽的庭院里看到泰晤士河像道“水湾”会更好。他加入了德纳姆和休·梅的团队，共同致力于改善伦敦的交通。1663年，他对于在霍尔本安装新的铺路石表示赞赏，这将帮助很多的妇女和儿童免于在街上受伤。1666年8月，他和雷恩等人考察了古老的哥特式圣保罗大教堂，意识到它需要被完全重建。的确，它是如此破败，以至于霍拉尔在上面刻了一段拉丁文的铭文，上面写着“每天都可能倒塌”。[5]

他认为，他早期在欧洲旅行时对建筑和城市遗址的关注以及现在对《弗拉特》的翻译，给了他一个参与1666年大火后伦敦重建的机会。这样一来，他就能把现代的、当代的理念付诸实践，而其最核心部分就是古董，现在已经被“翻译”了。在他视察圣保罗大教堂之后的一个月里，发生了一场大火，大火烧毁了这座拥挤的城市饱受瘟疫之苦的房屋，却也推动了对城市布局、建筑实践和圣保罗新住宅的全面更新。他的《日记》（第三章，第459～463页）以比平常更长的篇幅叙述了大火后的破坏：拱顶被毁，屋顶上的铅被熔化，石头被烧成焦炭，书籍在“之后的一个星期”被烧毁，而这些书籍存放在圣保罗教堂的地窖里，喷泉干涸了但水仍在沸腾着，用作街道屏障的链子也熔化了，小巷里堆满了垃圾；除此之外，还发生了骚乱，与英国交战的法国和荷兰入侵的谣言更是火上浇油。他、玛丽和他们的儿子约翰在泰晤士河南岸目睹了这场大火，理查德·布朗爵士要求他的女儿派一些“德普特福德小船”或“小型驳船”，把他和其他人的财产从怀特霍尔的住处运送到安全的地方。伊夫林后来把他在大火中看到的景象比作被烧毁的特洛伊城，埃涅阿斯从特洛伊逃了出来，最终找到了罗马城。

在火灾发生十一天后，伊夫林于9月13日向查理二世呈递了他的《伦敦重建计划》、一份破坏情况调查报告和“一座新城市的规划，以及对它的论述”。与其他一些公务员的工作相比，他对公民工程的参与度要高得多（见上一章）。然而他对新伦敦的设想从未实现，该计划仅以手稿形式保存下来，直到1748年第一次印刷出来，并以随附文本的形式出现在后来的许多版本中。[6]

计划中有许多关于重建这座城市的建议：伊夫林指出，“每个人都有自己的想法”，而在托马斯·沙德维尔（Thomas Shadwell）的《忧郁的恋人》（*Sallen Lovers*，1668年）中，积极爵士的角色声称他自己建了17个新城市的模型！计划和提议来自伊夫林本人、雷恩（两天前提出了自己的计划）、罗伯特·胡克（英国皇家学会馆长）、彼得·米尔（Reter Mills，之前城里的瓦匠，从事建筑行业城市测量师一职）、另一位测量师理查德·纽考特（Richard Newcourt），还有一位上尉瓦伦廷·奈特（Valentine Knight），奈特说他的计划会给国王陛下带来很多财政税收，可后来被捕了。这些人所有的方案都设想了一座有新规则的城市，有笔直和放射状的道路，有马戏团和开放的广场，重要和关键的建筑安置在清晰和不受阻碍的位置。在这些残破不堪的废墟中，伊夫林看到了一座正在崛起的城市，它将“与世界上所有的城市展开竞争”，这座城市既美丽又健康，既适合商业，也适合政府。

伊夫林的计划有三个雕刻版本，尽管它们的轮廓大体相似（参见插图40）。它带来了一条又长又笔直的大道，从西边的坦普尔巴（Temple Bar）的海滨大道，到东边新命名的查理盖特大道，“为了纪念我们伟大的三位一体的君主”。它首先满足一个双八角形，其中八条路像星星一样出现，然后它穿过舰队的“新航道”，经过一所医师学院和一所下议院之间，出现在一座新的圣保罗大教堂前。它位于一个椭圆形的广场上，两条主干道从这里向东北方向（到市政厅）和东南方向与泰晤士河交汇。他把河岸和码头布置得更加壮观，有六个开口和面向水域的码头，让人想起了热那亚的海港。与塔楼相邻的海关大楼与内陆的一个广场相连，广场上有海军办公室和三一大厦。河上特别扩建的广场上有皇家交易所，从那里又有一条大道直向北通向外面的摩尔汀（Moorgate）和穆尔菲尔兹（Moorfields）。城门将被重建为凯旋门，并“用雕像、浮雕和相应的碑文装饰，作为内部其他部分的序幕，因此绝不应该被棚屋、丑陋的商店或附在上面的房屋所阻碍”。平面图上有二十个教区教堂用小十字架标出，公共喷泉用一个小圆圈标出。

市政厅模仿了雅各布·范·坎彭（Jacob van Campen）所设计的阿姆斯特丹市政厅（1647—1655年）的风格，伊夫林的计划在很大程度上归功于他自己对西克斯图斯五世时期罗马及其城市规划的了解，以及建筑师多梅尼科·丰塔纳（Domenico Fontana）的规划。不过在伦敦，意大利人的“国家宗教仪式”被传统的英国华丽场面所取代。这也暗示着将大陆景观形式转换成城市布局的元素，尽管保留了以前的本土地名：一系列矩形、椭圆形和圆形的广场点缀着大街，就像它们沿着大陆花园的步道那样，而半圆形（伊夫林后来在1680年代对赛耶斯宫的改造中采用了这种形状）在这里被用来封闭伦敦桥上的鱼市场。伊夫林的计划和规划既是现代的，也反映了他对在欧洲看到和欣赏的许多东西的关注，同时也激发了一个“现代罗马”。即使是那些喜欢在旧地基上重建旧城的人，也希望它不是用木材建造的，就算不是用大理石，也是用砖块。

雷恩作为一个有成就的专业人士，似乎制订了更周到的计划，但他仍然可能与较为业余的伊夫林交换了意见，伊夫林的计划常被别人的意见给掩盖住。伊夫林告诉萨缪尔·图克，“雷恩博士促使我开始”（《信簿》，第一卷，第421页），然而约瑟夫·里克沃特（Joseph Rykwert）在《最早的现代主义者》（*The First moderns*）中配了一张插图，上面写着“由克里斯托弗·雷恩和约翰·伊夫林提交的重建伦敦的计划，1748年，提交日期在弗图的计划提交之后”（虽然不清楚这个雕刻计划在多大程度上代表了那次的合作）。伊夫林后来承认雷恩的计划是正确的，在圣保罗街东面的两条街道上，可以画出一个毕达哥拉斯式的Y字，并指出他“在我重新考虑的时候很愿意遵循这个理论”；然而，伊夫林把那个Y字藏在新的圣保罗大教堂后面，而雷恩则把街道分开得更引人注目。雷恩的街道更宽，他使皇家交易所在通往圣保罗大教堂的东北分岔街道上占据了突出位置；不管是有意的还是无意的，这都是一个明显的商业特征。雷恩还希望把圣保罗教堂和城市教堂的数量从86个减少到19个，以承认他们日益减少的教众数量，这是伊夫林可能不愿看到的（尽管他自己把教堂数量减少到20所，重新划定了教区边界）。但他很乐意看到雷恩的巴洛克风格和几何风格的城市布局，以及类似巴拿马风格的、在门廊上方有一个穹顶的圣保罗大教堂。

这两项城市发展计划都没有实现，主要原因是英国皇家学会内部围绕谁的计划最好展开了激烈的争论——有三位杰出的成员竞争该计划。奥尔登堡负责管理该学会的哲学事务，他认为这个过程“仍然非常复杂”。当包括雷恩在内的计划被下议院考虑时，伊夫林的计划被边缘化了。在重建模型之前，雷恩和胡克进行了一项调查，测量所有原始的基础数据。胡克是英国皇家学会的馆长，但后来被任命为城市测量师。[7]佩皮斯在日记中写道，休·梅看到了“城市建设的计划进行得十分迅速”，但随后希望它不会来得太迟，以至于无法满足人们的需求。估算成本和“关于合法船主、边界法律和海关的纠纷”（达利，《约翰·伊夫林》，第223页）导致了延误。在数千座建筑倒塌后，重建一座城市也不是一件容易的事。事实证明，重建材料的供应是一个主要障碍，因为毫无疑问，木材是没法使用的，只能用砖块和石头。1667年2月国会通过了《伦敦城重建法案》，1671年国会通过了《第二次重建法案》；首先便指定了砖块。伊夫林写过有关大地及其土壤的文章，他积极参与探索黏土的质量，并研究了在德普特福德建立砖窑的可能；他和同事乔治·西尔维厄斯爵士（Sir George Sylvius）试图获得一张为制造灰泥、瓷砖和砖而发明新窑的独家许可证，但没有成功。

对于伊夫林来说，火灾后果带来的痛心和重建工作的失败显然是一个挫折，因为很可能他在窑炉计划上遭受了经济损失，更重要的是，作为皇家学会的重要成员，他无法看到他的重建想法取得进展。但在其他方面，他仍能从为协会工作中获得乐趣：亨利·霍华德把图书馆捐赠给学会，以及在格雷欣发生火灾后，他对霍华德在斯特兰德街的阿伦德尔大厦为社会提供房间表示赞赏。同样令他高兴的是，阿伦德尔的大理石雕塑成功地从海滨花园搬到了牛津大学，并在新谢尔登剧院附近展出了它们的碑文、浅浮雕和雕塑。在阿什莫尔博物馆于1683年开放后，雕塑被安置在那里。

即使没有成功地规划建设新伦敦，回想起在巴黎的日子，他仍会感到很愉快。他在1669年给了佩皮斯环游法国的建议。尽管与英国的新建筑以及一流建筑做了一些积极的比较，他还是极力强调巴黎的建筑有多么好。他的长信（《特别的朋友》，第68～70页）建议人们去参观医院，他认为“卢森堡宫、卢浮宫、杜伊勒里宫和克拉伦登府一样漂亮”，新桥没有像伦敦桥那样杂乱不堪的房子，圣宠谷（“你的眼睛再也不会渴望看到比这更有艺术水平的作品了”），曼萨特的庄园——他曾带着年轻的妻子去过的庄园，据他说，这座庄园比圣日耳曼庄园保存得更好。到那时为止，马扎林创办的四国学院还不完整，新住房也普遍统一。除了建筑，他还珍藏着关于巴黎郊外花园、加莱的防御工事、“许多珍贵的图片和收藏品”，以及图书馆的记忆。

伊夫林对佩皮斯和他的妻子（其父亲是法国人）的建议和推荐，也许是在准备翻译弗雷亚特的《绘画表现的构想》法译本（*An Idea of the Pekformance of Painting Demohstrated*，1668年）的时候被激发出来的，他将其献给亨利·霍华德，为了感谢他“永远不会被忘记”的慷慨馈赠——他祖父收藏的书籍和大理石。他也可能是在感谢霍华德对阿尔伯里花园的赞助，以及对诺里奇花园的帮助。在伊夫林的序言中，他对翻译的苦差事表示抗议（也许是对他在城市中失败的参与感到失望），但他辩解说，在他完成对绘画的讨论、《雕刻》和弗莱特的建筑类书籍之后，他完成了对艺术的审视。书的扉页延续了伊夫林的决心，他想把古代作家（老普林尼和昆蒂兰）与现代画家尼古拉斯·普桑（Nicolas Poussin）的作品进行比较；凯恩斯指出，有一份演示文稿的副本是“他谦逊的仆人约翰·伊夫林”送给画家彼得·莱利爵士（Sir Peter Lely）的。

但他对把古老的思想灌溉至园艺上的担忧还在持续，他继续敦促着这件事，尽管他心里可能已经放弃出版《大英极乐世界》了。后来，在17世纪90年代，他与亨利·沃顿爵士通信，亨利·沃顿爵士是阿尔伯里大学的孩子们的导师，他计划着完成波义耳的一生这个主题，伊夫林不断给他提供信息和鼓励："你看到的主题硕果累累，几乎取之不尽。"（《信件》，第347～352页）沃顿在1694年就已经出版了《古代与现代学习反思》（*Reflections upon Ancient and Modern Learning*），在他的第二版（1697年）中，增加了"古代与现代农业——园艺"一章。这个增改显然是受到了他与伊夫林通信的启发，在那之前的一年，伊夫林的儿子敦促他阅读勒内·拉潘（René Rapin）的《霍落鲁姆书册》（*Hororum Libri*），伊夫林的儿子翻译了这本书，并借给了沃顿一本，作为古代思想和实践的来源：

> 关于古人的园艺和农业（尤其是第一种）的疑问是，它肯定没有达到现在这个时代的优雅，拉宾（就是我送给你的书的作者）会让你非常满意（这里他引用了第四本书的相关章节）。他们所说的花园，只是在空地上种上了花草和其他绿树成荫的树木，四周建有廊柱、木柱和华丽的主柱子，装饰着雕像、喷泉、鱼塘、走廊等。这里确实列举了一个俗不可耐的花草和橄榄林的世界，不过它们远远比不上我们的真正的花园、书籍和草药，还不如我们那些优秀的植物学家每天从世界各地给我们带来的丰富多彩。（《信件》，第363页）

他还建议沃顿阅读胡格诺派（Huguenot）的园艺学家和陶艺学家伯纳德·帕利西（Bernard Palissy）的作品。帕利西1563年的作品《真正的食谱》（*Recepte Véritable*）中，有一篇关于如何建造山坡上的花园的长篇描述；[8]这表明伊夫林对法国早期现代花园的构想仍有很深的共鸣。在这种情况下，也许这就不那么令人惊讶了，因为帕利西把他的花园规划成《诗篇124》（作为一名新教徒，他希望《圣经》能以本国方言和经授权的文本阅读）的实体再现和致敬，而伊夫林则希望看到这样一个现代的花园，而不是一个异教徒建立的花园；然而，很难想象伊夫林会想要明确地引用17世纪英格兰的《圣经》。

沃顿远没有他通信的对象那么谨慎，在《沉思》中，他称赞《林木志》包含了“古人所不熟悉的”东西，而且它“超过了提奥弗拉斯都和普林尼留给我们的关于这个主题的所有东西”。同样地，古人的花园和别墅“远远不及当代的王子和伟人的花园和别墅”（第300页），现代人在植物的多样性、砾石的小径、“宽阔的草地和美丽的边境线”等方面更胜一筹。伊夫林在1696年10月28日的一封信中表示，现代花园在建造和刻度盘方面都很“优雅”。那时，他的虔诚已经得到了充分的体现，这并不令人惊讶，他不会拒绝在花园里用基督教和哲学的意象来取代异教徒的装饰品：“淫荡的普里阿普斯”，“淫荡的妓女”弗洛拉会让位于“神圣的故事”和“伟大而高尚的榜样的代表”，所以可能帕利西对他产生了影响。

1660年，他在给托马斯·布朗爵士的信中写道，需要利用“所有庄严的设计和故事……弥补在过渡期失去的时间……无论是古代还是现代”（《日记》，第四章，第275页）。关于园艺从古代开始到现代和科学时代的发展，他试图做到不偏不倚；然而，《大英极乐世界》的核心目标是“精益求精”（《大英极乐世界》，第253页），其本质实际上是一个现代事业。很久之后，他在《沙律》（1699年）中指出，“艺术家园丁”的技艺需要许多年的时间才能完善，这必然会使他重视最新的完美作品。因为花园总是生机勃勃，在大地上欣欣向荣，因此最重要的是现代化。像威廉·坦普尔爵士（Sir William Temple）这样的作家（后来亚历山大·蒲柏也发表了类似的观点）可以辩称，荷马的《奥德赛》中的阿尔西诺斯花园，证明了建造一座漂亮花园的所有必要规则，而伊夫林给沃顿的关于普林尼的信（上文引用）似乎反驳了这些规则，那么这些必要的规则必须依赖于它们的现代形式。所有好的翻译都不需要缩减原文，但要给人一种清晰的感觉，即被翻译的“文本”能够清楚地反映当时的情况。因此奥尔德姆决心让贺拉斯“说话，就像他现在在这里生活和写作一样”；这就像伊夫林1667年对阿尔伯里的再加工。

第十章

《大英极乐世界》

这将会成为伊夫林的杰作，“我长久以来的承诺（更普遍的园丁工作）”，正如他在1679年写信给约翰·比尔时说的（《信簿》，第二卷，第631～633页）。17世纪50年代初，他在赛耶斯宫定居下来，获得了一片土地，开始建造自己的花园。意大利、法国和低地国家的花园给他留下了新鲜而又激动人心的回忆，而要把这些花园引入英国则是一项艰巨的任务。在那十年里，他还有其他的事情要考虑。不仅是组建家庭，还要试图找到一种方式与他的同胞们谈论法国和英国的“性格”，并回应当下的哲学思想，他一定在他所谓园丁工作的“模型”方面做了充分的工作，起草了一个大纲或摘要。在17世纪50年代末，他把这本书分发给了很多同事。

他写信给其中一位还未见过的托马斯·布朗爵士，解释了他的策略，希望纠正“我在书籍和花园中遇到的许多缺点”，在这些方面，费用是不需要的，但“判断力”是缺乏的。[1]虽然他承认自己年轻，“经验不足”，但他希望“如果在外国的观察能有所帮助（也就是说，如果他能被外国花园的观察所引导），我也同样希望对一些细节加以改进，特别是关于花园的装饰细节”。他后来称这些“洞穴、洞窟、坐骑和不规则的装饰品”确实会“影响人的灵魂和精神”。这有一个具体的英式议程。他“厌恶我们伦敦花园和绘制图的那些画出来的和正式的设想部分，因为它们看起来像是用纸板和杏仁饼做成的花园，闻起来更多的是油漆的味道，而不是鲜花和青草的味道”，他决心把“有用的和可行的”内容与哲学结合起来。他的目标是解决园林建造的“普遍性”，包括一些“确实有助于沉思和哲学热情”的实际问题。在这一努力中，他向布朗表示，他会引用一些经典的术语，如“极乐世界、体腔、树木、天堂、果菜园、神圣的丛林等”，以及“古代著名的园林英雄”。为了达到这个目的，“天堂般的文化社会，古代朴素的人，天堂般的人类和园丁圣人”将形成“一个有着知识渊博的人的社会”。

这是一项雄心勃勃的计划，他希望这本书能够出版，以纪念英国皇家学会在17世纪60年代的成立。他的作品得到了许多期待他“完成《大英极乐世界》”的人的认可。1660年1月，贾斯珀·尼达姆在“医生、学院院长和其他人”之间传阅了一封类似的信。与他一同签名的有两位博巴人（Bobart），这对管理牛津医学院的父子都叫雅各布，修订了目录的菲利普·斯蒂芬斯（Philip Stephens），写过关于蔬菜内容的罗伯特·沙洛克（Robert Sharrock），以及其他九位学者。

在看过伊夫林分发的“宏伟”计划书后，他们清楚地了解了伊夫林的雄心壮志，其强调了“重要的、常用的和有益的事情”，以及“对我们的作者来说完全陌生的主题，因为没有任何英国人详细阐述过”。他们呼吁“贵族的才能”为图书配备“与作品的高尚和国家成比例的图形的剪裁”。这种请求一定使伊夫林感叹为必不可少：他的《雕塑》（1662年）和第一版的《林木志》（1664年）的版面很少，这显然是此类作品的缺憾。

《大英极乐世界》并不是伊夫林能够独自完成的一本书，不仅是因为他需要资金用于雕刻，还因为“普遍”的知识范围需要他像以往一样寻求来自多方的帮助。他鼓励在欧洲的旅行者送来“任何与农业有关的新的和罕见的东西，特别是我们国家可能得到的在园艺方面的改进”（这一请求是发给与其侄子同行的导师的）。家里的同事和朋友，如约翰·比尔、哈特利普、亚伯拉罕·考利和托马斯·汉默（Thomas Hanmer），都提供了意见和建议。忙于其他事情的伊夫林，很羡慕这些同事能够愉快地从宫廷和政治的混乱中脱身，完全专注于花园事务：他钦佩考利“从嘈杂的世界、雄心勃勃的志向和空洞的展示中获得自由”。关于比尔，他问道：“除了比尔博士（他站在高塔上，满不在乎地俯视着所有的大风暴），还有谁能想到花园、鱼塘、和平与宁静的点缀和装饰？”

尽管在他的同伴和园艺朋友的敦促下，伊夫林始终没有完成《大英极乐世界》的手稿，这有点难以解释，因为在他漫长的职业生涯中，他成功地写了几本书和各种各样的小册子。他还有其他未完成的作品《贸易史》和未出版的作品《宗教史》（*History of Religion*）[2]也是事实。也许有一系列的解释可以说明为什么园艺手稿一直没有出版。

第一，他无法最终掌握和整理无数的细节，科学和机械的观察与研究，这些都是他一生中通过书信和与许多其他大师的个人接触，收集并持续积累起来的。只要看看手稿的每一个开头，如果没有混淆他的论点的话[3]，你就会发现旁注、附加的内容（有些已经没有粘在书上了）、替代的观点或词语是如何积累起来的。此外，他发现很难把这些现代思想与他对古典作家的广泛阅读结合起来：他不断地提到瓦罗、科伦拉、帕拉迪乌斯（Palladius）、维吉尔和卡托（Cato），这似乎是恰当的，而且仍然是相关的。但尽管如此，他们仍带有一种古玩爱好者的味道，这是弗朗西斯·培根等人可能会怀疑的。

第二，编纂和订购一本巨著本身就并不简单，而且由于他在复辟后对公共或行政事务的承诺，以及皇家学会一些受人尊敬的成员的流失，这一活动任务就变得更加复杂了。1679年，他在努力出版《林木志》的第三版时，注意到皇家学会的许多“支柱”都离开了，尤其是亨利·奥尔登堡（Henry Oldenburg），伊夫林已经失去了一些他习惯与之进行交流的哲学和科学界的同事。1679年，他还告诉比尔，英荷战争分散了他的注意力，还有“三名执行官，除了其他的国内事务，他们中的任何一个都足以让一个比我更沉稳的天才分心”。他还注意到“公众对教会和王国的困惑（从未受到足够的谴责）”。作为詹姆斯二世的枢密院专员，罗伯特·伯克利担心这种新的活动会“阻碍或影响你完成宏伟的设计”，即《大英极乐世界》（《约翰·伊夫林的“大英极乐世界”与欧洲园艺》，第127页）。伊夫林回应道：“在所有的事件中，你都会看到我的爱好是固定的，爱比死亡和世俗的事务更强大，而世俗事务是所有哲学思考和进步的坟墓。”尽管如此，他还是想整理他未完成的书《沙律》中的一部分，并把它作为完整卷发行，但他特别指出，需要“根据我的方式，与其他的附录搭配”[4]。他不知道怎样“把那一章拿出来，单独发行，而不影响其余的部分”。最终，在1699年，他就这样做了，并附加了这本将不再出版的著作的大纲。它的大纲或摘要在该章的结尾重现。然而，由于它不涉及细节或论点，也不会有冒犯伊夫林根深蒂固的信仰的风险，这些信念对他决定单独出版《沙律》也起了一定的作用。

《大英极乐世界》没有完成和出版的第三个原因是，正如对比尔的评论暗示的那样，伊夫林并不是对此“漠不关心”的。他不能忽视任何强烈的哲学或宗教反对自然材料的讨论，这是《大英极乐世界》的核心。更早些时候，在他被杰里米·泰勒责备时，这一点就很明显了，他认为泰勒在“精神方面”[5]是“我幽灵般的父亲”。对于他在赛耶斯宫的别墅和他的财产，伊夫林回应道，他为自己在“一个大城市附近有着世俗的生活方式”而道歉。泰勒还想把这本书命名为《天堂》，而不是《大英极乐世界》，这将伊夫林拉向一个比传统更虔诚的立场。弗朗西斯·哈里斯（Francis Harris）还说，他晚年的世俗生活以及对住宅和花园的骄傲，成了“忏悔和自我谴责的问题”。[6]然而，尽管年龄的增长可能会使他在一些“快乐的事情”上有所退缩，在他还是个年轻人的时候，他就已经为此向泰勒道歉了，但这似乎并不足以阻碍他完成从一开始就付出了巨大努力的一本书。1679年，他曾写信给比尔，其中谈道：

这个成果丰硕、用之不竭的主题（我指的是园艺），我还没能完全消化，要把（与日俱增的）细节加进我已经大概准备好但必须亲自去做的内容里，将会有多么难以克服的痛苦啊！我一生中有十年的时间一直在奔波，一年之中只有不到两个月住在自己家里，和我的家里人也不够熟悉，要有力气和闲暇时间使这本书成型，几乎已经是不可能的了。（《信簿》，第二卷，第632页）

他为自己解释说，他需要为国王做工作和其他的政治事务，他在皇家学会的活动和家庭活动都需要时间——所有这些似乎都很有道理。然而，杰里米·泰勒（逝于1667年）幽灵般地出现在他的“借口”背后，以及对比尔说出的那一句奇怪的自我评价——“我的爱好是固定的，爱比死亡和世俗的事务更强大”，暗示了一种更深层次的、不愿写一本真正关于园艺的科学论文的态度；即使伊夫林所说的“爱”，指的是对哲学思考的喜爱，他可能也觉得不太愿意与皇家学会的成员比尔分享这种不情愿。或许他还担心，一本副标题为《皇家园林》的书与天主教的兴起以及1688年詹姆斯二世的下台有冲突。

他对罗马园艺学家研究成果的借鉴，无疑给他提供了相关的、即使并不总是那么精确的建议。但另一个更“现代”、更科学的人物，卢克莱修则没有那么直接的帮助；他在文本中至少出现了九次，但事实上，伊夫林在这些引用中没有一次提到伊壁鸠鲁的原子论。然而，伊夫林的信仰似乎与他对卢克莱修所信奉的伊壁鸠鲁派哲学日益增长的不适相冲突，甚至与他庆祝保皇派极乐世界的愿望也发生了冲突。

据说，比尔对“爱”或承诺的态度，使他不愿完成这本园艺书，尤其是因为他太诚实，不愿回避其中的矛盾。[7]

1656年，伊夫林出版了卢克莱修的《物性论》第一本书的译本，在此之前的几年，伊夫林就已经开始写有关花园的书了。他在1656年的日记中写道，“当时我们对伊壁鸠鲁哲学知之甚少”，这意味着他的使命之一就是翻译另一部外国古籍。当他还在法国的时候，他读过由莫洛勒斯神父翻译的卢克莱修的《物性论》的法文译本（1650年），这就是促使他完成英语翻译的另一个原因。他所出版的只是卢克莱修的第一本书，而他对是否继续出版的犹豫，暗示了实际上存在着一些真正的困难。当这本书在1656年出版时，他对印刷商的疏忽极为恼火，印刷商把他的文本弄得一团糟，以至于他在自己的译本中写道，他“不愿用译本的其余部分来困扰世界”（凯恩斯，《藏书家》，第42页）。作者的不满是一回事，他对出版自己的作品也不是唯一一次感到恼火；越来越多的人认为，他在《极乐世界》里写的东西显然与他的信仰和良心背道而驰，这一定消磨了他继续写作的决心。因此，也许他至少可以利用对印刷商感到恼火这个借口，来隐藏自己对进一步出版这部作品的不安。

伊夫林对卢克莱修的兴趣，在他加入皇家学会的“园艺”委员会之前就已经产生了（见第七章），显然，卢克莱修对自然的关注引起了他的兴趣，这也证明了他对自己成为对探索世界充满兴趣的培根的门徒的认可。伊壁鸠鲁在一个花园里建立了自己的学院，伊夫林的朋友威廉·坦普尔爵士知道之后，在1692年给自己的论文命名为《论伊壁鸠鲁的花园》（见第六章）。伊夫林翻译卢克莱修的第一本书时，有些赞美之词并不直截了当，至少对像伊夫林这样挑剔的人来说是这样，而且这些赞美肯定会使他注意到一种令人不安的新世界观，尽管其中的物理理论对皇家学会的人会有很大的吸引力。我们有〔用迈克尔·莱斯利（Michael Leslie）的话来说〕“对一个像伊夫林这样的人来说能想到的最令人反感的结论”。

在《大英极乐世界》中，他经常感到一片混乱，一切都充满了不确定性，而且他还得不断修正，他努力思考如何处理书中的材料：他很高兴地把伊壁鸠鲁列为“品行端正和（卓越）的人物”雕像中的一个主题，其中有几个被列了出来（《大英极乐世界》，第210页）。不过值得注意的是，尽管他明显决定删除“卓越”（这里以英格拉姆使用的版本显示），但是他对于如何处理卢克莱修在第一卷第三章中对自己论点的干扰感到很不舒服，在这一章中，“一般的原则和要素”，他（用一个有点复杂的句子）指出，“希望调和我们所说的一切”与“恢复良好的伊壁鸠鲁的教义”；然而，从这一点来看，这些概念似乎是与外界全然隔绝的，并且涉及了一个肤浅的观点，我们既不会也不准备退却（《大英极乐世界》，第40页）；人们再次注意到他从对“有些不同”这个词的回避，到对伊壁鸠鲁思想中与世隔绝的世界的坚持。对“协调”的表述也令他有些犹豫，他对句子进行了更正，这反映出他对如何解释自己一直感到不安。一个旁注（日期当然未知）写道：“我的目的是改变第一本书的哲学部分。”（《大英极乐世界》，第38页）然而，在上面引用了关于伊壁鸠鲁的评论之后，当他写到自己不会“退缩”时，手稿继续使用简单的短语来表达，“但是就继续前进吧”。但最终他发现自己做不到。

值得注意的是，在他翻译的《卢克莱修书卷一册》出版后不久，伊夫林就开始撰写《宗教史》，书的扉页注明它开始于1657年，但（有趣的是）《宗教史》在1683年前后被修订；首次出版的则是1850年和1859年的两个维多利亚版本。手稿保存在沃顿，伊夫林将其包括在他计划的作品中，并将其列在《给我孙子的回忆》里；他称之为一本“更大的书……成了阻塞，许多年前匆忙地写进章节，却充满了错误”。手抄本本身包括“一份草稿、第二份副本和修改时增加的旁注”[8]。但是正如凯恩斯所指出的，它的兴趣主要不在于历史叙述，而在于伊夫林在简短的序言中对宗教衰落的观察，最初是在联邦统治下，后来是在复兴时期，当时他被引导“亲自检查自己宗教信仰建立的基础”。

宗教，特别是宗教改革后，英国国教中体现的基督教一直是伊夫林信仰的基石。他提到了自己在欧洲旅行期间，对其他信仰形式的仔细观察，然而他的信仰没有动摇，只是好奇地对其他的发现和探索进行了观察。出于对长老会的失望，他离开了英国，经历了政治过渡期对英格兰宗教仪式和教会实践的镇压，然而一旦他看到真正的信仰恢复了，就始终坚定地维护着它，尤其是在接下来的几年里，他受到了罗马天主教、持续的长老会主义和其他形式的不同意见的冲击（“我既不是清教徒、长老会，也不是独立派的。”《信簿》，第一卷，第88页）。因此，到了17世纪的最后几年，他坚持这种特殊的基督教形式，这不仅仅是因为他很早就发现自己没有能力或“野心成为一个政治家，也不想牵涉进王国不幸的利益里去”（《大英极乐世界》，第469个注释）。这还成了他坚定的观点，一个对抗如霍布斯唯物主义和伊壁鸠鲁原子论现代主义的堡垒，这个观点比他所信奉的培根式的严谨还要重要，直到这威胁到他的信仰。

莱斯利中肯地指出，虽然培根的文章《花园》以“万能的上帝首次培育了一座花园”为开头，但在这些传统的、修辞华丽的“繁复内容”之后，培根专注于非常实际的细节，并没有再提到上帝。相比之下，伊夫林在《大英极乐世界》的两章开头，都引用了上帝作为“第一个园丁”，那些被驱逐出人间天堂的人对极乐世界的记忆“到目前为止还没有被完全抹去”（《大英极乐世界》，第29、330页）。作为一名虔诚的英国国教成员，伊夫林的论点是，尽管面临着彼此对立的信条和新的科学理念的挑战，他仍决心保持自己的信仰。但有人认为，在17世纪50年代，他仍可以做一个优秀的英国教士，同时也接受伊壁鸠鲁派所信奉的现代思想。事实上，1657年沃尔特·查尔顿（Walter Charleton）出版了《自然之光证明了人类灵魂的不朽》（*The Immortality of the Human Sowl Demonstrated by the Light of Nature*），在书中，查尔顿让伊夫林以“卢克莱修”的形象出现来阐述伊壁鸠鲁主义。就在他努力翻译卢克莱修的作品时，一本培根的青少年时期的作品出版了，显示出这位年轻人曾是多么信奉伊壁鸠鲁和卢克莱修的思想，而这一立场后来被培根努力推翻。最后，正如莱斯利所说，伊夫林自己发现，他宁愿烧掉“世界上所有的诗”，也不允许“我的任何东西为罪恶服务”。

《大英极乐世界》的综合性和百科全书式的努力，必然不仅仅包括优秀的科学，还包括对自然和物质世界的尊重，它们是所有园艺艺术产生的基础。英国皇家学会的其他成员对新思想的反应没有那么焦虑，他们能够坚定他们的信仰，比如尼希米·格鲁（Nehemiah Grew）和理查德·波义耳。《大英极乐世界》中引用了格鲁的作品，他最初的演讲是在皇家学会建立之前发表的，而且在演讲发表后，他确实感谢了伊夫林；但是格鲁对自然世界的态度，是它能够为自己说话，“不需要上帝来使植物变成它们现在的样子”[9]。即一个人可以观察和报告自然界的植物，或人类的血液，而不必被任何信仰束缚。事实上，自17世纪以来的漫长岁月中，正是这种微妙的平衡成了许多优秀的科学家的观点。尽管伊夫林在《大英极乐世界》中逐渐失去了那种培根式风格，但很明显的是，这本书在出版后，并没有对信仰造成多么巨大的威胁。正如前面提到的，他很可能已经计划好了对手稿的哲学部分进行“相当……大的修改”，但尽管是一项极其艰巨的任务，仔细阅读并不会让现代的读者感觉到伊夫林对他在大部分手稿中留下的内容感到沮丧。他无休止的重写和对重点的模糊处理，显示出他在问题上的焦虑。他是一个认真的园艺家，同时也是一个虔诚的人，而他的那些担忧并没有被写出来。

他对卢克莱修不确定态度的另一个方面，不仅涉及了他对《大英极乐世界》文本的研究，还可能涉及他对实际中花园的“贡献”。有人认为卢克莱修和伊壁鸠鲁的观点在伊夫林自己花园的设计中得到了表达。[10]这似乎很难证明，而且这种假设很倾向于变成陈述句。克罗尔（R. W. F. Kroll）认为伊夫林在赛耶斯宫“表达了一种伊壁鸠鲁派的政治友谊，尽管他没有试图在具体花园象征的层面上解释这一点”。准确来说花园确实是一个他可以欢迎朋友的地方，但友谊并不仅仅是卢克莱修和伊壁鸠鲁派的专属。在花园的元素中为“政体”找到适当的符号也不容易；如果可能的话，它可以在花园外的文字中表达出来，也可以在设计中以经过计算从而构建的模型图像表达出来，这是伊夫林会避免的方式。花园的主要理念是让人们从繁忙的世界中得到喘息，表达“心灵的宁静”和“从公共事务中抽身”〔斯莫斯（A. and C. Smalls），第197页〕，这肯定源于罗马的作品，但它并不完全是卢克莱修和伊壁鸠鲁派的作品，这在17世纪的英国文化中随处可见。伊夫林很羡慕比尔和考利能从“嘈杂的世界、雄心勃勃的关注和空洞的表演”中逃脱，他却无法真的效法他们。

有一个广泛的观点认为，有三座与伊夫林有关的花园体现了伊壁鸠鲁的主题：他哥哥在沃顿的花园，他为亨利·霍华德重新设计的阿尔伯里梯田，还有他在迪普登（Deepdene）对年轻的查尔斯·霍华德（Charles Howard）的帮助，奥布里认为这是伊夫林的功劳。这三座萨里的花园，斯莫斯写道，“都在1660年以前设计，我们可以发现几个具体而明确的伊壁鸠鲁主题”（第196页）。目前尚不清楚阿尔伯里的设计时间是否早于1660年，那时他可能仍在翻译卢克莱修（伊夫林于1667年前往阿尔伯里，写下了自己的设计，但没有提及他是否在更早的时候就有了设计计划）。同样地，乔治·伊夫林当然也接受了他弟弟的建议，但不清楚伊夫林的“计划”（第200页）是否包含了明显的伊壁鸠鲁思想；如果是这样的话，一尊作为园林女神的维纳斯雕像就是一件司空见惯的肖像作品，要说最初在那里的所有特征都“构成了约翰总体规划的一部分”（第201页），那这就意味着一种艺术史上的严谨，这是他性格中所没有的。

伊夫林在他的花园设计中采用的古代的思想和主题实际上是折中的（正如斯莫斯所承认的），从不具有精确性或象征性。斯莫斯写道，他“从来没有明确说明过他的花园设计的象征意义”，但当他写到他的那不勒斯之旅给他带来了阿尔伯里的灵感（第205页）时，“他给出了一个明确的指示”。我不太确定这是不是这么“清晰”。他有意识地思考着自己的访问，并且特别明确地把那不勒斯用代称称呼为波西利波；但是，很难相信这样的暗示或姿态代表他参与到了整个计划中来——包括一间罗马式的浴室（无论如何也不可能是他的），一个代表阿格纳诺湖的半圆形水池，阿尔伯里花园在意大利是位于巴耶和米斯努姆之间的极乐世界——而所有这些都是明显的伊壁鸠鲁派的。而伊夫林为阿尔伯里（参见插图35）设计的花园并没有明显的伊壁鸠鲁派特征，或者至少不能在纸上或通过花园本身明确地参照这些东西。

另一方面，斯莫斯有一种天才的方法可以找到一种伊壁鸠鲁式的解释，来说明通过山坡下的隧道到达阿尔伯里梯田的经历，就像那不勒斯的秘密一样：从黑暗中进入光明的视觉错觉在《物性论》第四卷中讨论过，伊夫林在《大英极乐世界》第二卷第十章中部分引用过。正如他的手稿中所阐明的那样，这似乎并不是阿尔伯里所独有的卢克莱修式的思想；尽管如此，它还是预先假定游客总是会从隧道到达阿尔伯里花园。简而言之，伊夫林很可能希望在17世纪50年代支持卢克莱修的思想，但即使在他自己的翻译和表述中，他也闪烁其词，不确定，不愿发表，就像他不愿用花园的形式和元素来阐明这些思想一样。

他在1660年传阅的《大英极乐世界》摘要，后来附在了《沙律》里，与现存的约翰·英格拉姆（John Ingram）抄录的手稿不相符，本书的参考文献也在其中。很明显，摘要被分为三本书，但第二本书的大部分和第三本书的全部已经丢失，只有一部分，《霍顿斯日历》

和《沙律》，单独出版了。第一本书介绍了四种元素的总原理[11]、季节的变化、“天空的影响”、土壤及其处理，任何园丁都必须在这些基础上工作。第二本书非常详细地回顾了我们今天所称的花园设计和花园维护：从优秀园丁的要求到种植和移植的必要技能（每月有一系列的任务），从各种实用的形式和要求（围栏、维护、除害虫），到那些赋予花园美丽和装饰性的元素，并为眼睛和心灵提供奇观（“园丁精神更新”）。然而，对伊夫林来说，装饰性或“令人愉悦的”花园与一系列其他设计的空间共存，这些空间为餐桌和药品提供了大量有用的物品。他列举了这些内容：温室、菜园、葡萄园、橄榄园或者其他品种的果园。第三本书涉及了科学、哲学、文化和社会领域：这里将讨论一系列活动，这些活动显然与花园及其邻近区域和关注点有关，如保存和蒸馏，他还描述了植物在油漆或其他材料中的表现，花环的装饰，以及园丁图书馆的建设。除此之外，第三本书最终展开了一系列主题——从花园里的娱乐到葬礼，从花园（包括天堂）到道德和法律，或其中的“法律和特权”，最后（好像调查在某种程度上被疏忽了）到古代和现代花园的收藏以及“对别墅的描述”。

在流传下来的手稿中，文本还经常用图表、图画和诸如园艺工具之类的附加说明加以扩充（参见插图22），远景、鸟舍、养兔场、蜂箱（参见插图17），当然还有植物和昆虫。由英格拉姆抄写的文本中，充斥着贯串全文的短语或句子，添加或粘贴的边缘注释，插入或写在空白处的冗长材料，其中一些松散的纸张已从原来的位置上脱落。不得不说，英格拉姆的印刷文本仔细记录了所有重新措辞和重新思考的具体内容（第二、第三种想法等），对读者来说比实际的手稿更容易接受。他的版本使用了现代的排印格式和注释来呈现原始手稿的外表，尽管如此，仍然清晰易懂。另一方面，有些东西丢失了：原稿更真实地接近了伊夫林对材料的本能反应和不断变化的反应。然而，这些著作的修订尽管是持续不断且无止休的，但这似乎并不是伊夫林最终对他的书做出改动的真正原因。接纳这些问题，把他们吸收进他的终稿，这将是一个挑战，但并非不可能做到——这是许多作家都克服过的一个挑战。

整个17世纪是一个剧变的时代，不仅是在政治和宗教方面，在人口稳定性方面也面临着无尽的挑战，而且还有在知识和认识论的概念方面，以及支撑这些概念的科学，特别是物理学。如果这些对于像伊夫林这样有智慧、有思想、传统的人来说还不足够的话，还有一个话题是和《大英极乐世界》关联最密切的，那就是花园的建造和使用。他在欧洲所看到的一切都表明了设计的新形式，用园林元素来象征或代表一种理念的新方式，这种理念不局限于园林，即使它们被赋予了发言权。除此之外，伊夫林还清楚地知道，尽管花园仍然使富人和有权有势的人处于有利地位，但也开始吸引着其他人的注意力——最重要的是，他在荷兰的那段时间，对这种民主化的体验越发清晰。他在赛耶斯宫建造的花园是希望一些外国思想被人们接受，不过这显然不适合于“皇家花园”的方式，尽管这是他给《大英极乐世界》的副标题。

他必须面对的困难之一是，到17世纪下半叶，花园的形式和概念根据各种各样的人群和社会条件进行了修改和调整，如约翰·伍尔里奇（John Woolridge）的《系统园林文化：或园艺艺术》（*Systema Horticutturae: or, the Aot of Gardening*，1677年），蒂莫西·努尔塞

（Timothy Nourse）的《帕尼亚·福列克斯：或作，关于农牧业的好处和改进的论述》（*Campania Foelix: or, A Discourse of the Benefits and Improvement of Husbandry*，1700年），以及尼希米·格洛德的《植物解剖学》（*Anatomy of Plantswithan lolea of a philosophical History of Plants*，1682年）。正如他告诉比尔的那样，《大英极乐世界》在这个问题上也不可能是一部“普世”的、对所有人都适用的作品；1714年，约翰·劳伦斯出版了有关牧师或女性园艺的书籍，1717年，劳伦斯又奇怪地以“查理·伊夫林”的笔名写了这些书，伊夫林没能活到看到这些书的出版，然而，这并不意味着这些文化和社会变化在书籍出版之前就不明显。在文学和出版规模越发扩大的时代，一个关于花园和花园建造的主题文章，显然是写给更广泛的读者群，但这也是一个信徒的范围更广的时代，其中一些信徒对花园怀有敬畏之心，但并非信奉英国信仰，这是另一个需要克服的焦虑。

虽然篇幅有限，但有一些例子可以说明伊夫林的挣扎是什么，因为我们应该记住伊夫林写《大英极乐世界》的动机，是为了给英国提供丰富的园艺建议和信息，这些建议和信息是作者在旅行中通过他对古代著作和当代知识的仔细研究收集的。伊夫林在写作时面临两个主要问题：第一，如何解释古代著作，并将其与现代实践联系起来，这在语义和园艺方面都是必要的；第二，如何将口头的描述，尤其是古代的描述与现代的视觉意象联系起来（假设他手稿中的草图可以得到充分的雕刻），这正是尼达姆和他的署名人所关心的。

第一本书的第一章论述了第一个问题。它的手稿有三页半（英格拉姆的抄本有四页），都是希腊语和拉丁语的短语，尽管他评论说这可能“会被当作词源学家的自负”，但他对这些短语的注释是强迫性的。然而，对古代语言的判定（至少引用了12个古典权威）不过是在理解这些术语的现代含义之路上迈出了一步。在他的环欧花园概览之旅中，他认为上帝最初造的天堂、亚当的堕落需要“改良地上的果实”，罗马的贺拉斯和“四或五”种花园的现代建造者之间基本不存在任何文化或社会差异。“现在给一座花园下定义”，就是把它归入“一种天堂的类型”的范畴，这就是那些值得尊敬和杰出的国王、哲学家和贤士在“描述一座花园，称它为极乐世界”时的意思，因此它并不是一座专门适应于特定文化的花园。伊夫林对他在词源学研究讨论的根源的坚持，阻碍了他在现代术语中对材料的表达。人们不禁要问，他同时代的人需要花多少时间来感受他对起源的无尽焦虑。事实上，在很久以后，他引起了“好奇的读者”的兴趣，并承诺要对“奇妙而惊人的植物”做出报告，他说希望自己“不是用高深的语言，而是用平淡真实的叙述，这样的语言将成为（适合）我们的（现代）奇迹和惊讶”（《大英极乐世界》，第410页）来解释这些植物。这种强调，让人想起了斯普拉特呼吁的朴素的语言，这与开篇章节的风格不一致。

然而，正是在这个时候，他根据自己在巴黎的所见所闻描绘出了一个简单的花园，从而对他关于“哲学–医学花园”的章节进行了总结（参见插图9、10）。他解释说，这种“客观”的表达，将阐明许多“在我们的极乐世界中，大部分都是陌生”种类的植物。也许伊夫林无法放弃他所钟爱的词源和语言古典主义，他试图通过意象来实现更直接、更实用的东西。单词和图像之间的对话，或者比较（竞赛），要是你愿意这么说的话，也是图像和它所展示的单词的不同版本之间的对话。这与他探索一个普世性的极乐世界，以及现代实用园林文化的相似需求紧密相连。现在概括出关于园艺的知识是完全有可能的，我们都是这样做的。但是我们也有必要理解每座花园都是不同的，因为它的形式设计，它的气候和土壤，它的种植，以及它所服务的社会需求都不同。伊夫林在赛耶斯宫打理花园的那些年里，以及在英国参观各种各样的花园的那些年里（其中一些在第十一章中有所叙述），更明确地意识到了这一点。正如上面提到过的，17世纪晚期和18世纪早期的其他园艺书籍，同样清楚地表明，不同的假设为不同的社会阶层和用途奠定和促进了花园的发展，尤其是那些靠近大都会的而不是那些更遥远的郡县。这种特殊的社会理解并没有在《大英极乐世界》中得到充分的体现，尽管他肯定意识到了这一点。甚至当他收到比尔对巴克伯里山的细致描述时，他也把它变成了一个古代英国或者可能是罗马花园的例证，并称赞它"不是空想的乌托邦，而是一个真实的地方"（《大英极乐世界》，第97页）。他的版本是一个真正的乌托邦，他从文章中删除了所有关于它在这里实际位置的暗示——哈福德郡，并将它与西奈山、米底的塞米拉米斯花园（Garden of Semiramis）和天堂进行了类比。亚历山德罗·斯卡菲（Alessandro Scafi）写道，很明显，天堂的地点是很灵活的：

> 正如许多国际边界异邦沟通的原始区域，而不是泾渭分明的分界线，天堂似乎构成了一个可渗透的边界区域，一个人类的时空与神圣的无限和永恒混合在一起的地方。从这个角度看，天堂本身就是一个边界。[12]

然而，很明显的是，在伊夫林的速写中，他以皇家学会的精神处理园艺细节，这大概是为了让一个有能力的雕刻家重新加工。正如他在第二册第十六章中对花卉园地的范围和内容所做的详细描述一样，图像经常集中在标本的种植、嫁接、移植和运输等问题上。一幅“冠状花园”的粗略草图被贴上了标签，文本显示，即使是一个熟练的园丁，“这些花园的主人和总指挥”，也必须通过对它精确的描述，列出它的内容（当发生变化时重新列出）来帮助他，这样他“就能对你的整个花园有一个直接的了解，并知道每一个苗圃都种了什么”。他还画了兔子窝和鸟舍的草图，这些草图都是按照罗马瓦罗文字描述的样式设计的（一种鸟笼的样式，今天还能找到）：透明垂直的蜂箱（参见插图17）、水平分段的蜂箱、温暖的蚕用的炉子、种子槽和花园里的工具。为了展示如何在一面空白的墙上呈现一种幻觉般的景观（他在欧洲很欣赏这种透视装置，认为它可以增强一个小空间的视觉效果），他举了约克郡里彭（Ripor）的一座花园为例：在一条封闭道路的尽头，通过放置“一面倾斜到可以看到天空的镜子，在它下面画上陆上景色，就能产生一种奇妙的效果”（《大英极乐世界》，第218页）。

欧洲园林元素既“健康”又“在国外比在我们自己的国家更受欢迎”的一个例子是，将步道改造成“蓓尔美尔”（palle mailles），即长而有时弯曲的小巷，两旁有木板，末端有玩保龄球的铁箍。佩皮斯记录了他在1661年4月第一次看到“Pelemele”。这个词至今仍在伦敦的蓓尔美尔地区流传着，这是詹姆斯二世演出的场地。伊夫林画的草图是他在巴黎看到的两个例子，阿森纳和杜伊勒里宫（参见插图41）；

正文中还提到了图尔和热那亚的其他景点，每一种形式都与具体的地点相搭配。正文非常详细地解释了它们的结构和使用的设备（球的木材是法国球盒；木槌是灰的，包着皮革）。他的最后一个单词，不出所料，也与树木有关：这段步道中有种植两到三层“最高大和阴凉的树木”，它们的设计是为了“优雅而壮丽地漫步，让活跃的玩家们精神焕发”。

语言描述很好地解释了这个词和图像的结合，把一个例子与它的概念性和理论性解释联系起来。有一部分特别有趣，因为涉及了一个通常在花园讨论中被回避的问题，即声音。[13]花园里流动的水源是一个明显的听觉来源，伊夫林在第二卷的第九章中提到了各种供水设施的供应和操作。但是接下来的章节，“人造回声，音乐”，解释了音乐是如何在液压操纵的圆柱体中产生的，并附加了一页音乐的内容（《大英极乐世界》，第234～236页），水如何模仿鸟的歌声，以及水在液压作用下的喇叭是如何在一天的某个时间发出声音的；还有，在关于昆虫的一章中，音乐可以诱使狼蛛脱离它的“舒适区”，变成一场“友好的音乐会”，尽管要是音乐家发出了不和谐的声音，蜘蛛会“再次变得疯狂”！

伊夫林对现代英国的关注，是将花园的使用和实践与哲学的和想象的这两种形式结合起来。其中最重要的是他决心将丰富的花园装饰引入现代花园，他将这些装饰列为“影响人类灵魂和精神的洞穴、山洞、山峰和不规则的装饰”。这是一种非常现代的设计元素，在欧洲随处可见，但在伊丽莎白一世和詹姆斯一世的大多数花园中就比较少见了。这使得他在阐述园艺体验的普遍性时，能够提供具体的细节。

但是，正如他经常提议的那样，这些特征的意义在于花园的各种组成元素代表了一个外部的世界，这个世界比一个单独的花园更大。他总是强调：自然与艺术在园林建造中的合作，只不过是对外部更大的文化和原始天性的一种局部且仔细的暗示或表现。我在之前的一篇文章中，已经详细地讨论过这些观点[14]；然而，我想补充的是，我在1998年提出的观点可能过于倾向于强调伊夫林的普世性理论的有效性，而没有看到17世纪的背景是如何决定他的理论的。在伊夫林之后的大约一个世纪里，表象的概念发生了根本性的变化，但花园从未失去谈论超越自身事物的需要或义务。这就是为什么伊夫林的作品仍然教导我们应该如何理解这些联系；他没有并且也不能预见事情的变化，但这并不会降低他的重要性，而只会让我们将他置于那个时代进行仔细的观察。

在园林建造中，这两种相互竞争的天性——特殊和概念性的，局部和一般性的——之间的对话或平衡是很难判断的，可能也是不必要的。现在看来，伊夫林最好的解释是对于细节的描述，而不是依靠古代的学问或权威，尽管他倾向于认为这是事实。1998年，当我第一次写关于《大英极乐世界》的文章时，我想从中找到一个可以广泛应用的想法或理论[15]；伊夫林也要求对自己的思想进行“无可比拟的运用”，使之“四季皆宜”（《大英极乐世界》，第134页，尽管他专门写的是关于花园散步的文章）。正如他告诉比尔的那样，他并不是一个“沉稳的天才”，他的作品仍然是碎片式且平淡的。但他的天赋仍然使他掌握了一些在园艺中不可回避的真理，并阐明了它们对英国的价值。他无法将它们塑造成一个连贯的整体，而他的同胞们——在他们的花园在18世纪被所说的英国园林美化所取代之前，从未读过这本书，这真是种历史的捉弄。

《大英极乐世界》（1699年）大纲

皇家花园计划：

在三本书中描述并展示属于园艺学部分的幅度和范围；

书卷一

第一章　总的原则与要素。

第二章　四种通俗元素：火、空气、水、土。

第三章　天体的影响，特别是太阳、月亮、气候的影响。

第四章　一年四季。

第五章　一座花园的自然霉菌和土壤。

第六章　堆肥、整理、重新铺设、修整和搅动土地与花园的泥土。

书卷二

第一章　一座花园的派生和定义；它的尊严、区别和种类。

第二章　作为一个园丁，如何更具有资质，被认可和奖励；他的住所、衣服、饮食、工人和助手。

第三章　园丁的工具；它们的各种用途和机械能力。

第四章　被园丁使用和影响的术语。

第五章　围篱、铺板和地面处理；露台、步道、大道、商场、保龄球场等。

第六章　发源地、苗圃，以及繁殖树木、花草、种植和移植。

第七章　绳结、花坛、间隔、边界、浅滩和浮雕。

第八章　树林、迷宫、台阶、小陈列室、摇篮、近道、画廊、亭台楼阁、门廊、灯笼和其他浮雕；树木修剪和园林建筑。

第九章　喷泉、喷射式的、瀑布、小溪、浴池、运河、浴缸，以及其他天然的及人工的水工程。

第十章　岩石、石窟、隐窝、坐骑、悬崖、通风管道、暖房、冰和雪，以及其他园林风景。

第十一章　雕像、半身像、方尖石塔、圆柱、碑文、刻度盘、导管、透视图、绘画和其他装饰品。

第十二章　包括加宽剧场、露天剧场、人工回声、自动化机器和水力音乐。

第十三章　鸟类、养蜂场、动物饲养所、昆虫等。

第十四章　翠绿、多年生的绿色植物和永恒的泉水。

第十五章　甜橙温室、冬日炉具、炉灶和暖房、娇嫩的植物和水果的保存，以及如何订购它们。

第十六章　关于冠状花园：花卉和稀有植物，如何培育、管理和改进它们，以及园丁如何维护原有景观。

第十七章　哲学医学园地。

第十八章　巨大而奇妙的植物。

第十九章　造船厂和菜园；以及什么果树、保鲜植物和可食用的植物，可以栽种在快乐的花园。

第二十章　沙律。

第二十一章　葡萄园，关于酒和其他葡萄酒及茶的制作指导。

第二十二章　浇水、修剪、捣碎、脱色、钉钉子、修剪、割草、种植草坪、除草、清洁等。

第二十三章　令花园不快的敌人和疾病，以及补救措施。

第二十四章　关于《霍顿斯日历》，指导他每个月做什么，以及什么水果和鲜花正当时。

书卷三

第一章　保存、性状、延缓、增殖、变异和改变植物、果实和花的种类、形态和（被赞誉的）实质性的品质。

第二章　园丁实验；水的蒸馏和提取，蒸馏酒，提取香精，提取盐，萃取色素，植物的复苏，还有其他罕见的实验，以及对它们的优点的说明。

第三章　用天然干旱的植物和花卉编成书，还有几种维持它们美丽的方法。

第四章　花卉、珐琅花、丝绸、印花布、纸、蜡、枪、糊、玻璃、贝壳、羽毛、苔藓、装饰、刺绣、雕刻和其他人造图案。

第五章　王冠、花冠、花环、花饰、雕刻、花盆、花束、诗歌、装饰和其他华丽的装饰物。

第六章　园丁的法律和特权。

第七章　园丁研究，以及针对该研究的图书馆、作家和图书助理。

第八章　自然的、神圣的、道德的和政治的园丁娱乐；通过不同的庄严和隆重的历史来展示花园的丰富、美丽、奇迹、富饶、快乐和普遍的用途。

第九章　花园葬礼。

第十章　天堂，还有世界上最著名的花园；古代和现代。

第十一章　别墅的气派。

第十二章　推论和结论。

赞美大庄园，praise large estates，（Landato ingentia rura）

培养小庄园，Cultirate smallones，（Exiguum colito）[1]

[1] 这句拉丁语出自维吉尔的《田园诗》。

第十一章

17世纪的最后几十年

伊夫林的传记作者总是倾向于强调他生平的前三分之二而非后三分之一，这是可以理解的；对伊夫林本人和他的传记作者来说，17世纪末的30年似乎是零碎的，尽管现在有了更多的信息，他们也无法分辨出更多的结构、个人的活力或新的刺激。约翰·鲍尔在1981年写道“生活继续下去”，“伦敦官方的生活继续下去”，然而伊夫林“无处不在”（《约翰·伊夫林和他的世界》，第185、89、204页）；而吉莉安·达利（Gillian Davley）则在2006年将《约翰·伊夫林：为独创性而生》（*John Evelyn: Living for Ingenuity*）的最后一章命名为《永恒的运动》。的确，这个被称为“变色龙”的家伙似乎不太能够为他的旋转世界找到一个中心。在过去的几十年里，他的个人生活、家庭生活和公共事务之间，常常有着紧密而又令人失落的联系，尽管这并不完全是他自己选择的。

对伊夫林来说，信仰和家庭一直都很重要。在17世纪的最后几十年里，第一个一直困扰着他的问题，是在17世纪70年代的大部分时间里，他和宫廷里虔诚的年轻侍女玛格丽特·布莱奇交往，这让妻子玛丽有些不安。然后，当他目睹了詹姆斯二世被迫离开，威廉和玛丽登上王位时，他对罗马天主教的兴起产生更大的不满。

这个不断壮大的家庭也被疾病及他岳父和他两个女儿的去世所笼罩。理查德·布朗爵士，性情乖戾，身体不适，现在住在赛耶斯宫，对自己没能拿到应得的钱感到沮丧，他和女儿都认为，伊夫林本应该采取更多措施向政府施压，要求政府偿还欠款。意外的是，伊夫林与一位有权有势的官员——他的朋友西德尼·戈多芬（Sindney Godolphin）发生了争斗。他是玛格丽特·布莱奇的鳏夫，伊夫林在布莱奇因分娩早亡之后开始写戈多芬的生活。

因此，信仰、家庭和政府之间相互作用，这之中并不是没有不快和挫折的。1685—1686年的冬天，伊夫林在赛耶斯宫的生活遭到了毁灭性的破坏，于是他决定重新塑造它。但他不得不重新考虑花园，他的晚年，以及其他令人失望的事情，如在德普特福德的生活，以及另一场意外。在他的兄弟去世后，没有其他男性后代来继承的沃顿被归还给了他，这一切都导致了伊夫林的家族在17世纪90年代中期从赛耶斯宫搬到了沃顿。然而，即使是这个令人高兴和意想不到的结果，也会因为法律和财务问题而让人感到困扰。

在17世纪末，他再次出版了《受到谴责和捍卫的妇女世界》（*Muadus Maliebris*）的朴素诗句，这是他的女儿玛丽写的，她在1685年死于天花。在此之前，他还出版了自己的序言和滑稽的“俚语字典”。其他的则更有意义，比如他的《钱币学》（1697年）和《沙律》（1699年），以及他最后一个重要的译本，即拉昆蒂尼（La Qnintinie）的《完全的造园家》（*The Complete Gard'ner*，1693年）。这是他关于园艺的最后一次冒险，因为《大英极乐世界》还是没有完成，从堆积的手稿草稿中拯救出来的只有《沙律》。作为这本书的附录，他在1699年添加了《大英极乐世界》的大纲。毫无疑问，这次失败既是公众造成的，也是他个人造成的。

他仍然乐于给别人的花园提建议，并继续参观和评论他在那里看到的东西，至少在他的日记里是这样的。在克莱夫登（Cliveden）庄园，罗切斯特伯爵“惊人的天然岩石、木材和景观”，令他想起了弗拉斯卡蒂（Frascafi）的阿尔多布兰迪尼别墅（Villa Aldobrandini），这是一个有着罗马风格的地方，吸引人们写诗。克莱夫登庄园是用“高额的费用”建造的，白垩山坡上有石窟，“回廊、下坡、花园和林荫大道穿过庄严肃穆的八月的森林”。相比之下，在同一次短途旅行中，他发现了并更加喜欢画家安东尼奥·维里奥在温莎附近的“精致的花园，精心挑选的鲜花和珍奇之物”，以及他的堂兄乔治·伊夫林在亨特库姆庄园（Huntercombe Manor）的公寓地点——“有温馨的花园，精心保存，而且面积很大”。应埃塞克斯伯爵的邀请，他参观了赫特福德郡的卡西奥伯里公园，欣赏着这所房子，尤其是他早先发现的格林林·吉本斯（Grinling Gibbons）的雕刻。在摩西·库克的照料下，风景布置得十分宏大，林荫道两旁有着精心种植的行道树，特别是冷杉。还有一次，富商乔赛亚·查尔德爵士（Sir Josiah Child）在埃平森林的一块荒地上白手起家，伊夫林把他看作是典型的“过度生长和突然变富的人”。阿尔索普（Atthorp）受到桑德兰伯爵夫人（Countess of Sunderland）的邀请，桑德兰伯爵夫人是他一直崇拜的知识女性之一。尽管他对她丈夫的天主教信仰有所保留，但他对那些“顺利进行，无须牵挂的”大街、运河、鱼塘和狩猎保护区大加赞赏。1700年，佩皮斯搬到了克拉彭，伊夫林去拜访的时候发现他过得很开心，房子里装饰着印度和中国的古物、花园和建筑，很适合舒适的退休生活，当时伊夫林自己也在沃顿享受着这种生活。

在这些年里，他仍然积极参与那些由于他在欧洲的经历和热情而发展起来的项目，他为外国种植园委员会工作，后来又为贸易和种植园委员会工作，约翰·洛克那时是那里的秘书。[1]他对弗吉尼亚报道的巨大变化既感激又好奇，他和通信的人员一样，担心在那里的科学研究淹没在了赚钱的热潮里。在皇家学会，他继续参加会议、提交论文和主持委员会，但该机构既需要吸纳更多有用的成员，也需要更多的资金，伊夫林因为机构没有得到过往的支持而感到苦恼；他还努力为其找到一个永久的家。他曾在那里担任过一段时间的秘书，但在1690年和1693年两次获得提名时，他都拒绝担任这一职务，希望“在公共事务的混乱关头避免担任这一职务”，同时一直在听“正直与邪恶的不同结局”或“邪恶道路的谎言与虚荣心”的布道。在1690年11月，他注意到“暴风雨仍在继续，季节依然温暖”。他很喜欢看到一头年轻的犀牛（“或者独角兽”——“更像一头巨大的猪”），这是他在英国第一次见到的犀牛，他对这头犀牛做了详尽的描述，以及一只来自西印度群岛的“活着的鳄鱼”（《日记》，第四章，第390～391页）。尽管他厌恶服兵役，但马斯特里赫特战役（battle of Mastricht，“人工设计”）在温莎城堡的重现令他欣喜不已。后来斯特恩（Sterne）在《项狄传》（*Trisfram Shandy*）中描述了托比叔叔（Uncle Toby）和特里姆下士（Corporal Trim）为重现纳穆尔围攻（Siege of Namur）所做的努力，但这比他们的努力更为激烈，是现代再现历史手法的一个不可思议的先驱。温莎事件让这位皇家学会的成员感到高兴，因为他认为这是精确的演习和军事工程的展示——“正式的围城对抗有堡垒、牛角塔、壁垒、宫殿的工程……角堡、瞭望角”。他很高兴地注意到，在双方交火、手榴弹或地雷爆炸、队伍前进、士兵被俘的情况下，“最奇怪的是，没有混乱，没有意外”。

出于更实际的考虑，他找到机会（消极地）建议财务大臣从已故的布里斯托尔伯爵的图书馆购买书籍，但他更关心的是建立一个公共图书馆。他一直渴望推广图书馆（在他出版的日记索引中有两栏关于图书馆的参考资料），但他尤其渴望看到那些无力负担和维护图书馆的人手里有书。他与托马斯·特尼森（Thomas Tenison）和雷恩合作，在田野圣马丁教区修建了一座“供公众使用”的图书馆，并在切尔西规划了一家由雷恩设计的残疾士兵医院。1692年，雷恩为皇家医院设计了漂亮的地基，有花园和通向泰晤士河的运河，让人想起了伊夫林最喜欢的法国园林景点之一——迈森庄园。雷恩原本希望他能成为州长，但最终接受了戈多芬的提议，让他担任公司的财务主管。

由于财务主管的工资不高，又缺乏足够的资金，因此许多信件，特别是寄给戈多芬的信件都有一个主题，即为他的岳父报销费用，或为他和他的家人求得带薪职位。他经常跟那位娶了玛格丽特·布莱奇的男人通信，他觉得戈多芬是“我最亲密的朋友”，这鼓励他不断地向他提出冗长的、小心翼翼的请求。戈多芬在政府中越来越有名望，他个人肯定会觉得不经协商就回应这些要求既尴尬又不可能。1679年，伊夫林甚至哀叹戈多芬在“你所有的时刻”（《信簿》，第二卷，第634页）中“为公众利益做出了巨大的贡献”，这使他失去了“我曾经享受过的那份可爱友谊最合理的影响，而没有对如今身处天堂的人（也就是玛格丽特）的幸福感到嫉妒”，然后开始为他的姐夫威廉·格兰维尔（William Glanville）寻求帮助！

即使年事已高，伊夫林仍雄心勃勃，想要从事一些更安定、更合时宜的政府工作，尽管早在《自由和奴役》（1649年；《杂集》，第27～37页）中，他就曾抵制过政治事务对朝臣身心的奴役。现在他需要的不仅是获得一个职位，还有资金。所以，他接受邀请，加入了詹姆斯二世的枢密院，希望能在政府中发挥一些作用，为自己和儿子谋得职位。然而，正如前一章所指出的，伯克利勋爵（Lord Berkeley）担心他被任命为枢密院成员会阻碍《大英极乐世界》的完成，而伊夫林自己也发现这涉及令人不适的决定。虽然他本人显然并不讨厌詹姆斯，但他发现自己厌恶的一个公众人物是罗马天主教的教徒。随着这个国家越发动荡不安，并最终开始排斥天主教君主，伊夫林也对国家的未来有所犹豫。一直以来，与政府部门保持联系或许也给了他一个机会，以最终解决有关赛耶斯宫（仍在租用）的问题，还有他岳父的前受托人威廉·普里蒂曼（Willian Prettyman）欠理查德爵士的款项，以及理查德爵士认为他在法国任职时欠他的钱；这两件事最终都在漫长而靡费的法庭诉讼之后解决了。

1695年，伊夫林再次通过戈多芬的办公室被任命为位于格林威治的皇家海军医院的财务主管，该医院正由雷恩担任院长。伊夫林认为，它取代了一座废弃的宫殿，在英国相当于巴黎的荣军院。他的薪水很低（每年300英镑），然而，更重要的是，这个项目的资金一直很困难，而且在需要的时候从未出现。为了筹集资金，人们列出了一份捐款名单，但许多承诺捐款的人并没有捐款；这个项目在1696年6月30日打下地基。1700年4月，雷恩和伊夫林送给威廉三世一个医院的模型和雕刻图纸。三年后，83岁的伊夫林辞去了财务主管的职位，交给了他的女婿威廉·德雷柏（William Draper）。1725年，科伦·坎贝尔（Colen Campell）在他的《不列颠维特鲁威斯》（*Vitruvius Britannicas*）中发表了一幅关于这座宏伟建筑群的版画，伊夫林认为它设计所用的古典比例让人想起牛津和剑桥的四方院、它真正的英伦风采、它对英国海军传统的奉献精神，以及其景观格局；他也会赞扬坎贝尔的头衔。

如果说伊夫林的学术研究和个人事业都缺乏清晰的方向，那么他的私人生活有时更是如此。他的家人间是互相关心的，但他在对待自己幸存的儿子约翰时，表现得却只有严厉和说教，这和他为理查德设想的愿景一点也不同。1678年，5岁的理查德夭折。他的岳父当时曾说过，伊夫林对这个小男孩“太严厉了”，他“白纸般的心灵很容易被弄糊涂了”，现在这话也同样适用于约翰，这个孩子似乎无法满足父亲想让他在世界上取得成功的愿望。

他的两个女儿也去世了。玛丽，最年长也是最可爱的，出生于1665年，死于天花，去世时只有19岁。她父亲的《日记》非常生动地记载了她的成就：

> 她想知道一切事情的真相，我也不故意去压制她的这些好奇心（所以）……她读过大量的历史书，读过所有最好的诗人的作品……所有最好的浪漫小说和现代诗歌；她能像《受到谴责和捍卫的妇女世界》里那样尽情地创作，书中还探讨了属于女性的美丽的象征和装饰；但是所有这些装饰相比她灵魂的内在美德来说，都是微不足道的。（第四章，第420～422页）

她去世后的5年，伊夫林发表了她关于女性世界的诗《蒙杜斯·福彭西斯，或作服饰展示》（*Mundus Foppensis, or the Fop Display'd*），这首诗是给那些没有旅行过，也没有读过西塞罗的《办公室》的人写的，“为纨绔子弟而写”[2]。

在《日记》的前言有这样的话，大概是伊夫林自己写的，“我们的世界是如何被改变的，由于外国的礼仪，奢侈……被我们所熟知，这已然腐蚀了古朴的简单”。尽管玛丽的诗作像是幼稚的滑稽戏，但她显然具有精明的才智，对上流社会具有敏锐而怀疑的眼光。她的扉页上有两行朱文诺（Juvenal）的文字和一个简洁的英文翻译（作者或许是伊夫林？），很好地指向了她试图讽刺的世界：“他们如此在意自己的着装是否得体，好像他们的生命和荣誉危在旦夕。”伊夫林对玛丽的感情是令人感动的，他把她的八音节词附在《俚语字典》（按字母顺序排列，解释晦涩难懂的词语和外国的名称及艺术化妆品的术语，形成目录以指导未学过的人）的后面。因为伊夫林时常渴望进行指导，这本字典试图对于附庸风雅的时事讽刺剧提出一些热门点子："mouchoire。"把它叫作"手帕"，是粗鲁、粗俗和不得体的。或者假法语发音里的"toilet"，被随意地发音为"twilight"，但其实通常只意味着一小块布。

他的另一个女儿——伊丽莎白，因姐姐的死而悲痛，却又不为父母的悲伤所累。她和一个在德普特福德船坞厂工作的男人私奔结婚，又得了天花。她再次由母亲看护，直到上帝"喜乐地把她从这个流泪谷中带出来"。1683年2月，伊夫林妻子的父亲也突然去世了，年近80岁。伊夫林在世的女儿苏珊娜，于1693年4月嫁给了威廉·德雷柏，这桩婚姻受到全家人的欢迎。[3]这场简朴的婚礼是在霍尔本而不是沃顿举行的，由伊夫林的一位朋友、林肯的主教托马斯·特尼森主持，弗朗西斯（玛格丽特·戈多芬的儿子）是侍从之一，还有一位天主教的年轻杜克人做伴娘。

但儿子约翰是伊夫林最沉重的负担。1699年，44岁的他与世长辞，尽管郁郁寡欢，但在父亲的眼中，他已经最大限度地挽回了自己的名声。约翰年轻时，经常因为缺乏供应而欠债、酗酒（甚至以在沃顿过量喝酒的故事嘲弄父亲）。他因为被迫住在赛耶斯宫而感到不快，他也无法成为伊夫林想让他成为的人——5岁理查德的改良版。理查德的美德在伊夫林的《黄金指南》中得到了赞扬。约翰从导师那里得到了最好的教育，先是由弥尔顿的侄子爱德华·菲力普（Edward Philips）教导，然后由拉尔夫·博亨（Ralph Bohum）来教授。拉尔夫·博亨后来成了弥尔顿的好朋友，在牛津照顾约翰，并与伊夫林一起建立了对约翰的教育管理体制。约翰后来被中央圣殿录取了，但他放弃了学业，这显然是一种缺乏自律的表现。他似乎在社交方面也很有自我意识，受困于他腿弯的症状，他常常穿着长外套。1675年，在他父亲的朋友玛格丽特·布莱奇的监督下，约翰在伯克莱勋爵和夫人的陪同下被派往巴黎执行外交任务。但他对那里的生活感到厌倦，显然他几乎被当作仆人来对待，也不参与伯克莱的任何活动。由于对语言很感兴趣，他请求像他父亲一样去欧洲旅行，但伊夫林拒绝了，并把他带回家。伊夫林很清楚地想起了1679年他给桑德兰伯爵夫人（《信簿》，第二卷，第625～628页）的一封长信，信中说，至少对她自己的儿子来说，"易受影响的年轻人"出国旅行很快就会卷入"亵渎和肮脏的交流、无神论，随便和奢侈的谈话中，而这些谈话现在就在我们最有雅量的年轻人中间流传着"，这与他早先宣扬的旅行的好处相反。他没完没了地给约翰讲道德，教导他在宫廷之外找工作的必要性，最后，当约翰和玛莎·斯宾塞（Martha Spence）结婚时，他给约翰讲了婚姻建议，以及他所主持的圣礼的严肃性。

婚姻使约翰安定下来，他继续在中央圣殿学习，把妻子和儿子留在赛耶斯宫里。早期，他曾尝试翻译拉潘写的关于花园的诗，这可能是他父亲的意愿，也可能是他父亲的敦促。17世纪80年代，他又翻译了普鲁塔克的《生活》和《格劳秀斯的论点》。政府职位很难找，但他曾在财政部短暂任职过一段时间，后来在1692年通过西德尼·戈多芬（Sindney Godolphin）的斡旋，在爱尔兰海关和货物税部门任职。约翰把儿子杰克和父母留在德普特福德，只带着年幼的女儿和妻子去了爱尔兰。他对书籍和绘画产生了浓厚的兴趣。他的儿子杰克前途无量，最终考入伊顿公学和牛津大学。但直到1699年去世时，约翰的健康状况一直不佳，经常情绪低落。伊夫林当时就知道他将没有儿子能继承乔治在沃顿的爵位了。1682年3月，伊夫林的孙子杰克出生了，于是杰克便成了他的收藏和家族财产的继承人。

虽然在欧洲之旅时，伊夫林一直愿意观察其他宗教信仰，但他对英国教会的忠诚坚定不移。然而，罗马天主教在宫廷和国王的矛盾冲突中缓慢但日益明显的发展深深地激怒了他："事实上，罗马教会（正）非常大胆，到处都忙得不可开交。"他的《日记》记录了议会"现在，一些著名的教皇主义者密谋毁灭国王，并引入教皇制，这使全国人民惊恐不安"（第四章，第153～154页）。这是天主教阴谋案，由提图斯·奥茨（Titus Oates）和他的同盟编造，但它仍然能够激起对耶稣会士真正的反天主教狂热，因为奥茨曾说耶稣会士想要杀死国王。伊夫林在1667年就已经翻译了《耶稣会的新异端》（*The New Heresy of the Jesuits*），尽管他对奥茨的诚实表示怀疑，但当约克公爵夫人的一位耶稣会大臣指责女王想要杀死国王时，他还是非常担心。大臣被审判并处死，国会通过了一项测试法案，禁止所有罗马天主教徒进入上议院或下议院，约克公爵除外，因他本人是个天主教徒，这是众所周知的。后来，当下议院投票反对约克的"不服国教"时，詹姆斯和公爵夫人撤退到了西班牙的荷兰[1]。更可怕的是，1683年的"新教阴谋"（Protestant Plot）使伊夫林更加不安，他指责英国人在后来的战争中背叛了荷兰人。

[1] 西班牙的荷兰：哈布斯堡家族的王朝联姻策略，让荷兰和西班牙变成同一个君主统治的土地，故有此称。

1685年2月，查理二世去世，伊夫林从佩皮斯那里得知，他已接受了天主教的临终仪式，尽管他对佩皮斯出示的证据表示怀疑。在查理的葬礼那天，新国王，前约克公爵出席弥撒，这使伊夫林大为震惊。3月，伊夫林在国王的寓所里看到了一间讲堂——“公开举行弥撒，罗马教徒云集宫廷”（《日记》，第四章，第419页）。尽管詹姆斯宣称他愿意捍卫“依法确立的”英格兰国教，但高地和西部地区新教蒙茅斯公爵的叛乱并没有预示着一个平稳的统治，尽管这些叛乱很快就被平息了。伊夫林一开始似乎对国王本人很满意，但对更大的政治场面感到遗憾，并希望詹姆斯“属于国家宗教”（《日记》，第四章，第230页）。1685年《南特敕令》废止后，法国新教教徒感到担忧。作为枢密院的委员，伊夫林拒绝出版教皇著作，或设法缺席重要会议以拒绝达到法定人数。1687年在白厅新开了一座天主教教堂，举行了不加掩饰的仪式，向教皇表示敬意。詹姆斯试图让非国教信徒和贵格会信徒与天主教徒共同享有宽佑，并要求所有主教阅读他的《大赦谕诰》（*Declaration of Indulgence*）；很多人拒绝了。似乎一切都没有和平解决的希望，人们越来越担心另一场内战正在酝酿。詹姆斯意识到自己的女儿嫁给了一个可能的继承人，新教徒奥兰治的威廉，他时而允许恢复牛津被驱逐的新教徒，时而为他的军队配备主要来自爱尔兰的天主教军官。詹姆斯竭尽全力地改变。人们会根据压力和环境改变自己的宗教信仰，这就是布雷牧师很讽刺的一点，他在君主改变宗教的同时，也改变了自己的宗教信仰。

詹姆斯统治的最后几个月是混乱不堪的，而结果——光荣但没有流血的革命——是众所周知的。在此之前，他们已经向荷兰奥兰治亲王威廉和他的英国配偶玛丽示好。伊夫林和往常一样，对可能的结果有些不确定，他祈祷上帝能够介入，“让真相与和平再次降临我们中间”。关于英格兰应该如何治理，人们提出了各种不同的政治建议。但鲍尔在《约翰·伊夫林和他的世界》（第201页）中写道：“各种事件使得伊夫林自己的保皇思想渐渐形成。”他无疑为两件事感到高兴：一是避免了内战（尽管军队在英格兰没有交战），二是一位信奉新教的亲王和他的英国妻子登上了大不列颠的宝座。他派他的儿子约翰去迎接奥兰治亲王，并看着詹姆斯二世在荷兰士兵的护卫下，乘船从罗彻斯特前往法国。下议院处理了“政府的重大问题”（《日记》，第四章，第616页），并敦促上议院为奥兰治的威廉加冕；上议院试图让十二位主教摄政，但因为微弱的劣势没有成功。威廉和玛丽的到来受到了德普特福德和全国各地的欢迎，而乔治·伊夫林的儿子，名字也是乔治，在饮酒庆祝光荣革命后死于“中风发作”。没有人确切地知道詹姆斯去了哪里，并非所有的主教都满意于对这位神圣的君主的处置；就连伊夫林也认为新国王的“脾气”是“懒惰的病态”。1689年9月，时年69岁的伊夫林认为形势并不乐观（“接下来是哪个政府？是王室还是选举？”）。

伊夫林很清楚地知道，自己生活中一个最重要的组成部分就是他的妻子，以及她坚定的信仰和家庭的正统。伊夫林在26岁的时候和他13岁的妻子玛丽结婚了，他们的早婚被证明是成功的，这也是对他一生的支持，尽管玛丽（《约翰·伊夫林》，第95页）事后认为，这是一场“赌博”；也许伊夫林自己也清醒地意识到他做出了多么好的选择。他对教导的热情无疑给她也带来了极大的学习热忱，他的这种愿望在他早期的信中也表现得很明显，比如《经济说明》，这使得玛丽（第73页）写道，这更像是“老师和学生之间的关系，而不是年轻恋人之间的关系”。但是玛丽从一开始就拥有一种从未离开过她的东西：她在法国，尤其是国际大都市巴黎学会的社交自如和知识技能。她在巴黎过得很愉快，但又不愿离开，尤其是因为她的新婚丈夫被要求离开英国。她的肖像由罗伯特·南特伊绘制，绘制时她还在法国。这张照片尚未透露她的未来，她的眼里还只有她从父母那里继承来的、年轻而坚定的目光（参见插图42）。[4]然而，在1657年，当威廉·兰德（William Rand）翻译加森迪的《佩列斯的一生》，并以此致敬伊夫林时，他也特意为玛丽的“英国的庄重，由法国的温和教育（适量地）减轻了压力，使她变得温文尔雅，精神抖擞”，这使她“在她所亲爱的主的许多事情上，都可以做到完美，以至于在他最关心的事情上也没有阻碍，成了恰到好处的帮助者”。尤其是在这种情况下，献给上帝的书信可能写得过火了；但这似乎只是一种对真正价值的鼓舞人心的欣赏，兰德的证词也得到了不断的证实。

玛丽既是独立的，又是尽职的，这在任何时候都需要有很好的涵养。她不耐烦于任何知识或社会的矫揉造作，在给家人写信时，她直率又诙谐，就像她的堂兄、天主教徒塞缪尔·图克或她儿子在牛津大学的前导师、单身汉拉尔夫·博亨一样[5]（博亨是一名狂热的反罗马教主义者）。她那挑剔而又热情的方式令我们惊讶，在对图克描述自己在赛耶斯宫的孤独生活（“一个哲学家，一个女人，一个孩子，一大堆书”）时，她冷静而不带感情；但她还可以告诉博亨，她对丈夫需要满足“他应该得到的天使，以及任何比这更好的东西”感到恼火。在“天使”玛格丽特·戈多芬死后，玛丽甚至可以不偏不倚地指出，玛格丽特“虽然不在（玛丽的）友谊的第一等级”，但她“把宫廷贵妇的优雅与原始基督徒的真诚和纯真结合起来”（玛丽，《约翰·伊夫林》，第232、252页）。这种“原始”既精明优雅，但又极其敏锐。佩皮斯在妻子去世后，余生与他的女管家斯金纳夫人住在一起。玛丽和丈夫一起同他们会面，总是亲切地打招呼。她似乎独自原谅了女儿伊丽莎白的私奔，但伊夫林即使在女儿死于天花之后也没有原谅她。

玛丽和约翰一起回到英国后，她未能在葡萄牙女王那里谋到一个职位（这是一个她最终可能会感激失去的机会），这使她有机会全身心地投入赛耶斯宫的生活，没有忽视她的朋友，生了四个儿子（只有一个活到了成年）和三个女儿。当她的丈夫经常外出时，特别是在英荷战争和他做宫廷近臣服侍国王期间，她非常小心地管理着这处房产，负责一些内部的重建工作，还指导花园的维护工作。作为女儿、妻子、母亲和伴侣，她似乎是一个聪明而有成就的17世纪女性的完美典范——一位画家和微雕家；一位音乐家；以及一位优雅的作家，参与到她丈夫的工作中来，帮助他翻译法语，她的法语说得很流利，甚至还能和他谈论英荷战争期间的伤病员；她能够设计卢克莱修翻译的卷首插画，精通厨房和家庭医学。21世纪的任何人都很难在自己的认识框架下对她进行全面的评价。伊夫林说她是“世界上最好的妻子，可爱，而且（虽然不迷人）和蔼可亲。随着她的成长，她变得虔诚、忠诚，脾气也变了”。玛丽（《约翰·伊夫林》，第73页）写道，这“几乎没有达到她的公正”，也不是特别过分；但我喜欢这个词——“（虽然不是迷人的）讨人喜欢的”，因为这说明了她在讨人喜欢的同时也具有讽刺的潜质，这一点在她的信中经常能看到。博亨说得很对："你要在一个安静的密室里表演（这是你作为妻子的职责），整个宫廷和剧院都会一致鼓掌。"（玛丽，《约翰·伊夫林》，第95页）这种自我表演的舞台和谄媚的宫廷与家庭的对立（以及对她自己拥有的壁橱或陈列柜的短暂暗示）尤其能说明问题。她对丈夫的一些女性朋友，尤其是纽卡斯尔侯爵夫人玛格丽特·布莱奇难以容忍，甚至在私下里讽刺。但她在处理有关玛格丽特的问题上面临着最大的挑战，在这个问题上她超越了自己。她的这段经历引发了对中年伊夫林生活的各种解释和叙述，这也值得审视一下，因为这段经历给他家庭生活的各个方面都带来光明。

伊夫林与玛格丽特·布莱奇（也就是后文的玛格丽特·戈多芬，戈多芬夫人）的友谊是一种柏拉图式的"天使之爱"，却充满了基督教的价值观。伊夫林在皇家学会的同事罗伯特·波义耳在《上帝之爱的一些动机，俗称天使之爱》（在17世纪60年代出版了四版）一书中对"天使之爱"进行了讨论，作为一个单身汉，波义耳比伊夫林更容易在实践中处理这些讨论：玛丽正确地观察到，这种爱"在纸上定义"要比在情感现实和"性吸引力"中来定义容易得多（《约翰·伊夫林》，第240页）。这种关系出乎意料地破坏了伊夫林的家庭生活。

1669年，当伊夫林第一次见到玛格丽特·布莱奇时，她是宫廷里的侍女。他发现她（伊夫林在他的《生活》中这样描写她）"谦逊、虔诚、严肃"，不太容易开玩笑（因为她似乎害怕被人嘲笑）。在她与西德尼·戈多芬结婚，并在几年后死于分娩之后，伊夫林与她短暂但持续而热情的友谊后来在《戈多芬夫人的生活》中得以叙述；这份手稿——与其说是传统的传记，不如说是圣徒传记——最终交给了他的妻子，但直到1847年才出版。尽管他有时足够诚实，意识到他或他们共同的友谊有多么令人担忧，但他在叙述中还是以一种恰如其分的虔诚和道德的角度，来描述自己在他们友谊中的角色。他的修正主义与他自己在临终前塑造自己故事的一些尝试是一致的，包括回顾他的《日记》，以及经过精心编辑和注解的信簿。

读者们对出版于1847年的《戈多芬夫人的生活》津津乐道，这是一个维多利亚时代的真实故事，讲述了一个男人对上帝的虔诚和对一个女人的高雅友谊，这个女人的特点是对上帝和她所服务的女王有着清醒的奉献。[6]随后的回应则是针对不同的读者群做出的，因此弗吉尼亚·伍尔夫在1920年写了一篇尖刻而又有点鸡毛蒜皮的文章，《围着伊夫林东拉西扯》（发表于1925年的《普通读者》），“可怜的戈多芬夫人……他在一本真诚感人的传记中赞颂了她，但她的‘天使般的习惯’并没有在‘迷人的光’中展现她和伊夫林的友谊”。凯恩斯认为这本书是“迷人的，有特色的作品”，这多少算是种不痛不痒的安慰。1951年，希斯科克（W. G. Hiscock）笔下弗洛伊德式的约翰·伊夫林和玛格丽特·戈多芬也是如此。相比之下，鲍尔在1981年顺利而快速地根据整个事件，注意到他们在一起探访穷人时近乎孩子气的陪伴，观察陈列柜及一个叫作“移植和修复的天堂”的展览，他们共同的奉献精神，伊夫林愿意帮助她处理财务和遗嘱，在她的劝说下，伊夫林被派去管理伯克利勋爵的繁杂事务，当时他和他的妻子被派往巴黎的大使馆，并由玛格丽特和他的儿子约翰陪同前往。在伊夫林得知她与戈多芬结婚的消息后，他发现自己的自满情绪“动摇了”，不过他还是恢复了他们的友谊，帮助他们翻新了白厅的公寓。她死得很惨，25岁时，“在狂躁的精神错乱中”死去，在对这位“有史以来最优秀、最值得尊敬的朋友”的去世感到绝望之后，伊夫林继续与其鳏夫保持着关系。鲍尔写道，伊夫林的叙述“比他大多数保守的作品更多地展示了他自己”，并突出了他“极端的谦逊”。

二十年后的今天，弗朗西斯·哈里斯（Francis Harris）的《爱情的蜕变》（*Transformations of Love*）带来了一种更女性化的观点，伊夫林本人和复辟王朝的男性文化成了讨论中心。她对伊夫林和戈多芬夫人的友谊与生活的叙述是基于对相关材料的深入了解，并对宫廷文化有着敏锐而精明的洞察力。[7]玛丽在哈里斯的作品问世四年之后描写了这段“感情”，她对这段“感情”的描述带来了一种机智和简洁的感觉，既尊重哈里斯，又能简明地说透这件事。最后，在这样的距离之外有机会（误）读到伊夫林的《生活》，弗洛伊德式版本的希斯科克对玛格丽特的神经症缺乏说服力的描述，以及我们自己对“天使之爱”的怀疑之间，还有许多模棱两可的东西。然而，这个故事在许多方面仍然令人沮丧：由于他们之间的一些信件内容的倾向性，由于频繁交谈的人们之间不可避免地在书面交流中出现的空白，他们可能会凭直觉想到一些难以言说的想法，一个已婚男人和一个已经许诺嫁给另一个男人的女人之间的紧张关系，双方都试图理解这种紧张关系，但没有完全说清楚。今天，所有这一切都必须用适当的流畅的叙述来充实，因此我们借助于“也许”“必须”“建议”，通过这些，一个故事在21世纪就是完整和令人信服的权威。

不过，显而易见的是，这无疑是一种深厚的柏拉图式的友谊，杰里米·泰勒在他的《论友谊》中认为，这是“人们能够拥有的最亲密的爱和最亲密的社会”。这种“纯洁之爱”仍可能不时被任何一方误判，甚至在当地情况或事件中被误判。1669年6月28日，伊夫林在日记中第一次提到了玛格丽特：“我的妻子和霍华德夫人以及她的女儿们，还有皇家侍女们，一起沿着河流愉快地旅行，直到大海边，在她们之中，有一位美丽的布莱奇夫人。”他称赞她的机智和智慧，她的虔诚，以及她对宫廷生活的仔细衡量，作为荣誉侍女最重要的就是对自己和对宫廷的责任，以及找个丈夫（这是侍女最重要的事情之一，而她来自萨福克保皇派家族的背景使这件事成为当务之急）。1671年，她与西德尼·戈多芬结婚。然而，他却热衷于在宫廷或政府部门谋得一席之地——在玛格丽特去世后，他最终在国家中担任了各种重要职位，但与此同时，他又专心地从事玛格丽特·布莱奇认为应受谴责并希望他在结婚前改过自新的活动（赌博和赛马）。有时，她只是告诉自己要专心等待，“直到上帝乐意以某种方式帮助我解决问题”（哈里斯，《爱的转变》，第213页）。

就伊夫林而言，他总是觉得自己很适合当一名教师或教官，尤其是因为他基本上都是自学成才，也希望能够帮助别人。这种倾向在他写的几条冗长而谨慎的建议中显露出来。这些建议不仅是写给妻子的，也是写给别人的：在与妻子结婚时，他写了《经济说明》；后来，他又给女儿写了《你的时间使用指南》；在儿子与玛莎·斯宾塞结婚前，他也给儿子写了类似的建议；1692年，约翰去爱尔兰任职时，他还为他写了一本小书，内容是关于宗教和“有益处的娱乐”的建议；当知道他将把沃顿留给他的孙子杰克时，他写下了《给我孙子的回忆录》。17世纪80年代和90年代的信笺中，包含了许多道德、伦理和宗教方面的交流，职业建议和谨慎的训诫，以及对伊夫林所认识的人那些温暖、模范而详尽的哀悼，无论是在大家庭内还是整个社会。他更倾向于充当代父母的角色，有一个家庭要抚养，尤其是一个儿子，他认为这个儿子会继承伊夫林家族，这是一个他很容易在玛格丽特·布莱奇面前扮演的角色。

1676年，在玛格丽特·戈多芬的要求下，他很自然地为玛格丽特·戈多芬创作并发表了冗长的《给新婚朋友的经济学》，并附上了玛丽·伊夫林自己关于家务管理的建议；他写道，玛格丽特本人曾对他说："你是我的第一个朋友，而且将永远是我的第一个朋友。"[8]玛格丽特是一位有天赋的成年年轻女子，而他自己的女儿们很晚才出生，年纪都还很小。他还发现玛格丽特的生日和已故的理查德的生日是同一天，于是她便成了理查德的替补。由于伊夫林也需要在政府管理中担任某种正式的角色，因此完全断绝与王室的关系是不明智的；所以她的宫廷生活为他们的见面创造了一些机会，给了他一种接近宫廷的感觉以及审判它的理由，甚至在她的生活中发现了一些正确行为的可能性；正如他所指出的，英国牧师仍然可以成为朝臣。还有他和其他女人频繁的交往——西尔维厄斯夫人、桑德兰夫人（Lady Sunderand）、阿灵顿夫人（Lady Arlington）——她们的名字有些取自牧区，以与灵性、机智和自我意识有关的这些词语来取名，这在某种程度上也是个先例。但是，20岁的玛格丽特·布莱奇迫切需要一种高尚而又充满感情的友谊，还有她自己寻求的指导，她强烈地需要伊夫林的指导，而且她很容易（虽然很慢）得到了他的回应。他声称，她首先请求他的友谊和帮助，这当然是在伊夫林自己的生活中提出的，但玛丽写道（《约翰·伊夫林》，第240页），这是“无与伦比的自我欺骗”，尽管伊夫林自己回忆说，玛格丽特的邀请是“她对我的表达”；这也可能是一种强行合理化的说法。

正如弗朗西斯·哈里斯所记载的那样，两人的关系在当时被视为“纯洁的，天使般的”。这样的关系是理想主义的，作为理想主义，它可能被误解和环境影响：“无可指责的清白”（伊夫林的说法）被经验所困扰，就像威廉·布莱克知道的那样。玛格丽特一开始可以把他当作她“最忠实、最可爱的玩伴”，但对他们两人来说，虽然方式不同，但这种轻松的心情已经转化为一种更深层次的，或许是一种“无法控制的感觉”（《爱的转变》，第164页）；两人交换了很长的信件（其中的一些她后来要求归还）。伊夫林“不满足于玛格丽特对友谊的口头承诺”（《爱的转变》，第151页），他自己画了一幅“友谊的祭坛”（参见插图43），并邀请她在上面写上“不可侵犯的友谊”，并写上日期和签名“送给我哥哥伊夫林”。[9]在她决定离开宫廷，和伯克莱一家住在一起后，伊夫林无论到哪里都陪着她；他们交换了肖像，他帮助她培养个人虔诚的信仰。玛格丽特一直在敦促自己的西德尼做一个更负责任、更虔诚的人，玛丽也一直密切关注着她丈夫的一举一动。当然，这些会面越来越频繁，就引起更多的争吵，也更有可能令人感到困惑，甚至与“纯洁的”友谊那谨慎的规矩相抵触。

伊夫林经常劝她考虑与戈多芬结婚，并诚心地推荐这件事。她自己却担心，结婚是否真的会比某些总是不确定的与世隔绝的隐居地

（不是天主教徒，国外的女修道院是不行的）更可取。当她突然决定冒险一试，那是在她在宫廷假面舞会中扮演一个明显让她感到痛苦的角色之后：在一个明显下流和腐败的宫廷中扮演纯洁的戴安娜（这不是她喜欢的角色，即使她本可以稍微远离演出）。排练不断地使她从自己的信仰里分散注意力。弗朗西斯·哈里斯为我们全面而有说服力地讲述了她的这一段经历[10]："从这场令人不快的宫廷娱乐中离开，玛格丽特迅速和戈多芬举行了一场精心安排的私人婚礼，她的家人和伊夫林直到后来才知道这件事。"玛丽（《约翰·伊夫林》，第246页）似乎也认为，促使她突然决定结婚的"催化剂"是她被要求陪伯克莱勋爵和夫人去巴黎，这将会使她离开戈多芬。不久之后，当她和伯克莱一家离开时，伊夫林陪她去了多佛。在那里，伊夫林还不知道她的新身份，而且戈多芬还在宫廷里，玛格丽特在分开时对他说："如果我再回来，不结婚，我就退休。"这是一种有害但必要的欺骗，因为结婚的消息还没有宣布。但伊夫林后来写道，这是她唯一一次"对我含糊其词"。她最终一定是在回到英国后，告诉她的姐妹们她已经结婚了，而她们中的一个，要么是有意替她，要么是无意中告诉了伊夫林。他当然很苦恼；我敢说，伊夫林之所以难过，与其说是由于她不够相信他，不如说是由于他对她这个"女儿"压抑的、也许是受挫的爱。

一直以来，玛格丽特都是伊夫林家的朋友，玛丽总是在德普特福德欢迎她和戈多芬，虽然私下里偶尔有些刻薄，比如她对博亨说，玛格丽特扮演的戴安娜这个在宫廷假面舞会中的角色，一定限制了她的"简朴"（《爱的转变》，第231页）。有一次，她至少说得很清楚，但带着几分讽刺，她丈夫是在赛耶斯宫里，而不是在“光荣法庭”里，“也许有时候您也会兴致来了亲切地想到我吧”[11]。伊夫林自己的虔诚程度也随着玛格丽特的虔诚程度而提高：在两人的友谊达到顶峰时，他请求玛丽和他分房睡，以便他可以“腾出时间从事神圣而庄严的工作”（《爱的转变》，第202页）。玛格丽特与戈多芬的婚姻一经宣布并得到认可，玛丽就欣然接受。在玛格丽特自己分娩、发烧和最后的死亡期间，玛丽一直在看望她，帮助她寻找医生和助产士。玛丽真的因为玛格丽特在分娩时的死亡而深深难过。她小心翼翼地向戈多芬表示同情，但她希望戈多芬不要因为太过沉湎于悲痛而伤害自己。

在她自己的坚持下，玛格丽特被安葬在康沃尔郡的戈多芬家族墓地中，伊夫林在伦敦负责安排，他在铅棺上刻上黄铜铭牌，上面刻上象征他纯洁友谊的五芒星，以及“一位上帝，一个朋友”（Un Dieu，Un Amy）的题词。他跟着灵车和六匹马走到豪恩斯洛（Hounslow），然后掉头，不是去赛耶斯宫，而是去了伦敦。在那里他帮助了戈多芬，他觉得自己无法继续上路，伊夫林帮他们清理了住所。他回到德普特福德后，亲自写信向戈多芬表示了友谊。戈多芬请求他继续监管玛格丽特的小儿子的财务，即使他自己也回归了宫廷事务，并最终进入了财政部的一个委员会。在那个职位上，正如他一直向伊夫林承诺的那样，他将尽力帮助伊夫林处理有关赛耶斯宫的租赁权和欠他岳父的钱的财务问题。

戈多芬对政府行政生活的渴望和对宫廷活动的兴趣，一直是他与已故妻子曾经争论的焦点。但这又一次把他拉进去了，尽管他是不情愿的，或许也是内疚的。他在财政部的工作实际上造成了他与伊夫林良好关系的严重破裂，而这种关系后来从未完全修复。委员们做出的行政决定拒绝将赛耶斯宫的租期转为不动产，这让伊夫林非常恼火，尤其是因为他自己的家人不相信像戈多芬这样有权有势的朋友没有帮助他。这不仅使他与戈多芬的关系恶化，而且迫使他重新思考他与戈多芬的妻子在婚前和婚后的关系。尽管伊夫林一再恳求，他还是没有立即得到帮助，虽然后来也许是在戈多芬的帮助下，这件事得到了解决。

戈多芬曾要求伊夫林为玛格丽特写一篇悼词，但没有得到进展——毫无疑问，这证明了伊夫林对自己要写的东西的矛盾心理。但在1684年，玛格丽特的一个朋友的请求让他再次承担起这个任务。他专门向她——安妮·西尔维厄斯夫人（Lady Anne Sylvius），她原姓霍华德（née Howard，参见插图44）——讲述了她的生活。1684年12月，他把手稿交给了她。四年后，他把这本书拿回来，亲手做了一份复制版本，并最终于1702年将它交给了戈多芬。[12]

伊夫林和戈多芬保持着一种令人不安的关系：戈多芬与女王的关系并不融洽，在他的妻子死后，他身体不舒服，但后来回到了威廉三世治下的财政部，在安妮女王时期升为首相，并与马尔伯勒公爵夫妇成为好朋友。他与伊夫林的交往并不频繁，甚至关系有些生硬，尽管年轻的约翰得到了戈多芬的帮助。

然而，伊夫林仍然喋喋不休地谈论着与玛格丽特之间的进一步联系：他曾经对玛丽说，如果他的孙女能嫁给玛格丽特的儿子弗朗西斯，他会很高兴的。最后，他看到自己特别喜欢的孙子杰克娶了安妮·博斯卡文（Anne Boscawen），弗朗西斯就是在她的陪伴下长大的，这种结果也和他设想的差不多。

第十二章

最终章：沃顿，“跻身萨里最美的庄园之列”

早在17世纪90年代，约翰·伊夫林就知道他将继承沃顿。1692年，他的哥哥乔治失去了唯一在世的儿子，也就是小乔治。因为没有其他在世的男性继承人，遗产就由伊夫林继承。然而，他的第一个想法是弥补他哥哥的损失。他最终正式确认了沃顿的归属；后来，由于他自己也在1699年失去了唯一在世的儿子约翰，他意识到，沃顿最终将归他的孙子杰克所有。

1699年10月4日，乔治去世后，伊夫林拥有了自己的家、房子、花园、林地和约7500英亩的地产，还有一笔可观的租金——“远远出乎我的意料”。与此同时，他还有双重责任，那就是要让杰克明白他所继承的遗产的意义和重要性，并确保遗产的保存状况要比他继承时更好。伊夫林立了一份新的遗嘱[1]，在1704年为杰克编写了他的《回忆录》（他最后的一些指导性的家庭建议）：这是一本名副其实的手册，内容包含家庭廉洁、财产管理，以及（到最后）神学和那些值得阅读的虔敬书籍。这份文件虽然是为了确保沃顿能得到妥善保管和维护，但对于一个22岁的年轻人来说，肯定有些许不必要，因为他已经吸收了这些东西中的大部分。

1694年5月4日，伊夫林的日记记录：

> 今天，我和我的妻子以及来自赛耶斯宫的三个仆人一起搬走了各种各样的家具、书籍、图画、帷幔、床上用品等，来布置我哥哥分配到的那间公寓；四十多年后的今天，我将在我出生的沃顿与我的兄弟共度余生，把我在德普特福德的家和（装备齐全的）三个仆人交给我的女婿德雷柏。

后来，他对佩皮斯说："我整天在田野里和马、羊以及奶牛、公牛、母猪待在一起。"他说，一家人正在享受"乡巴佬之间的一场糟糕的谈话"，他们正吃着"圣日里的梅子馅饼、浓汤和牛肉"；但在寒冷的1月，他们享受着"大多数房间里熊熊的炉火"带来的舒适；要是他这期间没收到任何外面送来的信件，"我们就生活在黑暗的异教中……不久就要变成野蛮人了"[2]。然而，他确实在与阿尔伯里附近的导师威廉·沃顿的交流中找到了乐趣，他非常欣赏这位天才的友好和学识，并与他分享了关于古代和现代园艺的观点（写给佩皮斯，《信簿》，第二卷，第1027页）。尽管伊夫林不时设法返回伦敦，但他还是怀念离伦敦更近的地方。后来，他和玛丽轮流"阅读从伦敦寄来的各种新闻，以便我们在有新消息到来之前，对我们的著述有所帮助”（《编辑日记》，第一章，第89页）。

他的女婿威廉·德雷柏曾在一段时间里管理过赛耶斯宫，不过这家人打算把它租给任何一个愿意打理花园的人来管理。最后，它首先被租给了本博海军上将（Admiral Benbow），彼得大帝从他那里得到了一份短期租约，他想在德普特福德检查造船工程时住在附近。报道称，不管沙皇是否真的推着一辆手推车穿过了伊夫林的冬青树篱，当他离开赛耶斯宫时，建筑内外严重受损，代表财政部的克里斯托弗·雷恩和乔治·伦敦被派去评估因损坏家具而被判给伊夫林和本博的费用。1698年6月，伊夫林也去了莫斯科，“看莫斯科沙皇离开三个月后，我的房子是多么悲惨”，他在他准备的1706年修订版的《林木志》中报告了这一破坏。1701年3月，他再次参观了赛耶斯宫，当时该房产再次被出租，这次是租给了卡纳冯勋爵（Lord Carnarron），1705年6月，他又拜访了另一位房客。

在乔治·伊夫林去世前，由于缺乏资金，他要求约翰为他们在沃顿的公寓付房租。但约翰还需要偿还债务。1693年，他的女儿苏珊娜嫁给了威廉·德雷柏，约翰还需要为她准备嫁妆。由于伊夫林的债务现在属于沃顿家，乔治也继承了这些债务，他的女儿玛丽·威奇夫人（Lady Mary Wyche）甚至对继承权提出了质疑。1695年，乔治的女婿西里尔·威奇爵士从爱尔兰返回后，将他的仆人和马匹派到沃顿。所以伊夫林和玛丽带着他们的儿子到伦敦避难了一段时间。在1699年乔治去世后，他没有留下更多的财产，只把个人财产、图书馆和全家福遗赠给了他的弟弟，而任命他的女儿威奇夫人为他的遗嘱执行人。她组织了一场盛大的葬礼，邀请了两千多名当地贵族，这让又回到了伦敦的伊夫林大为震惊。1701年1月，他回到家，发现房子被洗劫一空，乔治的家具已经被卖掉或处理了。在一位律师的帮助下，他辩称，鱼塘和鸽子笼总是由遗产继承而来的，事实上，没有“固定容器”（贮水池或铜盆）是“可移动”的物品。他被迫买回农场的设备，以及公鸡、母鸡、猪和鸭子来存货。

回到沃顿，虽然他很高兴，而且他的儿子约翰也催促他，但这是令人愉快的。[3]他更关心的是，尽管在恢复家园的过程中出现了一些问题，但要把它树立为一个建筑、园艺和房地产管理的典范，同时也要尊重其在世界上适当的地位。他曾在1692年告诉乔治，他在沃顿唯一的愿望就是照料和管理多年来被遗弃的花园，使花园成为家族的产业。

到17世纪末，沃顿的庄园和花园逐渐衰落，大量林地被砍伐且没有得到恢复；1704年，伊夫林告诉他的孙子，沃顿“赤身裸体，几乎羞于承认自己的名字”（也就是说，沃顿是以树木命名的地方）。然而，在他开始管理的时候，乔治做得很好。在他改建花园之前，他的弟弟画了一份关于都铎大房子“1640年时的样子”的素描记录（参见插图45）。画面上有一排杂乱的山墙屋顶和烟囱、竖框窗户，还有一张说明了他出生房间的纸条。从南面靠前面的位置穿过，从东边一个小花园的亭子通向西边的“雉园”；一座小凉亭俯瞰着护城河，正对着房子的是层叠的树木（上面写着：这就是石窟[4]）；在建筑的一边和外面是“草地”和“上层花园”。另一幅草图（日期为1653年，或者可能是回溯性地记录了那一年建造的新花园）是“从洞穴顶部的视角绘制的”（参见插图46）。从图上可以看出，乔治填平了护城河，在护城河上建起了一座花坛，从房子的平台一直延伸到石窟礅的底部；乔治自己想要一座保龄球场，但他的妻子似乎想要一座花园。这个中央空间的两侧都是梯田，台阶通向花坛，中央是一处喷泉。紧挨着花园的那一边，西边是一口池塘，东边是一个果园，远处是多山、树木繁茂的乡村。另一幅来自东方的素描（参见插图47）展示了石窟上方高地的三重平台，石窟正面是由四根柱子组成的古典建筑。花坛是规则的，但并不是特别的“意大利式”（正如它被描述的那样），有几何状的河床，在角落用圆柱或基座标记，还有当时在英格兰很常见的侧平台。[5]石窟的前面和似乎是山脚两端契合的入口（如图47所示，虽然这些已经不存在了）也很古典，也是“多彩的罗马诺斯”最清晰的证据。乔治对石窟内部的希望，以及他向约翰请求帮忙装饰石窟的请求，都清楚地表明，伊夫林对石窟在法国，尤其是在意大利的作用了如指掌，并对他的哥哥提出了相应的建议；后者则担心这些材料在英国不太容易获得，最终，内部并没有像他们想象的那样建造。

1694年，伊夫林用一幅附带的素描向他的兄弟解释说，到了17世纪90年代，他所关心的是要有一片常青树林，还需要建造一所不大不小的温室，能在冬天为橘子树和桃金娘遮风挡雨。1695年，他列出了“自从我来到萨里郡，为沃顿的花园购买的工具”——常见的物品，比如手推车、锄头、耙子、铲子，有一幅“堤岸和小径的象限图表”、一把足尺和一只“木制罗盘”；[6]这表明了他更进一步的要重组或整顿花园的野心，以及建立一小片新的常青树林。1701年，他还想种植一条榆树走道。

显然，在1700年前后，伊夫林设想用现代前沿的建筑来重建或取代旧的都铎式房屋以呼应早期的山峦，在他的素描中，花坛的背景显示了这一点（参见插图48）。这是一个带有侧翼的类似于帕拉第奥式的方案，庭院的两侧有两处相匹配的办公区域，穿过庭院，有一条车道穿过一条马路，穿过一处半圆形的“基地”（让人想起1685年到1686年恶劣的冬天之后，他在赛耶斯宫里设置的东西）。这个计划本想要把他早期对现代欧洲建筑的喜爱带到他的家里，但并未实现。乔治·兰伯特在1739年后期的一幅画里（参见插图49）揭示了在伊夫林去世33年后，在伊夫林的孙子管理的时期，沃顿庄园房子和花园的样子。我们收集了一组沃顿庄园、花园以及它们在树木繁茂的景观中所处的环境的照片，这的确令人震惊（参见插图2、3、5），但是赛耶斯宫从未将他对场地设计的重要计划排除在外（参见插图17、20）。因此，在赛耶斯宫，他专注于建筑的设计和种植，但在沃顿，重要的似乎是建筑本身和他想纪念它的愿望。

在这最后的几年里，他又一次从事了出版工作。1693年出版了拉昆蒂尼的《完全的造园家》的译本，四年后出版了他关于勋章的著作《钱币学》。两者都找回了他早期的一些热情：最明显的是关于外国的园艺布局和维护的理念，以及它们在英国的应用，同时也涉及他与佩皮斯在1689年一封关于勋章的长信中提出的相关话题，以及图书馆如何最好地用历史和有启发性的杰出人物形象来装饰（《特别的朋友》，第188～204页）。

拉昆蒂尼的《花园、果园和菜园的说明》（*lustructions pour les jardius, fruitier et potagers*）一书首次出版于1690年，两年后出版了第二版。对伊夫林来说，这是一个他特别感兴趣的话题，但作者在完成它之前就去世了，这促使伊夫林想要在瓜类植物的文章中增加自己的部分，并且完成了一篇对拉昆蒂尼的《橘子树论》的翻译；他在个人的瓜类植物章节提到，自1670年造访赛耶斯宫以来，他就认识路易十四的首席园丁拉昆蒂尼了。伊夫林的书是一本漂亮的对开本，分两卷，而且现在它已经有了很好的插图，有11张整版或折页版，11张版画（参见插图50）和4张木刻版画。卷首插图是拉昆蒂尼的肖像，紧接他的第一章之前的折叠板，是凡尔赛的巴黎植物园平面图，他是那里的主管；标上标题和编号的是为了展示种植各种水果和蔬菜的地点。这显然是伊夫林最关心的问题了。这本书（他在1693年3月告诉他的哥哥）是“用来使用而不是用于展示和炫耀的”（《信簿》，附加手稿78291）。事实上，他翻译并介绍的这本书，在很大程度上避开了他为《大英极乐世界》设计或规划花园重要性的许多材料；类似的强调支撑了1699年那部巨著的一部分的出版，即他的《沙律》，一部关于“沙拉”和“盆栽草药”的作品。因此，他继续推进自己对于拉昆蒂尼著作的翻译，这本书在法国受到了公正的赞扬，这样“我们可以而且能很好地完成我们自己国家所特有的便利和优势的事情，这是法国和任何其他国家都无法达到的”。

1669年，他在法国时，为了完成瓜类的新书部分，很早就向他的姐夫威廉·格兰维尔（William Glanville）求助；[7]格兰维尔自称他在园艺方面很平庸，但这位法国园丁很客气地接受了他，他设法传授了一些关于种植和修剪瓜类的知识，以便伊夫林以后可以应用。他在翻译上也得到了帮助，对于他这样的高龄作家来说，这是一个艰巨的任务；他告诉他的哥哥，“我不认为这一切都是我的功劳”，但他的出版商允许他以“我的名义”出版（凯恩斯，《藏书家》，第224页）。他的助手可能是乔治·伦敦，他曾是《英国葡萄园》（1666年）一书的名义作者约翰·罗斯（John Rose）的学徒；后来，乔治·伦敦在凡尔赛宫学习，回到伦敦为主教当园丁，之后又成立了布朗普顿托儿所。[8]这个译本从未完整地再版。但是在1699年，伦敦和他在布朗普顿托儿所的伙伴亨利·怀斯（Henry Wise）出版了一本精简版的单卷本，尽管没有专门鸣谢伊夫林；[9]但也称自己“现在内容非常精简，用途更广，而且有了很大的改进”。1701年到1719年，这本书再版了五次。

伊夫林的“广告”本质上是为布朗普顿托儿所做宣传。他向伦敦和怀斯的成就表示敬意，因为他们的成就是“我迄今为止在国内外所见过的最好的；或者是通过阅读许多关于这个主题的出版物发现的”。他说，在一个晴朗的日子里到那里走走，你就会看到“这两个勤劳的人为我们提供了一本多么精彩的杂志……这样的集会，我相信，在这个王国里是没有其他地方可以见到的”，而且它为英格兰的许多花园提供了材料——尤其是果树。然而，他也的确提到了他们的设计能力：他们已经实现了对一般设计所需的线条和图形有足够的掌握，对地面的塑造和平整有便捷的方法，能将它们塑造成需要特定地点的形式，并能确定适合长度的最佳步道和大道、点缀、中心的比例；以及使用什么材料，是不是砾石、地毯等来铺设。但是“在园艺中最有用（尽管没那么浮夸）的部分——菜园、瓜类、烹饪用花园的领域里”，他们的能力也毫不逊色。

相比之下，《钱币学》似乎是一本极其古怪的书，1697年以后，它就再也没有以任何形式再版过。它是献给玛格丽特·戈多芬的儿子弗朗西斯的，伊夫林曾监督他在伊顿公学和剑桥国王学院接受教育。有人认为，奉献精神并不是随随便便就能做到的，凯恩斯指出，弗朗西斯还不到20岁，因此可能会对他以前的导师的书感到困惑，凯恩斯称之为“喋喋不休和离题的”（凯恩斯，《藏书家》，第233页）；接着，凯恩斯引用了贺拉斯·沃波尔（Horace Walpole）在字母“N”下对其索引的批评，因为一篇关于勋章的演讲怎么会把最好奇的读者引向这样的话题：“十字架的钉子，麻醉药……那不勒斯人，他们的性格……诺亚，鼻子……护士，他们的脾气和性格有多重要？”

然而，它既是一部雄心勃勃的作品，也是一部博学的作品，试图通过对勋章的讨论来讲述现代英格兰的历史，“因为它们与历史、年表和博学的其他知识有关”。伊夫林所争论的正是约瑟夫·艾迪生（Joseph Addison）后来在他的《关于古代勋章的用途》（*Upon the Usefulness of Ancient Medals*，1726年）的对话中所解释的：金钱就是知识。当然，从某种程度上说，这是为了解释这个故事的“离题”倾向，但从97块勋章的冗长篇幅来看，这并不是“废话连篇”。这些勋章一面有人物图案；这些人物的基本信息有文字描述，他们的服饰也标明了注释（比如罗马服饰），他们周围和背面的铭文，连同勋章上出现过的物品都被注释了，有时用维吉尔或卡姆登的语录加以注释。实际上，这是一种经济的阐述事件的方式，而且，与可能丢失或被破坏的文字或绘画的意象不同，它们可以在“比彩布更持久的纪念碑”中阐述历史（第161页）。有一次，伊夫林亲自参与了内战期间一段国家历史的排练，他使用了一枚查理一世和亨丽埃塔·玛丽亚的勋章，这枚勋章是在“我的一块田里”发现的（第110页；更可能是沃顿庄园，而不是赛耶斯宫，因为它的财产在战争中比德普特福德更引人注目）[10]。除了解释国王、主教和士兵的勋章及其历史作用和象征意义的详细注释，伊夫林还增加了关于“其他人和事，一些值得纪念的与象征荣誉的勋章”的章节，关于铭文的用处，关于如何收集和获得勋章，关于勋章的制造者，并鼓励收藏家找机会展示他们所收藏的勋章。书中有学者和神职人员（如“英格兰人、爱尔兰人、苏格兰人等”）、历史学家、古物学家、哲学家、医生、数学家、律师、“诗人和伟大的智者”、音乐家、有名望的慈善家、伟大的旅行者和“冒名顶替者”（伊夫林在1669年的《冒名顶替者史》中就写过这些）。简而言之，这是所有为现代英格兰做出贡献的人的概略；在许多情况下，这些人正好都是皇家学会的成员。最后，他称赞了那些“通过实验知识使这个时代变得和其他时代一样伟大的天才”表明，伊夫林在高龄时的努力，就算不是绘制需要的话，也是对自己国家动荡历史的关注，以及对宗教、政治、文化和哲学问题的关注。此外，他的扉页上还写着“一个与地势有关的题外话”；它解释了不同的民族和气候如何影响人们的外貌和行为，不同的地形如何产生不同的民族类型（山地人和山谷或平原的人）。奥登的《赞美石灰石》（*In praise of Limestone*）至今仍让人印象深刻，在其中，不同的地理环境激发了不同类型的人类行为。

尽管《钱币学》看起来懒散随意又杂乱无章，但这篇文章可以被解读为伊夫林试图实现十年前在佩皮斯关于勋章和名人肖像的长篇论述中提出的想法。这封信揭示了伊夫林所涉及的广泛领域和他对主题的把握，尽管它是以一种“散漫”的方式来完成的。他也许不希望自己“肤浅的头脑”用来装饰佩皮斯的名人图书馆，但他认为勋章和雕刻可以“与最好的绘画相竞争”，于是他召集了一大批“在军械与艺术、智慧与学识，以及其他有教育意义的领域”的人：在那里他列出了一组形形色色的“因其疯狂和愚蠢，而在世界上制造噪声和喧嚣的人的肖像和画像”；他也不停留在这里，而是参加更多种类的活动，比如参加战斗，主持葬礼和其他庆典，参与审判，观察动物和一些不知名怪物的活动；关注庄严的建筑物，了解机器，收藏古董花瓶，文物保护，遗址和景观保护，对于其中的一些活动，他在《钱币学》的对人物和肖像的调查中做出了描述。

他在《钱币学》的“致读者”中写道，他开始写这本书“差不多有五年了”，但发现其他人在谈论这个话题〔可能是奥巴迪亚·沃克（Obadiah Walker）关于古钱币的书〕时，他暂时放弃了这本书。他认为，“仍有一小部分不尽如人意”可以用一种新方法来“修饰”（这是个有关风景的比喻），因为“它们与一些重大事实的构成有关，（它们可以）发现这个时代的天才，并将后几个世纪和革命中不同的臭名昭著的历史联系起来”。这样做，他可能会煽动“那些有更好的储备和机会来完善我最开始做的事情的人”，以让他的叙述更加可信。

这正是后来一位伊夫林的读者所做的，尽管是匿名的，他的那本《钱币学》的抄本现在就在哈佛大学的霍顿图书馆。他在所有的空白处——在页边空白处，在勋章的雕版和上面的注释之间——都做了大量的注释，但并不总是清晰可见。保存在哈佛的、盖伊·德·拉·贝多耶的笔记（时间为1977年）提到，注释者可能是威廉·沃顿爵士或拉尔夫·索雷斯比（Ralph Thoresby），两人都曾与伊夫林就勋章问题通信，但他认为这还是一个不认识他的人，因此很可能是18世纪中期的人，从“超然而学术的视角”写作。在索引的最后一页，这位匿名的读者列出了伊夫林的作品清单（同样几乎无法读懂），他在其中记下了考利为《林木志》写的诗，他自己也很重视有关园艺艺术的作品，这本身就表明他是18世纪的读者。所以他把自己对英国历史的研究和思考注入了对伊夫林的叙述里，甚至注释了《钱币学》的索引。他对这本书的阅读表明，他意识到伊夫林尝试通过硬币和勋章这一媒介，来叙述更广泛的英国文化史。对此，这个详尽的（现在有注释的）索引可以为其提供一个丰富而翔实的介绍。

1704年，伊夫林开始写《给我孙子的回忆录》，那时杰克22岁；他还补充了一系列“杂乱的建议”（《回忆录》，第75～90页），并补充说，“在某些时候，阅读和认真考虑这些建议并不是浪费时间”——诸如“一个人有灵魂要拯救，有一个家庭要体面地供养，要对自己的行为做出严格的解释，不需要什么消遣来消磨时间”，或者“怀疑一切过于繁华的事情”，或者“太多的嘲弄会消减尊敬”之类的格言。所有的训词都是针对杰克的性格说的。

在主要的回忆录里，以《我的大法官培根》为例（第40页），伊夫林坚持既要研究“社会性的，又要学习实用的”问题；特别是数学，它能够“磨炼和完善判断”。他提倡“笔的灵巧性”和研究“拉丁与现代语言”，特别是法语和意大利语，但也不忽视西班牙语和

“撒克逊语”（德语）。他鼓励对普通书籍的保存，并维护陈列柜的图片、稀有物品和“自然珍奇物”。他尤其针对“图书馆公寓”提出了建议，“这需要你特别且经常地检查，没有什么比一个受过高等教育的人更合适了”。这里提供了古代和当代作家的阅读书目，伊夫林不会“限制他翻译别人的作品”（也就是说，他可以翻译）。一个图书馆，不说是“伟大的”，也不是“可鄙的”，而是“所有家具和装饰品中最令人向往的”（因为它提供了心灵的家具和装饰，同时也使它的主人变得与众不同）。在书中，伊夫林列出了图书馆应包含的和与写作有关的所有材料：图书印刷机、“墨水壶”（墨水架）、书桌、邮票、比例尺、装订材料、地图盒、铅笔刀、橡皮擦、蜡、数学和测量仪器、地球仪、显微镜、光学眼镜和水平仪。早些时候在赛耶斯宫里，他为一个新园丁写了指示；现在，他必须在一个大得多的庄园里对工作人员讲话，就像一个管家，负责更详细的工作，包括检查支出和工资，确保花园和田间工具得到修理和润滑，锁好船棚的锁，确保从手杖、鱼竿到防治虫鼠用的“捕鼠器”等所有东西都放在适当的位置。他还建议杰克“阅读农业作家的作品，如加图的《农业志》（*Dere rustica*）以及科鲁迈拉（Columella）和土辟主义者（Geoponiks）的一些作品”。

他所有的推荐作品都充满了对细节的迷恋；从妻子的选择和行为，到孩子的养育，他在许多事情上都很执着。在养育孩子的过程中，杰克被教导要接受“训诫、榜样、约束和鼓励，这些有用且令人愉快的事物，而不是托儿所里微不足道的东西”。关于沃顿的林地和家庭及其仆人的行为，都得到了详细的解释；关于“娱乐”的问题，他提倡“园艺景观、树林、散步的小道和其他无害的娱乐设施，以便保存已经种植和改良过的东西，而不让它被毁”（第16页）。最后，他列举了一些目前在沃顿学院的档案——有他的作品，有“一些未经润色的原版书籍”，还有一些称得上是虔诚的作品，《卢克莱修》未出版的部分，与玛格丽特·布莱奇有关的材料，医学食谱和“其他力学书籍”，还有一张在他的图书馆里用“我的黑铅蜡笔”注释过的笔记（第68页）。[11]

它读起来就像是伊夫林对自己的生活、期望和人际关系的复写。也许这也是一种安慰，“经历了失去我那么多亲爱的孩子之后”，至少有一位男性会继续并珍惜家族的远景和繁荣。他希望杰克能资助沃顿和阿宾格教区的六个穷人（尽管这并没有实现）。他一开始的“建议”是希望杰克娶或“收养”某个值得尊敬的人，以延续伊夫林这个名字（第5页）；但写到一半时（第69页），由于他显然一直在随意地起草笔记，他向杰克与安妮·博斯卡文的婚姻致敬。他的最后一页记录的时间是“Ætat. 85”。

后来，沃顿庄园由受过良好教育的杰克来管理，伊夫林对沃顿庄园的未来的关心和关注，也预示着伊夫林夫妇感到安全稳定。尽管早些时候他们有种种不便和法律上的顾虑，因为有那些约翰要是没有逝世本可以继承的遗产。一家人开始享受在沃顿的生活，花园也在改善，他们也从赛耶斯宫搬来了更多的财产；1702年就有了这些物品的清单——这意味着他们要在那里度过余生。他们的个人简历非常详细，可以说是他们两个人生活物质方面的个人简历：一间“陈列室”或一个“古董柜”，既有字面意义，也有转喻意义。[12]杰克现在娶了戈多芬勋爵的侄女安妮为妻（就像他那时一样）。博亨被任命为沃顿的牧师，尽管他的一场猛烈抨击奢华服装的布道惹恼了伊夫林，伊夫林一定觉得这是针对家里仅有的两个衣着讲究的女人——苏珊娜和玛丽[13]。伊夫林这样一位老人，特别是在那个时期，患有一连串的疾病，有令人痛苦的痔疮、肾病、痛风、结石，而且——对于一个园艺工人来说，这是一种悲惨的命运——1703年3月，他在布朗普顿托儿所散步时又摔断了胫骨；有时他甚至在布道时睡着了。他祈求上帝让他可以忍受自己的疾病，并从此过上平静的生活。天气仍然是人们担忧的对象，也是人们习惯于预测的话题。在阿尔伯里附近，1702年1月22日，威廉·沃顿爵士在经历了一场极其恶劣和具有破坏性的暴风雨后，给他写了一封信，他振作起来，说沃顿的“迷人的树林”是如何使它成为一个如此美妙的地方，“英格兰最美丽的郡里最伟大的装饰”（《信件》，第385页）。他对国外的军事和政治事件非常敏感，包括马尔伯勒（Marlborough）在布伦海姆（Blenheim）的胜利。他似乎担心王位的继承，因为如果安妮女王寿终正寝，那么汉诺威（Hanover）的乔治可能会继承王位。

1706年，约翰·伊夫林在伦敦越冬，于2月27日在多佛街逝世，享年85岁，并于3月4日葬于沃顿。两年后，玛丽也在2月份去世，享年75岁。1713年，杰克被授予男爵爵位，成为英国皇家学会和古文物学会的成员，同样活到80多岁，1763年去世。

后 记

这本书试图叙述伊夫林的家庭生活。他晚年的大部分时间都在他最后意外继承的沃顿的房子里度过。他的最后几年主要关注国内事务，在其出版物中对影响较大的国家问题也有一些关注。伊夫林生活的兴趣总是超越了个人，延伸到公众，因为他把当地情况与国家环境联系起来，把实用的园艺与世界人民的精神健康联系起来。生态学（oikos）对伊夫林来说意味着家，这个希腊单词在19世纪也有着生态的意思，而生态也是更大的城邦领域（Polis）的必要组成部分。伊夫林在解释园艺的重要性时也意识到，当地或者说国内的，特别是对英格兰树木乃至植物是否繁茂生长的关注是与政治交织在一起的。正如在《大英极乐世界》的讨论中提到的，他发现个人和当地的花园总是试图代表或示范包括它在内的更大的世界。这是我们从他的生活和交往中学到的有益的一课，反过来，这也超越了对只有一种生活的关注。

除了讲述他的故事和传记，我们很难抓住对约翰·伊夫林的叙述要点，甚至是有用之处——因为他不是一个容易被评价的人，他的生活素材十分丰富，有时甚至难以驾驭。弗吉尼亚·伍尔夫的怀疑主义使她发现其他人与她的判断相吻合，把枯燥、保守、虔诚的伊夫林日记与开朗、活泼的佩皮斯日记进行传统的对比，对他可没有什么好处。因此，也许最后我们可以进行另一种比较：把他和约翰·奥布里做比较。

他们一起在皇家学会的“园艺”委员会工作，虽然在1672年，奥布里还在问“约翰·伊夫林先生……是否写过规划和园艺方面的书”，很明显，他当时对伊夫林还不够了解。但四年后，他很高兴地提到“自从我把关于萨里郡的笔记寄给伊夫林先生后，我和他的友谊日益深厚”[1]。还有，伊夫林对奥布里萨里郡材料的评论把他们两人的观点有力地区分开。两人都对标志着英国启蒙运动的文化革命做出了贡献，这是一种奇特的混合，既有当地的热情，又热衷于（以伊夫林为例，这是一种虔诚的）经验主义。他们都认为，自己就像我们现在所能认识到的，是早期现代世界的过渡人物。

奥布里是一个“善于观察”的大师，他对伊夫林的研究中的“成果”显然表示赞赏，尽管他自己还能提供更多的资料，表明其中漏掉了“我出生的地区，我的喜好”，所以他列出了十几个“可观察的地方，我不怀疑，但你一定得留下来，下次再去看看”。但随后，他在信中很快提到了沃顿，赞美了它的“森林”和水，它的景色（“英国最大的前景之一”），它的偏僻和各种地形。令他兴奋并使他区别于奥布里的是这个家族庄园的历史、环境和种植。当伊夫林最终继承了沃顿庄园，同时在赛耶斯宫建造了自己的花园时，奥布里被迫卖掉了他在威尔特郡伊斯顿码头的家，在他的余生里，他只是设法在纸上画出一座精致的花园和充满意大利风情的风景；他永远感到遗憾的是，没有去意大利旅行（“我渴望的意大利之旅”），他只能在他的《伊斯顿码头设计》（*Designatio de Easton Diers*，现存牛津大学图书馆）中记录他的梦想。两人都是英国孜孜不倦的“可观察物”的收藏家，只有伊夫林幸运地“建造”出了花园，并出版了书籍。

奥布里的《威尔特郡自然史》（*Natual History of Wiltshire*）和《大英百科全书》（*Monumenta Britannica*）中充满了精彩而细致的描述，尽管这两本书都是在他去世的1697年出版的，也就是伊夫林的《钱币学》出版的那一年。奥布里和伊夫林一样，对土壤、树木、埃夫伯里和巨石阵的遗迹着迷，参观了布莱尼姆的古老花园、托马斯·布什内尔的赫米塔奇花园、切尔西的丹弗斯花园、迪普登花园、圣奥尔本斯附近的培根住所、花园和公园；他读了培根的著作，受到了启发，在牛津大学学习了“实验哲学”，读了托马斯·布朗爵士的《梅第奇宗教史》（*Religio Medici*），自学了绘画和绘制地图，坚持了地志学的重要性。用奥布里的话来说，这两个人都很高兴能把“过去的一切从时间的牙缝里救出来”，而且他们都积累了更多的材料，多到任何一方都无法轻易管理，也无法让更多的读者接触到。奥布里似乎与每个人都很熟悉，或者（就像当地的土著居民哈特利普人一样）通过文化渗透来为自己的《短暂的生命》（*Brief Lives*）和其他作品获取材料；然而，在他生命的最后几年里，经常听到朋友们去世的消息，他也没能和他们建立起有用的联系。而伊夫林则在自己的圈子里活动，在这个圈子里，他可以更多地利用自己的许多联系，毫无疑问，他为自己广泛的、通常很有名望的贵族伙伴们感到自豪。

奥布里向朋友们借钱，特别是向罗伯特·胡克借钱，并卖掉了自己的书来偿还部分贷款；他被迫频繁地搬家，无法整理和保存他的图书馆。伊夫林保持着威廉·兰德所说的“关心”——对信仰、家庭、国家、朋友和一个值得珍惜的地方的关心——相比之下，奥布里却哀叹自己不能拥有很多，甚至包括一个妻子。奥布里在他有生之年唯一出版的著作是1696年的《杂录：赫米提克哲学的集合》（*Miscellanies: A Collection of Hermetick Philosophy*），这是一个奇怪的组合，是一个在18世纪会被认为是疯子的工作，或者是露丝·瑟恩（Ruth Scurr）所说的“疯子”：简而言之，那本书中没有什么使他在英格兰悠久的历史中占有重要地位，令他成为“传记家、古物学家、考古学家、自然、科学、数学、语言、民俗和建筑的史学家”（瑟恩的清单）。相比之下，伊夫林的出版物更多，其中《林木志》的排名尤其靠前。

如果说两人都有能力拯救过去，或许更明显的区别是，奥布里是和过去进行了细致、努力而迷人的对话，而伊夫林的关注点则是将他对过去的了解带入有用并有希望的未来。他为杰克写的笔记暗示了他对英国花园发展的关注，其出版的《林木志》特别主张对林地设立更严格和最新的日常工作事项。他翻译的《拉昆蒂尼》对花园的建造提出了真正的要求（既是实用主义的，也是哲学的，甚至是“浮夸的”）。在某种程度上，《钱币学》当然是对过去的叙述，但它也被设计用来解释当代英国历史上一段极其令人担忧但又很重要的时期。《大英百科全书》，就像奥布里所有最好的作品一样，并没有出版，这当然意味着伊夫林无法指导读者对花园及其设计的未来思考，尽管他为那部作品所写的概述流传甚广，而且肯定引发了新的思考。他将不会知道凡布鲁赫在布伦海姆构建的花园景色，也不会知道早期的英国花园，更不会知道他的一个孙女嫁给了牛津郡努纳姆·考特尼（Nuneham Courtenay）的主人，这是另一个令人难忘的18世纪景观。

在这里，我们没有时间和机会来进行一项可能会很有趣的研究——追踪伊夫林有关花园的想法在多大程度上渗透给了除瑞士人以外的其他人，以及通过观察他对自然过程的理解是如何被“翻译”和改造成新的园林，在英国园林风景热之前，这可以填补园林历史上一个有趣的空白。因为景观设计本质上是对自然的“翻译”，这种“翻译”被很好地观察之后，就能够变成对更多人来说更明显、更容易理解的形式。这是一种教学行为，也是一种审美行为。和17世纪晚期的许多人一样，伊夫林观察了大自然的作品，并写下了有关它们的文章；他也得到了机会，在实际的园艺建造中去组织或将它们转化为“创造”的作品。伊夫林是一个务实而又富有哲理的园丁，他发现了一种方法，可以将他对花园建造过程的观察从字面上和隐喻上同时传达给其他人。[2]他对花园和园艺的细致关注，使他能够和其他17世纪的历史人物相提并论；但他也有能力设想，正如他在《霍顿斯日历》中所承诺的那样，地方劳工可以促进世界和平与富裕（参见插图51）。建造英式花园是他家庭生活的最高典范。

作者注

第一章　家庭生活

1.《一生》（*Life*）这本书仅在维多利亚时代出版，它已经成为了解家庭关系到底是什么样的一个战场（见第九章）。这让我想起一句反讽格言：“后见之明是一件好事情，在讲故事时，有一点先见之明的后见之明会更好。”〔迈克尔·伍德，《伦敦书评》（*London Review of Books*），2016年2月18日〕

2. 伦敦，《信簿》，附加手稿78392，f.36。他的《指示》（*Instructions*）是由他的抄写员理查德·霍尔（Richard Hoare）誊写的。伊夫林理应了解过，在色诺芬的《经济论》（*Oeconomicus*）中，丈夫指导妻子如何管理家庭。

3.《信簿》，附加手稿78440。

4.《信簿》，附加手稿78441。

5. 这个词是我的老朋友道格拉斯·钱伯斯在他的长篇大作中用来记录和解释伊夫林的信的。参见钱伯斯，"'原谅这些无礼之处'：伊夫林在他的信札中"，载于弗朗西斯·哈里斯和迈克尔·亨特主编的《约翰·伊夫林和他的出身》（*John Evelyn and his Milieu*，伦敦，2003年），第21～36页，以及伊夫林与大卫·加尔布雷斯合著的《约翰·伊夫林书信》（*The Letter Books of John Evelyn*）第二卷（多伦多，2014年）。我自己也更加确信，伊夫林对他所要做的事情有更全面的认识，包括"艺术大师"这个词（尽管在今天意思已经减弱了）和我自己的想致力于教化这个主题的证明。

6. 我从《新亚特兰蒂斯》中引用的所有引文，都参考了阿尔弗雷德·B. 高夫的版本（Alfred B. Gough，牛津，1915年）。

7. 在一封写给伊丽莎白女王首席大臣伯利勋爵的信中，《新亚特兰蒂斯》第九章的序言中引用了这句话。

8. 迈克尔·麦肯，《家庭生活秘史》（马里兰州，巴尔的摩，2005年），第40页。这是一本书的总集，副标题为"公共、私人和知识的分工"，亟须认真修订；并不是麦肯的所有短途旅行都对伊夫林有借鉴意义（麦肯的这本书只被引用过三次；佩皮斯写的有关伊夫林的书被引用得更多）。但麦肯提供了与本书主题有关的术语的历史。

9. 约翰·洛克，《人类理解论》（*An Essay Concerning Human Understanding*，1690年），第二本，第一章，第二节。

10. 伊丽莎白·耶鲁，《社会知识：近代英国的自然史和国家》

（*Social Knowledge Natural History and the Nation in Early Modern Britain*，费城，宾夕法尼亚州，2016年）。

11. 钱伯斯和加尔布雷斯版的信件介绍，对伊夫林采用的书信的写作角色和风格做了一个清晰而实用的概述。这种强烈的风格有着悠久的历史：柏拉图认为房子是一个小城市，而城市是一个大房子。1657年（《信簿》，第一卷，第212页），伊夫林感谢杰里米·泰勒（Jeremy Taylor）寄来《关于友谊的性质、作用和衡量标准的论述及规则的总结》（*A Discourse of the Nature, Offices and Measures of Friendship, with Rules of Concluding It*，1657年）。第二年1月，他又写信给本杰明·马多克斯说“最重要的是结识一些学者，并与他们通信；从他们身上可以学到许多优点，也可以做很多的实验”（《信簿》，第一卷，第220页）。

12. 这句话是露丝·瑟恩（Ruth Scurr）在她的《非凡而精彩的约翰·奥布里：我的生平》（*John Aubrey: My Own Life*，伦敦，2015年）第5页讨论奥布里的书和手稿时引用的。

第二章　在英国的早期生活

1. 我引用现代版的《约翰·伊夫林的日记》（*The Diary of John Evelyn*），由爱德华·E. S. 德·比尔编，第6卷（牛津，1955年）。日记的实际组成和编辑的重新安排参见《信簿》，第一卷第十二章和注释中有用的概要。德·比尔解释说，日记的前面部分是他早期笔记的自由抄本，这些笔记是他从其他书籍、报纸或手稿中借鉴，然后添加进去的；重写的工作在1660—1665年进行；因此，从早期日记中引用的所有内容，在很多方面都是有追溯性的，并与他对他遗产的塑造有关。从1649年7月开始的后期部分是在1680年后写的。大约在1684年以后，日记就由期刊条目组成，而不是修订本。这些证据是由德·比尔在第一卷中列出的，与日记的早期版本《我的生平》（*De Vita Propria*）一起。第六卷有一个没有人能做得更好的索引，所以我将不引用个人的参考，除非是引用了一篇很长的文章。我也一直使用伊夫林拼字法的现代拼写（除了他的连字号），并扩展了他的缩写。

2. 参见玛丽·多布森《近代早期英格兰死亡与疾病的轮廓》（*Contours of Death and Disease in Early Modern England*，剑桥，1997年）。

3. 约翰·鲍尔《约翰·伊夫林和他的世界》（*John Evelyn and his World*，伦敦，1981年），第12～13页。

第三章

旅行的收获：欧洲大陆，1641年和1643—1647年

1. 参见乔治·B. 帕克斯的《约翰·伊夫林与旅行的艺术》（*John Evelyn and the Art of Travel*），亨廷顿图书馆季刊（1946—1947），第251～276页。克洛伊·查德的《大旅行中的快乐和内疚：旅行写作与想象地理学，1600—1830》（*Pleasure and Guilt on the Grand Tour:*

Travel Writing and Imaginative Geography 1600–1830，曼彻斯特出版社，1999年）对欧洲旅行有一个大致的描述。伊夫林经常给朋友们关于“旅行的收获”的建议，见《信簿》，第一卷，第237～280页。

2. 安东尼·雷德克里夫和彼得·桑顿，《伊夫林的陈列柜》（*Evelyn's Cabinet*），《鉴赏家》（*Connoisseur*），1978年4月，第256～261页，其中包括插图6中底座上动物黄铜浮雕的细节；这是在佛罗伦萨为伊夫林制作的。他的妻子最终在法国订购了自己的陈列柜，现在收藏在伦敦的杰弗莱博物馆。1704年，伊夫林敦促他的孙子在沃顿保留几个不同的陈列柜（见第十二章）。关于陈列柜，一般来说，你可以看《博物馆的起源：16—17世纪欧洲的古奇陈列柜》（*The Origins of Museums: The Cabinet of Curiosities in 16th-and 17th-century Europe*），O. 英佩和A. 麦格雷戈著（牛津，1985年）。在伊夫林1665年的信件中，有一份“珍贵的珍宝和珍奇之物”的目录，这是国王陈列柜的管理者应该考虑的。（《信簿》，第一卷，第356页）

3. 布朗作为一个居住在巴黎的英国人，曾担任过其他类似的外交角色。有关布朗的更多信息，请参见达利撰写的《约翰·伊夫林》（*John Evelyn*），第37页。

4. 他在后来拥有的书中发现，其他的艺术大师都对“自然的”回声着迷：罗伯特·普洛特的牛津郡与斯塔福德郡的历史收录了一些关于回声的词条，前者的索引中有八个条目。显然，这一想法已经传播开来，因为人造回声是在肯塔基州的大卫·米德的土地上建造的。参见詹姆斯·D. 科尔沃尔夫，《大卫·米德二世：美国花园历史的先驱》（*David Meade ii: Pioneer of le jardin anglais in the United*

States），《花园历史杂志》（*Journal of the History of Gardens*），第十六卷（1996年），第265页。

5. 伊夫林曾与艺术家兼雕刻师亨德里克·范德·博勒希特通信，后者陪伊夫林共同参观了枫丹白露，并提醒伊夫林把所有草图都寄来，以便由温斯劳斯·霍拉尔雕刻：请参阅罗伯特·哈丁，“约翰·伊夫林，年轻时的亨德里克·范德·博勒希特和温斯劳斯·霍拉尔”（John Evelyn, Hendrick van der Borcht the Younger and Wenceslaus Hollar），《阿波罗》（*Apollo*），CXLIV（1996年），第39～44页，特别是第42页（1645年10月17日致伊夫林的信）。

6. 在这封给他已在罗马皈依了天主教的表姐凯特利（《信簿》，第一卷，第86～89页）“彬彬有礼”的信中，伊夫林和他另一个大家庭成员解释说，他的好奇心促使他调查意大利的宗教习俗，但是凯特利可以“认真地权衡真正的基础和上层建筑，并尝试从浮碴中（也就是说，提取）纯金（以及其他掺杂成分，然后）当然你不得不承认，金属是混合在一起的，并不是所有的金子都能闪闪发光”。另一封1652年（《信簿》，第一卷，第105～111页）写给达勒姆主教之子约翰·科辛的信，则详细地考虑了对他皈依天主教的观点：“就我个人而言，我满足于我的宗教信仰，不对别人做任何随意的评判……”然而随后他就开始对天主教进行冗长的批判。科辛最终回归了英国国教。

7. 1659年，伊夫林写到布朗的“无可比拟的苦思冥想……一本博学多才的杂志”（《信簿》，第一卷，第251页）。已故的C. A. 派瑞德斯是我的同事和朋友，他将这部作品描述为“令人惊叹的兴趣范围和惊人的学识”，他的托马斯·布朗爵士作品集《主要作品》（*Major Works*，伦敦，1977年）中提供了一些样本，第163～260页。在他的《日记》（第二章，第397～398页）中，伊夫林表达了他的烦恼，他没有仔细观察一个展示磷光戒指的把戏人；但在其他地方，他也同样好奇和怀疑。在大对开笔记本里的“记录了历史、物理、数学、机械等方面”（《信簿》，Add. ms 78333），他指出，“迷信仍然存在于我们之中”。

8. 1645年3月，他从罗马出发，用意大利语给住在刘易斯的前校友罗伯特·希思写信，描述了他的那不勒斯之行，以及他在《信簿》，附加手稿78357，fol. 41中的诗句“到R. 希思·埃思克先生那里的旅行”。

第四章　婚姻和英格兰共和国时期

1. 它最终由约翰·英格拉姆（John Ingram）转录，并于2001年由宾夕法尼亚大学出版社出版。我将在第十章中讨论这个大主题以及它不完整的可能原因。

2. 正如伊夫林在1649年1月对他的岳父解释的那样：见《信簿》，附加手稿78221，fol. 30ff。

3. 引用迈克尔·亨特（Michael Hunter）的《科学与正统的形态：17世纪晚期英国的知识变革》（*Science and the Shape of Orthodoxy: Intellectual Change in Late 17th-century Britain*，伍德布里奇，

1995年），第70页。

4. 玛丽，《约翰·伊夫林》（*John Evelyn*）对此做了说明，第75～76、80～82页。

5. 对于那些认为伊夫林是一个忧郁的，甚至有时悲伤的人来说，这种“快活”也许令人惊讶，但并不罕见：伊夫林的“欢笑精神”和同伴们对他的滑稽行为“笑得快死了”，请参见1665年9月，《塞缪尔·佩皮斯的日记》（*The Diary of Samuel Pepys*），埃德·R. 莱瑟姆和W. 马修斯著（伦敦，1970—1983年），vi. 220，有趣的是，伊夫林自己的《日记》并没有记录这些内容。

6. 凯恩斯〔《藏书家》（*Bibliophily*），第35页〕怀疑弑君者们太过专注，以至于没有注意到一个不知名的作者。这本小册子很少，但凯恩斯指出，它在1656年和1658年仍在流传。

7. 在这里，我把“剧院”解释为英国的剧院或舞台；但是《信簿》的编辑在不同的语境下对同一个词进行注解（i.169）。

8. 达利，《约翰·伊夫林》，第115页推测，对“阁下”致敬，由于“如此多的显著的义务”而欠债的是他的岳父。

9. 凯恩斯，《藏书家》，第36页，认为一些印有这个字母的抄写本可能是专门为伊夫林印制的。

10. 《信簿》，第一卷，第92页（写给约翰·科辛，1644年被驱逐出彼得宫）。

11. 《日记》，第三章，第1页。他在1649年拜访过这座房子，显然是一个人（日记，第三章，第563页，我从他那里得到了一些观察结果）；他向玛丽展示了他认为有价值的新建筑和景观。

12. 1634年，奥布里还认为可以“数一数石头的数量。我总有一天会这样做的”：露丝·瑟恩，《约翰·奥布里：我的生平》（*John Aubrey: My Own Life*，伦敦，2015年），第24页。

13. 哈特利普是一个真正迷人的人物，在这里我无法对他进行公正的评价。参见查理·韦伯斯特《塞缪尔·哈特利普和学问的进步》（*Samuel Hartlib and the Advancement of Learning*，剑桥，1970年），《塞缪尔·哈特利普与普遍改革：知识传播研究》（*Samuel Hartlib and Universal Reformation: Studies in Intellectual Communication*），马克·格林格拉斯、迈克尔·莱斯利、蒂莫西·雷勒主编（剑桥，1994年）。达利，《约翰·伊夫林》，有关于哈特利普，伊夫林和其他许多人之间联系的有用记录。后来，我谈到了哈特利普对伊夫林园艺工作的具体贡献，以及他从他身上学到的东西。

14. 见F. 舍伍德·泰勒，《约翰·伊夫林的化学研究》（*The Chemical Studies of John Evelyn*），《科学年鉴》第8卷／4期（1952年），第286～292页。这是一个详细的实验记录，有容器图、房间布局的草图、熔炉等。大英图书馆的一本化学书（Add. ms 78345）有一部分都是图表，有着关于蔬菜和香料蒸馏的注释，以及“我实验的化学过程”。见他在《信簿》Add. ms 78335的化学研究。

15.《信件》，第114～115页；其次是威廉·沃顿爵士，第391页。

16. 伊夫林回想起他在1703年写给威廉·沃顿爵士的关于他对哈特利普的记忆：《信件》，第391页；以及更早的1659年写给波义耳的信，同上，第115页。

17. 莱斯利在《约翰·伊夫林的〈大英极乐世界〉与欧洲园艺》

（*John Evelyn's 'Elysium Britannicum' and European Gardening*）第131～152页详细讨论了这两个男人之间的关系，我在此引用了他们的文章；有趣的是，比尔也分享了他对哈特利普的保留意见，但他在哈特利普死后仍与伊夫林保持联系。

18. 1682年，伊夫林感谢克里奇寄来他的翻译（《信簿》，第二卷，第689页和笔记）。霍华德·琼斯所著的《伊壁鸠鲁传统》（*The Epicurian Tradition*，1989年）对这一传统以及（在最后一章）它在英国的命运进行了有益的考察，我对此作了总结；这里是第204页。参见T. F. 梅奥，《英格兰伊壁鸠鲁》（*Epicurus in England*，1650—1725年，达拉斯，得克萨斯，1934年）和迈克尔·M. 罗基，《约翰·伊夫林译的提图斯·卢克莱修·卡斯》（*John Evelyn's Translation of Titus Lucretius Carus*，法兰克福，2000年）。值得一提的是，卢克莱修是在罗马内战期间写的，而伊夫林是在英国内战之后的过渡期开始翻译的；但是，由于复辟时的不安情绪已经过去，伊夫林可能觉得继续出版更多的书没那么有用了。

19. 这句话出自玛格丽特·卡文迪许夫人的《诗歌与幻想》（*Poems and Fancies*，1653年），被琼斯引用于《伊壁鸠鲁传统》第198页。

20. 范肖对于他寄来的手稿做出了回复，伊夫林用一种相当华丽和复杂的方式回应了他，这也暗示了这个项目颇有些尴尬：《信簿》，第一卷，第137～138页。范肖的书信：《附注与查询》（*Notes and Queries*），CXCVI（1951年），第315～316页；泰勒和伊夫林的回复：《信件》，第72页和第73ff页。

21. 在这一点上，我要感谢达利的《约翰·伊夫林》，第145页，她注意到伊夫林从未提及这本1657年出版的书。不过，讨论者之间的“对话”可以让所提问题有一定程度的公开性。

22. 斯图尔特·吉莱斯皮在TLS（2015年1月30日）中写道“约翰·伊夫林的偶发诗歌和翻译”，但并没有提到卢克雷诗的质量，尽管它们曾被顺便提到过一次。

23. 参见H. 琼斯，皮埃尔·加森迪，1592—1655：《一本知识传记》（*An Intellectual Biography*，新科普，1981）。

24. 迈克尔·莱斯利，“‘没有设计，没有命运，没有力量’：为什么约翰·伊夫林不能完成《大英极乐世界》？”（*Without design, or fate, or force: Why Couldn't John Evelyn Complete the Elysium Britannicum?*）《近代早期的花园，知识和科学》（*Gardens, Knowledge and the Sciences in the Early Modern Period*），胡贝图斯·费舍尔、沃尔克·雷默特和约阿希姆·沃尔施克布尔马恩主编（施普林格，2016年）。达利，《约翰·伊夫林》，第八章也注意到伊夫林很可能是想给像卢克莱修这样的古典作家一个正确而坚定的基督教解释。卡罗拉和阿拉斯泰尔·斯莫尔，《约翰·伊夫林和伊壁鸠鲁的花园》（*John Evelyn and the Garden of Epicurus*），《华堡与考陶德学院学报》，第60期（1997年），第194～214页，对卢克莱修给伊夫林园艺计划带来的影响做出了一些全面的声明（见第十章）。迈克尔·亨特也在《约翰·伊夫林的“大英极乐世界”与欧洲园艺》中讨论了这本书，第96～101页。另见散文集《卢克莱修与现代性：跨越时间与学科的伊壁鸠鲁遭遇》（*Lucretius and Modernity: Epicurean*

Encounters across Time and Disciplines），雅克·莱兹拉和丽莎·布莱克主编（贝辛斯托克，2016年）。

25. 他在几封信中一直喋喋不休地谈论“印刷工人的恶行”（《信簿》，第一卷，第177～178页、第195页、第201页），同样，他对卢克莱修的态度也摇摆不定：参见《信簿》，第一卷，第176页（写给泰勒），他的岳父对更好的版本（第195页）和威廉·兰德（William Rand，第201页）提出了建议，尽管如此，他还是想继续向伊丽莎白·蒙特女士（第189页）提出建议。1674年晚些时候，他写信给美克力·卡索邦说，继续翻译这本书“已经很久了”，也许是他的年轻、鲁莽和野心，促使他开始写这篇“拙劣的文章”（《信簿》，第一卷，第557页）。

26. 详见沃尔特·E. 霍顿的《贸易的历史：与培根、佩蒂、伊夫林和波义耳所见的17世纪思想的关系》（*The History of Trades: Its Relation to 17th-century Thought as Seen in Bacon, Petty, Evelyn, and Boyle*），《思想史杂志》第二版（1941年），第33～60页；和亨特的《科学与正统的形态》（*Science and the Shape of Orthodoxy*），第74～82页。

27. 关于伊夫林的信仰和实践的见解，可以从《约翰·伊夫林的一本灵修书》（*A Devotional Book of John Evelyn*）中获得，沃尔特·弗雷尔编辑（伦敦，1936年），他写了很多关于17世纪英国宗教状况的文章。

28. 《杂集》（*Miscellaneous Writings*）可以追溯到1651年，但没有证据证明这一点；它出版于1659年，正好是过渡期的末尾。考虑到它的主题，很可能是在伊夫林还在法国的时候就已经提出了，而且这无疑是对伊夫林在1652年发表的关于法国本身的书的讽刺和反讽的回击。

29. 伊夫林曾给他的堂兄桑德斯写过一些关于海德公园的社会和服装习惯的类似评论：《信簿》，第一卷，第144～147页。

30. 再参看玛丽·多布森的书，《死亡与疾病的轮廓》（*Contours of Death and Disease*），在上文在第二章，n. 2. 提到过。例如，17世纪晚期，安妮女王，自从17岁怀孕后，只有一个孩子活过了婴儿期。

31. 引用达利，《约翰·伊夫林》，第149页。

32. 约翰·奥布里在他的《萨里的自然历史和古物》（*Natural History and Antiquities of Surrey*，1718年）第四章，第137～142页中记录并抄录了他的古墓，他还重印了伊夫林翻译的《黄金指南》（*Golden Book*）中的一条长引语。

33. 《杂集》，第169～192页，增加了许多脚注，取自第四版；凯恩斯（《藏书家》，第71页）说这本小册子重印了四次。这本书和伊夫林1661年写的《查理二世颂词》（*A Panegyric to Charles the Second*）一起被奥古斯汀重印学会再版（加利福尼亚，洛杉矶，1951年），附有杰弗里·凯恩斯的介绍。

34. 这篇文章在《杂集》中重新印刷，第193～204页，并在脚注里转载了李约瑟的讽刺。

第五章　赛耶斯宫

1. 第一句话，从伊夫林到托马斯·布朗爵士，毫无疑问，意思是说，英国人还没有深究或“下降到”了解欧洲大陆的某些细节，但如果可能的话，伊夫林会这么做的。第二条格言来自《霍顿斯日历》，第55页，出版于1664年的第一版《林木志》。

2. 不管出于什么原因，不过主要是联邦税收的增加，他被迫在8月和9月出售另外两处房产，第一处是他为玛丽准备的新获得的房产。但在赛耶斯宫的整个任期内，他的注意力都集中在资金上：事实上，他不断为自己和岳父寻求有报酬的工作，对定期资金的需求与他希望找到一个有用的公共角色的需求是一样多的。

3. 1685年6月玛丽·伊夫林的信，引用在普鲁登斯·利思罗斯，《约翰·伊夫林在德普特福德的花园》（*The Garden of John Evelyn at Deptford*），引自《花园历史》，第十五卷（1997年），第146页。当伊夫林从事行政工作时，玛丽会帮忙照料花园，但这并没有阻止她写信给一位密友，说花园需要“不断改进”，“男人的幻想得到了赞美，而可怜的女人却因为改变了自己的衣服而受到谴责”（引用达利，《约翰·伊夫林》，第183页）。

4. 弗朗西斯·哈里斯：《爱的转变：约翰·伊夫林与玛格丽特·戈多芬的友谊》（*Transformations of Love: The Friendship of John Evelyn and Margaret Godolphin*，牛津出版社，2002年），第300页。

5. 其中的“细节”难以阅读，但已由利思罗斯抄写，“约翰·伊夫林在德普特福德的花园”，第138～152页，我的文章中偶尔提到过。

6. 萨里码头地下车站的东南方是伊夫林街，这条街通向德普特福德街，后来改建成克里克路，一直延伸到格林尼治。他的花园已经有了改建的计划：见www.sayescourtgarden.com。

7. 这最初是由马克·莱尔德承担的任务，“花圃、格罗夫和花园：约翰·伊夫林时代的欧洲园艺和种植设计”（Parterre, Grove and Flower Garden: European Horticulture and Planting Design in John Evelyn's Time），《约翰·伊夫林的“大英极乐世界”与欧洲园艺》，第171～219页；自那以后，在他随后的三篇文章中，在赛耶斯宫，他将他的主题推进到风暴和“混乱”的影响，在《环境》（*Milieu*）的第115～144页，《再访赛耶斯宫》（*Sayes Court Revisited*）和《庆典》（*Celebration*）第99～119页的《温室和大风暴》（*Greenhouses and the Great Storm*）。最后一篇，某种意义上的“结论”，出现在莱尔德的《1650—1800年英国园艺自然史》（*A Natural History of English Gardening, 1650–1800*，纽黑文，康涅狄格州，伦敦，2015年）的第二章。

8. 我希望在这里简单地说明我是如何理解花园的“翻译”的：在《我的花园和树林：在英国想象中的意大利文艺复兴花园，1600—1750》（*Garden and Grove: The Italian Renaissance Garden in the English Imagination, 1600–1750*，伦敦，1986年；费城，宾夕法尼亚州，1996年）中，我展现了意大利的思想在英国的调整——当然是参照的，但也经常明确地“归化”或“驯化”；在《地点的创造》（*The Making of Place*，伦敦，2015年）的第12章中，我认为，重新设计的花园，无论是多么忠实地被复制，也都是一种新的消遣，容易受到“今天的偏好”的影响。

9. 1657年给托马斯·布朗爵士的信。道格拉斯·钱伯斯在他的文章《约翰·伊夫林的大英极乐世界与欧洲园艺》中，通过他的信件追踪了伊夫林对“大英极乐世界”的思考，但并不总是用标题来标明。许多有学问、有独创性的评论试图将他的作品与他在赛耶斯宫的实际行动联系起来，但考虑到贵族和皇家花园之间的区别（他自己肯定也意识到了这一点），这种联系很难被接受。

10. 马克·莱尔德在《自然史》（*A Natural History*）第1和第24版块中发表了对椭圆形花园和小树林的重建推测，这可以与插图19中的计划相比较。莱尔德在《约翰·伊夫林的“大英极乐世界”与欧洲园艺》里还讨论了它和它的种植。

11. “刻度盘”可以在现代的《大英极乐世界》中找到索引参考，这是判断一天中时间的重要指标；在他的花园隐居处和他的诗歌《花园》（*The Garden*）中，诗人安德鲁·马维尔向“技艺高超的园丁”致敬，因为他提供了“花卉和药草”的“刻度盘”；据推测，这是一个花卉日晷，根据花卉盛开的时间，既可以作为一个日时钟，也可以作为一个季节时钟，这取决于花在一天或一年中的开放时间。

12. 他在1646年8月的一封信中使用了“villa”一词来形容阿伦德尔伯爵在阿尔伯里的庄园：《信簿》，第一卷，第66页。约翰·奥布里，没有参观意大利的优势，也经常用这个词，特别是关于他希望在威尔特郡伊斯顿码头小村庄的奥布里家族造一座城堡：参见露丝·瑟恩，《约翰·奥布里：我的生平》（伦敦，2015年），第180～182页，和亨特，《花园和树林》（*Garden and Grove*）第153～157页所示。

13. 引用哈里斯，《转变》（*Transformations*），22，引用《信簿》，附加手稿78340，fol. 88v。伊夫林在他的《关于泥土的论述》

（*Discourse on Earth*，见第七章）中提到了处理土壤的需要。

14. 莱斯·罗斯，《约翰·伊夫林的花园》，第145页。

15. 在莱尔德的《庆典》中引用，在那里他讨论了伊夫林对温室和太阳能的关注。参见道格拉斯·钱伯斯的《约翰·伊夫林和温室的发明》（*John Evelyn and the Invention of the Heated Greenhouse*），《花园历史》，xx/2（1992年），第201～206页。

16. 关于这种混乱的更多信息，可以参考莱尔德在《约翰·伊夫林和他的环境》（*John Evelyn and his Milieu*，伦敦，2003年），弗朗西斯·哈里斯和迈克尔·亨特著，以及《庆典》中发表的文章，均可以和莱斯·罗斯的文章一起查阅。

17. 普鲁登斯·利思罗斯讨论了种植计划的注释，1684年或1685年，《约翰·伊夫林在肯特郡德普特福德赛耶斯宫庭院的新保龄球园周围种植水果》（*Fruit Planting around a New Bowling Green at John Evelyn's Garden at Sayes Court, Deptford, Kent*），《花园历史》，xxxi/1（2003年），第29～33页。

18. 到1792年已有三个版本，也在《杂集》上出现了，1937年由布鲁克林植物园妇女辅助组织再版了第一版。参见格雷厄姆·帕里（Graham Parry）的《奥尔图兰圣徒约翰·伊夫林》（*John Evelyn as Hortulan Saint*），载入《近代早期英格兰的文化与耕种》（*Culture and Cultivation in Early Modern England*），迈克尔·莱斯利和蒂莫西·雷勒主编（莱斯特，1992年），第130～150页；我在这里引用他在第147页的话。

19.《日记》，第三章，第72页。琼森既是一个虔诚的人，也是

17世纪20年代格雷欣学院的成员。这首诗首次发表于1616年。参见唐·E. 韦恩《彭斯赫斯特：地点符号学与历史诗学》（*Penshurst: The Semiotics of Place and the Poetics of History*，伦敦，1984年）。

第六章　复　辟

1. 这不是伊夫林喜欢的工作。他写道，这本书在1661年“出版”，但凯恩斯在《藏书家》的第100～101页中指出，这本书可能没有被印刷过，因为没有抄本被看到或描述过，也没有在他自己图书馆的目录中记录过。也许伊夫林说的“出版”指的是“传播”。

2. 关于徽章，请参见迈克尔·亨特的《建立新科学：早期皇家学会的经验》（*Establishing the New Science: The Experience of the Early Royal Society*，伍德布里奇，1989年），第1版和第41～42页。

3. 关于“家庭生活”的短语来自迈克尔·库珀关于罗伯特·胡克（Robert Hooker）的书《一个更美丽的城市……》（*A More Beautiful City ...*）（斯特劳德，2003年），书中讨论了胡克在格雷欣学院的生活和公寓（第66ff页），与伊夫林的计划有一些有趣的相似之处。在《信簿》，附加78344，伊夫林描绘了这个新学院（fols 112页书的左面和113页书的右面），并对那里的树林和单个人的花园添加了注解。

4. 我查阅了查理·韦伯斯特的《伟大复兴：1626—1660年科学、医学和改革》（*The Great Instauration: Science, Medicine and Reform*，伦敦，1975年）和《塞缪尔·哈特利普和学习的进步》（*Samuel*

Hartlib and the Advancement of Learning，剑桥，1970年）。在英国皇家学会的主要作品，迈克尔·亨特，《恢复时期的英国科学与社会》（*Science and Society in Restoration England*，剑桥，1981年），《皇家学会及其成员，1660—1700年：早期科学机构的形态》（*The Royal Society and its Fellows, 1660–1700: The Morphology of an Early Scientific Institution*，英国社会历史学会，1982年和1985年），他的论文《17世纪50年代的约翰·伊夫林：寻求角色的艺术大师》（*John Evelyn in the 1650s: A Virtuoso in Quest of a Role*），载于《约翰·伊夫林的"大英极乐世界"与欧洲园艺》，第79～106页，以及《建立新科学》（*Establishing the New Science*）。有关皇家学会前身和与之接触的非成员的工作，请参阅《塞缪尔·哈特利普和普遍改革：知识交流的研究》（*Samuel Hartlib and Universal Reformation: Studies in Intellectual Communication*），M. 格林格拉斯、M. 莱斯利和T. 雷勒著（剑桥，1994年），以及《哈特利普论文：完整的文本和图像数据库》（*The Hartlib Papers: A Complete Text and Image Database*）光盘版（安娜堡，1995年，www.hrionline.ac.uk/ Hartlib）。关于社会对景观和农业的参与，参见迈克尔·莱斯利和蒂莫西·雷勒（莱斯，1992年）所著的《英国近代早期的文化和耕作》（*Culture and Cultivation in Early Modern England*），这一主题将在下一章进行讨论（见第七章）。

5. 亨特的《皇家学会及其成员》，第133ff页的名单已经阐明，我从早期当选的研究员中挑选了几个名字。名单上还列出了他们的职位，比如伊夫林的秘书职位和他经常担任的理事会成员（第142～143页）。

6. 关于这个项目，参见迈克尔·亨特，《约翰·伊夫林的“大英极乐世界”与欧洲园艺》，第87～95页。伊夫林对技术和机械问题的反应与哈特利普的许多活动是一致的，尽管后来他发现这些活动要么对一个贵族艺术大师来说太不合时宜，要么可能是对商业机密的背叛。但伊夫林的许多活动（雕刻、树木种植、建筑、航运）都与贸易史有关，或影响着贸易史。

7. 一项更大的调查参见克里斯汀·L. 柯顿的《伦敦雾：传记》（*London Fog: A Biography*，剑桥，马萨诸塞州，2015年）。

8.《伊夫林的雕塑，与未出版的第二部分》（*Evelyn's Sculptura With the Unpublished Second Part*），c. f. 贝尔编（牛津，1946年）；第一篇文章也在《杂集》第243～336页中。贝尔并不认为鲁伯特王子是金属版印刷法的发明者，尽管伊夫林当时大概也这么认为；但后来在他的1697年的《钱币学》（*Numismata*，第283页）中，他正确地把它归于路德维希·冯·西的贡献。参见安东尼·格里菲斯的《约翰·伊夫林的蚀刻画》（*The Etchings of John Evelyn*），出自《卡洛琳宫廷中的艺术与赞助：纪念奥利弗·米勒的散文》（*Art and Patronage in the Caroline Court: Essays in Honour of Oliver Millar*），由戴维·豪沃思主编（剑桥，1993年）；至于其他的建议，我要感谢彼得·帕肖尔关于《雕塑》（*Sculptura*）的未发表的演讲。

9. 相比之下，克里斯托弗·赫西在《英国园林与景观，1700—1750》（*English Gardens and Landscapes, 1700–1750*，伦敦，1967年）第15页认为《林木志》对17世纪晚期的英国园林产生了重大影响，约翰·鲍尔的《约翰·伊夫林和他的世界》（*John Evelyn and his*

World，伦敦，1981年）第114～121页在详细描述《林木志》其中的一些内容时持有非常积极的态度。

10. 道格拉斯·钱伯斯在第三章《古老的橡树林》（*A Grove of Venerable Oaks*）中对此进行了令人钦佩的讨论，第三章出自《英国风景的种植园主》（*The Planters of the English Landscape*，纽黑文，康涅狄格州和伦敦，1993年）。

11. 普律当丝·莱斯罗斯，《德普特福德的约翰·伊夫林花园》，引自《花园历史》（1997年），第25页，第146、148页。

12. 伊夫林似乎是第一个在1654年8月25日的《日记》中使用"大道"这个词的人，尽管他很欣赏在法国的一家餐馆里"栽种着榆树的非凡悠长的小道"。参见S.库奇，"17和18世纪林荫道种植的实践"，《花园历史》（1992年），xx/2，第173～200页。

13. 1660年，伊夫林还可能是根·格雷的《如何种植果树》（*La Manière de cultivar les arbres fruitiers*）一书的翻译者，该书于1660年首次在法国出版：参见凯恩斯，《藏书家》，第83页，凯恩斯在书中记录了约翰·比尔假设《订购果树的方式》（*The Manner of Ordering Fruit-Trees*）"我猜是伊夫林先生的风格"；但伊夫林并没有把这些记录在他的日记里。

14. 钱伯斯，《古老的橡树林》（*A Grove of Venerable Oaks*），引用特拉赫恩的话，第32页。帕特里克·鲍对古树林进行了现代的讨论，《古希腊神圣的小树林》（*The Sacred Groves of Ancient Greece*），《园林和景观设计的历史研究》（*Studies in the History of Gardens and Designed Landscapes*），xxxix/4（2009），第235～245页，对于我们如

何谈论或命名景观的各个方面，更现代甚至是语言学上的关注可参考约翰·斯蒂戈的《什么是景观？》（*What is Landscape?*，剑桥，马萨诸塞州，2015年）。

15.《书信》第226页和佩尔在牛津大学图书馆的信，ms Aubrey 13，fol. 93v。

第七章 “园艺”委员会

1. R. 伦纳德，《查理二世下的英国农业：皇家学会调查的证据》（*English Agriculture under Charles ii: The Evidence of the Royal Society's Enquiries*），《经济历史评论》，第4期（1932年），第23～45页。道格拉斯·钱伯斯在《英国园林的种植园主》（*The Planters of the English Landscape Garden*，纽黑文，康涅狄格州和伦敦）第二章中追求的主题是“古代的翻译”，尤其是普林尼和维吉尔。

2. 露丝·瑟恩，《约翰·奥布里：我的生平》（伦敦，2015年），第145页。

3. 我已经探究了这些游记对不同的意大利英国探险家的实质性影响，包括伊夫林，《在我的花园和树林里：1600—1750年英国想象中的意大利文艺复兴花园》（伦敦，1986年；费城，宾夕法尼亚州，1996年）。

4. 这幅素描没有注明日期，但显示了肯特在从意大利回来后，对英国风景和历史是如何被描述的持续兴趣：参见约翰·迪克森·亨特，

《威廉·肯特：风景园林设计师》（*William Kent: Landscape Garden Designer*，伦敦，1987年），cat. no. 62。

5. 关于启蒙地理学，参见朗达·莱姆克·桑福德《近代英国的地图与记忆：地方感》（*Maps and Memory in Early Modern England: A Sense of Place*，纽约，2002年），和《地理和启蒙》（*Geography and Enlightenment*），戴维·利文斯通和查理·威瑟斯著（芝加哥，伊利诺斯，1999年）。

6. 露丝·瑟恩，《约翰·奥布里》（*John Aubrey*），分别是第23、26、91页；在他的写作过程中，还经常记录下其他一些例子。

7. 《弗朗西斯·培根的著作》（*The Works of Francis Bacon*），詹姆斯·斯佩丁、罗伯特·埃利斯和道格拉斯·希思著（伦敦，1860年），第252～270页。培根的《木林集；或作，自然史》（*Sylva silvarum; or, A Natural History*）出版于他去世后，1616年。

8. 露丝·瑟恩，《约翰·奥布里》，第114、143、150～154页。

9. 参见格温·沃尔特斯的《古物与地图》（*The Antiquary and the Map*），《文字与影像：文字或视觉研究期刊》（*Word and Image: A Journal of Verbal/Visual Enquiry*），第4/2（1988年），第529～544页，我在此表示感谢。

10. 皇家学会分类论文，xix，no. 43，同样发表在罗伯特·波义耳的《一个国家自然史的普遍研究，不论大小；供旅行者和航海家使用》（*General Heads for the Natural History of a Country, Great or Small; Drawn Out for the Use of Travellers and Navigators*，伦敦，1692年）。

11. 奥布里对英国风景自然历史的参与，在迈克尔·亨特，《约翰·奥布里和学术领域》（*John Aubrey and the Realm of Learning*，伦敦，1975年）中得到了很好的论述，他自己对英国风景和古物一直保持着无限的好奇和敏锐的观察，正如瑟恩《约翰·奥布里》提供的材料所表明的那样：参见他对埃夫伯里圈的评论（他更喜欢巨石阵），第75页，或者他对培根的房子、花园和公园的长期访问笔记（第85～87页）。

12. 博德利图书馆，牛津大学，ms Ashmole 1820a。

13. 参见约翰·罗根和埃里克·伯利著，《托马斯·马切尔，古董商》（*Thomas Machell, the Antiquary*），《坎伯兰郡和威斯特莫兰郡古物和考古学会学报》，lv（1956年），第132～153页。

14. 奥布里的《大英纪念碑》由约翰·福尔斯出版，共2卷（舍尔伯尼，多塞特，1980—1982年）。更早的手稿包括乔治·欧文的《彭布罗克郡的描述》（*Description of Pembrokeshire*，1607年），后来由亨利·欧文在《希姆罗多里翁记录系列》（*Cymmrodorion Record Series*），第1期（1892年）中出版和编辑，还有莱斯·梅里克的《格拉摩根的书》（*Booke of Glamorgan*），出版于1825年。17世纪晚期，英国景观和古物方面的研究迅速增加，使早期的研究范围远远超出了书籍、古代手稿和硬币，涵盖了更大的社会和文化领域。

15. 关于皇家学会成员一本非常有用的书是迈克尔·亨特（Michael Hunter）著《皇家学会及其成员，1660—1700年：早期科学机构的形态》（牛津大学，第二版，1994年）。

16. 计划的草案作为《近代英格兰的文化与修养》的附录重印，

迈克尔·莱斯利和蒂莫西·雷勒主编（莱斯特，1992年）；长信同样在《塞缪尔·哈特利普和普适性改革：知识传播研究》（*Samuel Hartlib and Universal Reformation: Studies in Intellectual Communication*）的附录里，M. 格林格拉斯、M. 莱斯利和T. 雷勒主编（剑桥，1994年）；那封信一定是哈特利普转交给伊夫林的。我也在第十章中讨论了他们。我在这两卷书中都有不同的论述。想把这封信看作对"自然园艺"毫无疑问的恳求的人是彼得·H. 古德尔德，"不是空想的乌托邦，而是一个真实的地方"，《花园历史》（1991年），xix，第106～127页，蒂莫西·莫尔，《新科学，旧秩序：大叛乱的花园》（*New Science, Old Order: The Gardens of the Great Rebellion*），《花园历史杂志》，xiii（1993年），第16～35页。

17. 参见迈克尔·莱斯利在《文化与修养》中对其试探性的万物有灵论的论述，以及威尔·普尔《两位弥尔顿的早期读者：约翰·比尔和亚伯拉罕·希尔》（"Two Early Readers of Milton: John Beale and Abraham Hill"），《弥尔顿季刊》，38（2004年），第76～99页。

18. 关于土地使用和规划层级概念的扩展讨论，参见我的《优化完善：花园理论的实践》（*Greater Perfections: The Practice of Garden Theory*，伦敦，2000年）的第3章和第7章。

19. 欧内斯特·A. 肯特，"诺里奇的诺福克公爵的住宅"（"The Houses of the Dukes of Norfolk in Norwich"），《诺福克和诺维奇考古学会学报》（*Journal of the Norfolk and Norwich Archaeological Society*，1931年），第73～87页。

20. 萨利·杰弗瑞，"英格兰所有私人贵族宫殿之花"（"The

Flower of all the Private Gentlemen's Palaces in England"）：斯蒂芬·福克斯爵士（Sir Stephen Fox）的"奇斯威克'极好的'花园"，《花园历史》，xxxii/1（2005年），第1～19页。

21. 记录于奥布里《萨里自然史》（1718年）第四卷，第66～67页；伊夫林的《日记》有很多阿伦德尔的参考。这里的讨论取自我在《花园和小森林》（*Garden and Grove*，第148～152页）和道格拉斯·钱伯斯的《风景中的墓穴：约翰·伊夫林在阿尔伯里的花园》（*The Tomb in the Landscape: John Evelyn's Garden at Albury*），《花园历史期刊》I（1981年），第37～54页。约翰·哈里斯（John Harris），《艺术家与乡村别墅》（*The Artist and the Country House*，伦敦，1979年），第30～31页有霍拉的雕刻作品图。伊夫林为阿尔伯里设计的作品第一次发表是在迈克尔·查理斯沃斯的《约翰·伊夫林的"大英极乐世界"与欧洲园艺》上，第289～293页，附有评论。

22. 伊夫林在离开帕多瓦往北的路上所收到的建议清单印在玛丽·F. S. 赫维的《阿伦德尔伯爵托马斯·霍华德（Thomas Howard）的生活、书信和收藏》（*The Life, Correspondence and Collections of Thomas Howard, Earl of Arundel*，剑桥，1921年）中，第449～453页。

23. 引用自迈克尔·亨特，《英格兰复兴时期的科学与社会》（*Science and Society in Restoration England*，剑桥，1981年），第101页。

第八章　公务员生涯

1. 布莱恩・维克斯著，《十七世纪的公共和私人生活》（*Public and Private Life in the Seventeenth Century*，纽约，1986年），第25页。

2. 盖德・拉贝多耶尔著，全名《特别的朋友：塞缪尔・佩皮斯和约翰・伊夫林的书信》（*Particular Friends: The Correspondence of Samuel Pepys and John Evelyn*，伍德布里奇，1997年）。达利，《约翰・伊夫林》，第193～202页对委员会的这项工作以及他在做这项工作时所遭受的健康问题有一个有用的、详细的描述。参见他的文章《为目的而行动：伊夫林，格林威治，和生病和受伤的海员》（*Action to the Purpose: Evelyn, Greenwich, and the Sick and Wounded Seamen*），载于《约翰・伊夫林和他的环境》，弗朗西斯・哈里斯和迈克尔・亨特著（伦敦，2003年），第165～184页。

3. 《塞缪尔・佩皮斯日记》（*The Diary of Samuel Pepys*），罗伯特・莱瑟姆和威廉・马修斯著（1972年），第七章，第49页和第112页。

4. 这份重绘的地图在贝多尔著《特别的朋友》（*Particular Friends*），图4，第337页复刻。褪色的原件保存在普林斯顿大学的普福尔茨海姆的收藏中（项目28620）。

5. 1679年，他在写给伊顿公学教务长的信中，仍在喋喋不休地谈论这个话题（凯恩斯，《藏书家》，第105页）。

第九章　建筑和园艺的前世今生

1. 参见约瑟夫·M. 莱文，《约翰·伊夫林：在古代和现代之间》（*John Evelyn: Between the Ancients and the Moderns*），载于《约翰·伊夫林的"大英极乐世界"与欧洲园艺》，第57～78页。

2. 克劳德·佩罗特的《遵循古人风俗的五种柱型的配置》（*Ordonnance for the Five Kinds of Columns after the Manner of the Ancients*，圣莫尼卡，加州，1993年），第57ff页。他清楚地表达了他的反对意见，即那些人文主义者"对古代的过度尊重"，他们只能"用神学的方式进行推理"——这种方法可能会让伊夫林犹豫。

3. 1667年3月给考利的一封信，要求为斯普拉特的《皇家学会史》（*History of the Royal Society*）作序：《信簿》，第一卷，第434～436页。

4. 引自他的《记述》（*Account*）。我在这里使用的是伊夫林逝世后的第二版，因为它有效地通过对1707年在伦敦及周边地区完成的公认的作品的后见之明，解决了古代和现代的问题，伊夫林引用了他最近对新圣保罗教堂的访问，以及在那里工作的人的鼓励，这些人从他的第一版中获益。由于种种困难，第二版直到伊夫林逝世后才出版，"伊夫林最了不起的书"（凯恩斯，《藏书家》，第166页）。伊夫林的成就印于《杂集》。第一版分两册，分别是1664年和（有新的扉页）1680年册；1707年的内容扩充了《建筑师和建筑的叙述》（*Account of Architects and Architecture*），增加了一个新的扉页和对雷恩的感谢。另一个，在他逝世后1723年出版的第三版增加了沃顿的《建筑要素》（*Elements of Architecture*，1624年），第二版也提到了这一点。鲁道夫·维特科沃在《帕拉迪奥和英国帕拉迪奥主义》（*Palladio and English Palladianism*，伦敦，1974年）一书中认为，这个作品“有点不协调”（第102页）。

5. 参见吉莲·廷德尔，《画伦敦的人：现实与想象中的瓦茨拉夫·霍拉尔》（*The Man who Drew London: Wenceslaus Hollar in Reality and Imagination*，伦敦，2002年），第128页。

6. 参见约翰·伊夫林，《伦敦复兴：对其重建的考虑》（*London Revived: Consideration for its Rebuilding*），埃德·E. S. 德·比尔著（牛津出版社，1938年）。我还得到了以下文章的帮助，克里·唐斯，《克里斯托弗·雷恩》（*Christopher Wren*，伦敦，1971年），阿德里安·廷尼斯伍德，《他的发明如此丰富：克里斯托弗·雷恩的一生》（*His Invention So Fertile: A Life of Christopher Wren*，牛津，2001年），第150～157页，包括雷恩的计划；约瑟夫·莱克沃特（Joseph Rykwert），《第一批现代主义者》（*The First Moderns*，剑桥，马萨诸塞州，1980年），第144～148页。

7. 参见迈克尔·库珀的《更美丽的城市：罗伯特·胡克和大火后的伦敦重建》（*A More Beautiful City: Robert Hooker and the Rebuilding of London after the Great Fire*，斯特劳德，2003年）。伊夫林对胡克的评价是，他和另外两个人（约翰·威尔金斯和威廉·佩蒂）是“三个这样的人在一起，在欧洲其他地方是找不到这样的组成和独创性的”（日记，第三章，第416页）。

8. 有一本帕利西现代版的《名副其实的食谱》(*Recepte véritable*)，

由弗兰克·勒肯坦（巴黎，1996年）作序言，还有一本英文版的花园书籍也被出版了，限量版的《宜人的花园》（*A Delectable Garden*），海伦·摩根索·福克斯翻译并做了介绍（皮克斯基尔，纽约，1931年）。

第十章 《大英极乐世界》

1.《地方的天才：英国风景花园》（*The Genius of the Place: The English Landscape Garden*），1620—1820年，约翰·迪克森·亨特和彼得·威利斯著（伦敦，1957年，剑桥，麻省，1998年），第57～58页，信的正确日期应该是1659年或1660年1月。下面这封来自贾斯珀·尼达姆和牛津研究员的信，可以在附录11，《大英极乐世界》第460～461页中找到。《大英极乐世界》中所有的引文都引用了英格拉姆的版本，他还在《杂集》中提供了相关的页码。

2. 1653年，哈特利普在德普特福德拜访了伊夫林，他看到伊夫林在写《贸易史》（*History of All Trades*），同时还称他是一位“化学家”。《历史》是关于伊夫林1660年1月在皇家学会上谈到的“机械行业圈”的所有信息的收集（《日记》，第三章，第268页）。一份保存在皇家学会的手稿题为《艺术非自由和机械性的历史》（*History of Arts Illiberal and Mechanical*，凯恩斯，《藏书家》，第116页）。迈克尔·亨特（Michael Hunter）的《科学与正统的形成：17世纪晚期英国的知识变革》（*Science and the Shape of Orthodoxy: Intellectual*

Change in Late 17th-century Britain，伍德布里奇，1995年），第74～82页中可以找到详细的记述。未出版的《宗教史》，参见凯恩斯，《藏书家》，第251页。

3. 此外，大英图书馆的两份手稿（ADD. mss 78342和78343）包含了大量与《大英极乐世界》有关的笔记，以及（在后者中）"要插入《大英极乐世界》的粗略的注释，涉及和开始不同的几个变化"，包括前者中现已缺失的文本。伊夫林的《信簿》在目录中描述了这个复杂的档案。需要做多少工作才能使文本成为可发表的形式就很明显了。

4. 他所说的他的"行事方式"暗示了一种积累附录和注释的本能，这是他和约翰·奥布里等人的共同之处。这也是一种必要的早期现代方法，同时需要仔细观察、分享信息和实验。在这方面参见伊丽莎白·耶鲁，《社会知识：近代英国的自然史与国家》（*Social Knowledge: Natural History and the Nation in Early Modern Britain*，费城，宾夕法尼亚州，2016年）。

5. 罗根·皮尔索尔·史密斯（1930年，牛津大学）在《金树林》（*The Golden Grove*）中收集了泰勒的布道词和其他作品，提供了丰富的有关其思想的素材，包括了寄给伊夫林的一些信，并提供了有用的介绍。

6. 弗朗西斯·哈里斯：《爱的转变：约翰·伊夫林与玛格丽特·戈多芬的友谊》（牛津出版社，2002年），第300页。

7. 迈克尔·莱斯利，《没有设计，没有命运，没有力量：为什么约翰·伊夫林不能完成"大英极乐世界"？》，休伯图斯·菲舍尔、沃尔克·雷默特和约阿希姆·沃尔施克布尔马恩著的《早期现代时期的花园，知识和科学》（*Gardens, Knowledge and the Sciences in the Early Modern Period*，巴塞尔，2016年）。出版之前，莱斯利亲切地与我分享了这些想法。他还向我建议，《卢克莱修》是在罗马内战期间完成的，这使得伊夫林在过渡时期进行翻译是合适的，但后来发现在复辟后翻译更不舒服。达利，《约翰·伊夫林》，也注意到了伊夫林可能关心的问题是给古典作家卢克莱修一个正确而坚定的基督教解释：第102～103、137～138、141～147页。

8. 我的资料引用自凯恩斯《藏书家》，第251页。

9.《没有设计，没有命运，没有力量：为什么约翰·伊夫林不能完成“大英极乐世界”？》注释6对格鲁的工作进行了非常有用的检查，我引用了他的话。

10. R. W. F. 克罗尔，《物质世界：复辟和18世纪早期的文学文化》（*The Material Word: Literate Culture in the Restoration and the Early Eighteenth Century*，巴尔的摩，马里兰，1991年），第165～166页。还有阿拉斯泰尔和卡罗拉·斯莫尔的文章，《约翰·伊夫林和伊壁鸠鲁的花园》（*John Evelyn and the Garden of Epicurus*），《瓦尔堡和考陶德学院学报》（*Journal of the Warburg and Courtauld Institutes*），60（1997年），第194～214页，在我的文本中有参考文献。我在第九章（关于阿尔伯里的）和第十二章（关于沃尔顿岩洞）中，或多或少地讨论了伊夫林所参与的其中两座花园。

11. 要接受四大元素也很困难，正如波义耳所主张的那样，古典的四大元素必须被否定，因为它们经不起科学的检验——这就是

《怀疑的化学主义者：或化学物理的怀疑和悖论》（*The Sceptical Chymist: or Chymico-Physical Doubts & Paradoxes*，1661年）的观点；《怀疑的化学主义者》是以一个花园为背景创作的。伊夫林显然很喜欢这四个元素的概念；但是，当他最好的朋友之一，也是皇家学会的一员，拆穿这一点后，他还能发表它吗？我很感激迈克尔·莱斯利给我指出这一点。

12. 亚历山德罗·斯卡菲，《绘制伊甸园》（*Mapping Eden*），载于《地图》（*Mappings*），丹尼斯·科斯格罗夫编（伦敦，1999年），第57～58页。

13. 然而，最近敦巴顿橡树园的一次研讨会确实谈到了这个话题；参见《花园里的气味和声音》（*Scent and Sound in the Garden*），R. 迪迪·鲁格斯（华盛顿特区，2016年）。

14. 约翰·迪克森·亨特，《伊夫林的花园理念：四季的理论》（*Evelyn's Idea of the Garden: A Theory for All Seasons*），载于《约翰·伊夫林的"大英极乐世界"与欧洲园艺》，第269～293页。

第十一章　17世纪的最后几十年

1. 达利，《约翰·伊夫林》，第280页，提到了伊夫林有多么欣赏洛克1690年的《人类理解论》关于上帝的存在和权威证实的文章，以及他热衷于摒弃中世纪的行话，最重要的是他对现代"机械艺术和实验哲学"给予颂扬，而不是对古代知识有所崇拜。

2. 这是一件“不寻常的小事”，凯恩斯说，《藏书家》第213页，尽管它在1690年出版了三次。第一个版本在《杂集》，第697～713页中再次出版。

3. 关于苏珊娜，参见卡罗尔·吉德森伍德《苏珊娜和她的长辈：约翰·伊夫林的艺术气质女儿》（*Susanna and her Elders: John Evelyn's Artistic Daughter*），刊于《约翰·伊夫林和他的环境》（伦敦，2003年），弗朗西斯·哈里斯和迈克尔·亨特（伦敦，2003年），第233～254页。

4. 在玛丽的传记中复刻的诺特伊肖像，除了这位艺术家对玛丽和她父母的坚定的表情的描绘，其他都是既标准的又传统的；伊夫林自己的眼神也稍微带了些矜持。

5. 弗朗西斯·哈里斯，《玛丽·伊夫林的书信集》（*The Letter-books of Mary Evelyn*），《英语手稿研究》（*English Manuscript Studies*）第七卷（1998年），第204～223页，对她的书信写作和她“隐居的家庭生活”进行了精明的评价。

6. 他的《生活》是为了充分利用他的“友谊”，其中包括，正如哈里斯所说的，“他幻想一个虔诚的纯洁的美人给腐败的宫廷带来宗教信仰”（第113页）。有几份关于《生活》的手稿，其中一份在这里以插图43的方式加以说明。这本书于1939年由哈莉特·桑普森（牛津大学出版社）编辑，玛格丽特·布莱奇亲自做了一个有用而直接的介绍。

7. 在讨论伊夫林的家庭生活时，当然需要考虑这一插曲，我在这里就是这么做的。但对于一个更完整、更精细的叙述来说，弗朗西斯·哈里斯的《爱的转变：约翰·伊夫林和玛格丽特·戈多芬的友谊》（牛津，2002年）仍然是最好的叙述，并提供了大量档案资料的完整参考。

8. 关于伊夫林的《经济说明》，见弗朗西斯·哈里斯，《爱的转变》，第247～257页；征求玛丽的意见，《信簿》，Add. ms 78386 and 78392。伊夫林给佩皮斯写了《特别的朋友：塞缪尔·佩皮斯和约翰·伊夫林的通信》，埃德·盖德·拉贝多耶尔（伍德布里奇，萨福克，1997年），第160～161页，记录了玛格丽特·布莱奇是如何"被我，尤其是我的妻子所认识的"。

9. 哈里斯在《爱的转变》一书中说，这幅画作于1672年10月，比预想的草图和画图的情况需要更多的前瞻性；她看到了伊夫林的盾徽是菱形的，它的"正确观察到的透视"和阴影水印（"明显是在添加碑文之前应用的"）是需要前瞻性的；当然，这样的绘画技巧是他很乐意使用的，以他自己的技能，在他们临摹碑文前画简单的草图。但这幅画本身，即使精心构图，也同样能说明问题：它的心脏没有被丘比特的箭射穿，它异乎寻常地安放在一个双基座上，它的尖端朝向星星，周围环绕着一个巨大的光环。

10. 具有讽刺意味的是，这个名为《卡利斯托》的假面舞会是伊夫林可能会欣赏的东西，它代表了"英国君主制的辉煌和伟大"，也展示了欧洲思想在英国的实用性，尽管一位极其笨拙的舞台指导宣布"英格兰的天才来了，并让人感到安慰"！这同样是对英尼戈·琼斯和本·琼森统治下，斯图亚特王朝早期辉煌而更有智慧的假面舞会传统的再现。

11. 这封信被哈里斯的《玛丽·伊夫林的书信集》第212页完整引用。

12. 《生活》手稿的细节，见哈里斯《爱的转变》的附录A（第304～305页），以及哈里斯在附录B用四页的篇幅讨论希斯考克关于这个主题的著作（第306～309页）。

第十二章　最终章：沃顿，“跻身萨里最美的庄园之列”

1. 海伦·伊夫林，《伊夫林家族的历史》（*The History of the Evelyn Family*，伦敦，1915年），第54页。

2. 《特别的朋友：塞缪尔·佩皮斯和约翰·伊夫林的通信》，盖德·拉贝多耶尔编（伍德布里奇，萨福克郡，1977年），第256页。

3. 家族纷争持续干扰着他们来到沃顿，他的日记中没有提及，但在凯恩斯的《回忆录》第93～94页的笔记中，它们被简短地记录了下来。笔记指出，伊夫林直指下议院的一面印刷版画，断言他和乔治对这一遗产有着“完美的理解”，而乔治好打官司的女婿、牧师富勒姆博士给他们带来的麻烦只是他的想象，可以忽略不计。

4. 有一些讨论是关于谁对这次修订负责，到底是乔治，另一个在欧洲旅行的堂兄乔治，还是约翰自己：据说是斯莫尔夫妇引用了他1652年2月22日的《日记》（见第十章，n. 9，但是，有人认为他不愿承认自己在花园改造中所扮演的角色，是由于他拒绝伊壁鸠鲁学派的观点，这种说法是不可信的）。不管这是不是约翰·伊夫林的作品，这幅素描肯定是在作品完成后画的，因为他在素描上的注释是这样写的——“这就是石窟”，这意味着他知道护城河是如何被填满的，山本身也会被截断100码，以便可以嵌入花坛。如果这确实是在他或堂兄乔治的建议下完成的“兄弟的作品”，这个草图就是回顾性的，在工作开始之前的场地的回忆。我们从乔治给他在欧洲的兄弟的信中得知，约翰会为这项作品提供想法和材料，尤其是装饰石窟的植物和物品——哈里斯在《庆典》第58ff页中对此做了出色的解释。伊夫林后来对石窟石柱的反对，出现在《给我孙子的回忆》（*Memories for my Grand-son*）里，这似乎是他对古典秩序更细致入微的理解，也受到了他1664年《建筑风格平行》的影响，是他在沃顿18世纪早期修订过程中所展现的。

5. 正如在约翰・丹弗斯爵士的切尔西花园或露西・哈林顿的赫特福德郡摩尔公园一样：我在《我的花园和小树林：英国想象中的意大利文艺复兴花园，1600—1750年》（伦敦，1986；宾夕法尼亚州，费城，1996年），第126～139页进行了讨论。

6. 这个注释印于《给赛耶斯宫园丁的指导，也可适用于其他花园》（*Directions for the Gardiner at Sayes-Court But which may be of use for other gardens*），杰弗里・凯恩斯（Sir Geoffrey Keynes）著（伦敦，1932年）。

7. 1669年4月，他写信给拉昆蒂尼（《信簿》，第一卷，第43～44页），讲述了访问格兰维尔的经历。

8. 道格拉斯・钱伯斯，《英国风景园林种植者》（*The Planters of the English Landscape Garden*，1993年），第44页和注释51（第

197页）使这一说法更加确定。这本书的出版商把它献给了枢密院议员卡贝尔男爵，他的著名园丁摩西·库克在1681年加入了由伦敦创建的布朗普顿托儿所；1694年，伊夫林于皇家学会秘书理查德·沃勒处记录（《日记》，第五章，第176页）。

9. 有人猜测，伦敦和怀斯在1699年的拉昆蒂尼的节略版上没有使用伊夫林的名字，是因为第一期上伦敦的名字不太显眼而引起了一些怨恨。

10. 这本书的手稿和草稿保存在大英图书馆，Add. ms 78350。肖恩·西尔弗《约翰·伊夫林与“钱币学”：物质历史与自传》（*John Evelyn and Numismata: Material History and Autobiography*），《文字与影像》（*Word and Image*），xxxi/3（2015年），第331～342页，他用这块奖牌来展示它是如何诠释他所说的“纯文学至上者”伊夫林的生活。文章所涉及的几位现代作家，尤其是罗兰·巴特，把自传和他的生活联系了起来（正如西尔弗所描述的那样），让人感觉不到《钱币学》的主旨是伊夫林试图探索一种庞大的英国历史叙事，而不是伊夫林自己的历史。

11. 弗朗西斯·哈里斯和迈克尔·亨特、埃德斯，《约翰·伊夫林和他的环境》（伦敦，2003年）的文章关注这些图书馆事务：贾尔斯·曼德尔布罗特，《约翰·伊夫林和他的书》（*John Evelyn and His Books*，第71～94页），米里亚姆·福特，《约翰·伊夫林的装帧》（*John Evelyn's Bindings*，第61～70页）。

12. 两个清单如下：一个是通用清单，《信簿》，附加手稿78403；另一个是玛丽的清单，附加手稿78404。还有赛耶斯宫遗留的

1696件“物品”库存。

13. 参见约翰·鲍尔《约翰·伊夫林和他的世界》（*John Evelyn and his World*，伦敦，1981年），第241页。在同一页上，他写道，伊夫林“在他的花园里绊了一跤”，摔断了小腿；但事故似乎是在布朗普顿发生的（见玛丽，《约翰·伊夫林》，第303页），这表明伊夫林对那家托儿所一直很感兴趣。

后　记

1. 我非常感谢露丝·瑟恩的《约翰·奥布里：我自己的生活》（伦敦，2015年），我从该书中对他自己的生活做了一些评论。伊夫林写给奥布里的信最终发表在《萨里的自然史与古物》，第5卷（1718—1719年；于多尔金再版，1975年），并在《庆典》第268～269页中有其中的一部分。《大英纪念碑》最终出版，由J.福尔斯编辑（波士顿，马萨诸塞州，1980年）。

2. 最近，大卫·雅克在他的《庭院与乡村：英国设计，1630—1730》（*Court and Country: English Design*，康涅狄格州，纽黑文，2017年）中尝试了这种叙述方式。

补充书目

约翰·伊夫林的许多作品已由杰弗里·凯恩斯记录和陈述于《约翰·伊夫林：书目研究》（*John Evelyn: A Study in Bibliophily*，第二版，牛津，1968年），附有他著作的参考书目；这些出版物都可以在珍本藏书之外找到，也可以在他的作品的一些现代再版中找到。除此之外，凯恩斯就是深度阅读查询的首站。

《阿塞塔利亚：关于沙律的论述》，克里斯托弗·德赖弗编（德文郡，1996年）。另一个版本由布鲁克林植物园妇女辅助组织出版（1937年）。

《约翰·伊夫林的日记与书信》（*Diary and Correspondence of John Evelyn*），威廉·布雷编，第四卷（伦敦，1857年），其中第三卷包含伊夫林的书信。

《约翰·伊夫林日记》（*The Diary of John Evelyn*），爱德华·德·比尔编，第6卷（牛津出版社，1955年）。这本书有许多的注解，对伊夫林的兴趣做了有益的解释。如果一开始简单的文本更有用，请参阅其他版本，比如人人文库（1973年）出版的版本。

《给赛耶斯宫园丁的指南》（*Directions for the Gardiner at Sayes-Court*），爱德华·凯恩斯编（伦敦，1932年）。

《大英极乐世界；或作，皇家园林》（*Elysium Britannicum; or, The Royal Gardens*），约翰·E. 英格拉姆（费城，宾夕法尼亚州，2000年）。

《伊夫林的雕塑，与未出版的第二部分》（*Evelyn's Sculptura, With the Unpublished Second Part*），C. F. 贝尔编（牛津，1946年）。

《驱逐烟气：或作，伦敦空气和烟雾带来的不便》（*Fumifugium: or The Inconvenience of the Air and Smoke of London*）已在现代版本出现（1930年，1933年），还有一份由美国国家清洁空气学会发表（1961年），另一份由美国国家大气研究中心发表（科罗拉多州，1969年）。

让·德·拉昆蒂尼，《完全的造园家》（*The Complete Gard'ner*），由伊夫林翻译，再版（纽约，1982年）。

《约翰·伊夫林在大英图书馆》（*John Evelyn in the British Library*），第二版（伦敦，1995年），回顾了伊夫林档案馆现在持有的藏品。

《约翰·伊夫林对提图斯·卢克莱修·卡鲁斯的翻译作品集》（*John Evelyn's Translation of Titus Lucretius Carus*），迈克尔·M. 罗基

译（法兰克福，2000年）。

《约翰·伊夫林的信簿》（*The Letterbooks of John Evelyn*），道格拉斯·钱伯斯和大卫·加尔布雷斯编，第二卷（多伦多，2014年）。

《伦敦复兴：重建的考虑》（*London Revived: Considerations for its Rebuilding*），埃德·E. S. 德·比尔著（牛津出版社，1938年）。

《给我孙子的回忆录》（*Memories for my Grand-son*，杰弗里·凯恩斯，伦敦，1926年），《杂集》（*Miscellaneous Writings*），威廉·厄普科特（1825年）。这本书收录了伊夫林大部分作品的重印本，因此是一本有用的概要，尽管它也倾向于以珍本的形式收藏。

《向查理二世致敬》（*A Panegyric to Charles the Second*），《向王室致歉》（*An Apology for the Royal Party*），奥古斯都再版协会，No.28（洛杉矶，加利福尼亚州，1951年）。

《特别的朋友：塞缪尔·佩皮斯和约翰·伊夫林的通信》（*Particular Friends: The Correspondence of Samuel Pepys and John Evelyn*），盖伊·德·拉·贝多耶尔编（萨福克郡伍德布里奇，1997年）。

图片出处

作者和出版商要对以下图片资料及复制许可表示感谢。由于版面有限，有些地点只是做了简要的罗列。

Ashmolean Museum, University of Oxford: 2; The Bodleian Library, Oxford: 5 (ms Aubrey 4), 30; The British Library, London (photos © The British Library Board): 3 (Evelyn estate papers, bl Add ms 78610 [H]), acknowledgements 4 (Evelyn estate papers, bl Add ms 78610 [i]), 8 (Evelyn estate papers, bl Add ms 78610 [C]), 10 (Add ms 78342-78344), 11 (Add ms 78342-78344), 18 (King's ms 43), 19 (bl Add ms 78628a), 23 (bl Add ms 78628b), 25 (Evelyn period, Box xi), 45 (formerly in the holdings of Christ Church College Library, Oxford, ms 45), 46 (formerly in the holdings of Christ Church College Library, Oxford, ms 45), 47 (formerly in the holdings of Christ Church College Library, Oxford, ms

45), 48 (bl Add ms 78610); The British Library, London, Map Library (photo © The British Library Board): 21 (K.Top. xviii,17.3); Cambridge University Aerial Photography: 36; from Joshua Childrey, *Britannia Baconica; or, The Natural Rarities of England, Scotland, & Wales . . .* (London, 1661): 30 (photo The Library Company of Philadelphia); from Benjamin Cole, *London Restored; or, Sir John Evelyn's Plan for Rebuilding that Antient Metropolis after the Fire in 1666*, engraving after John Evelyn (London, [c. 1755]): 40 (photo University of Pennsylvania Libraries); from John Evelyn, *Diary and Correspondence of John Evelyn . . . Edited from the original Mss. at Wotton by William Bray*, vol. iii (London, 1867): 38; from John Evelyn, *Elysium Britannicum* (British Library Add mss 78342-78344): 10, 11, 17, 22, 41; from John Evelyn, *Kalendarium Hortense; or, The Gard'ners Almanac; directing what he is to do Monethly, throughout the Year* (London, 1664): 51 (photo University of Pennsylvania Libraries); from John Evelyn, *The Life of Mrs Godolphin*, ed. Harriet Sampson (London, 1939): 43; from *The Miscellaneous Writings of John Evelyn, now first edited, with occasional notes, by W[illiam] Upcott* (London, 1825): 20 (photo University of Pennsylvania Libraries); from [John Evelyn], *The State of France, as it stood in the ixth yeer [sic] of this present Monarch, Lewis* [Louis] *xiiii. Written to a Friend by I.E.* (London, 1652): 16; from [John Evelyn], *Sylva, or A Discourse of Forest-trees and the Propagation of Timber . . . By J.E., Esq. . . .* (London, 1664): 26; from John Evelyn, *Sylva: or, A Discourse of Forest-trees, and the Propagation of Timber . . .* (York, 1776): 27, 28 (photos University of Pennsylvania Libraries); from Roland Freart, *A Parallel of the Antient Architecture with the Modern, in a Collection of Ten Principal Authors . . . compared with one another . . . Written in French by Roland Freart, . . . made English for the benefit of builders . . . by John Evelyn . . .* 2nd edn (London, 1707): 39 (photo University of Pennsylvania Libraries); Harry Ransom Humanities Research Center, University of Texas at Austin: 35; Houghton Library, Harvard University, Cambridge, ma: 44; photos Houghton Library, Harvard University, Cambridge, ma: 13, 14, 44; National Gallery, London: 33; National Portrait Gallery, London: 15; from John Ogilby, *Queries in Order to the Description of 'Britannia'* (London, 1673): 31; from John Ogilby, *The Works of Publius Virgilius Maro* (London, 1649): 29; private collections: 7, 9, 12, 32, 49; from [Jean de la Quintinie], *The Compleat Gard'ner; or, Directions for Cultivating and Right Ordering of Fruit-gardens and Kitchengardens . . . By the famous Monsr. De La Quintinye, Chief Director of all the Gardens of the French-King . . . Made English by John Evelyn . . .* (London, 1693): 50; from [John Raymond], *Il Mercurio Italico, Communicating a Voyage through Italy in the yeares 1646 & 1647 by I. R. Gent then not 20 years old . . .* (London, 1648): 37; from Thomas Sprat, *The History of the Royal-Society of London, for the Improving of Natural Knowledge* (London, 1667): 24 (photo University of Pennsylvania Libraries); Victoria and Albert Museum, London: 6.